I0327412

www.ingramcontent.com/pod-product-compliance
Lightning Source LLC
Chambersburg PA
CBHW080718300426
44114CB00019B/2411
9786009530250

بسم الله الرحمن الرحیم

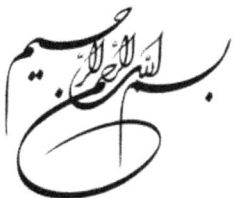

ناهید عبقری

شرح
مثنوی معنوی
دفتر ششم

با نگاهی تطبیقی به مبانی عرفان نظری

سرشناسه : عبقری، ناهید، ۱۳۳۱ -
عنوان قراردادی : مثنوی. شرح
عنوان و نام پدیدار : شرح مثنوی معنوی (با نگاهی تطبیقی به مبانی عرفان نظری) / ناهید عبقری.
مشخصات نشر : مشهد: بانگ نی، ۱۳۹۴ -
مشخصات ظاهری : ج.
شابک : دوره 978-600-95302-6-7 ؛ 978-600-95302-5-0: ج. ۶ ؛
وضعیت فهرست‌نویسی : فیپا
موضوع : مولوی، جلال‌الدین محمد بن محمد، ۶۰۴ - ۶۷۲ ق. مثنوی -- نقد و تفسیر
موضوع : شعر فارسی -- قرن ۷ ق. -- تاریخ و نقد
شناسه افزوده : مولوی، جلال‌الدین محمد بن محمد، ۶۰۴ - ۶۷۲ ق. مثنوی. شرح
رده‌بندی کنگره : ۱۳۹۴ ۴ش ۲۶ ع/۵۳۰۱ PIR
رده‌بندی دیویی : ۸فا۱/۳۱
شماره کتابشناسی ملی : ۴۱۰۶۸۲۸

نام کتاب : شرح مثنوی معنوی (با نگاهی تطبیقی به مبانی عرفان نظری) دفتر ششم
نویسنده : ناهید عبقری
ویراستار : عفت‌السّادات شهیدی
ویراستار : زهرا رحمانی
ویراستار : نسیم نیک‌پور
حروف‌چینی و صفحه‌آرایی : اسد احمدی
طراح جلد : نسیم نیک‌پور
چاپ : دقت
نوبت چاپ : اول / ۱۳۹۵
شمارگان : ۲۰۰۰
شابک : ۹۷۸-۶۰۰-۹۵۳۰۲-۵-۰
شابک دوره : ۹۷۸-۶۰۰-۹۵۳۰۲-۶-۷
تعداد صفحات : ۶۷۲ صفحه وزیری
بها : ۶۰۰۰۰ تومان (دورهٔ ۶ جلدی: ۳۵۰۰۰۰ تومان)
ناشر : بانگ نی e-mail : info@bangeney.ir

مرکز پخش: انتشارات بانگ نی، مشهد، هنرستان ۵، پلاک ۲۴، تلفن ۰۵۱ ۳۸۶۷۳۳۱۳ تلفکس ۰۵۱ ۳۸۶۷۳۱۲۹
سایت: bangeney.ir کانال در تلگرام: bangeney@ ارتباط با ما در تلگرام: bangeney2@

فهرست اجمالی حکایات و قصص و مطالب
دفتر ششم

دیباچه .... صفحهٔ ۱۱

تمامتِ کتابِ المُوَطَّدِ ٱلکَریم .... صفحهٔ ۱۲

عنوان **شماره بیت**

سؤال سائل از مرغی که بر سر رَبَضِ شهری نشسته باشد.......... ۱۲۹

نکوهیدن ناموس‌های پوسیده.......... ۱۸۳

مناجات و پناه جستن به حق.......... ۲۱۰

حکایتِ غلامِ هندو.......... ۲۴۹

در عموم تأویل این آیت که «کُلَّما اَوْقَدُوا ناراً لِلْحَرْبِ» ۳۵۶

قصّه‌یی هم در تقریر این.......... ۳۶۰

وانمودن پادشاه به اُمَرا و متعصّبان در راه ایاز.......... ۳۸۸

حکایت آن صیّادی که خویشتن در گیاه پیچیده بود.......... ۴۳۸

حکایت آن شخص که دزدان قوچِ او را بدزدیدند.......... ۴۷۰

مناظرهٔ مرغ با صیّاد در ترهُّب.......... ۴۸۱

حکایت پاسبان که خاموش کرد تا دزدان.......... ۵۴۵

حواله کردن مرغ گرفتاری خود را در دام.......... ۵۶۰

حکایت آن عاشق که شب بیامد بر امید وعدهٔ معشوق.......... ۵۹۶

استدعایِ امیرِ ترکِ مخمور مطرب را به وقتِ صبوح.......... ۶۴۶

در آمدن ضریر در خانهٔ مصطفیٰ(ع) و گریختن عایشه.......... ۶۷۳

حکایت آن مطرب که در بزم امیر تُرک این غزل آغاز کرد:.......... ۷۰۶

تفسیر قوله(ع) : «مُوتُوا قَبْلَ اَنْ تَمُوتُوا».......... ۷۲۶

تشبیه مُغفَّلی که عمر ضایع کند و وقت مرگ در آن تنگاتنگ.......... ۷۸۰

تمثیل مرد حریص نابیننده رزّاقی حق را.......... ۸۰۹

داستان آن شخص که بر دَرِ سرایی نیم‌شب سَحوری می‌زد	849
قصّهٔ اَحَد اَحَد گفتن بلال	891
قصّهٔ هِلال که بندهٔ مخلص بود	1114
حکایت در تقریر همین سخن	1121
مَثَل	1134
در بیان آنکه مصطفیٰ(ع) شنید که عیسیٰ(ع) بر روی آب رفت	1190
داستان آن عجوزه که روی زشت خویشتن را جَنْدَره و گلگونه می‌ساخت	1226
داستان آن درویش که آن گیلانی را دعا کرد	1241
قصّهٔ درویش که از آن خانه هرچه می‌خواست، می‌گفتند: نیست	1254
حکایتِ آن رنجور که طبیب در او امیدِ صحّت ندید	1297
قصّهٔ سلطان محمود و غلام هندو	1387
«لَیْسَ لِلْماضِینَ هَمُّ الْمَوْتِ إِنَّما لَهُمْ حَسْرَةُ الْفَوْتِ»	1454
بار دیگر رجوع کردن به قصّهٔ صوفی و قاضی	1487
قال النَّبیُّ(ع): «إِنَّ اللهَ تَعالیٰ یُلَقِّنُ الحِکْمَةَ...»	1661
دعوی کردن تُرک و گرو بستن او که درزی از من چیزی نتواند بردن	1678
بیان آنکه بی‌کاران و افسانه‌جویان مثل آن تُرک‌اند و	1725
مَثَل	1732
حکایت در تقریر آنکه صبر در رنج کار...	1763
مَثَل	1785
باقی قصّهٔ فقیر روزی‌طلب بی واسطهٔ کسب	1839
قصّهٔ آن گنج نامه که پهلویِ قُبّه‌ای روی به قبله کن و	1913
حکایتِ مریدِ شیخ حسن خَرَقانی قَدَّسَ اللهُ سِرَّهُ	2049
حکمت در «إِنّی جاعِلٌ فِی الأَرْضِ خَلِیفَةً»	2158
معجزهٔ هود(ع) در تخلّصِ مؤمنانِ اُمّت به وقت نزول باد	2196
حکایتِ آن سه مسافر مسلمان و ترسا و جهود	2381
حکایتِ اشتر و گاو و قُچ	2463
مَثَل	2471
منادی کردن سیّدِ مَلِکِ تِرْمِد که هر که در سه یا چهار روز به سمرقند رود	2516
حکایتِ تعلّقِ موش با چغز	2639
حکایتِ شبْ‌دزدان که سلطان محمود شب در میان ایشان افتاد	2824
قصّهٔ آنکه گاوِ بحری گوهرِ کاویان از قعرِ دریا بر آوَرَد	2930

قصّهٔ عبدالغوث و ربودنِ پریان او را و...	۲۹۸۲
داستان آن مردکه وظیفه‌یی داشت از محتسب تبریز...	۳۰۲۲
آمدن جعفر رضی الله عنه به گرفتنِ قلعه‌یی به تنهایی...	۳۰۳۷
مَثَل دوبین همچو آن غریبِ شهرِکاش عُمَر نام...	۳۲۲۹
دیدن خوارزمشاه رَحمَهُ الله در سَیران در موکبِ خود اسبی بس نادر...	۳۳۵۴
مؤاخذهٔ یوسف صدّیق صلوات الله علیه...	۳۴۰۹
حکایتِ آن پادشاه و وصیّت کردنِ او سه پسر خویش را...	۳۵۹۲
بیان استمدادِ عارف از سرچشمهٔ حیاتِ ابدی...	۳۶۰۹
حکایتِ صدر جهانِ بخارا که هر سائلی که به زبان بخواستی...	۳۸۱۲
حکایتِ آن دو برادر یکی کوسه و یکی اَمرَد...	۳۸۵۶
در تفسیر این خبر که مصطفیٰ(ص) فرمود: «مَنْهومانِ لا یَشْبَعانِ»...	۳۸۹۷
ذکر آنکه آن دانشمند را به اکراه در مجلس آورد و بنشاند...	۳۹۲۷
حکایتِ اِمرُءُالقَیس که پادشاه عرب بود و به صورت عظیم به جمال بود...	۳۹۹۹
بیان مجاهد که دست از مجاهده باز ندارد...	۴۱۸۸
حکایت آن شخص که خواب دید که آنچه می‌طلبی از یَسار به مصر وفا شود...	۴۲۱۹
سبب تأخیر اجابت دعای مؤمن...	۴۲۳۰
بیان این خبر که: «اَلْکِذْبُ رِیبَةٌ وَالصِّدْقُ طُمَأنِینَةٌ»...	۴۲۸۷
مَثَل...	۴۳۴۴
مفتون شدن قاضی بر زن جوحی...	۴۴۶۲
در تفسیر این خبر که مصطفیٰ(ص) فرمود: «مَنْ کُنْتُ مَوْلاهُ فَعَلِیٌّ مَوْلاهُ»...	۴۵۵۱
در بیانِ آنکه دوزخ گوید که قَنْطرهٔ صراط بر سَرِ اوست...	۴۶۲۱
خطاب حق تعالیٰ به عزرائیل...	۴۸۱۰
کرامات شیخ شیبان راعی...	۴۸۲۸
رجوع کردن به قصّهٔ پروردن حق تعالیٰ نمرود را بی‌واسطهٔ مادر...	۴۸۴۴
وصیّت کردن آن شخص که بعد از من او بَرَد مال مرا...	۴۸۹۰
مَثَل...	۴۹۱۶

بسم الله الرّحمن الرّحیم

مجلّد ششم از دفترهای مثنوی و بیّناتِ[1] معنوی که مصباح[2] ظَلامِ[3] وَهمْ و شُبهت[4] و خیالات و شکّ و ریبت[5] باشد، و این مصباح را به حسّ حیوانی ادراک نتوان کردن، زیرا مقامِ حیوانی اَسْفَلِ سافِلین[6] است که ایشان را از بهرِ عمارتِ صورتِ عالم اَسْفَل[7] آفریده‌اند و بر حواسّ و مَدارکِ[8] ایشان دایره‌یی کشیده‌اند که از آن دایره تجاوز نکنند، «ذٰلِكَ تَقْديرُ ٱلعَزيزِ ٱلعَليم»،[9] یعنی مقدارِ رسیدن عملِ ایشان و جولانِ نظر ایشان پدید کرد، چنانکه هر ستاره‌یی را مقداری است و کارگاهی از فلک که تا آن حدّ عمل او برسد و همچون حاکم شهری که حکم او در آن شهر نافذ باشد؛ پس در ورایِ توابعِ آن شهر او حاکم نباشد. عَصَمَنَا ٱللهُ مِنْ حَبْسِهِ و خَتْمِهِ و ما حُجِبَ بِهِ ٱلمَحْجوبینَ، آمینَ یا ربَّ ٱلعالمینَ.

---

۱ - **بیّنات :** جمع بَیِّنه به معنی دلیل روشن و آشکار. ۲ - **مِصْباح :** چراغ. ۳ - **ظَلام :** تاریکی.

۴ - **شُبْهَت :** شُبهه، آشکار نبودن درست یا نادرست، بیمِ خطر در تمییز حق و باطل.

۵ - **رَیْبَت :** رَیْبَة: تردید و دودلی، شک.

۶ - **اَسفَلَ السافِلین :** برگرفته از قرآن؛ تین: ۵/۹۵، هفتمین طبقهٔ دوزخ که زیر همهٔ طبقات است، اینجا پایین‌ترین و پست‌ترین حالت‌ها و درجه‌ها: مرتبهٔ خاک. ۷ - **عالم اَسْفَل :** دنیای مادّی یا عالم محسوس.

۸ - **مَدارِک :** جمع مَدْرَک به معنی محلّ درک، مراد حواسّ پنجگانه و ظاهری و درک است.

۹ - بخشی از آیهٔ ۹۶ سورهٔ انعام، که اشاره است به مشیّت و تقدیر الهی در نظم و حساب معیّنی که برای خورشید و ماه قرار داده است. همین اشاره در: یس: ۳۸/۳۶، نیز هست که در آن اشاره به قاعده و قرار خاصّی است که برای خورشید مقرّر شده است و در آیات بعدی تا آیهٔ ۴۰ نیز اشاره به نظمی است که در منازل سیر ماه مقدّر گشته است. نه خورشید می‌تواند به ماه برسد و نه شب به روز و همه در سپهری شناورند؛ بنابراین با استناد به این نظم و قوانین کلّی حاکم بر جهان، مولانا در دیباچهٔ دفتر ششم به این نکته می‌پردازد که این دفتر هم همانند سایر دفاتر مثنوی چراغ تابناکی است که پردهٔ پندار را می‌درد و خواننده را به یقین می‌رساند؛ امّا این مصباح با حسّ حیوانی قابل ادراک نیست و متعلّق به مراتب برتر است.

به نام خداوند بخشندهٔ مهربان

دفتر ششم از دفترهای مثنوی و دلیل‌های معنوی همچون چراغی است که تاریکی وهم و خیال، دودلی و شک و شبهه را می‌زداید. این چراغ را با حسّ حیوانی نتوان ادراک کرد؛ زیرا که جایگاه حیوانی «پست‌ترین مراتب» است که ساکنان آن جایگاه را برای آباد کردن ظاهر عالم اسفل آفریده‌اند، و گِردِ حواسّ و دریافت‌های آن‌ها دایره‌یی کشیده‌اند که گذر از آن نتوانند، «آن تقدیر خداوند عزیز و داناست»؛ یعنی مقدارِ عمل‌شان و وسعت نظر و دید آنان را معلوم کرد، چنانکه هر ستاره‌یی حدّ و اندازه‌یی و مقدارِ عَمَلی در آسمان دارد که عَمَل آن ستاره تا آن حدّ و اندازه است یا همانند فرمانروای شهری که حکمش در آن شهر مُطاع است و در اطراف آن شهر نه. خداوند ما را از این زندان و بند خویش و از آنچه که ناآگاهان با آن در پرده مانده‌اند، محفوظ گردانَد. آمین ای پروردگار عالمیان!

تمامتِ کتابِ اَلمُوَطَّدِ اَلکَریم[1]

در آغاز دفتر ششم نیز همچنان که شاهد هستیم، مولانا زایش و بالندگی مثنوی را مرهون مخاطب خاصّ آن، حُسام‌الدّین می‌داند و به حُرمت وجود این «علاّمه» که حاسدان از درک عظمتش عاجزند، آن را «حُسامی‌نامه» می‌خواند و این دفتر را که تمام کننده و یا به زبانی به کمال رسانندهٔ مثنوی است به او هدیه می‌کند و از حُسام‌الدّین می‌خواهد تا با این «شش دفتر» که محلّ تجلّی نور اوست، شش جهت عالم را منوّر کند. باشد که بی‌خبران نیز از معانی خبر یابند. هرچند که با تأکید در دیباچهٔ موجز دفتر ششم به خوبی روشن و خاطرنشان کرده است که این «بیّناتِ معنوی» که زدایندهٔ «وهم و شبهت» است با حسّ حیوانی[2] قابل درک نیست و فهم آن خارج از حیطهٔ افهام عام خلق است؛ امّا باز هم به استنادِ **«لیک دعوت وارد است از کردگار»**، به حُسام‌الدّین در مقامِ «مردِ حق» توصیه و تأکیدی سرشار از بزرگداشت وی دارد که همچنان به ارشاد و هدایت مریدان بپردازد و چونان «ماه» که در شب تار «نور» می‌افشانَد و از بانگ و «غوغایِ سگان» سست نمی‌شود و سیر را فرو نمی‌گذارد، او نیز بنا بر سرشت خود که «نورافشانی» است، هادی خلق باشد و هر قدر که منکران بر «تُرشیِ انکار» خود می‌افزایند، بر «شیرینیِ لطف» خود بیفزاید تا «سرکنگبینِ هدایت» پدیدار گردد.

---

۱ - آخرین دفتر کتاب ثابت گرامی.

۲ - **حسّ حیوانی**: حواسّ پنجگانهٔ ظاهری که به کار زندگی دنیوی می‌آید و ادراکی از ماورا ندارد.

۱ **ای حیاتِ دل![1] حُسام‌الدّین! بسی　　میل می‌جوشد به قِسمِ سادسی[2]**

ای حُسام‌الدّین، که جانِ جان دل هستی، اشتیاقی درونی ما را به سرودن دفتر ششم راغب ساخته است.

۲ **گشت از جَذبِ چو تو علاّمه‌یی[3]　　در جهان گردان حُسامی‌نامه‌یی[4]**

جاذبهٔ روحانی علاّمه‌ای چون تو سببِ جذبِ شیر علوم و معارف از پستان حقایق گردید و حسامی‌نامهٔ «مثنوی» در جهان شهره شد.

۳ **پیش‌کَش می‌آرَمت ای معنوی!　　قسمِ سادس در تمامِ مثنوی**

ای یکّه‌تاز عالم معنا، دفتر ششم را که تمام کنندهٔ مثنوی است، به تو هدیه می‌کنم.

۴ **شش جهت را نور دِهْ زین شش صُحُفْ[5]　　کَی یَطُوفَ حَوْلَهُ مَنْ لَمْ یَطُفْ**

شش جهت عالم را با این شش دفتر که محلّ تجلّی نور توست منوّر کن تا کسانی هم که تا کنون گِردِ این معانی نگشته‌اند، جویای آن شوند.

۵ **عشق را با پنج و با شش[6] کار نیست　　مَقصدِ او جز که جذبِ یار نیست**

«عشق» با این دنیا کاری ندارد. عشق راستین جویایِ جذبهٔ حق و وصل است.

۶ **بُوکه فیما بَعْد دستوری رسد　　رازهایِ گفتنی گفته شود**

شاید بعد از این الهامی برسد و حقایق الهی گفته شود.

۷ **با بیانی که بُوَد نزدیکتر　　زین کنایاتِ دقیق مُستَتَر[7]**

با شرح و بسطی که درک آن برای اذهان عام آسان‌تر از این سخنان پوشیدهٔ سربسته باشد.

---

۱ - **حیاتِ دل :** کسی که می‌تواند به آدمی حیات روحانی بدهد.　۲ - **قسم سادس :** جزو ششم یا دفتر ششم.

۳ - **علاّمه :** بسیار دانا، دانشمند.

۴ - همچنان که در ابتدای دفتر اوّل و در لابلای زندگی مولانا به تقریر آمد، در پانزده سال پایانی عمر مولانا، همواره جاذب معانی حُسام‌الدّین بود که مولانا را به افاضهٔ فیض و تبیین معانی ترغیب می‌کرد و مثنوی که در این بیت «حسامی‌نامه» خوانده شده است، «از جذب» این یار پدیدار گشته است.

۵ - **صُحُف :** جمع صَحیفَة: کتاب، ورق. همچنین «صُحُف»: کتاب‌های آسمانی که هر یک شامل چند صحیفه بوده است: صُحُف ابراهیم، صُحُف موسیٰ، مجازاً به دیوان شعر هم گفته‌اند.

۶ - **پنج و شش :** حواسّ پنجگانه و جهات ششگانهٔ عالم، مراد عالم مادّه است، این دنیا.

۷ - **مُسْتَتَر :** پوشیده شده.

راز جز با رازدان انباز[1] نیست　　راز اندر گوشِ مُنکِر راز نیست ۸

راز را جز به «اهلِ معنا» نباید گفت. رازی که به «اهلِ دنیا» گفته شود، راز نیست؛ زیرا آن را درک نمی‌کند و همه جا بر زبان می‌آورد.

لیک دعوت وارد است از کردگار[2]　　با قبول و ناقبول او را چه کار؟ ۹

امّا آفریدگار به تبلیغ فرمان داده است؛ بنابراین مردِ حق وظیفه دارد که خلق را به سوی حق بخوانَد؛ حتّی اگر دعوتش را نپذیرند.

نوح نُهصد سال[3] دعوت می‌نمود　　دم به دم انکارِ قومش می‌فزود ۱۰

نوح(ع) نهصد سال قومش را به حق فراخواند؛ امّا لحظه به لحظه انکار آنان بیشتر شد.

هیچ از گفتن عِنان واپس کشید؟　　هیچ اندر غارِ خاموشی خزید؟ ۱۱

آیا او هرگز از تبلیغ باز ایستاد؟ آیا هرگز گوشه‌نشینی کرد؟

گفت: از بانگ و عَلالایِ[4] سگان　　هیچ واگردد ز راهی کاروان؟ ۱۲

او با خود گفت: آیا کاروان از بانگ و هیاهوی سگان از راهِ خود باز می‌گردد؟

یا شبِ مهتاب از غوغایِ سگ　　سست گردد بَدر[5] را در سیر تگ[6]؟ ۱۳

آیا ماه شب چهارده در شب‌های مهتابی از بانگِ سگ از گردش باز می‌مانَد و سستی می‌کند؟

مَهْ فشانَد نور و سگ عوعو کند　　هر کسی بر خلقتِ خود می‌تَنَد ۱۴

ماه نورافشانی می‌کند و سگ پارس. هر کس بنا بر سرشت خود به کار و وظیفه‌ای مشغول است.

هر کسی را خدمتی داده قضا　　در خورِ آن، گوهرش در اِبتلا ۱۵

قضای الهی برای هر کس خدمتی تعیین کرده و متناسب با گوهرش آزمون‌هایی قرار داده است.

---

۱ - **انباز**: شریک.

۲ - اشاره به آیاتی که تبلیغ را وظیفهٔ رسولان الهی دانسته است و به کرّات تصریح شده است: مائده: ۶۷/۵، آل عمران: ۱۰۴/۳، که در ارتباط با امر به معروف و نهی از منکر است، نور: ۵۴/۲۴ و موارد دیگر.

۳ - اشارتی قرآنی؛ عنکبوت: ۱۴/۲۹، اشاره به نهصد سال دعوتِ نوح(ع).

۴ - **عَلالا**: بانگ بلند، در این بیت منکران به سگان ولگرد مانند شده‌اند.

۵ - **بَدر**: مرد حق به ماهِ کامل مانند شده که در شبِ جهلِ خلق بر آنان نور معارف را می‌افشانَد.

۶ - **تگ**: تاختن، تند رفتن.

چونکه نگذارد سگ آن نعرهٔ سَقَم[۱]   من مَهَم، سَیرانِ خود را چون هِلَم؟ ۱۶

سگ بانگ آزار دهندهٔ خود را قطع نمی‌کند، من که همانند ماه تابناکم چرا راه حق را ترک کنم؟

چونکه سِرکه[۲] سِرکگی افزون کند   پس شکر[۳] را واجب افزونی بُوَد ۱۷

چون سرکه بر ترشی‌اش می‌افزاید، شکر هم باید افزوده شود تا از این سرکه و انگبین، «سرکنگبینِ هدایت» حاصل شود.

قهرْ سِرکه، لطف همچون انگبین   کین دو باشد رُکنِ هر اِسْکَنجبین ۱۸

انکارِ منکران از «قهرِ حق» است. مردان خدا «لطف» خود را که همان «لطفِ حق» است، نثار آنان می‌کنند تا سرکنگبینِ هدایت پدیدار گردد و خلق هدایت شوند.

انگبین گر پای کم آرَد زِ خَل[۴]   آید آن اِسْکَنجبین اندر خَلَل[۵] ۱۹

اگر مرد حق متناسبِ با انکارِ منکران بر نرمی یا مدارا نیفزاید، هدایت خلق دچار خلل می‌شود.

قوم بر وی سرکه‌ها می‌ریختند   نوح را، دریا فزون می‌ریخت قند ۲۰

قوم نوح در برابر دعوتِ او ترشرویی داشتند؛ امّا دریای رحمت الهی همچنان دل او را نسبت به آنان نرم و پرشفقت نگاه می‌داشت.

قندِ او را بُد مدد از بحرِ جود   پس ز سِرکهٔ اهلِ عالَم می‌فزود ۲۱

لطف و مدارایِ او به قوم از دریای رحمت الهی بود که با خوشرویی تلخی منکران را تحمّل می‌کرد.

واحدٌ کالاَلْف[۶] که بُوَد؟ آن ولی   بلکه صد قرن[۷] است آن عَبْدُالعَلی[۸] ۲۲

آن یک «تن» که کار هزاران تن را انجام می‌دهد، کیست؟ بندهٔ نیک خداست که معادل صد نسل یا صد قوم است.

---

۱ - **نعرهٔ سَقَم** : فریادی که از درد بر می‌خیزد، بانگِ انکار منکران که از دردِ جهل است.

۲ - **سرکه** : کنایه از انکارِ منکران و معاندان است.   ۳ - **شکر** : کنایه از لطفِ مردِ حق است.

۴ - **خَل** : سرکه.   ۵ - **خَلَل** : سستی، شکاف، اینجا نقص.

۶ - **واحدٌ کالاَلْف** : ضرب المثل: یک تن که به اندازهٔ هزار تن می‌ارزد.

۷ - **قرن** : نسل، «صد قرن»، یعنی مردم صد نسل یا صد دوران.

۸ - **عَبْدُالعَلی** : بندهٔ خدا، «علی» از اوصاف پروردگار است.

خُم[1]، که از دریا[۲] در او راهی شود پیشِ او جیحون‌ها[3] زانو زند[۴] 23

وجودِ انسانِ واصل، همانند خُمی است که به دریا راه دارد؛ پس علی‌رغمِ ظاهرِ محدودِ انسانی‌اش، عظیم است و دیگران در تقابل با او حقیرند.

خاصه این دریا، که دریاها همه چون شنیدند این مثال[5] و دمدمه[6] 24

بخصوص این دریا که دریای عالم معناست و دریاهای این جهانی که از عظمت عالم معنا باخبرند، از شنیدنِ تشبیهِ «عالم معنا» به «دریا»،

شد دهانْشان تلخ از این شرم و خَجَل که قرین شد نامِ اعظم با اَقَل[۷] ۲۵

و اینکه چرا نام و اوصافِ حق با نام و اوصاف موجودات این جهانی مقایسه و تشبیه شده‌اند، شرمنده و خجل و تلخکام گشتند.

در قِرانِ این جهان با آن جهان این جهان از شرم می‌گردد جَهان[۸] ۲۶

در تقابل و مقایسهٔ میان این جهان با آن جهان، دنیا از شرم حقارت می‌گریزد.

این عبارت[۹] تنگ و قاصرْ[۱۰] رُتبت[۱۱] است ورنه خَس[۱۲] را با اَخَصْ[۱۳] چه نسبت است؟ ۲۷

این واژه‌ها برای انتقال مفاهیم دنیوی‌اند و بسیار تنگ و نارسا، ما به ناچار برای انتقال مفاهیم معنوی هم از آن‌ها استفاده می‌کنیم و گرنه این «الفاظ» با آن «معانی» هیچ تناسبی ندارند.

زاغ در رَزْ[۱۴]، نعرهٔ زاغان زند بلبل از آوازِ خوش کِی کم کُند؟ ۲۸

در این جهان هر کس و هر چیز در مرتبهٔ خاصّ خویش به کار می‌پردازد و جایگاه خود را دارد. زاغ در باغ بانگ زاغان را سر می‌دهد و بانگ او از نغمهٔ بلبل در گلستان نمی‌کاهد.

---

۱ - **خُم** : کنایه از وجود انسانِ واصل. ۲ - **دریا** : کنایه از عالم غیب.

۳ - **جیحون‌ها** : کنایه از قدرت‌ها و عظمت‌های دنیوی.

۴ - **زانو زدن** : ادای احترام کردن، اینجا «زانو زَنَد»، یعنی منکران یا معاندان در برابر او بسیار حقیر و خواراند.

5 - «±¿BUÆ¼¥ºUz¼ˆ »nÃ ³M³ BhMdj²Aw S, {B¼v³T ª»jAk ºC¬nÃ BnjnwT» ª ½BIkÆ

6 - **دَمْدَمه** : wh B{B¼v S,A¾®\BUz¼³¹ BnrÆ

۷ - **نام اعظم با اَقَلّ** : اسم اعظم ذات حق با اسم کمترین مخلوق عالم.

۸ - **جَهان** : جهنده، اینجا گریزنده یا گریزان.

۹ - **این عبارت** : مراد الفاظ و واژه‌ها و به طور کلّی زبانی است که با آن سخن می‌گوییم «لسان قال».

۱۰ - **قاصر** : عاجز، ناتوان، نارسا. ۱۱ - **رُتبت** : رتبه، مرتبه.

۱۲ - **خَس** : فرومایه، اینجا کنایه از «الفاظ». ۱۳ - **اَخَصّ** : خاص‌تر، اینجا کنایه از «معانی و عوالم غیبی».

۱۴ - **رَزْ** : تاک، اینجا مطلق باغ.

۲۹ **پس خریدار است هر یک را جدا — اندر این بازارِ یَفْعَلْ مٰا یَشٰا**[1]

در عالمِ وجود که «عرصهٔ تقدیر و مشیّتِ الهی» است، «بانگِ زاغ» و «نغمهٔ بلبل» هر یک خریدار خود را دارد.

۳۰ **نُقلِ خارستان غذایِ آتش است**[2] **— بویِ گُل قُوتِ دماغ سرخوش است**[3]

خارِ خارزار را می‌سوزانند و عطر گل را مستانه می‌بویند.

۳۱ **گر پلیدی**[4] **پیش ما رسوا بُوَد**[5] **— خوک و سگ**[6] **را شکّر و حلوا**[7] **بود**[8]

اگر ما چیزهای پلید و پلیدی را دوست نداریم، موجودات پست آن‌ها را دوست دارند.

۳۲ **گر پلیدان این پلیدی‌ها کُنند — آب‌ها بر پاک کردن می‌تَنَند**[9]

اگر ناپاکان پلیدی می‌کنند، آب‌ها هم همواره به پاک کردن پلیدی‌ها مشغول‌اند.

۳۳ **گرچه ماران زَهرافشان می‌کنند — ورچه تلخانْ‌مان پریشان می‌کنند**

اگرچه مارها زهر می‌ریزند و انسان‌های بدخو آرامش ما را به هم می‌زنند،

۳۴ **نَحْل‌ها**[10] **بر کوه و کَنْدُو و شجَر — می‌نهند از شَهدْ انبارِ شکَر**

زنبورها در کوه‌ها، کندوها و بر فراز درختان، عسل‌های ناب را انبار می‌کنند.

۳۵ **زهرها هر چند زهری می‌کنند — زود تریاقاتشان**[11] **بر می‌کَنَند**

هرچند زهرها آثار و نتایج بسیار بدی دارند؛ امّا پادزهرها هم آن‌ها را خنثی می‌کنند.

۳۶ **این جهان جنگ است کُل، چون بنگری — ذرّه با ذرّه، چو دین با کافری**

اگر دقّت کنی، می‌بینی که این دنیا شبیه میدان جنگ است. هر چیزی در برابر ضدّ خود قرار گرفته و همانند «ایمان» با «کفر» در تضاد و نبرد است.

---

۱ – اشارتی قرآنی؛ آل عمران: ۴۰/۳ و حج: ۱۸/۲۲. اقتباس لفظی است. «بازار یَفْعَل ما یشا»: عوالمِ وجودی، مراتبِ متعدّد هستی. ۲ – **غذای آتش است :** به درد سوختن می‌خورد. ۳ – بوی گل غذای دماغ سرخوش است.

۴ – **پلیدی :** با یای مصدری یا یای وحدت هر دو یک مفهوم کلّی را می‌رسانند: ناپاکی.

۵ – **رسوا بُوَد :** بدون شأن و قدر است، چیزی که دوست داشتنی نیست.

۶ – **خوک و سگ :** خوک حیوانی نجاست‌خوار است و سگ که مقعد خود را می‌لیسد نجس، کنایه از موجودات ناپاک و پست. ۷ – **شِکّر و حلوا بُوَد :** کنایه از شیرین و دوست داشتنی بودن.

۸ – ناظر است به: نور: ۲۶/۲۴: زنان پلید برای مردان پلیدند... .

۹ – **می‌تَنَند :** از مصدر تنیدن به معنی بافتن و لابه‌لای هم قرار دادن، مجازاً به معنی دور و برِ چیزی یا کسی گشتن و توجّه نشان دادن. گشتن و پیچیدن.

در این چند بیت مراد آن است که: مخلوقات این جهانی در تقابل و تخالف و تضاد با یک‌دیگراند.

۱۰ – **نَحْل :** زنبور عسل. ۱۱ – **تریاق :** پادزهر.

آن یکی ذرّه همی پرّد به چپ وآن دگر سویِ یمین اندر طلب ۳۷

ذرّه‌ای در جست‌وجوی مطلوب به چپ می‌پرد و ذرّه‌ای دیگر به راست.

ذرّه‌یی بالا و آن دیگر نگون جنگِ فعلی‌شان ببین اندر رُکون[۱] ۳۸

ذرّه‌ای به بالا و ذرّه‌ای دیگر به پایین پرواز می‌کند و علی‌رغم آرامش ظاهری، آشکارا با هم در تنازع و جنگ‌اند.

جنگِ فعلی هست از جنگِ نهان زین تَخالُف آن تَخالُف را بدان[۲] ۳۹

این «جنگِ آشکار» نشان «جنگِ نهان» است؛ یعنی تضادّی که با هم دارند به سبب تضادّی است که «ذات» یا «اعیان ثابتهٔ» آن‌ها در علم الهی داشته است.

ذرّه‌ای[۳] **کآن محو شد در آفتاب جنگِ او بیرون شد از وصف و حساب** ۴۰

«سالکی» که بتواند اوصاف خود را در اوصاف حق محو کند، در «آفتاب هستی» فانی شده است و دیگر هویّت فردی مستقلی ندارد که در تقابل یا تضادّ هویّت فردی ذرّهٔ دیگری باشد؛ پس از حیطهٔ جنگِ فردی خارج شده است.

چون ز ذرّه محو شد نَفْس و نَفَس جنگش اکنون جنگِ خورشید است، بس ۴۱

چون آثار حیات مادّی و نَفْسانیِ او محو شد، به حق واصل شده است و جنگِ او، یعنی «فعلِ او»، فعل حق است.

رفت از وی جُنبشِ طبع و سکون از چه؟ از اِنّا اِلَیْهِ راجِعُون[۴] ۴۲

دیگر حرکت و سکون او نشانهٔ جنبش و سکون سرشت طبیعی نیست؛ زیرا به اصل خود بازگشته و واصل شده است.

ما به بحرِ[۵] **تو ز خود راجع شدیم**[۶] **وز رَضاعِ**[۷] **اصل مُسترضِع**[۸] **شدیم** ۴۳

پروردگارا، ما «خودمحوری» را رها کردیم و با «حق محوری» به سوی تو بازگشتیم و از سرچشمهٔ حقیقی شیر خوردیم.

---

۱ - **رُکون** : سکون، آرامش.

۲ - ذات اشیا در علم الهی برخاسته از صفات متقابلهٔ جمالی و جلالی حق تعالیٰ است؛ پس این تخالف و تنازع و تضاد به سبب تنوّع و تکثّرِ اسما و صفات حق است. ۳ - **ذرّه** : اینجا کنایه از سالک.

۴ - اقتباس لفظی از: بقره: ۱۵۶/۲: ما به سوی او باز می‌گردیم. ۵ - **بحر** : مراد دریای وحدانیّت است.

۶ - **راجع شدیم** : مراجعت کردیم، بازگشتیم.

۷ - **رَضاع** : شیر خوردن طفل از پستان مادر، اینجا از پستانِ حقایق. ۸ - **مُسْتَرْضِع** : شیر خورنده.

در فـــروعِ راه[1] ای مـــانده ز غـول[2]! لاف کم زن از اصول، ای بی اصول[3]! ۴۴

ای آنکه گول راهنمایِ دروغین را خورده و در بیراهه مانده‌ای، ای عاری از حقیقت، این قدر از حقیقت دم مزن.

جنگِ ما و صلحِ ما در نـورِ عَـین[4] نیست از ما، هست بَـیْنَ اِصْـبَعَیْن[5] ۴۵

چشم حقیقت‌بین که به نور باطنی می‌نگرد، می‌داند که جنگ ما و صلح ما، از ما نیست؛ زیرا دلِ بندگان مؤمن در میان دو انگشت «لطف» و «قهر» حق است.

جنگِ طبعی، جنگِ فعلی، جنگِ قول در میانِ جزوها، حـربی است هـول[6] ۴۶

نزاع میان سرشت‌ها، درگیری و نزاع‌های عملی یا لفظی در میان اجزای متعدد و مختلف این جهان نزاعی وحشتناک است.

این جهان زین جنگ قایم می‌بُوَد در عـناصر درنگـر، تـا حـل شـود ۴۷

بنیادِ آفرینش، این دنیای مادّی بر اساس وجودِ همین تضادها است. اگر به چهار عنصر اصلی حیات مادّی دقّت کنی، متوجّه می‌شوی.

چار عنصر[7] چار اُستونِ قـوی‌ست که بدیشان سقفِ دنیا مُستوی[8]ست ۴۸

چهار عنصر اصلی همانند ستون‌های محکمی سقف دنیا یا «هستی مادّی» را نگاه داشته‌اند.

هــر ســتونی اشکــنندهٔ آن دگــر اُســـتنِ آب اشکـــنندهٔ آن شَــرَر ۴۹

هر یک از این عناصر با عنصر دیگر در تضاد است؛ مثلاً آب، آتش را خاموش می‌کند.

پس بـــنایِ خَــلق بـر اضـداد بـود لاجرم ما جنگی‌ایم از ضَرّ و سـود ۵۰

بنابراین، اساس خلقت بر تضادّ و ترکیب عناصراست و ما هم به ناچار برای سود و زیان در نبردیم.

---

۱ - **فروعِ راه :** راه‌های فرعی، بیراهه.

۲ - **غولَ :** شیطان، وسوسهٔ شیطانی یا نفسانی، اینجا مراد مدّعی لاف‌زن.

۳ - **اصول :** در این بیت به عالمانی که از «علم اصول»، یعنی روش علومی همانند تفسیر، حدیث و کلام بحث می‌کنند و تنها دانش را کافی می‌دانند، طعنه می‌زند، نثر و شرح مثنوی شریف، گولپینارلی، ج پنجم، ص ۴۸۲.

۴ - **نورِ عَین :** اینجا نور بصیرت، دیدهٔ باطنی.

۵ - **بَیْنَ اِصْبَعَیْن :** اشاره به حدیث: ۷۶۴/۱، که دلِ مؤمن بین دو انگشت حق است و چنان که اراده کند دل را می‌گرداند. ۶ - **هَوْل :** ترس، اینجا ترسناک یا هولناک.

۷ - **عناصر اربعه :** قدما آتش، آب، باد و خاک را عناصر اربعه می‌نامیدند که اجزای به وجود آورندهٔ هستیِ مادّی‌اند. ۸ - **مُسْتَوی :** برابر، یکسان.

هست احـــوالم خـــلافِ هـــمدگر   هـر یکی بـا هـم مـخالف در اثـر ۵۱

حال درونیِ من و یا هر انسانی نیز همین است. حالات درونی‌ام با هم تضاد دارند. لحظه‌ای مرا به این سو و لحظه‌ای در جهت مخالف آن می‌کشانند.

چونکه هر دم راهِ خـود را مـی‌زنم[1]   با دگر کس سـازگاری چـون کـنم؟ ۵۲

چون هر لحظه حال درونی‌ام مرا به سویی می‌برد و احوالم ثباتی ندارد، چگونه می‌توانم با دیگران ثابت قدم و سازگار باشم؟

مـوجِ لشکـرهایِ احـوالم بـبین   هر یکی با دیگری در جنگ و کین ۵۳

احوال گوناگون درونم همانند سپاهیانی با هم در جنگ‌اند.

می‌نگر در خود چنین جنگِ گـران   پس چه مشغولی به جنگ دیگران؟ ۵۴

به صحنهٔ نبرد عظیم درونت توجّه کن تا فرصتی برای نبرد با دیگران نداشته باشی.

یا مگر، زین جنگ، حقّت واخَـرَد   در جـهانِ صـلحِ یک رنگت بَـرَد ۵۵

شاید خداوند تو را از این همه جدال نجات دهد و به جهان صلح و یک‌رنگی ببرد.

آن جهان جز باقی و آبـاد نـیست[2]   زانکه آن ترکیب از اضـداد نـیست ۵۶

آن جهان «عالم معنا» از اضداد به وجود نیامده و ابدی و آباد است.

ایـن تـفانی[3] از ضِـد آیـد ضِـدّ را   چـون نـباشد ضِـدّ، نَـبْوَد جـز بـقا ۵۷

این «نابودکردن» که در این جهان هست از مخالفت ضد با ضد پیدا شده است. اگر ضدّی نباشد، جز بقا چیزی باقی نمی‌ماند.

نفیِ ضدْ کرد از بهشت آن بی نظیر   که نباشد شمس، و ضِدّش زمهریر[4] ۵۸

خداوند در وصف بهشت فرمود که در آنجا ضدّی وجود ندارد. گرمای سوزان یا سرمای شدید نیست.

هست بی رنگی[5] اصـولِ رنگ‌هـا[6]   صـلح‌ها[7] بـاشد اصـولِ جـنگ‌ها ۵۹

تمام رنگ‌ها از بی‌رنگی برخاسته است و صلح‌ها هم از جنگ‌ها.

---

۱ - **راهِ خود را می‌زنم**: این حال می‌رود و حال دیگری می‌آید.

۲ - بر خلاف این جهان که عالم «کون و فساد» و ناپایدار است. ۳ - **تفانی**: یک‌دیگر را فنا کردن.

۴ - قرآن؛ انسان: ۱۳/۷۶: ... در آنجا نه [گرمای] خورشید بینند و نه سرمای سختی.

۵ - **بی رنگی**: کنایه از عالم وحدت. ۶ - **رنگ**: کنایه از عالم کثرت.

۷ - **صلح**: کنایه از عالم وحدت که در آن تخالف و تضاد و تنازع نیست.

آن جهان است اصلِ این پُرغم وِثاق[1]   وصل باشد اصلِ هر هجر و فراق ۶۰

این دنیای پرغم از آن جهان بی غم به وجود آمده و بازگشت به اصل پایان هر دوری و سختی است.

این مخالف از چه‌ایم ای خواجه[2]! ما؟   وز چه زاید وحدت این اعداد را؟ ۶۱

ای آقا، چرا ما مخالف یک‌دیگریم؟ چرا «وحدت» این «کثرت» را پدید آورد؟

زانکه ما فرعیم و چار اضداد اصل   خویِ خود در فرع کرد ایجادْ اصل[3] ۶۲

زیرا حیات مادّی ما برخاسته از عناصر اربعه است که با یک‌دیگر در تضاد و نبردند.

گوهرِ جان چون ورایِ فصل‌هاست[4]   خویِ او این نیست،[5] خویِ کبریاست[6] ۶۳

«حیات روحانی»ما وابسته به «جان» یا «روح» است که ورای تعدّد و تکثّر، دارای وحدت محض است.

جنگ‌ها بین کآن اصولِ صلح‌هاست   چون نَبی که جنگِ او بهرِ خداست ۶۴

به جنگ‌ها توجّه کن که چگونه بنیان صلح‌اند، همان‌طور که نبردهای پیامبر(ص) برای خدا بود.

غالب است و چیر در هر دو جهان   شرحِ این غالب نگنجد در دهان[7] ۶۵

او چنان رفیع است که در هر دو جهان غالب و چیره است و غیر قابل وصف و بیان.

آبِ جیحون را اگر نتوان کشید   هم ز قدر تشنگی نتوان بُرید ۶۶

اگر همهٔ آب رود جیحون را نتوان خورد، نباید به قدر رفع تشنگی صرف نظر کرد.

گر شدی عطشانِ بحرِ معنوی[8]   فُرجه‌یی کن[9] در جزیرهٔ مثنوی ۶۷

اگر تشنهٔ بحر معانی شدی، در مثنوی که بسان جزیره‌ای در آن بحر بیکران است، تفرّجی کن.

---

۱ - **پُرغم وثاق :** خانهٔ پرغم، کنایه از دنیا که سرشار از ناملایمات و سختی‌هاست.   ۲ - **خواجه :** آقا، سرور.

۳ - خوی عناصر اربعه که تنازع است در ما هم اثر کرده است.

۴ - **ورای فصل‌هاست :** تعدّد و تکثّرپذیر نیست و مربوط به ماورای عالم مادّه است.

۵ - **خویِ او این نیست :** این ویژگی را ندارد؛ یعنی دارای تضاد و تخالف نیست.

۶ - **خویِ کبریاست :** در حدّ خود دارای اوصاف الهی است.

۷ - **نگنجد در دهان :** غیر قابل وصف، غیر قابل گفتن با الفاظ.   ۸ - **بحرِ معنوی :** عوالم غیبی، عالم معنا.

۹ - **فُرجه کردن :** تفرّج کردن، گردش کردن.

فُرجه کن چندانکه اندر هر نَفَس[۱]   مثنوی را معنوی بینی و بس[۲] ۶۸

در این تفرّج روحانی، چنان بیدار و به‌هوش باش که دریابی این «جزیرهٔ امن» فقط معنوی است و بس.

باد کَهْ[۳] را ز آبِ جو[۴] چون واکُند   آبْ یکرنگیِّ خود پیدا کند ۶۹

اگر باد عنایت بر تو وزان باشد و بتوانی خس و خاشاکِ الفاظ و ظواهر را کنار بگذاری، آب معنا که در جوی‌های آن روان است، یکرنگی و صفایی را که در اعماق ژرف خویش نهان داشته است، آشکار می‌کند.

شاخه‌هایِ تازهٔ مرجان ببین   میوه‌هایِ رُسته ز آبِ جان ببین ۷۰

در آن یکرنگی و صفا شاخه‌های تازه و شادابی از مرجانِ عوالم روحانی می‌یابی و می‌توانی به ادراک میوه‌های علوم و معارف الهی که از جریان آب حیات در جانت به ثمر نشسته است، نایل آیی.

چون ز حرف و صوت و دَم یکتا شود   آن همه بگذارد و دریا شود ۷۱

و هنگامی که از حرف و صوت و ظاهر آن گذشتی، درمی‌یابی که گوینده و شنونده به هم می‌پیوندند و حالی را تجربه می‌کنی که ماورای عالم محسوس است.

حرف‌گو[۵] و حرف‌نوش[۶] و حرف‌ها   هر سه جان گردند اندر اِنتها[۷] ۷۲

و بدین ترتیب «حرف‌گو» و «حرف‌نیوش» و «حرف‌ها» در هم می‌آمیزند و جان واحدی می‌یابند.

نان‌دهنده و نان‌ستان و نانِ پاک   ساده گردند از صُوَر، گردند خاک[8] 73

چنانکه نان دهنده و نان گیرنده و نان، صورت ظاهری را رها می‌کنند و خاک می‌شوند.

لیک معنی‌شان[۹] بود در سه مقام[۱۰]   در مراتب، هم مُمَیَّز[۱۱]، هم مُدام ۷۴

امّا مفهوم آن مراتب که با یک‌دیگر تفاوت دارند و سه مقام جداگانه‌اند، باقی می‌مانَد.

۱ - **اندر هر نَفَس :** همواره.   ۲ - باید به ماورای الفاظ توجّه کنی، به معنای آن.
۳ - **کَهْ :** کاه: کنایه از ظاهرِ الفاظ است.   ۴ - **آبِ جو :** کنایه از معانی.   ۵ - **حرف‌گو :** گوینده.
۶ - **حرف‌نوش :** حرف نیوش یا شنونده.   ۷ - **اندر انتها :** پس از کمال یافتن هر یک از کاملان و واصلان.
8 - [illegible]
[illegible]   9 - **معنی :** [illegible]
۱۰ - **مقام :** اینجا مرتبه یا مرحله.   ۱۱ - **مُمَیَّز :** جدا شده.

۷۵   خاک شد¹ صورت، ولی معنی نشد   هر که گوید: شد، تو گویش: نه، نشد

صورتِ ظاهر از بین می‌رود؛ ولی مفهوم نه. هرکس بگوید که مفهوم هم از میان رفت، بگو: نه، چنین نیست.

۷۶   در جهانِ روح²، هر سه مُنتظِر   گه ز صورت هارب³ و گه مُستَقِر⁴

این «اعیان ثابته» در عالم غیب در انتظارند که صورت دنیوی بپذیرند یا نه.

۷۷   امر آید: در صُوَر رو⁵، در رَوَد   باز هم ز امرش مُجرَّد می‌شود⁶

فرمان حق می‌رسد که به صورت ظاهری برو و می‌رود و هرگاه امر شود، از صورت جدا می‌گردد.

۷۸   پس لَهُ الْخَلْقُ و لَهُ الْأَمْرَش⁷ بدان   خلقْ صورت، امرْ جان، راکب⁸ بر آن

بنابراین بدان که «خلق و امر» از خداوند است. «خلق» صورت هر چیز و «امر» جان یا ذات آن چیز است که بر صورت غلبه دارد.

۷۹   راکب و مرکوب⁹ در فرمانِ شاه   جسم بر درگاه و جان در بارگاه

«ظاهر و باطن» همه چیز در سیطرهٔ خداوند است. «قالب جسمانی» در این جهان و «جان» در پیشگاه باری تعالی است.

۸۰   چونکه خواهد کآب¹⁰ آید در سبو¹¹   شاه گوید جَیْش¹² جان را که: اِرْکَبُوا¹³

چون بخواهد که «جان» به کوزهٔ «تن» فرود آید، به سپاه جان فرمان می‌دهد که سوار شوید.

۸۱   باز، جان‌ها را چو خوانَد در عُلو¹⁴   بانگ آید از نقیبان¹⁵ که: اِنْزِلُوا¹⁶

بار دیگر هرگاه اراده کند که جان‌ها را به عالم بالا ببرد، فرشتگان بانگ می‌زنند: فرود آیید.

۱- **خاک شد**: از بین رفت.   ۲- **در جهان روح**: در آن عالم، در عالم غیب.   ۳- **هارب**: گریزنده.
۴- **مُستَقِر**: قرار گیرنده و ساکن، ثابت شونده در جایی.
۵- هستی ظاهری یا دنیایی پیدا کن، به صورت هستی دنیوی ظاهر شو.
۶- از صورت هستی دنیوی خارج شو و به ذات خود بازگرد.
۷- اشارتی قرآنی؛ اعراف: ۵۴/۷: ... بدانید که خلق و امر او راست. در بیت اقتباس لفظی است.
۸- **راکب**: سواره.   ۹- **مرکوب**: هرچه انسان بر آن سوار می‌شود.   ۱۰- **آب**: کنایه از جان.
۱۱- **سبو**: کنایه از قالب عنصری یا تن.   ۱۲- **جَیْش**: سپاه.   ۱۳- **اِرْکَبُوا**: سوار شوید.
۱۴- **عُلُو**: عُلُوّ: بلندی، برتری، مراد عالم بالاست.
۱۵- **نقیبان**: جمع نقیب: سرپرستِ یک گروه خاصّ اجتماعی یا حکومتی، اینجا مراد عزرائیل فرشتهٔ جان‌ستان است.   ۱۶- **اِنْزِلُوا**: نازل شوید، فرود آیید.

بعد از این باریک خواهد شد سخُن[۱] کم کن آتش، هیزمش افزون مکن ۸۲

بعد از این، سخنان ما بسیار ظریف و دقیق خواهد شد. بهتر است شعله و هیزم را بکاهیم،

تا نجوشد دیگ‌هایِ خُرد زود دیگِ ادراکات خُرد است و فُرود[۲] ۸۳

تا دیگِ ادراکِ انسان‌ها که معمولاً بسیار کوچک و حقیر است، زود به جوش نیاید.

پاک سُبحانی که سیبستان[۳] کُند در غَمامِ[۴] حرفشان پنهان کند ۸۴

پاک و منزّه است خداوندی که به عنایت او مثنوی همچون سیبستانی روحانی و الهی در پس پردهٔ حرف و صوت نهان شده است.

زین غَمامِ بانگ و حرف و گفت‌وگوی[۵] پرده‌یی، کز سیب نایَد غیرِ بوی ۸۵

پرده‌ای از ابرِ صوت و حرف و گفت‌وگو بر روی این سیبستان کشیده شده است که از ماورای آن جز مختصر بویی به مشامِ جان نمی‌رسد.

باری، افزون کش تو این بو را به هوش تا سویِ اصلت بَرَد بگرفته گوش ۸۶

اگر مشتاق ادراک معانی از این سیبستانِ عالم معنا هستی، هوشیارانه این بو را استشمام کن تا عطرِ روحانی آن گوش جان تو را بگیرد و به سوی اصلِ خویش ببرد.

بو[۶] نگه دار و بپرهیز از زُکام[۷] تن[۸] بپوش از باد و بودِ[۹] سردِ عام ۸۷

این عِطر روحانی را همواره در مشام جان برقرار دار و از زکام ناشی از هوای نفس بپرهیز. بکوش تا وجود خویش را از خودبینی‌های سرد و ناخوشایند عوام مصون بداری.

تا نینداید[۱۰] مشامت را زَ اثَر ای هواشان از زمستان سردتر ۸۸

تا دمِ سردِ ناآگاهان یا «عوام» که از هوای زمستان هم سردتر است، شامه‌ات را تحت تأثیر قرار ندهد.

---

۱ - اشاره به اوج گرفتن سخن است که به‌سان شعلهٔ عظیمی می‌تواند آتش در درک ناقص و فهم خُرد مستمع بزند.
۲ - **خُرد و فرود**: کوچک و حقیر. ۳ - **سیبستان**: باغ سیب.
۴ - **غَمام**: ابر، کنایه از پرده و حجاب، پوشش.
۵ - **بانگ و حرف و گفت‌وگو**: کنایه از ابزار دنیویِ انتقال مفاهیم و معناست.
۶ - **بو**: اینجا کنایه از ادراک روحانیِ مختصر.
۷ - **زُکام**: عدم درک روحانی به سببِ هوای نَفْس و توجّه به دنیا.
۸ - **تن**: کنایه از تمام وجود است، جسمانی و روحانی.
۹ - **باد و بود**: خودبینی و جهل غافلان یا غیر اهل معنا.
۱۰ - **نینداید**: اندوده نکند، اینجا مسدود نکند یا نپوشاند.

چون جمادند و فسرده و تن شگرف[۱] **مـی‌جهد اَنـفاسشان از تَـلِّ بـرف**[۲] ۸۹

آنان مانند جماد منجمد و افسرده‌اند و بدنی سترگ دارنـد؛ امّـا نَـفَس‌هایشان گـویی از تپه‌های برف بر می‌خیزد.

چون زمین زین برف در پوشد کفن[۳] **تـیغِ خـورشید حُسـامُ‌الدّیـن بـزن**[۴] ۹۰

هنگامی که زمین تن‌ها از چنین برف سنگینی کفن پوش شود، شمشیرِ خورشیدِ جانِ گرم و منوّر حُسام‌الدّین را بر آن‌ها بزن.

هین! بـر آر از شـرقْ سَـیفُ الله[۵] **را** **گرم کن ز آن شرق**[۶] **این درگـاه**[۷] **را** ۹۱

ای حُسام‌الدّین، فوراً شمشیر الهی را از مشرق جان تابناکت بـرکش و ایـن درگـاه را بـا درخشش و تابش آن گرم کن.

بـرف را خـنجر زنـد آن آفـتاب[۸] **سیل‌ها**[۹] **ریزد ز کُـهْ‌ها بـر تُـراب**[۱۰] ۹۲

گرمای آفتاب جان تو بر برف خنجر می‌زند و آن را نابود می‌کند و سبب می‌شود تا از این کوهِ تن‌ها سیلاب‌ها بر خاکِ طبایع بشری جاری گردد.

زانکه لاشرقی‌ست و لاغـربی‌ست[۱۱] **او** **با مُـنجّم**[۱۲] **روز و شب حـربی‌ست او** ۹۳

زیرا او نه به شرق تعلّق دارد و نه به غرب، نوری است لامکان که مقیّد به هـیچ قـیدی نیست و گویی که همواره با «عالمِ ظاهری» به سبب دیدگاه ویژه‌ای که دارد، در تضاد است.

---

۱ - **تن شگرف :** بدن قوی و نیرومند. ۲ - **تلِّ برف :** کنایه از جان سرد و افسرده و تاریک آنان است.

۳ - هنگامی که جان افسرده و عاری از معنا باشد.

۴ - باید از حُسام‌الدّین امداد بخواهی تا زکام جانت برطرف شود.

۵ - **سیف الله :** شمشیر حق، کنایه از نور باطنی مرد حق.

۶ - **شرق :** اینجا کنایه از وجود تابناک حُسام‌الدّین است.

۷ - **درگاه :** اینجا کنایه از عالم یا این جهان که درگاهِ حق است یا درگاه عالم غیب.

۸ - **آن آفتاب :** کنایه از نور حق.

۹ - جاری شدن سیل از کوه، اشاره است به گرم کردن وجود افسردهٔ ناآگاهان.

۱۰ - **تراب :** خاک، اینجا کنایه از وجودِ غافلان. ۱۱ - لاشرقی و لاغربی: مقتبس از سورهٔ نور: ۳۵/۲۴.

۱۲ - **مُنجّم :** اخترشناس، اینجا شاید اهل تنجیم باشد؛ یعنی کسی که به تأثیر کواکب در طالع و سرنوشت افـراد می‌پردازد و هم‌چنین کسی که صرف دانش دنیوی را بدون مبانی معنوی برای توجیه و تفسیر وقایع کافی می‌داند، عالمانِ صاحبِ علم دنیوی در تقابل با عارفان.

که چرا جز من نـجومِ بـی هُـدیٰ[1]   قــبله کـردی از لئیمی و عَـمیٰ[2] ؟ ۹۴

که چرا از پستی و کوری، به جای من، مخلوقی را قبله قرار دادی؟

تـا خـوشت نـاید مَـقالِ[3] آن امـین   در نُــبی[4]، کــه: لاٰ اُحِبُّ آلآفِلین[5] ۹۵

سخن ابراهیم درستکار را که در قرآن گفت: «معبودان افول‌کننده را دوست ندارم»، نپسندیدی.

از قُزَح[6] در پیش ِ مَهْ بسـتی کـمر[7]   زآن همی رنـجی ز وَآنْشَـقَّ آلقَـمَر[8] ۹۶

با جهلِ تمام نورها و جلوه‌های این جهانی را به عنوان حقیقت پذیرفتی و از حقایق غیر قابل انکار روی گرداندی.

منکِری این را کـه شَـمْسٌ کُـوِّرَت[9]   شمسْ پیش ِ تـوست اَعْـلیٰ‌مَرْتبت ۹۷

این آیه را انکار می‌کنی که: «چون خورشید بی‌فروغ شود»؛ زیـرا در نـظرت خـورشید بسـیار بلندمرتبه است.

از سـتاره دیـده تـصریفِ هـوا[10]   نـاخوشت آیـد اذا النّجْمُ هَـویٰ[11] ۹۸

تغییرات جوّی و تغییر شرایط را ناشی از تأثیر ستارگان می‌دانی و از آیهٔ «سوگند به ستاره چون فروگراید» خوشت نمی‌آید.

خــود مــؤثّرتر نـباشد مَـهْ زِ نـان   ای بسا نان که بِبُرَّد عِرقِ[12] جان[13] ۹۹

«ماه» یا «ستاره» در زندگی‌ات مؤثّرتر از نان نیست. چه بسا «نان» که می‌تواند سبب مرگ شود.

---

۱ - **نجومِ بی هُدیٰ :** ستارگان راهِ نیافته. نجوم: جمع نجم: ستاره.   ۲ - **عَمیٰ :** کوری.   ۳ - **مقال :** سخن.
۴ - **نُبی :** قرآن.   ۵ - اشارتی قرآنی؛ انعام: ۷۶/۶.
۶ - **قُزَح :** نام یکی از خدایان فلکی در عصر جاهلیّت: شرح مثنوی مولوی، ج ۶، ص ۲۰۰۰. قوس ناشی از تجزیهٔ نور خورشید پس از باران را، کمان این خدا می دانسته‌اند. همچنین نام یکی از شیاطین هم هست. مراد آنکه: از جهل، باطل را پذیرفتن و حق را رد کردن.
۷ - **در پیش مَهْ کمر بستن :** از ماه که نمادی از نورها یا قدرت‌های این جهانی است، اطاعت کردن و به سبب غفلت ناشی از آن حقایق را ندیدن.   ۸ - اشارتی قرآنی؛ قمر: ۱/۵۴: ... و ماه دوپاره شد.
۹ - اشارتی قرآنی؛ تکویر: ۱/۸۱، اینجا اقتباس لفظی است. تا آیهٔ ۱۴ بیان حوادثی است که در رستاخیز رُخ می‌دهد و اینکه چگونه خورشید بی فروغ می‌شود و ستارگان سیاه و تغییرات عظیمی که به وقوع خواهد پیوست.
۱۰ - **تصریف هوا :** تغییرات جوّی، تغییر شرایط محیط و آب و هوا.
۱۱ - اشارتی قرآنی؛ نجم: ۱/۵۳، اقتباس لفظی است. مراد آنکه: تو فقط پدیده‌های مادّی را می‌شناسی و می‌پذیری و چون در کلام حق، سخن از «غروب کردن ستاره» یا اشاره به «پایان هستیِ این دنیا» و برپایی رستاخیز است، آن را باور نمی‌کنی.   ۱۲ - **عِرق :** رگ.
۱۳ - مراد آنکه: ارادهٔ حق تعالیٰ حیات آدمی را استمرار می‌دهد یا قطع می‌کند و پدیده‌های مادّی ابزار و وسایل‌اند و نباید شأنی بیش از این برای آن‌ها قائل شد.

خود مؤثّرتر نباشد زُهره ز آب   ای بسا آبا که کرد او تن خراب 100

تأثیرِ ستارهٔ ناهید در زندگیِ انسان بیش از «آب» نیست، چه بسا آب به جای استمرار بخشیدن به حیات سبب هلاکت شده است.

مهرِ آن[1] در جانِ توست و پندِ دوست[2]   می‌زند بر گوشِ تو بیرونِ پوست[3] ۱۰۱

امّا تو فقط تأثیر پدیده‌های مادّی را باور داری و اندرز من به گوش ظاهری‌ات می‌رسد نه گوش باطنی.

پندِ ما در تو نگیرد ای فُلان!   پندِ تو در ما نگیرد هم، بدان ۱۰۲

ای فلان، اندرز ما در تو اثر ندارد و اندرز تو هم در ما.

جز مگر مفتاحِ خاص[4] آید ز دوست   که مَقالیدُ السَّمٰوات[5] آنِ اوست[6] ۱۰۳

مگر عنایت پروردگار شامل حال شود، چون «کلیدهای آسمان» از آن اوست.

این سخن همچون ستاره‌ست و قمر   لیک بی فرمان حق نَدْهد اثر ۱۰۴

این سخن همانند ماه و ستارگان است که تأثیرشان بنابر حکم و مشیّت الهی است.

این ستارهٔ بی جهت، تأثیرِ او   می‌زند بر گوش‌هایِ وَحی جو ۱۰۵

این سخن که همان ستارهٔ خارج از جهات است، بر گوش‌هایی تأثیر می‌گذارد که جویای کلام وحی‌اند و می‌توانند از اشارات مثنوی معانی مورد نظر را دریابند.

که: بیایید از جهت[7] تا بی جهات[8]   تا نـدرّانـد شما را گرگِ مات[9] ۱۰۶

می‌گوید: از حیات مادّی به حیات معنوی بیایید تا نَفْس نتواند شما را هلاک کند.

---

۱ - **مهرِ آن** : مهرِ ماه یا ستاره، مهرِ بررسی و کشف تأثیر پدیده‌های ظاهری بر یک‌دیگر و زندگی انسان.

۲ - **دوست** : پروردگار، نبی، ولی، مرد حق.   ۳ - **بیرونِ پوست** : خارج از زندگی مادّی.

۴ - **مفتاح خاص** : کلیدی خاص، مراد لطف و عنایت خداوند است که «گوش» حق‌نیوش باشد.

۵ - اشارتی قرآنی؛ زُمر: ۶۳/۳۹ و شوریٰ: ۱۲/۴۲: او راست کلیدهای آسمان‌ها و زمین... .

۶ - مگر آنکه به لطف حق درِ آسمان‌های معنا به رویت گشوده شود.

۷ - **جهت** : کنایه از عالمِ مادّه یا حیات مادّی است.

۸ - **بی جهات** : کنایه از عالم معنا که مقیّد به جهات ششگانهٔ دنیا نیست.

۹ - **گرگِ مات** : گرگِ مرگ یا مرگی که همچون گرگ درنده است. کنایه از نَفْس و شیطان یا وسوسه‌های نَفْسانی و شیطانی است.

آنـــچنانکه لَـــمعهٔ دُرپـــاش[۱] اوست　　شمسِ دنیا[۲] در صفت خُفّاشِ اوست[۳] ۱۰۷

«اسم حق و اشارات معنوی مثنوی» چنان نورانی و تأثیرگذار است کـه خـورشید در بـرابـر آن همانند خفّاش در مقابل آفتاب است.

هفت چرخِ اَزرقی[۴] در رِقِّ[۵] اوست　　پیکِ ماه[۶] اندر تب و در دِقِّ اوست ۱۰۸

آسمان‌ها و ماه و ستارگان همه بنا بر مشیّت و ارادهٔ پروردگار در گردش‌اند.

زُهـره[۷] چـنگِ مسئله در وی زده[۸]　　مشتری[۹] با نقدِ جان پیش آمـده[۱۰] ۱۰۹

ستارهٔ زهره نیازمند اوست و مشتری مشتاق و خواهان عنایت او.

در هوای دسـتبوسِ[۱۱] او زُحَـل[۱۲]　　لیک خـود را مـی‌نبیند آن مـحل ۱۱۰

زحل آرزوی تقرّب به او را دارد؛ ولی خود را شایستهٔ آن مقام نمی‌داند.

دست و پا مرّیخ[۱۳] چندین خَست از او[۱۴]　　و آن عُطارد[۱۵] صد قلم بشکست از او[۱۶] ۱۱۱

مرّیخ که به جنگ‌جویی شهره شده در برابر او ناتوان است و عطارد که نماد نویسندگی است در شرح قدرت حق صدها قلم شکسته است.

با منجّم این همه انـجُم بـه جـنگ　　کِای رهاکرده تو جان، بُگْزیده رنگ ۱۱۲

ستارگان به زبان حال با ستاره‌شمار در نبردند که تو مایهٔ حیات و هستیِ هر چیز، یعنی «جان» را رها کرده‌ای و ظواهر را گرفته‌ای.

---

۱ - **لَمعهٔ دُرپاش :** نور و درخشش مروارید.　۲ - **شمسِ دنیا :** خورشید.
۳ - **در صفت خفّاش اوست :** در برابر آن همانند خفّاش است و تاب تحمّل درخشش بی نظیرِ آن را ندارد.
۴ - **هفت چرخ اَزرقی :** هفت آسمان لاجوردی. ازرق: کبود.　۵ - **رِقّ :** بندگی.
۶ - **پیکِ ماه :** مراد خودِ ماه است. ماه که مانند پیکی با هلال و یا بدر، روزهای مختلف ماه را اعلام می‌دارد.
۷ - **زهره :** ناهید، ونوس، از درخشنده‌ترین اجرام آسمانی، نزد قدما نمادِ خنیاگری و نوازندگی و طرب است.
۸ - مصراع اوّل: زهره دست سؤال و خواهش به سوی او دراز کرده است؛ یعنی او که به اعتقاد قدما ستارهٔ طرب است برای بقا و حضورش محتاج حق است.
۹ - **مشتری :** بزرگ‌ترین سیّارهٔ منظومهٔ شمسی، برجیس، ژوپیتر، در احکام نجومی نماد سعادت بوده است، ستارهٔ سعد.　۱۰ - مشتری که ستارهٔ سعد است، سعادت و عنایت را از او می‌خواهد.
۱۱ - **دستبوس :** بوسیدن دست، کنایه از باریابی و تشرّف یا تقرّب.
۱۲ - **زُحل :** کیوان، به اعتقاد ستاره‌شناسان «نحس اکبر» است.　۱۳ - **مرّیخ :** بهرام، ستارهٔ جنگ.
۱۴ - مصراع اوّل: مرّیخ چندین بار برای او دست و پایِ خود را زخمی کرده است؛ یعنی در برابر قدرت حق بسی عاجز و ناتوان است.　۱۵ - **عطارد :** قدما عطارد را دبیر فلکی می‌دانستند، نماد نویسندگی و سخن‌سرایی.
۱۶ - مراد آنکه: صدها قلم شکسته شده؛ ولی سخن همچنان ناتمام مانده است؛ زیرا قدرت حق لایتناهی است.

جان وی است و ما همه رنگ و رُقوم[۱] کوکبِ[۲] هر فکرِ او، جانِ نجوم[۳] ۱۱۳

مایهٔ حیات و جان هستی اوست و ما ستارگان رنگ، نقش و عددی «مخلوق» بیش نیستیم. هر پرتوی از اندیشه و علم او حیات‌بخش و خالق ستاره‌ای است.

فکر کو، آنجا همه نور است پاک بهرِ توست این لفظِ فکر ای فکرناک[۴]! ۱۱۴

اندیشه کجاست؟ آنجا همه نورِ محض است. ای اسیر اندیشه، این لفظ را به ناچار برای ادراکِ تو به کار بردم.

هر ستاره خانه دارد در عُلا[۵] هیچ خانه در نگنجد نجمِ ما ۱۱۵

هر ستاره در آسمان محلّ مشخّصی دارد؛ امّا ستارهٔ کلام حق در مکان نمی‌گنجد.

جایْ‌سوز[۶] اندر مکان کِی در رَوَد؟ نورِ نامحدود را حَدْ کِی بُوَد؟ ۱۱۶

نورِ نامحدودی که هرجا ظهور یابد، مکان را به بی‌مکان تبدیل می‌کند، کی در مکان می‌گنجد؟

لیک تمثیلی و تصویری کنند تا که در یابد ضعیفی عشق‌مند ۱۱۷

امّا تمثیل و تشبیه می‌آورند تا سالک مُبتدی یا متوسّط که عشق درک حقیقت را دارد، بتواند بفهمد.

مِثْل نَبْوَد، لیک باشد آن مِثال[۷] تا کند عقل مُجَمّد[۸] راگُسیل ۱۱۸

سخنی که می‌گویند از جمیع جهات همانند و «مثل» نیست و فقط از بعضی جهات شبیه و «مثال» است تا عقلِ دنیوی را که راکد است به فعالیّت و درک مطلب وادارد.

عقلْ سرتیز است،[۹] لیکن پای‌سست زانکه دل ویران شده‌ست و تن درست ۱۱۹

«عقلِ دنیوی» یا «عقلِ جزوی» نکته‌سنج و دقیق است؛ ولی در ادراکِ معانی ثبات قدم و استحکامِ کافی ندارد؛ زیرا صاحب این عقل به آبادانیِ تن خود و وجوه دنیوی‌اش پرداخته نه به عمارت دل.

---

۱ - **رقوم** : رقم‌ها. ۲ - **کوکب** : ستاره، اینجا پرتو. ۳ - **جانِ نجوم** : جانِ ستارگان.
۴ - **فکرناک** : اسیر افکار دنیوی، کسی که ادراک روحانی ندارد. ۵ - **عُلا** : بلندی مرتبه.
۶ - **جای‌سوز** : مکان‌سوز. نوری که مثل آتش است و هرجا باشد مکانِ پیرامون خود را می‌سوزانَد و از بین می‌بَرَد؛ یعنی مکان را به بی مکانی مبدّل می‌کند. ۷ - مثال را به صورت ممال مثیل بخوانید.
۸ - **مُجَمَّد** : جامد شده، منجمد.
۹ - در متن ابتدا «عقل سرتیزست» بوده، بعد «عقل سرْتیزند» به طریق اصلاح نوشته شده است.

عـقلشان در نـقلِ دنـیا پـیچ پـیچ   فکرشان در ترکِ شهوت هیچ هـیچ ۱۲۰

عقل مردم در امور دنیوی و منافعِ آن سخت درگیر است؛ ولی هـرگز در انـدیشهٔ تـرک شهوات و درک معانی نیست.

صدرشان[1] در وقتِ دعوی همچو شرق   صبرشان در وقتِ تقویٰ همچو بـرق ۱۲۱

سینهٔ آنان هنگام ادّعا همانند مشرق نورانی است؛ امّا صبرشان هنگام پرهیزکاری بسان برق ناپایدار است.

عــالِمی انـدر هـنرها خـودنما   هـمچو عـالَم بی وفـا وقتِ وفـا ۱۲۲

در رشته‌های مختلف، عالمانه داد سخن می‌دهند و فضل فروشی می‌کنند؛ امّا در وفای به عهد مانند دنیا بی‌وفا و عالِم بی‌عمل‌اند.

وقتِ خـودبینی نگـنجد در جـهان   در گلوی تنگ گـم گشـته چـو نـان ۱۲۳

هر یک از آنان هنگام خودستایی در جهان نمی‌گنجد و هنگام عمل بسیار حقیر و خُرد است بسان تکّه‌نانی که در گلویی تنگ گُم شده است.

ایـن هـمه اوصـافشان نـیکو شـود   بـد نـمانَد، چـونکه نـیکوجو شـود ۱۲۴

امّا همهٔ این اوصاف می‌تواند به وصف‌هایی نیک تبدیل شود، اگر در طلب نیکی باشند.

گر مَنی[2] گَنده بـود هـمچون مَـنی[3]   چون به جان پیوست، یابد روشنی ۱۲۵

هرچند که خودبینی و انانیّت چون آبِ منی پلید است؛ امّا وقتی به «جانِ نیکوجو» بپیوندد، به نور معارف بَدَل می‌شود.

هـر جـمادی کـه کـند رو در نـبات   از درختِ بـختِ او رُویَـد حـیات ۱۲۶

اگر جماد در شرایطی به نبات مبدّل گردد، از درخت اقبال او حیات روییده است.

هــر نــباتی کآن بـه جـان رو آوَرَد   خضروار از چشمهٔ حـیوان خـورَد ۱۲۷

هرگیاهی که به جان روی آورد، مانند خضر(ع) از چشمهٔ آب حیات سیراب می‌گردد.

باز، جان چون رو سویِ جانان نهد   رخت را در عُـمرِ بـی پـایان نـهد ۱۲۸

همچنین اگر جان آدمی به سوی جانِ جان روی آوَرَد، حیاتِ موقّتی را جاودانی می‌کند.

---

۱ - **صدر**: سینه. ۲ - **مَنی**: خودبینی. ۳ - **مَنی**: آبِ منی.

سؤال سائل: از مرغی که بر سرِ رَبَض[1] شهری نشسته باشد، سرِ او فاضل‌تر است و عزیزتر و شریف‌تر و مُکَرَّم‌تر یا دُم او؟ و جواب دادنِ واعظ سائل را به قدرِ فهمِ او

سائلی از واعظی در باب مرغی که بر باروی شهر نشسته بود، پرسید: از سر و دُم این مرغ کدام فاضل‌تر است؟ واعظ گفت: هر یک که به سوی شهر است، فاضل‌تر است، اگرچه دُم باشد.

در این تمثیل، «مرغ» نمادی است از «جان» آدمی که بر باروی تن خاکی او نشسته است و شهر نمادی از «وطن اصلی» وی یا «ذات حق». «سر» یا «دُم» مرغ در تبیین هدفِ «جان» در این لطیفه مطرح شده و اعتبار در هدف عالی است و رسیدن بدان بدون بال و پر همّت غیر ممکن.

اینکه «شهر» نمادی از عقل کلّ و «ده» نمادی از نَفْس است، نشان این نکته است که مولانا در تقابل شهر و ده که مراتب متفاوت زندگی اجتماعی‌اند، شهر را که عموماً با فرهنگ برتر همراه است، رجحان می‌نهد.

۱۲۹ **واعظی را گفت روزی سائلی   کِای تو مِنبر را سَنی‌تر[2] قایلی[3]**

روزی پرسنده‌ای به واعظی گفت: ای آنکه در منبر خطیب بلندپایه‌ای هستی.

۱۳۰ **یک سؤالستم، بگو ای ذولُباب[4]!   اندر این مجلس سؤالم را جواب**

ای مرد خردمند، سؤالی دارم. اینک در این مجلس به سؤال من پاسخ بده.

۱۳۱ **بر سر بارو یکی مرغی نشست   از سر و از دُم، کدامینش بِهْ است؟**

اگر پرنده‌ای بر بالای بارویی بنشیند، از سر و دُم آن پرنده کدام یک بهتر است؟

۱۳۲ **گفت: اگر رویش به شهر و دُم به دِه   رویِ او از دُمِّ او میدان که بِهْ**

واعظ گفت: اگر روی او به سوی شهر و دُمش به طرف ده باشد، سرش بهتر از دُم اوست.

۱۳۳ **ور سویِ شهر است دُم، رویش به دِه   خاکِ آن دُم باش و از رویش بِجِهْ**

امّا اگر دُمش به سوی شهر و رویش به ده باشد، با دُم او متواضع باش و از رویش بپرهیز.

۱۳۴ **مرغ با پَر می‌پرد تا آشیان   پَرِّ مردم همّت است ای مردمان!**

پرنده توسّط پر به سوی آشیانه پرواز می‌کند. ای انسان‌ها، آدمیان نیز برای پرواز به سوی آشیانهٔ راستینی که از آن برخاسته‌اند، با بال و پر همّت می‌توانند اوج بگیرند.

---

۱ - **رَبَض**: بارو، دیواره.   ۲ - **سَنی**: رفیع.   ۳ - **قایل**: گوینده.   ۴ - **ذولباب**: خردمند.

۱۳۵ **عاشقی کآلوده شد در خیر و شر — خیر و شر منگر تو، در همّت نگر**

شرطِ صلاحِ عاشقی که به خیر و شر آلوده شده، همّت اوست، باید بدان نگریست.

۱۳۶ **باز، اگر باشد سپید و بی نظیر — چونکه صیدش موش باشد، شد حقیر**

اگر باز شکاری سپید و بی‌نظیری، به شکار موش بپردازد، موجودی حقیر و پست است.

۱۳۷ **ور بُوَد جُغدی و میل او به شاه — او سَرِ باز است، منگر در کلاه**

امّا اگر جغدی مشتاقِ شاه باشد، این جغد، همّت باز را دارد، نباید به ظاهرش نگریست.

۱۳۸ **آدمی، بر قدِّ یک طشتِ خمیر — بر فزود از آسمان و از اثیر**[1]

انسان که جسم او به اندازهٔ تشتی از خمیر است، به اعتبار جان مجرّد از آسمان و اثیر برتر است.

۱۳۹ **هیچ کَرَّمْنا شنید این آسمان — که شنید این آدمیِ پُر غَمان؟**

آیا آسمان هرگز خطابِ «گرامی داشتیم» را که به انسان پراندوه شد، شنیده است؟

۱۴۰ **بر زمین و چرخ عرضه کرد کس — خوبی و عقل و عبارات و هوس؟**

آیا هرگز هیچ کس زیبایی، خرد، سخنگویی و عشق را به زمین و آسمان عرضه کرده و به آن‌ها به سبب این اعتبارات بالیده است؟ هرگز چنین نکرده؛ زیرا برای زمین و چرخ در تقابل با جان آدمی ارجی قائل نبوده است.

۱۴۱ **جلوه کردی هیچ تو بر آسمان — خوبی روی و اصابت در گمان؟**

آیا هرگز زیبایی روی و صحّت اندیشه‌ات را به آسمان عرضه کرده‌ای؟

۱۴۲ **پیش ِ صورت‌هایِ حمّام ای وَلَد! — عرضه کردی هیچ سیمْ‌اندامِ خَود؟**

ای فرزند، آیا هرگز اندام بلورین خود را در برابر نقش‌های گرمابه عرضه کرده‌ای؟

۱۴۳ **بگذری زآن نقش‌هایِ همچو حور — جلوه آری با عجوزِ نیم‌کور**[2]

از آن نقش‌های پری‌وش می‌گذری؛ امّا نزد پیرزنی نیم‌کور خودنمایی می‌کنی.

۱۴۴ **در عجوزه چیست کایشان را نَبُود؟ — که تو را زآن نقش‌ها با خود ربود**

در وجود آن عجوزه که توجّه‌ات را جلب می‌کند چه چیزی هست که آن نقوش ندارند؟

---

۱ - **اثیر**: کُرهٔ نار که بالای کُرهٔ هواست.

۲ - **عجوز نیم‌کور**: زنی که زیبایی و شادابیِ جوانی را از دست داده است.

دفتر ششم ۳۳

تـو نگـویی، مـن بگـویم در بـیان　　　عقل و حسّ و درک و تدبیر است و جان ۱۴۵

اگر تو نمی‌گویی، من می‌گویم: خرد، احساس، ادراک، اندیشه و جان.

در عجوزه جـانِ آمـیزش‌کُنی است　　　صـورتِ گـرمابه‌ها را روح نـیست ۱۴۶

در پیرزن روحی است که می‌توان با آن ارتباط برقرار کرد؛ امّا در صورتِ حمّام‌ها نیست.

صـورتِ گـرمابه گـر جُـنبش کـند　　　در زمـان او از عَـجوزت بـر کَـنَد[1] ۱۴۷

اگر نقش گرمابه حیات داشته باشد، فوراً تو را از آن پیرزن دل‌زده می‌کند.

جان چه باشد؟ باخبر[2] **از خیر و شر　　　شاد با احسان**[3] **و گریان از ضـرر**[4] ۱۴۸

«جان» چیست؟ جان عبارت است از «آگاهی یا معرفت» که در اثرِ سود و زیان، شاد یا غمگین می‌شود.

چون سِر و ماهیّتِ جان مَخْبَر است[5] **　　　هـر کـه او آگـاه‌تر بـا جـان‌تر است** ۱۴۹

چون راز و «ذاتِ جان» آگاهی است، هر کس که آگاه‌تر است، روحِ کامل‌تری دارد.

روح را تأثـیر، آگـاهی بُـوَد　　　هـر کـه را ایـن بـیش، اَلّـلهی بُـوَد ۱۵۰

تأثیرِ روح ناشی از تأثیرِ آگاهی است. هر کس در کمالِ آگاهی باشد، انسانِ الهی است.

چون خبرها هست بیرون زین نهاد[6] **　　　باشد این جان‌ها**[7] **در آن میدان جماد** ۱۵۱

چون در ماورای این عالم مادّی هم آگاهی‌هایی هست، جان عامِ خلق در آن عرصه همانند جماد فاقد آگاهی است.

جـانِ اوّل مَـظهرِ درگـاه[8] **شـد　　　جـانِ جـان**[9] **خـود مَـظهرِ الله شـد** ۱۵۲

«جان اوّل» یعنی جانی که موجب حیات دنیوی و تجلّی‌گاه درگاه الهی است؛ امّا «جانِ جان»، جانِ کمال یافته یا تجلّی‌گاه حق است که در بارگاه حضور دارد.

---

۱ - تا به نقش‌های جان‌دار توجّه کنی؛ یعنی به آن موجودات زندهٔ دیگر.　　۲ - **باخبر** : آگاه.
۳ - **احسان** : نیکی، خوبی، در تصوّف: نیکی در برابر بدی دیگران.
۴ - مراد آنکه: به سود و زیان معنوی توجّه دارد، به چیزی خارج از سود یا زیان دنیوی که همان ارتقا یا ترقّی در جهت کمال است.　　۵ - **مَخْبَر** : آگاهی.　　۶ - **نهاد** : بنیاد و اساس، سرشت و طبیعت، مقام و جایگاه.
۷ - جان‌هایی که اهل معنا نیستند و فقط به ظواهر توجّه می‌کنند. جان در پایین‌ترین مرتبهٔ خود، یعنی جانِ حیوانی.
۸ - **درگاه** : کنایه از «دنیا» که چون مخلوق است، محلّ ظهورِ نورِ حق در مراتب متعدّد هستی است.
۹ - **جانِ جان** : جانِ واصل که به کمال خود رسیده و نور حق در آن متجلّی است.

آن ملایک جمله عقل و جان بُدند جانِ نو[1] آمد که جسمِ آن بُدند ۱۵۳

فرشتگان همه «خرد و جان» بودند و چون «روحِ آدم»(ع) که در کمال آگاهی و علم بود، آفریده شد، «خرد و جانِ» فرشتگان در قبال آن «جسم» به حساب می‌آمد.

از سعادت چون بر آن جان برزدند همچو تن آن روح را خادم شدند ۱۵۴

چون از سعادت برخوردار بودند و مرتبهٔ خود را در برابر او دانستند، مانند تن در سیطرهٔ آن روحِ عظیم قرار گرفتند.

آن بلیس از جان، از آن سَر بُرده بود یک نشد با جان، که عُضوِ مُرده[2] بود ۱۵۵

ابلیس مرتبهٔ خود را نفهمید و سرپیچی کرد و با جان عظیم آدم(ع) متّحد نشد؛ زیرا عضوی مُرده و فاقد حیات بود.

چون نبودش آن، فدایِ آن نشد دستِ بشکسته مطیع جان نشد ۱۵۶

چون ابلیس فاقد جان آگاه بود، حاضر نشد در خدمت جان باشد و فدای او شود. مانند دستِ شکسته که از جان پیروی نمی‌کند.

جان نشد ناقص گر آن عضوش شِکَست کآن به دستِ اوست، توانَد کرد هست[3] ۱۵۷

اگر عضوی بشکند، جان صدمه نمی‌بیند. توانایی کافی دارد که دوباره آن را به وجود آوَرَد؛ یعنی وجودِ کاملان با دست شکسته هم کامل است.

سِرِّ دیگر هست، کو گوشِ دگر[4]؟ طوطیی[5] کو مُستعدِّ[6] آن شَکَر[7]؟ ۱۵۸

سرّ دیگری هم هست؛ امّا آن گوش رازشنو کجاست؟ آن «اهل دل» یا «اهل معرفت» کجاست تا بتواند شیرینی و لطفِ معارف والا را دریابد؟

---

۱ - **جانِ نو** : مراد روحِ آدم(ع) است که همهٔ نیروهای آسمانی و زمینی در سیطرهٔ او قرار گرفتند.

۲ - **عضوِ مُرده** : آگاهی و دانش فرشتگان در او نبود و حدّ خود را در نیافت. عضوِ زنده تحتِ فرمان مغز فعّالیت می‌کند. عضو مُرده فرمان را در نمی‌یابد و بدان عمل نمی‌کند.

۳ - اشاره به قدرت تامِّ حق که فقدان یا نقصِ هیچ یک از اجزای هستی نمی‌تواند به آن صدمه بزند. همچنین اشاره به قدرت کاملان که می‌توانند این دست‌های شکسته را به «جان هستی» پیوند دهند.

۴ - **گوشِ دگر** : گوشِ باطن. ۵ - **طوطی** : کنایه از سالک متعالی با ادراک برتر.

۶ - **مستعد** : دارای استعداد و قابلیّت، اینجا شایسته. ۷ - **شکر** : کنایه از علوم و اسرار، معارف والا.

طوطیانِ خـاص[1] را قـندی‌ست ژرف　　طوطیانِ عام[2] از آن خور[3] بسته‌طَرْف[4] ۱۵۹

سالکانِ متعالی از شهود و ادراکی برتر برخوردارند که سالکان مبتدی یا متوسّط از آن بی‌بهره‌اند.

کی چَشَد درویشِ صورت[5] زآن زکات[6]　　مـعنی است آن، نـه فَـعُولُن فـاعلات[7] ۱۶۰

آن رازِ خاص سراسرمعنی است. لفظ یا عبارت نیست که همه بگویند و بفهمند.

از خرِ عیسی[8] دریغش نیست قـند　　لیک خر آمد به خـلقت کَـهْ[9] پَسَند ۱۶۱

پروردگار، این شکرِ معارف والا را از «وجه نَفْسانیِ» انسان دریغ ندارد؛ امّا خلقت و قابلیّتِ درک این وجه در حدِّ ظواهر است و همان را که می‌فهمد، می‌پسندد.

قندْ خـر را گـر طـرب انگـیختی[10]　　پیشِ خر قِـنطار[11] شَکَّـر ریـختی ۱۶۲

اگر توانایی و استعدادِ درک آن را داشت، مسلّماً به او فراوان می‌دادند.

مـعنیِ نَـخْتِم عَـلیٰ اَفْـواهِـهِم[12]　　این شناس، این است رَهْرو را مُـهِم ۱۶۳

بدان که مفهوم آیهٔ «بر دهان‌هایشان مُهر می‌زنیم» همین است. سالک باید این را بداند.

تـــا ز راهِ خـــاتمِ پـــیغمبران[13]　　بو که برخـیزد ز لب خـتم[14] گـران ۱۶۴

اگر بفهمد و پیروی کند شاید به حرمت راهِ خاتمِ پیامبران، آن مُهرِ سنگین را بردارند.

---

۱ - **طوطیانِ خاص** : کنایه از سالکان متعالی.　　۲ - **طوطیانِ عام** : سالکان مبتدی یا متوسّط.

۳ - **خور** : خوراک، اینجا رزق روحانی.

۴ - **طَرْف** : چشم. «بسته‌طرف» کسی که بینش یا نظری بسته دارد، کنایه از بی بهره بودن.

۵ - **درویشِ صورت** : نیازمندِ ظواهر، کسی که عمیقاً نیازمند به ادراک معانی نیست و فقط حرفی می‌زند و به دنباله‌روی از این و آن های و هویی می‌کند.

۶ - **آن زکات** : اینجا آن عنایت و بهرهٔ خاص، فضل الهی برای بهره‌مندی از علوم و اسرار.

۷ - **فَعُولُن فاعلات** : اشاره به اوزان عروضی، کنایه از قالب یا لفظ.

۸ - **خر عیسی** : کنایه از «اهل دنیا» و یا «وجه نفسانی» نَفْس آدمی که مادّی است و عرصهٔ ادراکِ او عالم مادّه است.

۹ - **کَهْ** : کاه، کنایه از ظواهر.　　۱۰ - اگر آن را می‌فهمید و شاد می‌شد.

۱۱ - **قِنطار** : واحد وزن، می‌تواند صد من باشد، اینجا خیلی زیاد.

۱۲ - اشارتی قرآنی؛ یس: ۶۵/۳۶: امروز [در قیامت] بر دهان‌هایشان مُهر می‌گذاریم... . تا کافران و خلاف‌کاران نتوانند چیزی بگویند و اندام‌هایشان به اعمالشان شهادت دهند. اینجا اشاره به ناآگاهانی است که غفلتِ از حقایق تمام قابلیّت و استعدادِ ذاتیِ ادراکِ معارف را از آنان گرفته است.

۱۳ - خاتمِ پیامبران: قرآن: احزاب: ۴۰/۳۳.　　۱۴ - **ختم** : مُهر.

ختم‌هایی کَانبیا بگذاشتند[1] آن به دینِ احمدی برداشتند ۱۶۵

مُهرهایی را که پیامبران نهاده بودند، به احترام دین احمدی(ص) برداشته شد.

قفل‌هایِ ناگشاده مانده بود از کفِ اِنّا فَتَحْنا[2] بر گشود ۱۶۶

بعضی قفل‌ها همچنان بسته بود که آن‌ها را هم بنا بر مشیّت الهی گشودند.

او شفیع است این جهان و آن جهان این جهان زی دین و آنجا زی جِنان ۱۶۷

پیامبر در دو جهان شفیع است، در این دنیا برای نور ایمان و در آن دنیا برای تقرّب به حق.

این جهان گوید که: تو رَه‌شان نما وآن جهان گوید که: تو مَه‌شان نما[3] ۱۶۸

در این دنیا می‌گوید: پروردگارا، هدایت‌شان کن و در آن جهان می‌گوید: اجازهٔ شهود بده.

پیشه‌اش اندر ظُهور و در کُمون[4] اِهْدِ قَوْمي اِنَّهُمْ لاٰ یَعْلَمُون[5] ۱۶۹

کارِ پیامبر(ص) در ظاهر و باطن این است که: پروردگارا، قوم مرا هدایت کن که ناآگاه‌اند.

باز گشته از دَمِ او هر دو باب در دو عالم دعوتِ او مُستجاب ۱۷۰

دروازهٔ این جهان و آن جهان به برکت نَفَس پاک او باز است و دعای وی مستجاب.

بهرِ این خاتِم شده است او که به جُود[6] مِثْلِ او نه بود و نه خواهند بود ۱۷۱

پیامبری با او ختم شد؛ زیرا در بخشندگی مانند نداشته و نخواهد داشت.

چونکه در صنعت بَرَد استاد دست نه تو گویی: ختمِ صنعت بر تو است؟ ۱۷۲

اگر استادی در صنعتی برتر باشد، مگر نمی‌گویی: تو این هنر را به کمال رساندی و به دست تو ختم شده است؟

---

۱ - اشاره به تباهی و فساد اقوامِ گذشته که سبب بسته شدن دل و زبان‌شان شد.

۲ - اشارتی قرآنی؛ فتح: ۱/۴۸: همانا گشایشی آشکار در کار تو پدید آوردیم.

۳ - **مَه‌شان نما :** ماهِ جمالت را نشان بده، اجازه بده ببینند. اشاره به خبر: شما به زودی خدایتان را خواهید دید، همان‌طور که این ماه را می‌بینید. هرچند که دیدن ماه برای همه یک‌سان نیست: احادیث، ص ۵۲۲.

۴ - **کمون :** پوشیدگی.

۵ - اشاره به حدیث: ر.ک: ۱۸۷۳/۲. مربوط به جنگ اُحُد که سنگ‌هایی به سوی پیامبر(ص) پرتاب کردند که دندان ایشان شکست؛ امّا رسولِ خدا(ص) دست به دعا برداشت که خدایا، قوم مرا هدایت کن که نادان‌اند.

۶ - **جُود :** بخششِ بدون توقّع به صرفِ بخشندگی.

درگشادِ ختم‌ها[1] تو خاتمی[2] در جهانِ روح‌بخشان[3] حاتمی[4] ۱۷۳

ای پیامبر(ص)، درگشودن مُهرها تو برترین و برای ارتقای جان‌ها عالی‌ترین هستی.

هست اشاراتِ محمّد، اَلْمُراد کُل گشاد اندر گشاد اندر گشاد ۱۷۴

خلاصه، راهِ او و تعلیمات او همه سبب گشایش امور دنیوی و اُخروی است.

صدهزاران آفرین بر جانِ او بر قدوم[5] و دورِ فرزندانِ او[6] ۱۷۵

صدها هزار درود بر جانِ پاکِ او و دورانِ ظهور و حضور فرزندان او باد.

آن خلیفه‌زادگانِ[7] مُقبِلش زاده‌اند از عُنصرِ جان و دلش ۱۷۶

انسان‌های سعادتمندی که از عنصر جان و دل وی‌اند.

گر ز بغداد و هَری[8] یا از ری‌اند بی مزاجِ آب و گِل[9] نسلِ وی‌اند[10] ۱۷۷

مهم نیست که این انسان‌های سعادتمند از کدام آب و خاک‌اند، چون بدون نسبت یا پیوند این جهانی از نور و تربیت روحانی او برخوردار شده‌اند.

شاخِ گُل هر جا که روید، هم گُل است خُمِّ مُل[11] هر جا که جوشد، هم مُل است ۱۷۸

شاخهٔ گل هر جا بروید، گُل است. خُم شراب هرجا بجوشد، شراب است.

گر ز مغرب بر زَنَد خورشیدْ سر عینِ خورشید است، نه چیزِ دگر[12] ۱۷۹

اگر خورشید به جای مشرق از مغرب طلوع کند، باز هم خورشید است.

عیبْ‌چینان را از این دَم کور دار هم به ستّاریِ خود ای کردگار! ۱۸۰

ای پروردگار، به حقّ ستّاری‌ات که چشمِ مُنکران را بپوشان تا نتوانند دَمِ پاک این سعادتمندان را ببینند و به آن‌ها صدمه بزنند.

---

۱ - **ختم :** مُهر. ۲ - **خاتم :** آخرین نفر، یعنی برترین، توانمندترین.

۳ - **در جهان روح‌بخشان :** در عالمی که حیات روحانی می‌بخشند؛ یعنی حیات دنیوی را ارتقا می‌دهند و به کمال می‌رسانند. ۴ - **حاتم :** حاتم طایی، کنایه از بخشندگیِ بی نظیر.

۵ - **قدوم :** از سفر باز آمدن، اینجا ظهور. ۶ - نسل پیامبر(ص).

۷ - **خلیفه زادگان :** اولاد و انساب حضرت علی(ع) و همچنین در مفهوم عامِ آن انسان‌ها، انسان خلیفه‌زاده و از نسل آدم(ع) است، انسان‌های متعالی. ۸ - **ز بغداد و هَری :** از شهر بغداد یا هرات، یعنی از هرجا.

۹ - **بی مزاجِ آب و گِل :** بدون پیوند این جهانی، بدون نسبت دنیوی.

۱۰ - اشاره به حدیث: هر باتقوایی اهل بیت پیامبر(ص) محسوب می‌شود: احادیث، ص ۵۲۲.

۱۱ - **مُل :** شراب. ۱۲ - این تمثیل‌ها در بیان وحدت ذاتی نور انبیا و اولیا با نور محمّدی(ص) است.

گفت حق: چشمِ خفّاشِ بدخصال[۱] بسته‌ام من ز آفتابِ بی مثال[۲] ۱۸۱

خداوند فرموده است: من چشمِ خفّاش بدخوی را از دیدار آفتابِ بی مثال بسته‌ام.

از نظرهایِ خفّاشِ کَمّ و کاست[۳] اَنجُمِ[۴] آن شمس نیز اندر خَفاست ۱۸۲

ستارگان آن آفتاب نیز از چشم خفّاشان نهان‌اند.

نکوهیدن[۵] ناموس‌های پوسیده[۶] را که مانع ذوق ایمان[۷] و دلیلِ ضعفِ صدق‌اند و راه‌زنِ صدهزار ابله، چنان که راه‌زنِ آن مُخَنَّث[۸] شده بودند گوسفندان، و نمی‌یارست گذشتن، و پرسیدنِ مخنّث از چوپان که: این گوسفندانِ تو مرا عجب گزند؟[۹] گفت: اگر مردی و در تو رگِ مردی هست همه فدایِ تواَند، و اگر مخنّثی هر یکی تورا اژدرهاست. مخنّثی دیگر هست که چون گوسفندان را بیند، درحال از راه باز گردد، نیارَد پرسیدن، ترسد که: اگر بپرسم، گوسفندان در من افتند و مرا بگزند

ای ضیاءُ الحق[۱۰] حُسام‌الدّین! بیا ای صِقالِ[۱۱] روح و سلطانُ اَلهُدیٰ! ۱۸۳

ای ضیاءالحق، حُسام‌الدّین، ای جلا دهندهٔ روح و ای سلطان هدایت، بیا.

مثنوی را مَسْرَحِ مشروح[۱۲] دِه صورتِ امثالِ او را روح دِه ۱۸۴

به مثنوی قابلیّت و توانایی بیشتری بده تا مَثَل‌های آن جان‌دار و تأثیرگذارتر گردند.

تا حروفش جمله عقل و جان شوند سوی خُلدستان جان[۱۳] پَرّان شوند ۱۸۵

تا تمام حروفش خرد و جان یابند و به سوی عالمِ معنا پرواز کنند.

---

۱ - معاندان به خفّاش بدخوی مانند شده‌اند که قادر به تحمّل نورِ پاکِ کاملان و واصلان نیستند و از آن روی برمی‌تابند. ۲ - **آفتابِ بی مثال :** نور درون بزرگان که موجب هدایت و ارتقاست.

۳ - **کم و کاست :** ناقص، به صورت صفت به کار رفته است. ۴ - **انجم :** ستارگان.

۵ - **نکوهیدن :** نکوهش.

۶ - **ناموس‌های پوسیده :** آبرو و شهرت‌های این جهانی، در نظر خلق خود را به خیر و صلاح آراستن و به آن ارج نهادن. ۷ - **ذوق ایمان :** لذّت ایمان. ۸ - **مُخَنَّث :** نامرد، اَمْرَد.

۹ - **گزند :** گاز می‌گیرند. با دندان می‌گیرند. ۱۰ - **ضیاءُالحق :** نور حق، لقب حُسام‌الدّین.

۱۱ - **صِقال :** صیقل دادن، اینجا در معنی مصدر: صیقل دهنده.

۱۲ - **مَسْرَحِ مشروح :** چراگاه وسیع و پهناور، مراد وسعت و قابلیّت افزون‌تر است.

۱۳ - **خُلدسَتان جان :** کنایه از عالم معنا.

هم به سعیِ تو ز ارواح آمدند   سویِ دامِ حرف، و مُسْتَحْقَن[۱] شدند ۱۸۶

حروفی که به کوشش تو برای بیان معانی از عالمِ جان آمدند و در قالب الفاظ گرفتار شدند.

باد عمرت در جهان همچون خَضِر   جانفزا و دستگیر و مُستمِر ۱۸۷

عمرت در جهان، همانند خضر(ع) جان‌بخش و یاری‌دهنده و پایدار باد.

چون خَضِر وَ الیاس[۲] مانی در جهان   تا زمین گردد ز لطفت آسمان[۳] ۱۸۸

مانند خضر(ع) و الیاس(ع) جاودانه بمان تا به برکت وجودت همهٔ سالکان متعالی شوند و به آسمان معنا راه یابند.

گفتمی از لطفِ تو جزوی ز صد   گر نبودی طُمْطُراق[۴] چشمِ بد ۱۸۹

اگر تأثیر چشمِ بدِ حسودان نبود بخشی از الطافِ تو را بیان می‌کردم.

لیک از چشمِ بدِ زَهرابْ‌دَم   زخم‌هایِ روح‌فرسا خورده‌ام ۱۹۰

امّا از امواجِ زهرآگینِ چشم‌های بد، زخم‌های جان‌فرسا خورده‌ام.

جز به رمزِ ذِکرِ حالِ دیگران   شرحِ حالت می‌نیارم در بیان ۱۹۱

به این سبب، حال روحانیِ تو را جز با رمز در شرح حال دیگران نخواهم گفت.

این بهانه هم ز دستانِ[۵] دلی‌ست   که از او پاهایِ دل اندر گِلی‌ست ۱۹۲

این بهانه، تدبیر و چاره‌جوییِ دل من است که حال عاشقانهٔ غالب بر جانم را تحت تأثیر قرار می‌دهد.

صد دل و جان عاشقِ صانع شده   چشمِ بد یا گوشِ بد مانع شده ۱۹۳

همواره چشم و گوش بدِ منکرانِ حقایق، سدّی برای ابراز احساسات حقیقی بوده است.

---

۱ - **مُسْتَحْقَن :** حقیر شمرده شده، حقیر.

۲ - **الیاس :** نام پیامبری که گفته‌اند مانند خضر(ع) عمری جاودانه دارد و خدمت به درماندگان دریاها و کشتی‌ها با اوست همچنان که یاری به مسافران خشکی با خضر(ع) است. نام وی در انعام: ۸۵/۶ و صافّات: ۱۲۳/۳۷، مذکور است. ۹ قرن قبل از میلاد مسیح می‌زیست. مأموریّت او در شهری از شهرهای شام و منع «بعل‌پرستی» بود که ایزابل زنِ «آحاب» یا «آخاب» ملک آن سرزمین رواج داده بود. دعوت او اجابت نشد و معجزاتش را منکر شدند. سرانجام به سال ۸۸۰ پیش از میلاد به آسمان عروج کرد.

۳ - مصراع دوم: وجه نَفْسانیِ نَفْسِ سالکان روحانی شود؛ یعنی زمینِ وجودشان آسمانی شود.

۴ - **طُمطراق :** خودنمایی.   ۵ - **دستان :** مکر و حیله.

خود یکی بوطالب[۱]، آن عَمِّ رسول   می‌نمودش شُنعهٔ عَربان[۲] مَهُول[۳] ۱۹۴

ابوطالب عمّ بزرگ و حامی و مربّیِ رسول(ص) هم یکی از کسانی بود که به صانع یکتا عشق می‌ورزید و رسالت برادرزادهٔ پاک خویش را به نور جان دریافته بود؛ امّا از بیم بدگویی شیوخِ قریش و طعنهٔ ایشان که آن را هولناک می‌دانست، دعوت رسول(ص) را به زبان نپذیرفت.

که: چه گویندم عرب؟ کز طفلِ خَود   او بگردانید دینِ مُعتمد ۱۹۵

که اعراب خواهند اندیشید: به سخنِ فرزند خود از دینِ نیاکان روی گردان شد.

گفتش: ای عَم! یک شهادت تو بگو   تا کنم با حق خصومت[۴] بهرِ تو ۱۹۶

پیامبر(ص) گفت: ای عمو، یک بار کلمهٔ شهادت را بگو تا نزد خدا شفیع تو باشم.

گفت: لیکن فاش گردد از سماع   کُلُّ سِرٍّ جاوَزَ آلاِثْنَیْنِ شاع[۵] ۱۹۷

ابوطالب گفت: ولی مردم خواهند شنید. هر رازی که از میان دو لب انسان یا از میان دو تن بیرون آمد، فاش می‌شود.

من بمانم در زبانِ این عرب   پیشِ ایشان خوار گردم زین سبب ۱۹۸

من بر سر زبان‌ها می‌افتم و میان اعراب خوار می‌شوم.

لیک گر بودیش لطفِ ما سَبَق   کی بُدی این بد دلی با جذبِ حق؟ ۱۹۹

امّا اگر لطف ازلی شامل حالش می‌شد، در برابر جذبِ حق دچار بدگمانی نمی‌شد.

الغیاث[۶]! ای تو غِیاثُ آلمُستَغیث[۷]   زین دو شاخهٔ اختیاراتِ خبیث[۸] ۲۰۰

ای تو پناهِ پناه‌جویان، فریاد از این دوراهیِ اختیار نیک و بد.

من ز دَستان و ز مکرِ دل چنان   مات گشتم، که بماندم از فغان ۲۰۱

من از نیرنگ و حیلهٔ دل چنان مات شده‌ام که از فریاد و فغان هم باز مانده‌ام.

---

۱ - اکثر روات عامّه گویند او اسلام نیاورد و بعضی از روات سنّت و جماعت و قاطبهٔ محدّثین شیعه گویند قبول اسلام کرد؛ لیکن ایمان خود پوشیده می‌داشت تا بر حمایت برادرزادهٔ خود نزد کفّار قریش قادرتر باشد.

۲ - **شُنعهٔ عَربان**: تشنیع و سرزنش عرب‌ها. ۳ - **مَهول**: هولناک.

۴ - **خصومت**: نبرد، اینجا کنایه از شفاعت و محاجّه. ۵ - مَثَل است با مضمون بالا: احادیث، ص ۵۲.

۶ - **غیاث**: پناه. ۷ - **غیاث المستَغیث**: پناهِ پناه‌جو.

۸ - **اختیاراتِ خبیث**: اختیاری که منجر به انتخاب بدی‌ها یا باطل است.

۲۰۲ من که باشم؟ چرخ با صدکار و بار   زین کمین[۱] بگریخت یعنی اختیار[۲]

من که کسی نیستم، آسمان هم با تمام عظمتش از کمینگاه اختیار فریاد بر آورد.

۲۰۳ کِای خداوند کریم و بُردبار!   دِه امانم زین دو شاخهٔ اختیار

که ای خداوند بخشندهٔ بردبار، مرا از این دوراهیِ اختیار در امان بدار.

۲۰۴ جذبِ یک راههٔ صراط اَلمُستقیم   بِه ز دو راهِ تردّد، ای کریم!

ای کریم، جذب یک جانبه در راه راست بهتر از دوراهیِ تردید است.

۲۰۵ زین دو رَه گرچه همه مقصد تویی   لیک خود جان کَندن آمد این دویی

هرچند که علّت وجود این دو راه رسیدن به مقصد اعلیٰ، یعنی توست؛ امّا این دوراهیِ تردید، همانند جان کندن است.

۲۰۶ زین دو رَه گرچه به جز تو عزم نیست   لیک هرگز رزم[۳] همچون بزم[۴] نیست

گرچه از این دو راه مقصد و مقصودی جز تو نیست؛ امّا رزم و بزم هم یکی نیست.

۲۰۷ در نُبی بشنو بیانش از خدا   آیتِ اَشْفَقْنَ اَنْ یَحْمِلْنَها[۵]

از قرآن بیان آیهٔ «از حمل کردن آن ترسیدند» را بشنو.

۲۰۸ این تردّد هست در دل چون وَغا[۶]   کین بُوَد بِهْ یا که آن، حالِ مرا؟

تردیدی که این بهتر است یا آن در دل غوغایی به پا می‌کند.

۲۰۹ در تَرَدُّد می‌زند بر همدگر   خوف و اومیدِ بهی در کَرّ و فرّ[۷]

در دودلیِ میان کارهای مختلف «بیم و امید» با هم در نبردند.

---

۱ - **کمین** : کمینگاه، دام.

۲ - در متن «زین کمین فریادکرد از اختیار» است، در حاشیه به صورت فوق اصلاح کرده‌اند.
اشاره به احزاب: ۷۲/۳۳.

۳ - **رزم** : کنایه از تردیدها و تناقض‌ها و تخاصم‌هایی که همواره در عرصهٔ درون آدمی در انتخاب راه‌ها وجود دارد.

۴ - **بزم** : کنایه از جذبِ حق، راه راست.

۵ - اشارتی قرآنی؛ احزاب: ۷۲/۳۳، که آسمان، زمین و کوه‌ها از قبول و حمل امانت الهی سر باز زدند.

۶ - **وَغا** : جنگ، اینجا غوغا.   ۷ - **کَرّ و فَرّ** : جنگ و گریز.

مناجات و پناه جُستن به حق از فتنهٔ اختیار[۱] و از فتنهٔ اسبابِ اختیار، که سماوات و اَرَضین از اختیار و از اسباب اختیار شکوهیدند[۲] و ترسیدند، و خلقتِ آدمی مولع[۳] افتاد بر طلبِ اختیار[۴] و اسبابِ اختیارِ خویش، چنانکه بیمار باشد، خود را اختیارکم بیند، صحّت خواهد که سبب اختیار است تا اختیارش بیفزاید و منصب خواهد تا اختیارش بیفزاید، و مَهبِطِ[۵] قهرِ حق در اُمَمِ ماضیه[۶] فرطِ اختیار و اسبابِ اختیار بوده است، هرگز فرعونِ بی‌نوا[۷] کس ندیده است

اوّلم این جزر و مَدّ[۸] از تو رسید ورنه ساکن بود این بحر، ای مجید! ۲۱۰

ای خدای بلند مرتبه، «دریای جانِ» من می‌توانست آرام و بدون کشمکش باشد. تو قابلیّتِ برخورداری از «اختیار» را در سرشت انسان نهادی و به سبب آن همواره دچار تردید در انتخاب «حق و باطل» می‌شویم.

هم از آنجا کین تَرَدُّد دادی‌ام بی تَرَدُّد کُن مرا هم از کَرَم ۲۱۱

از آنجایی که این تردیدها و دودلی‌ها را تو به من داده‌ای، از کَرَم رهایی‌ام بده.

ابتلام[۹] می‌کنی، آه، اَلغیاث! ای ذُکور[۱۰] از ابتلات چون اِناث[۱۱] ۲۱۲

ای خدا، امتحانم می‌کنی، آه، فریاد! ای آنکه از دشواری و سختی آزمون‌هایت مردصفتان هم ناتوان‌اند.

تا به کی این ابتلا؟ یا رب! مکن مذهبی‌ام[۱۲] بخش، و دَه‌مذهب مکن ۲۱۳

پروردگارا، امتحان تا کی؟ خودت راهِ حق را پیش پایم بگذار و مرا از تردید و راه‌های مختلف نجات بده.

---

۱ - **فتنهٔ اختیار:** وجود اختیار در آدمی که به اتّکای آن غالباً خلق راه‌های گمراه کننده را بر می‌گزینند.

۲ - **شکوهیدند:** ترسیدند، بیمناک شدند. ۳ - **مُولَع:** دارای وَلَع و حرص.

۴ - **خلقت آدمی مولَع افتاد بر طلب اختیار:** حرصِ داشتن «اختیار» در سرشت آدمی نهاده شده بود.

۵ - **مَهْبِط:** محلّ فرود آمدن. «مَهبِطِ قهرِ حق» محلّ فرود آمدن قهر حق، یعنی آنچه که سبب فرود آمدن قهر حق بر اقوام پیشین همانند عاد یا ثمود شد. ۶ - **ماضیه:** گذشته.

۷ - **فرعونِ بی‌نوا:** فرعونِ مستمند، مراد آنکه «زر و زور» و «جاه و مقام» سبب خودبینی و کِبر است.

۸ - **جزر و مَدّ:** اینجا تلاطمی که وجود اختیار در جان آدمی برپا می‌کند. ۹ - **ابتلا:** آزمون یا امتحان الهی.

۱۰ - **ذکور:** جمع ذَکَر: جنس نر. ۱۱ - **اِناث:** جمع اُنثیٰ: جنس ماده. ۱۲ - **مذهب:** راه و روش.

دفتر ششم ۴۳

اشـــتری‌ام لاغــری و پُشت‌ریش — ز اختیارِ همچو پالان‌شکلِ[۱] خویش ۲۱۴

همانند شتری لاغرم که از پالانی به نامِ «اختیار» پشتم زخمی است.

این کژاوه[۲] گَهْ شود ایـن سـو گـران — آن کَـژاوه گَـه شـود آن سـو کشـان ۲۱۵

این کجاوه گاه به این سو سنگینی می‌کند و گاه به آن سو کشیده می‌شود.

بـفکن از مـن حـملِ نـاهموار[۳] را — تـــا بـــبینم روضـــهٔ اَبـرار[۴] را ۲۱۶

خدایا، این بار نامناسب را از دوش من بردار تا به آرامش خاطر مردان حق برسم.

همچو آن اصحابِ کهف از باغِ جُود[۵] — می‌چرم اَیـقاظ نـی، بَـلْ هُـمْ رُقـود[۶] ۲۱۷

و همانندِ «اصحابِ کهف» که «بیدار نبودند؛ بلکه در خواب بودند» در دست مشیّت تو باشم.

خفته باشم بـر یـمین یـا بـر یـسار — بر نگردم جز چو گُو[۷] بی اخـتیار[۸] ۲۱۸

اگر به پهلوی راست بخوابم یا چپ در هر حال همانند گویی در دستِ تو باشم.

هم به تقلیبِ[۹] تو تـا ذاتَ آلیـمین[۱۰] — یا سویِ ذاتَ آلشِّمال[۱۱]، ای رَبِّ دین! ۲۱۹

ای پروردگار، چنان کن که گردش و چرخش من به راست یا چپ، با ارادهٔ تو باشد.

صد هزاران سال بـودم در مَـطار[۱۲] — هـمچو ذرّاتِ هـوا بـی اخـتیار[۱۳] ۲۲۰

قبل از این زندگی، صدها هزار سال همانند ذرّات هوا به اختیار تو در پرواز بودم.

---

۱ – **پالان‌شکل:** به شکل پالان که پوششی انباشته از کاه یا پوشال است که بر پشت چهارپا می‌نهند، اینجا مراد «کجاوه» است.

۲ – **کژاوه:** کجاوه: اتاقک‌هایی که در دو طرف پالان شتر قرار می‌گیرد و مسافر در آن‌ها می‌نشیند، اینجا اندیشه‌ها و احساسات متفاوتی که در عرصهٔ ضمیر آدمی در کشمکش‌اند وگاه او را به سوی خیر وگاه به سوی شرّ می‌برند.

۳ – **حمل ناهموار:** بار ناجور، کنایه از اختیار در انتخاب راه و یا هر چیز.

۴ – **روضهٔ ابرار:** باغ نیک‌مردان، کنایه از صفای وقت و ذوق استهلاک ارادهٔ بنده در ارادهٔ حق‌تعالیٰ و آرامش خاطر حاصل از آن و موافقتی که عارف با مشیّت الهی و حوادث دارد.

۵ – **باغ جُود:** باغ بخشایش و لطفِ تو یا باغ لطف و احسان تو، کنایه از دستِ قدرت و اختیار حق.

۶ – مقتَبس از: قرآن: کهف: ۱۸/۱۸. ۷ – **گو:** گویِ چوگان.

۸ – مراد آنکه: از حیطهٔ «جبر و اختیار» خارج شوم و به «جبر» خاصّ کاملان واصل برسم. این دعا و نیایش از زبان «انسان» به طور مطلق است وگرنه مولانا خود از کاملان واصل هست و استدعای او برای دیگران است.

۹ – **تقلیب:** به حالات مختلف دگرگون کردن. ۱۰ – **ذات‌الیمین:** سمت راست.

۱۱ – **ذات الشِّمال:** سمت چپ. ۱۲ – **مَطار:** پرواز.

۱۳ – اشاره به هستی و پرواز قبل از این هستیِ دنیوی است.

گر فراموشم شده است آن وقت و حال   یادگارم[1] هست در خوابْ ارتحال[2] ۲۲۱

اگر احوال آن زمان را فراموش کرده‌ام، پرواز و سیر در خواب آن را به یادم می‌آوَرَد.

می‌رهم زین چارمیخِ[3] چار شاخ[4]   می‌جهم در مَسْرَحِ[5] جان زین مُناخ[6] ۲۲۲

در خواب از عوارض زندگی این جهانی و رنج رها می‌شوم و از دنیایی تنگ به عالمی فراخ پرواز می‌کنم.

شیرِ آن ایّامِ ماضی‌هایِ خَود   می‌چشم از دایهٔ خواب ای صمد! ۲۲۳

ای خداوند بی نیاز، خواب همانند دایه‌ای شیر آن ایّام و رهایی از عالم مادّه را به من می‌چشانَد.

جمله عالم ز اختیار و هستِ خود   می‌گریزد در سرِ سرمستِ خود ۲۲۴

عالمیان همه از «اختیار و هستی» می‌گریزند و به «مستی» و بی خبری از خود پناه می‌برند.

تا دمی از هوشیاری[7] وارهند   ننگِ خَمر[8] و زَمْر[9] بر خود می‌نهند ۲۲۵

برای آنکه لحظه‌ای از «هوشیاری» بیاسایند، بدنامیِ شراب و لهو و لعب را می‌پذیرند.

جمله دانسته که این هستی فَخْ[10] است   فکر و ذکرِ اختیاری[11] دوزخ است ۲۲۶

همه متوجّه شده‌اند که «هستیِ دنیوی» بسان دامی آدمی را اسیر کرده و می‌دانند نتیجهٔ «فکر و ذکرِ اختیاری» دوزخ است.

می‌گریزند از خودی در بیخودی   یا به مستی یا به شغل[12]، ای مُهْتَدی[13] ۲۲۷

ای سالک، همه از «هوشیاری» می‌گریزند و به مستی یا مشاغل و امور دنیوی پناه می‌برند.

---

۱ - **یادگار :** اینجا به یادآورنده.

۲ - **ارتحال :** سفر کردن، کوچ کردن.

حدیث: خواب برادر مرگ است. مراد آنکه در خواب نیز با تعطیل حواسّ ظاهری، جان از اشتغالات دنیوی می‌آساید و در عوالم غیبی به پرواز می‌آید.

۳ - **چار میخ :** کنایه از عناصر اربعه: خاک، آب، باد و آتش که ارکان هستیِ مادّی‌اند؛ یعنی عالم محسوس.

۴ - **چار شاخ :** یک نوع ابزار شکنجه. «چار میخ چار شاخ»: تعبیری برای عالم محسوس و زندگی این جهانی که موجب تنزّل و شکنجهٔ روح آدمی است.   ۵ - **مَسْرَح :** چراگاه، اینجا کنایه از عالم معنا یا عالم غیب.

۶ - **مُناخ :** جای خواب شتر، محلّ اقامت، اینجا کنایه از عالمی تنگ و جایی کوچک است.

۷ - **هوشیاری :** اینجا هوشیاری و توجّه به خود و ذهنیّت پندارگرای آدمی است که حاصلی جز رنج و اندوه ندارد.

۸ - **خَمر :** شراب.   ۹ - **زَمْر :** نی زدن، اینجا مراد موسیقیِ مبتذل است.   ۱۰ - **فَخ :** دام.

۱۱ - **فکر و ذکرِ اختیاری :** هر اندیشه و هر سخنی که مبنای آن «خودمحوری» و «خودبینی» باشد.

۱۲ - **به شغل :** با اشتغال به کارها و امور دنیوی.

۱۳ - **مُهتدی :** هدایت یافته، جویای هدایت، هدایت‌پذیر، اینجا سالک.

نَفْس را زآن نیستی[1] وا می‌کَشی   زانکه بی فرمان شد اندر بیهُشی[2] ۲۲۸

پروردگارا، تو «نَفْس» را از بی‌هوشی به هوشیاری باز می‌گردانی؛ زیرا بدون فرمان تو به عالمِ بی خویشی رفته است.

لَیْسَ لِلْجِنّ وَ لاٰ لِلاِنْس ِ أَنْ   تَنْفُذُوا مِنْ حَبْس ِ اَقْطٰارِ ٱلزَّمَن[3] ۲۲۹

جنّ و انسان هیچ یک نمی‌توانند از قیود عالم مادّه و نظامِ حاکمِ بر آن بگریزند.

لاٰ نُفُوذَ اِلاّ بِسُلْطانِ ٱلهُدیٰ[4]   مِنْ تَجاویفِ[5] ٱلسَّمٰواتِ العُلیٰ ۲۳۰

جن و انس نمی‌توانند از منفذها و تنگنای آسمان‌های بلند بگذرند.

لاٰ هُدیٰ اِلاّ بِسُلْطانٍ یَقِی[6]   مِنْ حِراس ِ[7] ٱلشُّهْبِ رُوحَ ٱلمُتَّقِی ۲۳۱

هدایتی نیست مگر به دست قدرت سلطانی که روح پرهیزکار را از تیرهای شهاب محافظان آسمان‌ها حفظ کند.

هیچ کس را تا نگردد او فنا   نیست رَه در بارگاهِ کبریا[8] ۲۳۲

هیچ کس تا فانی نشود به بارگاه کبریا راهی ندارد.

چیست معراجِ فلک؟ این نیستی   عاشقان را مذهب و دین نیستی[9] ۲۳۳

وسیلهٔ عروج روحانی چیست؟ «نیستی» است. عاشقانِ واصل به «نیستی» رسیده‌اند و هویّت فردی‌شان در حق فانی شده است و فاقدِ «من» یا «خود»ی اند و مذهب یا دینِ‌شان خداست.

---

۱ - **نیستی :** اینجا سرمستی یا بیخودی.   ۲ - **بیهُشی :** اینجا بیخودی.

۳ - مقتبس از: قرآن: الرّحمن: ۳۳/۵۵: ای گروه جن و انس، اگر توانید که از گوشه و کنار آسمان‌ها و زمین نفوذ کنید، نفوذ کنید؛ امّا جز با [خواست و] نیروی پروردگار نمی‌توانید به درون راه برید.

۴ - **سلطانِ ٱلهُدیٰ :** قدرت هدایت الهی یا سلطان هدایت.

۵ - **تجاویف :** جمع تجویف به معنی جای خالی یا میانه.

۶ - **سلطانِ یَقی :** سلطان نگهدارنده یا محافظت کننده.

۷ - **حِراس :** اینجا به جای «حُرّاس» که جمع حارس به معنی نگهبان است آمده. «حِراس الشُهب»: ستارگان تیرانداز.   ۸ - **کبریا :** عظمت و بزرگی.

۹ - همین معنا: مثنوی: ۱۷۷۲/۲:

ملّتِ عشق از همه دین‌ها جداست   عاشقان را ملّت و مذهب خداست

پوستین و چارق[1] آمد از نیاز در طریقِ عشق محرابِ اَیاز ۲۳۴

برای ایاز «پوستین و چارق» ابزاری در راه عشق بود، جهت به خاطر داشتن «عجز و نیاز» و ابراز آن.

گرچه او خود شاه را محبوب بود ظاهر و باطن، لطیف و خوب بود ۲۳۵

هرچند که او محبوب شاه بود و ظاهر و باطنی لطیف و مصفّا داشت.

گشته بی کبر و ریا و کینه‌یی حُسنِ سلطان را رُخَش آیینه‌یی ۲۳۶

دل و جانش از صفات رذیله پاک بود و در آینهٔ وجودش تجلّی معبود دیده می‌شد.

چونکه از هستیِ خود او دور شد منتهایِ کارِ او محمود بُد ۲۳۷

چون «خودبین و خودمحور» نبود، سرانجامی پسندیده داشت.

زآن قوی‌تر بود تمکینِ[2] ایاز که ز خوفِ کبر کردی احتراز ۲۳۸

ایاز در بندگی و فرمانبرداری چنان ثابت قدم بود که پرهیز او از بیم ابتلا به کبر نبود.

او مُهَذَّب[3] گشته بود و آمده[4] کِبر را و نَفْس را گردن زده[5] ۲۳۹

او به آگاهی و کمال رسیده بود و در وجودش کبر و خودبینی نبود.

یا پیِ تعلیم می‌کرد آن حِیَل[6] یا برای حکمتی، دور از وَجَل[7] ۲۴۰

آنچه که می‌کرد یا برای تعلیم به دیگران بود یا به سبب حکمتی خاص؛ امّا در هر حال او از ابتلا به «کِبر» بیمناک نبود.

یا که دیدِ چارقش زآن شد پسند کز نسیمِ نیستی، هستی[8]ست بند ۲۴۱

شاید هم تماشای چارق و پوستین را که یادگار ایّامِ غلامی بود، دوست داشت؛ چون می‌دانست که «هستی» مانعِ وزشِ «نسیمِ نیستی» است.

---

۱ - اشاره به حکایت «پوستین و چارق ایاز» که از ۱۸۵۷/۵ شروع می‌شود و در آن «ایاز» نمادی از عارف یا عاشق صادق است و سلطان محمود نمادی از حق.

۲ - **تمکین**: اطاعت کردن، در اصطلاح تصوّف: استقرار سالک در حال خود چنانکه تغییری در احوالش رخ ندهد.

۳ - **مهذّب**: تهذیب شده، پاک. ۴ - **آمده**: رسیده، واصل.

۵ - معنی مصراع دوم: کبر و نفس را گردن زده بود، یعنی نابود کرده بود.

۶ - **حِیَل**: حیله‌ها، مراد رفتن ایاز به اتاق خاصّ خود و دیدن چارق و پوستین است. ۷ - **وَجَل**: بیم، ترس.

۸ - **هستی**: مراد هستیِ امکانی یا انانیّت است.

تا گشاید دَخمه کآن بر نیستی‌ست تا بیابد آن نسیمِ عیش و زیست [۱] ۲۴۲

تا گورِ تن که «روح» را در خود محبوس کرده است، بگشاید و رایحهٔ حیات راستین را از «روح عالی عِلوی» بیابد.

مِلک و مال و اطلسِ [۲] **این مرحله هست بر جانِ سبک‌رو** [۳] **سلسله** ۲۴۳

دارایی، ثروت و جلوه‌های دنیوی برای روحی که در سیر به سوی حق چابک است، زنجیری بیش نیست.

سلسلهٔ [۴] **زرّین بدید و غرّه** [۵] **گشت ماند در سوراخِ چاهی** [۶] **جان زِ دشت** [۷] ۲۴۴

«اهلِ دنیا» این زنجیر طلایی را می‌بینند و گول می‌خورند. محبوسِ «عالمِ مادّه» می‌شوند و غافل از «عالمِ معنا».

صورتش جنّت، به معنی دوزخی افعیی پُر زهر و نقشش گُلْ‌رُخی ۲۴۵

ظاهرِ «دنیا» همانندِ بهشت و باطنش مانندِ دوزخ است. افعی زهرآلودی است با ظاهری زیبا.

گرچه مؤمن را سَقَر [۸] **نَدْهد ضرر لیک هم بهتر بُوَد زآنجا گذر** [۹] ۲۴۶

هرچند که دوزخ به مؤمن زیانی نمی‌رسانَد؛ امّا صرف نظر کردن از آن بهتر است.

گرچه دوزخ دور دارد زو نَکال [۱۰] **لیک جنّت به وَرا فی کُلِّ حال** ۲۴۷

هرچند که دوزخ عذاب خود را از مؤمن دور می‌دارد؛ امّا برای او بهشت که با آن سنخیّت دارد، بهتر است.

اَلْحَذَر ای ناقصان زین گلرخی [۱۱] **که به گاهِ صحبت** [۱۲] **آمد دوزخی** ۲۴۸

ای انسان‌های به کمال نرسیده، از این خوب‌رویِ زشت‌سیرت بپرهیزید.

---

۱ - نیکلسون این بیت را اشاره به رستاخیز عارفانه دانسته است.

۲ - **اطلس :** حریر، اینجا توسّعاً جاذبه‌های دنیوی. ۳ - **سبک رو :** تندرو، چابک. ۴ - **سلسله :** زنجیر.

۵ - **غِرّه :** فریفته، مغرور. ۶ - **سوراخ چاه :** کنایه از دنیا و حقارت آن در تقابل با عالم معنا.

۷ - **دشت :** صحرا، کنایه از عوالم غیبی. ۸ - **سَقَر :** دوزخ.

۹ - اشاره به حدیث با این مضمون که در روز رستاخیز هنگامی که مؤمنان از فراز دوزخ عبور می‌کنند، آتش جهنّم به مؤمن می‌گوید: از اینجا بگذر وگرنه نور تو نار مرا خاموش می‌کند: احادیث، ص ۱۸۲. ۱۰ - **نکال :** عذاب.

۱۱ - **گلرخ :** خوب‌روی، زیباروی، کنایه از جلوه‌ها و جاذبه‌های فریبندهٔ دنیوی است.

۱۲ - **صحبت :** معاشرت، مصاحبت، کنایه از برخورداری و تمتّع.

حکایتِ غلامِ هندو که به خداوندزادهٔ خود پنهان هویٰ آورده بود، چون دختر را با مهترزاده‌یی عقد کردند، غلام خبر یافت، رنجور شد و می‌گداخت و هیچ طبیب علّتِ او را در نمی‌یافت و او را زَهرهٔ گفتن نه

غلامی هندو که فَرَج نام داشت، در خانهٔ خواجهٔ خویش به ناز پرورده شد و دل درگرو مهرِ دخترِ خواجه بست. هنگامی که زمانِ عقد دختر با یک مِهترزاده فرارسید، چون شمع گداخت و آب گشت. خاتونِ خواجه به افسونی زنانه از سرّ او آگاه گردید و خشمی هولناک آنان را به انتقامی وحشتناک مصمّم کرد و پس از مهری دروغین که موجب بهبود غلامک شد اعلام کردند که فَرَج را وصلتی مبارک می‌دهیم و جمعی را دعوت کردند و اَمْردی[1] مهیب را حنا بستند و در میان دف و کف به حجله فرستادند. اَمْردِ بدکار همهٔ شب هندو را فشرد تا صبحگاهان که بنا بر رسم معهود او را در کنار نوعروس نشاندند. غلام که منزجر از این نوعروس بود، گفت: کس را مبادا اتّصال، با چو تو ناخوش عروس زشتکار که روز رویت به خاتونان تر می‌نماید و شب فعلت به خران نر.

«غلام هندو» با بلندپروازی بیهوده و دل باختن به دختر خواجه که نمادی از «نفسانیات و شهوات» است به درآمیختن با اَمْردی مهیب که نمادی از «لذّات دنیوی» است، گرفتار شد که حاصلی جز «رنجوریِ جان» نداشت. و این غرور تنها گریبانگیر آن غلام هندو نیست، هر آدمی به نحوی به آن مبتلاست.

این قصّه با صورتی مستهجن و الفاظی بی‌نقاب به انحرافی شوم می‌پردازد که از دیدگاه اخلاق ناپسند است و وجود چنین حکایاتی فضای مثنوی را خدشه‌دار می‌سازد؛ امّا مولانا که ناظر به سِرّ قصّه است نه به ظاهرِ آن، با بی‌پرواییِ شوخ‌طبعانه‌ای هزل و طنز را با رهایی از قیود متعارف اجتماعی عرضه می‌دارد و علاوه بر سِرّ قصّه که هدف اصلی اوست در تقریر این معنا می‌کوشد که با بی‌نقاب شدن عیوب ظاهری، مخاطب به زشتیِ پلیدی‌های درونی که صورتِ ظاهر نمادی از آن است بهتر واقف گردد.

خواجه‌یی را بود هندو بنده‌یی پروریده، کرده او را زنده‌یی ۲۴۹

خواجه‌ای غلامی هندی داشت که او را از طفولیّت پرورانده و به وی مهر ورزیده بود.

علم و آدابش تمام آموخته در دلش شمعِ هنر افروخته ۲۵۰

دانش و آداب را به او آموخته و نور فضل و هنر را در دل او افروخته بود.

---

۱ - **اَمْرَد:** پسر بدکار، ساده زنخِ مفعول.

پـروریدش از طـفولیّت بـه نـاز   در کـنارِ لطـف، آن اکـرام‌سـاز[1] ۲۵۱

خواجهٔ کریم از دوران کودکی او را با لطف و محبّت پرورده بود.

بود هم این خواجه را خوش دختری   سیم اندامی، گَشی[2]، خـوش گـوهری ۲۵۲

این خواجه دختری زیبا، سیمین تن، خوب و نیک‌سرشت هم داشت.

چون مُراهِق[3] گشت دختر، طـالبان   بـذل مـی‌کردند کـابینِ[4] گـران ۲۵۳

هنگامی که دختر به سن بلوغ رسید، خواستگاران مـی‌آمدند و مـهریّهٔ کـلانی پـیشنهاد می‌کردند.

می‌رسیدش از سـویِ هـر مـهتری[5]   بهرِ دخـتر دم بـه دم خـوزه‌گـری[6] ۲۵۴

پی در پی از سوی بزرگی برای دختر خواستگار می‌آمد.

گفت خواجه: مـال را نَـبْوَد ثـبات   روز آیـد، شب رود انـدر جـهات ۲۵۵

خواجه می‌اندیشید: ثروت که پایدار نیست، روز می‌آید و شب پراکنده می‌شود و زوال می‌یابد.

حُسنِ صـورت هـم نـدارد اعـتبار   که شود رخ زرد از یک زخمِ خار[7] ۲۵۶

به زیبایی ظاهری هم نمی‌شود امیدی بست؛ چون به کمترین آسیبی زوال می‌یابد.

سـهل بـاشد[8] نـیز مـهترزادگـی   که بود غِرّه[9] بـه مـال و بـارَگـی[10] ۲۵۷

به بزرگ‌زادگی هم اعتمادی نیست؛ زیرا معمولاً آنان فریفتهٔ «زر و زور»اند.

ای بسـا مـهتربَچّه کـز شـور و شـر   شد ز فـعل زشتِ خـود نـنگِ پـدر ۲۵۸

چه بسا بزرگ زادگانی که با فتنه و آشوب و کارهای زشت مایهٔ بدنامی پدر می‌شوند.

پُـر هـنر را نـیز اگـر بـاشد نـفیس   کم پرست، و عبرتی گیر از بـلیس ۲۵۹

هنرمند یا اهل دانش را هم علی‌رغم مرتبه‌اش نباید چندان ستایش کنی. از ابلیس عبرت بگیر.

---

۱ - **اکرام‌ساز**: صاحب اکرام یا صاحب کَرَم، بخشنده.   ۲ - **گَش**: زیبا، خوب.   ۳ - **مُراهق**: بالغ.
۴ - **کابین**: مهریّه.   ۵ - **مهتر**: بزرگ، مراد اعیان و اشراف است.   ۶ - **خوزه‌گر**: خواستگار.
۷ - **زخم خار**: مجروح شدن با خار، کنایه از آسیب یا صدمهٔ کم و کوچک.
۸ - **سهلَ باشد**: اینجا چندان مهم نیست.   ۹ - **غِرّه**: مغرور، فریفته.
۱۰ - **بارگی**: اسب، اینجا تمام توانمندی‌ها یا «جاه و جلال» است.

علم بودَش،[1] چون نبودش عشقِ دین[2] او نـــدید از آدم اِلاّ نـــقشِ طــین[3] ۲۶۰

زیرا ابلیس علم داشت؛ امّا عشقِ دین نداشت و از آدم(ع) فقط ظاهر گِلین او را دید.

گرچـه دانـی دقّتِ عِـلم ای امـین! ز آنْت نگشاید دو دیـدهٔ غـیبْ‌بین ۲۶۱

ای درستکار، هر قدر هم که دقایق و ظرایف علوم رسمی و کسبی را بدانی با این محفوظات چشم باطنت گشوده نمی‌شود.

او نـــبیند غـــیرِ دستاری و ریش[4] از مُعرِّف[5] پرسد از بیش و کـمیش ۲۶۲

چنین کسی فقط ظاهر افراد را می‌بیند و کم و بیش مرتبهٔ اشخاص را از «معرّف» می‌پرسد.

عـــارفا! تـــو از مُـــعرِّف فـــارغی خود هـمی بـینی کـه نـورِ بـازغی[6] ۲۶۳

ای عارف، تو نیازی به نشانه‌های ظاهری نداری؛ زیرا حقیقت هر چیز را می‌بینی و می‌دانی.

کار تـقویٰ دارد و دیـن و صـلاح[7] که از او بـاشد بـه دو عـالم فـلاح[8] ۲۶۴

اصلِ کار «پرهیزکاری، دین و صلاح» است که موجب رستگاری در دو عالم است.

کـــرد یک دامـــادِ صـــالح اخـتیار که بُد او فـخرِ هـمه خـیل و تـبار[9] ۲۶۵

خواجه، داماد نیکوکاری را برگزید که موجب افتخار ایل و تبار بود.

پس زنان گـفتند: او را مـال نـیست مهتری و حُسن و اسـتقلال نـیست ۲۶۶

زنان با اعتراض گفتند: او نه ثروتی دارد، نه بزرگی و جمال، نه استقلال مالی.

گـفت: آن‌هـا تـابعِ زُهـدند و دیـن بی زر او گنجی‌ست بر رویِ زمـین ۲۶۷

خواجه گفت: این خانواده اهل «تقوا و دین»اند. او نیازی به زر ندارد. وجودش گنج زر است.

---

۱ - **علم بودَش:** ابلیس علم ظاهری داشت، علم با جانش عجین نشده بود.

۲ - **عشق دین:** مراد عشق به اطاعت و تسلیم در برابر پروردگار است که سبب روشن‌بینی و بصیرت است.

۳ - **طین:** خاک.

۴ - **دستار و ریش:** اشاره به نشانه‌های ظاهری است؛ یعنی «علم رسمی» یا «صاحبِ علم کسبی». کسی که ظاهر را می‌بیند و توجّهی به باطن یا درون هرچیز ندارد.

۵ - **معرّف:** کسی که در مجالس اعیان و بزرگان در حین ورود افراد مختلف آنان را معرّفی می‌کند و توضیحاتی می‌دهد، مراد نشانه‌های ظاهری است. ۶ - **بازغ:** تابان و درخشان.

۷ - **صَلاح:** نیکی و خوبی، صلاحیّت اخلاقی. ۸ - **فلاح:** رستگاری.

۹ - **خِیل و تبار:** اقوام و خویشان.

چون به جِد[1] تزویج دختر گشت فاش   دست پـیمان[2] و نشـانی[3] و قـماش[4] ۲۶۸

چون ازدواج دختر با تعیین مهریه و نشان و خلعت رسماً علنی شد،

پس غـلامِ خُـرد کـاندر خـانه بـود   گشت بـیمار و ضـعیف و زار زود ۲۶۹

غلامِ کوچکی که در خانه بود، بلافاصله بیمار و ناتوان و زار شد.

همچو بـیمارِ دِقـی[5] او مـی‌گداخت   عـلّتِ او را طـبیبی کـم شـناخت[6] ۲۷۰

غلام همانند مسلول لاغر و آب می‌شد و هیچ طبیبی علّت آن را تشخیص نمی‌داد.

عقل می‌گفتی که رنجش از دل است[7]   داروِی تـن در غـمِ دل بـاطل است ۲۷۱

عقل حکم می‌کرد که این رنج از دل است نه از تن. داروی تن، دل را درمان نمی‌کند.

آن غلامک دم نزد از حالِ خـویش   کز چه می‌آید بر او در سـینه نـیش ۲۷۲

غلام کوچک سخنی نمی‌گفت که چه رنج و دردی دل او را آزرده کرده است.

گفت خاتون را شبی شوهر که: تـو   بـاز پـرسش در خَـلا[8] از حـالِ او ۲۷۳

شبی خواجه به همسر خود گفت: در خلوت از چگونگی حالش پرس‌وجو کن.

تــو بــه جــایِ مـادری او را بُـوَد   که غم خـود پـیش ِ تـو پـیدا کـند ۲۷۴

تو برای او به منزلهٔ مادر هستی، شاید غم و درد خود را به تو بگوید.

چونکه خاتون کرد درگوش این کلام   روزِ دیگــر رفت نــزدیکِ غـلام ۲۷۵

چونکه خاتون این سخن را شنید، فردای آن روز نزد غلام رفت.

پس سرش را شانه می‌کرد آن سِتی[9]   با دو صـد مِـهر و دَلال[10] و آشـتی ۲۷۶

آن بانو با مهربانی و ناز و نوازش موی غلام را شانه می‌کرد.

---

۱ - **به جد** : جدّاً. ۲ - **دست پیمان** : شیربها.

۳ - **نشانی** : زیوری که داماد به عروس می‌دهد، نظیر انگشتری و سینه‌ریز.

۴ - **قماش** : پارچه‌ای که خانوادهٔ داماد برای تهیّهٔ لباس به عروس هدیه می‌دهند. ۵ - **دِق** : بیماری سل.

۶ - **کم شناخت** : نمی‌شناخت. ۷ - **از دل است** : به سبب ابتلای دل به محبّت یا عشقی است.

۸ - **خَلا** : خلوت. در خَلا: در خلوت، خصوصی. ۹ - **سِتی** : بانو.

۱۰ - **دَلال** : ناز، اینجا مهربانی و لطفِ مادرانه.

آنچنانکه مادرانِ مهربان   نرم کردش، تا در آمد در بیان ۲۷۷

رفتار بانو چنان مادرانه و پر مهر بود که او نرم شد و به حرف آمد.

که مرا اومید از تو این نبود   که دهی دختر به بیگانهٔ عنود[1] ۲۷۸

گفت: از تو انتظار نداشتم که دختر را به بیگانه‌ای لجباز بدهی.

خواجه‌زادهٔ ما و ما خسته‌جگر   حیف نَبْوَد کو رود جایِ دگر؟ ۲۷۹

حیف نیست که دختر ارباب باشد و ما عاشق او باشیم و او جای دیگری برود؟

خواست آن خاتون ز خشمی کآمدش   که زنند وز بام زیر اندازدش ۲۸۰

خاتون چنان خشمگین شد که خواست غلامک را بزنند و از بام به پایین پرت کند.

کو که باشد هندوِی مادرغَری[2] **   که طمع دارد به خواجه دختری؟** ۲۸۱

این هندی مادربه‌خطا کیست که به دختر خواجه طمع داشته باشد؟

گفت: صبر اولیٰ بُوَد خود را گرفت   گفت با خواجه که: بشنو این شگفت ۲۸۲

امّا خشم خود را فرو برد و اندیشید که صبر بهتر است و به شوهر گفت: این حرف عجیب را بشنو.

این چنین گرّائکی[3] **خاین بُوَد   ما گمان برده که هست او مُعْتَمَد** ۲۸۳

این غلامِ پست خیانتکار بوده و ما خیال می‌کردیم که او امین است.

صبر فرمودن خواجه مادرِ دختر را که غلام را زجر مکن، من او را بی زجر از این طمع باز آرم که نه سیخ سوزد نه کباب خام مانَد

گفت خواجه: صبر کن، با او بگو   که از او بُبْریم و بِدْهیمش به تو ۲۸۴

خواجه گفت: صبر کن و به او بگو: دختر را از داماد جدا می‌کنیم و به تو می‌دهیم.

---

۱ – **عَنود**: لجباز، سرکش. غالباً در مثنوی و یا کلام مولانا به صورت توهین و فحش به کار می‌رود. «بیگانهٔ عنود»: غریبهٔ فلان فلان شده.   ۲ – **مادرغَر**: مادربه‌خطا، مادر فلان. «غَر»: زن نانجیب، فحش است.
۳ – **گرّائک**: غلامک، غلام کوچک. گرّاء: غلامِ زرخرید + کاف تصغیر. همزهٔ آن همزهٔ اضافه است.

تا مگر این از دلش بیرون کُنم   تو تماشا کن که دفعش چون کنم ۲۸۵

شاید بتوانم این فکر را از سرش بیرون کنم. آنگاه ببین که چه تدبیری به کار می‌برم.

تو دلش خوش کن، بگو می‌دان درست   که حقیقت دخترِ ما جُفت توست ۲۸۶

تو دلش را خوش کن و بگو: مطمئن باش که حقیقتاً دختر ما همسر تو می‌شود.

ما ندانستیم ای خوش‌مشتری!   چونکه دانستیم، تو اولیٰ‌تری ۲۸۷

ای خواستگار خوب، ما نمی‌دانستیم. اینک که فهمیدیم، تو شایسته‌تری.

آتشِ ما هم در این کانونِ[1] ما   لیلی آنِ ما و تو مجنونِ ما ۲۸۸

دخترمان هم در خانهٔ خودمان می‌مانَد و موجب گرمی کانون خانواده می‌شود. هم لیلیِ‌مان را داریم و هم تو را که مجنون مایی.

تا خیال و فکرِ خوش بر وی زند   فکرِ شیرین مرد را فربه کند ۲۸۹

خاتون این سخنان را گفت تا غلام با خیال خوش سرحال بیاید. اندیشهٔ دلنشین سبب حالی خوش است.

جانور فربه[2] شود لیک از علف   آدمی فربه زِ عِزّ است و شرف[3] ۲۹۰

تنِ حیوان از علف فربه می‌شود و جانِ انسان از عزّت و شرف.

آدمی فربه شود از راهِ گوش[4]   جانور فربه شود از حلق و نوش[5] ۲۹۱

انسان از شنیدن فربه می‌شود و حیوان از خوردن.

گفت آن خاتون: از این ننگِ مَهین[6]   خود دهانم کی بجُنبد اندر این؟ ۲۹۲

خاتون گفت: از ننگ این آدم پست چگونه دهانم می‌تواند برای این سخنان باز شود؟

این چنین ژاژی چه خایم[7] بهرِ او؟   گو بمیر آن خاینِ[8] ابلیس خو ۲۹۳

چرا این حرف‌های بیهوده را به او بگویم؟ بگذار آن خائن شیطان صفت بمیرد.

---

۱ - **کانون :** آتشدان، انجمن.   ۲ - **فربه :** چاق و چلّه.

۳ - انسان از عزّت و بزرگواری فربه می‌شود؛ یعنی می‌بالد و رشد می‌کند یا قوّتِ معنوی و روحانی می‌یابد.

۴ - انسان از شنیدن سخنان اهلِ معنا و اقوال بزرگان کمال می‌یابد.

۵ - **از حلق و نوش :** از طریقِ خوردن یا تغذیهٔ مادّی.   ۶ - **مَهین :** خوار و بی‌مقدار.

۷ - **ژاژ خاییدن :** بیهوده گفتن، اینجا سخنان فریبنده.

۸ - **خاین :** خیانتکار، اینجا اشاره به غلام هندو که حدّ خود را نمی‌شناسد.

گفت خواجه: نی مترس و دمْ دِهَش[1]   تا رَوَد علّت از او زین لطفِ خَوش ۲۹۴

خواجه گفت: نه، نترس. او را دلگرم کن تا با این لطف بیماری‌اش از بین برود.

دفعِ او را دلبرا ! بر من نویس   هِل که صحّت یابد آن باریکْ‌ریس[2] ۲۹۵

ای دلبر، رفع این مشکل را به عهدهٔ من بگذار و اجازه بده که فعلاً این غلام نحیف سلامتی‌اش را باز یابد.

چون بگفت آن خسته را خاتون چنین   می‌نگنجید از تَبَختُر[3] بر زمین ۲۹۶

چون خاتون به غلامِ رنجور این حرف را گفت، او از غرور روی زمین بند نمی‌آمد.

زفت گشت و فربه و سُرخ و شکُفت   چون گلِ سرخ و هزاران شُکر گفت ۲۹۷

چاق و سرخ شد و همانند گل سرخ از هم شکفت و هزاران بار شکرگزاری کرد.

گَهْ گهی می‌گفت: ای خاتون من!   که مبادا باشد این دستان و فن ۲۹۸

گاه‌گاه می‌گفت: ای بانوی من، نکند این حرف‌ها حیله و مکر باشد!

خواجه جمعیّت بکرد و دعوتی   که: همی سازم فَرَج را وُصلتی ۲۹۹

خواجه عدّه‌ای را به ضیافتی دعوت کرد که می‌خواهم فَرَج را داماد کنم.

تا جماعت عشوه می‌دادند[4] و گال[5]   کِای فرج! بادت مبارک اتّصال ۳۰۰

میهمانان هم او را فریب می‌دادند و می‌گفتند: ای فَرَج، عروسی‌ات مبارک!

تا یقین‌تر شد فرج را آن سخُن   علّت از وی رفت، کُلّ از بیخ و بُن ۳۰۱

تا فَرَج آن حرف را کاملاً باور کرد و بیماری به کلّی از تن او ریشه کن شد.

بعد از آن اندر شبِ گِردک[6] به فن[7]   امردی[8] را بست حَنّا همچو زن ۳۰۲

سپس خواجه در شب زفاف، مردِ پلیدکاری را مانند زنان حنا بست.

پُر نگارش کرد ساعد چون عروس   پس نمودش ماکیان[9]، دادش خروس ۳۰۳

بازوی او را پر نقش و نگار کرد و حنا بست. به او مرغ نشان داد؛ ولی خروس تحویلش داد.

---

۱ - **دم دادن :** دلگرم کردن و فریفتن.   ۲ - **باریک‌ریس :** لاغر، نحیف.

۳ - **تَبَخْتُر :** غرور ناشی از به خود بالیدن و مفتخر بودن.   ۴ - **عشوه دادن :** فریب دادن.

۵ - **گال :** فریب، «گال دادن»: بازی دادن.   ۶ - **شبِ گردک :** شب زفاف.

۷ - **به فن :** با تدبیر، اینجا با حیله و نیرنگ.   ۸ - **امرد :** مخنّث، نامرد، مردِ بدکار، همجنس‌باز و اهل لواط.

۹ - **ماکیان :** مرغ.

مقنعه و حُلّهٔ عروسانِ[1] نکو   کِنگِ[2] اَمرد را بپوشانید او ۳۰۴

لوطیِ گُنده و زمخت را با روسری و لباس عروس پوشانید.

شمع را هنگامِ خلوت زود کُشت   ماند هندو با چنان کِنگِ درشت ۳۰۵

هنگام خلوت، خواجه فوراً شمع را خاموش کرد. هندو با آن مرد قوی هیکلِ زمخت تنها ماند.

هندُوَک فریاد می‌کرد و فغان   از برون نشنید کس، از دف‌زنان ۳۰۶

هندوی بیچاره فریاد و فغان می‌کرد؛ امّا از هیاهوی دایره و دمبک کسی صدای او را نمی‌شنید.

ضربِ دفّ و کفّ و نعرهٔ مرد و زن   کرد پنهان نعرهٔ آن نعره‌زن ۳۰۷

صدای دایره زنگی و کف زدن و فریاد مرد و زن، فریاد او را می‌پوشاند.

تا به روز آن هندُوَک را می‌فشارد   چون بُوَد در پیش سگ انبان آرد؟ ۳۰۸

لوطی تا صبح با غلام بیچاره به عملی پست پرداخت. نزد سگ کیسهٔ آرد چه حالی دارد؟ قطعاً پاره پاره می‌شود.

روز آوردند طاس[3] و بوغِ[4] زفت   رسمِ دامادان فَرَج حمّام رفت ۳۰۹

صبح تاس و بقچهٔ بزرگی آوردند و فَرَج مانند دامادان به حمّام رفت.

رفت در حمّام او رنجورْ جان   کون دریده همچو دلقِ تونیان[5] ۳۱۰

او با جانی رنجور به حمّام رفت در حالی که ماتحتش همانند لباس کارگران آتش‌خانهٔ گرمابه پاره پاره بود.

آمد از حمّام در گِردک[6]، فسوس   پیشِ او بنشست دختر چون عروس ۳۱۱

فرج از حمّام آمد و به حجله رفت. دختر برای مسخره مانند عروس کنار او نشست.

مادرش آنجا نشسته پاسبان   که: نباید کو کند روز امتحان ۳۱۲

مادرش برای محافظت نشسته بود که مبادا غلام روز نزد دختر برود.

---

۱ - **حُلّهٔ عروسان :** لباس ابریشمیِ عروس و یا به‌طور مطلق لباس عروس.
۲ - **کِنگ :** قوی هیکل و زمخت و پست.   ۳ - **طاس :** تشت بزرگ.
۴ - **بوغ :** بقچه، بوغِ زفت: بقچهٔ بزرگ.   ۵ - **دلق تونیان :** لباس پاره پارهٔ کارگرانِ تونِ گرمابه.
۶ - **گِردک :** حجله.

۳۱۳ **ساعتی در وی نـظر کـرد از عِـناد[1] آنگهان با هر دو دسـتش دَهْ بـداد[2]**

غلام لحظه‌ای با تندی به دختر نگاه کرد و بعد با هر دو دست اظهار انزجار کرد.

۳۱۴ **گـفت:کس را خـود مـبادا اتّـصال با چو تـو نـاخوش‌عروسِ بـدفِعال**

سپس گفت: الهی که هیچ کس با عروسی ناپسند و بدکردار مانند تو وصلت نکند.

۳۱۵ **روزْ رویت رویِ خـــاتونانِ تَـــر کیرِ زشتت، شبْ، بتر از کیرِ خر**

روز رویت مثل بانوان لطیف و تازه است و شب آلت زشتت بدتر از آلت خران.

۳۱۶ **هــمچنان جــمله نــعیمِ ایــن جـهان بس خوش است از دور پیش از امتحان**

به همین ترتیب، همهٔ نعمت‌های این جهانی هم پیش از آزمودن و از دور دلنشین‌اند.

۳۱۷ **مـــی‌نماید در نـــظر از دور آب چون رَوی نزدیک، باشد آن سراب**

از دور به نظر آب می‌نماید؛ ولی از نزدیک سراب است.

۳۱۸ **گَنده‌پیر[3] است او و از بس چاپلوس خویش را جلوه کند چون نو عـروس**

دنیا مانند پیرزنی متعفّن و مکّار است که با فریبندگی جلوهٔ نوعروس را دارد.

۳۱۹ **هین! مشـو مـغرور آن گـلگونه‌اش[4] نـوشِ[5] نـیش[6] آلودهٔ او را مَـچَش**

آگاه باش که فریب سرخاب او را نخوری و شربت زهرآلودش را نچشی.

۳۲۰ **صـبر کـن، کَـالصَّبْرُ مِـفْتاحُ اَلفَـرَجْ تا نیفتی چون فَرَج در صد حَـرَج[7]**

بردبار باش که کلید گشایش کارهاست. صبر کن تا مانند فَرَج به رنج و دردسر نیفتی.

۳۲۱ **آشکـــارا دانـــه، پـــنهان دامِ او خـــوش نـمایدِ ز اوَّلت اِنـعامِ او**

جاذبه‌های دنیوی مانند دانه آشکار است؛ امّا دام آشکار نیست. در آغاز از روی آوردن نعمت‌ها و جاذبه‌ها بسیار خرسند و شاد می‌شوی.

---

۱ - **عِناد**: کینه و دشمنی.

۲ - **دَه بداد**: با ده انگشت و هر دو دست نسبت به کسی اظهار نفرت کردن و خاک بر سر گفتن.

۳ - **گَنده‌پیر**: پیرزن یا عجوزه‌ای که از فرط کهولت گویی گندیده و متعفّن است.

۴ - **گلگونه**: سرخاب، اینجا کنایه از جاذبه‌های دنیوی است.

۵ - **نوش**: هر چیز نوشیدنی مخصوصاً اگر شیرین و مطبوع باشد.

۶ - **نیش**: آلت زهر ریختن کژدم و زنبور، زهر. ۷ - **حَرَج**: سختی، تنگی و فشار.

در بیانِ آنکه این غرور تنها آن هندو را نبود، بلکه هر آدمی به چنین غرور مبتلاست در هر مرحله‌یی، اِلاّ مَنْ عَصَمَ اللهُ[1]

چون بپیوستی بدآن، ای زینهار[2] !   چند نالی در ندامت زار زار؟ 322

آگاه باش که اگر این جاذبه‌ها و نعمت‌ها به تو روی آوَرَد، مدّت‌ها ناله‌های زار خواهی کرد.

نام، میری و وزیری و شهی   در نهانش مرگ و درد و جان‌دهی[3] ۳۲۳

جاذبه‌ها و نعمت‌هایی که امارت، وزارت و یا پادشاهی نامیده می‌شود، باطنش چیزی جز درد و هلاکت نیست.

بنده باش و بر زمین رو چون سمند[4]   چون جنازه نه، که بر گردن برند[5] ۳۲۴

بنده باش و چون اسب رهوار بر زمین راه برو، نه اینکه مانند جنازه بر دوش دیگران حمل شوی.

جمله را حمّالِ خود خواهد کَفور[6]   چون سوارِ مرده آرندش به گور[7] ۳۲۵

آدمِ خودپرست می‌خواهد که همه در خدمت او باشند و بارِ زندگی‌اش را دیگران ببرند، همان‌طور که مُرده را بر دوش می‌برند.

بر جنازه هر که را بینی، به خواب   فارِس منصب شود، عالی رکاب ۳۲۶

در تعبیر خواب می‌گویند: هرکس را که در رؤیا به روی تابوت دیدی، به مقامی بلند خواهد رسید.

زانکه آن تابوت بر خلق است بار   بار بر خَلقان فکندند این کِبار[8] ۳۲۷

زیرا، آن تابوت باری است بر دوش مردم و بارِ این بزرگان هم بر دوش مردم است.

بار خود بر کس مَنِه، بر خویش نِهْ   سروری را کم طلب، درویش[9] بِهْ ۳۲۸

بار خود را بر دوش خلق نگذار. خودت بر دوش بگیر. سروری نخواه، افتادگی بهتر است.

---

۱ - **الاّ مَن عَصَم الله :** جز کسی که خدایش محفوظ داشت.   ۲ - **ای زینهار :** هان، هین، آگاه باش.

۳ - «یاء» در «میری، وزیری، شهی و جان‌دهی» مصدری است.

۴ - **سمند :** اسبی که مایل به زرد باشد، مجازاً اسب تندرو و نیرومند.

۵ - مصراع دوم: بار زندگی‌ات را بر دوش دیگران نگذار.

۶ - **کَفور :** حق‌ناشناس، اهل دنیا که دارای قدرت دنیوی و مقام این جهانی است.

۷ - **گور :** اشاره به مرگِ روحانیِ اهل دنیاست.   ۸ - **کِبار :** بزرگان.

۹ - **درویش :** مراد افتادگی و تواضع است.

مــرکبِ اَعــناقِ[1] مــردم را مــپا[2] تــا نــیاید نــقرِست[3] انــدر دوپـا ۳۲۹

بر گردن و دوش خلق سوار نشو تا جسم و جانت بیمار نشود.

مــرکبی را کآخــرش تـو دَه دِهـی[4] که به شـهری مـانی و ویـران‌دهـی ۳۳۰

«مقام»، مانندِ مرکبی است که سرانجام از آن بیزار می‌شوی و می‌گویی: به شـهری آبـاد شباهت داری؛ ولی دهی ویران بیش نیستی.

دَه دِهَش اکنون، که چون شهرت نمود[5] تـا نـباید رخت[6] در ویـران[7] گشـود ۳۳۱

اکنون که هنوز در نظرت جلوه‌ای دارد، از او دوری کن تا در اسارت عالم مادّه نمانی.

دَه دِهَش اکنون که صد بُستانْت هست[8] تـا نگـردی عـاجز و ویـران‌پـرست ۳۳۲

اکنون که هنوز توانایی و قابلیّت داری، آن را رها کن تا عاجز و ذلیل نشوی.

گــفت پــیغمبر کــه: جـنّت از اِلٰـه گر همی خواهی، ز کس چیزی مخواه[9] ۳۳۳

پیامبر(ص) فرمود: اگر از خدا بهشت را می‌خواهی، از کسی چیزی نخواه.

چون نخواهی، من کَفیلم[10] مر تو را جَــنَّتُ اَلمَأوی[11] و دیــدارِ خــدا ۳۳۴

اگر نخواهی، ضمانت می‌کنم که به جنّت المأویٰ می‌روی و به دیدار خدا نایل می‌شوی.

آن صحابی زین کَفالت شد عَیار[12] تا یکی روزی کـه گشـته بُـد سـوار ۳۳۵

یکی از یاران از شنیدن این ضمانت، چنان متحوّل و مصفّا شد که تصمیم گـرفت بـدان عمل کند. روزی سوار بر اسب بود که،

---

۱ - **اَعْناق :** جمع عُنُق:گردن. ۲ - **مَپا :** از پاییدن، پافشاری نکن.

۳ - **نقرس :** بیماری خاصّی که غالباً به سبب افراط در مصرف گوشت قرمز است. اینجا بیماریِ ظاهری و باطنیِ ناشی از سُستی و تنبلی یا راحت‌طلبی و خودخواهی است.

۴ - **دَه دِهی :** منزجر می‌شوی و از خود دور می‌کنی، بیزار می‌شوی: ر.ک: ۳۱۳/۶.

۵ - هنوز که در نظرت زیباست و لطفی دارد.

۶ - **رخت :** بار و بُنهٔ سفر، زندگی این جهانی سفری است به سوی زندگی آن جهانی.

۷ - **ویران :** ویرانه، محلّی که نباید ماند، برای رسیدن به کمال عبور از عالم مادّه ضروری است.

۸ - اکنون که صد بُستان داری؛ یعنی حالا که هنوز نیروی حیات، توانایی و قابلیّت پیمودن راه کمال را داری و آن را به کلّی از دست نداده‌ای.

۹ - اشاره به روایتی با همین مضمون که در ارتباط با فرمایش پیامبر(ص) با اصحاب است و قولی که یکی از صحابه داد و به آن متعهّد ماند: احادیث مثنوی، ص ۱۸۸. ۱۰ - **کفیل :** ضامن، پذیرفتار.

۱۱ - **جَنَّتُ اَلمأویٰ :** قرآن؛ نازعات: ۴۱/۷۹ و یا نجم: ۱۵/۵۳.

۱۲ - **عَیار :** مخفّف عیّار به معنی جوانمرد. به ضرورت تشدید حذف شده است. عیّاران یا جوانمردان می‌کوشیدند که اهل صفا باشند و بار از دوش خلق برگیرند نه آنکه باری بر ایشان نهند.

دفتر ششم

تـــازیانه از کَـــفَش افـــتاد راست   خود فرود آمد، زکس آن را نخواست ۳۳۶

تازیانه از دستش به زمین افتاد، از اسب به زیر آمد، آن را برداشت و از کسی نخواست.

آنکـــه از دادش نـــیاید هـــیچ بـــد   داند و بی خواهشی خـود مـی‌دهد ۳۳۷

خدایی که بخشش او خیر محض است، نیاز خلق را می‌داند و بی آنکه شخص از کسی بخواهد آن را عطا می‌کند.

ور به امر حق[1] بخواهی آن رواست   آنچنان خواهِش طـریقِ انـبیاست ۳۳۸

امّا اگر به فرمان حق بخواهی رواست. چنان خواستنی شیوهٔ انبیاست.

بد نماند، چون اشـارت کـرد دوست   کفر ایمان شد، چو کفر از بهر اوست[2] ۳۳۹

اگر دوست فرمان بدهد، هیچ بدی بد نیست و بدِ مطلق، خوب مطلق است.

هــر بــدی کـه امـرِ او پـیش آوَرَد   آن ز نـــیکوهایِ عـــالم بگـــذرد ۳۴۰

هر «بد»ی که به فرمان او انجام شود، از همهٔ «خوب»های عالم برتر است.

زآن صدف گر خسته گردد نیز پوست   دَه مدِه که صد هـزاران دُر در اوست ۳۴۱

اگر کار مرد خدا ظاهراً به نظرت خوشایند نبود، از آن بیزار نشو؛ زیرا مانند صدفی است که پوسته‌اش شکسته یا آسیب دیده؛ ولی دارای مرواریدهای گرانبهایی است.

این سـخن پـایان نـدارد، بـاز گـرد   سـویِ شـاه[3]، و هـم‌مزاجِ بـاز گـرد ۳۴۲

این سخن پایان‌ناپذیر است، به روش بازِ شکاری به سوی شاه بازگرد.

بـــاز رو در کـــان چـــو زرِّ دَه‌دَهی[4]   تـــا رهـــد دســـتانِ تـو از دَه‌دِهـی[5] ۳۴۳

تو هم چون زرِّ ناب که در معدن است به اصلِ خود توجّه کن تا از هیچ چیز منزجر نباشی.

صورتی را چون به دل رَه مـی‌دهند   از نـــدامت آخـــرش دَه مـــی‌دهند ۳۴۴

علاقه و محبّتی که انسان‌ها به «صورت»ها یا ظواهر دنیوی دارند، عاقبتی جز ندامت ندارد.

---

۱ - **به امر حق :** از طریق وحی بر انبیا و یا الهام ربّانی بر اولیا.

۲ - مصراع دوم: کفری که برای حق باشد، ایمان است. توسّعاً بد مطلق به خوب مطلق بَدَل می‌شود.

۳ - **شاه :** مراد پروردگار است.

۴ - **زرِّ دَه‌دَهی :** زرّ ناب، طلای خالص، اینجا کنایه از جان مصفّا و عاری از آلایش است.

۵ - با رسیدن به کمال و صلح درونی و ادراک حقیقت هر چیز.

دزد را کآن قطعْ تلخی می‌زَهَد[۱]   ذوقِ دزدی را، چو زن، دَه می‌دهد[۲] ۳۴۵

درد و رنج ناشی از قطع دست برای دزد سبب انزجار او از دزدی می شود، همان‌طور که آن غلام هندو از امْردی که به ظاهر زن بود، ابراز نفرت کرد.

دَه بدادن دیدی از دستِ حَزین؟[۳]   دَه بدادن زین بُریده‌دست[۴] بین ۳۴۶

ابراز انزجار دست‌های اندوهگین را دیدی، ابراز نفرت این بریده‌دست را هم ببین.

همچنان قلّاب[۵] و خونی[۶] و لَوند[۷]   وقتِ تلخی عیش را دَه می‌دهند ۳۴۷

به همین ترتیب همهٔ گناهکاران هنگام کیفر از کاری که کرده‌اند، منزجرند.

توبه می‌آرند، هم پروانه‌وار[۸]   باز نسیان[۹] می‌کشدشان سویِ کار[۱۰] ۳۴۸

آنان مانند پروانه توبه می‌کنند؛ امّا فراموشی سبب تکرار همان کار می شود.

همچو پروانه، ز دور آن نار[۱۱] را   نور[۱۲] دید و بست آن سو بار را ۳۴۹

همچون پروانه از دور «نار» را «نور» می‌بینند و به سویش می روند.

چون بیامد، سوخت پرّش را، گریخت   باز چون طفلان فُتاد و مِلح ریخت[۱۳] ۳۵۰

چون پرش بسوزد، می‌گریزد و مانند کودکانی که به زمین افتاده‌اند، اشک می‌ریزد.

بارِ دیگر بر گمان و طَمْعِ سود   خویش زد بر آتشِ آن شمعْ زود ۳۵۱

بارِ دیگر به خیال و طمعِ برخوردار شدن، فوراً خود را به شعلهٔ شمع می‌زند.

بارِ دیگر سوخت هم واپس بجَست   بازکردش حرصِ دل،[۱۴] ناسی[۱۵] و مست ۳۵۲

باز می سوزد و خود را عقب می‌کشد؛ امّا «حرص» سبب فراموشکاری و سرمستی‌اش می شود.

---

۱ - این بیت و دو بیت بعدی در متن نیست و در حاشیه افزوده شده است.

۲ - احتمالاً اشاره است به حکایت «غلام هندو»: ۲۴۹/۶.

۳ - مصراع اوّل: مراد هر آدمِ خطاکار است که حدّ خود را نمی‌شناسد همچنان که «فَرَج» نشناخت و به بیچارگی و بدبختی گرفتار شد.   ۴ - **بُریده‌دست** : دزد.   ۵ - **قلّاب** : آدم متقلّب که سکّهٔ تقلّبی می‌سازد.

۶ - **خونی** : قاتل.   ۷ - **لَوند** : عشوه‌گر و بدکاره.

۸ - پر و بال پروانه گِردِ آتش می‌سوزد و می‌کوشد که از آن بپرهیزد؛ امّا کشش شعله نمی‌گذارد و او را به هلاکت می‌کشاند.   ۹ - **نسیان** : فراموشی.

۱۰ - **کار** : همان خطا یا گناهی که از وی سر زده و کیفرش را دیده است.

۱۱ - **نار** : آتش، کنایه از «درد و رنج» و هلاکت.   ۱۲ - **نور** : کنایه از خوبی و خوشی و یا هر چیز خوشایند.

۱۳ - **مِلْح ریختن** : اشک ریختن.   ۱۴ - **حرصِ دل** : حرص، حرصِ درونی.

۱۵ - **ناسی** : دچار نسیان یا فراموشی.

آن زمـان کـز سـوختن وا مـی‌جهد   هـمچو هـندو شـمع را دَه مـی‌دهد ۳۵۳

لحظه‌ای که از سوختن جان سالم به در می‌برد، مانند غلامِ هندو نسبت به شمع ابراز انزجار می‌کند.

کِای رُخَت تابان چو ماهِ شب فروز[1]   وِی به صحبت کاذب و مغرور سوز ۳۵۴

می‌گوید: ای آنکه چهره‌ای تابان داری، و ای آنکه در مصاحبت دروغگویی و فریفتگان را می سوزانی!

بـاز از یـادش رود تـوبه[2] و انـین[3]   کـاَوْهَنَ الرَّحـمٰنُ کَـیْدَ الکـاذِبین[4] ۳۵۵

باز توبه و ناله را از یاد می‌برد؛ زیرا خداوند حیله و نیرنگ کافران و دروغگویان را رسوا می‌کند.

در عمومِ تأویلِ این آیت که : کُلَّما اَوْقَدُوا ناراً لِلْحَرب[5]

این قطعه اشارتی قرآنی است؛ مائده: ۶۴/۵، که در آن سخن از یهودیانی است که هرگاه در برابر پیامبر(ص) و مسلمانان آتش جنگ را بر افروختند، پروردگار آن را فرو نشاند. مضمون آیهٔ شریفه دلالت بر آن دارد که آنان دروغ می‌گفتند و عصیان می‌ورزیدند. مولانا در تفسیر و تأویل کلّی از آن نتیجه‌گیری می‌کند: شرط سلوک و رسیدن به کمال «صدق» است و «استواری در عزم» و به عنوان مثال احوال مردی محتشم که نمادی از «سالک» است به تبیین می‌آید که در «شب تار» زندگیِ دنیوی می‌کوشد تا شعله‌ای برفروزد؛ امّا دزدی از میان تاریکی سر انگشت بر جرقه می‌نهد تا آتشی افروخته نشود. «دزد» نمادی است از نَفْسِ سالکِ غیرِ صادق که عزم او را متزلزل می‌کند و موجبات خاموشی نور در دل و جان او را فراهم می‌آوَرَد.

کُـلَّما[6] هُـم اَوْقَـدُوا[7] نـارَ الوَغـیٰ[8]   اَطـفَاءَ[9] الّـله نـارَهُمْ حَـتَّی انْـطَفَا ۳۵۶

هرگاه که آنان آتش جنگ را برافروختند، خداوند آن را خاموش کرد.

عـزم کـرده کـه دِلا آنـجا مَـایست   گشته ناسی[10] زانکه اهلِ عزم[11] نیست ۳۵۷

انسان عزم می‌کند که ارتقا یابد و به دل خود می‌گوید: ای دل، در این مرتبهٔ پست توقّف نکن؛ امّا این تصمیم را به زودی فراموش می‌کند؛ زیرا عزم جزم ندارد و قاطع نیست.

---

۱ - ای آنکه چهرهٔ تابانت چون ماه درخشان شب را روشن می‌کند.

۲ - **توبه :** مراد توبهٔ غیر راستین یا ریاکارانه است. ۳ - **انین :** ناله.

۴ - مقتبس از مضمون آیه: انفال: ۱۸/۸. ۵ - در عام بودن تأویل این آیه که: هرگاه که آتش جنگ را افروختند.

۶ - **کُلَّما :** هرگاه که. ۷ - **اَوْ قَدُوا :** برافروختند. ۸ - **نارَ الوَغیٰ :** آتش جنگ.

۹ - **اَطْفا :** خاموش کرد. ۱۰ - **ناسی :** فراموشکار. ۱۱ - **اهل عزم :** دارای تصمیم راسخ و عزمِ جزم.

چون نبودش تخمِ صدقی کاشته[1]   حق بر او نسیانِ آن بُگماشته ۳۵۸

چون سخن او با دلش صادقانه نبود، خداوند او را دچار فراموشی می‌کند.

گرچه بر آتش‌زنهٔ[2] دل[3] می‌زند   آن ستاره‌ش را کفِ حق می‌کُشد ۳۵۹

هرچند که او می‌کوشد تا دل خود را منوّر کند؛ امّا موفّق نمی‌شود؛ زیرا دست قدرت حق جرقّه‌هایی را که موجب نورانی شدن است، خاموش می‌کند.

قصّه‌یی هم در تقریرِ این

شَرفه‌یی[4] بشنید در شب مُعْتَمَد[5]   بر گرفت آتش‌زنه کآتش زند[6] ۳۶۰

مردی محتشم شبی صدایی را شنید. آتش‌زنه را برداشت تا آتشی بیفروزد.

دُزد آمد آن زمان، پیشش نشست   چون گرفت آن سوخته، می‌کرد پَست[7] ۳۶۱

همان موقع دزد کنار او نشست و به محض آنکه آتش‌زنه جرقه‌ای می‌زد، آن را خاموش می‌کرد.

می‌نهاد آنجا سرِ انگشت را   تا شود استارهٔ آتش فنا ۳۶۲

دزد سر انگشت خویش را بر جرقه می‌نهاد تا آتش خاموش شود.

خواجه می‌پنداشت کز خود می‌مُرَد   این نمی‌دید او که دزدش می‌کُشد ۳۶۳

آن مرد گمان می‌کرد که جرقه خود به خود خاموش می‌شود، دزد را نمی‌دید.

خواجه گفت: این سوخته نمناک بود   می‌مُرَد استاره از تَرّی‌ش زود ۳۶۴

خواجه می‌اندیشید که این چخماق مرطوب است که بلافاصله خاموش می‌شود.

بس که ظلمت بود و تاریکی ز پیش   می‌ندید آتش کُشی را پیش خویش ۳۶۵

از بس همه جا تیره و تار بود، او دزدی که آتش را خاموش می‌کرد، درکنار خویش نمی‌دید.

---

۱ - مصراع اوّل: چون دانهٔ صدقی نکاشته است؛ یعنی چون صادق نبوده است.

۲ - **آتش زنه**: سنگ چخماق.

۳ - **آتش زنهٔ دل**: دلی که مانند سنگ چخماق قابلیّت ایجاد جرقه و شعله‌ور شدن را دارد.

۴ - **شَرفه**: صدای پا، خش و خش. ۵ - **مُعْتَمَد**: قابل اعتماد، اینجا انسانی محتشم و قابل احترام.

۶ - **کآتش زند**: تا شعله‌ای برای آتش و روشنایی برافروزد.

۷ - همین مضمون در دفتر اوّل، بیت ۳۸۵ هم به اجمال آمده است.

۳۶۶ این چنین آتش‌کُشی اندر دلش / دیدهٔ کافر نبیند از عَمَش[۱]

در دل کافر نیز چنین دزد خاموش کننده‌ای هست؛ امّا او دیده‌ای بصیر ندارد که این را دریابد.

۳۶۷ چون نمی‌داند دلِ داننده‌یی / هست با گَردنده گَرداننده‌یی؟

چگونه دل آگاه نمی داند که هر گَردنده گَرداننده‌ای دارد؟

۳۶۸ چون نمی‌گویی که: روز و شب به خَود / بی خداوندی کی آید؟ کی رَوَد؟[۲]

چرا نمی‌اندیشی که روز و شب، خود به خود و بدون خالقی قادر نمی‌توانند چنین نظمی داشته باشند و بیایند و بروند؟

۳۶۹ گِردِ معقولات[۳] می‌گردی؟ ببین / این چنین بی عقلیِ خود ای مَهین![۴]

ای آدم خوار، اگر موضوعات را عقلانی بررسی می‌کنی، بی عقلی خودت را ببین.

۳۷۰ خانه با بنّا بُوَد معقول‌تر / یا که بی بنّا؟ بگو ای کم هنر!

ای بی هنر، بگو که عاقلانه‌تر آن است که یک خانه سازنده‌ای داشته باشد یا نه؟

۳۷۱ خطّ با کاتب بُوَد معقول‌تر / یا که بی کاتب؟ بیندیش ای پسر!

ای پسر، فکر کن که یک خط با کاتب به عقل نزدیک‌تر است یا بدون کاتب؟

۳۷۲ جیمِ گوش و عینِ چشم و میم فَم[۵] / چون بود بی کاتبی؟ ای مُتَّهَم[۶]!

ای متّهم، این اجزای زیبای بدن آدمی، گوش به شکل جیم، چشمِ مدوّر و دهانِ میم‌شکل، چگونه بدون قلم قدرتِ خالقی رقم خورده است؟

۳۷۳ شمعِ روشن بی ز گیراننده‌یی[۷] / یا به گیرانندهٔ داننده‌یی[۸]؟

آیا شمع بدون روشن کننده روشن می‌شود؟ یا به وسیلهٔ روشن کنندهٔ دانایی مشتعل می‌گردد؟

---

۱ - **عَمَش** : آبریزش چشم، ضعف بینایی، اینجا فاقد بصیرت بودن.

۲ - و توجّه به اینکه: هر نظمی، ناظمی دارد.

۳ - **معقولات** : اینجا اموری که با عقل جزوی قابل درک‌اند با توجّه به اینکه عقل جزوی راهی به ادراک حقایق ندارد. ۴ - و اینکه: سبب را می‌بینی و مسبّب را نمی‌بینی. ۵ - **فَم** : دهان.

۶ - **متّهم** : مورد اتّهام، اینجا کسی که عقاید فاسدی دارد و حقایق هستی را درک نمی‌کند یا نمی‌خواهد که درک کند. ۷ - **گیراننده** : روشن کننده. ۸ - **داننده** : آگاه، دانا و بصیر.

صنعتِ خوب[1] از کفِ شَلِّ[2] ضَریر[3]   باشد اولیٰ یا به گیرایی بصیر؟[4] ۳۷۴

یک اثر زیبای هنری را دستِ معیوبِ نابینایی خلق می‌کند یا دست سالمِ بینایی؟

پس چو دانستی که قهرت می‌کند   بر سرت دَبّوس[5] محنت می‌زند ۳۷۵

پس چون فهمیدی که بر تو خشم می‌گیرد و با گرزِ بلا بر سرت می‌کوبد،

پس بکن دفعش چو نمرودی به جنگ   سویِ او کَش در هوا تیری خدنگ[6] ۳۷۶

همانند نمرود با ستیز آن را دفع کن و به سوی او در هوا تیری بیفکن.

همچو اِسپاهِ مُغُل بر آسمان   تیر می‌انداز دفع نَزعِ جان[7] ۳۷۷

یا همانند مغولان که در بروز بیماری‌های سخت، تیرهایی به آسمان رها می‌کردند تا ارواحی را که به گمان آنان برای قبض جان بیمار فرود می‌آیند، باز دارند، به آسمان تیراندازی کن.

یا گریز از وی اگر توانی، برو   چون روی؟ چون در کفِ اویی گرو ۳۷۸

یا اگر می‌توانی از او فرار کن؛ امّا چگونه می‌توانی؟ چون در دستش اسیری.

در عدم[8] بودی، نَرَستی از کَفَش[9]   از کفِ او چون رهی ای دستْ خَوش[10]! ۳۷۹

ای عاجز، در عدم نتوانستی از دست قدرت او بگریزی، حالا چگونه می‌توانی؟

آرزو جُستن، بُوَد بگریختن   پیشِ عدلش خونِ تقویٰ ریختن ۳۸۰

در پی آرزوها بودن، یعنی دوریِ از حق و در پیشگاه عدل الهی پرهیزکاری را کشتن.

این جهان دام است و دانه‌ش آرزو   در گریز از دام‌ها، روی آر زو[11] ۳۸۱

دنیا دام است و خواسته‌های نفسانی دانهٔ آن. از آن بگریز و به حق روی آور.

---

۱ - **صنعتِ خوب:** هنر عالی.   ۲ - **شل:** مفلوج، ناتوان و علیل.   ۳ - **ضَریر:** کور.

۴ - این ابیات در شرح قلم نقّاش ازلی است و نقوشی که بر صحیفهٔ هستی کشیده است.   ۵ - **دَبّوس:** گرز.

۶ - در این ابیات که لحن طعن و طنز دارند، سرّ سخن آن است که مثل نمرود پادشاه طاغیِ بابل در صندوقی به هوا برو و با خدا بجنگ. «تیر خدنگ»: تیری از چوب خدنگ که بسیار سخت است.

۷ - با استفاده از سرّ نی، ج ۱، صص ۴۱ و ۴۲.

۸ - **عدم:** مراد حضور در علم الهی است یا در اعیان ثابته و قبل از تعیّن صوری.

۹ - **کَفَش:** کفِ قدرتِ خداوند، قدرت الهی.   ۱۰ - **دست خوش:** ساختهٔ دست، مصنوع، زبون.

۱۱ - **زو:** مخفّفِ «زود» یا مخفّفِ «زی او»، به سویِ او.

چون چنین رفتی، بدیدی صدگشاد چون شدی در ضِدِّ آن، دیدی فساد ۳۸۲

وقتی که به سوی حق رفتی گشایش‌ها دیدی و هنگامی که به سوی باطل رفتی با تباهی روبرو شدی.

پس پیمبر گفت: اِسْتَفْتُوا اَلْقُلُوب[1] گرچه مفتی‌تان برون گوید خُطوب[2] ۳۸۳

پس پیامبر(ص) به همین مناسبت گفته است: از دل‌ها فتویٰ بخواهید، هر چند که مفتیان در بیرون خطابه گویند و فتویٰ دهند.

آرزو بگـــذار تـا رحـم آیـدش آزمـودی کـه چـنین مـی‌بایدش ۳۸۴

پس هوا و هوس را رها کن تا خدا به تو رحم کند. بارها تجربه کرده‌ای که او همین را می‌خواهد.

چون نتانی جَست، پس خدمت کنش تـا رَوی از حـبس[3] او در گـلشنش[4] ۳۸۵

چون نمی‌توانی از حیطهٔ قدرتش بگریزی، پس به او خدمت کن تا از قیود عالم مادّه برهی و به ماورای آن راه یابی.

دم به دم چون تو مراقب مـی‌شوی داد مـــی‌بینی و داور ای غَـوی[5] ۳۸۶

ای گمراه، اگر لحظه به لحظه مراقب احوال درونی خود باشی، همواره عدل و داور عادل را حس می‌کنی.

ور ببندی چشمِ خود را زِ احتجاب کـار خـود را کـی گـذارد آفـتاب؟ ۳۸۷

امّا اگر مراقب نباشی و نخواهی حقایق را درک کنی، آفتاب حقایق از نورافشانی باز می‌ایستد؟

وانمودنِ پادشاه به اُمَرا و متعصّبان در راهِ ایاز، سببِ فضیلت و مرتبت و قربت و جامگی او بر ایشان، بر وجهی که ایشان را حجّت و اعتراض نمانَد

سلطان محمود غزنوی به «ایاز اویماق» که به سبب بخت بلند و لیاقت و همّت از مرتبهٔ غلامی به عالی‌ترین درجات دربار و دستگاه رسیده بود، سخت محبّت می‌ورزید و عنایت خاصّ داشت. روزی امیران حاسدانه معترض شدند که چرا به ایاز که امتیازی بر دیگران ندارد،

---

۱ – اشاره به خبری با همین مضمون: احادیث مثنوی، ص ۱۸۸. ۲ – **خُطوب**: جمع خَطْب به معنی خطابه.
۳ – **حبس**: کنایه از دنیا، عالم مادّه. ۴ – **گلشن**: کنایه از عالم معنا. ۵ – **غَوی**: گمراه.

سی برابر سایر امیران مقرّری پرداخت می‌شود؟ روزی که سلطان با سی تن از اُمرا به شکار رفته بود، کاروانی از دور هویدا شد. امیری را فرستاد که خبر بیاورد و بگوید که کاروان از کدامین شهر آمده است؟ امیر رفت و پرسید و بازگشت و گفت: از شهر ری می‌آید. سلطان سؤال کرد: عزم کجا دارد؟ امیر درماند؛ زیرا در این امر چیزی نپرسیده بود. سلطان امیر دیگری را روانه کرد. این امیر بازگشت و گفت: کاروان عزم یمن دارد. سلطان پرسید این کاروان چه متاعی را حمل می‌کند؟ امیر در پاسخ درماند. سلطان امیر دیگری را روانه کرد و او بازگشت و گفت: اجناس مختلفی دارند که اغلب آن‌ها کاسه‌های ساخت ری است. سلطان پرسید: کی از شهر ری خارج شده‌اند؟ امیر پاسخی برای این پرسش نداشت و به ناچار امیر دیگری روانه شد و به این ترتیب سلطان با طرح سؤالات متعدّد و فرستادن امیران در پی پاسخ آن، به ظرافت انگشت بر نکته‌ای نهاد که امیران چندان از آن برخوردار نبودند و آن «لیاقت و کفایت» بود که علاوه بر اقبال بلند سبب احراز پایگاه بلند «ایاز» شده بود.

در این قصّه چونان دیگر مواردی که در مثنوی از ایاز یاد شده است، تصویری که مولانا از او به دست می‌دهد، طرحی از یک «عارفِ عاشقِ واصل» است و سلطان محمود هم نمادی از حق.

چون امیران از حسد جوشان شدند عاقبت بر شاهِ خود طعنه زدند ۳۸۸

چون امیران از حسادت خشمگین شدند، عاقبت زبان به نکوهش سلطان گشودند.

کین ایازِ تو ندارد سی خِرَد جامگیِ[1] سی امیر او چون خورَد؟ ۳۸۹

گفتند: این ایازِ تو که عقل سی نفر را ندارد، چرا مقرّری سی نفر را دریافت می‌دارد؟

شاه بیرون رفت با آن سی امیر سویِ صحرا و کُهِستان، صیدگیر ۳۹۰

شاه با سی امیر معترض به قصد شکار عازم صحرا و کوهستان شد.

کاروانی دید از دور آن مَلِک گفت امیری را: برو ای مُؤتَفِک[2] ! ۳۹۱

شاه کاروانی را از دور دید و به امیری گفت: ای تهمت زننده، برو،

رو، بپرس آن کاروان را بر رَصَد[3] کز کدامین شهر اندر می‌رسد؟ ۳۹۲

سر راه کاروان برو و بپرس که از کدام شهر می‌آید؟

---

۱ - **جامگی**: حقوق، مقرّری. ۲ - **مُؤتَفِک**: دروغگو، تهمت زننده، کسی که چیزی را به کسی نسبت می‌دهد.
۳ - **بر رَصَد**: در محلّ بازرسی، در کمین.

رفت و پـرسید و بـیامد کـه: زِ ری گفت: عزمش تا کجا؟ درمـاند وی ۳۹۳

امیر رفت و در بازگشت، گفت: از شهر ری می‌آید. شاه پرسید: عزم کجا دارد؟ امیر درماند.

دیگری را گفت: رو ای بـوالعَـلا[1] ! باز پرس از کـاروان کـه: تـا کـجا؟ ۳۹۴

به امیر دیگری گفت: ای مرد بلندپایه، بپرس که کاروان عازم کجاست؟

رفت و آمـد، گـفت: تـا سـوی یَـمَن گفت: رختش چیست؟ هان ای مؤتَمَن[2] ؟ ۳۹۵

او رفت و آمد و گفت: به سوی یمن می‌رود. شاه پرسید: ای مرد امین، کالایش چیست؟

ماند حـیران، گـفت بـا مـیری دگـر کـه: بـرو، واپـرس رختِ آن نَـفَر[3] ۳۹۶

امیر متحیّر ماند. شاه به امیر دیگری گفت: برو و از کالای آن گروه بپرس.

باز آمد، گفت: از هر جـنس هست اغـلبِ آن کـاسه‌هایِ رازی[4] است ۳۹۷

امیر آمد و گفت: اجناس مختلفی دارند که اغلبِ آن کاسه‌های ساخت ری است.

گفت: کی بیرون شدند از شهر ری؟ مـاند حـیران آن امـیر سستْ پـی[5] ۳۹۸

شاه پرسید: کی از شهر ری خارج شده‌اند؟ امیر سهل‌انگار در جواب حیران شد.

هـمچنین تـا سـی امـیر و بـیشتر سُست‌رای و ناقص انـدر کَـرّ و فَـر ۳۹۹

به همین ترتیب سی امیر و یا بیشتر در رفت و آمد سُست‌اندیشی و نقص خود را نشان دادند.

گفت امیران را که: من روزی جـدا امـتحان کـردم ایـازِ خـویش را ۴۰۰

شاه گفت: روزی من ایاز محبوب را جداگانه آزمودم.

که بپرس از کاروان تا از کجاست؟ او برفت، این جمله واپرسید راست ۴۰۱

گفتم: بپرس که کاروان از کجا می‌آید؟ او رفت و پاسخ همهٔ این پرسش‌ها را دقیقاً آورد،

بی وصیّت[6]، بی اشارت[7]، یک به یک حالشان دریـافت بی رَیـبی و شک[8] ۴۰۲

بدون سفارش یا دستور من، احوال آنان را یک به یک و با دقّت معلوم کرد.

هرچه زین سی میر اندر سی مقام کشف شد، زو آن به یک دم شد تمام ۴۰۳

آنچه را که این سی امیر در سی بار رفت و آمد کشف کردند، او به یک بار فهمید.

---

۱ - **بوالعَلا** : نام خاص نیست. ۲ - **مؤتَمَن** : امین. ۳ - **نَفَر** : دسته، گروه.
۴ - **رازی** : منسوب به «ری»، اینجا ساخت ری. ۵ - **سستْ پی** : سهل‌انگار. ۶ - **وصیّت** : سفارش.
۷ - **اشارت** : اشاره، تأکید به امر خاصّی، اینجا دستور.
۸ - **بی ریب و شک** : بدون شک و شبهه، به دقّت و وضوح.

مدافعهٔ امرا آن حجّت را شبههٔ جبریانه
و جواب دادنِ شاه ایشان را[1]

پس بگفتند آن امیران کین فنی‌ست / از عنایت‌هاش[2]، کارِ جهد[3] نیست ۴۰۴

امیران در دفاع گفتند: تفاوت ایاز با دیگران به سبب عنایت الهی است که با جهد حاصل نمی‌شود.

قسمتِ حقّ است مَهْ را روی نغز / دادهٔ بخت است گُل را بویِ نغز[4] ۴۰۵

روی تابان و زیبا را خدا به ماه داده، بوی خوش گل هم بخت خدادادی است.

گفت سلطان: بلکه آنچ از نَفس زاد[5] / رَبْع[6] تقصیر است و دخلِ اجتهاد[7] ۴۰۶

سلطان گفت: اعمال آدمی یا نتیجهٔ سهل‌انگاری اوست یا محصول کوشش وی.

ورنه آدم کِی بگفتی با خدا / رَبَّنا إنّا ظَلَمْنا نَفْسَنا؟[8] ۴۰۷

اگر این طور نبود که آدم(ع) به خداوند نمی‌گفت: پروردگارا، ما به خود ستم کردیم.

خود بگفتی کین گناه از نَفس بود / چون قضا این بود، حَزمِ ما چه سود؟ ۴۰۸

بلکه می‌گفت: این گناه از نَفسِ ما بود؛ چون مشیّت الهی این گونه می‌خواست و عاقبت‌اندیشی ما سودی نداشت.

همچو ابلیسی که گفت: أَغْوَیْتَنی[9] / تو شکستی جامِ و ما را می‌زنی؟ ۴۰۹

همان طور که ابلیس گفت: خدایا، تو مرا اغوا کردی. تو خواستی که جامِ فرمانت شکسته شود. چرا مرا متّهم می‌کنی و کیفر می‌دهی؟

---

1 - [...] 2 - فنی‌ست از عنایت‌ها: [...]
3 - جهد: کوشش و تلاش. 4 - نغز: نیکو، خوب.
5 - آنچه از نَفس زاد: آنچه از نفس یا وجود آدمی سر می‌زند، آنچه می‌کند، اعمالِ انسان.
6 - رَبْع: رشد و نمو، اینجا مطلق محصول. رَبْعِ تقصیر: محصولِ کوتاهی یا حاصلِ تلاش نکردن و نخواستن.
7 - دخلِ اجتهاد: حاصل تلاش و خواستن.
8 - اشارتی قرآنی؛ اعراف: ۲۳/۷. مراد آنکه آدم(ع) علی‌رغم آنکه قدرت تامّ پروردگار را می‌دانست، اختیار و مسؤولیّت را هم برای انسان باور داشت و جبریانه نمی‌اندیشید؛ امّا ابلیس جبریانه سخن گفت و خود را در سجده به آدم(ع) مسؤول و مختار ندید.   9 - اشارتی قرآنی؛ اعراف: ۱۶/۷.

بل قضا حقّ است و جهدِ بنده حق هین! مباش اعور[1] چو ابلیسِ خَلَق[2] ۴۱۰

بلکه هم قضای حق و مشیّت الهی هست و هم تلاش بنده. آگاه باش و مانند ابلیسِ گمراه نباش.

در تـردُّد[3] مـانده‌ایـم انـدر دو کـار ایـن تـردّد کِی بـود بـی اخـتیار؟ ۴۱۱

گاه میان دو کار دچار تردید می‌شویم، اگر اختیاری نداشته باشیم، تردیدی نداریم.

ایـن کـنم یـا آن کـنم او کِـی گُـوَد[4] که دو دست و پایِ او بسته بُـوَد؟[5] ۴۱۲

آیا کسی که نمی‌تواند کاری بکند یا اختیاری ندارد، هرگز می‌گوید: این کار را بکنم یا آن کار را؟ آیا هیچ تصمیمی می‌گیرد؟[6]

هـیچ بـاشد ایـن تـردّد بـر سَـرَم؟ کـه: رَوَم در بـحر یـا بـالا پَـرَم؟ ۴۱۳

آیا هرگز در مورد موضوعات غیرممکن که نمی‌توانیم انجام دهیم، دچار تردید می‌شویم؟ که در دریا فرو برویم یا به هوا بپریم؟

ایـن تـردّد هست کـه مـوصِل روم یـا بـرای سِـحر تـا بـابل[7] روم؟ ۴۱۴

در مورد کارهایی که می‌توانیم انجام دهیم دودل می‌شویم که مثلاً آیا به موصل بروم یا برای آموختن فن جادو به بابل بروم؟

پس تـــردّد را بـــباید قـــدرتی ورنـــه آن خـــنده بُـوَد بـر سِـبْلَتی[8] ۴۱۵

پس برای تردید باید توانایی داشت وگرنه تردید بدون توانایی خود را مسخره کردن است.

بـر قـضا کـم نِـه بـهانه ای جـوان! جُرمِ خود را چون نهی بر دیگران؟ ۴۱۶

ای جوان، مشیّت حق را بهانه نیاور. عیب و ایرادِ خودت را به گردن دیگران نینداز.

خون کند زید و قصاصِ او به عَمْر؟ مِی خورَد عَمْر و بر احمد حَدِّ خمر؟ ۴۱۷

اگر زید آدم بکشد، عَمْر باید قصاص شود؟ یا اگر عَمْر باده بخورد، بر احمد باید حدّ جاری شود؟

---

۱ - **اَعْوَر :** یک چشم، اینجا بی‌بصیرت و گمراه.

۲ - **خَلَق :** کهنه و پاره، اینجا کهنگی و پوسیدگیِ اندیشه و استدلالِ جبریانهٔ ابلیس است که مسؤولیّتی برای خود نمی‌بیند. ۳ - **تَرَدُّد :** تردید و دو دلی. ۴ - **گُوَد :** گوید یا می‌گوید.

۵ - مصراع دوم: کسی که دست‌ها و پاهایش بسته است؛ یعنی اختیاری ندارد.

۶ - مراد آنکه: تردید و تصمیم نشان «اختیار» است.

۷ - **بابل :** در گذشته‌های دور بابل از مراکز سِحر و ساحری بوده است.

۸ - **خنده بر سِبْلَت :** خود را مسخره کردن.

۴۱۸ **گِردِ خود بر گَرد[1] و جُرمِ خود ببین   جنبش از خود بین، و از سایه مبین**

به اعمالت توجّه کن و خطا یا جُرم خود را بفهم. اعمالِ تو از افکارت نشأت گرفته نه از چیز دیگر.

۴۱۹ **که نخواهد شد غلط پاداشِ میر[2]   خصم را می‌داند آن میرِ بصیر[3]**

زیرا که امیر به خطا پاداش نمی‌دهد. آن امیر بصیر دشمن را می‌شناسد.

۴۲۰ **چون عسل خوردی، نیامد تب[4] به غیر   مزدِ روزِ تو نیامد شب به غیر[5]**

اگر تو عسل فراوانی بخوری، دیگری دچار گرمی طبع نمی‌شود. دستمزد روزانهٔ تو را هم شب به دیگری نمی‌دهند.

۴۲۱ **در چه کردی جهد کآن واتو نگشت؟   تو چه کاریدی که نامد رَیعِ کشت[6]؟**

در چه کاری تلاش کردی که نتیجه ندیدی؟ چه چیزی کاشتی که محصول برنداشتی؟

۴۲۲ **فعلِ تو که زاید از جان و تنت[7]   همچو فرزندت بگیرد دامنت**

عملی که از تو سر می‌زند نتیجه‌ای دارد که همواره با تو خواهد بود.

۴۲۳ **فعل را در غیب صورت می‌کنند   فعلِ دُزدی را، نه داری می‌زنند؟**

هر عمل در عالم غیب تجسّمی دارد، مثلِ دزدی که تجسّمش در این جهان چوبهٔ دار است.

۴۲۴ **دار کی مانَد به دزدی؟ لیک آن   هست تصویرِ خدایِ غیب‌دان**

«چوبهٔ دار» شباهتی به عمل «دزدی» ندارد؛ امّا خداوند غیب‌دان آن را صورتی این جهانی برای فعل دزدی قرار داده است.

۴۲۵ **در دلِ شِحنه[8] چو حقّ الهام داد   که: چنین صورت بساز از بهرِ داد[9]**

این کار الهامی از حق در دل داروغه است که برای اجرای عدالت چنین داری برپا کن.

۴۲۶ **تا تو عالم باشی و عادل، قضا[10]   نامناسب چون دهد داد و سزا؟**

تا تو دانا و عادل باشی، هرگز قاضی قضاوت بدی نمی‌کند و کیفر نامناسبی نمی‌دهد.

---

۱ - **گِردِ خود برگَرد**: به اطراف خود نگاهی کن، به دور تا دور خودت بنگر، در خودت تعمّق و جست‌وجو کن.

۲ - **میر**: امیر، مراد از آن حضرت حق است. ۳ - **بصیر**: از اسامی حق.

۴ - **تب**: اینجا مراد گرمی طبع است. ۵ - نتیجهٔ عمل هرکس فقط به خودش مربوط است.

۶ - **ریعِ کَشت**: محصول کشت و زرع.

۷ - مصَراع اوّل: عملی که از جان و تن تو ناشی شده باشد، کاری که کرده باشی.

۸ - **شِحنه**: داروغه، اینجا قاضی. ۹ - **داد**: عدالت، عدل. ۱۰ - **قضا**: قضای حق.

دفتر ششم

چونکه حاکم این کند اندر گُزین[۱] چون کند حکم اَحْکَمِ این حاکمین[۲]؟ ۴۲۷

چون قاضی که بنده‌ای از بندگان حق است، حکمی شایسته می‌دهد، خداوند که درست‌ترین حکم کنندگان است، چگونه حکم می‌کند؟

چون بکاری جو، نروید غیرِ جو قرض تو کردی، ز کِه خواهد گرو؟[۳] ۴۲۸

اگر جو بکاری، چیزی جز جو نمی‌روید. وام را تو گرفته‌ای، وام‌دهنده از چه کسی باید گرو بخواهد؟

جُرمِ خود را بر کسی دیگر مَنِه هوش و گوشِ خود بدین پاداش دِه[۴] ۴۲۹

گناه خود را به گردن دیگری نینداز و به کیفری که می‌رسد، توجّه کن.

جُرم بر خود نِهْ، که تو خود کاشتی[۵] با جزا و عدلِ حق کُن آشتی[۶] ۴۳۰

گناه را از جانب خود بدان؛ زیرا تو آن را مرتکب شدی؛ پس به کیفر و عدالتِ حق راضی باش.

رنج را باشد سبب بد کردنی بد ز فعلِ خود شناس، از بخت نی ۴۳۱

کردارِ بد سبب رنج است. بدی‌ها را از کردار خود بدان، نه از بختِ بد.

آن نظر در بخت، چشمْ اَحْوَل[۷] کند کَلْب[۸] را کهدانی[۹] و کاهِل[۱۰] کند ۴۳۲

توجّه به بخت و اقبال، چشم را از دیدن حقیقت ناتوان می‌کند، مانند سگی که نه پاسبانی کند و نه شکار.

متّهم کن نَفْسِ خود را ای فَتیٰ! مُتّهم کم کن جزایِ عدل را ۴۳۳

ای جوان، نَفْس خود را متّهم بدان، نه جزای عادلانهٔ الهی را.

توبه کن، مردانه سر آور به رَه که فَمَنْ یَعْمَلْ بِمِثْقٰالٍ یَرَه[۱۱] ۴۳۴

مردانه توبه کن و به راه حق باز گرد که هر کس ذرّه‌ای نیکی یا بدی کند، نتیجه‌اش را می‌بیند.

---

۱ - **اندرگُزین :** موقع گزینش یا تصمیم‌گیری.

۲ - **احکم الحاکمین :** فرمانروا و حکم کننده بر همهٔ فرمانروایان و حاکمان، یعنی پروردگار.

۳ - مراد آنکه: هر کس مسؤول اعمال خویش است.

۴ - مصراع دوم: گوش و هوش به چیزی دادن؛ یعنی کاملاً متوجّه بودن.

۵ - **تو کاشتی :** تو مرتکب شدی، بذری است که تو کاشته‌ای.

۶ - **آشتی کن :** بپذیر، قبول کن، جنگ و جَدَل نکن.

۷ - **اَحْوَل :** دوبین، مُراد چشمی است که به حقایق توجّهی ندارد، فاقد بصیرت یا بینش. ۸ - **کَلْب :** سگ.

۹ - **کَهدانی :** اهل آخور، کنایه از پستی و حقارت. ۱۰ - **کاهل :** سست و تنبل.

۱۱ - مقتبس از: قرآن: زلزله: ۹۹/۸-۷.

در فسونِ نَفْس کم شو غِرّه‌یی[۱] کآفتابِ حق نپوشد ذرّه‌یی ۴۳۵

هرگز فریب افسونِ نَفْس را نخور؛ زیرا خورشید حقیقت ذرّه‌ای را نادیده نمی‌گذارد.

هست این ذرّاتِ جسمی ای مُفید! پیش ِ این خورشیدِ جسمانی پدید ۴۳۶

ای انسان پرفایده، ذرّات مادّی در برابر نور خورشید این جهانی آشکار و معلوم‌اند.

هست ذرّاتِ خواطر وَ افْتِکار[۲] پیش ِ خورشیدِ حقایق، آشکار ۴۳۷

به همین ترتیب ذرّات اندیشه و افکار هم نزد خورشید حقایق آشکار و معلوم‌اند.

حکایتِ آن صیّادی[۳] که خویشتن درگیاه پیچیده بود و دستهٔ گل و لاله راکُلَه‌وار به سر فروکشیده، تا مرغان او راگیاه پندارند، و آن مرغِ زیرک[۴] بوی بُرد اندکی که این آدمی است که بر این شکل گیاه ندیدم، امّا هم تمام بوی نبرد، به افسون او مغرور شد، زیرا در ادراکِ اوّل قاطعی نداشت،[۵] در ادراکِ مکرِ دوم قاطعی داشت،[۶] وَ هُوَ اَلْحِرْصُ وَاَلطَّمَعُ لاٰ سِیَّمٰا عِنْدَ فَرْطِ اَلْحاٰجَةِ وَ اَلْفَقْر،[۷] قاٰلَ اَلنَّبِیُّ صَلَّی الله عَلَیْهِ وَ سَلَّم:[۸] کاٰدَ اَلْفَقْرُ اَنْ یَکُونَ کُفْراً[۹]

صیّادی خود را درگیاه پیچیده بود. مرغ زیرک به او و دانه‌ای که درکنار دام نهاده بود، نزدیک شد و با تعجّب دریافت که آنچه می‌بیند، نمی‌تواند گیاه باشد. از صیّاد پرسید: کیستی و در میان وحوش چه می‌کنی؟ صیّاد گفت: زاهدی تقوا پیشه‌ام که در اینجا خلوت گزیده‌ام. مرغ زیرک در ترک خلوت به صیّاد اندرز داد و میان آنان مباحثی دقیق و ظریف درگرفت. آنگاه

---

۱ - **غَرّه:** مفتون، فریب خورده. ۲ - **اِفْتِکار:** اندیشیدن.

۳ - **صیّاد:** نمادی از عوامل گمراه‌کننده، اینجا زاهد ریایی.

۴ - **مرغِ زیرک:** نمادی از انسانی با آگاهی محدود و مغرورکه عاقبت به دام می‌افتد. ۵ - برایش قطعی نبود.

۶ - اینِ مکرکه گندم‌ها متعلّق به ایتام است، برایش قطعی‌تر بود.

۷ - حرص و طمع سببِ این گمراهی و درک ناقص است، مخصوصاً در فقر و نیاز.

۸ - حدیث نبوی: چه بساکه فقر و ناداری ممکن است به‌کفر بیانجامد: ر.ک. ۵۱۹/۲.

۹ - مأخذ آن حکایتی در عقدالفرید، ج ۲، ص ۵۲ است که در آن مناظرهٔ مرغ با دام طرح کلّی داستان است و مضمون آن ردّ زُهد ریایی است.

در ربیع الابراراز قول مالک بن دینار قصّه با صورتی متفاوت، ولی نتیجه‌ای نسبتاً مشابه نقل شده است. همچنین در ارشادالادیب، ج ۶، ص ۲۴۳-۲۴۲ و کتاب الاذکیاء، ص ۱۵۷ نیز آمده است: احادیث، صص ۵۲۶-۵۲۵. در حدیقهٔ سنایی مناظرهٔ مرغ با دام است نه با صیّاد.

چشم مرغ زیرک به گندم‌های کنار دام افتاد. صیّاد گفت: این گندم‌ها متعلّق به ایتام است که ما را مؤتَمَن پنداشته و اینجا به امانت گذاشته‌اند. مرغ زیرک با اطّلاع از احکام شرع، ادّعا کرد که مُضطر است و مجروح، اینک مُردار بر او حلال است و پس از اندکی تعمّق گام برداشت که دانه را بخورد و در دام افتاد.

سرّ سخن آن است که وسوسهٔ «حرص و طمع» چشم عقلِ آدمی را کور می‌کند و همچنین در تبیین تحذیر از زاهدان ریایی که «صیّاد» رمزی از آن است، نیز هست.

رفت مـــرغی در مـیانِ مــرغزار　　　بـــود آنــجا دام از بــهرِ شکــار ۴۳۸

پرنده‌ای به مرغزاری رفت که در آنجا برای شکار دام گسترده بودند.

دانـهٔ چــندی نــهاده بــر زمــین　　　و آن صیّاد آنـجا نشسـته در کـمین ۴۳۹

صیّاد دانه‌هایی بر زمین ریخته بود و در کمین نشسته بود.

خـویشتن پـیچیده در بـرگ و گـیاه　　　تــا در افــتد صــیدِ بـیچاره ز راه ۴۴۰

خود را با برگ و گیاه پیچیده بود تا صید بیچاره گمراه شود.

مرغک آمد سـویِ او از نـاشناخت　　　پس طوافی کرد و پیشِ مرد تاخت ۴۴۱

پرندهٔ بیچاره بی آنکه بداند چرخی زد و به سوی آن مرد شتافت.

گفت او را: کیستی تـو؟ سبزپوش!　　　در بـیابان در مـیانِ ایـن وُحـوش[1] ۴۴۲

به صیّاد گفت: تو سبز پوش کیستی که در میان وحوش نشسته‌ای؟

گـفت: مـردِ زاهـدم مـن، مُـنقَطِع[2]　　　**بـا گـیاهی گشـتم ایـنجا مُـقْتَنِع**[3] ۴۴۳

صیّاد گفت: زاهدی از دنیا بریده‌ام که در اینجا به گیاهی قناعت کرده‌ام.

زهد و تقویٰ را گُزیدم دین و کیش[4]　　　**زانکه می‌دیدم اجل را پیشِ خویش** ۴۴۴

چون هر لحظه اجل را روبروی خویش و نزدیک می‌دیدم، پرهیز و تقوا را برگزیدم.

مـرگِ هـمسایه، مـرا واعـظ شـده　　　کسب و دکّـانِ مـرا بـر هـم زده ۴۴۵

مرگ همسایه به من اندرز داد و کار و کسب مرا در هم ریخت.

---

۱ - **وحوش**: حیوانات وحشی.　۲ - **مُنقَطِع**: بریده.　۳ - **مُقْتَنِع**: قانع.

۴ - **گُزیدم دین و کیش**: دین و آیین خویش برگزیدم، انتخاب کردم.

چون به آخِر فرد خواهم ماندن   خُو نباید کرد با هر مرد و زن[1] 446

چون عاقبت تنها خواهم ماند، چرا با این و آن خُو بگیرم؟

رُو بخواهم کرد آخر در لَحَد[2]   **آن بِهْ آید که کنم خو با اَحَد** ۴۴۷

چون عاقبت به گور روی می‌آورم، بهتر است که به خدای یگانه بپردازم و عبادت کنم.

چون زَنَخ[3] **را بست خواهند ای صنم!   آن بِهْ آید که زَنَخ کمتر زنم**[4] ۴۴۸

ای زیبارو، چون عاقبت چانه‌ام را می‌بندند، بهتر است که اکنون چانه را ببندم و سکوت کنم.

ای به زربفت و کمر آموخته![5]   **آخِر اَسْتَت جامهٔ نادوخته**[6] ۴۴۹

ای کسی که به جامهٔ زربفت و کمر عادت کرده‌ای، عاقبت به تو جامهٔ نادوخته می‌پوشانند.

رُو به خاک آریم کز وی رُسته‌ایم   دل چرا در بی وفایان بسته‌ایم؟ ۴۵۰

سرانجام به خاک می‌رویم، چون از آن پدید آمده‌ایم؛ پس چرا دلبستهٔ بهره‌هایِ فانی شده‌ایم؟

جَدّ و خویشانْمان قدیمی چار طبع   ما به خویشی عاریت بستیم طَمْع ۴۵۱

جدّ و خویش قدیمی و اصلیِ تن ما عناصر اربعه است؛ امّا ما به خویشان غیر اصلی و عاریتی عادت کرده و دلبسته‌ایم.

سال‌ها هم صحبتی و همدمی   با عناصر داشت جسمِ آدمی ۴۵۲

«قالبِ عنصری» انسان سال‌ها با این عناصر اربعه مصاحب و همدم بود؛ یعنی از آن‌ها بود و باید به اصل خود بازگردد.

روحِ او خود از نفوس و از عقول   روحْ اصولِ خویش را کرده نُکول[7] ۴۵۳

«روحِ انسان» هم از عالم ارواح و عقول بود؛ امّا مبدأ خود را فراموش کرده است.

از عُقول و از نفوسِ پُر صفا   نامه می‌آید به جان کِای بی وفا! ۴۵۴

از عالم مصفّای عقول و نفوس به «جان» پیامی می‌رسد که ای بی‌وفا!

---

1 - **هر مرد و زن**: [illegible]   2 - **لَحَد**: [illegible]

۳ - **زنخ** : چانه. «زنخ بستن در عاقبت»: اشاره به بستن چانهٔ مُردگان است.

۴ - **زنخ زدن** : سخن بیهوده گفتن.   ۵ - مصراع اوّل: ای کسی که به زیورهای این جهانی خو کرده‌ای.

۶ - **جامهٔ نادوخته** : مراد کفن است که آن را نمی‌دوزند.   ۷ - **نکُول** : روگردانیدن از چیزی.

یـــارَکـــانِ پـــنج روزه یـــافتی رُو زِ یـــارانِ کـــهن[1] بـــرتافتی[2] ؟ ۴۵۵

یاران حقیر پنج روزه یافتی و از یاران کهن روی‌گردان شدی؟

کودکان[3] گرچه که در بازی خوشند شب کشانشان سویِ خانه می‌کشند ۴۵۶

هرچند که کودکان بازی را دوست دارند؛ امّا شب کشان کشان آنان را به خانه می‌برند.

شد بـرهنه وقتِ بـازی طفلِ خُـرد دزد از نـاگـه قـبا و کَـفش بُـرد ۴۵۷

بچّهٔ خردسال برای بازی لباسش را در می‌آورد و متوجّه نیست که دزد به ناگاه آن را می‌بَرَد.

آنـچنان گـرم او بـه بـازی در فُـتاد کآن کـلاه و پـیرهن رفـتش ز یـاد ۴۵۸

چنان گرم بازی شده که کلاه و پیراهن را فراموش کرده است.

شد شب و بازیّ او شـد بـی مـدد[4] رو نـدارد کـو سـویِ خـانه رود ۴۵۹

با فرارسیدن شب و پایان یافتن بازی، نمی‌داند چگونه به خانه برود.

نـی شـنیدی اِنَّـمَا اَلدُّنـیا لَـعِب[5] ؟ باد دادی رخت و گشـتی مُـرتَعِب[6] ۴۶۰

آیا آیهٔ «دنیا بازیچه است» را نشنیدی که متاع عمر را بر باد دادی و این چنین هراسان شده‌ای؟

پیش از آنکه شب شود،[7] جامه بجو[8] روز را ضـایع مکـن درگـفت‌وگو[9] ۴۶۱

پیش از فرارسیدن شب، لباس خود را بجو. روز را با قیل و قال تباه نکن.

مـن بـه صـحرا خـلوتی بگـزیده‌ام خـلق را مـن دزدِ جـامه[10] دیـده‌ام ۴۶۲

من در صحرا خلوت‌نشینی گزیده‌ام؛ زیرا فهمیده‌ام که خلق سرمایهٔ عمر را که باید صرف عبادت شود، می‌برند و بر باد می‌دهند.

نـیمِ عُـمر از آرزویِ دلسـتان[11] نـیم عـمر از غـصّه‌هایِ دشـمنان ۴۶۳

نیمی از عمر را در آرزوی رسیدن به دوستان و نیمی را در غصّهٔ دشمنان تباه کردم.

---

۱ - **یارانِ کُهن :** مراد عقل و روح است. ۲ - **برتافتی :** روی‌گردان شدی.

۳ - **کودک :** نمادی از انسان ناآگاه است که در زندگی دنیوی به بازی مشغول است.

۴ - **بازیّ او شد بی مدد :** یاران بازی رفتند و یاوری بر جای نماند.

۵ - اشارتی قرآنی؛ انعام: ۳۲/۶، محمّد: ۳۶/۴۷ و آیاتی دیگر. ۶ - **مُرْتَعِبْ :** دچار رُعب و وحشت.

۷ - **پیش از آنکه شب شود :** پیش از آنکه روز عمر به پایان برسد.

۸ - **جامه بجو :** از قابلیّت‌هایت استفاده کن. ۹ - عمر را به بطالت سپری نکن.

۱۰ - **دزدِ جامه :** عمر که سرمایهٔ آدمی در برابر کسب معرفت و ارتقا است به جامه‌ای مانند شده که خلق با سخنان بیهوده بر باد می‌دهند و در واقع می‌ربایند. ۱۱ - **دلستان :** محبوب، معشوق.

جبّه[1] را بُرد آن، کُلَه[2] را این بِبُرد غرقِ بازی گشته ما چون طفلِ خُرد ۴۶۴

جبّه را دوست برد و کلاه را دشمن. ما هم چون طفل خردسال غرق بازی شده‌ایم.

نک شبانگاهِ اجل نزدیک شد خَلِّ هٰذا اللَّعْبَ، بَسَّکْ، لا تَعُدْ ۴۶۵

اینک که شب مرگ نزدیک شده است، بازی را رها کن. بس است، دیگر به آن باز نگرد.

هین سوار توبه شو، در دُزد رس جامه‌ها از دُزد بِستان باز پس ۴۶۶

آگاه باش که با مَرْکبِ توبه می‌توانی بر نَفْس مسلّط شوی، قابلیّتِ خود را دوباره به دست آوری و زمان از دست رفته را جبران کنی.

مرکبِ توبه عجایب‌مرکب است بر فلک تازد به یک لحظه ز پست ۴۶۷

«توبه»، همانند اسب عجیبی است که می‌تواند به لحظه‌ای از زمین به آسمان رَوَد.

لیک مرکب را نگه می‌دار از آن کو بدزدید آن قبایت را نهان ۴۶۸

امّا این مرکب خاصّ را از همهٔ کسان و همهٔ چیزهایی که موجب گمراهی‌ات شدند، مخفی بدار.

تا ندزدد مرکبت را نیز هم پاس دار این مرکبت را دم به دم[3] ۴۶۹

تا دزد مرکبت را نیز نبرد. بسیار مراقب آن باش.

حکایتِ آن شخص که دزدان قوچِ او را بدزدیدند، و بر آن قناعت نکردند، به حیله جامه‌هاش را هم دزدیدند[4]

ساده‌دلی، قوچی را با ریسمان به دنبال می‌کشید. دزدی ریسمان را برید و قوچ را ربود. ساده‌مرد در جست‌وجوی قوچ گمشده به هر طرف می‌رفت که ناگاه مردی را بر سر چاهی

---

۱ - **جُبّه** : لباس بلند و گشادی که رویِ لباس‌های دیگر می‌پوشند.

۲ - **کُلَه** : کلاه. «جُبّه و کلاه»: کنایه از توانایی‌ها و قابلیّت‌های آدمی است.

۳ - می‌توان با خلوص و صدق از عنایت حق بهره‌مند شد و این مرکب را حفظ کرد.

۴ - مأخذ این لطیفهٔ کوتاه حکایتی است در جوامع‌الحکایاتِ محمّد عوفی (باب پنجم از قسم سوّم)، که در طیِ آن روستایی ساده‌ای به بغداد وارد می‌شود و سه طرّار به مختلف الحیل درازگوش، بُز و جامه‌های او را می‌دزدند و روستایی پس از خلاصی از بُن چاه، چوب گرفته بر هم می‌زند و در پاسخ مردم که می‌پرسند: چرا چنین می‌کنی؟ می‌گوید: پاس خود می‌دارم، مبادا که مرا نیز بدزدند: احادیث، ص ۵۲۷.

در حال ناله و فغان دید که می‌گفت: همیان زر او در این چاه افتاده است و هر کس که آن را از چاه بر آوَرَد، بیست دینار پاداش می‌یابد.

مرد ساده‌اندیش به طمع بیست دینار جامه‌ها را از تن بیرون کرد و به درون چاه رفت. مرد فغان کننده که همان دزد قوچ بود، جامه‌های او را هم ربود.

نکتۀ اصلی در این لطیفه آن است که ساده‌اندیشی ناشی از نادیده انگاشتن عقل است و طمع آدمی را به چاهی از تباهی می‌افکَنَد. دیگر آنکه دزدان نهان و عیان در کمین‌اند و ساده‌اندیشی عواقبی ناگوار دارد.

اصل قصّه از حکایات عامیانه است که محمّد عوفی با بر هم کوبیدن چوب از طریق مرد ساده‌اندیش، پایان آن را نیز نشان می‌دهد؛ امّا مولانا به سِرّ قصّه التفات دارد و هرجا که این سِرّ گفته شود، منظور کلّی حصول یافته است و نیازی به اتمام آن نمی‌یابد.

۴۷۰ **آن یکی قُچ داشت، از پس می‌کشید　　　دزد قُچ را بُرد، حَبْلَش[1] را بُرید**

شخصی قوچی را به طنابی بسته بود و در پی خود می‌کشید. دزد ریسمان را بُرید و قوچ را بُرد.

۴۷۱ **چونکه آگه شد، دوان شد چپّ و راست　　　تا بیابد کآن قُچِ بُرده کجاست؟**

چون مرد خبردار شد، به این طرف و آن طرف رفت تا ببیند آن کس که قوچ را بُرده است، کجاست؟

۴۷۲ **بر سرِ چاهی بدید آن دزد را　　　که فغان می‌کرد کِای واوَیْلَتا[2]!**

بر سر چاهی آن دزد را بی آنکه بشناسد، دید که فریاد می‌کرد که ای وای بر من!

۴۷۳ **گفت: نالان از چه‌ای ای اوستاد؟　　　گفت: همیانِ[3] زرم در چَهْ فُتاد**

گفت: ای استاد، چرا ناله و فغان می‌کنی؟ آن مرد گفت: کیسۀ طلاهایم در چاه افتاده است.

۴۷۴ **گر توانی در رَوی بیرون کشی　　　خُمس بِدْهم مر تو را با دلخوشی**

اگر به درون چاه بروی و آن را بیرون آوری، با کمال میل یک پنجمش را به تو می‌دهم.

۴۷۵ **خُمسِ صد دینار بستانی به دست　　　گفت او: خود این بهایِ دَه قُچ است**

یک پنجم صد دینار را به دست می‌آوری. مرد ساده‌دل اندیشید: این پول دَه قوچ است.

۴۷۶ **گر دری بر بسته شد، دَه در گشاد　　　گر قُچی شد، حق عوض اُشتر بداد**

اگر دری بسته شد، درهای دیگری باز شد. اگر قوچی رفت، خداوند در عوض شتری داد.

---

۱ - **حَبْل**: طناب، ریسمان.　۲ - **واویلتا**: ای وای!　۳ - **همیان**: کیسۀ چرمی.

جامه‌ها بر کَند و اندر چاه رفت جامه‌ها را بُرد هم آن دزد تفت ۴۷۷

لباس‌ها را در آورد و به درون چاه رفت. دزد هم به سرعت لباس‌ها را بُرد.

حازمی[1] باید که رَه تا دِه[2] بَرَد حزم نَبْوَد، طَمْع طاعون[3] آوَرَد ۴۷۸

انسان باید عاقبت‌اندیش باشد تا به مقصود برسد. اگر دوراندیش نباشد، «حرص» او را به هلاکت می‌کشاند.

او یکی دزد است فتنه‌سیرتی چون خیال او را به هر دم صورتی ۴۷۹

«طمع»، مانند دزدی فتنه‌گر در درون آدمی است که هر لحظه چون خیال به صورتی در می‌آید.

کس نداند مکرِ او الاّ خدا در خدا بگریز و وارَه زآن دَغا[4] ۴۸۰

هیچ کس جز خدا مکر او را نمی‌شناسد. به خدا پناه ببر تا از شرّ آن حیله‌گر نجات یابی.

مناظرهٔ مرغ با صیّاد در ترهُّب[5] و در معنی ترهُّبی که مصطفی علیه السَّلام، نهی کرد از آن اُمّتِ خود را که: لاٰ رَهْبٰانِیَّةَ فی آلاسلام[6]

مرغ گفتش: خواجه! در خلوت مهایست دینِ احمد را تَرَهُّب نیک نیست ۴۸۱

مرغ گفت: ای خواجه، در خلوت نمان و به میان خلق برو. در دین اسلام ترک دنیا پسندیده نیست.

از ترهُّب نهی کرده است آن رسول بدعتی چون درگرفتی؟ ای فضول! ۴۸۲

پیامبر(ص) مردم را از این کار نهی کرده است. ای بیهوده گو، چرا بدعتی گذاشته‌ای؟

جمعه شرط است و جماعت[7] در نماز امرِ معروف و ز منکَر احتراز[8] ۴۸۳

برپایی نماز جمعه و اقامهٔ نماز با جماعت، امر به معروف و نهی از مُنکَر شرط است که همگی نشان اجتماع مسلمانان است، نه تفرقه و دوریِ آنان.

---

۱ - **حازم**: دوراندیش، عاقبت‌اندیش و محتاط. ۲ - **دِه**: کنایه از مقصد یا مقصود.
۳ - **طاعون**: اینجا هلاکت و نابودی است. ۴ - **دَغا**: حیله‌گر.
۵ - **تَرَهُّب**: عزلت‌گزینی، گوشه‌گیری و ترک دنیا.
۶ - اشاره به حدیث: رهبانیّت و از دنیا بریدن در اسلام نیست: احادیث مثنوی، ص ۱۸۹.
۷ - اقامهٔ نماز به جماعت را مستحب مؤکّد می‌دانند. ۸ - **احتراز**: دوری.

رنجِ بدخویان کشیدن زیرِ صبر   منفعت دادن به خلقان همچو ابر ۴۸۴

صبورانه آزار بدخویان را تحمّل کردن و چون ابر برای همه مفید بودن کار درستی است.

خَیْرُ ناس آن یَنْفَعَ النّاس،[1] ای پدرا!   گرنه سنگی، چه حریفی با مَدَر[2] ؟ ۴۸۵

بهترین مردم کسی است که برای خلق مفیدتر باشد. اگر تو انسانی و سنگ نیستی، چرا در بیابان با کلوخ اُنس گرفته‌ای؟

در میانِ اُمّتِ مرحوم باش[3]   سنّتِ[4] احمد مَهِل، محکوم باش ۴۸۶

در میان امّتی که مورد رحمت الهی‌اند، باش. به سنّت پیامبر(ص) بی توجّه نباش و آن را اجرا کن.

گفت: عقلِ هر که را نَبْوَد رُسوخ[5]   پیشِ عاقل او چو سنگ است و کلوخ ۴۸۷

صیّاد گفت: نزدِ آدمِ عاقل، عقلی که به دنیا می‌اندیشد و به ماورای آن نفوذ نمی‌کند، سنگ و کلوخی بیش نیست.

چون حِمار است آنکه نانْش اُمنیّت[6] است   صحبتِ او عینِ رَهبانیّت است ۴۸۸

کسی که تمام امید و آرزویش نان و لذّت‌های دنیوی است، درازگوشی است که مصاحبت با او عینِ رَهبانیّت است؛ امّا نه ترک دنیا؛ بلکه ترک عالم معنا.

زانکه غیرِ حق همه گردد رُفات[7]   کُلُّ آتٍ، بَعْدَ حینٍ فَهْوَ آت ۴۸۹

زیرا غیر از حق همه چیز فنا می‌شود و هر آنچه که باید پیش آید، پیش خواهد آمد.

حُکمِ او، هم حُکمِ قبلهٔ او بُوَد   مُرده‌اش خوان چونکه مُرده‌جو[8] بُوَد ۴۹۰

حُکمی که در مورد او می‌توان داد، همان حُکمی است که در مورد قبلهٔ آرزویش مصداق دارد و چون طالب چیزی مُرده و بی‌قدر است؛ پس خودش را هم مُرده بدان.

---

۱ - مقتبس از روایتی با همین مضمون: احادیث مثنوی، ص ۱۹۰.   ۲ - **مَدَر**: کلوخ.

۳ - اشاره به حدیث نبوی با این مضمون: امّت من، اُمّت مورد رحمت است. گناهانش بخشیده و توبه‌اش پذیرفته است: احادیث مثنوی، ص ۳۲.

۴ - **سنّت**: در لفظ به معنی روش و آیین است و به فعل، قول و تقریر پیامبر(ص) گفته می‌شود. افعال آن حضرت(ص) را سنّت فعلی و اقوال پیامبر(ص) را سنّت قولی می‌گویند. سکوت یا خاموشی و عدم اعتراض رسول خدا(ص) را در قبال فعل یا قولی که از افراد سر می‌زد، نشان جایز دانستن آن فعل یا قول دانسته‌اند و آن را سنّت تقریری نامند.

۵ - **رسوخ**: نفوذ یا نافذ.   ۶ - **اُمنیّت**: آرزو.   ۷ - **رُفات**: متلاشی و نابود شده.

۸ - **مُرده‌جو**: کنایه از طالبِ دنیا، کسی که فقط دنیا و لذّات آن را می‌خواهد.

۸۰ شرح مثنوی معنوی

هر که با این قوم[1] باشد، راهب است　　که کلوخ و سنگ او را صاحب است ۴۹۱

هر کس که با «اهلِ دنیا» مجالست کند، پیرو پیامبر(ص) و در راه او نیست؛ زیرا دوستِ سنگ و کلوخ است، نه اهلِ معنا.

خود کلوخ و سنگ کس را ره نَزَد　　زین کلوخان صد هزار آفت رسد ۴۹۲

سنگ و کلوخِ بیابان هیچ کس را گمراه نمی‌کند؛ امّا از آدم‌هایی که انسانیّت و عواطف را فراموش کرده‌اند، بسی زیان می‌رسد.

گفت مرغش: پس جهاد آنگه بُوَد　　کین چنین رَهْزن میانِ رَهْ بُوَد ۴۹۳

مرغ گفت: پس معنی جهاد با نفس همین است که رهزنانی در راه باشند و تو گمراه نشوی.

از برای حفظ و یاری و نبرد　　بر رَهِ ناآمِن آید شیرمرد ۴۹۴

مرد شجاع در راه ناامن قدم می‌گذارد و هم خود را حفظ می‌کند و هم به دیگران کمک می‌رساند.

عِرقِ مردی[2] آنگهی پیدا شود　　که مسافر همرهِ اعدا[3] شود ۴۹۵

رگِ مردانگی هنگامی آشکار می‌شود که مسافر با دشمنان روبرو شود.

چون نَبیِّ سیف[4] بوده است آن رسول　　امّتِ او صفدران‌اند[5] و فُحول[6] 496

چون آن پیامبر(ص)، پیامبر شمشیر و مبارزه بوده است، اُمّت او نیز دلیر و شجاع‌اند.

مصلحت در دینِ ما جنگ و شکوه　　مصلحت در دینِ عیسی غار و کوه ۴۹۷

مصلحت در دینِ ما آن است که مسلمانان اهل مبارزه و قدرت باشند؛ امّا در دین مسیح(ع) مصلحت در غارنشینی و خلوت‌گزینی در کوه است.

گفت: آری، گر بُوَد یاری و زور　　تا به قوّت بر زند بر شرّ و شور ۴۹۸

صیّاد گفت: آری، اگر آدمی توانایی و قدرت داشته باشد، باید با تمام قوا علیه بدی و فتنه مبارزه کند.

---

۱ - **این قوم**: اینجا اهل دنیا، دنیادوست.　۲ - **عِرقِ مردی**: رگِ مردانگی و غیرت.

۳ - **اعدا**: اعداء: جمع عدو: دشمن.

۴ - اشاره به حدیث با این مضمون: من نزدیک به قیامت و با شمشیر مبعوث شدم تا به شمشیر من همه به عبادت پروردگار روی آورند: احادیث مثنوی، ص ۱۹۱. «در شعر شاعر عرب کعب بن زُهیر اشاره به همین معنا هست. نیکلسون هم در حواشی آن را آورده است»: مثنوی، تصحیح دکتر استعلامی، ج ۶، ص ۲۵۲.

5 - **صَفْدَر**: درندهٔ صف، دلاور.　6 - [illegible]

چون نباشد قوّتی پرهیز بهْ   در فرارِ لاْ یُطاق[1] آسان بِجِهْ ۴۹۹

امّا اگر قدرتی نداشته باشد، دوری و پرهیز بهتر است. از کاری که طاقتش را نداری، بگریز.

گفت: صدقِ دل بباید کار را   ور نه یاران کم نیاید یار را ۵۰۰

پرنده گفت: اگر در کار خلوص باشد، بالاخره دوست برای کمک پیدا می شود.

یار شو تا یار بینی بی عدد   زانکه بی یاران بمانی بی مَدَد ۵۰۱

دوست باش تا همه دوستت باشند؛ زیرا بدون دوستان تنها و بی یاور می‌مانی.

دیو[2] گُرگ است و تو همچون یوسفی   دامن یعقوب مگذار ای صفی! ۵۰۲

ای مرد پاک، شیطان مانند گرگ است و تو همانند یوسف هستی. از دامان تربیت مردان حق که یعقوب صفت مشتاق دیدار و ارشاد فرزندان روحانی خویش‌اند، دور نشو.

گرگ اغلب آنگهی گیرا بُوَد   کز رمه شیشک[3] به خود تنها رود ۵۰۳

گرگ اغلب برّهٔ کوچکی را که از رمه جدا شده و تنهاست، می‌گیرد.

آنکه سنّت یا جماعت ترک کرد   در چنین مَسْبَع[4] نه خون خویش خَورد؟ ۵۰۴

آیا کسی که سنّت و جماعت را ترک کند در این دیار درندگان خون خود را نمی‌ریزد؟

هست سنّت رَه، جماعتْ چون رفیق   بی ره و بی یار، اُفتی در مضیق[5] ۵۰۵

«سنّت»، راه است و «جماعت»، همراه. بدون راه درست و همراهِ خوب گرفتار سختی می شوی.

همرهی نه کو بُوَد خصم خِرَد   فرصتی جوید که جامهٔ[6] تو بَرَد ۵۰۶

کسی که دشمنِ عقلِ حق‌طلب است، رهزن است نه همراه. او منتظر فرصتی است تا متاع معنوی‌ات را برباید.

می‌رود با تو که یابد عَقبه‌یی[7]   که تواند کردت آنجا نَهْبه‌یی[8] ۵۰۷

همراهی‌ات می‌کند تا در یک گردنه یا یک تنگنا غارتت کند.

---

۱ - اشاره به حدیثی با همین مضمون: گریختن از آنچه که طاقت آن را نداریم، سنّت رسولان است: احادیث مثنوی، ص ۱۹۱.   ۲ - **دیو** : شیطان، نَفْس که تحت تأثیر جاذبه‌های دنیوی تنزّل می‌یابد.

۳ - **شیشک** : بَرّهٔ شش ماهه، کنایه از سالکی که به بلوغ معنوی نرسیده و دامان استاد روحانی را رها کرده است.

۴ - **مَسْبَع** : محلّ حیواناتِ درنده، اینجا کنایه از دنیا که پُر از دیوان و ددانِ انسان‌نماست.

۵ - **مضیق** : تنگنا، اینجا سختی و دشواری.   ۶ - جامهٔ دین و ایمان.   ۷ - **عَقْبه** : عَقَبه: گردنه.

۸ - **نَهْبه** : نُهبه: غارت.

یا بود اُشترْدلی[۱]، چون دیـد تـرس   گوید او بهرِ رجـوع[۲] از راه، درس[۳] ۵۰۸

یا اگر آدم ترسویی باشد، در مواجهه با یک سختی یـا دشـواری، مـی‌ترسد و تـرغیب می‌کند که از راه حق که پُر از آزمون و سختی است، بازگردی.

یـــار را تــرسان کــند زُاشـــتردلی   این چنین همره علو دان، نـه وَلی[۴] ۵۰۹

آدم ترسو، دوست خود را هم می‌ترساند. او دشمن است نه دوست.

راهِ جان‌بازی است و در هر غیشه‌یی[۵]   آفــتی در دفـعِ هـر جـان شیشه‌یی[۶] ۵۱۰

راه حق، راهِ جان‌بازی است که در هرگام آن دشواری و بلایی هست که نازک‌دلان را می‌رانَد.

راهِ دین زآن رو پر از شور و شر است   کـه نـه راهِ هـر مـخنَّث گـوهر[۷] است ۵۱۱

راهِ رسیدن به حقایق پر از فتنه و بلاست که فرومایگان دفع شوند.

در ره، این ترس، امتحان‌هایِ نُفوس[۸]   هـمچو پَـرویزَن[۹] بـه تـمییزِ سـبوس ۵۱۲

در این راه، ترس مانند غربالی که سبوس را از آرد جدا می‌کند، نفوس را می‌آزماید.

راه چِــه بْـوَد؟ پُـر نشـانِ پـای‌ها   یـار چِـه بْـوَد؟ نـردبانِ رای‌هـا ۵۱۳

این راه چگونه راهی است؟ راهی پُر از ردّ پای کاملان و واصلان. یار کیست؟ کسی است که وجود و اندیشه‌اش مانند نردبانی ما را ارتقا می‌دهد.

گـیرم آن گـرگت نـیابد، ز احـتیاط   بـی ز جــمعیّت نــیابی آن نشـاط ۵۱۴

فرض کنیم که محتاط و عاقبت‌اندیش باشی و شیطان نتواند گمراهت کند؛ امّا تک‌روی افسرده‌ات می‌کند. نشاط و طراوتی که لازمهٔ سیر و سلوک است درکنار همراهـانِ خـوب حاصل می‌شود.

---

۱ - **اُشتردل :** ترسو.   ۲ - **بهر رجوع :** برای بازگشت.

۳ - **درس گفتن :** نصیحت کردن، اینجا تشویق یا ترغیب کردن.   ۴ - **ولی :** دوست.

۵ - **غیشه :** در وزن و معنیِ بیشه، علفزار، نیزار، اینجا در هر غیشه‌یی به معنی در هرگام است؛ یعنی همواره و در تمام راه.

۶ - مقایسه کنید: حافظ: نازپرورد تنعّم نبرد راه به دوست   عاشقی شیوهٔ رندان بلاکش باشد

مولانا: دیوان شمس: راهی پر از بلاست، ولی عشق پیشواست   تعلیممان دهد که در او بر چه سان رویم

۷ - **مُخَنَّثْ گوهر :** کسی که ذاتاً پست است، فرومایه.

۸ - **امتحان‌هایِ نفوس :** آزمون‌هایی که در آن نفوس مختلف از یک‌دیگر جدا و متمایز می‌شوند، یعنی صادق از کاذب یا طالب از مدّعی.   ۹ - **پرویزن :** غربال.

آنکه تنها در رهی او خوش رود   با رفیقان سیرِ او صدتُو[1] شود ۵۱۵

کسی که به تنهایی سلوکی خوش دارد، سلوکش همراه یاران قوّت و خوشی افزون‌تری می‌یابد.

با غلیظیْ[2] خر زِ یاران ای فقیر!   در نشاط آید، شود قوَّت‌پذیر ۵۱۶

ای فقیر، حتّی خر با آن جانِ‌گران، در کنار خران دیگر شاد می‌شود و قوّت می‌یابد.

هر خری کز کاروان تنها رود   بر وی آن راه از تَعَب[3] صدتُو شود ۵۱۷

هر خری که از کاروان جدا شود و تنها برود، رنج راه برایش صد برابر می‌شود.

چند سیخ[4] و چند چوب افزون خورَد   تا که تنها آن بیابان را بُرَد[5] ۵۱۸

سیخ‌ها و چوب‌هایی را می‌خورد تا بیابان را طی کند.

مر تو را می‌گوید آن خر، خوش شنو   گر نه‌ای خر، همچنین تنها مرو ۵۱۹

آن خر به تو با زبان حال می‌گوید: اگر خر نیستی این راه را تنها نرو و حرف بشنو.

آنکه تنها، خوش رَوَد اندر رَصَد[6]   با رفیقان بی گمان خوشتر رود ۵۲۰

کسی که در تنهایی با دقّت و به خوشی می‌رود، بی تردید با یاران خوش‌تر است.

هر نَبیّی اندر این راهِ دُرُست   معجزه بنمود، و همراهان بجُست ۵۲۱

در راه حق هر پیامبری با قدرت معنویِ اعجازآمیز همراهانِ خود را افزود.

گر نباشد یاریِ دیوارها   کِی برآید خانه و انبارها؟[7] ۵۲۲

این یاری فقط در انسان نیست در جمادات هم هست. اگر دیوارها در کنار هم قرار نگیرند، چگونه خانه یا انبار بنا شود؟

هر یکی دیوار اگر باشد جدا   سقف چون باشد معلّق در هوا؟ ۵۲۳

اگر هر دیوار جدا از دیوار دیگر باشد، چگونه سقف در هوا معلّق بماند؟

---

۱ - **صدتُو** : صد لایه، صد برابر. ۲ - **غلیظی** : سرشتِ خشن و ناساز. ۳ - **تَعَب** : رنج و سختی.

۴ - **سیخ** : میلهٔ آهنی با نوک تیز که خرکچی به درازگوش می‌زند تا سریع برود.

۵ - **بیابان را بریدن** : بیابان را طی کردن.

۶ - **رَصَد** : محلّ بازرسی و نظارت. «خوش رود اندر رَصَد»: مراحل سلوک را طی کند.

۷ - اشاره به حدیثی با همین مضمون: مؤمنان برای یک‌دیگر همانند بنیادند که دیگری را استوار می‌دارند: احادیثِ مثنوی، ص ۱۹۲.

گر نباشد یاریِ حِبر[1] و قلم   کی فُتد بر روی کاغذها رقم؟ ۵۲۴

اگر هماهنگی قلم و دوات نباشد، ارقام چگونه روی کاغذ نقش بندند؟

این حصیری که کسی می‌گُسترد   گر نپیوندد به هم، بادَش بَرَد ۵۲۵

حصیری را که روی زمین پهن می‌کنند، اگر به هم بافته نشده باشد، باد آن را می‌بَرَد.

حق ز هر جنسی چو زوجَین آفرید[2]   پس نتایج شد ز جمعیّت پدید ۵۲۶

چون خداوند هر جنسی را جفت آفریده، دوام هستی از این پیوستگی‌ها حاصل شده است.

او بگفت و او بگفت از اهتزاز[3]   بحثشان شد اندر این معنی دراز ۵۲۷

صیّاد و پرنده هر دو با هیجان سخن می‌گفتند و بحث به درازا کشید.

مثنوی را چابک و دلخواه کن   ماجرا را موجز و کوتاه کن[4] ۵۲۸

مثنوی را کوتاه و دلنشین‌تر کنیم و قضیه را به اختصار بگوییم.

بعد از آن گفتش که:گندم آنِ کیست؟   گفت: امانت از یتیمِ بی وصی‌ست ۵۲۹

سپس پرنده پرسید: گندم مال کیست؟ صیّاد گفت: امانتِ یتیمِ بی‌سرپرستی است.

مالِ اَیتام[5] است امانت پیشِ من   زانکه پندارند ما را مُؤتَمَن[6] ۵۳۰

مال یتیمان است که ما را امین می‌پندارند و اینجا امانت گذاشته‌اند.

گفت: من مُضطرّم و مجروحْ حال   هست مُردار این زمان بر من حلال ۵۳۱

مرغ گفت: من درمانده و پریشان حالم. در این حال مُردار هم بر من حلال است.

هین! به دستوری از این گندم خورم   ای امین و پارسا و محترم! ۵۳۲

هان، ای مرد محترمِ درستکار و پرهیزکار، با اجازهٔ شما من از این گندم بخورم.

گفت: مُفتیِّ ضرورت هم تویی[7]   بی ضرورت گر خوری، مُجرم شوی ۵۳۳

صیّاد گفت: تو خودت باید بگویی که درمانده و مُضطرّ هستی یا نه؟ امّا اگر بدون اضطرار بخوری، گناه کرده‌ای.

---

۱ - **حِبر** : دانشمند، مرکّب که در دوات می‌ریزند. ۲ - اشارتی قرآنی؛ نبأ: ۸/۷۸

۳ - **اهتزاز**: جنبیدن و تکان خوردن، اینجا هیجان و واکنش‌های تندی که در هنگام بحث دیده می‌شود.

۴ - خطاب مولانا به خود است. ۵ - **ایتام** : یتیمان. ۶ - **مُؤتَمَن** : مورد اعتماد.

۷ - **مفتیِّ ضرورت تویی** : فتوادهندهٔ اضطرار خود تو هستی؛ زیرا حال خودت را بهتر از هر کس می‌دانی.

دفتر ششم ۸۵

ور ضرورت هست، هم پرهیز بِهْ[1] ور خوری باری ضمانِ آن بده[2] 534

اگر مضطرّ هم هستی، بهتر است پرهیز کنی و اگر می‌خوری، عواقب و نتایجِ آن با خودِ توست.

مرغ بس در خود فرو رفت آن زمان توسنش[3] سر بستد[4] از جذب عنان[5] ۵۳۵

مرغ به فکر فرو رفت. مرکبِ سرکشِ نَفْس عنان را از اختیار او خارج کرد.

چون بخورد آن گندم، اندر فَخْ[6] بماند چند او یاسین و اَلْأَنعام[7] خواند ۵۳۶

گندم را خورد و در دام افتاد. چندین بار سوره‌های یاسین و انعام را خواند که راه نجاتی بیابد.

بعدِ درماندن چه افسوس و چه آه؟ پیش از آن بایست این دودِ سیاه[8] ۵۳۷

دریغ و آه بعد از گرفتاری چه سودی دارد؟ این آه و حسرت باید قبل از گرفتاری برخیزد.

آن زمان که حرص جنبید و هوس آن زمان می‌گو که: ای فریادرس! ۵۳۸

آن لحظه که حرص و هوس می‌خواهد تو را به خطا و گناه وادار کند، به خدا پناه ببر.

کآن زمان پیش از خرابی بصره[9] است بو که[10] بصره وارَهَد هم زآن شکست ۵۳۹

زیرا آن زمان هنوز شهرِ دل و جانت از جرم و گناه تاریک و نابود نشده است، شاید لطف حق نجاتت دهد.

اِبکِ[11] لي، یٰا بٰاکِیي ! یٰا ثٰاکِلي[12] قَبْلَ هَدْمِ اَلْبَصْرَةِ وَ اَلْمَوْصِلِ ۵۴۰

ای که برای من گریه می‌کنی، ای که برایم سوگواری، پیش از خرابی بصره و موصل برایم گریه کن؛ یعنی پیش از نابودی‌ام نوحه کن و کمک بخواه.

---

۱ - اشاره به مضمون آیهٔ شریفه: بقره: ۱۷۳/۲.

۲ - **ضمان دادن :** تعهّد کردن و به عهده گرفتن، اینجا متعهّدِ پرداختن بهایِ آن و عواقبِ آن، یعنی کاری که کرده‌ای با خلوص و اضطرارِ حقیقی بوده یا نه؟

۳ - **توسن :** اسب سرکش، اینجا نَفْس به اسبِ سرکشی مانند شده که از سوارکار اطاعت نمی‌کند.

۴ - **سر بستد :** سرکشی و طغیان کرد. ۵ - **از جذبِ عنان :** از تأثیر و قدرت لگام. ۶ - **فَخ :** دام.

۷ - این سوره‌ها را برای محفوظ ماندن از خطر و گرفتاری می‌خوانند. یاسین سورهٔ سی و ششم و انعام سورهٔ ششم قرآن کریم است. ۸ - **دودِ سیاه :** کنایه از دودِ آه و حسرت.

۹ - اشاره به ضرب المثل معروف عربی: بَعْدَ خَرابِ البصرة، که ناظر است به اشتباهی جبران‌ناپذیر. حملهٔ زنگیان به بصره در ۸۷۱ م. که شهر ویران شد. ۱۰ - **بو که :** باشد که. ۱۱ - **اِبْکِ :** گریه کن.

۱۲ - **ثٰاکِلي :** سوگوارِ من.

نُـحْ [۱] عَـلَيَّ قَـبْلَ مَـوْتی وَ اغْـتَفِرْ   لا تَـنُحْ لي بَـعْدَ مَـوْتي، وَ اصْـطَبِرْ ۵۴۱

پیش از مرگم برایم گریه و شیون کن و خاک بر سر بریز. بعد از آن نوحه نکن و شکیبا باش.

اِبْکِ لي قَبْلَ ثُبُوري [۲] فِـی النَّـویٰ [۳]   بَـعْدَ طُـوفانِ النَّـویٰ خَـلِّ الْبُکـا ۵۴۲

پیش از مرگم از هجرانِ من گریه کن، بعد از طوفانِ هجران گریه حاصلی ندارد.

آن زمـان کـه دیـو مـی‌شد راه‌زن [۴]   آن زمان بـایست یـاسین خـوانـدن ۵۴۳

لحظه‌ای که شیطان وسوسه می‌کرد، باید یاسین می‌خواندی و به خدا پناه می‌بردی.

پیش از آنکْ اِشکسته گردد کاروان [۵]   آن زمان چوبک بزن [۶] ای پـاسبان! ۵۴۴

ای نگهبانِ کاروان، پیش از آنکه کاروان به تاراج رود، چوبک بزن و هیاهو کن تا قافله به خواب غفلت فرو نرود.

حکایتِ پاسبان که خاموش کرد تا دزدان رختِ تاجران بردند به کلّی، بعد از آن هیهای و پاسبانی می‌کرد

پاسبانی که به عنوان نگهبان همراه قافله‌ای بود، شبانگاهان همانند کاروانیان خوابید. دزدان به قافله زدند و اسباب و سیم و اشتران را به یغما بردند.

صبحگاهان اهـل کـاروان گـریبان نگـهبان را گـرفتند و مـال را از او خـواستند. نگـهبان عذرخواهانه گفت: دزدان مسلّح بودند، یارای مقاومت نبود و بیم جان هم در میان، اینک که رفته‌اند می‌توانم چندان که خواهی هیهای و فغان کنم.

این لطیفه در تقریر این معناست که علاج واقعه قبل از وقوع باید کرد. پاسبان نمادی از «عقل ایمانی» است که با وجود و حضور فعّال آن می‌توان از «دزدان» که نمادی از «وسوسه‌هایِ نَفْسانی»اند و همواره احتمال حملهٔ ایشان به «قافلهٔ حیاتِ روانی و روحانیِ» آدمی هست، ایمن بود.

پاسبانی خُفت و دزد اسـباب بُـرد   رخت‌ها را زیرِ هـر خـاکـی فُشـرد ۵۴۵

نگهبان قافله خوابید و دزد اسباب و متاع را برد و زیر خاک پنهان کرد.

---

۱ - **نُح:** نوحه کن.   ۲ - **ثُبور:** مرگ.   ۳ - **نَویٰ:** فراق.
۴ - **راهزن شدن:** وسوسه کردن و از راه به در بردن.   ۵ - **کاروان:** مراد قافلهٔ سالکان است.
۶ - **چوبک زدن:** دو چوبی که داروغه‌ها بر هم می‌زدند تا نگهبانان و پاسداران بیدار بمانند.

۵۴۶ **روز شد، بیدار شد آن کاروان — دید رفته رخت و سیم و اُشتران**

روز شد، اهل کاروان بیدار شدند و دیدند که مال، نقره و شتران همه از دست رفته‌اند.

۵۴۷ **پس بدو گفتند: ای حارس[1]! بگو — که چه شد این رخت و این اسباب کو؟**

کاروانیان گفتند: ای نگهبان، اموال و اسبابِ ما کجاست؟

۵۴۸ **گفت: دزدان آمدند اندر نقاب — رخت‌ها بردند از پیشم شتاب**

نگهبان گفت: دزدانِ نقابدار آمدند و به سرعت همه چیز را بردند.

۵۴۹ **قوم گفتندش که: ای چون تَلِّ ریگ[2] — پس چه می‌کردی؟ که‌ای؟ ای مُرده‌ریگ[3]!**

کاروانیان گفتند: ای بی‌عرضه، ای ذلیل مُرده، پس تو چه می‌کردی؟

۵۵۰ **گفت: من یک کس بُدم، ایشان گروه — با سِلاح و با شجاعت، با شکوه**

گفت: من یک نفر بودم و دزدها چندین نفر که همه مسلّح، شجاع و با اُبهّت بودند.

۵۵۱ **گفت: اگر در جنگ کم بودت امید — نعره‌یی زن کِای کریمان! بر جهید**

کاروانیان گفتند: اگر نمی‌توانستی مبارزه کنی، فریاد می‌زدی و همه را بیدار می‌کردی.

۵۵۲ **گفت: آن دَم کارد بنمودند و تیغ — که: خمش! ورنه کُشیمت بی دریغ**

نگهبان گفت: خواستم فریاد بزنم که کارد و شمشیر را نشان دادند و گفتند: ساکت که بی ملاحظه می‌کشیمت.

۵۵۳ **آن زمان از ترس بستم من دهان — این زمان هیهای و فریاد و فغان**

من هم ترسیدم و سکوت کردم. الآن می‌توانم فریاد و فغان کنم.

۵۵۴ **آن زمان بست آن دَمم که دَم زنم — این زمان چندان که خواهی هِی کنم**

آن موقع چنان ترسیدم که نمی‌توانستم نفس بکشم؛ امّا حالا تا بخواهی فریاد می‌زنم.

۵۵۵ **چونکه عُمرت بُرد دیوِ فاضِحه[4] — بی نمک باشد اَعُوذ[5] و فاتحه[6]**

چون که شیطان رسواگر عمرت را بر باد داد، پناه بردن به خدا و قرآن لطفی ندارد.

---

۱ - **حارِس**: نگهبان. ۲ - **چون تلّ ریگ**: بی عرضه و بی خاصیّت.

۳ - **مُرده‌ریگ**: میراث، کنایه از چیز بی‌قدر، اینجا نشان تحقیر و تخفیفِ نگهبان است: ای مُرده‌شور.

۴ - **فاضِحه**: رسوا کننده. ۵ - **اَعُوذ**: به خدا پناه بردن.

۶ - **فاتحه**: نخستین سورهٔ قرآن کریم، اینجا مُراد از «اَعُوذ و فاتحه» پناه بردن به «خدا و قرآن» است.

گرچه باشد بی نمک اکنون حَنین هست غفلت بی‌نمک‌تر زآن، یقین ۵۵۶

هرچند که اکنون ناله و فغان لطفی ندارد؛ امّا مسلّماً غفلت بی نمک‌تر است.

همچنین هم بی نمک می‌نال نیز که: ذلیلان را نظر کن ای عزیز! ۵۵۷

همین‌طور بی‌نمک هم ناله کن و بگو: ای خداوند عزیز، به ذلیلان هم توجّهی کن.

قادری، بی گاه باشد یا به گاه از تو چیزی فوت کِی شد؟[1] ای اِلٰه! ۵۵۸

ای خدا، ناله‌ام بی موقع یا به موقع، تو قادری که زمانِ رفته را هم اینک جبران کنی.

شاهِ لا تَأسَوا عَلیٰ مٰا فٰاتَکُمْ کِی شود از قدرتش مطلوبْ گُم؟ ۵۵۹

شاهی که فرموده است: بر آنچه از دست رفت، اندوه نخورید، آیا چیزی از حیطهٔ قدرتش گُم می شود؟

حواله کردنِ مرغ، گرفتاریِ خود را در دام، به فعل و مکر و زرقِ زاهد، و جوابِ زاهد مرغ را

گفت آن مرغ: این سزایِ او بُوَد که فسونِ زاهدان را بشنود ۵۶۰

پرنده گفت: این سزای کسی است که گولِ زاهدنمایان را بخورد.

گفت زاهد: نه، سزایِ آن نَشاف[2] کو خورَد مالِ یتیمان از گزاف[3] ۵۶۱

صیّاد گفت: نه، سزای آن سبک‌مغزی است که مال یتیمان را به ناحق بخورد.

بعد از آن نوحه‌گری آغاز کرد که فَخ و صیّاد لرزان شد ز درد ۵۶۲

بعد از آن، پرنده چنان ناله و نوحه کرد که دام و دامگستر از درد لرزیدند.

کز تناقض‌هایِ دل[4] پُشتم شکست بر سرم جانا[5]! بیا می‌مال دست[6] ۵۶۳

پرنده می‌نالید که: از هجوم خواهش‌های متناقض درونی، پشتم شکسته است. ای خدا، مرا ببخش و از این کشمکش‌ها نجاتم بده.

---

۱ - از تو چیزی فوت نمی‌شود و از دست نمی‌رود؛ یعنی زمان عمر از دست من رفته است، از دست تو نرفته است.

۲ - **نَشاف :** جنون، اینجا بی مغز یا سبک‌سر. ۳ - **ازگزاف :** به ناحق.

۴ - **تناقض‌های دل :** خواسته‌های متناقض درونی. ۵ - **جانا :** پروردگارا !

۶ - **می‌مال دست :** عنایتی کن، لطفی کن، نجاتم بده.

زیرِ دستِ تو سرم را راحتی‌ست   دستِ تو در شُکربخشی آیتی‌ست ۵۶۴

سرم زیر دست عنایت تو آرامش دارد و به اعجاز این لطف شکرگزار می‌شود.

سایهٔ خود از سرِ من بر مدار   بی قرارم، بی قرارم، بی قرار ۵۶۵

چتر لطف و عنایت را از سرم بر مدار که صبر و قراری ندارم.

خواب‌ها بیزار شد از چشمِ من   در غمت ای رشکِ سرو و یاسمن! ۵۶۶

ای مایهٔ رشک سرو و یاسمن، در غمِ تو خواب از چشمم گریخته است.

گر نی‌اَم لایق، چه باشد گر دَمی   ناسزایی را بپرسی در غمی؟ ۵۶۷

اگر لایق تو نیستم، چه می‌شود که لحظه‌ای حالِ ناشایستهٔ غمناکی را بپرسی؟

مر عدم[1] را خود چه استحقاق بود   که بر او لطفت چنین درها گشود؟ ۵۶۸

شایستگی عدم چه بود که لطف تو این همه شاملِ حالش شد؟

خاک گَرگین[2] را کَرَم آسیب کرد[3]   دَه گُهر از نورِ حس[4] در جیب کرد ۵۶۹

کَرَم الهی شامل حال خاکِ بی‌قدر شد و از آن وجودی با دَه گوهر ساخت.

پنج حسِّ ظاهر و پنجِ نهان   که بشر شد نطفهٔ مُرده از آن ۵۷۰

حواسّ پنجگانهٔ ظاهری و باطنی که نطفهٔ بی جان با وجود آن‌ها به صورت بشر در آمد.

توبه بی توفیقت ای نورِ بلند!   چیست جز بر ریشِ توبه ریشخند؟ ۵۷۱

ای نورِ بلندمرتبه، «توبه» بی خواست و توفیقِ تو جز ریشخندِ توبه چیست؟

سَبْلتانِ توبه یک یک بر کَنی[5]   توبه سایه‌ست و تو ماهِ روشنی[6] ۵۷۲

اگر تو نخواهی «توبه» نمی‌تواند پایدار باشد؛ زیرا سایهٔ نورِ توست، همانند سایه‌ای در پرتوِ نور ماه.

---

۱ - **عدم**: مراد مرتبهٔ پیش از آغاز صوری است.

۲ - **گَرگین**: کسی که مبتلا به بیماری گر است؛ یعنی کچلی، اینجا کنایه از حقارت خاک است، خاکی که هیچ نبود و هیچ رویبدنی نداشت. ۳ - **آسیب کرد**: برخورد کرد، اینجا: شامل حال شد.

۴ - **دَه گهر از نور حس**: حواسّ پنجگانهٔ ظاهری و باطنی.

۵ - مصراع اوّل: سبیل توبه را یک به یک می‌کنی، آن را بی‌آبرو و محو می‌کنی.

۶ - خلاصه آنکه: اصل توفیق خداوند است و توبه فرعِ آن.

ای ز تـو ویـران دکـان و مـنزلم[1] **چـون نـنالم؟ چـون بـیفشاری دلم** ۵۷۳

ای خدایی که هستی‌ام در محبّت تو محو شده است، چون دلم را می‌فشاری، چگونه ناله نکنم؟

چون گریزم؟ زانکه بی تو زنده نیست **بـی خـداونـدیت بُودِ بـنده نـیست** ۵۷۴

چگونه از تو بگریزم که بی تو زنده‌ای وجود ندارد. بدون خداییِ تو، بنده‌ای نیست.

جانِ من بِستان، تو ای جان را اصول **زانکه بی تـو گشـته‌ام از جـان مـلول** ۵۷۵

ای اصل جان‌ها، جانم را بگیر؛ زیرا بی تو از جان بیزارم.

عـاشقم مـن بـر فـنِ دیـوانگی[2] **سـیرم از فـرهنگی و فـرزانگی**[3] ۵۷۶

عاشقِ دیوانگی و بی‌پروایی‌های عاشقان حق‌ام و از هر دانش و خردی که راهی به تو نگشاید، بیزارم.

چـون بـدرّد شـرم، گـویم رازْ فـاش **چند از این صبر**[4] **و زَحیر**[5] **و ارتعاش؟** ۵۷۷

چون جنون عاشقی با بی‌پروایی پردهٔ شرم را بدرّد، می‌توانم راز دلم را آشکارا بیان کنم و بگویم: تا کی باید این صبر و رنج و اضطراب را تحمّل کرد؟

در حَیا پنهان شدم همچون سِجاف[6] **نـاگـهان بـجهم از ایـن زیـرِ لحـاف** ۵۷۸

در پس پردهٔ شرم و حیا پنهان شده بودم؛ امّا ناگهان جنونِ عاشقی این پرده‌ها را پاره کرد.

ای رفـیقان! راه‌هـا را بست یـار **آهـوِ لنگـیم و او شـیرِ شکـار** ۵۷۹

ای دوستان، محبوب راه‌ها را بسته است. ما مانند آهوی لنگ و او همانند شیر شکاری است.

جز که تسلیم و رضا کو چـاره‌یی؟ **در کفِ شیر نری، خون‌خواره‌یـی؟** ۵۸۰

در دست شیرِ نر خونخوار، جز تسلیم و رضا چاره‌ای هست؟

---

۱ - **دکان و منزل :** کنایه از همهٔ هستی است، بود و نبودم یا همه چیزم، مراد هستیِ موهومی است.

۲ - **فنِ دیوانگی :** هنر دیوانگی، مراد راه و روش عاشقان حق و بی‌پروایی‌ها و جانبازی‌های آنان است که در آن هیچ‌گونه حسابگریِ عقل جزوی نیست.

۳ - مصراع دوم: از فرهیختگی و خردمندی بیزارم. مراد هر فرهیختگی یا هر خردمندیِ این جهانی است، دانش و خردی که در آن «خدامحوری» و «عشق حق» نباشد.

۴ - **صبر :** اینجا نگفتن اسراری است که عاشق حق در دل دارد.

۵ - **زَحیر :** فشار و سختی. اینجا فشار و سختیِ ناشی از گفتن اسرار و همچنین رنجِ ناشی از نگفتن به گونه‌ای.

۶ - **سجاف :** پرده، حاشیهٔ لباس.

او ندارد خواب و خور[1] چون آفتاب روح‌ها را می‌کند بی خورد و خواب 581

او چون آفتاب خواب و خور ندارد و روح‌ها را هم بی‌خواب و خور می‌کند.

که: بیا من باش یا هم خُویِ من[2] تا ببینی در تجلّی رویِ من ۵۸۲

می‌گوید: بیا خُوی الهی داشته باش تا تجلّی کنم و تو بتوانی روی مرا ببینی.

ور ندیدی، چون چنین شیدا شدی؟ خاک بُودی، طالبِ اِحیا شدی ۵۸۳

اگر تاکنون تجلّیات جمالم را ندیده‌ای، چگونه شیدا شده‌ای؟ این بیقراری نشان آن است که وجود خاکی‌ات جلوه و جمالی را دیده که طالبِ حیاتِ حقیقی شده است.

گر زِ بی سویت نداده است او علف[3] چشمِ جانت چون بمانده است آن طرف؟ ۵۸۴

اگر از لامکان به تو رزقِ معنوی نرسیده است، چرا چشم جانت بدان سو می‌نگرد؟

گربه بر سوراخ زآن شد مُعتکِف[4] که از آن سوراخ او شد مُعتَلِف[5] ۵۸۵

چون گربه از سوراخِ موش غذا می‌یابد، همانجا می‌نشیند.

گربهٔ دیگر همی گردد به بام کز شکارِ مرغ یابید او طعام ۵۸۶

گربهٔ دیگری که از شکار پرنده در بام بهره‌مند شده باشد، همانجا می‌گردد.

آن یکی را قبله شد[6] جولاهگی[7] و آن یکی حارِس برای جامگی[8] ۵۸۷

یکی از بافندگی بهره بُرده و توجّه‌اش به آن است و دیگری از پاسبانی مزدی گرفته و به آن می‌پردازد.

و آن یکی بی‌کار[9] و رُو در لامکان که از آن سو دادی‌اَش تو قُوتِ جان[10] ۵۸۸

و آن دیگری که چندان توجّهی به امور دنیوی ندارد، به لامکان می‌نگرد که تو از آنجا به او بهره‌های معنوی و روحانی داده‌ای.

---

۱ - اشارتی قرآنی؛ بقره: ۲۵۵/۲: ...لاٰ تَأْخُذُهُ سِنَةٌ وَ لاٰ نَوْمٌ... . خداوند را نه چُرت گیرد و نه خواب... . و انعام: ۱۴/۶: ...وَ هُوَ يُطْعِمُ وَ لاٰ يُطْعَمُ... . او طعام دهد و به او طعام داده نشود.

۲ - از سرشت طبیعی و صفات انسانی دوری کن، متعالی شو و متخلّق به اخلاق الله تا در تو تجلّی کنم.

۳ - **علف** : اینجا کنایه از رزق معنوی و روحانی. ۴ - **مُعتکِف** : گوشه‌نشین، اینجا درکمین نشسته.

۵ - **مُعْتَلِف** : علف خورنده، اینجا بهره‌مند شده.

۶ - **قبله شدن** : قبله قرار دادن، به آن توجّه کامل کردن و روی بدان آوردن.

۷ - **جولاهگی** : بافندگی، نسّاجی. ۸ - **جامگی** : مقرّری یا حقوق.

۹ - **بی‌کار** : کسی که کاری با امور دنیوی ندارد و چندان توجّهی به آن نمی‌کند، مراد عارف است که به عالم معنا توجّه دارد و فارغ از دنیاست. ۱۰ - **قُوتِ جان** : رزق معنوی و روحانی، ادراک روحانی.

کار او دارد کـه حـق را شـد مُـرید   بـــهر کـــارِ او زِ هـــر کـــاری بُـرید ۵۸۹

کارِ حقیقی[1] را عارف دارد که مُرید حق است و رسیدن به حقیقت را برتر از هر کاری می‌داند.

دیگران چون کودکان این روزِ چند   تـــا شبِ تَــرحـــال[2]بـازی مـی‌کنند ۵۹۰

دیگران چند روزهٔ عمر را همانند کودکان به بازی سپری می‌کنند تا شبِ رحلت فرارسد.

خوابناکی کـو ز یَـقْظَت[3] می‌جهد   دایهٔ وسواس[4] عشوه‌اش[5] مـی‌دهد ۵۹۱

اگر یکی از غافلان «اهل دنیا» ناگهان از خوابِ غفلت بیدار شود، وسوسه‌ها او را می‌فریبند،

رو بخسب ای جان که نگذاریم مـا   که کسـی از خـواب بِجْهاند تـو را ۵۹۲

و می‌گویند: عزیزم برو بخواب که ما نمی‌گذاریم کسی تو را بیدار کند.

هم تو خود را برکَنی از بیخِ خواب   همچو تشنه که شْنَوَد او بـانگِ آب ۵۹۳

امّا تو که مشتاق حقایق هستی، مانند تشنه‌ای که با بانگ آب بیقرارتر می‌شود، با شوقِ درون غفلت و خواب‌آلودگی را می‌رانی.

بانگِ آبم مـن بـه گـوش ِ تشـنگان   هـمچو بـاران مـی‌رسم از آسـمان[6] ۵۹۴

نور و لطفِ من برای جذبِ افزون‌تر تشنگانِ حقایق، مانند بانگ و بارش باران از آسمان، عشق را در سالکان می‌رویاند و به کمال می‌رساند.

برجِهْ ای عاشق! بـر آور اضـطراب   بانگِ آب و تشنه و آنگـاه خـواب؟ ۵۹۵

ای عاشق، برخیز و تلاشی کن. آیا تشنه می‌تواند بانگ آب را بشنود و بخوابد؟

---

۱ - مراد آنکه: کارهایِ این جهانی چون مبنای حق‌شناختی و معرفتی ندارد و از نظر عارفان «کار» محسوب نمی‌شود، اتلاف وقت است یا بازیِ کودکان مگر آنکه برای حق باشد و در جهت کمال.

۲ - **تَرْحال**: کوچیدن، مراد کوچیدن یا رحلت از دنیاست.   ۳ - **یقظت**: بیداری.

۴ - **دایهٔ وسواس**: وسوسه‌های نفسانی یا شیطانی به دایه مانند شده‌اند.   ۵ - **عشوه**: فریب.

۶ - این بیت و بیت بعدی خطاب حق به عاشقان است.

حکایتِ آن عاشق که شب بیامد بر امیدِ وعدهٔ معشوق، بدان وثاقی[1] که اشارت کرده بود، و بعضی از شب منتظر ماند و خوابش بربود. معشوق آمد بهرِ انجازِ[2] وعده، او را خفته یافت، جیبش پُرجُوز[3] کرد و او را خفته گذاشت و بازگشت[4]

به عاشقی که سال‌ها در طلب وصل بود، پیامی از دلدار رسید که امشب در فلان جا باش که می‌آیم. نیم‌شب معشوق به وعده‌گاه رفت و عاشق را که مدّعیِ شور و بی‌قراری بود، خفته یافت؛ پس جوزی چند در جیب وی نهاد که خُردی و تو را جوزبازی باید، نه عاشقی.

تمثیلی است از احوال «غافلان» از حق که خود را «طالب» و «عاشق» می‌پندارند.

عــاشقی بـوده‌ست در ایّـامِ پـیش ‌ ‌ ‌ پاسبانِ عهد[5] انـدر عـهدِ خـویش[6] ۵۹۶

در روزگار گذشته عاشقی باوفا بود که می‌کوشید در محبّت درست پیمان باشد.

سـال‌ها در بـندِ وصلِ مـاهِ خـود ‌ ‌ ‌ شاهمات و مـاتِ[7] شـاهنشاهِ خـود ۵۹۷

عاشق، سال‌ها شیفته و محوِ رسیدنِ به معشوق ماهروی خود بود.

عــاقبت جـوینده یـابنده بُـوَد ‌ ‌ ‌ کـه فَـرَج از صـبر زایـنده بُـوَد ۵۹۸

سرانجام جوینده می‌یابد؛ زیرا که گشایش از بردباری حاصل می‌شود.

گــفت روزی یـارِ او: کِـامشب بـیا ‌ ‌ ‌ کــه بـپختم از پـیِ تـو لوبـیا[8] ۵۹۹

روزی معشوق گفت: امشب برای دیدار بیا که بسیار در انتظارت هستم.

در فلان حُجره نشـین تـا نـیم‌ْشب ‌ ‌ ‌ تـا بـیایم نـیم‌ْشب مـن بی‌طلب[9] ۶۰۰

در فلان اتاق بنشین تا سرزده و بی آنکه تو خواسته باشی، نیم‌شب بیایم.

---

۱ - **وثاق:** اتاق. ۲ - **انجاز:** برآوردن حاجت کسی. ۳ - **جُوز:** گردو.

۴ - مأخذ آن اسرار التّوحید، ص ۴۶ است و عاشق یکی از مریدان شیخ ابوسعید ابوالخیر به نام خواجه ابوالقاسم هاشمی. عطّار هم از آن بهره برده و با تغییراتی در منطق الطّیر آورده است. بهاءولد پدر مولانا هم در آن تصرّفاتی کرده و در معارف آورده است: احادیث، صص ۵۳۳-۵۳۲. ۵ - **پاسبانِ عهد:** باوفا، درست پیمان.

۶ - **اندر عهد خویش:** در روزگار خویش، در عصر خود.

۷ - **شاهمات و مات:** اصطلاحات شطرنج، هر دو یکی است و حالتی است که شاه تحت تأثیر مهره‌های حریف هیچ کاری نمی‌تواند بکند نه گریز و نه دفاع، اینجا شیفته و محو و مات.

۸ - مصراع دوم: لوبیا پختن تعبیری برای دیدار و بهره‌مندی.

۹ - **بی‌طلب:** بی‌خواستِ تو، بدون آنکه تو خواسته باشی.

مرد قُربان کرد و نان‌ها بخش کرد   چون پدید آمد مَهَش از زیرِ گرد[1] ۶۰۱

عاشق چون دید که خواسته‌اش برآورده شده است، قربانی کرد و صدقه داد.

شب در آن حُجره نشست آن گُرمدار[2]   بر امیدِ وعدهٔ آن یارِ غار[3] ۶۰۲

عاشق اندوهگین به امید وعدهٔ یار مهربان در اتاق نشست.

بعدِ نصفُ اللَّیل، آمد یارِ او   صادقُ الوَعدانه آن دلدارِ او ۶۰۳

معشوقِ خوش‌قول بعد از نیم‌شب آمد.

عاشقِ خود را فُتاده خفته دید   اندکی از آستینِ او درید ۶۰۴

دید که عاشقِ او خوابیده است. کمی از آستینِ لباسش را پاره کرد.

گِردکانی[4] چَندش اندر جیب کرد   که: تو طفلی، گیر این، می‌باز نَرد[5] ۶۰۵

چند گردو در جیب او نهاد که: خُردی، تو را گردوبازی باید نه عاشقی.

چون سَحَر از خواب عاشق برجهید   آستین و گردکان‌ها را بدید ۶۰۶

چون عاشق سحرگاه از خواب جست و آستین دریده و گردوها را دید،

گفت: شاهِ ما همه صِدق و وفاست   آنچه بر ما می‌رسد، آن هم ز ماست[6] ۶۰۷

گفت: معشوق ما سراپا صداقت و وفاداری است. آنچه که بر سر ما می‌آید از خود ماست.

ای دلِ بی خواب![7] ما زین ایمنیم   چون حَرَس[8] بر بام چوبک می‌زنیم[9] ۶۰۸

ای دلِ بی خواب، ایمنیِ ما از آن است که چون چوبک‌زنانِ بام‌ها همواره بیداریم.

گِردکانِ ما در این مَطْحَن[10] شکست   هر چه گوییم از غمِ خود، اندک است ۶۰۹

هرچیزی که برای ما در این دنیا لطف و جاذبه‌ای داشت در آسیای عشقِ حق خُرد و نابود شد. شرحِ اندوهِ ما در قالب الفاظ نمی‌گنجد.

---

۱ - مصراع دوم: چون ماه‌اش از زیر غبار بیرون آمد؛ یعنی به خواسته یا آرزویش رسید.

۲ - **گُرمدار**: غمگین، عاشقِ پراندوه. ۳ - **یار غار**: یار مهربان و صمیمی. ۴ - **گِردکان**: گردو.

۵ - **می‌باز نَرد**: بازی کن، اینجا مطلق بازی.

۶ - احتمالاً ناظر است به مصراع معروف ناصر خسرو قبادیانی: گفتا: ز که نالیم؟ که از ماست که بر ماست.

۷ - **دل بی خواب**: دل بیدار، دل آگاه، دل عاشق که همواره متوجّه حق است و قبله‌اش یار، دل عارف.

۸ - **حَرَس**: جمع حارس: نگهبان.

۹ - **چوبک زن**: کسی که بر بام منازل صاحب دولتان و یا در کوچه‌ها دو چوب را به طریقی خاص بر هم می‌کوبید تا نگهبانان بیدار بمانند. ۱۰ - **مَطْحَن**: آسیا.

عاذِلا[1] چند این صلایِ ماجرا[2]؟ پندکم دِه بعد از این دیوانه را ۶۱۰

ای ملامت‌گر، تا کی هیاهو به پا می‌کنی؟ بعد از این دیوانه را پند نده.

من نخواهم عشوهٔ هجران شنود[3] آزمودم، چند خواهم آزمود؟ ۶۱۱

من فریب هجران را نمی‌خورم. فراق را آزموده‌ام. آزموده را تا کی باید آزمود؟

هر چه غیرِ شورش و دیوانگی‌ست اندر این ره دوری و بیگانگی‌ست ۶۱۲

در راه حق هرچیز جز بیقراری و التهابات جنون‌آمیز، دوری و بیگانگی است.

هین بِنِهْ بر پایم آن زنجیر را که دریدم سلسلهٔ تدبیر را[4] ۶۱۳

هان! پایم را با زنجیر ببند که نه عقلی می‌شناسم و نه تدبیری.

غیرِ آن جَعدِ نگارِ مُقْبِلم[5] گر دو صد زنجیر آری، بگسلم ۶۱۴

هیچ قید و بندی جز وصال آن نگار که اصلِ هر بخت و اقبال است، مرا آرام نمی‌کند.

عشق و ناموس ای برادر راست نیست[6] بر درِ ناموس ای عاشق مایست[7] ۶۱۵

ای برادر، «عشق» با موازین متعارف اجتماعی سازگار نیست. ای عاشق، به خوشنامی و تأیید خلق چندان اهمّیّتی نده.

---

۱ - **عاذِل :** ملامت‌گر، سرزنش کننده.

۲ - **صَلایِ ماجرا :** فراخواندنِ درویشان برای رسیدگی به خطای یکی از صوفیان در محضر مُرشد روحانی یا شیخ. «صلا» در اصل آتشی بود که صحرانشینان برای آگاهانیدن یکدیگر بر فراز تپه‌ها یا کوه‌ها می‌افروختند.

۳ - مصراع اوّل: پذیرفتنِ هجران و فراقِ معشوق چیزی جز فریب خوردن نیست؛ زیرا عاشق اگر حرمانِ هجران را قبول کند و با آن بسازد، همواره در همین حرمان و هجران می‌ماند. مراد مولانا آن است که باید ابراز عشق و دلدادگی عاشقان حق همواره در حال فوران باشد تا این جنون پرده‌ها را بدَرَد.

۴ - مصراع دوم: سلسلهٔ تدبیر را دریدن، یعنی زوال یافتن عقل این جهانی که خواه‌ناخواه حسابگر است و پای‌بند به قواعد و قوانین اجتماعی و متعارف. عقل این جهانی که همان عقل مادّی است تحت تأثیر عقل برتر یا عقل کلّ ذوب شده و جز شیدایی و شوریدگی چیزی نمانده است.

۵ - **مُقْبِل :** نیک‌بخت، اینجا نگار مقبل: نگار نیک‌بخت، پروردگار که اصل و منشأ هر اقبال است و توجّه او عنایتی است که عاشق را از اقبال سرمدی برخوردار می‌کند. ۶ - عشق و رعایت آداب اهل دنیا با هم سازگار نیستند.

۷ - ای عاشق، بر درگاه نام و ننگ توقّف نکن؛ یعنی به آن اهمّیّتی نده. اگر عاشقی برایت مهم نباشد؛ زیرا عشق مهم‌تر است.

وقتِ آن آمد که من عریان شوم[1] نقش بگذارم،[2] سراسر جان شوم ۶۱۶

هنگام آن است که دل و جانم را عریان کنم و آنچه را که در آن می‌گذرد، بی‌محابا بگویم.

ای عَدُوِّ شرم و اندیشه[3] بیا که دریدم پردهٔ شرم و حَیا ۶۱۷

ای عشق بیا و با حضوری پررنگ‌تر در من متجلّی شو که پردهٔ شرمِ دنیوی را دریدم.

ای ببسته خوابِ جان از جادوی سخت دل یارا که در عالم تُوی ۶۱۸

ای خدایی که جمالت چون سحر مطلق خوابِ جانِ عاشقان را بسته است، چه معشوق سخت‌دلی هستی!

هین! گلویِ صبر گیر و می‌فشار[4] تا خُنُک[5] گردد دلِ[6] عشق ای سوار[7] ۶۱۹

هان، ای خدا، نگذار صبری بماند تا عشق بتواند با ابراز شیدایی‌هایِ پرالتهاب داد خود را بدهد.

تا نسوزم، کی خُنُک گردد دلش؟ ای دلِ ما خاندان[8] و منزلش ۶۲۰

ای «عشق» که دل ما منزل و مأوای توست، تا نسوزم، تو که عاشق را سوزان و ملتهب می‌خواهی کجا راضی می‌شوی؟

خانهٔ خود را همی سوزی، بسوز کیست آنکس کو بگوید: لا یَجُوز[9]؟ ۶۲۱

این دل خانهٔ توست، می‌خواهی آن را بسوزانی، بسوزان. چه کسی می‌تواند بگوید که روا نیست؟

خوش بسوز این خانه را ای شیرِ مست! خانهٔ عاشق چنین اولیٰ‌تر است ۶۲۲

ای شیر سرمست، این خانه را خوب بسوزان. بهتر است خانهٔ عاشق سوخته باشد.

بعد از این، این سوز را قبله کنم زانکه شمعم من، به سوزِش روشنم ۶۲۳

بعد از این، با تمام قوا می‌سوزم؛ زیرا وجودم شمعی است که با سوختن منوّرتر می‌شود.

خواب را بگذار امشب ای پدر! یک شبی بر کویِ بی‌خوابان[10] گذر ۶۲۴

ای پدر، خواب را رها کن و شبی به کوی عاشقان همیشه بیدار بیا.

---

۱ - **عریان شوم :** احساس و عواطفم را عریان و آشکارا بازگویم.
۲ - **نقش بگذارم :** به امور ظاهری اهمّیّتی ندهم. ۳ - عدوِّ شرم و اندیشه‌ها «عشق» است.
۴ - مصراع اوّل: گلوی صبر را فشردن؛ یعنی آن را نابود یا محو کردن. ۵ - **خُنُک :** خوب و خوش.
۶ - **خُنُک گردیدن دل :** راضی شدن و داد خود را ستاندن. ۷ - **سوار :** مراد حق است؛ یعنی غالب.
۸ - **خاندان :** اینجا خانه. ۹ - **لا یَجوز :** جایز نیست. ۱۰ - **بی خوابان :** اینجا عاشقان حق.

۶۲۵ **بنگر این‌ها را که مجنون[1] گشته‌اند همچو پروانه به وُصلت کُشته‌اند[2]**

این‌ها را که دیوانهٔ تو شده‌اند، بنگر که در راه وصال، چون پروانه در آتش سوخته‌اند.

۶۲۶ **بنگر این کشتیِ خلقان غرق عشق اژدهایی گشت گویی حلقِ عشق**

این کشتیِ عاشقان را که در دریای عشق غرقه شده است، بنگر. گویی «عشق» اژدهایی است که گلویِ فراخش همهٔ عاشقان را می‌بلعد.

۶۲۷ **اژدهایی ناپدیدِ دلربا عقلِ همچون کوه را او کهرُبا**

اژدهایی نامرئی و دلربا که عقلِ عظیمِ کوه‌مانند را هم بسان کهرُبا جذب می‌کند.

۶۲۸ **عقلِ هر عطّار[3] کاگه شد از او طبله‌ها[4] را ریخت اندر آبِ جُو[5]**

هر عطّاری که مجذوب عشق شود و تحت سیطره‌اش قرار گیرد، تمام ابزار داد و ستد دنیوی را در دریای عشق می‌ریزد.

۶۲۹ **رو کز این جُو بر نیایی تا ابد لَمْ یَکُنْ حَقّاً لَهُ کُفْواً اَحَد[6]**

برو که تا ابد نمی‌توانی از این دریا بیرون آیی. این دریا مثل و مانندی ندارد.

۶۳۰ **ای مزوّرا! چشم بگشای و ببین چند گویی می‌ندانم آن و این؟[7]**

ای ریاکار، چشم بگشا و ببین. تا کی می‌گویی که این یا آن را نمی‌دانم و تردید داری؟

۶۳۱ **از وبایِ زَرق و محرومی برآ در جهانِ حیّ و قیّومی[8] درآ**

از این بیماری مسریِ «ریا و ناامیدی» خود را رها کن و به جهانی که زندهٔ ابدی است، گام بگذار.

---

۱ – **مجنون**: مراد عاشقان حق است.

۲ – **به وُصلت کشته اند**: در راه وصال کشته شده‌اند؛ یعنی عاشق با فنایِ خودیِ خود در هستیِ حق بـه وصال می‌رسد.

۳ – **عطّار**: مراد هر عطرفروش است؛ یعنی کسی که به داد و ستد بهترین بهره‌های دنیوی مشغول است و به احتمال بسیار زیاد هیچ ربطی به شیخ فریدالدّین عطّار نیشابوری که دچار تحوّلاتی روحانی شد، ندارد؛ زیرا او در ذهن مولانا از شأن والایی برخوردار است که نمی‌تواند تعبیر «هر عطّاری» در مورد آن مصداق داشته باشد.

۴ – **طبله**: صندوقچه یا ظروفی که در عطّاری به کار می‌آمده است.

۵ – **جُو**: اینجا مراد دریای عشق است که با جریانی شدید همه چیز را با خود می‌برد.

۶ – مصراع دوم: مقتبس از قرآن: توحید: ۴/۱۱۲. ۷ – خطاب به «اهل دنیا» که «اهل معنا» را باور ندارند.

۸ – **قیّومی**: پایندگی.

تـا نـمی‌بینم، هـمی بـینم شـود وین نـدانم‌هات مـی‌دانـم بُـوَد[۱] ۶۳۲

تا «نمی‌بینم و نمی‌دانم»هایِ تو به «می‌بینم و می‌دانم» بَدَل شود.

بگذر از مستی[۲] **و مستی‌بخش**[۳] **باش زین تَلَوُّن**[۴] **نَقل کـن در اِسـتواش**[۵] ۶۳۳

از این جاذبه‌های ناپایدار دنیوی که غافلان را سرمست می‌کند؛ بگذر تا دیگران از کمالِ وجودت سرمستِ حقایق شوند. از این همه بی‌ثباتیِ دنیوی بگذر تا به ثبات اهل معنا برسی.

چند نازی تو بدین مستی؟ بس است بر سرِ هر کوی چـندان مست هست ۶۳۴

تا کی به دانش یا مقامِ دنیوی می‌نازی؟ بس است. این همه مستِ غافل بر سر هر کوی هست.

گـر دو عـالم پُـر شـود سـرمستِ یـار جمله یک باشند و آن یک نیست خوار[۶] ۶۳۵

اگر دو عالم پر از عاشقان سرمست حق باشند، همهٔ آن‌ها یک تن‌اند و آن یک تـن بـر خلاف این سرمستانِ دنیوی، خوار نیست.

ایـن ز بـسیاری نـیابد خـواریـی خوارْ که بْـوَد؟ تـن پـرستی نـاریی 636

اگر هم این عاشقان بسیار باشند، بـی‌قدر نـیستند. خـوار کسـی است کـه تـن و دنـیا را می‌پرستد و اهل دوزخ است.

گـر جـهان پُـر شـد ز نـورِ آفـتاب کِی بُوَد خوار آن تَفِ خوش التهاب؟ ۶۳۷

اگر جهان پُر از نور آفتاب شود، گرمای دلنشین آن بی‌قدر می‌گردد؟

لیک بـا ایـن جـمله بـالاتر خـرام چونکه اَرْضُ الله واسع[۷] **بـود و رام** ۶۳۸

امّا با این همه از مرتبهٔ مادّه بالاتر برو؛ زیرا در تفسیری عارفانه، «اَرْضُ الله»، که «فراخ است»، فرمانبر «عالمِ معنا»ست که در اختیار و رامِ مردان حق است.

---

۱ - تا از جهل به در آیی و به علم برسی. ۲ - **مستی :** مراد مستیِ ناشی از جاذبه‌ها و افکار دنیوی است.

۳ - **مستی‌بخش :** مراد رسیدن به کمال است که انسان کامل می‌تواند دیگران را به حقایق رهنمون باشد و سرمست معانی و مفاهیم عالی کند. ۴ - **تَلَوُّن :** رنگ به رنگ شدن، یعنی از حالی به حالی تغییر یافتن.

۵ - **اِستوا :** مراد مستقر شدن در احوالِ باطنی است.

۶ - مراد آنکه: عاشقان حق هرچه بسیارتر عزیزتراند و هرگز خوار نیستند.

۷ - مقتبس از: قرآن: نساء: ۹۷/۴: ...اَرْضُ اللهَ وَاسِعَةً...: زمینِ خدا فراخ است.

۶۳۹ **گرچه این مستی چو بازِ اشهَب[1] است　　　بــرتر از وی در زمــینِ قــدس هست**

هرچند که مستی و تحیّر سالکان متعالی، همانند بازِ سفیدِ بلندپرواز زیباست؛ امّا در وصال حق مراتب برتر و تحیّر افزون‌تری هم هست.

۶۴۰ **رو ســرافــیلی شــو انــدر امــتیاز　　　در دَمندهٔ روح و مست و مست‌ساز**

به مراتب برتری برس که بتوانی همانند اسرافیل که مردگان را جان می‌بخشد، مُرده‌دلان را به زنده‌دلان بَدَل کنی.

۶۴۱ **مست را چون دل مِزاح‌اندیشه[2] شد　　　این ندانم و آن نـدانـم پـیشه شـد[3]**

دلی که مشغولِ شوخی و سرگرمیِ دنیاست، توجّه نمی‌کند که زندگی چقدر جدّی است و امور کاملاً بدیهی و عقلانی را نفی می‌کند.

۶۴۲ **این ندانم و آن ندانم بهرِ چیست؟[4]　　　تا بگویی آنکه مـی‌دانـیم، کـیست[5]**

هنگامی می‌توانی بگویی: «این یا آن را نمی‌دانم» که از آنچه می‌دانی، بگویی و شرح دهی که آنکه ما می‌شناسیم، کیست.

۶۴۳ **نَــفیِ بــهرِ ثبت بـاشد در سـخُن　　　نـفی بگــذار و ز ثـبت آغـاز کـن**

در سخن گفتن، یک چیز را نفی می‌کنیم تا چیز دیگری را اثبات کنیم؛ پس از نفی بگذر و با اثبات شروع کن.

۶۴۴ **نیست این و نیست آن، هین! واگذار　　　آنکه آن هست است، آن را پیش آر**

هان، چیزهایی را که نیست؛ یعنی «نفی» را بگذار و آن را که هست، بگو.

۶۴۵ **نــفی بگــذار و هـمان هسـتی پـرست　　　این درآموز[6] ای پدر، زآن تُرکِ مست[7]**

ای پدر، «نفی» را رها کن و «هستیِ حقیقی» را بپرست. این را از آن ترکِ مست بیاموز.

---

۱ - **بازِ اشهب :** باز سفید.

۲ - **مزاح‌اندیشه :** دلی که به حقایق بسیار جدّیِ هستی توجّه نمی‌کند و زندگی را شوخی و تفرّج یا سرگرمی می‌داند.

۳ - مصراع دوم: چنین آدمی می‌گوید: این را نمی‌دانم و آن را نمی‌دانم؛ یعنی همهٔ امور بدیهی و عقلانی را نفی می‌کند.

۴ - اینجا «نمی‌دانم» اشاره است به اعتراف و سخنِ بزرگان [تا بدانجا رسید دانش من / که بدانم همی که نادانم]، که هرچه بیشتر می‌دانند، بیشتر به عمق ناآگاهیِ خود از حقایق هستی پی می‌برند.

۵ - مُراد «هستیِ حقیقی» است که نفی آن ممکن نیست.　　۶ - **درآموز :** بیاموز.

۷ - اشاره به قصّه‌ای است که تداعی شده و بعد از این بیت می‌آید.

استدعای امیر ترکِ مخمورْ مطرب را به وقتِ صبوح[۱] و تفسیر این حدیث که:
«اِنَّ لِلّٰهِ تَعالیٰ شَراباً اَعَدَّهُ لِاَوْلِیائِهِ، اِذٰا شَرِبُوا سَکِرُوا وَ اِذٰا سَکِرُوا طابُوا»[۲]
اِلیٰ آخِرِ اَلحَدیث

مِیْ در خُـمِ اسـرار بـدان می‌جوشد تا هرکه مجرّد[۳] است از آن مِیْ نوشد[۴]

قال الله تعالیٰ: «اِنَّ اَلأَبْرارَ یَشْرَبُونَ»[۵]

این مِیْ که تو می‌خوری حرام است مـا مِـیْ نـخوریم جـز حـلالی[۶]
جهد کن تا ز نـیست هست شـوی وز شـرابِ خـدای مست شـوی[۷]

امیری تُرک که سحرگاهان از خُمار مستی دوشین بی‌خواب شده بود، به صبوحی نشست و خواهان مطرب شد تا قول و غزل باز هم وی را به عالم مستی ببرد؛ امّا مطرب غزلی را آغاز کرد که در آن ردیف «نمی‌دانم» مکرر می شد. تُرکِ مست خشمگین با گُرزی گران به سوی مُطرب رفت که ای گیج! از آنچه می دانی بگو، **«می‌ندانم، می‌ندانم در مکش»**؛ امّا سرهنگی که در محفل بود، مانع شد. مطرب عذرخواهانه گفت: غرض از می‌ندانم، می‌ندانم، خفی است. نفی از آن رو می‌کنم که جز با نفی نمی‌توان به اثبات رسید.

سِرّ قصّه سخن را به تفسیر «مُوتُوا قَبْلَ اَنْ تَمُوتوا» می‌کشاند، که تا انسان هستی موهومی خویش را نفی نکند، اثبات حقیقت وجودی او که با فنای در حق و بقای بعد از فناست حاصل نمی‌گردد **«تا نمیری نیست جان کندن تمام»**.

اَعْـجَمی[۸] تُـرکی سَـحَر آگـاه شـد وز خُـمارِ خَـمر مُـطرب‌خواه شـد ۶۴۶

امیرِ ترکِ عامیِ بی‌خِردی سحرگاه از مستی به هوش آمد و به سبب خُماریِ خمر دستور داد مطرب بیاورند.

---

۱ – **صبوح :** صبحگاه، شراب بامدادی.
۲ – پروردگار را باده‌ای است برای دوستان، که می‌نوشند و با آن مستی پاک می‌شوند.
۳ – **مجرّد :** صافی، کسی که در دلش جز عشق حق چیزی نیست، فارغ از دنیا و ماسِوَی‌الله.
۴ – بیت بر وزن رباعی است و در رباعیات مولانا و عطّار نبود: نثر و شرح مثنوی گولپینارلی، ج ۳، ص ۵۵۰.
۵ – اشارتی قرآنی؛ انسان: ۵/۷۶: إِنَّ ٱلْأَبْرَارَ يَشْرَبُونَ مِنْ كَأْسٍ كَانَ مِزَاجُهَا كَافُوراً: بی‌گمان نیکان از جامی که آمیزهٔ آن کافور است، می‌نوشند. ۶ – **مِی حلالی :** شراب حق که همان مِیِ معرفت است. بیت از دیوان عطّار است.
۷ – بیت از حدیقهٔ سنایی، باب‌الاوّل است.
۸ – **اعجمی :** گُنگ، ناتوان از سخن گفتن به زبانی بیگانه، اینجا زبان‌نفهم، بی سواد.

مطربِ جان[1] مونسِ مستان بُوَد نُقل و قُوت و قوّتِ مست آن بُوَد ۶۴۷

مونس و همدم مستانِ حق، پروردگار است که تجلّیاتش عاشقان را به طرب می‌آورد و سرمست‌تر می‌کند. مستان بادۀ معرفت حالی شیرین، رزقی معنوی و توان روحی را از او می‌یابند؛ یعنی همه چیز آن‌ها از حق است.

مطرب ایشان را سوی مستی کشید باز مستی از دَمِ مطرب چشید ۶۴۸

مِیِ معرفت عارف را به سوی حق می‌برد و مِیِ این جهانی به کمک مطرب دنیوی اثر افزون‌تری دارد.

آن شرابِ حق، بدآن مطرب بَرَد وین شرابِ تن از این مطرب چَرَد ۶۴۹

«شرابِ حق» سرمستان را به سوی «حق» می‌برد و «شرابِ دنیوی» به سویِ «مطربِ دنیوی» تا تأثیرش را قوّت بخشد.

هر دو گر یک نام دارد در سخن لیک شَتّان[2] این حَسَن تا آن حَسَن[3] ۶۵۰

هرچند که هر دو «باده» در لفظ یک نام را دارند؛ امّا این کجا و آن کجا؟

اشتباهی هست لفظی در بیان لیک خود کو آسمان تا ریسمان؟ ۶۵۱

این یک اشتباه لفظی است که «بادۀ آن جهانی» و «بادۀ این جهانی» را «باده» می‌نامیم. در حالی که این‌ها هیچ تناسبی با هم ندارند.

اشتراکِ لفظ، دایم رَهزن است اشتراکِ گبر و مؤمن در تن است ۶۵۲

اشتراک لفظی همواره گمراه کننده است. مثلاً به «مؤمن» و «مُنکِر» انسان می‌گویند، در حالی که اشتراکِ آنان نه در «جانِ انسانی»، بلکه در «قالبِ جسمانی» است.

جسم‌ها چون کوزه‌هایِ بسته سر تا که در هر کوزه چِه بْوَد؟ آن نگر ۶۵۳

بدن‌ها همانند کوزه‌های سربسته‌اند، ببین که درون هر کوزه چیست؟

---

۱ - **مطربِ جان:** کسی که جان را به طرب می‌آورد، اینجا پروردگار. ۲ - **شَتّان:** دور است.
۳ - **این حَسَن تا آن حَسَن:** اشاره به حکایت «شاعر و صله دادن شاه» که در بیت ۱۱۵۶ دفتر چهارم آمد و تا ۱۲۴۰ ادامه یافت و در آن دو وزیر با نام حسن بودند که از زمین تا آسمان با یک‌دیگر اختلاف در خُلق و صفات داشتند.

کـوزهٔ آن تـن پـر از آبِ حـیات　　　کوزهٔ این تـن پـر از زهـرِ مَـمات[1] ۶۵۴

آن وجود پر از «آبِ حیات» است و این وجود پر از «زهرِ ممات».

گر به مظروفش[2] نظر داری، شـهی　　　ور به ظرفش بـنگری تـو، گُـم‌رهی ۶۵۵

اگر به نظر تو «افکار و احوالِ درونی» هر کس مهم‌ترین چیزی است که باید به آن توجّه کرد، جزو «شاهان یا آگاهان عالم معنا» هستی و اگر «امور ظاهری و دنیوی» را خیلی مهم می‌دانی، گمراه هستی.

لفـظ را مـانندهٔ ایـن جسـم دان　　　مـعنی‌اش را در درون مـانندِ جـان ۶۵۶

«لفظ» هم مانند «تن» است که در آن معنی مانند «جان» نهان است.

دیـدهٔ تـن[3] دایـما تـن‌بین بُـوَد　　　دیدهٔ جان،[4] جانِ پر فـنْ‌بین[5] بُـوَد ۶۵۷

چشمِ ظاهربین فقط ظاهرِ الفاظ را می‌بیند؛ امّا چشمِ بصیر معانیِ نهانیِ مورد نظر گوینده را از ورای پوششِ عبارات و الفاظ در می‌یابَد.

پس ز نـقشِ لفـظهایِ مـثنوی　　　صورتی ضال[6] است و هادی معنوی ۶۵۸

پس اگر با چشم ظاهربین به ظاهرِ الفاظ مثنوی نظر کنی، ممکن است، گمراه کننده باشد؛ امّا معنای آن هدایت کننده است.

در نُـبی[7] فـرمود کـین قـرآن ز دل[8]　　　هـادیِ بـعضی و بـعضی را مُـضِل[9] ۶۵۹

خداوند در قرآن کریم فرموده است: قرآن را اگر با اعتقاد و درک باطنی نخوانند، ممکن است به جای هدایت، سبب گمراهی باشد.[10]

---

۱ - **زَهرِ ممات :** زهر کشنده، کنایه از فکر یا اندیشهٔ گمراه کننده که سبب هلاکت باطنی است.

۲ - **مظروف :** محتویِ درون ظرف، اینجا افکار و احوالِ افراد.　　۳ - **دیدهٔ تن :** چشمِ سر، چشمِ ظاهربین.

۴ - **دیدهٔ جان :** چشم باطنی، چشمی بصیر.

۵ - **جانِ پر فن‌بین :** جانی که بتواند حال درونی و باطنی افراد را درک کند، چشم عارف که ماورای امور مادّی، امور معنوی را می‌بیند و می‌داند.　　۶ - **ضال :** گمراه، اینجا گمراه کننده.　　۷ - **نُبی :** قرآن.

۸ - **ز دل :** باطنی، یعنی اگر آن را با اعتقاد نخوانی و اگر به درکِ باطنیِ آن نایل نشوی.

۹ - **مُضل :** گمراه کننده.

۱۰ - اشارتی قرآنی؛ بقره: ۲۶/۲: ...یُضِلُّ بِهِ کَثیراً و یَهْدِی بِهِ کَثیراً...: و البتّه در ادامه توضیح داده می‌شود که جز فاسقان و تبهکاران کسی از خواندن آن گمراه نمی‌شود.

اَللّٰه اَللّٰه چونکه عارف گفت: مِیْ پیشِ عارف کِی بُوَد معدوم شی؟ ۶۶۰

خدا را، خدا را، مقصود را دریاب. «عارف» که هر چیز را با نور ایمان می‌بیند، هنگامی که از «مِیْ» سخن می‌گوید، به مفهوم حقیقیِ آن توجّه دارد نه آن مایعِ دنیوی.

فهمِ تو چون بادهٔ شیطان بُوَد کِی تو را وَهمِ مِیِ رحمان بُوَد ۶۶۱

چون فهمِ غالب آدمیان در حدّ «بادهٔ شیطانی» است، نمی‌توانند «بادهٔ رحمانی» را درک کنند.

این دو انبازند[1] مُطرب با شراب این بدآن و آن بدین آرَد شتاب[2] ۶۶۲

می و مطرب با هم قرین‌اند و تأثیر یک‌دیگر را افزون می‌کنند.

پُر خُماران از دَمِ مُطرب چَرَند مطربانشان سویِ میخانه بَرَند ۶۶۳

خمارآلودگان از نَفَسِ گرم مطرب حالی می‌یابند و مطربان هم آنان را به میخانه می‌کشانند.

آن سرِ میدان و این پایانِ اوست دل شده چون گوی، در چوگانِ اوست ۶۶۴

«خمارآلودگی» آغازِ «میدانِ عشق» است و چشیدنِ «بادهٔ رحمانی» پایانِ بی‌پایانِ آن. دلِ عاشقان چون گوی در چوگانِ دوست گردان است؛ یعنی در پنجهٔ تقلیب و تقدیر حق.

در سر آنچه هست، گوش آنجا رَوَد[3] در سر ار صَفراست،[4] آن سودا[5] شود ۶۶۵

توجّه آدمی به سویی جلب می‌شود که جهتِ اندیشهٔ اوست. اگر اندیشهٔ عشقِ حق در سر باشد، این اندیشه به سودای وصال بَدَل می‌گردد.

بعد از آن این دو به بیهوشی[6] روند والد و مولود آنجا یک شوند[7] ۶۶۶

بعد از آن، در «میدانِ عشق»، «اندیشهٔ عشق و سودایِ وصل» به «وصال» می‌انجامد که در آن حال «اندیشهٔ عشق، سودایِ وصل و وصال» یکی می‌شوند.

---

۱ - **انباز:** شریک، اینجا قرین.

۲ - مصراع دوم: این به آن و آن به این شتابِ بیشتری می‌دهند؛ یعنی می‌خواهند قرینِ هم باشند و اثر یک‌دیگر را افزون کنند. ۳ - **گوش آنجا رَوَد:** یعنی گوش و هوش آدمی متمایل به آن سو می‌شود.

۴ - **در سر ار صفراست:** اگر کسی صفرایی مزاج باشد. «صفرا»: از اخلاط چهارگانه که خلطی سخت گرم و خشک و زرد رنگ است، مجازاً عشق یا خشم. ۵ - **سودا:** یکی از اخلاط چهارگانه، دیوانگی.

۶ - **بیهوشی:** اینجا مراد بیهوشی از امور دنیوی و هوشیاری به امور معنوی یا وصال.

۷ - مراد عالم وحدت است.

چونکه کردند آشتی شادی و درد مطربان را تُرکِ ما[۱] بیدار کرد ۶۶۷

هنگامی که در وجود عاشق «شادی و درد» یکی می‌شوند؛ یعنی لحظه‌ای که از خودیِ خود به در می‌آید و هستی‌اش در هستیِ حق محو می‌گردد، محبوب ازلی اجازه می‌دهد که نوای عشق و وصل در دل و جان عاشقِ واصل طنین‌افکن شود.

مطرب[2] آغازید بیتی خوابناک[3] که: اَنِلنی اَلْکَأسَ یا مَنْ لاٰ اَراٰک 668

مطربِ عشق در درون عاشق واصلی که اوّلین تجربیّات وصل را دارد، نغمه‌ای را ساز می‌کند و می‌گوید: ای آنکه جمالت را نمی‌بینم، جامی بده.

اَنْتَ وَجْهی، لا عَجَب اِن لاٰ اَراٰه غٰایَةُ اَلقُرْبِ حِجٰابُ اَلإشْتِبٰاه ۶۶۹

تو چهرهٔ خود منی، عجبی نیست اگر جمال خود را نبینم. نزدیکی زیاد هم مانند حجاب سبب خطای دید می‌شود.

اَنْتَ عَقلي، لا عَجَب اِنْ لَمْ اَرَک مِنْ وُفُورِ الاِلْتِبٰاسِ[۴] اَلمُشْتَبَک[۵] ۶۷۰

تو عقل منی، عجبی نیست اگر از کثرت جلوهٔ هستی‌هایِ غیرحقیقی که مانند شبکهٔ درهم آمیخته‌ای در چشم جلوه‌گر است، نتوانم تو را ببینم.

جِئْتَ أَقْرَبْ اَنْتَ مِنْ حَبْلِ اَلوَرِید[۶] کَمْ أَقُلْ: یٰا یٰا؟ نِداءٌ لِلْبَعِید ۶۷۱

آمدی و از رگ گردن به من نزدیک‌تری، چقدر بگویم: یا...؟ این «یا» برای خطاب به کسی است که دور است.

بَلْ اُغٰالِطُهُمْ[۷]، اُنادي[۸] فی اَلقِفٰار[۹] کَیْ[۱۰] اُکَتِّم[۱۱] مَن مَعي مِمَّنْ أَغٰار[۱۲] ۶۷۲

من این نزدیکی را کاملاً حس می‌کنم؛ امّا با رفتاری غلط‌انداز وانمود می‌کنم کسی را که در نهان نزد من است، از راهی دور و بیابان‌ها فرا می‌خوانم.

---

۱ – **تُرکِ ما :** اینجا مراد حق است. در این بخش، قصّهٔ امیر ترک و معانیِ بلندی که تداعی می‌شود، در ذهن مولانا در هم آمیخته است و با ظرافت باید بدان توجّه داشت.

۲ – **مطرب :** مراد مطربِ عشق است که عجب ساز و نوایی دارد، مولانا مایل است به قصّه بازگردد؛ ولی هجوم معانی نمی‌گذارد و حال و هوایِ ابیات عارفانه است.

3- TM » i BA CAn k½B: عارف واصل که علی‌رغم حضور و وصل هنوز برای این مقام شاید کمی خوابناک wA S,M³ wL KU\ BMD RAB ° æ¥ »dT ª ¥wA S ³ jnj¤ a½ M¢½k/ 4-BTS E t: A{TE }k/

۵ – **مُشْتَبَک :** احتمالاً در معنیِ مُشْتَبِک آمده که به معنی آمیخته درهم است. ۶ – اشارتی قرآنی؛ ق: ۱۶/۵۰.

۷ – **اُغٰالِط :** به اشتباه می‌اندازم. ۸ – **اُنادی :** ندا می‌کنم. ۹ – **قِفار :** بیابان‌ها، جمع قَفْر.

۱۰ – **کَیْ :** به جهت آنکه. ۱۱ – **اُکَتِّم :** مکتوم دارم. ۱۲ – **أَغٰار :** غیرت ورزیدن.

در آمدن ضَریر[1] در خانهٔ مصطفی علیه السَّلام، و گریختن عایشه رَضی الله عنها از پیشِ ضَریر و گفتنِ رسول علیه السَّلام که: چه می‌گریزی؟ او تو را نمی‌بیند، و جواب دادن عایشه رَضی الله عنها رسول را صلّی الله علیه و سلّم[2]

شرح روایتی است که بنا بر آن نابینایی به سرای رسول خدا(ص) در آمد. خانم عایشه به اتاقی دیگر رفت. پیامبر(ص) فرمود: او نابیناست و تو را نمی‌بیند، چرا خود را می‌پوشانی؟ عایشه گفت: من که او را می‌بینم.

اندر آمد پیشِ پیغمبر ضَریر کِای نوابخش تنورِ هر خمیر ۶۷۳

نابینایی به حضور پیامبر(ص) آمد و گفت: ای کسی که به دیگران گرمایِ پختگی و کمال می‌بخشی.

ای تو میرِ آب و من مُستسقی‌اَم[3] مُستغاث،[4] اَلمُستغاث! ای ساقی‌ام! ۶۷۴

ای آنکه آب هدایت به فرمان تو جاری می‌شود و من سخت تشنهٔ ارشاد و هدایتم، ای سیراب کنندهٔ من، فریاد، به دادم برس.

چون در آمد آن ضَریر از در شتاب عایشه بگریخت بهر احتجاب ۶۷۵

چون آن نابینا وارد شد، خانم عایشه شتابان رفت تا خود را بپوشانَد.

زانکه واقف بود آن خاتونِ پاک از غیوریِّ رسولِ رَشکناک ۶۷۶

زیرا آن بانوی پاکدامن از غیرتِ رسولِ غیور آگاه بود.

هر که زیباتر بُوَد رشکش فزون زانکه رشک از ناز خیزد، یا بَنُون! ۶۷۷

هرکس که زیباتر باشد، غیرت بیشتری را بر می‌انگیزد؛ زیرا ای فرزندان، غیرت از حُسن و جمال است؛ یعنی جمال افزون‌تر، غیرت بیشتر.

گَنده‌پیران[5] شُوی را قُمّا[6] دهند چونکه از زشتی و پیری آگه‌اند ۶۷۸

زنان پیر که از زشتی و فرتوتیِ خود آگاه‌اند، راضی‌اند که شوهرشان کنیزکی را صیغه کنند.

---

۱ - **ضَریر** : نابینا.

۲ - این روایت در باب بعضی از همسران دیگر پیامبر(ص) و به عنوان مثال اُمّ سَلَمه نیز وارد است و البتّه در مورد دخت گرامی آن رسول بشیر(ص)، حضرت فاطمه(س): قصص و تمثیلات مثنوی، صص ۲۰۲-۲۰۱.

۳ - **مُسْتَسْقی** : کسی که به بیماری تشنگی مبتلاست، اینجا کسی که سخت مشتاق داشتنِ معارف و ارشاد است.

۴ - **مُستغاث** : کسی که از او دادرسی خواهند.

۵ - **گنده‌پیر** : پیرزن فرتوت که از فرط پیری گویی گندیده و متعفّن است.

۶ - **قُمّا** : احتمالاً اصلِ این لفظ «قُما» است به معنی شریک و البتّه اینجا به معنی کنیزک یا کسی است که مردان صیغه می‌کنند.

۶۷۹ **چون جمالِ احمدی[۱] در هر دو کَون کی بُده است؟ ای فرِّ یزدانیش عَوْن**

جمال احمدی(ص) که نور الهی یار و یاور او باد، در هر دو جهان نظیری ندارد.

۶۸۰ **نازهایِ هر دو کَونْ او را رسد غیرتْ آن خورشیدِ صد تُو را رسد**

ناز دو جهان برازندهٔ او و غیرت نیز شایستهٔ اوست که صدها خورشید نیز به پایِ او نمی‌رسد.

۶۸۱ **که: در افکندم به کیوان[۲] گُوی را درکشید ای اختران، هی! روی را**

او با آن همه ناز می‌گوید: نور جمالِ من به آسمان هفتم هم رسید، هان، ای ستارگان روی خود را بپوشانید.

۶۸۲ **در شعاع بی‌نظیرم لا شوید ورنه پیش نورِ من رسوا شوید**

در پرتوِ نورِ بی ماننِدِ من اظهار وجود نکنید و فانی شوید و گرنه محو خواهید شد.

۶۸۳ **از کَرَم من هر شبی غایب شوم کی رَوَم؟ اِلاّ نمایم که رَوَم**

من از روی بزرگواری هر شب خود را پنهان می‌کنم وگرنه از بین نمی‌روم، وانمود می‌کنم که از بین رفته‌ام.

۶۸۴ **تا شما بی من شبی خُفّاش‌وار[۳] پَر زنان پرّید گِرد این مَطار[۴]**

تا شما در غیابِ من، چون خفّاش بتوانید پرواز کنید.

۶۸۵ **همچو طاووسان پَری عرضه کنید[۵] باز مست و سرکش و مُعجِب[۶] شوید**

شما هم همانندطاووس‌ها پرها را بگشایید و باز هم مغرورانه سرکشی کنید و کبر بورزید.

۶۸۶ **ننگرید آن پایِ[۷] خود را زشتْ‌ساز همچو چارُق کو بُوَد شمع ایاز[۸]**

به عیوب خود که زشتی‌تان را جلوه‌گر می‌کند و چون چارقی برای ایاز بود، ننگرید.

۶۸۷ **رُو نمایم صبح[۹] بهرِ گوشمال[۱۰] تا نگردید از مَنی[۱۱] ز اهل شِمال[۱۲]**

صبحگاه برای ادب کردن شما ظاهر می‌شوم تا به سبب خودبینی از دوزخیان نشوید.

---

۱ - **جمال احمدی :** جمالِ معنویّت مطلق. ۲ - **کیوان :** زحل.

۳ - **خفّاش :** کنایه از کسی که ادراک باطنی ندارد. ۴ - **مَطار :** محلّ پرواز، فضایِ پرواز.

۵ - مصراع اوّل: جلوه‌ای بکنید، خودنمایی کنید. ۶ - **مُعْجِب :** دچار عُجب و خودبینی.

۷ - پایِ طاووس تمثیلی از زشتی است یا عیوب و نقایص.

۸ - مصراع دوم: نقایصِ شما همانند چارق و پوستین ایاز بود که نشان روزگارِ غلامی و خواری بود و شمع روشنی برای هدایت او. ۹ - **صبح :** صبحگاه. ۱۰ - **بهرِ گوشمال :** برای تأدیب. ۱۱ - **از مَنی :** از خودبینی.

۱۲ - **اهلِ شِمال :** مراد اصحاب الشِّمال است: واقعه: ۴۱/۵۶.

۶۸۸ **ترکِ آن کن که دراز است آن سخُن   نهی کرده است از درازی امرِ کُـن[۱]**

این سخنانِ طویل را رها کن؛ زیرا پروردگار از تطویل نهی کرده است.

امتحان کردنِ مصطفی، علیه السَّلام، عایشه را، رَضی الله عنها که چه پنهان می‌شوی؟ پنهان مشو، که اعمی تو را نمی‌بیند. تا پدید آید که عایشه رَضی الله عنها از ضمیرِ مصطفی، علیه السَّلام، واقف هست یا خود مقلّدِ گفتِ ظاهر است[۲]

۶۸۹ **گــفت پــیغمبر بــرای امــتحان   او نــمی‌بیند تـو را، کـم شـو نـهان**

پیامبر(ص) به سبب آزمودن گفت: او تو را نمی‌بیند، خود را نهان نکن.

۶۹۰ **کـرد اشـارت عـایشه بـا دست‌هـا   او نـــبیند، مـــن هـــمی بـــینم وَرا**

عایشه با دست اشارت کرد که اگر او نمی‌بیند، من که او را می‌بینم.

۶۹۱ **غیرتِ عقل[۳] است بـر خـوبیِّ روح   پُر ز تَشبیهات و تمثیل این نُصوح[۴]**

اینکه مثنوی پر از تشبیه و تمثیل است و معانی و معارف در آن کاملاً آشکار بیان نشده‌اند به سبب غیرتِ عقل بر حُسن و جلوه‌هایِ حقیقتِ مطلق است.

۶۹۲ **بـــا چـــنین پـــنهانیی کـــین روح راست   عقل بر وی این چنین رَشکین[۵] چراست؟**

با توجّه به اینکه چشم نااهل قادر به دیدن حقیقت نیست، چرا باید «عقل» رشک ببرد؟

۶۹۳ **از که پنهان می‌کنی؟ ای رشک‌خـو!   آنکه پـوشیده است نـورش رویِ او**

ای غیور، این نورِ آشکار را که از شدّت ظهور نمی‌توانند ببینند، از که پنهان می‌کنی؟

۶۹۴ **می‌رود بی روی‌پـوش ایـن آفـتاب   فـرطِ نـورِ اوست رویش را نـقاب**

آفتابِ حقیقت بدون پرده در مراتب متعدد هستی جلوه‌گر است. شدّت ظهور مانعِ رؤیت اوست.

---

۱ - **امر کن:** مراد خداوند است: بقره: ۱۱۷/۲، یس: ۸۲/۳۶

۲ - تا پدید آید که عایشه(رض) از درون مصطفی(ص) آگاه است و یا فقط از ظاهر سخن تقلید می‌کند.

۳ - **عقل:** عقلِ زنگارزدایی شده یا عقل اهلِ معرفت.

۴ - **نُصوح:** نُصْح‌ها، نصیحت‌ها، «این نُصوح»: این اندرزنامه، این مثنوی.

۵ - **رشکین:** رشک برنده، غیور.

از که پنهان می‌کنی؟ ای رَشک‌وَر[1] ! کآفـــتاب از وی نـــمی‌بیند اثــر ۶۹۵

ای رشکمند، او را از که پنهان می‌کنی؟ در حالی که آفتاب هم اثرِ او را ندیده است.

رشک از آن افزون‌تر است اندر تنم کز خودش خواهم که هم پنهان کنم ۶۹۶

امّا در وجودم غیرت چنان شدید است که می‌خواهم او را از خودم هم پنهان کنم.

ز آتشِ رشکِ گـــران‌آهـــنگ[2]، مـــن با دو چشم و گوش خود در جنگ، من ۶۹۷

من از آتش این غیرت که با غیر نمی‌سازد، با هستیِ فردی‌ام در جنگم تا در او محو شود و حکم غیریّت از میان برخیزد.

چون چنین رشکی‌سْتَت ای جان و دل! پس دهـــان بـــر بـــند و گـفتن را بِهِل ۶۹۸

ای جان و دل، چون چنین غیوری، بهتر است که دهان را ببندی و سخنی نگویی.

تـرسم ار خـامش کـنم، آن آفـتاب از سـویِ دیگـر بـدرّانـد حـجاب[3] ۶۹۹

می‌ترسم که اگر سکوت کنم، آن آفتاب از شدّت جوشش و غَلَیان از سوی دیگر تجلّی کند.

در خموشی، گـفتِ مـا اَظـهَر شـود که ز منع، آن میل افـزون‌تر شـود[4] ۷۰۰

خاموشیِ اهلِ معرفت، ناگفته‌ها را عاقبت آشکارتر می‌کند؛ زیرا انسان حریص است به آنچه که منع می‌شود.

گر بغُرّد بـحر، غُـرّه‌ش کـف شـود جوشِ اَحْبَبْتُ بِـاَنْ اُعْـرَف شـود[5] ۷۰۱

اگر نگویم، بحر معانی به ناگاه می‌غرّد و الفاظ چون کف‌های روی آب پرتلاطم جاری می‌شوند؛ زیرا آن گنج نهان می‌خواهد آشکار شود و هدف از خلقت، ظهور بوده است.

حرف گـفتن بسـتنِ آن روزن است عینِ اظهارِ سـخن، پـوشیدن است ۷۰۲

سخن گفتن در واقع بستن آن روزن تجلّی است. آشکار کردن سخن عین نهفتن آن است.

بـــلبلانه نـــعره زن در رویِ گـــل[6] تـا کـنی مشـغولشان از بـویِ گُـل[7] ۷۰۳

چون بلبل در روی گل نغمه سر بده تا عام خلق را به ظاهرِ گل سرگرم کنی که به بویش نپردازند.

---

۱ – **رشک‌وَر:** رشکمند، حسود.

۲ – **رشکِ گران‌آهنگ:** رشک بسیار شدید که به زودی یا به آسانی پایان نمی‌یابد و گویی همیشگی است.

۳ – مراد آنکه: حقیقت پنهان نمی‌مانَد. ۴ – اشاره به ضرب المثلی با همین مضمون.

۵ – اشاره به حدیث قدسی: ر.ک: ۲۸۷۵/۱. ۶ – مصراع اوّل: همین سخنان را بگو.

۷ – **بویِ گل:** اسرار و معانیِ بلند که از عام خلق باید نهان بماند؛ زیرا افهام تنگ قادر به درک آن نیست و می‌لغزد.

تا به قُل[1] مشـغول گـردد گـوششان   سـویِ رویِ گُـل[2] نَـپرّد هـوششان[3] ۷۰۴

تا به الفاظ و تمثیلات مشغول شوند و به معنا توجّه نکنند.

پیشِ این خورشیدِ کو بس روشنی‌ست   در حـقیقت هـر دلیلی رَه‌زنـی‌ست[4] ۷۰۵

در تقابل با درخشش خورشید حقیقت، به راستی هر دلیلی گمراه کننده است.

حکایتِ آن مطرب که در بزمِ امیرِ تُرک این غزل آغاز کرد:[5]

گلی یا سوسنی یا سرو یا ماهی؟ نمی‌دانم   از این آشفتهٔ بی‌دل چه می‌خواهی؟ نمی‌دانم[6]

و بانگ بر زدنِ ترک که: آن بگو که می‌دانی، و جوابِ مطرب امیر را

مطرب آغـازید پـیشِ تُـرکِ مست   در حـجابِ نـغمه[7] اَسـرارِ اَلَست[8] ۷۰۶

مطرب در حضور امیر تُرکِ مست، به بیان اسرار غیب در پردهٔ نغمه پرداخت.

من ندانم که تـو مـاهی یـا وَثَـن[9] ؟   من ندانم تا چه می‌خواهـی زِ مـن؟ ۷۰۷

من نمی‌دانم که تو ماهی یا بت؟ نمی‌دانم از من چه می‌خواهی؟

می‌ندانـم کـه چـه خـدمت آرَمت؟   تـن زنـم[10] یـا در عـبارت آرَمت؟ ۷۰۸

نمی‌دانم که چه خدمتی به تو بکنم؟ از تو بگویم یا سکوت کنم؟

این عجب که نـیستی از مـن جـدا   مـی‌ندانـم مـن کـجاام؟ تـو کـجا؟ ۷۰۹

عجب این است که از من جدا نیستی؛ امّا نمی‌دانم که من کجا هستم و تو کجایی؟

می‌ندانـم کـه مـرا چـون مـی‌کَشی؟   گاه در بَـر، گـاه در خـون مـی‌کَشی ۷۱۰

نمی‌دانم چگونه مرا جذب می‌کنی؟ گاه در آغوش لطف توأم و گاه غرقه در خون.

---

۱ - **قُلْ :** بگو، اینجا در معنی مصدری به کار رفته است: گفتن یا قول.

۲ - **رویِ گُل :** جمالِ حقایق، جمالِ حقیقت. ۳ - **نپرّد هوششان :** توجّه نکنند.

۴ - مراد آنکه: «آفتاب آمد دلیل آفتاب»؛ یعنی برای اثبات خورشید حقیقت هیچ چیز روشن‌تر از ظهور و حضورش نیست. نیازی به دلیل و برهان ندارد. باید به آن توجّه کرد تا حضور و ظهورش را دریافت. «سایه» یا «استدلال» فقط از وی نشانی می‌دهد؛ امّا «شمس هر دم نور جانی می‌دهد».

۵ - این قصّه در بیت ۶۴۶ همین دفتر آغاز شد و با هجوم معانی و تداعی‌هایِ ذهنی به سرعت رها گردید. اینک ادامهٔ آن. ۶ - این بیت از رضی‌الدّین نیشابوری است.

۷ - **حجابِ نغمه :** پردهٔ نغمه، اینجا پوششی برای معانی. ۸ - اشارتی قرآنی؛ اعراف: ۱۷۲/۷: اَلَستُ بِرَبِّکم؟

۹ - **وثن :** بُت. ۱۰ - **تن زدن :** سکوت کردن، خاموش ماندن.

همچنین لب در ندانم باز کرد   می‌ندانم، می‌ندانم ساز کرد ۷۱۱

همچنین لب به نمی‌دانم گشود و نمی‌دانم، نمی‌دانم می‌گفت.

چون ز حد شد می‌ندانم، از شِگفت   تُرکِ ما را زین حَراره[1] دل گرفت ۷۱۲

چون «می‌ندانم»ها از حد گذشت، ترک ما از این ترانه دلش گرفت و عصبانی شد.

بر جهید آن ترک و دَبّوسی[2] کشید   تا علیها،[3] بر سرِ مطرب رسید ۷۱۳

از جای جست و گُرزی برداشت و به ناگهان بر سر مطرب رسید.

گُرز را بگرفت سرهنگی به دست   گفت: نه، مطربْ کُشی این دم بد است ۷۱۴

سرهنگی گُرز را گرفت که این کار را نکن. در این لحظه کشتن مطرب بد است.

گفت: این تکرارِ بی حدّ و مَرَش[4]   کوفت طبعم را،[5] بکوبم من سرش ۷۱۵

امیر گفت: این تکرارِ بی حدّ و اندازه‌اش، حالم را به هم زد. سرش را له می‌کنم.

قَلْتَبانا[6]! می‌ندانی، کُه مَخَور   ور همی دانی، بزن مقصودْ بَر ۷۱۶

ای بی ناموس، اگر نمی‌دانی، حرف زیادی نزن، اگر می‌دانی، مقصودت را بگو.

آن بگو ای گیج! که می‌دانی‌اَش   می‌ندانم می‌ندانم در مَکش[7] ۷۱۷

ای ابله، چیزی را که می‌دانی بگو. این قدر «نمی‌دانم، نمی‌دانم» سر نده.

من بپرسم کز کجایی هی مُری[8]؟   تو بگویی نه ز بلخ و نه از هری[9] ۷۱۸

اگر من بپرسم: ای ریاکار، اهل کجایی؟ و تو بگویی: نه از بلخم نه از هرات،

نه ز بغداد و نه موصل، نه طِراز[10]   در کَشی در نیّ و نی راهِ دراز ۷۱۹

نه از بغداد و موصلم و نه از شهر طِراز، در واقع به این ترتیب سخن را با «نه، نه» گفتن دراز می‌کنی.

خود بگو من از کجام باز ره   هست تَنقیحِ مناط[11] اینجا بَلَهْ[12] ۷۲۰

فقط بگو که اهل کجایی و خود را راحت کن. اینجا حاشیه رفتن حماقت است.

---

۱ - **حراره:** ترانه، در تعبیرات مثنوی معمولاً به ترانه‌ای که ترجیع‌بندی دارد و یا ترانه‌ای که بیتی در آن مکرر است، اطلاق می‌شود. ۲ - **دَبّوس:** گُرز. ۳ - **تا علیها:** تا آنجا که مطرب نشسته بود، تا بالای سرِ مطرب.

۴ - **مَر:** حساب، شماره. ۵ - **کوفت طبعم را:** حالم را به هم زده است. ۶ - **قَلْتَبان:** بی ناموس.

۷ - **در مکش:** سر نده. ۸ - **مُری:** ریاکار. ۹ - **هری:** هرات. ۱۰ - **طِراز:** شهری در ترکستان.

۱۱ - **تنقیحِ مناط:** حُکم شرعی در علم اصول بر پایهٔ علّت مشترک میان دو موضوع. اینجا معنی دقیق اصطلاح مورد نظر نیست و به معنی «حاشیه رفتن» و توضیح بی‌مورد دادن است. ۱۲ - **بَلَهْ:** بلاهت، ابلهی.

یا بپرسیدم: چه خوردی ناشتاب[1]؟ تو بگویی: نه شراب و نه کباب ۷۲۱

یا اگر بپرسم: صبحانه چه خوردی؟ و تو بگویی: نه شراب خوردم و نه کباب.

نه قَدید[2] و نه ثَرید[3] و نه عَدَس آنچه خوردی، آن بگو تنها و بس ۷۲۲

نه گوشت خوردم، نه ترید و نه عدس. گفتنِ این «نه، نه»ها جواب نیست. فقط آنچه را که خورده‌ای بگو و بس.

این سخن‌خایی[4] دراز از بهرِ چیست؟ گفت مطرب: زانکه مقصودم خفی‌ست ۷۲۳

این سخن را به درازا کشاندن برای چیست؟ مطرب گفت: چون مقصودی نهانی دارم.

می‌رمد اثبات پیش از نفیِ تو[5] نفی کردم تا بری زِ اثباتْ بو ۷۲۴

تا وجود تو «نفی» نشود، بیان حقیقتی که اثبات محض است، ثمری ندارد. من «نفی»ها را گفتم شاید با فکر کردن به مفهوم آن‌ها بویی از «اثبات» به مشامِ جانت برسد.

در نوا آرم به نفی این ساز را چون بمیری، مرگ گوید راز را ۷۲۵

این ساز را با «نفی» می‌نوازم، یعنی: فانی شو، چون فنا شدی، اسرار را در می‌یابی.

تفسیرِ قَوْلِه عَلَیْه السَّلام: «مُوتُوا قَبْلَ اَنْ تَمُوتُوا»[6]

بمیر ای دوست پیش از مرگ، اگر می زندگی خواهی
که ادریس[7] از چنین مردن، بهشتی گشت پیش از ما[8]

این قطعه به تفسیر حدیثی نبوی اختصاص دارد که برخی آن را از موضوعات[9] می‌شمارند؛ امّا در صحّتِ معنا و مفهوم آن که فنای خودی‌ها و نفیِ خودپرستی است، تردیدی ندارند و البتّه شک نیست که مستفاد مولانا از آن نیز همین معناست و بیتی از سنایی نیز تأییدی بر آن.

قطعه ناظر بر آن است که سالک تا فانی نشود، بقا نمی‌یابد و فنا نیز جز با محو خودی‌ها و قطع تعلّقات مفهومی ندارد.

---

۱ - **ناشتاب**: ناشتا. ۲ - **قدید**: گوشت خشکِ نمک‌سود.

۳ - **ثرید**: ترید: نانی که در آبگوشت خُرد می‌کنند، اینجا می‌تواند مطلق آبگوشت باشد.

۴ - **سخن‌خایی**: سخن را پیچ و تاب و کش دادنِ بی‌حاصل. ۵ - **نفیِ تو**: فنایِ خودی‌ها، فنای هویّت فردی.

۶ - حدیث: قبل از مرگ بمیرید: احادیث، ص ۳۷۰.

۷ - **ادریس**: از انبیای بنی اسرائیل که به جهت بسیار درس گفتن بدین نام موسوم شده است.

۸ - بیت از دیوان سنایی است. ۹ - **موضوعات**: احادیثی که سند معتبری ندارند و یا جعلی‌اند.

جان بسی کَندی و اندر پرده‌ای　　زانکه مُردن[1] اصل بُد، ناورده‌ای ۷۲۶

ای سالک، سال‌هاست که همواره با رنج و محنت کوشیده‌ای؛ امّا همچنان در حجاب مانده‌ای؛ زیرا خودی‌ات را رها نکرده‌ای.

تا نمیری، نیست جان کَندن تمام　　بی کمالِ نردبان نایی به بام ۷۲۷

تا از خودبینی و خودمحوری نَرَهی به فنا نمی‌رسی و به بام معرفت راهی نداری.

چون ز صد پایه دو پایه کَم بُوَد　　بام را کوشنده نامَحرَم بُوَد ۷۲۸

اگر از پلّه‌های نردبان دو پلّه کم باشد، کوشنده نمی‌تواند به بام برسد.

چون رَسَن یک گز ز صد گز کم بُوَد　　آب اندر دَلْو از چَهْ کِی رود؟ ۷۲۹

اگر طناب یک گز از صد گز کمتر باشد، به آبِ چاه نمی‌رسد و سطل پر نمی‌شود.

غرقِ این کشتی نیابی ای امیر![2]　　تا بنَنْهی اندر او مَنِّ الأخیر[3] ۷۳۰

ای امیر، تا آخرین محموله را در کشتی نگذاری، غرق نمی‌شود.

مَنِّ آخِر[4] اصل دان کو طارق[5] است　　کَشتیِ وسواس[6] و غَی[7] را غارق[8] است ۷۳۱

فرو نهادنِ بارهایی به نام «خودبینی و خودمحوری» اصل است؛ زیرا مانندِ «نجمِ ثاقب» شیطان را دور می‌کند و سبب غرق و نابودیِ کشتی وسوسه و گمراهی است.

آفتابِ گنبدِ ازرق[9] شود　　کشتیِ هُش،[10] چونکه مستغرق شود ۷۳۲

چون وجه مادّی نَفْس، آدمی زوال یابد، انسان به خورشیدی تابناک مبدّل می‌شود.

چون نمُردی، گشت جان کندن دراز　　مات[11] شو در صبح، ای شمعِ طراز[12]! ۷۳۳

اگر وجه مادّی نفس فانی نشود، زندگی چیزی جز جان کندن نیست. ای بندهٔ خوب، در برابر روشنیِ صبح حقیقت مات شو.

---

۱ - **مُردن**: از خودبینی یا خودمحوری مُردن، هستیِ مستقلِ خود را در هستیِ حق درباختن.

۲ - ظاهراً روی سخن با امیر تُرک مست است؛ امّا در واقع سخنان مولاناست.

۳ - **مَنِّ الأخیر**: آخرین بار یا آخرین محموله، اینجا بارِ تمام تعلّقات و بارِ خودبینی‌هاست که باید از خود جدا کرد، یعنی فنا شد، آنگاه کشتیِ وجود در دریای وحدت غرق می‌شود.

۴ - **مَنِّ آخِر**: آخرین بار که چون بر کشتی نهند غرق شود، مراد «فنا شدنِ هستیِ موهومی» است.

۵ - **طارق**: ستارهٔ فروزان: اشارتی قرآنی؛ طارق: ۳/۸۶.　۶ - **وسواس**: وسوسه.　۷ - **غَی**: گمراهی.

۸ - **غارق**: غرق کننده.　۹ - **ازرق**: کبود، نیلگون.

۱۰ - **کشتیِ هُش**: هوشیاریِ دنیوی به کشتی مانند شده است.　۱۱ - **مات**: محو.

۱۲ - **طراز**: شهری در ترکستان که زیبارویان آن شهره‌اند.

تـا نگشـتند اخـترانِ مـا[1] نـهان دانکه پنهان است خورشیدِ جـهان ۷۳۴

تا ستارگانِ هستیِ غیر حقیقیِ ما محو نشوند، خورشید حقیقت در دل ما طالع نمی‌شود.

گُرز بر خود زن، منی[2] در هم شکن زانکه پـنبهٔ گـوش آمـد چشمِ تـن ۷۳۵

گُرز را بر خودخواهی‌هایت بزن و آن‌ها را در هم بکوب؛ زیرا چشمِ مـادّی بـه عـلایق دنیوی‌اش می‌نگرد و نمی‌گذارد گوش باطنی حقایق را بشنود.

گُرز بر خود می‌زنی خود، ای دنی! عکس ِ توست اندر فِعالم این مـنی ۷۳۶

ای فرومایه، تو گُرز را بر خود می‌کوبی؛ زیرا این انانیّت که در مـن مـی‌بینی بـازتابی از خودپسندی توست و در واقع خود را در من می‌بینی.

عکس ِ خود در صورتِ من دیده‌ای در قِـتالِ خـویش بـرجـوشیده‌ای[3] ۷۳۷

تو انعکاس انانیّتِ خود را در من می‌بینی و برای نابودیِ خود می‌جوشی.

همچو آن شیری کـه در چَـهْ شـد فـرو عکس ِ خود را خصمِ خود پنداشت او[4] ۷۳۸

همانند آن شیر که عکس خود را دشمن پنداشت و به درون چاه پرید.

نفی، ضـدِّ هست بـاشد بـی شکـی تـا زِ ضِـد، ضِـد را بـدانـی انـدکی ۷۳۹

بی شک، نفی، ضدِّ اثبات است، تا از ضدّ اندکی از ماهیّت ضدّ را بفهمی.

این زمان جز نفیِ ضدِّ اِعلام[5] نیست اندر این نَشأت[6] دمی بی دام نیست ۷۴۰

اینک که هنوز به درکِ باطنی نرسیده‌ای، باید برای آگاه شدن از حقیقت، آنچه را که ضدّ حقیقت است؛ یعنی «هستی‌های فردی و فناپذیر» را نفی کنیم؛ زیرا تا آدمی اسیرِ نشئهٔ عنصری و قیود عالم مادّه است، همواره دامی درکمین اوست.

بی حجابت باید آن؟ ای ذو لُباب[7]! مرگ را بگزین[8] و بردَرّان حـجاب ۷۴۱

ای خردمند، اگر حقیقت را بی پرده می‌خواهی باید از حجابِ وجه مادّی نَفْس رها شوی.

---

۱ - **اخترانِ ما :** هستی‌هایِ فردی ما به اختران مانند شده‌اند. ۲ - **مَنی :** انانیّت، خودبینی.

۳ - مصراع دوم: برای کشتن خود به جوش و خروش آمده‌ای.

۴ - اشاره به قصّهٔ شیر و نخچیران در دفتر اوّل که از بیت ۹۰۵ آغاز شد.

۵ - **اِعلام :** آگاه کردن، اینجا آگاه کردن از حق. ۶ - **نشأت :** نشئهٔ عنصری، عالم مادّه.

۷ - **ذولباب :** خردمند.

۸ - **مرگ را بگزین :** متعالی بشو، اگر وجه مادّیِ نَفْس زوال یابد و فقط وجه روحانی آن بماند، نَفْس بسیار متعالی و مطمئنّه شده است.

نه چنان مرگی که در گوری روی   مرگِ تبدیلی[1] که در نوری رَوی ۷۴۲

مرگی که می‌گویم در گور رفتن نیست، تولّد ثانی است که به عالم نورانی وارد شوی.

مرد بالغ گشت، آن بَچْگی بِمُرد   رومیی شد،[2] صِبْغتِ[3] زنگی[4] سُتُرد ۷۴۳

در این تحوّلِ روحی، انسان به بلوغ روحانی و معنوی می‌رسد و جانِ کودک صفت در او می‌میرد و متعالی می‌شود؛ یعنی روحِ حیوانی به روح انسانی بَدَل می‌شود.

خاک زر شد، هیأتِ خاکی نماند   غم فَرَج شد، خارِ[5] غمناکی نماند ۷۴۴

خاک وجود و سرشت طبیعیِ او تحت تأثیر نور روح دگرگون و متحوّل شده است و اینک هم جسم و هم جان هر دو منوّرند. در وجود این انسان سعادتمند، غم به شادی مبدّل شده و خارِ اندوهی بر جای نمانده است؛ زیرا از تنگناهای عالم مادّه که موجب غم و اندوه‌اند، رهایی یافته است.

مصطفی[6] زین گفت کِای اسرارجو!   مُرده را خواهی که بینی زنده تو؟ ۷۴۵

مصطفی(ص) به همین مناسبت فرمود: ای جویای اسرار، آیا می‌خواهی مردهٔ زنده را ببینی؟

می‌رود چون زندگان بر خاکدان   مُرده، و جانش شده بر آسمان ۷۴۶

چون زندگان بر زمین راه می‌رود در حالی که از صفات بشری مُرده و از قید عالم مادّه رها شده و جانش به حق واصل گشته است.

جانْش را این دم به بالا مسکنی‌ست   گر بمیرد، روح او را نَقل نیست[7] ۷۴۷

چنین انسانی هنگام انتقال به جان دیگر، روحش از بدن منتقل نمی‌شود؛ چون قبلاً منتقل شده است.

---

۱ - **مرگ تبدیلی :** تحوّل روحی، تبدیل روحِ نازل به روح انسانی و در مراتب بعدی به روح عالیِ عِلوی.

۲ - **رومیی شد :** رومی شد، کنایه از سفیدی و اینجا کنایه از روح منوّر. ۳ - **صِبْغَت :** رنگ.

۴ - **زنگی :** اهل زنگبار که سیاه‌اند، اینجا کنایه از روحِ تاریک یا روحِ حیوانی.

۵ - **خار :** مراد خار وسوسه‌های نفسانی یا شیطانی است.

۶ - حدیث نبوی: هرکس که می‌خواهد مُرده‌ای را که بر زمین راه می‌رود، ببیند، به ابوبکر بنگرد: احادیث مثنوی، ص ۱۹۴.

۷ - حدیث: دوستان خدا نمی‌میرند؛ بلکه از خانه‌ای به خانه‌ای دیگر انتقال می‌یابند: احادیث، ص ۳۳۹.

دفتر ششم ۱۱۵

زانکه پیش از مرگ او کرده است نَقل　　　این بـه مُـردن فـهم آیـد نـه بـه عـقل ۷۴۸

انتقال پیش از مرگِ روحِ عارف امری است که باید تجربه کرد و به آن رسید. از طـریق خردورزی عقلانی نمی‌توانَ آن را دریافت.

نَقل باشد، نـه چـو نَـقلِ جـانِ عـام　　　هــمچو نَـقلی از مـقامی تـا مـقام ۷۴۹

این نقل همانند انتقال جان عامِ خلق نیست؛ بلکه انتقال از مرتبه‌ای به مرتبه‌ای برتر است.

هر که خواهـد کـه بـبیند بـر زمـین　　　مُـرده‌یی را مـی‌رود ظـاهر چـنین ۷۵۰

هر کس که می‌خواهد چنین مُردهٔ زنده‌ای را که بر روی زمین راه می‌رود، ببیند،

مـر ابـوبکرِ تـقی[1] را گـو بـبین　　　شـد ز صـدّیقی امـیرُ اَلْـمُحْشَرین[2] ۷۵۱

بگو: ابوبکر متّقی را بنگر که از نهایت صداقت در راه حق، امیر روز قیامت شد.

انــدر ایـن نشأت[3] نگـر صـدّیق را　　　تا به حشر افزون کـنی تـصدیق را ۷۵۲

در نشئهٔ دنیوی ابوبکر صدّیق را ببین که چگونه محو عالم غیب شده است تا تصدیق و اعتقادت به روز حشر افزون شود.

پس محمّد صد قـیامت بـود نـقد[4]　　　زانکه حل شد در فنایِ حلّ و عقد[5] ۷۵۳

پس پیامبر(ص) تجسّم قیامت بود؛[6] یعنی در وجـودش قـیامت بـرپا شـده بـود؛ زیـرا بـه مرتبه‌ای فراتر از حل و فصل امور این جهانی رسیده بود.

زادهٔ ثـانی‌ست احـمد در جـهان[7]　　　صـد قـیامت بـود او انـدر عـیان ۷۵۴

پیامبر(ص)، «تولّد ثانی» یافته بود و وجودش آشکارا صدها قیامت بود.

---

۱ - **تقی :** با تقوا، پرهیزکار.　۲ - **امیرالمُحْشرین :** امیرِ روزِ قیامت.

۳ - **اندر این نشأت :** در نشئهٔ عنصری، در همین دنیا.

۴ - **نقد :** چیزی که همین جا در دسترس و حاصل است.

۵ - **حل و عقد :** «حلّ» به معنی گشودن و «عقد» به معنی گره زدن است. «حل و عقد» به معنی حل و فصل یا رتق و فتق امور این جهانی است.

۶ - قیامت بودن پیامبر(ص) عبارت است از آنکه: حقیقت محمّدیّه(ص) و روح عظیم پیامبر(ص) جامع جمیع اسمای الهی و مظهر اسم «الله» است.

۷ - برگرفته از سخن عیسی(ع) است: هر کس که دو بار به دنیا نیاید به ملکوت آسمان راه نخواهد یافت: احـادیث مثنوی، ص ۱۹۴.

۷۵۵ **زو قیامت را همی پرسیده‌اند ای قیامت! تا قیامت راه چند؟**[1]

از او می‌پرسیدند: ای قیامت، تا قیامت چقدر باقی است؟

۷۵۶ **با زبانِ حال می‌گفتی بسی که: ز مَحشر حَشر را پرسد کسی؟**

و با زبان حال می‌گفت: آیا کسی از محشر روز حشر را می‌پرسد؟

۷۵۷ **بهرِ این گفت آن رسولِ خوش پیام**[2] **رمزِ مُوتُوا قَبْلَ مَوْتٍ یا کِرام!**

به همین مناسبت آن رسول(ص) که کلامش نشأت گرفته از عوالم غیبی بود، رازِ «پیش از مرگ از خودی‌ها بمیرید» را بیان کرد.

۷۵۸ **همچنانکه مُرده‌ام من، قبلِ موت زآن طرف آورده‌ام این صیت**[3] **و صوت**

همان‌طور که من پیش از مرگ از صفات بشری مُرده‌ام و اینک وجودی آن جهانی‌ام و این آوازهٔ پیامبری و وحی الهی و کلام بلند، همه از عالم غیب است.

۷۵۹ **پس قیامت شو، قیامت را ببین دیدنِ هر چیز را شرط است این**

پس برای آنکه بتوانی قیامت بودن او را ببینی باید قیامت باشی. شرط دیدن و درک کردن هر چیز همین است.

۷۶۰ **تا نگردی او، ندانی‌اَش تمام**[4] **خواه آن انوار**[5] **باشد یا ظلام**[6]

تا با چیزی همجنس نباشی؛ یعنی سنخیّت نداشته باشی، نمی‌توانی کاملاً آن را درک کنی، خواه نور باشد، خواه نار.

۷۶۱ **عقل گردی، عقل را دانی کمال عشق گردی، عشق را دانی ذُبال**[7]

اگر عقل متعالی داشته باشی، مرتبهٔ عالیِ عقل را می‌دانی و اگر در وجودت عشق باشد، شعلهٔ عشق را می‌شناسی.

۷۶۲ **گفتمی**[8] **بُرهانِ این دعوی مُبین**[9] **گر بُدی ادراک اندر خوردِ این**

اگر ادراک، می‌توانست این نکته را دریابد، برای این ادّعا برهانی آشکار می‌گفتم.

---

۱ - اشاره به حدیث: پیامبر(ص) در پاسخ به پرسشی که می‌گفتند: قیامت چیست؟ می‌فرمود: من و قیامت مانند دو انگشت من در کنار یک‌دیگریم: احادیث مثنوی، ص ۱۱۸.

۲ - **خوش پیام**: کسی که پیامی خوش می‌آورد، پیام الهی. و کلام روزمرّه‌اش نیز از ادراک برتر و عقل کُلّ نشأت گرفته است. ۳ - **صیت**: شهرت. ۴ - اگر با چیزی سنخیّت داشته باشی، آن را درک می‌کنی.

۵ - **انوار**: اشاره به انوار معرفت. ۶ - **ظلام**: تاریکیِ جهل و زندگیِ غافلانه.

۷ - **ذُبال**: جمع ذُباله: فتیله، فتیلهٔ افروخته. ۸ - **گفتمی**: می‌گفتم. ۹ - **مُبین**: آشکار.

هست انجیر[1] این طرف بسیار و خوار[2]   گر رسد مرغی قُنُق[3] انجیرخوار[4] ۷۶۳

«معانی و معارف» در درون ما می‌جوشد و می‌توانیم به سهولت در اختیار طالبان قرار دهیم، اگر کسی قابلیّت هضم و جذب آن را داشته باشد.

در همه عالم اگر مرد و زنانـد   دم به دم در نَزع و اندر مُردنانـد[5] ۷۶۴

تمام خلق عالم، چه زن و چه مرد همگی و در هر لحظه در حال «خَلع و لَبس»اند؛ یعنی در هر لحظَه صورت و حالتی را که در آن‌اند از دست می‌دهند و به صورت و حالت دیگری در می‌آیند؛ امّا این تحوّل برای همه در جهت ارتقای باطنی و روحانی نیست.

آن سخنشان را وصیّت‌ها شُمَر   که پدر گوید در آن دم با پسر ۷۶۵

هر سخن مانند وصیّتی است که پدر در حال مرگ به پسر می‌گوید.

تا بِرُوید عبرت و رحمت بدین   تا ببرّد بیخِ بُغض و رَشک و کین ۷۶۶

تا عبرت و رحمت در تو پدید آید و ریشهٔ دشمنی و حسد یا کینه قطع شود.

تو بدان نیّت نگر در اَقرِبا   تا ز نَزعِ او بسوزد دل تو را ۷۶۷

نگاهت به نزدیکان و کسانی که دور و برت هستند، همین باشد تا از جان کندن هر یک دلت بسوزد.

کُلُّ آتٍ آتْ،[6] آن را نقد دان[7]   دوست را در نَزع و اندر فَقد دان ۷۶۸

اینکه گفته‌اند: «هرچه که باید پیش بیاید، می‌آید» را نقد حال بدان و فکر کن مرگی که قرار بود در آینده برای فلان دوستت پیش بیاید، پیش آمده و او اینک در حال جان کندن و احتضار است.

وَر غَرَض‌ها زین نظر گردد حجاب   این غرض‌ها را برون افکن ز جیب ۷۶۹

غرض‌ورزی‌ها نمی‌گذارند که با شفقت به خلق نگاه کنی، باید این غَرَض‌ها را دور بریزی.

ور نیاری، خشک بر عجزی مه‌ایست[8]   دان که با عاجز گُزیده معجزی[9]ست ۷۷۰

اگر نتوانستی، تسلیم این «عجز» نشو و بدان که با هر «عاجز»، «عاجزکنندهٔ» گزیده‌ای هست.

---

۱ - **انجیر**: کنایه از «معانی و معارف» یا «علوم و اسرار».

۲ - **بسیار و خوار**: اینجا بسیار است و به سهولت می‌دهیم.   ۳ - **قُنُق**: میهمان. لفظ ترکی.

۴ - **مرغ انجیرخوار**: پرنده‌ای که نوکش کج است، کنایه از طالبِ قابل.

۵ - اشاره است به قاعدهٔ «تبدیل امثال» که بر طبق آن کلّ پدیده همواره در حال تغییر و تحوّل دائمی‌اند.

۶ - مراد آنکه: از تقدیر نمی‌توان گریخت.

۷ - **نقد دان**: همین حالا بدان، فکر کن که همین لحظه رخ داده است.

۸ - بی حرکت و بدون تلاش در این عجز نمان و آن را قبول نکن.

۹ - **معجز**: عاجزکننده، مراد پروردگار است که به امداد او می‌توان بر «عجز» غلبه کرد.

عجز زنجیری‌ست، زنجیرت نهاد　　چشم در زنجیرنِهْ[1] باید گشاد ۷۷۱

عجز زنجیری است که او بر تو نهاده است. چشم بگشا و زنجیرگذار را ببین.

پس تضرّع کن که ای هادیّ زیست　　باز بودم، بسته گشتم، این ز چیست؟[2] ۷۷۲

پس ناله و زاری کن و بگو: ای هدایت کنندهٔ راه حیات، مانند بازِ شکاریِ بلند پرواز بودم. بال‌هایم بسته شد، این به چه دلیل است؟

سخت‌تر افشرده‌ام در شَر قدم　　که لَفی خُسْرَم[3] ز قهرت دم به دم؟[4] ۷۷۳

آیا در بدی‌ها سخت پافشاری کرده‌ام که از خشم تو هر لحظه در زیان هستم؟

از نصیحت‌هایِ تو کَر بوده‌ام　　بت شکن دعوی، و بُت‌گر بوده‌ام[5] ۷۷۴

گوشم از شنیدن اندرزهایِ تو کَر بوده است. ادّعای بت‌شکنی داشتم؛ امّا بت‌ساز بوده‌ام.

یادِ صُنع‌اَت فرض‌تر یا یادِ مرگ؟　　مرگ مانند خزان تو اصلِ برگ[6] ۷۷۵

یاد آفرینش‌ات واجب‌تر بود یا یاد مرگی که مرا به سوی آفریننده می‌بُرد؟ مرگی که خواه‌ناخواه مانند خزان فرا می‌رسید و مرا به اصل و مبدأ می‌راند.

سال‌ها این مرگ طَبلَک می‌زند[7]　　گوش تو بیگاه[8] جنبش می‌کند ۷۷۶

این مرگ سال‌هاست که هشدار می‌دهد؛ امّا گوش تو تا با مرگ روبرو نشود، آن هشدار را در مرگ دیگران نمی‌شنود.

گوید اندر نزع از جان: آه مرگ!　　این زمان کردت ز خود آگاه مرگ؟ ۷۷۷

آدمی در حال احتضار از میان جان آه می‌کشد و می‌گوید: آه، هنگام مرگ است. آری، اینک که فرارسیده است، از خواب بیدار شده‌ای؟

---

۱ - **زنجیرنِهْ** : کسی که زنجیر گذاشته.

۲ - مراد آنکه: چرا توانایی و استعداد تعالی و سیر استکمالی را از دست داده‌ام؟

۳ - اشارتی قرآنی؛ عصر: ۲/۱۰۳: إنَّ الإنسانَ لَفِی خُسْر: به راستی که آدمی در خُسران است.

۴ - مراد آنکه: خسران بالاتر از آن نیست که قهر حق نگذارد آدمی به سوی پروردگار بازگردد.

۵ - به جای خداپرستی، خودپرست بوده‌ام؛ یعنی همواره به دنبال امیال و هوا و هوسِ خود رفته‌ام. نزدیک است به مضمون: قرآن: فرقان: ۴۳/۲۵: آیا [ای پیامبر] دیدی کسی را که نَفْس را معبود خود ساخت؟

۶ - مراد آنکه: اشتباه کردم که به جای توجّه کردن به مرگ و به خالق هستی، تمامِ توجّهم به مخلوقات بود. خطاب مولانا به حاضران مجلس تقریر مثنوی و خوانندگان است.

۷ - **طبلک می‌زند** : طبلِ کوچکی می‌زند؛ یعنی هشدار می‌دهد.　۸ - **بیگاه** : بی موقع، اینجا دیر.

ایـن گـلویِ مـرگ از نـعره گـرفت طبل او بشکافت از ضرب شگفت ۷۷۸

مرگ چنان نعره زد و هشدار داد که گلویش گرفت و چنان بر طبل کوبید که شکافت.

در دقـــایق خـــویش را دربــافتی رمــزِ مُردن ایـن زمـان دریـافتی؟ ۷۷۹

امّا تو خود را با نکته‌های ظریف و دقیق سرگرم کردی تا این زمان که راز مرگ را دریافتی.

تشبیهِ مغفَّلی که عُمر ضایع کند و وقتِ مرگ در آن تنگاتنگ، توبه و استغفار کردن گیرد، به تعزیت داشتنِ شیعهٔ اهلِ حَلَب هر سالی در ایّام عاشورا به دروازهٔ انطاکیه[1]، و رسیدنِ غریبِ شاعر از سفر، و پرسیدن که این غریوِ چه تعزیه است؟

شاعری غریب در روز عاشورا به شهر حلب وارد شد و هنگامی که ناله و نوحهٔ خلق را دید که از ظلم و ستم یزید و شمر می‌گویند و صدای مویه‌شان همه جا را پر کرده است، گفت: حقّاً که ماتم بزرگی است؛ امّا کو دوران یزید؟ پس از این همه سال، چقدر خبر دیر به اینجا رسیده است، آیا تا کنون در خواب بودید که اینک جامهٔ عزا بر تن می‌درید؟ روح عظیم سلطانی که خسرو دین بوده است از حبس تن رهید، اینکه آنان کُنده و زنجیر را انداخته و به سوی دولتِ سرمدی تاخته‌اند، از مقامِ رفیع و شاهنشاهی‌شان است، **«گر تو یک ذرّه از ایشان آگهی»**.

این قصّه طعنه‌ای است بر آنان که به ظواهر بسنده می‌کنند و از حقایق غفلت می‌ورزند. با نوحه بر سلاطین حقیقی از اهداف عالی ایشان که استمرار حقیقت از طریق تبیین شریعت است، غافل می‌مانند. خسروانی که پای بر سر دنیا نهاده و جان در راه جانان باخته‌اند تا حقایق در پرده نمانند و راه ایشان که راه آزادگی است همواره نمونه و سرمشقی برای تمامیِ آزادگانِ از قید هوا باشد.

گریستن از مرگ در واقع انکار حیات آن جهانی است و آنان که از بیم مرگ مویه می‌کنند، از سیر روحانی جان آدمی بی‌خبراند و غافل.

روزِ عـاشورا هـمه اهـلِ حَـلب[2] بـابِ اَنـطاکیّه[3] انـدر تـا بـه شب ۷۸۰

روز عاشورا تمام مردم حلب تا شب در دروازهٔ حلب،

گِرد آید مـرد و زن جـمعی عـظیم مـــاتمِ آن خـــاندان[4] دارد مـقیم ۷۸۱

گروهی عظیم گرد می‌آیند و برای خاندان پیامبر(ص) عزاداری می‌کنند.

---

۱ - **انطاکیه :** شهری در ترکیه. ۲ - **حلب :** شهری در سوریه.

۳ - **بابِ اَنطاکیه :** نامِ دروازه‌ای در شهرِ حلب.

۴ - **آن خاندان :** خاندان امام حسین(ع) که در واقع خاندان پیامبر(ص) است.

نـاله و نـوحه کـنند انـدر بُکـا[1]   شـیعه عـاشورا، بـرای کـربلا ۷۸۲

شیعیان در روز عاشورا برای واقعهٔ کربلا نوحه و ناله می‌کنند و می‌گریند.

بشـمرند آن ظـلم‌ها و امـتحان[2]   کز یـزید و شِـمر دیـد آن خـاندان ۷۸۳

ظلم‌ها و رنج‌هایی را که خاندان پیامبر(ص) از یزید و شمر دیده‌اند، بر زبان می‌آورند.

نَعره‌هاشان می‌رود در وَیْل و وَشت[3]   پُر همی گردد همه صحرا و دشت ۷۸۴

نعره‌هایی از سر درد که با ناله و فغان به هم می‌آمیزد و صحرا و بیابان را پُر می‌کند.

یک غـریبی شـاعری از ره رسـید   روزِ عـاشورا، و آن افـغان شـنید ۷۸۵

روز عاشورا شاعری غریب از راه رسید و آن ناله و فغان را شنید.

شهر را بگذاشت و آن سو رای کرد   قصدِ جُست و جویِ آن هیهای کرد ۷۸۶

شهر را رها کرد و به سوی بابِ انطاکیه رفت تا ببیند آن هیاهو برای چیست؟

پُـرس پـرسان می‌شد انـدر افـتقاد[4]   چیست این غم؟ بر که این ماتم فُتاد؟ ۷۸۷

پرسان پرسان می‌رفت و می‌پرسید: این اندوه برای چیست؟ این ماتم برای کیست؟

این رئـیس زَفت بـاشد کـه بِـمُرد؟   این چنین مَجمَع نباشد کـارِ خُـرد ۷۸۸

کدام سرور بزرگی مُرده است؟ چنین اجتماعی کار کوچکی نیست.

نـام او وَ القـابِ او شـرحـم دهـید   کـه غـریبم مـن، شـما اهـلِ ده‌ایـد[5] ۷۸۹

نام و القاب او را برایم بگویید که من غریبم و شما اهل اینجا هستید.

چیست نام و پـیشه و اوصـافِ او؟   تـا بگـویم مـرثیه ز الطـافِ او ۷۹۰

نام او و پیشه‌اش چیست و چه صفاتی دارد؟ بگویید تا دربارهٔ صفات او مرثیه‌ای بسرایم.

مـرثیه سـازم کـه مـردِ شـاعرم   تا از اینجا بـرگ[6] و لالنگی[7] بَـرَم ۷۹۱

مردی شاعرم. مرثیه‌ای بسرایم تا از این سوگواری رزق و نصیبی بیابم.

---

۱ - **بُکا :** بُکاء: گریه. «اندر بُکا»: در حال گریه.   ۲ - **امتحان :** محنت و رنج.

۳ - **وَیل :** واویلا یا وای‌وای. «وَشت»: صوتی از اندوه، ناله یا نالهٔ زار.   ۴ - **افتقاد :** جست‌وجویِ گم‌کرده‌ای.

۵ - **اهلِ دِه‌اید :** اینجا خودی هستید، اهل همین‌جا هستید.   ۶ - **برگ :** بهره، روزی یا رزق.

۷ - **لالَنگ :** لقمه، غذایی که مهمان با خود می‌برد.

آن یکی گفتش که: هی! دیوانه‌ای؟ تو نه‌ای شیعه، عَدُوِّ خانه‌ای ۷۹۲

یکی به او گفت: آهای، تو دیوانه‌ای؟ شیعه نیستی، دشمن هستی.

روزِ عاشورا، نمی‌دانی که هست ماتمِ جانی که از قرنی[۱] به است؟ ۷۹۳

مگر نمی‌دانی روز عاشورا عزای جانِ عظیمی است که برتر از یک امّت است؟

پیشِ مؤمن کِی بود این غصّه خوار؟ قدرِ عشقِ گوش، عشقِ گوشوار[۲] ۷۹۴

این اندوه برای مؤمن کم نیست. عشقی که به حسین(ع) دارد به اندازهٔ عشقی است که به پیامبر(ص) دارد.

پیشِ مؤمن، ماتمِ آن پاک روح شُهره‌تر باشد ز صد طوفانِ نوح ۷۹۵

سوگواری آن روحِ عظیم در نظر مؤمن از صدها توفان نوح هم مشهورتر است.

نکته[۳] گفتنِ آن شاعر جهتِ طعنِ[۴] شیعهٔ حلب

گفت: آری، لیک کو دورِ یزید؟ کی بُده‌است این غم؟ چه دیر اینجا رسید؟ ۷۹۶

شاعر گفت: آری؛ امّا دوران یزید کی بوده؟ خبر این غم چه دیر به اینجا رسیده است؟

چشمِ کوران آن خسارت را بدید گوشِ کَرّان آن حکایت را شنید ۷۹۷

چشمِ کوران هم آن زیان غیر قابل جبران را دید و گوش کران هم آن را شنید.

خفته بودستید تا اکنون شما؟ که کنون جامه دریدیت از عَزا؟ ۷۹۸

آیا تا حالا خوابیده بودید که اکنون در عزایِ او جامه را می‌درید؟

پس عزا بر خود کنید ای خفتگان! زانکه بد مرگی‌ست این خوابِ گران ۷۹۹

ای غافلان، برای خود عزاداری و نوحه کنید که این غفلت شدید نشان مرگ دل است.

روحِ سلطانی ز زندانی بِجَست جامه چِه‌دْرانیم و چون خاییم دست[۵]؟ ۸۰۰

روحِ سلطانی از زندان رها شد، چرا جامه چاک کنیم و دست حسرت بخاییم؟

---

۱ - **قرن :** صد سال، نسل، اینجا امّت و گروهی بسیار کثیر.

۲ - امروزه ضرب‌المثل معروفی است: گوش عزیز و گوشواره عزیز. ۳ - **نکته :** سخن دقیق یا ظریف.

۴ - **جهتِ طعن :** برای نکوهش. ۵ - **چون خاییم دست :** چرا تأسّف می‌خوریم؟

چونکه ایشان خسروِ دین بوده‌اند وقتِ شادی شد چو بشکستند بند ۸۰۱

چون این خاندان پاک پادشاهان دین بوده‌اند، هنگامی که قید و بند زندان را شکستند، زمان شادمانی است.

سوی شادُروانِ دولت[۱] تاختند کُنده[۲] و زنجیر را انداختند ۸۰۲

آنان کُنده و زنجیر را انداختند و به سویِ سراپردهٔ لطف الهی رفتند.

روزِ مُلک است و گَش[۳] و شاهنشهی گر تو یک ذرّه از ایشان آگهی ۸۰۳

اگر ذرّه‌ای از حال آنان باخبر باشی، می‌دانی که امروز برای این بزرگان روز پادشاهی، خوشی و سلطنتِ واقعی است.

ورنه‌ای آگه، برو بر خود گِری[۴] زانکه در انکارِ نقل و مَحشری ۸۰۴

و اگر آگاه نیستی، برو و بر جهل و غفلتِ خودت گریه کن؛ زیرا گریه بر مرگ نشان انکار زندگی جاودانه و رستاخیز است.

بر دل و دینِ خرابت نوحه کُن که نمی‌بیند جز این خاکِ کهُن[۵] ۸۰۵

بر دل و دین تباهِ خود نوحه کن که جز عالم محسوس را نمی‌تواند ببیند.

ور همی بیند، چرا نَبْوَد دلیر پشت‌دار[۶] و جانسپار[۷] و چشمْ‌سیر[۸]؟ ۸۰۶

و اگر می‌بیند، چرا شجاع، متوکّل، ایثارگر و چشم‌سیر نیست؟

در رُخت کو از میِ دین فرّخی؟[۹] گر بدیدی بحر[۱۰]، کو کفِّ سخی[۱۱]؟ ۸۰۷

چرا نشان شادی و شادابیِ ناشی از ادراک حقایق والایِ دین در چهره‌ات نیست؟ اگر بحرِ معانی را دیده‌ای و اهلِ آن بوده‌ای، دریادلی و بینش وسیع‌ات کو؟

---

۱ - **شادروان دولت:** سراپردهٔ عنایت الهی.
۲ - **کُنده:** تکّه چوب ضخیم بریده شده از درخت، اینجا کنایه از تمامِ تعلّقاتِ دنیوی، ماسوی‌الله.
۳ - **گَش:** خوب و خوش. ۴ - **گِری:** گریه کن.
۵ - **خاک کهُن:** خاک کهنه، زمین که مثلِ تمام عالم کون و فساد فنا شده است.
۶ - **پشت‌دار:** کسی که به خدا امیدوار است و توکّل دارد، متوکّل. ۷ - **جانسپار:** جانباز، ایثارگرِ جان.
۸ - **چشم سیر:** اینجا بی‌نیاز از دنیا، بی‌طمع به تمام مطامعِ دنیوی و خودِ زندگی.
۹ - **فرّخیِ میِ دین:** نشان‌هایِ فرخنده‌ای که ناشی از دین‌داریِ حقیقی و صحّت ادراکِ معارف والایِ آن است.
۱۰ - **بحر:** اینجا بحرِ معنا.
۱۱ - **کفِّ سخی:** دست بخشنده، مراد وجود ایثارگر است و دلی دریاصفت و بینشی وسیع که عارفِ راستین دارد.

آنکه جُـو دیـد، آب را نَکْـند دریـغ   خاصه آن کو دیـد آن دریـا و مـیغ ۸۰۸

کسی که جریان تند و زلال جویبار را دیده و در کنار آن است از بذل آب دریغی ندارد، مخصوصاً کسی که دریای بیکران و ابرِ باران‌زا را دیده است.

تمثیلِ مردِ حریص نابیننده رزّاقیِ حق را، و خزاین و رحمتِ او را، به موری که در خرمنگاهِ بزرگ با دانهٔ گندم می‌کوشد و می‌جوشد و می‌لرزد و به تعجیل می‌کشد، و سِعَتِ[1] آن خرمن را نمی‌بیند

در این تمثیل احوال کسانی که بر دنیا و مطامع آن حریص و مشتاق‌اند و در راه حصول آن به انواع سختی و پستی تن در می‌دهند، به موری مانند شده است کـه در خـرمنگاه بـزرگی، دانه‌ای را به محنت و رنج فراوان به لانه می‌کشد و بی‌خبر از عظمت و وسعت خرمن هـر لحظه از بیم فقدان دانه بر خود می‌لرزد و می‌پیچد.

سرّ سخن در این تمثیل کوتاه در تبیین این معنا است که «غافلانِ دنیادوست» از عوالم معنوی و روحانی نصیبی نبرده‌اند و معرفتی نسبت بدان ندارند؛ بنابراین همانندِ «مور» در کسبِ «دانه‌ای حقیر» از «لذایذ و مطامعِ ناپایدارِ» دنیوی روزگار را به پایان می‌برند.

مـور[2] بـر دانـه بـدآن لرزان شـود   که ز خرمن‌هایِ خوش[3] اَعمیٰ بُوَد[4] ۸۰۹

چون مورچه نمی‌تواند خرمن‌هایِ بزرگ را ببیند برای دانه‌ای نگران و مضطرب است.

می‌کَشَد آن دانه را با حرص و بـیم   که نمی‌بیند چـنان چـاشِ[5] کـریم ۸۱۰

دانه‌ای را با حرص و بیم می‌کشد؛ زیرا آن خرمن عظیم را نمی‌بیند.

صاحبِ خرمن[6] همی گوید که: هی!   ای ز کوری پیشِ تو معدوم شـی[7] ۸۱۱

پروردگار می‌گوید: هی، توجّه کن «هستیِ حقیقی» را که هست، «نیست» می‌پنداری.

---

۱ - **سِعَت** : وسعت.

۲ - **مور** : تمثیلی از «بندهٔ غافل» است که راهی به خرمن‌های عظیم و بی‌پایان عالم معنا ندارد.

۳ - **خوش** : دلنشین، اینجا بزرگ و عظیم، «خرمن‌هایِ خوش»: کنایه از عالم معنوی.

۴ - **اَعمیٰ بُوَد** : کور است، اینجا قادر به دیدن آن نیست.

۵ - **چاش** : خرمن. «چاشِ کریم»: خرمن بخشنده، خرمن بزرگ و پر برکت.

۶ - **صاحبِ خرمن** : تعبیری از پروردگار.   ۷ - مصراع دوم: ازکوری آن را معدوم می‌پنداری.

تـو ز خـرمن‌هایِ مـا آن دیـده‌ای   که در آن دانه[1] به جان پـیچیده‌ای ۸۱۲

تو از حقایقِ هستی، همان «دانه» را دیده‌ای که با دل و جان در پی‌اش هستی.

ای به صورت ذرّه![2] کیوان[3] را ببین   مورِ لنگی،[4] رو سـلیمان[5] را بـبین ۸۱۳

ای انسان، به عالم معنا توجّه کن و چون برای ادراک معانی همانند موری لنگ ناتوانی، از استاد کمک بخواه.

تو نه‌ای این جسم، تـو آن دیـده‌ای   وارهی از جسم گـر جـان دیـده‌ای ۸۱۴

تو این تن نیستی، آن دیده یا آن «بینش و بصیرت» هستی. اگر بتوانی عالم جان را درک کنی از قید عالم مادّه رهایی می‌یابی.

آدمی دید است، باقی گـوشت و پـوست   هر چه چشمش دیده است، آن چیز اوست ۸۱۵

هستیِ حقیقی انسان، همان ادراک باطنیِ اوست، نه این قالبِ جسمانی. به هر حدّی از بینش و درک که برسد، مرتبه‌اش همان است.

کوه[6] را غرقه کند یک خُم[7] زِ نَم[8]   مَنفذش چون باز باشد سویِ یَم[9] ۸۱۶

اگر کوزهٔ وجودِ آدمی منفذی به دریایِ معانی داشته باشد، جریانِ عظیم معارف به درونِ او چنان شدید است که از هستیِ دنیوی‌اش اثری نمی‌مانَد.

چون به دریا راه شـد از جـانِ خُـم   خُـمّ بـا جـیحون بـر آرَد اُشـتُلُم[10] ۸۱۷

هنگامی که جانِ انسان به دریایِ معارف راه داشته باشد، پهلوان و یا سلطان عالم معناست.

---

۱ - **دانه :** کنایه از «بهره‌های ناپایدار دنیوی».

۲ - **ای به صورت ذرّه :** ای آنکه ظاهر ناچیزی داری، ای انسان.

۳ - **کیوان :** اینجا کنایه از عالم بالا، عوالمِ معنوی.

۴ - **مورِ لنگ :** اینجا «عقل» انسان که برایِ ادراک برتر بسی ناتوان است، به مور لنگ مانند شده است.

۵ - **سلیمان :** کنایه از استاد روحانی، عارف، پیر طریقت.

۶ - **کوه :** اینجا کنایه از هستیِ ناپایدار دنیویِ قدرتمندان. ۷ - **خُم :** کنایه از کوزهٔ وجود آدمی است.

۸ - **زِ نَم :** از جریان آب، آب کنایه از جریان روح و معارف است. ۹ - **یَم :** کنایه از دریایِ معانی.

۱۰ - مصراع دوم: آن کوزه می‌تواند با جیحون لاف پهلوانی بزند؛ یعنی جریان روح و علوم و معارف از دریای حقایق به درون او و چنان زلال و شدید است که می‌تواند در تقابلِ با رودهای عظیم دنیا مثل جیحون لاف برابری بزند. «اُشتُلُم»: ابراز وجود.

زآن سبب قُـلْ گفتهٔ دریا[1] بُوَد هرچه نطقِ احمدی گویا بُوَد ۸۱۸

به همین سبب، لفظ «قُل» که موارد متعددی در قرآن آمده و به پیامبر(ص) امر شده است که: بگو؛ پس آنچه او فرموده است، گفتهٔ «دریا» و کلام خداست.

گفتهٔ او جمله دُرِّ بحر بُود که دلش را بود در دریا نفوذ ۸۱۹

تمام سخنان او مرواریدهایِ دریایِ الهی بود؛ چون دلش به دریا راه داشت.

دادِ دریا چون ز خُمّ ما بُوَد چه عجب؟ در ماهیی دریا بُوَد[2] ۸۲۰

آنچه از دریای حق می‌آید یا از خُمِ وجود پیامبر(ص) یا مرد حق تراوش می‌کند، تفاوتی ندارد؛ زیرا او ماهیِ عظیم این دریاست و دریا در اوست.

چشمِ حسّ[3] افسُرد[4] بر نقشِ مَمَر[5] توش مَمَر می‌بینی، و او مُستَقَر[6] ۸۲۱

چشم سر به «صورتِ ظاهر» او دوخته شده است و وی را «گذرگاه» یا واسطه‌ای برای رسیدن به حق می‌بیند، در حالی که «چشمِ سِرّ» می‌داند که حقیقتِ وجودِ او، همان سرمنزل مقصود است.

این دُویی اوصافِ دیدِ اَحْوَل است ورنه اوّل آخِر، آخِر اوّل است[7] ۸۲۲

این دو دیدن نشان چشمِ دوبین است وگرنه «هستیِ مطلق» همه چیز، یعنی اوّل و آخر است.

هی! ز چه معلوم گردد این؟ زِ بَعث[8] بَعث را جو، کم کن اندر بَعث بحث[9] ۸۲۳

هان، چگونه می‌توان به این ادراک رسید؟ از راهِ «بعث»، یعنی اینکه دستِ عنایتِ حق بنده‌ای را انتخاب کند و به ادراک متعالی برساند. جویایِ آن باش.

شرطِ روزِ بَعث، اوّل مُردن است زانکه بعث از مُرده زنده کردن است ۸۲۴

شرطِ برانگیختگیِ درونی، مُردن از خودی است؛ زیرا مُرده را بر می‌انگیزند.

---

۱ - **دریا** : اینجا تعبیری برای خداوند. ۲ - مُراد آنکه: انوار حق در او متجلّی است.

۳ - **چشم حسّ** : چشمِ اهل ظاهر.

۴ - **افسرد** : مراد آنکه: با افسردگی و انجماد فقط به قالب‌هایِ ظاهری یا جسمانی می‌نگرد؛ یعنی باطن یا درون را نمی‌بیند.

۵ - **نقشِ مَمَر** : مراد آنکه: چشم ظاهربینان، پیامبر(ص) را به عنوان «راه عبور» یا «گذرگاه» رسیدنِ به حق می‌بینند در حالی که او از حق جدا نیست، پیامبر(ص) محلِّ استقرار یا سرمنزل مقصود است.

۶ - **مُستَقَر** : محلِّ استقرار، سرمنزلِ مقصود. ۷ - اشارتی قرآنی؛ حدید: ۳/۵۷: هُوَ الأَوَّلُ وَ الأَخِرُ...

۸ - **بعث** : رستاخیز، مراد فنای در حق و بقای به حق است. ۹ - کسی با بحث و قال و قیل به جایی نمی‌رسد.

جمله عالم، زین غلط کردند راه کز عدم ترسند، و آن آمد پناه ۸۲۵

همهٔ مردم خطا می‌کنند که از عدم می‌ترسند در حالی که نیستیِ این «هستیِ مادّی»، آدمی را به «هستیِ حقیقی» می‌رسانَد.

از کجا جوییم علم؟ از ترکِ علم از کجا جوییم سِلم[1] ؟ از ترکِ سِلم ۸۲۶

این علم برتر را که موجب درک هستی است، از کجا بیابیم؟ از اینکه بدانیم علم دنیوی به خودی خود سبب درک هستی نیست؛ یعنی حدّ آن را بدانیم. آرامش و صلح را از کجا بجوییم؟ از ترکِ آرامش دنیوی.

از کجا جوییم هست[2] ؟ از ترکِ هست از کجا جوییم سیب[3] ؟ از ترکِ دست[4] ۸۲۷

هستی را از کجا بجوییم؟ از ترکِ آن. حقیقت را از کجا بجوییم؟ از خودِ حقیقت و با ترک اسباب و عللِ این جهانی یا «واسطه‌ها».

هم تو تانی کرد یا نِعْمَ اَلْمُعین! دیدهٔ معدوم بین[5] را هست بین[6] ۸۲۸

ای بهترین یاور، فقط تو می‌توانی چشم عدم‌بین را به چشم حق‌بین بَدَل کنی.

دیده‌یی کو از عدم آمد پدید ذاتِ هستی را همه معدوم دید ۸۲۹

«چشمِ سر» از مادّه پدید آمده و فقط مادّه را می‌بیند و حقیقتِ هستی را عدم می‌انگارد.

این جهانِ منتظم محشر شود گر دو دیده مُبْدَل و انور شود ۸۳۰

اگر چشمِ باطنی به کار بیفتد و جان منوّر شود، حقیقت هر چیز در این جهان که نظام و قانونِ خاصِّ خود را دارد، آشکار می‌شود، همانند روز رستاخیز.

زآن نماید این حقایق ناتمام که بر این خامان بُوَد فهمش حرام ۸۳۱

اینکه «اهلِ دنیا» فقط می‌توانند صُوَر ظاهری را ببینند و از ادراکِ حقایق ناتوان‌اند، بدان جهت است که «خام»اند و خداوند اجازه نمی‌دهد که خامان «حقیقتِ هستی» را دریابند.

نعمتِ جنّاتِ خوش، بر دوزخی شد مُحَرَّم[7]، گرچه حقّ آمد سخی[8] ۸۳۲

هرچند که خداوند بخشنده است؛ امّا نعمت‌های بهشت بر دوزخیان حرام است.

---

۱ - **سِلْم :** صلح و آشتی. ۲ - **هست :** مراد هستیِ حقیقی است. ۳ - **سیب :** کنایه از حقیقت.

۴ - **ترک دست :** ترک اسباب و علل، واسطه‌ها.

۵ - **دیدهٔ معدوم بین :** دیدهٔ ظاهربین، چشمی که فقط می‌تواند امور مادّی را که فانی‌اند ببیند، دیدهٔ اهل دنیا.

۶ - **دیدهٔ هست بین :** دیدهٔ حقیقت بین، چشمی که قادر به رؤیت حقیقت هر چیز هست، چشمِ عارف.

۷ - **مُحرَّم :** حرام شده. ۸ - **سَخیّ :** بخشنده.

۸۳۳ در دهانش تلخ آید شَهدِ خُلد¹ چون نبود از وافیان² در عهدِ خُلد³

چون به «عهدِ اَلَست» وفادار نبودند، انگبینِ بهشتی را تلخ می‌یابند.

۸۳۴ مر شما را نیز در سوداگری⁴ دست کی جنبد چو نَبْوَد مشتری؟⁵

شما هم در تجارت همین‌گونه‌اید. وقتی کسی خریدار واقعی نباشد، به او توجّهی نمی‌کنید.

۸۳۵ کِی نظاره⁶ اهلِ بِخْریدن⁷ بُوَد آن نَظاره، گول گردیدن⁸ بُوَد

کسی که برای تماشا به بازاری رفته است و قصد خریدن ندارد، از نظر فروشنده تماشاگری است که بیهوده می‌گردد.

۸۳۶ پُرس پُرسان کین به چند و آن به چند؟ از پِیِ تعبیرِ وقت⁹ و ریشخند

برای وقت‌گذرانی و مسخره، قیمت هر کالایی را می‌پرسد.

۸۳۷ از ملولی¹⁰ کاله¹¹ می‌خواهد ز تو نیست آن کس مشتری و کاله‌جو

چون حوصله‌اش سر رفته به بازار آمده است و گرنه مشتریِ کالایی نیست.

۸۳۸ کاله را صد بار دید و باز داد جامه کِی پیمود؟¹² او پیمود باد¹³

صد بار کالایی را می‌بیند و پس می‌دهد. او جامه‌ای نمی‌خرد، کار بیهوده‌ای می‌کند.

۸۳۹ کو قدوم و کَرّ و فَرّ مشتری؟ کو مزاح¹⁴ گَنگَلیِ¹⁵ سَرسَری؟

مقدم باشکوه خریدار واقعی کجا و برخورد مزاح‌آمیز و سرسریِ آدم بی‌سروپا کجا؟

۸۴۰ چونکه در مِلکش نباشد حَبّه‌یی¹⁶ جز پیِ گَنگُل چه جوید جُبّه‌یی؟

چون او پشیزی ندارد، پرسیدن قیمت لباس جز برای مسخره یا شوخی نیست.

---

۱ - **خُلد**: جاودانگی، بهشت. ۲ - **وافیان**: جمع وافی: وفاکننده.
۳ - **عهدِ خُلد**: عهد اَلَست: قرآن: اعراف: ۱۷۲/۷. ۴ - **سوداگری**: تجارت.
۵ - مصراع دوم: آیا علاقه به کار نشان می‌دهید؟
۶ - **نظاره**: [تعریف لغوی ناخوانا]
۷ - **اهل بخریدن**: اهلِ خریدن. ۸ - **گول گردیدن**: بیهوده گشتن، ول گشتن یا ولگردی.
۹ - **تعبیر وقت**: وقت‌گذرانی. ۱۰ - **از ملولی**: از دلتنگی یا سررفتن حوصله. ۱۱ - **کاله**: کالا.
۱۲ - **جامه پیمودن**: اندازه‌گرفتن لباس، اینجا خریدن لباس. ۱۳ - **باد پیمودن**: کار بیهوده کردن.
۱۴ - **مزاح**: شوخی. ۱۵ - **گَنگُل**: هزل، شوخی.
۱۶ - چون پشیزی پول در دست ندارد. «حبّه»: پولِ ناچیز، پشیز.

در تجارت نیستش سرمایه‌یی   پس چه شخصِ زشتِ او، چه سایه‌یی ۸۴۱

او سرمایه‌ای ندارد، وجود زشتش یا یک سایهٔ بی‌جان هر دو برای فروشنده یکسان‌اند.

مایه در بازارِ این دنیا زر است   مایه آنجا عشق و دو چشم تر[1] است ۸۴۲

در بازار دنیا سرمایه طلاست؛ امّا در بازار عالم معنا سرمایه «عشق و سوز» است.

هر که او بی مایه‌یی بازار رفت   عمر رفت، و بازگشت او خامْ تفت[2] ۸۴۳

هر کس که بدون «عشق و سوز» به بازار اهل معنا برود، عمرش تباه می‌شود و سودی نمی‌برد.

هی! کجا بودی برادر؟ هیچ جا   هی! چه پُختی بهرِ خوردن؟ هیچ‌با[3]! ۸۴۴

اگر از او پرسند: هان، برادر کجا بودی؟ زبان حالش می‌گوید: هیچ جا. برای خوردن چه پخته‌ای؟ می‌گوید: هیچ‌با.

مشتری شو تا بجُنبد دستِ من[4]   لعل زاید معدنِ آبَستِ من[5] ۸۴۵

تو خریدار باش تا دست قدرت وارادهٔ من از عالمِ غیب، معانی و معارف را به ظهور آوَرَد.

مشتری گرچه که سُست[6] و بارِد[7] است   دعوت دین کن، که دعوت وارد است[8] ۸۴۶

هر قدر مشتری سست و سرد باشد باز هم باید از حق سخن گفت؛ زیرا گفتن هم واجب است و هم مؤثّر.

باز پَرّان کن، حَمامِ[9] روح گیر   در رهِ دعوت طریقِ نوح گیر ۸۴۷

بازِ همّت را به پرواز در آور و کبوتر روحِ مشتاقان را صید کن و مانند نوح(ع) ثابت قدم باش.

خدمتی می‌کن برای کردگار   با قبول و ردِّ خَلقانت چه کار؟ ۸۴۸

در راه خدا خدمتی کن. چه اهمّیّتی دارد که خلق رد کنند یا قبول؟

---

۱ - **دو چشم تر :** دو چشم پر اشک، اشک و سوز و آه.

۲ - آن آدمِ خام با دست خالی و زیانکار باز می‌گردد. «تفت»: شتابان.

۳ - **هیچ‌با :** لحنی طنزآمیز در مورد آشی که از «هیچ» پخته شده است در قیاس با شوربا و امثالِ آن. «آشِ هیچ».

۴ - خطاب حق به بنده.

۵ - **معدنِ آبَستِ من :** معدن آبستنِ دل من، کنایه از عالم غیب که «معانی و معارف» از آن می‌جوشد و می‌زاید و به ظهور می‌رسد.

۶ - **سُست :** بی حال، اینجا غیر مشتاق و ناآگاه.

۷ - **بارِد :** سرد، اینجا فاقد شور و حال یا طلب.

۸ - خطاب مولانا به خود و یا هر مرد حق.

۹ - **حَمام :** کبوتر. «حَمامِ روح»: کبوترِ روح.

داستانِ آن شخص که بر درِ سرایی نیم‌شب سَحوری[۱] می‌زد، همسایه او را گفت که: آخِر نیم‌شب است، سَحَر نیست، و دیگر آنکه در این سرای کسی نیست، بهرِ که می‌زنی؟ و جواب گفتنِ مطرب او را[۲]

سحوری‌زنی بر درِ سرایی از سرای مهتران ساز و نوایی سر می‌کرد تا خداوندِ خانه را برای سحرگاهان و تدارکات قبل از اذان صبح بیدار و آماده کند و خود نیز برای سَحُور از صاحبخانه نوایی بیابد. همسایه که از سروصدا و بانگ سحوری‌زن آزرده خاطر بود به وی گوشزد کرد که اینک هنگام این ساز و نوا نیست، این خانه هم خالی است. سحوری‌زن که حالی طربناک داشت، در پاسخ بوالفضول گفت: این دم نزد تو نیم‌شب و نزد من صبح طرب است. خورشید حقایق چنان در درونم طالع شد که **«جمله شب‌ها پیش چشمم روز شد»**، سحوری برای حق می‌زنم و از خالی بودن خانه هم رنجی نمی‌کشم، آیا خلق که برای زیارت بیت‌الله مال و جان می‌دهند، هرگز می‌گویند کآن خانه تهی است؟

در این قصّهٔ لطیف «سحوری‌زن» نمادی است از «عارفِ بِالله» که در «نیم‌شبانِ ظلمتِ جهل»، غفلت و «خواب آلودگیِ مردم»، سحوری می‌زند تا آنان را از خواب غفلت برهانَد و در این کار که بِالله و فِی‌الله است، نیازمند اجری نیست و «عوام» که غافلانه می‌زیند، نمادی از آن «خانهٔ خالی»اند که گوش شنوایی برای کلام حق ندارند و از شور و حال عارفان بی‌خبرند. «همسایه» که به سحوری‌زن طعنه می‌زند نمادی است از آنان که به عارفان خُرده می‌گیرند و ارشاد ایشان را بیهوده می‌پندارند.

آن یکی می‌زد سَحوری[۳] بر دری　　　دَرگَهی بود و رواقِ مهتری[۴] ۸۴۹

شخصی بر در خانهٔ یکی از بزرگان ساز و آواز سحرگاهی بر آورده بود.

نیم‌شب می‌زد سَحوری را به جِدّ　　　گفت او را قایلی[۵]:کِای مُسْتَمِدّ[۶] ۸۵۰

نیم‌شب با جدیّت سحوری می‌زد. یک نفر به او گفت: ای یاری خواهنده!

---

۱ - **سحوری**: بانگ بیدار کردن روزه‌گیران.

۲ - مأخذ این لطیفه که متضمّن جواب‌هایی ظریف است، حکایتی است با همین مضمون در مقالات شمس، نسخهٔ قونیه، ص ۱۶.

۳ - **سحوری زدن**: ساز و آواز سحرگاهی بر آوردن به امید بیدار شدن خلق در ماه رمضان. «سحور» یا «سحری»: طعام سحرگاهیِ روزه‌داران.　۴ - کاخی بود که به یکی از بزرگان تعلّق داشت.　۵ - **قایل**: گوینده.

۶ - **مُسْتَمِدّ**: یاری‌خواه، اینجا یاری‌کننده یا آگاه کننده.

۸۵۱ **اوّلا وقتِ سـحر زن ایـن سَـحور — نیم‌شب نَبْوَد گـهِ ایـن شـرّ و شـور**

اوّلاً ساز و آوا را در سحرگاه بزن که نیمه‌شب وقت این غوغا نیست.

۸۵۲ **دیگـر آنکـه فـهم کـن ای بـوالهـوس! — که در این خانه درون، خود هست کس؟**

ثانیاً ای بوالهوس، ببین که در این خانه کسی هست یا نه؟

۸۵۳ **کس در اینجا نیست جز دیو و پری[1] — روزگـارِ خـود چـه یـاوه می‌بری؟**

در این خانه جز دیو و پری کسی نیست، چرا عمرت را تلف می‌کنی؟

۸۵۴ **بهرِ گوشی می‌زنی دف؟ گوش کـو؟ — هوش باید تـا بـدانـد، هـوش کـو؟**

دف می‌زنی تا گوشی بشنود، گوش کو؟ عقلی که باید آن را دریابد، کجاست؟

۸۵۵ **گفت: گفتی، بشنو از چاکر جواب — تـا نـمانی در تـحیّر و اضـطراب[2]**

سحوری‌زن گفت: حرفت را زدی، جواب مرا بشنو تا در تعجّب نمانی.

۸۵۶ **گرچه هست این دم برِ تو نـیم‌شب — نزدِ من نزدیک شـد صـبحِ طـرب[3]**

هرچند که این لحظه در نظر تو نیم‌شب است؛ امّا نزد من صبحِ طرب است.

۸۵۷ **هر شکستی پیشِ مـن پـیروز شـد — جمله شب‌ها پیشِ چشمم روز شد**

هر شکست را پیروزی می‌بینم و هر شبی را روز.

۸۵۸ **پـیشِ تـو خـون است آبِ رودِ نـیل — نزدِ من خون نیست، آب است، ای نبیل[4]!**

ای شریف، آب نیل برای توخون است و برای من آب زلال.[5]

۸۵۹ **در حقِ تو آهن است آن و رُخـام[6] — پیشِ داوود نبی مـوم است و رام[7]**

چیزی را که تو مانند آهن یا سنگ سخت می‌دانی، نزد داوود(ع) نرم و لطیف است.

---

۱ - اشاره به باور عوام که می‌پنداشتند دیو و پری در خانهٔ خالی مسکن می‌گزینند.

۲ - **تحیّر و اضطراب:** حیرت و پریشانی.

۳ - **صبح طرب:** صبح شادمانی، کنایه از حال عارف که خورشید حقایق در درونش طالع شده و با طلوع آن و آشکار شدن حقیقت، نیم‌شبِ جهلِ زندگیِ دنیوی در نظرش «صبح طرب» است. ۴ - **نبیل:** نجیب، شریف.

۵ - اشاره به سرگذشت موسی(ع) و فرعون. ۶ - **رُخام:** سنگ سخت، سنگ مرمر یا سنگِ سختِ آهکی.

۷ - اشاره به زره ساختن داوود(ع): انبیاء: ۸۰/۲۱؛ ر.ک: ۷۰۳/۳.

پیشِ تو کُهْ بس گـران است و جـماد   مطرب است او پیشِ داوود، اوستاد![1] ۸۶۰

کوه در نظر تو سنگین و بی‌جان به نظر می‌رسد؛ امّا برای داوود(ع) همنوایی ماهر است.

پیشِ تو آن سنگ ریزه ساکت است[2]   پیشِ احمد او فصیح و قانت[3] است ۸۶۱

در نظر تو سنگریزه نمی‌تواند سخن بگوید؛ امّا در حضور احمد(ص) گویا و مسبّح است.

پیشِ تو استون مسجد مُرده‌ای‌ست[4]   پیشِ احمد عاشقی دل بُرده‌ای‌ست ۸۶۲

تو ستون مسجد را جماد می‌بینی؛ امّا در حضور احمد(ص) در مرتبه‌ای خاصّ از «حیات و عشق» برخوردار است.

جمله اجـزایِ جـهان پـیشِ عـوام   مُـرده و پـیشِ خـدا دانـا و رام[5] ۸۶۳

عوام، اجزای جهان را جماد یا بی‌جان می‌دانند؛ امّا در برابر خداوند، هیچ چیز بی‌جان نیست و از شعوری که خاصِّ مرتبهٔ اوست برخوردار و فرمانبردار است.

آنـچه گـفتی کـاندر ایـن خـانه و سـرا   نیست کس، چون می‌زنی این طَبَل را؟ ۸۶۴

گفتی که در این خانه و کاخ کسی نیست، چرا طبل می‌زنی؟

بهرِ حقّ این خـلق زرهـا مـی‌دهند   صد اساس خیر و مـسجد مـی‌نهند ۸۶۵

در پاسخ باید بگوییم: مردم برای رضای خدا پول‌ها خرج می‌کنند و صدها بنای خیر و مسجد می‌سازند.

مـال و تـن در راهِ حـجِّ دوردست   خوش همی بازند چون عشّاقِ مست ۸۶۶

چون عاشقان سرمست به راه بسیار دور برای حج می‌روند و جان و مال را با رضایت کامل ایثار می‌کنند.

هیچ مـی‌گویند کآن خـانه تـهی‌ست؟   بلکه صاحب خانه جانِ مُختَبِی[6]ست ۸۶۷

آیا می‌گویند که آن خانه خالی است؟ می‌دانند که صاحبِ خانه چون جان نهان است.

---

۱ – اشاره به همنوایی کوه‌ها با داوود(ع): انبیاء: ۷۹/۲۱؛ رک: ۴۹۵/۲.

۲ – اشاره به روایتی که به موجب آن سنگریزه‌ها در دست ابوجهل به سخن آمدند و به نبوّت پیامبر(ص) گواهی دادند: ر.ک: ۲۸۳۲/۴.   ۳ – **قانت** : نیایش کننده، تسبیح‌گو.   ۴ – اشاره به نالهٔ ستون حنّانه: ر.ک: ۲۱۲۳/۱.

۵ – اشارتی قرآنی؛ اسراء: ۴۴/۱۷، که بنا بر مضمونِ آن آسمان‌ها و زمین و هرچه در آن‌هاست تسبیح‌گوی خداوندند.   ۶ – **مُخْتَبِي** : پنهان کرده شده، مراد هستیِ مطلق است که از شدّت ظهور نهان است.

۸۶۸ پُــر هــمی بـیند سـرایِ دوست[1] را آنکــه از نــورِ الــه اَسْـتَش ضِـیا[2]

کسی که پرتوی از نور الهی درونش را منوّر کرده است، خانهٔ دوست را پُر می‌بیند.

۸۶۹ بس ســرایِ پُـر ز جـمع و اَنـبُهی[3] پــیشِ چشــمِ عـاقبتْ‌بینان تـهی

چه بسا سراهایی که پر از جمعیّت است؛ امّا چشمِ حقیقت‌بین آن‌ها را تهی می‌بیند؛ زیرا فاقد هستیِ حقیقی‌اند.

۸۷۰ هر که را خواهی تـو در کـعبه بـجو تــا بــروید در زمـان او پـیشِ رو

حضور آدمی در جایی وابسته به وجودِ جسمانی‌اش نیست، مثلاً هنگامی که در کـعبه هستی به یاد هر کس که باشی بلافاصله در برابر چشمانت حضور می‌یابد.

۸۷۱ صــورتی کــو فـاخر و عـالی بُـوَد او ز بـیتُ الله کِـی خــالی بــود؟

عارفی که ظاهرش هم فاخر است و نشانی از نور باطن دارد، گویی همواره در کعبه است و دلش محلّ توجّه حق.

۸۷۲ او بُـوَد حــاضر، مُـنَزَّه از رِتـاج[4] بــاقیِ مــردم بــرای احـتیاج

او هرجا که باشد چون جانش در محضر حق است، گویی حضور دارد؛ امّا باقیِ خلق را نیاز بدان درگاه می‌کشاند.

۸۷۳ هــیچ مــی‌گویند کـین لبّـیک‌ها بـی نـدایی مـی‌کنیم آخِـر چـرا؟

حاجیان هرگز می‌گویند چرا این همه لبّیکِ بدون پاسخ می‌گوییم؟

۸۷۴ بــلکه تــوفیقی کــه لبّـیک آوَرَد هست هــر لحـظه نـدایی از اَحَـد

بلکه می‌دانند توفیقِ لبّیک گفتن، ندایی است که هر لحظه از خدای یگانه می‌رسد.

۸۷۵ من به بو[5] دانم که این قصر و سـرا بزم جان[6] افتاد، و خـاکش کـیمیا[7]

من نیز حسّ کردم که این قصر و خانه بزمگاه جان است و خاکش کیمیا.

---

۱ - **سرای دوست** : کعبه. ۲ - **ضیا** : ضیاء: نور ذات، اینجا نور حق که در درون عارف متجلّی است.
۳ - اشاره به کثیری از خلق که با هستیِ فناپذیر زندگی می‌کنند و با همان می‌میرند و هرگز راه به «بقا» نمی‌یابند.
۴ - **رِتاج** : درِ بزرگ، درِ کعبه، مکّه. «منزّه از رِتاج»: بی‌آنکه واقعاً جسمش در مکّه باشد.
۵ - **بو** : کنایه از ادراک باطنی، نشانه‌های غیر ظاهری.
۶ - **بزم جان** : محلّی که حق به سحوری‌زن عنایت افزون‌تری دارد، محلّی که گویی جان در آنجا در بزم روحانیان حضور دارد. ۷ - **کیمیا** : کنایه از توجّه حق.

۸۷۶ مِسِّ خود را بر طریقِ زیر و بم ۱   تا ابد بر کیمیااش می‌زنم ۲

مسِ وجودم را همواره از طریق سحوری زدن به این کیمیا می‌زنم.

۸۷۷ تا بجوشد زین چنین ضربِ سَحور   در دُرافشانی و بخشایشِ بُحور

تا ضربه‌هایی که سحرگاهان به طبل می‌زنم، نشانی از نیاز من باشد و دریاهای عنایت و معرفت به جوش آیند و از سرِ بخشش دُرافشانی کنند.

۸۷۸ خلق در صفِّ قِتال و کارزار   جان همی بازند بهرِ کردگار

مردم برای خدا در صف جهد و جنگ جانبازی می‌کنند.

۸۷۹ آن یکی اندر بلا ایّوب‌وار   وآن دگر در صابری یعقوب‌وار

یکی در بلاها چون ایّوب(ع) صبور است و دیگری، همانند یعقوب(ع) بردبار.

۸۸۰ صد هزاران خلقِ تشنه و مستمند   بهرِ حقّ از طمْعِ جهدی می‌کنند

صدها هزار تن تشنه و نیازمند به سبب امیدی که به حق دارند، می‌کوشند.

۸۸۱ من هم از بهرِ خداوندِ غفور   می‌زنم بر در به اومیدش سَحور

من هم در راه حق و به امید بخشایش او بر درِ خانه‌ها سحوری می‌زنم.

۸۸۲ مشتری خواهی که از وی زر بری   بهْ ز حق کی باشد ای دل! مشتری؟

اگر جویای کسی هستی که مشتریِ «طلب، صدق و عشق» تو باشد، ای دل، چه خریداری بهتر از خداست؟

۸۸۳ می‌خرد از مالت انبانی نجس ۳   می‌دهد نورِ ضمیری مُقْتَبس ۴

آنچه را که از داراییِ ظاهری و باطنی‌ات به حق عرضه می‌کنی و به سبب آلایش‌هایِ دنیوی هنوز ناپاک است،۵ می‌خرد و در عوض دلت را به نورِ حق منوّر می‌کند.

۱- **بر طریق زیر و بم**: از راه زیر و بم ضربه‌هایِ طبل یا دایرهٔ زنگی که سحوری‌زنان استفاده می‌کردند.
۲- مراد آنکه: هستیِ فناپذیرم را همواره در حیطهٔ توجه خاصِّ حقّ قرار می‌دهم تا ارتقا یابم.
۳- **نَجِس**: آلوده، ناپاک.
۴- **نورِ ضمیری مُقْتَبس**: نورگیرنده. نورِ ضمیری مُقْتَبس: نوری در ضمیر که از خودِ حق روشنی می‌یابد.

مـی‌ستانَد ایـن یـخِ جسـمِ فـنا　　　مـی‌دهد مُـلکی[1] بـرون از وَهـمِ مـا ۸۸۴

این «هستیِ فانیِ سرد و افسرده» را می‌ستانَد و معرفتِ غیرِ قابلِ تصوّر می‌دهد.

مـی‌ستانَد قـطرهٔ چـندی ز اشک　　　مـی‌دهد کـوثر، کـه آرَد قـندْ رشک ۸۸۵

چند قطره اشک خالصانه را می‌خرد و در عوض آب کوثر را می‌بخشد که قند نیز به لطف و گوارایی آن نیست.

مـــی‌ستانَد آهِ پُـــر سـودا و دود　　　مـی‌دهد هـر آه را صـد جـاه سـود ۸۸۶

آهِ سوزان بنده نزدِ حق شأن و اعتبار دارد و سبب ارتقای معنویِ اوست.

بـادِ آهـی کـابرِ اشکِ چشـم رانـد[2]　　　مـر خـلیلی را بـدان اَوّاه[3] خـوانـد ۸۸۷

به سبب «آه و اشکِ» فراوانِ ابراهیم(ع) بود که خداوند او را «نالان و شکیبا» خواند.

هین! در ایـن بـازارِ گـرمِ بـی نـظیر　　　کهنه‌ها[4] بفروش و مُلکِ نـقد[5] گـیر ۸۸۸

آگاه باش و در این داد و ستد بی‌نظیر، تعلّقات را بده و آزادگی و معرفت را بگیر.

ور تـو را شکّـی و رَیبی[6] ره زنـد[7]　　　تـــاجرانِ انـبیا[8] را کـن سَـنَد[9] ۸۸۹

اگر در این مورد تردیدی داری به پیامبران توجّه کن که در این تجارت چه سودها بردند.

بس که افزود آن شهنشه[10] بختشان　　　مـی‌نتاند کُـهْ کشیدن رخـتشان[11] ۸۹۰

خداوند چنان بخت و اقبال انبیا را افزود که کوه‌ها هم نمی‌توانند بارِ عظیمِ این سعادت را حمل کنند.

---

۱ - **مُلک :** سلطنت. «مُلک برون از وهم»: سلطنت معنوی که همان معرفت و غنایِ درونی است.

۲ - مراد آنکه: «آه» همانند بادی است که می‌وزد و ابر اشک را به بارش می‌آوَرَد.

۳ - **اَوّاه :** بسیار آه کشنده. اشارتی قرآنی؛ توبه: ۱۱۴/۹: إِنَّ إِبْراهیمَ لَأَوّاهٌ حَلِیمٌ: ابراهیم دردمندی بردبار بود.

۴ - **کهنه ها :** کنایه از هستیِ فناپذیر و کلّیهٔ تعلّقاتی که آدمی دارد و تمام آن‌ها ذاتاً فناپذیرند و گویی که کهنه‌اند و لحظه به لحظه نو نمی‌شوند.

۵ - **مُلکِ نقد :** سلطنت معنوی، ارتباط و اتّصال با حق که هرگز کهنه نمی‌شود و هر دم معرفتی نو و جلوه‌ای تازه دارد. ۶ - **رَیْب :** دودلی، تردید. ۷ - **رَه زند :** راهت را سد کند، ره‌زنی کند.

۸ - **تاجرانِ انبیا :** خودِ انبیا که در بازار حق داد و ستد کردند و با استهلاک هستی و ارادهٔ خود در حق به عالی‌ترین درجات رسیدند. ۹ - **سند :** تکیه‌گاه، محلّ اتّکا. ۱۰ - **آن شهنشه :** مراد خداوند است.

۱۱ - **رختشان :** مراد کالاهایشان، یعنی بارِ عظیم بخت و اقبال.

قصّهٔ اَحَد اَحَد گفتنِ بلال[۱] در حَرِّ حجاز[۲] از محبّتِ مصطفی علیه السَّلام، در آن چاشتگاه‌ها که خواجه‌اش[۳] از تعصّبِ جهودی[۴] به شاخِ خارَش می‌زد پیشِ آفتابِ حجاز، و از زخمْ خون از تنِ بلال بر می‌جوشید، از او اَحَد اَحَد می‌جَست بی‌قصدِ او، چنانکه از دردمندانِ دیگر ناله جَهَد بی قصد؛ زیرا از دردِ عشق ممتلی[۵] بود، اهتمامِ دفع دردِ خار را مَدْخل نبود،[۶] همچون سَحَرهٔ فرعون[۷] و جرجیس[۸] و غیرهم، لا یُعَدُّ وَ لاْ یُحْصَی[۹]

بلال حبشی غلام یکی از منعمان و معاندان مکّه بود که از ایمان و اسلامِ او به حدّی انزجار داشت که در آفتاب سوزان شکنجه‌اش می‌کرد و شلاّقش می‌زد؛ امّا او همچنان اَحَد، اَحَد می‌گفت. روزی ابوبکرِ صدّیق که شاهد ماوَقَع بود به وی اندرز داد که خداوند از دل تو آگاه است و نیازی به اظهار نیست؛ ولی او قادر به اختفای عشق سوزان خویش نبود تا اینکه صدّیق پس از مشورت با پیامبر(ص) او را خرید و آزاد کرد و به نزد رسول خدا(ص) برد **«کس چه داند بخششی کو را رسید؟»**.

سرّ سخن آنکه: اقتضای عشق و ایمان ظهور است و از پس هزاران حجاب خود را می‌نمایاند.

تن فدایِ خار[۱۰] می‌کرد آن بلال — خواجه‌اش می‌زد برای گوشمال[۱۱] ۸۹۱

بلال راضی بود که تازیانهٔ خاردار بر تن او فرود آید و اربابش برای تنبیه او را می‌زد.

که چرا تو یادِ احمد می‌کنی؟ — بندهٔ بد! منکرِ دینِ منی؟ ۸۹۲

که چرا احمد(ص) را یاد می‌کنی؟ غلام بدی هستی که آیین مرا انکار می‌کنی.

می‌زد اندر آفتابش او به خار — او اَحَدْ می‌گفت بهرِ افتخار ۸۹۳

در آفتاب سوزان با تازیانهٔ خاردار او را می‌زد و بلال با افتخار اَحَد اَحَد می‌گفت.

---

۱ - **بلال حبشی**: بِلال بن رَباح، صحابی و مؤذّن مسجد پیامبر(ص).

۲ - **حَرّ حجاز**: گرمای حجاز یا عربستان. ۳ - **خواجه اش**: مراد امیّة بن خَلَف است.

۴ - **جُهودی**: اینجا به معنی یهودی نیست، به معنی مطلقِ انکار و کفر. ۵ - **مُمتلی**: پُر.

۶ - **اهتمامِ دفع دردِ خار را مدخل نبود**: چنان در عشقِ حق غرق بود که اصلاً اهمّیّتی به دردِ چوب‌های خاردار نمی‌داد و دفع آن برایش مهم نبود. ۷ - **سحرهٔ فرعون**: ساحران فرعون.

۸ - **جرجیس**: پیامبری از بنی اسرائیل که به انواع عقوبت او را می‌کشتند و به امر حق زنده می‌شد و امّت را دعوت می‌کرد. او پس از عیسی(ع) و بر دین او بود و از اهالی فلسطین. ۹ - و جز آنان که از حدّ و شمار بیرون‌اند.

۱۰ - **خار**: تازیانهٔ خاردار. ۱۱ - **گوشمال**: گوشمالی و تنبیه.

**تا که صدّیق آن طرف بر می‌گذشت		آن احد گفتن بـه گـوشِ او بـرفت** ۸۹۴

تا اینکه روزی ابوبکر صدّیق از آن سو گذشت و صدای اَحَد گفتنِ بلال را شنید.

**چشم او پُر آب شـد، دل پُـر عَـنا[1]		زآن اَحَـد مـی‌یافت بـوی آشـنا[2]** ۸۹۵

چشمش پُر از اشک و دلش پُر از درد شد. از لحن اَحَد گفتن دریافت که صدای مؤمنی از مؤمنان است.

**بعد از آن خلوت بدیدش، پـند داد		کز جُهودان[3] خُفیه[4] می‌دار اعـتقاد** ۸۹۶

بعد از آن، بلال را در تنهایی دید و اندرز داد که ایمانت را از منکران پنهان کن.

**عالِمُ اَلسِـرّ است، پـنهان دار کـام[5]		گفت:کردم توبه پیشت ای همام[6]!** ۸۹۷

خداوند از دل تو آگاه است. ایمانِ خود را نهان کن. بلال گفت: ای مرد بزرگ، در حضور تو، توبه کردم.

**روزِ دیگـر از بِگـهْ[7] صـدّیق تـفت		آن طـرف از بـهرِ کـاری مـی‌برفت** ۸۹۸

روز دیگر، صدّیق صبح زود برای کاری شتابان از آن سو می‌گذشت.

**باز اَحَد بشنید و ضربِ زخـمِ کـار		بـر فـروزید از دلش سـوز و شـرار** ۸۹۹

باز صدای «احد گفتنِ» بلال و ضربه‌های تازیانه را شنید و دلش آتش گرفت.

**بـاز پـندش داد، بـاز او تـوبه کـرد		عشـق آمـد، تـوبهٔ او را بـخَورد[8]** ۹۰۰

باز او را اندرز داد و بلال دوباره توبه کرد؛ امّا عشق آمد و توبه محو شد.

**توبه کردن زیـن نَـمَط[9] بسـیار شـد		عـــاقبت از تــوبه او بــیزار شــد** ۹۰۱

به این ترتیب بارها توبه کرد تا از توبه کردن بیزار شد.

**فــاش کـرد، اِسـپُرد تـن را در بـلا		کِـای مـحمّد! ای عَـدُوِّ تـوبه‌ها[10]** ۹۰۲

ایمانش را آشکار کرد و تن را به بلا سپرد و گفت: ای محمّد(ص) که از تو نمی‌توان توبه کرد!

---

۱ - **عَنا :** رنج.	۲ - **بویِ آشنا :** اینجا صدای آشنا، صدایِ یکی از مؤمنان.
۳ - **جُهودان :** اینجا مطلقِ منکران و معاندان.	۴ - **خُفیه :** پنهان.	۵ - **پنهان دار کام :** اعتقاد خود را نگو.
۶ - **هُمام :** دارای مقام و منزلت.	۷ - **بِگهْ :** بگاه یا پگاه: بامداد.
۸ - مصراع دوم: مراد آنکه: عظمتِ عشق توبه را نابود کرد.	۹ - **نَمَط :** روش، طریقه.
۱۰ - **عَدُوِّ توبه‌ها :** محبوبی که نمی‌توان از او روی برتافت یا نمی‌توان از او توبه کرد.

دفتر ششم ۱۳۷

ای تـنِ مـن وی رگِ مـن پُـر ز تـو   تـوبه را گُـنجا کـجا بـاشد در او؟ ۹۰۳

ای آنکه تن من و رگ من پُر از عشق توست، چگونه از تو توبه کنم؟

توبه را زین پس ز دِل بـیرون کـنم   از حیاتِ خُـلد تـوبه چـون کـنم؟[۱] ۹۰۴

بعد از این از توبه، توبه می‌کنم. چگونه می‌توانم از حیات سرمدی توبه کنم؟

عشق قهّار[۲] است و من مقهورِ عشق   چون شکر شیرین شدم از شورِ عشق ۹۰۵

عشق سلطه‌گر است و بر تمام وجودم سیطره دارد و من از شورِ عشق شیرین‌ام.

برگِ کـاهم[۳] پـیش ِ تـو ای تـندباد!   من چه دانم که کجا خواهم فُـتاد؟[۴] ۹۰۶

ای تندباد، در برابرت برگِ کاهم. نمی‌دانم کجا خواهم افتاد؟

گـر هـلالم،[۵] گـر بـلالم، مـی‌دَوَم   مُـقتدیِّ[۶] آفـتابت مـی‌شوم[۷] ۹۰۷

اگر هلال باشم یا بلال در پی توأم و از تو نور می‌گیرم.

ماه را با زَفتی[۸] و زاری[۹] چـه کـار؟   در پـیِ خـورشید پـوید سـایه‌وار ۹۰۸

ماه به اینکه بدر باشد یا هلال کاری ندارد، مانند سایه در پیِ خورشید می‌رود.

با قـضا هـر کـو قـراری مـی‌دهد[۱۰]   ریش‌خـندِ سـبلتِ خـود مـی‌کُند ۹۰۹

هر کس که بخواهد مشیّت الهی را تغییر دهد، خود را مسخره کرده است.

کـاهْبرگی پـیش ِ بـاد، آنگـه قـرار؟   رسـتخیزی وآنگـهانی عـزمِ کـار؟ ۹۱۰

وجود عاشق در برابر توفانِ عشق مانند برگ کاهی است که بی‌اراده به هر سو می‌افتد. در قیامتی که عشق در درونش به پا کرده است، چه می‌تواند بکند؟

---

۱ – مراد آنکه: پیوستن به تو حیات جاودان است.   ۲ – **قهّار**: نیرومند، قدرتمند و سلطه‌گر.

۳ – **برگ کاهم**: خیلی ناچیز هستم.

۴ – خطاب به پیامبر(ص) است و «تندباد» اشاره به جاذبهٔ معنوی و روحانی عظیم رسول خدا(ص) است.

۵ – **گر هلالم**: مراد آنکه: اگر ناتوان باشم و مثل هلال ماه ضعیف شوم.   ۶ – **مُقتدی**: پیرو و مطیع.

۷ – مراد آنکه: وجود من از تو نور می‌گیرد همان‌طور که ماه از خورشید و به خودیِ خود نوری ندارد.

۸ – **زَفت**: بزرگ. اینجا کنایه از بدر کاملِ ماه.   ۹ – **زار**: اینجا کنایه از زار شدن ماه یا هِلال ماه.

۱۰ – سخن از بِلال بود که عاشقانه پیامبر(ص) را دوست دارد و تسلیم و تابعِ ارادهٔ اوست، اینک می‌فرماید: مشیّت الهی برای عاشقانِ حق همین است که تسلیم و تابع باشند و ارادهٔ آنان در ارادهٔ حق محو و مستهلک شود. «قرار دادن»: به‌طور محکم حُکم کردن، اینجا یعنی دخل و تصرّف کردن.

گُربه در انبانم[1] انـدر دستِ عشـق   یکـدمی بـالا و یکـدم پستِ عشـق ۹۱۱

همان‌گونه که گربه در انبان گاه به بالا و گاه به پایین می‌افتد، من نیز در «انبانِ عشق» بی‌اختیارم.

او[2] هــمی گــردانَـدَم بـر گِـردِ سر   نــه بــه زیــر آرام دارم، نــه زَبَــر ۹۱۲

او مرا گِردِ سر خود می‌گرداند و آرام و قرار را از من گرفته است.

عــاشقان در سیلِ تـند افـتاده‌انـد   بــر قــضایِ عشق دل بـنهاده‌انـد ۹۱۳

عاشقان در جریان تند و عظیمِ عشق گرفتارند و تسلیمِ اراده و مشیّت حق.

هــمچو ســنگِ آســیا انـدر مَـدار   روز و شب گردان و نالان بی قـرار ۹۱۴

همانند سنگ آسیا روز و شب نالان و بیقرار می‌گردند.

گردِشش بر جویِ جُویان شاهد است   تا نگوید کس که آن جـو راکـد است ۹۱۵

همان‌طور که سنگِ آسیا در مسیر جویی که در پی رسیدنِ به دریاست، می‌گردد و چرخشش نشان حرکت جویبار است، عاشقان هم در جریانِ تندِ عشق به سویِ حق می‌روند و راکد نیستند.

گر نمی‌بینی تـو جـو را در کـمین[3]   گـردش ِ دولابِ[4] گـردونی[5] بـبین[6] ۹۱۶

اگر جریانِ نهانی جویبار هستی را نمی‌توانی ببینی، گردش افلاک را ببین که با آن جریانِ نهان می‌گردد.

چون قراری نیست گردون را از او[7]   ای دل اخــتروار آرامــی مَـجو[8] ۹۱۷

چون فلک از جریان و سَرَیانِ «عشق» بی‌قراراست، ای دل، تو هم مانند ستارگان و افلاک بی‌قرارباش.

گر زنی در شاخْ[9] دستی کی هِلَد[10] ؟   هـر کـجا پـیوند سـازی بِسْکُـلَد[11] ۹۱۸

این جریان نهانی نمی‌گذارد به چیزی متوسّل شوی یا توسّط پیوندها و اسباب دنیوی آرام یابی.

---

۱ - **انبان :** کیسه. «گربه در انبان»: گربه را در کیسه به این طرف و آن طرف می‌برند و او از خود اختیاری ندارد.

۲ - **او :** مراد عشق است. ۳ - **در کمین :** درکمون، نهان. ۴ - **دولاب :** چرخ چاه.

۵ - **دولاب گردونی :** کنایه از افلاک که درگردش و چرخش‌اند. گردش فلک به گردش دولاب تشبیه شده است.

۶ - مراد آنکه: گردش افلاک هم از جریانی نهانی است و از نیرویی پنهانی.

۷ - اشاره به این طرز تفکّر که حکما و عُرفا گردش افلاک را هم به استناد «عشق» می‌دانند که در کُلّ عالم امکان ساری و جاری است. ۸ - همان‌گونه که اختران درگردش و بیقرارند، بیقرار باش.

۹ - **شاخ :** شاخهٔ درخت، مراد آنکه: شاخه‌ای را بگیری تا سکون یابی.

۱۰ - **کِی هِلَد :** کی می‌گذارد؟ یعنی نمی‌گذارد. ۱۱ - **بِسْکُلَد :** می‌گُسلَد، پاره می‌کند.

دفتر ششم ۱۳۹

گـر نـمی‌بینی تـو تـدویر[1] قَـدَر[2] در عناصر[3] جوشش و گردش نگر[۴] 919

اگر نمی‌توانی جریان نهانیِ حقیقت که همه چیز را می‌گردانَد، ببینی، به ظاهر اجسام بنگر و جنبش و چرخش عناصر طبیعی را ببین.

زانکه گردش‌هایِ آن خاشاک و کف[۵] بـاشد از غَـلْیانِ[۶] بـحرِ بـا شَـرَف[7] ۹۲۰

زیرا جنبش تمام عناصر در عالم محسوس از جوشش عوامل غیبی و دریای عشق است.

بادِ سـرگردان بـبین انـدر خـروش پیش امرش موجِ دریا بین به جوش ۹۲۱

باد به امر حق به هر سو سرگردان می‌خروشد و موج دریا به فرمانش می‌جوشد.

آفـتاب و مـاه، دو گـاوِ خَـراس[۸] گِـرد مـی‌گردند و مـی‌دارنـد پـاس ۹۲۲

آفتاب و ماه، مانند دو گاو که به آسیا می‌بندند، می‌گردند و شب و روز را می‌گردانند تا زندگیِ خاکیان حفظ گردد.

اختران هـم، خـانه خـانه مـی‌دوند مرکبِ هر سعد و نحسی مـی‌شوند[۹] ۹۲۳

ستارگان هم به تَبَعِ قوانین هستی منزل به منزل برج‌های فلکی را طی می‌کنند و منشأ اثراتی سعد یا نحس می‌شوند.

اخـترانِ چـرخ گـر دُورنـد، هـی! وین حواست کاهل‌اند و سُست پـی ۹۲۴

اگر تو نمی‌توانی موقعیّت کواکب و یا هر چیز دور را بدانی، به سبب حواسّ پنجگانهٔ توست که ارتقا نیافته و در قید عالم مادّه مانده است.

اخترانِ چشم و گوش و هـوش مـا شب کجااند؟ و به بیداری کجا؟[۱۰] ۹۲۵

آیا دقّت کرده‌ای که چشم، گوش و عقل ما در روز و بیداری کجا هستند و شب کجا؟

---

۱ – **تدویر** : گردانیدن چیزی. ۲ – **قَدَر** : تقدیر، مشیّت الهی.

۳ – **عناصر** : ارکان اربعه: خاک، باد، آب و آتش که قُدما آن‌ها را ارکان چهارگانهٔ هستی می‌دانستند.

۴ – مراد آنکه: ببین که هیچ یک از ذرّات و پدیده‌های عالم هستی ساکن و ثابت نیستند و همه در تحرّک‌اند.

/Y {±] :¬B¼Ò - 6 /B ²k½Q° » î¼ œBî "BªUpA³¼® : ° B{Bi - 5

/jjo® « ¬B¾QB´a BM³ » MB¾C :t AoÒ - 8 /» B¼ ©Ä±î , zî ³B¾j : o{ BMgdM - 7

۹ – اشاره به اعتقاد اهلِ تنجیم که به طالع سعد و نحس می‌پردازند و تأثیر تقارن کواکب.

۱۰ – اشاره به اینکه: حواسّ پنجگانهٔ ما هم مانند ستارگان و فلک در سیطرهٔ قدرت حق‌اند و شب‌ها حواسّ باطنی‌مان در مرتبه‌ای که فعّال شده، در عوالم غیبی است.

گاه در سعد و وصال و دلخوشی   گاه در نحسِ فراق و بیهشی ۹۲۶

گاه در سعادت و حضورِ یار و شادی‌اند و گاه در نحسیِ دوری و بی‌خبری.

ماهِ گردون چون در این گردیدن است   گاه تاریک و زمانی روشن است ۹۲۷

ماه آسمان هم در گردش گاه تاریک و گاه روشن است.

گه بهار و صَیفِ[1] همچون شهد و شیر[2]   گه سیاستگاهِ برف و زَمهریر[3] ۹۲۸

گاه بهار و تابستان دلپذیر فرا می‌رسد و گاه شکنجه‌گاه سرمای سخت زمستان.

چونکه کلیّات[4] پیش او چو گُوست   سُخره[5] و سجده کُنِ[6] چوگانِ اوست ۹۲۹

چون همه چیز مانند گوی در برابر چوگان تقدیر الهی بیقرار و بی‌اختیار است،

تو که یک جزوی دلا زین صد هزار   چون نباشی پیشِ حکمش بی‌قرار؟ ۹۳۰

ای دل، تو که جزوی از صدها هزار موجود هستی، چرا در برابر امر او بی‌اختیار و بیقرار نباشی؟

چون ستوری باش در حُکمِ امیر[7]   گه در آخُر حبس، گاهی در مسیر[8] ۹۳۱

در برابر مشیّت حق یا خوب و بدی که می‌رسد، بی‌اختیار باش.

چونکه بر میخَت ببندد، بسته باش[9]   چونکه بگشاید، برو، برجسته باش[10] ۹۳۲

اگر تو را در سختی قرار دهد، بپذیر و اگر گشایشی بدهد، استفاده کن.

آفتاب اندر فلک کژ می‌جهد[11]   در سیه‌رویی کسوفش می‌دهد[12] ۹۳۳

هر یک از اجزای عظیمِ هستی مانند آفتاب هم اگر از فرمان حق سر بپیچند، کیفر می‌یابند.[13]

---

۱ - **صَیف:** تابستان.   ۲ - **همچون شهد و شیر:** بسیار خوشایند.   ۳ - **زَمهریر:** سرمای شدید.

۴ - **کلیّات:** مراد عناصر اربعه و همهٔ موجودات است.   ۵ - **سُخره:** زبون، مقهور، اینجا بیقرار.

۶ - **سجده کن:** مطیع و تسلیم، اینجا بی اختیار.

۷ - مصراع اوّل: مانند چهارپایی که اختیاری ندارد و مطیع ستوربان است، باش.

۸ - مصراع دوم: گاه در آخور می‌اندازد و گاه در مسیر و طَیّ راه حق و در زندگی. «مسیر»: اینجا مصدر است، سیر.

۹ - مصراع اوّل: چون تو را به میخ ببندد، بسته باش و قبول کن.

۱۰ - **برجسته باش:** برجِهْ، جست و خیز کن و چابک و چالاک باش.

۱۱ - اگر آفتاب از مسیر خود منحرف شود.

۱۲ - با کسوف روسیاهش می‌کند. از تشبیهات شاعرانهٔ مولاناست.

۱۳ - از خیال‌بندی‌های لطیف و شاعرانه‌ای است که در مثنوی باز هم و به نحوی ظریف کسوفِ خورشید و یا خسوفِ ماه نشانی از کجروی و کیفرِ آن دانسته شده است.

کز ذَنَب[1] پرهیز کن، هین! هوش دار   تا نگردی تو سیه‌رو دیگ‌وار ۹۳۴

از نزدیک شدن به محلّی که امکان لغزشِ تو هست، بپرهیز. تا سیاه‌روی نشوی.

ابر را هم تازیانهٔ آتشین   می‌زنندش کآنچنان رو، نه چنین[2] ۹۳۵

ابر را هم با تازیانهٔ آتشینِ رعد می‌زنند و می‌رانند که چنان برو و چنین نرو.

بر فُلان وادی ببار، این سو مبار   گوشمالش می‌دهد که گوش دار ۹۳۶

گوشمالی‌اش می‌دهد که توجّه کن و بر فلان بیابان ببار و این سوی نبار.

عقلِ تو از آفتابی بیش نیست[3]   اندر آن فکری که نَهْی آمد، مه‌ایست ۹۳۷

ای انسان، عقل تو تابناک‌تر از آفتاب نیست. آنچه را که نهی کرده‌اند، نکن.

کژ منه ای عقل! تو هم گامِ خویش   تا نیاید آن خسوفِ رُو[4] به پیش ۹۳۸

ای عقل، تو هم منحرف نشو تا روسیاه نگردی.

چون گنه کمتر بُوَد، نیم آفتاب   مُنْکسِف بینی، و نیمی نورْتاب[5] ۹۳۹

اگر گناه اندک باشد، نیمی از آفتاب وجودت تاریک و نیمی تابان می‌مانَد.

که: به قدرِ جُرم می‌گیرم تو را   این بُوَد تقریر در داد و جزا[6] ۹۴۰

که به اندازهٔ گناه تو را کیفر می‌دهم. این بیان پاداش و کیفر الهی است.

خواه نیک و خواه بد، فاش و سَتیر[7]   بر همه اشیا، سمیعیم و بصیر ۹۴۱

هر نیک یا بدی که آشکارا یا نهان صورت گیرد، همه را می‌شنویم و می‌بینیم.

---

۱ - **ذَنَب :** دُم به جای ذَنَبُ التّنین که دُم اژدهاست. اشارتی به گرفتگی خورشید و ماه که زمانی رخ می‌دهد که فلک خورشید و ماه بر فراز سرِ مار و یا بر دُم او فرود می‌آید. «مار»: اژدهای علمِ نجوم است و دو نقطه‌ای که راهِ ظاهریِ ماه دایرهٔ انقلاب مدار خورشید را قطع می‌کند سر و دُمِ اژدهاست که خسوف و کسوف تنها می‌تواند در آنجا رخ دهد: شرح مثنوی مولوی، ج ۱، ص ۵۲۲.

۲ - حدیثی با این مضمون در بعضی از تفاسیر مثنوی هست که در احادیث مثنوی آن را نیافتم.

۳ - مصراع اوّل: خورشید با آن عظمت و تابناکی در اثر کج‌روی کیفر می‌بیند و دچار کسوف می‌شود؛ پس تو که از خورشید درخشان‌تر نیستی، کج‌روی نکن تا کیفر نبینی.   ۴ - **خسوف رُو :** سیاه‌رویی و شرمساری.

۵ - **نورْتاب :** تابان.   ۶ - مراد آنکه: پاداش یا کیفر متناسب با فعل نیک یا بد آدمی است.

۷ - **سَتیر :** مستور، پوشیده.

زین گذر کن ای پـدر! نـوروز[1] شـد　　　خلق از خلاّق، خوش‌پَدفوز[2] شـد[3] ۹۴۲

ای پدر، از این حرف‌هایِ کهنه بگذر که روز نو فرارسیده است و مخلوق از عنایت خالق شادکام‌اند.

بـاز آمـد آبِ جـان در جـویِ مـا　　　بـاز آمـد شـاهِ مـا در کـویِ مـا ۹۴۳

باز آبِ حیات در جویبار وجودِ ما جاری شد و دوباره حقیقت جلوه‌گر گردید.

می‌خرامـد بـخت و دامـن مـی‌کشد　　　نـوبتِ تـوبه شکسـتن مـی‌زند[4] ۹۴۴

بخت و اقبالی رسیده و وقت توبه شکستن شده است.

تـوبه را بـارِ دگـر سـیلاب بُـرد　　　فرصت آمد، پاسبان[5] را خواب بُرد ۹۴۵

بار دیگر سیلابِ عشق در غیبتِ عقل جزوی توبه را بُرد.

هر خماری مست گشت و باده خَورد　　　رخت را امشب گرو خـواهـیم کـرد[6] ۹۴۶

آن قدر عنایت فراوان است که هر خُماری از این خَمر خاصّ خورد. ما هم هستیِ خود را فدا می‌کنیم.

زآن شـرابِ لعـلِ جـانِ جـانْفزا[7]　　　لعـل انـدر لعـل انـدر لعـلْ مـا[8] ۹۴۷

از آن مِیِ الهی چنان سرشاریم که خود مِیِ لعل شده‌ایم.

باز خُرّم گشت مجلس[9]، دلفروز[10]　　　خیز، دفعِ چشمِ بد[11]، اسپند[12] سوز ۹۴۸

باز مجلسِ جانِ ما شاداب و پرشور است. برخیز و برای دفعِ چشمِ بد اسپند دود کن.

نـعرهٔ مسـتانِ خـوش مـی‌آیدم　　　تـا ابـد جـانا چُـنین مـی‌بایدم ۹۴۹

بانگِ مستانهٔ سرمستان را دوست دارم و تا ابد می‌خواهم آن را بشنوم.

---

۱ - **نوروز :** آغاز بهار و عید، اینجا نوروز به معنیِ روز نو یا روزی تازه است که در آن طلیعه‌ای از عنایت حق در جان «بنده» دمیده شده است.　۲ - **پَدفوز :** لب و دهان. «خوش‌پَدفوز»: شیرین‌کام، شادکام.

۳ - بازگشت به قصّه است و این سخنان عاشقانهٔ مولاناست از زبان بلال.

۴ - **نوبت زدن :** نقاره زدن، اینجا اعلام کردن.

۵ - **پاسبان :** مراد عقل جزوی است که مصلحت‌اندیش است. عقلِ محاسبه‌گر.

۶ - مصراع دوم: ما هم باید امشب دار و ندار خود راگرو بگذاریم؛ یعنی رختِ هستی یا «تمامِ وجودِ» خود را فدای دوست کنیم و می‌کنیم.　۷ - **شرابِ لعلِ جان‌فزا :** توجّه حق که سبب منوّر شدنِ درون و معرفت است.

۸ - مصراع دوم: چنان سرشاریم که دیگران را هم مستِ حق می‌کنیم.

۹ - **مجلس :** کنایه از حالِ باطنی، مجلسِ جان.　۱۰ - **دلفروز :** شادی‌بخش.

۱۱ - **چشم بد :** مراد نیروی منفیِ چشمِ کسانی است که با حَسَد یا بدی‌ها درونی تاریک دارند.

۱۲ - **اسپند :** اسفند: سوزاندن و یا دودکردن اسپند سنّتی است که از قدیم برای دفع نیروهای منفی بوده است.

نک هلالی با بلالی یار شد — زخمِ خار او را گُل و گُلزار شد ۹۵۰

اینک هرچند که بِلال از ضعف چون هلال شده؛ ولی سرمستیِ روحانی‌اش آن ضربات را دلنشین کرده است.

گر ز زخمِ خارْ تن غربال شد — جان و جسمم گلشنِ اقبال[1] شد ۹۵۱

هرچند جسمم از ضربات سوراخ سوراخ شده؛ امّا این جسم و جان گلشن اقبال هم شده است.

تن به پیشِ زخمِ خارِ آن جُهود — جانِ من مست و خرابِ آن وَدود[2] ۹۵۲

تنم را آن کافر تازیانه می‌زند؛ امّا جانم سرمست و بیقرارِ آن خدای مهربان است.

بویِ جانی سویِ جانم می‌رسد — بویِ یارِ مهربانم می‌رسد[3] ۹۵۳

جانم بویِ جانِ یارِ مهربان را استشمام می‌کند.

از سویِ معراج آمد مصطفی — بر بلالش حَبَّذا لی حَبَّذا[4] ۹۵۴

پیامبر(ص) از معراج و عالم غیب برای بلال تحسین آورده است.

چونکه صدّیق از بلالِ دَمْدُرُست[5] — این شنید، از توبهٔ او دست شُست ۹۵۵

چون صدّیق از بلالِ صادق این سخنان را شنید از توبهٔ او ناامید شد.

بازگردانیدنِ صدّیق، رَضی الله عنه، واقعهٔ بلال را، رَضی الله عنه، و ظلمِ جهودان را بر وی و اَحَد اَحَد گفتنِ او، و افزون شدنِ کینهٔ جهودان، و قصّه کردنِ آن قضیّه پیشِ مصطفی علیه السَّلام، و مشورت در خریدنِ او

بعد از آن صدّیق پیشِ مصطفی — گفت حالِ آن بلالِ باوفا ۹۵۶

بعد از آن صدّیق نزد مصطفی(ص) حال بلالِ باوفا را بازگو کرد.

---

۱ - **گلشنِ اقبال :** گلستانِ بخت و اقبالِ روحانی و معنوی.   ۲ - **وَدود :** بسیار مهربان.

۳ - مراد پیامبر(ص) است. این سخنان از زبان بلال است.

۴ - اشاره به خبری با همین مضمون که رسول خدا(ص) که از معراج بازگشت، فرمود که در بهشت از گوشه‌ای صدایی را شنیده و جبرائیل گفته است که صدای بِلال است و ایشان به بلال فرمود: خوشا بر تو، خوشا بر تو: احادیث، ص ۵۴۰.   ۵ - **دَمْدُرُست :** صادق و راستگو.

کآن فلک‌پیمایِ میمون‌بالِ چُست[۱] این زمان در عشق و اندر دامِ توست ۹۵۷

گفت: آن بنده‌ای که جانش در بلندایِ معنا پروازی خوش دارد، گرفتار عشق توست.

بازِ سلطان[۲] است زآن جُغدان[۳] به رنج در حَدَث[۴] مدفون‌شده‌است آن زَفْت‌گنج[۵] ۹۵۸

او مانند باز سلطان است که در جُغدستان به رنج افتاده و یا گنج عظیمی که در نجاست مدفون شده است.

جُغدها بر بازِ اِستم می‌کنند پرّ و بالش، بی گناهی می‌کَنَند ۹۵۹

جُغدها به او ظلم می‌کنند و بی هیچ گناهی پروبالش را می‌کَنَند.

جُرمِ او این است کو باز است و بس غیرِ خوبی جُرمِ یوسف چیست پس؟ ۹۶۰

گناهِ او فقط «باز» بودن اوست، همانند یوسف(ع) که گناهش جمال و کمال بود.

جُغد را ویرانه باشد زاد و بود[۶] هست‌شان بر باز، زآن زخمِ جُهود[۷] ۹۶۱

جُغد در ویرانه به دنیا می‌آید و همان جا زندگی می‌کند و خشم کینه‌توزانه‌اش به باز برای همین است.

که: چرا می یاد آری زآن دیار؟ یا ز قصر و ساعدِ آن شهریار؟[۸] ۹۶۲

می‌گویند: چرا از آن عالم و عظمتش و قُربِ شاه یاد می‌کنی؟

در دِهِ جُغدان فضولی[۹] می‌کنی فتنه و تشویش در می‌افکنی ۹۶۳

در محلّهٔ جغدان با فضولی فتنه و آشوب برپا می‌کنی.

مسکنِ ما را که شد رشکِ اثیر[۱۰] تو خرابه خوانی و نامِ حقیر؟ ۹۶۴

جایگاه ما را که مایهٔ حسد عالم بالاست، چرا خرابه و حقیر می‌خوانی؟

---

۱ - مصراع اوّل: فلک‌پیما: کنایه از جانِ بلندپرواز بلال است. بِلالِ بلندپروازِ مبارک‌بالِ چالاک.

۲ - **باز سلطان:** کنایه از مؤمن راستین و یا عارف است. ۳ - **جُغد:** کنایه از کافر یا منکر.

۴ - **حَدَث:** نجاست، پلیدی. ۵ - **زَفْت‌گنج:** گنجِ عظیم. ۶ - **زاد و بود:** محلّ زادن و زیستن.

۷ - **زخم جهود:** خشم جهود یا کینهٔ شدید.

۸ - بیت اوّل: که چرا از آن دیار و کاخ و ساعد شهریار یاد می‌کنی؟ ۹ - **فضولی:** یاوه‌گویی.

۱۰ - **رشکِ اثیر:** حسدِ عالمِ اثیری، حسدِ عالمِ بالا.

شَـید آوردی[1] کـه تـا جُـغدانِ مـا[2]   مـر تـو را سـازند شـاه و پـیشوا؟[3] ۹۶۵

نیرنگی به کار برده‌ای تا جغدان تو را شاه و رهبرِ خود کنند.

وهم و سودایـی در ایشـان مـی‌تنی   نامِ این فـردوس[4] ویـران مـی‌کنی؟ ۹۶۶

آنان را به توهّم و خیال باطل مبتلا می‌کنی و این بهشت را خرابه می‌خوانی.

بر سرت چندان زنیم ای بدصفات!   که بگـویی تـرک شـید و تُـرّهات[5] ۹۶۷

ای بدخوی، چندان بر سرت می‌زنیم تا مکر و سخنان بیهوده را رها کنی.

پیشِ مشرق[6] چار میخش می‌کنند   تـن بـرهنه شـاخِ خـارش مـی‌زنند ۹۶۸

زیر تابش آفتاب به چهارمیخش می‌کشند و با شاخهٔ خار بر تن برهنهٔ او می‌زنند.

از تَنَش صد جای خون بر می‌جهد   او اَحَـد مـی‌گوید و سـر مـی‌نهد[7] ۹۶۹

از صدها جای بدنش خون فوّاره می‌زند؛ امّا او می‌پذیرد و می‌گوید: خدا یکی است.

پـندها دادم کـه: پـنهان دار دیـن   سِـر بـپوشان از جُـهودانِ لعـین ۹۷۰

اندرزها دادم که دین خود را پنهان کن و راز دلت را از کافران ملعون مخفی کن.

عاشق است، او را قیامت آمده است   تا درِ توبه بـر او بسـته شـده است ۹۷۱

عاشق است، گویی برای او رستاخیز برپا شده که درِ توبه بر او بسته شده است.

عـاشقی و تـوبه یـا امکـان صـبر؟   این مُحالی باشد ای جان! بس سطبر[8] ۹۷۲

عاشق شدن و توبه کردن یا عشق و امکان بردباری؟ ای جان، این بسیار محال است.

توبه کِـرم و عشـق هـمچون اژدهـا   توبه وصفِ خلق و آن وصفِ خـدا ۹۷۳

«توبه» مانند «کرمِ حقیر» و «عشق» مانند «اژدها» ست. توبه صفت خلق و عشق صفت خداست.

---

۱ - **شید آوردن:** مکر ورزیدن. ۲ - **جُغدانِ ما:** جغدهایِ همنوعِ ما.

۳ - طعنه‌ای که همواره «اهلِ دنیا» به انبیا و اولیا دارند که هدفِ شما سروری و ریاست‌طلبی است.

۴ - **فردوس:** اینجا مراد دنیاست که اهل دنیا آن را بهشت می‌دانند.

۵ - **تُرّهات:** سخنان یاوه، اینجا سخنانِ بیهودهٔ گمراه کننده. ۶ - **پیشِ مشرق:** زیر آفتابِ گرم.

۷ - **سر می‌نهد:** می‌پذیرد و قبول می‌کند. ۸ - **محالی بس سِطَبْر:** بسیار محال.

عشق ز اوصافِ خـدایِ بـی نـیاز[1] عـاشقی بـر غـیرِ او بـاشد مـجاز ۹۷۴

«عشق» از صفت‌هایِ باری تعالیٰ است. عشق به هر چیز جز او عشقِ مجازی است.

زانکه آن حُسنِ زراندود آمده است ظاهرش نور، اندرون دود آمده است ۹۷۵

زیرا هر جمالِ دنیوی، مانندِ مسِ زراندود است با ظاهری درخشان و درونی تاریک.

چون رود نور و شود پیدا دُخـان[2] بِـفسُرد عشـقِ مـجازی آن زمـان[3] ۹۷۶

هنگامی که نور از میان برود و تیرگیِ زیبایی دنیوی هویدا شود، عشقِ مجازی محو می‌شود.

وا رود آن حُسن سویِ اصـلِ خَـود جسـم مـانَد گـنده و رسـوا و بـد ۹۷۷

زیبایی به اصلِ خود باز می‌گردد و جسمِ گندیده رسوا و زشت می‌مانَد.

نورِ مَهْ[4] راجع شود هم سـویِ مـاه[5] وا رود عکسش[6] ز دیـوارِ سـیاه[7] ۹۷۸

نورِ ماه به سویِ ماه باز می‌گردد و تابشش از دیوار سیاه زایل می‌شود.

پس بمانَد آب و گِل[8] بی آن نگـار گردد آن دیـوار بی مَـهْ، دیـو وار[9] ۹۷۹

دیوار بدون نور و جلوهٔ ماه تاریک و ترسناک بر جای می‌مانَد.

قلب[10] را که زر زِ رویِ او بِـجَست بازگشت آن زر، به‌کانِ خود نشست ۹۸۰

«زر»ی که از روی طلای تقلّبی دور شود، به معدنِ خود باز می‌گردد.

پس مسِ رُسـوا[11] بـمانَد دود وَش زو سِـــیه‌روتر بـــمانَد عـــاشقش ۹۸۱

امّا مس تیره و تار می‌مانَد و عاشقش از او تیره‌تر.

عشـقِ بـینایان بُـوَد بـر کـانِ زر لاجـــرم هـــر روز بـــاشد بـــیشتر ۹۸۲

چون عشقِ عارفان به مبدأ هستی و حقیقی است، هر روز افزون‌تر می‌گردد.

---

۱ - اشارتی قرآنی؛ مائده: ۵۴/۵: یُحِبُّهُم وَ یُحِبُّونَه. ۲ - **دُخان :** دود.

۳ - اشاره به اینکه عشقِ غیر حقیقی هرگز پایدار نیست. ۴ - **نورِ مَه :** کنایه از نور حق.

۵ - **ماه :** کنایه از «حق». ۶ - **عکس :** پرتو یا تابش.

۷ - **دیوار سیاه :** کنایه از هر وجودِ فناپذیر که به خودیِ خود جلوه و جاذبه‌ای ندارد.

۸ - **آب و گِل دیوار :** مراد خود دیوار یا هر موجود مادّی است که در پرتو نور حق جلوه‌ای یافته است.

۹ - **دیو وار :** مانند دیو که کنایه از تاریکی و زشتی است. ۱۰ - **قلب :** طلای تقلّبی.

۱۱ - **مسِ رسوا :** مس که زراندودی‌اش پایان یافته و تیرگی‌اش هویدا شده است، کنایه از هر جلوه یا جاذبهٔ دنیوی.

زانکه کان را در زری نَبْوَد شریک مرحبا ای کانِ زرّ! لا شَکَّ فیک ۹۸۳

زیرا «هستیِ حقیقی» مثل و مانندی ندارد. ای «مبدأ هستی»، مرحبا که شکّی در وجودت نیست.

هر که قلبی را کند انبازِ کان وا رَوَد زر تا به کانِ لا مکان ۹۸۴

هر کس که «دنیا» را «معبود» خود قرار دهد، به زودی می‌بیند که این جلوه‌ها به معدن خود باز می‌گردند.

عاشق و معشوق مُرده ز اضطراب مانده ماهی، رفته زآن گرداب آب[1] ۹۸۵

عاشق و معشوق به شدّت مضطرب می‌شوند؛ زیرا خود را مانند ماهی بی آب مُرده می‌بینند.

عشقِ ربّانی‌ست خورشیدِ کمال امرْ نورِ اوست، خَلقان چون ظِلال[2] ۹۸۶

«عالمِ امر» نور خداست و «عالمِ خلق» مانند سایهٔ اوست. «عشقِ الهی» این سایه‌ها را به کمال می‌رساند و به اصلِ خود باز می‌گردانَد.

مصطفی زین قصّه چون خوش بر شکُفت رغبت افزون گشت او را هم به گفت[3] ۹۸۷

چون مصطفی(ص) با اشتیاق به قصّهٔ بلال توجّه کرد، ابوبکر علاقمند شد که بیشتر سخن بگوید.

مستمع چون یافت همچون مصطفی هر سرِ مویش زبانی شد جدا ۹۸۸

چون شنونده‌ای مانند پیامبر(ص) یافت، با جان و دل قصّه را شرح داد.

مصطفی گفتش که: اکنون چاره چیست؟ گفت: این بنده مر او را مشتری‌ست ۹۸۹

رسول خدا(ص) فرمود: اکنون چاره چیست؟ ابوبکر گفت: می‌خواهم او را خریداری کنم.

هر بها که گوید او را می‌خَرَم در زیان و حیفِ ظاهر ننگرم ۹۹۰

هر قیمتی را که ارباب او بگوید، می‌پردازم و به سود یا زیان نمی‌اندیشم.

کو اسیرُ اللهِ فِی الْاَرض آمده است[4] **سُخرهٔ**[5] **خشمِ عَدُوِّ اللّه شده است** ۹۹۱

زیرا او اسیرِ عشق حق است که در پنجهٔ قهر و غضب دشمن خدا قرار گرفته است.

---

۱ – آب ازگرداب رفته، یعنی جلوه و جاذبه‌های دنیوی که مانند زر بر رویِ دنیا و معبودهایِ دنیوی قرار گرفته بود، زایل می‌شود و معشوق می‌بیند که معبودِ غیر حقیقیِ او چون ماهیِ بی آب مُرده است و خود او نیز همین حال را دارد. «گرداب» هم این جهان است. ۲ – **ظِلال**: سایه. ۳ – بازگشت به قصّهٔ بلال.

۴ – مصراع اوّل: اسیر و بندهٔ خداست؛ یعنی در اسارتِ عشق حق است.

۵ – **سُخره**: مورد استهزاء، اینجا «سخرهٔ خشم»: مورد خشم یا مشمول قهر و غضب.

وصیّت کردنِ مصطفی علیه السَّلام، صدّیق را، رَضی الله عنه، که: چون بِلال را مشتری می‌شوی، هر آینه ایشان از ستیز برخواهند در بها فزود، و بهایِ او را خواهند فزودن، مرا در این فضیلت شریکِ خود کن، وکیلِ من باش و نیمْ‌بها از من بستان

مصطفی گفتش که: ای اقبال جو[1] ! اندر این من می‌شوم اَنباز[2] تو ۹۹۲

مصطفی(ص) فرمود: ای خیرخواه، در این کار من شریکِ تو می‌شوم.

تو وکیلم باش، نیمی بهرِ من مشتری شو، قبض کن از من ثَمَن[3] ۹۹۳

تو وکیلم باش و او را بخر و نیمی از بها را از من بگیر.

گفت: صد خدمت کنم،[4] رفت آن زمان سویِ خانهٔ آن جهودِ بی امان[5] ۹۹۴

ابوبکر گفت: با جان و دل این وظیفه را می‌پذیرم و به سویِ خانهٔ آن کافر سنگدل رفت.

گفت با خود کز کفِ طفلان[6] گُهر[7] پس توان آسان خریدن ای پدرا! ۹۹۵

با خود می‌اندیشید: ای پدر، جواهر را از دست کودکان به سهولت می‌توان خرید.

عقل و ایمان را از این طفلانِ گول می‌خَرَد با مُلکِ دنیا دیوِ غول[8] ۹۹۶

شیطان به وسیله دنیا و جاذبه‌هایش عقل و ایمانِ این کودک صفتانِ ابله را می‌خرد.

آنچنان زینت دهد مُردار[9] را که خَرَد زیشان دو صد گلزار[10] را ۹۹۷

چنان دنیا را در چشمِ آنان می‌آراید که معنویّت و روحانیتِ وجودشان را در قبالش می‌دهند.

آنچنان مهتاب پیماید به سِحر[11] کز خَسان صدکیسه برباید[12] به سِحر ۹۹۸

مهتاب را با جادو چنان گز می‌کند که می‌تواند تمامِ سرمایه‌شان را برباید.

---

۱ - **اقبال جو**: جویندهٔ اقبالِ معنوی، جویندهٔ قبول و رضایت حق، خیرخواه، خیّر. ۲ - **انباز**: شریک.
۳ - **ثَمَن**: بها. ۴ - **صد خدمت کنم**: با جان و دل خدمت می‌کنم و این وظیفه را انجام می‌دهم.
۵ - **بی‌امان**: اینجا سنگدل. ۶ - **طفلان**: کنایه از معاندان یا منکران «اهل دنیا» که عاری از معرفت‌اند.
۷ - **گُهَر**: اشاره به بلال و جانِ مصفّای وی. ۸ - **دیو غول**: شیطان گمراه کننده.
۹ - **مُردار**: کنایه از دنیا. ۱۰ - **دوصد گلزار**: عقل و ایمان و همهٔ قابلیّت و استعداد ترقّی و تعالی.
۱۱ - «مهتاب را متر کردن و فروختن»: اشاره است به سحرِ بسیار قوی که قبلاً در ۱۱۶۴/۳ هم آمده است.
۱۲ - **صد کیسه ربودن**: کنایه از ربودن یا بردن تمامِ سرمایهٔ آدمی است.

انبیاشان تاجری آموختند[۱] پیشِ ایشان شمعِ دین افروختند ۹۹۹

پیامبران آنان را به سوی حق فرا خواندند و راهِ دین و نورِ ایمان را نشان دادند.

دیو و غولِ ساحر[۲] از سِحر و نَبَرد[۳] انبیا را در نظرشان زشت کرد ۱۰۰۰

امّا شیطان با وسوسه و لجاج پیامبران را در نظرشان زشت جلوه داد.

زشت گردانَد به جادویی عدو تا طلاق افتد میان جُفت و شو[۴] ۱۰۰۱

دشمن با جادو زن و شوهر را در نظر یک‌دیگر زشت جلوه می‌دهد تا میان آنان طلاق رخ دهد.

دیده‌هاشان را به سحری دوختند تا چنین جوهر[۵] به خس[۶] بفروختند ۱۰۰۲

چشمِ دنیادوستان با جاذبه‌های دنیوی چنان فریفته می‌شود که «عالم مادّه» را می‌گیرند و «عالم معنا» را رها می‌کنند.

این گُهر از هر دو عالَم برتر است هین بخر زین طفلِ جاهل[۷]، کو خر است ۱۰۰۳

این وجود سرشار از عشق خدا از هر دو عالم فراتر است. هان، آن را از خواجهٔ ابله‌اش بخر.

پیشِ خر[۸] خرمُهره و گوهر[۹] یکی‌ست آن اِشَک[۱۰] را در دُر و دریا[۱۱] شکی‌ست ۱۰۰۴

نزدِ آن ابله آدم‌ها همه یکی هستند؛ چون او ایمان و عالم غیب را باور ندارد.

مُنکرِ بحر است و گوهرهای او کی بُوَد حیوان دُر و پیرایه‌جو[۱۲]؟ ۱۰۰۵

او دریای معنا و گوهرهای معرفت را انکار می‌کند. چگونه چهارپا جویای معارف باشد؟

در سرِ حیوان خدا ننهاده است کو بُوَد در بندِ لعل[۱۳] و دُرپرست ۱۰۰۶

خداوند به حیوان خردِ حق‌جویی نداده است.

---

۱ – مصراع اوّل: تاجری آموختن انبیا: به سوی حق فراخواندن است. ۲ – **غولِ ساحر :** شیطانِ جادوگر.

۳ – **سحر و نبرد :** جادو و لجاج.

۴ – اشاره به جادوی سیاه یا اوراد و عزایمی است که برای جدایی و تفرقه به روش‌هایی خاص به‌کار می‌برده‌اند با استفاده از مو یا استخوان و یا چیزهای دیگری. ۵ – **جوهر :** گوهر: کنایه از عالم غیب.

۶ – **خس :** کنایه از دنیا و جلوه‌های آن. ۷ – **طفلِ جاهل :** مراد خواجهٔ دنیادوستِ بلال است.

۸ – **خر :** کنایه از دنیاپرست. ۹ – **خرمُهره و گوهر :** اینجا کنایه از منکر و مؤمن.

۱۰ – **اِشَک :** خر، لفظ ترکی. ۱۱ – **دُر و دریا :** اینجا دین و ایمان و عوالم غیبی.

۱۲ – **دُر و پیرایه :** کنایه از علوم و اسرار یا معارف. ۱۳ – **در بندِ لعل بودن :** اینجا در بند دین و ایمان بودن.

مر خران را هیچ دیدی گوش‌وار[1] ؟ گوش و هوش ِ خر بُوَد در سبزه‌زار[2] 1007

آیا خری را دیده‌ای که خود را زینت کند؟ تمام هوش و حواسّ او به چریدن است.

أحْسَنَ ٱلتّقْویم[3] در وَٱلتّین بخوان که:گرامی گوهر است[4] ای دوست! جان ۱۰۰۸

ای دوست، در سورهٔ تین آیهٔ «به راستی که انسان را در بهترین شایستگی‌ها آفریده‌ایم» را بخوان تا بدانی که «روحِ انسان» چه مقام والایی دارد.

أحْسَنَ ٱلتّقویم، از عرش او فزون أحسَنَ ٱلتّقویم، از فکرت[5] برون ۱۰۰۹

«روحِ انسان» برتر از عرش و اندیشه است.

گر بگویم قیمتِ این مُمتنِع[6] من بسوزم، هم بسوزد مُستَمِع ۱۰۱۰

اگر بهایِ بی بهایِ این گوهر را بگویم، شأن و قدرش هستیِ مادّیِ گوینده و شنونده را می سوزاند.

لب ببند اینجا و خر این سو مران[7] رفت این صدّیق سویِ آن خران ۱۰۱۱

خاموش باش و این بحث را رها کن که ابوبکر صدّیق به سویِ آن معاندان رفت.

حلقهٔ در زد، چو در را برگشود رفت بی خود در سرایِ آن جُهود ۱۰۱۲

حلقه را به صدا در آورد، چون کافر در را گشود، ابوبکر مدهوش وارد شد.

بی خود و سرمست و پر آتش نشست از دهانش بس کلامِ تلخ جَست ۱۰۱۳

مدهوش و سرمست و خشمگین نشست و بسی سخنان ناگوار گفت.

کین وَلِیُّ الله[8] را چون می‌زنی؟ این چه حِقد[9] است ای عَدوّ[10] روشنی؟ ۱۰۱۴

گفت: ای دشمن روشنایی، چرا با کینه این ولیِّ خدا را می‌زنی؟

گر تو را صدقی‌ست اندر دینِ خَود ظلم بر صادق، دلت چون می‌دهد؟ ۱۰۱۵

اگر در دین خود صداقتی داری، چگونه دلت راضی می‌شود که به صادق ستم کنی؟

---

۱ - **گوش‌وار** : گوشواره، مراد زینت کردن است. کسبِ معارف هم سبب زینت و ارتقای جان آدمی است که حیوان‌صفتان از آن بی‌بهره‌اند. ۲ - **سبزه‌زار** : اینجا کنایه از سبزه‌زار دنیا. ۳ - اشارتی قرآنی؛ تین: ۴/۹۵.

۴ - **گرامی گوهر** : گوهر گرانبها، اینجا مقام والا.

۵ - **از فکرت برون** : از حیطهٔ اندیشهٔ عادی بشری فراتر است.

۶ - **مُمتنع** : محال، «این ممتنع»: این گوهر گرانبها یا روحِ انسانی که به سهولت نمی‌توان آن را یافت.

۷ - **خر این سو مران** : وارد این بحث نشو. ۸ - **وَلِیُّ الله** : دوست خدا، اینجا بلال.

۹ - **حِقد** : کینه، عداوت. ۱۰ - **عدو** : دشمن.

ای تـو در دیـنِ جـهودی مـاده‌یی[1]   کین گُمان داری تو بر شه‌زاده‌یـی[2] ۱۰۱۶

ای کسی که در دین خودت هم ثباتی نداری، چرا دربارهٔ بلال چنین گُمانی داری؟

در هــمه ز آیـینهٔ کـژساز خَـود[3]   مــنگر ای مـردودِ نـفرینِ اَبـد ۱۰۱۷

ای مطرود لعنت ابدی، از دیدگاهِ باطنیِ کج‌نمای خودت به دیگران نگاه نکن.

آنـچه آن دم از لبِ صـدّیق جَست   گر بگویم، گُم کنی تو پای و دست ۱۰۱۸

اگر آنچه را که آن لحظه ابوبکر گفت، بگویم، دست و پایت را گُم می‌کنی.

آن یَنابیعُ اَلحِکَـم[4] هـمچون فُـرات   از دهـانِ او دوان، از بـی جـهات ۱۰۱۹

«چشمه‌هایِ حکمت» با قدرت و شدّت از عالم لامکان بر زبان او جاری می‌شد.

همچو از سنگی که آبـی شـد روان   نـه ز پـهلو مـایه دارد، نـه از مـیان ۱۰۲۰

همانند آبی که از درونِ سنگی بجوشد و معلوم نباشد که از کجا می‌آید.

اسپرِ[5] خود کرده حـقّ آن سـنگ را   بــر گشــاده آبِ مـینا رنگ[6] را ۱۰۲۱

قدرت الهی آن سنگ را سپر خود ساخت و آبی زلال را از آن جاری کرد.

همچنان کز چشمهٔ چشـمِ تـو نـور   او روان کرده است بی بُخل و فُتور[7] ۱۰۲۲

همان‌طور که پروردگار بی هیچ کم و کاستی از چشمهٔ چشم تو نور را جاری کرده است.

نه ز پیه آن مایه دارد، نه ز پـوست   روی پوشی کرد در ایـجاد، دوست ۱۰۲۳

نور چشم از ساختمانِ آن نیست. قدرت الهی دستگاهِ بینایی را حجابِ ارادهٔ حق قرار داده است.

در خـلایِ گـوش بـادِ جـاذبش   مُـدرِکِ صـدقِ کـلام و کـاذبش ۱۰۲۴

هوای داخلِ حفرهٔ گوش، صداهایی را که گوش خارجی به آنجا منتقل کرده است، جذب می‌کند و انسان راست یا دروغِ آن را می‌فهمد.

---

۱ - **ماده:** زن، اینجا کسی که مرد راه نیست یا ثباتی در ایمان ندارد.   ۲ - **شه زاده:** اشاره به بلال.

۳ - **آیینهٔ کژساز خود:** از باطنِ کج و ناراستِ خود.

۴ - اشاره به روایتی با این مضمون که هرکس چهل شب را با اخلاص به روز آورد چشمه‌های حکمت از دل بر زبانش جاری می‌شود: ر.ک: ۵۵۳/۱.   ۵ - **اسپر:** سپر، پرده یا پوشش.

۶ - **آبِ مینارنگ:** آبِ آبی رنگ، آب زلال و شفّاف.

۷ - **بی بُخل و فُتور:** بدون تنگ‌نظری و سستی، یعنی بی‌کم و کاست در نهایت قدرت و قوّت.

آن چه باد است اندر آن خُردْ استخوان؟ کو پذیرد حرف و صوتِ قصّه‌خوان ۱۰۲۵

چه بادی در آن استخوان کوچک است که حرف و آوای قصّه‌گو را می‌شنود و می‌پذیرد؟

استخوان و باد روپوش است و بس در دو عالم غیرِ یزدان نیست کس ۱۰۲۶

استخوان و هوای درون گوش هم برای پوشاندن حقیقتی یگانه است که در دو عالم چیزی جز او نیست.

مستمع او، قایل او، بی احتجاب[1] زانکه اَلْاُذْنانْ مِنَ اَلرَّأس،[2] ای مُثاب[3]! ۱۰۲۷

شنونده و گوینده، مراتب گوناگون جلوهٔ حق‌اند؛ زیرا گوش‌ها از اعضای سر هستند.

گفت: رحمت گر همی آید بر او زر بده، بستانش، ای اِکرام خو ۱۰۲۸

کافر گفت: ای کریم، اگر دلت می‌سوزد، زر بده و او را بخر.

از مَنَش واخر چو می‌سوزد دلت بی مَؤونت[4] حل نگردد مُشکلت ۱۰۲۹

چون دلت می‌سوزد، او را بخر. بدون پول مشکلت حل نمی‌شود.

گفت: صد خدمت کنم، پانصد سجود بنده‌یی دارم تن اسپید و جهود ۱۰۳۰

ابوبکر گفت: به شکرانهٔ این داد و ستد خدمت‌ها می‌کنم و سجده‌ها. بنده‌ای سفیدپوست و کافر دارم،

تن سپید و دل سیاهستش، بگیر در عوض دِهْ تن سیاه و دل مُنیر ۱۰۳۱

آن سفید پوستِ سیاه دل را بگیر و این غلامِ سیاه پوستِ روشن دل را بده.

پس فرستاد و بیاورد آن هُمام بود الحق سخت زیبا آن غلام ۱۰۳۲

پس آن بزرگمرد کسی را فرستاد تا آن غلام را که واقعاً زیبا بود، آورد.

آنچنانکه ماند حیران آن جُهود آن دلِ چون سنگش از جا رفت زود ۱۰۳۳

او چنان خوش سیما بود که آن کافر حیران ماند و بلافاصله دل سنگش لرزید.

---

۱ - **بی احتجاب :** بی پرده.

۲ - مستفاد از این حدیث است: هنگام وضو گرفتن آب در دهان و بینی کردن و شستن آن‌ها سنّت پیامبر(ص) است: احادیث، ص ۵۴۱. ۳ - **مُثاب :** ثواب یافته. ۴ - **مَؤونت :** مَوونة: خرج، هزینه.

حالتِ صورت پرستان این بُوَد — سنگشان از صورتی مومین بُوَد ۱۰۳۴

حالِ ظاهرپرستان همین است که دلِ سنگِ آنان از دیدنِ صورتی زیبا، چون موم نرم می‌شود.

باز، کرد استیزه و راضی نشد — که: بر این افزون بدِه بی‌هیچ بُد ۱۰۳۵

امّا آن کافر باز هم لجاجت کرد و راضی نشد و گفت: باید پول بیشتری بدهی.

یک نصابِ نقره[1] هم بر وی فُزود — تا که راضی گشت حرص ِآن جُهود ۱۰۳۶

ابوبکر حدود دویست درم بر آن افزود تا او راضی شد.

خندیدنِ جُهود و پنداشتن که صدّیق مغبون است در این عقد

قهقهه زد آن جُهودِ سنگ‌دل — از سرِ افسوس و طنز و غِشّ و غِل ۱۰۳۷

آن کافر سنگدل از سر تمسخر، شوخی، غرض‌ورزی و نادرستی قهقهه‌ای سر داد.

گفت صدّیقش که: این خنده چه بود؟ — در جوابِ پرسش، او خنده فُزود ۱۰۳۸

ابوبکر گفت: چرا خندیدی؟ و او بر خنده‌اش افزود.

گفت: اگر جِدّت[2] نبودی و غِرام[3] — در خریداریِ این اَسوَدْ[4] غلام ۱۰۳۹

کافر گفت: اگر در خریدِ این غلام سیاه این همه جدّی و مشتاق نبودی،

من ز استیزه[5] نمی‌جوشیدمی — خود به عُشر[6] اینْش بفروشیدمی ۱۰۴۰

من لجاجت نمی‌کردم و او را به یک دهم این قیمت می‌فروختم.

کو به نزدِ من نیرزد نیم دانگ — تو گِران کردی بهایش را به بانگ ۱۰۴۱

زیرا او در نظر من به نیم پشیز هم نمی‌ارزد. تو با هیاهو قیمتش را بالا بردی.

پس جوابش داد صدّیق: ای غَبی[7]! — گوهری دادی به جوزی، چون صَبی[8] ۱۰۴۲

پس ابوبکر گفت: ای ابله، با نادانی گوهری را به گردویی از دست دادی.

---

۱ - **نِصاب نقره**: مقداری نقره که بر آن زکات واجب می‌شود، حدود دویست درم.

۲ - **جِدّ**: کوشش در کاری، جدّ و جهد. ۳ - **غِرام**: عشق و اشتیاقِ شدید. ۴ - **اَسود**: سیاه.

۵ - **استیزه**: ستیزه. ۶ - **عُشر**: یک دهم. ۷ - **غَبی**: ابله، کودن. اینجا جهل و نادانی.

۸ - **صَبی**: کودک.

کو به نزدِ من همی ارزد دو کَوْن[1] **من به جانَش ناظرستم، تو به لَوْن**[2] ۱۰۴۳

زیرا او در نظر من به دو عالم می‌ارزد. من جانش را می‌بینم و تو رنگِ او را.

زرِّ سرخ است او سِیَه تاب آمده از برای رَشکِ این احمق کده ۱۰۴۴

او طلایِ ناب است که برای مصون ماندن از حسد دنیاپرستان سیاه رنگ شده است.

دیدهٔ این هفت رنگِ جسم‌ها[3] **در نیابد زین نقاب آن روح را** ۱۰۴۵

چشمِ ظاهربین نمی‌تواند از پسِ حجابِ تن آن روح را ببیند.

گر مِکیسی[4] **کردیی در بیع**[5] **بیش دادمی من جمله مُلک و مالِ خویش** ۱۰۴۶

اگر در فروش بیشتر چانه می‌زدی، همهٔ دارایی و ثروتم را می‌دادم.

ور مِکاس افزودیی، من زِاهتمام[6] **دامنی زر کردمی از غیرْ وام** ۱۰۴۷

اگر روی قیمت باز هم چانه می‌زدی، من می‌کوشیدم و از دیگری قرض می‌گرفتم.

سهل دادی زانکه ارزان یافتی دُر[7] **ندیدی، حقّه**[8] **را نشکافتی** ۱۰۴۸

امّا تو چون او را آسان به دست آوردی، آسان از دست دادی. صندوقچهٔ وجودش را نشکافتی تا مروارید درونش را ببینی.

حُقّهٔ سربسته، جهلِ تو بداد زود بینی که چه غَبنت[9] **اوفتاد** ۱۰۴۹

نادانی‌ات صندوقچهٔ سربسته را به من داد. به زودی می‌بینی که چه زیانی کرده‌ای.

حُقّهٔ پُر لعل را دادی به باد همچو زنگی در سیه‌رویی تو شاد ۱۰۵۰

صندوقچهٔ پر لعل را به باد دادی و مانند زنگی شادمان هستی و زشتیِ نادانیِ خود را نمی‌بینی.

عاقبت واحسرتا گویی بسی بخت و دولت را فُروشَد خود کسی؟[10] ۱۰۵۱

عاقبت بسیار حسرت خواهی خورد. آیا کسی بخت و اقبال را می‌فروشد؟

بخت با جامهٔ غلامانه رسید چشمِ بدبختت به جز ظاهر ندید ۱۰۵۲

وجودِ او تجسّمِ اقبالی بود که با جامهٔ غلامی آمده بود؛ امّا چشمِ تو فقط ظاهرش را دید.

---

۱ - **دو کَوْن**: دو عالم. ۲ - **لَوْن**: رنگ. ۳ - مصراع اوّل: چشم ظاهر که می‌تواند هفت رنگ را ببیند.

۴ - **مِکیس**: مُمالِ مِکاس: چانه زدن در خرید و فروش. ۵ - **بیع**: خریدن و فروختن.

۶ - **اهتمام**: همّت، اینجا جهد و تلاش. ۷ - **دُر**: دُرّ: مروارید. ۸ - **حُقّه**: صندوقچه.

۹ - **غَبن**: زیان بردن در خرید یا فروش.

۱۰ - مراد آنکه: وجود بلال و نور ایمانش در خانهٔ کافر شاید موجب هدایت او می‌شد. بختی بود که از دست رفت.

او نمودت بندگیِ خویشتن   خُویِ زشتت کرد با او مکر و فن[۱] ۱۰۵۳

او بندگی‌اش را نزد تو آشکار کرد؛ امّا تو با بدخویی در حقّ او بسیار جفا کردی.

این سیه‌اسرارِ تن‌اسپید را   بُت‌پرستانه بگیر ای ژاژخا! ۱۰۵۴

ای یاوه‌گو، چون بُت‌پرستان این غلامِ سیاه دلِ سفید پوست را بگیر.

این تو را و آن مرا، بُردیم سود   هین! لَکُمْ دینٌ وَلی دین[۲] ای جُهود! ۱۰۵۵

این مال تو باشد و آن مال من. هر دو سود بردیم. ای کافر، «دین شما شما را و دین من مرا».

خود سزایِ بُت‌پرستان این بُوَد   جُلّش[۳] اطلس، اسبِ او چوبین[۴] بُوَد[۵] ۱۰۵۶

ظاهرپرستان شایستهٔ اسبی چوبین با جُل حریرند.

همچو گورِ کافران پُر دود و نار   وز برون بر پُشته صد نقش و نگار[۶] ۱۰۵۷

وجودشان مانند گورِ کافران ظاهری آراسته و باطنی تاریک و آتشین دارد.

همچو مالِ ظالمان بیرون جمال   وز درونش خونِ مظلوم و وبال[۷] ۱۰۵۸

مانند ثروتِ ستمگران که ظاهری زیبا دارد؛ امّا در باطن خونِ ستمدیدگان است و عذاب.

چون منافق از برون صوم و صَلات[۸]   وز درون خاکِ سیاهِ بی نبات[۹] ۱۰۵۹

مانند منافق که به ظاهر نماز می‌خواند و روزه می‌گیرد؛ امّا باطنش شبیه خاک سیاهی است که در آن گیاهی نمی‌روید.

همچو ابری خالیی پر قَرّ و قُر[۱۰]   نه در او نفع زمین نه قُوتِ بُر[۱۱] ۱۰۶۰

مانند ابرِ پر سروصدای بی باران که برای زمین سودی ندارد و گندم و گیاه را نمی‌رویاند.

همچو وعدهٔ مکر و گفتارِ دروغ   آخِرش رسوا و اوّل بافروغ ۱۰۶۱

همانند وعده‌های ریاکارانه و دروغ که اوّلش جلوه‌ای دارد و آخرش بدنامی.

---

۱ - **مکر و فن** : اینجا جفا و بدجنسی.   ۲ - اشارتی قرآنی؛ کافرون: ۶/۱۰۹. [اقتباس لفظی شده است.]

۳ - **جُل** : پالان، اینجا زینِ اسب.

۴ - **اسب چوبین** : کنایه از مرکبی ناتوان که با آن نمی‌توان به مقصدی رسید.

۵ - مراد آنکه: دنیادوستان علی‌رغم ظاهرِ آراسته راه به جایی نمی‌برند و موفّق نمی‌شوند.

۶ - اشاره به بناهای آراسته و مجلّل آرامگاه‌هاست.   ۷ - **وبال** : مایهٔ عذاب و درد سر.

۸ - **صوم و صلات** : روزه و نماز.   ۹ - **نبات** : گیاه.   ۱۰ - **قَرّ و قُر** : سروصدا.

۱۱ - **قوتِ بُر** : مایهٔ تقویت محصول یا گندم.

بــعد از آن بگــرفت او دستِ بــلال — آن ز زخمِ ضِرسِ محنت[۱] چون خِلال[۲] ۱۰۶۲

بعد از آن ابوبکر دستِ بلال را که از ضربات چوبِ خاردار نحیف شده بود، گرفت.

شد خِـلالی، در دهـانی راه یـافت[۳] — جانبِ شـیرین زبـانی[۴] مـی‌شتافت ۱۰۶۳

مانند خلال باریک شد و به سوی پیامبر(ص) که از او یاد کرده بود، شتافت.

چون بدید آن خسته رویِ مصطفی — خَــرَّ مَــغْشِیّاً[۵] فُــتاد او بــر قــفا ۱۰۶۴

چون بلالِ مجروح چهرهٔ مصطفی(ص) را دید، بیهوش شد و به پشت بر زمین افتاد.

تا به دیری بی خود و بی خویش مـاند — چون به خویش آمد، ز شادی اشک راند ۱۰۶۵

مدّتی طولانی بی خود و بیهوش ماند. چون به هوش آمد، از شادی به گریه افتاد.

مـصطفی‌اش در کـنارِ خـود کشـید — کس چه داند بخششی کو را رسید؟ 1066

پیامبر(ص) او را در آغوش گرفت و کسی نمی‌داند که چه عطایی به وی کرد.

چون بُوَد مِسّی که بـر اکسـیر[۶] زد؟ — مــفلسی[۷] بـر گـنج پُـر تـوفیر[۸] زد ۱۰۶۷

مس که به کیمیا برسد چه حالی دارد؟ یا بینوایی که به گنج روزافزون برسد؟

مــاهیِ پــژمرده در بــحر اوفــتاد — کــاروانِ گُـم شــده زد بـر رَشاد ۱۰۶۸

ماهیِ نیمه‌جانی بود که به دریا افتاد و یا کاروان راه‌گم کرده‌ای که راه را پیدا کرد.

آن خـطاباتی کـه گـفت آن دم نَـبی — گر زند بر شب، بـر آیـد از شـبی[۹] ۱۰۶۹

سخنانی را که پیامبر(ص) در آن لحظه گفت، اگر به شب می‌گفتند، روشن می‌شد.

روزِ روشن گردد آن شب چون صَباح — من نـتْوانـم بـاز گـفت آن اصـطلاح ۱۰۷۰

آن شب همانند بامداد پرنور می‌شود. نمی‌توانم تعبیر مناسبی برای بیان آن بیابم.

---

۱ - **ضِرسِ محنت :** دندانه یا خارهای چوبِ خاردار و یا تازیانهٔ خاردار که خواجهٔ کافر بر تن بلال می‌زد. «ضرس»: دندان. ۲ - **چون خِلال :** باریک و نحیف. ۳ - **در دهانی راه یافت :** کسی از او یاد کرد.

۴ - **شیرین زبان :** مراد پیامبر(ص) است.

۵ - **خَرَّ مَغْشِیّاً :** بیهوش افتاد. مقتبس از اعراف: ۱۴۳/۷: ر.ک: ۲۵/۱.

۶ - **اکسیر :** کنایه از وجود پیامبر(ص) و نور هدایت اوست. ۷ - **مفلس :** فقیر، بینوا.

۸ - **توفیر :** زیاد شدن. ۹ - اشاره به قدرت تأثیر کلام حق از زبان پیامبر(ص).

خود تو دانی کآفتابی در حَمَل[1] تا چه گوید با نبات و با دَقَل[2] ۱۰۷۱

تو می‌دانی که آفتاب در بهار به سبزه‌ها و میوه‌های نارس چه می‌گوید.

خود تو دانی هم که آن آبِ زلال می چه گوید با ریاحین و نَهال[3] ۱۰۷۲

تو می‌دانی که آبِ زلال با گل‌ها و گیاهان چه می‌گوید.

صُنعِ حق با جمله اجزایِ جهان چون دَم و حرف است از افسون‌گران ۱۰۷۳

تأثیرِ قدرتِ حق در تمامِ اجزای جهان نهانی است، مانند اورادِ افسون‌گران.

جذبِ یزدان با اثرها و سبب صد سخن گوید، نهان بی حرف و لب ۱۰۷۴

جاذبهٔ الهی بدون حرف و لب با آثار و اسباب سخن‌ها می‌گوید.

نه که تأثیر از قَدَر معمول نیست لیک تأثیرش از او معقول نیست ۱۰۷۵

نه اینکه تأثیرِ قدرت حق نباید آشکار باشد؛ بلکه چگونگی آن را عقلِ جزوی نمی‌تواند دریابد.

چون مقلّد بود عقل اندر اصول دان مقلّد در فروعش، ای فضول! ۱۰۷۶

ای یاوه‌گو، عقلِ جزوی فقط از طریق آثارِ ظاهری می‌تواند پدیده‌ها را درک کند و هرگز حقایقِ هستی را درنمی‌یابد؛ پس مقلّد است نه محقّق.

گر بپرسد عقل چون باشد مَرام[4] ؟ گو: چنانکه تو ندانی، والسّلام ۱۰۷۷

اگر عقل جزوی بپرسد که هدف و غایت سیرِ «اهل تحقیق» چیست؟ بگو: جایی که تو بدان راه نداری، والسّلام.

معاتبهٔ[5] مصطفی، علیه السّلام، با صدّیق، رضی الله عنه، که تو را وصیّت[6] کردم که به شرکتِ من بخر، تو چرا بهرِ خود تنها خریدی؟ و عذرِ او

گفت: ای صدّیق! آخر گفتمت که: مرا انباز کن در مَکرُمت[7] ۱۰۷۸

پیامبر(ص) گفت: ای ابوبکر آخر به تو گفتم که مرا هم در این جوانمردی شریک کن.

---

۱ - **حَمَل :** صورت اوّل از صورت‌هایِ فلکی منطقهٔ البروج، برج اوّل از برج‌های دوازده‌گانه برابر با فروردین.

۲ - **دَقَل :** خرمای نارس، اینجا مطلق میوهٔ نارس. ۳ - **نهال :** درخت نورُسته. ۴ - **مَرام :** مراد، مقصود.

۵ - **معاتبه :** معاتبة: سرزنش، نکوهش. ۶ - **وصیّت :** سفارش.

۷ - **مَکرُمَت :** مَکرُمَة: نواخت، جوانمردی و مردمی.

گفت: ما دو بندگانِ کویِ تو کردمش آزاد من بر رُویِ تو ۱۰۷۹

ابوبکر گفت: ما هر دو بندگان درگاهِ توایم. من بلال را به خاطر تو آزاد کردم.

تو مرا می‌دار بنده و یارِ غار[1] هیچ آزادی نخواهم، زینهار ۱۰۸۰

تومرا به عنوان بنده و یار غار نگهدار که هیچ آزادی نمی‌خواهم.

که مرا از بندگیْت آزادی است بی تو بر من محنت و بی‌دادی است ۱۰۸۱

بندگیِ تو برای من عین آزادگی است و حیات بی تو عین محنت و عذاب.

ای جهان را زنده کرده زِاصطفا[2] خاص کرده عام را، خاصه مرا ۱۰۸۲

تو با برگزیده شدن به مقام پیامبری جان تازه‌ای به جهان دادی. عامِ خلق را ارتقا دادی تا خاص شدند، مخصوصاً مرا.

خواب‌ها می‌دید جانم در شباب که سلامم کرد قرص ِ آفتاب ۱۰۸۳

در جوانی خواب‌هایی می‌دیدم که خورشید به من سلام می‌کرد.

از زمینم برکشید او بر سَما همرهِ او گشته بودم زِ ارتقا ۱۰۸۴

مرا از زمین به آسمان بُرد و در کنار خود قرار داد.

گفتم: این ماخولیا[3] بود و مُحال هیچ گردد مُستحیلی[4] وصفِ حال؟ ۱۰۸۵

می‌پنداشتم که این خیالِ مُحالی است. آیا مُحالی وصف حال کسی می‌شود؟

چون تو را دیدم، بدیدم خویش را آفرین آن آینهٔ خوش کیش[5] را ۱۰۸۶

امّا دیدار تو مرا چنان ارتقا داد که گویی با خورشید به آسمان رفتم. آفرین بر جانِ باعظمت و منوّر تو.

چون تو را دیدم، مُحالم حال شد جانِ من مستغرَقِ اِجلال[6] شد ۱۰۸۷

دیدارت غیرممکن را ممکن کرد و جانم غرق در عظمت و بزرگیِ تو شد.

---

۱ - **یارِ غار:** شهرت ابوبکر است؛ زیرا هنگام هجرت پیامبر(ص) شب را با او در غار گذراند.

۲ - **اصطفا:** برگزیدگی. ۳ - **ماخولیا:** مالیخولیا، اختلال روحی و عصبی.

۴ - **مُستحیل:** ناممکن، باور نکردنی.

۵ - **آینهٔ خوش کیش:** اشاره به جانِ منوّر و بدون زنگار پیامبر(ص) است. تعبیری که مولانا برای اولیای حق به کار می‌برد. ۶ - **اجلال:** بزرگ داشتن.

چون تو را دیدم خود ای روحُ آلبِلاد[1] ! مِـهرِ ایــن خـورشید از چشـم فُـتاد ۱۰۸۸

ای جانِ جهان، با دیدارت تمام عظمت‌ها و نورهایِ این جهانی در نظرم بی‌قدر شد.

گشت عالی همّت از تو چشمِ من[2] جز به خواری ننگرد انـدر چـمن[3] ۱۰۸۹

به برکت وجودت همّتی بلند یافتم و به عالم معنا توجّه کردم.

نـور جُسـتم، خـود بـدیدم نورِ نـور حُور[4] جُستم، خود بدیدم رشکِ حُور[5] ۱۰۹۰

در جست‌وجویِ نور به نوری برتر رسیدم، به جلوه‌ای از جمال روحانی که دو عالم در حسرتِ اوست.

یوسفی جُستم لطـیف و سـیم‌تن[6] یـوسُفِسْتانی[7] بـدیدم در تـو مـن ۱۰۹۱

جویای جمال و کمال بودم که در تو منبع آن را یافتم.

در پیِ جنّت بُدم در جُست و جـو جـنّتی بِـنمود از هـر جُـزوِ تـو ۱۰۹۲

در پی بهشت به بهشتِ وجودِ تو رسیدم که درِ بهشتِ معرفت را به رویم گشود.

هست این نسبت به مـن مـدح و ثـنا هست این نسبت به تو قَدح[8] و هِجا[9] ۱۰۹۳

این مدح در مرتبهٔ من ستودن توست؛ امّا در قبال عظمتِ تو نکوهش است نه ستایش.

همچو مـدحِ مـردِ چـوپانِ سـلیم[10] مـر خـدا را پـیشِ مـوسیِّ کـلیم[11] ۱۰۹۴

مانند ستایش چوپان ساده دل که خدا را نزد موسای کلیم می‌ستود.

که بجویم اُشْـپُشت، شـیرت دهـم چارُقت[12] دوزم من و پـیشت نـهم ۱۰۹۵

می‌گفت: خدایا، کجایی تا شپش‌هایت را بجویم و به تو شیر بدهم. چارقت را بدوزم و در برابر پایت جُفت کنم.

---

۱ - **روحُ آلبِلاد :** جانِ شهرها، جانِ جهان، مایهٔ حیاتِ حقیقیِ همه.

۲ - **چشم من :** دیدگاهِ من، هستی شناسیِ من.

۳ - مصراعِ دوم: مراد آنکه: زیبایی و لطفِ دنیوی در نظرم خوار شد. ۴ - **حُور :** زیبایِ بهشتی.

۵ - **رشکِ حُور :** مایهٔ حسد و حسرتِ حوریان، یعنی جمال روحانی و معنوی پیامبر(ص).

۶ - مصراع اوّل: جویای یوسفی زیبا و سیم اندام بودم، کنایه از جمال و کمال است.

۷ - **یوسفستان :** منبع جمال و کمال، تجلّیِ تامِّ صفاتِ جمالی و جلالی. ۸ - **قَدْح :** عیب‌جویی و نکوهش.

۹ - **هُجا :** هِجاء: هجو کردن، بدگویی. ۱۰ - **سلیم :** ساده‌دل.

۱۱ - اشاره به حکایت موسی و شبان در دفتر دوم. ۱۲ - **چارُق :** پاپوش، پاافزار.

قَدحِ او را حق به مدحی بر گرفت　　گر تو هم رحمت کنی، نَبْوَد شگفت ۱۰۹۶

خداوند نکوهش او را به جای ستایش پذیرفت، اگر تو هم از رحمت بپذیری، شگفت نیست.

رحم فرما بر قصورِ فهم‌ها　　ای ورایِ عقل‌ها و وهم‌ها ۱۰۹۷

ای برتر از عقل‌ها و پندارها، بر فهم‌های ناچیز رحم کن.

اَیّـها العُشّاق! اِقبالی جدید　　از جهانِ کهنهٔ نوگر[1] رسید ۱۰۹۸

ای عاشقان، از عالَمِ ازلی که تازگی‌ها و طراوت‌ها از اوست، اقبالی تازه رسید.

زآن جهان کو چارهٔ بیچاره‌جوست　　صد هزاران نادره دنیا در اوست ۱۰۹۹

از عالمی که چارهٔ بیچارگان است با صدهزار شگفتیِ غیر قابل تصوّر.

اَبْشِرُوا یا قَوْمُ اِذْ جاءَ ٱلفَرَجْ　　اِفْرَحُوا یا قَوْمُ قَدْ زالَ ٱلحَرَج ۱۱۰۰

ای قوم، مژده که گشایش فرا رسیده است. شادمان باشید که رنج پایان یافته است.

آفتابی[2] رفت در کازهٔ[3] هلال[4]　　در تقاضا که: اَرِحنا یا بِلال[5] ۱۱۰۱

پیامبر(ص) به سوی بلال رفت که: ای بلال، اذان بگو و ما را شاد کن.

زیرِ لب می‌گفتی از بیم عَدُو؟　　کوری او بر مِناره رو، بگو ۱۱۰۲

از بیم دشمن زیر لب اذان می‌گفتی، اینک به کوری او بر بالای مناره بگو.

می‌دهد درگوشِ هر غمگین بشیر[6]　　خیز ای مُدبِر[7]! رهِ اقبال گیر ۱۱۰۳

سروش غیب درگوشِ جان هر غمگینی می‌گوید: ای بی سعادت، راه سعادت را پیش گیر.

ای در این حبس و در این گند و شُپُش[8]　　هین! که تا کس نشنود، رَستی خَمُش![9] ۱۱۰۴

ای آنکه محبوسِ بندگیِ دنیای دنیاداران مانده‌ای، هان، خاموش باش که نجات یافتی.

---

۱ - **جهانِ کهنهٔ نوگر** : عالم سرمدی یا ازلی که همهٔ آفرینش‌ها و تجلّیات از اوست.
۲ - **آفتاب** : کنایه از پیامبر(ص).　　۳ - **کازه** : کومه، کلبه، کوخ.
۴ - **هِلال** : ماهِ نو، اینجا اشاره به ضعفِ جسم و لاغریِ بلال است.　　۵ - ارحنا یا بلال : ر.ک: ۱۹۹۶/۱.
۶ - **بشیر** : بشارت دهنده، سروش.　　۷ - **مُدْبِر** : بدبخت.
۸ - **گَند و شُپُش** : مراد آلایش‌های دنیوی است که عارفان آن را چیزی جز گند و کثافت نمی‌دانند.
۹ - خطاب به بلال است که از بندگیِ خواجهٔ کافر خود نجات یافته است.

دفتر ششم ۱۶۱

۱۱۰۵ چون کنی خامُش کنون؟ ای یار من   کز بُنِ هر مو بر آمد طبل‌زن[1]

البتّه ای یار، اکنون که تمام وجودت از سعادت بر طبل می‌کوبد، چگونه خاموش باشی؟

۱۱۰۶ آنـچنان کَـر شــد عَـدُوِّ رشک‌خو   گوید: این چندین دُهُل را بانگ کو؟[2]

امّا دشمنِ حسود کر چنان شده است که بانگ سعادت را که از وجودت بر می‌خیزد، نمی‌شنود؛ پس آسوده باش.

۱۱۰۷ می‌زند بر رُوش ریحان که طَری‌ست[3]   او ز کوری گوید: این آسیب[4] چیست؟[5]

چنان کور شده است که اگر او را به بهشت هم ببرند، گل‌ها و ریاحین تر و تازه را که به صورتش می‌خورد، نمی‌بیند و می‌گوید: چه چیزی به صورتم خورد؟

۱۱۰۸ می شُکُنْجَد[6] حور، دستش می‌کشَد   کور حیران کز چه دَردم می‌کُنَد؟[7]

اگر زیباروی بهشتی از سرِ لطف دست او را بگیرد و فشار دهد، کور متحیّر می‌شود که چرا آزارم می‌دهد؟

۱۱۰۹ این کشاکش چیست بر دست و تنم؟   خُـفته‌ام، بگـذار تــا خوابی کـنم

چرا دست و تنم را به درد می‌آورند؟ خوابیده‌ام، بگذار راحت باشم.

۱۱۱۰ آنکه در خوابش همی جویی وی است   چشم بگشـا کآن مَهِ نیکو پی است[8]

چشم بگشا و آن ماهِ خوش قدم را که در رؤیا می‌جُستی، ببین.

۱۱۱۱ زآن بــلاهـا بــر عـزیـزان بـیش بـود[9]   کآن تَجَمُّش[10] یاژ با خوبان فـزود

اینکه بر انبیا و اولیا بلای بیشتری روی می‌آورد و همواره از دست دنیاپرستان در رنج بودند به این سبب بود که مهرورزیِ یار ازلی با خوبان افزون‌تر است.

---

۱ - حال عاشقِ حق افشاکنندهٔ اسرار درونی اوست.   ۲ - مراد آنکه: اهل دنیا عوالم غیبی را در نمی‌یابد.
۳ - طری :   ۴ - آسیب:
۵ -
۶ - می شُکُنجد : از شکنجیدن: گرفتن عضوی با سر ناخن، نیشگون.
۷ - بهشت و زیباروی بهشتی کنایه از وجود کاملان است که «دنیادوستان» در کنار آنان نه بهره‌ای از «گل‌ها و ریاحینِ معارف» می‌برند و نه دست هدایتِ ایشان را که گاه موجب رنج و درد هم هست، دست مرحمت می‌دانند.
۸ - مراد آنکه: حق همان مطلوبی است که هر طالبی در طلبِ آن است چه بداند چه نداند.
۹ - روایت: انبیا بیش از دیگران به بلا گرفتار می‌شوند و سپس صالحان و همین‌طور به تناسبِ افراد: احادیث، ص ۳۴۴.   ۱۰ - تَجَمُّش : عشقبازی با کسی.

لاغ[1] با خوبان کند بر هر رهی[2] نیز کوران را بشورانَد گهی ۱۱۱۲

همواره خوبان در معرض سختی‌ها هستند؛ البتّه گاه به غافلان هم گوشه چشمی می‌شود.

خویش را یکدم بر این کوران دهد تا غریو از کویِ کوران برجهد ۱۱۱۳

گاه غافلان و جاهلان هم تجلّی حق را در می‌یابند و چنان متحوّل می‌شوند که آه از نهادشان بر می‌خیزد و فریاد از جانشان.

قصّهٔ هِلال که بندهٔ مخلص بود خدای را، صاحب بصیرت، بی تقلید، پنهان شده در بندگیِ مخلوقان جهتِ مصلحت، نه از عجز، چنانکه لقمان و یوسف از رویِ ظاهر، و غیرِ ایشان. بندهٔ سایِس[3] بود امیری را و آن امیر مسلمان بود امّا چشم‌بسته،[4]

دانـد اَعـمیٰ کـه مـادری دارد لیک چـونی بـه وهـم در نـارَد[5]

اگر با این دانش، تعظیم این مادر کند، ممکن بُوَد که از عَمیٰ[6] خلاص یابد که:

«اِذٰا اَرٰادَ اللهُ بِعَبدٍ خَیْراً فَتَحَ عَیْنَی قَلْبِه لِیُبَصِّرَهُ بِهِمَا ٱلغَیْبَ»[7]

این راه ز زندگیِّ دل حـاصل کـن[8] کین زندگیِ تن صفت حیوان‌است[9]

هلال غلامی سیاه و بندهٔ خاصّی از مقرّبان درگاه حق تعالیٰ بود که به تیمارداری اسبان امیری اشتغال داشت. از قضا هِلال سخت بیمار و رنجور شد و نُه روز در آخور ضعیف و ناتوان افتاده بود و هیچ کس از حال او آگاه نبود. روزی به پیامبر خدا(ص) وحی رسید که فلان مشتاق

---

۱ - **لاغ**: شوخی، اینجا توجّه و عنایت حق به بندگان خاص و خاص‌الخاص که چیزی جز ابتلا به بلایا و مصائب نیست به شوخی و مزاحِ عاشق و معشوق مانند شده است. ۲ - **بر هر رهی**: همواره.

۳ - **سایِس**: ستوربان. ۴ - **چشمْ‌بسته**: بدون درک باطنی. ۵ - بیت از حدیقهٔ سنایی است.

۶ - **عمیٰ**: کور، کوری.

۷ - اگر پروردگار برای بنده‌ای خواهان خیر باشد، چشم‌هایش را می‌گشاید تا عالمِ غیب را ببیند.

۸ - این بیت، بیت دوم یکی از رباعیات مولاناست: کلّیات شمس تبریزی.

۹ - مأخذ این قصّه را روایتی در نوادرالاصول، ص ۱۵۸ و حلیةالاولیاء ج ۲، ص ۲۴ دانسته‌اند که خلاصهٔ آن چنین است: جوانی حبشی با لباسی پشمی و وصله‌دار به محضر رسول خدا(ص) وارد شد. پیامبر بزرگوار(ص) از وی خواست که هِلال برای ما طلب مغفرت و دعا کن و پس از خروج وی فرمودند که او قلبش به عرش الهی آویخته است و بیش از سه روز دیگر در میان ما نخواهد بود و همچنان شد و او را درگوشهٔ اصطبلی در حال سجده یافتند که از دنیا رفته بود. حضرت(ص) در ارتباط با او فرمودند که او یکی از هفت نفری است که زمین به سبب وجودشان برپای ایستاده است: احادیث، صص ۵۴۴-۵۴۲.

تو سخت بیمار است. حضرت برای عیادت او به دیدار امیر رفت و شنید که او در آخور و در کنار ستور و اَستران است؛ پس به آخور تنگ و تاریک و زشت رفت. بویِ خوشِ آن حضرت، هلال را از خود بی‌خود کرد و با بوسهٔ پیامبر(ص) که مشفقانه بر سر و روی و چشم او نثار می‌گردید که ای غریب عرش الهی چگونه‌ای؟ پاسخ داد: چگونه می‌تواند باشد حال شوریده‌ای که آفتاب تابناک تو به یک باره بر وجودش طالع گردد؟

قصّهٔ هلال تقریری بر سلوک مجاهدانه است. ترقّیِ روحانیِ وی تداعی‌گر قصّهٔ دیگری است که در طیّ آن خواجهٔ میزبان از میهمانِ جوان سن وی را جویا شد. میهمان سن خود را هجده و سپس هفده و بعد از آن احتمالاً شانزده و یا پانزده سال اعلام کرد. صاحبخانه که خشمگین شده بود، گفت: این چنین که تو واپس می‌روی، احتمالاً به زهدان مادرت باز خواهی گشت.

در این لطیفه که بنا بر روش معهود مولانا، الفاظ ساده و عاری از تعبیرات صنعتی و مجازی‌اند، سِرّ سخن در تمجید از هِلال صفتان است که سلوکی مجاهدانه دارند و تحذیری است برایِ آنان که با تمایلات واپس‌گرایانه به اسفل السافلین در تنزّل‌اند.

۱۱۱۴ **چون شنیدی بعضی اوصافِ بلال بشنو اکنون قصّهٔ ضعفِ هِلال**[1]

چون در دفتر اوّل پاره‌ای از صفات بلال گفته شد، اینک قصّهٔ هِلال را بشنو.

۱۱۱۵ **از بلال او بیش بود اندر روش خویِ بد را بیش کرده بُد کُشِش**[2]

هلال در سلوک از بلال افزون بود و توانسته بود صفات زشت خویش را نابود کند.

۱۱۱۶ **نه چو تو پس رو که هر دم پس‌تری سویِ سنگی می‌روی از گوهری**[3]

او همانند تو نبود که هر لحظه تنزّل می‌کنی و گوهر وجودت را به سوی جمادی می‌رانی.

۱۱۱۷ **آنچنان کآن خواجه را مهمان رسید خواجه از ایّام و سالش بر رسید**

چنانکه خواجه‌ای را میهمانی رسید. او از سن میهمان تازه وارد پرسید.

۱۱۱۸ **گفت: عمرت چند سال است ای پسر؟ بازگو و در مَدُزد و بر شُمَر**

گفت: ای جوان چند ساله‌ای؟ از سن خود کم نکن و حقیقت را بگو.

۱۱۱۹ **گفت: هجده، هفده، یا خود شانزده یا که پانزده، ای برادر خوانده!**

میهمان گفت: ای برادرخوانده، هجده، هفده یا شانزده شاید هم پانزده سال دارم.

۱ - ر.ک: ۱۹۹۶/۱. ۲ - **کُشِش**: کشتن و به قتل رساندن، کُشته.

۳ - «سنگی و گوهری» با یاء مصدری خوانده شود.

۱۱۲۰ **گفت: واپس واپس ای خیره سرت! باز می‌رو تا به کُسِّ مادرت**

خواجه گفت: ای خیره سر، همین گونه واپس واپس برو تا به زهدان مادرت برسی.

حکایت در تقریرِ همین سخن

شخصی اسبی را از امیری طلب کرد. امیر اسبی «اَشْهَب فام»[1] را که سفیدی بر سیاهی‌اش غلبه داشت، به او پیشنهاد کرد؛ امّا سائل که اسب را «واپس‌رو» و سرکش دید، آن را مناسب سواری نیافت. امیر با طنزی نیشدار به او پاسخ داد: هرگاه قصد خانه کردی، دُمش را به سوی خانه کن.

در این لطیفهٔ کوتاه که پس از قصّهٔ هِلال و اخلاص وی آمده است، سِرِّ کلام در تقریر همان سخن است. اینجا امیر نمادی از «مُرشد روحانی» است که به «سالکِ مُبتدی» که خواهان حقایق است، معرفت نَفْس را، یعنی شناختِ آن ستور اَشْهَب فام را، نشان می‌دهد، ستوری که در آن سپیدی بر سیاهی غلبه دارد و این نشانی از نور هدایت است که درون وی را در حدّی متعالی داشته که بتواند خواهان سلوک باشد. وجود دو رنگ سیاه و سفید در «سُتورِ نَفْس»، نمادی است از استعداد و قابلیّت تحوّل و تَبَدُّل نَفْس از سیاهی مطلق که حضیض مادّه و پستی است به سپیدی مطلق که اعلا علّیین تکامل و جان مجرّدش گویند.

«سالکِ مبتدی» به سبب عدم آگاهی، «ستورِاشهب فام» خویش را سرکش و «واپس‌رو» می‌داند و غافل از آن است که ستورِ نَفْس ذاتاً سرکش و واپس‌روست و سالک را گزیری از آن نیست که در سوارکاری و رام کردن این ستور استاد گردد تا بتواند به هر تدبیری که می‌تواند این ستور سرکش را به خانه که نمادی از قرارگاه امن و «جایگاهِ حق» است برساند.

۱۱۲۱ **آن یکی اسبی طلب کرد از امیر گفت: رو، آن اسبِ اَشْهَب را بگیر**

شخصی از امیری اسبی خواست. امیر گفت: برو و آن اسب خاکستری را بگیر.

۱۱۲۲ **گفت: آن را من نخواهم، گفت: چون؟ گفت: او واپس‌رو است و بس حَرون**[2]

گفت: آن را نمی‌خواهم. امیر پرسید: چرا؟ گفت: چون عقب عقب می‌رود و سرکش است.

۱۱۲۳ **سخت پس پس می‌رود او سویِ بُن**[3] **گفت: دُمّش را به سویِ خانه کن**

او به شدّت عقب عقب به سویِ دُم می‌رود. امیر گفت: تو دُمش را به سوی خانه برگردان.

---

۱ - **اشهب فام:** سپید و سیاه. ۲ - **حَرون:** اسب یا استرِ سرکش. ۳ - **سویِ بُن:** واپس، به سویِ عقب.

دُمِّ ایـن اُسـتورِ نَـفْست شـهوت است   زین سبب پَس پَس رود آن خودپرست ۱۱۲۴

دُمِ چهارپایِ نَفْسِ تو شهوت است که با خودپرستی عقب عقب می‌رود.

شــهوتِ او را کــه دُمّ آمــد ز بُــن   ای مُبَدِّل[۱] ! شهوتِ عـقبیٰش کـن[۲] ۱۱۲۵

ای خدا، شهوتِ کسی را که اصلاً بر دُم است به شهوتِ آخرت تبدیل کن.

چون ببندی شهوتش را از رَغیف[۳]   سر کُند آن شهوت از عقلِ شریف[۴] ۱۱۲۶

اگر «شهوت» با برخورداری از لذّت‌ها تقویت نشود، قوایِ نفسانی به سویِ عقل کمال‌جو گرایش می‌یابد.

همچو شاخی کـه بـبُرّی از درخت   سر کـند قـوّت ز شـاخِ نـیکبخت[۵] ۱۱۲۷

مانند شاخهٔ نابجایی که از درخت می‌بُری و شاخهٔ خوب دیگری را قوّت می‌دهی.

چــونکه کـردی دُمِّ او را آن طـرف   گر رود پس پس، رَوَد تا مُکْـتَنَفْ[۶] ۱۱۲۸

چون دُمِ چهار پای نَفْس را به سوی حق برگردانی، عقب عقب به اصل خود باز می‌گردد.

حَــبَّذا[۷] اســبانِ رامِ[۸] پــیش رو   نـه سـپس رو، نـه حَـرونی را گـرو ۱۱۲۹

خوشا به نَفْس سالکانی که رهوار به پیش می‌روند، واپس‌رو و سرکش نیستند.

گرم رو[۹] چون جسمِ موسیِٰ کلیم[۱۰]   تا به بَحْرَیْنَش[۱۱] چو پـهنایِ گـلیم ۱۱۳۰

همانند موسیٰ(ع) برای رسیدن به حقیقت چنان گرم و به شتاب می‌رود که نه به بُعدِ مکان می‌اندیشد و نه به طولِ زمان.[۱۲]

---

۱ - **مُبَدِّل :** تبدیل کننده، پروردگار.

۲ - مراد آنکه: حرص و عشقِ به این دنیا را به حرص و عشق به آخرت بَدَل کن.

۳ - **رَغیف :** نان، قرص نان، کنایه از شهوات و لذّت‌های دنیوی.

۴ - **عقلِ شریف :** عقلِ معاد، عقلِ کمال طلب، عقلِ حق‌جو و معرفت یاب.

۵ - مراد آنکه: با قطع تمایلاتِ پست، تمایلات عالی و روحانی قوّت می‌یابد. زوالِ وجه نفسانیِ نَفْس سبب تقویتِ وجه روحانی آن می‌شود.   ۶ - **مُکْتَنَف :** پناهگاه. اینجا پناهگاهِ اصلیِ انسان که حق است.

۷ - **حَبَّذا :** خوشا.   ۸ - **اسبانِ رام :** کنایه از نَفْسِ سالکانِ تسلیم و صاحبِ ارادت.

۹ - **گرم رو :** کسی که گرم و به شتاب می‌رود، مراد سالک بسیار طالب و مشتاق است.

۱۰ - **موسیِٰ کلیم :** موسیٰ کلیم الله.

۱۱ - اشاره به مضمون آیهٔ ۶۰ سورهٔ کهف: و چنین بود که موسیٰ به شاگردش گفت: دست از سیر و طلب برندارم تا به مجمع‌البحرین برسم یا آنکه روزگارانی دراز راه بپیمایم.

۱۲ - نه درازیِ راه و نه طولِ زمانِ رسیدنِ به آنجا هیچ کدام بیمناکش نمی‌کند. می‌داند که باید برود.

هست هفصد ساله، راهِ آن حُقُب [۱] که بکرد او عزم در سَیرانِ حُب [۲] ۱۱۳۱

با عشق حق عزم راهِ بسی طولانی را می‌کند که می‌تواند هفتصد سال به درازا بکشد.

همّتِ سیرِ تنش چون این بُوَد سیرِ جانش تا به علّیین [۳] بُوَد ۱۱۳۲

هنگامی که «تنِ» او چنین همّتی دارد، به یقین «جانِ» او هم تمام مراتب را طی می‌کند و به اوج می‌رسد.

شهسواران در سِباقت [۴] تاختند خربَطان [۵] در پایگه [۶] انداختند ۱۱۳۳

پیشگامانِ راه حق کوشیدند تا رسیدند؛ امّا مدّعیان از تنگنای عالم مادّی راهی به ماورا نیافتند.

مَثَل [۷]

در این تمثیل، کاروانی از راهی دور خسته و کوفته به قریه‌ای رسید. یکی از کاروانیان که از سرمای جانگداز و خستگی راه فرسوده بود، گفت: در این بَرْدُالعجوز، چند روزی رخت خویش در این مکان افکنیم؛ امّا از درون صدایی به گوش رسید: آنچه داری بیرون انداز **«وانگهانی اندر آ تو اندرون»**.

سرِّ سخن آنکه: آدمی در کاروان زندگی از سرمای ناشی از فقدان عشق و معرفت خسته و فرسوده است و مشتاق ورود به اندرونِ حریمِ معنویّات؛ امّا تا بارِ تعلّقات و خودیِ خویش را بیرون نیفکَنَد، وی را به اندرون راهی نیست.

آنچنانکه کاروانی می‌رسید در دِهی آمد، دری را باز دید ۱۱۳۴

چنانکه کاروانی به دهی رسید و دری را باز دید.

آن یکی گفت: اندر این بَردُالعَجُوز [۸] تا بیندازیم [۹] اینجا چند روز ۱۱۳۵

یکی از کاروانیان گفت: در این سرمای شدید چند روزی اینجا اقامت کنیم.

---

۱ - **حُقُب**: هشتاد سال یا بیش از آن، دوره یا برهه‌ای دراز از زمان، روزگارِ دراز.

۲ - **سَیرانِ حُبّ**: سیر در راه محبّت، راهِ عشقِ حق.

۳ - **علّیّین**: آسمان هفتم، بهشت، محلّ کارنامهٔ نیکان، ملکوت اعلیٰ. ۴ - **سِباقت**: پیشی جستن.

۵ - **خربَطان**: کنایه از مدّعیان هوچی و پر سروصدا. ۶ - **پایگه**: کنایه از دنیا.

۷ - مأخذ آن حکمت و امثال عامیانه است که متضمّن نتایج عرفانی است.

۸ - **بَردُالعَجُوز**: سرمای شدید که به آن سرمای پیرزن هم می‌گویند.

۹ - **بیندازیم**: بار و بُنه را بیندازیم؛ یعنی بمانیم یا اقامت کنیم.

بانگ آمد: نه! بینداز از برون وآنگهانی اندر آ تو اندرون[1] 1136

بانگی از درون گفت: نه، بار و بُنه را بیرون بگذار و درون بیا.

هم برون افکن هر آنچ افکندنی‌ست[2] **در میا با آن، که این مجلس**[3] **سَنی**[4]**ست** ۱۱۳۷

هر چه را که باید انداخت، بیفکن. با آن‌ها وارد نشو که این مجلس بسی والاست.

بُد هِلال استادْ دل[5]**، جانْ روشنی سایِس و بندهٔ امیری، مؤمنی** ۱۱۳۸

هلال که دلی آگاه و جانی منوّر داشت، ستوربان و بندهٔ امیری مسلمان بود.

سایسی کردی در آخُر آن غلام لیک سلطانِ سلاطین، بنده نام ۱۱۳۹

او شاهی از شاهان عالم معنا بود که در اصطبل تیمارداری می‌کرد.

آن امیر از حالِ بنده بی‌خبر که نبودش جز بلیسانه[6] **نظر** ۱۱۴۰

آن امیر از حالِ غلام بی‌خبر بود؛ زیرا به نظر حقارت در وی می‌نگریست.

آب و گِل[7] **می‌دید و در وی گنج**[8] **نه پنج و شش**[9] **می‌دید و اصلِ پنج نه** ۱۱۴۱

آن امیر جسم هلال را می‌دید نه جان او را. هستیِ مادّی را می‌دید نه حقیقتِ آن را.

رنگِ طین[10] **پیدا و نورِ دین نهان هر پیمبر این چنین بُد در جهان** ۱۱۴۲

رنگ و چگونگیِ قالبِ خاکی آشکار است؛ امّا نور ایمان برای ظاهربینان آشکار نیست. هر پیامبری در جهان چنین بوده است.

آن مناره[11] **دید و در وی مرغ نی بر مناره شاه‌بازی**[12]**، پُر فنی**[13] ۱۱۴۳

مانند کسی که مناره را می‌بیند و شاه‌باز تیزپروازِ بالای آن را نمی‌تواند ببیند.

---

۱ - مراد آنکه: برای ورود به عالم معنا باید تعلّقات را رها کرد و قُرب و وصل حق جز در مقام تجرید ممکن نیست.

2 - **آنچ افکندنی ست** : ª ÆR B¢ÚU   3 - **این مجلس** : «ÆÁj «©$Ñ«Ì°B ° ° n°Mj³ ©$Ñ ⅓Be ÆS wA

4 - **سَنی** : ©$Ñ « k®Mrk«Ióx³ Æ   5 - **استادْدل** : §« ³ÆM ⅓Be C{®ÆS wB

۶ - **نظر بلیسانه** : با خودبینی و خودپسندی به هرکس و هرچیز نگریستن. نگاهِ شیطانی که خود را برتر از آدم(ع) دید.   ۷ - **آب و گِل** : کنایه از قالبِ جسمانی یا ظاهر.   ۸ - **گنج** : کنایه از نوری که جانِ او را منوّر کرده بود.

۹ - **پنج و شش** : پنج حسّ ظاهری و شش جهتِ عالمِ مادّه، کنایه از عالم مادّه یا همین دنیا یا هستیِ ظاهری است.

۱۰ - **طین** : خاک.   ۱۱ - **مناره** : کنایه از تن یا قالبِ خاکی.   ۱۲ - **شاه‌باز** : کنایه از جانِ منوّر و آگاه.

۱۳ - **پُرفن** : تیزپرواز که می‌تواند در اوج آسمانِ عالم معنا پرواز کند.

| ۱۱۴۴ | وَآن دُوُم¹ مـی‌دید مـرغی پَـرزنی² | لیک مـوی³ انـدر دهانِ مـرغ نی |

آن دیگری پرنده را می‌بیند؛ امّا نمی‌تواند مویی را که در دهان دارد ببیند.

| ۱۱۴۵ | وانکــه او یَـنْظُر بِـنُورِاللّه⁴ بُـوَد | هـم ز مـرغ و هـم ز مُـو آگَـه بُـوَد |

امّا آن کس که به نور خدا می‌نگرد، هم مرد حق را می‌شناسد و هم اسرار سخن او را.

| ۱۱۴۶ | گفت: آخِر چشم سویِ مویِ نِه | تـا نـبینی مـو، بـنگشایدگِـره |

عارف می‌گوید: به نکات و ظرایف توجّه کن تا عالم معنا را بشناسی.

| ۱۱۴۷ | آن یکی گِل دید نـقشین در وَحَـل⁵ | وآن دگر گِل دید پـر عـلم و عـمل |

آدم ظاهربین انسان را جسمی پر نقش و نگار می‌بیند؛ امّا انسان آگاه هم ظاهر را می‌بیند و هم باطن را که می‌تواند سرشار از علم و عمل صالح باشد.

| ۱۱۴۸ | تن مناره، علم و طاعت همچو مرغ | خواه سیصد مرغ گیر، و یا دو مرغ |

تن همانند مناره و علم و عبادت چون پرنده است که می‌تواند زیاد یا کم باشد.

| ۱۱۴۹ | مردِ اَوْسَط مرغ بین است او و بس | غیـر مرغی مـی‌نبیند پـیش و پس |

کسی که از بینشی متوسّط برخوردار است، عالم معنا را باور دارد؛ امّا آگاهیِ کاملی ندارد.

| ۱۱۵۰ | موی آن نوری است پنهان، آنِ مرغ | که بدآن پـاینده بـاشد جـانِ مرغ |

مراد از «موی» که گفتیم، «نور»ی است نهانی که جانِ انسان را منوّر و پاینده می‌کند.

| ۱۱۵۱ | مـرغ کآن مـوی است در مـنقار او | هـیـچ عـاریّت نـباشد کـار او⁶ |

جانی که چنین نوری دارد، سخن پُر از معرفتش از چشمه‌های درونش می‌جوشد.

| ۱۱۵۲ | عـلم او از جـانِ او جـوشد مُـدام | پـیشِ او نـه مستعار آمـد نـه وام |

اسرار همواره از جانش می‌جوشد. دانشِ او اکتسابی نیست و از کسی گرفته نشده است.

۱- آنِ دُوُم: مراد انسانِ مؤمن است.   ۲- مرغِ پرزن: کنایه از جانِ آگاهِ مرد حق است.
۳- موی: کنایه از دقایق و ظرایف و معانی که در سخن مردان حق هست.
۴- مؤمن به نور خدا می‌نگرد: ر.ک: ۱۳۳۶/۱.
۵- نقشین وَحَل: گِل و لای دارای نقش و نگار، مراد قالب خاکیِ انسان است.
۶- اشاره به عارفِ کاملِ واصل.

رنجور شدنِ این هلال و بی خبریِ خواجهٔ او از رنجوریِ او، از تحقیر و ناشناخت[1]، و واقف شدنِ دلِ مصطفی علیه السَّلام، از رنجوری و حالِ او و اِفتقاد[2] و عیادتِ رسول علیه السَّلام، این هلال را

از قضا رنجور و ناخوش شد هِلال مصطفی را وحی، شد غَمّاز[3] حال ۱۱۵۳

اتّفاقاً هلال ناتوان و بیمار شد. وحیِ الهی، پیامبر(ص) را از حالِ او آگاه کرد.

بُد ز رنجوریش خواجه‌ش بی خبر که بَرِ او بُد کساد[4] و بی خطر[5] ۱۱۵۴

ارباب از بیماریِ هلال خبر نداشت؛ زیرا به او که در نظرش قدری نداشت، توجّه نمی‌کرد.

خفته نُه روز اندر آخُر مُحسنی هیچ کس از حالِ او آگاه نی ۱۱۵۵

آن مرد نیکوکار نُه روز در آخور خوابیده بود؛ امّا هیچ کس خبر نداشت.

آنکه کس بود و شهنشاهِ کسان عقلِ صد چون قُلزُمَش[6] هر جا رسان[7] ۱۱۵۶

آن کس که شأنی حقیقی داشت و سلطان دل و جان خلق بود و عقل بیکرانش بر همه چیز محیط بود،

وَحیَش آمد، رحمِ حق غمخوار شد که: فلان مشتاقِ تو بیمار شد ۱۱۵۷

چون رحمت الهی شامل حال هلال بود، به پیامبر(ص) وحی رسید که فلان دوستدارت بیمار شده است.

مصطفی بهرِ هلالِ باشرف[8] رفت از بهرِ عیادت آن طرف ۱۱۵۸

مصطفی(ص) برای عیادت از هلالِ بلندمرتبه به محلّ اقامت او رفت.

در پیِ خورشیدِ وحی آن مَه[9] دوان وآن صحابه در پی‌اش چون اختران ۱۱۵۹

پیامبر(ص) در پیِ فرمان به شتاب می‌رفت و یاران هم چون ستارگان به دنبالش روان بودند.

---

۱ - **ناشناخت:** نشناختن قدر و منزلت معنویِ او. ۲ - **اِفتقاد:** تفقّد، دلجویی.
۳ - **غَمّاز:** سخن‌چین، توسّعاً آگاه کننده. ۴ - **کساد:** بی رونق، اینجا بی قدر.
۵ - **خطر:** قدر، ارزش و اعتبار. ۶ - **قُلزُم:** دریای احمر، مراد دریای بزرگ است.
۷ - مصراع دوم: عقل او که همانند صدها دریا بود و به همه جا می‌رسید؛ یعنی احاطه داشت. «رسان»: رسنده، محیط. ۸ - **باشرف:** اینجا دارای مقامِ معنوی، بلندمرتبه. ۹ - **مَه:** ماهِ معنوی، کنایه از پیامبر(ص).

ماه می‌گوید کـه: اَصـحابی نُـجُوم[۱]   لِـلسُّریٰ قِـدْوَه وَ لِـلطّاغی رُجُـوم ۱۱۶۰

پیامبر(ص) می‌گوید: یارانم ستارگان‌اند که به شبروان راه را نشان می‌دهند و سرکشان را می‌رانند.

مـیر را گـفتند کآن سـلطان رسـید   او ز شادی بی دل و جان برجـهید ۱۱۶۱

به امیر خبر دادند که پیامبر(ص) آمده است. او از شادی بی دل و جان از جای جست.

بر گُـمانِ آن ز شـادی زد دو دست   کآن شهنشه بهرِ آن میر آمـده است ۱۱۶۲

به این گمان که آن شاهِ دو جهان برای دیدار او آمده است، از شدّت شعف دست‌ها را به هم کوفت.

چـون فـرو آمـد ز غُـرفه[۲] آن امـیر   جان هـمی افشـاند[۳] پـامُزدِ بَشـیر[۴] ۱۱۶۳

چون امیر از بـالاخانه بـه پـایین آمـد، مـی‌خواست جـانش را بـه عـنوان مـژدگانی نـثار مژده‌دهنده کند.

بس زمـین بـوس و سـلام آورد او   کرد رخ را از طرب چـون وَرد[۵] او ۱۱۶۴

سپس زمین را بوسید و سلام کرد. از شادی چهره‌اش چون گل شکفته شده بود.

گفت: بسم اللّه، مُشرَّف کن وطـن[۶]   تا که فردوسی[۷] شود ایـن انـجمن[۸] ۱۱۶۵

گفت: بفرمایید و خانه را شرف و اعتبار بدهید تا اینجا مبدّل به بهشت شود.

تـا فـزایـد قـصرِ من بـر آسـمان   کـه بـدیدم قـطبِ دورانِ زمـان[۹] ۱۱۶۶

تا کاخِ من از آسمان هم مرتبه‌ای برتر بیابد؛ زیرا توانستم «قطبِ» روزگار را در اینجا ببینم.

گـفتش از بـهرِ عـتاب آن مـحترم   مـن بـرای دیـدنِ تـو نـامدم ۱۱۶۷

پیامبر(ص) عالی مقام با لحنی سرزنش کننده گفت: من برای دیدار تو نیامدم.

گفت: روحم آنِ تو، خود روح چیست؟   هین! بفرما کین تَجَشُّم[۱۰] بهرِ کیست؟ ۱۱۶۸

امیر گفت: جانم فدای تو که جان هم قدری ندارد. این قدم‌رنجه برای چه کسی است؟

---

۱ - اشاره به حدیث: احادیث، ص ۹۰.   ۲ - **غُرفه**: بالاخانه.

۳ - مراد آنکه: در ازای این خبر غیرمنتظره حاضر بود همه چیز را نثار کند؛ حتّی جان را.

۴ - **پامُزدِ بشیر**: حقّ القَدَم، حقّ پا، اینجا مژدگانیِ بشارت دهنده.   ۵ - **وَرْد**: گُل.

۶ - **وطن**: جایِ باش، محلّ اقامت، خانه.   ۷ - **فردوس**: بهشت.   ۸ - **انجمن**: محفل، اینجا خانه.

۹ - **قطبِ دورانِ زمان**: عالی‌ترین مقامِ معنوی روزگار.   ۱۰ - **تَجَشُّم**: رنج کشیدن.

تا شَوَم من خاکِ پایِ آن کسی   که به باغِ لطفِ توشْتَش مَغْرَسی[۱] ۱۱۶۹

تا خاکِ پای آن کسی شوم که لطف و عنایتِ تو شاملِ حالش هست.

چون چنین گفت او و نخوت را براند   مصطفی ترکِ عِتابِ او بخواند[۲] ۱۱۷۰

چون امیر بی تکبّر این سخن را گفت، دیگر پیامبر(ص) سرزنش و تندی نکرد.

پس بگفتش: کآن هِلالِ عرش کو؟   همچو مهتاب از تواضع فرش،[۳] **کو؟** ۱۱۷۱

پس پیامبر(ص) گفت: هِلال عرشی کجاست؟ آن مرد افتاده و متواضع کجاست؟

آن شهی در بندگی پنهان شده   بهرِ جاسوسی[۴] **به دنیا آمده** ۱۱۷۲

او شاهی است در لباس بندگی که برای آگاهی از ضمایر خلق به دنیا آمده است.

تو مگو کو بنده و آخُرچیِّ ماست[۵] **   این بدان که گنج در ویرانه‌هاست** ۱۱۷۳

با نظر حقارت به او نگاه نکن. بدان که همیشه گنج در ویرانه است.

ای عجب چون است از سُقم[۶] **آن هلال؟   که هزاران بَدر هستش پای‌مال**[۷] ۱۱۷۴

آن هلالی که هزاران ماهِ کامل در تقابل با او نوری ندارند، از بیماری چگونه است؟

گفت: از رنجش مرا آگاه نیست   لیک روزی چند بر درگاه نیست ۱۱۷۵

امیر گفت: از بیماریِ او خبری ندارم؛ امّا چند روزی است که او را ندیده‌ام.

صحبتِ او با سُتور و اَستر است   سایس است و منزلش این آخُر است ۱۱۷۶

او چهارپایان و قاطران را تیمار می‌کند و در همین اصطبل اقامت دارد.

در آمدنِ مصطفی علیه السَّلام، از بهرِ عیادتِ هِلال در ستورگاهِ آن امیر، و نواختنِ مصطفی هلال را، رضی الله عنه

رفت پیغمبر به رغبت بهرِ او   اندر آخُر و آمد اندر جُست و جو ۱۱۷۷

پیامبر(ص) با اشتیاق برای دیدار او به اصطبل رفت و به جُست‌وجو پرداخت.

---

۱ – **مَغْرَس :** محلّ کاشتن نهال، بیت اوّل: مراد آنکه: هرکس بندهٔ تو باشد من بندهٔ او هستم و خاک پایش می‌شوم.

۲ – این بیت در مقابله در حاشیه افزوده شده است.

۳ – **از تواضع فرش بودن :** بسیار افتاده و متواضع بودن و مانند مهتاب خود را بر زمین گستردن.

۴ – **جاسوسی :** اینجا آگاهی مردان خدا و کاملان از اسرار و ضمایر خلق.

۵ – مصراع اوّل: تو نگو که او غلام و ستوربانِ ماست.   ۶ – **سُقم :** بیماری.

۷ – که هزاران بدر در تقابل با نور جانِ او نوری ندارند.

بـود آخُـر مُـظلَم[1] و زشت و پـلید وین همه برخاست چون الفت رسید ۱۱۷۸

اصطبل تاریک، زشت و کثیف بود؛ امّا الفتی که پیامبر(ص) به او داشت، همه را محو کرد.

بـویِ پـیغمبر بِبُرد آن شیرِ نـر[2] هـمچنانکه بـوی یـوسف را پـدر[3] ۱۱۷۹

هلال رایحهٔ پیامبر(ص) را دریافت، همان‌طور که پدر یوسف بوی پیراهن او را دریافت.

مـوجبِ ایـمان نـباشد مـعجزات بویِ جنسیّت[4] کند جـذبِ صـفات ۱۱۸۰

معجزات سببِ پیدایش ایمان نیست، آشنایی و پیوندهای باطنی موجب آن است.

معجزات از بهرِ قهرِ دشـمن[5] است بویِ جـنسیّت پـیِ دل بُـردن است ۱۱۸۱

معجزه‌ها می‌تواند دشمن را مقهور کند در حالی که پیوندهای درونی سبب جذبِ معنوی می‌شود.

قهر گـردد دشـمن، امّـا دوست نـی دوست کِی گـردد بِبَسته گـردنی؟[6] ۱۱۸۲

دشمن از معجزات مغلوب می‌شود؛ ولی دوست نمی‌شود. دوستی با زور ممکن نیست.

انـدر آمـد او ز خـواب[7] از بـویِ او گفت: سرگین‌دان درون، زین گونه بو؟ ۱۱۸۳

هلال از بویِ خوش پیامبر(ص) بیدار شد و گفت: درونِ اصطبل، این چه رایحه‌ای است؟

از مـیانِ پـایِ اسـتوران بـدید دامـنِ پـاکِ رسـولِ بـی نـدید[8] ۱۱۸۴

از میانِ پاهای چهارپایان توانست دامن پاک رسول بی نظیر را ببیند.

پس ز کُـنجِ آخُـر آمـد غَـژغَژان[9] روی بـر پـایش نـهاد آن پـهلوان ۱۱۸۵

پس آن پهلوانِ عالمِ معنا از گوشهٔ آخور خود را کشید و صورت بر پای پیامبر(ص) نهاد.

پس پـیمبر روی بـر رویش نـهاد بر سر و بر چشم و رویش بوسه داد ۱۱۸۶

پس پیامبر(ص) صورت خود را بر صورت هلال نهاد و سر و چشم و روی او را بوسید.

---

۱ - **مُظلَم** : بسیار تاریک. ۲ - **شیرِ نر** : مراد هلال است.

۳ - اشارتی قرآنی؛ یوسف: ۹۳/۱۲، که بوی پیراهنِ یوسف بینایی را به چشم یعقوب باز آورد.

۴ - **بوی جنسیّت** : احساس آشنایی. ۵ - **قهرِ دشمن** : غلبه بر دشمن.

۶ - کی ممکن است که کسی با بستنِ گردن دوست شود؟ ۷ - **ز خواب اندر آمد** : بیدار شد.

۸ - **ندید** : نظیر، همتا. ۹ - **غَژغَژان** : در حالی که خود را روی زمین می‌کشید.

گفت: یا رَبّا[1] چه پنهان گوهری ای غریبِ عرش![2] چونی؟ خوشتری؟ ۱۱۸۷

پیامبر(ص) گفت: عجبا! چه گوهر پنهانی هستی، ای غریب عرش، چگونه‌ای؟ خوبی؟

گفت: چون باشد خود آن شوریده خواب که در آید در دهانش آفتاب؟[3] ۱۱۸۸

هلال گفت: حال کسی که خواب آشفته‌ای دیده است و پس از بیداری خود را با سعادتی بی‌نظیر روبه‌رو می‌بیند، چگونه می‌تواند باشد؟

چون بُوَد آن تشنه‌یی کو گِل چَرَد آب بر سر بِنْهَدَش، خوش می‌برد[4] ۱۱۸۹

و یا حال آن تشنه‌ای که از شدّت عطش گِل می‌خورد و یک‌باره ببیند که به خوشی بر روی آب روان است؟

در بیانِ آنکه مصطفی علیه السَّلام شنید که: عیسی علیه السَّلام بر رویِ آب رفت، فرمود: لَو ازْدٰادَ یَقینُهُ لَمَشیٰ عَلَی ٱلهَوٰاءِ[5]

همچو عیسی، بر سرش گیرد فرات[6] کایمنی از غرقه، در آبِ حیات ۱۱۹۰

همانند عیسی(ع) که بر روی آب راه می‌رفت و گویی آب به زبانِ حال می‌گفت: به سبب یقین و حیات روحانی و سرمدی‌ات از غرق شدن در امانی.

گوید احمد: گر یقینْش افزون بُدی خود هوایش مرکب و مأمون بُدی[7] ۱۱۹۱

احمد(ص) می‌گوید: اگر یقین او افزون‌تر بود، بر هوا هم می‌توانست راه برود و در امان باشد.

---

۱ – **یا رَبّا:** ای پروردگارم، در چنین مواردی بیانِ تعجّب است.

۲ – **غریبِ عرش:** انسان کاملاً متعالی که وجودش روحانی است و در این دنیا غریب است.

۳ – **آفتاب در دهانش در آید:** تعبیری از اقبالی غیر منتظره، سعادتی بی‌نظیر.

۴ – هلال می‌گوید: از فرط تشنگی می‌خواستم با آب موجود درگِل رفعِ عطش کنم؛ ولی اینک آب به شدّت به من روی آورده است و گویی دارد مرا با خود می‌برد.

۵ – اشاره به روایتی با این مضمون: نزد پیامبر(ص) از عیسی(ع) و اینکه بر روی آب راه می‌رفت سخنی به میان آمد. آن حضرت(ص) فرمود: اگر یقینش بیشتر بود بر روی هوا هم راه می‌رفت: احادیث، ص ۵۴۴.

راه رفتن عیسی(ع) بر روی آب: انجیل مَتّی: باب ۱۴، انجیل مَرْقُس: باب ۶ و انجیل یوحنّا: باب ۶.

۶ – **فُرات:** اینجا مطلق رودخانه.

۷ – هوا را مرکب قرار می‌داد؛ یعنی بر هوا راه می‌رفت و در امان بود. مأمون: در امان.

همچو من که بر هوا راکب شدم   در شبِ معراج مُسْتَصحِب[1] شدم ۱۱۹۲

همانند من که در شبِ معراج سوار بر هوا با حضرت حق مصاحب شدم.

گفت: چون باشد سگی کوری پلید   جَست او از خواب، خود را شیر دید؟[2] ۱۱۹۳

هلال گفت: چگونه است حال سگ کور کثیفی که از خواب بپرد و خود را شیر ببیند؟

نه چنان شیری که کس تیرش زند   بل ز بیمش تیغ و پیکان بشکند ۱۱۹۴

امّا نه آن شیری که کسی بتواند با تیر بزندش؛ بلکه شیری که از هیبتش شمشیر و نیزه بشکند.

کورِ بر اِشکم‌رونده همچو مار[3]   چشم‌ها بگشاد در باغ و بهار ۱۱۹۵

کسی که به سبب ناتوانی از درک آسمان‌های عالم معنا در محدودهٔ مادّه باقی مانده است، ناگهان بتواند آن را ببیند و درک کند.

چون بُوَد آن چون[4] که از چونی رهید؟   در حیاتستانِ بی‌چونی[5] رسید؟ ۱۱۹۶

حالِ کسی که مقیّد به قیود عالم مادّه شده، هنگام رهایی از آن چگونه است؟

گفت چونی بخش اندر لامکان[6]   گِردِ خوانش جمله چون‌ها چون سگان[7] ۱۱۹۷

جانِ واصلِ او که در حیطهٔ زمان و مکان نیست می‌تواند عطایی دنیوی یا معنوی به هر که می‌خواهد بدهد.

او ز بی‌چونی دَهَدْشان استخوان[8]   در جنابت[9] تن زن،[10] این سوره مخوان[11] ۱۱۹۸

او مراحمی عطا می‌کند که کیفیّت‌پذیر نیست. تا پاک نباشی، نمی‌توانی آن را درک کنی.

تا ز چونی غُسل ناری تو تمام   تو بر این مُصحَف مَنِهْ کف ای غلام! ۱۱۹۹

ای جوان، تا از هوای نَفْس به کلّی پاک نشوی، نمی‌توانی از عوالم معنوی دم بزنی.

---

۱ - **مُسْتَصحِب:** طالب مصاحبت. ۲ - بازگشت به قصّهٔ هلال.

۳ - مصراع اوّل: نابینایی که چون مار روی زمین می‌خزد؛ یعنی کسی که به علّت عدم ادراک حقایق در حیطهٔ مادّه مانده است. ۴ - **آن چون:** اینجا وجود مقیّد به قیود عالم مادّه.

۵ - **بی‌چونی:** رهایی از اسارت عالم مادّه و تعلّقات و پیوستن به عالم غیر مادّی. «حیاتستانِ بی‌چون»: عالم معنا.

۶ - سخن از انسان کامل واصل است که به حق و هستیِ حقیقی پیوسته است.

۷ - بر سر خوانِ روحانیِ او همهٔ طالبان عطایی می‌یابند، همچنان که سگان برای استخوانی جمع می‌شوند.

۸ - **استخوان:** کنایه از عطایِ مرد حق است.

۹ - **جنابت:** اینجا تعبیری برای ناپاکیِ دل و جان از شهوات و تعلّقات. ۱۰ - **تن زن:** خاموش.

۱۱ - ناظر است به: واقعه: ۷۹/۵۶: لا یَمَسُّهُ اِلاَّ المُطَهَّرُونَ.

گــر پــلیدم، ور نــظیفم، ای شــهان!   این نخوانم، پس چه خوانم در جهان؟[1] ۱۲۰۰

ای شاهان عالم معنا، چه پلید و چه پاک، اگر به عالم حقایق روی نیاورم، چه کنم؟

تــو مــرا گــویی کــه از بـهرِ ثـواب   غُسل ناکرده مـرو در حـوضِ آب ۱۲۰۱

تو می‌گویی: ناپاک وارد حوض آب نشو تا شایستهٔ جزای خیر باشی.

از برونِ حوض غیرِ خــاک نـیست   هر که او در حوض نایَد پاک نیست ۱۲۰۲

امّا بیرون که فقط خاک است، چگونه به درون حوض نرویم و پاک شویم؟

گــر نــباشد آب‌هــا[2] را ایـن کَـرَم   کو پذیرد مـر خَـبَث[3] را دم بـه دم ۱۲۰۳

اگر «آب»ها آن قدر بخشنده نباشند که هر لحظه «ناپاک»ها را بپذیرند،

وای بــر مُشــتاق و بــر اومیدِ او   حســرتا بــر حســرتِ جـاوید او ۱۲۰۴

وای بر شیفتگان و امیدشان، و وای بر حسرت جاویدشان.

آب دارد صـد کـرم، صـد اِحـتشام   کــه پـلیدان را پــذیرد، والسَّـلام ۱۲۰۵

اینکه «آب» همواره آلودگان را می‌پذیرد از بخشندگی و احتشام اوست، والسّلام.

ای ضیاءُالحق حُسام‌الدّین! که نـور   پــاسبانِ تــوست از شــرِّ اَلطّـیور ۱۲۰۶

ای ضیاءُالحق حُسام‌الدّین، «نور»ت تو را از شرّ «بدترین پرندگان»[4] در امان می‌دارد.

پــاسبانِ تــوست نـور و ارتـقاش   ای تو خورشیدِ مُسَتَّر[5] از خُـفاش ۱۲۰۷

ای خورشیدی که از دیدهٔ خفّاش صفتان نهانی، نور باطنی و تعالیِ همیشگی‌ات حافظ توست.

چـیست پـرده پـیشِ روىِ آفـتاب   جز فزونی شَعْشَعه[6] و تیزیِ تـاب؟ ۱۲۰۸

پرده‌ای که روی خورشید است و نمی‌گذارد آن را ببینیم، چه چیزی جز درخشندگیِ فراوان و تند و تیزیِ تابش آن است؟

پــردهٔ‌خــورشید هــم نــورِ رب است   بی‌نصیب از وی، خُفاش است و شب است[7] ۱۲۰۹

پردهٔ خورشید معنوی هم نور پروردگار است که بـه سـبب درخششی خـاص هـمانند حجابی بر روی چشم منکران و جاهلان است.

---

۱ - سخن یک مُرید است که نقص خود و کمال بزرگان را می‌داند. ۲ - **آب** : کنایه از کاملِ واصل.
۳ - **خَبَث** : پلیدی، نجاست، اینجا کنایه از انسان غیر کامل که هنوز اسیر هوای نفس و مشتهیات دون است.
۴ - **بدترین پرندگان** : اینجا مُراد خفّاش است. ۵ - **مُسَتَّر** : مستور شده، پوشیده شده.
۶ - **شَعشعه** : تابندگی. ۷ - **خفّاش و شب** : کنایه از منکر و جاهل.

هر دو چون در بُعد و پرده مانده‌اند یـا سـیه‌رو یـا فسـرده مـانده‌انـد ۱۲۱۰

چون «منکر و جاهل» دور از خورشید حقایق و در حجاب‌اند، روسیاه و منجمد مانده‌اند.

چون نبشتی[1] بعضی از قصّهٔ هلال[2] داسـتـانِ بَـدر آر انـدر مَـقال ۱۲۱۱

چون بخشی از قصّهٔ هلال را نوشتی، اینک داستان «انسانِ کامل» را بگو.

آن هـلال و بَـدر[3] دارنـد اتّـحاد از دُویی دورند و از نـقص و فساد ۱۲۱۲

«هلال و بدر» به سبب قابلیّتی که هلال برای کمال دارد با هم متّحد و از نقص به دورند.

آن هلال از نقص در باطن بَری است آن به ظاهر نقص تدریج آوری است ۱۲۱۳

نقصِ سالکِ خالصِ مُبتدی ظاهری است نه باطنی و نشانِ تدریجی بودن کمال است.

درس گوید شب به شب تـدریج را در تأنّـی بـر دهـد تَـفریج[4] را ۱۲۱۴

«هلالِ ماه» هر شب و به تدریج نورش افزوده می‌شود تا با تأمّل بگوید: گشایشِ باطنی هم آرام آرام است.

در تأنّـی گـوید: ای عـجّولِ خـام پـایه پـایه بـر تـوان رفـتن بـه بـام ۱۲۱۵

با درنگ و تأنّی می‌گوید: ای عجول بی‌تجربه، پلّه پلّه می‌توان به بام رفت.

دیگ را تدریج و استادانه جـوش[5] کـار نـاید قـلیهٔ[6] دیوانـه جـوش ۱۲۱۶

دیگ را هم به تدریج و ماهرانه بجوشان. غذایی که دیوانه‌وار بجوشد، به درد نمی‌خورد.

حق نـه قـادر بـود بـر خـلقِ فَـلَک در یکی لحظه به کُن بی هیچ شک؟ ۱۲۱۷

آیا خداوند قادر نبود که تمام هستی را به لحظه‌ای و به فرمانِ «کُن» بیافریند؟

پس چرا شش روز آن را درکشید؟[7] کُـلُّ یَـوْمٍ اَلْـفُ عَـامْ ای مُستفید! ۱۲۱۸

ای فایده‌جو، پس چرا آن را در شش روز آفرید که هر روزش هزار سال بود؟

---

۱ - خطاب به کاتب و مخاطبِ خاصّ مثنوی، یعنی حُسام‌الدّین.

۲ - از این بیت به بعد «هلال و بَدر» مراتب کمالِ ماهِ جانِ انسان است. «هلال» مراتب اوّلیّهٔ سلوک است و «بدر» مراتب نهاییِ آن. ۳ - **هلال و بدر**: کنایه از مُریدِ خالصِ صادق و مُراد کامل.

۴ - **تفریج**: رهایی از اندوه، گشایش. ۵ - **جوش**: بجوشان. ۶ - **قلیه**: تکّهٔ گوشت، اینجا مطلق غذا.

۷ - اشارتی قرآنی؛ اعراف: ۵۴/۷، یونس: ۳/۱۰ و شش آیهٔ دیگر که خلقت آسمان‌ها و زمین را در شش روز دانسته است که تفاسیر قرآن هر روز آن را برابر هزار سال دانسته‌اند.

خِلقتِ طفل از چه اندر نُه مَه است؟ زانکه تدریج از شعارِ آن شه است ۱۲۱۹

چرا آفرینش و کمال جنین نُه ماه طول می‌کشد؟ زیرا تدریج روشِ حق تعالی است.

خِلقتِ آدم چرا چِل صبح بود؟[1] اندر آن گِل اندک اندک می‌فزود ۱۲۲۰

چرا آفرینش آدم چهل روز طول کشید و چرا اندک اندک بر گِلِ جسمِ او می‌افزود؟

نه چو تو ای خام[2]! کاکنون تاختی طفلی، و خود را تو شیخی ساختی ۱۲۲۱

نه همانند تو ای نادان، که در عین کودکی و جهل بر مسندِ بزرگان و کاملان تکیه می‌زنی.

بر دویدی چون کدو فوقِ همه کو تو را پایِ جهاد و مَلحَمه؟[3] ۱۲۲۲

تو مانند بوتهٔ کدویی هستی که به سرعت شاخه و برگش بلند و بزرگ می‌شود؛ امّا ناپایدار است.

تکیه کردی بر درختان و جِدار بر شدی ای اَقْرَعَک[4] هم قَرْعْوار[5] ۱۲۲۳

ای کچلِ حقیر، به درختان و دیوار چسبیدی و مانند کدو رشد کردی.

اوّل ار شُد مرکبت سروِ سَهی[6] لیک آخر خشک و بی مغزی تهی ۱۲۲۴

در آغاز به درختان بلند پیچیدی و بالا رفتی؛ امّا عاقبت خشک و بی مغز می‌مانی.

رنگِ سبزت[7] زرد شد ای قَرع! زود زانکه از گلگونه[8] بود، اصلی نبود ۱۲۲۵

ای کدو، رنگ سبزت خیلی زود زرد شد؛ زیرا عاریه بود، اصلی نبود.

---

۱ – اشاره به حدیث: خداوند فرمود: گِل آدم را با دست خود در چهل روز سرشتم: احادیث، ص ۵۴۵.

۲ – **خام**: مقصود مُرید نادان است که در آغازِ سلوک آرزوی شیخوخیّت دارد.

۳ – مصراع دوم: پایداری جهاد و مبارزه در تو کجاست؟ «ملحمه»: جنگ، مبارزه.

۴ – **اَقْرَعَک**: کچلک، کچلِ خوار. اقرع: کچل، در اینجا کافِ تصغیر فارسی به آن اضافه شده است.

۵ – **قَرْعْوار**: کدووار، مانند کدو. ۶ – **سروِ سَهی**: کنایه از بزرگانِ عالمِ معنا.

۷ – **رنگِ سبز**: کنایه از طراوت و جلوه‌گری.

۸ – **گلگونه**: سرخاب، اینجا کنایه از جاذبه‌هایِ عاریتی که مریدِ خام که هوایِ سروری دارد، خود را با آن‌ها می‌آراید، مانند آراستن ظاهرِ خویش همانند ظاهرِ بزرگان و تقلید از رفتار و گفتار ایشان.

داستانِ آن عجوزه که رویِ زشتِ خویشتن را جَنْدَره[۱] و گُلگُونه می‌ساخت، و ساخته نمی‌شد و پذیرا نمی‌آمد[۲]

در این قصّه که مولانا آن را «حدیثِ پست» می‌نامد، عجوزه‌ای پیر و زشت می‌کوشید تا با نقوش رنگین عَشْرهای کنارهٔ صفحات مُصحَف‌ها و چسبانیدن آن بر چهرهٔ چروکیدهٔ خویش، روی را گلگونه سازد و برای رفتن به عروسی بیاراید، امّا عَشْرها را که با آب دهان به چهره می‌چسبانید، با راست کردن چادر می‌افتادند و این کار بسی مکرر شد. عجوزه با خشم بر ابلیس لعنت کرد. ابلیس بر وی ظاهر شد که چرا مرا لعنت می‌کنی؟ تو خود صد ابلیسی. شیطان هرگز مکر و نیرنگی را که تو به کار بستی در خاطر نیاورده است. با این شیوهٔ خودآراییِ تو دیگر مُصحفی در جهان نمی‌مانَد.

در این تمثیل که صورتی هزل دارد، الفاظ و تعبیراتی هست که مولانا آن را حدیث پست نازل می‌خوانَد؛ امّا سِرّ قصّه جدّ و تعلیم است.

چهرهٔ زشت عجوزه نمادی است از زشتی و پلیدیِ درونِ کسانی که با آموختن کلام بزرگان عالم معنا و تقلید اعمال و رفتار اولیا و کاملان می‌کوشند مقبول عامّه و محبوب ایشان گردند و بر دکانی از فضل فروشی و دعوی بنشینند و کالای عاریتی را به ساده‌اندیشان عرضه دارند.

۱۲۲۶ **بود کَمپیری[۳] نود ساله، کَلان پُر تشنّج[۴] روی، و رنگش زعفران**

پیرزن سالخوردهٔ نود ساله‌ای بود که چهره‌ای پر از چین و چروک و زرد رنگ داشت.

1227 **چون سرِ سُفره[5] رخ او توی توی لیک در وی بود مانده عشقِ شوی**

صورت او همانند گوشه‌های سفره پر چُروک بود؛ امّا هنوز علاقه به شوهر داشت.

۱۲۲۸ **ریخت دندان‌هاش و مُو چون شیر شد قد کمان و هر حِسش تغییر شد**

دندان‌ها ریخته و موی سپید شده با قدی خمیده و حواسّی که تغییر یافته بود.

---

۱ - **جَنْدِره:** نتراشیده، مجازاً لک و پک.

۲ - ظاهراً مأخذ این قصّهٔ تمثیلی را اشعاری دانسته‌اند که در کتاب ربیع‌الابرارِ زمخشری آمده است و روایتی مشابه در عیون الاخبار دارد و از قصّه‌های قوم عرب است. خاقانی هم به آن اشاره دارد. حاکی از داستان عجوزه‌ای است که با چشم‌های گود و پشتی خمیده در آرزوی جوانی از داروساز خواهان داروِی جوانی است: احادیث، صص ۵۴۵ و ۵۴۶.

۳ - **کَمپیر:** پیرِ سالخورده.

۴ - **تشنّج:** اینجا چین و چروک.

5 - **سرِ سفره:** مراد گوشه‌های سفره است که غالباً چروکیده‌اند.

عشقِ شُوی و شهوت و حرصش تمام عشقِ صید[1] و پاره پاره گشته دام[2] ۱۲۲۹

بی هیچ گونه جاذبهٔ زنانه‌ای، علاقه به شوهر و شهوت و حرصش تغییر نیافته بود و مشتاق شکار شوهر بود.

مرغِ بی هنگام[3] و راهِ بی رهی[4] آتشی پُر در بُنِ دیگِ[5] تهی ۱۲۳۰

او مانند خروسی بی محل و راهی بی انجام بود. زیر دیگِ تهیِ وجودِ او آتشی فروزان شعله می‌کشید.

عاشقِ میدان و اسب، و پایْ نی عاشقِ زَمر[6]، و لب و سُرنای[7] نی ۱۲۳۱

عاشق میدان و سواری بود، بی آنکه اسب و پایی داشته باشد. عاشق نی زدن بود؛ امّا لب و سُرنا نداشت.

حرص در پیری، جهودان را مباد ای شقی‌یی[8] که خداش این حرص داد[9] ۱۲۳۲

الهی که کافران هم در پیری حریص نباشند؛ زیرا چنین حرصی بدبختی عظیمی است.

ریخت دندان‌هایِ سگ چون پیر شد ترکِ مردم کرد، و سرگینْ‌گیر[10] شد ۱۲۳۳

چون سگ پیر می‌شود و دندان‌هایش می‌ریزد از گرفتن مردم دست بر می‌دارد و سرگین را گاز می‌گیرد.

این سگانِ شصت ساله[11] را نگر هر دمی دندانِ سَگشان[12] تیزتر ۱۲۳۴

به این دنیادوستانِ پیر بنگر که چگونه هر لحظه دندانِ حرص‌شان تیزتر می‌شود.

پیرِ سگ را ریخت پشم از پوستین این سگانِ پیرِ اطلس پوش بین ۱۲۳۵

سگ در پیری پشم از پوستش می‌ریزد و عریان می‌شود؛ امّا این دنیاپرستانِ پست در پیری اطلس‌پوش می‌شوند و بیشتر جلوه می‌فروشند.

---

۱ - **عشقِ صید :** مشتاق صید یا شکار شوهر بود.

۲ - **پاره پاره گشته دام :** هیچ لطف و جاذبهٔ زنانه‌ای در وی باقی نمانده بود.

۳ - **مرغِ بی هنگام :** خروسِ بی محل. خروسی که بی‌وقت بخواند، شوم است و سرش را می‌بُرند.

۴ - **راهِ بی رهی :** بیراهه،گمراهی. ۵ - **بُنِ دیگ :** زیرِ دیگ. ۶ - **زَمْر :** نای زدن، نی زدن.

۷ - **سُرنا :** مخفّف سورنای که در نقاره‌خانه‌ها و روزهای جشن و سور می‌نوازند و آن را نایِ رومی نیز گویند.

۸ - **شقی :** بدبخت. ۹ - کسی که خداوند به او چنین حرصی بدهد، بدبخت است.

۱۰ - **سرگین :** نجاست، مدفوع. «سرگین‌گیر»: گندخوار. ۱۱ - **سگان شصت ساله :** کنایه از دنیادوستانِ پیر.

۱۲ - **دندانِ سگشان :** دندانِ حرص‌شان.

عشقشان و حرصشان در فَرج و زر   دم به دم چون نسلِ سگ، بین بیشتر ۱۲۳۶

میل و حرص آنان به شهوت و ثروت لحظه به لحظه بیشتر می‌شود، مانند زاد و ولد سگان که بسیار است.

این چنین عُمری که مایهٔ دوزخ[۱] است   مر قصابانِ غضب[۲] را مَسلَخ[۳] است ۱۲۳۷

زندگی دنیاپرستان دوزخ را فروزان‌تر می‌کند؛ زیرا همین جا قهر الهی توسّط مأموران حق بر آنان فرود آمده است.

چون بگویندش که: عمرِ تو دراز   می‌شود دلخوش، دهانْش از خنده باز ۱۲۳۸

اگر به «اهل دنیا» بگویند: عمرت دراز باد! شاد می‌شود و دهانش از خنده باز می‌مانَد.

این چنین نفرین، دعا پندارد او   چشم نگشاید، سری برنارَد او[۴] ۱۲۳۹

چنین نفرینی را دعا می‌پندارد. چشمش را نمی‌گشاید و سرش را بلند نمی‌کند.

گر بدیدی یک سرِ موی از معاد   اوش گفتی: این چنین عُمرِ تو باد ۱۲۴۰

اگر می‌توانست ذرّه‌ای از حقایقِ رستاخیز را ببیند، می‌گفت: چنین عمری نصیب تو باد.

داستانِ آن درویش که آن گیلانی را دعا کرد که: خدا تو را به سلامت به خان و مان باز رساناد

گدایی طمّاع دعایی در حقّ گیله مردی مسافر کرد که خداوند او را به سلامت به خان و مان برسانَد. گیله‌مرد که گویی شوقی برای بازگشت به دیار نداشت، از دعای او که در نظرش چونان نفرین بود، آزرده خاطر شد که اگر خان و مان آن است که من دیده‌ام، **«حق تو را آنجا رسانَد، ای دُژَم»**.

نکتهٔ اصلی این لطیفه آنکه: بسیار دعاهاست که با نفرین فرقی ندارد، مانند آن عجوزه که عمری را در شقاوت گذرانده بود و آرزوی طول عمر برای او جز نفرین نیست. داستان گیله‌مرد نیز در تبیین معنای داستان کمپیر نود ساله تقریر گشته است.

---

۱ - **مایهٔ دوزخ:** سرمایهٔ دوزخ، موجب فروزان‌تر شدنِ دوزخ.   ۲ - **قصابانِ غضب:** مأموران قهر الهی.

۳ - **مَسلَخ:** اینجا در معنی سلّاخی به کار رفته است.   ۴ - مراد آنکه: نمی‌تواند وضع و حال خود را درک کند.

گفت یک روزی به خواجه گیلیی[۱] نـــان پَــرستی،[۲] نــرگدا زنــبیلیی ۱۲۴۱

روزی نرّه‌گدای طمّاعِ زنبیل به دستی در حقّ ثروتمندی گیلانی دعایی کرد.

چون سِتَد زو نان، بگفت: ای مستعان! خوش به خان و مان خود بازَش رسان ۱۲۴۲

چون از او نانی گرفت، گفت: ای خدایی که یاور همگانی، او را به خوشی به خان و مانش برسان.

گفت: خان اَر آنْسْت که من دیده‌ام حق تو را آنـجا رسـانَد، ای دُژَم[۳]! ۱۲۴۳

مرد گفت: ای غمزده، اگر خان و مان آن است که من دیده‌ام، حق تو را به آنجا برساند.

هر مُحَدِّث[۴] را خَسان[۵] با ذِل[۶] کنند حـرفش اَزْ عـالی بُـوَد، نـازل کـنند ۱۲۴۴

فرومایگان هر گوینده‌ای را خوار می‌کنند و سطح سخن عالی‌اش را پایین می‌آورند.

زانکـه قـدرِ مسـتمع آیـد نَـبا[۷] بـر قـدِ خـواجـه بُـرَد دَرزی[۸] قبا ۱۲۴۵

زیرا سخن به قدر فهم شنونده گفته می‌شود، همان‌طور که خیّاط لباس را متناسب با قامت شخص می‌دوزد.

صفتِ آن عجوز

چونکه مجلس[۹] بی چنین پَیْغاره[۱۰] نیست از حـدیثِ پستِ نـازل چاره نـیست ۱۲۴۶

چو حدّ ادراک بعضی از شنوندگان ناچیز است، ناچار سخنان حقیری را هم می‌گوییم.

واسِتان هین! این سـخن را از گـرو سـویِ افسـانهٔ عـجوزه بـاز رو[۱۱] ۱۲۴۷

هان، رشتهٔ سخن را از نکات معنوی بازگیر و حکایتِ عجوزه را بگو.

---

۱ - **گیلیی**: یک گیلی، اهلِ گیلان. ۲ - **نان پرست**: حریص و طمّاع. ۳ - **دُژَم**: غمزده، غمگین.

۴ - **مُحَدِّث**: سخن گوینده، اینجا کسی که سخنِ حق می‌گوید. ۵ - **خَسان**: فرومایگان، اینجا منکران.

۶ - **ذِل**: پست و دون.

۷ - **نَبا**: نَبَأ: خبر، اینجا سخن. اشاره است به مضمونِ حدیث: خداوند به قدر فهم مستمعان بر زبان واعظان حکمت تلقین می‌کند: احادیث مثنوی، ص ۱۹۸. ۸ - **درزی**: خیّاط.

۹ - **مجلس**: محفل، اینجا کنایه از وجودِ آدمیان است که بسی حقیر است که جز هزل یا طنز و یا قصّه چیزی دیگری را نمی‌فهمد و مولانا را وادار می‌کند تا «حدیثِ پستِ نازل» را بگوید.

۱۰ - **پیغاره**: طعنه و سرزنش، ملامت.

۱۱ - روی سخن به خود مولاناست که به خاطر مستمعان تمایل به نقل قصّهٔ عجوزه دارد؛ ولی هجوم معانی باز هم راه را می‌بندد.

چون مُسِن گشت و در این رَه[1] نیست مرد   تــو بِـنِهْ نـامش عـجوزِ سـال‌خَورد ۱۲۴۸

چون آدمی پیر شد؛ امّا مرد راه حق نبود و به پختگیِ باطنی نرسید، عجوزهٔ پیر است، چه مرد و چه زن.

نه مر او را رَأس ِ مـال[2] و پـایه‌یی[3]   نـــه پـــذیرایِ قــبولِ مــایه‌یی[4] ۱۲۴۹

او نه سرمایهٔ معنوی دارد، نه مرتبهٔ روحانی و استعداد درک حقایق.

نــه دهــنده، نـی پـذیرندهٔ خـوشی   نه در او مـعنی و نـه مـعنی کَشی[5] ۱۲۵۰

نه خودش خوش است و نه می‌تواند به دیگران خوشی ببخشد. نه معنویتی دارد و نه قابلیّت دریافت آن را.

نه زبان، نه گوش، نه عقل و بـصر[6]   نــه هُش و نــه بـیهُشی و نــه فِکَـر[7] ۱۲۵۱

نه زبان دارد و نه چشم و گوش و عقل. نه هوشیار است و نه بیهوش، بدون هیچ اندیشه‌ای.

نــه نـیاز[8]، و نــه جـمالی[9] بـهرِ نـاز   تُـو بـه تُـوَیش[10] گـنده مـانندِ پـیاز ۱۲۵۲

نه در خود نیازی به حق و تعالی می‌یابد، نه درون منوّری دارد که به آن بنازد. تمام وجودش متعفّن است، همانند پیاز گندیده.

نــه رهــی بُــبْریده او، نــه پــایِ راه   نه تَبِش[11] آن قحبه[12] را، نه سوز و آه ۱۲۵۳

نه در راه حق گامی زده است و نه پایِ راه رفتن دارد. آن فاحشه نه گرمایِ باطنی دارد و نه سوز و آهی.

---

۱ - **در این راه :** راهِ حق. ۲ - **رأس ِ مال :** رأس‌المال: سرمایه، اینجا سرمایهٔ معنوی. ۳ - **پایه :** مرتبه.

۴ - مصراعِ دوم: استعداد درک معانی و حقایق را هم ندارد.

۵ - **معنی کَش :** دریافتِ معانی و معنویت از دیگران و یا علاقه به آن.

۶ - تمام توانایی‌ها و قابلیّت‌ها را از دست داده است. ۷ - **فِکَر :** اندیشه. ۸ - **نیاز :** نیاز به حق.

۹ - **جمال :** مراد جمال معنوی و روحانی است. ۱۰ - **تُو به تُو :** لایه به لایه.

۱۱ - **تَبِش :** اسم مصدر از تبیدن به معنی گرمی است. مراد شوق درونی برای درک حقایق است.

۱۲ - **قحبه :** فاحشه.

قصّهٔ درویش که از آن خانه هر چه می‌خواست، می‌گفتند: نیست

سائلی به درِ خانه‌ای رفت و نانی خواست. صاحبخانهٔ لئیم گفت: مگر اینجا نانوایی است؟ درویش تقاضای اندکی پیه و چربی کرد. صاحبخانه گفت: مگر اینجا قصّابی است؟ سائلِ تشنه آب خواست. صاحبخانه گفت: مگر اینجا جوی آب است؟ و به این ترتیب سائل بینوا هرچه خواست، پاسخی جز ریشخند و طنز نیافت؛ پس به درون خانه جهید و دامن را بالا زد تا خود را فارغ کند و گفت: چون در این خانه نیست وجه زیستن، **«بر چنین خانه باید ریستن»**.

قصّه در عین حال که تصویری است از لئامت لئیمان و وقاحت بعضی از سائلان، مشتمل بر سرّی هم هست که زندگی آدمی باید برای خود وی و دیگران مفید باشد و آن کس که نه بازِ دست‌آموز است و نه طاووسِ خوش نقش و نه طوطیِ خوش گفتار و نه بلبلِ خوش نوا، در چه کار است؟ کالایی است که خریداری ندارد جز فضلِ آن کریم، از آنجا که هیچ قلبی پیش او مردود نیست.

۱۲۵۴ **سائلی آمد به سویِ خانه‌یی   خشک نانه خواست یا تَر نانه‌یی**[1]

گدایی به در خانه‌ای آمد و نان خواست، خشک یا تر.

۱۲۵۵ **گفت صاحب خانه: نان اینجا کجاست؟   خیره‌ای، کِی این دکانِ نانباست؟**

صاحب خانه گفت: اینجا نان کجا بود؟ گیجی؟ مگر این خانه، دکان نانوایی است؟

۱۲۵۶ **گفت: باری، اندکی پیه‌اَم بیاب   گفت: آخِر نیست دکّانِ قصاب**

گدا گفت: پس کمی پیه به من بده. صاحب خانه گفت: اینجا قصّابی نیست.

۱۲۵۷ **گفت: پارهٔ آرد دِه ای کدخدا!   گفت: پنداری که هست این آسیا؟**

گدا گفت: ای آقا، کمی آرد بده. صاحب خانه گفت: خیال کردی اینجا آسیاست؟

۱۲۵۸ **گفت: باری، آب دِهْ از مَکْرَعَه[2]   گفت: آخِر نیست جُو یا مَشْرَعَه[3]**

گدا گفت: لااقلّ آبی از مَشک بده. صاحب خانه گفت: اینجا که جویبار یا چشمه نیست.

۱۲۵۹ **هرچه او درخواست، از نان یا سبوس   چُربَکی[4] می‌گفت و می‌کردش فُسوس[5]**

هرچه او خواست از نان تا سبوس، صاحب خانه به شوخی مسخره‌اش می‌کرد.

---

۱ - مصراع دوم: نان خواست، چه خشک و کهنه و چه تازه.   ۲ - **مَکْرَعَه** : مَشکِ آب.

۳ - **مَشْرَعَه** : محلّ آب خوردنِ حیوانات، آبشخور.   ۴ - **چُرْبَک** : شوخی و تمسخر.

۵ - **فسوس کردن** : مسخره کردن.

آن گـدا در رفت[1] و دامـن بـر کشـید   اندر آن خانه به حِسْبَت[2] خواست رید ۱۲۶۰

بنابراین گدا پرید توی خانه و دامن را بالا زد که قضای حاجت کند.

گفت: هی! هی! گفت: تن زن ای دُژم[3]   تـا در ایـن ویـرانـه خـود فـارغ کـنم ۱۲۶۱

صاحب خانه گفت: آهای، چه می‌کنی؟ گدا گفت: ای بدبخت، خاموش باش تا من در این خرابه قضای حاجت کنم.

چون در اینجا نیست وجهِ زیستن[4]   بـر چـنین خـانه ببـاید ریـستن[5] ۱۲۶۲

چون در این خانه شرایط زیستن نیست باید در آن قضای حاجت کرد.

چون نه‌ای بازی که گیری تو شکار   دست آمـوزِ شکـارِ شـهریار[6] ۱۲۶۳

چون تو بازِ شکاری نیستی که بر دست سلطان بنشینی و شکار بیاموزی،

نیستی طاووس بـا صـد نـقش بـند   که به نقشت چشم‌ها روشن کـنند[7] ۱۲۶۴

نه طاووس پر نقش و نگاری که از دیدن نقش‌هایت چشم‌ها روشن شوند،

هم نه‌ای طوطی که چون قندت دهند   گـوش سویِ گـفتِ شیرینت نـهند ۱۲۶۵

نه طوطی هستی که قندی دهند و نغمهٔ شیرین‌ات را بشنوند،

هم نـه‌ای بـلبل[8] کـه عـاشق‌وار زار   خـوش بـنالی در چـمن یـا لاله‌زار ۱۲۶۶

نه بلبل هستی که عاشقانه در چمن و لاله‌زار ناله سر دهی،

هـم نـه‌ای هـدهد[9] کـه پـیکی‌ها کـنی   نه چو لک‌لک[10]، که وطن بالا کنی[11] ۱۲۶۷

نه هُدهُد هستی که قاصد شوی، نه لک‌لک که در بلندی‌ها آشیانه کنی،

---

۱ - **در رفت** : اینجا به سرعت داخل رفت؛ یعنی پرید توی خانه.   ۲ - **حِسْبَت** : شمردن، حساب، اجر.

۳ - **دُژم** : غمگین، اینجا بدبخت و بیچاره.   ۴ - **وجه زیستن** : مایهٔ حیات.

۵ - **ریستن** : ریدن، قضای حاجت کردن.

۶ - روی سخن با ناآگاهان است که مشتاق تعالیم و اندرزهایِ آگاهان هم نیستند. «باز شکاری»: تعبیری است برای سالکِ بسیار متعالی با درونی منوّر. «شهریار»: کنایه از مُراد کاملِ واصل.

در بیت پیشین گفته شد که اگر در خانه‌ای شرایط زیستن نباشد به چه کار می‌آید؟ اینک در استمرار همان معنا، در ابیات بعد نیز همان پرسش است: ببین که در خانهٔ وجودت چه داری؟ حاصل و بهرهٔ آن چیست؟ و به چه کار می‌آید؟

۷ - طاووس و طوطی هم تعبیرات دیگری است از وجودی که به دیگران بهره می‌رسانَد.

۸ - **بلبل** : اینجا کنایه از عارفِ عاشق، عاشق حق.   ۹ - **هُدهُد** : اینجا کنایه از سالک متعالی منوّر.

۱۰ - **لک‌لک** : اینجا کنایه از سالکِ صاحب معرفتی که در محفل صاحب دلان قول و غزلی عارفانه سر می‌دهد.

۱۱ - **وطن بالا کنی** : در عوالم معنوی سیر کنی.

در چه کاری تو؟ وُ بهرِ چِت خَـرَند؟ تو چه مرغی؟ و تو را با چه خورند؟[۱] ۱۲۶۸

پس تو چه کاره‌ای؟ چرا خریدارت باشند؟ چگونه پرنده‌ای هستی؟ تو را با چه بخورند؟

زیـن دکـانِ بـا مِکـاسان[۲] **بـرتر آ**[۳] **تـا دکـانِ فـضل، کَـاللهُ اشْـتَریٰ**[۴] ۱۲۶۹

از عالَم دنیاداران و سود و زیان‌هایشان بگذر تا به درگاه حق برسی و ببینی که خداوند بدون چانه زدن خریدار توست.

کاله‌یی[۵] **که هیچ خـلقش نـنگرید**[۶] **از خَلاقت**[۷]**، آن کریم آن را خرید**[۸] ۱۲۷۰

کالای کهنه‌ای را که هیچ خریداری ندارد، خداوند بخشنده می‌خرد.

هـیچ قـلبی پـیشِ او مـردود نـیست زانکه قصدش از خریدن سود نـیست[۹] ۱۲۷۱

هیچ کالای تقلّبی را رد نمی‌کند؛ زیرا جویای سود نیست.

رجوع به داستان آن کمپیر

چون عروسی خواست رفتن آن خریف[۱۰] **مـویِ ابـرو پـاک کـرد آن مُـستَخیف**[۱۱] ۱۲۷۲

چون پیرزن پژمرده و خوار عازم عروسی بود، موی ابرو را برداشت.

پیش رو آیـینه بگـرفت آن عـجوز تـا بـیارایـد رخ و رخسـار و پُـوز ۱۲۷۳

آیینه را روبروی خود گرفت تا چهره، گونه و لب‌ها را بیاراید.

---

۱ – مراد آنکه: وجودت چه حُسنی دارد؟ چه چیزی به دیگران می‌رسانَد؟

۲ – **مِکاس**: چانه زدن روی قیمت چیزها.

۳ – از این دکان چانه‌زنان [دنیا] بالاتر بیا؛ یعنی به عوالم برتر توجّه کن.

۴ – اشارتی قرآنی؛ توبه: ۹/۱۱۱؛ ر.ک: ۲۷۲۱/۱. ۵ – **کاله**: کالا. ۶ – کسی به آن توجّهی نکرد یا نمی‌کند.

۷ – **خَلاقت**: کهنگی و فرسودگی.

۸ – کالای کهنه و فرسوده: کنایه از مال و نَفْس است که به خودی خود و در عالم معنا شأنی ندارد؛ ولی اگر در راه خدا و برای رضای او بذل شود، خداوند خریدار آن است. ۹ – من نکردم خلق تا سودی کنم.

۱۰ – **خریف**: پاییز، اینجا پژمرده و خِرِفت: کُند ذهن.

۱۱ – **مُستخیف**: به جای مُسْتَخِفّ به معنی «خواردارنده» به کار رفته است از آنجا که رفتار پیرزن خواردارندهٔ مقام انسان است و خود او هم «خوار» به شمار می‌آید.

چند گلگونه بمالید از بَطَر[۱] سُفرهٔ رُویَش[۲] نشد پوشیده‌تر ۱۲۷۴

چند بار به امید زیبا شدن سرخاب مالید؛ امّا چین و چروک‌ها مخفی نشد.

عَشْرهایِ مُصْحَف[۳] از جا می‌بُرید می‌بچفسانید بر رُو آن پلید ۱۲۷۵

آن پلید، تذهیب‌های قرآنی را می‌برید و بر روی صورتش می‌چسبانید.

تا که سفرهٔ رویِ او پنهان شود تا نگینِ حلقهٔ خوبان شود ۱۲۷۶

تا چین و چروک‌ها را بپوشانَد و بیش از همهٔ زیبارویان جلوه کند.

عَشْرها بر روی هر جا می‌نهاد چونکه بر می‌بست چادر، می‌فُتاد ۱۲۷۷

تذهیب‌ها را هر جا که می‌گذاشت تا چادر را بر سر می‌کرد، می‌افتاد.

باز او آن عَشْرها را با خَدو[۴] می‌بچفسانید بر اطرافِ رو ۱۲۷۸

دوباره او تذهیب‌ها را با آب دهان به صورت می‌چسباند.

باز چادر راست کردی آن تکین[۵] عَشرها افتادی از رُو بر زمین ۱۲۷۹

باز چون آن زیبارو چادر را بر سر می‌کرد، تذهیب‌ها می‌افتاد.

چون بسی می‌کرد فن، و آن می‌فُتاد گفت: صد لعنت بر آن ابلیس باد ۱۲۸۰

چون خیلی سعی کرد؛ ولی باز هم تذهیب‌ها افتاد، گفت: صد لعنت بر شیطان باد.

شد مصوَّر[۶] آن زمان ابلیس زود گفت: ای قحبهٔ قدیدِ[۷] بی وُرود[۸]! ۱۲۸۱

همان لحظه ابلیس حاضر شد و گفت: ای فاحشهٔ خشکیدهٔ نفهم!

من همه عمر این نیندیشیده‌ام نه ز جز تو قحبه‌یی این دیده‌ام ۱۲۸۲

من در تمام عمرم چنین چیزی به فکرم نرسیده است و این کار را جز تو در کسی ندیده‌ام.

---

۱ - **از بَطَر** : از غرور، اینجا فریب و پندارِ اینکه هنوز جوان است.

۲ - **سفرهٔ روی** : مراد چین و چروک‌هاست.

۳ - **عَشْرهای مُصحف** : نشانه‌های مدور یا بیضی که قرآن نویسان بر سر هر ده آیه می‌گذاشتند و معمولاً با آب طلا بود. همچنان که در حاشیهٔ صفحات نیز با فاصلهٔ ده آیه با آب طلا و رنگ‌های دیگر اشکال بدیعی رسم می‌کنند.

۴ - **خَدو** : آب دهان. ۵ - **تکین** : کسی که تک است، زیباترین زیبایان. ۶ - **شد مُصوَّر** : حاضر شد.

۷ - **قَدید** : گوشتِ خشک شده، اشاره به خشکیدگی و سالخوردگی پیرزن است. ۸ - **بی ورود** : نادان، جاهل.

تخمِ نادر در فضیحت کاشتی[1] در جهان تو مُصحفی نگذاشتی ۱۲۸۳

چه افتضاحی به پا کرده‌ای! در دنیا قرآنی بر جای نگذاشتی.

صد بلیسی تو، خَمیس[2] اندر خَمیس ترک من گوی، ای عجوزهٔ زشتِ پیس![3] ۱۲۸۴

ای عجوزهٔ زشتِ بد، دست از من بردار که خود صدابلیس و صد لشکر ابلیس هستی.

چند دزدی عَشْر از علمِ کتاب[4] تا شود رویت مُلَوَّن[5] همچو سیب؟ ۱۲۸۵

تا کی پاره‌ای از دانشِ کتاب را می‌دزدی که صورتت را بیارایی؟

چند دزدی حرفِ مردانِ خدا تا فروشی و ستانی مرحبا؟[6] ۱۲۸۶

ای مدّعی، تا کی با تکرار حرف مردان خدا فضلی می‌فروشی که تحسین شوی؟

رنگِ بربسته[7] تو را گلگون نکرد شاخِ بربسته[8] فَنِ عُرجون[9] نکرد ۱۲۸۷

رنگ مصنوعی گونه را برای همیشه سرخ نمی‌کند و شاخهٔ غیر اصلی که به درخت خرما بسته می‌شود، خرما نمی‌دهد.

عاقبت چون چادرِ مرگت رسد از رُخت این عشرها اندر فُتد ۱۲۸۸

سرانجام باید چادرِ مرگ را بر سر کنی و ببینی که این زیورهای عاریه‌ای می‌افتد.

چونکه آید خیز خیزانِ رَحیل[10] گُم شود زآن پس فنونِ قال و قیل[11] ۱۲۸۹

هنگامی که مرگ فرا می‌رسد، «قال و قیل» و علوم کسبی به کار نمی‌آید.

عالَمِ خاموشی آید پیش، بیست[12] وایِ آنکه در درون اُنسی‌ش[13] نیست ۱۲۹۰

صبر کن. عالَمِ خاموشی فرا می‌رسد. وای بر آن کس که با این عالم اُنسی نداشته باشد.

صیقلی کن یک دو روزی سینه را دفترِ خود ساز آن آیینه را[14] ۱۲۹۱

مدّتی سینهٔ خود را جلا ده و آینهٔ دل را بخوان.

---

۱ - در رسوایی و فضاحت تخم عجیبی کاشتی؛ یعنی چه افتضاحی! ۲ - **خَمیس** : لشکر، گروه.

۳ - در متن ابتدا «درد پیس» بوده، در مقابله اصلاح کرده‌اند.

۴ - **علمِ کتاب** : اینجا دانش الهیِ قرآن و معارفِ عارفان. ۵ - **مُلَوَّن** : رنگین.

۶ - رویِ سخنِ مولانا با مدّعیانِ عاری از معناست. ۷ - **رنگِ بربسته** : رنگ مصنوعی.

۸ - **شاخِ بربسته** : شاخهٔ غیر اصلی. ۹ - **عُرجون** : شاخهٔ خرما.

۱۰ - **خیَز خیزانِ رَحیل** : برخیزید، برخیزید به هنگام کوچ.

۱۱ - مصراع دوم: «قال و قیل» یا «جر و بحث» و به طور کلّی علوم کسبی، هنری محسوب نمی‌شوند؛ یعنی به کار نمی‌آیند. ۱۲ - **بیست** : بایست، صبر کن. ۱۳ - **اُنسی** : اُنس با حق.

۱۴ - از دلِ زنگارزدایی شده‌ات علوم را بیاموز؛ یعنی بکوش تا دلِ تو به دلِ اهلِ دل اتّصالی بیابد و دانشی کسب کند.

که ز سایهٔ یوسفِ صاحبْ قران[1] شد زلیخایِ عجوز از سر جوان[2] ۱۲۹۲

زیرا در سایهٔ یوسف و اقبال بلندِ او، زلیخایِ پیر دوباره جوان شد.

می‌شود مُبْدَل[3] به خورشیدِ تموز[4] آن مزاجِ باردِ[5] بَردُ العَجُوز[6] ۱۲۹۳

آن مزاجِ سردِ یخ زده در اثر گرمایِ خورشیدِ تابستان تغییر می‌کند.

می‌شود مُبْدَل به سوز مریمی شاخِ لب خشکی به نخلی خرّمی[7] ۱۲۹۴

در اثر سوز دل مریم(س) شاخهٔ خشک به نخلی بارور بَدَل می‌شود.

ای عجوزه چند کوشی با قضا؟[8] نقد جو اکنون، رها کن مامضیٰ[9] ۱۲۹۵

ای عجوزه، تا کی با قضا مبارزه می‌کنی؟ پیری‌ات را ببین و جوانی را فراموش کن.

چون رُخَت را نیست در خوبی امید خواه گلگونه نِهْ، و خواهی مِداد[10] ۱۲۹۶

امیدی به جوان شدنِ صورت تو نیست، چه سرخاب بمالی و چه سیاه کنی.

حکایتِ آن رنجور که طبیب در او امیدِ صحّت ندید

طبیبی با معاینهٔ بیماری رنجور، در او امید صحّتی نیافت و ضرورتی برای دارو یا پرهیز ندید؛ بنابراین سفارش کرد که از این پس برای درمان بیماری‌ات هرچه می‌خواهی می‌توانی انجام دهی. صبر و پرهیز برای مرض تو زیان‌آور است. هرچه دلت خواست انجام ده.

بیمار نیز که میلی به تماشای جویبار داشت به امّید صحّت بر لب جویی رفت که اتّفاقاً مردی صوفی در کنارهٔ آن دست و روی می‌شست. با دیدن صوفی هوس کرد بر قفایِ او

---

۱ - **صاحبْ قران:** نیکبخت، دارای بخت و اقبالِ بلند. کنایه از مرد حق و یا مُراد روحانی.

۲ - اشاره است به آنچه که در بعضی از قصص الانبیا در این باب آمده است که به دعای یوسف(ع) زلیخای پیر دوباره جوان و زیبا شد. ۳ - **مُبْدَل:** بَدَل شده. ۴ - **تموز:** گرمای شدید، نام ماهِ اوّل تابستان.

۵ - **بارِد:** سرد.

۶ - **بَردُ العَجُوز:** سرمای پیرزن، مراد سرمای شدید است. اینجا کنایه از «سردی و افسردگیِ درونی و باطنی» است که در اثر جذبهٔ حق تغییر می‌کند. ۷ - اشارتی قرآنی؛ مریم: ۲۵/۱۹.

۸ - مراد آنکه تقدیر انسان همین است. «پیر شدن» سرنوشتِ حتمی آدمی است. ۹ - **مامضیٰ:** گذشته‌ها.

۱۰ - **مداد:** مرکّب، به صورت مُمال: «مدید» بخوانید.

سیلی جانانه‌ای بکوبد و کوبید. صوفی علی‌رغم آنکه از سیلیِ بی‌دلیل خشمگین شد و مشتاق کوبیدن چندین مشت بود، با عاقبت‌اندیشی توجّه داشت که مرد با ضربه‌ای از کف می‌رود؛ پس او را به نزد قاضی بُرد و خواهان قِصاص شد و با خود اندیشید که خرقهٔ تسلیمی که در راه سلوک بر تن دارد، سیلی خوردن را بر وی آسان کرده است؛ امّا قاضی مردِ بیمار را چون مُرده‌ای یافت که رنجوریِ درون، وی را به پنداری واهی کشانیده است و از صوفی خواست تا با مُردگان کینه نَوَرزَد؛ زیرا حُکمِ شرع بر مُردگان جاری نیست و از صوفی خواست تا از شش دِرَمی که دارد، نیمِ آن را به مردِ رنجور دَهَد؛ زیرا زار و نزار است و نیازمند غذا. در همین اثنا مرد بیمار چشمش بر قفایِ قاضی افتاد و آن را خوب‌تر از قفایِ صوفی یافت و چون قِصاص سیلی زدن در آن دادگاه ارزان بود، سیلی محکمی هم بر قفای قاضی زد که هر شش درم از آن شما، جنگ و جَدَل را کنار نهید. صوفی رندانه به قاضی که ناراحت شده بود، گفت: حُکم عادلانه‌ات را در مورد خود نیز جاری بدار. قاضی که اینک در مقام یک انسان کامل سخن می‌گفت، اذعان داشت که بر ما واجب است بر هر قفا و جفایِ قضای الهی، راضی باشیم. قفا را دیدی، صفای بعد از آن را نیز بنگر. قَفایی را که بزرگان تحمّل کردند، با رضایتی تام بود که بدان سبب بسی سرافرازی‌ها یافتند.

در این قصّه «مرد رنجور» نمادی از «غافلان» است که پیروی از هوایِ نَفْس را طبیب علّت‌های خویش می‌دانند و در آزارِ بیگناهان حریص و در قفایِ یکدیگر جویایِ نقیص‌اند، همانند آن رنجور که قفا زدنِ صوفی را که نمادی از هواپرستی اوست، دوای خویش دانست و غافل از آن‌اند که هر قفایی را جزایی است.

«قاضی»، نمادی از «مرشد کامل» است که مرد بیمار را نشانی از «مُرده دلان» می‌داند که به تن زنده و به دل مُرده‌اند و به حُکم نَفْس اَمّاره بر این و آن قفایی می‌زنند.

«صوفی»، نمادی از «سالک» است در مقام متوسّطان که مراحلی از کمال را پیموده؛ ولی به فنای عارفانه نرسیده است و ارشاد قاضی در مقام مُرشد کامل به صوفی آن است که خلق را مُردگانی بپندارد که از خود اراده‌ای ندارند و هرچه را که از خلق به وی می‌رسد، از حق بداند و آگاه باشد که در پس هر قفایی، صفایی هم برای راضیانِ به قضای حق هست.

۱۲۹۷ **آن یکی رنجور[۱]، شد سویِ طبیب گفت: نبضم را فرو بین ای لبیب[۲]!**

بیماری نزد طبیب رفت و خواست که آن خردمند نبض او را ببیند.

۱۲۹۸ **که ز نبض آگه شوی بر حالِ دل که رگِ دست است با دل مُتّصِل**

چون از طریق ضربان نبض می‌توان به حال قلب پی برد؛ زیرا رگ به دل اتّصال دارد.

---

۱ - **رنجور**: بیمار. ۲ - **لبیب**: خردمند.

چونکه دل غیب است،[1] خواهی زو مثال[2] — زو بـجو، کـه بـا دل اَسْـتَش اتّـصال ۱۲۹۹

چون احوالِ باطنی نهان است، اگر خواهان دانستنِ آن هستی، باید اهل دلی را بیابی که اتّصالی به حقایق داشته باشد.

باد پنهان است از چشم، ای امین! — در غـبار و جُـنبشِ بـرگش ببین ۱۳۰۰

ای مرد امین، وزش باد دیده نمی‌شود. آن را در غباری که بر می‌انگیزد و جنبش برگ‌ها در می‌یابند.

کز یمین[3] است او وَزان یا از شِمال[4]؟ — جنبش بَـرگت بگوید وصفِ حـال 1301

جهت حرکت برگ درختان چگونگی وزش باد را که از راست است یا چپ مشخّص می‌کند.

مستیِ دل را نـمی‌دانی کـه کـو؟ — وصفِ او از نرگسِ مخمور جـو[5] ۱۳۰۲

اگر مستی دل را نمی‌شناسی، چگونگی‌اش را از چشمان خمارآلود بجوی.

چون ز ذاتِ حق بعیدی، وصفِ ذات — بـاز دانـی از رسـول و مُـعجزات ۱۳۰۳

چون از ذات حق دور هستی، می‌توانی وصف ذات را از پیامبر(ص) و معجزاتش دریابی.

مُـعجزاتـی و کـرامـاتی خـفی[6] — بـر زنـد بـر دل ز پـیرانِ صـفی[7] ۱۳۰۴

از پیرانِ روشن ضمیر خرق عادات و کراماتی دیده می‌شود که بر دلِ طالبان تأثیر شگرفی دارد.

که درونشان صد قیامت نقد هست[8] — کمترین آنکه شود هـمسایه[9] مست ۱۳۰۵

زیرا چشمِ دل آنان گشوده شده است و از دیدن حقایق چنان شوری دارند که همنشینان را هم مست می‌کنند.

پس جَلیسُ الله[10] گشت آن نیکبخت — که به پهلویِ سعیدی[11] بُرد رَخت[12] ۱۳۰۶

پس آدم نیکبختی که به محضر چنین بزرگی می‌رود، در واقع با خدا همنشین شده است.

---

۱ - از اینجا به بعد در ارتباط است با احوال درونی و باطنیِ انسان و شناختِ آن از رویِ آثار ظاهری.

۲ - **مثال :** مراد آنکه: اگر مثالی یا نمونه‌ای از حالِ دل را می‌خواهی. ۳ - **یمین :** راست.

۴ - **شِمال :** چپ.

۵ - مراد آنکه: اوّل باید مستی و شور و حال بزرگان عالم معنا را ببینی؛ یعنی به زندگی‌شان توجّه کنی.

۶ - **خفی :** نهان، پنهان. ۷ - **صفی :** برگزیده، باصفا، آگاه.

۸ - در درون‌شان صدها قیامت به پا شده است؛ یعنی دلِ آنان جایگاه حق شده است و به نور حق می‌بینند و از نهانی‌ها آگاه‌اند. ۹ - **همسایه :** اینجا همنشین.

۱۰ - **جَلیس الله :** همنشین خدا. اشاره به خبر: هر که می‌خواهد با خدا بنشیند با اهلِ تصوّف بنشیند: آن را از موضوعات دانسته‌اند: احادیث، ص ۵۴۷. ۱۱ - **سعید :** انسانِ سعادتمند، مردِ حق.

۱۲ - **رخت :** کالا، اینجا کالایِ وجود یا هستی.

مُـعجزه کآن بـر جَـمادی زد اثـر — یا عصا، یـا بـحر، یـا شَـقُّ آلقَـمَر[1] ۱۳۰۷

نیروی عظیمی که به شکلِ معجزه بر جمادات اثر می‌کند، همانند: عصا، دریا یا شکافتن ماه،

گر تو را بر جـان زنـد بـی واسـطه — مـتّصل گـردد بـه پـنهان رابـطه[2] ۱۳۰۸

اگر بی واسطه بر جانت تأثیر بگذارد، سبب ادراکِ عوالم غیبی و اتّصال با حق می‌شود.

بر جمادات[3] آن اثرها عاریه[4] است — از پی روحِ خوش[5] مُتواریه[6] است ۱۳۰۹

تأثیرِ موقّتیِ معجزه بر جمادات برای خود آن‌ها نیست، برای اثرِ همیشگی در روحِ انسان است.

تـا از آن جـامد اثـر گـیرد ضـمیر — حَبَّذا[7] نـان، بـی هـیولایِ[8] خـمیر[9] ۱۳۱۰

تا دل و جانِ ما از اعجازی که بر جماد شد، تأثیر بپذیرد و این «تأثیر» مانندِ غذایی روحانی، «جانِ» ما را تغذیه کند و ارتقا دهد. خوشا چنین رزقی.

حَبَّذا خـوانِ مسـیحی[10] بـی کـمی — حَـبَّذا بـی بـاغ مـیوهٔ مـریمی[11] ۱۳۱۱

خوشا به «رزقِ روحانی» که همانند «خوان مسیح» از «عالم غیب» می‌آید و خوشا به «میوهٔ مریم» که آن جهانی است.

بـر زنـد از جـانِ کـامل مـعجزات — بر ضمیرِ جانِ طالب چون حـیات ۱۳۱۲

خرق عادت و کرامت از روحِ انبیا و اولیا سر می‌زند و تأثیری حیات‌بخش بر جانِ طالب دارد.

معجزه بحر است و ناقص مرغِ خاک[12] — مـرغِ آبـی[13] در وی آمِـن از هـلاک ۱۳۱۳

معجزه دریاست و انسانِ ناقص مانند مرغِ خاکی. فقط مرغابی در امان است.

---

۱ – اشاره به معجزات انبیا. ۲ – **پنهان رابطه :** رابطهٔ باطنی با عالم غیب و با حق.

۳ – اینکه رود نیل شکافته شد یا سنگ‌ها در دست ابوجهل به سخن آمدند و یا دو نیمه شدنِ ماه.

۴ – **عاریه :** چیزی که بدهند و بگیرند، موقّتی.

۵ – **روحِ خوش :** روحی که قابلیّت ادراک عوالم معنوی را دارد. ۶ – **متواریه :** پنهان شونده.

۷ – **حَبَّذا :** خوشا، نیکا. ۸ – **هیولا :** مادّهٔ هر چیز.

۹ – مصراع دوم: خوشا به رزق روحانی که در آن خمیر و اسبابی مادّی نباشد.

۱۰ – اشارتی قرآنی؛ مائده: ۱۱۵/۵–۱۱۳، غذایی که از آسمان برای حواریون می‌آمد. اینجا «تأثیر»ی که جان آدمی از معجزه و کرامت می‌پذیرد به خوان مسیح(ع) و میوهٔ مریم(س) مانند شده است.

۱۱ – اشارتی قرآنی؛ آل‌عمران: ۳۷/۳.

۱۲ – **مرغِ خاک :** کسی که استعداد درک عوالم معنوی را ندارد یا از دست داده است.

۱۳ – **مرغِ آبی :** کنایه از اهل معنا.

عجز، بخشِ[1] جانِ هر نامحرمی لیک قدرتْ بخشِ جانِ همدمی[2] ۱۳۱۴

جانِ نامحرم در قبال معجزه ناتوان می‌شود؛ چون نمی‌داند که چگونه می‌توان آن را توجیه کرد؛ ولی محرم از آن قدرت می‌یابد.

چون نیابی این سعادت در ضمیر پس ز ظاهر هر دم استدلال گیر ۱۳۱۵

اگر در وجود خویش استعداد درک عوالم روحانی را نمی‌بینی؛ پس سعی کن به آثار ظاهری توجّه کنی و از اثر به مؤثّر پی ببری.

که اثرها بر مَشاعِر[3] ظاهر است وین اثرها از مؤثّر مُخبِر است ۱۳۱۶

زیرا آثار ظاهری برای ذهن کاملاً قابل درک است و از این راه هم می‌توان به حق پی بُرد.

هست پنهان معنیِ هر دارُویی همچو سِحر و صنعتِ هر جادویی ۱۳۱۷

چگونگیِ تأثیرِ دارو یا سحر و جادو هم نهانی است، نه آشکار.

چون نظر در فعل و آثارش کنی گرچه پنهان است، اظهارش کنی[4] ۱۳۱۸

به عمل و اثرِ دارو یا جادو توجّه می‌کنی تا از «اثر» به «مؤثّر» پی ببری.

قوّتی کآن اندرونش مضمر[5] است چون به فعل آید، عیان و مُظهَر است[6] ۱۳۱۹

وقتی که عمل و اثرش را دیدی، می‌فهمی که چه نیرویی در نهانش بوده است.

چون به آثار این همه پیدا شدت چون نشد پیدا ز تأثیرْ ایزدت؟ ۱۳۲۰

چون در اکثر موارد از اثر به مؤثّر پی می‌بری، چرا در اثر مشاهدهٔ آثار ظاهری قدرت پروردگار به وجودِ او ایمان نمی‌آوری؟

نه سبب‌ها و اثرها، مغز و پوست[7] چون بجویی، جملگی آثارِ اوست؟ ۱۳۲۱

اگر جست‌وجو کنی، نمی‌بینی که این «سبب»ها و اثرهای آن‌ها همه آثار خداوند است؟

دوست گیری چیزها را از اثر پس چرا ز آثاربخشی بی‌خبر؟ ۱۳۲۲

به اشیا به سبب اثرشان توجّه و علاقه داری، چرا به خالق این آثار توجّه نداری؟

---

۱ - **بخش** : بهره و نصیب. ۲ - **همدم** : محرم، اهل ایمان.

۳ - **مشاعر** : حواس پنجگانه، مراد ادراکِ کلّی در ذهن آدمی است.

۴ - **اظهارش کنی** : برایت آشکار می‌شود. ۵ - **مُضمر** : پنهان.

۶ - **عیان و مُظهر است** : واضح و آشکار می‌شود. ۷ - **مغز و پوست** : اینجا مادّی یا غیر مادّی.

از خـــیالی دوست گـیری خـلق را   چون نگیری شاهِ غرب و شرق را؟ ۱۳۲۳

از خیالی خلق را به دوستی بر می‌گزینی، چرا خالق خلق را به دوستی بر نمی‌گزینی؟

این سـخن پـایان نـدارد ای قـباد!   حرصِ ما را اندر این پـایان مـباد ۱۳۲۴

ای بزرگ، این سخن پایانی ندارد. الهی که اشتیاق ما هم در این بحث بی پایان باشد.

رجوع به قصّهٔ رنجور

بـــاز گـــرد و قـــصّهٔ رنـجور گـو   بـــا طـــبیبِ آگـــهِ سـتّارخـو ۱۳۲۵

باز گرد و قصّهٔ بیمار را با آن طبیب آگاهِ عیب‌پوش بگو.

نبضِ او بگرفت و واقف شد ز حال   کــه امــیدِ صـحّتِ او بُـد مُـحال ۱۳۲۶

طبیب نبض بیمار را گرفت و فهمید که امیدی به بهبودِ او نیست.

گفت: هر چِتْ دل بخواهد، آن بکن   تا رَوَد از جـسـمت ایـن رنـجِ کُـهُن ۱۳۲۷

گفت: هر کاری دلت می‌خواهد بکن تا این بیماری مزمن از تن تو بیرون برود.

هرچه خواهد خـاطر تـو وامگیر[1]   تا نگردد صبر و پـرهیزت زَحـیر[2] ۱۳۲۸

دلت هر چه خواست، بکن تا صبر و پرهیز سبب ناراحتی‌ات نشود.

صبر و پرهیز این مرض را، دان زیان   هر چه خواهـد دل، درآرَش در مـیان ۱۳۲۹

بدان که صبر و پرهیز برای مرضِ تو زیان دارد؛ پس هرچه دلت می‌خواهد، بکن.

این چنین رنجور را گفت، ای عمو!   حـــق تـــعالی اِعْـمَلُوا مٰـا شِـئتُمُ[3] ۱۳۳۰

ای عمو، خداوند در حقّ چنین بیماری گفته است: هرچه می‌خواهید، انجام دهید.

گفت: رو، هین! خیر بادَت[4] جانِ عَم   مـن تـماشایِ لبِ جـو مـی‌روم ۱۳۳۱

بیمار گفت: جانِ عمو، خداحافظ که من می‌خواهم برای گردش به کنار جویبار بروم.

---

۱ - **وامگیر**: خودداری نکن.

۲ - **زَحیر**: ناله بر آوردن در هنگام سختی. «نگردد زَحیر»: سبب ناراحتی‌ات نگردد.

۳ - اقتباس لفظی از آیهٔ ۴۰ سورهٔ فُصّلت. خطابی به منکران که در آن فرموده است: هرچه خواهید، کنید که او بدان بیناست و بر اعمال شما ناظر.

۴ - **خیر باد**: به سلامت. هنگام خداحافظی می‌گویند.

بر مـرادِ دل هـمی گشت او بـر آب تا که صـحّت را بـیابد فـتحِ بـاب[1] ۱۳۳۲

با آسودگی کنار جویبار می‌گشت تا گشایش و کمکی برای بیماری‌اش باشد.

بـر لبِ جـو صـوفیی بـنشسته بـود دست و رو می‌شست و پاکی می‌فزود[2] ۱۳۳۳

مردی صوفی کنار جویبار نشسته بود و دست و صورتش را می‌شست.

او قـفااَش[3] **دیـد چـون تَـخییلیی**[4] **کـــرد او را آرزوِی ســـیلیی** ۱۳۳۴

بیمار پس گردنِ صوفی را دید و مانند دیوانه‌ها آرزو کرد که به آن سیلی بزند.

بـر قـفایِ صـوفیِ حَـمزه‌پَرَست[5] **راست می‌کرد از برای صَفعْ**[6] **دست** ۱۳۳۵

دستش را برای سیلی زدن به پس گردن صوفی پرخور، بلند کرد.

کآرزو را، گـر نـرانـم تـا رود آن طـبیبم گـفت کآن عـلّت شـود ۱۳۳۶

با خود می‌اندیشید: اگر آرزویم را بر نیاورم، مایهٔ بیماری‌ام می‌شود.

سـیلی‌اَش انـدر بَـرَم در مـعرکه[7] **زانکـه لا تُـلقُوا بِـاَیْدی تَـهْلُکَه**[8] ۱۳۳۷

فعلاً یک سیلی به او می‌زنم؛ زیرا خداوند فرموده است: خود را به هلاکت نیندازید.

تَهْلُکه[9] **است این صبر و پرهیز ای فـلان! خوش بکوبَش، تن مزن**[10] **چون دیگران** ۱۳۳۸

ای فلان، صبر و پرهیز مایهٔ هلاکت است. محکم بزن و خودداری نکن.

چون زَدَش سیلی، بر آمـد یک طَـراق[11] **گفت صوفی: هی! هی! ای قوّادِ**[12] **عاق**[13] **!** ۱۳۳۹

چون سیلی زد، صدای طراق بلند شد. صوفی گفت: آهای، ای بی ناموس سرکش.

خواست صوفی تا دو سه مشتش زند سبلت و ریشش یکـایک بـر کَـنَد[14] ۱۳۴۰

صوفی عصبانی شد و خواست چند مُشتی بزند و پدرش را در آوَرَد.

---

۱ - **فتح باب :** گشایش، اینجا اصطلاح عارفانه نیست. ۲ - **پاکی می‌فزود :** خود را تمیز می‌کرد.

۳ - **قَفا :** پس گردن. ۴ - **تخییلیی :** آدمِ خیالاتی.

۵ - **حمزه :** آش بلغور. حمزه‌پَرَست: کسی که آش بلغور را خیلی دوست دارد، کنایه از آدم پرخور یا شکمباره.

۶ - **صَفع :** سیلی، کشیده. ۷ - **در معرکه :** در این گیرودار، در میان این ماجرا.

۸ - اشارتی قرآنی؛ بقره: ۱۹۵/۲: اقتباس لفظی شده است. ۹ - **تَهْلُکه :** مایهٔ هلاکت.

۱۰ - **تن زدن :** خاموش بودن، اینجا خودداری کردن.

۱۱ - **طراق :** صدای حاصل از سیلی یا کوبیدن تازیانه و امثال آن. ۱۲ - **قوّاد :** بی ناموس.

۱۳ - **عاق :** سرکش. ۱۴ - **ریشش یکایک برکَنَد :** پدرش را در آورد.

خَلق [1] رنجورِ دِق [2] و بیچاره‌اند   وز خِداعِ [3] دیو سیلی‌باره‌اند [4] ۱۳۴۱

مردم غمگین و بیچاره‌اند و با وسوسه و نیرنگ شیطان کینه‌توز و عُقده‌ای شده‌اند.

جمله در ایذایِ [5] بی جُرمان حریص   در قفایِ همدگر جویان نقیص ۱۳۴۲

همه حریصانه بی گناهان را آزار می‌دهند و پشت سر یک‌دیگر عیب‌جویی می‌کنند.

ای زننده بی گناهان را قَفا   در قفایِ خود نمی‌بینی جزا؟ ۱۳۴۳

ای آنکه بی گناهان را سیلی می‌زنی، کیفر آن را در پی نخواهی دید؟

ای هوا را طبّ خود پنداشته   بر ضعیفان صَفعْ را بگماشته ۱۳۴۴

ای آنکه هوای نَفْس را طبیب خود می‌دانی و ناتوانان را می‌آزاری،

بر تو خندید آنکه گفتت: این دواست   اوست کآدم را به گندم رهنماست ۱۳۴۵

آنکه گفت: این دواست، مسخره‌ات کرد. او آدم را به گندم راهنمایی کرد.

که: خورید این دانه ای دو مُستَعین [6]!   بهرِ دارو، تا تَکُونا خالِدین [7] ۱۳۴۶

گفت: ای دو یاری‌خواه [آدم و حوّا]، این دانه را بخورید تا زندگی جاودان بیابید.

اوش لغزانید و او را زد قفا   آن قفا واگشت، و گشت این را جزا ۱۳۴۷

ابلیس سبب گمراهیِ آدم شد و به او ضربه زد؛ امّا ضربه به خودش بازگشت و کیفر دید.

اوش لغزانید سخت اندر زَلَق [8]   لیک پشت [9] و دستگیرش [10] بود حق ۱۳۴۸

او پای آدم را به شدّت لغزانید؛ امّا خداوند پشتیبان و دستگیر آدم بود.

کوه بود آدم، اگر پُر مار شد   کانِ تریاق [11] است و بی اِضرار [12] شد ۱۳۴۹

آدم(ع) همانند کوه بود. اگر پر از مار شد، معدن پادزهر هم بود و زیانی ندید.

---

۱ - خارج از قصّه در باب احوال خلق است که از مکر ابلیس در عذاب‌اند و یک‌دیگر را عذاب می‌دهند.

۲ - **دِق :** بیماریِ سل، مجازاً افسردگی و نزاری، اینجا افسردگی و نزاریِ باطنی.

۳ - **خِداع :** خُدعه کردن، نیرنگ.

۴ - **سیلی‌باره :** کسی که خیلی تمایل به سیلی زدن دارد، اینجا عُقده‌ای و کینه‌توز.   ۵ - **ایذا :** اذیت و آزار.

۶ - **مُسْتَعین :** یاری‌خواه.   ۷ - اشارتی قرآنی؛ اعراف: ۲۰/۷.   ۸ - **زَلَق :** لغزیدن.   ۹ - **پشت :** پشتیبان.

۱۰ - **دستگیر :** دست گیرنده.

۱۱ - **کان تریاق :** معدنِ پادزهر، یعنی توانایی و استعداد بازگشت به سوی حق.

۱۲ - **اِضرار :** گزند رسانیدن، زیان رسانیدن به وی.

تو که تریاقی نداری ذرّه‌یی   از خلاص خود چرایی غرّه‌یی؟ ۱۳۵۰

تو که ذرّه‌ای از آن قابلیّت و استعداد را نداری و نمی‌توانی خود را از فریب شیطان نجات دهی، چرا اجازه می‌دهدی که گول بخوری؟

آن توکّل کو خلیلانه تو را؟   تا نَبُرّد تیغت اسماعیل را[1] ۱۳۵۱

تو که توکّل خلیلانه نداری تا شمشیرت گلوی اسماعیل را نَبُرد.

وآن کرامت چون کلیمت از کجا؟   تا کنی شه‌راه قَعرِ نیل را[2] ۱۳۵۲

و آن کرامت چون موسی(ع) در توکجاست تا رود نیل را به شاهراه تبدیل کنی.

گر سعیدی[3] **از مناره اوفتید   بادش اندر جامه افتاد و رهید** ۱۳۵۳

اگر آدم سعادتمندی از مناره‌ای بیفتد، باد در جامه‌اش می‌پیچد و نجات می‌یابد.

چون یقینت نیست آن بخت، ای حَسَن   تو چرا بر باد دادی خویشتن؟ ۱۳۵۴

ای زیبارو، تو که به داشتن چنان بختی امیدی نداری، چرا خود را نابود می‌کنی؟

زین مناره[4] **صد هزاران همچو عاد   در فُتادند و سَر و سِر**[5] **باد داد** ۱۳۵۵

از این مناره صدهاهزار تن همانند قوم عاد افتاده‌اند و سر و جان را به باد داده‌اند.

سرنگون افتادگان را زین منار   می‌نگر تو صد هزار اندر هزار ۱۳۵۶

صدها هزار تن را که از این مناره افتاده‌اند، ببین.

تو رَسَن‌بازی[6] **نمی‌دانی یقین   شُکرِ پاها گوی، و می‌رو بر زمین** ۱۳۵۷

اگر تو راه رهایی از گردنه‌های سلوک را نمی‌دانی، بلندپرواز نباش و آرام برو.

---

۱ – اشاره به زندگی ابراهیم(ع) که حاضر شد فرزندش اسماعیل را هم در راه حق قربان کند؛ امّا خداوند صدق و اخلاص او را پذیرفت و به جای اسماعیل، گوسفندی برای ذبح فرستاد.

۲ – اشاره به عبور موسی(ع) و اسرائیلیان از رود نیل.

۳ – **سعید:** نیکبخت، کسی که به لطف خداوند ازگمراهی نجات می‌یابد.

۴ – **مناره:** کنایه از «خودبینیِ» ناشی از «مال و جاه» یا موفّقیّتِ ظاهری یا باطنی.

۵ – **سَر و سِر:** مراد هستیِ این جهانی و آن جهانی است.

۶ – **رَسَن‌بازی:** اشاره است به دار زدن حسین بن منصور حلاّج. اینجا کنایه از «بلندپروازی» و «گردنه‌هایِ سهمناک» راه حق است.

پَـر مسـاز از کـاغذ و از کُـهْ مـپر　　　که در آن سودا بسی رفته‌ست سر[1] ۱۳۵۸

با پَر کاغذی از کوه به پایین پرواز نکن که با این خیالِ باطل سرها به باد رفته است.

گرچه آن صوفی پُر آتش شد ز خشم　　　لیک او بر عاقبت انـداخت چشـم ۱۳۵۹

هرچند که آن صوفی از خشم آتش گرفت؛ امّا به عاقبت اندیشید.

اوّلِ صـف بـر کسـی مـانَد بـه کـام　　　کـو نگـیرد دانـه، بـیند بـندِ دام ۱۳۶۰

همواره کسی موفّق است که دانه را نبیند، دام را ببیند.

حَـــبَّذا دو چشـــمِ پـــایان‌بینِ راد　　　کـه نگـه دارنـد تـن را از فسـاد ۱۳۶۱

خوشا به چشم‌هایِ عاقبت‌بینِ جوانمردان که می‌توانند تن را از تباهی حفظ کنند.

آن ز پـــایان‌دیدِ احـــمد بـــود، کـو　　　دید دوزخ را هـمینجا مـو بـه مـو[2] ۱۳۶۲

آن از دیدِ عاقبت‌بین احمد(ص) بود که در همین جهان دوزخ را مو به مو دید.

دیـد عـرش و کـرسی و جَـنّات را　　　تـــا دریـد او پـردهٔ غَـفْلات را ۱۳۶۳

او پردهٔ غفلت‌ها را درید و عرش، کرسی و باغ‌های بهشت را دید.

گر همی خواهی سلامت از ضـرر　　　چشم ز اوّل[3] **بـند و پـایان را نگـر** ۱۳۶۴

اگر می‌خواهی از زیان در امان باشی، از آغاز پایان را ببین.

تـا عـدم‌ها را بـبینی جـمله هست　　　هست‌ها را بنگری محسوسْ پست[4] ۱۳۶۵

تا بتوانی عوالمی را که ظاهراً دیده نمی‌شود، ببینی و مشاهده کنی که عالمِ مادّه چقدر بی‌قدراست.

این ببین بـاری کـه هـر کِش عـقل هست　　　روز وشب در جُست‌وجویِ نیست[5] **است** ۱۳۶۶

توجّه کن که همهٔ خردمندان جویای حقایقی‌اند که ظاهراً نیست و به چشم نمی‌آید.

---

۱ - احتمالاً اشاره است به اسماعیل جوهری مؤلّف صحاح که از بام مسجد جامع نیشابور با دو لنگه دری که به خود بسته بود، پرید و جان داد: معجم الادبا: احادیث، ص ۵۴۷.

۲ - اشاره به خبری با این مضمون: من صورتی از بهشت و جهنّم را بی هیچ مانعی دیدم: احادیث، ص ۵۴۸.

۳ - **اوّل** : کنایه از زندگیِ این جهانی است. به این دنیا باید بهای کمتری داد.

۴ - این معنا در بخش‌های متعددی از مثنوی مکرّر است.

۵ - **نیست** : اینجا کنایه از «هستیِ حقیقی» و حقایقی که با چشمِ سر قابل رویت نیست و برای ادراک و شهودِ آن بسی رنج و ریاضت و تهذیب لزوم می‌یابد.

در گدایی طالبِ جُودی کـه نـیست   بر دکان‌ها طالبِ سودی که نیست[1] ۱۳۶۷

سائل به امید بخششی که هنوز تحقّق نیافته است، طلب می‌کند و دکان‌دار نیز به امید سودی که هنوز حاصل نشده است، می‌کوشد.

در مزارع طالبِ دخـلی کـه نـیست   در مَغارس[2] طالبِ نخلی[3] که نیست ۱۳۶۸

در کشتزارها جویای محصولی‌اند که هنوز به دست نیامده است و در نهالستان‌ها در پیِ درختِ تناوری که اینک نیست.

در مدارس طالبِ علمی که نـیست   در صَوامع[4] طالبِ حلمی[5] که نیست ۱۳۶۹

در مدرسه‌ها در طلبِ علمی‌اند که هنوز ندارند و در صومعه‌ها هم در طلبِ حلمی که اینک نیست.

هست‌هـا را سـویِ پس افکـنده‌انـد   نـیست‌ها را طـالب‌انـد و بـنده‌انـد ۱۳۷۰

چیزهایی را که هست رها کرده‌اند و جویای آن‌اند که نیست.

زانکـه کـان[6] و مـخزنِ صُـنعِ خـدا   نـیست غـیرِ نـیستی در اِنـجلا[7] ۱۳۷۱

زیرا ظهورِ آفرینش الهی در «نیستی» است.

پیش از این رمزی بگفتستیم از این   این و آن را تو یکی بین، دو مـبین ۱۳۷۲

قبل از این هم در این باره اشاره‌ای داشته‌ایم. آن سخن و این سخن یکی است، دو تا نیست.

گفته شد که هر صناعت‌گر که رُست[8]   در صـناعت جـایگاهِ نـیست جُست ۱۳۷۳

گفته بودیم: هر صنعتگر در حرفهٔ خود جویایِ چیزی است که در آغاز نیست.

جُست بـنّا مـوضعی نـاساخته   گشـته ویـران، سقف‌ها انـداخته ۱۳۷۴

بنّا برای ساختن بنا جویای زمین و یا ویرانه‌ای است که آن را بسازد.

---

۱ - از این بیت به بعد با ذکر چند مثال این معنا مورد نظر است که: خلق همه جویای چیزی‌اند که هنگام «جُستن و طلب» آن را نمی‌بینند و در واقع «نیست»؛ امّا دست از طلب بر نمی‌دارند به امید آنکه بتوانند آن را بیابند. «حقیقت» و «هستیِ حقیقی» هم همین است. در آغاز آن را نمی‌یابی؛ امّا همواره جویا باش.

۲ - **مَغارس** : جمع مَغْرَس به معنی محلّ نهال‌کاری.   ۳ - **نخل** : درخت خرما، اینجا مطلق درخت.

۴ - **صَوامع** : جمع صومعه: عبادت خانهٔ ترسایان، جایِ عبادت.   ۵ - **حلم** : بردباری.   ۶ - **کان** : معدن.

۷ - **اِنجلا** : انجلاء: ظهور، روشن و آشکار شدن.

۸ - مصراع اوّل: هر کسی که به عنوان صنعتگر شناخته می‌شود.

دفتر ششم ۱۹۹

**جُست سقّا[1] کوزه‌یِ کِش آب نیست		وآن دروگر[2]، خانه‌یِ کِش باب نیست** ۱۳۷۵

سقّا جویای کوزهٔ خالی است که آن را پُر کند و نجّار جویای خانهٔ بی‌در که دری بسازد.

**وقتِ صید[3] اندر عدم بُد حمله‌شان[4]		از عدم آنگه گریزان جمله‌شان[5]** ۱۳۷۶

مردم در زندگی جویایِ چیزی‌اند که نیست؛ پس چرا همه از «نیستی» می‌ترسند؟

**چون امیدت لا[6]ست، زو پرهیز چیست؟		با انیسِ طمعِ خود[7] اِستیز چیست؟** ۱۳۷۷

تو که به «نیستی» امید بسته‌ای، چرا از آن دوری می‌کنی؟ یا می‌جنگی؟

**چون انیسِ طمعِ تو آن نیستی‌ست		از فنا و نیست این پرهیز چیست؟** ۱۳۷۸

چون «نیستی» همراه «امیدِ» توست، چرا از «نیستی» می‌گریزی؟

**گر انیسِ «لا» نه‌ای، ای جان! به سِر[8]		در کمینِ «لا»[9] چرایی منتظر؟** ۱۳۷۹

ای عزیز، اگر باطناً با «نیستی» مأنوس نیستی، چرا منتظرش هستی؟

**زانکه داری، جمله دل بر کنده‌ای[10]		شستِ دل[11] در بحرِ «لا»[12] افکنده‌ای** ۱۳۸۰

به آنچه که داری، توجّهی نمی‌کنی و فکرت معطوف است به آنچه که نداری و «نیست» و می‌خواهی «هست» بشود؛ پس می‌بینی که به‌طور ناخودآگاه چه‌سان به «بحرِ لا» یا «عالم غیب» توجّه داری؟

---

۱ - **سقّا :** سقّاء: آب فروش.	۲ - **دروگر :** درودگر: نجّار.

۳ - **وقت صید :** تلاش و جست و جو در زندگیِ روزمرّه.

۴ - **اندر عدم بُد حمله شان :** جست‌وجو و تلاش خلق در جهتِ کسبِ چیزی است که ندارند و در آن لحظه «نیست» به شمار می‌آید و «عدم» است.

۵ - مصراع دوم: پس چرا جویای عدمی که واقعاً هست؛ ولی به چشم نمی‌آید نیستند؟ چرا از آن می‌گریزند؟

۶ - **لا :** پیشوند نفی است و صفت و قید منفی می‌سازد. در متون ادبی و عرفانی و دینی رمز توحید و نیست انگاشتن خود در مقابل خداوند است. درکلام مولانا به طور معمول نفیِ هستیِ این جهانی و فناست تا در پس آن سالکِ متعالی به بقا و هستیِ حقیقی برسد.

۷ - **انیسِ طمعِ خود :** همدمِ طمعِ خود، مُراد «لا» ست که همراه «امید» است.	۸ - **به سِر :** در باطن، باطناً.

۹ - **لا :** مراد هَستیِ حقیقی است.

۱۰ - **دل برکنده‌ای :** چندان توجّهی نمی‌کنی، گویی که دل از آن‌ها برکنده‌ای.

۱۱ - **شستِ دل :** قلاّب دلت، یعنی همهٔ توجّه و حواس‌ات.	۱۲ - **بحرِ لا :** «عالم غیب».

پس گریز از چیست زین بحرِ مراد[۱] ؟   که به شستت[۲] صدهزاران صید داد ۱۳۸۱

پس چرا از «دریایِ مراد» که هزاران خواسته‌ات را برآورده کرده است، گریزان هستی؟

از چه نامِ برگ[۳] را کردی تو مرگ؟   جادُویی[۴] بین که نمودت مرگْ برگ ۱۳۸۲

چرا نام انتقالی را که سبب «حیات جاودان» است، مرگ نهاده‌ای؟ دنیا مشتاقانش را سحر می‌کند که «بقا» را «فنا» ببینند.

هر دو چشمت بست سحرِ صنعتش   تا که جان را در چَهْ آمد رغبتش ۱۳۸۳

سحرِ ماهرانهٔ او هر دو چشمت را بست تا به زندگیِ فانی راغب شدی.

در خیالِ او ز مکرِ کردگار[۵]   جمله صحرا فوق چَهْ[۶] زهر است و مار ۱۳۸۴

«مکرِ الهی» در خیالِ «دنیاپرست» عوالم معنوی و غیبی را زشت و بد جلوه‌گر می‌کند.

لاجرم چَهْ را پناهی ساخته است   تا که مرگ او را به چاه انداخته است ۱۳۸۵

ناگزیر چاهِ دنیا را پناهگاه خود می‌داند تا روزی که مرگ او را به چاه بیندازد.

اینچه گفتم از غلطهات ای عزیز   هم بر این بشنو دمِ عطّار[۷] نیز ۱۳۸۶

ای عزیز، آنچه که در مورد اشتباهاتِ تو گفتم، عطّار هم گفته است.

قصّهٔ سلطان محمود و غلامِ هندو

سلطان محمود غزنوی در طول سلطنتِ خویش چندین بار به هندوستان حمله کرد و گاه گروهی را به اسارت گرفت. در یکی از این جنگ‌ها نوجوان خوش سیمایی اسیر سپاه محمود شد. طفل هندو را پیش سلطان بردند. او بیش از حد به طفل توجّه کرد و وی را بر

---

۱ - **بحرِ مراد :** دریای مُراد، کنایه از هستیِ مطلق.

۲ - **شست :** قلاّب ماهیگیری، کنایه از «دل و جان» سالک که به ادراک معارف از عالم معنا توفیق می‌یابد.

۳ - **برگ :** اینجا چیزی که موجب «حیات ابدی» است؛ یعنی انتقال از سرای فانی به سرای ابدی با جانی متعالی و منوّر.

۴ - **جادویی :** سحر، اینجا دنیا که اهل دنیا را سحر می‌کند.

۵ - مراد آنکه: «مکر کردگار» اجازه می‌دهد تا آنان که قابلیّت و استعدادِ کمال را در خویش به زوال آورده‌اند، جذبِ جاذبه‌هایِ دنیوی شوند و همان‌ها را خوب و حقایق را بد بدانند.

۶ - **جمله صحرا فوقِ چَهْ :** تمام آنچه که خارج از عالم محسوس هست: هستیِ حقیقی و حقایق.

۷ - **دَمِ عطّار :** سخن عطّار، اشاره به قصّه‌ای که پس از این بیت می‌آید و مأخذ آن مصیبت‌نامهٔ عطّار است.

تخت نشاند و سالار سپاه و فرزند خویش خواند؛ امّا او با سوز می‌گریست و ناله می‌کرد و در پاسخِ سلطان که جویایِ علّتِ ناله و سوز و گداز وی بود، گفت: مادرم هنگامِ خشم همواره می‌گفت: الهی به دستِ محمود بیفتی و با این نفرین مرا به شدت از تو می‌ترساند. اینک که در دستِ محمود و بر این تختِ احتشام بـه نـاز تکـیه زده‌ام، بـه زاری مـی‌گریم کـه مـادرم کجاست تا این تخت و بخت را ببیند؟

در این قصّهٔ کوتاه، «سلطان» نمادی از حق است. «مادرِ طفل» نمادی از طبیعت یـا سرشت بشری است کـه همواره بنده‌ای را که پناه حق و جاذبهٔ سلوک را نمی‌شناسد و «غلامِ هندو» تمثیلی از آن است از سیر در راه حق که درکِ «فقر معنوی» از لوازم آن است، می‌ترسانَد.

ذکرِ شه محمودِ غازی[1] سُفته[2] است — رَحـــمَةُ اللهِ عـــــلیه گــــفته است 1387

عطّار که رحمت خدا بر او باد، در مورد سلطان محمود جنگجو سخنی نغز گفته است.

کز غـزایِ[3] هـند پـیشِ آن هُـمام[4] — در غــنیمت اوفــتادش یک غـلام ۱۳۸۸

که در جنگِ هند به عنوان غنیمت غلامی به دست آن بزرگمرد افتاد.

پس خلیفه‌ش کرد و بر تختش نشاند — بر سپه بگـزیدش و فـرزند خـوانـد ۱۳۸۹

او را جانشین خود کرد و بر تخت نشاند و به عنوان سالار سپاه فرزند خود خواند.

طول و عرض و وصفِ قصّه تُو به تُو[5] — در کـــلامِ آن بـــزرگِ دیـن بـجو ۱۳۹۰

شرح و تفصیل و جزئیات قصّه را در سخن آن مرد بزرگ دین جست‌وجو کن.

حاصل: آن کودک بر این تختِ نُضار[6] — شِسْـــته پـــهلویِ قـبادِ شـهریار[7] ۱۳۹۱

خلاصه، آن طفل بر تخت سلطنت در کنار آن شاه بزرگ نشسته بود.

گریه کردی، اشک می‌راندی به سوز — گفت شه او را که: ای پـیروز روز[8] ۱۳۹۲

با سوز می‌گریست و اشک می‌ریخت. شاه گفت: ای نیکبخت!

از چه گریی؟ دولتت[9] شد نـاگوار؟ — فـوقِ اَمـلاکـی[10]، قـرینِ شـهریار ۱۳۹۳

چرا گریه می‌کنی؟ آیا بختت ناگوار شده است؟ تو برتر از شاهان و همنشین شاهنشاه شده‌ای.

---

۱ - **غازی :** جنگجو. ۲ - **ذکر سُفتن :** یادکردن و سخن گفتن. ۳ - **غَزا :** جنگ در راه دین.
۴ - **هُمام :** مرد بزرگ. ۵ - شرح و بسط و جزئیاتِ قصّه. ۶ - **نُضار :** زر و سیم خالص.
۷ - **قباد شهریار :** شاهِ بزرگ. «قباد» در معنی شاه به کار رفته است. ۸ - **پیروز روز :** نیکبخت.
۹ - **دولت :** بخت و اقبال. ۱۰ - **اَملاک :** جمع مَلِک: شاه. جمع مَلَک هم هست: فرشته.

تو بر این تخت و وزیران و سپاه پیش ِ تختت صف زده چون نجم و ماه ۱۳۹۴

تو بر این تخت نشسته‌ای و وزیران و سپاه همانند ستارگان و ماه در برابر تو صف بسته‌اند.

گفت کودک: گریه‌ام زآن است زار که مرا مادر در آن شهر و دیار ۱۳۹۵

طفل گفت: گریه‌ام برای آن است که مادرم در هندوستان که بودم،

از تواَم تهدید کردی هر زمان بینمت در دست محمود ارسلان[1] ! ۱۳۹۶

همواره مرا از تو می‌ترسانید و می‌گفت: الهی ببینم که به دست محمود افتاده‌ای.

پس پدر، مر مادرم را در جواب جنگ کردی کین چه خشم است و عذاب؟ ۱۳۹۷

پدرم در جواب مادرم با ناراحتی می‌گفت: این چه خشم و عذابی است؟

می‌نیابی هیچ نفرینی دگر زین چنین نفرینِ مُهلک سهل‌تر؟ ۱۳۹۸

آیا نفرین ساده‌تری از این نفرینِ کُشنده، بلد نیستی؟

سخت بی رحمی و بس سنگین دلی که به صد شمشیر او را قاتلی ۱۳۹۹

بسیار بی رحم و سنگدل هستی که می‌خواهی او را با صدها شمشیر بکشی.

من ز گفتِ هر دو حیران گشتمی در دل افتادی مرا بیم و غمی ۱۴۰۰

من از سخنان آن دو حیران می‌شدم و دلم پُر از غم و ترس می‌گشت.

تا چه دوزخ‌خوست محمود، ای عجب! که مَثَل گشته است در وَیْل[2] و کُرَب[3] ۱۴۰۱

با خود می‌اندیشیدم: محمود چه مرد دیوصفتی است که در عذاب و اندوه مَثَل شده؟

من همی لرزیدمی از بیمِ تو غافل از اِکرام[4] و از تعظیمِ[5] تو ۱۴۰۲

من غافل از احسان و بزرگداشتِ تو، از ترس بر خود می‌لرزیدم.

مادرم کو تا ببیند این زمان مر مرا بر تخت ای شاهِ جهان؟ ۱۴۰۳

ای شاه جهان، مادرم کجاست تا مرا این زمان بر این تخت ببیند؟

---

۱ - **ارسلان**: شیر، مجازاً مرد شجاع، نامی از نام‌های ترکی. ۲ - **وَیْل**: اندوه و مصیبت.
۳ - **کُرَب**: جمع کُرْبَة: سختی، اندوه. ۴ - **اِکرام**: احسان و نیکی. ۵ - **تعظیم**: بزرگداشت.

فقر[۱]، آن محمودِ توست ای بی سَعَت[۲]! طبع[۳] از او دایم همی ترساندت ۱۴۰۴

ای فاقدِ درکِ معنوی، «فقر» همان محمود است که «وجه مادّیِ» نَفْس، تو را از او می‌ترسانَد.

گر بدانی رحمِ این محمودِ راد[۴] خوش بگویی عاقبت محمود باد ۱۴۰۵

اگر از لطفِ راه حق خبر داشتی، از خدا چنین عاقبتی را می‌خواستی.

فقر، آن محمودِ توست ای بیم‌ْدل[۵]! کم شنو زین مادرِ طبعِ مُضِل[۶] ۱۴۰۶

ای ترسو، فقر همان محمود است. به وسوسه‌هایِ نَفْسِ گمراه کننده توجّه نکن.

چون شکارِ فقر گردی تو، یقین همچو کودک اشک باری یومِ دین ۱۴۰۷

اگر به راه حق بروی، به یقین همانند طفل هندو در روز رستاخیز اشک شادی می‌ریزی.

گرچه اندر پرورش تن مادر است لیک از صد دشمنت دشمن‌تر است ۱۴۰۸

هرچند که در پروردن تو، «وجه مادّی»ات مانند مادر است؛ امّا در پرورشِ «وجه روحانی»ات از هر دشمنی بدتر است.

تن چو شد بیمار، دارُوجوت[۷] کرد وَر قوی شد، مر تو را طاغوت[۸] کرد ۱۴۰۹

اگر «تن» بیمار شود، تو را به جُستن دارو مجبور می‌کند؛ امّا اگر نیرومند شود، تو را به سرکشی و طغیان وامی‌دارد.

چون زِرِه دان این تنِ پر حیف[۹] را نی شِتا[۱۰] را شاید و نه صَیف[۱۱] را[۱۲] ۱۴۱۰

این «تنِ» ستمگر، مانند زرهی پُر از سوراخ است که نه تابستان به کار می‌آید و نه زمستان.

یارِ بد[۱۳] نیکوست بهرِ صبر را که گشاید صبر کردن صدر[۱۴] را ۱۴۱۱

مبارزه با خواسته‌های بی رویهٔ «وجه مادّیِ»، صبر را می‌افزاید و سینه را وسعت می‌بخشد.

---

۱ - **فقر** : مراد فقرِ معنوی و درک آن است. به سالکان راهِ حق «فقیر» گویند؛ زیرا فقرِ باطنیِ خود را دریافته‌اند. «فقرِ عارفانه». ۲ - **سَعَت** : فراخی و گشایش. «بی سَعَت»: کسی که بینش وسیع و درک باطنی ندارد.

۳ - **طبع** : وجه مادّی نَفْسِ آدمی که به لذّت‌های دنیوی تمایل دارد و مانعی برای سلوک است.

۴ - **رحمِ این محمودِ راد** : اشاره به لطف و جاذبه‌های معنویِ سلوک است. ۵ - **بیم‌ْدل** : ترسو.

۶ - **مادرِ طبعِ مُضل** : سرشت طبیعی که به مادرِ طفلِ هندو تشبیه شده و گمراه کننده است.

۷ - **داروجو** : جویای دارو و درمان. ۸ - **طاغوت** : طغیانگر، سرکش.

۹ - **پر حیف** : ظالم، پُر از تنگناها و دشواری‌ها. ۱۰ - **شِتا** : شِتاء: زمستان. ۱۱ - **صَیف** : تابستان.

۱۲ - مراد آنکه: «تن» هرگز یار و یاور و حامیِ روح در تنگناهای سیر و سلوک نیست.

۱۳ - **یار بد** : کنایه از وجه مادّی وجود آدمی که وجودِ آن در سلوک چندان هم بد نیست و صبر را می‌افزاید.

۱۴ - **گشاید صدر را** : سبب شرحِ صدر می‌گردد، گشایش و وسعت سینه.

صبرِ مه[1] با شب، مُنَوَّر داردش   صبرِ گل[2] با خار، اَذْفَر[3] داردش ۱۴۱۲

ماه از اینکه با صبوری شب را تحمّل می‌کند، تابناک شده است و گل از صبوری در برابر خار معطّر گشته است.

صبرِ شیر اندر میانِ فَرث[4] و خون   کرده او را ناعِشِ[5] ابْنُ اللَّبُون[6] ۱۴۱۳

«شیر» در میان سرگین و خون ماند و بردبار بود تا توانست بچّهٔ شتر را سیر کند.

صبرِ جملهٔ انبیا با مُنکِران   کردشان خاصِ حق و صاحبْ قِران[7] ۱۴۱۴

صبوری انبیا در برابر منکران، آنان را بندگان خاصّ و مقبل ساخته است.

هر که را بینی یکی جامهٔ دُرُست[8]   دانکه او آن را به صبر و کسب جُست ۱۴۱۵

هر کسی که آراسته به فضایلی است، آن را با صبر و جهد به دست آورده است.

هر که را دیدی برهنه و بی نوا   هست بر بی صبری او آن گوا ۱۴۱۶

هر کس عریان و بینواست، صبر و جهدی ندارد.

هر که مُستوحِش[9] بود، پُر غصّه جان[10]   کرده باشد با دَغایی[11] اقتران[12] ۱۴۱۷

هر کس که جانی پر غصّه و اندوهگین دارد، با یار بدی همراه شده است.

صبر اگر کردی و اِلْفِ[13] باوفا[14]   از فراقِ او نخوردی این قفا[15] ۱۴۱۸

اگر او بردبار و با حق مأنوس و باوفا بود به بُعدِ از حق مبتلا نمی‌شد و سیلی نمی‌خورد.

خوی با حق ساختی چون انگبین[16]   با لَبَن[17]، که لا اُحِبُّ آلآفِلین[18] ۱۴۱۹

اگر آن بنده با حق چنان مأنوس بود که عسل با شیر، غروب کنندگان را دوست نداشت.

---

۱ - **مَه** : اینجا «جانِ حق‌جو» به ماه مانند شده است که «همراهِ بد» یا «یارِ بد» را که به شب مانند شده، صبورانه تحمّل می‌کند و منوّر می‌شود.

۲ - **گُل** : اینجا «جانِ سالک» به گلی مانند شده که در میان «خارِ» ریاضت‌ها و سختی‌ها شکفته می‌شود.

۳ - **اَذْفَر** : بویِ تند. ۴ - **فَرْث** : سرگین، مدفوع. ۵ - **ناعِش** : حیات‌بخش.

۶ - **ابنُ اللَّبُون** : بچّهٔ شتر. ۷ - **صاحب قِران** : دارای اقبال بلند.

۸ - **جامه درست** : کنایه از آراستگی که چه ظاهری و چه باطنی محصول صبر و جهد است.

۹ - **مُستوحِش** : اندوهگین. ۱۰ - **پر غُصّه جان** : با جانی پر غصّه. ۱۱ - **دَغا** : حیله‌گر.

۱۲ - **اِقتران** : با یک دیگر قرین شدن، همراهی و رفاقت. ۱۳ - **اِلْف** : دوستی.

۱۴ - **باوفا** : مراد وفا به عهد اَلَست و بندگی است.

۱۵ - **قفا** : سیلی، پس گردنی، مراد ضربه‌ای که به بندهٔ خطاکار یا جفاکار وارد می‌شود. ۱۶ - **انگبین** : عسل.

۱۷ - **لبن** : شیر. ۱۸ - اشارتی قرآنی؛ انعام: ۷۶/۶، سخن ابراهیم(ع) است.

لاجرم تنها نماندی همچنان کآتشی مانده به راه از کاروان[1] ۱۴۲۰

ناگزیر مانند آتش به جا مانده از کاروان تنها نمی‌ماند.

چون ز بی صبری قرینِ غیر شد در فراقش پُر غم و بی خیر شد ۱۴۲۱

چون بی‌صبر بود و با خلق یار شد، در فراق حق اندوهگین و بی‌خیر ماند.

صحبتت[2] چون هست زرِّ دَه‌دَهی[3] پیشِ خاین[4] چون امانت می‌نهی؟ ۱۴۲۲

مصاحبت تو مانند طلای خالص گرانبهاست، چرا این امانت را نزد خیانتکار می‌گذاری؟

خُوی با او کن[5] کامانت‌هایِ[6] تو آمِن[7] آید از اُفول[8] و از عُتو[9] ۱۴۲۳

با حق مأنوس باش تا محبّت و صدق تو محفوظ بمانَد.

خُوی با او کن که خُو را آفرید خُوی‌هایِ انبیا را پرورید ۱۴۲۴

با خالقِ محبّت دوست باش که خصال نیک انبیا را پرورده است.

برّه‌یی[10] بدهی، رَمه بازت دهد پرورندهٔ هر صفت خود رَب بُوَد ۱۴۲۵

اگر برّه‌ای در راه او بدهی، در عوض گلّه‌ای به تو می‌بخشد. هر صفتی را پروردگار می‌پرورد.

برّه پیشِ گرگ[11] امانت می‌نهی گرگ و یوسف[12] را مفرما همرهی ۱۴۲۶

برّه را نزد گرگ امانت می‌سپاری، نگذار گرگ با یوسف همراه شود.

گرگ اگر با تو نماید رُوبَهی[13] هین! مکن باور که ناید زُو بِهی[14] ۱۴۲۷

اگر گرگ درنده‌خویی‌اش را نهان کرد و تملّق‌گو شد، آگاه باش که خیری از او بر نمی‌آید.

جاهل ار با تو نماید هم‌دلی عاقبت زخمت زند از جاهلی[15] ۱۴۲۸

اگر آدم نادان با تو صمیمی هم بشود، سرانجام با نادانی صدمه‌اش را می‌زند.

---

۱ – مراد آنکه: مانند آتشِ به جامانده رو به سردی و خاموشی نبود، وجودش از عشق و اُنس با حق چنان گرم بود که می‌توانست دیگران را هم گرم کند. ۲ – **صحبت** : مصاحبت و دوستی. ۳ – **زرّ ده‌دهی** : طلای خالص.

۴ – **خاین** : خیانتکار، «دنیاپرست» به عهد خویش با حق وفا نکرده‌است و با خلق هم وفا نمی‌کند و خیانتکاراست.

۵ – **خوی کن** : مأنوس شو. ۶ –**کامانت‌هایِ تو** : که امانت‌هایِ تو. ۷ – **آمِن** : در امان.

۸ – **افول** : زوال یافتن. ۹ – **عُتو** : عُتُوّ: تعدّی و تجاوز. ۱۰ – **برّه** : اینجا کنایه از مهر و محبّت.

۱۱ –**گرگ** : کنایه از همراهِ نااهل «دنیادوست». ۱۲ – **یوسف** : کنایه از روح حق‌طلب.

۱۳ – **روبهی کردن** : چاپلوسی و تملّق گویی همراه با تواضع و افتادگی. ۱۴ – **بِهی** : خوبی و نیکی.

۱۵ – ظاهراً اشاره به کلام علی(ع) است با این مضمون: از دوستی با احمق بپرهیز که سود او نیز زیان است: احادیث، ص ۲۰۵.

او دو آلت دارد و خُنثی بُوَد   فعلِ هر دو بی‌گمان پیدا شود ۱۴۲۹

او همانندِ موجود دوجنسی است که به یقین کار هر دو آلت آشکار می‌شود.

او ذَکَر[1] را از زنان پنهان کند   تا که خود را خواهرِ ایشان کند ۱۴۳۰

او آلت مردانگی را از زنان نهان می‌کند تا بگوید که همجنس آنان است.

شُلّه[2] از مردان به کف پنهان کند   تا که خود را جنسِ آن مردان کند ۱۴۳۱

آلت زنانه را هم با دست از مردان نهان می‌کند تا بپندارند که همجنس ایشان است.

گفت یزدان: زآن کُسِ مَکتُوم او[3]   شُلّه‌یی سازیم بر خُرطومِ او[4] ۱۴۳۲

خداوند گفت: از عیب نهانیِ او، آلت زنانه‌ای روی بینی‌اش می‌آفرینیم.

تا که بینایانِ[5] ما زآن ذو دَلال[6]   در نیایند از فنِ او[7] در جَوال[8] ۱۴۳۳

تا بندگانِ بصیر بدانند که زخم ظاهر نشانی از پلیدی درون است و گول نخورند.

حاصل آن کز هر ذَکَر[9] ناید نری[10]   هین! ز جاهل ترس اگر دانش‌وری ۱۴۳۴

خلاصه آنکه: مردانگی به عقل و صفات است؛ پس اگر عاقلی از جاهل دوری کن.

دوستیِ جاهلِ شیرین سخن   کم شنو، کآن هست چون سَمِّ کهن[11] ۱۴۳۵

به دوستیِ آدمِ نادانِ شیرین سخن اعتماد نکن؛ زیرا همانند زهری کشنده است.

جانِ مادرا! چشمِ روشن! گویدت[12]   جز غم و حسرت از آن نَفزویدت[13] ۱۴۳۶

سخنان مهرآمیزی می‌گوید که حاصلی جز غم و حسرت ندارد.

---

۱ - **ذَکَر** : آلت تناسلی مرد.   ۲ - **شُلّه** : آلت تناسلی زن.

۳ - مراد سرشت پلید نهانیِ منکران و معاندان است.

۴ - مقتبس از قرآن؛ قلم: ۱۶/۶۸: سَنَسِمُهُ عَلَى ٱلْخُرْطُومِ: به زودی بر بینی‌اش داغی می‌نهیم. [مُراد آنکه: رسوایشان می‌کنیم.]

آیهٔ فوق را در مورد یکی از دشمنان پیامبر(ص) به نام «ولید بن مُغیره» دانسته‌اند که به رسول خدا(ص) مال پیشنهاد کرد که از دعوت خود منصرف شود. آورده‌اند که زخمی در جنگ بدر در بالای بینی او پیدا شد که هرگز از میان نرفت: نثر و شرح مثنوی، گولپینارلی، ج ۶، ص ۶۲۰.   ۵ - **بینایان** : بندگان بصیر.

۶ - **ذو دلال** : دارای ناز و کرشمه، اینجا دارای نیرنگ و فریب.   ۷ - **از فنِ او** : از مکرِ او.

۸ - **جَوال** : کیسهٔ بزرگ. «در جوال او نیفتند»: گولِ او را نخورند.   ۹ - **ذَکَر** : اینجا مطلق مرد.

۱۰ - **نری** : مردانگی.   ۱۱ - **سمّ کهن** : سمّ کُشنده.   ۱۲ - مادرجان و نورچشمم می‌گوید.

۱۳ - **نفزوید** : به جای نفزاید به کار رفته است.

1437 مر پدر را گوید آن مادر جِهار[1] — که: ز مکتب بچّه‌ام شد بس نزار[2]

مادر آشکارا به پدر می‌گوید: فرزندم از رفتن به مکتب زار و نزار شده است.

1438 از زنِ دیگر گرش آوردیی — بر وی این جور و جفا کم کردیی

اگر این طفل را از زن دیگری می‌داشتی، کمتر چنین جور و جفا می‌کردی.

۱۴۳۹ از جزِ تو گر بُدی این بچّه‌ام — این فُشار[3] آن زن بگفتی نیز هم

پدر می‌گوید: اگر این بچّه را از زن دیگری می‌داشتم، او هم همین را می‌گفت.

۱۴۴۰ هین! بِجِهْ[4] زین مادر و تیباي[5] او — سیلیِ بابا به از حلوايِ او

از محبّت جاهلانهٔ این مادر باید گریخت. سخت‌گیری پدر در جهت تربیت بسی بهتر است.

۱۴۴۱ هست مادر نَفْس و بابا عقلِ راد — اوّلش تنگی و آخِر صد گشاد

در این تمثیل مادرِ جاهل و ساده‌دل نمادی از «نَفْس» و پدر عاقل و عاقبت‌اندیش نمادی از «عقل» است که کشمکش نامریی میان نَفْس و عقل به برخورد میان مادر و پدر در باب تربیت طفل مانند شده است.

در اینجا مادر مشتاق است که فرزند او از خوشی و آسایش بهره‌مند گردد و پدر می‌کوشد تا کودک را به کمال و سعادت راستین برساند.

۱۴۴۲ ای دهندهٔ عقل‌ها فریاد رس — تا نخواهی تو، نخواهد هیچ کس

ای بخشندهٔ عقل‌ها، به فریاد ما برس که تا تو نخواهی هیچ کس نمی‌خواهد.

۱۴۴۳ هم طلب از توست و هم آن نیکویی — ما کِه‌ایم؟ اوّل تُویی، آخر تویی[6]

طلب را تو می‌دهی و نیکی را هم. ما چه کاره‌ایم؟ اوّل و آخر تویی.

۱۴۴۴ هم بگو تو، هم تو بشنو، هم تو باش — ما همه لاشیم[7] با چندین تراش[8]

تو سخن بگو، تو بشنو، تو باش. ما هرچه که هستیم هیچ‌ایم.

---

۱ – **جهار**: آشکار شدن. ۲ – تمثیلی است که در آن نَفْس مانعِ سیر تکاملی روحِ حق طلب است.

/K ½ :BB¾J- 5 / nA :Ö M- 4 /²°B½,²j± ¹M hw :nBzÔ- 3

۶ – اشاره به مضمون آیهٔ سوم سورهٔ حدید. ۷ – **لاش**: مخفّف لاشَیْء به معنی هیچ چیز.

۸ – **تراش**: هم به مفهوم صُوَر ظاهری و هم در معنایِ ارتقای باطنی. «با چندین تراش»: با همین ظاهر و باطنی که داریم، با همین شرایط امکانی.

زین حواله[1]، رغبت افزا در سُجود[2] کـاهلیِ[3] جـبر مَـفرِست و خُـمود[4] ۱۴۴۵

تو اراده کن که طاعات و عباداتمان چاشنیِ شوق و ذوق داشته باشد. تـنبلی و سستیِ جبریان را بر ما نازل نکن که آنان خود را مسئول اعمال خویش نمی‌دانند.

جـــبر، بـــاشد پـرّ و بـالِ کـاملان[5] جـبر، هـم زنـدان و بـندِ کـاهلان[6] ۱۴۴۶

«جبرِ» کاملان پر و بال آنان است؛ یعنی اوج تعالی و برای کاهلان قید و بند، یعنی تنزّل.

هـــمچو آبِ نـیل دان ایـن جـبر را آب مؤمن را و خـون مـر گـبر[7] را ۱۴۴۷

«جبر»، مانند آب رود نیل برای مؤمن حیات‌بخش و برای مُنکر هلاکت‌آور است.

بال،[8] بازان[9] را سویِ سلطان[10] بَرَد بال، زاغان[11] را به گورستان[12] بـرد ۱۴۴۸

و یا مانند بال است که بازان را به پیشگاه سلطان می‌رساند و زاغان را به گورستان.

باز گرد اکـنون تـو در شـرحِ عـدم که چو پازهر است و پنداریش سَم ۱۴۴۹

از شرحِ جبر باز گردیم و به توصیف «عدم» بپردازیم که ناآگاهان این پادزهر را زهر می‌پندارند.

همچو هندو بچّه هین! ای خواجه‌تاش[13] رو زِ مـــحمودِ عــدم تـرسان مـباش ۱۴۵۰

ای رفیق، هوشیار باش. به راه حق برو و همانند غلام هندو از «عدم» فرخنده نترس.

از وجودی ترس کاکنون در وی‌ای[14] آن خیالت[15] لاشی[16] و تو لاشی‌ای ۱۴۵۱

از وجود فعلی‌ات بیمناک باش که پندارِ وجود داشتن و بودنش پوچ و خودش هیچ است.

لاشیی بر لاشیی عاشق شـده است هیچ نی مر هیچ نی را ره زده است ۱۴۵۲

انسانی فانی دلبستهٔ دنیایی فانی شده و جلوه‌هایی گذرا او را گمراه کرده است.

---

۱ - **حواله :** مراد برات الهی و ارادهٔ پروردگار است.

۲ - **سجود :** سجده کردن، مراد کلّیهٔ طاعات و عبادات است. ۳ - **کاهلی :** سستی.

۴ - **خمود :** پژمردگی و سستی.

۵ - جبرِ کاملان اوج پرواز عارفانه در آسمان معناست و استهلاکِ تامّ ارادهٔ بنده در ارادهٔ حق.

۶ - جبر برای انسان‌های تنبل قید و بندی است که خود بر عقل و درک خویش می‌نهند و راه‌هایِ رفتن بـه سویِ حقایق را می‌بندند. ۷ - **گبر :** مطلق کافر، مُنکر. ۸ - **بال :** اینجا «جبر» به بالِ پرنده مانند شده است.

۹ - **بازان :** اینجا کنایه از عارفان، کاملان، سالکان بسیار متعالی. ۱۰ - **سلطان :** کنایه از حق.

۱۱ - **زاغان :** کنایه از اهل دنیا. ۱۲ - **گورستان :** کنایه از عوالم دنیوی و پستِ دنیاپرستان.

۱۳ - **خواجه تاش :** دو غلام که یک ارباب داشته باشند، توسّعاً همراه یا رفیق.

۱۴ - اشاره به هستیِ مادّی و فناپذیرِ آدمی.

۱۵ - **خیالت :** خیال و پندارِ اینکه توهستی و موجودیّتی داری و یا هر خیال دیگری.

۱۶ - **لاشی :** لاشَیْء: هیچ.

چون برون شد این خیالات از میان   گشت نـامعقولِ تـو بـر تـو عـیان ۱۴۵۳

هنگامی که مرگ پرده‌ها را کنار بزند، می‌بینی که آنچه را که با عقلِ مادّی‌ات نمی‌توانستی بپذیری، حقیقت داشته و آنچه را که واقعی می‌پنداشته‌ای، «خیالات» بوده است.

لَيْسَ لِلْماضينَ هَمُّ ٱلمَوْتِ، إِنَّما لَهُمْ حَسْرَةُ ٱلْفَوْتِ[1]

درگذشتگان از اینکه مُرده‌اند، غمی ندارند. در حسرت آن هستند که چرا فرصت‌ها را از دست داده‌اند.

راست گـفته‌ست آن سـپهدارِ بشـر   کـه: هـر آنکـه کـرد از دنـیا گـذر ۱۴۵۴

آن سپهسالار انسان‌ها فرموده است: هر کس که از دنیا برود،

نیستش درد و دریغ و غبنِ[2] موت[3]   بلکه هستش صد دریغ از بهرِ فوت[4] ۱۴۵۵

از مُردن رنج و آه و افسوسی ندارد؛ بلکه حسرت از دست دادن فرصت‌ها را دارد.

کـه چـرا قـبله نکـردم[5] مـرگ را   مـخزنِ هـر دولت و هـر بـرگ[6] را ۱۴۵۶

متأسّف است که چرا به این انتقال که می‌توانست منبع اقبال و توشهٔ ابد باشد، توجّه نکردم.

قبله کردم من هـمه عُـمر از حَـوَل[7]   آن خـیالاتی کـه گـم شـد در اَجَـل ۱۴۵۷

من چشمی حقیقت‌بین نداشتم و به چیزهایی دل بستم که مانند خیال محو شدند.

حسرتِ آن مُردگان از مرگ نـیست   ز آنْسْت کَاندر نقش‌ها کردیم ایست ۱۴۵۸

حسرت رفتگان از مُردن نیست از آن است که چرا فقط ظاهر را دیدیم؟

ماندیدیم این که آن[8] نقش است و کف[9]   کف ز دریا[10] جُـنبد و یـابد عَـلَف[11] ۱۴۵۹

دقّت نکردیم که دنیا و جاذبه‌هایش مانند کف یا نقشی است بر روی دریا و حیاتش از دریاست.

---

۱ – اشاره به حدیث با همین مضمون که در منابع با عبارتی دیگر آمده است: احادیث مثنوی، ۱۵۴.

۲ – **غَبن** : زیان و ضرر.   ۳ – **موت** : مرگ.   ۴ – **فوت** : از دست دادن، اینجا از دست رفتن فرصت‌ها.

۵ – **قبله نکردم** : بسیار توجّه نکردم.   ۶ – **مخزنِ دولت و برگ** : منبع اقبال و ره‌توشه.

۷ – **حَوَل** : دوبینی یا ندیدن حقیقت و توجّه نکردن به آن.   ۸ – **آن** : اینجا دنیا و جاذبه‌های آن.

۹ – **نقش و کف** : صورت و کف، یعنی ظاهری که بس ناپایدار است.   ۱۰ – **دریا** : کنایه از حق، منبع هستی.

۱۱ – **یابد علف** : علف می‌یابد، یعنی تغذیه می‌شود یا حیات می‌یابد.

چونکه بحر افکند کف‌ها را بـه بـر تو به گورستان رو، آن کـف‌ها نگـر ۱۴۶۰

هنگامی که حق صورت‌ها را به کناری افکند، به گورستان برو و آن‌ها را ببین.

پس بگو: کو جُـنبش و جـولانتان؟ بـحر افکـنده است در بُـحرانـتان؟ ۱۴۶۱

به آنان بگو: حرکتِ شما چه شد؟ آیا دریا شما را به نابودی کشانده است؟

تا بگویندت، به لب نی، بل به حال که ز دریا کن نه از مـا ایـن سؤال ۱۴۶۲

تا به زبان حال و نه قال بگویند: راز هستی را از هستی حقیقی بپرس.

نقش[1] چون کف کِی بجنبد بی ز موج[2]؟ خـاک بـی بـادی کـجا آیـد بـر اوج؟ ۱۴۶۳

کف بدون موج می‌تواند بجنبد؟ خاک بدون وزش باد می‌تواند به هوا بلند شود؟

چون غبارِ نقش[3] دیـدی، بـاد بـین کف چو دیدی، قُلزُمِ ایجاد[4] بـین[5] ۱۴۶۴

چون گرد و غبارِ صورت را دیدی، باد را هم ببین. کف را دیدی، دریا را هم ببین.

هین! ببین کز تو نـظر آیـد بـه کـار باقیَت شَحمی[6] و لَحمی[7]، پود و تار ۱۴۶۵

هان، توجّه کن که در تو فقط «ادراکِ باطنی»ات اهمّیّت دارد و بقیّهٔ وجودت پیه، گوشت، رگ و عصب است.

شَحمِ تـو در شـمع‌ها نـفزود تـاب لَحمِ تـو مـخمور[8] را نـامَد کـباب[9] ۱۴۶۶

بخش‌هایِ مادّی جسمت به کاری نمی‌آید. پیه وجـودت شـمعی را نـور نـمی‌دهد و از گوشتت کبابی مهیّا نمی‌شود.

درگداز[10] این جمله تن را در بصر[11] در نـظر[12] رو، در نـظر رو، در نـظر ۱۴۶۷

پس تمام وجودت را صرفِ کسبِ «ادراک باطنی» کن.

یک نــظر دو گـز هـمی بـیند ز راه یک نظر دو کَوْن دیـد و رویِ شـاه ۱۴۶۸

چشمِ ظاهر دو گز از راه را می‌تواند ببیند؛ امّا چشمِ باطن هر دو عالم و حقیقتِ هستی را باهم می‌بیند.

---

۱ - **نقش**: اینجا کنایه از تمام موجوداتِ عالم امکان. ۲ - **موج و باد**: اینجا کنایه از هستیِ حقیقی.

۳ - **غبارِ نقش**: مُراد نقش یا صورت است.

۴ - **باد و قُلزمِ ایجاد**: اینجا هر دو کنایه از «حقیقتِ هستی» یا «هستی‌آفرین»اند. «قُلزم»: مطلق دریا.

۵ - مراد آنکه: در پسِ هر ظاهری باطنی هست و باید به آن توجّه کرد. ۶ - **شَحم**: پیه.

۷ - **لَحم**: گوشت. ۸ - **مَخمور**: خمارآلوده. ۹ - گوشتت حلال نیست.

۱۰ - **درگداز**: ذوب کن، اینجا صرف کن. ۱۱ - **بَصَر**: بینش و بصیرت. ۱۲ - **نظر**: اینجا ادراکِ باطنی.

در میانِ این دو فرقی بی شمار سُرمه[1] جو، واللهُ اَعْلَمْ بِالسِّرار[2] ۱۴۶۹

میان این دو چشم تفاوتی عظیم است. جویای چیزی باش که دیدِ باطنی‌ات را افزون کند.

چون شنیدی شرحِ بحرِ نیستی کوش دایم، تا بر این بحر ایستی ۱۴۷۰

شرحِ «فنا» را شنیدی، بکوش تا از «خودبینی و خودمحوری» نجات یابی و به «بحر نیستی» برسی.

چونکه اصلِ کارگاه[3] آن نیستی‌ست که خلا و بی نشان است و تهی‌ست[4] ۱۴۷۱

زیرا اساسِ آفرینش از حقیقتی است که به چشم ظاهربین «نیستی» است و از آن نمی‌توان نام و نشانی داد.

جمله استادان پیِ اظهارِ کار نیستی جویند و جایِ انکسار[5] ۱۴۷۲

همهٔ استادان برای نشان دادن استادیِ خود چیزی را خلق می‌کنند.

لاجرم استادِ استادانْ صمد کارگاهش نیستی و لا بُوَد ۱۴۷۳

ناگزیر کارگاهِ آفرینشِ خداوندِ بی‌نیاز که استادِ استادان است، نیستی و عدم است.

هر کجا این نیستی افزون‌تر است کارِ حقّ و کارگاهش آن سَر است ۱۴۷۴

هر جا که نیستیِ افزون‌تری است، تجلّی حق در آن‌جا بیشتر است.

نیستی چون هست بالایین طَبَق بر همه بُردند درویشان سَبَق[6] ۱۴۷۵

چون «نیستی یا فنا» عالی‌ترین مرتبه است، درویشان بر همه پیشی گرفته‌اند.

خاصه درویشی که شد بی جسم و مال[7] کارْ[8] فقرِ جسم[9] دارد، نه سؤال[10] ۱۴۷۶

مخصوصاً درویشی که تمام زندگی‌اش روحانی شده است و تعلّقی به زندگی مادّی ندارد؛ یعنی آن را نمی‌خواهد، در عالمِ مادّه، معنوی است.

---

۱ - **سرمه :** قُدما سرمه کشیدن در چشم را سبب تقویت بینایی می‌دانستند. اینجا اشاره به نفوذ روحانی استاد معنوی و دامان تربیت و ارشاد او و اوراد و اذکار است.

۲ - خداوند به اسرار نهان آگاه‌تر است. اینجا «سِرار» به جای اسرار و یا سرائر به کار رفته که مخفّف آن سَرار است. تقریباً تمام شارحان به همین نتیجه رسیده‌اند. ۳ - **کارگاه :** مراد آفرینش است، کارگاه هستی.

۴ - که فاقد تعیّن است و منزّه.

۵ - جویای نیستی و جایی‌اند که شکسته باشد؛ یعنی جویای نقص و فنااند تا چیزی را که نیست هست کنند؛ مثلاً یک اثر هنری و ماندنی. ۶ - **سَبَق :** پیشی گرفتن.

۷ - **بی جسم و مال شدن :** تمام توجّه را به عالم حقایق معطوف کردن.

۸ - **کار :** در تعبیر مولانا و در مثنوی مفهومِ شأن و ارج را دارد یا کار حقیقی.

۹ - **فقرِ جسم :** به ظواهر اهمیّت ندادن. «بی‌جسم و مال شدن»: ظاهر و باطن درویش بودن یا «فقیرِ حقیقی» بودن.

۱۰ - **سؤال :** گدایی، خواستن.

سائل[۱] آن باشد که مالِ او[۲] گداخت[۳]   قانع[۴] آن باشد که جسمِ خویش باخت ۱۴۷۷

«فقیرِ حقیقی»، «هستیِ مادّی»اش را در «هستیِ حقیقی» ذوب می‌کند و «فقیرِ دنیوی» به گدایی از خلق قناعت می‌نماید.

پس ز درد اکنون شکایت بر مدار   کوست سویِ نیست اسبی راهوار ۱۴۷۸

پس از درد شکایت نکن؛ زیرا انسان را همانند اسبی رهوار به سوی نیستی می‌برد.

این قدر گفتیم، باقی فکر کن   فکر اگر جامد بُوَد، رو ذکر کن ۱۴۷۹

ما این را گفتیم، بقیّه را فکر کن. اگر اندیشه‌ات راکد است باحل ه آن را به تحرّک وادار.

ذکر آرَد فکر را در اِهتزاز[۵]   ذکر را خورشیدِ این افسرده ساز ۱۴۸۰

«ذکر»، اندیشه را به جنبش می‌آورد و مانند خورشید می‌تابد و آن را گرم و پویا می‌کند.

اصل خودجذب است لیک ای‌خواجه‌تاش!   کار کن، موقوفِ آن جذبه مباش ۱۴۸۱

ای رفیق، عالی‌ترین حالت سلوک رسیدن «جذبهٔ الهی» است؛ امّا تو جهد کن و به امید آن نباش.

زانکه ترکِ کار چون نازی بُوَد   نازِ کِی در خوردِ جانبازی بود؟ ۱۴۸۲

زیرا ترکِ ذکر و فکر و تهذیب مانند ناز کردن است. عاشق جان می‌بازد و ناز نمی‌کند.

نه قبول اندیش نه ردّ ای غلام!   امر را و نهی را می‌بین مدام ۱۴۸۳

ای جوان، به ردّ و قبول فکر نکن، همواره به امر و نهی و اطاعت بیندیش.

مرغِ جذبه[۶] ناگهان پَرَّد زِ عُش[۷]   چون بدیدی صبح،[۸] شمع[۹] آنگه بِکُش[۱۰] ۱۴۸۴

«جذبهٔ الهی» یک مرتبه سر می‌رسد. تا نرسیده است که تو را با خود ببرد، همواره بکوش.

---

۱ - **سائل :** درویش، اینجا درویش راستین، سالک.   ۲ - **مالِ او :** تعلّقاتِ او، هستیِ نَفْسانی او.

۳ - **گداخت :** ذوب کرد، اینجا محو کرد.

۴ - **قانع :** اینجا «فقیر»ی که فقر دنیوی دارد و به تکدّی از خلق قانع است.   ۵ - **اهتزاز :** جنبش.

۶ - **مرغ جذبه :** جذبهٔ الهی به پرنده‌ای مانند شده است که به ناگاه از لانه پرواز می‌کند.

۷ - **عُش :** آشیانه، لانه.   ۸ - **دیدن صبح :** خروج از ظلماتِ جهل و ورود به عالم معنا.

۹ - **شمع :** اینجا کنایه از فکر و ذکر و تهذیب.

۱۰ - **آنگه بِکُش :** مراد آنکه: «جذبهٔ الهی» مانند یک جریان عظیمِ نور سالک را با خود به سوی حق و کمال می‌برد و «ذکر و فکر و طاعتِ» او را که با تکلّف همراه بوده است، تعالی می‌بخشد و دگرگون می‌کند.

مضمون بیت متناسب است با مفهوم آیهٔ ۹۹ سورهٔ حجر: وَاعْبُد رَبَّكَ حَتّىٰ يَأْتيكَ الْيَقينُ : و پروردگارت را پرستش کن تا تو را مرگ فرارسد. اغلب مفسّران قرآن، «یقین» را «مرگ» دانسته‌اند؛ زیرا خطاب به پیامبر(ص) است و «یقین» به معنی «علم و ایمان بدون شک» برای آن بزرگوار حصولِ حاصل است.

چشم‌ها چون شد گُذاره[۱]، نورِ اوست　　مغزها می‌بیند او در عین پوست ۱۴۸۵

چشمی که ماورای مادّه را ببیند، دارای نور الهی شده است و ظاهر و باطنِ هر چیز را می‌بیند.

بیند اندر ذرّه خورشیدِ بقا　　بیند اندر قطره کُلِّ بحر را ۱۴۸۶

در ذرّات مراتب هستی را می‌بیند و در وجودِ انسان متعالی تجلّیِ انوار حق را.

بارِ دیگر رجوع به قصّهٔ صوفی و قاضی

گفت صوفی: در قصاصِ یک قَفا[۲]　　سر نشاید باد دادن از عَمیٰ[۳] ۱۴۸۷

صوفی اندیشید: برای قصاص یک پس گردنی نباید با نادانی سر را به باد داد.

خرقهٔ تسلیم[۴] اندر گردنم　　بر من آسان کرد سیلی خوردنم ۱۴۸۸

خرقهٔ تسلیمی که پوشیده‌ام، تحمّل ضربه‌ها را آسان کرده است.

دید صوفی خصم خود را سخت زار　　گفت: اگر مشتش زنم من خصم‌وار ۱۴۸۹

صوفی که دید دشمن خیلی زار و نزار است، با خود گفت: اگر مشت محکمی بزنم،

او به یک مُشتم بریزد چون رَصاص[۵]　　شاه فرماید مرا زجر و قصاص ۱۴۹۰

او مانند قلع به زمین می‌ریزد و سلطان دستور می‌دهد تا مرا شکنجه و قصاص کنند.

خیمه ویران است و بشکسته وَتَد[۶]　　او بهانه می‌جُوَد[۷] تا در فُتد ۱۴۹۱

او مانند خیمهٔ ویرانی است که ستونش شکسته و منتظر بهانه‌ای است تا بیفتد.

بهرِ این مُرده دریغ آید دریغ　　که قصاصَم افتد اندر زیرِ تیغ[۸] ۱۴۹۲

برای این مُرده حیف است که قصاص شوم و کیفر ببینم.

---

۱ - **گذاره**: گذرگاه، معبر، سوراخی که از یک طرف آن بتوان طرف دیگر را دید، اینجا نافذ شدن.

۲ - **قَفا**: سیلی، پس گردنی.　۳ - **عَمیٰ**: کوری، اینجا نادانی.

۴ - **خرقهٔ تسلیم**: مراد انتخاب سلوک و راه حق است که باید سالک در آن راضی به رضای حق و تسلیم به قضای حق باشد.　۵ - **رَصاص**: قلع، سرب.　۶ - **وَتَد**: میخ.　۷ - **می‌جُوَد**: می‌جوید.

۸ - **تیغ**: شمشیر.

چون نمی‌تُوانست کف بر خصم زد[۱] عزمش آن شد کِش سویِ قاضی بَرَد ۱۴۹۳

چون نمی‌توانست به دشمن سیلی بزند، تصمیم گرفت او را نزد قاضی ببرد.

که ترازویِ حق است و کیله‌اش[۲] مَخلص است از مکرِ دیو و حیله‌اش ۱۴۹۴

زیرا قاضی ترازوی الهی است و در تصمیمش از وسوسه و مکرِ شیطان اثری نیست.

هست او مِقراضِ[۳] اَحقاد[۴] و جدال قاطعِ جنگِ دو خصم و قیل و قال ۱۴۹۵

او مانند قیچی می‌تواند کینه‌توزی‌ها، مبارزه و جروبحث طرفین درگیری را قطع کند.

دیو در شیشه کند[۵] افسونِ او فتنه‌ها ساکن کند قانونِ او ۱۴۹۶

او بر اساس قوانین آدم‌های بد را مجبور به تسلیم می‌کند و آشوب‌ها را می‌خواباند.

چون ترازو دید خصمِ پُر طمع سرکشی بگذارد و گردد تَبَع[۶] ۱۴۹۷

دشمن طمع‌کار در برابر قاضی سرکشی را رها می‌کند و مطیع می‌شود.

ور ترازو نیست گر افزون دهیش از قِسَم[۷]، راضی نگردد آگهیش[۸] ۱۴۹۸

اگر در برابر قاضی نباشد، زیادتر از سهمش هم که بدهی، راضی نمی‌شود.

هست قاضی رحمت و دفعِ ستیز قطره‌یی از بحرِ عدلِ رستخیز[۹] ۱۴۹۹

وجود قاضی موجب رحمت، دفع درگیری و تجلّی ذرّه‌ای از عدلِ الهی است.

قطره گر چه خُرد و کوته‌پا بُوَد[۱۰] لطفِ آبِ بحر از او پیدا بود ۱۵۰۰

هرچند که قطره کوچک و ناتوان است؛ امّا صفای آب دریا را دارد.

از غبار ار پاک داری کِلّه[۱۱] را تو ز یک قطره[۱۲] ببینی دجله[۱۳] را ۱۵۰۱

اگر از سرشت طبیعی و تعلّقات پاک شوی در هر یک از مظاهر، هستی را می‌بینی.

---

۱ - **کف بر خصم زدن :** به دشمن دست زدن، اینجا پس گردنی یا سیلی زدن. ۲ - **کیله :** پیمانه.

۳ - **مِقراض :** قیچی. ۴ - **اَحقاد :** جمع حقد به معنی کینه.

۵ - **دیو در شیشه کردن :** نوعی سحر و جادو. ۶ - **گردد تَبَع :** مطیع می‌شود. ۷ - **قِسَم :** قسمت‌ها.

۸ - **آگهیش :** آگاهی بر سهم یا قسمتِ خود. ۹ - **عدل رستخیز :** تجلّی تامّ عدل الهی در روز رستاخیز.

۱۰ - **کوته پا بودن :** کنایه از ناتوانی و بی دوام بودن.

۱۱ - **کِلّه :** کِلَّة: خیمه‌ای از پارچهٔ نازک برای دفع حشرات، پشه‌بند، پرده‌ای که به شکل خانه یا خیمه دوزند، اینجا مراد خیمهٔ وجود آدمی است که باید ازگرد و غبار صفات بشری و تعلّقات پاک باشد.

۱۲ - **قطره :** کنایه از هر یک از صُوَر ظاهریِ موجودات امکانی است. ۱۳ - **دجله :** کنایه از هستیِ حقیقی.

جُزوها بر حالِ کُـل‌ها شـاهد است تا شفق غمّازِ[1] خورشید آمده است ۱۵۰۲

جزوها نمونه‌ای از کُلّ اند، همان‌طور که شفق از خورشید خبر می‌دهد.

آن قسَم بر جسمِ احـمد رانـد حـق آنچه فرموده است کَـلاّ[2]: وَاْلشَّـفَق[3] ۱۵۰۳

آن قَسَم که خداوند فرموده است: به شفق سوگند، سوگند به جسمِ پاک احمد(ص) است.

مــور بــر دانـه[4] چـرا لرزان بُـدی گر از آن یک دانه خرمن‌دان بُدی؟ ۱۵۰۴

اگر مور می‌توانست از یک دانهٔ گندم به وجود خرمن پی ببرد، برای دانه‌ای می‌لرزید؟

بر سر حرف آ[5] که صوفی بی دل است در مکـافاتِ جـفا مُسـتعجِل[6] است ۱۵۰۵

به حرف خود بازگرد که صوفی صبر ندارد و به شتاب می‌خواهد کیفر ظالم را بدهد.

ای تو کرده ظلم‌ها، چون خوش دلی[7]؟ از تــقاضایِ مُکــافی[8] غــافلی ۱۵۰۶

ای کسی که ستم‌ها کرده‌ای، چگونه بی‌خیالی؟ از ارادهٔ پروردگار بی خبری؟

یا فراموشت شده است ازکرده‌هات که فرو آویـخت غـفلت پـرده‌هات ۱۵۰۷

یا اعمالت را فراموش کردی و غفلت در برابر چشمت پرده‌ای کشیده است؟

گــرنه خــصمی‌هاسْتی انـدر قَـفات جِرمِ گردون رشک بُردی بر صَفات[9] ۱۵۰۸

اگر این همه کینه و دشمنی پشت سرت نبود، صفای روحت از آسمان بیشتر بود.

لیک محبوسی بـرای آن حُـقوق[10] اندک اندک عذر می‌خواه از عُقوق[11] ۱۵۰۹

امّا برای حق‌هایی که پایمال کرده‌ای، محبوس هستی. بکوش تا آرام آرام آن را جبران کنی.

---

۱ – **غمّاز :** خبرچین، خبردهنده. ۲ – **کلاّ :** لفظی تأکیدی: حقیقتاً یا به راستی.

۳ – مصراع دوم اشاره به آیهٔ ۱۶ سورهٔ انشقاق: فَلا اُقْسِمُ بِالشَّفَق : سوگند به سرخی شامگاهان.

شفق نشان ذات خورشید است و جسم پاک پیامبر(ص) نیز نشانی از خورشیدِ حقیقتِ متجلّی در وجود اوست.

۴ – **دانه :** کنایه‌ای از جسم آدمی که با فرارسیدن مرگ زوال می‌یابد. آیا انسان با توجّه به جسم و روحِ خود می‌تواند به «خرمن هستی» پی ببرد و از بیم زوال دانه‌ای بیمناک نباشد؟ همین تعبیر را نیکلسون به نقل از ولی محمّد آورده است. ۵ – خطاب مولانا به خود است. ۶ – **مستعجِل :** دارای شتاب.

۷ – **خوش دل :** خوشحال یا بی‌خیال. ۸ – **مُکافی :** مکافات دهنده، پروردگار.

۹ – **صَفات :** صفایِ تو، صفایِ جانِ تو.

۱۰ – **حُقوق :** حق‌ها، حق دیگران و حتّی ستمی که آدمی در حقِ خویش روا داشته و در جهت تعالی نکوشیده است.

۱۱ – **عُقوق :** نافرمانی، اینجا سرکشی در برابر اوامر و نواهی.

تـا بـه یکبارت نگیرد محتسِب[1]   آبِ خود روشن کن[2] اکنون با مُحِب[3] ۱۵۱۰

تا فرصت هست کدورت‌ها را صاف کن تا به ناگاه تقدیر به صورت بلا نازل نشود.

رفت صوفی سویِ آن سیلی زَنَش   دست زد چون مدّعی در دامنش[4] ۱۵۱۱

صوفی به سوی کسی که سیلی زده بود، رفت و گریبانش را گرفت.

انـدر آوردش بـرِ قـاضی کشان   کین خرِ اِدبار[5] را بر خر نشان[6] ۱۵۱۲

او را کشان کشان نزد قاضی آورد که این احمق بدبخت را مجازات کن.

یـا بـه زخمِ دِرّه[7] او را دِه جزا   آنـچنانکه رایِ تـو بـیند سـزا ۱۵۱۳

یا تازیانه بزن، یا هر طور که مصلحت هست، کیفر بده.

کآن که از زجرِ[8] تو میرد، در دَمار[9]   بر تو تاوان[10] نیست، آن باشد جُبار[11] ۱۵۱۴

زیرا اگر در هنگام کیفر بمیرد، نه تاوانی دارد و نه قصاص.

در حد[12] و تعزیر[13] قاضی هر که مُرد   نیست بر قاضی ضِمان[14]، کو نیست خُرد[15] ۱۵۱۵

هرکس که در اثنای اجرای حد و تعزیر بمیرد، قاضی در مقامِ قضاوت مسئول نیست.

نایبِ حق است و سایهٔ عدلِ حق   آینهٔ هر مُسْتَحِقّ و مُسْتَحَق[16] ۱۵۱۶

او جانشین حق و گسترندهٔ عدالت است. آینه‌ای است که حقیقتِ طرفین دعوا را نشان می‌دهد.

کو ادب از بهرِ مظلومی کند[17]   نه برای عِرض[18] و خشم و دخلِ[19] خود ۱۵۱۷

زیرا او به خاطر ستمدیده‌ای مجازات می‌کند نه برای منافع شخصی خودش.

---

۱ - **مُحْتَسِب :** مأمور حکومتی، اینجا کیفر الهی.

۲ - **آب خود روشن کن :** روابط خود را اصلاح کن، کینه‌ها را به صفا مبدّل کن.

۳ - **مُحِب :** دوست‌دار، دوست. ۴ - دست در دامنش زد؛ اینجا یقه‌اش را گرفت.

۵ - **خرِ ادبار :** خرِ بدبخت.

۶ - **بر خر نشان :** در گذشته رسم بود که مجرم را وارونه بر خر می‌نشاندند و می‌گرداندند و در واقع جُرم او را به همه اعلام می‌کردند. ۷ - **دِرّه :** تازیانه. ۸ - **زجر :** شکنجه، کیفر. ۹ - **دَمار :** هلاک.

۱۰ - **تاوان :** غرامت، جبران ضرر. ۱۱ - **جُبار :** قتلی که در آن قصاص نیست.

۱۲ - **حد :** از نظر فقهی به مجازاتی می‌گویند که میزان آن معلوم است.

۱۳ - **تعزیر :** از نظر فقهی مقدار معیّن ندارد و منوط به نظر قاضی است. ۱۴ - **ضِمان :** مسئولیّت.

۱۵ - **نیست خُرد :** شخص بلندمرتبه‌ای است. ۱۶ - **مُسْتَحِقّ و مُسْتَحَق :** مدّعی و مُدَّعیٰ علیه.

۱۷ - **ادب کردن :** مجازات کردن. ۱۸ - **عِرض :** آبرو. ۱۹ - **خشم و دخل :** عصبانیّت یا درآمدِ شخصی.

دفتر ششم

چون برای حقّ و روزِ آجله[1] است ‌ ‌ ‌ گر خطایی شد، دِیَت بر عاقله است[2] ۱۵۱۸

چون کیفرِ او برای خدا و روزِ رستاخیز است، اگر خطا کند، خداوند جبران می‌کند.

آنکه بهرِ خود زند، او ضامن است ‌ ‌ ‌ وآنکه بهرِ حق زند، او آمن است ۱۵۱۹

کسی که برای منافع شخصی آسیبی می‌رسانَد، مسئول است، اگر برای خدا باشد، در امان است.

گر پدر زد مر پسر را و بِمُرد ‌ ‌ ‌ آن پدر را خون بها باید شمرد ۱۵۲۰

اگر پدر فرزند را بزند و او بمیرد، پدر باید خونبها بپردازد.

زانکه او را بهرِ کارِ خویش زد ‌ ‌ ‌ خدمتِ او هست واجب بر وَلَد ۱۵۲۱

زیرا او را در ارتباط با نافرمانی از کارِ خود زده و خدمت پدر بر پسر واجب است.

چون معلّم زد صَبی[3] را، شد تلف ‌ ‌ ‌ بر معلّم نیست چیزی، لا تَخَفْ[4] ۱۵۲۲

امّا اگر در تنبیهِ معلّم کودکی تلف شود، نترس که آن را جُرم و جنایت نمی‌دانند.

کآن معلّم نایب افتاد و امین ‌ ‌ ‌ هر امین را هست حُکمش همچنین ۱۵۲۳

زیرا آن معلّم نایب حق و امین است. حُکمِ هر انسان امین همین است.

نیست واجب خدمتِ اُستا بر او ‌ ‌ ‌ پس نبُود اُستا به زجرش کارجُو[5] ۱۵۲۴

کودک وظیفه ندارد به استاد خدمت کند؛ پس تأدیب موضوع شخصی نیست.

ور پدر زد، او برای خود زده است ‌ ‌ ‌ لاجرم از خونبها دادن نَرَست ۱۵۲۵

اگر پدر بزند برای خود زده است و از خونبها معاف نیست.

پس خودی را سر بِبُر ای ذوآلفقار[6] ‌ ‌ ‌ بی خودی شو، فانیی درویش‌وار ۱۵۲۶

پس ای ذوالفقار، خودمحوری را کنار بگذار. درویش‌وار در حق فانی شو.

چون شدی بی خود، هر آنچه تو کنی ‌ ‌ ‌ مٰا رَمَیْتَ اِذْ رَمَیْتَ،[7] آمِنی ۱۵۲۷

اگر خودبین نباشی، هر کاری که بکنی در امانی و فعل حق بر دست تو جاری می‌شود.

---

۱ – **روز آجله :** روز قیامت.

۲ – **دیت بر عاقله است :** حکم شرعی که زیان وارد از طرف نابالغ یا سفیه را ولیّ او جبران می‌کند. اینجا مُراد آنکه: زیان‌زننده مُجریِ حُکم حق و در دستِ تقدیر الهی اسیر است و بر او کیفری نیست. ۳ – **صَبی :** کودک.

۴ – **لا تَخَفْ :** نترس. ۵ – مصراع دوم: پس استاد در تنبیه و تأدیب جویای کار خصوصیِ خود نیست.

۶ – **ذوالفقار :** شمشیر علی(ع)، اینجا کسی که بر مسند قضاوت است. سالک نیز با ذوالفقار ذکر می‌تواند سرِ انانیّت را بِبُرَد.

۷ – اشارتی قرآنی؛ انفال: ۱۷/۸: تیری که تو انداختی، تو نینداختی، بلکه خداوند بود که تیر می‌انداخت.

آن ضِمان بر حق بُوَد، نه بر امین   هست تفصیلش به فقه اندر، مُبین ۱۵۲۸

مسئولیّتِ آن بر عهدهٔ حق است نه بر شخصِ امین و شرحِ آن به وضوح در فقه آمده است.

هر دکانی راست سودایی دگر   مثنوی دُکّانِ فقر[۱] است ای پسر! ۱۵۲۹

ای پسر، هر دکّانی برای تجارتِ خاصی است، در مثنوی فقرِ آدمی در تقابلِ غنایِ حق مورد بحث است.

در دکانِ کفشگر چرم است خوب   قالبِ کَفْش است، اگر بینی تو، چوب ۱۵۳۰

در دکّان کفشگر، چرم‌هایِ عالی هست و اگر چوبی باشد، برای قالب کفش است.

پیشِ بزّازان[۲] قَزْ[۳] و اَدْکَن[۴] بُوَد   بهرِ گز باشد،[۵] اگر آهن بُوَد ۱۵۳۱

در دکان پارچه فروش، ابریشم و پارچه هست و اگر آهن باشد، برای اندازه‌گیری است.

مثنویِ ما دُکانِ وحدت است   غیرِ واحد هر چه بینی آن بت است ۱۵۳۲

مثنویِ ما هم دکّان یگانگی و وحدت است و هر چیزی را که غیر از واحد در آن ببینی، توهّمِ بتِ نَفْس تو است.

بُت ستودن بهرِ دامِ عامه را   همچنان دان کَالْغَرانیقُ الْعُلیٰ[۶] ۱۵۳۳

ما در مثنوی به ستودن بتِ نَفْس نمی‌پردازیم که عوام ظاهربین و دنیاپرست بدآن مشتاق

---

۱ - **دکّان فقر** : مراد دکّان وحدت است. ۲ - **بزّاز**: پارچه فروش. ۳ - **قَز** : ابریشم.

۴ - **اَدْکَن** : رنگ تیره، اینجا پارچهٔ تیره یا سیاه. ۵ - **بهرِ گز باشد** : برای اندازه‌گیری.

۶ - **داستان غرانیق**، پیامبرگرامی(ص) در حال خواندن سورهٔ وَالنَّجم بود، وقتی که به آیهٔ ۱۹ و ۲۰ رسید شنیده شد که: تِلْكَ الْغَرانیقُ الْعُلَی وَ اِنَّ شِفاعَتَهُنَّ لَتُرْتَجیٰ: آن بت‌ها چیزهای بزرگ و سربلندی هستند و شفاعتشان مورد امیدواری است. نقل شده است که این جمله را شیطان موقعی گفت که پیامبر(ص) پس از خواندن دو آیهٔ مزبور: نجم ۲۰/۵۳–۱۹، اندکی سکوت کرد: احادیث، صص ۵۴۹ و ۵۵۰. محقّقانِ شیعه ادّعای مدّعیان و محدّثان و مورّخانی را که معتقدند در اینجا شیطان در جریان وحی دخالت کرده است، ابطال می‌کنند و معتقدند که آیات ۲۳-۱۹ سیاق معنایی واحدی دارند و آن نفی آلهه یعنی لات و عُزّیٰ و منات است و در آیهٔ آخر بالصّراحه آن‌ها را واهی و اسمایی بی مسمّیٰ می‌نامد، در چنین سیاقی جایی برای ستایش از الهگان سه‌گانهٔ کفّار به قصد استمالت آن‌ها وجود ندارد. اغلب مفسّران گفته‌اند که پس از آن که جبرئیل اختلال ادّعایی را برطرف کرد، آیات دیگری آورد: حج: ۵۴/۲۲–۵۲ که در ارتباط با این مسأله و تسلّی دادن پیامبر(ص) و برائت ساحت او از دگرگون سازی وحی به شمار می‌رود و آن آیات چنین است: «و پیش از تو هیچ رسول یا نبی نفرستادیم، مگر آن که چون قرائت [وحی را] آغاز کرد، شیطان در خواندن او اخلال می‌کرد، آنگاه خداوند اثر القاء شیطان را می‌زداید و سپس آیات خویش را استوار می‌دارد و خداوند دانای فرزانه است تا [بدین وسیله خداوند] القاء شیطان را مایهٔ آزمون بیماردلان و سخت دلان بگرداند...»: قرآن، ترجمهٔ خرّمشاهی، ص ۵۲۶.

گردند، همان‌طور که داستان غرانیق نیز بیش از فتنه‌ای برای سجود کفّار و معاندان نبود و در پس آن هیچ حقیقتی وجود نداشت، نه در سجدهٔ ایشان که همچنان بر کفر خویش استوار بودند و نه در صحّت آن کلام.

خـــوانْـدَش در سـورهٔ وَالنَّـجم زود لیک آن فـتنه بُـد، از سـوره نـبود ۱۵۳۴

آن سخن در سورهٔ نجم خوانده شد، امّا کلام وحی نبود و برای امتحان بود.

جمله کُفّارْ آن زمـان سـاجد شـدند هم سِری بود[1] آنکه سر بر در زدند ۱۵۳۵

کفّار همگی با شنیدن نام الهگان سه‌گانهٔ خویش ساجد شدند، در سجدهٔ ایشان هم سِرّی بود؛ زیرا آنان جز بر بتِ نَفْس خویش سجده نمی‌آوردند.

بعد از این حرفی‌ست پیچاپیچ و دور بـا سـلیمان بـاش و دیـوان را مشـور ۱۵۳۶

شرح چنین ماجرایی بسیار پیچیده و دور از ذهن و ادراک عموم است؛ پس تو به مرد حق گوش فرا ده و به گمراهان کاری نداشته باش.

هین! حدیثِ صوفی و قـاضی بـیار و آن ســـتمکارِ ضـــعیفِ زارِ زار ۱۵۳۷

هان، توجّه کن. می‌خواهیم ماجرای قاضی و صوفی و آن ستمگرِ ضعیف و زار را بگوییم.

گفت قاضی: ثَبِّتِ اَلعَرْش[2] ای پسر! تا بر او نـقشی کـنم از خـیر و شـر ۱۵۳۸

قاضی گفت: ای پسر، ابتدا بگذار کرسی قضاوت بر پای شود تا بتوان به عدالت بر آن حُکم به خیر یا شر داد.

کــو زنـنده، کــو مــحلِّ انـتقام؟ این خیالی گشته است اندر سَـقام[3] ۱۵۳۹

سیلی زننده کجاست؟ محلِّ این کار کجا بوده است؟ این شخص از فرط بیماری چون خیال باریک شده است.

---

۱ - **سِری بود**: اشاره به سرّ وحدت که خداوند خود را در همهٔ مظاهر هستی آشکار می‌سازد و بت به اعتبار حقیقتی از هستی که از آن برخوردار است، باطل نیست: شرح مثنوی مولوی، ج ۶، ص ۲۰۸۸.

۲ - **ثَبِّتِ اَلعَرْش**: اشاره به ضرب‌المثل: ثَبِّت الْعَرشَ ثُمَّ النَّقْشَ: ابتدا مسند را بر پای دار آنگاه نقش خیر یا شر بخواه.

مراد آنکه: باید دید آیا دعویِ تو اصلاً قابل رسیدگی هست؟ آیا می‌توان برای آن مسند قضاوتی تعیین کرد؟ بعد از آن جویای عدالت باش. ضرب‌المثل است مانند: اوّل برادری‌ات را ثابت کن؛ سپس ادّعای ارث داشته باش.

۳ - **سَقام**: بیماری.

شـــرع بـــهرِ زنـــدگان و اغـــنیاست شرع بر اصحابِ گورستان کجاست؟[۱] ۱۵۴۰

قوانین شریعت برای کسانی است که زنده‌اند و توانایی مالی دارند. حُکم شرع بر مُردگان جاری نیست.

آن گـــروهی کـز فـقیری بـی‌سرند[۲] **صد جهت زآن مُردگان فـانی‌ترند** ۱۵۴۱

عارفانی که هویّتِ فردی‌شان در حق محو شده است؛ یعنی در راه فقر فانی شده‌اند، سری ندارند که جزو زندگان به شمار آیند و صد بار مُرده‌تر از مُردگان‌اند.

مُرده از یک روست فـانی در گـزند صوفیان از صد جهت[۳] **فانی شدند** ۱۵۴۲

مُرده از یک جهت فانی شده و حیات این جهانی را که در آن امیدی برای اعتلای روحانی بود، از دست داده و در زیان افتاده است؛ امّا صوفیان از جمیع جهاتِ ظاهری و باطنی فانی شده‌اند.

مرگ یک قتل است و این سیصدهزار هـــر یکـی را خونْبهایی بی شمار ۱۵۴۳

مرگِ جسمانی، مانند آن است که یک بار کسی کشته شود و از آلام برهد؛ امّا این فنای عارفانه که در پی کشتن نَفْس حاصل می‌شود، جهدی است عظیم که عارف سیصدهزار بار در عینِ حیاتِ دنیوی می‌میرد و برایِ هر مرگی خونبهای بی‌شماری را که عنایات حق است، پاداش می‌یابد.

گرچه کُشت این قوم را حق بـارها ریـــخت بـهرِ خـونبها انـبارها ۱۵۴۴

هرچند که خداوند صوفیان را بـارها در هـمین زنـدگی دنـیوی کُشـته است؛ امّـا بـرای خونبهای آنان مراحم و عنایات بسیار نیز عطا فرموده است.

همچو جرجیس[۴]**اند هر یک در سِرار کُشته گشته، زنده گشته، شصت بـار**[۵] ۱۵۴۵

هر یک از ایشان در اسرار درون همان جرجیس‌اند که شصت بار مُرده و زنده شده است.

---

۱ - از این بیت به بعد می‌بینیم که مُراد از مُردگان عارفان‌اند که از خوی خویش رهیده‌اند و در حق فانی گشته‌اند.

۲ - **کز فقیری بی‌سرند:** عارفانی که پس از محوِ هویّت فردیِ‌شان، وجود صوریِ آنان مطرح نیست.

۳ - **صد جهت:** جمیع جهاتِ ظاهری و باطنی.

۴ - **جرجیس:** نام پیامبری از بنی اسرائیل که به انواع عقوبت او را می‌کشتند و باز به امر الهی زنده می‌شد و به دعوت امّت می‌پرداخت. نوشته‌اند که وی از اهالی فلسطین و بر دین عیسی بن مریم(ع) بوده است.

۵ - **شصت بار:** نشان کثرت است نه عددی خاص.

دفتر ششم ۲۲۱

کُشـــته از ذوقِ سِـــنانِ[1] دادگـر   مـی‌بسوزد کـه: بـزن زخـمی دگـر[2] ۱۵۴۶

کسی که با نیزهٔ حق کُشته شده، ذوقی در آن یافته که در عین درد مشتاق ضربتی دیگر است.

وَالله از عشـــقِ وجـودِ جـانْ‌پرست   کُشته بـر قـتلِ دُوُم عـاشق‌ترست ۱۵۴۷

به خدا که وجود عاشق سرشار از عشقِ معشوق است و کسی که یک بار طعم کشته شدن به دست محبوب را چشیده باشد، برای کشته شدن دومین مشتاق‌تر است.

گفت قـاضی: مـن قـضادارِ حَـی‌اَم   حاکمِ اصـحابِ گـورستان کـی‌ام؟ ۱۵۴۸

قاضی گفت: وظیفهٔ من اجرای احکام قضا برای زندگان است، با مردگان کاری ندارم.

این به صورت گرنه درگور است پست   گـــورها در دودمـــانش آمـــده‌ست[3] ۱۵۴۹

این شخص به ظاهر درگور نیست؛ امّا گویی خاک گور در دودمان او پاشیده شده و مُرده است.

بس بـــدیدی مُـــرده انـدرگـورْ تـو   گور را در مُرده بـین، ای کـورْ تـو! ۱۵۵۰

تا کنون مُرده را درگور دیده‌ای، ای کوردل، گور را در مُرده ببین.

گر زگـوری خِشت بـر تـو اوفـتاد   عاقلان ازگـور کِـی خـواهـند داد؟ ۱۵۵۱

اگر خشتی ازگوری اتّفاقی بر سرت بیفتد، آیا خردمند به سبب آن، ازگور شکایت می‌کند؟

گِـردِ خشـم و کـینهٔ مُـرده مگـرد[4]   هین! مکن با نـقشِ گـرمابه نـبرد[5] ۱۵۵۲

با مُردگان خشم و کینه نَوَرز. به هوش باش که آنان مانندِ نقشِ دیوارِ گرمابه‌اند.

شُکر کن کـه زنـده‌یی[6] بـر تـو نـزد   کآنکه زنـده رد کـند، حـق کـرد رد ۱۵۵۳

شکر کن که زنده‌دلی به تو ضربه نزد؛ زیرا مردودِ او مردودِ حق است.

خشم اَحیا،[7] خشمِ حقّ و زخمِ اوست   که به حق زنده‌ست آن پاکیزه پوست[8] ۱۵۵۴

خشم زندهٔ حقیقی، خشم و زخم حق است؛ زیرا وجودِ پاکِ او از حق زنده شده است.

۱ - **سِنان :** نیزه.   ۲ - این ابیات در ارتباط با فنای عارفانه است.   ۳ - مراد آنکه: او مُردهٔ متحرّک است.

۴ - با مُرده‌دلان کاری نداشته باش؛ حتّی از آن‌ها خشمگین هم نشو.

۵ - آنان به ظاهر حرکتی دارند؛ ولی از جان و روانِ انسان بی‌خبراند.

۶ - **زنده :** کسی که در حق فانی و به حق باقی شده است. عارف کامل واصل.

۷ - **خشم احیا :** خشم زندهٔ حقیقی، خشمِ کاملِ واصل.   ۸ - **پاکیزه پوست :** وجودِ پاک.

حق بکُشت او را و در پاچه‌ش دمید   زود قصّابانه پوست از وی کشید[۱] ۱۵۵۵

همان‌طور که قصّاب، گوسفند را می‌کُشد و در پاچهٔ او می‌دمد که پوست جدا شود، حق نیز کُشته خویش را از قشر و پوست جدا می‌کند و در او می‌دمد و این نفخهٔ حق زندگی نوینی به او می‌بخشد.

نفخ[۲] در وی باقی آمد تا مآب[۳]   نَفْخِ حق نَبْوَد چو نفخهٔ آن قصاب ۱۵۵۶

نفخهٔ الهی تا ابد در او می‌مانَد. مانند دمیدن قصّاب موقّتی نیست.

فرقِ بسیار است بَیْنَ ٱلنَّفْخَتَیْن[۴]   این همه زَین[۵] است و آن سر جمله شَین[۶] ۱۵۵۷

میان این دو نفخه تفاوت بی نهایتی هست، نفخهٔ حق هستی می‌دهد و دیگری می‌گیرد.

این حیات از وی بُرید و شد مُضِر   و آن حیات از نفخِ حق شد مُستَمِر ۱۵۵۸

این سببِ قطع حیات و زیان‌آور است و آن دیگری از نفخهٔ حق حیاتی جاودان می‌یابد.

این دم آن دم نیست کآید آن به شرح   هین! بر آ زین قعرِ چَهْ[۷] بالایِ صَرْح[۸] ۱۵۵۹

دم الهی را نمی‌توان وصف کرد. آگاه باش و برای ادراک این مفاهیم بلند، از قعر چاه طبیعت بشری بر بام کوشک روحانیات برآ.

نیستش بر خر نشاندن مُجتَهَد[۹]   نقش ِ هیزم را کسی بر خر نهد؟ ۱۵۶۰

قاضی گفت: نشاندن او بر خر به عنوان مجازات، شرعی نیست؛ زیرا او نقشی از زندگان دارد. آیا کسی تصویری از هیزم را بر درازگوش بار می‌کند؟

بر نشستِ او نه پشتِ خر سزد   پُشتِ تابوتیش اولیتر سزد ۱۵۶۱

نشاندن او بر پشت درازگوش سزاوار نیست. ارجح است که او را با تابوتی حمل کنید.

ظلم چِه بْوَد؟ وضعْ غیرِ موضعش   هین! مکن در غیرِ موضع ضایعش ۱۵۶۲

ظلم چیست؟ مفهومش قرار دادن چیزی در غیر جایگاه اصلی‌اش است. پس آگاه باش و او را با قرار دادن در غیرِ جایگاهش ضایع مکن.

---

۱ - غزل ۷۶۵ از دیوان کبیر همین مضمون را دارد:

نه که قصّاب به خنجر چو سرِ میش بِبُرّد   نَهِلَد کشتهٔ خود را، کُشد آنگاه کشائد

چو دم میش نمانْد ز دم خود کندش پُر   تو ببینی دم یزدان به کجاهات رسانْد

۲ - **نفخ** : دمیدن.   ۳ - **مآب** : بازگشتن، مُراد بازگشت به سوی حق در قیامت.   ۴ - **نَفْخَتَیْن** : دو نفخه.

۵ - **زَین** : زینت، جلوه.   ۶ - **شَیْن** : عیب.   ۷ - **قعرِ چَه** : کنایه از سرشت طبیعی و صفات بشری است.

۸ - **صَرْح** : کاخ، کوشک.   ۹ - **نیستش مجتهد** : با حُکم شرعی و اجتهاد نمی‌خوانَد.

دفتر ششم ۲۲۳

گفت صوفی: پس روا داری کـه او سیلی‌اَم زد، بی قصاص و بی تَسو[1] ؟ 1563

صوفی گفت: پس تو روا داری که او برای سیلی قصاص یا جریمه نشود؟

این روا باشد که خر خِرسی قَلاش[2] صوفیان را صَفْع انـدازد بـه لاش ؟ 1564

آیا رواست که احمقِ گُندهٔ بی‌سروپایی، بی‌خودی به صوفیان پس گردنی بزند؟

گفت قاضی: تو چه داری بیش و کم؟ گفت: دارم در جـهان مـن شش درم ۱۵۶۵

قاضی گفت: روی هم چقدر پول داری؟ صوفی گفت: در دار دنیا شش درم دارم.

گفت قاضی: سه درم تو خرج کـن آن سه دیگر را به او دِهْ بـی سـخُن ۱۵۶۶

قاضی گفت: سه درم مال تو و سه درم دیگر را بدون هیچ حرف به او بده.

زار و رنجور است و درویش و ضعیف سـه درم دَربـایَدَش[3] تَـرّه[4] و رَغـیف[5] ۱۵۶۷

این مرد زار و نزار بینوایی ناتوان است که به این پول برای خرید تَرّه و نان نیاز دارد.

بـر قـفایِ[6] قـاضی افـتادش نـظر از قـفایِ صـوفی آن بُـد خـوب‌تر ۱۵۶۸

در حالی که قاضی با صوفی سخن می‌گفت، مرد بیمار چشمش به پسِ گردن قاضی افتاد که بهتر از قفایِ صوفی بود.

راست می‌کرد از پیِ سیلی‌ش دست که قصاصِ سیلی‌ام ارزان شده‌ست ۱۵۶۹

دستش را برای زدن ضربه‌ای بلند می‌کرد که جریمهٔ پس گردنی ارزان است.

سویِ گـوشِ قـاضی آمـد بـهرِ راز سـیلی آورد قـاضی را فـراز ۱۵۷۰

به قاضی نزدیک شد و وانمود کرد که می‌خواهد رازی را بگوید و ضربه‌ای به پسِ گردن او نواخت.

گفت: هر شش را بگیرید ای دو خصم! من شوم آزاد بی خَـرْخاش[7] و وَصْـم[8] ۱۵۷۱

گفت: شش درم مال شما دو مدّعی تا من از این درگیری و بی‌آبرویی خلاص شوم.

---

۱ - **تَسو**: نوعی سکهٔ خُرد، پشیز، هر چیز بی قدر، اینجا جریمه.

2 - ... :x ÀÒ»wai ... 3 - ... :k... [illegible]

۴ - **تَرّه**: خورش فقیرانه، چیزی که با نان بخورند. ۵ - **رَغیف**: نان. ۶ - **قَفا**: پسِ گردن، پشت گردن.

۷ - **خَرْخاش**: مجادله و درگیری. ۸ - **وَصْم**: عیب و عار، بدنامی و بی‌آبرویی.

طیره شدنِ[1] قاضی از سیلیِ درویش و سرزنش کردنِ صوفی قاضی را

گشت قاضی طیره، صوفی گفت: هی! حکمِ تو عدل است، لا شَکْ نیست غَی[2] ۱۵۷۲

قاضی عصبانی شد. صوفی گفت: هان، بی شک حکم تو عادلانه است نه ظالمانه.

آنچه نَپْسندی به خود ای شیخِ دین! چون پسندی بر برادر ای امین؟[3] ۱۵۷۳

ای مرد عالی‌مقام دین، ای امین، چیزی را که به خود نمی‌پسندی، چرا برای برادر می‌پسندی؟

این ندانی که پیِ من چَهْ کَنی هم در آن چَهْ عاقبت خود افکنی؟ ۱۵۷۴

نمی‌دانی در چاهی که برای من می‌کَنی، عاقبت خودت هم می‌افتی؟

مَنْ حَفَرْ بِئراً نخواندی از خبر؟[4] آنچه خواندی، کُن عمل جانِ پدرا! ۱۵۷۵

حدیث: «هرکس چاهی بکَنَد...» را نخوانده‌ای؟ پدر جان، به آن عمل کن.

این یکی حُکمَت چنین بُد در قضا که تو را آورد سیلی بر قفا ۱۵۷۶

حُکم تو بر مسند قضاوت سبب چنین قفایی شد.

وای بر احکامِ دیگرهایِ تو تا چه آرَد بر سر و بر پایِ تو؟ ۱۵۷۷

وای بر احکام دیگرِ تو که چه‌ها بر سرت خواهد آورد؟

ظالمی را رحم آری از کَرَم که برای نَفْقه بادت سه درم ۱۵۷۸

از روی بخشندگی به ظالمی رحم می‌کنی و می‌گویی: سه درم برای معاش نیاز داری.

دستِ ظالم را بِبُر، چه جای آن که به دستِ او نَهیِ حکم و عنان[5]؟ ۱۵۷۹

به جای آنکه دست ظالم را قطع کنی به او اختیار هم می‌دهی؟

تو بدان بُز مانی ای مجهولْداد[6] که نژادِ گرگ را او شیر داد ۱۵۸۰

ای ظالم، تو مانند بُزی هستی که بچّهٔ گرگ را شیر می‌دهد.

---

۱ - **طیره شدن :** خشمگین شدن. ۲ - **غَی :** گمراهی، اینجا ظالمانه.

۳ - اشاره به حدیث: نشان ایمان آن است که آنچه را که دوست داری برای برادرت نیز دوست بداری: احادیث، ص ۵۵۱. ۴ - اشاره به خبری با همین مضمون: احادیث، ص ۵۵۱.

۵ - **عنان :** افسار، مجازاً «عنان دادن»: اختیار دادن.

۶ - **مجهول‌داد :** ستمگر، کسی که عدالتش گُم شده و یا اصولاً معنیِ آن را نمی‌داند.

جواب دادنِ قاضی صوفی را

گفت قاضی: واجب آیَدْمان رضا [1] هــر قــفا و هــر جــفا کآرَد قــضا ۱۵۸۱
قاضی گفت: واجب است که به قفا و جفای قضا رضا باشیم.

خوشْ دلم در باطن از حکم زُبُـر [2] گرچه شد رویَم تُرُش کـالْحَقُّ مُـر [3] ۱۵۸۲
از حکمِ الهی راضی هستم، هرچند که سخت بود؛ زیرا «حق تلخ است».

این دلم باغ است و چشمم اَبر وَش ابر گرید، باغ خندد شاد و خَـوش [4] ۱۵۸۳
دل من همانند باغ از بارشِ ابرِ چشمانم باطراوت می‌شود.

سالِ قحط از آفـتابِ خـیره خـند [5] باغ‌ها در مرگ و جان کَـندن رسـند ۱۵۸۴
اگر چشم‌ها بر خطاها نگریند، باغِ دل مانند قحطی‌زدگان به هلاکت می‌رسد.

زَامرِ حق وَٱبْکُوا کَثیراً [6] خوانـده‌ای چون سرِ بریان چه خندان مانده‌ای؟ ۱۵۸۵
فرمان خداوند: «زیاد گریه کنید» را خوانده‌ای؟ پس چرا مانند سرِ بریان خندان مانده‌ای؟

روشنیِّ خـانه بـاشی هـمچو شـمع گر فرو پاشی تو همچون شمعْ دَمْع [7] ۱۵۸۶
می‌توانی خانهٔ دلت را بسان شمع روشن کنی، اگر مثل او اشک بباری.

آن تــرشرویِیّ مــادر یــا پــدر حــافظِ فــرزند شـد از هـر ضـرر ۱۵۸۷
اخم پدر یا مادر حافظِ فرزند از زیان‌هاست.

ذوقِ خنده دیده‌ای ای خیره خـند! ذوقِ گریه بین که هست آن کانِ قند ۱۵۸۸
ای بیهوده خند، ذوق خنده را دریافته‌ای، صفای گریه را دریاب که لبریز از شیرینیِ نهانی است.

چــون جـهنّم، گـریه آرَد یـادِ آن [8] پس جـهنّم خـوشتر آیـد از جِـنان ۱۵۸۹
چون یاد دوزخ و کیفر آدمی را به گریه می‌آوَرَد؛ پس آن دم بهتر از بهشت است.

---

۱ – از این بیت به بعد، قاضی که قفایی از رنجور خورده است، آن قفا را از قضا و به سببِ «حُکم ناحق» و یا «آزردنِ صوفی» می‌بیند و سخنان وی حال و هوایی دیگر می‌یابد.
۲ – **زُبُر** : جمع زبور: نوشته، کتاب، لوحی که بر آن مقدّرات یا احکام الهی نوشته شده است.
۳ – حرف حق تلخ است. ۴ – مراد آنکه: چشمم از کیفر فعل بد می‌گرید؛ امّا دلم از تأثیر خطا مصون می‌مانَد.
۵ – **خیره خند** : کسی که بیهوده یا گستاخانه و بی‌دلیل می‌خندد.
۶ – اشارتی قرآنی؛ توبه: ۸۲/۹ مراد آنکه: باشد که بارش چشمان بارش فضل الهی باشد. ۷ – **دمع** : اشک.
۸ – یاد کیفر آدمی را به گریه می‌آورد.

۱۵۹۰ **خـــنده‌ها درگــریه‌ها آمــدکَـتیم[۱]　　گنج در ویرانه‌ها جـو ای سـلیم[۲] !**

خنده‌های حقیقی درگریه نهان است. ای ساده‌دل، گنج را در ویرانه بجو.

۱۵۹۱ **ذوق در غم‌هاست، پِی گم کرده‌اند[۳]　　آبِ حیوان[۴] را به ظـلمت بُـرده‌انـد**

عمیق‌ترین لذّت‌ها در دلِ غم‌ها نهفته است. برای ردگم کردن، آب حیات را در ظلمت نهاده‌اند.

۱۵۹۲ **بــازگونه نــعل[۵] در رَه[۶] تـا رِبـاط[۷]　　چشـم‌ها را چـارکـن در احـتیاط[۸]**

تا رسیدن به سرمنزل مقصود، سراسر راه ردّ نعل وارونه است. دقّت کن.

۱۵۹۳ **چشـــم‌ها را چـارکـن در اعـتبار[۹]　　یارکن با چشم خود دو چشمِ یار[۱۰]**

دقیق باش و برای سلوکِ بهتر با سالکان همراه شو.

۱۵۹۴ **اَمْرُهُم شَوریٰ[۱۱] بخوان اندر صُحُف[۱۲]　　یـار را بـاش، و مگـوش از نـاز: اُف[۱۳]**

در قرآن آیهٔ «کارشان بر مشورت استوار است» را بخوان. در راه حق خود را از وجودِ همراه بی‌نیاز ندان.

۱۵۹۵ **یـــار بـــاشد راه را پُشت و پــناه　　چونکه نیکو بنگری، یار است راه[۱۴]**

در سلوک، یارِ موافق پشتیبان و واسطهٔ رسیدن به حق است.

۱۵۹۶ **چونکه در یاران رسی، خامُش نشین　　انـدر آن حـلقه مکـن خـود را نگـین**

درکنار یاران راهِ حق خاموش باش و نخواه که خود را مطرح کنی.

---

۱ - **کَتیم** : نهان.　　۲ - **سلیم** : ساده دل.

۳ - **پی گُم کرده‌اند** : خواسته‌اند که ردّگم کنند، شرایطِ زندگی زمینی اقتضا کرده است که حقایق نهان باشند و ردّ آن‌ها گم و پنهان شود.　　۴ - **آبِ حیوان** : آب حیات.

۵ - **بازگونه نعل** : نعل واژگونه: حیله‌ای برای دفع دشمن که نعل را وارونه بر پای اسب‌ها می‌کوبیدند و ردّگم می‌کردند. آنان به شمال می‌رفتند و دشمن به جنوب می‌پنداشت.　　۶ - در زندگی، در راه حق.

۷ - **رِباط** : کاروانسرا، کنایه از سرمنزل مقصود.

۸ - مصراع دوم: چهارچشمی ببین؛ چون عوامل گمراهی زیاد هستند.　　۹ - **اعتبار** : عبرت گرفتن، پند گرفتن.

۱۰ - از این بیت به بعد در لزوم همراهیِ صمیمانه و مشفقانه با یاران همدل و سالکان است.

۱۱ - اشارتی قرآنی؛ شوریٰ: ۳۸/۴۲: آنان که به دعوت پروردگارشان پاسخ می‌دهند، نماز می‌گزارند و کارشان بر مشورت استوار است و از آنچه که به ایشان روزی داده‌ایم، انفاق می‌کنند.　　۱۲ - **صُحُف** : قرآن.

۱۳ - **از ناز اُف گفتن** : خود را برتر و یا بی‌نیاز دانستن.

۱۴ - در مصراع اوّل «یار» می‌تواند هر یک از همراهان در قافلهٔ حق باشد و در مصراع دوم ناظر است به استهلاک هویّت فردیِ سالک در مُراد روحانی؛ پس «یار» هم «همراه» است و هم «مُراد».

در نمازِ جمعه بنگر خـوش بـه هـوش جمله جمع‌اند و یک اندیشه، و خَموش ۱۵۹۷

هوشیارانه به نماز جمعه بنگر که همه با اندیشه‌ای واحد و خاموش جمع شده‌اند.

رخت‌هـا را سویِ خـاموشی کشـان[1] چون نشان جویی، مکن خود را نشان[2] ۱۵۹۸

خاموشی را برگزین. اگر از یار نشان می‌خواهی، خود را انگشت‌نما نکن.

گفت پیغمبر کـه: در بـحرِ هُـموم[3] در دلالت[4]، دان تو یاران را نُجوم[5] ۱۵۹۹

پیامبر(ص) گفت: باوجودِ یاران که در گرفتاری‌ها مانند ستارگان‌اند، می‌توان در راه راست ماند.

چشـم در اسـتارگان[6] نِـهْ، ره بـجو نطقْ تشـویش ِ نـظر بـاشد،[7] مگـو ۱۶۰۰

به ستارگان نگاه کن و راه را بیاب. حرف نزن و خود را مطرح نکن تا به درک باطنی برسی.

گر دو حرفِ صدق[8] گویی ای فلان! گفتِ تـیره[9] در تَـبَع[10] گـردد روان ۱۶۰۱

ای فلان، اگر دو تا حرف حسابی بگویی، سخنِ بیهوده هم در پیِ آن می‌آید.

این نخواندی کَالْکَلامْ[11]، ای مُسْتَهام[12]! فـی شُـجُونٍ[13]، جَـرُّهُ جَـرُّ اَلْکَـلامْ؟ ۱۶۰۲

ای حیران، آیا نخوانده‌ای که سخن مانند شاخه‌های در هم تنیده است که یکی را بکشی، دیگری هم کشیده می‌شود؛ یعنی حرف حرف می‌آوَرَد؟

هین! مشو شارع[14] در آن حرفِ رَشَد کـه سخن زو مـر سخن را می‌کَشَد ۱۶۰۳

هان، حتّی آغازگر سخنان خوب هم نباش؛ زیرا کلام ادامه می‌یابد.

نیست در ضبطت[15] چو بگشادی دهان از پـیِ صـافی، شـود تـیره روان ۱۶۰۴

دهان که گشوده شد در اختیار تو نیست و در پیِ کلامِ صواب و حق، سخن بیهوده و باطل هم گفته می‌شود.

---

۱ - مصراع اوّل: کالایت را به سوی خاموشی ببر؛ اینجا یعنی قوایت را متمرکز کن و خاموش باش. «کالا»: اینجا قوا.

۲ - **خود را نشان کردن :** انگشت‌نما شدن. ۳ - **هُموم :** جمع هَمّ: غم و اندوه. ۴ - **دلالت :** راهنمایی.

۵ - **نجوم :** جمع نجم: ستاره. اشاره به روایتی با همین مضمون: یارانِ من مانند ستارگان راه را می‌نمایند، به هر یک اقتدا کنید راه را می‌یابید: احادیث، ص ۵۵۱. ۶ - **استارگان :** کنایه از سالکان.

۷ - **نطق تشویش ِ نظر باشد :** سخن‌گفتن به نوعی اظهار وجود است و مانع درک باطنی.

۸ - **حرفِ صدق :** حرف حق، حرفِ حسابی. ۹ - **گفتِ تیره :** سخن ناحق یا باطل، حرف بیهوده.

۱۰ - **در تَبَع :** در پی. ۱۱ - **کَالْکَلامْ :** که کلام، که سخن. ۱۲ - **مُسْتَهام :** سرگشته، حیران.

۱۳ - **شُجُون :** جمع شَجَن: شاخه‌های در هم تنیده. اشاره به مَثَل: اَلْحَدیثُ ذُو شُجونٍ: سخن شاخه‌هایی دارد. همچنین مَثَل: اَلْکَلامُ یَجُرُّ الْکَلامْ: سخن سخن می‌آوَرَد. ۱۴ - **شارع :** راه.

۱۵ - **نیست در ضبطت :** در سیطرهٔ تو نیست، در اختیارت نیست.

۱۶۰۵ **آنکـــه مـــعصوم رهِ وحـــیِ خـــداست[۱] چون همه صاف است[۲]، بگشاید رواست**

کسی که در حِصنِ خداست و به او وحی می‌رسد، اگر دهان بگشاید جز حق نمی‌گوید.

۱۶۰۶ **زانکـــه مـــا یَـنْطِقِ رَسُـولٌ بِـالْهَویٰ[۳] کِـی هـوا زایـد ز مـعصومِ خـدا؟**

زیرا سخن رسول خدا(ص) از روی هوا نیست. از معصوم کاری نَفْسانی سر نمی‌زند.

۱۶۰۷ **خویشتن را ساز مِنْطیقی[۴] ز حـال[۵] تا نگردی همچو من سُخرهٔ مـقال[۶]**

قاضی گفت: بنا بر حالِ درون سخن بگو، همان‌گونه که من از قیدِ ظاهر رها شده‌ام.

سؤال کردنِ آن صوفی قاضی را

در این قطعه به سبب پافشاری قاضی بر «رضای به قضا»، طرحی دیگر از صوفی و قاضی کشیده می‌شود که در آن صوفی در جایگاه مریدی مخلص از قاضی به عنوان مُرشدی کامل جویایِ پاسخ به مسائلی است پیرامون «قضای الهی» و «آثار و جلوه‌های» آن. دیگر آن که اگر مقدّرات در ازل رقم خورده‌اند، چرا این همه در تخالف و تضادند؟ چگونه کثرت از وحدت برخاسته است؟ چگونه وجودی یگانه و منزّه از تعیّن منشأ این همه تعیّن و تکثّر است؟

۱۶۰۸ **گفت صوفی: چون ز یک کان[۷] است زر[۸] ایـن چـرا نـفع است و آن دیگـر ضـرر؟**

صوفی گفت: قضایی که از حق می‌رسد، چرا گاه نیک و گاه بد است؟

۱۶۰۹ **چونکه جمله از یکی دست آمده است این چرا هشیار[۹] و آن مست آمده است؟**

چون خالقِ خلق یکی است، چرا یکی هوشیار است و دیگری مست؟

---

۱ - **معصوم رهِ وحیِ خداست :** کسی که در حصن خداست و وحی الهی را دریافت می‌دارد، مراد پیامبر(ص)

۲ - **صاف است :** آلایشی ندارد.

۳ - اشارتی قرآنی؛ نجم: ۵۳/۴-۳: وَ مَا یَنْطِقُ عَنِ الْهَویٰ إِنْ هُوَ إِلاَّ وَحْیٌ یُوحیٰ: او از هوای نَفْس سخن نمی‌گوید و سخن او جز وحیِ الهی نیست.

۴ - **مِنْطیق :** بسیار نطق کننده، بسیار سخن گوینده، سخن‌ور. «مِنطیقی ز حال»: سخنی که از حالِ درون است و رها از «قال» یا صُوَر ظاهری.

۵ - بازگشت به حکایت و کلامِ قاضی است که بنا بر سبک قصّه‌گویی در مثنوی چون مُرشد کامل و در مقام ارشاد سخن می‌گوید.

۶ - تا نگردی مانند من اسیر گفتار، یعنی همان گونه که من شده‌ام، اینجا کلامِ خود مولاناست از زبان قاضی.

۷ - **کان :** معدن، اینجا قضای الهی یا تقدیر حق.

۸ - اشاره به قاعده‌ای عقلی و فلسفی: اَلْواحِدُ لاٰ یَصْدُرُ عَنْهُ إِلاَّ الْواحِد: از واحد جز واحد صادر نمی‌شود.

۹ - **هوشیار :** صحو: تعبیری عرفانی از وضعِ سالک که بر چگونگی افکار و احوال خود وقوف دارد. در تقابل با «محو» و یا «سُکر» که سالک مستغرق است و از احوالِ خود بی‌خبر.

**چون ز یک دریاست این جُوها[1] روان	این چرا نوش است و آن زهرِ دهان؟** ۱۶۱۰

چون جُویها همه از یک دریا سرچشمه می‌یابند، چرا یکی شیرین و دیگری تلخ است؟

**چون همه انوار از شمسِ بقا[2]ست	صبحِ صادق، صبحِ کاذب[3] از چه خاست؟** ۱۶۱۱

چون همهٔ نورها از نورِ ذاتِ حق ناشی شده‌اند، چرا برخی صادق و بعضی کاذب‌اند؟

**چون ز یک سُرمَه است ناظر[4] را کَحَل[5]	از چه آمد راستْ‌بینی[6] و حَوَل[7]؟** ۱۶۱۲

چون توانایی دیدنِ انسان‌ها از یک منبع واحد است، چرا عدّه‌ای حقایق را می‌بینند و برخی نه؟

**چونکه دارُالضّرب[8] را سلطان خداست	نقد[9] را چون ضربِ خوب و نارواست؟** ۱۶۱۳

چون فرمانروای آفرینش واحد است، چرا این همه جلوه‌های خوب و بد می‌بینیم؟

**چون خدا فرمود رَهْ را راهِ من[10]	این خَفیر[11] از چیست و آن یک راهْزن[12]؟** ۱۶۱۴

چون خداوند راه را «راهِ من» خوانده است، چرا یکی آن را حفظ می‌کند و دیگری نابود؟

**از یک اِشکم چون رسد حُرّ و سَفیه[13]	چون یقین شد اَلْوَلَدْ سِرُّ اَبیه؟[14]** ۱۶۱۵

از آنجا که به یقین «فرزند بیانگر اوصافِ پدر خویش است» چگونه خردمند و بی‌خرد از یک شکم زاده می‌شوند؟

---

۱ – **این جُوها :** کنایه از جریان هستی هم هست. هستی که منشأ واحدی دارد، چرا آثار متضاد و متخالفی را در آن می‌بینیم؟ ۲ – **شمسِ بقا :** نور ذاتِ حق.

۳ – **صبح صادق و کاذب :** کنایه از صادق و کاذب بودن نورهاست؛ یعنی چرا بعضی از نورها «نور» است و بعضی «نار». ۴ – چون بینندگان همه از یک سرمه‌دان سرمه کشیده‌اند. «ناظر»: بیننده: مخلوق یا انسان‌ها.

۵ – **کَحَل :** سرمه کشیدن که آن را سبب تقویتِ قوای بینایی می‌دانستند.

۶ – **راستْ‌بینی :** اینکه بتوانند حقایق را در پس صُوَرِ ظاهریِ تعیّنات ببینند.

۷ – **حَوَل :** دوبینی، نقصی که چشم نتواند هر چیز را به درستی ببیند، اینجا چشمِ ظاهربین.

۸ – **دارالضّرب :** ضرّابخانه، محلّ ساختن سکّه، کنایه از قدرت و قضای حق.

۹ – **نقد :** اینجا کنایه از آفرینش و آثار و جلوه‌های متعددِ آن است.

۱۰ – اشارتی قرآنی؛ انعام: ۱۵۳/۶: وَ انَّ هٰذا صِراطی مُسْتَقیماً...: این است راه راست من.

۱۱ – **خَفیر :** نگهبان، حافظ، اینجا کنایه از مؤمنان و عارفان. ۱۲ – **راه‌زن :** اینجا کنایه از حق‌ستیزان.

۱۳ – **حُرّ و سفیه :** آزاده و ابله. مراد بیانِ تضاد است: عاقل و بی‌عقل، عارف و عامی.

۱۴ – اشاره به خبر با همان مضمون که برخی آن را اصل نمی‌دانند: احادیث، ص ۴۰۶. همچنین در تعمیم آن: اشاره به حدیث قدسی: اَلانسانُ سِرّی وَ اَنَا سِرُّهُ: سِرّ الهی در انسان کامل واصل که وجه خلقی و ربّی دارد و محلّ تجلّی ذات و صفات است: احادیث مثنوی، ص ۶۲، که تفسیر عارفانهٔ همان خبر است.

وحدتی که دید با چندین هزار صدهزاران جُنبش از عینِ قرار؟ ۱۶۱۶

چه کسی تاکنون وحدتی با این همه کثرت دیده است؟ یا این همه حرکت از عین سکون؟

جواب گفتنِ آن قاضی صوفی را

در این قطعه قاضی که اینک در مقام مُرشد کامل سخن می‌گوید، به صوفی در جایگاه مُرید مخلص، توضیح می‌دهد: آنچه که به عنوان تخالف و تضاد در پدیده‌های مختلف هستی نمود می‌یابد، صورتِ ظاهریِ تعیّنات است که همانند «کف»ها بر روی امواجِ «دریایِ هستی» در حرکت‌اند و خودِ این دریا یا هستیِ مطلق «بی چون» است؛ یعنی «کمّیّت یا کیفیّت» پذیر نیست و چون از اوصاف مادّی و این جهانی منزّه است، نمی‌توان آن را وصف کرد و «بد یا خوب» و یا در «تخالف و تضاد» دانست.

گفت قاضی: صوفیا! خیره[1] مشو یک مثالی در بیانِ این شنو ۱۶۱۷

قاضی گفت: ای صوفی، سرگشته نباش و در توضیح آن مثالی را بشنو.

همچنانکه بی قراری عاشقان حاصل آمد از قرارِ دِلْستان[2] ۱۶۱۸

همان‌طور که بی‌قراریِ عاشقان ناشی از قرار و وقار معشوق است.

او چو کُهْ در ناز[3] ثابت آمده عاشقان چون برگ‌ها لرزان شده ۱۶۱۹

معشوق در «ناز» چون کوه استوار است و عاشقان در «نیاز» مانند برگ‌ها بر خود می‌لرزند.

خندهٔ او[4] گریه‌ها انگیخته آبِ رویش[5] آبِ روها ریخته[6] ۱۶۲۰

خندهٔ او سبب گریه‌ها و جمالش سبب بی‌پروایی‌هاست.

این همه چون و چگونه[7]، چون زَبَد[8] بر سرِ دریایِ بی چون[9] می‌طپد[10] ۱۶۲۱

این همه مظاهرِ متعددِ هستی، مانندِ کف در سطحِ «دریایِ بی چون» در جُنبش‌اند.

---

۱ - **خیره:** سرگشته، حیران. ۲ - **قرارِ دلستان:** طمأنینهٔ معشوق، وقار و سکون معشوق.

۳ - **ناز:** جلوهٔ معشوقی خالق در صُوَر امکانی که در آن‌ها متجلّی شده است.

۴ - **خندهٔ او:** تجلّیات حق که سبب جذبِ بندگان و عشقِ آنان به خداست.

۵ - **آبِ رویش:** آب و رنگ، مراد تجلّیات جمالی است.

۶ - **آبِ روها ریخته:** بندگان عاشق می‌شوند و در راه حق بی‌پروا.

۷ - **چون و چگونه:** مراد مظاهر متعدد هستی است. ۸ - **زَبَد:** کفِ رویِ آب.

۹ - **دریای بی‌چون:** دریای وحدانیّت، هستیِ حقیقی. ۱۰ - **می‌طپد:** حرکت می‌کند، در جنبش است.

۱۶۲۲   ضِدّ¹ و نِدّش² نیست در ذات و عمل   زآن بپوشیدند هستی‌ها حُلَل³

چون «حقیقتِ هستی» در ذات و فعل «ضِدّ و نِدّ» ندارد، مظاهرِ متعددِ توانسته‌اند «هستيِ امکانی» بیابند.⁴

۱۶۲۳   ضِدّ، ضِدّ را، بُود و هستی کی دهد؟   بل کز او بگریزد و بیرون جهد

ضِدّ، ضِدِّ خود را خلق نمی‌کند و بنا بر قاعدهٔ عقلی دور می‌شود.

۱۶۲۴   نِدّ چه بُوَد؟ مثل، مثلِ نیک و بد   مثل، مثلِ خویشتن را کی کند؟

لفظ «نِدّ»، معنی شبیه یا مانند را دارد، مانند موجودِ نیک یا بد. مثل نمی‌تواند مثل خود را بیافریند.

۱۶۲۵   چونکه دو مِثل آمدند، ای متّقی   این چه اولی‌تر از آن در خالقی؟

ای پرهیزکار، اگر دو چیز مثل هم باشند، چگونه یکی در آفرینش شایسته‌تر باشد؟

۱۶۲۶   بر شمارِ برگِ بُستان نِدّ و ضِدّ   چون کفی بر بحرِ بی ضدّ است و نِدّ

در دنیا، اضداد و امثال به شمار برگ درختان، مانند کفی روی دریایِ بی مثل و مانندند.

۱۶۲۷   بی چگونه بین تو بُرد و ماتِ بحر⁵   چون چگونه گُنجد اندر ذاتِ بحر؟

به افعال متضادّ الهی که جلوهٔ صفات جمالی و جلالی‌اند، بنگر که غیر قابل وصف‌اند.

۱۶۲۸   کمترین لُعبتِ او جانِ توست⁶   این چگونه و چونِ جان کی شد دُرُست؟

کوچک‌ترین پدیده‌ای که در کارگاهِ هستی خلق شده است، «روح» توست که سرّی نهانی است و نمی‌دانی چگونه درست شده است؟!

۱۶۲۹   پس چنان بحری که در هر قَطرِ⁷ آن   از بدن ناشی‌تر آمد عقل و جان⁸

قاضی در ادامهٔ سخنانش به صوفی گفت: پس هنگامی که در ادراکِ هر جزو از دریای بیکران حقیقت، مجرّدات [عقل و جان] مانند مادّه ناتوان‌اند،

۱- ضِدّ: مخالف.   ۲- نِدّ: شبیه و مانند.   ۳- حُلَل: لباس‌ها.

۴- مراد آنکه: هستیِ خالق نه مانند هستی‌های امکانی است و نه ضدّ آن؛ زیرا هیچ وجودی ضدّ خود را نمی‌آفریند، بنا بر قاعدهٔ عقلی «الضّدانُ لا یَجتَمِعان» و اینکه دقیقاً مانند خود را بیافریند، نیز امری محال است؛ پس خالق نه ضد مخلوق است و نه مانند آن: با استفاده از شرح مثنوی مولوی، ج ۶، ص ۲۰۹۶.

۵- بُرد و ماتِ بحر: مُراد تجلّی صفات جمالی و جلالی و تحقّق افعال متضاد است و به‌طور کلّی چگونگی فعل حق که چگونه‌پذیر نیست.

۶- اشاره به مضمون آیه: قرآن: اسراء: ۸۵/۱۷ وَ یَسْئَلُونَکَ عَنِ الرُّوحِ، قُلِ الرُّوحُ مِنْ أَمْرِ رَبِّی وَ مَا أُوتِیتُم مِّنَ الْعِلْمِ إِلاَّ قَلِیلاً.   ۷- قَطر: قطره.   ۸- مراد آنکه: در این حیطه، مجرّدات هم ناتوان‌اند، چه برسد به مادّه.

کی بگنجد در مضیقِ[۱] چند و چُون[۲]   عقلِ کُـلّ آنـجاست از لا یَـعْلَمُون[۳] ۱۶۳۰

چگونه عقلِ کوچکِ ما بتواند حیطه‌ای را که عقل کُلّ از درک آن عاجز است، دریابد؟

عقل گوید مر جسد را، کِای جـماد!   بوی بُردی هیچ از آن بحرِ معاد[۴] ؟ ۱۶۳۱

عقل از جسم می‌پرسد: ای بی‌جان، هیچ درکی از دریایی که محلّ بازگشت توست، داری؟

جسم گوید: مـن یـقین سـایهٔ تـواَم   یاری از سایه که جوید جانِ عَم[۵] ؟ ۱۶۳۲

جسم می‌گوید: اصل تویی و من سایهٔ تواَم. ای عزیز، چه کسی از سایه امید یاری دارد؟

عقل گوید:کین[۶] نه آن حیرت‌سرا[۷]ست   کـه سـزا[۸] گسـتاخ‌تر از نـاسزاست ۱۶۳۳

عقل می‌گوید: آیا «حقیقت»، همان «عالم تحیّر» نـیست کـه در آن مـعیارهای ایـن جـهانی واژگون است و آن کس را که خوب و «دانا» پنداشته‌ایم، بد و «نادان» محسوب می‌گردد؟!

انـدر ایـنجا[۹] آفـتابِ انـوری[۱۰]   خدمتِ ذرّه[۱۱] کند، چون چاکری[۱۲] ۱۶۳۴

در مرتبهٔ ادراک حقایق، عارفی منوّر بنده‌وار به خلق خدمت می‌کند.

شیر[۱۳] این سو پیشِ آهو[۱۴] سر نهد   باز[۱۵] اینجا نزدِ تیهو[۱۶] پـر نـهد[۱۷] ۱۶۳۵

اینجا «مرد حق» و «عارف» در برابرِ ضعیف‌ترینِ انسان‌ها و پدیده‌ها افتاده و متواضع‌اند.

ایـن تـو را بـاور نـیاید؟ مـصطفی   چون ز مسکینان همی جوید دعـا؟ ۱۶۳۶

اگر این را باور نمی‌کنی، بگو چرا پیامبر(ص) از درماندگان طلب دعا می‌کرد؟

---

۱ - **مضیق :** تنگنا.   ۲ - مصراع اوّل: عقلِ کوچکِ انسان از درک حقیقتِ هستی عاجز است.

۳ - **لا یَعلمون :** نادان.   ۴ - **بحر معاد :** عالم معنا.   ۵ - **جان عم :** عموجان، ای عزیز، عزیزم.

۶ - **کین :** که این: مراد مرتبهٔ حقایق یا حقیقتِ هستی است که عقل آن را «حیرت‌سرا» می‌نامد.

۷ - **حیرت‌سرا :** کنایه از عالم حقایق که با معیارهای این جهانی نمی‌خواند.

۸ - **سزا :** لایق، شایسته، اینجا دانا یا عالم که به علمِ کسبی خود می‌بالد و خود را کسی می‌انگارد و به چشم حقارت به درویش و صاحب دل می‌نگرد.   ۹ - **اینجا :** مراد مرتبهٔ ادراک حقیقت است.

۱۰ - **آفتاب انور :** کنایه از عارفِ کامل، انسان بسیار منوّر.   ۱۱ - **ذرّه :** اینجا کنایه از عام خلق.

۱۲ - **چون چاکری :** چون غلام، بنده‌وار.   ۱۳ - **شیر :** کنایه از شیر حق.

۱۴ - **آهو :** اینجا کنایه از عامِ خلق.   ۱۵ - **باز :** کنایه از عارف.

۱۶ - **تیهو :** پرنده‌ای شبیه کبک و کوچک‌تر، کنایه از عام خلق و وجه این جهانی‌شان به اعتبار حضور حقیقت در وجودشان؛ حتّی اگر به ظهور نرسیده باشد.   ۱۷ - **پَر نَهَد :** پَر بریزد، ابراز خُردی و تواضع کند.

گر بگویی: از پیِ تعلیم بود عینِ تجهیل[1] از چه رُو تفهیم بود؟[2] ۱۶۳۷

اگر بگویی: برای تعلیمِ امّت بود، چگونه گمراه کردنِ خلق می‌تواند تعلیم باشد؟[3]

بلکه می‌دانـد کـه گَنجِ شاهوار[4] در خرابی‌ها[5] نـهد آن شهریار ۱۶۳۸

چون او می‌دانست که پروردگار گنجِ حقایق را در دلِ فقرا و درویشان نهاده است.

بَدگُمانی نعلِ معکوسِ وی است گرچه هر جزوی‌ش جاسوسِ وی است[6] ۱۶۳۹

هرچند که دلِ انسانِ منوّر آینهٔ حق شده است و رازها را می‌داند؛ امّا بدگُمانی در حقّ او مانند نعل وارونه آدمی را به بُعد مبتلا می‌کند.

بل حقیقت[7]، در حقیقت[8] غرقه شد[9] زین سبب هفتاد، بل صد، فرقه شد[10] ۱۶۴۰

زیرا انسانی که فانی شده و بقا یافته، حقیقتی است که در بحر حقایق نهان شده و عدمِ درک آن سبب پراکندگیِ امّت و تفرقهٔ اندیشهٔ خلق گشته است.

با تو قُلْماشیت[11] خواهم گفت، هان! صوفیا! خوش پهن بگشا گوشِ جان[12] ۱۶۴۱

قاضی گفت: ای صوفی، گوش جانت را بگشا که سؤالات مبتدیانه‌ات را پاسخ می‌دهیم.

مر تو را هر زخم کآید ز آسمان[13] منتظر می‌باش خِلعت بعدِ آن ۱۶۴۲

بعد از هر بلا یا ابتلایی که به تو رسید منتظر وفا و صفای بعدش باش.

آن قفا[14] دیدی، صفا را هم ببین گِرد ران با گردن[15] آمد، ای امین[16]! ۱۶۴۳

ای امین، بعد از قفا صفاست. همواره قهر و لطف توأم است.

---

۱ - **تجهیل** : گمراه کردن، امری را خلاف واقع نشان دادن.

۲ - اشاره به خبری با این مضمون: پیامبر(ص) به کمک مسلمانان پابرهنه و فقیر و دعای خیرشان که کلید گشایش بود به پیروزی رسید: احادیث، ص ۵۵۱. ۳ - مراد آنکه: آن حضرت(ص) هیچ کس را حقیر و خُرد نمی‌شمرد.

۴ - **گنج شاهوار** : گنج حقایق. ۵ - **خرابی‌ها** : کنایه از وجودِ عاری از خودِ فقرای اهل دل است.

۶ - مصراع دوم: هر جزوش از رازِ وجودیِ وی خبر می‌دهد.

۷ - **حقیقت** : اینجا حقیقتِ متجلّی در انسان کامل واصل است. ۸ - **حقیقت** : مراد بحر حقایق است.

۹ - **غرقه شد** : نهان شد. ۱۰ - به این مناسبت پراکندگی و تفرقه به وجود آمد.

۱۱ - **قُلْماشیت یا قُلْماشی** : سخنان نامعقول و بیهوده، اینجا سخنان ساده‌ای که مبتدیان سلوک نمی‌دانند و می‌پرسند. واژه ترکی است.

۱۲ - **گوش جان را پهن گشودن** : دقیق و با گوشِ جان شنیدن؛ زیرا درکِ این سخنان با توجّه عمیق باطنی ممکن است. ۱۳ - مراد آنکه: همه چیز از حق می‌رسد.

۱۴ - **قفا** : بازگشت به قصّه و پس‌گردنیِ مرد رنجور به صوفی.

۱۵ - **گِردِ ران با گردن** : گوشت خالص با قسمت‌هایِ کم‌گوشت‌تر یعنی خوبی و بدی یا قهر و لطف با یک‌دیگر است.

۱۶ - **امین** : درستکار.

کو نه آن شاه است کِتْ[1] سیلی[2] زند پس نبخشد تاج و تختِ مُستَنَد[3] ۱۶۴۴

زیرا او شاهی نیست که تو را به بلایا و سختی مبتلا کند و پس از آن جانت را ارتقا ندهد.

جمله دنیا را پرِ پشّه بها[4] سیلی‌یی را رشوتِ[5] بی منتها ۱۶۴۵

دنیا نزد حق شأن بال پشّه را هم ندارد؛ پس بدان که در عوض صبرِ بر سختی‌ها بخشش بی‌پایان می‌دهد.

گردنت زین طوقِ زرّینِ جهان[6] چُست[7] در دُزد[8] و ز حق سیلی ستان ۱۶۴۶

به چابکی خود را از اسارتِ جاذبه‌های دنیوی بِرَهان و به انواع امتحاناتِ الهی و سختی‌ها راضی و شاکر باش.

آن قفاها کَانبیا برداشتند زآن بلا سرهایِ خود افراشتند ۱۶۴۷

پیامبران ناملایمات را پذیرفتند تا سرافراز شدند.

لیک حاضر باش در خود،[9] ای فتیٰ[10]! تا به خانه[11] او بیابد مر تو را[12] ۱۶۴۸

امّا ای جوان، همواره حضور قلب داشته باش؛ زیرا دل نظرگاه حق است.

ور نه خلعت را بَرَد او باز پس که: نیابیدم به خانه هیچ کس ۱۶۴۹

وگرنه عطایِ حق باز می‌گردد که در خانه کسی نبود.

باز سؤال کردنِ صوفی از آن قاضی

گفت صوفی که: چه بودی کین جهان ابروی رحمت گشادی جاودان؟[13] ۱۶۵۰

صوفی گفت: چه می‌شد اگر آنچه که رخ می‌داد همواره لطف و رحمت بود؟

---

۱ - **کِتْ**: که تو را. ۲ - **سیلی**: کنایه از حوادث سخت و دشوارِ زندگی است.

۳ - بعد از آن تاج و تخت استواری به تو نبخشد؛ یعنی جانت را متعالی نکند. «مستَنَد»: محلّ اتّکا، جایی که به آن تکیه کنند. ۴ - اشاره به حدیث: نزد اهل ایمان دنیا به قدر پشّه نمی‌ارزد. ۵ - **رشوت**: رشوه.

۶ - مصراع اوّل: مراد اسارت عالم مادّه است با قلادهٔ طلایی که همان جاذبه‌هاست.

۷ - **چُست**: چابک و چالاک. ۸ - **در دُزد**: بدزد، اینجا آزاد کن.

۹ - همواره به دلِ خود که نظرگاه حق است، توجّه کن. ۱۰ - **فَتیٰ**: جوان. ۱۱ - **خانه**: کنایه از دل.

۱۲ - اگر حق توجّه کرد تو حضور قلب داشته باشی که عنایت شاملِ حالت شود.

۱۳ - مصراع دوم: این جهان ابروی رحمت را می‌گشاد؛ یعنی اخم نمی‌کرد. بلا و مصیبتی نبود. خوب و بد با هم نمی‌آمیخت و فقط خوبی بود.

هر دمی شوری نیاوردی[1] به پیش بر نیاوردی ز تلوین‌هاش[2] نیش[3] ۱۶۵۱

هر لحظه آشوبی به پا نمی‌شد و با دگرگونی‌ها آدمی را نمی‌آزرد.

شب نـدزدیدی چـراغ روز را[4] دِی نـبردی بـاغِ عـیشْ‌آموز را ۱۶۵۲

ظلمتِ جهل جایِ نور علم را نمی‌گرفت و هرگز بی مهری به جای مهر و صفا نبود.

جامِ صحّت[5] را نبودی سنگِ تب ایـمنی را خـوف نـاوردی کُـرَب[6] ۱۶۵۳

تندرستی را تب و رنج به زوال نمی‌آورد و امنیّت با ترس و اندوه متزلزل نمی‌شد.

خود چه کَم گشتی ز جُود و رحمتش گـر نـبودی خَـرْخَشه[7] در نـعمتش؟ ۱۶۵۴

از احسان او چه چیزی کم می‌شد اگر در آفرینش تضاد و تخالفی نبود؟

جوابِ قاضی سؤالِ صوفی را و قصّهٔ تُرک و دَرزی[8] را مَثَل آوردن[9]

مردی تُرک که مدّعیِ ذکاوت بسیار بود و از مکرِ «دَرزیان» افسانه‌ها شنیده بود که چگونه با مهارت و بی‌آنکه مشتری ببیند، قطعه‌ای از پارچهٔ گرانبها را می‌بُرَند و نهان می‌دارند، آن همه را از ساده‌لوحی خلق می‌دانست و با حریفان شرط بست که ماهرترینِ آنان نیز نمی‌تواند از من چیزی بِبَرَد؛ پس اطلسی گرانبها را نزد خیّاطی «پورِ شُش»[10] نام که اندر این چُستی و دزدی خلق کُش بود، بُرد. خیّاط ضمن مِقراض[11] زدن، افسانه‌ای برای تُرکِ مدّعی گفت و او را به

---

۱ - **شور آوردن یا شور افکندن :** آشوفتن، فتنه برپا کردن.

۲ - **تلوین :** رنگ به رنگ شدن، تغییر و تحوّل، اینجا حوادثی که رخ می‌دهد و آدمی را آزرده و گاه از راه حق دور می‌کند. ۳ - **برنیاوردی نیش :** نیش نمی‌زد، نمی‌آزرد.

۴ - شب چراغ روز را نمی‌دزدید؛ یعنی آمد و رفت شب و روز که همان «تلوین» و تغییر است، نبود. بیت را نمادین شرح کرده‌ایم: شب و روز: نمادی از جهل و علم‌اند و «دی» و «باغِ عیش‌آموز» نمادی از «قهر و مهر»اند یا «جفا و صفا». ۵ - **جامِ صحّت :** سلامتی به جام مانند شده است. ۶ - **کُرَب :** جمع کُرْبَة: اندوه.

۷ - **خَرْخَشه :** نزاع و پریشانی، مراد تخالف و تضاد و تنازعی است که در عالمِ کثرت هست.

۸ - **دَرزی :** خیّاط.

۹ - قصّهٔ این درزی و مرد تُرک نظیری در کتاب الاذکیاء ابن الجوزی، ص ۹۱ و حیات الحیوان دمیری هم دارد. عبید زاکانی نیز آن را آورده است: احادیث، ص ۵۵۳.

۱۰ - **پورِ شُش :** اسمِ خاصّ است. معنیِ لغوی آن را دارایِ نَفَس و کلامِ مؤثّر دانسته‌اند.

۱۱ - **مِقراض :** قیچی.

خنده آورد و به سهولت پاره‌ای از اطلس را نهان کرد. تُرک برای بار دوم و سوم باز هم تقاضای لطیفه‌ای دیگر کرد و هر بار قطعه‌ای از اطلس را از دست داد. چهارمین بار که خواستار لطیفه شد، خیّاط که می‌دانست با مضحکه‌ای دیگر قبای او به کلّی کوتاه و تنگ می‌شود، از نقل لطیفه‌ای دیگر خودداری کرد و گفت: خنده را رها کن که اگر رمزی را می‌دانستی، **«تو به جای خنده خون بگریستی»**.

در این تمثیل، «تُرکِ مدّعی»، نمادی است از بیان حال آدمی که با برخورداری از نقص و عقلی جزوی مدّعیِ دانش و بصیرت است و در عین حال به مَضحکه که نمادی از شهوات و نفسانیات است، دل می‌بندد. «دنیای حسّ» به آن «دَرزی» می‌مانَد که با افسون خویش همه را غافل می‌کند، و لحظه به لحظه با «مقراضِ گذرِ ایّام» از اطلس گرانبهایِ «عمرِ آدمی» می‌دزدد و در عین حال با خمیده گشتن پشت و پیدا شدن چروک بر چهره به زبانِ حال می‌گوید: قبا سخت تنگ و کوتاه گشته است.

گفت قاضی: بس تُهی‌رو[1] صوفیی　　خالی از فطنت[2]، چو کافِ کوفیی[3] ۱۶۵۵

قاضی گفت: سلوکِ تو هیچ حاصلی نداشته است و از زیرکی و ذکاوت بی بهره هستی.

تو بِنَشنیدی که آن پُر قنْدْلب[4]　　غَدرِ[5] خیّاطان همی گفتی به شب؟ ۱۶۵۶

مگر نشنیدی که آن قصّه‌گویِ خوش سخن، شب از نیرنگ خیّاط چه گفت؟

خلق را در دزدیِ آن طایفه　　می‌نمود افسانه‌هایِ سالِفه[6] ۱۶۵۷

او افسانه‌هایِ پیشین را دربارهٔ دزدی خیّاط‌ها بازگو می‌کرد.

قصّهٔ پاره رُبایی در بُرین[7]　　می حکایت کرد او با آن و این ۱۶۵۸

برای این و آن شرح می‌داد که خیّاط‌ها چگونه در حین بریدن پارچه، قطعه‌هایی را می‌ربودند.

در سَمَر[8] می‌خواند دُزدی‌نامه‌یی　　گِردِ او جمع آمده هنگامه‌یی ۱۶۵۹

برای سرگرمی کتابِ افسانهٔ دزدان را می‌خواند و انبوهی در اطرافش گِرد آمده بودند.

مستمع چون یافت جاذب زآن وُفود[9]　　جمله اجزااَش حکایت گشته بود ۱۶۶۰

چون همه شیفتهٔ سخنش شده بودند، با تمام وجود قصّه می‌گفت.

---

۱ - **تهی‌رو :** راهِ بیهوده رفتن، اینجا اشاره به سلوک صوفی است که از نظر قاضی سطحی و بدون ادراک باطنی بوده است.　۲ - **فطنت :** زیرکی، تیزخاطری.

۳ - **کافِ کوفی :** در الفبای متداول عربی حرف کاف را با همزه‌ای در دلِ آن می‌نویسند به استثنای خطّ کوفی که در آن کاف بدون همزه است.　۴ - **پر قنْدْلب :** خوش سخن.　۵ - **غَدر :** مکر، نیرنگ.

۶ - **سالفه :** پیشین، گذشته.　۷ - **بُرین :** بریدن پارچه: ف، معین.　۸ - **سَمَر :** افسانه.

۹ - **وفود :** جمعِ وَفْد: جمع وافِد: پیام‌آوری، اینجا پیامی که از قصّه‌ها می‌گفت.

قالَ ٱلنَّبیُّ عَلَیه السَّلام :
«اِنَّ اللهَ تَـعالیٰ یُلَقِّـنُ ٱلحِکْمَـةَ عَلیٰ لِسٰـانِ ٱلـوٰاعِـظینَ، بِقَـدْرِ هِمَـمِ ٱلمُسْـتَمِعیـنَ»[1]

جذبِ سمع[2] است، ارکسی راخوش‌لبی[3]ست　　گـرمی و جِـدِّ مـعلّم از صَـبی‌ست ۱۶۶۱

هر جا شیرین سخنی هست از کِشش باطنیِ شنونده است. جدیّت معلّم هم از علاقهٔ کودک است.

چنگیی را کو نوازَد بیست و چـار[4]　　چون نیابد گوش، گردد چـنگ بـار ۱۶۶۲

اگر برایِ چنگ نوازِ ماهر شنونده‌ای نباشد، چنگ را بی حاصل یا مزاحم می‌یابَد.

نـه حَـراره[5] یـادش آیـد، نـه غـزل　　نـه ده انگشـتش بـجنبد در عـمل ۱۶۶۳

نه ترانه را به یاد می‌آورد و نه غزل را و نه انگشتانش برای نواختن به حرکت در می‌آیند.

گر نـبودی گـوش‌هایِ غـیبْ گـیر[6]　　وحی ناوَردی ز گردون یک بشـیر[7] ۱۶۶۴

اگر گوش‌هایی که بتوانند اخبار غیبی را دریابند، نبود، هیچ پیامبری وحی نمی‌آورد.

ور نـبودی دیـده‌هایِ صُـنعْ بـین[8]　　نَه فلک گشتی، نه خـندیدی زمـین ۱۶۶۵

اگر چشم‌هایی که بتوانند صُنع الهی را ببینند، نبود، نه فلک می‌گشت و نه زمین سبز می‌شد.

آن دَمِ لَـولاکْ[9] ایـن بـاشد کـه کـار　　از بـرای چشـمِ تـیز است و نَـظار ۱۶۶۶

خداوند فرمود: «اگر تو نبودی»، چون آفرینش برایِ چشمِ تیزبین و بیناست.

---

۱ - پیامبر(ص) گفت: خداوند حکمت یا معرفت را به اندازهٔ همّت و قابلیّتِ جذبِ شنوندگان بر زبان واعظان جاری می‌کند.　۲ - **جذبِ سمع :** حُسنِ استماع، کشش باطنی شنونده.　۳ - **خوش‌لب :** خوش‌سخن.

۴ - **نوازد بیست و چار :** در بیست و چهار دستگاه موسیقی می‌نوازد؛ یعنی بسیار ماهر است.

۵ - **حَراره :** ترانه، سرود، تصنیف.

۶ - **گوش‌های غیب گیر :** گوش‌هایی که قابلیّت درک معرفت را داشته باشد.

۷ - **بشیر :** بشارت دهنده، مراد پیامبر است.

۸ - **دیده‌های صُنع بین :** دیده‌های حقیقت‌بین، دیدگان عارفان و سالکان متعالی.

۹ - اشاره به حدیث قدسی که در آن پروردگار به پیامبر(ص) فرموده است: اگر برای تو نبود، عالم را نمی‌آفریدم: احادیث، ص ۴۸۴.

عامه را از عشقِ همخوابه و طَبَق[۱] کِی بُوَد پروایِ[۲] عشقِ صُنعِ حق؟ ۱۶۶۷

عوام چنان در میل به زن و خوردن غوطه‌ورند که نگاهی دقیق و تیزبین به هستی ندارند.

آبِ تُتماجی[۳] نریزی در تغار[۴] تا سگی[۵] چندی نباشد طُعمه‌خوار ۱۶۶۸

این تمتّعاتِ حقیر برای گروهِ پستی است که به همان بسنده می‌کنند.

رو، سگِ کهفِ خداوندیش[۶] باش تا رهانَد زین تغارت اِصطفاش[۷] ۱۶۶۹

حتّی اگر دلبستهٔ این تمتّعات هستی، باز هم به سوی حق برو تا از آن نجات یابی.

چونکه دزدی‌هایِ بی رحمانه گفت[۸] که کُنند آن دَرزیان اندر نهفت ۱۶۷۰

چون قصّه‌گو از دزدیِ بی‌رحمانهٔ خیّاط‌ها گفت که چگونه نهانی پارچه‌ها را می‌ربایند،

اندر آن هنگامه، تُرکی از خِطا[۹] سخت طَیره[۱۰] شد زکشفِ آن غِطا[۱۱] ۱۶۷۱

در آن میان ترکی از ختا که این سخن را شنید، به شدّت خشمگین شد.

شب چو روزِ رستخیز آن رازها کشف می‌کرد از پیِ اهلِ نُهیٰ[۱۲] ۱۶۷۲

قصّه‌گو آن شب رازها را چون روز قیامت برای خردمندان آشکار می‌کرد.

هر کجا آیی تو در جنگی فراز بینی آنجا دو عدُو در کشفِ راز ۱۶۷۳

هر جا که بروی و ببینی که دو نفر دارند خطای یک‌دیگر را بر ملا می‌کنند،

آن زمان را محشرِ مذکور[۱۳] دان وآن گلویِ رازگو را صُور[۱۴] دان ۱۶۷۴

بدان که همان دم رستاخیز است و آن حنجره‌هایِ رازگو، صور اسرافیل‌اند.

---

۱ - **طَبَق :** طَبَق غذا، خوانچه، سینی، اینجا کنایه از تمام لذّت‌ها و مشتهیّات نَفْسانی است.

۲ - **پرواکردن :** توجّه کردن، اعتنا کردن.

۳ - **تُتماج :** آشِ خمیر با دوغ یا کشک، آش گندم، ترکی است، مراد جاذبه‌ها و جلوه‌های زندگی است.

۴ - **تغار :** کاسه یا تشت گِلی یا سفالی که در آن غذا می‌ریزند و یا خوراک اسب و یا دیگر چهارپایان را.

۵ - **سگ :** کنایه از آدم‌های پست و فرومایه.

۶ - **سگِ کهفِ خداوندیش :** سگِ کهفِ الوهیّت. مراد آنکه: اگر سگ هستی، سگِ او، باش.

۷ - **اِصطفا :** گزینش. ۸ - بازگشت به قصّهٔ «تُرک و دَرزی». ۹ - **خِطا :** خِتا یا خَتا: ناحیه‌ای در چین.

۱۰ - **طیره شدن :** خشمگین شدن.

۱۱ - **غِطا :** غِطاء: پرده. «کشف غطا»: کنار رفتن پرده یا پوششِ اینکه خیّاط‌ها دزدی هم ممکن است بکنند.

۱۲ - **اهلِ نُهیٰ :** خردمندان. نُهیٰ: جمع نُهْیَة: عقل.

۱۳ - **محشر مذکور :** رستاخیز معروف که از آن بسیار سخن گفته شده است.

۱۴ - **صور :** صورِ اسرافیل، نفخه‌ای که مُردگان را بر می‌انگیزاند برای حضور در عرصهٔ رستاخیز.

که خدا اسبابِ خشمی[1] ساخته است   وآن فضایح[2] را به کوی انداخته است[3] ۱۶۷۵

خداوند برای آشکار شدن آن رسوایی‌ها، خشم حریفان را برانگیخته است.

بس که غدر دَرزیان را ذکر کرد   حیف[4] آمد تُرک را و خشم و درد ۱۶۷۶

آن قدر از نیرنگِ خیّاط‌ها گفت که تُرک آن را ظالمانه دید و ناراحت و خشمگین شد.

گفت ای قَصّاص[5]! در شهرِ شما   کیست اُستاتَر[6] در این مکر و دَغا؟ ۱۶۷۷

گفت: ای قصّه‌گو، در شهر شما در این نیرنگ از همه ماهرتر کیست؟

دعوی کردن تُرک و گرو بستنِ او که: دَرزی از من چیزی نتواند بردن

گفت: خیّاطی‌ست نامش پورِ شُش   اندر این چُستی[7] و دزدی خَلقْ کُش[8] ۱۶۷۸

گفت: خیّاطی به نام «پورِ شُش» هست که با دزدی ماهرانه خلق را می‌کُشد.

گفت: من ضامن،[9] که با صد اضطراب[10]   او نیارَد بُرد پیشم رشته تاب ۱۶۷۹

تُرک گفت: شرط می‌بندم که نمی‌تواند مرا پریشان کند و یک نخِ پارچه را بِرُباید.

پس بگفتندش که: از تو چُست‌تر   ماتِ او گشتند،[11] در دعوی مَپَر[12] ۱۶۸۰

به او گفتند: زیاد ادّعا نکن که آدم‌های زرنگ‌تر از تو مغلوب او شدند.

رو به عقلِ خود چنین غرّه مباش   که شوی یاوه[13] تو در تزویرهاش ۱۶۸۱

این همه به عقل خود نناز که در برابر نیرنگ‌هایِ او شکست می‌خوری.

گرم‌تر شد تُرک و بست آنجا گِرو   که: نیارد بُرد، نی کهنه، نه نو ۱۶۸۲

تُرک حریص‌تر شد و شرط بست که او نمی‌تواند از من چیزی بِبَرَد، نه کهنه و نه نو.

---

۱ - **خشم** : مراد آنکه خشمِ خلق سبب یا وسیله‌ای است برای تحقّق آنچه که حق می‌خواسته است؛ یعنی برملا شدن رسوایی‌ها. ۲ - **فضایح** : جمع فضیحة: رسوایی. ۳ - **به کوی انداخته ست** : برملاکرده است.

۴ - **حیف** : ظلم و ستم. «حیف آمد تُرک را»: تُرک آن را ظالمانه دید. ۵ - **قَصّاص** : قصّه‌گو.

۶ - **اُستاتر** : استادتر. ۷ - **چُستی** : چالاکی. ۸ - **خلق کُش** : مردم را می‌کشد، بسیار آزار می‌دهد.

۹ - **من ضامن** : شرط می‌بندم.

۱۰ - **اضطراب** : پریشانی. «با صد اضطراب»: هر قدر بکوشد که حواسِّ مرا پرت کند، نمی‌تواند.

۱۱ - **ماتِ او گشتند** : مغلوب او شدند. ۱۲ - **در دعوی مَپَر** : این همه ادّعا نکن.

۱۳ - **یاوه شدن** : تباه شدن، شکشت خوردن.

۱۶۸۳ مُطْمِعانَش¹ گرم‌تر² کردند زود   او گرو بست³ و رهان⁴ را برگشود
فوراً تحریک‌کنندگان او را حریص‌تر کردند؛ بنابراین میزان شرط را تعیین کرد.

۱۶۸۴ که: گرو این مرکبِ تازیِّ⁵ من   بِدْهم ار دُزدد قُماشم او به فن
که اگر توانست پارچه‌ای از من بدزدد، اسب مال شما.

۱۶۸۵ ور نتواند بُرد، اسبی از شما   واستانم بهرِ رهنِ مبتدا⁶
و اگر نتوانست، بنا بر شرط‌بندی اوّلیّه اسبی از شما می‌گیرم.

۱۶۸۶ تُرک را آن شب نبرد از غُصّه خواب   با خیالِ دزد می‌کرد او حِراب⁷
ترک آن شب از غُصّه نخوابید و با خیال دزد در جنگ و جدال بود.

۱۶۸۷ بامدادان اطلسی⁸ زد در بَغَل   شد به بازار و دکانِ آن دَغَل⁹
صبح پارچهٔ اطلسی را زیر بغل گرفت و به بازار و دکّان آن کلاه‌بردار رفت.

۱۶۸۸ پس سلامش کرد گرم، و اوستاد   جَست از جا، لب به ترحیبش¹⁰ گشاد
سلام گرمی کرد. استاد خیّاط از جا جست و لب به خوشامدگویی گشود.

۱۶۸۹ گرم پرسیدش ز حدِّ تُرکْ بیش¹¹   تا فکند اندر دلِ او مِهرِ خویش
خوشامدگوییِ او که بسیار گرم و بیش از حد و انتظار ترک بود، مهرش را در دل او نشاند.

۱۶۹۰ چون بدید از وی نوایِ بلبلی   پیشش افکند اطلسِ استَنْبُلی¹²
تُرک که بلبل‌زبانی‌های خیّاط را دید، حریر استانبولی را نزد او افکند.

۱۶۹۱ که: بِبُر این را قبایِ روزِ جنگ   زیرِ نافم واسع و بالاش تنگ
و گفت: این را قبایی برای روز جنگ بِبُر که زیرِ ناف گشاد و بالاتنه تنگ باشد.

۱- مُطْمِع: به طمع در آورنده، تحریک کننده.   ۲- گرم‌تر: اینجا حریص‌تر.   ۳- گرو بست: شرط بست.
۴- رِهان: رهن، گرو، مراد آنکه: مقدار گرو را معلوم کرد.
۵- مرکبِ تازی: اسب عربی، مراد اسبِ اصیل است.
۶- بهرِ رهنِ مبتدا: به سببِ شرط‌بندی که با هم شروع کردیم.   ۷- حِراب: نزاع.
۸- اطلس: دیبا، حریر.   ۹- دَغَل: نیرنگ‌باز، اینجا کلاه‌بردار و دزد.
۱۰- ترحیب: مرحبا گفتن، خوشامدگویی.
۱۱- ز حدِّ تُرک بیش: بسیار محترمانه و صمیمانه که بیش از حدّ و مرتبهٔ اجتماعی تُرک بود.
۱۲- استنبلی: استانبولی.

تنگْ بالا[۱] بهرِ جسمْ‌آرای را[۲] زیرْ واسع،[۳] تا نگیرد پای را ۱۶۹۲

بالا تنه تنگ باشد که خوش اندام به نظر آیم با پایین تنهٔ گشاد که پا را نگیرد.

گفت: صد خدمت کنم[۴] ای ذو وَداد[۵] در قبولش[۶] دست بر دیده نهاد ۱۶۹۳

گفت: ای پُرمهر، انجام وظیفه می‌کنم. و برای اطاعت دست بر چشم نهاد.

پس بپیمود[۷] و بدید او رویِ کار بعد از آن بگشاد لب را در فُشار[۸] ۱۶۹۴

سپس پارچه را اندازه گرفت، رویه را نگاه کرد و بعد شروع کرد به شوخی و مسخره.

از حکایت‌هایِ میرانِ دگر وز کَرَم‌ها و عطایِ آن نفر[۹] ۱۶۹۵

از امیران دیگر و بخشش و احسانِ آنان داستان‌ها گفت.

وز بخیلان و ز تَحشیراتشان[۱۰] از برای خنده هم داد او نشان ۱۶۹۶

از افراد خسیس و مال‌اندوزیِ حریصانه‌شان برای خنده حکایاتی گفت.

همچو آتش، کرد مِقراضی برون می‌برید، و لب پُر افسانه و فسون ۱۶۹۷

و به سرعت قیچی را بیرون آورد، پارچه را می‌بُرید و قصّه و افسانه می‌گفت.

مَضاحک گفتنِ درزی و تُرک را از قوّتِ خنده بسته شدنِ دو چشمِ تنگِ او، و فرصت یافتنِ درزی

تُرکْ خندیدن گرفت از داستان چشمِ تنگش گشت بسته آن زمان ۱۶۹۸

تُرک از شنیدنِ داستان‌های بامزه چنان می‌خندید که چشمِ تنگش به کلّی بسته می‌شد.

---

۱ - **تنگ بالا :** بالاتنه تنگ. ۲ - **بهرِ جسم‌آرای را :** برای آنکه خوش اندام دیده شوم.
۳ - **زیر واسع :** پایین تنه گشاد. ۴ - **صد خدمت کنم :** انجام وظیفه می‌کنم.
۵ - **ذو وَداد :** دارای دوستی و محبّت، پر مهر. ۶ - **در قبولش :** برای ابراز اطاعت.
۷ - **بپیمود :** اندازه گرفت، متر کرد. ۸ - **فُشار :** سخن بیهوده و نامربوط، اینجا طنز و مسخره‌گویی.
۹ - **نفر :** گروه.
۱۰ - **تحشیر :** تنگ داشتن نفقه بر اهل و عیال، بسیار جمع کردن و گِرد آوردن مال با هر بدبختی و نکبتی که شده.

۱۶۹۹ **پاره‌یی دزدید و کَردَش زیرِ ران از جُزِ حق، از همه اَحیا نهان**[1]

خیّاط قسمتی از پارچه را چنان ماهرانه دزدید و زیر ران نهان کرد که جز خدا کسی ندید.

۱۷۰۰ **حق همی دید آن، ولی ستّارخوست**[2] **لیک چون از حد بَری، غمّاز اوست**[3]

خداوند می‌دید؛ امّا پوشاننده است. اگر از حدّ بگذری، رسوایت می‌کند.

۱۷۰۱ **تُرک را از لذّتِ افسانه‌اش رفت از دل دعویِ پیشانه‌اش**[4]

تُرک با شنیدن افسانه‌ها چنان شاد بود که ادّعای پیشین را فراموش کرد.

۱۷۰۲ **اطلس ِ چه؟ دعویِ چه؟ رهنِ چی؟ تُرک سرمست است در لاغ**[5] **اَچی**[6]

حریر چیست؟ ادّعا چیست؟ کدام شرط‌بندی؟ تُرک از شوخی‌ها سرمست است.

۱۷۰۳ **لابه کردَش تُرک، کز بهرِ خدا لاغ می‌گو، که مرا شد مُغتَذا**[7]

تُرک التماس می‌کرد تو را به خدا باز هم طنز بگو که غذایِ جانم شده است.

۱۷۰۴ **گفت لاغی خَندُمینی**[8] **آن دَغا**[9] **که فُتاد از قهقهه او بر قَفا**[10]

خیّاط طنز دیگری گفت که تُرک با قهقهه به پُشت افتاد.

۱۷۰۵ **پاره‌یی اطلس سبک بر نیفه**[11] **زد تُرکِ غافلْ خوش مَضاحک**[12] **می‌مَزَد**[13]

تُرک طنزها را مزه‌مزه می‌کرد که خیّاط تکّه‌یی از حریر را در لیفهٔ شلوارش گذاشت.

۱۷۰۶ **همچنین بار سِوُم تُرکِ خطا گفت: لاغی گوی از بهرِ خدا**

و به همین ترتیب برای بار سوم تُرکِ ختا درخواست لطیفهٔ دیگری کرد.

۱۷۰۷ **گفت لاغی خَندُمین‌تر زآن دوبار کرد او این تُرک را کُلّی شکار**

خیّاط لطیفه‌ای خنده‌دارتر از دفعات قبل گفت و تُرک را کاملاً جذب کرد.

---

۱ - **از همه احیا نهان :** از همه زندگان نهان بود؛ یعنی کسی نمی‌دید. ۲ - **ستّارخو :** خداوند پوشاننده است.

۳ - **غمّاز اوست :** خداوند دیگران را از راز تو آگاه می‌کند؛ یعنی رسوایت می‌کند.

۴ - **دعویِ پیشانه :** ادّعای پیشین. ۵ - **لاغ :** شوخی، طنز و هزل.

۶ - **اَچی :** وزیر، پاشا، افندی. به نظر می‌رسد که قرائت «اَچی» صحیح‌تر باشد هرچند که در متنِ کهن «اِچی» ضبط شده است به معنیِ برادر بزرگ، اخی.

۷ - **مُغْتَذا :** در این بیت به معنی غذا و به مجاز مایهٔ تفریح و انبساط خاطر است: دهخدا.

۸ - **خَندُمین :** خنده‌آور. ۹ - **دَغا :** دَغَل، آدمِ ناراست و حرامزاده. ۱۰ - **قَفا :** پس سر، مجازاً پشت.

۱۱ - **نیفه :** لیفهٔ شلوار یا بندِ آن. ۱۲ - **مَضاحِک :** جمع مضحکه: لطیفه و بذله.

۱۳ - **می‌مَزَد :** مزه مزه می‌کند.

چشم بسته، عقل جَسته، مُولَهه[1] مستْ تُرکِ مدّعی از قهقهه ۱۷۰۸

تُرک با چشمانی بسته و عقلی از سر جَسته و بی‌خود قاه‌قاه می‌خندید.

پس سِوُم بار از قبا دزدید شاخ[2] که ز خنده‌ش یافت میدانِ فراخ[3] ۱۷۰۹

سومین بار که تُرک به شدّت خندید، خیّاط فرصتی یافت و تکّه‌ای دیگر را دزدید.

چون چهارم بار آن تُرکِ خطا[4] لاغ ازآن اُستا همی کرد اقتضا ۱۷۱۰

چون برای چهارمین بار تُرک تقاضای لطیفه کرد،

رحم آمد بر وی آن استاد را کرد در باقی[5] فن و بیداد[6] را ۱۷۱۱

خیّاط دلش به حال او سوخت و کلاه‌برداری و ستم را به پایان بُرد.

گفت: مولِع[7] گشت این مفتون در این بی خبر کین چه خَسار[8] است و غبین[9] ۱۷۱۲

با خود اندیشید: او چنان شیفته شده که نمی‌داند فریب خورده و زیان دیده است.

بوسه افشان کرد بر استاد او که: به من بهرِ خدا افسانه گو ۱۷۱۳

تُرک، خیّاط را غرق بوسه کرد که تو را به خدا باز هم بگو.

ای فسانه[10] گشته و محو از وُجود چند افسانه بخواهی آزمود؟[11] ۱۷۱۴

ای آنکه در باورِ این وجود ظاهری، سراپا طنز شده‌ای، غفلت تا کی؟

خندمین‌تر از تو هیچ افسانه نیست بر لبِ گورِ خرابِ خویش[12] ایست ۱۷۱۵

خنده‌دارتر از خودِ تو چیزی نیست. لحظه‌ای به وجود خودت که گورِ تمام قابلیّت‌ها و استعدادهای معنوی و روحانی‌ات شده، توجّه کن.

---

۱ - **مُولَهه** : واله، حیران و بی‌خود. ۲ - **شاخ** : تکّه. ۳ - **میدانِ فراخ** : اینجا فرصت.

۴ - **تُرکِ خطا** : احتمال است که مولانا در این بیت و همچنین در بیت ۱۷۰۶ تأکیدی را که بر واژهٔ «خطا» دارد، علاوه بر «اهلِ ختن» بودنِ تُرک به سبب غفلت و نادانی و خطایِ او نیز باشد. ۵ - **در باقی کردن** : تمام کردن.

۶ - **فن و بیداد** : اینجا کلاه‌برداری و ستم. ۷ - **مولِع** : حریص، آزمند. ۸ - **خَسار** : زیانکاری.

۹ - **غبین** : زیان، فریب‌خوردگی در خرید و معامله.

۱۰ - **فسانه** : کنایه از هستیِ امکانیِ آدمی که تا به‌کمال نرسد و در حق فانی و به حق باقی نشود، افسانه‌ای بیش نیست. ۱۱ - از این بیت به بعد سخنان مولاناست خطاب به مُریدان و خوانندگان.

۱۲ - **گورِ خرابِ خویش** : کنایه از وجودی که تمام امکانات رشد و تعالی معنوی را در خود از بین برده است و فقط حیات مادّی دارد.

ای فرو رفته به گورِ جهل و شَک چند جویی لاغ و دستانِ فلک[۱] ؟ ۱۷۱۶

ای آنکه درگورِ جهل و تردید مدفون شده‌ای، تا کی جویای شادی‌های زودگذر هستی؟

تا به کی نوشی تو عشوهٔ این جهان[۲] که نه عقلت ماند بر قانون[۳] نه جان؟ ۱۷۱۷

تا کی فریبِ ظواهر را می‌خوری؟ که نه عقلِ سالمی برایت مانده است و نه جانِ آگاه.

لاغِ این چرخِ ندیمِ کِرد و مُرد[۴] آبِ رویِ صد هزاران چون تو بُرد ۱۷۱۸

طنز و لطیفهٔ این همدم فرومایه تاکنون آبروی صدها هزار تن چون تو را برده است.

می‌دِرَد، می‌دوزد این دَرزیِّ عام[۵] جامهٔ صد سالگانِ طفلِ خام[۶] ۱۷۱۹

دنیا مانند خیّاطی است که جامهٔ صد ساله‌های کودک مزاج را می‌بُرَد و می‌دوزد.

لاغِ او گر باغ‌ها را داد داد[۷] چون دی[۸] آمد، داده را بر باد داد ۱۷۲۰

اگر طنز و لطیفه‌اش گاه طراوتی به دل و جان می‌دهد بسیار موقّتی است.

پیره طفلان[۹] شِسته پیشش[۱۰] بهرِ کَد[۱۱] تا به سعد و نحس[۱۲]، او لاغی کند ۱۷۲۱

«اهلِ دنیا» هرچند که کهنسال، طفلانِ نادانی‌اند که از دنیا خواهان تمتّعات مادّی‌اند.

گفتنِ دَرزی تُرک را: هی! خاموش کن، اگر مَضاحِک دگر گویم قبات تنگ آید

گفت درزی: ای طَواشی[۱۳] ! برگذر وای بر تو، گر کُنم لاغی دگر ۱۷۲۲

خیّاط گفت: ای خواجهٔ حرم، از این خواسته بگذر که اگر باز هم طنزی بگویم، وای بر تو!

---

۱ - **لاغ و دستانِ فلک** : لطیفه و افسانهٔ روزگار، مراد شادی و خوشی‌هایِ ناپایدارِ دنیوی است.

۲ - **عشوهٔ این جهان را نوشیدن** : فریب ظواهرِ زندگی را خوردن. ۳ - **بر قانون ماندن** : اینجا سالم بودن.

۴ - **چرخ ندیم کِرد و مُرد** : فلکِ همدمِ خُرد و ناچیز، فلکِ پست. چرخ یا فلک و آنچه که در وی است از آن رو همدمی فَرومایهَ تلقّی شده است که همراهی‌اش فقط تاگور است.

۵ - **دَرزیِ عام** : خیّاط عام: کنایه از دنیا و زندگیِ دنیوی.

۶ - **صد سالگانِ طفلِ خام** : پیران کودک مزاج و کودک صفتی که جان‌شان ارتقا نیافته است.

۷ - **داد داد** : بهره یا ثمری داد.

۸ - **دی** : مراد مطلقِ زمستان است، کنایه از فرارسیدن مرگ است که طنز و لطیفهٔ این جهانی توشه و برگی برای آن نیست. ۹ - **پیره طفلان** : سالخوردگانی که از نظر باطنی طفلانی بیش نیستند.

۱۰ - **شِسته پیشش** : نشسته در برابر دنیا. ۱۱ - **کَد** : گدایی.

۱۲ - **سعد و نحس** : مراد آنکه: از دنیا امیدِ اقبال و کامرانی دارند. ۱۳ - **طَواشی** : اَخته، خواجهٔ حرم.

پس قبایت تنگ آید باز پس   این کند با خویشتن خود هیچ کس؟ ۱۷۲۳

آن‌گاه قبایت تنگ می‌شود. آیا هیچ کس با خود چنین می‌کند؟

خندهٔ چه؟ رمزی اَرْ دانستیی   تو به جایِ خنده خون بِگرِستیی ۱۷۲۴

چه خنده‌ای؟ اگر رازی را می‌دانستی به جای خندیدن، می‌گریستی.

بیانِ آنکه بی‌کاران و افسانه جویان مِثْلِ آن تُرک‌اند، و عالَم غَرّارِ[1] غَدّار[2] همچو آن دَرزی، و شهوات و زنان، مَضاحک گفتنِ این دنیاست، و عمر همچون آن اطلس پیشِ این دَرزی، جهتِ قبایِ بقا و لباسِ تقویٰ ساختن

اطلسِ عمرت به مقراضِ شُهور[3]   بُرد پاره پاره خیّاطِ غُرور[4] ۱۷۲۵

خیّاطِ فریب با قیچیِ ماه و سال، پارچهٔ عمرت را تکّه تکّه می‌بُرد.

تو تمنّا می‌بری کاختر[5] مدام   لاغ کردی،[6] سعد بودی[7] بر دوام[8] ۱۷۲۶

تو می‌خواهی که همواره ستارهٔ اقبالت بدرخشد که خوش باشی.

سخت می‌تولی[9] ز تربیعاتِ[10] او   وز دَلال[11] و کینه و آفاتِ او ۱۷۲۷

از طالعِ ناموافق، فریب، دشمنی و زیان‌های او سخت خشمگین می‌شوی.

سخت می‌رنجی ز خاموشیِّ[12] او   وزنُحوس[13] و قبض[14] و کینْ‌کوشیِّ[15] او ۱۷۲۸

از بخت نامساعد، بدشگونی، گره افتادن در کارها و کینه‌توزیِ او می‌رنجی.

---

۱ - **غَرّار :** مغرور کننده و فریبنده.   ۲ - **غَدّار :** پیمان شکن و بی‌وفا، خیانت کننده.

۳ - **شهور :** جمع شهر: ماه، که به قیچی مانند شده است.   ۴ - **غُرور :** بسیار فریبنده.

۵ - **اختر :** مراد طالع و ستارهٔ بخت و اقبال است.   ۶ - **لاغ کردی :** اینجا روی خوش نشان دادن، خوشدلی.

۷ - **سعد بودی :** نیک می‌بود، اقبالِ بلندی می‌داشتم.   ۸ - **بر دوام :** همواره.

۹ - **می تولی :** از تولیدن: می‌رَمی، بیقرار و خشمگین می‌شوی.   ۱۰ - **تربیعات :** طالعِ نحس.

۱۱ - **دَلال :** ناز و کرشمه، فریب.   ۱۲ - **خاموشی :** اینجا اقبال یا بخت نامساعد.

۱۳ - **نُحوس :** نحس بودن.   ۱۴ - **قبض :** گرفتگی، اینجا سخت و دشوار شدن کارها.

۱۵ - **کین‌کوشی :** کینه‌توزی.

که: چرا زُهرهٔ[1] طرب در رقص نیست؟ بر سعود[2] و رقصِ سعدِ او مـایست ۱۷۲۹

که چرا ستارهٔ شادی در آسمان دلم نمی‌رقصد؟ به سعد بودن و جلوهٔ او اعتمادی نیست.

اخترت گـوید کـه: گـر افـزون کـنم لاغ را پس کُـلّی‌ات مـغبون کـنم ۱۷۳۰

ستارهٔ تو به زبان حال می‌گوید: اگر بیش از این موافق باشم به کُلّی زیانکار می‌شوی.

تـو مـبین قَـلاّبیِ[3] ایـن اخـتران عشق خود بر قلبْ‌زَن[4] بین ای مُهان[5]! ۱۷۳۱

ای آدمِ حقیر، ببین که بختِ به ظاهر موافق، مغبونت کرد و اسیرِ ظواهر شده‌ای.

مَثَل

مردی به تعجیل سوی دکّان می‌رفت، خیل و انبوه زنان گذرگاه را مسدود کرده بود. مرد با تُنُک حوصلگی روی به یکی از ایشان کرد و گفت: هی! دخترکان شما چه بسیارید! زن با ظرافت گفت: به بسیاری ما منگر، در آن چیزی بنگر که علی‌رغمِ بسیاریِ ما، شما مردان را به انحراف می‌کشانَد. **«فاعل و مفعول رسوای زَمَن»**[6]

سِرّ سخن آنکه: عاملِ فساد و تباهی نَفْس آدمی در درون خودِ نَفْس است که قابلیّت تنزّل و تعالی جزو استعداد اوست و عوامل بیرونی در این امر چندان نقشی ندارند؛ زیرا دلبستگانِ به دنیا علی‌رغم واقعیّاتِ تلخ روزگار باز هم شیفته و فریفتهٔ آن‌اند. **«مُردهٔ اوییدو ناپروایِ او»**.

آن یکی می‌شد بـه ره سـویِ دکـان پـیشِ ره را بسـته دیـد او از زنـان ۱۷۳۲

مردی به سوی دکان می‌رفت؛ امّا انبوهِ زنان راه را بسته بود.

پایِ او می‌سوخت از تعجیل، و راه بسـته از جـوقِ[7] زنـانِ هـمچو مـاه ۱۷۳۳

با عجله این پا و آن پا می‌کرد گویی پاهایش می‌سوزد؛ امّا راه از زنانِ ماهرو بسته بود.

---

۱ - **زهره**: ستارهٔ طرب است. ۲ - **سعود**: سعد بودن.

۳ - **قَلاّبی**: سکّهٔ تقلّبی ساختن، اینجا بختِ به ظاهر موافق یا اقبالِ مساعدِ دنیوی که در باطن چیزی جز غفلت نیست. ۴ - **قَلب‌زَن**: سازندهٔ سکّهٔ تقلّبی، کنایه از دنیا. ۵ - **مُهان**: خوار، حقیر.

۶ - مأخذ این لطیفه را حکایتی با همین مضمون در ربیع‌الابرار ذکر کرده‌اند: احادیث، ص ۵۵۳.

۷ - **جَوق**: دسته، گروه.

۱۷۳۴ **رو به یک زن کرد و گفت: ای مُستهان[۱]! هی! چه بسیارید ای دخترچِگان[۲]!**

به یکی از زنان گفت: ای ضعیفه، هی، شما دخترکان چقدر زیاد هستید.

۱۷۳۵ **رو بدو کرد آن زن و گفت: ای امین[۳]! هیچ بسیاریِّ ما مُنْکَر مبین[۴]**

زن در پاسخ گفت: ای امین، از انبوهیِ ما ناراحت نشو و بَدَت نیاید.

۱۷۳۶ **بین که با بسیاریِ ما بر بساط[۵] تنگ می‌آید شما را اِنبساط[۶]**

توجّه کن که علی‌رغم این همه زنان زیبا باز هم نیازمند خوشیِ دیگری هستید.

۱۷۳۷ **در لواطه[۷] می‌فُتید از قحطِ زن فاعل و مفعول، رُسوایِ زَمَن[۸]**

از کمبود زن به لواط روی می‌آورید، فاعل و مفعول رسوای روزگار می‌شوید.

۱۷۳۸ **تو مبین این واقعاتِ روزگار کز فلک می‌گردد اینجا ناگوار[۹]**

قاضی به صوفی گفت: تو به حوادثِ ناگواری که در دنیا رخ می‌دهد، نگاه نکن.

۱۷۳۹ **تو مبین تَحشیر[۱۰] روزی و مَعاش تو مبین این قحط و خوف و ارتعاش[۱۱]**

به این همه فقر، تنگدستی، خشکسالی، ترس و اضطراب توجّه نکن.

۱۷۴۰ **بین که با این جمله تلخی‌هایِ او مُردهٔ اویید و ناپروایِ او**

ببین که علی‌رغم این تلخی‌ها و سختی‌ها کُشته و مُردهٔ دنیا هستید و از آن دل بر نمی‌کَنید.

۱۷۴۱ **رحمتی دان امتحانِ تلخ را[۱۲] نِقمتی[۱۳] دان ملکِ مَرْو و بلخ را[۱۴]**

بدان که مرارت‌ها رحمت و جاه و جلال نقمت است.

۱ – **مُسْتَهان :** خوارکرده شده، حقیر، ضعیفه. ۲ – **دخترچگان :** دخترک‌ها، دختركان.

۳ – **امین :** درستکار. ۴ – **مُنْکَر مبین :** به چشم انکار نبین، ناراحت نشو، بَدَت نیاید.

۵ – **بساط :** گستردنی، اینجا بساط دنیا. ۶ – **انبساط :** گستردنی، گشاده شدن.

۷ – **لواطه :** غلامبارگی، شاهدبازی. ۸ – **زَمَن :** زمانه یا روزگار.

۹ – بازگشت به قصّهٔ «قاضی و صوفی» و سؤالی که صوفی در بیت ۱۶۵۰ مطرح کرده بود، که چه می‌شد اگر ایّام همواره به کام بود؟ ۱۰ – **تَحْشیر :** تنگ داشتن نفقه، توسّعاً فقر و تنگدستی.

۱۱ – **خوف و ارتعاش :** ترس و لرزی که برای گذر از تنگناهای زندگیِ دنیوی داریم.

۱۲ – از آن جهت که سبب سرد شدن دل آدمی نسبت به دنیا می‌شود. ۱۳ – **نقمت :** عذاب.

۱۴ – مصراع دوم: سلطنت مَرْو و بلخ عذاب است؛ یعنی «جاه و جلال» و «موفقیّت»ها آدمی را به دنیا دلبسته‌تر می‌کند.

۱۷۴۲ **آن بِراهیم[1] از تلف[2] نگریخت و ماند ... این بِراهیم از شرف بگریخت[3] و راند[4]**

ابراهیمِ خلیل(ع) از آتش نترسید و زنده ماند، ابراهیم اَدْهم نیز از جاه و جلال گریخت و در عشقِ حق سوخت.

۱۷۴۳ **آن نسوزد، وین بسوزد، ای عجب! ... نعلِ معکوس[5] است در راهِ طلب**

عجیب است، یکی نمی‌سوزد و دیگری می‌سوزد. در راه حق نشانه‌های ظاهری وارونه است و جز آگاهان کسی بر آن وقوفی ندارد.

باز مکرّر کردنِ صوفی سؤال را

۱۷۴۴ **گفت صوفی: قادر است آن مُستعان[6] ... که کند سودایِ ما[7] را بی زیان**

صوفی گفت: خداوند یاورِ قادری است که می‌تواند زندگی را بی‌زیان کند.

۱۷۴۵ **آنکه آتش را کند وَرد و شجر ... هم تواند کرد این را[8] بی ضرر**

خدایی که آتش را گلستان می‌کند، می‌تواند آتشِ سختی‌های ما را هم گلستان کند.

۱۷۴۶ **آنکه گُل آرَد برون از عینِ خار ... هم تواند کرد این دی را بهار[9]**

خداوندی که از خار، گُل می‌رویاند، می‌تواند زمستان را به بهار مبدّل کند.

۱۷۴۷ **آنکه زو هر سرو[10] آزادی کند ... قادر است اَرْ غصّه را شادی کند[11]**

خداوندی که سرو به قدرت او آزاده است، می‌تواند غُصّه را مبدّل به شادی کند.

---

۱ - **ابراهیم :** در مصراع اوّل: حضرت ابراهیم(ع) و در مصراع دوم: ابراهیم اَدْهَم.

۲ - **از تلف :** اشاره به آتش نمرود.

۳ - **از شرف بگریخت و راند :** از جاه و جلالِ سلطنتِ مرو و بلخ گذشت.

۴ - **و راند :** در آتش راند، به درون آتش که همان شعله‌های عشق حق است، رفت.

۵ - **نعلِ معکوس :** نعل وارونه: کوبیدن نعل اسب به طورِ معکوس برای گمراه کردن تعقیب کنندگان.

۶ - **مُستعان :** یاور، یاری کننده. ۷ - **سودایِ ما :** معاملهٔ ما، یعنی کلّیهٔ امور زندگی‌مان را.

۸ - **این را :** مراد همان دشواری‌های زندگی است. ۹ - مراد آنکه: می‌تواند دشواری‌ها را به راحتی مبدّل کند.

۱۰ - **سرو :** کنایه از آزادگان از تمنیّات و تعلّقات، عارف.

۱۱ - مراد آنکه: او می‌تواند بی این همه رنج و تهذیب هم سالکان را متعالی کند.

آنکه شد موجود از وی هر عدم   گر بدارد باقی‌اش[1] او را چه کم؟[2] ۱۷۴۸

خداوندی که عدم از او در وجود آمده است، اگر عدم را باقی بدارد، چه می‌شود؟

آنکه تن را جان دهد تا حَیْ شود   گر نمیراند، زیانش کی شود؟ ۱۷۴۹

خداوندی که تن را روح و حیات می‌بخشد، اگر آن را زنده نگاه دارد، چه زیانی می‌بیند؟

خود چه باشد گر ببخشد آن جواد   بنده را مقصودِ جانْ بی اجتهاد[3] ؟ ۱۷۵۰

چه عیبی دارد که آن خدای بخشنده به عاشقان بدون تلاش معرفت بدهد؟

دور دارد از ضعیفان[4] در کمین   مکرِ نَفْس و فتنهٔ دیوِ لعین؟ ۱۷۵۱

چه می‌شود اگر مکر نَفْس و فتنهٔ ابلیس را که درکمینِ ناآگاهان است، از آن‌ها دور بدارد؟

جواب دادنِ قاضی صوفی را

گفت قاضی: گر نبودی امرِ مُر[5]   ور نبودی خوب و زشت و سنگ و دُر[6] ۱۷۵۲

قاضی گفت: اگر امور تلخ وجود نداشت یا نیک و بد، و چیزهای کم‌بها و پُربها نبود،

ور نبودی نَفْس و شیطان و هوا   ور نبودی زخم و چالیش[7] و وَغا[8] ۱۷۵۳

اگر نَفْس و شیطان و هوای نَفْسانی نبود، اگر آسیب و ستیز و نبرد نبود،

پس به چه نام و لقب خواندی مَلِک[9]   بندگان خویش را ای مُنهَتِک[10] ؟ ۱۷۵۴

پس ای بی پروا، پروردگار بندگانِ خود را با کدام لقب و نام مخاطب قرار دهد؟

چون بگفتی ای صبور و ای حلیم؟   چون بگفتی ای شجاع و ای حکیم؟ ۱۷۵۵

چگونه بندگان تمایزی داشته باشند؟ و به یکی بگوید: ای صبور و ای بردبار؟ یا ای دلیر و ای حکیم؟

---

۱ – **باقی‌اش بدارد :** جاودانی‌اش کند.   ۲ – **او را چه کم :** چه چیز از او کم می‌شود؟

۳ – **اجتهاد :** مجاهده، تلاش.   ۴ – **ضعیفان :** ناتوانان، مراد ناآگاهان است.

۵ – **امرِ مُر :** امرِ تلخ، حکمی که مخالف میل است.   ۶ – **سنگ و دُرّ :** کنایه از چیزهای بی‌بها و گران‌بها.

۷ – **چالیش :** چالش: مبارزه، جنگ.   ۸ – **وَغا :** نبرد، پیکار.   ۹ – **مَلِک :** سلطان، اینجا پروردگار.

۱۰ – **مُنْهَتِک :** بی پروا، رسوا. این خطاب به صوفی از آن روست که سؤالاتی در حدّ مبتدیان دارد.

صـــابرین و صـــادقین و مُـــنفقین چون بُدی بی رَهْزن و دیوِ لعـین[1] ؟ ۱۷۵۶

بدون راهزن و ابلیسِ ملعون، صابران و صادقان و انفاق کنندگان چگونه معلوم می‌شوند؟

رُستم و حَمْزه و مُخنّث یک بُدی[2] علم و حکمت باطل و مُنْدَک بُدی[3] ۱۷۵۷

مرد و نامرد یکسان بود و علم و حکمت بیهوده.

علم و حکمت[4] بهرِ راه و بی رهی‌ست چون همه ره باشد، آن حکمت تهی‌ست ۱۷۵۸

«علم و حکمت» برای درک راه از بیراهه است، اگر بیراهه نباشد، حکمت مفهومی ندارد.

بـــهرِ ایـن دُکّـانِ طـبعِ[5] شـوره‌آب هر دو عـالَم را روا داری خـراب؟[6] ۱۷۵۹

آیا روا داری که برای هستیِ مادّی ما که متناسب با نیاز روحانی‌مان نیست، نظام دو جهان به هم بریزد؟

من همی دانم که تو پاکی، نـه خـام وین سؤالت هست از بـهرِ عـوام[7] ۱۷۶۰

من می‌دانم که تو پاکی نه خام و این پرسش برای ناآگاهان است.

جورِ دوران[8] و هر آن رنجی که هست[9] سهل‌تر از بُعْدِ حقّ[10] و غفلت[11] است ۱۷۶۱

جور و ظلمِ روزگار و همهٔ رنج‌ها سهل‌تر از تحمّلِ دوری از حق، و غفلت است.

ز آنکه ایـن‌ها بگـذرند، آن نگـذرد دولت آن دارد کـه جـان آگـهْ بَـرَد ۱۷۶۲

زیرا این‌ها می‌گذرند؛ امّا آن همیشگی است. نیکبخت جانی آگاه دارد.

---

۱ - **رَه‌زن و دیو لعین** : راهزن و ابلیس ملعون.

۲ - مصراع اوّل: رستم و حمزه با نامرد یکی می‌شدند؛ یعنی پهلوانان و دلیران با نامردان یکسان بودند. مراد آنکه: هر چیز در تقابل با ضدّش شناخته می‌شود. ۳ - **مُنْدَک بُدی** : متلاشی و پاره بود؛ یعنی بیهوده و بی حاصل.

۴ - **حکمت** : معرفت.

۵ - **دُکّان طبع** : کنایه از هستی مادّی آدمی که به «شوره آب» مانند شده است؛ یعنی آبی که تشنگی را فرو نمی‌نشاند و تشنه‌تر می‌کند؛ زیرا «هستی مادّی» پاسخ‌گوی نیازهایِ وجه روحانیِ نَفْسِ آدمی نیست.

۶ - و یا اینکه: هر دو عالم را از دست بدهیم. ۷ - مراد آنکه: می‌پرسی تا پاسخ گفته شود و عوام هم دریابند.

۸ - **جورِ دوران** : ستمِ ایّام و روزگار. ۹ - **هر آن رنجی که هست** : تمام دشواری‌هایِ زندگی.

۱۰ - **بُعدِ حق** : دوری از هستیِ مطلق. ۱۱ - **غفلت** : ناآگاهی و جهل از حقایق.

حکایت در تقریرِ آنکه
صبر در رنجِ کارْ سهل‌تر از صبر در فراقِ یار بُوَد[۱]

زنی که از فقر و فاقه به تنگ آمده بود، دهان به شکایت گشود و از شوی که به پندارِ او مروّت را به یک سو نهاده بود، خواهان رفع خواری و خفّتِ زندگی شد. مرد عُذر آورد که درویش است و تدارکِ بیش از این در توان او نیست و اگر زن به جامهٔ درشت و آنچه که هست، رضا نمی‌دهد، چاره‌ای جز طلاق و فراق نیست.

سرّ سخن در این قصّهٔ تمثیلی در تقریر این معنا است که هرچند طاعات، عبادات، بلا، فقر، رنج و ترک هوا سخت است و برای غیر عارفان و غیر عاشقان همانند جامهٔ درشت زن، ممکن است شاق و دشوار باشد؛ امّا هنگامی که ترک آن‌ها منجر به بُعد است و فراق یار، چاره‌ای جز تن دردادنِ بدان نیست.

آن یکی زن شویِ خود را گفت: هی! ای مروّت[۲] را به یک رَهْ کرده طی[۳] ۱۷۶۳

زنی به شوهر خود گفت: هی، ای آنکه جوانمردی را به یک سو نهاده‌ای،

هیچ تیمارم نمی‌داری[۴] چرا؟ تا به کی باشم در این خواری چرا؟ ۱۷۶۴

چرا به من رسیدگی نمی‌کنی؟ تا کی در این خواری باشم، چرا؟

گفت شُو: من نفقه[۵] چاره می‌کنم گرچه عورم،[۶] دست و پایی می‌زنم[۷] ۱۷۶۵

شوهر گفت: من به فکر هزینهٔ زندگی هستم و علی‌رغم بی‌نوایی تلاش می‌کنم.

نَفْقَه و کِسوه[۸]ست واجب، ای صنم! از مَنَت این هر دو هست و نیست کم 1766

ای عزیز، خوراک و پوشاک واجب است و آن را فراهم می‌کنم، کمبودی نیست.

آستینِ پیرهن بنمود زن بس دُرشت[9] و پُر وَسَخ[10] بُد پیرهن 1767

زن آستین پیراهن خود را نشان داد که بسیار خشن و چرک بود.

---

۱ - مأخذ آن حکایتی است در زهرالآدب: مُریدی پیراهنی خشن برای عیال خرید. زن از درشتی و زبری آن گِله کرد. شوهر که می‌خواست او را به سبب قناعت نکردن تنبیه کند، گفت: از طلاق درشت‌تر و خشن‌تر نیست: احادیث، ص ۵۵۴. ۲ - **مُروّت :** مُروّة: جوانمردی.

۳ - **به یک رَه کرده طی :** به یک سو نهادن، رها کردن، فراموش کردن.

۴ - **تیمار داشتن :** خدمت و غمخواری کردن. ۵ - **نَفَقه :** هزینهٔ زندگیِ زن و فرزند.

۶ - **گرچه عورم :** هرچند که فقیر و برهنه و بی‌نوا هستم. ۷ - **دست و پا زدن :** تلاش کردن.

۸ - **کِسْوَه :** لباس، پوشاک. ۹ - **دُرُشت :** زبر و خشن. ۱۰ - **وَسَخ :** چرک.

گفت: از سختی تنم را می‌خورد   کس کسی را کِسوه[1] زین سان آورد؟ ۱۷۶۸

و گفت: از بس زبر است، تنم را می‌خورد. آیا کسی چنین لباسی برای همسرش می‌آورد؟

گفت: ای زن! یک سؤالت می‌کنم   مردِ درویشم، همین آمد فَنَم ۱۷۶۹

مرد گفت: ای زن، سؤالی دارم، تهی دستم و توان من همین است،

این دُرشت است و غلیظ و ناپسند   لیک بِنْدیش، ای زنِ اندیشه‌مند! ۱۷۷۰

این زبر و خشن و بد است؛ امّا ای زن فهمیده، فکر کن،

این درشت و زشت‌تر یا خود طلاق؟   این تو را مکروه‌تر یا خود فِراق ۱۷۷۱

درشتی و زشتی این بیش‌تر است یا طلاق؟ این بدتر است یا جدایی؟

همچنان، ای خواجهٔ تشنیع‌زن[2]!   از بلا و فقر و از رنج و مِحَن[3] ۱۷۷۲

همین‌طور، ای آقایی که بر بلا، فقر، رنج و درد خُرده می‌گیری،

لاشک، این ترکِ هوا[4] تلخی‌دِه[5] است   لیک از تلخیِّ بُعْدِ حق[6] بِهْ است ۱۷۷۳

بی شک ترکِ خواسته‌ها تلخ است؛ امّا بهتر از دور ماندن از حق است.

گر جهاد و صوم[7] سخت است و خشِن   لیک این بهتر ز بُعدِ ممتحِن[8] ۱۷۷۴

اگر جهاد و روزه دشوار و خشن است؛ امّا بهتر از دور ماندن از پروردگارِ آزماینده است.

رنج کِی مانَد دَمی که ذُوالْمِنَن[9]   گویدت: چونی تو ای رنجورِ من؟ ۱۷۷۵

لحظه‌ای که پروردگار بگوید: ای بندهٔ دردمندِ من چگونه‌ای؟ رنجی نمی‌مانَد.

ور نگوید، کِت نه آن فهم و فن است   لیک آن ذوقِ تو پُرسش کردن است ۱۷۷۶

و اگر نگوید و گوشِ جانت نتواند آن را بشنوند، همین ذوق و شوقِ تو به عالم معنا، در واقع همان پرسیدن است.

آن ملیحان[10] که طبیبانِ دل[11] اند   سوی رنجوران[12] به پرسش مایل‌اند ۱۷۷۷

عارفانی که طبیبان دل‌اند، مایل‌اند که حالِ دردمندان و خستگانِ راه حق را بپرسند.

---

۱ - **کِسوه:** جامه. ۲ - **تشنیع‌زن:** ملامت کننده، سرزنش کننده. ۳ - **مِحَن:** جمع محنت: رنج و درد.

۴ - **هوا:** هوا و هوس یا لذّت‌ها و مشتهیاتِ نَفسانی. ۵ - **تلخی‌دِه:** سبب تلخکامی.

۶ - **بُعد حق:** دور ماندن از حق. ۷ - **صوم:** روزه. ۸ - **ممتحِن:** امتحان کننده، آزماینده.

۹ - **ذوالمِنَن:** نامی از نام‌هایِ حق تعالیٰ، صاحب عطاها.

۱۰ - **ملیح:** زیبا و مطبوع، کنایه از کاملِ واصل، عارف. ۱۱ - **طبیبان دل:** عارفان.

۱۲ - **رنجوران:** سالکان که جانی ناقص و دردمند و خسته دارند و محتاج ارشاد در جهت رفع نقایص‌اند.

ور حذر از ننگ و از نامی کنند[۱] چاره‌یی سازند و پیغامی کنند ۱۷۷۸

و اگر مصلحت ندانند که آشکارا بپرسند با تدبیری پیامی می‌فرستند.

ور نه، در دلشان بُوَد آن مُفْتَکَر[۲] نیست معشوقی ز عاشق بی خبر ۱۷۷۹

و اگر پیامی هم نفرستد، به یاد او هست. هرگز معشوق از عاشق بی خبر نیست.

ای تو جویایِ نوادِر داستان[۳] هم فسانهٔ عشقْبازان را بخوان ۱۷۸۰

اگر جویای شِگفتی‌ها هستی، قصّهٔ عاشقان حق از همهٔ دانستنی‌ها شگفتی‌آورتر است.

بس بجوشیدی[۴] در این عهدِ مَدید[۵] تُرکْجوشی[۶] هم نگشتی ای قدید[۷]! ۱۷۸۱

ای خُشکیده جان، عمری خواندی و آن‌ها را با خودنمایی گفتی؛ امّا به جایی نرسیدی.

دیده‌ای عُمری تو داد و داوری[۸] وآنگه از نادیدگان[۹] ناشی‌تری[۱۰] ۱۷۸۲

یک عمر دقّتِ نظامِ هستی را در پاسخ دادن به افکار و اعمال دیدی؛ امّا از جاهلان هم جاهل‌تری.

هر که شاگردیش[۱۱] کرد، استاد شد تو سپس‌تر[۱۲] رفته‌ای، ای کورِ لُد[۱۳] ۱۷۸۳

هر که شاگردِ او شد به استادی رسید؛ امّا تو، ای کور ابله، واپس‌تر رفته‌ای.

خود نبود از والدَیْنَت اختبار[۱۴] هم نبودت عبرت از لیل و نهار؟[۱۵] ۱۷۸۴

از پدر و مادر نتوانستی چیزی بیاموزی، از شب و روز و روزگار هم نیاموختی؟

---

۱ – مصراعِ اوّل: و اگر از نام و ننگ پرهیز کنند؛ یعنی اگر به دلایلی نخواهند حضور خود را آشکار و علنی کنند.

۲ – **مُفْتَکَر** : اینجا فکر و اندیشه، مراد آنکه: به یاد او هستند.

۳ – مراد آنکه: اگر تو در پیِ دانستن چیزهای نادر هستی. خطاب به جویندگانِ علم دنیوی و مدرسه‌ای.

۴ – **بجوشیدی** : کوشش کردی؛ اینجا یعنی از حفظ کردی و طوطی‌وار گفتی. خطاب به غیر عارفان است که به علوم رسمی و کسبی بسنده می‌کنند. ۵ – **عهدِ مَدید** : مدّتِ دراز، یک عمر، تمام عمر.

۶ – **تُرک‌جوش** : گوشتِ نیم‌پخته، نیم‌پز، خام. ۷ – **قَدید** : گوشتِ خشکِ نمک‌سود.

۸ – **داد و داوری** : عدل و دادرسی الهی.

۹ – **نادیدگان** : جاهلان و غافلان که به دقّتِ عظیمی که در نظام هستی هست توجّه ندارند.

۱۰ – **ناشی** : کم تجربه، ناوارد. ۱۱ – **شاگردیش** : شاگردیِ حق یا شاگردیِ واصلان.

۱۲ – **سپس‌تر** : واپس‌تر. ۱۳ – **لُد** : ابله و احمق. ۱۴ – **اختبار** : خبرگرفتن، تجربه، آزمودن.

۱۵ – مراد آنکه: عبرت نه از دیروز و نه از امروز، پس کی؟

مَثَل

عارفی از کشیش کهنسالی پرسید: از تو و ریش‌اَت کدام یک سالخورده‌ترید؟ کشیش گفت: من سال‌ها پیش از وجودِ ریش زیسته‌ام. عارف گفت: ریش، تو بعد از تو در وجود آمد؛ امّا اینک سپید شده و خامی را پشت سر گذاشته است؛ ولی تو همان هستی که بودی، خوی زشتت مبدّل نشده و درونت همان‌قدر سیاه است که اوّل بوده، چرا پخته و کامل نشده‌ای؟

لطیفه‌ای است گزنده و گیرا که بنا بر روایت افلاکی،[۱] مولانا به راهبِ پیری از نصارای ولایت خویش بر زبان رانده است و فرمود: ای بیچاره، آنکه بعد از تو آمد، پخت و تو همچنانکه بودی در خامی و تباهی می‌روی، وای بر تو اگر تبدیل نیابی و پخته نشوی. رهبان مسکین فی‌الحال زنّار برید و ایمان آورد و مسلمان شد.

محتمل هم هست که قصّه مأخذی قدیم‌تر داشته باشد و مولانا آن را به مناسبت حال و از باب تنبیه و تشویق در برخورد با یک راهب هم‌عصر خویش دوباره به زبان آورده باشد.[۲]

این قطعه تذکاری است برایِ قطع تعلّقات و رهایی از بند تمنیّات که بدون آن پختگی و سیر استکمالی انسان امکان پذیر نیست.

۱۷۸۵ **عارفی پرسید از آن پیرِ کشیش — که: تویی خواجه! مُسِنْ‌تر یا که ریش؟**

عارفی از کشیشی پیر پرسید: تو پیرتری یا ریشت؟

۱۷۸۶ **گفت: نه، من پیش از او زاییده‌ام — بی ز ریشی بس جهان را دیده‌ام**

گفت: نه، من پیش از او به دنیا آمده‌ام و بدون ریش سال‌ها زیسته‌ام.

۱۷۸۷ **گفت: ریشت شد سپید، از حال گشت — خُویِ[۳] زشتِ تو نگردیده است وَشت[۴]**

گفت: ریشت سپید شده و تغییر کرده؛ امّا سرشتِ زشتت تغییر نکرده است.

۱۷۸۸ **او پس از تو زاد، از تو بگذرید — تو چنین خشکی ز سودایِ ثَرید[۵]**

او پس از تو به دنیا آمد و بر تو پیشی گرفت؛ امّا تو در هوسِ بهره‌مندی از تمتّعاتِ دنیوی از طراوت باطنی بی بهره مانده‌ای.

۱۷۸۹ **تو بر آن رنگی که اوّل زاده‌ای — یک قدم زآن پیشتر ننهاده‌ای**

تو همانی هستی که اوّل بودی، قدمی جلوتر نرفته‌ای.

---

۱ - مناقب العارفین، ج ۱، ص ۱۳۹. ۲ - بحر درکوزه، ص ۳۶۷. ۳ - **خوی**: سرشت.

۴ - **وَشت**: خوب، زیبا.

۵ - **سودایِ ثَرید**: هوسِ تریدِ آبگوشت: در سودایِ چیزهایِ بی قدر و صرفاً دنیوی.

همچنان دوغی تُرُش در معدنی[1] خود نکردی زو مُخَلَّص[2] روغنی[3] ۱۷۹۰

مانند دوغی ترش بر جای مانده‌ای و نتوانسته‌ای روغنی از دوغِ وجودت بگیری.

هم خمیری، خَمَّرَ طینه[4] دَری گرچه عُمری در تنورِ آذری[5] ۱۷۹۱

هرچند که عمری را در آتشِ مرارت‌ها گذرانده‌ای، مانند خمیرِ خام هستی.

چون حشیشی[6] پا به گِل بر پُشته‌ای[7] گرچه از بادِ هوس سرگشته‌ای ۱۷۹۲

تو مانند گیاهی که ریشه‌اش در تپّهٔ خاکی است از باد هوا و هوس در حرکت هستی؛ امّا حرکاتت در جهت تمایلات دنیوی است نه روحانی.

همچو قومِ موسی اندر حَرِّ[8] تیه[9] مانده‌ای بر جایْ چل سال ای سفیه! ۱۷۹۳

ای ابله، مانند قوم موسیٰ(ع) که چهل سال در بیابان و در یک دایره می‌چرخیدند، در یک نقطه مانده‌ای.

می‌روی هر روز تا شب هَرْوَله[10] خویش می‌بینی در اوّل مَرْحَله ۱۷۹۴

هر روز تا شب در تلاش هستی؛ امّا خود را همان جای اوّل می‌بینی.

نگذری زین بُعْدِ سیصد ساله[11] تو تا که داری عشقِ آن گوساله[12] تو ۱۷۹۵

تا به «ظواهر و تمتّعاتِ دنیوی» عشق می‌ورزی، نمی‌توانی راه حق را طی کنی.

تا خیالِ عِجْل[13] از جانْشان نرفت بُد بر ایشان تیه[14] چون گردابِ زفت[15] ۱۷۹۶

تا قوم بنی اسرائیل اسیرِ نَفْس بودند، در بیابان گمراه ماندند.

---

۱ - **معدن :** اینجا خیک یا مَشکِ دوغ. ۲ - **مُخَلَّص :** خلاص شده، اینجا گرفته شده.

۳ - مراد آنکه: حاصل و ثمری نداشته‌ای.

۴ - اشاره به حدیث: خَمَّرتُ طینَةَ آدَمَ بِیَدَیَّ اَرْبَعینَ صَباحاً: گِل آدم را به مدّت چهل صبح به دست [قدرت] خود سرشتم: احادیث، ص ۵۴۵. «طینه»: گِل. ۵ - **تنورِ آذر :** تنور آتش، کنایه از تنگناها و بلاها و مصایب زندگی.

۶ - **حشیش :** اینجا مطلق گیاه. ۷ - **پُشته :** تپه. ۸ - **حَرّ :** حرارت، گرما.

۹ - اشاره به قصّهٔ موسی(ع): ر.ک: ۸۴۰/۳. ۱۰ - **هَرْوَله :** حالتی بین راه رفتن و دویدن.

۱۱ - **بُعد سیصد ساله :** راهِ سیصد ساله، تعبیری برای دور و دراز بودن راه حق.

۱۲ - **گوساله :** کنایه از نَفْس‌پرستی است که نَفْس در مراتب نازل فقط به شهوات و لذایذ دنیوی تمایل دارد. اشاره به گوساله‌پرستی برخی از قومِ موسی(ع) نیز هست. ۱۳ - **عِجْل :** گوساله.

۱۴ - **تیه :** بیابان بی آب و علف، کنایه از «تیه نَفْسانی» هم هست: وادیِ شیطانی که در آن سرگشتگان گمراه‌اند.

۱۵ - **گردابِ زفت :** گردابی عظیم، گردابی که در آن هر لحظه فروتر می‌روند، اینجا گمراه‌تر. [مراد آنکه: قومِ موسی روز به روز در تیه سرگردان‌تر بودند؛ چون همواره راه را می‌پیمودند؛ ولی هرگز به جایی نمی‌رسیدند.]

غیرِ این عِجْلی کز او یابیده‌ای[1]   بی‌نهایت لطف و نعمت دیده‌ای   ۱۷۹۷

به غیر از این «نفْس» که آن را هم خدا داده است، از حق بی‌نهایت احسان و نعمت دیده‌ای.

گاوْطبعی،[2] زآن[3] نکویی‌های زفت   از دلت، در عشقِ این گوساله، رفت   ۱۷۹۸

امّا چون سرشتِ تو متمایل به امور پست و حیوانی است، نعمت‌ها را فراموش می‌کنی.

باری اکنون تو ز هر جُزوت[4] بپرس   صد زبان دارند این اجزایِ خُرس[5]   ۱۷۹۹

آنچه را که تو فراموش کردی، اجزای بدنت فراموش نکردند، از آن‌ها بپرس.

ذکرِ نعمت‌هایِ رزّاقِ جهان[6]   که نهان شد آن در اوراقِ زمان   ۱۸۰۰

نعمت‌های پروردگار را که در لابه‌لای صفحات روزگار نهان است، بپرس.

روز و شب افسانه جویانی تو چُست[7]   جُزوْ جزوِ تو فسانه‌گویِ توست   ۱۸۰۱

روز و شب مشتاقِ شنیدن افسانه هستی. تمام اجزایت افسانهٔ تو را می‌گوید، به آن گوش کن.

جزو جزوت تا برُسته‌ست از عدم   چند شادی دیده‌اند و چند غم   ۱۸۰۲

هر یک از اجزای وجودت که از نیستی به هستی آمده‌اند، شادی‌ها و غم‌ها دیده‌اند.

زآنکه بی لذّت نروید هیچ جزو   بلکه لاغر گردد از هر پیچْ[8] جزو   ۱۸۰۳

زیرا هیچ جزوی بدون برخورداری از لذّتِ نعمت رشد نمی‌کند و زوال می‌یابد.

جزو ماند و آن خوشی از یاد رفت   بل نرفت آن، خُفیه شد از پنج و هفت[9]   ۱۸۰۴

آن جزو باقی ماند؛ امّا لذّت بهره‌مندی از لطف و نعمت از یاد رفت.

همچو تابستان که از وی پنبه زاد   ماند پنبه، رفت تابستان ز یاد   ۱۸۰۵

مانند تابستان که تمام می‌شود؛ امّا پنبه که محصولِ تابستان است، می‌ماند.

---

۱ - ...

۲ - **گاوْطبعی**: طبع حیوانی و یا سرشت حیوانی داری: در پست‌ترین مراتبِ نفس هستی.

۳ - **زآن**: به سببِ آن. ۴ - **جزوت**: اجزای بدن و وجودت. ۵ - **خُرس**: گُنگ، لال.

۶ - اجزای تو خواهند گفت که با نعمت‌های خداوند به وجود آمده و رشد کرده‌اند.

۷ - **چُست**: چابک، اینجا «گوش به زنگ» و منتظر.

۸ - **پیچ**: سختی و دشواری، اینجا «عدم نعمت» یا «نقمت» است.

۹ - **خُفیه شد از پنج و هفت**: شرایط جسمی ما و جهان مادّی سبب این فراموشی می‌شود. «خُفیه»: نهان، پوشیده.

یا مثالِ یخ که زاید از شِتا[1] شد شِتا پنهان، و آن یخ پیشِ ما ۱۸۰۶

یا مثال زمستان که می‌گذرد؛ امّا یخِ زمستانی می‌مانَد.

هست آن یخ زآن صعوبتْ[2] یادگار یادگارِ صیف[3] در دی، این ثِمار[4] ۱۸۰۷

آن یخ یادگارِ سختیِ زمستان است و میوه‌ها در زمستان هم یادگارِ تابستان‌اند.

همچنان هر جزو جزوت ای فتی! در تنت افسانه گویِ نعمتی ۱۸۰۸

ای جوان، به همین ترتیب تمام اجزایت حاکیِ نعمتی‌اند.

چون زنی که بیست فرزندش بُوَد هر یکی حاکیِّ[5] حالِ خَوش بُوَد[6] ۱۸۰۹

مانند زنی با بیست فرزند که هر یک حاکیِ حالی خوش‌اند.

حَملْ نَبْوَد بی ز مستی[7] و ز لاغ بی بهاری کِی شود زاینده باغ؟ ۱۸۱۰

زیرا معمولاً بدون حالی خوش زن حامله نمی‌شود، مانند باغ که بدون بهار سبز نمی‌گردد.

حاملان[8] و بچّگانْشان[9] بر کنار شد دلیلِ عشقْبازی[10] با بهار ۱۸۱۱

درختانِ باردار، میوه‌ها و برگ‌ها همه نشانهٔ عشق‌بازیِ باغ با بهارند.

هر درختی در رَضاعِ کودکان[11] همچو مریم[12] حامل از شاهی نهان[13] ۱۸۱۲

هر درخت برای پروراندن میوه، برگ و شاخه‌ها مانند مریم(س) از راهی نهان لطف حق را دریافت می‌کند.

گرچه در آب آتشی پوشیده شد صد هزاران کف[14] بر او جوشیده شد ۱۸۱۳

هرچند که آتش لطفِ حق که سبب استمرار حیات است ظاهراً با آبِ فراموشیِ آدمی خاموش می‌شود و از یاد می‌رود؛ امّا کف‌های روی آب نشانِ وجودِ آتش است.

---

۱ – **شِتا :** مخفّف شِتاء: زمستان. ۲ – **صعوبت :** سختی، مراد سختیِ زمستان است. ۳ – **صیف :** تابستان.

۴ – **ثِمار :** میوه. ۵ – **حاکی :** حکایت کننده، بیانگر. ۶ – هر یک نشان و بیان حالی خوش و مهرآمیزاند.

۷ – **مستی :** سرمستیِ همآغوشی، لذّت. ۸ – **حاملان :** اینجا درختان پُر میوه.

۹ – **بچّگانشان :** اینجا میوه‌ها و تمامِ حاصلی که به بار آورده‌اند.

۱۰ – **عشق‌بازی :** اینجا برخورداری و بهره‌مند شدن.

۱۱ – **رَضاع کودکان :** شیر دادن کودکان، اینجا پرورش میوه و برگ و شاخه‌ها.

۱۲ – اشارهٔ به حامله شدن مریم(س) از راهی که خلق بر چگونگی آن بی‌اطّلاع‌اند.

۱۳ – **شاهِ نهان :** اینجا کنایه از قدرت پروردگار که چشم اهل دنیا نمی‌بیند.

۱۴ – **کف :** کنایه از یادآوری ایّام خوش گذشته و احوالِ گوناگونی است که داشته‌ایم.

گرچه آتش سخت پنهان می‌تَنَد[۱] **کَفْ به دَه انگشت**[۲] **اشارت می‌کند** ۱۸۱۴

باوجود آنکه «لطفِ حق» در چشمِ «ظاهربین» نهان است؛ امّا با آثار و علایم گوناگون خود رامی‌نماید.

همچنین اجزایِ مستانِ وصال[۳] **حامل از تمثال‌های**[۴] **حال و قال**[۵] ۱۸۱۵

به همین ترتیب اجزایِ وجودِ عارفان نیز از تجلّیاتِ حق بارور و سرشارند که پرتوِ آن را می‌توان در زندگی و کلام شان دید.

در جمالِ حالْ وامانده دهان چشمْ غایب گشته از نقشِ جهان ۱۸۱۶

اجزایِ وجودشان ماتِ احوال عارف‌اند و چشمی که به ظاهرِ دنیا هیچ توجّهی ندارد.

آن مَوالید[۶] **از زِه این چار نیست**[۷] **لاجرم منظورِ این اَبصار**[۸] **نیست** ۱۸۱۷

تحوّل و تغییری که در عارفان رُخ داده، مادّی نیست و چشمِ سر نمی‌تواند آن را ببیند.

آن موالید از تجلّی زاده‌اند لاجرم مستورِ پردهٔ ساده‌اند[۹] ۱۸۱۸

چون احوالِ عارفان حاصلِ تجلّیاتِ حق است در پسِ پردهٔ بی‌رنگ دل نهان است.

زاده گفتیم و حقیقت زاد نیست وین عبارت جز پیِ ارشاد نیست ۱۸۱۹

در ارتباط با تحوّلات معنوی و روحانی واژهٔ «زاده» را به کار بردیم؛ چون برای ارشاد مریدان باید از الفاظ و تعبیرات دنیوی استفاده کرد؛ امّا واقعیّت آن است که در عالم حقایق چیزی از چیزی زاده نمی‌شود.

هین! خمش کن تا بگوید شاهِ قُل[۱۰] **بلبلی مفروش**[۱۱] **با این جنسْ گل**[۱۲] ۱۸۲۰

هان، سکوت کن تا پروردگار بگوید. تو در قبالِ تجلّیات حق نمی‌توانی چیزی بگویی.

این گُلِ گویاست پُر جوش و خروش بلبلا![۱۳] **ترکِ زبان کُن، باش گوش** ۱۸۲۱

ای گوینده، سخن نگو. گوش باش. جوش و خروشِ هستی سخن هستیِ مطلق است.

---

۱ - **می‌تَنَد :** اینجا شعله می‌کشد. ۲ - **دَه انگشت :** مراد آنکه: از راه‌های مختلف با آثار متعدد.

۳ - **مستانِ وصال :** عارفان که به حق واصل شده‌اند. ۴ - **تمثال :** تصویر، صورت، اینجا کنایه از تجلّی حق.

۵ - **حال و قال :** حالِ عارف که تأثیرِ مستقیمی در نحوهٔ زندگیِ دنیویِ او و سخنش دارد.

۶ - **آن موالید :** آن فرزندان، اینجا کنایه از حالِ عارف و تحوّلات درونی و برونیِ او.

۷ - **زِهِ این چار نیست :** زهدانِ طبایعِ بشری، کنایه از آنکه: مادّی و تحتِ تأثیر عناصر اربعه نیست. معنوی و روحانی است. ۸ - **ابصار :** جمع بَصَر: چشم.

۹ - **پردهٔ ساده :** پردهٔ غیر مادّی که عاری از هر رنگ و نقش است.

۱۰ - **شاهِ قل :** پروردگار، در بعضی آیات قرآنی خطابِ «قل: بگو» آمده و خداوند از پیامبر(ص) خواسته است که بگوید. ۱۱ - **بلبلی مفروش :** بلبل زبانی نکن. ۱۲ - **این جنس گل :** احتمالاً مراد تجلّیات حق است.

۱۳ - **بلبلا :** خطابِ مولانا به خود وی است.

هر دو گون تمثالِ[1] پاکیزه مثال شاهدِ عدل‌اند[2] بر سِرِّ وصال[3] ۱۸۲۲

«صورتِ حال» و «صورتِ قال» هستی، یعنی «ظاهر و باطنِ هستی»، «سرِّ وصال» را می‌گویند.

هر دو گون حُسنِ لطیفِ مرتضیٰ[4] شاهدِ اَحْبال[5] و حَشرِ ما مَضیٰ[6] ۱۸۲۳

«ظاهر و باطنِ هستی» که «پدیده‌هایِ مادّی و معنویِ» زیبا و پسندیده‌ای هستند، از باروری‌ها و تجدید حیات گذشته‌ها سخن می‌گویند.

همچو یخ کاندر تموزِ مُسْتَجَد[7] هر دم افسانهٔ زمستان می‌کند ۱۸۲۴

مانند «یخ» که در آغاز تابستان هر لحظه از زمستان سخن می‌گوید.

ذکرِ آن اَریاحِ[8] سرد و زَمْهریر[9] اندر آن اَزمان[10] و اَیّامِ عَسیر[11] ۱۸۲۵

از بادهای سرد و پر سرما در آن روزها و ایّام سختِ زمستان یاد می‌کند.

همچو آن میوه که در وقتِ شتا می‌کند افسانهٔ لطفِ خدا ۱۸۲۶

به همین ترتیب میوهٔ تابستانی که برای زمستان نگهداری شده است، به زبان حال از احسان الهی که او را پرورانده سخن می‌گوید.

قصّهٔ دورِ تبسّم‌هایِ شمس[12] و آن عروسانِ چمن[13] رالَمْس[14] و طَمْس[15] ۱۸۲۷

و قصّهٔ تابش آفتاب بر میوه‌ها، برگ‌ها و گیاهان را که در آغاز سببِ پروردن و در پایان موجبِ پژمرده شدن آن‌هاست بیان می‌کند.

---

۱ - **هر دو گون تمثال :** «تمثالِ حال» و «تمثالِ قال»: آنچه که مربوط به «حال» یا عوالم معنوی هستی است و آنچه که مربوط به «قال» یا پدیده‌های محسوس و قابل رؤیت هستی است. ۲ - **شاهدِ عدل :** گواهِ عادل.

۳ - **سرِّ وصال :** راز وصال حق.

۴ - **حُسنِ لطیفِ مرتضیٰ :** زیبایِ لطیفِ برگزیده، کنایه از «ظاهر و باطن» هستی است که هر دو زیبا و لطیف‌اند.

۵ - **اَحْبال :** جمع حَبل و حَبَل: باروری.

۶ - **حشرِ ما مَضیٰ :** تجدید حیاتِ آنچه در گذشته بوده و تمام شده است مثلِ تابستان که می‌آید و تمام می‌شود.

۷ - **تموزِ مُسْتَجَدّ :** تابستانی که سال پیش رفته بود و اینک باز نو شده است. «مُسْتَجَدّ»: نو و تازه شده.

۸ - **اَریاح :** جمع ریح: باد. ۹ - **زمهریر :** سرمای سخت. ۱۰ - **اَزمان :** جمع زمان.

۱۱ - **ایّامِ عَسیر :** روزهای سخت. ۱۲ - **تبسّم‌هایِ شمس :** کنایه از تابش آفتاب.

۱۳ - **عروسانِ چمن :** گل‌ها و گیاهان.

۱۴ - **لَمس :** تابش آفتاب به گل و گیاه به «لمس کردن یا نوازش» مانند شده که سبب پرورش است.

۱۵ - **طَمْس :** محو شدن.

حال[۱] رفت و ماند جُزوت یادگار[۲] یـا از او واپـرس، یـا خـود یـاد آر ۱۸۲۸

اجزای وجود تو نیز همین قصّه را می‌گویند، یا از آن‌ها بپرس و یا خودت به یاد آور.

چون فرو گیرد غمت، گر چُستیی[۳] زآن دمِ نـومیدْ کُـن واجُـستیی[۴] ۱۸۲۹

اگر هوشیار هستی، در هنگامِ غم، از همان لحظهٔ نومیدکننده بپرس،

گفتی‌اش: ای غصّهٔ مُنْکِرِ به حال[۵] راتـبهٔ[۶] اِنـعامها[۷] را زآن کـمال ۱۸۳۰

بگو: ای غم، ای آنکه به حضورت انکار الطاف خداوند است،

گر به هر دم نَـه‌ت بـهار و خـرّمی‌ست همچو چاش.[۸] گُل تَنَت انبار چیست؟ ۱۸۳۱

اگر هر لحظه در وجودت بهار و طراوتی نیست، چگونه تنِ تو مانند خرمن گل در حال روییدن است؟

چاشِ گل تن،[۹] فکرِ تو همچون گلاب[۱۰] مُـنکرِ گـل شـد گـلاب، ایـنْتْ عُـجاب ۱۸۳۲

از این وجود جسمانی که مانند خرمن گُل در حال رویش است، فکر و اندیشه‌ات به وجود آمده و عجیب است که این اندیشه منکرِ نعمت‌هایی که به جسم و جانت رسیده است، باشد.

از کَپی‌خویانِ[۱۱] کُفران کَـهْ دریـغ[۱۲] بر نَبی خویان[۱۳] نثارِ مِهر و مـیغ[۱۴] ۱۸۳۳

برای میمون صفتانِ ناسپاس که منکر نعمت‌اند، کاه نیز حیف است. پیامبر صفتانِ شاکر شایستهٔ نور و بارانِ رحمت‌اند.

آن لَجاجِ کـفر[۱۵]، قـانونِ[۱۶] کَـپی‌ست وآن سپاس و شکر، منهاجِ[۱۷] نَبی‌ست ۱۸۳۴

با لجاجت کفر ورزیدن عادتِ افرادِ ناسپاس است و سپاس و شکر روش پیامبران.

---

۱ - **حال**: اینجا کنایه از لذّتِ برخورداری از نعمت حق است که موجب هستی یافتن اجزای وجود آدمی می‌گردد.
۲ - بازگشت به بیت ۱۸۰۱ همین دفتر که اجزایِ وجود ما همه به زبانِ حال از نعمت‌های الهی سخن می‌گویند.
۳ - **چُست**: چابک، اینجا آگاه و هوشیار. ۴ - **واجستن**: بازجویی کردن و پرسیدن.
۵ - **غُصّهٔ منکِرِ به حال**: ای غمی که مُنکرِ نعمت‌ها هستی. ۶ - **راتبه**: جیره، مقرّری.
۷ - **اِنعام**: نعمت دادن، عطا و بخشش. ۸ - **چاش**: اینجا مطلق خرمن.
۹ - «تن» به خرمن گل مانند شده است. ۱۰ - فکر به گلاب تشبیه شده است.
۱۱ - **کَپی‌خُوی**: میمون‌صفت، اینجا کسی که مقلّدانه ناسپاسی و کفران دارد.
۱۲ - **کَهْ دریغ**: حیفِ کاه، کاه هم حیف است. ۱۳ - **نَبی خُوی**: پیامبر صفت، همواره شاکر.
۱۴ - **نثار مهر و میغ**: نثار آفتاب و ابر: نثار نور و بارانِ رحمت. ۱۵ - **لجاجِ کفر**: کفر ورزیدن.
۱۶ - **قانون**: عادت، راه و روش. ۱۷ - **مِنهاج**: روش.

با کَپی‌خویان تَهَتُّک‌ها[1] چه کرد؟ با نَبی رویان تَنَسُّک‌ها[2] چه کرد؟ ۱۸۳۵

ببین که پرده‌دری‌ها چه بر سرِ افراد ناسپاس آورد؟ و پارسایی با سپاسگزارانِ راستین چه کرد؟

در عمارت‌ها سگان‌اند[3] و عَقور[4] در خرابی‌هاست گنجِ عِزّ و نور[5] ۱۸۳۶

گاه در پسِ ظاهر آراسته، منکرانِ بدخوی و عقرب صفت نهان‌اند و در پسِ ظاهری فقیرانه، گنجی از عزّت نَفْس و باطنی منوّر نهفته است.[6]

گر نبودی این بُزوغ[7] اندر خسوف[8] گم نکردی راهْ چندین فیلسوف ۱۸۳۷

اگر همین اندک نورِ علم تقلیدی به جانِ تاریکِ فیلسوف‌نمایان نمی‌تابید و در تاریکیِ محض می‌ماندند، مدّعیِ علَم نبودند و گمراه نمی‌شدند.

زیرکان و عاقلان[9] از گمرهی[10] دیده بر خُرطومْ[11] داغ ابلهی[12] ۱۸۳۸

این زیرکان و عاقلان چنان گمراه‌اند که عاقبت داغِ نادانی را بر بینی خویش خواهند دید.

باقیِ[13] قصّهٔ فقیرِ روزی طلب بی واسطهٔ کسب[14]

فقیری مُفلس که از فاقه در رنج و محنت بود، در نماز و دعا از خداوند خواهان روزیِ بی سعی و کسب شد. شبی در خواب هاتفی ندا داد که گنجنامه‌ای در میان کاغذپاره‌های فلان

---

۱ - **تَهَتُّک** : پرده‌دری، بی‌شرمی. ۲ - **تَنَسُّک** : پارسایی.

۳ - **سگ** : کنایه از منکرِ بدخوی که مؤمن را می‌گیرد.

۴ - **عَقور** : گزنده، کنایه از کسی که با سخن خلق را می‌گزد. ۵ - **عِزّ و نور** : عزّت نفس و نور باطن.

۶ - مراد آنکه: به ظاهر نمی‌توان حُکم کرد.

۷ - **بُزوغ** : تابیدن، اینجا تابشِ ضعیفِ نورِ علمِ تقلیدی است که سبب عُجب می‌گردد و راهی به عالم معنا ندارد.

۸ - **خسوف** : ماه‌گرفتگی، اینجا کنایه از ماهِ جانِ فیلسوف‌نمایانِ عالم است که اندک علمی به تقلید فرا گرفته‌اند.

۹ - **زیرکان و عاقلان** : مدّعیانِ زیرکی و عقل که «زیرکی و عقلِ مادّی و دنیوی» دارند و راهی به حقایق ندارند.

۱۰ - **ازگمرهی** : مراد ادّعای دانش و یافتن حقیقت است که چون حقیقتی ندارد، سبب گمراهی است.

۱۱ - **خرطوم** : بینی. ۱۲ - **داغِ ابلهی** : داغ یا مُهرِ سفاهت و بلاهت.

۱۳ - واژهٔ «باقی» در عنوان بی مورد است؛ زیرا این قصّه اینک آغاز شده است؛ امّا شبیه قصّهٔ دیگری است که در دفتر سوم آمده بود و موجب شده که مولانا آن را ناتمام بداند.

۱۴ - مأخذ آن حکایتی است با همین مضمون در مقالات شمس، نسخهٔ فاتح، ص ۱۴، که اشارتی است به عنایت حق، خُطْوَتَانِ وَ قَدْ وَصَلَ : «*برای وصول به حق دو گام کافی است*»

همسایهٔ وَرّاق[۱] هست، باید آن را برگیرد و بدان عمل کند. مرد گنجنامه را یافت و دید که نشان قبّه‌ای در بیرون شهر است که باید پشت به آن و رو به قبله بایستد و تیر را در چلّه کمان بگذارد، هرجا که تیر افتاد، همانجا را بکاود.

مرد کمان‌ها آورد و تیرها پرانید و زمین را در هر جا کاوید و نشانی از گنج نیافت. خبر به گوش سلطان رسید. گنجنامه را گرفتند و ماه‌ها بدان پرداختند و هیچ نیافتند و کاغذپاره را به او باز دادند. مرد با درماندگی و استیصال سرّ آن را از حق جویا شد. ندایی گفت: به تو گفتند: تیر را در کمان بگذار، نگفتند: زه را بکش؛ امّا **«از فضولی توکمان افراشتی»**، اینک تیر در کمان نِهْ؛ ولی کمان را نکش. هرجا را که تیر افتاد، بکاو که گنج همانجاست **«زور بگذار و به زاری جو ذَهَب»**.

سرّ قصّه در تقریر این معناست که گنج حقیقی در درون آدمی است و برای یافتن آن باید درون را کاوید. هر کس که زه را سخت‌تر کشد، **«فلسفی»**، تیر را دورتر افکنده و از یافتن گنج محروم‌تر است.

آن یکی بیچارهٔ مفلس ز درد — که ز بی چیزی هزاران زهر خَورد[۲] ۱۸۳۹

بیچارهٔ بینوایی که با ناراحتی و به سبب فقر خون جگرِ فراوان خورده بود،

لابه کردی در نماز و در دعا — کِای خداوند و نگهبانِ رِعا[۳]! ۱۸۴۰

در نماز و دعا با لابه می‌گفت: پروردگارا، ای نگهبان نگهبانان!

بی ز جهدی آفریدی مر مرا — بی فنِ من[۴] روزی‌ام دِهْ زین سرا[۵] ۱۸۴۱

مرا بدون تلاشِ خودم آفریدی؛ پس در این دنیا بی تلاشِ من روزی‌ام را بده.

پنج گوهر دادی‌ام در دُرجِ[۶] سَر — پنج حسِّ دیگری هم مُسْتَتَر[۷] ۱۸۴۲

تو به من پنج حسّ ظاهری و پنج حسّ باطنی دادی.

لا یُعَدّ[۸] این داد[۹] و لا یُحْصیٰ[۱۰] ز تو — من کَلیلم[۱۱] از بیانش، شرمْ‌رو ۱۸۴۳

عطایِ تو را نمی‌توان شمرد و من از بیان آن گُنگ و شرمنده‌ام.

---

۱ - **وَرّاق** : کاتب، صحّاف. ۲ - **زهر خوردن** : کنایه از رنج بردن.
۳ - **رِعا** : رِعاء: جمع راعی: شبان، چوپان. ۴ - **بی فنِ من** : بدون جهد و تلاش خودم.
۵ - **زین سرا** : در این دنیا.
۶ - **دُرج** : صندوقچهٔ جواهر. «دُرجِ سَر» مراد سر یا قوای ظاهری است، حواسّ ظاهری.
۷ - **مُسْتَتَر** : پوشیده شده، پنهانی. ۸ - **لا یُعَدّ** : غیر قابل شمارش. ۹ - **داد** : عطا.
۱۰ - **لا یُحْصیٰ** : به حساب در نمی‌آید، بی‌حساب، خیلی زیاد. ۱۱ - **کَلیل** : عاجز.

۱۸۴۴ **چونکه در خلاّقی‌ام تنها توی   کارِ رزّاقیم تو کُن مُستوی**[۱]

چون خالقِ من تویی، روزی‌اَم را هم تو برسان.

۱۸۴۵ **سال‌ها زو این دعا بسیار شد   عاقبت زاریّ او بر کار شد**[۲]

سالیان دراز دعا کرد تا روزی سرانجام ناله‌اش پاسخی یافت.

۱۸۴۶ **همچو آن شخصی که روزیّ حلال   از خدا می‌خواست بی کسب و کَلال**[۳]

همانند آن شخصی که از خدا روزیِ حلالِ بی‌کسب می‌خواست.

۱۸۴۷ **گاو آوردش سعادت عاقبت[۴]   عهدِ داوودِ لَدُنّی مَعدِلت**[۵]

عاقبت در عهد داوود(ع) که عدلِ خدایی داشت، گاوی برای او سعادت آورد.

۱۸۴۸ **این مُتَیَّم[۶] نیز زاری‌ها نمود   هم ز میدانِ اجابت گو رُبود**[۷]

این بندهٔ دردمند نیز زاری‌ها کرد تا به اجابت رسید.

۱۸۴۹ **گاه بدظن[۸] می‌شدی اندر دعا   از پیِ تأخیرِ پاداش و جزا**

گاه به سبب تأخیر اجابت دلسرد می‌شد.

۱۸۵۰ **باز اِرجاءِ[۹] خداوندِ کریم   در دلش بَشّار[۱۰] گشتی و زَعیم**[۱۱]

باز خدایِ بخشنده به او امید می‌داد که دعایش اجابت خواهد شد.

۱۸۵۱ **چون شدی نومید در جهد از کَلال   از جناب حق شنیدی که: تَعال**[۱۲]

چون از تلاش خسته و مانده می‌شد از پیشگاه خداوند می‌شنید: بیا.

۱۸۵۲ **خافض است و رافع[۱۳] است این کردگار   بی از این دو بر نیاید هیچ کار**[۱۴]

پروردگار خوارکننده و رفعت دهنده است و این‌ها لازمهٔ نظامِ هستی است.

---

۱ - **مُسْتَوی** : راست و درست.   ۲ - **زاریّ او بر کار شد** : مقرون به اجابت شد.
۳ - **کَلال** : خستگی و ماندگی.   ۴ - ر.ک: ۱۴۵۱/۳.   ۵ - **لَدُنّی مَعدِلت** : دارای عدالت الهی.
۶ - **مُتَیَّم** : رام و منقاد، مشتاق و دردمند.   ۷ - **گُو ربود** : به نتیجه رسید.
۸ - **بدظن** : بدگمان، ناامید و یا دلسرد.   ۹ - **ارجاء** : امیدوارکردن.
۱۰ - **بشّار** : بشارت دهنده، مژده دهنده.   ۱۱ - **زعیم** : کفیل، ضامن.   ۱۲ - **تعال** : بیا.
۱۳ - **خافض و رافع** : پایین برنده و بالا برنده، اینجا به وجود آورندهٔ حالات مختلف در هستی.
۱۴ - مصراع دوم: بدون این دو کارها انجام نمی‌شود؛ یعنی باید این‌طور باشد.

خــفضِ اَرضــی بـین و رفـعِ آسـمان بی از این دو نیست دورانْش[۱] ای فلان! ۱۸۵۳

ای فلان، پستیِ زمین و بلندیِ آسمان را ببین که گردش آسمان از همین است.

خفض و رفعِ این زمین نوعی دگـر نیمْ سالی شـوره، نـیمی سـبز و تـر ۱۸۵۴

زمین هم اوج و فرود دارد. نیمی از سال شوره است و نیمی سرسبز.

خَـفض و رفـعِ روزگـارِ بـا کُـرَب[۲] نــوع دیگــر، نـیمْ روز و نـیمْ‌شب ۱۸۵۵

اوج و فرودِ این روزگارِ پُر اندوه نوع دیگری است. نیمی روز و نیمی شب است.

خَفض و رفـعِ ایـن مـزاجِ مُـمْتَزِج[۳] گاه صحّت، گاه رنـجوری مُـضِج[۴] ۱۸۵۶

اوج و فرودِ مزاجِ آمیخته از اضداد، گاه سلامتی و گاه بیماریِ دردناک است.

هــمچنین دان جـمله احـوالِ جـهان قحط و جَدْب[۵] و صلح و جنگ از اِفْتِتان[۶] ۱۸۵۷

همهٔ احوال جهان هم همین‌طور است و به سببِ قحطی یا فـراوانـی و صلح یـا جـنگ همواره خوب و بد است.

این جهان با این دو پَرّ[۷] انـدر هـواست[۸] زین دو، جان‌ها موطنِ خوف و رجا[۹]ست ۱۸۵۸

جهان با این تضاد برپاست و جانِ ما از آن در بیم و امید است.

تــا جــهان لرزان بُـوَد مـانندِ بـرگ درشِمال[۱۰] ودرسموم[۱۱] بعث[۱۲] و مرگ[۱۳] ۱۸۵۹

تا «هستی‌هایِ مادّی» مانندِ برگی در برابرِ وزشِ بادِ حیات‌بخش و یا توفانِ مرگ‌آور بلرزند،

---

۱ - **دوران :** گردش، مراد آنکه:گردش آسمان به سبب رفعتی است که دارد؛ البتّه اینجا نگاه شاعرانه است.

۲ - **کُرَب :** جمع کُرْبَة: اندوه.

۳ - **مُمْتَزِج :** آمیخته، اینجا «مزاجِ مُمْتَزِج»: مزاجِ آمیخته از وجودِ عناصر اربعه: آب و آتش و خاک و هوا.

۴ - **مُضِج :** ضجه‌آور، دردناک [دردی که با ناله همراه باشد].

۵ - **جَدْب :** خشکسالی، در این بیت «قحط و جَدْب» هر دو به معنی خشکسالی و قحطی است و چون در این ابیات سخن از «اوج و فرود» است؛ پس بهتر است آن را در معنای متضاد بیاوریم. ۶ - **افتتان :** فتنه‌زدگی.

۷ - **دو پر :** مراد اوج و فرود است یا نیک و بد و یا تمام پدیده‌های متخالف و متضادّی که در عالم می‌بینیم.

۸ - **اندر هوا :** اینجا معلّق، پابرجا. ۹ - **خوف و رجا :** بیم و امید.

۱۰ - **شِمال :** بادی که از شمال بوَزَد [اینجا باد ملایم]. ۱۱ - **سموم :** سم‌ها: باد زیان‌بخش.

۱۲ - **بَعث :** برانگیختن مردگان، اینجا همان «رفع» است. ۱۳ - **مرگ :** مُردن، اینجا همان «خَفض» است.

تا خُمِ یک رنگیِ[۱] عیسیِّ ما[۲] بشکند نرخِ خُمِ صد رنگ[۳] را ۱۸۶۰

تا همواره به «هستیِ مطلق» توجّه کنند که ارتقا یابند و با اتّصال به حقیقتِ وجودِ خودشان بتوانند جان را از قید عالم مادّه برهانند.

کآن جهان همچون نمکسار[۴] آمده است هر چه آنجا رفت بی تلوین[۵] شده است ۱۸۶۱

زیرا عالمِ معنا، همانند نمکزار است که اتّصال به آن سببِ پاکیِ جان از آلایش‌ها می‌شود.

خاک را بین، خلقِ رنگارنگ را می‌کند یک رنگ، اندر گورها[۶] ۱۸۶۲

همان‌طور که خاک انسان‌هایِ متفاوت را در درون گورها یکسان می‌کند.

این نمکسارِ جُسوم[۷] ظاهر است خود نمکسارِ معانی دیگر است ۱۸۶۳

این نمکزارِ «جسم»هاست؛ امّا نمکزارِ «جان»ها به گونهٔ دیگری است.

آن نمکسارِ معانی معنوی‌ست از ازل آن تا ابد اندر نوی‌ست ۱۸۶۴

نمکزارِ معانی، معنوی است و از آغاز تا انجام همواره نو و تازه می‌مانَد.

این نوی را کهنگی ضِدّش بُوَد آن نوی بی ضدّ و بی نِدّ[۸] و عدد[۹] ۱۸۶۵

در عالمِ مادّه، کهنگی ضدّ تازگی است؛ امّا در عالمِ معنا کهنگی نیست و تازه شدنِ معنوی بدونِ ضدّ، بی‌مانند و بی‌شمار است.

آنچنان کز صَقْلِ[۱۰] نورِ مصطفی[۱۱] صدهزاران[۱۲] نوعْ ظلمت شد ضیا[۱۳] ۱۸۶۶

همان‌طور که از درخشش نور مصطفی(ص) تاریکی‌های جهل به نورِ ایمان بَدَل شد.

---

۱ - **خُمِ یک رنگی:** مراد مرتبه کمال و کمال الهی است. ۲ - **عیسیِّ ما:** اینجا مراد پروردگار است.

۳ - **خُمَِ صد رنگ:** کنایه از عالم کثرت است و دگرگونی‌هایی که خاصّ عالم مادّه است.

۴ - **نمکسار:** نمکزار: مطابق احکام شرع اگر مُردار در نمکزار استحاله گردد پاک است: اینجا کنایه از جان آدمی است که هنوز از آلایش‌های مادّی مصفّا نشده است.

۵ - **تلوین:** رنگ به رنگ کردن، در تعبیر عرفانی: احوال متفاوتِ سالکان متوسّط. اینجا «بی تلوین شدن»: از آلایش پاک شدن. ۶ - مراد آنکه: همهٔ انسان‌ها خاک می‌شوند و تمام تفاوت‌های ظاهری از میان می‌رود.

۷ - **جسوم:** جسم‌ها. ۸ - **نِدّ:** نظیر و مانند.

۹ - مراد آنکه: نو شدن در عالم معنا به سبب تجلّیات حق است که نه ضدّی دارد و نه همتایی و نه قابل شمارش است. ۱۰ - **صَقل:** درخشش یا درخشندگی. ۱۱ - **نورِ مصطفی**(ص): نور نبوّت و نور حق.

۱۲ - **صد هزاران:** عدد خاصّ نیست، بر کثرت دلالت دارد. ۱۳ - **ضیا:** ضیاء: نور یا روشناییِ ذاتی.

از جُهود و مُشرک و ترسا و مُغ[1]　　جملگی یک رنگ شد زآن اَلْپْ اُلُغ[2] ۱۸۶۷

در پرتوِ نورِ آن مرد بزرگ، یهودی، مشرک، مسیحی و آتش‌پرست همه یک رنگ شدند.

صد هزاران سایه[3] کوتاه و دراز　　شد یکی، در نورِ آن خورشیدِ راز[4] ۱۸۶۸

صدها هزار دلیل و برهانِ انکار در برابر نور او یکی شدند.

نه درازی ماند، نه کوته، نه پهن　　گونه گونه سایه در خورشیدْ رَهن[5] ۱۸۶۹

«انکار» با اشکالِ گوناگونش، در برابر خورشیدِ وجودِ او محو شد.

لیک یکرنگی که اندر محشر است　　بر بد و بر نیک کشف و ظاهر است ۱۸۷۰

امّا یک‌رنگیِ انسان‌ها در قیامت به سببِ ظهورِ افکار و اعمالِ آدمیانِ بد و خوب در ظاهرِ آنان است.

که معانی، آن جهان، صورت شود[6]　　نقش‌هامان در خورِ خصلت شود ۱۸۷۱

زیرا «معانی» در آن جهان صورت دارند و ظاهر ما متناسب با خصلت‌هایمان خواهد بود.

گردد آنگه فکر، نقشِ نامه‌ها[7]　　این بَطانه[8]، رویِ کارِ جامه‌ها[9] ۱۸۷۲

همان‌گونه که افکار را با کلمات در نامه‌ها نقش می‌کنند، «پندار و کردارِ» هرکس در وجودش نقش می‌شود، گویی که آستر لباس رویهٔ آن شود.

این زمان سِرها[10] مثالِ گاوِ پیس[11]　　دوکِ نطق[12] اندر ملل[13] صد رنگ ریس[14] ۱۸۷۳

علّت تنوّع عقاید، اندیشه‌ها و مذاهب در این دنیا تفاوتی است که در ضمیر یا باطن آدمیان وجود دارد و مانند پوستِ ابلق یک گاو است.

---

۱ - **مُغ :** مُوبَد زردشتی، پیرو زرتشت.　　۲ - **اَلْپ اُلُغ :** دلیر و بزرگ، توانمندِ بزرگ.

۳ - **سایه :** مقام استدلال است: دفتر اوّل: از وی ار سایه نشانی می‌دهد / شمس هر دم نور جانی می‌دهد.

۴ - **خورشیدِ راز :** مراد پیامبر(ص) است.

۵ - **در خورشید رهن شدن :** در نور خورشید محو شدن. «رهن»: گرو، اینجا مرهون.

۶ - در ارتباط است با تجسّمِ اعمال در رستاخیز.

۷ - افکار صورت می‌یابند، مانند افکار که در نامه به کلمات مبدّل می‌شوند.

۸ - **بَطانه :** آستر لباس، لاییِ لباس.

۹ - اشاره به حدیث: یُبْعَثُ النّاسُ عَلیٰ نیاتِهِمْ: آدمیان بر حسب نیّت و مقاصدشان برانگیخته می‌شوند: احادیث مثنوی، ص ۱۷.　　۱۰ - **سِرها :** اینجا ضمایر یا درون‌ها، باطن‌ها.

۱۱ - **گاوِ پیس :** گاوی با پوست ابلق یا سفید و سیاه.

۱۲ - **دوکِ نطق :** دوکِ سخن، کنایه از سخنانِ گوناگونی که گفته می‌شود.　　۱۳ - **اندر ملل :** در مورد مذاهب.

۱۴ - **صد رنگ ریس :** صدها رنگ نخ را می‌ریسد؛ یعنی تنوّع عقاید و اندیشه و مذاهب دیده می‌شوند در حالی که همه جویای یک چیز «واحد»اند و هر یک به زبانی و به نوعی که خاصّ اوست، همان را می‌گوید.

نوبتِ صد رنگی است و صد دلی — عالمِ یکرنگ، کِی گردد جلی[۱]؟ ۱۸۷۴

در عالمِ کثرت باطن خلق متفاوت است و دل‌ها پراکنده. عالم وحدت کی آشکار می‌گردد؟

نوبتِ زنگ[۲] است، رومی[۳] شد نهان — این شب[۴] است، و آفتاب[۵] اندر رهان[۶] ۱۸۷۵

دوران سیه‌کاران است و نهان شدن وحدتِ مؤمنان. خلق در جهل غوطه‌ورند و نور حقیقت در پسِ پردهٔ نادانی پنهان شده است.

نوبتِ گرگ[۷] است و یوسف[۸] زیر چاه — نوبت قِبط[۹] است و فرعون[۱۰] است شاه ۱۸۷۶

دورهٔ گرگ صفتان است و نورِ ایمان در چاهِ ستم‌ها نهان. نوبتِ قبطیان و سلطنتِ فرعون است.

تا ز رزقِ بی دریغ خیره خند[۱۱] — این سگان[۱۲] را حِصّه[۱۳] باشد روز چند ۱۸۷۷

تا چند روزی «دنیاپرستان» از روزیِ بی دریغ و لبخند فریبنده‌اش بهره‌مند شوند.

در درونِ بیشه[۱۴] شیران[۱۵] منتظر — تا شود امرِ تَعالُوا[۱۶] منتشر ۱۸۷۸

شیرانِ حق در دنیا درخششی ندارند و منتظرِ فرمان پروردگارند که بگوید: بیایید.

پس برون آیند آن شیران زِ مَرج[۱۷] — بی حجابی حق نماید دخل و خَرج[۱۸] ۱۸۷۹

آنگاه شیران حق از دنیا می‌روند تا خداوند بی‌پرده به آنان نیک و بد یا پاداش و کیفر را نشان دهد.

جوهرِ انسان[۱۹] بگیرد برّ و بَحر — پیسه گاوان بِسملِ[۲۰] آن روز نَحر[۲۱] ۱۸۸۰

در رستاخیز که وجه روحانیِ انسان بر همه جا احاطه می‌یابد، عیدِ قربانی برپا می‌شود که «دنیاپرستان» مانند گاوانِ ابلق قربانیان آن‌اند.

---

۱ - **جلی :** آشکار. ۲ - **زنگ :** کنایه از اشقیا و بدکاران.

۳ - **رومی :** کنایه از نور باطن و وحدت یا یکرنگیِ مؤمنان. ۴ - **شب :** کنایه از غفلت و جهلِ خلق.

۵ - **آفتاب :** کنایه از خورشید حقیقت.

۶ - **اندر رهان :** درگرو یا در رهن، مراد آنکه: حقیقت درگرو یا در پس این جهل نهان است.

۷ - **گرگ :** کنایه ازگرگ صفتان. ۸ - **یوسف :** اینجا کنایه از نورِ ایمان.

۹ - **قِبط :** اینجا کنایه از «بی اعتقادی و بی ایمانی». ۱۰ - **فرعون :** اینجا کنایه از نَفْسِ امّارهٔ اهل دنیا.

۱۱ - **خیره خند :** کسی که بیهوده می‌خندد، اینجا خندهٔ فریبندهٔ دنیا. ۱۲ - **سگان :** کنایه از دنیا دوستان.

۱۳ - **حِصّه :** بهره. ۱۴ - **بیشه :** کنایه از «دنیا»ست. ۱۵ - **شیران :** مردان حق.

۱۶ - **امرِ تَعالوا :** فرمانِ پروردگار که بگوید: بیایید: قرآن: انعام: ۱۵۱/۶. همچنین در مواردی دیگر در «آل عمران»، «منافقون» و «نساء» مخاطب منکران‌اند. اینجا اقتباس لفظی است.

۱۷ - **مَرج :** چراگاه، اینجا کشتزار، کنایه از دنیا.

۱۸ - **دخل و خرج :** کنایه از پاداش و کیفر یا نیک و بد که در قیامت آشکار می‌شود.

۱۹ - **جوهرِ انسان :** حقیقتِ انسان یا وجه روحانیِ او.

۲۰ - **بسمل :** ذبحِ حیوان با ضوابط شرع و گفتن بسم‌الله.

۲۱ - **نَحر :** کشتن یا قربانی کردنِ شتر، قربانی. «روزِ نَحر»: عیدِ قربان.

روزِ نَـــحرِ رســـتخیزِ ســـهمناک   مؤمنان را عـید و گـاوان را هـلاک ۱۸۸۱

رستاخیزِ هولناک برای حق‌پرستان عید است و برای دنیاپرستان روز هلاک.

جـملهٔ مـرغانِ آب[1] آن روزِ نَـحر   همچو کشتی‌ها روان بر رویِ بـحر ۱۸۸۲

در آن روز، «اهلِ معنا»، مانند کشتی‌ها بر روی دریا روان و در امنیّت‌اند.

تا که یَـهْلِكُ مَـنْ هَـلَكْ عَـنْ بَـیِّنَه[2]   تـا کـه یَـنْجو مَـنْ نَـجا وَاسْـتَیْقَنَه ۱۸۸۳

تا هر که هلاک می‌شود با دلیلی روشن و هر که نجات می‌یابد با دلیلی آشکار و رسیدنِ به یقین باشد.

تا که بازان[3] جـانبِ سـلطان رونـد   تا که زاغان[4] سویِ گورستان[5] روند ۱۸۸۴

تا «اهلِ معرفت» به سوی حق بروند و «اهلِ دنیا» به سویِ گورستانِ هلاکتِ معنوی.

کاستخوانْ وَ اجزایِ سرگین،[6] همچو نان   نُـقلِ زاغـان آمـده است انـدر جـهان ۱۸۸۵

زیرا دنیاپرستان به بهره‌مندی از لذّت‌ها و شهواتِ دنیوی عادت دارند.

قندِ حکمت[7] از کجا؟ زاغ از کجا؟   کِرْمِ سرگین از کجا؟ باغ[8] از کـجا؟ ۱۸۸۶

«دنیاپَرَست» از معرفت چه می‌داند؟ عمری در میانِ پلیدی‌ها بوده است، از عوالم روحانی چه می‌فهمد؟

نیست لایق غَزْوِ نَفْس[9] و مردِ غَـر[10]   نیست لایق[11] عود و مشک وکونِ خر ۱۸۸۷

جهاد با نَفْس از نامرد بر نمی‌آید، همان‌طور که عود و مُشک مناسبتی با ماتحتِ خر ندارد.

چون غزا ندهد زنان[12] را هیچ دست   کِی دهد آن، که جهادِ اکبر است[13]؟ ۱۸۸۸

چون جهاد فقط از مردان بر می‌آید، آیا جهادِ اکبر از نامردان بر می‌آید؟

---

۱ - **مرغانِ آب :** تعبیری برای «اهل معنا» یا عارفان.

۲ - مصراع اوّل: اشارتی قرآنی؛ انفال: ۴۲/۸: ...تا هر که هلاک شدنی است به دلیلی هلاک شود و هر کس زنده ماندنی است به دلیلی زنده مانَد... . در ارتباط با غزوهٔ بدر است.

۳ - **بازان :** کنایه از عارفان.

۴ - **غازان :** کنایه از اهل دنیا.

۵ - **گورستان :** اینجا عوالمِ پستِ دنیوی یا هلاکت معنوی و نابودی است.

۶ - **استخوان و اجزای سرگین :** کنایه از لذّت‌ها و بهره‌های پَست.

۷ - **قندِ حکمت :** معرفت.

۸ - **باغ :** کنایه از عالم معنا یا عوالمِ روحانیِ عارفان.

۹ - **غَزوِ نَفْس :** جهاد با نَفْس.

۱۰ - **مردِ غَر :** نامرد، مُخنَّث، بدکار.

۱۱ - **لایق :** شایسته و سزاوار.

۱۲ - **زنان :** مراد نامردان است. در تعبیر عرفانی «مرد» کسی است که با نفْس مبارزه می‌کند و «زن» کسی است که اسیرِ نفْسِ امّاره است.

۱۳ - **جهاد اکبر :** اشاره به خبری که بنا بر مضمونِ آن «مبارزه با نفْس» جهاد اکبر است: احادیث، ص ۵۵۵.

جز به نادر،[۱] در تنِ زن رُستمی — گشته باشد خُفیه[۲]، همچون مریمی ۱۸۸۹

به ندرت پیش می‌آید که در زن، مانند مریم(س) رُستمی نهان شده باشد.

آنچنانکه در تنِ مردان، زنان — خُفیه‌اند، و ماده از ضعفِ جَنان[۳] ۱۸۹۰

همان‌طور که بعضی از مردان هم به سببِ بُزدلی گویی زن‌اند.

آن جهان، صورت شود[۴] آن مادگی[۵] — هر که در مردی ندید آمادگی ۱۸۹۱

هر کس که اینجا با نَفْس مبارزه نکند، در آن دنیا نامردی‌اش تجسّم می‌یابد.

روزِ عدل و عدل، دادِ در خور است — کفشْ آنِ پا، کلاهْ آنِ سر است ۱۸۹۲

آن روز روز عدل است و روزِ دادگریِ عادلانه؛ پس کفش برای پا و کلاه مخصوص سر است؛ یعنی هر چیز در جای خویش قرار می‌گیرد.

تا به مطلب در رسد هر طالبی[۶] — تا به غرب خود رود هر غاربی[۷] ۱۸۹۳

تا طالبِ حق به مطلوب خود برسد و طالبِ باطل غروب کند.

نیست هر مطلوب از طالب دریغ — جفتِ تابش شمس، و جفتِ آبْ میغ[۸] ۱۸۹۴

هرگز مطلوب را از طالب دریغ نمی‌کنند، همان‌طور که درخشش با خورشید همراه است و بارش با ابر.

هست دنیا[۹] قهرخانهٔ کردگار[۱۰] — قهر بین، چون قهر کردی اختیار ۱۸۹۵

دنیا در تعبیرِ عرفانی‌اش محلّ تجلّیِ قهرِ حق است. اینک که قهر را برگزیدی آن را ببین.

استخوان و مویِ مقهوران نگر — تیغِ قهر افکنده اندر بحر و بر ۱۸۹۶

استخوان‌ها و موهایِ دنیاپرستان پیشین را ببین که چگونه مورد قهر قرار گرفتند.

---

۱ - **جز به نادر:** به ندرت. ۲ - **خُفیه:** پنهان شدن، پوشیدگی.

۳ - **جَنان:** دل. «ضعف جنان»: بُزدلی یا ترسویی. مراد آنکه: سالک بُزدل نیست و برای ادراک معارف حاضر است به دشواری راه حق تن در دهد. ۴ - **صورت شود:** تجسّم می‌یابد.

۵ - **مادگی:** مراد «نفْس پرستی» است یا پیروی از نفْسِ امّاره. ۶ - **طالب:** طالبِ حق.

۷ - **غارب:** غروب کننده، دنیاپرستان که نوری ندارند و در برابر نور مؤمنان غروب می‌کنند. ۸ - **میغ:** ابر.

۹ - **دنیا:** در تعبیر عرفانیِ آن: چیست دنیا؟ از خدا غافل بُدن / نه قماش و نقره و فرزند و زن: مثنوی، دفتر اوّل.

۱۰ - **قهرخانهٔ کردگار:** محلِّ تجلّیِ قهرِ حق، یعنی بُعد و قهر و غضب.

پرّ و پایِ مرغ[1] بین، بر گِردِ دام   شرحِ قهرِ حقّ کننده، بی کلام ۱۸۹۷

پر و بالِ پرنده را در گوشه و کنار دامِ دنیا ببین که به زبان حال حاکی از قهر حق است.

مُرد او، بر جایْ خرپُشته[2] نشاند   وآنکه کهنه گشت هم پُشته نماند ۱۸۹۸

او مُرد و برجستگیِ قبری بر جای ماند که آن هم از میان می‌رود.

هرکسی را جفت کرده عدلِ حق   پیل را با پیل و بَق[3] را جنسِ بَق ۱۸۹۹

عدالت الهی برای هر کسی جفت مناسبی قرار داده است، فیل با فیل و پشّه با پشّه.

مونسِ احمد به مجلس، چار یار[4]   مونسِ بوجهل[5]، عُتْبه[6] و ذوالْخِمار[7] ۱۹۰۰

تجانسِ روحیِ صحابهٔ خاصّ با رسول خدا(ص) سببِ اُنس و الفت ایشان با پیامبر(ص) شده بود، همان‌طور که عُتْبه و ذوالخِمار با ابوجهل تجانس روحی داشته‌اند.

کعبهٔ جبریل[8] و جان‌ها سدره‌یی[9]   قبلهٔ عبدُ‌آلبطون[10] شد سُفره‌یی ۱۹۰۱

قبلهٔ «عقل و جان» لاهوت است و قبلهٔ «نَفْس امّاره» ناسوت.

قبلهٔ عارف بُوَد نورِ وصال   قبلهٔ عقلِ مُفَلسِف[11] شد خیال ۱۹۰۲

قبلهٔ عارف نور وصل است و قبلهٔ فیلسوف‌نما پندارهای وی.

---

۱ - **مرغ :** «مرغِ جانِ» دنیاپرست که در دام جاذبه‌ها و فریبندگی‌های دنیا گرفتار آمده و از حقایق غافل مانده است.

۲ - **خرپُشته :** بلندی‌هایی که بالای گورها از آجر و خشت می‌سازند.   ۳ - **بَق :** پشّه.

۴ - **چار یار :** خلفای راشدین: ابوبکر، عمر، عثمان و علی(ع).

۵ - **بوجهل :** ابوجهل: ابوالحکم: عمرو بن هشام دشمن سرسختِ پیامبر(ص).

۶ - **عُتْبه :** از بزرگان مشرکان قریش و پسر ربیعة بن عبد شمس و برادرزادهٔ امیّه که در غزوهٔ بدر کشته شد. ابوجهل هم در همان جنگ به قتل رسید.

۷ - **ذوالخِمار :** مراد اَسود عَنسیِ کذّاب است که در سال دهم هجری در یمن دعوی نبوّت کرد و به فرمان پیامبر(ص) توسط فیروز ابن دیلمی به قتل رسید. استاد زرّین‌کوب هم لقب ذوالخِمار را در «بحر در کوزه»، ص ۹۱ مربوط به اسود دانسته است؛ امّا در لغت‌نامهٔ دهخدا آن را لقبِ عمرو بن عَبْدود عامری که در جنگ خندق به دست علی(ع) کشته شد و همچنین لقب سُبَیع بن حارث از شجاعان مشرکان دانسته‌اند.

۸ - **جبریل :** جبرائیل: فرشتهٔ مقرّب و واسطهٔ وحی. در فلسفهٔ ذوقی گاه کنایه از عقل دهم یا عقل فعال است که حاکم بر عالم ناسوت است.

۹ - **سدره :** سِدْرَةالمنتهیٰ: درختی در بهشت. عبدالرّزاق کاشانی آن را برزخیّت کبری می‌داند و نهایت مراتب اسمائیه. سدره را مرز بین لاهوت و ناسوت می‌دانند. مقامی که جبرائیل نتوانست از آن بگذرد و در شب معراج پیامبر(ص) از آن فراتر رفت.   ۱۰ - **عبدُ‌آلبطون :** بندهٔ شکم‌ها، مراد شکمباره یا اهل شهوت است.

۱۱ - **مُفَلْسِف :** فیلسوف‌نما، کسی که در هستی‌شناسی‌اش سلوک معنوی و روحانی مفهومی ندارد و عقلِ نفْسانی شده را عقل می‌پندارد.

قـــبلهٔ زاهــد بُــوَد یــزدانِ بَــرّ[1] قـــبلهٔ مُــطْمِع[2] بُــوَد هَــمْیانِ[3] زر ۱۹۰۳

قبلهٔ زاهد احسانِ خداوند است و قبلهٔ طمعکار کیسهٔ زر.

قــبلهٔ مـعنی‌وَران[4]، صـبر و درنگ قبلهٔ صورت پرستان[5] نقش ِ سنگ ۱۹۰۴

قبلهٔ «اهلِ معنا» بردباری است و قبلهٔ «اهلِ دنیا» بهره‌مندیِ عجولانه از دنیا.

قــبلهٔ بــاطن نشـینان[6] ذو آلمِنَن[7] قـــبلهٔ ظــــاهرپرستانْ رویِ زن ۱۹۰۵

قبلهٔ «اهلِ سلوک» خداوند منّان است و قبلهٔ «اهلِ دنیا» زیبایی زن.

همچنین بـر مـی‌شمر تـازه و کـهُن ور ملولی، رو تو کـارِ خـویش کـن ۱۹۰۶

به همین ترتیب می‌توان نمونه‌هایی از کسانی که درونی باطراوت و یا جـانی افسـرده و منجمد دارند، بر شمرد؛ امّا اگر حوصله‌اش را نداری، برو و به کار خود بپرداز.

رزقِ ما در کـاس ِ[8] زرّیـن شـد عُـقار[9] وآن سگان[10] را آبِ تُتْماج[11] و تَغار[12] ۱۹۰۷

روزیِ ما شراب معرفتی است که در جامِ زرّینِ جانِ حق‌طلب‌مان ریخته می‌شود و روزیِ منکران و دنیاپرستان هم همین بهره‌هایِ حقیرِ دنیوی است.

لایــق آنکــه بـدو خُـو[13] داده‌ایـم در خـورِ آن، رزق بـفرستاده‌ایـم[14] ۱۹۰۸

برای هر کس متناسب با تمایلات و کشش‌هایِ روحی‌اش رزقی مقرّر کرده‌ایم.

خُـویِ آن را عـاشقِ نـان کـرده‌ایـم خُویِ این را مستِ جانان کرده‌ایم ۱۹۰۹

یکی عاشقِ دنیا و تمتّعاتِ آن است و دیگری مستِ عشقِ حق.

چون به خُویِ خود خوشی و خـرّمی پس چه از درخوردِ خُویَت می‌رمی؟ ۱۹۱۰

تو که از خصلت خود خرسندی، چرا از آنچه مـتناسب بـا تـمایلات روحی‌ات بـه تـو می‌رسد، راضی نیستی؟

---

۱ - **یزدانِ بَرّ** : خداوند نیکوکار یا خداوندِ دارای احسان. ۲ - **مُطْمِع** : به جای طامع. طمعکار.
۳ - **همیان** : کیسه. ۴ - **معنی‌وَران** : اهل معنا. ۵ - **صورت پرستان** : اهل دنیا.
۶ - **باطن‌نشینان** : اهل سلوک. ۷ - **ذوآلمِنَن** : صاحب نعمت‌ها. ۸ - **کاس** : جام.
۹ - **عُقار** : شراب، اینجا شراب معرفت. ۱۰ - **سگان** : اهل دنیا یا دنیاپرستان.
۱۱ - **تتماج** : آش، اینجا مطلقِ غذا. ۱۲ - **تَغار** : ظرف سفالی.
۱۳ - **خُو** : خصلت، اینجا مرتبهٔ جانِ آدمی که تمایلات و کشش‌هایِ روحی‌اش نیز وابسته بدان است.
۱۴ - از اینجا مولانا به زبانِ پروردگار با بندگان سخن می‌گوید.

مادگی خوش آمدت،[۱] چادَر بگیر   رستمی خوش آمدت، خنجر بگیر ۱۹۱۱

اگر مردِ راه نیستی، به کارهای سادهٔ دنیوی بپرداز و اگر هستی با نَفْس مبارزه کن.

این سخن پایان ندارد، و آن فقیر   گشته است از زخمِ درویشی عَقیر[۲] ۱۹۱۲

این سخن پایان ندارد و آن مستمند از بینوایی سرگردان شده است.

قصّهٔ آن گنج‌نامه که : پهلویِ قُبّه‌یی روی به قبله کن و تیر درکمان نِه، بینداز، آنجا که افتد گنج است

دید در خواب او شبی، و خواب کو؟   واقعهٔ[۳] بی خواب صوفی راست خُو[۴] ۱۹۱۳

شبی در خواب دید؛ امّا چه نیازی به خواب؟ صوفی در بیداری هم عوالم غیبی را می‌بیند.

هاتفی گفتش که: ای دیده تَعَب[۵]   رُقعه‌یی[۶] در مَشْقِ وَرّاقان[۷] طلب ۱۹۱۴

ندای غیبی گفت: ای رنج‌کشیده، در میان کاغذهای فلان کتابفروش کاغذی را بجوی.

خُفیه زآن وَرّاق کِتْ همسایه است   سویِ کاغذ پاره‌هاش آور تو دست[۸] ۱۹۱۵

کاغذ پاره‌هایِ صحّافی را که همسایهٔ توست، مخفیانه جست‌وجو کن.

رُقعه‌یی شکلش چنین، رنگش چنین   پس بخوان آن را به خلوت ای حزین[۹]! ۱۹۱۶

نامه‌ای با این شکل و این رنگ هست. ای اندوهگین، آن را در خلوت بخوان.

چون بدزدی آن ز وَرّاق، ای پسر!   پس برون رو زَ انبهی[۱۰] و شور و شر ۱۹۱۷

ای پسر، چون آن را از صحّاف دزدیدی، از میان جمعیّت و شور و شرش خارج شو.

---

۱ - **مادگی خوش آمدت** : اگر مردِ راه حق نیستی؛ یعنی اگر نفْسِ امّاره‌ات بر تو امارت می‌کند.

۲ - **عَقیر** : ناامید و متحیّر، سرگشته.   ۳ - **واقعه** : آنچه که سالک با چشم باطن از امور غیبی بتواند ببیند.

۴ - **خُو** : خصلت، اینجا ناظر به حال سالکان است؛ یعنی حال و شرایط سالک چنان است که باید بتواند ببیند.

۵ - **تَعَب** : رنج.   ۶ - **رُقعه** : نامه.

۷ - **وَرّاق** : کاتب، صحّاف. «مشقِ وَرّاق»: در میان کاغذ باطله‌های کتابفروش. در گذشته که صنعت چاپ نبود، غالباً کاتبان کتاب‌ها را می‌نوشتند و صحّافی می‌کردند و می‌فروختند مانند مؤسّسات انتشارات.

۸ - **دست آور** : بجوی، جست‌وجو کن.   ۹ - **حزین** : اندوهگین، غمزده.

۱۰ - **زَ انبهی** : از میانِ انبوهِ مردم.

۱۹۱۸ **تو بخوان آن را به خود[1] در خلوتی　　　هین! مجو در خوانـدنِ آن شـرکتی**

در خلوت آن را بخوان. آگاه باش که در خواندن کسی را شریک نکنی.

۱۹۱۹ **ور شود آن فاش هم غـمگین مشـو　　　کـه نـیابد غـیرِ تـو زآن نـیمْ جُـو[2]**

و اگر آن راز فاش شد، غمگین نباش؛ زیرا کسی جز تو از آن بهره‌ای نمی‌برد.

۱۹۲۰ **ور کَشَد آن دیـر، هـان! زنـهار! تـو　　　وِردِ خود کن[3] دم به دم لاٰ تَـقْنِطُوا[4]**

اگر کار به درازا کشید، آگاه باش که قطعِ امید نکنی و هر لحظه «لاٰ تَقْنِطُوا» را به یاد آور.

۱۹۲۱ **این بگفت و دستِ خود آن مژده‌ور[5]　　　بر دلِ او زد کـه: رو، زحـمت بـبر[6]**

بشارت دهنده این راگفت و دستی به سینهٔ او زد که برو و زحمت را کم کن.

۱۹۲۲ **چون به خویش آمد ز غیبت[7] آن جوان　　　مـــی‌نگنجید از فـرح انـدر جـهان**

چون جوان از آن حالِ روحانی به خود آمد، از شادی در جهان نمی‌گنجید.

۱۹۲۳ **زَهــرهٔ او بــر دریــدی از قَـلَق[8]　　　گر نبودی رِفق[9] و حفظ و لطفِ حق**

اگر لطف و رحمتِ الهی نگهدار او نبود از اضطراب زَهره ترک می‌شد.

۱۹۲۴ **یک فرح آن کز پس ششصد حجاب　　　گوش ِ او بشنید از حضرت جواب**

دلهرهٔ توأم با شاديِ او برای آن بود که گوشش از پس ِ ششصد حجاب پاسخی شنید.

۱۹۲۵ **از حُجُب[10] چون حسّ سمعش درگذشت　　　شد سـرافـراز و ز گـردون بـرگذشت[11]**

چون حسّ شنواییِ او باطنی شده بود، بسیار سربلند و مفتخر بود.

1926 **که بُوَد کآن حسّ چشمش ز اعـتبار[12]　　　زآن حـجابِ غـیب هـم یـابد گـذار[13]**

امیدوار شد که چشمِ دلِ او نیزگشوده شود و عوالم غیبی را ببیند.

۱ - **به خود**: تنهایی.　۲ - **نیم جُو نیابَد**: هیچ سودی نمی‌برد.

۳ - **وِرد خود کن**: مرتب تکرار کن؛ یعنی ناامید نشو.

۴ - اشارتی قرآنی؛ زُمَر: ۵۳/۳۹: لاٰ تَقْنَطُوا مِنْ رَحْمَةِ الله: از رحمت الهی ناامید نشوید: ر.ک: ۲۹۲۳/۳.

۵ - **مژده‌ور**: بشارت دهنده.　۶ - **زحمت ببر**: زحمت را کم کن.

۷ - **غیبت**: مراد حالِ روحانیِ مرد فقیر است.　۸ - **قَلَق**: اضطراب.　۹ - **رِفق**: نرمی یا لطف.

۱۰ - **حُجُب**: حجاب‌ها، پرده‌ها یا موانعِ متعددی که باید از آن‌ها گذشت.

۱۱ - مصراع دوم: بسیار سربلند و مفتخر شده بود که از نظر باطنی ترقّی کرده است.

۱۲ - **اعتبار**: عبرت گرفتن.　۱۳ - **گذار یابد**: عبور کند، نفوذ کند.

چون گذاره شد[1] حواسش از حجاب پس پیاپی گردَدَش دید و خطاب ۱۹۲۷

حواسّ باطنی که فعّال شود، پیاپی عوالم غیبی را می‌بینند و ندای سروش را می‌شنود.

جانبِ دکّانِ وَرّاق آمد او دست می‌بُرد او به مشقش سو به سو ۱۹۲۸

او به سوی دکّان صحّاف رفت و همه جا را در پیِ کاغذ پارهٔ خود گشت.

پیش ِ چشمش آمد آن مکتوبْ زود با علاماتی که هاتف گفته بود ۱۹۲۹

خیلی زود آن نامه را با نشانه‌هایی که ندای غیبی گفته بود، دید.

در بغل زد، گفت: خواجه! خیر باد[2] این زمان وامی‌رسم[3] ای اوستاد! ۱۹۳۰

نامه را در بغل گذاشت و گفت: ای استاد، خداحافظ. به زودی باز می‌گردم.

رفت کُنج خلوتی، و آن را بخواند وز تحیّر والِه و حیران بماند ۱۹۳۱

به گوشهٔ خلوتی رفت و آن را خواند و از حیرت سرگشته و مبهوت ماند.

که: بدین سان گنج نامهٔ بی بها چون فُتاده ماند اندر مشق‌ها؟ ۱۹۳۲

که چگونه چنین گنج‌نامهٔ گران‌بهایی در میان کاغذهای باطله افتاده و مانده است.

باز اندر خاطرش این فکر جَست کز پیِ هر چیز، یزدان حافظ است ۱۹۳۳

باز این فکر به خاطرش آمد که خداوند نگهدار است.

کی گذارد حافظ اندر اِکتناف[4] که کسی چیزی رباید از گزاف[5]؟ ۱۹۳۴

خداوند اجازه نمی‌دهد که کسی چیزی را که در پناه اوست، برباید.

. گر بیابان پُر شود زرّ و نُقود[6] بی رضایِ حق جُوی نتوان رُبود ۱۹۳۵

اگر بیابان پُر از سیم و زر شود، بدون رضایت خداوند ذرّه‌ای را نمی‌توان ربود.

ور بخوانی صد صُحُف[7] بی سکته‌یی[8] بی قَدَر[9] یادت نمانَد نُکته‌یی ۱۹۳۶

اگر صدها کتاب را بخوانی؛ امّا لطف خدا با تو نباشد، همه را فراموش می‌کنی.

---

۱ - **گذاره شد:** عبور کرد یا نفوذ کرد. ۲ - **خیر باد:** خداحافظ.

۳ - **این زمان وامی‌رسم:** به زودی بر می‌گردم. ۴ - **اکتناف:** پناه گرفتن، احاطه کردن.

۵ - **ازگزاف:** اینجا خودسرانه، سر خود کاری را کردن. ۶ - **نُقود:** جمع نقد: پول، سیم و زر.

۷ - **صُحُف:** جمعِ صحیفه: کتاب، نامه، ورق. ۸ - **سکته:** وقفه. ۹ - **قَدَر:** تقدیر.

ورکنی خدمت، نخوانی یک کتاب[1]   عـــلم‌هایِ نـادره[2] یـابی زِ جـیب[3] ۱۹۳۷

و اگر عبادت کنی و کتابی نخوانی در دلِ خود «علمِ حاصل از تصفیه» را می‌یابی.

شد زِ جَیْب آن کفِّ موسی ضَوْ فشان[4]   کآن فـــزون آمـد ز مـاهِ آسـمان[5] ۱۹۳۸

دست موسی(ع) از گریبانش پرنورتر از ماهِ آسمان بر آمد.

کآن که می‌جُستی ز چـرخِ بـا نـهیب[6]   سر برآورده استت ای موسی! زِ جَیْب[7] ۱۹۳۹

و به زبان حال گفت: ای موسیٰ، آنچه را که از آسمان می‌جُستی از جانت سر بر آورد.

تـــا بـدانــی کآسـمان‌هایِ سَـمی[8]   هست عکسِ[9] مُـدرَکـاتِ آدمـی ۱۹۴۰

تا بدانی که رفعتِ آسمان‌هایِ بلند پرتوی از دریافت‌هایِ باطنیِ انسان متعالی است.

نی کـه اوّل دست‌بُـردِ[10] آن مـجید   از دو عالم پیش‌تر عـقل آفـرید؟[11] ۱۹۴۱

مگر نه این است که خداوند قبل از آفرینشِ دو عالم، عقل را آفرید؟

این سخن پیدا و پـنهان است بس   که نـباشد مـحرمِ عـنقا[12] مگس[13] ۱۹۴۲

مفهوم این سخن هم پیداست و هم پنهان؛ زیرا مگس محرمِ عنقا نیست.

بــاز سـویِ قـصّه بـاز آ ای پسر!   قـصّهٔ گـنج و فـقیر آوَر بـه سر ۱۹۴۳

ای پسر، دوباره به قصّهٔ گنج و فقیر باز گرد و آن را به پایان برسان.

تمامیِ قصّهٔ آن فقیر و نشانِ جایِ آن گنج

انــدر آن رُقـعه نـبشته بـود ایـن   که: برونِ شهر گنجی دان دَفـین[14] ۱۹۴۴

در آن نامه نوشته بود: بدان که در بیرونِ شهر گنجی دفن است.

---

۱ - کتاب: به صورت ممال کتیب بخوانید.   ۲ - **علم نادره :** علمِ حاصل از صفایِ دل.

۳ - **زِ جَیْب :** از گریبان.   ۴ - **ضَوْفشان :** نورافشان، نورانی.   ۵ - اشاره به «ید بیضا».

۶ - **چرخِ با نهیب :** آسمان با هیبت و عظمت.   ۷ - مراد آنکه: خدا در دل بندگان است.

۸ - **سَمی :** رفیع، بلندمرتبه.   ۹ - **عکس :** انعکاس، پرتو.

۱۰ - **دست‌بُرد :** از «دست بردن» به معنی بنا نهادن و چیزی را آغاز کردن، اینجا آفرینش.

۱۱ - مبتنی بر حدیث معروف: إنَّ اوَّل مَا خَلَقَ اللهُ العَقْلُ: احادیث مثنوی، ص ۲۰۲.

۱۲ - **عنقا :** سیمرغ. «عوالم معنوی و روحانی» به سیمرغ مانند شده که از دسترس عام به دور است.

۱۳ - **مگس :** کنایه از حقارت و خُردیِ اهلِ دنیا، کنایه از تعقّل عقلِ جزوی.   ۱۴ - **دفین :** پنهان، مدفون.

آن فلان قُبّه[1]، که در وی مشهد[2] است پُشتِ او در شهر، و در در فَدْفَد[3] است ۱۹۴۵

گنبدِ فلان آرامگاهی که پشتش به سوی شهر و دَرَش به سوی بیابان است،

پشت با وی کن، تو رُو در قبله آر وآنگهان از قوس[4] تیری در[5]گذار ۱۹۴۶

پشت به آن گنبد و روی به قبله بایست و تیری از کمان رها کن.

چون فکندی تیر از قوس، ای سُعاد[6]! بر کَن آن موضع که تیرت اوفتاد ۱۹۴۷

ای نیکبخت، چون تیر را از کمان پرتاب کردی، محلّ افتادن تیر را حفر کن.

پس کمانِ سخت آورد آن فتیٰ تیر پرّانید در صحنِ فضا ۱۹۴۸

پس آن جوان کمان محکمی آورد و تیری در فضا رها کرد.

زُو[7] تَبَر آورد و بیل، او شادِ شاد کَند آن موضع که تیرش اوفتاد ۱۹۴۹

فوراً با شادی بیل و تبری آورد و محلّ افتادن تیر را کَند.

کُند شد هم او و هم بیل و تَبَر خود ندید از گنجِ پنهانی اثر ۱۹۵۰

خسته شد و بیل و تبر هم کُند شدند؛ امّا از گنج اثری ندید.

همچنین هر روز تیر انداختی لیک جایِ گنج را نشناختی ۱۹۵۱

به همین ترتیب هر روز تیری پرتاب می‌کرد؛ امّا گنج را نمی‌یافت.

چونکه این را پیشه کرد او بر دوام فُجْفُجی[8] در شهر افتاد و عوام ۱۹۵۲

چون هر روز همین کار را می‌کرد، در شهر و میان عوام پچ‌پچ افتاد.

فاش شدنِ خبرِ این گنج و رسیدن به گوشِ پادشاه

پس خبر کردند سلطان را از این آن گروهی که بُدند اندر کمین ۱۹۵۳

مأمورانی که باخبر شده بودند، پادشاه را از ماجرا آگاه کردند.

---

۱ - **قُبّه** : گنبد. ۲ - **مشهد** : آرامگاه، محلّ شهادت. ۳ - **فَدْفَد** : بیابان. ۴ - **قوس** : کمان.

۵ - **از قوس تیری درگذار** : تیری از کمان رها کن.

۶ - **سُعاد** : اسم زن در زبان عربی، اینجا احتمالاً به معنی سعادتمند آمده است. ۷ - **زو** : زود.

۸ - **فُجفُج** : پچ‌پچ.

عرضه کردند آن سخن را زیرْدست[۱] — کـه: فـلانی گـنج نـامه یـافته‌ست ۱۹۵۴

مخفیانه گفتند که فلان کس گنجنامه‌ای یافته است.

چون شنید این شخص، کین با شَه رسید — جـز کـه تسـلیم و رضـا چـاره نـدید ۱۹۵۵

چون شنید که ماجرا به گوش شاه رسیده است، چاره‌ای جز تسلیم و رضا ندید.

پیش از آن کِاشْکَنجه بیند زآن قُباد — رُقعه را آن شـخص پـیشِ او نـهاد ۱۹۵۶

پیش از آن که به دستور شاه شکنجه شود، نامه را داد.

گـفت: تـا ایـن رقـعه را یـابیده‌ام — گـنج نـه، و رنـجِ بـی حـد دیـده‌ام ۱۹۵۷

گفت: از روزی که این نامه را یافته‌ام، گنجی ندیده‌ام؛ ولی بسیار رنج دیده‌ام.

خود نشد یک حبّه[۲] از گنج آشکار — لیک پیچیدم بسی من همچو مـار[۳] ۱۹۵۸

هیچ اثری از گنج نیست؛ امّا من مدّت‌هاست که مانند مار بر خود پیچیده‌ام.

مـدّتِ مـاهی چـنینم تـلخْ کـام — که زیان و سودِ این بر مـن حـرام[۴] ۱۹۵۹

یک ماه است که این چنین ناکام مانده‌ام و از این کار خسته و آزرده‌ام.

بوکْ[۵] بختت بر کَنَد زین کان[۶] غِطا[۷] — ای شـهِ پـیروزْ جـنگ و دِزْگشـا[۸] ۱۹۶۰

ای شاه پیروز و قلعه‌گشا، شاید اقبال تو پرده از روی این گنج بردارد.

مـدّتِ شش مـاه و افـزون، پـادشاه — تیر می‌انـداخت و بـر مـی‌کَند چـاه ۱۹۶۱

پادشاه شش ماه شاید بیشتر، تیر می‌انداخت و زمین را حفر می‌کرد.

هر کجا سَخته کمانی[۹] بود چُست[۱۰] — تیر داد انداخت و هر سو گنج جُست ۱۹۶۲

هر جا تیرانداز ماهری بود به کار گرفت و همه جا را جُست.

غیرِ تشویش و غم و طامات[۱۱] نـی — همچو عَنقا[۱۲] نامْ فـاش و ذاتْ نـی ۱۹۶۳

امّا غیر از دغدغه و اندوه و جهد بی ثمر حاصلی نداشت. مانند سیمرغ که نام دارد و جسم ندارد.

---

۱ - **زیردست :** مخفیانه، پنهانی. ۲ - **یک حبّه :** یک ذرّه. ۳ - **همچو مار بر خود پیچیدم :** رنج کشیدم.
۴ - مصراع دوم: سود و زیانِ آن بر من حرام شده است؛ یعنی خسته‌ام کرده است و دیگر به آن تمایلی ندارم یا از آن بَدَم می‌آید. ۵ - **بوک :** باشد که. ۶ - **کان :** معدن، اینجا گنج. ۷ - **غطا :** غِطاء: پرده یا حجاب.
۸ - **دزگشا :** دژگشا، قلعه‌گیر. ۹ - **سخته کمان :** تیراندازِ ماهر. ۱۰ - **چُست :** چابک، اینجا ماهر.
۱۱ - **طامات :** حرف و سخن بیهوده، اینجا کارِ بی حاصل. ۱۲ - **عَنقا :** سیمرغ.

نومید شدنِ آن پادشاه از یافتنِ آن گنج و ملول شدنِ او از طلبِ آن

چونکه تعویق آمد اندر عرض و طول[۱] شاه شد زآن گنج دل سیر و ملول ۱۹۶۴

چون یافتن گنج طولانی شد، شاه از آن دلسرد و ناامید گردید.

دشت‌ها را گزگز[۲] آن شه چاه کَند رُقعه را از خشم پیشِ او فکند ۱۹۶۵

شاه همه جایِ دشت‌ها را کَند و عاقبت با خشم نامه را پیش آن فقیر افکند.

گفت: گیر این رقعه کِش آثار نیست[۳] تو بدین اولیٰ‌تری، کِت کار نیست ۱۹۶۶

گفت: این نامهٔ دروغی را بگیر. برای تو که کاری نداری، خوب است.

نیست این کارِ کسی کِش هست کار که بسوزد گُل، بگردد گِردِ خار؟[۴] ۱۹۶۷

به دردِ کسی که کار دارد، نمی‌خورد که کارِ خود را رها کند و در پی امری بی‌حاصل برود.

نادر افتد اهلِ این ماخولیا[۵] منتظر که رُویدَ از آهن گیا ۱۹۶۸

چنین آدمِ خیالبافی کم پیدا می‌شود که منتظر باشد تا از آهن گیاهی بروید.

سختْ جانی[۶] باید این فن را، چو تو تو که داری جانِ سخت، این را بجو ۱۹۶۹

این کار به دردِ آدمِ پوست کُلُفتی مثل تو می‌خورد که به دنبالش بروی.

گر نیابی، نَبْوَدت هرگز ملال ور بیابی، آن به تو کردم حلال ۱۹۷۰

که اگر نیابی، ناراحت نمی‌شوی و اگر یافتی، مال خودت، حلال.

عقل، راهِ ناامیدی کِی رَوَد؟ عشق باشد کآن طرف بر سر دَوَد[۷] ۱۹۷۱

عقلِ جزوی به راهی که سودی ندارد، نمی‌رود؛ امّا عشق به سود و زیانِ دنیوی نمی‌اندیشد.

لا اُبالی[۸] عشق باشد، نی خرد عقل آن جوید کز آن سودی برد ۱۹۷۲

«عشق» بی‌پروا و عقل منفعت‌طلب است.

---

۱ - **اندر عرض و طول آمد:** طولانی شد. ۲ - **گَزگَز:** ذرع به ذرع، همه جا.

۳ - **کِش آثار نیست:** اثری و حاصلی ندارد، بی خاصیّت است یا دروغی و بی خودی است.

۴ - مصراع دوم: گل را بسوزاند و خار را رسیدگی کند؛ یعنی کار بیهوده بکند.

۵ - **ماخولیا:** مالیخولیا: خیالباف، خیالِ خام. ۶ - **سخت جان:** مقاوم، پوست کُلُفت.

۷ - سخن از عاشقانی است که با جذبهٔ حق به هر سو می‌دوند و در پی محاسبات دنیوی یا سود و زیان نیستند.

۸ - **لاابالی:** باک ندارم و نمی‌ترسم.

تُرک تاز و تن گداز و بی حیا   در بلا چون سنگِ زیرِ آسیا ۱۹۷۳

«عشق»، بی پروا می‌تازد و بی هیچ شرمی تن را می‌گدازد و مانند سنگ آسیا بلاکش است.

سخت‌رویی[1] که ندارد هیچ پُشت[2]   بهره جویی را درونِ خویش کُشت ۱۹۷۴

«عشق» چنان پُر «رو» است که گویی هیچ «پشت» ندارد و همهٔ وجودش «رُو» است. هرگز در پیِ «بهره‌جویی» نیست.

پاک می‌بازد، نباشد مُزدجو[3]   آنچنان که پاک می‌گیرد ز هو ۱۹۷۵

همهٔ هستیِ خود را پاک می‌بازد، همچنان که از پروردگار بهرهٔ پاکِ معنوی می‌گیرد و از بهره‌های دیگر بی نیاز است.

می‌دهد حق هستی‌اَش بی علّتی   می‌سپارد باز بی علّت، فتی[4] ۱۹۷۶

همان گونه که پروردگار بدون هیچ علّت و سببِ ظاهری به او هستی بخشیده است، او هم بدون هیچ علّت و سببِ ظاهری این هستی را در راهِ حق می‌دهد.

که فتوّت دادنِ بی علّت است   پاک‌بازی خارج هر ملّت است ۱۹۷۷

زیرا مفهومِ «جوانمردی» بخششِ بی علّت و پاکبازی ورایِ هر مذهب است.

زآنکه ملّت[5] فضل جوید[6] یا خلاص[7]   پاک‌بازان‌اند قربانانِ خاص[8] ۱۹۷۸

زیرا پیروانِ مذاهب جویایِ فضلِ حق یا رهایی از کیفرند؛ امّا پاک بازان بی هیچ توقّعی جویایِ آن‌اند که قربانی شوند.

نی خدا را امتحانی می‌کنند   نی درِ سود و زیانی می‌زنند ۱۹۷۹

خدا را امتحان نمی‌کنند و در پیِ سود و زیان و حسابگری نیستند.

---

۱ - **سخت‌رو :** پررُو، مقاوم.

۲ - مصراع اوّل: همهٔ وجود عشق «رو» است، گویی این رو ابداً پشت ندارد؛ یعنی یک سویه است، دوسویه نیست و در یک جهت می‌تازد و فراگیر یا پیشرونده است.   ۳ - **مزدجُو :** بهره‌جُو، حسابگر.

۴ - **فتی :** فتی: جوانمرد.   ۵ - **ملّت :** اینجا پیروِ مذهب.

۶ - **ملّت فضل جوید :** پیروان مذاهب جویایِ فضلِ حق‌اند.   ۷ - **خلاص :** رهایی، اینجا رهایی از کیفر.

۸ - مصراع دوم: پاک‌بازان می‌خواهند قربانیِ راه حق شوند؛ زیرا بعد از این فنا بقاست.

بازدادنِ شاه گنج نامه را به آن فقیر که: بگیر ما از سرِ این برخاستیم

چونکه رقعهٔ گنجِ پُرآشوب[۱] را شَهْ مسلّم داشت[۲] آن مَکروب[۳] را ۱۹۸۰

چون شاه آن نامهٔ پر از دردسر را به آن غمزده تسلیم کرد،

گشت آمِن او ز خصمان[۴] و زِ نیش[۵] رفت و می‌پیچید در سودایِ خویش ۱۹۸۱

او از شرّ دشمنان و آزارشان ایمنی یافت و رفت که به سودای خود بپردازد.

یارکرد او عشقِ دردانديش را[۶] کَلْب[۷] لیسد خویش ریشِ خویش را ۱۹۸۲

همان‌طورکه سگ زخم خود را می‌لیسد و درمان می‌کند، او نیز با عشق و امیدِ پر از دردِ خود یار و همدم بود.

عشق را در پیچشِ[۸] خود یار نیست[۹] محرَمش در دِهْ[۱۰] یکی دَیّار[۱۱] نیست ۱۹۸۳

«عاشق» نمی‌تواند دردِ خود را به کسی بگوید؛ زیرا هیچ کس حالِ او را درک نمی‌کند.

نیست از عاشق کسی دیوانه‌تر عقل از سودایِ او کور است و کر ۱۹۸۴

عقلِ دنیوی هرگز قادر به درکِ سودایِ جنون‌آمیز عاشقانِ حق نیست.

زآنکه این دیوانگیّ عام[۱۲] نیست طبّ را اِرشادِ این احکام نیست[۱۳] ۱۹۸۵

زیرا این شیداییِ جنون‌آمیز، دیوانگیِ عام نیست. دانشِ بشری درمانی برای آن ندارد.

گر طبیبی را رسد زین گون جنون دفترِ طب را فرو شُوید به خون[۱۴] ۱۹۸۶

اگر طبیبی چنین حالی داشته باشد، علم خود را بی‌حاصل می‌یابد.

---

۱ - **پرآشوب :** اینجا پر از دردسر و ناراحتی. ۲ - **مسلّم داشت :** تسلیم کرد.
۳ - **مکروب :** سختی کشیده. ۴ - **خصمان :** دشمنان، اینجا مأموران دولتی یا کسانی که او را می‌پاییدند.
۵ - **نیش :** طعنه و زخم زبان، اینجا آزار و اذیّت.
۶ - مراد آنکه: او همان عشقِ پر محنت را درمان و یارِ خود می‌دانست و به آن پناه می‌برد. ۷ - **کلب :** سگ.
۸ - **پیچشِ عشق :** تلاطمات و شیدایی‌هایِ عاشق. ۹ - **یار نیست :** محرمی ندارد.
۱۰ - **در دِه :** کنایه از دنیا، در دنیایِ مادّی. ۱۱ - **دیّار :** کس، کسی. ۱۲ - **دیوانگیِّ عام :** جنونِ عام خلق.
۱۳ - مصراع دوم: علمِ طب درمانی برای آن ندارد؛ یعنی ماورای ادراکِ دانشِ بشری است.
۱۴ - مصراع دوم: علمِ طبِ خود را با خونِ دل می‌شوید؛ یعنی با خون دلی که می‌خورد، چنان ارتقا می‌یابد که همهٔ اسباب و علل را بی‌قدر می‌بیند.

طبِّ جملهٔ عقل‌ها منقوشِ اوست[1]   رویِ جمله دلبران روپوشِ اوست ۱۹۸۷

طبابت همهٔ عقل‌ها جلوه‌ای از طبابتِ او و جمالِ معشوقان حجابِ جمال اوست.

روی در رویِ خود آر[2] ای عشقْ کیش[3] !   نیست ای مفتون تو را جز خویشْ خویش ۱۹۸۸

ای عاشق، به عشقِ خود پناه ببر که جز خود کسی را نداری.

قبله از دل ساخت،[4] آمد در دعا   لَیْسَ لِلاِنْسانِ اِلاّ ما سَعیٰ[5] ۱۹۸۹

آن فقیر با حضور قلب به دعا پرداخت؛ زیرا انسان وظیفه دارد که بکوشد.

پیش از آن کو پاسخی بشنیده بود   سال‌ها اندر دعا پیچیده بود[6] ۱۹۹۰

با وجود آنکه هرگز پاسخ دعایِ خود را نشنیده بود، سال‌ها دعا کرده بود.

بی اجابت بر دعاها می‌تنید[7]   از کَرَم[8] لبیّکِ پنهان می‌شنید[9] ۱۹۹۱

بدون اجابت همواره دعا می‌کرد و از کَرَم الهی لبّیکِ نهانی را می‌شنید.

چونکه بی‌دف رقص می‌کرد[10] آن علیل[11]   ز اعتمادِ جودِ خلاّقِ جلیل[12] ۱۹۹۲

آن دردمند به عطای الهی اعتماد داشت و از عنایتی که نرسیده بود، شادی می‌کرد.

سویِ او نه هاتف و نه پیک بود   گوشِ اومیدش[13] پُر از لبّیک بود ۱۹۹۳

بدونِ هیچ هاتف و قاصدی گوش باطنی‌اش پر از لبیک بود.

بی زبان، می‌گفت اومیدش: تَعال[14]   از دلش می‌روفت آن دعوتْ ملال ۱۹۹۴

«امید»ش به زبان حال می‌گفت: بیا، و ملال را از دلش می‌برد.

آن کبوتر را که بام‌آموخته است   تو مخوان، می‌رانْش کانْ پَردوخته است[15] ۱۹۹۵

آن کبوتری را که بام‌آموخته و پردوختهٔ توست، اگر نخوانی و برانی هم می‌مانَد.

---

۱ - **او :** به «جنونِ عاشقی» اشاره دارد که حاذق‌ترینِ طبیبان است و همهٔ «علّت»ها را درمان می‌کند: ای طبیبِ جمله علّت‌های ما.   ۲ - **روی در رویِ خود آر :** به خود پناه ببر.

۳ - **عشق کیش :** عاشق، کسی که عشقِ حق مذهب اوست: عاشقان را ملّت و مذهب خداست.

۴ - **قبله از دل ساخت :** کاملاً متوجّه دل و احوالِ درونیِ خود شد؛ یعنی سعی کرد حضور قلب بیابد.

۵ - اشارتی قرآنی؛ نجم: ۳۹/۵۳.   ۶ - **در دعا پیچیدن :** دعا کردن، به دعا مشغول بودن.

۷ - **می‌تنید :** از تنیدن به معنی بافتن، مجازاً توجّه و التفات کردن.   ۸ - **کَرَم :** کَرَمِ الهی.

۹ - مصراع دوم: باگوشِ دل می‌شنید.

۱۰ - **بی دف رقصیدن :** از عنایتی که هنوز فرا نرسیده است، شادمان بودن.   ۱۱ - **علیل :** دردمند.

۱۲ - **جودِ خلاّقِ جلیل :** بخششِ آفرینندهٔ بزرگ.   ۱۳ - **گوشِ اومید :** اینجا گوشِ باطنی.

۱۴ - **تَعال :** بیا.

۱۵ - **کبوتر بام‌آموخته و پردوخته :** مراد جانِ مولاناست که با اتّصالی معنوی با جانِ حُسام‌الدّین پیوند دارد.

۱۹۹۶ **ای ضیاءالحق حُسام‌الدّین! بِـرانْش کز ملاقات تو بر رُسته‌ست جانْش** [۱]

ای حُسام الدّین، او را بران، پر و بالِ جانِ او از دیدارِ تو روییده است.

۱۹۹۷ **گر بِرانـی، مـرغِ جـانش از گـزاف** [۲] **هـم بـه گـردِ بـامِ تـو آرَد طـواف**

اگر او را بسیار برانی، باز هم در اطراف بامِ تو پرواز می‌کند و می‌چرخد.

۱۹۹۸ **چینه و نُقلش** [۳] **همه بر بـامِ تـوست پـرزنان بـر اوجْ مستِ دامِ تـوست**

دانه و غذایِ او، همه، بر بامِ توست. در اوجِ آسمان پرواز می‌کند و سرمستِ دامِ توست.

۱۹۹۹ **گر دَمی مـنکرِ شـود دُزدانـه، روح در اَدایِ شُکرت، ای فتح و فتوح!** [۴]

ای مُراد، اگر جانش لحظه‌ای به جای سپاسگزاری، تو را انکار کند،

۲۰۰۰ **شِـحنهٔ عشـقِ** [۵] **مکـرّر کـینه‌اش** [۶] **طشتِ آتش مـی‌نهد بـر سـینه‌اش**

داروغهٔ سخت‌گیرِ عشق، او، تشتی از آتش بر سینه‌اش می‌نهد.

۲۰۰۱ **که: بیا سویِ مَـهْ** [۷] **و بگـذر زگَـرد** [۸] **شاهِ عشقت خواند، زوتر** [۹] **باز گـرد**

و می‌گوید: زود به سوی ما بیا و دیگران را رها کن. شاهِ عشق تو را می‌خواند، زودتر برگرد.

۲۰۰۲ **گِردِ این بام و کـبوترخـانه** [۱۰]**، مـن چون کـبوتر پـر زنـم مسـتانه مـن**

من مانند کبوتر، مستانه گِردِ این بام و کبوترخانه پرواز می‌کنم.

۲۰۰۳ **جبرئیلِ عشـقم و سِـدره‌م تـویی** [۱۱] **من سقیمم** [۱۲]**، عیسیِ مریم تویی** [۱۳]

من جبرائیل عشقم و تو سدره‌ام هستی، بیمارم و تو مانند عیسی(ع) حیات تازه‌ای به من می‌دهی.

---

۱ - مصراع دوم: پر و بال جان او در ملاقات با تو بارور می‌شود. ۲ - **ازگزاف** : بسیار زیاد.

۳ - **چینه و نُقل** : دانه و غذا، رزق و روزی.

۴ - **ای فتح و فتوح** : ای کسی که مایهٔ پیروزی و گشایش هستی، ای مُراد. «فتح»: گشایش در سلوک. «فتوح»: آنچه که در راهِ حق به رهرو می‌رسد. ۵ - **شِحنهٔ عشق** : عشق به داروغه مانند شده است.

۶ - **مکرّرکینه اش** : بسیار سخت‌گیر، کسی که کینهٔ مضاعف دارد. ۷ - **مَهْ** : ماه، اینجا عشق یا شاهِ عشق.

۸ -**گَرد** : گرد و غبار، کنایه از دیگران یا هر چیزی غیر از «سخنِ عشق». ۹ - **زوتر** : زودتر.

۱۰ -**کبوترخانه** : برجِ کبوتران.

۱۱ - مصراع اوّل: اشاره به شب معراج پیامبر(ص) است که جبرائیل در سدرة المنتهیٰ متوقف شد. مولانا خود را «جبرائیل عشق» می‌داند که حداکثرِ اوجِ پروازش رسیدن به سدرهٔ وجودِ حُسام‌الدّین است و بـه هـمّتِ مـعنوی و روحانیِ او می‌تواند با حیاتی نو قوّت بیابد و از سدره که مرزِ میان ملکوت و لاهوت است، بگذرد.

۱۲ - **سقیم** : بیمار. ۱۳ - مراد آنکه: بیش از این نمی‌توانم بگویم و به همّت و مددِ تو نیازمندم.

۲۰۰۴ **جـوش دِه آن بـحرِ گـوهرْبار را[۱] خوش بپرس امـروز ایـن بـیمار را**

آن دریای گوهربار معانی را به جوشش آور تا معارف بر زبانم جاری شود.

۲۰۰۵ **چون تو آنِ او شدی، بحر آنِ اوست گرچه این دَم نوبتِ بُحرانِ[۲] اوست**

هرچند که اینک قادر به ادامهٔ سخن نیستم؛ امّا اگر تو مال من شوی، دریایِ معانی آنِ من است.

۲۰۰۶ **این[۳] خود آن ناله است کو کرد آشکار آنـچه پـنهان است، یـارب! زیـنهارا!**

این «مثنوی» ناله‌ای است که به خواستِ پروردگار بر زبان آمده، و پناه بر خدا از ناله‌های عاشقانهٔ دیگری که نهان است.

۲۰۰۷ **دو دهان داریـم گـویا هـمچو نـی[۴] یک دهان پنهانْسْت در لب‌هایِ وی**

ما مانند «نی» هستیم. یک سرِ نی در دهانِ «نی‌زن» نهان است.

۲۰۰۸ **یک دهان نـالان شـده سـویِ شـما هـــای هـــویی درفکــنده در هــوا**

شما ناله و هیاهویِ دهانی را که می‌بینید، می‌شنوید.

۲۰۰۹ **لیک داند هـر کـه او را مـنظر[۵] است که فغانِ این سری هم زآن سر است[۶]**

امّا هر کس که بینشی دارد، می‌داند که صدایِ این سو از آن سو است.

۲۰۱۰ **دمدمهٔ[۷] این نای از دم هایِ اوست[۸] های هویِ[۹] روح از هیهایِ[۱۰] اوست**

بانگِ این نی از دمیدنِ اوست. هیاهویِ روح از خروشِ اوست.

۲۰۱۱ **گر نبودی بـا لبش، نـی را سَـمَر[۱۱] نی جهان را پُر نکـردی از شکـر[۱۲]**

اگر «نی» با او ارتباطی نهانی نداشت، این همه شیرین سخن نبود.

---

۱ - مصراع اوّل: آن بحرِ گوهربار را به جوشش آور، احتمالاً اشاره به دریایِ گوهربار وجودِ حُسام‌الدّین است که با جوشش و تلاطم خود دریایِ معارفِ مولانا را هم که اینک راکد شده است به شوق و ذوق بیاوَرَد.

۲ - **بحران :** شدّت بیماری و تب. ۳ - **این :** اشاره به مثنوی است.

۴ - **نی :** سازی بادی به نام نی که استوانه‌ای میان تهی است که دو سر آن باز است.

۵ - **منظر :** جایِ نگریستن، اینجا چشمِ حقیقت‌بین، بینش.

۶ - مراد آنکه: آنچه که مولانا می‌گوید، یعنی «مثنوی» به ارادهٔ خودِ او نیست، خواستِ حق و الهام ربّانی است.

۷ - **دمدمه :** فریب و نیرنگ، آوا. ۸ - **از دَم های اوست :** حاصلِ دمیدنِ اوست؛ یعنی اراده و تقدیر اوست.

۹ - **های هوی :** هیاهو و هیجانات. ۱۰ - **هیهای :** خروش و هیاهو.

۱۱ - **سَمَر :** قصّه، افسانه‌ای که شب می‌گویند.

۱۲ - مراد آنکه: پیوند نهانیِ انسان با خالق اوست که موجب این همه آثار و این همه گفتارِ رفیع است.

در مقامِ مقایسه: حافظ: «این همه شهد و شکر کز سخنم می‌ریزد.»

باکه خفتی؟ وز چه پهلو خاستی؟[۱] که چنین پُر جوش چون دریاستی ۲۰۱۲

ای حُسام‌الدّین، چه عنایتی سبب شده است که در وجودِ تو معانی مانندِ دریایی بجوشد؟

یا اَبیتُ عِنْدَ رَبّی[۲] خواندی در دلِ دریای آتش راندی؟[۳] ۲۰۱۳

آیا تو هم از عطایای عظیمِ نهانی بهره‌مند شده‌ای که بی‌مُحابا حقایق را آشکار می‌کنی؟

نعرهٔ یا نارُ کُونی بارِداً[۴] عصمتِ[۵] جانِ تو گشت، ای مقتدا! ۲۰۱۴

ای پیشوا، خطابی که آتش را بر ابراهیم(ع) سرد و سلامت کرد، محافظ جان تو شد.

ای ضیاءُالحق، حُسامِ دین و دل![۶] کی توان اَندود خورشیدی به گِل؟[۷] ۲۰۱۵

ای ضیاءُالحق، ای حُسامِ دین و دل، چگونه می‌توان خورشید را با گِل پوشانید؟

قصد کردستند این گِل پاره‌ها که بپوشانند خورشیدِ تو را ۲۰۱۶

این آدم‌هایِ حقیر می‌خواهند مانعِ درخشش، خورشیدِ وجودِ تو بشوند.

در دلِ کُهْ لعل‌ها دلاّل[۸] توست[۹] باغ‌ها از خنده مالامالِ توست[۱۰] ۲۰۱۷

در حالی که این درخشش چنان تابناک و نافذ است که دل‌های سخت را به گوهر بَدَل می‌کند و باغِ وجودِ سالک را به گلستانِ معارف.

---

۱ - مصراع اوّل: باکه خوابیدی و از کدام پهلو برخاستی؛ یعنی چه چیزی سبب شده است؟ چه عنایتِ عظیمی به تو شده است؟

۲ - اشاره به حدیثی با این مضمون: پیامبر(ص) فرمود: من شب را به روز می‌آورم در حالی که پروردگارم مرا اطعام می‌کند و می‌نوشانَد: ۳۷۵۴/۱. مراد آنکه: همچنان که پیامبر(ص) از عنایات نهانی برخوردار بود، آیا تو هم در حدّ خود از عطایایِ خفی بهره‌مند شده‌ای که این چنین سرمستی؟

۳ - مصراع دوم: در دلِ دریایِ آتش راندن؛ یعنی بی پروا از حقایق سخن گفتن و از طعنهٔ منکران بیمناک نبودن.

۴ - اقتباس لفظی از: انبیا: ۶۹/۲۱: ای آتش سرد باش.

۵ - **عصمت**: محافظت، نگهداری. مراد آنکه: اراده و لطف حق تو را از شرّ دشمنان در امان داشته است وگرنه آنان تا بتوانند آزار می‌دهند. ۶ - **حُسام دین و دل**: شمشیر دل و جان، شمشیرِ حق.

۷ - مراد خورشیدِ وجودِ حُسام‌الدّین است. ۸ - **دلاّل**: دلالت کننده.

۹ - مصراع اوّل: اشاره به اعتقاد قدماست مبنی بر اینکه تابش خورشید سنگ را به لعل مبدّل می‌کند.

۱۰ - این بیت اشاره به قدرتِ ارشاد و هدایتِ روحانیِ حُسام‌الدّین است که خلیفهٔ مولانا بود.

۲۰۱۸ **محرمِ مردیت[1] را کو رُستمی[2]؟ تا ز صد خرمن یکی جو گفتمی**

کجاست آن انسانِ والایی که بتوانم اندکی از کمالِ باطنی‌ات را بگویم؟

۲۰۱۹ **چون بخواهم کز سِرَت[3] آهی کنم چون علی سر را فرو چاهی کنم**

اگر بخواهم اسرارِ وجودِ تو را بگویم، باید همانند علی(ع) سر را در چاهی خم کنم.

۲۰۲۰ **چونکه اِخْوان[4] را دلِ کینه‌وَر است یوسفم[5] را قعرِ چَهْ اولیٰ‌تر است**

چون برخی از همراهان طریقتیِ ما کینه‌توزند، بهتر است این حقیقت نهان بمانَد.

۲۰۲۱ **مست گشتم، خویش بر غوغا زنم[6] چَهْ چه باشد؟ خیمه بر صحرا زنم[7]**

من از آنچه که دربارهٔ کمالت گفتم، مست شده‌ام و می‌خواهم غوغا کنم و مستانه بگویم.

۲۰۲۲ **بر کَفِ من نِهْ شرابِ آتشین وآنگه آن کَرّ و فر[8] مستانه بین**

شراب آتشین را به دستم ده، آنگاه شکوه و جلال مستانه‌ام را ببین.

۲۰۲۳ **منتظر گو باش بی‌گنج آن فقیر زآنکه ما غرقیم این دَم در عَصیر[9]**

بگذار آن فقیر بدون گنج منتظر بمانَد؛ زیرا ما اینک غرق در میِ حق هستیم.

۲۰۲۴ **از خدا خواه ای فقیر این دَم پناه از مَنِ غرقه شده یاری مخواه**

ای فقیر، اکنون به خدا پناه ببر و از منِ غرقه شده کمک نخواه.

۲۰۲۵ **که مرا پروایِ آن اِسناد[10] نیست از خود و از ریشِ خویشم یاد نیست[11]**

که من پروای پرداختن به آن حکایت و توجّهی به امور دنیوی را ندارم.

---

۱ - **مردی** : مرد صفتی، مردانگی در راهِ حق، مُراد کمالِ معنوی و روحانی است.

۲ - **رستم** : پهلوان، اینجا پهلوانِ عالم معنا، انسانِ متعالی.

۳ - **سِرَت** : اسرارِ وجودت، حقایقی که در تو به ظهور رسیده است.

۴ - **اِخوان** : برادران، اینجا مراد سالکان و همراهان طریقتی است.

۵ - **یوسفم** : مراد حقیقتی است که در حُسام‌الدّین متجلّی شده و از حَسَدِ منکران بهتر است عیان نشود و در چاه بمانَد.

۶ - **خویش بر غوغا زنم** : غوغا کنم، اینجا آشکارِ آشکار بگویم.

۷ - **خیمه بر صحرا زنم** : کنایه از آنکه: همه چیز را علنی می‌گویم.

۸ - **کَرّ و فَرّ** : حمله و گریز، شکوه و جلال.

۹ - **عصیر** : عصاره، شیره، اینجا نشئهٔ شراب یا مستیِ ناشی از همان حقایق.

۱۰ - **اِسناد** : نسبت دادن، منسوب کردن روایت یا حدیث به کسی، اینجا دنبال کردن یا ادامه دادن روایت یا حکایت.

۱۱ - مصراع دوم: از خود و ریشِ خود یادم نیست: به امور دنیوی و وجوهِ مادّی هیچ توجّهی ندارم.

بادِ سِبْلت[۱] کِی بگنجد و آب‌رو   در شرابی که نگنجد تارِ مو؟ ۲۰۲۶

در شرابی که هیچ چیز، حتّی تار مو نمی‌گنجد، خودبینی یا آبرو چگونه می‌گنجد؟

در دِهْ ای ساقی[۲]! یکی رطلی گران[۳]   خواجه[۴] را از ریش و سِبْلت[۵] وارهان ۲۰۲۷

ای ساقی، پیمانهٔ بزرگی بده و خواجه را از خود رها کن.

نخوتش بر ما سِبالی می‌زند[۶]   لیک ریش از رشکِ[۷] ما بر می‌کَنَد[۸] ۲۰۲۸

با تکبّر استهزایی می‌کند؛ امّا از حَسَد در رنج است.

ماتِ او و ماتِ او و ماتِ او   که همی دانیم تزویراتِ[۹] او ۲۰۲۹

نمی‌داند که مغلوب پروردگار است؛ امّا ما واژگون‌نمایی‌های حق را می‌شناسیم.

از پسِ صد سال آنچ آید از او   پیر می‌بیند معیّن مو به مو ۲۰۳۰

هر کاری که بعد از صد سال از او سر خواهد زد، پیر آشکارا و مو به مو می‌بیند.

اندر آیینه چه بیند مردِ عام   که نبیند پیر اندر خشتِ خام؟ ۲۰۳۱

مردِ عامی در آیینه چه چیز را می‌تواند ببیند که پیر همان را در خشتِ خام نبیند؟

آنچه لِحیانی[۱۰] به خانهٔ[۱۱] خود ندید   هست بر کوسه[۱۲] یکایک آن پدید ۲۰۳۲

آنچه را که آدمِ عامی از دل و جانِ خود نمی‌دانَد، پیر می‌دانَد.

رو به دریایی[۱۳]، که ماهی‌زاده‌ای[۱۴]   همچو خَس در ریش چون افتاده‌ای؟[۱۵] ۲۰۳۳

به عالم معنا توجّه کن که اصلِ تو از آنجاست. چرا حقیرانه به دنیا چسبیده‌ای؟

خس نه‌ای، دور از تو، رشکِ گوهری   در میانِ موج و بحر اولیٰ‌تری ۲۰۳۴

تو خَس نیستی، دور از تو باد، گوهر به تو حسد می‌برد. شایستهٔ موج و دریا هستی.

---

۱ - **بادِ سِبْلت :** خودبینی، خود محوری، اینجا این که به خود فکر کنیم و بیندیشیم که بگوییم یا نگوییم؟

۲ - **ساقی :** ساقیِ اَلَست، پروردگار. ۳ - **رطل گران :** پیمانهٔ بزرگ. ۴ - **خواجه :** مُنکر، حسود.

۵ - **ریش و سِبْلت :** خود و امور دنیوی. ۶ - **سِبال زدن :** استهزاکردن. ۷ - **رشک :** حَسَد.

۸ - **ریش بر کندن :** در رنج و محنت بودن، رنج بیهوده بردن.

۹ - **تزویر :** اینجا هستیِ موهومی را هستی حقیقی نشان دادن، واژگون‌نمایی.

۱۰ - **لِحیانی :** پر ریش، ریشِ بسیار بلند و انبوه نشانهٔ حماقت است، اینجا «عامِ خلق» یا عوام.

۱۱ - **خانه :** اینجا کنایه از دل و جان یا ضمیر.

۱۲ - **کوسه :** اینجا کنایه از خواص یا خاص‌الخاصان، پیران یا واصلان. ۱۳ - **دریا :** کنایه از عالمِ معنا.

۱۴ - **ماهی‌زاده :** خلیفه‌زاده، فرزندِ آدم(ع) که دارای قابلیّت و استعداد کامل برای ادراک حقایق و عالمِ معنا بود و تو هم آن را به ارث برده‌ای. ۱۵ - مصراع دوم: چرا به دنیا چسبیده‌ای؟

بحرِ وُحدان[1] است، جفت و زوج[2] نیست   گوهر و ماهیش[3] غیرِ موج[4] نیست ۲۰۳۵

این دریای وحدت است که نظیر و همتایی ندارد و گوهر و ماهی‌اش موج است.

ای محال و ای محال اِشراکِ او   دور از آن دریا و موجِ پاکِ او ۲۰۳۶

شریک قرار دادن برای او محال است و چنین اندیشه‌ای دور از آن دریا و موجِ پاکِ اوست.

نیست اندر بحر شرک و پیچْ پیچ[5]   لیک با اَحوَل[6] چه گویم؟ هیچْ هیچ ۲۰۳۷

در این دریا هیچ کثرتی نیست؛ امّا با دوبین چه بگویم؟ هیچ، هیچ.

چونکه جفتِ اَحولانیم ای شَمَن[7]!   لازم آید مشرکانه[8] دم زدن ۲۰۳۸

ای بت‌پرست، چون همنشینِ «اهلِ دنیا» هستیم، باید به زبان آنان سخن بگوییم.

آن یکیّی[9] زآن سویِ وصف است و حال   جز دُوی ناید به میدانِ مقال[10] ۲۰۳۹

«وحدت»، غیر قابل وصف است. هر چه به زبان بیاید، شرک و دویی دارد.

یا چو احول[11] این دُوی را نوش کن[12]   یا دهان بردوز و خوش خاموش کن ۲۰۴۰

یا مانند دوبینان آن را بپذیر و یا دهان را ببند و خاموش باش.

یا به نوبت، گَهْ سکوت و گَهْ کلام   اَحولانه طبل می‌زن،[13] والسَّلام ۲۰۴۱

یا به نوبت گاه سکوت کن و گاه بگو و به دوییِ کلام توجّه نکن، والسَّلام.

---

۱ - **وُحدان :** جمع واحد: یکی.   ۲ - **جفت و زوج :** نظیر و همتا.

۳ - **گوهر و ماهی :** هرچه در آن دریاست از خودِ دریاست و هستیِ جدا و مستقلی ندارد.

۴ - **موج :** جوش و خروشِ دریا که هویّت جداگانه‌ای ندارد، تجلیّات حق.

۵ - **شرک و پیچ پیچ :** دوگانگی و کثرت.   ۶ - **اَحْوَل :** دوبین، لوچ.   ۷ - **شَمَن :** بت‌پرست.

۸ - **مشرکانه :** به زبانِ همان آدم‌های دوبین، یعنی اهل دنیا.

۹ - **آن یکیّی :** اینجا «وحدت» یا «توحید» که توصیف‌پذیر نیست.   ۱۰ - زبان جز دوگانگی را نمی‌تواند بگوید.

۱۱ - خطابِ مولانا به خودِ اوست.

۱۲ - مراد آنکه: بپذیر که در سخنی که می‌گویی دویی هست؛ چون تو به عنوان یک هویّت مستقل داری از «وحدتِ» یک وجودِ مستقلِ دیگر سخن می‌گویی.

۱۳ - **احولانه طبل زدن :** اینجا سخن گفتنِ اَحْوَلانه، مانند اهلِ دنیا سخن گفتن.

چون ببینی محرمی[۱]، گو سِرِّ جان   گُل[۲] ببینی، نعره زن چون بلبلان ۲۰۴۲

اگر آشنایی دیدی، اسرار را بگو و مانند بلبلان نعره بزن.

چون ببینی مَشکِ پُر مکر و مجاز[۳]   لب ببند و خویشتن را خُنب ساز[۴] ۲۰۴۳

اگر مدّعیِ مکّار را دیدی، خاموش باش و وانمود کن که نمی‌دانی.

دشمنِ آب[۵] است پیشِ او مَجُنب[۶]   ورنه سنگِ جهلِ او بشکست خُنْب[۷] ۲۰۴۴

نزد او که دشمنِ معنویّات است، خاموش باش وگرنه با نادانی‌اش به تو صدمه می‌زند.

با سیاست‌های[۸] جاهل صبر کن   خوش مُدارا کن به عقل مِنْ لَدُن[۹] ۲۰۴۵

بر اذیت و آزارِ نادان صبر کن و با عقلِ خداداد با او مدارا کن.

صبر با نااهل اهلان را جلا[۱۰]ست   صبرْ صافی می‌کند هر جا دلی‌ست ۲۰۴۶

صبر با نااهل سبب صفای اهل دل است؛ زیرا صبر صفادهندهٔ دل‌هاست.

آتشِ نمرود ابراهیم را   صفوتِ[۱۱] آیینه[۱۲] آمد در جلا[۱۳] ۲۰۴۷

آتشِ نمرود سبب صفا و جلایِ دل و جانِ ابراهیم(ع) شد.

جورِ کفرِ[۱۴] نُوحیان و صبرِ نوح   نوح را شد صیقلِ مرآتِ[۱۵] روح ۲۰۴۸

جفای اُمّت و صبرِ نوح(ع) سبب صفایِ روحِ او شد.

---

۱ - **محرم** : اهلِ معنا، اهلِ دل. ۲ - **گُل** : اینجا همان محرم یا اهلِ معناست که وجودی لطیف و معطّر دارد.

۳ - **مَشک پُر مکر و مجاز** : کنایه از مدّعی و علمِ رسمی و کسبیِ او.

۴ - **خویشتن را خُنب ساز** : وانمود کن که مانند خُم خشک لب هستی و چیزی نمی‌دانی.

۵ - **آب** : کنایه از معنویّات. ۶ - **مجنب** : آرام و خاموش باش.

۷ - مصراع دوم: وگرنه با نادانی به خُمِ وجودت لطمه می‌زند. ۸ - **سیاست** : جفا، آزار و اذیت.

۹ - **عقلِ من لَدُن** : عقل خداداد، اینجا عقلِ زنگارزدایی شده و متعالی.

۱۰ - مصوت الف با یاء قافیه شده است. ۱۱ - **صفوت** : صاف، خالص. ۱۲ - **آیینه** : مراد آیینهٔ دل است.

۱۳ - **جِلا** : صیقلی کردن. ۱۴ - **جورِ کفر** : جور و جفایِ انکار و کفرِ قومِ نوح که همگی منکر و معاند بودند.

۱۵ - **مرآت** : آیینه.

حکایتِ مریدِ شیخ حسن خَرَقانی[۱] قَدَّسَ اللهُ سِرَّه[۲]

درویشی از طالقان به قصد زیارت شیخ عازم خَرَقان شد. با صدق و نیاز کوه‌ها و دشت‌ها را پیمود تا به مقصد رسید و به صد حرمت حلقه بر در زد. حرم شیخ که او را مشتاق و بی‌قرار یافت با طعنه گفت: بیهوده عزم راه کرده‌ای، دیو «دوشاخه‌ات»[۳] برنهاده است که به دیدار آن «سالوسِ زرّاق»[۴] که «دامِ گولان و کمندِ گمرهی»[۵] است، آمده‌ای. این قوم سِبطی‌اند و گوساله‌پرست که دست به دامانِ این سامری‌اند. مریدان او «شرع و تقوی» را فرو نهاده‌اند و قلاّش‌وار[۶] به اِباحه‌گریِ[۷] او رخصت هر فساد یافته‌اند. در آن‌ها نه نماز، نه سُبحه[۸] و نه آداب است.

مرید که از طعن و قدح[۹] او به تنگ آمده بود، گفت: تُرّهات چون تو ابلیسی، مرا از این در نمی‌گرداند. همچون سحاب به بادی نیامده‌ام «تا به گردی بازگردم زین جناب». درویش بازگشت و در هوای شیخ به بیشه رفت که خلق گفته بودند آن «قطبِ دیار» رفته است تا از کوهسار هیزم بیاوَرَد. در راه آزارِ وسوسه بود که چرا «امام النّاس» با «نسناس»[۱۰] در خانه همنشین است؟ ضدّ چگونه با ضدّ دمساز است؟ در این حال بود که شیخ با پُشته‌ای هیزم بر شیری سوار از دور آشکار شد. آن «جلیل» از ضمیرِ مُرید مشکلِ انکارِ زن را دریافت و گفت: تحمّلِ چنین زن برای هوایِ نَفْس نیست، تا ما بار چنان گرگی را نکشیم، چنین شیری بار ما نکشد.[۱۱]

۲۰۴۹ **رفت درویشی ز شهرِ طالقان[۱۲] بهرِ صیتِ بوالحُسین[۱۳] خارِقان**

درویشی به سبب آوازهٔ شیخ ابوالحسن خرقانی از طالقان به راه افتاد.

۲۰۵۰ **کوه‌ها بُبْرید[۱۴] و وادیِّ دراز[۱۵] بهرِ دید[۱۶] شیخ با صدق و نیاز**

برای دیدار آن شیخِ صادق نیازمندانه از کوه‌ها و بیابان‌ها گذشت.

---

۱ - شیخ ابوالحسن خَرَقانی: ر.ک: ۱۸۰۲/۴. ۲ - خدا خاک او را پاکیزه گرداناد.

۳ - **دوشاخه**: یوغ، میله‌ای که سرش دو شاخه است و به پوزهٔ چهارپا می‌نهند تا گاز نگیرد.

۴ - **سالوسِ زرّاق**: فریبکارِ حیله‌گر.

۵ - **دامِ گولان و کمندِ گمرهی**: دامی که ابلهان در آن می‌افتند و گمراه می‌شوند. ۶ - **قلاّش‌وار**: مزوّرانه.

۷ - **اِباحه‌گری**: جایز داشتن یا مُباح شمردن چیزهایی که معمولاً شریعت مجاز نمی‌شمرد.

۸ - **سُبحه**: تسبیح. ۹ - **قَدْح**: طعن، بدگویی و سرزنش. ۱۰ - **نسناس**: آدمِ بدهیبت و بدجنس.

۱۱ - این قصّه مربوط است به ابوعلی سینا که به دیدار شیخ رفته؛ امّا مولانا مصلحت را در آن دیده است که آن را به درویشی گمنام نسبت دهد. ۱۲ - **طالقان**: منطقه‌ای در شمال غرب تهران.

۱۳ - **صیت**: آوازه، تبدیل بوالحسن به بوالحسین به ضرورت شعر است.

۱۴ - **کوه‌ها بُبْرید**: کوه‌ها را پشت سر گذاشت. ۱۵ - **وادیِّ دراز**: دشت‌ها را در نوردید.

۱۶ - **بهرِ دید**: برای دیدار یا ملاقات.

آنچه در رَه دید از رنج و ستم   گرچه در خورد است،[1] کوته می‌کنم ۲۰۵۱

در راه رنج‌ها و آزارهای بسیار دید که از آن می‌گذرم و مختصر می‌کنم.

چون به مقصد آمد از ره آن جوان   خانهٔ آن شاه را جُست او نشان ۲۰۵۲

چون به خرقان رسید، نشانیِ خانهٔ آن شاه را خواست.

چون به صد حُرمت بزد حلقهٔ درش   زن برون کرد از درِ خانه سَرَش ۲۰۵۳

با احترامِ فراوان حلقهٔ در را به صدا آورد، زنِ شیخ سر را بیرون آورد.

که: چه می‌خواهی؟ بگو ای ذوالکرم[2]!   گفت: بر قصدِ زیارت آمدم ۲۰۵۴

گفت: ای بزرگوار، چه می‌خواهی؟ گفت: به قصد زیارت آمده‌ام.

خنده‌ای زد زن که: خَه خَه! ریش بین   این سفر گیری و این تشویش بین ۲۰۵۵

زن خندهٔ تمسخرآمیزی کرد و گفت: حماقت را ببین، چه سفری با چه بی‌قراری!

خود تو را کاری نبود آن جایگاه[3]   که به بیهوده کنی این عزمِ راه؟ ۲۰۵۶

آیا تو در شهرِ خودت کاری نداشتی که بیهوده قصد این سفر را کردی؟

اشتهایِ گول‌گَردی[4] آمدت؟   یا ملولیِّ[5] وطن غالب شدت؟[6] ۲۰۵۷

هوای ولگردی داشتی یا حوصله‌ات از شهر خودت سر رفته بود؟

یا مگر دیوت دوشاخه برنهاد   بر تو وسواسِ[7] سفر را در گشاد؟ ۲۰۵۸

یا شاید شیطان با وسوسه مجبورت کرده است.

گفت نافرجام[8] و فُحش و دَمدمه[9]   من نتوانم باز گفتن آن همه ۲۰۵۹

سخنان بیهوده و توهین‌آمیزی گفت که نمی‌توانم همه را باز گویم.

از مَثَل وز ریشْخندِ بی حساب[10]   آن مُرید افتاد از غم در نشیب[11] ۲۰۶۰

از حرف‌ها و ریشخندهایِ فراوان، آن مُرید غمگین و مأیوس شد.

---

۱ - **گرچه در خورد است :** هرچند که شایستهٔ گفتن است. ۲ - **ذوالکَرَم :** بزرگوار، صاحب کَرَم.
۳ - **آن جایگاه :** وطنِ خودت، شهرِ خودت. ۴ - **اشتهای گول‌گردی :** هوای وِل چرخیدن، هوای ولگردی.
۵ - **ملولی :** دلتنگی، اینجا حوصله سررفتن. ۶ - مصراع دوم: از شهرِ خودت دلتنگ شده بودی.
۷ - **وسواس :** وسوسه. ۸ - **نافرجام :** اینجا حرفِ بیهوده یا حرفِ مُفت. ۹ - **دَمدَمه :** سخن پوچ.
۱۰ - مصوت الف با یاء قافیه شده است. ۱۱ - **در نشیب افتادن :** افسرده و مأیوس شدن.

پرسیدنِ آن وارد از حَرَم شیخ[۱] که: شیخ کجاست؟ کجا جویم؟ و جوابِ نافرجام گفتنِ حَرَم شیخ

اشکش از دیده بِجَست و گفت او   با همه، آن شاهِ شیرین نام[۲] کو؟ ۲۰۶۱

اشک از چشمانش جاری شد و گفت: با این همه بگو که آن شاه خوش‌نام کجاست؟

گفت: آن سالوسِ[۳] زرّاقِ[۴] تهی[۵]؟   دامِ گولان[۶] و کمندِ گمرهی[۷]؟ ۲۰۶۲

گفت: منظورت همان ریاکارِ حیله‌گرِ توخالی است؟ دامِ ابلهان و کمند گمراهی؟

صد هزاران خامْ‌ریشان[۸] همچو تو   اوفتاده از وی اندر صد عُتو[۹] ۲۰۶۳

هزاران آدمِ ابله مانند تو به وسیلهٔ او دچار معصیت شده‌اند.

گر نبینیش و سلامت وارَوی[۱۰]   خیرِ تو باشد، نگردی زو غوی[۱۱] ۲۰۶۴

اگر او را نبینی و سالم بازگردی به صلاح توست که به گمراهی نیفتی.

لاف‌کیشی،[۱۲] کاسه‌لیسی،[۱۳] طبلْ‌خوار[۱۴]   بانگِ طبلش رفته اطرافِ دیار[۱۵] ۲۰۶۵

لاف‌زنِ طمعکارِ پرخوری که آوازه‌اش همه جا را پر کرده است.

سبطی‌اند[۱۶] این قوم و گوساله پرست   در چنین گاوی چه می‌مالند دست؟[۱۷] ۲۰۶۶

این قوم شبیه بنی‌اسرائیل‌اند و گوساله پرست، چرا به او این همه توجّه دارند؟

جیفةُ ٱللّیل است و بَطّالُ ٱلنّهار[۱۸]   هر که او شد غرّهٔ[۱۹] این طبلْ‌خوار ۲۰۶۷

هر کس که گولِ این شکمباره را بخورد، شب چون مُردار است و روز بیعار و بیکار.

---

۱ - **حَرَم شیخ:** همسر شیخ.   ۲ - **شیرین نام:** کسی که نامِ خوشی دارد و یادش موجب شیرین‌کامی است.
۳ - **سالوس:** فریبکار.   ۴ - **زرّاق:** حیله‌گر.   ۵ - **تهی:** خالی، اینجا خالی از صداقت و معنویّت.
۶ - **گولان:** ابلهان.   ۷ - **کمندِ گمرهی:** کسی که وجودش بسان کمندی دیگران را می‌کشد و گمراه می‌کند.
۸ - **خامْ‌ریش:** احمق، ابله.   ۹ - **عُتو:** عُتُوّ: معصیت، نافرمانی پریشانی.   ۱۰ - **وارَوی:** بازگردی.
۱۱ - **غَوی:** گمراه.   ۱۲ - **لاف‌کیش:** مدّعی، اهلِ ادّعای بیهوده که فقط لاف می‌زند.
۱۳ - **کاسه‌لیس:** طمعکار.   ۱۴ - **طبل‌خوار:** پُرخور.   ۱۵ - مصراع دوم: آوازه‌اش به همه جا رفته است.
۱۶ - **سبطی:** قوم بنی اسرائیل، اینجا مراد گروهی هستند که گوسالهٔ سامری را پرستیدند.
۱۷ - مصراع دوم: مراد آنکه: چرا چنین تعظیم و تکریمی در حقّ او دارند؟
۱۸ - مقتبس از حدیث: نشانه‌هایی که نقصان دین را موجب می‌شود: زیاد خطاکردن، شب چون لاشه افتادن، روز تن به کار ندادن، تنبل و حریص و نازپرورده بودن...: احادیث، ص ۵۵۷. مانند مُردارند، چون شب به عبادت بر نمی‌خیزند و روز بی‌کاراند، چون تلاشی در راه حق نمی‌کنند.   ۱۹ - **غَرّه:** فریفته، گول خورده.

هِشته‌اند این قوم صد علم و کمال   مکر و تزویری گرفته، کین[1] است حال ۲۰۶۸

این قوم علم و کمال را نهاده و حیله و تزویر را گرفته‌اند و می‌گویند: این «حال» است.

آلِ موسی[2] کو؟ دریغا! تا کنون   عابدانِ عِجْل[3] را ریزند خون ۲۰۶۹

ای دریغ، مؤمنان کجا هستند که خون این گوساله‌پرستان را بریزند؟

شرع و تقویٰ را فِکنده سویِ پشت   کو عُمَر؟ کو امرِ معروفِ دُرُشت[4]؟ ۲۰۷۰

شریعت و تقوا را کنار گذاشته‌اند، نه عُمَری هست و نه امرِ به معروفِ جدّی.

کین اِباحت[5] زین جماعت فاش شد   رُخصتِ[6] هر مفسدِ[7] قَلّاش[8] شد ۲۰۷۱

اینکه آن‌ها امور دینی را آسان می‌گیرند، سبب رُخصتِ هر فاسدِ دغلبازی شده است.

کو رهِ پیغمبر و اصحابِ او؟   کو نماز و سُبحه و آدابِ او؟ ۲۰۷۲

راه و سنّت پیامبر(ص) و صحابه‌اش کجاست؟ نماز و تسبیح و آدابِ آن چه شد؟

جواب گفتنِ مرید و زجر کردنِ[9] مرید آن طَعّانه[10] را از کُفر و بیهوده گفتن

بانگ زد بر وی جوان و گفت: بس   روزِ روشن از کجا آمد عَسَس[11]؟[12] ۲۰۷۳

جوان بانگ بر زن زد و گفت: روزِ روشن چه نیازی به شبگرد است؟

نورِ مردان[13] مشرق و مغرب گرفت   آسمان‌ها سجده کردند از شِگفت ۲۰۷۴

نورِ مردان حق سراسر عالم را فراگرفته و آسمان‌ها در برابرِ آن با شگفتی سجده می‌کنند.

---

۱ - **کین**: که این.   ۲ - **آلِ موسیٰ**: خاندان موسیٰ(ع)، اینجا مؤمنانِ راستین.

۳ - **عابدانِ عِجْل**: گوساله‌پرستان.

۴ - **امرِ معروفِ درشت**: امر به معروفِ خیلی جدّی و سختی که عُمَر اعمال می‌کرد.

۵ - **اِباحت**: تساهل و تسامُح، آسان‌گیری در امور دینی. «اِباحیه»: فرقه‌ای که هر فعل حتّی حرام را جایز می‌شمرده‌اند و مردودِ صوفیه و عُرفا بوده‌اند. اینجا اشاره به اعمال این گروه است.

۶ - **رُخصت**: ملایمت و نرمی، آسان و سهل. از نظر شریعت فرمانی که در انجامِ آن اجباری نیست.

۷ - **مفسد**: بدکار.   ۸ - **قلّاش**: مزوّر، دغلباز.   ۹ - **زجر کردن**: منع کردن.   ۱۰ - **طَعّانه**: طعنه زننده.

۱۱ - **عَسَس**: شبگرد، پاسبانِ گشتِ شبانه.

۱۲ - مراد آنکه: باطنِ شیخ چنان منوّر است که در برابر آن، سخنان بیهوده هیچ مفهومی ندارد و در ارادتِ مُرید اثری نمی‌گذارد.   ۱۳ - **مردان**: مردانِ حق.

آفتابِ حق بر آمد از حَمَل[۱] زیرِ چادر رفت خورشید از خَجَل ۲۰۷۵

آفتابِ حق از برجِ حَمَل طالع شد و خورشید از شرم رویِ خود را نهان کرد.

تُرَّهاتِ[۲] چون تو ابلیسی مرا کِی بگرداند ز خاکِ این سرا؟ ۲۰۷۶

سخنان باطلِ شیطانی همچون تو کجا می‌تواند مرا از این درگاه روی‌گردان کند؟

من به بادی نامدم همچون سَحاب[۳] تا به گَردی باز گردم زین جَناب[۴] ۲۰۷۷

من مانند ابر به بادی نیامدم تا به گَردی از این آستان بازگردم.

عِجْل با آن نور، شد قبلهٔ کَرَم[۵] قبله بی آن نور، شد کفر و صنم ۲۰۷۸

«گوساله» به سبب نوری که داشت، مورد پرستش قرارگرفت و «کعبه» قبل از طلوعِ آفتابِ محمّدی(ص) بتخانه بود.

هست اباحت[۶] کز هوا آمد، ضلال هست اباحت کز خدا آمد کمال ۲۰۷۹

«مُباح دانستن» اگر نفسانی باشد، گمراهی است و اگر از طرف خدا باشد، کمال است.

کفرْ ایمان گشت و دیوْ اسلام یافت[۷] آن طرف کآن نورِ بی اندازه تافت ۲۰۸۰

«نورِ حق» هرجا که بتابد، کفر ایمان می‌شود و شیطان مسلمان.

مظهر عزّ است و محبوبِ به حق از همه کرّوبیان[۸] بُرده سَبَق[۹] ۲۰۸۱

«شیخ» مظهر بزرگی و محبوبِ درگاهِ حق است و از همهٔ فرشتگانِ مقرّب برتر.

سجده آدم را بیانِ سَبْقِ اوست[۱۰] سجده آرَد مغز را پیوست، پوست ۲۰۸۲

سجدهٔ فرشتگان به آدم(ع) به سبب همین برتری است. ظاهر به باطن سجده می‌کند.

---

۱ – **حَمَل** : بره، ماه اوّل سال شمسی که صورتی از صورت‌های فلکی است به صورت میش نر است با دو شاخ. روزی که آفتاب در این برج داخل شود، همان روز نوروز است. یک ماهِ کامل آفتاب در این برج می‌مانَد که آن ماه فروردین نام دارد. تجلّیِ انسانِ کامل به طالع شدن خورشید از برجِ حَمَل مانند شده است.

۲ – **تُرَّهات** : سخنان یاوه، سخنانِ باطلِ لهوآمیز. ۳ – **سحاب** : ابر.

۴ – **زین جناب** : از این آستان، از این درگاه.

۵ – مصراع اوّل: اشاره به روایتی که به موجب آن سامری مشتی از خاکِ پایِ اسبِ جبرائیل را درگوسالهٔ طلایی ریخته بود. ۶ – **اباحت** : انجام محرمات را جایز دانستن.

۷ – **دیو اسلام یافت** : شیطان نَفْسِ مرد حق تسلیمِ وجه روحانیِ نَفْسِ او می‌شود.

۸ – **کرّوبیان** : فرشتگان مقرّب. ۹ – **سَبَق بُرده** : پیشی گرفته، برتر است.

۱۰ – **بیانِ سَبْقِ اوست** : نشانِ همین برتری است.

شمعِ حق را پُف کنی تو، ای عجوز[۱] ! هم تو سوزی هم سَرَت[۲] ای گَنده‌پوز[۳] ! ۲۰۸۳

ای عجوزه، تو می‌خواهی شمعِ حق را با فوت خاموش کنی؛ امّا ای گَنده‌دهان، با این کار سراپای خودت می‌سوزد.

کِی شود دریا ز پوزِ سگ نجس؟ کِی شود خورشید از پُف مُنْطَمِس[۴] ؟ ۲۰۸۴

دریا کی از دهانِ سگ نجس می‌شود؟ خورشید کی از پُفی خاموش می‌شود؟

حُکم بر ظاهر اگر هم می‌کنی[۵] چیست ظاهرتر، بگو، زین روشنی؟[۶] ۲۰۸۵

اگر فقط ظاهر را می‌بینی، بگو کدام نور از این نور آشکارتر است؟

جمله ظاهرها[۷] به پیشِ این ظهور باشد اندر غایتِ نقص و قُصور[۸] ۲۰۸۶

جمیعِ ظواهر در برابر این ظهورِ الهی ناقص و نارسا هستند.

هر که بر شمعِ خدا آرد پُف او شمع کِی میرد؟ بسوزد پوزِ او ۲۰۸۷

هر کس که شمعِ خدا را پُف کند، دهانش می‌سوزد و شمع خاموش نمی‌شود.

چون تو خفّاشان[۹] بسی بینند خواب[۱۰] کین جهان مانَد یتیم از آفتاب[۱۱] ۲۰۸۸

کوردلانی مانند تو خیال می‌کنند که با انکارِ آنان نورِ معرفت از دل‌ها می‌رود.

موج‌هایِ تیز[۱۲] دریاهایِ روح[۱۳] هست صد چندان که بُد طوفانِ نوح ۲۰۸۹

امواجِ بلندِ «تجلّی جلالی» دریاهایِ روح‌هایِ مردانِ حق صدها برابر توفان نوح(ع) است.

لیک اندر چشمِ کنعان موی رُست[۱۴] نوح و کشتی را بِهِشت، و کوه جُست ۲۰۹۰

امّا کنعان که نمی‌توانست حقیقت را ببیند، نوح(ع) و کشتی را رها کرد و به سوی کوه رفت.

---

۱ - **عجوز :** عجوزه، پیرزنِ فرتوت. ۲ - **هم تو سوزی هم سَرَت :** یعنی ظاهر و باطن‌ات می‌سوزد.
۳ - **گنده‌پوز :** گنده‌دهان، اینجا کسی که سخنان کفرآمیز می‌گوید. ۴ - **مُنْطَمِس :** خاموش.
۵ - مصراع اوّل: اگر حکم بر ظاهر می‌کنی، یعنی فقط ظاهر را می‌بینی.
۶ - مصراع دوم: مراد آنکه: ظاهرِ شیخ هم کاملاً نورانی است.
۷ - **جمله ظاهرها :** همهٔ ظواهر، یعنی هرچه که آشکار است. ۸ - **نقص و قُصور :** ناقص و نارسا.
۹ - **خفّاش :** کنایه از کوردل، کسی که قابلیّت درک معارف را ندارد. ۱۰ - **خواب می‌بینند :** خیال می‌کنند.
۱۱ - مصراع دوم: جهان از آفتاب بی بهره بماند، یعنی نورِ معرفت از دلِ اهلِ دل برود.
۱۲ - **موج تیز :** موجِ بلند.
۱۳ - **دریاَهای روح :** روحِ مرد حق دریاست، دریایی که به دریای روحِ کُلّ پیوسته است.
۱۴ - مصراع اوّل: موی در چشمش رُسته بود؛ یعنی نمی‌توانست حقیقت را ببیند یا درک کند.

دفتر ششم

۲٫۰۹۱ کوه و کنعان را فرو بُرد آن زمان   نیـم موجی تـا به قعرِ اِمْتِهان¹

آنگاه نیم موجی کوه و کنعان را به عمق ذلّت فرو برد.

۲٫۰۹۲ مَهْ فشاند نور و سگ وَغْ وَغْ کند   سگ ز نـورِ ماه کی مَرتَع کُند²

ماه نور می‌افشاند و سگ که از زیبایی و لطفِ آن چیزی نمی‌فهمد، عوعو می‌کند.

۲٫۰۹۳ شب روان و هـمرهانِ مَهْ بـه تگ³   ترکِ رفتن کی کنند از بانگِ سگ؟

امّا آنان که در پرتوِ نور ماه راه را می‌یابند، به بانگِ سگ از راه نمی‌مانند.

۲٫۰۹۴ جزوْ⁴ سوی کُل دوانْ مـانندِ تـیر   کی کند وقف از پی هر گَـنْده پیر؟

هر جزوی با سرعت به سوی کُل خود می‌رود و برای مُنکرِ متعفّن متوقّف نمی‌شود.

۲٫۰۹۵ جانِ شرع و جانِ تقویٰ عارف است   معرفت محصولِ زهدِ سالف⁵ است

عارف، روح شریعت و تقواست. معرفت محصولِ زهد و عبادت است.

۲٫۰۹۶ زهد، انـدر کـاشتن کـوشیدن است   معرفت، آن کِشت را روییدن است

«زهد»، تلاش برای کاشتن دانه و «معرفت» رویشِ آن است.

۲٫۰۹۷ پس چو تن باشد جهاد⁶ و اعتقاد⁷   جانِ این کِشتن نبات است و حَصاد⁸

«مجاهده و ایمان»، مانند جسم است و معرفت جانِ آن به شمار می‌آید.

۲٫۰۹۸ امرِ معروف او و هم معروف اوست   کاشفِ اسرار و هم مکشوفْ اوست⁹

شیخِ واصل، هم شرع است و هم شارع، هم سرّ است و هم کاشفِ سرّ.

۲٫۰۹۹ شـاهِ امـروزینه و فـردایِ مـاست   پوستْ بندهٔ مغزِ نـغزش دایماست

شاهِ این جهان و آن جهانِ ماست؛ زیرا همواره ظاهر در سیطرهٔ باطن است.

---

۱ - اِمْتِهان: خوار کردن، اینجا ذلّت و خواری.   ۲ - مرتع کند M: ‏‎‎‏‏‎‏

۳ - تگ: دویدن، تاختن.

۴ - جزو: اینجا مُراد سالک است که توجّه تامّ باطنی‌اش به مُرشدِ روحانیِ خود است.   ۵ - سالِف: پیشین.

۶ - جهاد: مجاهده، تلاش.   ۷ - اعتقاد: ایمان.

۸ - مصراع دوم: جان این کاشتن روییدن و درو کردن است؛ یعنی رویش یا حصولِ معرفت در جان و به کار بردن آن. «حَصاد»: درو کردن.

۹ - شیخ کامل از مرز همهٔ تمایزات گذشته و شرع است و شارع. به موجبِ حدیثِ قدسی: الانسانُ سِرٌّ مِنْ اسراری: انسان سرّی از اسرار من است: شرح مثنوی مولوی، ج ۶، ص ۲۱۲۶.

چون اناالحق[۱] گفت شیخ و پیش بُرد[۲] پس گلوی جمله کوران را فشرد[۳] ۲۱۰۰

هنگامی که مردِ خدا فانی شد و فنا شدن را به زبان آورد، سیطرهٔ خود را بر همهٔ کوردلان نشان داد.

چون اَنایِ بنده لا شُد از وجود پس چه مانَد؟ تو بیندیش ای جَحود[۴]! ۲۱۰۱

ای مُنکر، چون انانیّت بنده زوال یابد، چه چیز باقی می‌مانَد؟

گر تو را چشمی‌ست بگشا، در نگر بعدِ لا، آخِر چه می‌مانَد دگر؟ ۲۱۰۲

اگر چشم بصیرت داری، بگشا و ببین که بعد از «لا» چه چیزی می‌مانَد؟

ای بُریده آن لب و حلق و دهان که کُند تُف سویِ مَهْ یا آسمان ۲۱۰۳

بریده باد آن لب و گلو و دهانی که به سوی ماه یا آسمان تُف کند.

تُف به رویش باز گردد بی شَکی تُف سویِ گردون نیابد مسلکی[۵] ۲۱۰۴

بدون شک تُف به صاحبش بر می‌گردد؛ زیرا به آسمان راهی ندارد.

تا قیامت، تُف بر او بارَد[۶] ز رَب همچو تَبَّت[۷] بر روانِ بولهب ۲۱۰۵

تا قیامت از پروردگار بر او تف می‌بارد، همان‌طور که بر روانِ ابولَهَب «بریده باد» می‌بارد.

طبل و رایت[۸] هست مُلکِ[۹] شهریار سگ کسی که خوانَد او را طبلْ‌خوار ۲۱۰۶

او دارای سلطنتِ معنوی و اقتدار است. آدمِ پست او را شکمباره می‌نامد.

آسمان‌ها بندهٔ ماهِ وی‌اند[۱۰] شرق و مغرب جمله نانخواه وی‌اند ۲۱۰۷

آسمان‌ها در سیطرهٔ وی‌اند و شرق و غرب نیازمندِ او.

---

۱ - **اَنا آلحق :** سخن حلاّج، اینجا مُراد فنای انسان واصل در حق است که در واقع حق از زبان او سخن می‌گوید و دوییِ او به کلّی در هستیِ حقیقیِ حق محو و مضمحل شده است. ۲ - **پیش بُرد :** اینجا ادامه داد و بیان کرد.

۳ - مصراع دوم: غلبهٔ خود را بر ناآگاهان نمایانید.

۴ - **جَحود :** مُنکر. مراد این بیت آن است که: بعد از این فنا حق می‌مانَد.

۵ - **مسلک :** راه، محلّ عبور. «مسلک نیابد»: راه نمی‌یابد.

۶ - **تُف باریدن :** تُف افکندن: نشانِ کراهتی سخت. ۷ - **تَبَّت :** بریده باد. اشارتی قرآنی؛ مَسَد: ۱/۱۱۱.

۸ - **طبل و رایت :** طبل و پرچم: نشانه‌های سلطنت و اقتدار. ۹ - **مُلک :** پادشاهی.

۱۰ - **ماهِ وی :** ماهِ وجود، وجودِ درخشان، حقیقتِ انسانِ کامل برتر از عالمِ امکان است و همه نیازمندِ فیضِ وی‌اند.

زآنکه لولاک[۱] است بر توقیع[۲] او جمله در اِنعام[۳] و در توزیع[۴] او ۲۱۰۸

زیرا بر منشورِ او نشانِ «لولاک» است و همهٔ مخلوقات بهره‌مند از نعمت و بخششِ او.

گر نبودی او[۵]، نیابیدی فلک گردش و نور و مکانیِّ مَلَک[۶] ۲۱۰۹

به سبب وجود اوست که افلاک پر نور و گردان و جایگاه فرشتگان‌اند.

گر نبودی او، نیابیدی بِحار هیبت[۷] و ماهی و دُرِّ شاهوار[۸] ۲۱۱۰

در پرتوِ وجود اوست که دریاها شکوهمندند و پُر از ماهی و دُرِّ شاهانه.

گر نبودی او، نیابیدی زمین در درونه[۹] گنج و بیرون یاسمین ۲۱۱۱

به سببِ وجودِ اوست که زمین در درون گنج و در بیرون گل و گیاه دارد.

رزق‌ها هم رزقْ‌خوارانِ وی‌اند[۱۰] میوه‌ها لبْ خشکِ بارانِ وی‌اند[۱۱] ۲۱۱۲

اگر فیضِ وجود او نبود، رزق‌ها رزق نبودند و میوه‌ها رسیده و شیرین نمی‌شدند.

هین! که معکوس است در امر این گِرِه صَدْقه‌بخشِ خویش را صَدْقه بِده[۱۲] ۲۱۱۳

بدان که کارِ کاملان بر عکس است، به کسی که به تو صدقه می‌دهد، صدقه می‌دهی.

از فقیر استت همه زرّ و حریر[۱۳] هین! غنی را دِهْ زکاتی، ای فقیر! ۲۱۱۴

هرچه داری به یُمنِ وجود اوست. ای فقیر، به خود بیا و غنی را زکاتی بده.

چون تو ننگی جُفتِ آن مقبولْ‌روح چون عیالِ کافر اندر عقدِ نوح ۲۱۱۵

زنی بی‌ایمان در عقد ازدواجِ نوح بود و مایهٔ ننگی مانند تو زنِ این شیخِ مقرّب است.

---

۱ – اشاره به حدیثی با این مضمون که خداوند به پیامبر(ص) فرموده است: ای محمّد(ص)، اگر برای تو نبود، آسمان‌ها را نمی‌آفریدم: احادیث، ص ۴۸۴.

۲ – **توقیع :** منشور فرمانروایی، نشان کردن پادشاه بر نامه و منشور. ۳ – **در اِنعام او :** بهره‌مند از نعمتِ او.

۴ – **توزیع :** پخش کردن. ۵ – **او :** اشاره به انسانِ کاملِ واصل است. ۶ – **مکانیِّ مَلَک :** جایگاه فرشتگان.

۷ – **هیبت :** اینجا شکوهمند و ترسناک. ۸ – **دُرّ شاهوار :** مروارید درشت و گرانبها. ۹ – **درونه :** درون.

۱۰ – مصراع اوّل: رزق‌ها از او روزی می‌خورند؛ یعنی از او فیض می‌یابند.

۱۱ – مصراع دوم: میوه‌ها محتاجِ بارانِ فیض او هستند.

۱۲ – در عمل این گِرِه وارونه‌ای است؛ یعنی فیضِ حق از طریق کاملان به تو می‌رسد؛ پس صدقه دهندهٔ حقیقی اوست. آنچه را که آدمی به عنوان «نیاز» به محضر کاملان می‌برد، در واقع اعلامِ نیازمندیِ خودِ اوست.

۱۳ – **زرّ و حریر :** یعنی هرچه که داری.

گر نبودی نسبتِ تو زین سرا   پاره پاره کردمی این دم تو را ۲۱۱۶

اگر تو با خانهٔ شیخ نسبتی نداشتی، همین الآن تو را پاره پاره می‌کردم.

دادمی آن نوح[1] را از تو خلاص   تا مُشَرَّف گشتمی من در قصاص ۲۱۱۷

آن نوحِ زمانه را از دست تو نجات می‌دادم تا به قصاص، آن شرفِ شهادت بیابم.

لیک با خانهٔ شهنشاهِ زَمَن   این چنین گستاخیی نایَد زِ من ۲۱۱۸

امّا با حَرَم سلطانِ معنویِ این زمانه این چنین گستاخ نمی‌توانم باشم.

رو دعا کن که سگِ این موطنی   ورنه اکنون کردمی من کردنی ۲۱۱۹

خدا را شکر کن که سگِ این درگاه هستی وگرنه آنچه را که بایست، می‌کردم.

واگشتنِ مرید از وثاقِ شیخ و پرسیدن از مردم، و نشان دادنِ ایشان که شیخ به فلان بیشه رفته است

بعد از آن پرسان شد او از هر کسی   شیخ را می‌جُست از هر سو بسی ۲۱۲۰

بعد از آن از هر کس سراغ شیخ را گرفت و به دنبالِ او گشت.

پس کسی گفتش که: آن قطبِ دیار[2]   رفت تا هیزم کَشَد از کوهسار ۲۱۲۱

تا اینکه کسی گفت: آن قطبِ عالم به کوهسار رفت که هیزم بیاورد.

آن مریدِ ذوالفقارْاندیش[3]، تفت   در هوایِ شیخ، سویِ بیشه رفت ۲۱۲۲

آن مُرید که پُر از اندیشه‌های گوناگون بود، به شتاب برای دیدار شیخ به بیشه رفت.

دیو می‌آورد پیشِ هوشِ مرد[4]   وسوسه، تا خُفیه[5] گردد مَهْ[6] زگَرد[7] ۲۱۲۳

شیطان او را وسوسه می‌کرد تا مقامِ معنویِ شیخ را در ذهنش خدشه‌دار کند.

---

۱ - **نوح**: مراد شیخ ابوالحسن خرقانی است. ۲ - **قطب دیار**: قطبِ عالم، پیشوایِ روحانی.

۳ - **ذوالفقاراندیش**: کسی که اندیشه‌ای بُرنده و قاطع چون شمشیر حضرت علی(ع) دارد یا کسی که دوگونه می‌اندیشد، مانند ذوالفقار که دو لبه داشت. ۴ - **پیشِ هوشِ مرد**: در ذهن او. ۵ - **خُفیه**: نهان.

۶ - **مه**: ماهِ باطنِ منوّر شیخ یا مقامِ معنویِ شامخِ او. ۷ - **گَرد**: کنایه از گرد و غبارِ وسوسه‌ها.

۲۱۲۴ کین چنین زن را چرا این شیخ دین   دارد اندر خانه یار و همنشین؟

می‌اندیشید: چرا این شیخ دین با چنین زنی در خانه انیس و همنشین است؟

۲۱۲۵ ضدّ را با ضدّ ایناس¹ از کجا؟   با امامُ‌النّاس نَسناس² از کجا؟

چگونه ضدّ با ضدّ اُنس گرفته است؟ چگونه پیشوای مردم با نامردم ساخته است؟

۲۱۲۶ باز او لاحول³ می‌کرد آتشین   کاعتراض من بر او کفر است و کین

بار دیگر با دلی پر آتش به خدا پناه می‌برد که این اعتراض کفر و کینه است.

۲۱۲۷ من که باشم با تصرّف‌های حق⁴؟   که بر آرَد نَفْسِ من اِشکال و دَق⁵

و با خود می‌گفت: من ناچیزتر از آنم که در برابر امورِ الهی اظهار وجود کنم.

۲۱۲۸ باز نَفْسش حمله می‌آورد زود   زین تعرّف⁶ در دلش چون کاه‌دود

امّا باز نَفْسِ او حمله می‌کرد و این آگاهی را چون کاه می‌سوزاند و دود می‌کرد.

۲۱۲۹ که: چه نسبت دیو را با جبرئیل   که بُوَد با او به صحبت هم مَقیل⁷؟

و می‌گفت: شیطان با جبرائیل چه تناسبی دارد که با او همدم و همخواب باشد؟

۲۱۳۰ چون تواند ساخت با آزر⁸ خلیل؟   چون تواند ساخت با رَهْزَن دلیل؟

چگونه بت‌شکن می‌تواند با بت‌ساز بسازد؟ یا قافله‌سالار با دزدِ قافله؟

یافتنِ مُرید مُراد را و ملاقاتِ او با شیخ نزدیکِ آن بیشه

۲۱۳۱ اندر این بود او که شیخ نامدار⁹   زود پیش افتاد بر شیری سوار

مرید در این اندیشه بود که شیخ نامدار سوار بر شیر به ناگاه در برابرش ظاهر شد.

---

۱ - **ایناس**: دوستی و اُلفت، اُنس داشتن.   ۲ - **نَسناس**: دیومردم، نامردم، نوعی حیوان شبیه میمون.

۳ - **لاحول**: لا حَوْلَ وَ لا قُوَّةَ اِلاّ بِالله.

۴ - **تصرّف‌های حق**: امور الهی، خواست پروردگار هرچند که ممکن است با عقلِ جزوی ما نسنجد.

۵ - **اشکال و دَق**: عیب و ایراد گرفتن، اشکال و خرده‌گیری. «دَق»: خُرده‌گیری.

۶ - **تعرّف**: آگاهی، معرفت جُستن.   ۷ - **مَقیل**: خواب، هم‌مَقیل: همخواب، هم‌بستر.

۸ - **آزَر**: پدر حضرت ابراهیم(ع) که بت‌ساز بود، برخی وی را عموی ابراهیم(ع) دانسته‌اند. اینجا همسر شیخ به آزر مانند شده است.   ۹ - **شیخِ نامدار**: شیخِ نامور.

۲۱۳۲ **شیرِ غُرّان هیزمش را می‌کشید بر سرِ هیزم نشسته آن سعید**

شیخِ سعادتمند بالایِ هیزم‌ها نشسته بود و شیرِ غُرّان آن‌ها را حمل می‌کرد.

۲۱۳۳ **تازیانه‌ش مارِ نر[1] بود از شَرَف[2] مار را بگرفته چون خَرزَن[3] به کف**

به سببِ قدرتِ معنویِ عظیم، مارِ نیرومندی را مانند تازیانه در دست داشت.

۲۱۳۴ **تو یقین می‌دان که هر شیخی که هست هم سواری می‌کند بر شیرِ مست[4]**

یقین داشته باش که هر مردِ حق چنین قدرتِ معنویِ عظیمی دارد.

۲۱۳۵ **گرچه آن محسوس و این محسوس نیست لیک آن بر چشمِ جان ملبوس نیست[5]**

قدرت و کرامتِ همهٔ مشایخ محسوس نیست؛ امّا چشمِ باطن آن را می‌بیند.

۲۱۳۶ **صد هزاران شیر زیرِ رانِشان[6] پیش ِ دیدهٔ غیب دان هیزم کشان**

دیدهٔ غیب بین می‌تواند صدها هزار شیر را هیزم‌کش ِ آنان ببیند.

۲۱۳۷ **لیک یک یک را خدا محسوس کرد تا که بیند، نیز او که نیست مرد**

امّا خداوند گاه بعضی را نشان می‌دهد تا ناآگاهان نیز اندکی را بفهمند.

۲۱۳۸ **دیدش از دور و بخندید آن خدیو[7] گفت: آن را مشنو، ای مفتونِ دیو[8]!**

آن شاه مُرید را از دور دید، خندید و گفت: ای گول خورده، به وسوسه توجّه نکن.

۲۱۳۹ **از ضمیرِ او[9] بدانست آن جلیل هم ز نورِ دل، بلی نِعْمَ آلدَّلیل[10]**

آن شیخِ بزرگ با نورِ دل ضمیرِ او را دانست. آری، نورِ دل بهترین راهنماست.

۲۱۴۰ **خواند بر وی یک به یک آن ذوفنون[11] آنچه در ره رفت بر وی تا کنون**

آن شیخِ کامل هرچه را که بر سر مُرید آمده بود، یک به یک بازگو کرد.

---

۱ - **مارِ نر :** مار نیرومند، درشت‌پیکر و قوی. ۲ - **از شرف :** به سبب باطنِ عظیمِ وی.

۳ - **خرزن :** تازیانه. ۴ - مراد آنکه: قدرت‌های دنیوی در سیطرهٔ آنان است.

۵ - مصراع دوم: بر چشمِ بصیر پنهان نیست.

۶ - صدها هزار شیر زیرِ رانِ آن‌هاست؛ یعنی تحتِ سیطرهٔ معنوی و روحانیِ ایشان است.

۷ - **خدیو :** سلطان، شاه. ۸ - **مفتونِ دیو :** گول خورده، فریفتهٔ شیطان.

۹ - **ضمیرِ او :** آنچه را که در دلِ او می‌گذشت.

۱۰ - **نِعْمَ الدَّلیل :** بهترین راهنما، در ارتباط است با روشن‌بینیِ مُراد که از ضمیرِ مُرید باخبر است.

۱۱ - **ذوفنون :** دارای هنرهای فراوان، اینجا کامل و متعالی.

بعد از آن در مشکلِ انکارِ زن   برگشاد آن خوش سراینده[1] دهن ۲۱۴۱

سپس در ارتباط با مشکلِ انکار و عنادِ زن سخن گفت.

کآن تحمّل از هوایِ نَفس نیست   آن خیالِ نَفْسِ توست، آنجا مایست[۲] ۲۱۴۲

گفت: تحمّلِ چنین زنی به سبب شهوت نیست. این پندارِ نَفْسانی را رها کن.

گرنه صبرم می‌کشیدی بارِ زن   کی کشیدی شیرِ نر بیگارِ من؟ ۲۱۴۳

اگر صبورانه بارِ رنجِ زن را نمی‌کشیدم، شیر بار مرا نمی‌کشید.

اشترانِ بُختی‌ایم[۳] اندر سَبَق[۴]   مست و بی‌خود زیرِ مَحمِل‌هایِ[۵] حق[۶] ۲۱۴۴

ما مردانِ حق مانند شترانِ بارکش برای پیشی گرفتن مستانه رنج‌هایِ دنیوی را تحمّل می‌کنیم.

من نِی‌اَم در امر و فرمان نیم‌خام[۷]   تا بیندیشم من از تشنیعِ[۸] عام ۲۱۴۵

من در اجرای فرمان الهی سنجیده‌ام و از طعنهٔ عوام بیمی ندارم.

عام ما و خاصِ ما فرمانِ اوست   جانِ ما بر رُو دوان[۹] جویانِ اوست ۲۱۴۶

ما خاص و عام یا ظاهر و باطنی نداریم، هستیِ ما به فرمانِ او و جویای اوست.

فردیِ ما، جُفتیِ[۱۰] ما، نه از هواست   جانِ ما چون مُهره در دستِ خداست[۱۱] ۲۱۴۷

تجرّد یا تأهّلِ ما نَفْسانی نیست. جانِ ما مانند مهرهٔ نرد در دستِ خداست.

نازِ آن ابله کشیم و صد چو او   نه ز عشقِ رنگ و نه سودایِ بو[۱۲] ۲۱۴۸

نازِ آن زنِ ابله و صدها نفر مانند او را می‌کشیم؛ چون خدا می‌خواهد، نه به سببِ وجودِ خودِ آنان.

این قَدَرخود درسِ شاگردانِ ماست   کرّ و فرِّ مَلحَمهٔ ما تا کجاست؟[۱۳] ۲۱۴۹

آنچه که گفتیم در حدّ تعلیمِ مریدانِ ماست، توانایی ما حدّی ندارد.

---

۱ - **خوش سراینده :** خوش سخن.

۲ - مراد آنکه: این فکرِ تو نفسانی است؛ چون خودت هنوز درگیرِ وسوسه‌های نفسانی هستی.

۳ - **بُختی :** شترِ نیرومندِ بارکش. ۴ - **اندر سَبَق :** در پیشی گرفتن از یک‌دیگر.

۵ - **مَحْمِل :** کجاوه، هودج، بارگیر.

۶ - **محمل‌های حق :** بارهایِ حق، رنج‌هایی که مردان حق متحمّل می‌شوند. ۷ - **نیم‌خام :** ناپخته، نسنجیده.

۸ - **تشنیع :** طعنه، بدگویی. «تشنیع عام»: سرزنشِ ناآگاهان. ۹ - **بر رُو دوان :** به شتاب دویدن.

۱۰ - **فردی یا جفتی :** مجرد یا متأهّل بودن. ۱۱ - مراد آنکه: هر فعل ما به ارادهٔ اوست.

۱۲ - مصراع دوم: نه به عشقِ رنگ یا خیالِ بوی؛ یعنی به سبب امور دنیوی نیست.

۱۳ - مصراع دوم: شأن و قدر نبردِ ما تا کجاست؟ یعنی صبر بر جفا که از دروس اوّلیّهٔ سلوک است، ما در مقامِ «کمال و وصل» بسیار فراتر از این سخنان هستیم و حدّ ما را حدّی نیست؛ چون از قیود عالمِ مادّه رهیده‌ایم.

تا کجا؟ آنجا که جا را راه نیست[1]   **جز سَنا برقِ مَهِ اَللّه**[2] **نیست** ۲۱۵۰

تا چه حدّ؟ تا آنجا که حدّی ندارد و جز پرتو نور خدا هیچ نیست.

از همه اوهام و تصویراتْ[3] **دور**   **نورِ نورِ نورِ نورِ نورِ نور** ۲۱۵۱

جایی که نمی‌توان از آن پندار یا تصوّری داشت. جایی که نورِ محض است.

بهرِ تو اَزْ پست کردم گفت و گو[4]   **تا بسازی با رفیقِ زشتْ‌خو** ۲۱۵۲

سطحِ سخن را برای تو پایین آوردم تا بدانی که باید با دوستِ زشت‌خوی مدارا کرد.

تا کشی خندان و خوش بارِ حَرَج[5]   **از پیِ اَلصَّبْرُ مِفْتاحُ اَلْفَرَج**[6] ۲۱۵۳

برای رستگاری ضروری است که با بردباری و خوشرویی بار رنج‌ها را به دوش بکشی.

چون بسازی با خسیِّ[7] **این خَسان**[8]   **گردی اندر نورِ سُنَّت‌ها**[9] **رسان** ۲۱۵۴

هنگامی که پستیِ این فرومایگان را تحمّل کنی به حقیقتِ سنّتِ انبیا می‌رسی.

کانبیا رنجِ خَسان بس دیده‌اند   **از چنین ماران بسی پیچیده‌اند**[10] ۲۱۵۵

زیرا انبیا از این فرومایگان بسی رنج‌ها دیده و تحمّل کرده‌اند.

چون مُراد و حُکم یزدانِ غفور   **بود در قِدمتْ تجلّی و ظهور**[11] ۲۱۵۶

چون تقدیرِ ازلیِ خداوندِ بخشنده تجلّی و ظهور بود.

بی ز ضدّی ضدّ را نتوان نمود   **وآن شهِ بی مِثْل را ضِدّی نبود**[12] ۲۱۵۷

در این دنیا هر چیز با ضدّش شناخته می‌شود و حقیقتِ مطلق ضدّی ندارد.

---

۱ - مصراع اوّل: مراد عالم غیب است که لامکان و لازمان است.

۲ - **سَنابرقِ مَهِ الله :** جز نورِ ماهِ خداوند هیچ نیست: ناظر است به: نور: ۴۳/۲۴: ...روشناییِ برقش نزدیک است که دیدگان را کور کند. اقتباس لفظی است.   ۳ - **تصویرات :** تصوّرات.

۴ - خطاب به مُریدی است که به دیدار شیخ رفته است.   ۵ - **حَرَج :** مانع و مشکل.

۶ - مَثَل معروف: صبر کلید گشایش است.   ۷ - **خَسی :** فرومایگی.

۸ - **خَسان :** فرومایگان، آدم‌هایِ پست.   ۹ - **نورِ سنّت‌ها :** حقیقتِ سنّتِ انبیا.

۱۰ - از ظلم و ستمِ این آزاردهندگان بسیار جُور کشیده‌اند.

۱۱ - مراد آنکه: خداوند می‌خواست که حقیقت متجلّی شود.

۱۲ - معنی بیت آنکه: چون حق تعالیٰ ضدّی ندارد، انسانِ کاملِ واصل را آفرید تا محلّ ظهور و تجلّی اسما و صفاتِ الهی باشد.

حکمت در «اِنّی جاعِلٌ فِی اْلاَرْض ِ خَلیفَةً»[1]

پس خلیفه ساخت صاحب سینه‌یی[2] تـا بُـوَد شـاهیش را آیـینه‌یی ۲۱۵۸

پس خداوند صاحبدلی را جانشین خود کرد تا آینهٔ تجلّیِ حقیقت و قدرتِ الهی باشد.

بس صـفایِ بـی حُـدودش داد او وآنگـه از ظـلمتْ ضِـدَش بـنهاد او ۲۱۵۹

به او لطافت و نورِ بی حدّ بخشید و در برابرش شیطان را که مظهرِ ظلمت است، قرار داد.

دو عَلَم[3] بـرساخت اسـپید و سیاه آن یکـی آدم، دگـر ابـلیس ِ راه ۲۱۶۰

دو پرچمِ سپید و سیاه را برافراشت، یکی آدم(ع) و دیگری ابلیس.

در مـیانِ آن دو لشکـرگاهِ زَفت[4] چالش[5] و پیکارْ آنـچه رفت رفت ۲۱۶۱

طبیعی است که میان این دو نیروی قدرتمند و متضاد، نبرد درگرفت.

هـمچنان دورِ دُوُم هـابیل شـد ضـدِّ نـورِ پـاکِ او قـابیل شـد ۲۱۶۲

به این ترتیب در دورِ دوم هابیل خلیفه شد و متضادّ او قابیل بود.

همچنان این دو عَلَم از عدل و جور تـا بـه نـمرود آمـد انـدر دورْ دور ۲۱۶۳

همین‌طور این دو ضد، یعنی تجلیّات خیر و شر بودند تا نوبت به نمرود رسید.

ضـدِّ ابـراهیم گشت و خـصمِ او وآن دو لشکر کین‌گزار[6] و جنگْ‌جو ۲۱۶۴

او دشمن ابراهیم(ع) شد و دو قدرت به کینه‌جویی و جنگ برخاستند.

چون درازی جنگ آمد ناخوشَش[7] فـیصلِ آن هـر دو[8] آمـد آتشش ۲۱۶۵

جنگِ اضداد به درازا کشید و پروردگار برای فیصله دادنِ آن از اعجازِ «آتش» استفاده کرد.

پس حَکَم کـرد آتشـی را، و نُکَـر[9] تا شـود حَـل مُشکـلِ آن دو نَـفَر[10] ۲۱۶۶

پس به عنوانِ حَکَم، «آتش» مأمورِ حلِ مشکلِ آن دو گروه شد.

---

۱ - حکمتِ آنکه خداوند در قرآن فرمود: بقره: ۳۰/۲: من روی زمین، خلیفه‌ای می‌آفرینم. در ادامه پروردگار به فرشتگان که از خلقت انسان بیمناک‌اند، می‌فرماید: انّی اَعْلَمُ ما لا تَعلَمون: من چیزی می‌دانم که شما نمی‌دانید.

۲ - **صاحب سینه** : صاحبدل، عارفِ کاملِ واصل، خلیفهٔ حق، اینجا حضرت آدم(ع). ۳ - **عَلَم** : پرچم.

۴ - **زَفت** : عظیم و نیرومند. ۵ - **چالش** : نبرد. ۶ - **کین‌گزار** : کینه‌جو.

۷ - مصراع اوّل: مُراد پروردگار است که با طولانی شدن جنگِ اضداد اراده کرد تا غلبهٔ یکی را نشان دهد.

۸ - **فیصلِ آن دو** : فیصله دادنِ جنگِ میانِ آن دو. ۹ - **نُکَر** : مخفّف نوکر، خادم یا مأمور.

۱۰ - **نَفَر** : گروه. مراد دو گروهِ نیکان و بدان است. اینجا آتش ابراهیم(ع) را نمی‌سوزاند. اشاره به سورهٔ انبیا: ۶۷-۷۰/۲۱.

دورْ دور[۱] و قرنْ قرن این دو فریق — تا به فرعون و به موسیِّ شفیق[۲] ۲۱۶۷

این دو گروه در ادوارِ مختلف نبرد کردند تا روزگار فرعون و موسیٰ(ع) فرارسید.

سال‌ها اندر میانْشان حرب بود — چون ز حد رفت و ملولی می‌فزود[۳] ۲۱۶۸

چون سال‌ها نبرد ادامه یافت و از حد گذشت و سببِ دلتنگی می‌شد،

آبِ دریا را حَکَم سازید حق — تا که مانَد؟ که بَرَد زین دو سَبَق؟ ۲۱۶۹

خداوند آبِ دریا را حَکَم قرار داد تا معلوم شود که کدام گروه می‌مانَد و پیشی می‌گیرد.

همچنان تا دور و طورِ[۴] مصطفی — با ابوجهل، آن سپهدارِ جفا ۲۱۷۰

این کار تا روزگارِ مصطفی(ص) ادامه داشت و او با ابوجهل آن سپهسالارِ ستم جنگید.

هم نُکَر سازید از بهرِ ثمود[۵] — صیحه‌یی[۶] که جانِشان را در رُبود ۲۱۷۱

همچنین خداوند صیحه‌یی را عذابِ قومِ ثمود قرار داد و جان آنان را گرفت.

هم نُکَر سازید بهرِ قوم عاد[۷] — زودْخیزی تیزْرو،[۸] یعنی که باد ۲۱۷۲

و به همین ترتیب «باد» را عذابِ قومِ عاد قرار داد.

هم نُکَر سازید بر قارون زِکین[۹] — در حلیمی این زمین پوشید کین[۱۰] ۲۱۷۳

همچنین این زمینِ بردبار مأمور انتقام‌جویی از قارون شد.

تا حلیمیِّ زمین شد جمله قهر — بُرد قارون را و گنجش را به قعر ۲۱۷۴

صبرِ زمین به قهر بَدَل شد و قارون را با گنجش به اعماقِ خود بُرد.

لقمه‌یی را که ستونِ این تن است — دفعِ تیغِ جوع[۱۱]، نان چون جوشن[۱۲] است ۲۱۷۵

لقمه و نانی که ستون نگاه‌دارندهٔ بدن و دافعِ گرسنگی است،

---

۱ - **دورْ دور**: در تمام ادوار، زمان به زمان. «قرن»: به معنی نسل یا قوم و همچنین صد سال.

۲ - **موسیِّ شفیق**: موسیِ مهربان که رود نیل را برای قومِ خود شکافت و سبب غرق شدن فرعون و فرعونیان شد.

۳ - **ملولی می‌فزود**: دلتنگ کننده شد. ۴ - **طَوْر**: حال، دوره یا مرحله.

۵ - **ثَمود**: قومِ صالح(ع). اشاره به سورهٔ هود و نابودیِ قومِ ثمود.

۶ - **صیحه**: بانگ، فریاد، مراد بانگِ آسمانی است. ۷ - اشاره به نابودیِ قوم عاد توسط بادِ صَرصَر.

۸ - **زودْخیزی تیزْرو**: چیزی که زود بر می‌خیزد و می‌شتابد؛ یعنی باد: قرآن: حاقّه: ۶/۶۹.

۹ - **زِکین**: برای انتقام جویی. در بعضی نُسخ «زَکین» ضبط شده است از «زکیدن» به معنی غُر زدن.

۱۰ - مصراع دوم: زمین علی‌رغم بردباری‌اش لباس کینه‌جویی پوشید؛ یعنی خواست انتقام بگیرد.

۱۱ - **تیغِ جوع**: تیغِ گرسنگی، گرسنگی به شمشیر برنده مانند شده است. ۱۲ - **جوشن**: سپر.

چونکه حق قهری نهد در نانِ تو   چون خُناق آن نان بگیرد در گلو[1] ۲۱۷۶

چون قهر حق فرا رسد، مانند خُناق گلو را می‌گیرد و موجب مرگ می‌شود.

این لباسی که ز سرما شد مُجیر[2]   **حق دهد او را مزاجِ زَمْهَریر**[3] ۲۱۷۷

اگر خداوند بخواهد، لباسی را که محافظ بدن از سرما است، موجب سرد شدن تن قرار می‌دهد.

تا شود بر تَنْت این جُبّهٔ شگرف[4]   **سرد همچون یخ، گَزنده همچو برف** ۲۱۷۸

تا این لباسِ خوشایند، سرد و آزار دهنده شود.

تا گریزی از وَشَق[5] **هم از حریر   زو پناه آری به سوی زمهریر** ۲۱۷۹

چنانکه از جامهٔ حریر یا پوستین به سرمای سخت پناه ببری.

تو دو قُلّه[6] **نیستی یک قُلّه‌ای   غافل از قصّهٔ عذابِ ظُلّه‌ای**[7] ۲۱۸۰

چون تو به کمال نرسیده‌ای، نمی‌دانی که عذابِ گمراهان چه‌سان سخت است.

امرِ حقّ آمد به شهرستان و دِه   خانه و دیوار را سایه مده ۲۱۸۱

فرمان حق به در و دیوارِ خانه، شهر و روستا رسید که سایه نداشته باشید.

مانعِ باران مباش و آفتاب   تا بدان مُرسَل شدند امّت، شتاب ۲۱۸۲

مانعِ بارانِ آتش نشوید، اُمّت به شتاب نزد پیامبرِ خود رفتند.

که بُمردیم اغلب ای مهتر! اَمان   باقی‌اَش از دفترِ تفسیر خوان ۲۱۸۳

گفتند: ای سرورِ قوم، امان بده که مُردیم. باقیِ قصّه را در کتاب‌های تفسیر بخوان.

---

۱ – مراد آن است که: ارادهٔ خداوند می‌تواند خاصیّت چیزهای مختلف و پدیده‌های متفاوت را دگرگون و معکوس کند.   ۲ – **مُجیر** : پناه دهنده، نگاه‌دارنده.   ۳ – **مزاجِ زمهریر** : دارایِ طبیعتی بسیار سرد.

۴ – **جُبّهٔ شگرف** : جُبّهٔ زیبا، لباسِ زیبا.

۵ – **وَشَق** : حیوانی که از پوستش پالتو و پوستین می‌سازند، نوعی روباه.

۶ – **دو قُلّه** : اصطلاحِ فقهی: مقدار آبی که پاک است و پاک کننده. شیعیان به آن «آبِ کُر» می‌گویند یا «آبِ کثیر». دو قُلّه: دو خُمره. حجمی از آب که می‌تواندهر ناپاک را پاک کند و ناپاک نشود. اینجا مُراد از «دو قُلّه» انسان کمال یافته است و مُراد از «یک قُلّه» انسان کمال نیافته یا «ناقص» که امکان گمراه شدن او هست. این ابیات همگی در تبیین سلطهٔ بی‌چون و چرای حق بر عالمِ امکان است.

۷ – اشارتی قرآنی؛ شعرا: ۲۶/۱۹۱–۱۷۶. در ارتباط است با شعیبِ نَبی که مردم گمراه و کم‌فروشِ «مَدْین» را ارشاد می‌کرد و نمی‌پذیرفتند و با ترازوی درست توزین نمی‌کردند و عاقبت عذابِ سختی به شکل ابری و آفتابی آتش‌بار همه را سوزانید.

چون عصا را مار کرد آن چُستْ‌دست[1] گر تو را عقلی‌ست، آن نکته بس است[2] ۲۱۸۴

اگر عقلی داری، باید برایت همین که خداوند عصا را مار کرد، کافی باشد.

تو نظر[3] داری، و لیک اِمعانْش[4] نیست چشمهٔ افسرده است و کرده ایست ۲۱۸۵

تو همه چیز را می‌بینی؛ امّا فراست نداری. ادراک باطنی‌ات مانند چشمهٔ خشکیده باید لای‌روبی شود تا جریان یابد.

زین همی گوید نگارندهٔ فِکَر[5] که بکُن ای بنده! اِمعانِ نظر[6] ۲۱۸۶

به همین مناسبت خداوند می‌فرماید: ای بنده، با فراست و ژرف‌اندیش باش.

آن نمی‌خواهد که: آهن کوب سرد[7] لیک: ای پولاد![8] بر داوود[9] گَرد ۲۱۸۷

او نمی‌خواهد که بیهوده و به تنهایی بکوشی تا ژرف‌نگر باشی، می‌خواهد که استادی را بیابی تا دلِ سختِ تو را داوود وار نرم و منوّر کند.

تن بِمُردت؟ سویِ اسرافیل ران[10] دل فسردت؟ رو به خورشیدِ روان[11] ۲۱۸۸

اگر تن بمیرد، اسرافیل زنده‌اش می‌کند و اگر دل بمیرد، با نورِ انسانِ کاملِ واصل زنده می‌شود.

در خیال از بس که گشتی مُکْتَسی[12] نک به سوفسطاییِ بَدْظن[13] رسی ۲۱۸۹

آن قدر که در پندار محو شده‌ای، چیزی نمانده است که سوفسطایی شوی.

---

۱ - **چُست‌دست:** کسی که دستی چالاک دارد، سریع‌العمل، پروردگار.

۲ - مصراع دوم: مُراد آنکه: برای انسانِ بصیر شنیدنِ همین نکته و تعقّلِ در آن کفایت می‌کند که سلطهٔ بی‌چون حق را دریابد. ۳ - **نظر:** نگاه و نگرش. ۴ - **اِمعانِ نظر:** نگاه با زیرکی و فراست و عاقبت‌اندیشی.

۵ - **نگارندهٔ فِکَر:** نقش‌زنندهٔ اندیشه‌ها، پروردگار.

۶ - مصراع دوم: احتمالاً ناظر است به آیه‌های ۳ و ۴ سورهٔ مُلک که در آن تأکید است به «ژرف‌نگری»: ...پس دگر بار نظر کن. [که سخن در بابِ کمالِ آفرینش و خلقت است و اینکه در آن هیچ نقصی نیست.]

۷ - مصراع اوّل: بر آهنِ سرد کوفتن، یعنی کار بیهوده کردن.

۸ - **ای پولاد:** اینجا خطاب به سنگ‌دلان یا سخت‌دلان است، کسانی که دلشان از نور معرفت بی‌بهره است.

۹ - **داوود:** اینجا مُراد استاد کامل و واصل است.

۱۰ - همان‌گونه که اسرافیل مُرده را زنده می‌کند، اولیا و کاملان نیز به مُرده‌دلان حیات روحانی می‌بخشند.

۱۱ - **خورشیدِ روان:** انسان کاملِ واصل. ۱۲ - **مُکْتَسی:** پوشیده یا پیچیده شده، محاط شده.

۱۳ - **سوفسطاییِ بدظن:** سفسطه کنندهٔ بداندیش، کسی که حقیقتِ هر چیز را و حتّی حقیقتِ خود را مُنکر است.

او خـــود از لُبِّ خِـرَد[1] مـعزول بـود[2] شد ز حس محروم[3] و معزول از وجود[4] ۲۱۹۰

سوفسطایی عقلِ حقیقی ندارد و امور حسّی را هم نمی‌تواند به درستی درک کند و در واقع فاقد وجود است.

هین سخن‌ْخا[5]! نوبتِ لب‌ْخایی[6] است گـر بگـویی خـلق را رُسـوایی است ۲۱۹۱

هان، ای یاوه‌گو، خاموش باش که اگر سخن بگویی رسوا می‌شوی.

چیست اِمعان[7]؟ چشمه را کردن روان چون ز تن جان رَست، گویندش: روان ۲۱۹۲

«بینش و درکِ باطنی»، جاری شدنِ چشمه‌های معرفت در درون است که با رهایی از قیود عالم مادّه حاصل می‌شود و «روان و جاری» می‌گردد.

آن حکیمی[8] را، که جان از بندِ تـن باز رَست و شد روان انـدر چـمن[9] ۲۱۹۳

آن حکیمی که جانش از قید مادّه رهایی یافت و به عالم حقایق رسید،

دو لقب[10] را او بر این هر دو نـهاد بهرِ فرق، ای آفرین بر جـانْش بـاد ۲۱۹۴

بینِ «روحِ حیوانی» و «روحِ انسانی» فرق گذاشت که درود بر جانِ پاکِ او باد!

در بـیانِ آن کـه بـر فـرمان رود[11] گر گلی را خار خواهد، آن شـود[12] ۲۱۹۵

بیانِ این تفاوت برای شرحِ عظمتِ روحِ بندگانِ حقیقی است که به سبب اتّصال به حق می‌توانند در عالمِ مادّه تصرّف کنند.

---

۱ - **لُبِ خرد :** عقلِ حقیقی، عقلِ حق‌جو. ۲ - **معزول بود :** محروم بود.

۳ - **از حس محروم شدن :** قادر به درکِ امور مادّی و حسی نبودن.

۴ - **معزول از وجود شدن :** وجود نداشتن، فاقدِ وجود بودن.

۵ - **سخن‌خا :** سخن‌گو، کسی که سخن می‌گوید، ۶ - **لب‌خایی :** لب را گزیدن (خاموش ماندن).

۷ - **اِمعان :** دقّت نظر، بینش.

۸ - در شرحِ مثنوی مولوی مراد از «آن حکیم» را سنایی غزنوی دانسته و گفته است که «ولی محمّد» این لقب را مربوط به ابن سینا می‌داند که اصطلاح «جان» و «روان» را در معراجیهٔ خود به کار برده و جان را روحِ حیوانی و روان را نَفْسِ ناطقه دانسته است. ۹ - **چمن :** کنایه از عالمِ حقایق و عالمِ معنا.

۱۰ - **دو لقب :** دو اسم، جان و روان. ۱۱ - مصراع اوّل: مراد بندگانِ حقیقی‌اند که تسلیم فرمان حق‌اند.

۱۲ - مصراع دوم: اگر بخواهد که گُلی به خار بَدَل شود، می‌شود. مُراد آنکه: قدرت تصرّف در عالم مادّه و ماورای آن را دارد به سبب اتّصال به حق و قدرت الهی.

معجزهٔ هود علیه‌السَّلام در تخلّصِ[1] مؤمنانِ امّت به وقتِ نزولِ باد

مؤمنان از دستِ بادِ ضایره[2]   جمله بنشستند اندر دایره[3] ۲۱۹۶

پیروان هود(ع) هنگامی که بادِ صَرصَر می‌وزید، درون دایره‌ای می‌نشستند.

بادْ طوفان بود و کشتی لطفِ هُو   بس چنین کشتی و طوفان دارد او[4] ۲۱۹۷

«باد صَرصَر»، مانند توفان نوح کُشنده بود و «لطفِ پروردگار»، مانند کشتیِ نوح نجات دهنده. این‌ها «سبب»هایی برای تجلّی قهر و لطفِ الهی بودند.

پادشاهی را خدا کشتی کند   تا به حرصِ خویش بر صف‌ها زند ۲۱۹۸

گاه پروردگار «شاهی» را وسیلهٔ ابرازِ لطفِ می‌کند تا به سببِ حرص خود و برای حفظ قدرت از مردم دفاع و با دشمن مبارزه کند.

قصدِ شَهْ آن نه که خلق آمِن شوند   قصدش آنکه مُلک گردد پایْ‌بند ۲۱۹۹

هرچند که مبارزهٔ او به نیّت امنیّت خلق نیست و برای استمرار حکومت است.

آن خَر آسی،[5] می‌دَوَد، قصدش خلاص   تا بیابد او ز زخمْ آن دم مَناص[6] ۲۲۰۰

خرِ آسیا می‌دود تا خود را از ضربات آسیابان نجات دهد.

قصدِ او آن نه که آبی بر کَشَد[7]   یا که کُنجِد را بدآن روغن کند ۲۲۰۱

مقصودِ او کشیدنِ آب از چاه یا به دست آوردنِ روغن از کُنجد نیست.

گاو بشتابد ز بیمِ زخمِ سخت   نه برای بُردنِ گَردون و رخت ۲۲۰۲

گاو از ترسِ ضربه‌های شدید گاری‌چی به شتاب می‌رود نه برای بردنِ اسباب و وسایل.

---

۱ - **تخلّص**: رهایی یافتن. ۲ - **ضایره**: زیانبار، زیان زننده.

۳ - اشاره است به معجزهٔ هود(ع) که بنا بر روایات مؤمنان را درون دایره‌ای می‌نشاند تا از آسیبِ بادِ صَرصَر در امان باشند، در حالی که منکران «قوم عاد» به کلّی نابود شدند.

مُراد تبیینِ قدرت کاملان در سیطره و تصرّف بر عالم مادّه است.

۴ - از این بیت به بعد مثال‌های متعددی در مورد «سبب»هایی است که ابزار تجلّیِ صفات جمال یا جلال‌اند.

۵ - **خَر آسی**: خرِ آسیا، خرِ روغن‌کشی (خرِ عصّاری). ۶ - **مَناص**: گریختن و نجات یافتن.

۷ - اشاره به بستن چهارپایان به چرخ چاه‌ها برای کشیدن آب.

لیک دادش حق چنین خوفِ وَجَع[1] تـا مـصالح حـاصل آیـد در تَـبَع[2] ۲۲۰۳

امّا خداوند این ترس را در وجودِ او نهاده است تا بار را ببرد.

هـمچنان هـر کـاسبی انـدر دکـان بهرِ خود کوشد، نه اصلاحِ جـهان ۲۲۰۴

و به همین ترتیب هر کاسبی برای سودِ خود می‌کوشد نه برای بهبودِ جهان.

هـر یکـی بـر درد جـوید مـرهمی در تَـبَع قـایم شـده زیـن عـالمی ۲۲۰۵

هر کسی برای درمانِ درد و یا رفعِ نیازِ خود تلاش می‌کند و دنیا پایدار می‌مانَد.

حق ستونِ این جهان از ترس ساخت هر یکی از ترس جان درکار بـاخت ۲۲۰۶

خداوند، «ترس» را سبب استمرارِ این جهان قرار داده و هرکس از بیم به کاری پرداخته است.

حمدْ ایزد را، کـه تـرسی را چـنین کـرد او مـعمار و اصـلاحِ زمـین ۲۲۰۷

خداوند را سپاس که این چنین «ترس» را مایهٔ اصلاحِ امورِ دنیوی قرار داده است.

این همه ترسنده‌انـد از نـیک و بـد هیچ ترسنده نـترسد خـود ز خَـود ۲۲۰۸

انسان‌ها همه می‌ترسند؛ امّا نه خود به خود، خداوند می‌خواهد که این حس در خلق باشد.

پس حقیقت بر همه حـاکـم کسـی‌ست[3] که قریب است او،[4] اگر محسوس نیست ۲۲۰۹

پس در حقیقت او که نزدیک است و قابل رؤیت نیست بر همه حاکم است.

هست او مـحسوس انـدر مَکْـمَنی[5] لیک محسوسِ حسِ این خانه[6] نی ۲۲۱۰

او در نهانخانهٔ دلِ واصلان محسوس است؛ امّا نه برای حواسّ این جهانی.

آن حسی که حق بر آن حس مُظْهَر است نیست حسّ ِ این جهان، آن دیگر است ۲۲۱۱

با حواسِ باطنی می‌توان حق را احساس کرد که حسّی دنیوی نیست.

حسّ ِ حیوان گر بـدیدی آن صُـوَر بـایزیدِ وقت بـودی، گـاو و خـر ۲۲۱۲

اگر حواسّ مادّی اوصاف الهی را درک می‌کرد که هر ابلهی بایزیدِ روزگار بود.

---

۱ - **خوفِ وَجَع :** ترس از درد. ۲ - تا در پیِ آن کارهای دنیوی انجام شود. «تَبَع»: پیرو.

۳ - مراد آن کسی است که این ترس را در خلق به وجود می‌آورد.

۴ - اشارتی قرآنی؛ ق: ۱۶/۵۰: از رگ گردن به او نزدیک‌تریم. ۵ - **مَکْمَن :** نهانخانه.

۶ - **حسِ این خانه :** حسِ این جهانی، حواس پنجگانهٔ ظاهری.

آنکـه تـن را مَـظهرِ هـر روح کـرد   وآنکه کشـتی را بُـراقِ نـوح کـرد[1] ۲۲۱۳

آن پروردگاری که بدن را محلّ تجلّی روح قرار داد و کشتی را مرکبِ نجاتِ نوح(ع) کرد،

گر بخواهد، عین کشتی را بـه خُـو   او کـند طـوفانِ تـو، ای نـورْجُو! ۲۲۱۴

ای جویایِ نورِ هدایت، اگر بخواهد «قدرتِ نجات» را به «ذلّتِ هلاک» مبدّل می‌کند.

هر دَمَت طوفان و کشتی ای مُقِل[2]!   با غـم و شـادیت کـرد او مـتّصِل[3] ۲۲۱۵

ای فقیر، این اراده و قدرتِ اوست که هر لحظه تو را غمگین و شادمان می‌کند.

گر نـبینی کشـتی و دریـا بـه پـیش   لرزه‌ها بین در همه اجزایِ خـویش ۲۲۱۶

اگر «کشتی» و «دریا» را نمی‌بینی، می‌توانی «ترس» و اضطرابی که تو را می‌لرزاند، حس کنی.

چون نبیند اصلِ ترسش را عـیون[4]   تـرس دارد از خـیالِ گـونه‌گـون ۲۲۱۷

چون چشم نمی‌تواند ریشهٔ ترس‌ها را ببیند از هر خیال و پندار دچار ترس می‌شود.

مُشت بر اعمیٰ[5] زند یک جِلْفِ مست[6]   کـور پـندارد لگـد زن اُشـتر است ۲۲۱۸

او مانند کوری است که از ولگردِ مستی مُشتی خورده و پنداشته شتر لگد زده است.

زآنکه آن دم بـانگِ اشـتر مـی‌شنید   کور را، گوش است آیینه، نـه دیـد ۲۲۱۹

زیرا در آن لحظه بانگِ شتر را شنیده بود. او می‌تواند بشنود؛ ولی نمی‌بیند.

باز گوید کور: نـه، ایـن سـنگ بـود   یـا مگـر از قـبّهٔ[7] پُر طَـنْگ[8] بـود ۲۲۲۰

کور با خود می‌گوید: نه، شاید سنگ بود و از بام یا گنبدی افتاد.

ایـن نـبود و او نـبود و آن نـبود   آنکه او ترس آفرید، ایـن‌ها نـمود[9] ۲۲۲۱

ضربه نه از شتر بود و نه سنگ؛ بلکه پروردگار این‌ها را به ذهن او می‌آوَرَد.

---

۱ - مصراع دوم: مراد آنکه: آن کسی که اجازه داد تجلّی قدرت روح در انبیا و اولیا به ظهور برسد.

۲ - **مُقِل** : فقیر، بی بضاعت، اینجا کسی که ادراکِ ناچیزی دارد از عالمِ حقایق.

۳ - در این قطعه غم یا «هلاکت» به «طوفان» و شادی یا «نجات» به «کَشتی» مانند شده است.

۴ - **عیون** : جمع عین به معنی چشم. ۵ - **اعمیٰ** : نابینا. ۶ - **جلفِ مست** : ولگردِ مست.

۷ - **قُبّه** : گنبد. ۸ - **پُر طَنگ** : پُر طنین، جایی که صدا می‌پیچد.

۹ - و او باید بکوشد تا با رسیدن به عالمِ معنا و درکِ حقایق این پندارها را از خود دور کند.

ترس و لرزه باشد از غیری یقین[1] هیچ کس از خود نترسد، ای حزین! ۲۲۲۲

ای اندوهگین، دل‌نگرانی‌ها به ارادهٔ حق است و هیچ کس به خودیِ خود نمی‌ترسد.

آن حکیمک[2] وَهم خوانَد ترس را فهمِ کژ کرده است او، این درس را ۲۲۲۳

آن فیلسوفِ بیچاره ترس را پندار می‌نامد؛ چون حقیقتِ آن را نفهمیده است.

هیچ وَهْمی بی حقیقت کی بُوَد هیچ قلبی بی صحیحی کِی رود؟ ۲۲۲۴

هر «وهم» یا پنداری ناشی از حقیقت یا واقعیّتی است، همان‌طور که طلای تقلّبی را به امید خالص بودن می‌خرند.

کِی دروغی قیمت آرَد بی زِ راست؟ در دو عالم هر دروغ از راست خاست ۲۲۲۵

اصولاً هر دروغی را به امید راست می‌شنوند؛ زیرا دروغ هم از راست ناشی شده است.

راست را دید او رواجی و فروغ بر امیدِ آن روان کرد او دروغ ۲۲۲۶

دروغگو شأن سخن راست را دید و به امیدِ آن سخنِ دروغ گفت.

ای دروغی که ز صدقت این نواست شکرِ نعمت گو، مکن انکارِ راست ۲۲۲۷

ای دروغگو، به برکتِ وجود راستی و صداقت سخنانت خریدار دارد، شکر کن که «صداقت و راستی» هست. تو هم صادق باش.

از مُفلسف[3] گویم و سودایِ او[4] یا ز کشتی‌ها و دریاهایِ او؟[5] ۲۲۲۸

از فلسفه باف و خیالات باطلش بگویم یا از قدرتِ مطلقهٔ خداوند و سیطره‌اش؟

بل ز کشتی‌هاش، کآن پند دل است گویم از کُل، جُزو در کُل داخل است ۲۲۲۹

نه، از کشتی‌هایش می‌گویم که موجب عبرت است. کُلّ شامل جزو هم هست.

هر ولی را نوح و کشتیبان شناس صحبتِ این خلق را طوفان شناس ۲۲۳۰

اولیا مانند نوح‌اند که خلق را از توفانِ جهل که مجالست با اهل دنیاست، می‌رهانند.

---

۱ - دغدغه‌ها و دلواپسی‌های دنیوی به ارادهٔ خداوند و در جهت برقراری و استمرارِ نظامِ هستی و دقّت و امعانِ نظر بیشتر در امور است.

۲ - **حکیمک :** حکیم کوچک، تحقیری در حقّ حکمایی که مبنای اندیشه‌شان تعقّلِ عقلِ جزوی است و با معارف حاصل از کشف سروکاری ندارند. «حُکما» ترس را محصولِ توهّم می‌دانند. ۳ - **مُفلسف :** فلسفه باف.

۴ - **سودایِ او :** خیالاتِ باطل او، پندارهایِ او.

۵ - یا از ابزار و اسبابی که خداوند توسط آن‌ها شادی و غم را ایجاد می‌کند.

کم گریز از شیر و اژدرهای نر[۱] ز آشنایان و ز خویشان[۲] کن حَذَر ۲۲۳۱

از شیر و اژدها آن قدر نترس که از آشنایان و خویشان.

در تلاقی[۳] روزگارت می‌برند[۴] یادهاشان[۵] غایبی‌اَت می‌چَرَند[۶] ۲۲۳۲

دیدار با آن‌ها اتلافِ وقت است و یادشان سبب از یاد بردنِ عوالمِ معنوی.

چون خرِ تشنه خیالِ هر یکی[۷] از قِفِ[۸] تن فکر را شربتْ مَکی[۹] ۲۲۳۳

یادِ هر یک مانند خرِ تشنه، شربتِ اندیشهٔ معنوی را از پیمانهٔ وجودت می‌مکد.

نَشف[۱۰] کرد از تو خیالِ آن وُشات[۱۱] شبنمی[۱۲] که داری از بَحرُ اَلحیات[۱۳] ۲۲۳۴

مشغول شدن به آنان همان بهرهٔ اندکی را که از عالمِ معنا داری، می‌گیرد.

پس نشانِ نَشفِ آب اندر غُصون[۱۴] آن بُوَد کآن می‌نجنبد در رُکون[۱۵] ۲۲۳۵

نشانهٔ خشک بودن شاخهٔ بی آب این است که به هیچ سویی خم نمی‌شود.

عضوِ حُرْ[۱۶] شاخِ تر و تازه بُوَد می‌کَشی هر سو کشیده می‌شود[۱۷] ۲۲۳۶

شاخهٔ نرم و تازه که دارای آب است به هر سو که بخواهی کشیده می‌شود.

گر سبد خواهی، توانی کردنش[۱۸] هم توانی کرد چنبر[۱۹] گردنش ۲۲۳۷

اگر بخواهی با آن می‌توانی سبد ببافی یا چنبرهٔ سبد را.

---

۱ - **شیر و اژدرهایِ نر :** مراد آنکه: حیوانات خطرناک خطرشان کمتر از معاشرت با غافلان است.

۲ - **آشنایان و خویشان :** کنایه از «اهلِ دنیا» که از عوالم روحانی و معنوی غافل‌اند. ۳ - **تلاقی :** دیدار.

۴ - عمرت را به هدر می‌دهند. ۵ - **یادهاشان :** به یاد آوردن‌شان.

۶ - **غایبی‌اَت می‌چَرَند :** عوالمِ معنوی‌ات را نابود می‌کنند؛ یعنی به جای آنکه به درون بپردازی به آنان می‌پردازی.

۷ - **خیالِ هر یکی :** به یاد آوردنِ هر یک از اهل دنیا که این خیال به خرِ تشنه‌ای مانند شده است.

۸ - **قِف :** قیف. ۹ - **شربت مَکی :** شربت می‌مکد، بمکی، شربت بخوری. ۱۰ - **نَشف :** جذب کردن.

۱۱ - **وُشات :** جمع واشی: دروغگو، اینجا «اهل دنیا» یا غیرِ اهل معنا.

۱۲ - **شبنمی :** به اندازهٔ یک شبنم، یعنی خیلی کم، همان بهرهٔ ناچیزی که داری.

۱۳ - **بَحرُ‌الحیات :** دریای هستی، عالم معنا. ۱۴ - **غُصون :** جمع غُصن: شاخه.

۱۵ - **رُکون :** به سویی متمایل شدن.

۱۶ - **عضوِ حُر :** اینجا شاخهٔ تر و تازه، کنایه از سالکِ قابلی که جذبِ جاذبه‌های دنیوی و اهل دنیا نشده است.

۱۷ - مصراع دوم: مراد آنکه: هنوز قابلیّت و استعدادِ خود را از دست نداده و تربیت شدنی است.

۱۸ - مراد آنکه: سالک قابل کاملاً انعطاف‌پذیر است و مطیعِ استاد.

۱۹ - **چنبره :** به شکل دایره، حلقه‌ای بالایِ سبد.

چون شد آن ناشِفْ ز نشفِ بیخِ خَود[1]   نـاید آن سـویی کـه امـرش مـی‌کَشَد ۲۲۳۸

امّا اگر آبِ آن بخشکد و ریشه هم خشکیده باشد، به هیچ سو کشیده نمی‌شود.

پس بخوان قامُوا کُسـالیٰ[2] از نُـبی[3]   چون نیابد شـاخ از بـیخش طِـبی[4] ۲۲۳۹

در بیانِ حالِ این افراد که قادر به جذبِ معارف از حقیقتِ خویش نیستند، از سورهٔ نساء بخوان که اگر سحرگاه برای نماز برخیزند، «کاهل و کسل»اند.

آتشین است این نشان، کوته کـنم[5]   بـر فـقیر و گـنج و احـوالش زنـم ۲۲۴۰

این سخنانِ آتشین را کوتاه می‌کنم و به فقیر و گنج و احوالِ او می‌پردازم.

آتشی دیـدی کـه سـوزد هـر نـهال   آتش ِ جان بین کز او سوزد خیال[6] ۲۲۴۱

آتشِ مادّی که نهال را می‌سوزاند، دیده‌ای، آتشِ معنویِ «خیال‌سوز» را ببین.

نه خـیال و نـه حـقیقت را، امـان[7]   زین چنین آتش که شُعله زد ز جان ۲۲۴۲

اگر آتشِ معرفت در جان فروزان شود، هستیِ این جهانیِ آدمی می‌سوزد.

خصمِ هر شیر آمد و هـر روبَـهْ[8] او   کُــلُّ شَـیءٍ هـالِکٌ الاّ وَجْـهَهُ[9] ۲۲۴۳

همه چیز و همه کس در برابر تجلیّات او محو و فناپذیرند.

در وجـوهِ وَجْـهِ او، رو، خـرج شـو   چون اَلِف در بِسْم[10] در رو، درج شو[11] ۲۲۴۴

به سوی حق برو و خود را در صفات و ذات او محو کن.

---

۱ - **ز نشفِ بیخ خود ناشف شده :** از ریشهٔ خود آبی جذب نکرده.

۲ - اشارتی قرآنی؛ نساء: ۱۴۲/۴. «قامُوا کُسالیٰ»: با کاهلی بر می‌خیزند. اقتباس لفظی است. ۳ - **نُبی :** قرآن.

۴ - مصراع دوم: چون شاخه‌ای نتواند از ریشه‌اش آب جذب کند و به درمانِ خشکیدگیِ خود بپردازد. مراد آنکه: سالکی که طراوت و شادابی باطنی خود را از دست بدهد، وضعیتی شبیه منافقان دارد که در نمازِ صبح میلی و شوقی ندارند. ۵ - مراد آنکه: اگر کسی حقیقتِ آنچه را که می‌گوییم دریابد، هستیِ فانی‌اش می‌سوزد.

۶ - از این بیت به بعد سخن در مورد «فنا» یا محو شدنِ هستیِ فردی در هستیِ مطلق است.

۷ - مراد آنکه: آنکه فنایِ محض یافته است، هویّتِ مستقلی ندارد که از پندار بگوید یا از حقیقت.

۸ - **شیر و روباه :** کنایه از هر چیز و یا همه چیز.

۹ - اشارتی قرآنی؛ قصص: ۸۸/۲۸: هر چیزی نابود شدنی است، مگر ذاتِ او.

۱۰ - «فنا» به محو شدن حرف الف در «بسم الله» مانند شده است. در عربی لفظِ «اسم» در ترکیب با «ب» به صورت «بسم الله» در می‌آید در حالی که باید «باسم الله» باشد و می‌دانیم که «بسم الله» نوشته می‌شود و به این ترتیب حرفِ «الف» در «اسم» محو و پنهان شده است و در واقع کثرت به سوی وحدت رفته و در آن فنا یافته است.

۱۱ - **درج شو :** پیچیده شو، گُنجیده شو.

آن الف در بسم پنهان کرده‌ای‌ست هست او در بِسْم و، هم در بِسْم نیست ۲۲۴۵

«الف» خود را در «بسم» پنهان کرده است و در آن هم هست و هم نیست.

همچنین جملهٔ حروفِ گشته مات[1] وقتِ حذفِ حرف از بهرِ صِلات[2] ۲۲۴۶

حروفی که هنگامِ اتّصال به حرفِ دیگر تلفّظ نمی‌شوند، برای پیوستن محو شده‌اند.

او صله[3] است، و بی و سین زو[4] وصل یافت وصـلِ بـی و سین الف را بـرنـتافت[5] ۲۲۴۷

وجودِ «الف» برای وصل کردنِ «ب» و «س» بود و بعد از پیوستن به آن نیازی نیست.

چونکه حرفی برنتابد این وصال واجب آیـد کـه کـنم کـوته مقال ۲۲۴۸

چون پس از وصال هر حرفی بی‌جاست، باید سخن را کوتاه کنم.

چون یکی حرفی فراقِ سین و بی‌ست خامشی اینجا مُهِمْتر واجبی‌ست ۲۲۴۹

چون یک حرف مایهٔ جدایی «ب» و «س» است؛ پس اینجا سکوت واجب است.

چون الف از خود فنا شد مُکتنِف[6] بی و سین بی او همی گویند: الف ۲۲۵۰

هنگامی که «الف» فانی شد و نهان گشت، «ب» و «س» بدونِ او «الف» می‌گویند.

مـا رَمَـیْتَ اِذْ رَمَـیْتَ[7] بی وی است همچنین قالَ اللّه از صَمْتَش[8] بِجَست ۲۲۵۱

آیهٔ «هنگامی که تیر می‌انداختی، تو تیر نمی‌انداختی» و همچنین «خداگفت»، نشانِ همین فناست و اینکه در سکوتِ او کلامِ حق شنیده می‌شد.

تـا بُـوَد دارو[9]، نـدارد او عـمل[10] چونکه شد فانی، کند دفعِ عـلل[11] ۲۲۵۲

همان‌طور که تا دارو در بدن حل نشود، بیماری را برطرف نمی‌کند، تا «هستیِ فردیِ» انسان در «هستیِ حقیقی» محو نشود، نمی‌تواند موانعِ وصل را از میان بردارد.

گر شود بیشه قـلم، دریـا مـداد[12] مـثنوی را نـیست پـایانی امـید ۲۲۵۳

اگر از بیشه قلم بسازند و از دریا مرکب، باز هم مثنوی به پایان نمی‌رسد.

---

۱ - **حروفِ گشته مات**: حروفی که تلفّظ نمی‌شوند، کنایه از سالکانِ فنا یافته.

۲ - **از بهرِ صِلات**: به سبب پیوستن و اتّصال یافتن. ۳ - **صله**: صلت: پیوستن. ۴ - **زو**: از او.

۵ - این وصال هیچ حرفی را تحمّل نمی‌کند. ۶ - **مُکْتَنِف**: پناهنده، اینجا پنهان.

۷ - اشارتی قرآنی؛ انفال: ۸/۱۷. ۸ - **صَمت**: سکوت. ۹ - **دارو**: اینجا کنایه از «هستیِ فردیِ» آدمی.

۱۰ - **عمل ندارد**: در راهِ حق و اتّصال به حق کاری از او بر نمی‌آید.

۱۱ - **علل**: علّت‌ها: بیماری‌ها، اینجا موانعِ متعدّدی که نمی‌گذارد نَفْس ارتقا یابد و به وجه ربوبیِ خود برسد.

۱۲ - ناظر است به مضمونِ آیهٔ ۲۷ سورهٔ لقمان. «مداد» را «مِدید» بخوانید، مصوّت الف با یاء قافیه شده است.

چارچوب خشت‌زن،[1] تا خاک[2] هست   می‌دهد تقطیع[3] شعرش نیز دست ۲۲۵۴

تا الفاظ و معانی می‌جوشند و جاری می‌شوند، آن‌ها را در قالبِ مثنوی بیان می‌کنیم.

چون نمانَد خاک و بودش جَفْ[4] کند   خاک سازد بحرِ او چون کف کند ۲۲۵۵

اگر الفاظ تمام شود، دریای حقایق الفاظِ دیگری را پدید می‌آوَرَد.

چون نمانَد بیشه[5] و سر در کَشَد   بیشه‌ها از عینِ دریا سر کشد ۲۲۵۶

اگر ابزار این جهانی باقی نمانَد، اسبابِ دیگری را از بحرِ حقایق بیرون می‌آورد.

بهرِ این گفت آن خداوندِ فَرَج[6]   حَدِّثُوا عَنْ بَحْرِنا اِذْ لا حَرَج[7] ۲۲۵۷

به همین مناسبت پیامبر رستگاری(ص) گفت: از دریایِ معانیِ ما بگویید که مشکلی به وجود نمی‌آوَرَد و حلاّلِ مشکلات هم هست.

باز گرد از بحر[8] و رُو در خشک نِهْ[9]   هم ز لُعبت[10] گو، که کودک[11] راست بِهْ ۲۲۵۸

مولانا به خود می‌گوید: از ظاهرِ قصّه بگو نه از معانی. کودک صفت «اسباب بازی» را دوست دارد.

تا ز لُعبت اندک اندک در صِبا[12]   جانْش گردد با یَمِ عقل[13] آشنا ۲۲۵۹

تا به سبب توجّه به ظاهر قصّه، جانش اندک اندک با دریایِ عقل آشنا شود.

عقل از آن بازی همی یابد صَبی[14]   گرچه با عقل است در ظاهر اَبی[15] ۲۲۶۰

کودک صفت به ظاهر با «عقل» غریبه است؛ امّا با «صورتِ ظاهرِ قصّه» هم می‌تواند به آن راه یابد.

---

۱ - **چارچوبِ خشت‌زن :** قالب خشت: اینجا مُراد «مثنوی»، یعنی قالبِ شعری است که در آن در هر بیت دو مصراع با یک‌دیگر هم‌قافیه‌اند؛ امّا تمام ابیات وزنِ متّفق دارند.   ۲ - **خاک :** اینجا مُراد الفاظ و معانی است.

۳ - **تقطیع :** به اصطلاح عروضیان تجزیه کردنِ الفاظ بر اوزانِ افاعیلِ بحور، مُراد سرودن شعر است.

۴ - **جَفْ :** جَفّ: خشکی، اینجا تمام شدن یا خشکیدن.

۵ - بیشه، قلم، مداد و خاک همه وجوهِ مختلف ابزارها و هستی‌هایِ مختلف این جهانی‌اند.

۶ - **خداوند فَرَج :** پیامبر(ص)، پیامبر رستگاری.

۷ - ناظر است به: «حَدِّثْ عَنِ الْبَحْرِ وَ لاٰ حَرَجَ»: مَثَل است و نظیر آن حدیثی است با این مضمون: از دریایِ علمِ ما به دیگران بگو و حَرَجی بر تو نیست: احادیث، صص ۵۶۰-۵۵۹.   ۸ - **بحر :** بحرِ معانی.

۹ - **رُو در خشک نِه :** به صورتِ ظاهرِ قصّه توجّه کن و از آن بگو.   ۱۰ - **لُعبت :** اسباب بازی، عروسک.

۱۱ - **کودک :** مُراد کودک صفت است؛ یعنی غیرِ اهلِ معنا.   ۱۲ - **صِبا :** کودکی.

۱۳ - **یَمِ عقل :** دریایِ عقل.   ۱۴ - **صَبی :** کودک.   ۱۵ - **اَبی :** اَبا کننده، سر باز زننده.

کـودکِ دیـوانـه[1] بـازی کـی کـند؟ جزو باید تـا کـه کُـل را فَـیْ[2] کـند ۲۲۶۱

کودکی که عقلِ متعارف ندارد، نمی‌تواند بازی کند. برای رسیدن به هر کُلّ، وجود «جزوِ» آن ضروری است.

رجوع کردن به قصّهٔ قُبّه و گنج

نک خـــیالِ آن فـقیرم، بـی ریـا عـــاجز آورد از بـــیا و از بـــیا ۲۲۶۲

اینک خیالِ آن فقیر که مرا می‌خوانَد و «بیا و بیا» می‌گوید، عاجزم کرده است.

بـانگِ او تـو نشـنوی، مـن بشـنوم زآنکـــه در اسـرار هـمرازِ وی‌اَم ۲۲۶۳

صدایِ او را من می‌شنوم، نه تو؛ زیرا باطناً با او همراز هستم.

طالبِ گنجش مبین، خود گـنجْ اوست دوست کِی باشد به معنی غیرِ دوست؟[3] ۲۲۶۴

او را جویایِ گنج نپندار، خودِ او «گنج» است. در معنا دوست از دوست جدا نیست.

سجده خود را می‌کند هر لحـظه او سجده پیشِ آینه است از بهرِ رُو[4] ۲۲۶۵

او که از خود رهیده است، جمال و جلال حق را در آینهٔ هستی می‌بیند و می‌ستاید.

گـر بـدیدی ز آیـنه او[5] یـک پشـیز بی خیالی، زو نـماندی هـیچ چـیز ۲۲۶۶

اگر سالک بتواند ذرّه‌ای از هستیِ حقیقی را ببیند، هستیِ فردی‌اش محو می‌شود.

هم خیالاتش، هـم او، فـانی شـدی دانشِ[6] او مـــحوِ نـادانـی[7] شـدی ۲۲۶۷

خیال و خودیِ او محو می‌گردد و آگاهی‌اش به «هستیِ فردی» در آگاهی به هستیِ حقیقی زوال می‌یابد.

---

۱ - **کودکِ دیوانه :** کودکِ بی عقل، مُراد کسی است که از «عقل جزوی» هم برخوردار نیست؛ یعنی کسی که به سوی این گونه قصّه‌های معنوی می‌آید از عقلی برخوردار است که قابلیّت رسیدن به مراتب برتر را دارد.

۲ - **فَیْ :** فَیْء: رجوع یا بازگشت. ۳ - مُراد آنکه: او به هستیِ حقیقی اتّصال یافته است.

۴ - مُراد آنکه: عارف در «آینهٔ هستی» جمال و جلالِ حق را می‌بیند و می‌ستاید؛ یعنی «هستیِ حقیقی» مانند آینه‌ای است که عارف در آن خویشتنِ خویش را می‌بیند و به آن سجده می‌کند. «از بهرِ رو»: برای جمال و جلال.

۵ - اینجا مُراد هر سالک و یا هر طالبِ حقایق است.

۶ - **دانش :** اینجا علم به اینکه خود او به عنوان یک موجود مستقل هست و وجودِ فردی دارد، از بین می‌رود؛ زیرا به علمی ماورای آن راه یافته است.

۷ - **نادانی :** اینجا زوالِ آگاهی به هستیِ فردی است و حضور در آگاهیِ هستی.

دانشــــی دیگــر ز نــادانــیِ مــا … سـر بـر آوردی عـیان کـه: إنّـی اَنـا ۲۲۶۸

علمی معنوی در فنایِ خودی‌اش آشکار می‌شود که می‌گوید: إنّی اَنَاالله.

اُسْـجُدُوا الآدَمْ[1] نـدا آمـد هـمی … کآدم‌اید، و خـویش بـینیدش دمـی ۲۲۶۹

همهٔ فرشتگان به آدم(ع) سجده کردند؛ زیرا آن‌ها مرتبه‌ای از مراتبِ حقیقتِ متجلّی در او بودند و خود را در آینهٔ وجودِ وی تماشا کردند.

اَحوَلی[2] از چشـم ایشـان دُور کـرد … تا زمین[3] شد عـینِ چـرخِ لاژورد[4] ۲۲۷۰

این ندا، دوبینی رااز چشم فرشتگان زدود تا در پس ِ قالبِ خاکیِ آدم(ع) نورِ حق را دیدند.

لاٰ اِلٰــــهَ گـــفت و اِلاّ اَللهُ گـــفت … گشت لا، اِلاّ اللّه، و وحدت شکفت ۲۲۷۱

نداگفت: معبودی به جز «الله» نیست و با گفتنِ عبارتِ شهادت، وحدتِ هستی بیان شد.

آن حــبیب و آن خـلیلِ بـا رَشَـد[5] … وقتِ آن آمـد کـه گـوش ِ مـا کَشَـد ۲۲۷۲

باز معانی در کلامِ ما اوج گرفته و هنگام آن است که حضرت حق گوش ما را بکشد.

سویِ چشمه، که: دهان زین‌ها بشو … آنــچه پــوشیدیم از خَـلقان، مگـو ۲۲۷۳

به سویِ چشمه ببرد و بگوید: دهانت را از گفتنِ این سخنان بشوی. نهانی را نگو.

ور بگــویی، خــود نگـردد آشکـار … تو به قصدِ کشف، گـردی جُـرم‌دار ۲۲۷۴

اگر هم بگویی، نمی‌فهمند؛ امّا تو که قصد افشا کردن داشتی، مُجرم می‌شوی.

لیک من اینک بـر ایشـان مـی‌تَنَم[6] … قایلِ[7] این، سـامعِ[8] ایـن، هـم مـنم ۲۲۷۵

امّا من با آنان سخن می‌گویم و می‌دانم که گوینده و شنونده خودم هستم.

صورتِ درویش و نـقش ِ گـنج گـو … رنجْ‌کیش‌اَند[9] این گروه، از رنج گـو ۲۲۷۶

مولانا به خود می‌گوید: به قصّهٔ درویش و رنجِ او بازگرد که خلق همین زندگیِ پر رنجِ دنیوی را می‌شناسند.

---

۱ - قرآن: بقره: ۳۴/۲. ۲ - **اَحْوَلی :** دوبینی. ۳ - **زمین :** کنایه از قالبِ خاکیِ انسان است.

۴ - **چرخِ لاجورد :** کنایه از نورِ حق.

۵ - **آن حَبیب و آن خلیل بارَشَد :** احتمالاً حقیقتِ متجلّی در انسانِ کامل است.

۶ - **بر ایشان می‌تنم :** آنان را احاطه می‌کنم، مُراد آنکه: همچنان به گفتن این معانی بلند ادامه می‌دهم و رهایشان نمی‌کنم هرچند که نمی‌فهمند. ۷ - **قایل :** گوینده. ۸ - **سامع :** شنونده.

۹ - **رنج‌کیش :** اهلِ درد و رنج، اهلِ زندگیِ پردردِ دنیوی.

۲۲۷۷ **چشمهٔ راحت بر ایشان شد حرام ‌ ‌ ‌ ‌ می‌خورند از زهرِ قاتل[۱] جامْ جام**

آرامشِ عالمِ معنا را درک نمی‌کنند، فقط زندگیِ دنیویِ سرشار از رنج را می‌شناسند.

۲۲۷۸ **خاک‌ها[۲] پُر کرده دامن، می‌کَشند ‌ ‌ ‌ ‌ تا کنند این چشمه‌ها[۳] را خشک بند[۴]**

دامن‌ها را پُر از خاک می‌کنند تا چشمه‌ها را سدّ کنند که بخشکد.

۲۲۷۹ **کِی شود این چشمهٔ دریا مَدَد[۵] ‌ ‌ ‌ ‌ مُکْتَتِس[۶] زین مشتِ خاکِ نیک و بد؟**

آیا چشمه‌ای که به دریا اتّصال دارد، با خاکِ مشتِ آدم‌های خوب و بد بسته می‌شود؟

۲۲۸۰ **لیک گوید با شما من بسته‌ام ‌ ‌ ‌ ‌ بی شما من تا اَبَد پیوسته‌ام**

امّا چشمه می‌گوید: من برای شما خشکیده‌ام و بدون شما تا ابد جریان دارم.

۲۲۸۱ **قومِ معکوس‌اند، اندر مُشت‌ها[۷] ‌ ‌ ‌ ‌ خاک‌خوار، و آب را کرده رها[۸]**

این مردم خواسته‌هایی وارونه دارند، خاک را می‌خورند و آب را رها می‌کنند.

۲۲۸۲ **ضِدِّ طبعِ انبیا دارند خلق ‌ ‌ ‌ ‌ اژدها را مُتّکا دارند خلق[۹]**

سرشتِ آنان برعکسِ انبیاست و تکیه‌گاه‌شان دنیا.

۲۲۸۳ **چشمْ‌بندِ ختم چون دانسته‌ای؟[۱۰] ‌ ‌ ‌ ‌ هیچ دانی از چه دیده بسته‌ای؟**

در ارتباط با چشم‌بندِ مُهر الهی چه می‌دانی؟ چرا چشم‌هایت بسته است؟

۲۲۸۴ **بر چه بگشادی بَدَل این دیده‌ها؟[۱۱] ‌ ‌ ‌ ‌ یک به یک بِئْسَ آلبَدَل[۱۲] دان آن تو را**

هر چیزی که با چشم ظاهر می‌بینی، بَدَلِ بدِ چیزهای خوبی است که با چشمِ باطن می‌توان دید.

---

۱ - **زهرِ قاتل :** اینجا امور دنیوی، هر چیز غیر معنوی.

۲ - **خاک :** کنایه از بهره‌های مادّیِ زندگی، لذّت دنیوی به هر شکل.

۳ - **چشمه :** اینجا کنایه از چشمهٔ معنویِ حیاتِ روحانی است. ۴ - **خشک بند :** سدّ خاکی و بی‌دوام.

۵ - **دریا مَدَد :** چشمه‌ای که از دریا مدد می‌گیرد و به آن اتّصال دارد. ۶ - **مُکْتَتِس :** پوشیده، نهان.

۷ - **اندر مُشت‌ها :** در تمایلات و خواسته‌ها.

۸ - مُراد آنکه: این‌ها قومی وارونه‌اند، چیزهای خوب را نمی‌خواهند.

۹ - تکیه‌گاهِ انبیا عالمِ معناست. اهل دنیا عوالم معنوی را نمی‌شناسند؛ پس به دنیای فانی اتّکا دارند. «اژدها» کنایه از دنیا و عوالمِ نفسانی است.

۱۰ - اشارتی قرآنی؛ بقره: ۷/۲: خَتَمَ اللهُ عَلیٰ قُلُوبِهِم وَ عَلیٰ سَمْعِهِمْ وَ عَلیٰ اَبصارِهِم غِشاوَةٌ.

۱۱ - مُراد آنکه: با این چشمِ ظاهر فقط ظاهر را می‌توان دید. ۱۲ - **بِئْسَ آلبَدَل :** بَدَل بَد.

۲۲۸۵ **لیک خورشیدِ عـنایت تـافته است آیِـسـان[۱] را از کَـرَم دریـافته است[۲]**

امّا خورشید لطف الهی تابان است و از کَرَم ناامیدان را امید می‌دهد.

۲۲۸۶ **نـردِ بس نـادِر[۳] ز رحـمت بـاخته عـینِ کُـفران را اِنـابت[۴] سـاخته[۵]**

عنایتِ حق می‌تواند «کُفران» را به «توبه» مبدّل کند.

۲۲۸۷ **هم از این بدبختیِ خلق[۶]، آن جواد[۷] منفجر کرده دو صـد چشـمهٔ وَداد[۸]**

خداوند به سبب دلبستگیِ خلق به دنیا و بی‌توجّهیِ به عالمِ معنا صدها چشمهٔ مهر و دوستی را جوشان می‌کند تا از میانِ همین گمراهی‌ها راهی بیابند.

2288 **غـنچه را از خـار، سرمایه دهـد مُـهره را از مـار[9]، پیرایـه دهـد[10]**

از بوتهٔ پُر خارگُل را می‌رویاند و مُهره‌ای از مار را سببِ مهر و محبّت قرار می‌دهد.

2289 **از سـوادِ[11] شب بُرون آرَد نـهار[12] وز کفِ مُـعْسِر[13] بـرویاند یَسـار[14]**

روز را از دلِ شب پدید می‌آوَرَد و از طریق دستِ آدمِ درمانده نعمت را آشکار می‌کند.

۲۲۹۰ **آرد سـازد ریگ را بـهرِ خـلیل[۱۵] کوه بـا داوود گـردد هـم رَسـیل[۱۶]**

ریگ را برای خلیل آرد می‌کند و کوه‌ها را همنوایِ داوود.

۲۲۹۱ **کـوهِ بـاوحشت در آن ابـرِ ظُـلَم[۱۷] بر گشاید بانگِ چنگ و زیـر و بـم**

کوه با وحشت در زیرِ ابرِ تیره نالهٔ زیر و بمِ چنگ را سر می‌دهد.

---

۱ - **آیسان :** جمع آیس: ناامید. ۲ - ناامیدان را امیدِ ادراک و شهودِ باطنی می‌دهد.

۳ - **نردِ بس نادر :** مراد عنایتِ الهی است. ۴ - **اِنابت :** توبه یا بازگشت به حق.

۵ - اشارتی قرآنی؛ فرقان: ۷۰/۲۵: کسانی که توبه کنند و ایمان آورند و کارهای شایسته کنند، خداوند گناهان‌شان را به نیکی‌ها بَدَل می‌کند و خدا آمرزنده و مهربان است.

۶ - **بدبختیِ خلق :** وابستگی به عالم مادّه و بی‌توجّهی به عالمِ معنا. ۷ - **آن جواد :** خداوند.

۸ - **وَداد :** دوستی.

9 - **مُهرهٔ مار :** استخوانی که در سر مار است و خلق بر این باوراند که همراه داشتنِ آن سببِ جلبِ مهر و دوستی /k j»«nA S Jd«KßIw Aa» Bo i j̃B±] ±«pA° Ao´ók °Aki :³ñCjA©S wA¬A¢½

10 - «A³ñCj: ikA° k BjnAw SAp o ¼ãq° ß0I xaAQk¼kC°jf/ 11 - **سواد :** B¼ «/

12 - **نهار :** n°p/ 13 - **مُعْسِر :** jnaB k², ¼b/ 14 - **یَسار :** £zBj£ » í ª S,£zB½ y °CwJ±j£ «/

۱۵ - اشاره به روایتی که بنا بر مضمونِ آن ریگ بیابان برای ابراهیم(ع M³CnjMk¤ {k h/ : 2520.3/

۱۶ - **رَسیل :** همنوا. اشاره به آیهٔ ۱۰ سورهٔ سبا. ۱۷ - **ظُلَم :** تیره و تار.

خـیز ای داوودِ از خَـلقان نَـفیر[۱] ! ترک آن کردی، عوض از ما بگـیر[۲] ۲۲۹۲

می‌گوید: ای داوود، که از دنیا و اهل دنیا روی گردانیده‌ای، عوضِ آن را از هستی که ما بخشی از آن‌ایم بگیر.

اِنابتِ[۳] آن طالبِ گنج به حق تعالی بعد از طلبِ بسیار و عجز و اضـطرار که ای ولیِّ آلاظهـار[۴] تو کن این پنهـان را آشـکار

گـفت آن درویش: ای دانـایِ راز! از پـیِ ایـن گـنج کـردم یـاوه‌تاز[۵] ۲۲۹۳

درویش گفت: ای دانندهٔ رازها، برای رسیدن به این گنج جُست‌وجوی بی‌حاصلی کردم.

دیوِ حرص و آز و مُستعْجِل تَگی[۶] نـی تَأنّـی جُست و نـی آهسـتگی ۲۲۹۴

حرص و طمع با تلاشی عجولانه، نه درنگی گذاشت و نه متانتی.

مـن ز دیگـی، لقـمه‌یی نَـنْدوختم کف سیه کـردم، دهـان را سـوختم ۲۲۹۵

حاصلِ آن هیچ لقمه‌ای نبود، جز دستی سیاه و دهانی سوخته.

خود نگفتم، چون در این ناموقِنَم[۷] زآن گِره‌زن[۸] ایـن گِـره را حـل کـنم ۲۲۹۶

نمی‌دانم چرا به خود نگفتم که چون به تلاشِ خویش اعتماد ندارم، حلّ آن را از خداوند بخواهم.

قولِ حـق را هـم ز حـق تـفسیر جـو هین مگو ژاژ ازگمان، ای سختْ‌رو[۹] ! ۲۲۹۷

ای گستاخ، حقیقتِ سخنِ حق را از حق بخواه و با گمانِ خود تفسیر نکن.

آن گِـرِه کـو زد، هـمو بگشـایدش مُهره[۱۰] کـو انـداخت، او بِـرْبایَدَش ۲۲۹۸

کسی که گِره زد، می‌تواند آن را باز کند. کسی که مُهره انداخت، می‌تواند آن را بردارد.

---

۱ - **نَفیر** : گریزان، رَمنده.

۲ - مراد آنکه: روی گرداندن از خلق برای رسیدنِ به حقایق سبب توجّه حق و پاسخ آن از طریقِ تمامِ هستی است.

۳ - **اِنابت** : بازگشت و توبه. ۴ - **ولیّ آلاظهار** : پروردگار.

۵ - **یاوه‌تاز** : دوندگیِ بیهوده، جُست‌وجوی بی حاصل. ۶ - **مُسْتَعْجِل تگی** : به شتاب دویدن.

۷ - **مُوقِن** : دارای یقین، ناموقن: کسی که یقین ندارد.

۸ - **گِره‌زن** : مراد پروردگار است که گِره‌زن و گِره‌گشاست. ۹ - **سخت‌رو** : گستاخ، بی‌شرم.

۱۰ - **مُهره** : مُراد مُهرهٔ نرد است.

گرچه آسانت نمود آن‌سان سخُن   کِی بُوَد آسان رُموزِ مِنْ لَدُن[1] ؟ ۲۲۹۹

فهم این سخنان را آسان می‌دانی؛ امّا درکِ رازهایِ الهی هرگز آسان نیست.

گفت: یارَب! توبه کردم زین شتاب   چون تو در بستی، توکن هم فتحِ باب ۲۳۰۰

فقیر گفت: پروردگارا، از شتابِ خود توبه کردم، چون در را تو بسته‌ای، خود بگشا.

بر سر خرقه شدن بارِ دگر[2]   در دعا کردن بُدم هم بی هنر[3] ۲۳۰۱

بار دیگر باید با همان فقر و درویشی بسازم، چون شایستهٔ عنایتِ حق نیستم.

کو هنر[4] ؟ کو من؟ کجا دل مُستَوی[5]   این همه عکس ِ تو است و خود تُوی[6] ۲۳۰۲

شایستگی کجا و من کجا؟ دلِ مورد عنایت کجا؟ هر چه هست پرتوی از مرحمت توست.

هر شبی تدبیر و فرهنگم به خواب   همچو کشتی غرقه می‌گردد ز آب[7] ۲۳۰۳

هر شب اندیشه و دانشم همانند کشتیِ غرقه شده، در خواب غرق می‌شود.

خود نه من می‌مانم و نه آن هنر   تن چو مُرداری فُتاده بی خبر ۲۳۰۴

نه من می‌مانم و نه هنرم، تنم هم چون مُردار بی خبر افتاده است.

تا سحر، جمله شب آن شاهِ عُلیٰ[8]   خود همی گوید اَلَستی و بَلیٰ[9] ۲۳۰۵

شب تا سحر آن شاهِ عالیقدر می‌گوید: من پروردگار شما نیستم؟ و خود «بلیٰ» می‌گوید.

کو بلیٰ‌گو؟ جمله را سیلاب[10] بُرد   یا نهنگی[11] خورد کُل راکِرد و مُرد[12] ۲۳۰۶

کسی که «بلیٰ» بگوید، کجاست؟ همه را سیلاب برده و یا نهنگ خورده است.

---

۱ - **مِنْ لَدُن** : از جانبِ حق. تعبیری از آیهٔ ۶۵ سورهٔ کهف.

۲ - مصراع اوّل: مُراد آنکه: باید با همان فقرِ خود بسازم.

۳ - مصراع دوم: مُراد آنکه: دعایِ من هم شایستگیِ اجابت را نداشت. ۴ - **هنر** : اینجا شایستگیِ قبولِ حق.

۵ - **مُستَوی** : راست، مستقیم، صاف.

۶ - مصراع دوم: مُراد آنکه: اگرگاه صِدق و صفا یا جِدّ و جهدی هست بازتابِ مشیّت توست.

۷ - در این ابیات، صُوَرِ خیالِ «شب و خواب» مطرح می‌شوند تا تمثیلی باشند برای فرارِ فرخندهٔ سالک از آگاهی به نَفْس: با استفاده از شرح مثنوی مولوی، دفتر ششم، ص ۲۱۴۳. ۸ - **شاهِ عُلیٰ** : پروردگار.

۹ - اشاتی قرآنی؛ اعراف: ۱۷۲/۷: اَلَسْتُ بِرَبِّکم؟ قالُوا: بَلیٰ. ۱۰ - **سیلاب** : مُراد سیلابِ خواب است.

۱۱ - **نهنگ** : اینجا خواب و غفلتِ ناشی از آن به نهنگ مانند شده است.

۱۲ - **کِرد و مُرد** : از میان برد و نابود کرد.

صبحدم چون تیغ گوهردارِ[1] خَود   از نیامِ ظلمتِ شب بر کَنَد ۲۳۰۷

هنگامی که سحرگاه شمشیرِ آبدارِ خود را از غلافِ تاریکی بیرون آوَرَد،

آفتابِ شرق شب را طی کند   این نهنگ آن خوردهها[2] را قی کند ۲۳۰۸

و آفتابِ شرق بساطِ شب را در هم پیچد، آنچه را که خواب ربوده بود، پس میدهد.

رَسته چون یونُس ز معدهٔ آن نهنگ[3]   منتشر گردیم اندر بو و رنگ[4] ۲۳۰۹

همه از شکمِ آن نهنگ، مانندِ یونس(ع) رها میشویم و به زندگیِ روزمرّه باز میگردیم.

خلق چون یونُس مُسبّح آمدند[5]   کاندر آن ظُلْماتْ پُر راحت شدند[6] ۲۳۱۰

خلق سحرگاهان بیدار میشوند و همانند یونس(ع) به شکرگزاری میپردازند که با خوابِ شبانه قوایِ جسمی و روحیشان تازه شده است.

هر یکی گوید به هنگامِ سحَر   چون ز بطنِ حوتِ شب[7] آید به در ۲۳۱۱

سحرگاه هر یک که از خوابِ شبانه بیدار میشود، میگوید:

کِای کریمی که در آن لیلِ وَحِش[8]   گنجِ رحمت[9] بنهی و چندین چَشِش[10] ۲۳۱۲

ای خدایِ بخشندهای که در آن شبِ ترسناک، این همه رحمت و لذّت قرار دادهای،

چشمْ تیز و گوشْ تازه، تنْ سبک   از شبِ همچون نهنگِ ذوآلحُبُک[11] ۲۳۱۳

از شبی که همچون بطنِ نهنگ تُودرتُو و سیاه بود، ما را با چشمی بینا، گوشی شنوا و تنی آسوده بیدار کردی.

---

۱ - **تیغ گوهردار :** شعاعِ خورشیدِ حقایق.   ۲ - **آن خوردهها :** اینجا «اندیشه و دانش» و «تدبیرِ» ما.

۳ - در این مصراع، خلق که شب اسیر خوابِ شبانهاند به یونس که اسیر بطن ماهی و در تاریکی بود، مانند شدهاند.

۴ - **بو و رنگ :** کنایه از «عالمِ ظاهر» یا «دنیا» است.

۵ - اشارتی قرآنی؛ انبیا: ۸۷/۲۱: ...و در تاریکی ندا بر آورد که: خدایی جز تو نیست، منزّه هستی، و من از ستمکاران هستم.   ۶ - مصراع دوم: بعد از خواب شبانه، قوایِ جسمی و روحیِ خود را تازه و شاداب مییابند.

۷ - **بطنِ حوتِ شب :** خوابِ شبانه به «بطنِ ماهی» مانند شده است.   ۸ - **لیلِ وَحِش :** شبِ وحشتناک.

۹ - **گنج رحمت :** لطفِ حق که هنگامِ خوابِ شبانه شامل حال خلق میشود و به آنان طراوت و تازگی میبخشد و بسا مشکلات را که در خواب میگشاید.

۱۰ - **چَشِش :** لذّت، مراد آسودگیِ جسم و عروجِ جان است به مراتبِ برتر.

۱۱ - **ذوآلحُبُک :** دارای راهها. مقتبس از: قرآن: ذاریات: ۷/۵۱: وَالسَّماءِ ذَاتِ الحُبُک: و سوگند به آسمانِ تُو بر تُو.

از مقاماتِ وَحِشْ‌رُو[1] ، زین سپس   هیچ نَگریزیم ما با چون تو کس ۲۳۱۴

بعد از این، با وجودِ خدایی همچون تو، هرگز از منازلِ ترسناکِ سلوک نمی‌گریزیم.

موسی آن را نار دید، و نور بود[2]   زنگیی دیدیم شب را، حور[3] بود ۲۳۱۵

موسیٰ(ع) «نار»ی را که دید «نور» بود. ما هم شب را زشت دیدیم و زیبا بود.

بعد از این ما دیده[4] خواهیم از تو بس   تا نپوشد بحر[5] را خاشاک و خَس[6] ۲۳۱۶

از تو فقط چشمی حقیقت‌بین می‌خواهیم تا «خَس و خاشاکِ ظواهر» مانعِ ادراک ما نشود.

ساحران را چشم چون رَست از عَمیٰ[7]   کفْ‌زنان بودند بی این دست و پا[8] ۲۳۱۷

ساحرانِ فرعون که حقانیتِ موسیٰ(ع) را دریافتند، بیمی از بریدنِ دست و پا نداشتند.

چشم‌بندِ خلق، جز اسباب[9] نیست   هرکه لرزد بر سبب،[10] زاصحاب[11] نیست ۲۳۱۸

چشمِ خلق را «سبب»ها می‌بندد که حقایق را نبیند. اهلِ معنا به «سبب»ها تکیه نمی‌کند.

لیک حق، اَصْحابَنا،[12] اصحاب[13] را   در گشاد و بُرد تا صدرِ سرا ۲۳۱۹

امّا، ای دوستان، حق در را به رویِ اصحاب گشود و آنان را به صدرِ مجلس بُرد.

با کَفَش[14] نامُستَحَقّ و مُستَحِق[15]   مُعتَقانِ[16] رحمت‌اند از بندِ رِق[17] ۲۳۲۰

با وجودِ دستِ بخشایندهٔ او، شایسته و ناشایسته از قیدِ بندگیِ دنیا می‌رهند.

---

۱ - **مقاماتِ وَحِشْ‌رُو :** منازلِ ترسناک یا خطرناکِ سلوک، مراد مراتب یا منازلی است که سالکان در آن دچار وحشت می‌شوند و می‌پندارند که گمراه شده‌اند. «وَحِشْ رُو»: دارای چهره‌ای ترسناک.

۲ - مُراد آنکه: چشمِ موسیٰ(ع) هم نور را بر کوهِ طور «نار» دید و نتوانست آن را بشناسد.

۳ - **حور :** حوری، پری، زیبا. ۴ - **دیده :** مُراد دیدهٔ حقیقت‌بین است یا چشمِ باطن.

۵ - **بحر :** بحرِ حقایق. ۶ - **خاشاک و خَس :** کنایه از ظواهر. ۷ - **عَمیٰ :** کوری.

۸ - مصراع دوم: بدون دست و پایِ ظاهر شادی کردند. ۹ - **اسباب :** سبب‌ها: عواملِ این جهانی.

۱۰ - **هر که لرزد بر سبب :** هر که به عوامل این جهانی تکیه کند و دل ببندد.

۱۱ - **اصحاب :** یاران: اینجا «اهلِ معنا». ۱۲ - **اَصْحابَنا :** دوستانِ ما، مریدانِ ما.

۱۳ - **اصحاب :** یاران، سالکانی که «سبب»ها را نمی‌بینند و به «مشیّت» توجّه دارند.

۱۴ - **با کَفَش :** با دستِ او که بخشاینده است. ۱۵ - **نامُسْتَحَقّ و مُسْتَحِق :** سزاوار و ناسزاوار.

۱۶ - **مُعْتَقان :** جمع مُعْتَق: آزادکرده شده، از قید بندگی رهیده. ۱۷ - **رِق :** بندگی، در بند بودن.

در عدم،[1] ما مستحِقّان کِی بُدیم[2]   که بر این جان و بر این دانش زدیم؟ 2321

جان و دانش را به سببِ شایستگی به ما نداده‌اند، بخشندگیِ او داده است.

ای بکرده یارْ هر اغیار را   وی بداده خلعتِ گُل خار را 2322

ای خدایی که بیگانه را به خود نزدیک می‌کنی و خار را خلعتِ گُل می‌بخشی.

خاکِ ما را ثانیا[3] پالیز[4] کن   هیچ‌نی[5] را بارِ دیگر چیز کن ۲۳۲۳

وجودِ خاکیِ ما را، مانندِ پالیز حاصلخیز کن و اجازه بده این «هیچ» بار دیگر به چیزی بَدَل شود.

این دعا تو امر کردی ز ابتدا[6]   ورنه خاکی را چه زَهرهٔ این بُدی؟ ۲۳۲۴

دعای ما نیز به خواستِ توست، وگرنه انسانِ خاکی چگونه چنین جسارتی داشت؟

چون دعامان امر کردی، ای عُجاب![7]   این دعایِ خویش را کن مُستجاب ۲۳۲۵

ای مایهٔ شِگفتی، چون ما را به دعا امر کردی، آن را بپذیر.

شب شکسته کَشتیِ فهم و حواس   نه امیدی مانده، نه خوف و نه یاس ۲۳۲۶

شب، کشتیِ ادراک و حواس می‌شکند. نه امیدی می‌مانَد و نه بیمی و یأسی.

بُرده در دریایِ رحمت ایزدم[8]   تا ز چه فن[9] پُر کُنَد، بفرستدم ۲۳۲۷

پروردگارم جانم را به دریایِ رحمت خود می‌بَرَد و نمی‌دانم با چه پُر می‌کند و پس می‌فرستد؟

آن یکی[10] را کرده پُر نورِ جلال   و آن دگر[11] را کرده پُر وَهْم و خیال ۲۳۲۸

یکی پر از نور حق و «اهلِ معنا» می‌شود و دیگری پر از «وهم و خیال» و «اهلِ دنیا».

---

۱ – **در عدم :** قبل از خلقت صوری، پیش از آفرینش.

۲ – **مستحِقّان کی بُدیم :** کی استحقاق داشتیم؟ یعنی ما قبل از آفرینش که نبودیم تا کاری کرده باشیم و شایستگیِ دریافتِ چیزی را به دست آورده باشیم؛ پس اینکه خداوند به ما «جان و علم» داده است، به سبب بخشندگیِ اوست نه استحقاقِ ما.   ۳ – **ثانیا :** دوباره.   ۴ – **پالیز :** جالیز: باغ، بوستان، گلستان.

5 - [illegible]

۶ – اشارتی قرآنی؛ مؤمن: ۶۰/۴۰: أُدْعُونی أَسْتَجِبْ لَکُمْ....

۷ – **ای عُجاب :** ای آنکه فعلِ تو مایهٔ شگفتی است و معرفتِ به تو بسی شگفت‌انگیزتر.

۸ – مصراع اوّل: هنگامِ خوابِ شبانه که جانِ آدمی به ماورایِ عالمِ محسوس می‌رود.

۹ – **ز چه فن :** از چه هنری یا چه صفت و کمالی؟   ۱۰ – **آن یکی :** یکی مرد حق شده است و منوّر.

۱۱ – **و آن دگر :** دیگری مرد دنیا شده است و پر از تاریکیِ وهم و گمان؛ زیرا خودِ او فانی است دلبستگی‌هایش هم فانی است.

گر به خویشم هیچ رای و فن[1] بُدی   رای و تدبیرم به حکمِ من بُدی[2] ۲۳۲۹

اگر اندیشه و تدبیرم از خودِ من بود، باید در اختیار و سیطره‌اَم می‌بود،

شب نرفتی هوش بی فرمانِ من   زیرِ دامِ من بُدی مرغانِ من[3] ۲۳۳۰

شب، بدون اینکه بخواهم، عقل و هوشم زایل نمی‌شد و بر جای می‌ماند.

بودمی آگهْ ز منزل‌هایِ جان[4]   وقتِ خواب و بیهُشی[5] و امتحان[6] ۲۳۳۱

هنگامِ خواب یا غفلت و آزمون‌هایِ الهی، از منزل‌هایی که جان و اندیشه‌ام طی می‌کند، آگاه بودم.

چون کَفَم زین حلّ و عقد[7] او تهی‌ست[8]   ای عجب! این مُعجِبیّ[9] من ز کیست؟ ۲۳۳۲

منی که نگه داشتن یا رها کردنِ «عقل و هوشم» به دستِ خودم نیست، شِگفتا که خودبینی‌ام از کجا و چه کسی ناشی شده است؟

دیده را نادیده خود انگاشتم   باز زنبیلِ دعا بر داشتم[10] ۲۳۳۳

آنچه را که دیدم و در طلبش بودم، نادیده پنداشتم و باز به دعا پرداختم.

چون اَلِفْ[11] چیزی ندارم، ای کریم!   جز دلی تنگ‌تر از چشمِ میم[12] ۲۳۳۴

ای کریم، مانند «اَلِفْ» هستم و چیزی ندارم، جز دلی تنگ‌تر از چشمِ «میم».

---

۱ - **رای و فن :** اندیشه و تدبیر.   ۲ - این ابیات در وصف «جباریّت» حق تعالیٰ است.

۳ - مصراع دوم: «عقل و هوش» به مرغانی مانند شده‌اند که اگر در تسلّطِ ما باشند، باید شب هم از دام نگریزند و بر جای بمانند؛ یعنی این طرف و آن طرف نروند.

۴ - **منزل‌هایِ جان :** منازلی که جانِ سالک در سلوک طی می‌کند.

۵ - **بیهُشی :** اینجا بیهوش بودن یا غافل بودن از عالمِ معناست و به‌طور کلّی «غفلت».

۶ - **امتحان :** آزمون الهی.   ۷ - **حلّ و عقد :** گشودن و بستن، اینجا مُراد «قدرت و توانایی» است.

۸ - مصراع اوّل: من این قدرت و توانایی را ندارم.   ۹ - **مُعْجبی :** خودبینی و غرور.

۱۰ - سخنِ فقیرِ گنج‌طلب است که می‌گوید: رؤیای صادقِ خود را ندیده می‌پندارم و باز هم دعا می‌کنم. بازگشتِ کوتاهی به قصّه است و باز موجِ معانی سببِ فراموش شدن قصّه می‌گردد.

۱۱ - **چون «الف» :** الف نه انحنا دارد و نه نقطه.

۱۲ - در این ابیات، وجه مادّیِ نَفْسِ ما به «الف» مانند شده که از خود چیزی ندارد و فانی است و وجه روحانیِ نَفْس هم به «میم» مانند شده که آرزوی بازگشت به اصلِ خود را دارد و دلتنگ است.

۲۳۳۵ ایــن الف ویــن مـیم، اُمِّ بــودِ مــاست   میم اُم تنگ است، الف زو نرگدا¹ست

«وجه مادّی» و «وجه غیر مادّی» نَفْس، مانند مادر، اصل وجود ما را تشکیل می‌دهند. «وجه غیر مادّی» دلتنگِ بازگشتِ به اصلِ خود است و «وجه مادّی» که متعلّق به دنیاست، مانندِ گدایی بی‌شرم، زیاده‌خواه است.

۲۳۳۶ آن الف چیزی ندارد، غــافلی²ست   میم دلتنگ آن زمانِ عاقلی³ست

وجهِ دنیوی به دنیا توجّه می‌کند و سببِ ناآگاهی می‌شود و وجهِ روحانی متوجهِ عالمِ معنا و سببِ آگاهی می‌گردد.

۲۳۳۷ در زمانِ بیهشی، خـود هـیچ مـن   در زمان هوش، انـدر پیـچ مـن⁴

پس گاه «غافل»ام و گاه «عاقل»، و این آگاهی و ناآگاهی مرا در پیچ و تاب و رنج می‌افکند.

۲۳۳۸ هیچ دیگر بـر چنین هیچی مَنِهْ   نـام دولت بر چنین پیچی مَنِهْ⁵

بنابراین نباید این «آگاهی» را که گاه به «ناآگاهی» تبدیل می‌شود، دولتِ عنایتِ حق بدانم.

۲۳۳۹ خـود نـدارم هیـچ، بِهْ سـازد مـرا   کـه ز وَهْم دارم است این صدعَنا

اینکه بگویم: هیچ ندارم، بهتر است؛ زیرا پندارِ برخورداری از اقبال موجبِ رنج و دردسر است.

۲۳۴۰ در نــدارم هــم تــو دارایــیــم کــن   رنـج دیـدم، راحت افزایـیـم کن

اینکه می‌گویم: ندارم؛ یعنی تو مرا دارا کن و رنج کشیده‌ام؛ یعنی تو راحتم کن.

۲۳۴۱ هـم در آبِ دیـده عُریان بیستم⁶   بر درِ تو، چونکه دیده نیستم⁷

بر درگاهِ تو، با اشک و دستی تهی می‌ایستم؛ زیرا بصیرتی نداشته‌ام.

۲۳۴۲ آبِ دیـدۀ بـندۀ بـی دیـده⁸ را   سبـزه‌یی بخش و نباتی زین چَـرا⁹

به سببِ اشکِ چشمِ این بندۀ بی بصیرتت، معرفتی عطا کن.

---

۱ - نَرگدا: گدای سمج و پررو و زیاده‌خواه.

۲ - غافلی: غفلت: یعنی «وجه مادّی نَفْس» فقط دنیا را می‌شناسد و به آن توجّه می‌کند؛ پس سببِ غافلیِ آدمی است.

۳ - عاقلی: هوشیاری: یعنی «وجهِ روحانیِ نَفْس» آدمی به عالم معنا توجّه می‌کند و موجب آگاهی است.

۴ - در زمانِ غفلت که هیچ‌ام و در زمانِ هوشیاری هم که در رنج‌ام.

۵ - دوباره هیچ دیگری را بر این موجودِ ناچیز بار مکن و چنین رنجی را «دولت» نام نگذار.

۶ - مصراع اوّل: با دستی تهی و گریان می‌ایستم.

۷ - چونکه دیده نیستم: چونکه هرگز بینش و بصیرتی نداشته‌ام.   ۸ - بندۀ بی دیده: بندۀ بی بصیرت.

۹ - در این چراگاه، یعنی در این حیاتِ دنیوی به این بنده، معرفتی عطا کن.

ور نمانم آب، آبم دِه ز عَین[1] همچو عَینَین[2] نبی هَطّالَتَین[3] ۲۳۴۳

اگر اشکی نمانَد، از چشمهٔ عنایت چشمانی اشکبار همچون چشمان پیامبر(ص) بده.

او چو آبِ دیده جُست از جودِ حق[4] با چنان اقبال و اجلال[5] و سَبَق[6] ۲۳۴۴

پیامبر(ص) با آن همه اقبال و بزرگی و پیشتازی، خواهانِ اشکِ دیده بود.

چون نباشم ز اشکِ خون باریک‌ریس[7] من تهی دستِ قُصور[8] کاسه‌لیس[9]؟ ۲۳۴۵

منِ تهی‌دست که مقصّر و نیازمندم، چرا از اشکِ خونین زار و نزار نباشم؟

چون چنان چشمْ اشک را مفتون بُوَد اشکِ من باید که صد جیحون بُوَد ۲۳۴۶

چون چنان چشمی شیفتهٔ اشک باشد، باید اشکِ من صدها رود جیحون شود.

قطره‌یی زآن زین دوصد جیحون بِهْ است که بدآن یک قطره اِنْس و جِنْ بِرَست ۲۳۴۷

یک قطره اشکِ او بهتر از صدها جیحون است؛ زیرا با آن انس و جن نجات یافته است.

چونکه باران جُست آن روضهٔ بهشت[10] چون نجوید آب، شوره خاکِ زشت[11]؟ ۲۳۴۸

چون آن باغِ بهشت باران خواسته است، چرا این خاکِ شورِ زشت نخواهد؟

ای اخی[12] دست از دعا کردن مدار با اجابت یا رَدِ اویَت چه کار؟ ۲۳۴۹

ای برادر، دعا را رها نکن و به ردّ و قبولِ آن کاری نداشته باش.

نان[13] که سدّ و مانع این آب[14] بود دست از آن نان می‌بباید شُست زود ۲۳۵۰

اگر تمایلاتِ دنیوی مانعِ اشکِ نیاز باشد، باید فوراً آن‌ها را رها کرد.

خویش را موزون[15] و چُست[16] و سَخته[17] کن ز آبِ دیده نانِ خود را پُخته کن ۲۳۵۱

خود را معتدل و چالاک و سنجیده کن و با اشکِ نیاز رزق روحانی‌ات را بساز.

---

۱ - **عَیْن** : چشمه، چشم. ۲ - **عَیْنَیْن** : چشمان، دو چشم.
۳ - **هَطّالَتَیْن** : تثنیه هَطّالَه: پُرآب، بارنده یا جوشان. ۴ - **از جودِ حق** : از عطایِ حق.
۵ - **اِجلال** : بزرگی. ۶ - **سَبَق** : پیشگامی، پیشتازی. اشاره به حدیثی با همین مضمون: احادیث، ص ۵۶۱.
۷ - **باریک ریس** : لاغر و زار و نزار. ۸ - **قُصور** : مصدر به جای صفت به کار رفته است: مقصّر: گناهکار.
۹ - **کاسه لیس** : بسیار حریص، آزمند. ۱۰ - **آن روضهٔ بهشت** : مُراد پیامبر(ص) است.
۱۱ - **شوره خاک زشت** : مُراد این طالب و یا هر انسان دیگری است. ۱۲ - **اَخی** : برادر.
۱۳ - **نان** : کنایه از تمتّعات یا بهره‌مندی از لذّاتِ دنیوی. ۱۴ - **این آب** : آبِ چشم یا اشکِ نیاز.
۱۵ - **موزون** : معتدل. ۱۶ - **چُست** : چالاک. ۱۷ - **سَخته** : سنجیده.

آواز دادنِ هاتف مر طالب را، و اِعلام کردن از حقیقتِ اسرارِ آن

اندر این بود او که الهام آمدش   کشف شد این مشکلات از ایزدش ۲۳۵۲

فقیر در حالِ دعا بود که الهامی به او رسید و مشکلاتش را حل کرد:

کو بگفتت: در کَمان تیری بنه   کِی بگفتندت که: اندر کَش تو زِه؟ ۲۳۵۳

که در رؤیا به تو گفته شد: تیری در کمان بگذار، کی گفتند که زِه را بکش؟

او نگفتت که: کمان را سخت کَش[1]   در کمان نِهْ گفت او، نه پُر کُنَش[2] ۲۳۵۴

او نگفت که کمان را محکم بکش، گفت: تیر را در کمان بگذار، نه اینکه زِه را بکش.

از فضولی، تو کمان افراشتی[3]   صنعتِ قَوّاسیی برداشتی[4] ۲۳۵۵

امّا تو با فضولی کمان را بلند کردی که من تیراندازی بَلَدم.

تَرکِ این سَخته کمانی[5] رو بگو   در کمان نِهْ تیر، و پرّیدن مجو ۲۳۵۶

برو و هنرنمایی نکن، تیر را در کمان بگذار و زِه را نکش.

چون بیفتد، بر کَن آنجا، می‌طلب   زور بگذار و به زاری جُو ذَهَب[6] ۲۳۵۷

هر جا که تیر افتاد، همانجا را بکَن، زور را بگذار و با زاری جویایِ طلا باش.

آنچه حق است، اقرب از حَبْلُ ٱلوَرید   تو فکنده تیرِ فکرت را بعید[7] ۲۳۵۸

حق از «رگ گردن هم نزدیک‌تر» است، تو تیرِ اندیشه را به دوردست می‌افکنی.

ای کمان و تیرها برساخته   صید نزدیک و تو دور انداخته ۲۳۵۹

ای آنکه بسی تیر و کمان فراهم کردی، مطلوب نزدیک است، تیر را دور انداختی.

هر که دوراندازتر، او دورتر   وز چنین گنج است او مهجورتر ۲۳۶۰

هر که تیر اندیشه را دورتر بیفکند، از مطلوب دورتر است و از حقایق محروم‌تر.

---

۱ - **سخت کش :** محکم بکش.   ۲ - **نه پُر کُنَش :** نه اینکه کمان را تیری بگذاری برای کشیدنِ زِه.

۳ - **کمان افراشتی :** کمان را بلند کردی.

۴ - **صنعتِ قوّاسیی برداشتی :** هنر و مهارتت را درکمان‌داری و تیراندازی نشان دادی.

۵ - **سَخته کمانی :** مهارت در تیراندازی.   ۶ - **ذَهَب :** طلا.

۷ - خطاب به کسی است که درگیرِ ادلّه و براهین و بحث و استدلال است.

فلسفی خود را از اندیشه بکُشت گو:بدو،کو راست سویِ گنجْ پشت [1] ۲۳۶۱

فیلسوف خود را با تفکّراتِ غیر ضروری کُشت، به او بگو: بدو، پُشتت به گنج است.

گو: بدو چندانکه افزون می‌دَوَد از مرادِ دل جداتر می‌شود ۲۳۶۲

به او بگو: بدو. هرچه بیشتر بِدَوَد، از مطلوب دورتر می‌گردد.

جٰاهِدُوا فینٰا[2] بگفت آن شهریار جٰاهِدُوا عَنّا نگفت، ای بی‌قرار! ۲۳۶۳

ای بی‌قرار، خداوند گفت: «در راهِ ما جهاد کنید»، نگفت که برای دوری از حق بکوشید.

همچو کنعان کو ز ننگِ نوح رفت بر فرازِ قلّهٔ آن کوهِ زفت [3] ۲۳۶۴

مانندِ کنعان که پیروی از نوح(ع) را ننگ دانست و برایِ نجات بر فرازِ کوهی بلند شتافت.

هرچه افزون‌تر همی جُست او خلاص سویِ کُهْ می‌شد جداتر از مَناص [4] ۲۳۶۵

هرچه بالاتر می‌رفت از کشتیِ نوح(ع) دورتر می‌شد.

همچو این درویش بهرِ گنج و کان[5] هر صباحی[6]، سخت‌تر جُستی کمان ۲۳۶۶

مانند این فقیرِ گنج‌طلب که هر صبح کمانی محکم‌تر را می‌جُست.

هر کمانی کو گرفتی سخت‌تر بود از گنج و نشان بدبخت‌تر ۲۳۶۷

هر چه کمان محکم‌تر بود، از گنج دورتر و بدبخت‌تر می‌شد.

این مَثَل اندر زمانه جانی است[7] جانِ نادانان به رنج ارزانی است ۲۳۶۸

این مَثَل بسیار اهمّیّت دارد که گفته است: جانِ جاهلان شایستهٔ عذاب است.

زانکه جاهل ننگ دارد ز اوستاد[8] لاجرم رفت و دکانی نوگشاد ۲۳۶۹

زیرا جاهل کسی را به استادی نمی‌پذیرد و می‌خواهد خود استاد باشد.

---

۱ - مُراد آنکه: هر چه بیشتر می‌دود و می‌کوشد از حقیقت دورتر می‌شود؛ زیرا حقیقت در درونِ خود اوست.

۲ - اقتباس لفظی از آیه: قرآن: عنکبوت: ۶۹/۲۹: کسانی را که در راهِ ما مجاهده کنند، به راه‌های خویش هدایت می‌کنیم و خدا با نیکوکاران است.

۳ - اشاره به کسانی است که گمراه‌اند و نمی‌خواهند حقّانیّت راهِ راست را بپذیرند.

۴ - **مَناص :** پناهگاه، اینجا کشتیِ نوح. ۵ - **کان :** گنج. ۶ - **صَباح :** صبح.

۷ - **جانی است :** حیاتی است، بسیار اهمّیّت دارد.

۸ - **ننگ از استاد داشتن :** هیچ کس را به استادی نپذیرفتن و گمان اینکه من خود استاد هستم و نیازی به تعلیم ندارم.

۲۳۷۰	آن دکانِ بالایِ استاد١ ای نگار! گَنده و پُر کِژدُم است و پُر ز مار

ای زیبارو، دکانی را که بالایِ دکان استاد گشوده‌ای، متعفّن و پُر از مار و عقرب است.

2371	زود ویران کن دکان و بازگرد سویِ سبزه و گلبُنان و آبْ‌خَورد٢

فوراً دعوی را رها کن و به سویِ دامانِ پُر معرفتِ او بازگرد.

2372	نه چو کنعان کو ز کِبر و ناشناخت از کُهِ عاصم، سفینهٔ نَوْز ساخت٣

مانندِ کنعان نباش که از روی کبر و جهل، کوه را کشتیِ نجات پنداشت.

2373	علمِ تیراندازی‌اَش آمد حجاب٤ و آن مرادِ او را بُده حاضر به جیب

هنرِ تیراندازیِ آن فقیر مانع می‌شد که مطلوب را در کنار ببیند.

۲۳۷۴	ای بسا علم و ذکاوات و فِطَن٥ گشته رَهْرو٦ را چو غول و راهْزن

ای بسا دانش، هوشیاری و زیرکی که برای سالک مانند غول بیابان راهزن است.

۲۳۷۵	بیشترِ اصحابِ جَنَّت ابله‌اَند٧ تا ز شرِّ فیلسوفی می‌رهند

بیشترِ اهلِ بهشت ابله‌اَند تا از شرِّ علمِ گمراه کننده در امان باشند.

۲۳۷۶	خویش را عریان کن از فضل و فُضول٨ تا کند رحمت به تو هر دم نُزول

خود را از دانشِ گمراه کننده و بحث‌های بیهوده رها کن تا رحمت بر تو ببارَد.

۲۳۷۷	زیرکی٩ ضدِّ شکست١٠ است و نیاز زیرکی بگذار و با گولی١١ بساز

زیرک نمی‌تواند افتاده و نیازمند باشد، این‌ها ضدّ هم‌اَند. با ابلهی بساز.

---

١ - بالایِ استاد: بالادستِ او، مدّعیِ برتری بر او.

٢ - مصراع دوم: اشاره به ارشادِ پیر و دامانِ تربیتِ اوست که پُر از گل‌های معرفت است. «آبْ‌خَورد»: آبشخور، محلّ آب خوردن.

٣ - اشاره به آیهٔ ۴۳/۱۱ سورهٔ هود...

٤ - ...

٥ - ذکاوات و فِطن...   ٦ - رهرو: سالک.

٧ - اشاره به حدیث نبوی با همین مضمون: احادیث، ص ۵۶۲.

٨ - فضل و فُضول: دانشِ ظاهری و مباحثِ حُکَما.

٩ - زیرکی: مُراد زیرکیِ دنیوی است و اینکه فرد خود را زیرک و آگاه بداند که همین پندار سببِ گمراهی است.

١٠ - شکست: شکستگی و افتادگی، تواضع باطنی.

١١ - گولی: ابله بودن، در اینجا ادّعا نداشتن و آمادگیِ پذیرشِ تربیتِ پیر را داشتن، وانمود کردن و باور داشتنِ این نکته که دانشِ ما هرچه که هست در راهِ باطن و تعالی، بال و پری برای پرواز نیست و امدادِ معنوی و روحانیِ استادِ طریقت می‌تواند این بال و پر را بدهد.

۲۳۷۸ زیرکی دان دام بُرد¹ و طَمْع و گاز²   تا چه خواهد، زیرکی را پاک‌باز³

توسطِ زیرکیِ دنیوی حریصانه از تمتّعات بهره‌مند می‌شوند. سالک پاکباز چه نیازی به این زیرکی دارد؟

۲۳۷۹ زیـرکان⁴ بــا صـنعتی⁵ قـانع شـده   ابـلـهان از صُـنع در صـانع شده⁶

مدّعیانِ دانش به جلوه‌فروشی دلخوش‌اَند؛ امّا ساده‌دلان که به این جلوه‌ها اهمّیّتی نمی‌دهند، به خالقِ جلوه‌ها رسیده‌اند.

۲۳۸۰ زآنکه طفلِ خُرد⁷ را مادر نَهار⁸   دست و پا باشد نهاده بر کنار⁹

زیرا همواره مادر، طفلِ خردسال را مراقبت می‌کند و دست و پایِ او می‌شود.

حکایتِ آن سه مسافرِ مسلمان و ترسا و جهود و آن که به مــنزل قُوتی یافتند، و ترسا و جهود سیر بودند، گفتند: این قُوت را فردا خوریم. مسلمان صایم¹⁰ بود، گرسنه ماند از آنکه مغلوب¹¹ بود.¹²

سه مسافر مسلمان و ترسا و جُهود در منزلی فرود آمدند. شخصی حلوایی را به هدیه آورد. شب بود و مسلمانِ روزه‌دار گرسنه؛ امّا آن دو همراهِ سیر به دفع‌الوقت پرداختند تا خوردن حلوا را به صبح موکول کنند و برای استفاده از آن شرطی نهادند مبنی بر آنکه هرکس شب خواب بهتری ببیند، حلوا خاصّ او باشد. صبح، هنگامِ نقلِ خواب هر یک کوشیدند که با نقلِ لطایف و اسرارِ دین خویش برتریِ شریعتِ خود را اثبات کنند و در عینِ حال مطلوب را که

۱- بُرد: اینجا منافع و تمتّعات دنیوی، موقعیت اجتماعی و جاه و مقام و سایر بهره‌ها.
۲- گاز: اینجا بهره‌هایِ مادّی.   ۳- پاک‌باز: سالک پاکباز.   ۴- زیرکان: مدّعیانِ علومِ ظاهری.
۵- صنعت: حرفه، اینجا فخرفروشی به سببِ برخورداری از علم و دانشِ اکتسابی.
۶- مراد آنکه: ساده‌دلانِ بی ادّعا با صفایِ درون به حق می‌رسند و برای آن‌ها مطرح بودن شأنی ندارد.
۷- طفلِ خُرد: آدم‌هایِ ساده‌دل و همچنین اهلِ معنا در برابر حق به نوزادی مانند شده‌اند که از آن‌ها شبانه‌روز مراقبت می‌شود.   ۸- نَهار: روز.
۹- مصراع دوم: مُراد آنکه: مادر دست و پایِ او می‌شود؛ یعنی او را در آغوش به هر سو می‌برد.
۱۰- صایم: روزه‌دار.   ۱۱- مغلوب: اینجا مجبور.
۱۲- مأخذ این قصّه که ظاهراً حکایتی عامیانه است و در امثال اقوام دیگر نیز نظیر دارد، مقالات شمس، ج ۲، ص ۵۴.

حلواست، بیابند. بدین سان جُهود شرح داد که دوش در خواب در پی موسیٰ(ع) به کوه طور رفته و آنجا نغمهٔ «أرِنی»[1] را از پیامبران که همه در رؤیای او در کسوتِ موسیٰ(ع) بوده‌اند، دیده و مشاهده کرده و در این شهود وحدت انبیا را دریافته است. ترسا هم با نقلِ خواب خود گفت: نیم‌شب عیسیٰ(ع) آمد و مرا به آسمان چهارم بُرد و عجایب افلاک را نشانم داد؛ امّا مسلمان مؤمن که می‌دانست آن همه رؤیاها برای حلواست، با لحنی طنزآمیز گفت: دوش رسول خدا(ص) به من گفت: چه نشسته‌ای که یکی از همراهان بر طور است و دیگری بر آسمان چهارم، برخیز و حلوا را دریاب.

هنگامی که همراهان مردِ مسلمان فهمیدند که او نیم‌شب تمامی حلوا را خورده است، تصدیق کردند که خواب او مسلّماً از خواب دیگران ارجح بوده؛ زیرا مسلمان، با خوردن حلوا فرمان رسول(ص) را به جای آورده و اینک سرحال و شاداب است.

این قصّه اعتراضی است به عام خلق که اهل تقلیدند و از اسرار شریعت جز آنچه که به ظواهر مربوط است نمی‌دانند. ظواهر هم در نظر آنان دست‌آویزی است برای نیل به مقاصد دنیوی.

قصّه‌ای[2] همانند آن در فرهنگ عامهٔ مردم ایتالیا نیز نقل می‌شود که در طیّ آن سه مسافر که همگی اهل ولایت «پیه مونتا» هستند، شب هنگام به مهمانسرایی در کوهستان فرود می‌آیند و در می‌یابند که خوردنی برای صبحانه فقط در حدّ کفافِ یک نفر است؛ پس قرار می‌گذارند که شب را بیاسایند و بامدادان هرکس که در خواب سفری طویل‌تر رفته باشد، صبحانه از آن او گردد. بامدادان یکی گفت: خواب دیدم که پرنده‌ای شدم و به مرّیخ رفتم. دومی گفت: ماهی بزرگی شدم و به اعماق اقیانوس رفتم. سومی گفت: یکی از یارانم به مرّیخ رفت و دیگری به اقیانوس و دانستم که آنان به این زودی‌ها باز نمی‌گردند، برخاستم و غذا را خوردم.

همچنین در این قصّه «جهود» و «ترسا» نمادی از «نَفْس و اهریمن»اند که با «مؤمن» که نمادی از خِرَد هم هست، همسفرند و البتّه «خرد» که بر خلاف آن دو، اعتمادی به زیرکی و هنر خود ندارد، در غایت پیروز است.

۲۳۸۱ **یک حکایت بشنو اینجا، ای پسر! تـا نگـردی مُـمْتَحَن[3] انـدر هـنر[4]**

ای پسر، حکایتی را بشنو تا به زیرکی و هنرِ خود اعتماد نکنی و زیان نبینی.

۲۳۸۲ **آن جُـهود و مؤمن و تـرسا مگـر هـمرهی کـردند بـا هـم در سـفر**

روزی یک جهود، یک مسلمان و یک مسیحی در سفری همراه شدند.

۲۳۸۳ **بـا دو گُـمره هـمره آمد مؤمنی چون خِرَد بـا نَفْس و بـا آهـرمنی**

مؤمنی با دو گمراه همراه شد، همان‌گونه که خِرَد با نَفْس و اهریمن همراه است.

---

۱ – اشارتی قرآنی؛ اعراف: ۱۴۳/۷. ۲ – سرّ نی، صص ۳۲۴–۳۲۳، با تلخیص و تصرّف.

۳ – **مُمْتَحَن**: به محنت افتاده. ۴ – **هنر**: اینجا زیرکی و بهره‌مندی از هر فنّ یا هر هنر.

مرغَزی و رازی[۱] افتند از سفر[۲] همره و همسُفره پیشِ همدگر[۳] ۲۳۸۴

در سفر ممکن است کسانی با خُلق و خُویِ متضاد همراه شوند.

در قفص افتند زاغ و جُغد و باز[۴] جفت شد در حبسْ پاک و بی نماز[۵] ۲۳۸۵

گاه زاغ، جغد و باز در یک قفس‌اند، یا آدمِ پاک و ناپاک در کنار هم.

کرده منزل شب به یک کاروانسرا اهلِ شرق و اهلِ غرب و ماوَرا[۶] ۲۳۸۶

شب در کاروانسرایی، اهلِ شرق و غرب و اهلِ ماوراءالنهر با هم منزل می‌کنند.

مانده در کاروانسرا خُرد و شگرف[۷] روزها با هم ز سرما و ز برف ۲۳۸۷

به دلیل وجودِ سرما و برف، کوچک و بزرگ روزها در کاروانسرا می‌مانند.

چون گشاده شد رَه و بگشاد بند بِسْکُلَند[۸] و هر یکی جایی روند ۲۳۸۸

هنگامی که راه باز شود و مانعی نباشد، هر یک به سویی می‌روند.

چون قفص را بشکند شاهِ خِرَد[۹] جمعِ مرغان[۱۰] هر یکی سویی پرد[۱۱] ۲۳۸۹

هنگامی که پروردگار قفسِ تنِ آدمی را بشکند، هر مرغ به سویی پرواز می‌کند.

پَرگشاید پیش از این بر شوق و یاد[۱۲] در هوایِ جنسِ خود، سویِ مَعاد[۱۳] ۲۳۹۰

پیش از این هم در هوایِ همجنسِ خود مشتاقانه با یادِ بازگشت به اصل پر می‌گشود.

پَر گشاید هر دمی با اشک و آه لیک پرّیدن ندارد رُوی و راه ۲۳۹۱

هر لحظه با اشک و آه پر می‌گشود، امّا راهی برای پرواز نبود.

راه شد، هر یک پَرَد مانندِ باد سویِ آن کز یادِ آن پر می‌گشاد ۲۳۹۲

چون راه باز شود، هر یک مانند باد به جایی که به یادش بال می‌گشود، پرواز می‌کند.

---

۱ - **مرغَزی و رازی :** مروزی و رازی، اهلِ مرو و اهلِ ری، مُراد دو کس یا دو چیز دور از هم و نامتجانس است.

۲ - **از سفر :** در سفر یا به سبب سفر. ۳ - این ابیات در شرحِ عدمِ تجانس است.

۴ - پرنده‌هایی که با هم همجنس نیستند. ۵ - انسان‌هایی که با هم تخالف و تضاد دارند.

۶ - مُراد آنکه: کسی که اهلِ شرقِ عالم است در کنار آن کس که اهلِ غرب است و فرد دیگری که اهل میانه «ماوراءُالنهر» است و نه شرقی و نه غربی است، یک‌جا منزل می‌کنند. این سخنان در بیانِ وجود عناصرِ ناهمجنس در «تنِ» آدمی است. ۷ - **خُرد و شگرف :** کوچک و بزرگ. ۸ - **بِسْکُلَند :** جدا می‌شوند.

۹ - **شاهِ خِرَد :** خداوند، پروردگار. ۱۰ - **جمع مرغان :** اینجا جان‌هایِ انسان‌ها.

۱۱ - سخن از عدم تجانس یا همجنس نبودنِ جانَ آدمیان است که مراتب متعدّدی دارند.

۱۲ - **بر شوق و یاد :** مشتاقانه و با یاد. ۱۳ - **معاد :** بازگشت.

آن طــرف کــه بــود اشک و آهِ او   چونکه فرصت یافت، بـاشد راهِ او ۲۳۹۳

فرصتی که بیابد، به راهی که برایِ آن اشک و آه داشت، می‌رود.

در تنِ خود بنگر، این اجـزایِ تــن   از کــجاها گِــرد آمــد در بــدن؟[1] ۲۳۹۴

تنِ خود را بنگر، اجزایِ آن از کجاها جمع شده‌اند؟

آبــی و خــاکــی و بــادی و آتشــی[2] **   عرشی و فرشی**[3] **و رومی و کَشــی**[4] ۲۳۹۵

«آبی، خاکی، بادی و آتشی»، «روحانی و مادّی»، و «غربی و شرقی» یک‌جا گِرد آمده‌اند.

از امیدِ عَود هـر یک بسته طَـرْف[5] **   انـدر ایـن کـاروانسـرا از بـیمِ بـرف** ۲۳۹۶

هر یک امیدوار است که باز گردد و اینک از ترسِ برف در این کاروانسرا مانده است.

برفِ[6] **گوناگون، جُمودِ هـر جَـماد**[7] **   در شِـتایِ بُـعدِ**[8] **آن خـورشیدِ داد**[9] ۲۳۹۷

ما در زندگیِ دنیوی و دوری از حق، با دلبستگی به دنیا افسرده و منجمد شده‌ایم.

چون بتابد تَفِّ[10] **آن خورشیدِ خشم**[11] **   کـوه، گـردد گـاه ریگ و گـاه پشـم**[12] ۲۳۹۸

امّا هنگامی که خورشیدِ قهرِ حق بتابد، این هستیِ ظاهریِ منجمد را آب می‌کند.

در گُــداز آیــد جــماداتِ گــران   چون گُدازِ تن[13] **به وقتِ نقلِ جـان** ۲۳۹۹

همان‌گونه که بدن هنگامِ جدا شدنِ روح آب می‌شود، جماداتِ عظیم هم تحلیل می‌روند و آب می‌شوند.

---

۱ - مُراد آنکه: اجزای پدید آورندهٔ این قالبِ خاکیِ تن نیز همگون و همجنس نیستند. دارای عدمِ تجانس‌اند.

۲ - اشاره به عناصر اربعه: برخی از عناصر موجود در تن منسوب به آب، خاک، باد و یـا آتش‌انـد؛ یـعنی هـمگون نیستند، نامتجانس‌اند.   ۳ - **عرشی و فرشی** : غیر مادّی و مادّی «آسمانی و زمینی».

۴ - **رومی و کَشی** : «غـربی و شـرقی» مـانند «مـروزی و رازی». «روم» در غـرب و «کَش» شـهری در شـرق و در ماوراءُالنّهر. مُراد چیزهای دور از هم است.

۵ - مصراع اوّل: هر یک بهره‌ای از امید دارد و «طرْفی» بسته است که بتواند بازگردد و به اصلِ خود بپیوندد. اجزایِ تشکیل دهندهٔ جسم آدمی به مسافران کاروانسرا مانند شده‌اند.

۶ - **برف** : اینجا کنایه از دلبستگیِ دنیوی که می‌تواند جاه و مال و یا هر چیزی باشد.

۷ - **جُمودِ هر جماد** : اینجا مُراد افسردگی یا یخ‌زدگیِ وجودِ ما به سببِ بُعد و دوری از حق و تعلّقِ خاطر به امور دنیوی است؛ زیرا هر یک به چیزی و یا کسی دلبسته‌ایم.

۸ - **شِتایِ بُعد** : زمستانِ دوری، دوری یا بُعد از حقیقتِ هستی به زمستانی سرد مانند شده است.

۹ - **خورشیدِ داد** : خورشیدِ عدالت، پروردگار.   ۱۰ - **تَف** : حرارت و گرما.

۱۱ - **خورشیدِ خشم** : خورشیدِ قهرِ حق که هستیِ ظاهری را آب می‌کند.

۱۲ - اشارتی قرآنی؛ قارعه: ۵/۱۰۱: کوه‌ها چون پشم زده شده باشد. همچنین: واقعه: ۵/۵۶: کوه‌ها کـاملاً مـتلاشی شوند. [که در ارتباط است با حوادث قیامت.]   ۱۳ - **گُدازِ تن** : به تحلیل رفتنِ تن.

چون رسیدند این سه همره منزلی[۱] هـــدیه‌شان آورد حـــلوا، مُـقْبِلی[۲] ۲۴۰۰

چون این سه همراه به منزلگاهی رسیدند، شخصِ نیکوکاری حلوایی به‌رسمِ هدیه آورد.

بُرد حلوا پیشِ آن هر سه غـریب مُـحسنی از مـطبخِ اِنّـیِ قَـریب[۳] ۲۴۰۱

به اشارتِ حق، حلوا را نزدِ آن سه مسافر برد.

نانِ گـرم و صـحنِ[۴] حـلوایِ عسـل بُـرد آنکـه در ثـوابش بـود اَمَـل[۵] ۲۴۰۲

آن شخصِ آرزومندِ ثواب، نانِ گرم و بشقابی بزرگ پر از حلوا را پیشِ آنان بُرد.

اَلْکِـیاسَه وَ اْلأَدَبْ لاَهْـلِ اْلْمَدَر[۶] اَلضِّـیافه وَ اْلقِـری لاَهْـلِ اْلْـوَبَر[۷] ۲۴۰۳

هوشیاری و ادب خاصّ شهرنشینان و مهمان‌نوازی از ویژگیِ روستاییان است.

اَلضِّـــیافه لِـــلغَریبِ وَ اْلْــقِریٰ أَوْدَعَ الرَّحْــمٰنُ فِــی أَهْلِ اْلقُـریٰ[۸] ۲۴۰۴

خداوند بخشنده، غریبه‌نوازی و پذیرایی از آنان را خصلتِ روستاییان قرار داده است.

کُلَّ یَوْمٍ فِی اْلقُریٰ ضَـیْفٌ حَـدیث مٰـــا لَهُ غَــیْرُ اْلاِلٰــهِ مِــنْ مُــغیث ۲۴۰۵

هر روز میهمان جدیدی به روستا می‌آید که جز خدا یار و یاوری ندارد.

کُــلَّ لَـیْلٍ فِـی اْلقُـریٰ وَفْـدٌ جَـدیدْ مٰــا لَـهُمْ ثَــمَّ سِــوَی اللهِ مــجید ۲۴۰۶

هر شب هم میهمان تازه‌ای به روستا می‌رسد که در آنجا پناهی جز خدا ندارد.

تُخمه[۹] بودند آن دو بیگانه[۱۰] ز خَور[۱۱] بـود صـایم[۱۲] روز، آن مـؤمن[۱۳] مگـر ۲۴۰۷

ترسا و یهود از پُرخوری سوء هاضمه داشتند؛ امّا از قضا مسلمان روزه بود.

چون نمازِ شام[۱۴]، آن حلوا رسـید بود مؤمن مانده در جـوع[۱۵] شـدید ۲۴۰۸

غروب که آن حلوا رسید، مسلمان به شدّت گرسنه بود.

---

۱ - **منزل** : منزلگاه. ۲ - **مُقْبِل** : دارای بخت و اقبال، کسی که اقبالِ برخورداری از ایمان و احسان را دارد.

۳ - **اِنّیِ قَریب** : همانا من نزدیکم: بقره: ۱۸۶/۲: اِنّی قَریبٌ اُجیبُ دعوةالدّاع. [از مطبخِ اِنّیِ قَریب: مُراد آنکه: این کار به اشارت حق بود.] ۴ - **صحن** : سینی یا بشقابِ بزرگ. ۵ - کسی که آرزومندِ رسیدنِ به ثواب بود.

۶ - زیرکی و ادب مخصوصِ مردم شهرهاست. ۷ - پذیرایی و غریبه‌نوازی کارِ روستاییان است.

۸ - پذیرایی و غریب‌نوازی را خداوند خُوی روستاییان قرار داده است؛ زیرا میهمانانِ روستاها و بادیه‌ها غریب‌اند و نیازمندِ توجّه و رسیدگی، و البتّه خداوند یاور درماندگان و نیازمندان است. ۹ - **تُخمه** : اِمتلاء معده.

۱۰ - **دو بیگانه** : ترسا و یهود. ۱۱ - **ز خَور** : از خوراک. ۱۲ - **صایم** : روزه‌دار.

۱۳ - **مؤمن** : مسلمان. ۱۴ - **نمازِ شام** : هنگامِ نماز مغرب. ۱۵ - **جوع** : گرسنگی.

آن دو کس گفتند: ما از خور پُریم امشبش بِنْهیم و فردایَش خوریم ۲۴۰۹

آن دو گفتند: ما سیر هستیم. حلوا را امشب می‌گذاریم و فردا می‌خوریم.

صبر گیریم، امشب از خور تن زنیم[1] بهرِ فردا لوت[2] را پنهان کنیم ۲۴۱۰

امشب صبر می‌کنیم و نمی‌خوریم. آن را تا فردا پنهان می‌کنیم.

گفت مؤمن: امشب این خورده شود صبر را بِنْهیم تا فردا بُوَد ۲۴۱۱

مسلمان گفت: امشب بخوریم و صبر بمانَد برای فردا.

پس بدو گفتند: زین حِکمتْ‌گری[3] قصدِ تو آن است تا تنها خوری ۲۴۱۲

آنان گفتند: قصدِ تو از فلسفه‌بافی آن است که حلوا را تنها بخوری.

گفت: ای یاران نه که ما سه تن‌ایم؟ چون خلاف افتاد[4]، تا قسمت کنیم[5] ۲۴۱۳

مسلمان گفت: دوستان، ما سه نفر هستیم که اختلاف داریم، بیایید آن را تقسیم کنیم.

هر که خواهد، قِسْمِ خود بر جان زند[6] هر که خواهد، قِسمِ خود پنهان کند ۲۴۱۴

هر که خواست بخورد و هر که خواست نگاه دارد.

آن دو گفتندش: ز قسمت درگذر گوش کن قَسّامُ فی آلنّار، از خبر[7] ۲۴۱۵

آن دو گفتند: از تقسیم کردن بگذر، به حدیث: «قسمت‌کننده در آتش است»، گوش کن.

گفت: قَسّام آن بُوَد کو خویش را کرد قسمت بر هوا و بر خدا ۲۴۱۶

مسلمان گفت: قسمت کننده کسی است که هستیِ خود را میانِ هوا و خدا تقسیم کند.

مُلکِ حقّ و جمله قِسمِ اوستی[8] قِسمْ دیگر را دهی،[9] دوگو[10] ستی ۲۴۱۷

هستیِ تو متعلّق به خداست، اگر آن را به دیگری بدهی، مُشرکی.

این اَسَد[11] غالب شدی هم بر سگان[12] گر نبودی نوبتِ آن بَدرَگان[13] ۲۴۱۸

اگر تقدیر چنین نبود، البتّه مسلمان بر آن فرومایگان چیره می شد.

---

۱ – **تن زنیم :** خودداری می‌کنیم. ۲ – **لوت :** غذا.

۳ – **حکمتْ‌گری :** فلسفه‌بافی: همین که مسلمان گفته بود: حلوا را امشب بخوریم و صبر بمانَد برای فردا.

۴ – **خلاف افتاد :** اختلاف داریم. ۵ – تقسیم کنیم. ۶ – **بر جان زَنَد :** بخورد.

۷ – اشاره به روایتی که می‌گوید: تقسیم کننده معمولاً وسوسه می‌شود و سوء استفاده می‌کند: احادیث، ص ۵۶۳.

۸ – مصراع اوّل: مُراد تمام هستیِ توست که متعلّق به حق است. ۹ – اگر بخشی را به دیگری اختصاص دهی.

۱۰ – **دوگو :** مُشرک. ۱۱ – **این اَسَد :** مُراد مسلمان است. ۱۲ – **سگان :** مُراد همراهانِ بدسرشت است.

۱۳ – **نوبتِ آنان بودن :** دورِ آنان بودن، مُراد تقدیر است. «بدرگان»: بدسرشتان یا فرومایگان.

این اسد گر بود غالب بر بُقور[1] نوبتِ گاوان بُد آن و گاوْ زور ۲۴۱۹

هرچند که مسلمان می‌توانست چیره شود؛ امّا دور، دورِ گاوصفتانِ قُلْدُر بود.

قصدشان آن کآن مسلمان غم خورد شب بر او در بی‌نوایی بگذرد[2] ۲۴۲۰

قصد آنان این بود که مسلمان غمگین شود و شب را گرسنه بماند.

بود مغلوب او به تسلیم و رضا[3] گفت: سَمْعاً طاعَةً،[4] اَصْحابَنا! ۲۴۲۱

او به سببِ «تسلیم و رضا»یِ باطنی، گفت: ای یاران، شنیدم و پذیرفتم.

پس بخفتند آن شب و برخاستند بامدادان خویش را آراستند ۲۴۲۲

پس شب را خوابیدند و صبح برخاستند و خود را آراستند.

روی شُستند و دهان، و هر یکی داشت اندر وِردْ راه و مسلکی ۲۴۲۳

روی و دهان را شستند و هر یک ورد و دعایِ مذهبیِ خود را به‌جا آوردند.

یک زمانی هر کسی آورد رُو سویِ وِردِ خویش، از حق فضلْ‌جو ۲۴۲۴

هر کس مدّتی با دعایِ مخصوص، خود جویایِ فضل حق شد.

مؤمن و ترسا، جهود و گبر[5] و مُغ[6] جمله را رُو سویِ آن سلطان اُلُغ[7] ۲۴۲۵

مسلمان، مسیحی، یهودی، کافِر و مُغ همه به درگاه او روی می‌آورند.

بلکه سنگ و خاک و کوه و آب را هست واگشتِ نهانی[8] با خدا ۲۴۲۶

بلکه سنگ، خاک، کوه و آب هم او را می‌ستایند.

این سخن پایان ندارد، هر سه یار رو به هم کردند آن دم یارْوار ۲۴۲۷

این سخنان را پایانی نیست، در آن لحظه، سه همراه روی به یک‌دیگر کردند.

---

۱ - **بُقور:** جمع بَقَره: گاو، اینجا گاوصفت، بسیار نفهم و قُلْدُر. ۲ - شب گرسنه بمانَد.

۳ - مُراد آنکه: مسلمان تسلیمِ امرِ خدا و راضی به رضایِ او بود؛ پس جَدَل نکرد و پذیرفت.

۴ - شنیدم و می‌پذیرم یا اطاعت می‌کنم. ۵ - **گَبر:** مطلق کافر. ۶ - **مُغ:** روحانیِ زردشتی.

۷ - **سلطانِ اُلُغ:** سلطان بزرگ و شکوهمند، پروردگار. «اُلُغ»: به معنیِ «اولو»: بزرگ، ترکی است.

۸ - **واگشتِ نهانی:** ارتباطی نهانی. هر چه در عالمِ امکان هست از حق تعالیٰ هستی یافته و در سیطرهٔ قدرتِ غالبِ خداوند است.

آن یکی گفتاکه: هر یک خوابِ خویش   آنچه دید او دوش، گو آور به پیش ۲۴۲۸

یکی از آنان گفت: هر کس خوابِ دیشبِ خود را تعریف کند.

هر که خوابش بهتر، این را او خورَد   قسم هر مفضول[1] را اَفْضل[2] بَرَد ۲۴۲۹

هر کس خوابِ بهتری دید، با برتریِ معنوی، تمام حلوا مالِ اوست.

آنکه اندر عقل بالاتر رود   خوردنِ او خوردنِ جمله بُوَد ۲۴۳۰

آن کس که عقلِ برتری دارد، خوردنَش خوردن همه است.

فوق آمد جانِ پُر انوارِ او   باقیان را بس بُوَد تیمارِ او[3] ۲۴۳۱

چون جانِ پُر نورِ او برتر از همه است، مراقبت از وی برای بقیّه کافی است.

عاقلان را چون بقا آمد اَبَد   پس به معنی این جهان باقی بُوَد[4] ۲۴۳۲

کاملان با اتّصال به عقلِ کُلّ جاودانه شده‌اند؛ پس جهان هم در وجودِ آنان ابدی شده است.

پس جُهود آورد آنچه دیده بود   تا کجا شب روحِ او گردیده بود! ۲۴۳۳

یهودی خوابِ خود را بازگفت که روحش در شب تا کجا رفته بوده است.

گفت در رَهْ موسی‌اَم آمد به پیش   گُربه بیند دنبهْ اندر خوابِ خویش ۲۴۳۴

گفت: در راه، موسیٰ(ع) را دیدم. آری، گربه در خواب دنبه می‌بیند.

در پیِ موسی شدم تا کوهِ طور   هر سه‌مان گشتیم ناپیدا ز نور[5] ۲۴۳۵

در پیِ او به کوهِ طور رفتم. من، موسیٰ(ع) و طور غرقِ نور شدیم.

هر سه سایه محو شد زآن آفتاب[6]   بعد از آن زآن نور شد یک فتحِ باب[7] ۲۴۳۶

از تجلیّات حق هستیِ صوری ما محو شد و دری به عالمِ غیب گشوده گردید.

---

۱ - **مَفْضول :** فرودست، آن کس که در مرتبهٔ پایین‌تری هست، اینجا از نظر شأنِ معنوی و روحانی.

۲ - **اَفْضَل :** برتر، فاضل‌تر.

۳ - مُراد آنکه: توجّه و مراقبت از او کارِ عظیمی است که برای دیگران نهایتِ عنایت و مرحمت است.

۴ - «انسان کامل» زُبدهٔ هستی است و در واقع همان عالَمِ اکبر است به نحو اجمال؛ پس هنگامی که زُبدهٔ عالمِ امکان اَبَدی می‌شود، همه چیز اَبَدی شده است در وجودِ او.

۵ - مُراد آنکه: هستیِ صوری همهٔ ما: من، موسیٰ(ع) و طور در نورِ حق گُم شد؛ یعنی در آن نور محو شدیم.

۶ - **زآن آفتاب :** از آن تجلیّات.   ۷ - **فتحِ باب :** دری به عالمِ غیب گشوده شدن، ادراک عالمِ غیب.

نورِ دیگر[۱] از دلِ آن نور رُست   پس ترقّی جُست[۲] آن ثانیش چُست[۳] ۲۴۳۷

از درون آن نور، نور دیگری متجلّی شد که به سرعت بالید و بزرگ‌تر شد.

هم من و هم موسی و هم کوهِ طور   هر سه گُم گشتیم زآن اشراقِ نور ۲۴۳۸

من، موسیٰ(ع) و طور در آن تجلّی گُم شدیم.

بعد از آن دیدم که کُه سه شاخ[۴] شد   چونکه نورِ حق در او نَفّاخ[۵] شد ۲۴۳۹

بعد از آن، کوه سه پاره شد، چون نورِ حق بر او متجلّی شده بود.

وصفِ هیبت[۶] چون تجلّی زد بر او   می‌سُکُست[۷] از هم، همی شد سو به سو ۲۴۴۰

چون صفتِ شکوهِ حق بر طور متجلّی شد، از هم گسیخت و هر پاره به سویی رفت.

آن یکی شاخی که آمد سوی یَمْ   گشت شیرین آبِ تلخ همچو سَم ۲۴۴۱

تکّه‌ای که به سوی دریا رفت، آب تلخِ زهرآگین را شیرین کرد.

آن یکی شاخش فرو شُد در زمین   چشمهٔ دارو برون آمد مَعین ۲۴۴۲

پاره‌ای به زمین فرو رفت و چشمه‌ای درمانگر و خوشگوار جوشید.

که شفایِ جمله رنجوران شد آب   از همایونیِّ[۸] وَحیِ مستطاب[۹] ۲۴۴۳

آبی که به برکتِ خطاب الهی و تجلّی حق بر طور، مایهٔ شفای بیماران بود.

آن یکی شاخ دگر، پرّید زود   تا جوارِ کعبه، که عَرْفات بود ۲۴۴۴

پاره‌ای دیگر هم جهید و در نزدیکی کعبه در صحرایِ عرفات جای گرفت.

باز از آن صَعْقه[۱۰] چو با خود آمدم   طور بر جا بُد، نه افزون و نه کم ۲۴۴۵

چون به خود آمدم، طور را بر جای دیدم، نه بیش و نه کم، همچنان که بود.

لیک زیرِ پایِ موسی همچو یخ   می‌گُدازید او، نماندش شاخ[۱۱] و شَخ[۱۲] ۲۴۴۶

امّا در زیرِ پایِ موسیٰ(ع) چون یخ آب می شد، عاقبت نه کوهی ماند و نه تپّه‌ای.

---

۱ - **نورِ دیگر :** مُراد نورِ ذات است. ۲ - **ترقّی جُست :** بالید یا رشد کرد.

۳ - **چُست :** به سرعت، به شتاب. ۴ - **سه شاخ :** سه تکّه، سه پاره.

۵ - **نَفّاخ :** دمنده، اینجا مُراد متجلّی شدن انوار است. ۶ - **وصفِ هیبت :** صفتِ هیبت و شکوه حق.

۷ - **می سُکُست :** جدا می‌شد. ۸ - **از همایونی :** از خجستگی.

۹ - **وحیِ مستطاب :** خطاب و تجلّیِ حق، اینجا توجّه و تجلّیِ حق. ۱۰ - **صَعْقه :** بیهوشی.

۱۱ - **شاخ :** اینجا پاره یا بخشی از کوه. ۱۲ - **شَخ :** کوه. «شاخ و شخ»: سه پارهٔ کوه.

با زمین هموار شد کُهْ از نهیب[1]   گشت بالایش از آن هیبت[2] نشیب ۲۴۴۷

از عظمت انوارِ حق کوه با زمین برابر شد و از شکوهِ الهی بلندی‌اش پست گردید.

باز با خود آمدم زآن انتشار[3]   باز دیدم طور و موسی برقرار ۲۴۴۸

چون از آن گیجی و بیهوشی به خود آمدم، طور و موسیٰ(ع) را در جایِ خود دیدم.

و آن بیابان سر به سر در ذیلِ کوه[4]   پُر خلایق، شکلِ موسی در وُجوه[5] ۲۴۴۹

دیدم که دامنهٔ کوه و بیابان پُر از کسانی است که صورت‌شان شبیه موسیٰ(ع) است.

چون عصا و خرقهٔ او خرقه‌شان   جمله سویِ طور، خوش دامن‌کشان ۲۴۵۰

همگی عصا و خرقه‌شان شبیه موسیٰ(ع) بود و شادمان به سوی طور می‌خرامیدند.

جمله کف‌ها در دعا افراخته   نغمهٔ اَرْنی[6] به هم در ساخته ۲۴۵۱

همه دست به دعا برداشته و نغمهٔ «خود را به من نشان بده»، ساز کرده‌اند.

باز آن غِشْیان[7] چو از من رفت، زود   صورتِ هر یک دگرگونم نمود ۲۴۵۲

چون آن حالتِ بیهوشی برطرف شد، چهرهٔ هر یک را طور دیگری دیدم.

انبیا بودند ایشان، اهلِ وُدّ   اتّحادِ انبیاأم فهم شد[8] ۲۴۵۳

متوجّه شدم که پیامبران‌اند، اهلِ محبّت، آنجا وحدتِ روحانی و معنویِ آن‌ها را فهمیدم.

باز اَملاکی[9] همی دیدم شگرف   صورتِ ایشان[10] بُد از اَجرامِ برف[11] ۲۴۵۴

فرشتگان عظیمی را دیدم که هیئت ظاهری‌شان از برف بود.

---

۱ - **نهیب :** ترس، اینجا عظمت تجلّی.   ۲ - **هیبت :** هیبت و شکوهِ تجلیّات.

۳ - **انتشار :** پراکندگی، اینجا گیجی یا بیهوشی.   ۴ - **در ذیلِ کوه :** دامنهٔ کوه.

۵ - **در وُجوه :** در صورت، صورتِ آنان.

۶ - اشارتی قرآنی؛ اعراف: ۱۴۳/۷.

موسیٰ(ع) از خداوند تقاضای دیدارکرد و پروردگار فرمود: هرگز نمی‌بینی. [مراد آنکه: به مقامِ شهود نرسیده‌ای.]

۷ - **غِشیان :** غَشْیْ: از خود بی‌خود شدن، بیهوشی.

۸ - مُراد آنکه: به سببِ وحدتِ معنوی و روحانیِ آنان بود که همه را به شکل موسیٰ(ع) دیده بودم. «اهلِ وُدّ»، اهلِ محبّتِ حق.   ۹ - **اَملاک :** فرشتگان.   ۱۰ - **صورتِ ایشان :** اینجا هیئت ظاهری.

۱۱ - **از اجرامِ برف :** از ذرّات برف، از برف.

حلقهٔ دیگر[۱] ملایک مُسْتَعین[۲] صورتِ ایشان به جمله آتشین[۳] ۲۴۵۵

گروه دیگری از فرشتگان بودند که از حق یاری می‌خواستند و هیأتی آتشین داشتند.

زین نَسَق[۴] می‌گفت آن شخصِ جهود بس جهودی، کآخرش محمود بود[۵] ۲۴۵۶

به این ترتیب آن یهودی سخن می‌گفت. ای بسا جُهودی که عاقبت مقبول درگاه حق شود.

هیچ کافر را به خواری منگرید که مسلمان مُردنش، باشد اُمید[۶] ۲۴۵۷

هیچ کافری را به خواری ننگرید؛ زیرا ممکن است مسلمان بمیرد.

چه خبر داری ز ختمِ عُمْرِ او تا بگردانی از او یکباره رو؟ ۲۴۵۸

از سرانجامِ زندگی‌اش چه خبر داری که یک‌باره از او روی‌گردان می‌شوی؟

بعد از آن ترسا در آمد در کلام که: مسیحم رُو نمود اندر مَنام[۷] ۲۴۵۹

بعد از آن، مسیحی گفت: در خواب مسیح(ع) را دیدم.

من شدم با او به چارم آسمان مرکز و مَثْوایِ[۸] خورشیدِ جهان ۲۴۶۰

با او به آسمانِ چهارم که جایگاه خورشید است، رفتم.

خود عَجَب‌هایِ قِلاع[۹] آسمان نسبتش نَبْوَد به آیاتِ[۱۰] جهان[۱۱] ۲۴۶۱

عجایبِ طبقاتِ آسمان قابلِ مقایسه با مخلوقات این جهانی نیست.

هر کسی دانند ای فخرُالبَنین[۱۲]! که فزون باشد فنِ[۱۳] چرخ از زمین ۲۴۶۲

ای مایهٔ فخر بنی‌اسرائیل، همه می‌دانند که شأنِ آسمان از زمین بیشتر است.

---

۱ - **حلقهٔ دیگر**: گروه دیگر. ۲ - **مُسْتَعین**: یاری خواهنده از حق.

۳ - در اخبار و روایات مربوط به معراج نیز آورده‌اند که پیامبر(ص) فرشتگانی از برف یا آتش را دیده است: شرح مثنوی مولوی، ج ۶، ص ۲۱۵۶. ۴ - **زین نَسَق**: به این ترتیب.

۵ - **آخرش محمود بود**: سرانجامی نیک یافت، مقبول حق شد.

۶ - اشاره به روایتی با همین مضمون که سرانجام هیچ کس را کسی جز خدا نمی‌داند.

۷ - **مَنام**: خواب. بنا بر روایات و منابع اسلامی عیسیٰ(ع) در آسمانِ چهارم است. ۸ - **مَثویٰ**: جایگاه.

۹ - **قِلاع**: جمع قلعه: دژ، اینجا مُراد افلاک و طبقات آسمان است.

۱۰ - **آیاتِ جهان**: آثار مصنوعِ این جهانی، مخلوقات این عالم.

۱۱ - مردِ ترسا به جهت آنکه رؤیایش برتر از رؤیای یهودی باشد، ماجرای خواب را به آسمان برده است.

۱۲ - **فخرُالبنین**: فخر بنی‌اسرائیل. بنین: تداعی کنندهٔ بنی‌اسرائیل است؛ زیرا ترسا خطاب به یهودی سخن می‌گوید.

۱۳ - **فن**: هنر، اینجا شأن یا ارج.

مُراد مرد ترسا آن است که بگوید: چون آسمان از زمین برتر است؛ پس هر چه در آسمان رخ می‌دهد به آنچه که در زمین رخ داده است، برتری دارد. و در واقع می‌خواهد خود و رؤیای خود را برتری ببخشد.

حکایتِ اشتر و گاو و قُچ که در راه بندِ گیاه یافتند، هر یکی می‌گفت: من خورم

شتر، گاو و قوچ در راهی «بندِگیاهی» یافتند و قرار شد این گیاهِ مختصر از آن کسی باشد که عمر بیشتری دارد. قوچ گفت: چنان کهنسالم که با قوچِ مذبوح ابراهیم(ع) در یک چراگاه چریده‌ام. گاو گفت: من جفتِ گاوی‌ام که آدم(ع) با ما زمین را شخم می‌زد. شتر بی‌آنکه سخنی بگوید: دستهٔ علف را خورد و گفت: جسم عظیم و گردنِ طویل گواهِ کلانی و قدمتِ من است، **«که: مرا خود حاجت تاریخ نیست»**.

مشابه این قصّه در سندبادنامه و نثرالدّرر نیز هست. در سندبادنامه شتر با گرگ و روباه، در نثرالدّرر با خرگوش و روباه همراه است.

گاو و قوچ نمادی از «اهل قال»اند و شتر نمادی از «اهل حال».

۲۴۶۳ **اُشتر و گاو و قُچی در پیشِ راه   یافتند اندر رَوِش[۱] بندی گیاه[۲]**

شتری، گاوی و قوچی با هم می‌رفتند، در راه دسته‌ای علف یافتند.

۲۴۶۴ **گفت قُچ: بخش ار کنیم این را یقین   هیچ کس از ما نگردد سیر از این**

قوچ گفت: اگر این علف را تقسیم کنیم، هیچ یک سیر نخواهیم شد.

۲۴۶۵ **لیک عُمْرِ هر که باشد بیشتر   این علف اوراست اَوْلیٰ، گو بِخَور**

امّا، عمر هر یک که بیشتر باشد، این علف شایستهٔ اوست که بخورد.

۲۴۶۶ **که: اکابر[۳] را مقدّم داشتن   آمده است از مصطفی اندر سُنَن**

زیرا در سنّتِ پیامبر(ص) آمده است که باید بزرگان را مقدّم داشت.

۲۴۶۷ **گرچه پیران را در این دورِ لئام[۴]   در دو موضع پیش می‌دارند عام**

هرچند که در این روزگارِ قدرتِ فرومایگان، پیران در دو جا مقدم‌اند،

۲۴۶۸ **یا در آن لوتی که آن سوزان بُوَد   یا بر آن پُل کز خلل ویران بُوَد**

برای خوردن غذایِ داغ یا عبور از پلِ شکسته.

---

۱ - **اندر روش:** در حالِ رفتن. ۲ - **بندی گیاه:** بندِ گیاه: یک بسته علف، بستهٔ گیاه.

۳ - **اکابر:** جمع اکبر: بزرگ. ۴ - **دورِ لئام:** دوران قدرتِ مردم فرومایه.

خدمتِ[1] شیخی، بزرگی، قایدی[2] — عام نارَد بی قرینهٔ فاسدی[3] ۲۴۶۹

مردمِ پست بدون غَرَض یا منافعِ شخصی به پیران کمک نمی‌کنند و احترام نمی‌گذارند.

خیرشان این است، چه‌بُوَد شرّشان؟ — قُبح‌شان[4] را باز دان از فَرّشان[5] ۲۴۷۰

خیرشان که این است، شرّشان چیست؟ بدی‌شان را از نیکی‌شان قیاس کن.

مَثَل

پادشاهی برای نماز به مسجد جامع می‌رفت. خیلِ[6] نقیبان[7] و چوبداران[8] به جهت دورباش خلق را می‌زدند. سر یکی را می‌شکستند و پیراهن دیگری را می‌دریدند. در این میانه بیدلی شوریده با حالی زار و سری خون‌چکان از ضربهٔ چوب عوانان[9]، رو به شاه گفت: خیرت که این است، شرّت چیست؟

این لطیفه تصویری است از بیان حال ارباب قدرت، و ستمی که همواره از ایشان بر خلق رفته است و طنزی است انتقادی که قدرتمندان خیرشان که این است، شرّشان چیست؟

سویِ جامع می‌شد آن یک شهریار — خلق را می‌زد نقیب و چوبدار ۲۴۷۱

شاهی به مسجدِ جامع می‌رفت. محافظان و چماق‌داران خلق را می‌زدند و دور می‌کردند.

آن یکی را سر شکستی چوب‌زن — و آن دگر را بردَریدی پیرهن ۲۴۷۲

سرِ یکی را می‌شکستند و پیراهن دیگری را می‌دریدند.

در میانه بی‌دلی[10] دَه چوب خَورد — بی‌گناهی، که: برو از راه بَرْد[11] ۲۴۷۳

در این میان، فقیرِ بی‌گناهی ده چوب خورد که از راه دور شو.

---

۱ - **خدمت :** تعهّد و تیمار، نیکوخدمتی، مراقبت و دلسوزی. ۲ - **قاید :** راهنما.
۳ - **قرینهٔ فاسد :** غَرَضِ خاصّ که در آن منافع شخصی باشد. ۴ - **قُبح :** زشتی، ضدِّ حُسن.
۵ - **فَرّ :** خوبی، اینجا صفاتِ خوب. ۶ - **خیل :** گروه، دسته.
۷ - **نقیبان :** جمع نقیب: سرکردهٔ گروهی از مأموران، اینجا مأموران محافظ.
۸ - **چوبدار :** چماق‌دار، محافظانِ چماق‌دار.
۹ - **عوانان :** جمع عوان: مأمور حکومتی و دیوانیِ سخت‌گیر که معمولاً مردم‌آزار هم بوده‌اند.
۱۰ - **بی‌دل :** عاشق، اینجا فقیر یا بینوا. ۱۱ - **از راه بَرْد :** از راه دور شو.

خونْ‌چکان رُو کرد با شاه و بگفت ظلمِ ظاهر بین، چه پرسی از نهفت؟ ۲۴۷۴

خون از سر و رویش می‌چکید، به شاه گفت: ستم آشکار را ببین، از ستمِ نهان چه بگویم؟

خیرِ تو این است، جامع[1] می‌روی تا چه باشد شرّ و وِزْرت[2]، ای غَوی[3]؟ ۲۴۷۵

ای گمراه، خیر تو که به مسجد می‌روی، این است، شرّت چه می‌تواند باشد؟!

یک سلامی نشنود پیر از خسی تا نپیچد[4] عاقبت از وی بسی ۲۴۷۶

پیر از آدمِ فرومایه سلامی نمی‌شنود که در پیِ آن رنج و ستمی نباشد.

گرگ دریابد وَلی را بِهْ بُوَد زانکه دریابد وَلی را نَفْسِ بد[5] ۲۴۷۷

اگر گرگ آدمِ نیکی را بدَرَد، بهتر است از آنکه گرفتار آدمِ گرگ‌صفت شود.

زانکه گرگ اَرْچه که بس استمگری‌ست[6] لیکش آن فرهنگ[7] و کید و مکر[8] نیست ۲۴۷۸

زیرا علی‌رغمِ آنکه گرگ درنده است، حیله‌گری و مکّاری انسان را ندارد.

ورنه کی اندر فُتادی او به دام؟ مکر اندر آدمی باشد تمام ۲۴۷۹

وگرنه به دام نمی‌افتاد. کمالِ نیرنگ را آدمی دارد.

گفت قُچ با گاو و اُشتر: ای رِفاق[9]! چون چنین افتاد ما را اتّفاق ۲۴۸۰

قوچ به گاو و شتر گفت: ای رفقا، حالا که این اتّفاقِ خوب برایِ ما افتاد،

هر یکی تاریخِ عمر اِبدا کُنید[10] پیرتر اَوْلیٰ[11]ست، باقی تن زنید[12] ۲۴۸۱

هر یک طولِ عمرِ خود را بگویید که پیرتر شایسته‌تر است و بقیّه ساکت باشند.

گفت قُچ: مَرْجِ[13] من اندر آن عُهود[14] با قُچِ قُربانِ اسماعیل بود[15] ۲۴۸۲

قوچ گفت: من با قوچی که به جایِ اسماعیل(ع) قربانی شد، در یک چراگاه بودم.

---

۱ - **جامع** : مسجدِ جامع. ۲ - **وِزْر** : گناه، بارِ اعمال بد. ۳ - **غَوی** : گمراه.
۴ - **ازکسی پیچیدن** : رنج دیدن و تحمّل ظلم و ستم. ۵ - **نَفْسِ بد** : اینجا آدمِ بد و شرور.
۶ - **بس استمگری‌ست** : بسیار ظالم است، بسیار درنده است.
۷ - **فرهنگ** : دانش، آگاهی، تدبیر و چاره‌جویی «حیله». ۸ - **کید و مکر** : حیله و نیرنگ.
۹ - **رِفاق** : رفیقان، رفقا، دوستان. جمع رِفْقَه. ۱۰ - **اِبداکنید** : آشکارکنید. ۱۱ - **اولیٰ** : شایسته.
۱۲ - **تن زنید** : سکوت کنید. ۱۳ - **مَرْج** : چراگاه. ۱۴ - **اندر آن عُهود** : در گذشته‌هایِ دور.
۱۵ - مُراد آنکه: عمرم خیلی طولانی است.

گاو گفتا: بوده‌ام من سال‌خَورد[1] جفتِ آن گاوی کِش آدم جفت کرد ۲۴۸۳

گاو گفت: من پیرتر هستم؛ چون یکی از دو گاوی‌اَم که آدم(ع) برای زراعت جفت می‌کرد.

جفتِ آن گاوم که آدم، جَدِّ خلق در زراعت بر زمین می‌کرد فَلْق[2] ۲۴۸۴

جُفت آن گاوی هستم که آدم(ع)، پدرِ انسان‌ها با آن زمین را شخم می‌زد.

چون شنید از گاو و قُچ اُشتر، شگفت سر فرود آورد و آن را برگرفت ۲۴۸۵

چون شتر از گاو و قوچ ادّعاهای عجیب را شنید، سر را خم کرد و علف را برداشت.

در هوا برداشت آن بندِ قصیل[3] اشترِ بُخْتی[4]، سَبُک[5]، بی قال و قیل[6] ۲۴۸۶

شترِ نیرومند، بی قال و قیل، دستهٔ علف را فوراً بلند کرد.

که: مرا خود حاجتِ تاریخ نیست کین چنین جسمی و عالی گردنی‌ست[7] ۲۴۸۷

و با زبان حال گفت: من با این جسمِ عالی و گردنِ بلند، نیازی به تاریخ ندارم.

خود همه کس داند، ای جانِ پدرا! که نباشم از شما من خُردتر ۲۴۸۸

ای عزیز، همه می‌دانند که من از شما کوچک‌تر نیستم.

داند این را هر که زَاصحابِ نُهیٰ[8]ست که نهادِ من[9] فزون‌تر از شماست ۲۴۸۹

هر خردمند این حقیقت را می‌داند که من از خلقتِ برتری برخوردارم.

جملگان دانند کین چرخِ بلند[10] هست صد چندان که این خاکِ نژند[11] ۲۴۹۰

مسیحی گفت: همه می‌دانند که عظمتِ آسمانِ بلند بیشتر از زمینِ تیره و تار است.

کو گشادِ[12] رُقعه‌هایِ آسمان[13] ؟ کو نهادِ بُقعه‌هایِ[14] خاکدان[15] ؟ ۲۴۹۱

وسعت و عظمتِ طبقاتِ آسمان قابل مقایسه با آنچه در روی زمین هست، نیست.

---

۱ - **سال‌خَورد :** سالخورده. ۲ - **فَلْق :** شکافتن. ۳ - **بندِ قصیل :** دستهٔ علف.

۴ - **بُخْتی :** نیرومند، قوی. ۵ - **سبک :** سریع و چابک، فوراً.

۶ - **بی قال و قیل :** بی هیچ حرف و سخنی.

۷ - مُراد آنکه: ظاهر من هم نشان می‌دهد که از همه برترم و نیازی به بیانِ آن نیست.

۸ - **نُهیٰ :** جمعِ نُهیه: عقل. «اصحابِ نُهیٰ»: خردمندان. ۹ - **نهادِ من :** خلقتِ من، سرشتِ من.

۱۰ - **چرخِ بلند :** آسمان. ۱۱ - **خاک نژند :** خاک افسرده و تیره و تار.

۱۲ - **گشادَ :** گشوده بودن، وسعت و عظمت.

۱۳ - **رُقعه هایِ آسمان :** طبقات آسمان. «رُقعه»: نامه، تکه کاغذی که بر آن چیزی بنگارند.

۱۴ - **بُقْعه :** جا، مکان. ۱۵ - **خاکدان :** زمین.

جواب گفتنِ مسلمان، آنچه دید، به یارانش جهود و ترسا، و حسرت خوردنِ ایشان

پس مسلمان گفت: ای یارانِ من! پیشم آمد مصطفی، سلطانِ من ۲۴۹۲

مسلمان گفت: ای دوستان، سلطانِ من، مصطفیٰ(ص) نزدم آمد.

پس مراگفت: آن یکی در طُور تاخت باکلیمِ حقّ، و نَردِ عشق باخت[1] ۲۴۹۳

و به من گفت: آن یکی با کلیمِ خدا به طُور رفت و در عشق و نور محو شد.

و آن دگر را عیسیِ صاحبْ قران[2] **بُرد بر اوجِ چهارم آسمان** ۲۴۹۴

و آن دیگری را عیسیِ دارای اقبال به اوجِ آسمانِ چهارم بُرد.

خیز ای پس ماندهٔ دیده ضَرَر! باری آن حلوا و یَخنی را بخَور ۲۴۹۵

ای واماندهٔ زیان دیده، لااقلّ برخیز و آن حلوا را بخور.

آن هنرمندانِ پُرفن[3] **راندند نامهٔ اقبال و منصب خواندند**[4] ۲۴۹۶

آن آدم‌هایِ مکّار پیشگام شدند و به بخت و مقامی رسیدند.

آن دو فاضل فضلِ خود دریافتند با ملایک از هنر در بافتند[5] ۲۴۹۷

آن دو اهلِ علم به مرتبهٔ شایستهٔ خود رسیدند و با فرشتگان همنشین شدند.

ای سلیم گولِ[6] **واپس مانده**[7] **! هین! برجِهْ و بر کاسهٔ حلوا نشین** ۲۴۹۸

ای ساده‌دلِ احمقِ وامانده، برخیز و حلوا را دریاب.

پس بگفتندَش که: آنگه تو حریص ای عجب خوردی ز حلوا و خَبیص[8]**؟** ۲۴۹۹

پس آن دو گفتند: ای حریص، تو هم حلوا و شیرینی را خوردی؟

---

۱ - **نرد عشق باختن :** عشقبازی کردن.

۲ - **صاحبْ قِران :** صاحب بخت و اقبال، مُقبل، اینجا کسی که از دولتِ سرمدی برخوردار است.

۳ - **هنرمندانِ پُرفن :** اشاره به ترسا و جُهود است؛ یعنی آن آدم‌هایِ پر نیرنگ و مکّار. طنزی در این سخن است.

۴ - **نامهٔ اقبال و منصب خواندند :** به اقبال سرمدی و مقامی [معنوی و روحانی] رسیدند.

۵ - **با ملایک از هنر دربافتند :** به سبب علم و تعالیِ‌شان با فرشتگان همنشین شدند.

۶ - **سلیم گول :** ساده‌دلِ ابله. ۷ - **واپس مانده :** وامانده.

۸ - **حلواَ و خبیص :** شیرینی و حلوا. «خبیص»: حلوایی که با خرما و روغن می‌پزند.

گفت: چون فرمود آن شاهِ مُطاع[1] — من که بودم تا کنم زآن امتناع[2]؟ ۲۵۰۰

مسلمان گفت: من که نمی‌توانستم از فرمان پیامبر(ص) سرپیچی کنم.

تو جُهود از امرِ موسی سر کشی — گر بخوانَد در خوشی یا ناخَوشی؟ ۲۵۰۱

آیا تو که یهودی هستی، از فرمانِ موسیٰ(ع) به خوشی یا ناخوشی، سرپیچی می‌کنی؟

تو، مسیحی! هیچ از امرِ مسیح — سر توانی تافت در خیر و قبیح؟ ۲۵۰۲

آیا تو که مسیحی هستی، از امر عیسی(ع) در خیر و شر، سرپیچی می‌کنی؟

من ز فخرِ انبیا سر چون کَشَم؟ — خورده‌ام حلوا و این دم سر خوشم ۲۵۰۳

من چگونه از فرمانِ افتخارِ پیامبران سرپیچی کنم؟ حلوا را خورده‌ام و حالا هم سر حالم.

پس بگفتندش که: وَاللّه خوابِ راست[3] — تو بدیدی، وین بِهْ از صد خوابِ ماست ۲۵۰۴

پس آنان گفتند: به خدا که خوابِ خوب را تو دیدی و رؤیایت بهتر از رؤیایِ ماست.

خوابِ تو بیداری است، ای بُو بَطَر[4]! — کـه بـه بـیداری عـیان اَستش اثـر ۲۵۰۵

ای آدمِ سرخوش، خواب تو عین بیداری است که اثرش کاملاً آشکار است.

درگذر از فضل[5] و از جَلدی[6] و فن[7] — کارْ[8] خدمت[9] دارد و خُلقِ حَسَن[10] ۲۵۰۶

از علم، زیرکی و مکر بگذر؛ زیرا شأنِ حقیقی در طاعت و معرفت است.

بهرِ ایـن آوردمـان یـزدان بـرون — مٰا خَلَقْتُ اَلانْسَ اِلاّ یَعْبُدُون[11] ۲۵۰۷

خداوند ما را برای همین آفرید و فرمود: «انسان را جز برای پرستش نیافریده‌ام».

سامری را آن هنر[12] چه سود کرد؟ — کآن فنْ از بابُ اللّهَش مردود کرد ۲۵۰۸

کارِ حیرت‌انگیز سامری چه سودی داشت؟ از درگاه الهی ردش کرد.

---

۱ - **شاهِ مُطاع :** شاهی که باید از او اطاعت شود، اینجا پیامبر(ص). ۲ - **امتناع :** سرپیچی.

۳ - **خوابِ راست :** خوابِ خوب، خواب صحیح. ۴ - **بُو بَطَر :** سرخوشی، سرخوش و شاد.

۵ - **فضل :** دانش. ۶ - **جَلدی :** زیرکی و زرنگی.

۷ - **فن :** تدبیرهای دنیوی که در برابر تقدیر راه به جایی نمی‌بَرَد و مکر نامیده می‌شود.

۸ - **کار :** ارزش و اهمّیّت، شأن. ۹ - **خدمت :** طاعت، خدمت به خدا که در واقع خدمتِ به خلق است.

۱۰ - **خُلقِ حَسَن :** اخلاقِ نیک که در پرتوِ معرفت حاصل می‌گردد.

۱۱ - اشارتی قرآنی؛ ذاریات: ۵۶/۵۱: جنّ و انس را جز برای پرستش نیافریده‌ام.

۱۲ - کارِ حیرت‌انگیزی که کرد و گوسالهٔ طلایی‌اش به صدا آمد.

چه کشید از کیمیا قارون؟ ببین	که فرو بُردش به قعرِ خودِ زمین 2509

به قارون از ثروتِ افسانه‌ای‌اش چه رسید؟ جز آنکه به قعرِ زمین رفت.

بوالحَکَم¹ آخِر چه بربست از هنر؟	سرنگون رفت او ز کُفران در سَقَر² 2510

به ابوجهل از علم و حکمت چه رسید؟ جز آنکه با کفر سرنگون به دوزخ افتاد.

خود هنر آن دان که دید آتش عیان	نه کَپِ دَلَّ عَلَی النّارِ الدُّخان³ 2511

«هنر» آن است که بتوانی آتش را ببینی، نه اینکه دود را دلیلِ وجودِ آتش بدانی.

ای دلیلت گَنده‌تر پیشِ لبیب⁴	در حقیقت از دلیلِ آن طبیب⁵ 2512

ای که دلیلِ تو، نزدِ خردمند در حقیقت گندیده‌تر از دلیلِ طبیب است.

چون دلیلت نیست جز این،⁶ ای پسر!	گوه می‌خور،⁷ در کُمیزی⁸ می‌نگر 2513

ای پسر، چون چیزی جز «دلیل» نداری، گمراه بمان و به استدلال بپرداز.

ای دلیلِ تو مثالِ آن عصا	در کَفَت، دَلَّ عَلَی عَیْبِ العَمَیٰ 2514

همین دلیل آوردنِ تو دلیلِ کورباطنی‌ات است، مانندِ عصایِ آدمِ نابینا که از دورکور بودنِ او را بیان می‌کند.

غُلغُل و طاق و طُرُنب⁹ و گیر و دار	که: نمی‌بینم، مرا معذور دار 2515

این همه جنجال و استدلال و قیل و قال نشانهٔ کورباطنی است؛ یعنی مرا معذور بدارید.

---

۱ - بوالحَکَم: ...

۲ - سَقَر: دوزخ.

۳ - مصراع دوم: نه گفتنِ آنکه دود دلیلِ آتش است. مُراد آنکه: اصل، شهود و یا ادراکِ باطنی است و «استدلالِ منطقی» راهی به معرفتِ حق نمی‌بَرَد.   ۴ - لبیب: خردمند.

۵ - زیرا طبیب برای تشخیص بیماری به بول و مدفوع بیمار می‌نگرد.

۶ - مُراد آنکه: چون ادراک باطنی نداری و چیزی جز همین استدلال را نفهمیده‌ای.

۷ - به گمراهی و بدبختی‌ات که از گوه خوردن هم بدتر است، ادامه بده.

۸ - کُمیز: ادرار، اینجا چیزی که در تقابل با «شهود» بسی پست است: استدلال.

۹ - طاق و طُرُنب: شکوه، خودنمایی، طمطراق.

منادی کردنِ سیّد مَلِکِ تَرْمِد[۱] که: هر که در سه یا چهار روز به سمرقند رود به فلان مهمّ، خِلعت و اسب و غلام و کنیزک و چندین زر دهم، و شنیدنِ دلقک خبرِ این منادی در دِه، و آمدن به اولاقی[۲] نزدِ شاه که: من باری نتوانم رفتن

سیّد مَلِک تَرْمِذْ که از امرای محلی تَرمِذ بود در شهر ندا داد که هر کس بتواند ظرف پنج روز از تَرْمِذْ به سمرقند برود و از آنجا برایم خبر بیاورد وی را انعام وافر می‌دهم. دلقک که ندیم سیّد و مظهر رندی و ظرافت بود از ده دور افتاده خبر این منادی را شنید وشتابان به سوی تَرمِذْ به راه افتاد و خود را به دربار رسانید و گفت: شنیدم شاه کسی را می‌خواهد تا سه روزه به سمرقند برود و بیاید، با تعجیل آمدم **«تا بگویم که ندارم آن توان»**.

مأخذ[۳] این لطیفه قصّه‌ها و طنزهایی بوده است که از این دلقک در عهد کودکی مولانا در بلخ هم مانند تَرمِذْ در افواه عام شهرت داشته است.

این قصّه که در آن آشوبِ دلقک نوعی دهن کجی به حکم جابرانهٔ مَلِک ترمذ و دیگر امرای خودکامه است، تداعی‌گر هیاهوی مدّعیان لاف‌زن هم هست که طبل و عَلَم بر می‌دارند که ما مشایخ و راهنمای فقر و فناییم.

حبس و عقوبت که با برانگیخته شدن خشم مَلِک گریبانگیر دلقک شد، عاقبتی است که در انتظار همهٔ مدّعیان لاف‌زن و جاهلان مُنکر نیز هست که شتاب و هیجان آنان در دعوی و در انکار به‌گونه‌ای همانند غلغله و بگیر و ببندی است که دلقک برپا کرده بود و اعمالشان از دیدگاه انسان کامل همان دلقک‌بازی محسوب است و بس.

سیِّدِ تَـرْمِد[۴] کـه آنـجا شاه بـود مســخرهٔ او دلقکِ آگــاه بــود ۲۵۱۶

«سیّد» که فرمانروایِ شهر تَرْمِذ بود، دلقکی زیرک داشت.

داشت کــاری در سمرقند او مُـهم جُست اُلاقـی تـا شـود او مُسْـتَتِم[۵] ۲۵۱۷

برای سیّد کار مهمی در سمرقند پیش آمد؛ پس جویای پیکی سریع شد.

زد مــنادی هـر کـه انـدر پـنج روز آرَدَم ز آنـجا خـبر، بـدهم کُـنوز[۶] ۲۵۱۸

گفت: جار بزنید که هر کس در مدّت پنج روز از آنجا خبری بیاورد، مژدگانیِ هنگفتی می‌گیرد.

---

۱ - **تَرْمِد** : تَرْمِذْ یا تِرْمِذ: شهری بر کنارهٔ جیحون در خراسان قدیم. در تداول زبانِ مردمِ این شهر به فتحِ تا و کسرِ میم است. ۲ - «اولاق» ترکی است و به جای کلمهٔ اسب به کار رفته است، پیک، قاصد، الاغ.

۳ - بحر در کوزه، ص ۲۸۵.

۴ - احتمالاً این فرمانروای محلّی در زمان سلطان محمّد خوارزمشاه حکومت منطقه‌ای را بر عهده داشته است.

۵ - **مُسْتَتِم** : به اتمام رساننده یا تمام کننده. ۶ - **کُنوز** : جمعِ کَنز: گنجینه.

دلقک انـــدر دِهْ بُـــد و آن را شـــنید   بر نشست و تـا بـه تَـرْمِد مـی‌دوید ۲۵۱۹

دلقک که در دِهِ دوری بود، خبر را شنید وتا تَرمِذ تاخت.

مـرکبی دو انـدر آن رَهْ شـد سَـقَط [1]   از دوانـــیدن فـــرس [2] را زآن نـمط [3] ۲۵۲۰

چنان می‌آمد که دو اسب در راه تلف شدند.

پس به دیـوان در دویـد از گَـردِ راه   وقتِ ناهنگام، ره جُست او به شـاه ۲۵۲۱

بدون آنکه گرد و غبارِ راه را بیفشاند، به دربار شتافت و بی‌موقع درخواست ملاقات کرد.

فُــجْفُجی در جــملهٔ دیــوان فُـتاد   شورشی در وَهـمِ آن سـلطان فُـتاد ۲۵۲۲

درباریان به پچ و پچ افتادند و شاه بیمناک و نگران شد.

خاص و عامِ شهر را دل شُد زِ دست   تا چه تشویش و بلا حادث شده‌ست؟ ۲۵۲۳

اهلِ شهر از خاص و عام هراسان شدند که چه آشوب یا بلایی نازل گشته است؟

یا عَدُوّی قـاهری در قـصدِ مـاست   یا بلایی مُـهلکی از غـیب خـاست ۲۵۲۴

می‌اندیشیدند: یا دشمن نیرومندی در حال حمله است یا بلای کُشندهٔ غیبی در حالِ نازل شدن.

که زِ دِهْ دلقک بـه سَـیرانِ دُرشت [4]   چـند اسبی تـازی انـدر راه کُشت ۲۵۲۵

که دلقک از ده چنان به سرعت آمده که چند اسب را کُشته است.

جمع گشـته بـر سـرایِ شـاه خـلق   تا چرا آمـد چـنین اشـتابْ [5] دَلق [6] ۲۵۲۶

مردم اطرافِ دربارِ شاه جمع شده بودند تا سببِ این شتاب را بدانند.

از شــتابِ او و فُــحش ِ [7] اجـتهاد   غــلغل و تشــویش در تَـرمِد فُـتاد ۲۵۲۷

تلاشِ سخت او موجب غوغا و اضطرابِ مردم شده بود.

آن یکــی دو دست بـر زانـو زنـان   و آن دگــر از وَهْــم واویـلیٰ کـنان ۲۵۲۸

یکی با دست بر زانو می‌کوفت و دیگری از ترس واویلا می‌گفت.

---

۱ - **سَقَط** : تلف.   ۲ - **فَرَس** : اسب.   ۳ - **نَمَط** : راه و روش.

۴ - **سَیرانِ دُرُشت** : طیِّ مسیر به تندی و سرعت و غیر معمول همراه با دشواری و سختی.

۵ - **اِشتاب** : شتاب.   ۶ - **دَلق** : مخفّف دلقک.

۷ - **فُحش** : اینجا به معنیِ فاحش و آشکار. «فُحشِ اجتهاد»: کوشش بسیار زیاد، تلاشِ سخت.

از نـفیر[۱] و فـتنه و خـوفِ نَکـال[۲] هر دلی رفته بـه صـد کـویِ خـیال ۲۵۲۹

از آن هیاهو و فتنه و بیمِ بلا، هر کسی صد نوع فکر و خیال می‌کرد.

هر کسی فـالی[۳] هـمی زد از قـیاس تا چه آتش اوفـتاد انـدر پـلاس[۴]؟ ۲۵۳۰

هر کسی برای بلایی که داشت نازل می‌شد، حدسی می‌زد.

راه جُست، و راه دادش شــــاه زود چون زمین بوسید، گفتش: هی! چه بود؟ ۲۵۳۱

شاه فوراً با درخواستِ ملاقاتِ دلقک موافقت کرد، چون ادای احترام کرد، شاه پرسید: چه خبر شده است؟

هر که مـی‌پرسید حـالی زآن تُـرُش دست بر لب می‌نهاد او که: خَمُش! ۲۵۳۲

هر کس که می‌خواست بداند چه خبر است، با اخم دست بر لب می‌گذاشت که خاموش باش.

وَهْـم مـی‌افـزود زیـن فـرهنگِ او[۵] جمله در تشویش، گشـته دنگِ[۶] او ۲۵۳۳

این رفتار او نگرانی‌ها را می‌افزود. همه از کارهایِ او بیمناک و منگ بودند.

کرد اشارت دَلْـق، کـای شاهِ کَـرَم یـکـدمی بگـذار، تـا مـن دَم زنـم[۷] ۲۵۳۴

دلقک اشاره کرد که ای شاه بخشنده، بگذار نفسی تازه کنم.

تا که بـاز آیـد بـه مـن عـقلم دَمـی کـه فُـتادم در عـجایب[۸] عـالمی ۲۵۳۵

تا عقلم سر جایش بیاید که گرفتار وضعِ عجیبی شده‌ام.

بعدِ یکساعت که شه از وَهم و ظـن تلخ گشـتش هـم گـلو و هـم دهـن ۲۵۳۶

مدّتی با بیم و فکر و خیال گذشت و دهان و گلویِ شاه از نگرانی تلخ شد.

کـه نـدیده بـود دلقک را چـنین که از او خوش‌تر نبودش هـمنشین ۲۵۳۷

زیرا ندیمی عزیزتر از دلقک نداشت و هرگز او را چنین ندیده بود.

دایـما دسـتان و لاغ افـراشتی[۹] شـاه را او شـاد و خـندان داشـتی ۲۵۳۸

همواره حکایت می‌گفت و شوخی می‌کرد و موجب نشاط شاه بود.

---

۱ - **نفیر**: ناله و زاری. ۲ - **نکال**: عقوبت، عذاب. ۳ - **فال**: تفأل، اینجا حدس و گمانِ شوم یا بد.

۴ - **پلاس**: اینجا مُراد شهر تَرمِذ است.

۵ - **زین فرهنگِ او**: از این کاری که می‌کرد یا از این روشی که به کار می‌برد.

۶ - **دنگ**: ابله، اینجا گیج یا مات. ۷ - **دَم زنم**: نفسی بکشم، اینجا نفسی تازه کنم.

۸ - **عجایب**: اینجا در معنی عجیب به کار رفته است. «عجایب عالمی»: عالمِ عجیبی یا وضعِ عجیبی.

۹ - **دستان و لاغ افراشتی**: حکایت می‌گفت و شوخی می‌کرد.

آنچنان خندانْش کردی در نشست   که گرفتی شه شکم را با دو دست ۲۵۳۹

چنان شاه را در محافل می‌خنداند که شکمش را با دو دست می‌گرفت.

که ز زورِ خنده خویْ کردی[1] تَنَش   رُو در افتادی[2] ز خنده کردنش ۲۵۴۰

بدنش از شدّت خنده عرق می‌کرد و به رو بر زمین می‌افتاد.

باز امروز این چنین زرد و تُرُش   دست بر لب می‌زندکِای شَهْ! خمش ۲۵۴۱

امّا امروز این چنین زار و اخمو دست بر لب می‌گذارد که خاموش!

وَهْم در وَهْم و خیال اندر خیال   شاه را، تا خود چه آید از نکال؟ ۲۵۴۲

شاه دچار وهم و خیالاتِ پی در پی شده بود که چه عذابی دارد رُخ می‌دهد؟

که دلِ شَه با غم و پرهیز بود   زآنکه خوارَمشاه[3] بس خونْ‌ریز بود ۲۵۴۳

زیرا شاه همواره از خوارزمشاه که بسیار سفّاک بود، نگران و بیمناک بود.

بس شهانِ آن طرف را کُشته بود   یا به حیله، یا به سَطْوَت[4]، آن عَنود ۲۵۴۴

آن ستیزه‌گر بسیاری از شاهان آن نواحی را با سیاست و یا قدرت کشته بود.

این شَهِ تَرمِد از او در وَهْم بود   وز فنِ دلقک خود آن وَهْمش فزود ۲۵۴۵

شاهِ تَرمِذ هم از او بیمناک بود و رفتار غیر عادیِ دلقک بر ترسش می‌افزود.

گفت: زوتر بازگو تا حال چیست؟   این چنین آشوب و شورِ تو زکیست؟ ۲۵۴۶

شاه گفت: زود بگو چه شده است؟ از چه کسی این قدر پریشان و مشوّش هستی؟

گفت: من در دِهْ شنیدم آنکه شاه   زد مُنادی بر سرِ هر شاهْراه ۲۵۴۷

دلقک گفت: در دِه شنیدم که شاه بر سر هر شاهراهی اعلام کرده است،

که کسی خواهم که تازَد در سه روز[5]   تا سمرقند، و دَهَم او را کُنوز ۲۵۴۸

پیکی می‌خواهم که در سه روز شتابان به سمرقند برود و در عوض گنج‌ها دریافت کند.

---

۱ - **خوی کردی :** عرق می‌کرد.   ۲ - **رو در افتادی :** به روی می‌افتاد، دَمَر می‌افتاد.

۳ - **خوارمشاه :** خوارزمشاه. بنا بر ضرورتِ شعری چنین آمده است.

۴ - **سَطْوَت :** حمله بردن، غلبه کردن، خشمناک شدن.

۵ - قبلاً مدّت رفتن پنج روز تعیین شده بود. در هر حال مُراد زمانی کوتاه و قلیل است.

گـنج‌ها بــدْهم وَرا انــدر عــوض   چون شود حاصل ز پیغامش غرض ۲۵۴۹

اگر از پیامی که می‌آوَرَد، مقصود ما حاصل شود، گنج‌ها به او می‌بخشم.

مــن شــتابیدم بَــرِ تــو، بــهرِ آن   تــا بگــویم کــه: نــدارم آن تــوان ۲۵۵۰

من به سبب آن شتابان آمدم تا بگویم که توان این کار را ندارم.

این چنین چُستی[1] نیاید از چو من   باری، این اومید را بـر مـن مَـتَن[2] ۲۵۵۱

نمی‌توانم این همه چالاک باشم، از من چنین توقّعی نداشته باش.

گفت شه: لعنت بر این زودیت[3] باد   که دو صد تشویش در شهر اوفتاد ۲۵۵۲

شاه گفت: لعنت بر عجله‌ات که در شهر این همه فتنه به پا کرد.

از بــرای ایــن قَـدَر، ای خـامْ ریش[4]!   آتش افکندی در این مَرْج[5] و حشیش[6] ۲۵۵۳

ای ابله، برای چنین چیز بی قدری اینجا را به آتش کشیدی.

همچو این خامانِ[7] با طبل و عَـلَم[8]   کــه اُلاقــانیم[9] در فــقر و عَـدَم[10] ۲۵۵۴

مانند مدّعیان پر سروصدایی که با هیاهو ادّعایِ مُرادی و شیخی در راه حق دارند.

لافِ شــیخی در جــهان انـداخـته   خــویشتن را بــایزیدی ســاخته ۲۵۵۵

ادّعای برتری و سروری دارند و وانمود می‌کنند که بایزیدِ زمان‌اند.

هم ز خود[11] سالک شده[12]، واصل شده   مــحفلی واکــرده در دعــوی کـده[13] ۲۵۵۶

خود را سالکِ واصلی می‌دانند و محفل می‌آرایند.

خــانهٔ دامـاد[14] پـر آشـوب و شَـر   قـومِ دخـتر[15] را نـبوده زیـن خـبر ۲۵۵۷

احوال آنان بدان می‌ماند که در خانهٔ داماد هیاهویی است در حالی که خانوادهٔ دختر از آن بی‌خبرند.

---

۱ – **چُستی :** چالاکی.   ۲ – **این اومید را بر من مَتَن :** از من چنین انتظاری نداشته باش.

۳ – **بر این زودیت :** بر این عجله‌ات.   ۴ – **خام ریش :** ابله.   ۵ – **مَرْج :** چراگاه، اینجا شهر تَرمِذ.

۶ – **حشیش :** گیاه. «مرج و حشیش»: مراد شهر و اهالیِ آن است.

۷ – **خامان :** مُراد مدّعیانِ مُرادی و شیخی‌اند.   ۸ – **با طبل و عَلَم :** با هیاهو و سروصدا.

۹ – **الاق :** الاغ: پیک، اینجا راهنما یا مُراد.   ۱۰ – **فقر و عدم :** فقر و فنا: مُراد راهِ حق است.

۱۱ – **هم ز خود :** با نظر و قضاوت خود و بدون توجّه به قضاوتِ بزرگانِ اهل معنا.

۱۲ – **سالک شده :** سلوک کننده، راه رونده یا رهروِ راه حق، مراد آنکه: خود در مورد خود قضاوت می‌کنند و می‌پندارند که با ظاهرِ آراسته به کسوتِ فقر سلوک کرده‌اند و مراتب را پشت سر گذاشته‌اند.

۱۳ – **دعوی‌کده :** محلّ ادّعا، خانهٔ دعوی، مُراد محفلِ مدّعیان عاری از معرفت و نورِ درون است.

۱۴ – **خانهٔ داماد :** اینجا کنایه از دعوی و لاف و گزافِ راهنمایانِ کاذب.

۱۵ – **قوم دختر :** اینجا کنایه از عالم معنا یا بزرگان عالمِ معنا. مُراد آنکه: بزرگان هیچ اهمّیّتی به این همه هیاهوی بیهوده نمی‌دهند و آن را نمی‌پذیرند.

وَلْـوَله کـه کـار نـیمی راست شـد شرطهایی که ز سویِ مـاست، شـد ۲۵۵۸

با لاف و گزاف مدّعی‌اند که ما کار خود را کردیم و به کمالی که باید، رسیدیم.

خـــانه‌ها را روفــتیم، آراســـتیم زین هوس سرمست و خوش برخاستیم ۲۵۵۹

خانهٔ دلِ ما از هر تعلّقی پاک شده و آراسته به نور حق است. با این پندار سرمست و شاد به ادّعا برخاسته‌ایم.

زآن طرف[۱] آمد یکی پیغام[۲]؟ نی مرغی[۳] آمد این طرف زآن بام[۴]؟ نی ۲۵۶۰

آیا از عالمِ معنا پیامی رسیده است؟ نه. پیکی از آن سو آمده است؟ نه.

زیـن رسـالاتِ مَـزید انـدر مَـزید[۵] یک جوابی زآن حوالی‌تان رسید؟ ۲۵۶۱

آیا در پی این همه کوشش برای ارتباط با عالم حقایق، هیچ جوابی دریافت داشته‌اید؟

نی[۶] و لیکن یارِ ما زیـن آگـه است زآنکه از دل سویِ دل لابد ره است ۲۵۶۲

نه؛ ولی معشوق از این امر آگاه است؛ زیرا دل به دل راه دارد.

پس از آن یاری که اومیدِ شـماست از جوابِ نامه رَه خـالی چـراست؟ ۲۵۶۳

پس چرا در راهِ میانِ دو دل اثری از نامهٔ معشوقی که به او دل بسته‌اید، نیست؟

صد نشان است از سِرار[۷] و از جِهار[۸] لیک بس کن، پرده زین در بـر مـدار ۲۵۶۴

نشانه‌های ظاهری و باطنی عدیده‌ای هست که ادّعای آنان دروغ است؛ امّا بس است، بیش از این از واقعیّتِ حالِ آنان نمی‌گوییم.

بــاز رو تــا قــصّهٔ آن دَلْقِ گـول[۹] که بلا بر خویش آورد از فضول[۱۰] ۲۵۶۵

به قصّهٔ دلقکِ نادان باز می‌گردیم که با کاری بیهوده بلایی بر سر خود آورد.

پس وزیرش گفت: ای حق را سُتُن[۱۱] بشـنو از بـندهٔ کـمینه یک سـخُن ۲۵۶۶

وزیر گفت: ای شاهِ عادل: از این بندهٔ کمترین سخنی بشنو.

---

۱ - **زآن طرف :** مُراد عالم معناست. ۲ - **پیغام :** پیام یا توجّه خاص.
۳ - **مرغ :** اینجا مُراد پیک است. پیکِ عالم معنا. ۴ - **بام :** مُراد بامِ عالمِ معناست.
۵ - مصراع اوّل: این نامه‌های پی در پی، یعنی این همه درخواست و جدّ و جَهد برای رسیدن به عوالم معنوی.
۶ - نه، هنوز پیامی نرسیده است. ۷ - **سِرار :** محاق یا وقتِ پنهان بودن نور یا ماه، اینجا نهان.
۸ - **جِهار :** عیان یا آشکار. «سِرار و جِهار»: ظاهر و باطن. ۹ - **گول :** ابله.
۱۰ - **فضول :** جمع فضل به معنی فزونی،اینجا فزونی طلبی و کار زائد یا بیهوده کردن.
۱۱ - **حق را سُتُن :** تکیه‌گاهِ حقیقت، برپادارندهٔ عدالت، عادل.

دلقک از دِهْ بهرِ کاری آمده‌ست   رایِ او گشت و پشیمانش شده‌ست[1] ۲۵۶۷

دلقک به سببِ کاری از ده آمده است؛ امّا نظرش عوض شده و نمی‌خواهد آن را اظهار کند.

ز آب و روغن[2] کهنه را نو می‌کند[3]   او به مَسخَرْگی بُرون‌شو می‌کند[4] ۲۵۶۸

او با این کارها می‌کوشد که ظاهرِ کار را درست کند و با مسخره‌بازی خود را نجات دهد.

غِمْد[5] را بنمود و پنهان کرد تیغ[6]   باید افشردن[7] مر او را بی دریغ[8] ۲۵۶۹

غلاف را نشان داده و شمشیر را پنهان کرده است، باید بی هیچ ملاحظه‌ای او را شکنجه کرد.

پسته را یا جوز را تا نشکنی   نی نماید دل، نه بِدْهد روغنی ۲۵۷۰

تا پسته یا گردو را نشکنی، نه مغزش را می‌توانی ببینی و نه روغنی می‌دهد.

مشنو این دفع[9] وی و فرهنگِ او[10]   در نگر در اِرتعاش و رنگِ او ۲۵۷۱

به دفاع و توجیه‌اش توجّه نکن، لرزش و رنگِ صورتش را ببین.

گفت حق: سیماهُمُ فی وَجْهِهِمْ[11]   زآنکه غمّاز[12] است سیما[13] و مُنِمّ[14] ۲۵۷۲

خداوند فرموده است که از ظاهر افراد باطن آنان پیداست. از صورتِ او می‌توان فهمید که دروغ می‌گوید؛ یعنی در ظاهرش تأثیرِ سخن او نیست.

این مُعایَن[15] هست ضدِّ آن خبر   که به شر بِسْرِشته آمد این بشر ۲۵۷۳

طبیعتِ بشر با شرّ آمیخته است؛ بنابراین حالِ او با سخنش تضادّ دارند.

گفت دلقک با فغان و با خروش   صاحبا[16] در خونِ این مسکین مکوش ۲۵۷۴

دلقک با ناله و فریاد گفت: ای وزیر، تلاش نکن که خون این مسکین را بریزی.

---

۱ - **پشیمانش شده‌ست :** پشیمان شده است.   ۲ - **آب و روغن :** تعبیری است از ظاهرسازی.

۳ - **کهنه را نو کردن :** تعبیری برای خوب جلوه دادن یک چیز بد.

۴ - **برون شو کردن :** رهایی یافتن، نجات یافتن.

۵ - **غِمْد :** غلاف شمشیر، اینجا کنایه از رفتار نگران کنندهٔ دلقک.

۶ - **تیغ :** شمشیر. اینجا کنایه از حادثه یا واقعهٔ هولناکی که دلقک نمی‌خواهد آن را بگوید.

۷ - **افشردن :** شکنجه کردن.   ۸ - **بی دریغ :** بدون ملاحظه.   ۹ - **دفع :** دفاع.

۱۰ - **فرهنگِ او :** توجیه یا توضیحِ او، سخنانی که برای دفاع از خود و توجیه خویش می‌گوید.

۱۱ - اقتباس از قرآن: فتح، ۲۹ که در آن «فِي وُجُوهِهِم» آمده است. همچنین از سورهٔ محمّد، ۳۰: ...فَلَعَرَفْتَهُمْ بِسیمٰهُم وَ لَتَعْرِفَنَّهُمْ فِی لَحْنِ ٱلْقَوْلِ...: ایشان را به سیمایشان و از آهنگِ سخنانشان می‌شناسی.

۱۲ - **غمّاز :** سخن‌چین، هویدا کننده.   ۱۳ - **سیما :** چهره.

۱۴ - **مُنِمّ :** نَمّام، سخن‌چین، اسم از مصدر «اِنْمام».   ۱۵ - **مُعایَن :** دیده شده، اسم مفعول از مصدر «معاینه».

۱۶ - **صاحب :** مالک و خداوندگار چیزی، اینجا صاحبِ فرمان و قدرت.

۲۵۷۵ بس گُمان و وَهْم آید در ضمیر   کآن نباشد حقّ و صادق، ای امیر!

ای امیر، پندارها و گمان‌های فراوانی به دل می‌رسد که صحّت ندارد.

۲۵۷۶ إنَّ بَعْضَ الظَّنِّ إثْم¹ است، ای وزیر!   نیست اِستم راست،² خاصّه بر فقیر

ای وزیر، بعضی از گمان‌ها در حدّ گناه است. ستم روا نیست بخصوص بر بینوا.

۲۵۷۷ شَه، نگیرد آنکه می‌رنجاندش   از چه گیرد آنکه می‌خنداندش؟

شاه کسی را که مایهٔ آزارِ اوست، می‌بخشد، چرا کسی را که مایهٔ خندهٔ اوست، نبخشد؟

۲۵۷۸ گفت صاحب پیشِ شَهْ جاگیر شد³   کاشفِ این مکر و این تزویر شد

امّا سخن وزیر در دل شاه اثر کرد و خواست این مکر و حیله را کشف کند.

۲۵۷۹ گفت: دلقک را سویِ زندان برید   چاپلوس و زَرق⁴ او را کم خرید

گفت: دلقک را زندانی کنید و به چاپلوسی و حیله‌اش توجّه نکنید.

۲۵۸۰ می‌زنیدش چون دُهُل اشکم تهی   تا دهل‌وار او دَهَدْمان آگهی

همان گونه که بر طبل می‌کوبید، بزنیدش تا هر چه در دل دارد، بگوید.

۲۵۸۱ تَرّ و خشک و پُرّ و تی باشد دهل   بانگِ او آگه کند ما را زِ کُل⁵

از صدایِ طبل می‌توان فهمید که تر یا خشک، پُر یا تهی است.

۲۵۸۲ تا بگوید سِرِّ خود از اضطرار   آنچنانکه گیرد این دل‌ها قرار

او را بزنید تا راز را بگوید و این دل‌ها آرام گیرند.

۲۵۸۳ چون طُمَأنینه‌ست صدق و با فروغ   دل نیارامد به گفتارِ دروغ⁶

زیرا سخن راست نورانی است و مایهٔ آرامش. با سخن دروغ دل آرامش نمی‌یابد.

۲۵۸۴ کِذب چون خَس باشد و دل چون دهان   خس نگردد در دهان هرگز نهان

دروغ همانند خاشاک است و دل بسان دهان، خَس و خاشاک در دهان آشکار می‌شود.

---

۱ - اشارتی قرآنی؛ حُجُرات: ۴۹/۱۲: ای کسانی که ایمان آورده‌اید، از گمان فراوان بپرهیزید که پاره‌ای از گمان‌ها در حدّ گناه است. اینجا اقتباس لفظی شده است.   ۲ - **نیست اِستم راست**: ستم روا نیست.

۳ - **جاگیر شد**: اثر کرد.   ۴ - **زَرق**: حیله و مکر.

۵ - اشاره به اینکه از بانگ و سخن هرکس می‌توان تا حدودی به اندیشه و باطنش پی برد.

۶ - اشاره به حدیث: ...إنَّ الصَّدقَ طُمَأنینةٌ و إنَّ الکِذبَ رِیبةٌ: راستگویی مایهٔ آرامش و دروغگویی شُبهه‌فزاست: احادیث مثنوی، ص ۲۰۸.

تا در او باشد، زبانی می‌زند　　تا بِدآنَش از دهان بیرون کند ۲۵۸۵

تا خاشاک در دهان باشد، انسان می‌کوشد که با زبان آن را خارج کند.

خاصه که در چشم افتد خَس زِ باد　　چشم افتد در نم و بند و گشاد[1] ۲۵۸۶

مخصوصاً اگر در اثر باد خاشاکی در چشم بیفتد، چشم پُر آب و باز و بسته می‌شود.

ما پس این خَس را زنیم اکنون لگد　　تا دهان و چشم از این خَس وارهد ۲۵۸۷

پس بهتر است اکنون این خاشاک را دور کنیم تا دهان و چشم از آن رهایی یابند.

گفت دلقک: ای مَلِک! آهسته باش　　رویِ حلم و مغفرت را کم خراش[2] ۲۵۸۸

دلقک گفت: ای شاه، عجله نکن، بردبار و بخشنده باش.

تا بدین حد چیست تعجیلِ نِقَم[3] **؟　　من نمی‌پرّم به دستِ تو دَرَم**[4] ۲۵۸۹

چرا برای انتقام این همه شتاب داری؟ من که پرواز نمی‌کنم و اسیرِ تو هستم.

آن ادب[5] **که باشد از بهر خدا**[6] **　　اندر آن مُستعجِلی**[7] **نَبْوَد روا** ۲۵۹۰

در تأدیب برای خدا هم شتاب جایز نیست.

وآنچه باشد طبع و خشم و عارضی[8] **　　می‌شتابد، تا نگردد مرتضی**[9] ۲۵۹۱

امّا کسی که از روی خشم دیگری را تأدیب می‌کند، در کیفر دادن می‌شتابد تا خشمش فرو ننشیند و به رضا بَدَل نشود.

ترسد اَرْ آید رضا،[10] **خشمش رود　　انتقام و ذوقِ آن، فایت شود**[11] ۲۵۹۲

بیمناک است که مبادا دلش راضی شود و خشم از بین برود، و لذّت انتقام زایل شود.

شهوتِ کاذب[12] **شتابد در طعام　　خوفِ فوتِ ذوق، هست آن خود سَقام**[13] ۲۵۹۳

«اشتهای کاذب» یا حرصِ‌خوردن هم به سببِ ترسِ بیمارگونه‌ای است که از تمام شدنِ لذّتِ خوردن دارند که این خود بیماری است.

---

۱ - **بند و گشاد :** بستن و بازکردن.

۲ - مصراع دوم: روی بردباری و بخشایش را خراش نده و مجروح نکن؛ یعنی بگذار بردباری و بخشندگی در وجودت باشد یا اینکه: بردبار و بخشنده باش.　۳ - **تعجیلِ نِقَم :** شتاب برای انتقام.

۴ - **به دستِ تو دَرَم :** اسیرِ دستِ تو هستم.　۵ - **آن ادب :** آن تأدیب یا آن مجازات و کیفر.

۶ - تأدیبی که برای خداست.　۷ - **مُستعجِلی :** تعجیل، مستعجل + یای مصدری.

۸ - مصراع اوّل: مجازاتی که از روی طبیعت بشری و خشمی نفسانی باشد.　۹ - **مرتضی :** راضی، خشنود.

۱۰ - اگر خشنودی بیاید، اگر دلش راضی شود.　۱۱ - **فایت شود :** فوت شود، از بین برود و زایل شود.

۱۲ - **شهوت کاذب :** اشتهایِ کاذب یا حرصِ خوردن.　۱۳ - **سَقام :** بیماری.

اشتها صادق بُوَد،[1] تأخیر بِهْ[2] تا گواریده شود آن بی گِره[3] ۲۵۹۴

اگر آدمی واقعاً اشتها داشته باشد و حرصِ خوردن نباشد، باز هم بهتر است با تأنّی بخورد تا غذا به خوبی هضم شود.

تو پیِ دفعِ بلایَم می‌زنی تا ببینی رخنه را،[4] بندش کنی[5] ۲۵۹۵

تو برای دفعِ بلا مرا می‌زنی تا خطر بلایِ احتمالی را بدانی و راهش را ببندی.

تا از آن رخنه[6] برون ناید بلا غیرِ آن، رخنه بسی دارد قضا[7] ۲۵۹۶

تا راهِ قضایِ الهی را ببندی، در حالی که اگر قضایی باشد، نمی‌توان مانعِ آن شد.

چارهٔ دفعِ بلا، نَبْوَد ستم چاره احسان باشد و عفو و کَرَم ۲۵۹۷

دفعِ بلا با ستمگری ممکن نیست، چارهٔ آن صدقه و نیکی است.

گفت: اَلصَّدْقَه مَرَدٌّ لِلْبَلا داوِ مَرْضٰاكَ بِصَدْقَهْ یا فَتیٰ![8] ۲۵۹۸

پیامبر(ص) فرمود: ای جوان، «صدقه دفعِ بلاست»، «بیمارانِ خود را با صدقه درمان کن».

صَدْقه نَبْوَد سوختن درویش را کور کردن چشمِ حِلْم‌اندیش[9] را ۲۵۹۹

دلِ بینوایی را سوزاندن و امیدش را ناامید کردن که دفعِ بلا نیست.

گفت شه: نیکوست خیر[10] و موقعش[11] لیک چون خیری کنی در موضعش[12] ۲۶۰۰

شاه گفت: نیکی باید به موقع و در مورد کسی باشد که استحقاقش را دارد.

موضعِ رُخ[13] شه نهی، ویرانی است[14] موضعِ شَه[15] اسب هم نادانی است[16] ۲۶۰۱

در شطرنج هر مُهره باید در جای خود قرار گیرد، اگر شاه به جای رُخ باشد، بازی خراب می‌شود و قرار دادن اسب در خانهٔ شاه هم نشان نادانی است.

---

۱ - اگر واقعاً اشتها باشد نه حرص. ۲ - **تأخیر بِهْ :** تأنّی بهتر است.

۳ - مصراع دوم: تا غذا بدون اشکال هضم شود. ۴ - تا خطرِ احتمالی را بتوانی ببینی یا بدانی.

۵ - راهش را سد کنی. ۶ - **از آن رخنه :** از آن راه. ۷ - مصراع دوم: مانعِ قضایِ الهی نمی‌توان شد.

۸ - اشاره و اقتباس لفظی از دو خبر با همین مضمون: احادیث مثنوی، ص ۲۰۸.

۹ - **چشمِ حِلم‌اندیش :** چشمِ امیدِ کسی که به بُردباری تو امیدوار است.

۱۰ - **نیکوَست خیر :** کارِ خیر بسیار نیک است. ۱۱ - **موقعش :** به موقع و به جا.

۱۲ - مصراع دوم: و در حقّ کسی که شایستهٔ آن است. ۱۳ - **موضعِ رُخ :** خانهٔ رُخ.

۱۴ - **ویرانی است :** موجب خرابی است؛ یعنی بازی خراب می‌شود. ۱۵ - **موضعِ شَه :** خانهٔ شاه.

۱۶ - مُراد آنکه: هر چیز به جایِ خویش نیکوست.

در شریعت، هم عطا هم زجر[۱] هست　　شاه را صدر، و فَرَس را درگه است ۲۶۰۲

در شریعت، هم پاداش هست و هم کیفر؛ یعنی هر چیز در جای خودش، مانند شاه که در صدر قرار می‌گیرد و اسب بر در سرای.

عدل چه‌بْوَد؟ وضع اندر موضعش　　ظلم چه‌بْوَد؟ وضع در ناموقعش ۲۶۰۳

معنیِ عدالت همین است که هر چیز در جایِ خودش باشد و اگر نباشد، می‌شود ظلم.

نیست باطل هر چه یزدان آفرید[۲]　　از غضب، وز حلم، وز نُصح[۳] و مَکید[۴] ۲۶۰۴

در آفرینش، هیچ چیز بیهوده نیست و جایگاه خاصّ خود را دارد، مانند: خشم، بردباری، خیرخواهی و بدخواهی.

خیرِ مطلق نیست زین‌ها هیچ چیز　　شرِّ مطلق نیست زین‌ها هیچ نیز ۲۶۰۵

هیچ کدام از این‌ها نه خیرِ مطلق‌اند و نه شرِّ مطلق.

نفع و ضرِّ هر یکی از موضع است　　علم[۵] از این رُو واجب است و نافع است ۲۶۰۶

سود و زیانِ هر یک وابسته است به موضع و محلّی که در آن به کار رفته‌اند؛ پس قدرتِ تشخیص، اینکه بتواند جایگاهِ مناسب هر یک را بداند، یک آگاهی یا دانش، واجب است.

ای بسا زجری که بر مسکین رود[۶]　　در ثواب از نان و حلوا بِهْ بُوَد ۲۶۰۷

چه بسا مجازات کردن یک مستمند بهتر از سیر کردن او باشد.

زآنکه حلوا[۷] بی اَوان[۸] صفرا کُنَد[۹]　　سیلی‌اَش[۱۰] از خُبث[۱۱] مُستَنقا[۱۲] کند ۲۶۰۸

زیرا لطف کردن در حقّ کسی که باید مجازات شود، بر بدی‌اش می‌افزاید؛ امّا تنبیه به‌موقع او را از بدی پاک می‌کند.

سیلیی در وقت بر مسکین بُزن　　که رهانَد آنش از گردن زدن ۲۶۰۹

بینوا را به موقع تنبیه کن که از گردن زدن نجات یابد.

---

۱ - **عطا و زجر**: پاداش و کیفر.　۲ - اینجا اشاره به خُوهای متعدد و متفاوتِ آدمی است.
۳ - **نُصح**: اندرز، اینجا خیرخواهی.　۴ - **مَکید**: حیله و نیرنگ، اینجا بدخواهی.
۵ - **علم**: آگاهی و قدرت تشخیص.
۶ - مُراد آنکه: کیفرِ به‌جا و به موقع بهتر و خداپسندانه‌تر از هر چیز دیگر است.
۷ - **حلوا**: شیرینی، اینجا لطف.　۸ - **بی اَوان**: بی‌جا، بی‌موقع.
۹ - **صفرا کند**: اینجا سببِ بیماری‌اش می‌شود؛ یعنی بدی‌اَش استمرار می‌یابد.
۱۰ - **سیلی‌اَش**: سیلی زدن، تنبیه کردن.　۱۱ - **خُبث**: پلیدی.　۱۲ - **مُستَنقا**: پاک شده، پاک.

زخم، در معنی،[۱] فُتد از خُویِ بد[۲] چوب بر گَرد اوفتد، نه بر نَمَد ۲۶۱۰

در واقع آدمی به سببِ خویِ بدِ خود ضربه می‌خورد که از آن پاک شود، این ضربه مانند چوب است که بر گرد و غبارِ نمد زده می‌شود، نه بر خودِ نمد.

بزم و زندان هست هر بهرام[۳] را بزمْ مُخلِص را و زندانْ خام را ۲۶۱۱

هر شاه، هم بزم دارد و هم زندان، بزم برای یارانِ پاکدل و زندان برای خامان است.

شَقّ[۴] باید ریش[۵] را، مرهم کُنی[۶] چرک را در ریش مستحکم کنی ۲۶۱۲

زخمِ عفونی را باید شکافت. اگر نشکافی و مرهم بگذاری، عفونت در آن می‌مانَد.

تا خورَد مر گوشت را در زیرِ آن نیمْ سودی[۷] باشد، و پَنجَهْ زیان[۸] ۲۶۱۳

و سبب عفونی شدنِ بافت‌های دیگر هم می‌شود. این مرهم گذاشتن سودِ اندک دارد و زیانِ بسیار.

گفت دلقک: من نمی‌گویم: گذار[۹] من همی گویم: تحرّیّ[۱۰] بیار ۲۶۱۴

دلقک گفت: من نمی‌گویم مرا ببخش؛ بلکه می‌گویم بیشتر دقّت کن.

هین! ره صبر و تأنّی در مبند[۱۱] صبر کن، اندیشه می‌کن روزِ چند ۲۶۱۵

هان، بردباری و تأمّل را از دست نده. صبر کن و چند روز بیندیش.

در تأنّی بر یقینی بر زنی[۱۲] گوشْ مالِ[۱۳] من به ایقانی[۱۴] کنی ۲۶۱۶

هنگامی که با تأمّل یقین کردی که گناهکارم، با اطمینان کیفرم می‌دهی.

در رَوِش،[15] یَمْشی مُکِبّاً[16] خود چرا؟ چون همی شاید شدن در اِستوا[۱۷] 2617

چرا کارِ عجولانه‌ای بکنیم که مانند راه رفتن نابینا با نگونساری و به روی در افتادن همراه باشد، در حالی که می‌توانیم با تأمّل درست و استوار گام برداریم.

---

۱ - **در معنی** : در واقع، در حقیقت. ۲ - **فُتد از خویِ بد** : به سببِ خویِ بد است.
۳ - **بهرام** : مطلقِ شاه، اسمِ خاصّ نیست. ۴ - **شَقّ** : شکافتن. ۵ - **ریش** : زخم.
۶ - **مرهم کنی** : مرهم بگذاری. ۷ - **نیمْ سود** : سود اندک. ۸ - **پَنجَه زیان** : پنجاه زیان، زیانِ بسیار.
۹ - **گذار** : درگذر، ببخش، رها کن. ۱۰ - **تحرّی** : جست‌وجو، بررسی و دقّت.
۱۱ - **ره صبر و تأنّی در مبند** : درِ بردباری و صبر را به رویِ خود مبند؛ یعنی بردباری و تأمّل را از دست نده.
۱۲ - **بر یقینی بر زنی** : یقین حاصل کنی. ۱۳ - **گوش مال** : کیفر. ۱۴ - **ایقان** : یقین آوردن.
۱۵ - **در روش** : در راه رفتن.
۱۶ - اقتباس لفظی از قرآن؛ مُلک: ۲۲/۶۷: آیا آن کس که نگونسار بر روی افتاده می‌رود، هدایت یافته‌تر است یا کسی که استوار بر راه راست ره می‌سپارد؟ ۱۷ - **در اِستوا شدن** : درست و استوار راه رفتن.

مشـورت کـن بـا گـروهِ صـالحان　　　بـر پـیمبر اَمـرِ شـاوِرْهُمْ[1] بـدان ۲۶۱۸

با افراد صالح مشورت کن و بدان بر پیامبر(ص) هم امر شد که: «با آنان مشورت کن».

اَمْـرُهُمْ شُـوْرىٰ[2] بـرای ایـن بُـوَد　　　کز تَشـاوُرْ[3] سَـهو و کـژ کـمتر رود ۲۶۱۹

این آیهٔ شریفه: «کارشان بر پایهٔ مشورت است»، برای آن است که با مشورت اشتباه و خطا کم شود.

این خِرَدها[4] چون مصابیحْ[5] انور[6] است　　　بیست مصباح از یکی روشن‌تر است[7] ۲۶۲۰

عقلِ آدمی، مانند چراغی نورانی است و البتّه روشنایی بیست چراغ بیش از یک چراغ است.

بـوکه مـصباحی فُـتد انـدر مـیان　　　مشـتعِل گشـته ز نـورِ آسـمان ۲۶۲۱

شاید در میان مشاوران عقلی باشد که از نور حقّ منوّر گشته باشد.

غیرتِ حـق پـرده‌یی انگـیخته‌ست　　　سِفلی و عِلْوی به هم آمـیخته‌ست[8] ۲۶۲۲

غیرتِ حق مراتب متفاوت عقل از پست تا عالی را در هم آمیخته تا حقیقت از نااهلان نهان باشد.

گفت: سیِروا[9]، می‌طلب اندر جهان　　　بخت و روزی را همی کن امـتحان ۲۶۲۳

گفت: «سیر و سفر کنید» و با جُست‌وجو بخت و روزی خود را بیابید.

در مـجالس مـی‌طلب انـدر عـقول　　　آنچنان عقلی که بُود اندر رسـول[10] ۲۶۲۴

در هر محفل و مجلسی جویایِ عقلی کامل باش.

زآنکه میراث از رسول آن است و بس　　　که بـبیند غـیب‌ها از پـیش و پس[11] ۲۶۲۵

زیرا میراثِ پیامبر(ص) همین عقلِ منوّری است که می‌تواند عوالم غیبی را ببیند.

---

۱ – اقتباس لفظی از قرآن کریم؛ آل‌عمران: ۱۵۹/۳: در کارها با آنان مشورت کن. [امر به پیامبر(ص)]

۲ – اقتباس لفظی از قرآن کریم؛ شوریٰ: ۳۸/۴۲.　۳ – **تشاور**: مشاوره، مشورت.

۴ – **خردها**: مُراد عقلِ آدمیان است.　۵ – **مصابیح**: جمع مِصباح: چراغ.　۶ – **انور**: نورانی.

۷ – از این بیت به بعد تعالیم مولاناست از زبان دلقک.

۸ – مُراد آنکه: غیرتِ حق اجازه نمی‌دهد که عقلِ کامل اولیای مستور را همه بشناسند.

۹ – ظاهراً ناظر است به آیهٔ ۲۰ سورهٔ عنکبوت: بگو در زمین سیر و سفر کنید و بنگرید خداوند چگونه آفرینش را آغاز کرده است و... . مُراد آنکه: بر آدمی واجب است که با «جُست‌وجو» و «سیر و سفر»، این عقلِ کمال یافته را بیابد و از آن در جهت سلوک و تعالی خود بهره‌مند گردد. این واژه در سوره‌های دیگری نیز به کار رفته است.

۱۰ – **عقلِ رسول**: اینجا مُراد از آن «عقلِ کمال یافته و واصل» و یا عقلِ اولیای حق است.

۱۱ – **پیش و پس**: گذشته و آینده. مُراد آنکه: عقلِ پیروانِ خالص و اولیای حق در اثر ارتقا به عقلِ کُلّ اتّصال می‌یابد.

در بصرها می‌طلب هم آن بصر — که نتابد شرحِ آن این مختصر ۲۶۲۶

در میان چشم‌ها جویایِ چشمی باش که شرح آن در این مختصر ممکن نیست.

بهرِ این کرده‌ست منع آن باشکوه — از تَرَهُّب[1]، وز شدن خلوت به کوه[2] ۲۶۲۷

به همین مناسبت آن پیامبرِ عظیم، رهبانیّت و خلوت‌نشینی در کوه‌ها را منع کرده است.

تا نگردد فوت این نوعِ اِلتقا[3] — کآن نظر بخت است و اکسیرِ بقا[4] ۲۶۲۸

تا ملاقاتِ خلق با مردان حق ممکن شود؛ زیرا نظرِ آنان بخت و کیمیایِ جاودانگی است.

در میانِ صالحان[5] یک اَصلَحی[6]ست — بر سرِ توقیعش[7] از سلطان[8] صَحی[9]ست ۲۶۲۹

در میان کاملان کامل‌تری است که مُؤَیَّد مِن عِندالله[10] است.

کآن دعا[11] شد با اجابت مُقتَرِن[12] — کُفْو[13] او نَبْوَد کِبارِ[14] اِنس و جِن ۲۶۳۰

که توجّه و اراده‌اش قرین اجابت است؛ زیرا برتر از هر بزرگِ انس و جنّ است.

در مِریِ‌اَش[15] آنکه حُلْو[16] و حامض[17] است — حجّتِ ایشان بَرِ حق داحِض[18] است ۲۶۳۱

خداوند برای مقابله یا ستیزه با او هیچ دلیلِ خوب یا بدی را نمی‌پذیرد.

که: چو ما او را به خود افراشتیم[19] — عذر و حجّت از میان برداشتیم[20] ۲۶۳۲

زیرا خداوند او را برگزیده و به این مقامِ عالی و بلند رسانده و این امر نیازمندِ دلیل نیست.

---

۱ - **تَرَهُّب** : رُهبانیّت، راهب شدن.

۲ - ناظر است به این حدیث: لا رَهبانیّةَ فِی الاسلام. همچنین از پیامبر(ص) نقل کرده‌اند: رهبانیّت این اُمّت جهاد با نفس است: احادیث، ص ۵۶۷. ۳ - **اِلتقا** : التقاء: دیدار کردن.

۴ - **اکسیرِ بقا** : کیمیایی برای حیاتِ جاودان. ۵ - **صالحان** : نیک‌مردان، نیکوکاران، اینجا کاملان.

۶ - **اَصْلَح** : نیکوتر، اینجا کامل‌تر یا شایسته‌تر.

۷ - **توقیع** : امضا کردن نامه و فرمان. اینجا «توقیعِ ولایت» یا فرمانِ خداوندی مبنی بر ولایتِ آنان.

۸ - **سلطان** : مُراد پروردگار است. ۹ - **صَحّ** : مخفّف صَحَّ: صحیح است یا درست است.

۱۰ - خداوند او را تأیید کرده است. ۱۱ - **کآن دعا** : دعای او، مراد نظر یا توجّه و ارادهٔ باطنیِ اوست.

۱۲ - **مُقْتَرِن** : قرین شده. ۱۳ - **کُفْو** : نظیر. ۱۴ - **کِبار** : بزرگان.

۱۵ - **مِری** : مِراء: مقابله، در افتادن با کسی، ستیزه. ۱۶ - **حُلْو** : شیرین. ۱۷ - **حامض** : ترش.

۱۸ - **داحِض** : باطل، مردود.

۱۹ - مصراع اوّل: ما خود او را بلند و عالی مرتبه کرده‌ایم، ما خود او را برگزیده‌ایم.

۲۰ - مصراع دوم: انتخابِ ما که نیاز به دلیل یا استدلال ندارد.

دفتر ششم ۳۶۳

قبله را چون کرد دستِ حق عیان پس تحرّی[1] بعد از این مردود دان ۲۶۳۳

ارائهٔ دلیل در مورد چنین انسانِ کاملی، مانند این است که جهت قبله را بدانیم و باز به جست‌وجوی آن بپردازیم.

هین! بگردان از تحرّی رُو و سر[2] که پدید آمد مَعاد و مُستقَر[3] ۲۶۳۴

هان، نیازی به جست‌وجو نیست؛ زیرا محلِّ بازگشت و قرارگاه معلوم شده است.

یک زمان زین قبله گر ذاهِل[4] شوی سُخرهٔ[5] هر قبلهٔ باطل[6] شوی[7] ۲۶۳۵

اگر لحظه‌ای از این قبله غافل شوی، مسخره و مغلوب هر مدّعی خواهی شد.

چون شوی تمییزْ دِه[8] را ناسپاس[9] بِجْهد از تو خَطْرتِ قبله شناس[10] ۲۶۳۶

اگر در قبال مرد حق که به تو قدرت تشخیصِ حق و باطل را داده است، ناسپاسی کنی، این توانایی را از دست می‌دهی.

گر از این انبار[11] خواهی بِرّ و بُر[12] نیمْ‌ساعت[13] هم ز همدردان[14] مَبُر ۲۶۳۷

اگر از خزانهٔ حق بهره‌های معنوی و روحانی می‌خواهی،لحظه‌ای از رهروان راهِ حق دور نشو.

که در آن دم که بِبُرّی زین مُعین[15] مبتلا گردی تو با بِئْسَ اَلْقَرین[16] ۲۶۳۸

زیرا به محض اینکه دلِ تو از آن یاورِ خدایی جدا شود،گرفتار همنشین بد خواهی شد.

---

۱ - **تحرّی :** صواب‌ترین را جستن، قصد کردن برای قبله. ۲ - **رو و سر را بگردان :** منصرف شو، بس کن.

۳ - **مُستَقَر :** محلّ استقرار، جهانِ ابدی. ۴ - **ذاهِل :** غافل. ۵ - **سُخره :** مسخره.

۶ - **قبلهٔ باطل :** مدّعیِ معرفت، مدّعیِ کمال.

۷ - مُراد آنکه: مدّعیان ارشاد و یا امور دنیوی مشغولت می‌کنند و از راه باز می‌مانی.

۸ - **تمییز دِهْ :** کسی که به تو قدرت تشخیص حق را از باطل داده است، عارفِ کامل.

۹ - **ناسپاس شوی :** ناسپاسی کنی، حق شناس نباشی.

۱۰ - **خَطْرتِ قبله شناس :** اندیشه یا قابلیّت قبله شناسی، قابلیّتِ تمییزِ حق از باطل، قابلیّتِ اینکه بتوانی مرد حق را از مدّعی بشناسی. ۱۱ - **انبار :** مُراد خزانهٔ حق یا باطنِ روحانی و معنویِ مردِ حق است.

۱۲ - **بِرّ و بُرّ :** نیکی و گندم، اینجا رزق روحانی. ۱۳ - **نیمْ ساعت :** اینجا لحظه‌ای.

۱۴ - **همدردان :** کسانی که دردِ حق‌جویی دارند، عاشقان حق یا سالکانِ مشتاق.

۱۵ - **زین مُعین :** از این یاری دهنده، یاور خدایی.

۱۶ - **بِئْسَ اَلْقَرین :** همنشینِ بد، دوستِ بد یا چه دوستِ بدی: تعبیر قرآنی: زُخرف: ۴۳/۳۸-۳۶: هر کس از یاد خداوند رحمان روی‌گردان شود، شیطان همراهِ او خواهد شد. شیطان‌ها آنان را از راه خدا باز خواهند گردانید. چنین انسانی اگر به خدا نزدیک شود، به شیطان می‌گوید:کاش من با تو فاصلهٔ مشرق تا مغرب را داشتم، تو چه همراه بدی بودی.

حکایتِ تعلّقِ موش با چَغز[1]، و بستنِ پایِ هر دوبه رشته‌یی دراز، و برکشیدنِ زاغ موش را، و معلّق شدنِ چغز، و نالیدن و پشیمانیِ او از تعلّق با غیرِ جنس و با جنسِ خود ناساختن[2]

موشی با چَغزی بر لب جویی آشنا شد. این دو هر صباحی در گوشه‌ای یک‌دیگر را می‌دیدند تا با هم مأنوس شدند. موش به چَغز پیشنهاد کرد که با رشته‌ای پاهایشان را به هم متّصل کنند که هرگاه موش به اشتیاق صحبت با چَغز بر لب جوی می‌آید، آن رشته را بجنباند و چَغز از آب برآید. بدین ترتیب پس از اصرارِ موش، چغز خواستهٔ او را پذیرفت.

روزی موش به کنار جو رفت. ناگهان زاغ سر رسید، او را گرفت و به هوا بُرد. چَغز هم توسط رشته‌ای که بر پایش بسته بود در میان هوا معلّق ماند.

در روایت ایسوفوس، سرّ سخن در لزوم رعایت تجانس در صحبت و دوستی است؛ امّا در روایت مثنوی، جان کلام در تبیین این معناست که تجانسِ حقیقیِ جانِ آدمی در مصاحبتِ کاملان است و اگر از مجالست با ایشان به دور افتد به بئس‌القرین مبتلا می‌گردد.

از قضا موشی و چَغزی باوفا   بر لبِ جو گشته بودند آشنا ۲۶۳۹

موشی با قورباغه‌ای باوفا اتّفاقاً در کنار جویی آشنا شده بودند.

هر دو تن مربوطِ میقاتی[3] شدند   هر صباحی[4] گوشه‌یی می‌آمدند ۲۶۴۰

آنان وقتی را برای دیدار تعیین کردند و هر روز صبح در زمانی معیّن ملاقات داشتند.

نردِ دل با همدگر می‌باختند   از وَساوِس سینه می‌پرداختند[5] ۲۶۴۱

با یک‌دیگر با مهر سخن می‌گفتند و درد دل می‌کردند.

هر دو را دل از تلاقی[6] مُتّسِع[7]   همدگر را قصّه خوان و مُستمِع ۲۶۴۲

دلِ هر دو از این دیدار باز می‌شد؛ زیرا سخن‌ها می‌گفتند و می‌شنیدند.

---

۱ - **چغز** : وزغ، قورباغه.

۲ - مأخذ این قصّه به امثال منسوب به ایسوفوس مربوط است که در آن قورباغه از خُبثِ طینت پنجهٔ خود را به پای موش می‌بندد و خود در آب می‌جهد و موش در آب می‌افتد و غرق می‌شود. قرقی موش را روی آب می‌بیند و به منقار می‌گیرد و پرواز می‌کند. قورباغه که به پای موش بسته شده است، طعمهٔ قرقی می‌گردد: احادیث، ص ۵۶۷.

۳ - **میقات** : وقت، وقتی که برای کاری تعیین می‌گردد.   ۴ - **صباح** : صبح، بامداد.

۵ - مصراع دوم: دل را از دغدغه‌ها پاک می‌کردند؛ یعنی درد دل می‌کردند.   ۶ - **تلاقی** : ملاقات.

۷ - **مُتَّسِع** : باز شونده، گشاده شونده.

رازگـویان بـا زبـان و بـی‌زبان[۱]   اَلْـجَماعَه رَحْـمَه[۲] را تأویـل[۳] دان ۲۶۴۳

با زبان و به زبانِ حال سخن می‌گفتند و گویی می‌دانستند که «جماعت مایهٔ رحمت است».

آن اَشِر[۴] چون جفتِ آن شاد[۵] آمدی   پـنجْ سـاله قـصّه‌اش یـاد آمـدی[۶] ۲۶۴۴

هنگامی که قورباغه نزدِ موش می‌رسید، به شوق می‌آمد و بسیار چیزها می‌گفت.

جوشِ نُطق از دل نشانِ دوستی‌ست   بســتگیِّ نـطق از بـی اُلفـتی‌ست ۲۶۴۵

جوشیدنِ سخن از دل نشانهٔ دوستی است و خاموشی نشانهٔ نبودن الفت است.

دل که دلبر دیـد، کِـی مـاند تُـرُش؟   بلبلی گُل دیـد، کِـی مـاند خـمش؟ ۲۶۴۶

دل در کنار دلبر به نشاط می‌آید و بلبل در کنار گل نغمه سر می‌دهد.

مـاهیِ بـریان ز آسـیبِ[۷] خَـضِر[۸]   زنده شد، در بحر گشت او مُسْتَقِر[۹] ۲۶۴۷

تأثیرِ همنشین چنان زیاد است که ماهیِ بریان در کنار خضر(ع) زنده شد و به دریا رفت؛ زیرا او نمادِ آبِ حیات است.

یار را، بـا یـار چـون بـنشسته شـد   صد هزاران لوحِ سِر دانسته شـد[۱۰] ۲۶۴۸

اگر آدمی بتواند مُخلصانه در محضرِ کاملان باشد، ارتقا می‌یابد و بـه حـقیقتِ هستیِ خویش می‌رسد.

لوحِ مـحفوظ است پـیشانیِّ یـار[۱۱]   رازِ کَـــونَینَش[۱۲] نـمایدْ آشکـار ۲۶۴۹

سیمایِ ظاهر و باطنِ او مخزن معارف است و اسرار هستی را آشکار می‌کند.

---

۱ - **بی‌زبان :** به زبانِ حال. ۲ - اشاره به حدیث با همین مضمون: احادیث، ص ۱۲۸.

۳ - **تأویل :** تفسیر، اینجا معنی و مقصود. ۴ - **اَشِر :** سرمست و مغرور، مُراد قورباغه است.

۵ - **آن شاد :** مُراد موش است. ۶ - مصراع دوم: مُراد آنکه به شوق می‌آمد و سر درد دلش باز می‌شد.

۷ - **آسیب :** تماس، تلاقی. ۸ - **خَضِر :** خضر(ع).

۹ - اشارتی قرآنی؛ کهف: ۶۱/۱۸-۶۰. که در ارتباط است با ملاقات موسیٰ(ع) با خضر(ع) که بنا بر تفاسیر قرار بود در محلّی که موسیٰ می‌توانست خضر(ع) را ملاقات کند، ماهی بریان زنده شود و به دریا برود و در تماس با آبِ حیوان چنین شد و جان گرفت.

۱۰ - مصراع دوم: صدهزاران لوحِ سر دانسته شد؛ یعنی اسرار بر او آشکار می‌شود، چون می‌تواند به حقیقت هستیِ خویش برسد. ۱۱ - مُراد سیمایِ ظاهر و باطن و همچنین درکِ محضر کاملان است.

۱۲ - **رازِکَونین :** راز دو عالم، رازِ هستی.

هــادیِ راه است یـار انـدر قُـدوم[۱] مصطفی زین گفت: اَصْحابی نُجُوم[۲] ۲۶۵۰

او راهنمای راهِ حق است. از این رو پیامبر(ص) فرمود: «یاران من مانند ستارگان‌اند».

نجم اندر ریگ و دریا[۳] رهـنماست چشم اندر نجم نِهْ،[۴] کو مُـقتداست ۲۶۵۱

ستاره در دریا و صحرا راهنماست؛ پس از یار کاملی پیروی کن که او پیشواست.

چشم را با رویِ او می‌دار جـفت[۵] گَرد مَنگیزان ز راهِ بحث و گـفت[۶] ۲۶۵۲

لحظه‌ای از او غافل مشو و هرگز بحث و جَدَل نکن.

زآنکه گردد نجم پـنهان، زآن غـبار چشـم بـهتر از زبـانِ بـا عِـثار[۷] ۲۶۵۳

زیرا اگر حرفی بزنی، سخنِ تو، گرد و غباری است که نمی‌گذارد راه را ببینی. راه را با دقّت دیدن بهتر از لغزیدن است.

تا بگوید او که وحی‌اَستش شِـعار[۸] کآن نشـانَد گـرد و نَـنْگیزد غـبار ۲۶۵۴

تا او که سخنش مُلهم از حق است، بگوید و گرد و غبارهای نفسانی را فرو بنشانَد.

چون شد آدم مظهرِ وحـی و وَداد[۹] نـاطقهٔ او عَـلَّمَ ٱلاَسْـما گشـاد[۱۰] ۲۶۵۵

چون آدم(ع) مظهرِ وحی و دوستیِ خدا شد، حقایقِ هستی را از خداوند دریافت کرد.

نامِ هـر چـیزی، چـنانکه هست آن از صحیفهٔ دل رَوی[۱۱] گشتش زبان ۲۶۵۶

حقیقتِ هر چیزی را در لوحِ دل می‌دید و زبانش آن را روایت می‌کرد.

فاش مـی‌گفتی زبـان از رُؤیـتش[۱۲] جـمله را خـاصیّت و مـاهیّتش ۲۶۵۷

آشکار و واضح خاصیّت و ماهیّت هر چیز را می‌دید و می‌گفت.

---

۱ - **قُدوم :** از سفر باز آمدن، اینجا سفرِ درونیِ سالک یا سلوک.

۲ - اشاره به حدیث: یارانِ من چون ستارگان‌اند، به هر یک که اقتدا کنید راه راست را می‌یابید: احادیث، ص ۹۰.

۳ - **ریگ و دریا :** همه جا.

۴ - **چشم اندر نجم نِهْ :** تمام توجّهات را به او معطوف کن؛ یعنی از او پیروی کن.

۵ - از او غافل مشو، همواره متوجّه او باش.

۶ - در برابر عارف کامل سخن نگو، زیرا سخنِ تو چیزی جز گرد و غبارِ نفسانی نیست، فقط بشنو.

۷ - **زبانِ با عِثار :** زبانِ لغزشکار، زبانی که سخنش از روی آگاهی نیست.

۸ - **وَحی‌اَستش شعار :** وحی یا الهام لباسِ اوست؛ یعنی سخنش مُلهِمْ از حق است. ۹ - **وَداد :** دوستی.

۱۰ - ناطقهٔ او رازِ «نام‌ها را به آدم آموخت» را فاش کرد؛ یعنی اسرار نام‌هایی را که پروردگار به او آموخت، می‌داند. یا به عبارتی: حقایقِ هستی را از پروردگار آموخت؛ بنابراین ناطقهٔ او گویا شد و حقایق را گفت. اشارتی قرآنی؛ بقره: ۳۱/۲. ۱۱ - **رَوی :** روایت کننده. ۱۲ - **رؤیت :** شهود، کشفِ درونی، دیدن با چشمِ باطنی.

آنچنان نامی که اشیا را سَزَد   نه چنانکه حیزْ[1] را خوانَد اَسَد ۲۶۵۸

هر چیز را بنا بر شایستگی‌اش نام می‌نهاد، نه اینکه نامِ ظاهری بگذارد و نامردِ ترسویی را شیر بنامد.

نوح نهصد سال در راهِ سَویِ[2]   بود هر روزیش تذکیرِ[3] نوی ۲۶۵۹

نوح(ع) نهصد سال در راه راست، هر روز اندرزی تازه گفت.

لعلِ او گویا ز یاقوتُ اَلقُلوب[4]   نه رساله[5] خوانده، نه قُوتُ اَلقُلُوب[6] ۲۶۶۰

لبِ لعلِ او از دلِ منوّر و وحیِ حق گویا بود، نه از درس و کتاب.

وعظ را ناموخته هیچ از شُروح[7]   بلکه یَنْبوعِ[8] کُشوف[9] و شرحِ روح[10] ۲۶۶۱

سخنان حکیمانهٔ او ناشی از هیچ کتابِ شرحی نبود؛ بلکه از شرحِ روح بود که سرچشمهٔ همهٔ کشف‌هاست.

زآن میی کآن می[11] چو نوشیده شود   آب نطق، از گُنگ[12] جوشیده شود ۲۶۶۲

کلامِ او ناشی از شرابی الهی بود که آدم گُنگ را سخنور می‌کرد.

طفلِ نوزاده، شود حَبْرِ فصیح[13]   حکمتِ بالغ[14] بخوانَد، چون مسیح[15] ۲۶۶۳

از باده‌ای بود که طفل نوزاده را به عالِمی سخنور بَدَل می‌کرد تا چون مسیح(ع) حکمت‌های بالغه بگوید.

---

۱ - **حیز :** مُخَنَّث، بدکار، نامرد.   ۲ - **سَویِ :** سویّ: راست، مستوی.

۳ - **تذکیر :** تذکار، یاد دادن کسی را، اینجا پند و اندرز.

۴ - **یاقوتُ اَلقُلوب :** یاقوت یا جواهرِ دل‌ها، اینجا مُراد وحی و الهام ربّانی است.

۵ - **رساله :** کتاب یا جزوهٔ کوچک، اینجا مطلقِ کتاب و درس، نام کتابی معروف از امام قشیری هم هست.

۶ - **قُوتُ اَلقُلُوب :** کتابی معروف در تصوّف از ابوطالبِ مکّی در قرن چهارم هجری، اینجا احتمال است اشاره به این کتاب باشد و یا به طور کلّی دانشِ کسبی.   ۷ - **شروح :** شرح‌ها، کتاب‌های شرح و تفسیر.

۸ - **یَنْبوع :** چشمه.   ۹ - **کُشوف :** کشف‌ها، مکاشفه‌ها.

۱۰ - **شرحِ روح :** مُراد عظمت و بسط روح و کشفِ ناشی از این انشراح است.   ۱۱ - مُراد «میِ اَلَست» است.

۱۲ - **گُنگ :** لال.   ۱۳ - **حَبْرِ فصیح :** دانشمندِ سخنور.

۱۴ - **حکمتِ بالغ :** حکمت بالغه، علمی استوار بر حقایق.

۱۵ - اشاره به آیهٔ ۳۰ سورهٔ مریم و سخن گفتن عیسی(ع) درگهواره.

ازکُهی که یافت زآن می خوشْ لبی[۱] صـد غـزل آمـوخت داوودِ نَـبی[۲] ۲۶۶۴

داوود(ع) از همنوایی کوهی که ازآن «میْ» خوش‌آواز شده‌بود، بیشتر به‌طرب آمد و غزل‌سراتر شد.

جمله مرغان ترک کرده چیک چیک هـم زبـان و یـارِ داوودِ مـلیک[۳] ۲۶۶۵

پرندگان جیک جیک را ترک کردند و با داوودِ نبی هم‌آواز شدند.

چه عجب که مرغ گـردد مستِ او؟ چون شنود آهـن نـدایِ دستِ او؟[۴] ۲۶۶۶

مستی و همنوایی پرندگان با او عجیب نیست؛ زیرا آهن هم خواستهٔ دست او را می شنید و نرم می‌شد.

صَـرصَری[۵] بـر عـاد قـتّالی شـده[۶] مر سـلیمان را چـو حـمّالی شـده[۷] ۲۶۶۷

وزشِ تندباد قوم عاد را نابود کرد؛ امّا سلیمان(ع) را به این سو و آن سو می‌برد.

صَرصَری می‌بُرد بر سَر تـختِ شـاه هر صباح و هـر مَسـا[۸]، یکـماهه راه[۹] ۲۶۶۸

بادی تندرو تخت آن شاه را بر سر می‌نهاد و هر صبح و هر شب یک ماه راه را می‌پیمود.

هم شده حمّال و هـم جـاسوسِ[۱۰] او گفتِ غایب[۱۱] را کُنان محسوسِ او[۱۲] ۲۶۶۹

«باد»، او را حمل می‌کرد و سخنان دیگران را از فواصلی دور به گوشِ وی می‌رساند.

بـادِ دَم[۱۳] کـه گـفتِ غـایب یـافتی سـویِ گـوشِ آن مَـلِک بشـتافتی ۲۶۷۰

هرگاه تندبادِ نَفَسِ سخنی در غیاب وی را می‌یافت، به سوی گوش آن پادشاه می‌شتافت.

که فلانی این چنین گفت این زمان ای سـلیمانِ مِـهِ صـاحبْ قـران[۱۴] ۲۶۷۱

که: ای سلیمانِ بزرگِ بلند اقبال، اکنون فلانی چنین حرفی زد.

---

۱ - **خوش لبی :** خوش آوازی، اینجا همنوایی. ۲ - اشارتی قرآنی؛ انبیاء: ۷۹/۲۱.

۳ - **داوود ملیک :** داوود پادشاه، داوود نبی(ع). در ارتباط است با آیهٔ ۷۹ سورهٔ انبیاء.

۴ - اشارتی قرآنی؛ انبیاء: ۸۰/۲۱ و سبا: ۱۰/۳۴. که به موجب آن، آهن در دست داوود(ع) نرم می‌شد.

۵ - **صَرصَر :** تند بادِ سرد. ۶ - اشاره به آیهٔ ششم سورهٔ حاقّه. ۷ - اشارتی قرآنی؛ انبیاء: ۸۱/۲۱

۸ - **مَسا :** شب. ۹ - اشارتی قرآنی؛ سبا: ۱۲/۳۴. ۱۰ - **جاسوس :** جُست‌وجو کنندهٔ خبر، خبرچین.

۱۱ - **گفتِ غایب :** سخنِ افرادِ غایب. ۱۲ - **کُنان محسوسِ او :** محسوسِ او کُنان، محسوسِ او می‌کرد.

۱۳ - **بادِ دَم :** نَفَسِ سخن گفتن، نَفَسِ گفتار.

۱۴ - **صاحب قِران :** خوش اقبال، کسی که هنگام نطفه بستن یا به دنیا آمدنش زحل و مشتری در قِران بوده‌اند.

تدبیرکردنِ موش به چغزکه: من نمی‌توانم بَرِ تو آمدن به وقتِ حاجت، در آب، میانِ ما وُصلتی باید که چون من بر لبِ جو آیم: تو را توانم خبرکردن، و تو چون بر سرِ سوراخِ موشْ‌خانه آیی، مرا توانی خبرکردن، الی آخره

این سخن پایان ندارد، گفت موش   چَغز را روزی، که: ای مصباح[1] هوش ۲۶۷۲

این سخنان را پایانی نیست. موش به قورباغه گفت: ای روشنی‌بخشِ عقل و جان،

وقت‌ها خواهم که گویم با تو راز   تو درونِ آب داری تُرکْ‌تاز ۲۶۷۳

بعضی وقت‌ها که می‌خواهم با تو درد دلی بکنم، تو درون آب هستی و جست و خیز می‌کنی.

بر لبِ جو من تو را نعره‌زنان   نشنوی در آبْ نالهٔ عاشقان ۲۶۷۴

من کنار جوی فریاد می‌زنم؛ امّا تو در درون آب نالهٔ عاشقان را نمی‌شنوی.

من بدین وقتِ معیّن،[2] ای دلیر!   می‌نگردم از مُحاکاتِ[3] تو سیر ۲۶۷۵

ای دوست دلیر، من در این زمان کوتاه ازگفت‌وگو با تو سیر نمی‌شوم.

پنج وقت آمد نماز، و رهنمون   عاشقان را، فی صَلاةٍ دٰائِمُون[4] ۲۶۷۶

نمازکه راهنماست، در پنج وقت است؛ امّا عاشقان همواره در نمازند.

نه به پنج آرام گیرد آن خُمار[5]   که در آن سَرهاست، نی پانصد هزار ۲۶۷۷

نیاز و شوقی که آنان دارند نه به پنج وقت راز و نیاز آرام می‌یابد و نه به پانصد هزار وقت.

نیست زُرْ غِبّاً[6] وظیفهٔ[7] عاشقان   سخت مُسْتَسقی‌ست[8] جانِ صادقان ۲۶۷۸

سخنِ «گاه‌گاه بیا» دربارهٔ عاشقان نیست؛ زیرا جانِ صادقان بسیار تشنه است.

---

۱ - **مصباح** : چراغ. «مصباحِ هوش»: چراغِ عقل و هوش، روشنی‌بخشِ عقل و جان.

۲ - **وقتِ معیّن** : وقتِ تعیینِ شدهٔ هر روزی. ۳ - **مُحاکات** : حکایت کردن، اینجا گفت‌وگو.

۴ - اشارتی قرآنی؛ معارج: ۲۳/۷۰: اَلَّذینَ هُمْ عَلیٰ صَلاتِهِمْ دَآئِمُونَ: آنان که در نمازهایشان پیگیرند.
تفسیرِ عارفانهٔ آن: نه تنها صورت و جانِ نماز است؛ بلکه دوام ذکر و حضور دل نیز هست.

۵ - **خُمار** : شراب‌زدگی، حالی که پس از زایل شدن اثر شراب حاصل شود، بقیّهٔ آثار مستی در سر، اینجا حالی که عاشقِ حق دارد و تقرّب هرچه افزون‌تر می‌طلبد.

۶ - **زُرْ غِبّاً** : اشاره به حدیث است: ای ابوهریره یک روز در میان به دیدن من بیا تا موجب رغبت بیشتر شود: احادیث، ص ۵۶۸. ۷ - **وظیفه** : تکلیف. ۸ - **مُسْتَسْقی** : تشنه.

۲۶۷۹ نیست زُرْ غِبّاً وظیفهٔ ماهیان زآنکه بی دریا ندارند اُنس ِ جان[1]

این کلام در مورد عاشقان که ماهیان دریای وحدانیّت‌اند، مصداق ندارد؛ زیرا بی دریا می‌میرند.

۲۶۸۰ آبِ این دریاکه هایل[2] بُقعه‌ای[3]ست با خُمارِ ماهیان خود جرعه‌ای‌ست[4]

هرچند که دریا عمیق و ترسناک است؛ امّا در قِبالِ نیاز و شوقِ ماهیان جرعه‌ای بیش نیست.

۲۶۸۱ یکدمِ هجران برِ عاشق چو سال وصلِ سالی متّصل پیشش خیال

یک لحظه جدایی در نظر عاشق یک سال می‌نماید و یک سال وصال مانند خیال زودگذر است.

۲۶۸۲ عشق مُستسقی‌ست، مستسقی طلب در پیِ همْ این و آن چون روز و شب

عشق تشنه است و تشنه را می‌جوید. این دو مانند روز و شب همواره در پیِ هم‌اند.

۲۶۸۳ روزْ بر شب عاشق است و مُضطر است چون ببینی، شب بر او عاشق‌تر است

روز، عاشقِ شب و درماندهٔ این عشق است، اگر دقّت کنی، شب بر روز عاشق‌تر است.

۲۶۸۴ نیست‌شان از جستجو یک لحظه ایست از پیِ هَمْشان یکی دم ایست نیست

لحظه‌ای از جُست‌وجو باز نمی‌مانند و در پیِ هم بودن را رها نمی‌کنند.

۲۶۸۵ این گرفته پایِ آن، آن گوشِ این این بر آن مدهوش و آن بی‌هوشِ این

این یکی پایِ آن یکی را گرفته و آن یکی گوشِ این را. این شیفتهٔ آن است و آن شیدای این.

۲۶۸۶ در دلِ معشوق جمله عاشق است در دلِ عَذرا همیشه وامق[5] است

دل معشوق جایگاه عاشق است، همان‌طور که وامق همیشه در دل عذرا است.

۲۶۸۷ در دلِ عاشق به جز معشوق نیست در میان‌شان فارق و فاروق نیست[6]

در دلِ عاشق هم چیزی جز معشوق نیست، آنان یکی شده‌اند.

---

۱ - **بی دریا ندارند اُنسِ جان :** جانشان بجز دریا با چیز دیگری اُنس و الفت ندارد. ۲ - **هایل :** ترسناک.

۳ - **بُقعه :** بنا، عمارت، سرای و مقام.

۴ - عاشقانِ حق فانی در هستیِ حقیقی‌اند، پس هستیِ صوری در برابرشان مانند جرعه‌ای بیش نیست.

۵ - **وامق و عَذرا :** عاشق و معشوقِ قصّه‌ای که عنصری در قرن پنجم به نظم آورده است.

۶ - مصراع دوم: هیچ جدایی و عاملی برای جدایی وجود ندارد؛ یعنی وحدتی به نام عشق وجود دارد.
فارق: فرق گذارنده. فاروق: بسیار فرق گذارنده.

بـر یکـی اشـتر[1] بُـوَد ایـن دو دَرا[2] پس چه زُرْ غِبّاً بگنجد ایـن دو را؟ 2688

وجودِ آنان مانند دو جَرَس بر قامتِ عشق آویخته شده است؛ پس «گاه‌گاه بیا»، در مورد این اتّصال مصداق ندارد.

هیچ کس با خویش زُرْ غِـبّا نـمود؟ هیچ کس با خود به نوبت یار بود؟[3] ۲۶۸۹

هیچ کس به خود می‌گوید: «گاه‌گاه بیا»؟ هیچ کس هست که گاه‌گاه یار خود باشد؟

آن یکیّی نـه کـه عـقلش فـهم کـرد فهمِ این موقوف شد بـر مـرگِ مـرد ۲۶۹۰

این یکی بودن، ظاهری نیست که عقلِ دنیوی بتواند آن را بفهمد، برای فهمِ آن باید وجه مادّی نَفْس فنا یابد.

ور به عقل ادراکِ این مـمکن بُـدی قهرِ نَفْس[4] از بهرِ چه واجب شدی؟ ۲۶۹۱

اگر عقل می‌توانست آن را درک کند که فنایِ نَفْس ضروری نبود.

با چـنان رحـمت کـه دارد شـاهِ هُش[5] بی ضرورت، چون بگوید: نَفْس کُش؟[6] ۲۶۹۲

اگر ضروری نبود که خداوند با آن رحمتِ بی منتها نمی‌گفت: نَفْس را بکش.

مبالغه کردنِ موش در لابه و زاری و وُصلت جستن[7] از چغزِ آبی

گـفت: کِـای یـارِ عـزیزِ مِـهرْکـار مـن نـدارم بـی رُخَت یکـدم قـرار ۲۶۹۳

موش گفت: ای یارِ عزیزِ مهربان، من بدون دیدارِ تو یک لحظه آرام ندارم.

روزْ نور و مَکسَب[8] و تـابَم[9] تـویی شب قرار و سَلوَت[10] و خوابم تویی ۲۶۹۴

روزها، روشنی و کار و تاب و توانم از توست و شب‌ها هم آرامش و تسلّی و خوابم.

---

۱ - **اُشتر :** اینجا کنایه از «عشق» است.

۲ - **این دو دَرا :** این دو زنگوله، کنایه از عاشق و معشوق که هر یک به نوعی مظهرِ عشق‌اند.

۳ - مراد آنکه: عاشق و معشوق دو صورت متفاوتِ یک حقیقت‌اند. ۴ - **قهرِ نَفْس :** کشتنِ نَفْس، فنایِ نَفْس.

۵ - **شاهِ هُش :** اینجا پروردگار.

۶ - اشارتی قرآنی؛ بقره: ۵۴/۲: ...فَتُوبُوا الیٰ بارِئِکُم فَاقْتُلُوا اَنْفُسَکُم: به درگاه پروردگارتان توبه کنید و نفس‌های خود را بکشید. ۷ - **وُصلت جُستن :** طلبِ ملاقات کردن. ۸ - **مَکْسَب :** کسب و پیشه.

۹ - **تاب :** تاب و توان. ۱۰ - **سَلْوَت :** تسلّی و آرامش.

از مـروّت بـاشد اَر شـادم کـنی وقت و بی وقت از کَرَم یـادم کـنی ۲۶۹۵

اگر شادم کنی و گه‌گاه از سر کَرَم یادم کنی، از جوانمردیِ توست.

در شبان‌روزی[1] وظیفهٔ[2] چاشتگاه[3] راتبه[4] کردی وِصـال، ای نـیکخواه! ۲۶۹۶

ای دوستِ خیرخواه، تو در شبانه‌روز فقط نیمروز را برای دیدار تعیین کرده‌ای.

مـن بـدین یکـبار قـانع نـیستم در هـوایت، طُرفه[5] انسانی‌سْتَم[6] ۲۶۹۷

من به این یک بار قانع نیستم و در هوای تو حالِ عجیبی دارم.

پـانصد اِستِسقاسْتَم[7] انـدر جگـر با هر اِستِسقا قـرین جُـوعُ آلبَقَر[8] ۲۶۹۸

چنان مشتاق دیدارِ توأم که گویی همواره به شدّت تشنه و گرسنه‌ام.

بـی نـیازی از غـمِ مـن ای امـیر! دِهْ زکـاةِ جـاه[9]، و بـنگر در فـقیر ۲۶۹۹

ای امیر، از غمِ من بی خبری، به نیازمند بنگر و زکات جاه و مقام را بپرداز.

این فقیرِ بی ادب نا دَرْ خـور است لیک لطفِ عامِ تـو زآن بـرتر است ۲۷۰۰

هر چند که این نیازمندِ بی ادب لایق نیست؛ امّا لطفِ عامِ تو برتر از این‌هاست.

مـی‌نجوید لطـفِ عـام تـو سَـنَد[10] آفـتابی بـر حَـدَث‌ها[11] مـی‌زند ۲۷۰۱

لطفِ عامِ تو جویای دلیلِ خاصّی نیست، مانند آفتاب بر زباله‌ها هم می‌تابد.

نـورِ او را زآن زیـانی نـابُده وآن حَدَث از خشکیی هیزم شده[12] ۲۷۰۲

نور خورشید از پلیدی پلید نمی‌شود؛ امّا آن مدفوع با خشک شدن، هیزم می‌گردد.

تا حَدَث در گُلخنی شد، نور یـافت در در و دیـوارِ حـمّامی بـتافت ۲۷۰۳

نجاست در تونِ حمام می‌سوزد، نور می‌یابد و در و دیوار حمام را هم گرم و نورانی می‌کند.

---

۱ - **شبان‌روزی :** شبانه روز. ۲ - **وظیفه :** مقرّری، جیره. ۳ - **چاشتگاه :** صبحگاه.

۴ - **راتبه :** مقرّری تعیین کردن. راتبهٔ وصال: مقرّریِ دیدار. ۵ - **طُرفه انسانی‌سْتَم :** موجود عجیبی شده‌ام.

۶ - این بیت در مقابله افزوده شده است.

۷ - **پانصد اِستِسقاستم :** به بیماریِ عطش مبتلا شده‌ام، همواره تشنه‌ام. ۸ - **جُوعُ آلبَقَر :** گرسنگی شدید.

۹ - **زکاةِ جاه :** رسیدگی به امورِ نیازمندان و غمزدگان. ۱۰ - **سند :** تکیه‌گاه. ۱۱ - **حَدَث :** مدفوع.

۱۲ - مُراد آنکه: نور آفتاب زیان نمی‌بیند؛ امّا یک چیز بد را ارتقا می‌دهد؛ یعنی مدفوع به هیزم بَدَل می‌شود. اشاره است به نور معنوی و روحانی مُرشد کامل که سالک را ارتقا می‌دهد.

بـــود آلایش، شـــد آرایش کـــنون　　　چون بر او بَرخواند خورشید آن فسون[۱] ۲۷۰۴

ابتدا آلوده بود، اکنون آراسته شد؛ چون خورشید به او تابید.

شمس هم معدهٔ زمـین را گـرم کـرد　　　تا زمین بـاقی حَـدَث‌ها را بـخَورد ۲۷۰۵

گرمایِ خورشید زمین را گرم کرد تا نجاسات را خشک کند.

جزوِ خاکی گشت و رُست از وی نبات　　　هٰکَـــذا یَـــمْحُو الْاِلٰـهُ اَلسَّـیِّئٰات[۲] ۲۷۰۶

نجاسات جزو خاک شد و از آن گیاهان رویید. به این ترتیب خداوند بدی‌ها را محو می‌کند.

با حَدَث که بتّرین است، ایـن کُـند　　　کِش نبات و نرگس و نسرین کـند[۳] ۲۷۰۷

نجاست را که بدترینِ چیزهاست، این چنین به گیاه و نرگس و نسترن تبدیل می‌کند.

تـا بـه نسـرینِ مَـناسِک[۴] در وفـا[۵]　　　حق چه بخشد در جزا و در عـطا؟ ۲۷۰۸

خود بیندیش که به طاعات و عباداتِ بندهٔ وفادار چه پاداش و عطایی می‌دهد؟

چون خبیثان[۶] را چنین خِلعت دهد　　　طَیِّبین[۷] را تا چه بخشد در رَصَد[۸]؟ ۲۷۰۹

این چنین عطایِ او شاملِ حالِ ناپاکان می‌شود، ببین که تا چه حد شامل حال پاکان خواهد شد؟

آن دهد حق‌شان کـه لا عَـیْنٌ رَأَت[۹]　　　کـه نگـنجد در زبـان و در لُـغت ۲۷۱۰

آن چیزی را عنایت می‌کند که هیچ چشمی ندیده و هیچ زبانی قادر به وصفِ آن نیست.

ما کِه‌ایم این را؟[۱۰] بیا ای یـار مـن　　　روزِ من روشن کن از خُلقِ حَسَـن ۲۷۱۱

ما که به این مراتب نمی‌رسیم؛ پس ای یار، بیا و با اخلاق خوبِ خود روز مرا روشن کن.

منگر انـدر زشـتی و مکـروهی‌اَم[۱۱]　　　که ز پُر زهری[۱۲] چو مـارِ کـوهی‌اَم ۲۷۱۲

به زشتی و بدیِ من نگاه نکن؛ زیرا مانند مارِ کوهی پُر از زهر هستم.

---

۱ - **افسون بر او برخواند :** به اوتابید و این همه تغییر و دگرگونی به وجود آمد، گویی که او را افسون کرد.

۲ - اشارتی قرآنی؛ فرقان: ۷۰/۲۵: ...یُبَدِّلُ اللّٰهُ سَیِّئَاتِهِمْ حَسَناتٍ... .

۳ - در این ابیات مقصود آن است که: قدرتِ روحانی و نورِ مردان خدا می‌تواند تاریکیِ جانِ مُرید را به روشنایی مُبدّل کند و سالکان را به کمال برساند.

۴ - **نسرینِ مناسک :** مُراد آنکه طاعات و عبادات که مانندِ گلِ نسرین لطیف و دوست‌داشتنی‌اند.

۵ - **وفا :** مُراد وفا به میثاقِ اَلَست است.　　۶ - **خبیثان :** پلیدان، ناپاکان.　　۷ - **طیّبین :** پاکان.

۸ - **رَصَد :** کمین، بارگاه. «در رصد»: در نظارهٔ هموارهٔ خلق و اعمالشان.

۹ - **لا عَیْنٌ رَأَت :** هیچ چشمی مانند آن را ندیده؛ یعنی این جهانی نیست: اشاره به حدیثِ قدسی: ۳۴۰۷/۳.

۱۰ - سخن درواقع از زبانِ یک سالک است که بی‌قدریِ خود را می‌شناسد و می‌داند که به مرتبهٔ پاکان نرسیده است.

۱۱ - ادامهٔ سخنان سالک است که به عیوبِ خود واقف شده است.　　۱۲ - **زهر :** اینجا عیب و نقص.

ای[1] که من زشت و خصالم جمله زشت[2]   چون شوم گل؟ چون مرا او خار کِشت ۲۷۱۳

آه که من زشتم با صفاتی زشت. هنگامی که او مرا خار کِشته است، چگونه می‌توانم گُل باشم؟

نوبهارِ حُسنِ گُل دِهْ خار را   زینتِ طاووس دِهْ این مار را[3] ۲۷۱۴

به خار، زیباییِ گُلِ نوبهار را بده و به این مار زینتِ طاووس را.

در کمالِ زشتی‌اَم من مُنتهی[4]   لطفِ تو در فضل و در فن مُنتَهی ۲۷۱۵

من در حدِّ اعلای زشتی و بدی‌اَم و لطف و احسان تو هم در حدِّ اعلا و کمال است.

حاجتِ این منتهی زآن منتهی   تو بر آر، ای حسرتِ سروِ سَهی[5]! ۲۷۱۶

ای آنکه از سرو موزون‌تری، حاجتِ این نیازمند را بر آور.

چون بمیرم فضلِ تو خواهد گریست   از کَرَم، گر چه ز حاجت او بری‌ست[6] ۲۷۱۷

اگر من بمیرم، فضلِ تو در عینِ بی نیازی و از سرِ کَرَم بر من خواهد گریست.

بر سرِ گورم بسی خواهد نشست   خواهد از چشمِ لطیفش اشک جَست ۲۷۱۸

بسی بر سرِ گورم می‌نشیند و از چشمِ زیبایش اشک می‌ریزد.

نوحه خواهد کرد بر محرومی‌اَم   چشم خواهد بست[7] از مظلومی‌اَم ۲۷۱۹

بر ناامیدیِ من نوحه می‌کند و به سببِ ستمدیدگی‌ام از بدی‌هایم می‌گذرد.

اندکی زآن لطف‌ها اکنون بکن   حلقه‌یی در گوشِ من کن زآن سخُن ۲۷۲۰

اندکی از آن لطف‌ها را اکنون نثار کن و با آن سخنان حلقه‌ای از بندگی در گوشم کن.

آن که خواهی گفت تو با خاکِ من   برفشان بر مَدْرَکِ[8] غمناکِ من[9] ۲۷۲۱

آن سخنانی را که به مزار من خواهی گفت، اینک به خود من بگو.

---

۱ – **ای** : حرف تعجّب و تأکید است.

۲ – مصراعِ اوّل: مُراد آنکه: ظاهر و باطنم زشت است و من آن را دریافته‌ام.

۳ – مُراد آنکه: بدی‌هایم را به خوبی‌ها بَدَل کن.   ۴ – **مُنْتَهی** : در چیزی به نهایت رسیده.

۵ – **حسرتِ سروِ سهی** : مایهٔ حسرت سروِ بلند، از سروِ بلند خوش قامت‌تر و موزون‌تر.

۶ – فاعلِ این بیت و دو بیتِ بعدی «فضل» است.

۷ – **چشم خواهد بست** : چشم‌پوشی خواهد کرد، عفو خواهد کرد.

۸ – **مَدْرَک** : درک، ادراک، مصدر میمی است.

۹ – مصراعِ دوم: بر ادراکِ غمگین و افسرده‌ام بریز، یعنی بر جانِ افسرده‌ام، مُراد آنکه: اینک به خودم بگو.

لابه کردنِ[1] موش مر چَغز را که بهانه مَیَندیش[2] و در نسیه مَیَنداز[3] اِنجاحِ[4] این حاجتِ مرا که «فی ٱلتَّأخیر آفاتٌ»[5] «وٱلصُّوفی اِبْنُ ٱلوَقت»[6]، و اِبنْ دست از دامانِ پدر باز ندارد، و اَبِ مُشفقِ صوفی که وقت است، او را به نگرش به فردا محتاج نگرداند، چندانَش مستغرق دارد در گلزارِ سریع‌الحسابیِ خویش،[7] نه چون عوام، منتظرِ مستقبل نباشد، نهری باشد،[8] نه دهری[9]، که «لاٰ صَباحَ عِنْدَاللهِ وَ لاٰ مَساءَ»[10]، ماضی و مستقبل و ازل و ابد آنجا نباشد، آدمِ سابق و دجّالِ مسبوق نباشد که این رسوم در خطّهٔ عقلِ جزوی است و روحِ حیوانی.[11] در عالمِ لامکان و لازمان این رسوم نباشد، پس او ابنِ وقتی است که لاٰ یُفْهَمُ مِنْهُ اِلاّ نَفْیُ تَفرِقَةِ ٱلأَزْمِنَةِ،[12] چنانکه از «اللهُ واحِدٌ» فهم شود نفیِ دویی، نی حقیقتِ واحدی[13]

صوفیی را گفت خواجهٔ سیم‌ْپاش[14] ای قدم‌هایِ تو را جانم فِراش[15] ۲۷۲۲

مرد ثروتمند و بخشنده‌ای به مردی صوفی گفت: ای عزیز،

یک دِرَم خواهی تو امروز، ای شَهَم! یا که فردا چاشتگاهی سه دِرَم؟ ۲۷۲۳

ای سلطان من، امروز یک دِرَم به تو بدهم یا فردا سه دِرَم؟

گفت: دیْ نیمِ دِرَم، راضی‌ترم زآنکه امروز این و فردا صد دِرَم ۲۷۲۴

مردِ صوفی گفت: راضی‌تر بودم که دیروز نیم درم می‌دادی نه امروز یک درم یا فردا صد درم.

---

۱ - **لابه کردن**: زاری کردن. ۲ - **بهانه مَیَندیش**: به فکرِ بهانه نباش.

۳ - **در نسیه مَیَنداز**: به بعد موکول نکن. ۴ - **اِنجاح**: برآوردن، اجابت کردن.

۵ - در تأخیر زیان‌هایی است: مَثَل است.

۶ - صوفی فرزندِ وقت است. [مُراد آنکه: وقت یا حالِ روحانیِ زمانِ حال یا «لحظهٔ اکنون» را در می‌یابد.]

۷ - این حالِ روحانیِ خوش در همین لحظهٔ اکنون برای صوفی حاصل است و او محتاج انتظاری برای فردا نیست. این دم غنیمت است.

۸ - **نهری باشد**: چون نهر جریان دارد. جاری است، همراه با جریان مداوم هستی است. راکد نمی‌مانَد.

۹ - **دهری**: اینجا مُراد کسی است که مقیّد به زمان است. [صوفی دهری نیست؛ یعنی مقیّد به زمان نیست. گذشته و حال و آینده برای او در این لحظه جمع شده است.] ۱۰ - صبح و شام و زمان نزدِ پروردگار نیست.

۱۱ - این مفاهیم و تعبیرات در محدودهٔ عقل مادّیِ این جهانی است.

۱۲ - پس او در «حال» زندگی می‌کند و چیزی که از او فهمیده می‌شود، همین است که در حالِ سرمدی و جاودانه حضور دارد. از او نفیِ زمان فهمیده می‌شود.

۱۳ - از «اللهُ واحِدٌ» نفی دوتا بودن فهمیده می‌شود، نه حقیقتِ یگانگی؛ یعنی با آن نمی‌توان حقیقتِ یگانگی را دریافت. ۱۴ - **سیم‌ْپاش**: بخشنده. «سیم»: سکهٔ نقره.

۱۵ - مصراع دوم: ای آنکه جایت در میان جانِ من است و گویی جانم مانند فرش در زیر پایِ تو گسترده شده است.

سیلیِ نقد از عطایِ نسیه بِهْ نک قفا پیشت کشیدم،[1] نقد دِهْ ۲۷۲۵

سیلیِ نقد بهتر از عطایِ نسیه است، اکنون این پسِ گردنم که سیلیِ نقد را بزنی.

خاصه آن سیلی که از دستِ تو است که قفا و سیلی‌اَش، مستِ تو است[2] ۲۷۲۶

بخصوص سیلی از دستِ تو، چون جفایِ تو هم برای من خوشایند است.

هین! بیا ای جانِ جان و صد جهان خوش غنیمت دار نقدِ این زمان ۲۷۲۷

ای جانِ جان، ای صد جهان، هوشیار باش و این دم را به خوشی غنیمت دان.

در مَدُزد آن رویِ مَهْ از شبْ‌روان[3] سر مَکَش زین جُوی[4]، ای آبِ روان[5]! ۲۷۲۸

رویِ تابناکت را از سالکان نهان مکن. ای معدنِ معارف، در وجودم جاری باش.

تا لبِ جو خندد از آبِ مَعین[6] لبْ لبِ جو سر بر آرد یاسمین[7] ۲۷۲۹

تا وجودم از آن آبِ گوارا با طراوت و خندان شود و گُل‌های معارف در آن بروید.

چون ببینی بر لبِ جو سبزه مست[8] پس بدان از دور کآنجا آب هست[9] ۲۷۳۰

اگر از دور در کنارهٔ جویبار سبزه‌های باطراوت را ببینی، می‌دانی که از وجودِ آب است.

گفت: سیمٰاهُمْ وُجُوهُ کِردگار[10] که بُوَد غمّازِ[11] باران سبزه‌زار[12] ۲۷۳۱

آفریدگار گفت: «نشانِ آن‌ها بر چهرهٔ آنان است.» همان‌طور که شادابیِ سبزه‌زار از باران پیداست.

---

۱ - **نک قفا پیشت کشیدم :** اکنون پسِ گردنم را جلو آوردم. «قَفا»: پسِ گردن.
این سخنان از زبانِ موش است.

۲ - مصراع دوم: پشت‌گردن و سیلی مستِ توست؛ یعنی جفای تو هم برای من خوشایند است.

۳ - **شبْ‌روان :** شبْروان: سالکان که در زندگیِ این جهانی که مانند شب در آن حقایق نهان است، می‌کوشند تا به درک حقایق نایل آیند. ۴ - **جوی :** وجودِ سالک به جوی مانند شده است.

۵ - **آبِ روان :** اینجا جریان عظیم معارف از معدنِ بی منتهایِ آن، حضرتِ حق. مُراد افاضهٔ فیضِ حق است به بنده. ۶ - **آبِ مَعین :** آبِ گوارا. تعبیری قرآنی؛ مُلک: ۳۰/۶۷. ۷ - **یاسمین :** کنایه از گل‌هایِ معارف.

۸ - **سبزه مست :** سبزه‌هایِ شاداب.

۹ - مُراد آنکه: اگر سالکِ سرمستی را ببینی، می‌دانی که توجّه و عنایتی به او شده و به سبب آن توجّه دارای معرفت هم هست. ۱۰ - مُراد آنکه: اثر سجود و بندگی در چهرهٔ مؤمنان پیداست. اقتباس از قرآن؛ فتح: ۲۹/۴۸.

۱۱ - **غمّاز :** بسیار سخن‌چین، اینجا آشکار کننده.

۱۲ - مُراد آنکه: در چهره و ظاهرِ سالکانِ مشتاق و عاشق هم اثرِ عنایتِ حق هویداست.

گــر بـبـارد شب، نـبـیـنـد هـیـچ کـس   کـه بُـوَد در خواب هر نَفْس و نَـفَس   ۲۷۳۲

اگر باران در شب ببارد، کسی نمی‌بیند؛ زیرا همه چیز و همه کس در خواب‌اند.

تـازگـیِّ هــــر گـلـسـتـانِ جـمـیـل   هسـت بــر بــارانِ پـنـهـانی دلـیـل   ۲۷۳۳

شادابیِ هر گلستان زیبا حاکی از بارانی نهانی است.

ای اخی[1]! من خاکی‌اَم[2]، تو آبیی[3]   لیک شــاهِ رحـمـت و وهّـابـیی[4]   2734

ای برادر، من خاکی‌ام و تو آبزی هستی؛ امّا شاهی سرشار از رحمت و بسیار بخشنده‌ای.

آنـچـنـان کـن از عطا و از قِـسَـم[5]   کـه گَه و بیگه به خـدمـت می‌رسم   ۲۷۳۵

اجازه بده که به برکتِ بخشش و عنایتت گه‌گاه به خدمت برسم.

بر لبِ جو من به جان می‌خوانَمَت   مـی‌نبینم از اجـابـت مـرحـمـت   ۲۷۳۶

من کنار جویِ تو را صمیمانه می‌خوانم؛ امّا نشانه‌ای از مرحمتِ پذیرش نمی‌بینم.

آمـدن در آب، بـر مـن بـسـتـه شـد   زآنکه ترکیبم ز خاکی رُسـته شد[6]   ۲۷۳۷

من، چون خاکی‌ام، نمی‌توانم به درون آب بیایم.

یــا رســولـی، یـا نشـانـی، کـن مـدد   تــا تـو را از بـانگِ من آگـه کنـد   ۲۷۳۸

پس قاصد و علامتی تعیین کن تا فریادم را به تو برساند.

بحث کردند اندر این کارِ آن دو یار   آخِـــرِ آن بـحـث، آن آمــد قـرار   ۲۷۳۹

آن دو دوست در مورد این کار بحث کردند و چنین قرار گذاشتند:

که به دست آرند یک رشتهٔ دراز[7]   تا ز جذبِ رشته[8] گردد کشفِ راز[9]   ۲۷۴۰

که طنابِ بلندی بیابند تا با کشیدنِ آن مشکل حل شود.

۱- اخی: برادر.   2- ...

۳- ...

۴- ...

۵- ...

۶- مصراع دوم: زیرا هنوز این جهانی‌ام و نتوانسته‌ام به عالَم معنا یا «آب» راه بیابم.

۷- رشتهٔ دراز: طنابِ بلند.   ۸- جذبِ رشته: کشیدنِ طناب.

۹- رازکشف شود: مُشکل حل شود؛ یعنی ارتباطِ میانِ آن دو برقرار گردد.

یک سری[۱] بر پایِ این بندهٔ دوتُـو[۲] بست بـاید، دیگـرش بـر پـایِ تـو ۲۷۴۱

یک سرِ آن به پایِ این بندهٔ فرمانبر و سرِ دیگرِ آن بر پایِ تو بسته شود.

تا به هم آییم زیـن فـن مـا دو تـن انـدر آمیزیم چـون جـان بـا بَـدَن ۲۷۴۲

تا ما به این وسیله به هم مربوط شویم و همان‌طور که جان با تن آمیخته است، در هم آمیزیم.

هست تن چون ریسمان بر پایِ جان مـی‌کشاند بـر زمـینش ز آسـمان[۳] ۲۷۴۳

«تن»، مانند ریسمانی به پایِ «جان» بسته شده است و آن را از آسمان به زمین می‌کشد.

چغزِ جان[۴] در آبِ خوابِ بیهشی[۵] رَسته از موشِ تن[۶]، آید در خوشی ۲۷۴۴

هنگامی که «جان» از «تن» رهایی یابد، مفهوم خوشی و آسایش را می‌فهمد.

موشِ تن[۷] زآن ریسمان[۸] بازَش کَشَد چند تلخی زین کشش، جان می‌چشد[۹] ۲۷۴۵

تنِ آدمی، همانندِ موش آن طناب را می‌کشد و جان را مُعذَّب می‌کند.

گر نبودی جذبِ موشِ گـنده مـغز عـیش‌ها کـردی درونِ آبْ، چـغز ۲۷۴۶

اگر «تن»، «جان» را با ریسمانِ «تعلّقات» نمی‌کشید، جان در عالمِ معنا شاد بود.

باقی‌اَش چون روز برخیزی ز خواب بشـــنوی از نـــورْبخشِ آفـــتاب ۲۷۴۷

بقیّهٔ این مطلب را روز رستاخیز که از خوابِ مرگ برخیزی، از خورشیدِ تابناکِ حقایق می‌شنوی.

یک ســرِ رشـته گِـره بـر پـایِ مـن زآن سرِ دیگر تو پا بـر عُـقْده زن[۱۰] ۲۷۴۸

یک سرِ طناب را به پایِ من و سرِ دیگر را به پایِ خودت گِره بزن.

تا توانم من در این خشکـی کشـید مر تو را نک شد سرِ رشته پـدید[۱۱] ۲۷۴۹

تا بتوانم آن را در خشکی بکشم. اکنون مقصودم را دریافتی.

---

۱ - **یک سری :** یک سرِ آن. ۲ - **بندهٔ دوتُو :** بندهٔ فرمانبر و مطیع.

۳ - پنج بیتی که از اینجا شروع می‌شود، سخنان و تعالیمِ مولاناست.

۴ - **چغزِ جان :** «جان» به چَغْز یا قورباغه مانند شده است. اضافهٔ تشبیهی است.

۵ - **خوابِ بیهشی :** بی خبری از دنیا و عوالم نَفْسانی. ۶ - **موشِ تن :** «تن» به موش مانند شده است.

۷ - **موشِ تن :** تنِ آدمی که مانندِ موش متعلّق به عالمِ خاکی است.

۸ - **ریسمان :** ریسمانی که موجبِ پیوند تن و جان است. ۹ - مصراع دوم: او را عذاب می‌دهد.

۱۰ - **عُقده زن :** گِره بزن. ۱۱ - مصراع دوم: اینک مقصودم را فهمیدی.

تلخ آمد[۱] بر دلِ چَغز این حدیث[۲] که: مرا در عُقده آرَد[۳] این خبیث ۲۷۵۰

این سخن بر قورباغه ناگوار آمد و اندیشید که: این ناپاک می‌خواهد مرا به بند بکشد.

هر کَراهت[۴] در دلِ مردِ بهی[۵] چون در آید از فنی نَبْوَد تهی[۶] ۲۷۵۱

هر اندیشهٔ بدی که در دلِ انسانِ نیکی پدید آید، حکمتی دارد.

وصفِ حق[۷] دان آن فراسَت[۸] را، نه وَهْم نورِ دل[۹] از لوحِ کُل[۱۰] کرده‌ست فهم ۲۷۵۲

آن دریافتِ باطنی در پرتوِ صفاتِ حق است نه پندار، دلِ منوّر آن را از لوحِ کلّی دریافته است.

امتناعِ پیل از سَیران[۱۱] به بَیْت[۱۲] با جِدِ[۱۳] آن پیلبان و بانگِ هَیْت[۱۴] ۲۷۵۳

فیل علی‌رغم تلاش و بانگِ فیلبان به سوی کعبه نمی‌رفت.

جانبِ کعبه نرفتی پایِ پیل با همه لَت[۱۵]، نه کثیر ونه قلیل[۱۶] ۲۷۵۴

با آن کتک‌ها هم پایِ فیل، کم یا زیاد به جانبِ کعبه نمی‌رفت.

گفتیی خود خشک شد پاهایِ او یا بِمُرد آن جانِ صَوْل‌افزایِ[۱۷] او ۲۷۵۵

گویی پاهایش خشک شده بود، یا حیاتش را از دست داده بود.

چون که کردندی سَرَش سویِ یمن پیلِ نر[۱۸] صد اسبه[۱۹] گشتی گام‌زن ۲۷۵۶

چون سرِ فیل را به سویِ یمن بر می‌گرداندند، شتابان باز می‌گشت.

---

۱ - **تلخ آمد :** ناگوار آمد. ۲ - **این حدیث :** این سخن. ۳ - **در عُقْده آرَد :** به بند بکشد.

۴ - **کراهت :** ناگواری، امرِ بد و ناخوشایند. ۵ - **مردِ بهی :** مردِ نیک، انسانِ پاک سرشت.

۶ - مصراع دوم: بی حکمت نیست. ۷ - **وصفِ حق :** صفتِ حق.

۸ - **فراسَت :** ادراکی که بتوان از صورت به سیرت پی برد. ۹ - **نورِ دل :** دلِ منوّر.

۱۰ - **لوحِ کُلّ :** لوحِ کلّی یا علمِ حق. ۱۱ - **سَیْران :** سَیَران: گردش. ۱۲ - **بیت :** مُراد کعبه است.

۱۳ - **جِدّ :** تلاش.

۱۴ - **هَیْت :** مخفّفِ هَیْتَ: بانگِ بیابیا یا هی‌هی پیلبان، فریاد پیلبان: اشاره به داستان ابرهه که قصد ویران کردن کعبه را داشت و پرندگان کوچک ابابیل که فیل‌ها را سنگ‌باران کردند و سپاه را شکست دادند.

۱۵ - **لَت :** سیلی، کتک، ضربه.

۱۶ - مُراد آنکه: حسّ درونیِ فیل او را آگاه کرده بود که حادثهٔ بدی در پیش است ونباید به این سو رفت.

۱۷ - **صَوْل‌افزا :** در اصل صَوْل‌افزاینده است، «صَوْل»: حمله. «صول‌افزا»: حمله‌گر یا مهاجم.

۱۸ - **پیل نر :** پیلِ نیرومند. ۱۹ - **صد اسبه :** به سرعت.

حسِّ پیل از زخمِ غیب[1] آگاه بود چـون بُـوَد حسِّ ولیِّ بـا وُرود[2] ؟ ۲۷۵۷

حسِّ فیل از ضربهٔ قهرِ حق آگاه بود، ببین که حسِّ عارف تا چه حد آگاه است؟

نه کـه یـعقوبِ نَـبی، آن پـاکْخـو[3] بـهرِ یـوسف، بـا هـمه اِخـوانِ[4] او ۲۷۵۸

مگر غیر از این بود که یعقوب(ع)، آن پیامبر پاک‌خو، برای محافظت از یوسف به برادران او،

از پدر چون خـواسـتندش دادَران[5] تا بَرَندش سویِ صحرا یک زمـان[6] ۲۷۵۹

که از پدر می‌خواستند تا او را برای مدّتی به صحرا ببرند،

جمله گفتندش: میندیش از ضـرر[7] یک دو روزش مـهلتی ده ای پـدر! ۲۷۶۰

و همه می‌گفتند: ای پدر، یکی دو روز به او مهلت بده و فکر بد نکن.

تا بـه هـم در مَرْج‌ها[8] بـازی کـنیم ما در این دعوت امین و مُحسنیم[9] ۲۷۶۱

بگذار تا با هم در چمنزارها بازی کنیم. ما در این درخواست امین و خیرخواهیم.

کـه: چـرا مـا را نـمی‌داری امـین یوسف خود را به سیران[10] و ظَعین[11] ؟[12] ۲۷۶۲

چرا اعتماد نداری که یوسف را با ما به گردش و سفر بفرستی؟

گفت: این دانـم کـه نَـقلش از بَـرَم مـی‌فروزد در دلم درد و سَـقَم[13] ۲۷۶۳

یعقوب(ع) گفت: این را می‌دانم که دور شدنش دلم را به درد می‌آوَرَد.

ایـن دلم هـرگز نـمی‌گوید دروغ کـه ز نـورِ عـرش دارد دلْ فـروغ ۲۷۶۴

دلِ من هرگز دروغ نمی‌گوید؛ زیرا از نورِ عرش روشن است.

---

۱ - **زخم غیب**: ضربه‌ای که قهرِ حق وارد می‌کند.

۲ - **ولیِّ با وُرود**: ولیِّ آگاهی که به عوالم غیبی معرفت دارد. «ورود»: در آمدن، داخل شدن.

۳ - در این بیت و چند بیتِ بعد از آن نمونهٔ دیگری از حسِّ باطنی و آگاهیِ مردان حق و کاملان آمده است.

۴ - **اِخوان**: برادران. ۵ - **دادَران**: برادران. ۶ - **یک زمان**: مدّتی.

۷ - **میندیش از ضرر**: فکر بد نکن. ۸ - **مَرْج**: مرتع: چمنزار.

۹ - اشاره به مضمون آیات ۱۳-۱۱ سورهٔ یوسف. ۱۰ - **سَیْران**: سَیْر: سَفَر.

۱۱ - **ظَعین**: کوچ کننده، مسافر، اینجا ظاهراً در معنیِ سفر آمده است.

۱۲ - این بیت در حاشیه افزوده شده است. ۱۳ - **سَقَم**: بیماری.

آن[۱] دلیلِ قاطعی بُد بر فساد[۲] وز قضا آن را نکرد او اِعتداد[۳] ۲۷۶۵

حسّ ِ او دلیلِ قاطعِ نیّتِ بد آنان بود؛ امّا از قضا به آن اعتنا نکرد.

درگذشت[۴] از وی نشانی آنچنان[۵] که قضا در فلسفه[۶] بود آن زمان ۲۷۶۶

این حسّ ِ مهم محو شد؛ چون تقدیر چیز دیگری بود.

این عجب نَبْوَد که کور افتد به چاه بوالعجب افتادنِ بینایِ راه[۷] ۲۷۶۷

اگر نابینا به چاه افتد، عجیب نیست، افتادن بینا عجیب است.

این قضا راگونه‌گون تصریف[۸]هاست چشم‌بندش یَفْعَلُ اللّٰه ما یَشا[۹]ست ۲۷۶۸

قضا در امور تغییرات گوناگونی می‌دهد؛ زیرا «پروردگار هر چه بخواهد، می‌کند».

هم بدانَد، هم ندانَد[۱۰] دل فنش[۱۱] موم گردد بهرِ آن مُهر آهنش ۲۷۶۹

دل اگر آهن هم باشد، خواه‌ناخواه در برابر قضای حق نرم می‌شود.

گوییی دل گوید که: میلِ او[۱۲] چون در این شد، هر چه افتد،[۱۳] باش گو ۲۷۷۰

گویی دل می‌گوید: چون قضا این را می‌خواهد، هر چه بشود، راضیم.

خویش را زین هم مُغَفَّل[۱۴] می‌کند در عِقالش[۱۵] جان مُعَقَّل[۱۶] می‌کند ۲۷۷۱

حتّی آدمی به گفتهٔ دل هم توجّهی نمی‌کند تا قضا او را درگیر کند.

گر شود مات اندر این آن بُوالعَلا[۱۷] آن نباشد مات، باشد ابتلا[۱۸] ۲۷۷۲

اگر آن مرد بزرگ در برابر قضا مات شود، مات نشده، آزمون الهی است.

---

۱ - **آن :** اشاره به حسّ ِ باطنیِ یعقوب(ع). ۲ - دلیلِ آشکاری بر نیّتِ فاسدِ برادران بود.

۳ - **اِعتداد :** به شمار آوردن، اعتنا کردن. ۴ - **درگذشت :** اینجا محو شد.

۵ - **نشانی آنچنان :** نشانهٔ بسیار مهمّی.

۶ - **فلسفه :** اینجا فلسفه‌بافی یا سخن بیهوده و استدلالِ بی پایه. مُراد سخنانِ دروغِ برادران است.

۷ - **بینایِ راه :** بصیر، روشن ضمیر، مردحق. ۸ - **تصریف :** تغییر دادن و دگرگون کردن.

۹ - اشارتی قرآنی؛ آل‌عمران: ۴۰/۳، و حج: ۱۸/۲۲. مُراد آنکه: قدرت الهی چشمِ آگاهان را نیز می‌بندد تا قضایِ حق واقع شود. ۱۰ - **هم بداند، هم نداند :** چه بفهمد، چه نفهمد. چه بخواهد، چه نخواهد.

۱۱ - **فَنَش :** هنرش، مراد هنرِ قضا یا چگونگی تحقّق قضاست. ۱۲ - **میلِ او :** میلِ قضا.

۱۳ - **هر چه افتد :** هرچه که شد. ۱۴ - **مُغَفَّل :** نادان، خود را به نفهمی زدن.

۱۵ - **عِقال :** پای‌بند، اینجا قضا. ۱۶ - **مُعَقَّل :** به بند کشیده شده، درگیر شده.

۱۷ - **بُوالعلا :** بُوالعلاء: بزرگمرد، انسانِ کامل. ۱۸ - **ابتلا :** مورد امتحان قرار گرفتن، به بلا افتادن.

یک بــلا از صــد بــلااَش واخِـرد یک هُـبوطش[۱] بـر مَـعارجها[۲] بَـرَد ۲۷۷۳

این رنج از صدها رنج نجاتش می‌دهد. این هبوط سببِ صعود است.

خامِ شوخی[۳] که رهـانیدش مُـدام[۴] از خُـمارِ صـدهزاران زشتِ خـام[۵] ۲۷۷۴

آدمِ ناآگاه در اثر «درد و رنج» آگاهی می‌یابد و ظواهر را رها می‌کند.

عــاقبت او پــخته و اُسـتاد شـد جَـست از رِقِّ جـهان،[۶] و آزاد شـد ۲۷۷۵

و سرانجام پخته و استاد می‌شود و از اسارت جاذبه‌های دنیوی رها می‌گردد.

از شــــرابِ لایــزالی گشت مست شــد مُـمَیِّز[۷]، از خـلایق بـازرَست ۲۷۷۶

مست از شرابِ ابدی وبا پختگیِ کامل از مخلوق می‌رَهَد.

ز اعــتقادِ سستِ پُـر تـقلیدِشان[۸] وز خــیالِ[۹] دیــدهٔ بی دیـدِشان[۱۰] ۲۷۷۷

از اعتقاداتِ سُستِ مقلّدانه و از پندارِ علم و بصیرت نجات یافت.

ای عجب! چه فن زند اِدراکشان[۱۱] پیشِ جزر و مدِّ بحرِ بی نشان[۱۲]؟ ۲۷۷۸

عجبا! مگر درکِ محدودِ خلق می‌تواند عالم غیب را بشناسد؟

زآن بیابان[۱۳] این عمارت‌ها[۱۴] رسید مُلک و شـاهی و وزارت‌هـا رسـید ۲۷۷۹

هر چه که در این عالم هست، عمارت و سلطنت و وزارت از عالم غیب هستی یافته است.

زآن بـیابانِ عــدم، مشـتاقِ شـوق می‌رسند اندر شهادت جَوق جَوق[۱۵] ۲۷۸۰

دسته دسته مشتاقان از عالم غیب به عالم شهود می‌آیند.

---

۱ - **هبوط :** نشیب، پستی. مقابل صعود. ۲ - **مَعارج :** جمع مَعْرَج: بالا رفتن.

۳ - **خامِ شوخ :** انسانِ خامِ گستاخ. آدمِ غیر آگاه.

۴ - **مُدام :** می، اینجا «میِ معرفت»، مُراد آنکه: درد و رنج انسان را به بی‌قدریِ ظواهرِ دنیوی آگاه می‌کند.

۵ - مصراع دوم: از دردِ سرِ هزاران کار و تعلّقِ بد نجات می‌دهد. ۶ - **رِقّ جهان :** اسارتِ جاذبه‌هایِ دنیوی.

۷ - **مُمَیِّز :** دارای تمییز، اینجا پخته و سنجیده.

۸ - **اعتقادِ سُستِ پرتقلید :** باور و یا اعتقادِ عامِ خلق که از درک معنوی نیست.

۹ - **خیال :** گمان، اینجا پندارِ برخورداری از علم. ۱۰ - **دیدهٔ بی دید :** دیدهٔ بی بصیرت.

۱۱ - **چه فن زند ادراکشان :** درکشان چه می‌تواند بکند؟ ۱۲ - **بحرِ بی نشان :** کنایه از عالم غیب.

۱۳ - **بیابان :** تعبیر دیگری برای عالمِ غیب. ۱۴ - **عمارت :** آبادانی. ۱۵ - **جوق جوق :** دسته دسته.

۲۷۸۱ کـاروان بـر کـاروان زیــن بــادیه¹   مــی‌رسد در هــر مَسا² و غادیه³
هر شام و سحر از آن عالم قافله در قافله از راه می‌رسد.

۲۷۸۲ آیــد و گــیرد وثــاقِ⁴ مــا گِــرو⁵   که رسیدم نوبتِ مـا شد، تو رو⁶
می‌آیدِ و جایِ ما را می‌گیرد و می‌گوید: نوبت من است، رسیدم، تو برو.

۲۷۸۳ چون پسرِ چشم خِرد⁷ را بر گُشاد   زود بـابا رَخت بـر گـردون⁸ نهاد
تا پسر چشمِ عقلش گشوده می‌شود، پدر بار را بر ارابهٔ مرگ می‌گذارد.

۲۷۸۴ جادهٔ شاه⁹ است، آن زین سو روان   وآن از آن سو، صادران و واردان¹⁰
این جهان مانند شاهراهی است که آیندگان و روندگان در آن در حرکت‌اند.

2785 نیک بنگر، مـا نشسته می‌رویم¹¹   می‌نبینی، قاصدِ¹² جایِ نویم¹³ ؟
توجّه کن که ما ظاهراً ماندگاریم؛ امّا در حال رفتن به جای تازه‌ایم.

2786 بهرِ حالی مـی‌نگیری رأسِ مـال¹⁴   بلکه از بـهرِ غَرَض‌ها¹⁵ در مآل¹⁶
همان‌طور که تو سرمایه را برای اهدافی در آینده می‌اندوزی،

۲۷۸۷ پس، مسافر این بُوَد ای رَه‌پرست¹⁷   که مسیر و رُوش در مستقبل¹⁸ است
پس ای سالک، بدان مسافر کسی است که حرکت و توجّه‌اش به آینده است.

۲۷۸۸ هم چنان کز پردهٔ دل¹⁹ بی کلال²⁰   دم به دم در می‌رسد خیلِ خیال²¹
آمد و شدِ مسافران، مانندِ آمدنِ لشکرِ خیال از پردهٔ دل به ذهن بدون خستگی است.

---

۱ - **بادیه** : صحرا، اینجا عالم غیب.   ۲ - **مَسا** : مَساء: شامگاه.   ۳ - **غادیه** : صبح.   ۴ - **وثاق** : اتاق.
۵ - مصراع اوّل: جای ما را می‌گیرد.
۶ - نظام هستی این جهانی همین است که قافله در قافله از عالم اعیان ثابته بیایند و هستی صوری بیابند و پس از مدّتی بروند و گروه دیگری جایگزین آنان گردند و این توالی استمرار یابد.   ۷ - **چشم خِرد** : چشم عقل.
۸ - **گردون** : گردونه، ارابه، اینجا ارابهٔ مرگ که بار را بر آن می‌نهد و می‌رود.   ۹ - **جادهٔ شاه** : شاهراه.
۱۰ - **صادران و واردان** : روندگان و آیندگان.
۱۱ - **نشسته می‌رویم** : در حالی که نشسته‌ایم، می‌رویم، یعنی ظاهراً ماندگاریم؛ ولی در واقع همه مسافریم.
۱۲ - **قاصد** : ~‌k ®Ak   ۱۳ - **جای نو** : ۱Aℍ‌Uk   ۱۴ - **رأسِ مال** : ℬow/³¹
۱۵ - **غَرَض‌ها** : B³ℾAi B k   ۱۶ - **مآل** : B Aw ⍴AS Lℰ̂, "ℍo "B⍴ℰℍℙ«
۱۷ - **رَه‌پَرَست** : 𝒮w Ð ⁿ𝒌A   ۱۸ - **مستقبل** : ℂ𝒦A‌\𝔹 𝔅³𝒮𝔄   ۱۹ - **پردهٔ دل** : ℙjo℄w ¶Pj ⍴j
۲۰ - **بی کلال** : بدون خستگی.
۲۱ - **خیلِ خیال** : لشکر خیالات گونه‌گون که همواره در عرصهٔ ضمیر در آمد و شد است.

۲۷۸۹ گرنه تصویرات¹ از یک مَغرَس‌اند²   در پیِ هم سویِ دل³ چون می‌رسند؟

اگر این خیالات از نَفس نشأت نمی‌گیرند، چگونه پشت سر هم در دل و ذهن نقش می‌بندند؟

۲۷۹۰ جَوق جَوق اِسپاهِ تصویراتِ ما   سویِ چشمهٔ دل شتابان از ظَما⁴

تصوّراتِ ذهنی به سویِ دل و تأثیر در احساس ما می‌شتابند.

۲۷۹۱ جَره‌ها پُر می‌کنند⁵ و می‌روند   دایما پیدا و پنهان می‌شوند

همواره می‌آیند و در عرصهٔ ذهن ظهور می‌یابند؛ سپس می‌روند و محو می‌شوند.

۲۷۹۲ فکرها را اختَرانِ چرخ دان   دایر اندر چرخ دیگر آسمان

افکار همانند ستارگانی در آسمانِ عالم معنا در گردش‌اند.

۲۷۹۳ سعد دیدی، شکر کن، ایثار کن   نحس دیدی، صَدْقه واستغفار کن⁶

اگر فکرِ مثبت به ذهنت رسید، شکر کن، احسان کن، اگر منفی بود، صدقه بده و استغفار کن.

۲۷۹۴ ماکه‌ایم این را؟⁷ بیا ای شاهِ من   طالعم مُقبل کن،⁸ و چرخی بزن⁹

ای پروردگار، چگونگی افکار در اختیار ما نیست، تو بخواه که نیک باشد.

۲۷۹۵ روح را تابان کن از انوارِ ماه¹⁰   که ز آسیب¹¹ ذَنَب¹² جان شد سیاه

جان را از نور معرفت تابان کن تا گمراه و تیره نشود.

---

۱ - **تصویرات** : خیالات، صورت‌های ذهنی.   ۲ - **مَغرَس** : قلمستان، کشتزار، اینجا: بخشِ مادّیِ نفسِ ناطقه.
۳ - **دل** : اینجا ذهن و تأثیرِ آن در عواطف و تمایلات.
۴ - **ظَما** : ظَماء: تشنگی، اینجا با تشنگی، یعنی با اشتیاق.
۵ - **جَره‌ها پُر می‌کنند** : کوزه را پُر می‌کنند، اینجا حضور و ظهور می‌یابند.
۶ - مُراد آنکه: اندیشه هم می‌تواند سعد یا نحس باشد.
۷ - **که‌ایم این را** : ما در برابر آمد و شد اندیشه‌ها چه کاره‌ایم؟ چه می‌توانیم بکنیم؟
۸ - **طالعم مُقبل کن** : تقدیرم را عوض کن.   ۹ - **چرخی بزن** : آن را بچرخان به سویِ اندیشه‌های سعد.
۱۰ - **ماه** : اینجا آگاهی یا معرفت.   ۱۱ - **آسیب** : برخورد.
۱۲ - **ذَنَب** : از اصطلاحات نجومی: یکی از دو نقطهٔ تقاطع مدار خورشید با مدار ماه که ماه در آن دچار خسوف می‌شود.

از خیال و وَهْم و ظن[۱] بازَش رَهان از چَهْ[۲] و جورِ رَسَن[۳] بازَش رَهـان ۲۷۹۶

آن را از تعلّقات دنیوی و علمِ بی عمل رها کن و از قیدِ عالم مادّه نجات بده.

تـا ز دلداریِّ[۴] خـوبِ تـو، دلی[۵] پَـر بـر آرَد[۶] بـر پَـرَد ز آب و گِـلی ۲۷۹۷

تا با توجّه و عنایتِ تو، جان از قیدِ عالم مادّه رهایی یابد.

ای عزیزِ مصر[۷] و در پیمان دُرُست[۸] یوسفِ[۹] مظلوم در زندانِ[۱۰] توست ۲۷۹۸

ای پروردگار، روح به ارادهٔ تو گرفتار عالم مادّه شده است.

در خلاصِ او یکی خوابی ببین[۱۱] زود، کَـاللهُ یُـحِبُّ ٱلْمُـحْسِنین[۱۲] ۲۷۹۹

تو بخواه تا هرچه زودتر رهایی یابد؛ زیرا «خداوند نیکوکاران را دوست دارد».

هـفت گـاوِ لاغـریِّ پُـر گـزند[۱۳] هفت گـاوِ فـربهش را مـی‌خورند[۱۴] ۲۸۰۰

هفت گاوِ لاغرِ رنجور، هفت گاوِ فربه را می‌خورند.

هفت خوشهٔ خشکِ زشتِ نـاپسند سُـنبلاتِ[۱۵] تـازه‌اش را مـی‌چرند ۲۸۰۱

هفت خوشهٔ خشکیدهٔ زشتِ بد، خوشه‌های تازه را می‌خورند.

قحط از مصرش[۱۶] بر آمد، ای عزیز! هین! مباش ای شاه! این را مُستَجیز[۱۷] ۲۸۰۲

ای پروردگار، در وجود ما قحطِ نورِ معرفت است، راضی نشو.

---

۱ - **خیال و وهم و ظن** : در تعبیرات مولانا دنیا و تعلّقات آن، علمِ دنیوی که عُجب‌آفرین و جهلِ مطلق است و یا پندارِ برخورداری از علم [علمِ تقلیدی]. ۲ - **چَهْ** : چاه: اینجا سرشت مادّی و طبیعیِ انسان.
۳ - **رَسَن** : طناب، اینجا چیزی که ما را از چاهِ دنیا بیرون می‌آوَرَد. ۴ - **دلداری** : توجّه و لطف.
۵ - **دل** : جانِ جویایِ ارتقا و کمال. ۶ - **پَر بر آرَد** : از قید مادّه برهد.
۷ - **عزیزِ مصر** : اینجا پروردگار، سلطانِ مطلق. ۸ - **پیمان دُرُست** : درست پیمان.
۹ - **یوسف** : روحِ آدمی به «یوسف» مانند شده است. ۱۰ - **زندان** : کنایه از عالم مادّه و قیودِ آن.
۱۱ - مصراع اوّل: یوسف(ع) با تعبیر کردنِ خوابِ پادشاه مصر از اتّهام و زندان رهایی یافت، اینجا بخواه تا نجات یابد. ۱۲ - قرآن: آل‌عمران: ۱۳۴/۳ و ۱۴۸. ۱۳ - **پُر گزند** : زار و نزار.
۱۴ - این بیت و دو بیت بعدی شرحِ خوابِ پادشاه مصر است که در تعبیر آن: پس از هفت سال فراوانی، هفت سال قحط خواهد بود. مُراد از هفت گاوِ لاغر، صفات رذیله و شهوات یا تعلّقات است که اجازهٔ ظهور به فضایل را نمی‌دهند. ۱۵ - **سنبلات** : سنبله‌ها، خوشه‌ها. ۱۶ - **مصر** : اینجا مصرِ وجود.
۱۷ - **مُسْتَجیز** : جایز دارنده.

یوسفم در حبسِ تو، ای شَهْنشان[۱] ! هین! ز دَستانِ[۲] زنانم[۳] وارهان ۲۸۰۳

ای خدا، جانم را محبوس این عالم کرده‌ای، از مکرِ نَفْس و وسوسه‌ها نجاتم بده.

از سویِ عرشی[۴] که بودم مَرْبَطْ[۵] او شهوتِ مادر[۶] فکندم، که: اِهْبِطُوا[۷] ۲۸۰۴

در بهشت بودم که وسوسهٔ مادرم حوّا سبب هُبوطم شد.

پس فُتادم زآن کمالِ مُسْتَتِم[۸] از فنِ زالی[۹] به زندانِ رَحِم[۱۰] ۲۸۰۵

پس به سببِ فعلِ زنی ازکمالِ تامّ به زندانِ رحم افتادم.

روح را از عرش آرَد در حَطیم[۱۱] لاجرم کیدِ زنان باشد عظیم[۱۲] ۲۸۰۶

روح را از عرش به فرش می‌آوَرَد؛ زیرا «مکرِ زنان عظیم است».

اوّل و آخر هُبوطِ من،[۱۳] ز زن[۱۴] چونکه بودم روح، و چون گشتم بدن ۲۸۰۷

همواره سقوط و تنزّلِ من از نَفْس بوده است؛ زیرا روح بودم، چگونه تن شدم؟

بشنو این زاریِّ یوسف در عِثار[۱۵] یا بر آن یعقوبِ بی‌دل[۱۶] رحم آر ۲۸۰۸

نالهٔ یوسف را در حال سقوط بشنو، یا به یعقوبِ عاشق رحم کن.

---

۱ - **شَهْ نشان :** دارای نشان‌های پادشاهی، پروردگار. ۲ - **دستان :** مکر.

۳ - **زن :** کنایه از نَفْس، وسوسه‌ها و تعلّقات، به‌طور کلّی استمداد برای نجات از قیدِ عالم مادّه است.

۴ - **عرش :** اینجا بهشت. ۵ - **مَرْبَطْ :** محلِّ بستن چهارپایان، اینجا مطلقِ جایگاه.

۶ - **شهوتِ مادر :** وسوسه‌های حوّا(ع) برای خوردن میوهٔ ممنوعه.

۷ - **اِهْبِطُوا :** هبوط کنید، فرود آیید. اشارتی قرآنی؛ بقره: ۳۶/۲ و ۳۸ و همچنین اعراف: ۲۴/۷، اشاره به آمدن آدم و حوّا از بهشت به زمین. ۸ - **کمالِ مُسْتَتِم :** کمالِ تامّ.

۹ - **فنِ زالی :** حیلهٔ پیرزنی، اینجا وسوسهٔ حوّا که سبب هبوط شد.

۱۰ - **زندان رحم :** رحم مادر به زندان مانند شده است.

۱۱ - **حطیم :** شکسته، دیوار کعبه، اینجا عالم مادّه و قالبِ خاکیِ آدمی.

۱۲ - اشارتی قرآنی؛ یوسف: ۲۸/۱۲: ...إِنَّ کَیْدَ کُنَّ عَظیمٌ: مکر شما زنان، بزرگ و نیرومند است.

۱۳ - **هبوطِ اوّل و آخر من :** سقوط‌ها و تنزّل‌هایم، تمام لغزش‌ها و گمراهی‌هایم.

۱۴ - **زن :** اینجا نمادِ «نَفْس» است، نَفْسِ امّاره، نَفْسِ آرزومند و زیاده‌خواه.

۱۵ - **عِثار :** لغزش، جایِ هلاک و بدی، لغزیدن و افتادن.

۱۶ - **بی‌دل :** عاشق، «یعقوبِ بی‌دل»: کنایه از وجه روحانیِ نَفْسِ ناطقه، وجهِ مجرّدِ نَفْس.

نـاله از اِخـوان[1] کـنم یـا از زنـان؟ کـــه فکـندندم چـو آدم از جِـنان[2] ۲۸۰۹

از نَفْسِ که بنالم؟ نَفْسِ خلق یا خودم که این چنین مهجورم؟

زآن مـــثالِ بــرگِ دی پــژمرده‌ام کز بـهشتِ وصـل گـندم خـورده‌ام ۲۸۱۰

مانندِ برگ پاییزی پژمرده‌ام؛ چون در بهشتِ وصل گندم خورده‌ام.

چون بـدیدم لطـف و اکـرامِ تـو را وآن ســلامِ سِـلْم[3] و پـیغامِ تـو را ۲۸۱۱

چون توبه کردم و از لطف تو برخوردار شدم،

من سپندْ از چشمِ بد کـردم پـدید[4] در ســپندم نـیز چشـمِ بـد رسـید[5] ۲۸۱۲

با تمامِ وجود به درگاهت روی آوردم؛ امّا باز لغزیدم.

دافعِ هر چشـمِ بـد از پـیش و پس چشم‌هایِ پُر خُمار[6] توست و بس ۲۸۱۳

فقط توجّه و عنایتِ توست که مانعِ لغزش بنده می‌شود.

چشمِ بد را چشم نیکویت، شـها[7]! مات و مستأصَل کند،[8] نِـعْمَ ٱلدَّوا[9] ۲۸۱۴

پروردگارا، توفیق الهی خطا و لغزش را ریشه‌کن می‌کند و بهترین دواست.

بــل ز چشـــمت کـیمیاها مـی‌رسد چشمِ بد را چشـمِ نـیکو مـی‌کند[10] ۲۸۱۵

بلکه توجّه و عنایت تو مانند کیمیایی هر ضعفِ نَفْسانی را به قوّت بَدَل می‌کند.

چشمِ شه بر چشمِ بازِ دل[11] زده‌ست چشمِ بازش سخت باهمّت شده‌ست ۲۸۱۶

از توجّهات شهبازِ دل بلند همّت شده و مشتاقِ توست.

---

۱ - **اِخوان :** برادران، اینجا خلق، همهٔ مردم. مُراد آنکه: هم خودم و هم خلق از نَفْسی برخورداریم که موجب تنزّل و سقوط می‌گردد، از که بنالم؟ ۲ - **جِنان :** جمع جنّت به معنی بهشت. ۳ - **سلامِ سِلْم :** سلامِ مهرآمیز.

۴ - مصراع اوّل: برای دفع چشم بد اسپند دود کردم، یعنی برای دفعِ بدی‌ها به تو روی آوردم، با دل و جان متوجّهِ تو شدم، با طاعت و عبادت و تهذیب.

۵ - مصراع دوم: طاعت و عبادت و توجّه قلبی‌ام به حق دچار نقص و خلل شد.

۶ - **چشم هایِ پُرخُمار :** کنایه از توجّه، عنایت و توفیق الهی. ۷ - **شها :** اینجا پروردگارا.

۸ - **مات و مستأصَل کند :** عاجز و ریشه‌کن می‌کند. ۹ - **نِعم ٱلدَّوا :** چه درمان خوبی.

۱۰ - توجّه تو سبب می‌شود که وجه روحانیِ نَفْسِ آدمی بر وجه نَفْسانیِ آن غلبه کند.

۱۱ - **بازِ دل :** دلِ سالک به باز مانند شده است که با توجّه معنوی و روحانیِ استادِ طریقت همّتی بلند می‌یابد و خواهان کمال الهی است.

تا زِ بس همّت[1] که یابید از نظر[2]   می‌نگیرد بازِ شَهْ جز شیرِ نر ۲۸۱۷

دلِ من از نظرِ تو چنان همّتی یافته است که شکارش معارفِ والاست.

شیرِ چه؟ کآن شاهْ بازِ معنوی[3]   هم شکارِ توست و هم صیدش تُوی[4] ۲۸۱۸

شکار کردن یا شکار شدن مفهومی ندارد، دلی که «بازِ» حق باشد، صیدِ تو و صیّادِ توست، از تو جدا نیست.

شد صفیرِ[5] بازِ جان در مَرجِ دین[6]   نعره‌هایِ لاٰ اُحِبُّ اْلآفِلین[7] ۲۸۱۹

در حیطهٔ ایمان و اعتقاد، بانگِ شاهبازِ جان این است: غروب کنندگان را دوست ندارم.

بازِ دل را که پیِ تو می‌پرید   از عطایِ بی حَدَت چشمی رسید ۲۸۲۰

از عطایِ بی حدِّ تو، چشمِ باطنیِ شهبازِ دلم گشوده شد.

یافت بینی بوی و گوش از تو سماع   هر حسی را قسمتی آمد مُشاع[8] ۲۸۲۱

بینیِ او بویایی، گوشِ او شنوایی و هر حسّی نصیبی بی پایان یافت.

هر حسی را چون دَهی ره سویِ غیب   نَبْوَد آن حس را فُتورِ[9] مرگ و شیب[10] ۲۸۲۲

هر حسّی که به عالمِ غیب راه یابَد، زوال نمی‌یابَد.

مالِکُ المُلکی،[11] به حس چیزی دهی   تا که بر حس‌ها کند آن حس شَهی[12] ۲۸۲۳

تو مالک همهٔ مُلک‌هایی، به هر حس چیزی می‌دهی تا بر حواسِّ دیگر تسلّط داشته باشد.

---

۱ - **تا ز بس همّت** : از فرطِ زیادیِ همّت، از بلند همّتی.   ۲ - **یابید از نظر** : از توجّه تو آن را به دست آورد.
۳ - **شاه بازِ معنوی** : کنایه از دلِ سالکِ متعالی.
۴ - مصراع دوم: مُراد آنکه: از تو جدا نیست، در اتّصال با توست.   ۵ - **صفیر** : بانگ پرنده.
۶ - **مَرج دین** : چمنزار دین.
۷ - اشارَتی قرآنی؛ انعام: ۷۶/۶، سخن ابراهیم(ع) است که در آغاز خورشید و ماه را خدا می‌پنداشت؛ امّا چون غروب کردند، گفت: فانی شدگان را دوست ندارم و خداوندِ باقی را می‌پرستم.
۸ - **مُشاع** : چیزی که مشترک است و سهمِ هر کس تقسیم و محدود نشده، اینجا: حواسِّ باطنی فعّال شد در حالی که به هم پیوسته و ماورایی است؛ یعنی غیرِ مادّی و نامحدود.   ۹ - **فتور** : ضعف، سستی.
۱۰ - **شیب** : پیری.   ۱۱ - **مالِكُ المُلك** ؛ مالِکِ همهٔ مُلک‌هایِ جهان.
۱۲ - **شهی** : (با یاء مصدری) فرمانروایی.

حکایتِ شبْدزدان، که سلطان محمود شب در میانِ ایشان افتاد که: من یکی‌ام از شما، و بر احوالِ ایشان مطّلع شدن، الی آخِرِه

شبی سلطان محمود غزنوی در لباسی مبدّل به شبگردی پرداخت؛ زیرا گه‌گاه از این طریق در میان کوی و برزن می‌گشت تا بر احوالِ رعیّت وقوف یابد. اتّفاقاً به گروهی از دزدان برخورد و خود را دزدی همانند آنان معرّفی کرد و به جمع‌شان پیوست و قرار شد تا هر یک از دزدان هنر خاصّ خود را عرضه دارد. یکی گفت: هنر من در دو گوش من است که زبانِ سگِ پاسبان را می‌دانم. دیگری مدّعی شد که با بو کردن خاک، نزدیک بودن گنج و معادن را در می‌یابم. نفر بعدی هنر خود را در چشم‌های دقیق و تیزبین خود دانست که هر کس را در ظلماتِ شب ببیند، روزِ روشن نیز باز شناسد و چون نوبت به سلطان محمود رسید، گفت: هنرِ من در ریش من است که با جُنباندن آن، مُجرمان از کیفر و عقوبت می‌رهند و بدین سان شاه غزنه را که هنری ارزشمندتر داشت به عنوان رهبر برگزیدند و عازم دستبرد از قصر سلطان محمود شدند. با برخاستن بانگی از سگِ نگهبانِ قصر، یکی از دزدان گفت: این بانگ نشان آن است که سگ می‌گوید: سلطان با شماست؛ سپس با کمند به درون رفتند.

یار بوی‌شناس خاک را بویید و گفت: این خاک مخزن گوهرِ شاهی است. نقب‌زن هم نقب زد تا به مخزن رسیدند و هر چه را که توانستند، بردند و نهان کردند. سلطان غزنه که از منزلگاهشان مطّلع گشته بود، از ایشان جدا شد و بامدادان سرهنگان را فرستاد تا دزدان را به دیوان بیاورند.

دزدان ترسان و لرزان در برابر شاه ایستادند و آن کس که چشمی تیزبین داشت، سلطان را شناخت و به اضطرار و درماندگی گفت: هر یک از ما هنر خویش را نمود؛ امّا **«آن هنرها جمله بدبختی فزود»** و اینک: ما همه کردیم کار خویش را، ای به قربانت بجنبان ریش را. بدین ترتیب سلطان از چشم تیزبینی که در ظلمات شب او را دیده و در روز بازشناخته بود، شرمسار شد و فرمان رهایی‌شان را صادر کرد.

سرّ سخن آنکه: هیچ فنّ و دانشی والاتر از معرفت به حق نیست؛ زیرا اعتبار همهٔ فنون این جهانی است و در «ظلمات شب» که نمادی از «زندگی دنیوی» به شمار می‌آید، معتبر است و در روشنایی روز و «دیوانِ سلطان» که نمادی از «روز رستاخیز» است، امیدی به آن نیست. «دزدان» نمادی از نَفْسِ آدمی‌اند که دارای «قابلیّت‌ها و استعدادِ» گوناگون است که «چشمی بینا»، «گوشی شنوا»، «بینی بوی‌شناس» که بوی حقایق را دریابد، «بازویی توانا» که با تهذیبِ درون نقب به حقایق مکنون زَنَد و به‌کمند توسّل از سدِّ جهل بگذرد و راهی به سوی مخزن علوم و اسرار الهی بیابد، استعدادهای گونه‌گون نَفْس‌اند که انسان در سیر استکمالی بدان نیازمند است، امّا چشمی

شاه‌شناس، **«که شناسد شاه را در هر لباس»**، نشأت گرفته از ایمان خالص است که آن را بصیرت مؤمن می‌نامند، از همه ارجح است؛ زیرا می‌تواند «سلطان» را که نمادی از «انسان کامل واصل» است در شبِ تاریکِ جهل که همان حجاب‌های زندگی این جهانی است، بشناسد و در همگامی با او که رمزی از «معیّت حق» است: **«وَ هُوَ مَعَکُمْ اَیْنَما کُنْتُمْ: حدید: ۴/۵۷»**، و به عنایت حق که «ریش جنبانیدن» نمادی از همّت و امداد روحانی انسان کامل واصل است، از مهالک بِرَهد.

شب چو شه محمود بر می‌گشت فرد[۱] با گروهی قومِ دزدان باز خَورد[۲] ۲۸۲۴

شبی که سلطان محمود تنها می‌گشت، به گروهی از دزدان برخورد.

پس بگفتندش: کِه‌ای؟ ای بُوآلوَفا؟[۳] گفت شه: من هم یکی‌اَم از شما ۲۸۲۵

گفتند: ای باوفا، کیستی؟ شاه گفت: من هم مثل شما دزدم.

آن یکی گفت: ای گروهِ مکرکیش[۴] تا بگوید هر یکی فرهنگِ[۵] خویش ۲۸۲۶

یکی از آنان گفت: ای گروه نیرنگباز، هر کس هنرِ خود را بگوید.

تا بگوید با حریفان در سَمَر[۶] کو چه دارد در جِبِلّت[۷] از هنر؟ ۲۸۲۷

باید مثل قصّه تعریف کند که چه هنر و مهارتی دارد؟

آن یکی گفت: ای گروهِ فَنْ‌فروش[۸] هست خاصیّت مرا اندر دو گوش ۲۸۲۸

یکی گفت: ای عرضه کنندگان مهارت، هنرم در گوشِ من است.

که بدانم سگ چه می‌گوید به بانگ؟ قوم گفتندش: ز دیناری دو دانگ[۹] ۲۸۲۹

از عوعوِ سگ می‌فهمم که چه می‌گوید. یاران گفتند هنرِ مهمی نداری.

آن دگر گفت: ای گروهِ زَرْپرست! جمله خاصیّت مرا چشم اندر است ۲۸۳۰

دیگری گفت: ای گروه مال‌دوست، هنرِ من در چشم من است.

هر که را شب بینم اندر قیروان[۱۰] روز بشناسم من او را بی‌گمان ۲۸۳۱

هر کسی را که در تاریکی شب ببینم، روز حتماً او را می‌شناسم.

---

۱ - **بر می‌گشت فرد**: به تنهایی می‌گشت. ۲ - **بازخَورد**: بر خورد. ۳ - **بُوآلوَفا**: باوفا.
۴ - **مکرکیش**: نیرنگ‌باز. ۵ - **فرهنگ**: اینجا هنر و مهارت. ۶ - **سَمَر**: حکایتِ شبانه.
۷ - **جِبِلّت**: سرشت، فطرت. ۸ - **فَنْ‌فروش**: عرضه کنندهٔ مهارت.
۹ - **ز دیناری دو دانگ**: دو دانگ از شش دانگِ یک چیزی، یعنی خیلی مهم نیست.
۱۰ - **قیروان**: مانند قیر، ظلمات و تاریکی. «قَیْرَوان»: معرّب کاروان، شهری در افریقا.

گفت یک: خاصیّتم در بازو است   که زنم من نقب‌ها[1] با زورِ دست ۲۸۳۲

یکی گفت: هنرِ من در بازو است که می‌توانم زمین را نقب بزنم.

گفت یک: خاصیّتم در بینی است   کارِ من در خاک‌ها بوبینی[2] است ۲۸۳۳

یکی گفت: هنرِ من در بینی است که بویِ خاک‌ها را تشخیص می‌دهم.

سِرِّ اَلنّاسُ مَعادِنْ[3] داد دست   که رسول آن را پیِ چه گفته است ۲۸۳۴

رازِ حدیثِ پیامبر(ص) را فهمیدم که فرمود: «مردم مانند معادن‌اند».

من ز خاکِ تن بدانم کاندر آن[4]   چند نقد است؟ و چه دارد او زکان[5]؟ ۲۸۳۵

من از بویِ خاکِ تن می‌دانم که در آن چه نقدینه‌ای و چه معدنی هست.

در یکی کان زرِّ بی اندازه دَرج[6]   وآن دگر دخلش بُوَد کمتر ز خرج[7] ۲۸۳۶

یکی طلاصفت و قابل است و یکی چندان قابلیّتی ندارد.

همچو مجنون، بو کنم من خاک را   خاکِ لیلی را بیابم بی خطا[8] ۲۸۳۷

مانند مجنون خاک را بو می‌کنم و بدون خطا خاکِ لیلی را می‌یابم.

بو کنم، دانم ز هر پیراهنی   گر بُوَد یوسف[9] و گر آهِرمنی ۲۸۳۸

هر پیراهنی را که بو کنم، می‌فهمم که متعلّق به یوسف است یا اهریمن.

همچو احمد که بَرَد بو از یَمَن[10]   زآن نصیبی یافت این بینیّ من ۲۸۳۹

بینی من هم از خاصیّتِ احمد(ص) که از یَمَن بو را در می‌یافت، نصیبی دارد.

---

۱ - **نقب**: سوراخ، راهی در زیر زمین که جایی را به جایی برسانَد.

۲ - **بوبینی**: از طریقِ بوی چیزی آن را شناختن.

۳ - حدیث نبوی: مردم مانند معادن‌اند، نُخبه‌های دوران جاهلیّت که به اسلام روی می‌آورند، می‌توانند نخبگان اسلام شوند: احادیث، ص ۲۱۰.

۴ - سخنِ مولاناست که در خارج قصّهٔ دزدان و در قالب معارف می‌گوید: عارف از خاکِ تن خلق به ویژگیِ درونیِ آنان پی می‌برد که قابلیّتِ سلوک را دارند یا نه؟   ۵ - **کان**: معدن.

۶ - **درج**: گنجیده، پیچیده شده، نهفته شده.

۷ - مُراد آنکه: قابلیّت و استعداد خلق برای سیرِ استکمالی یکسان نیست.

۸ - آورده‌اند که پس از مرگِ لیلی، مجنون به قبیلهٔ او رفت و جویای قبر وی شد و چون از او پنهان کردند، خاک را بو کرد تا قبرِ لیلی را یافت: مآخذ قصص و تمثیلات مثنوی، صص ۲۱۲-۲۱۱.

۹ - اشارتی قرآنی؛ یوسف: ۹۳/۱۲، که یعقوب(ع) از بویِ پیراهنِ یوسف، بینایی را دوباره به دست آورد.

۱۰ - اشاره به خبر: من بویِ خدایِ رحمان را از جانبِ یمن می‌شنوم. [اشاره به اویس قَرَنی و ایمان و اخلاص او.]

که کدامین خاک،[1] همسایهٔ زر است؟[2] یا کدامین خاک، صِفْر و ابْتَر[3] است ۲۸۴۰

و در می‌یابم که کدام وجود گرانبها و کدام بی‌قدر است.

گفت یک: نک[4] خاصیت در پنجه‌ام که کمندی افکنم طُولِ عَلَم[5] ۲۸۴۱

یکی گفت: مهارت من در پنجه است که می‌توانم کمندی به بلندی کوه بیندازم.

همچو احمد که کمند انداخت جانْش تا کمندش بُرد سوی آسمانْش[6] ۲۸۴۲

همانند احمد(ص) که جانش کمندی انداخت تا او را به حق رساند.

گفت حقّش: ای کمنْداندازِ بیت[7] آن ز من دان، مٰا رَمَیْتَ اِذْ رَمَیْت[8] ۲۸۴۳

خداوند به او گفت: ای بلند همّت، آن را هم از من بدان که خواستِ حق بود نه کار تو.

پس بپرسیدند زآن شه[9] کِای سَنَد[10]! مر تو را خاصیّت اندر چه بُوَد؟ ۲۸۴۴

پس از سلطان محمود پرسیدند: ای رفیق، مهارتِ تو در چیست؟

گفت: در ریشم بُوَد خاصیّتم که رهانم مجرمان را از نِقَم[11] ۲۸۴۵

گفت: هنر من در ریشم است که مجرمان را از کیفر می‌رهانَد.

مجرمان را چون به جلّادان دهند چون بجنبد ریش ِ من، ز ایشان رَهَند ۲۸۴۶

چون گناهکاران را به جلّاد می‌دهند، اگر ریشم بجنبد، نجات می‌یابند.

چون بجنبانم به رحمت ریش را طی کنند آن قتل و آن تشویش را ۲۸۴۷

اگر ریشم را به رحمت بجنبانم، کشتار و تشویش را متوقّف می‌کنند.

قوم گفتندش که: قُطبِ ما تُوی که خلاص ِ روزِ محنتْمان شوی ۲۸۴۸

آن گروه گفتند: تو پیشوای مایی که در محنت نجاتمان می‌دهی.

---

۱ - **کدامین خاک**: کدام وجود، چه کسی.

۲ - **همسایهٔ زر است**: اینجا دارای قابلیّت و استعداد ترقّیِ روحانی و معنوی است.

۳ - **صفر و ابتر**: خالی و بی بهره. ۴ - **نک**: اینک.

۵ - **طولِ عَلَم**: بلندیِ کوه یا بلندیِ مناره. «عَلَم»: کوه، مناره، پرچم، درفش. ۶ - اشاره به معراج پیامبر(ص).

۷ - مصراع اوّل: ای آنکه به بیتِ المعمور کمند می‌افکنی، ای بلند همّت.

۸ - اشارتی قرآنی؛ انفال: ۱۷/۸: تیری که تو انداختی، تو نینداختی، بلکه خدا انداخت. «ما کمان و تیراندازش خداست». ۹ - **شه**: اشاره به سلطان محمود. ۱۰ - **ای سند**: ای رفیقِ قابلِ اعتماد.

۱۱ - **نِقَم**: نقمت‌ها: کیفرها، عقوبت‌ها.

بعد از آن، جمله به هم بیرون شدند   سویِ قصرِ آن شهِ میمون[1] شدند[2] ۲۸۴۹

سپس همه با هم بیرون آمدند و به سویِ قصرِ شاهِ فرخنده رفتند.

چون سگی بانگی بزد از سویِ راست   گفت: می‌گوید که سلطان با شماست ۲۸۵۰

سگی از سوی راست عوعو کرد. سگ‌شناس گفت: می‌گوید که شاه همراهِ شماست.

خاک بو کرد آن دگر از رَبوه‌یی[3]   گفت: این هست از وِثاقِ[4] بیوه‌یی ۲۸۵۱

آن دیگری خاکِ پُشته‌ای را بویید و گفت: خاکِ خانهٔ بیوه‌زنی است.

پس کمند انداخت استادِ کمند   تا شدند آن سویِ دیوارِ بلند ۲۸۵۲

پس استادِ کمندانداز، کمندی انداخت و به آن سوی دیوار رفتند.

جایِ دیگر خاک را چون بوی کرد   گفت: خاکِ مخزنِ شاهی‌ست فرد ۲۸۵۳

بوشناس، جایی را بویید و گفت: اینجا خزانهٔ شاهی یگانه است.

نقبْ‌زن زد نقب، در مخزن رسید   هر یکی از مخزن اسبابی کشید ۲۸۵۴

نقب‌زن، نقب زد و به خزانه رسید. هر یک از آنجا اسبابی برداشت.

بس زر و زربفت و گوهرهایِ زَفت[5]   قوم بُردند و نهان کردند تَفت[6] ۲۸۵۵

طلاها، پارچه‌هایِ زربفت و جواهرات گرانبها را بردند و در جایی پنهان کردند.

شه مُعیّن دید[7] منزلگاهشان   حِلیه[8] و نام و پناه و راهشان ۲۸۵۶

شاه، محلّ اختفا، قیافه و نام و نشان آنان را دید.

خویش را دزدید از ایشان، بازگشت   روز در دیوان بگفت آن سرگذشت ۲۸۵۷

خود را از آنان پنهان کرد و برگشت و صبح در دیوان ماجرا را بازگفت.

پس روان گشتند سرهنگانِ مست[9]   تا که دزدان را گرفتند و بِبَست[10] ۲۸۵۸

بلافاصله امیران بی‌باک رفتند و آنان را گرفتند و بستند.

---

۱ - **میمون**: مبارک، فرخنده.   ۲ - این بیت بعداً در حاشیه افزوده شده است.   ۳ - **رَبْوه**: پُشته.
۴ - **وثاق**: اتاق.   ۵ - **زَفت**: بزرگ، اینجا گرانبها.   ۶ - **تَفت**: تند و شتابان.
۷ - **معیّن دید**: به وضوح دید.   ۸ - **حِلیه**: زینت، زیور، اینجا مشخصاتِ ظاهری.
۹ - **مست**: اینجا بیباک.
۱۰ - **بِبَست**: بست، اینجا چون فعلِ قبلی جمع است، پساوند فاعلی به قرینه حذف شده و معنیِ جمع دارد، بستند.

دست بسته سویِ دیوان آمدند   وز نهیبِ جانِ خود لرزان شدند ۲۸۵۹

دزدان دست بسته به دیوان عدالت آمدند و از بیمِ جان می‌لرزیدند.

چونکه اِستادند پیشِ تختِ شاه   یارِ شب‌شان بود آن شاهِ چو ماه ۲۸۶۰

چون در برابر تخت شاه ایستادند، شاهِ همچون ماه دوستِ شبانه‌شان بود.

آنکه چشمش شب به هر که انداختی   روز دیدی، بی شَکَش بشناختی ۲۸۶۱

آنکه شب هرکس را می‌دید، روز هم بی تردید او را می‌شناخت،

شاه را بر تخت دید و گفت: این   بود با ما دوش شبگرد و قرین ۲۸۶۲

شاه را بالای تخت دید و گفت: این شاه همان رفیقِ شبانهٔ ماست.

آنکه چندین خاصیت در ریشِ اوست   این گرفتِ ما هم از تفتیشِ[1] اوست ۲۸۶۳

کسی که ریشش هنرها دارد و گرفتاریِ ما هم از بازجوییِ اوست.

عارفِ شه بود[2] چشمش لاجرم   برگشاد از معرفت لب، با حَشَم[3] ۲۸۶۴

چون چشمی بصیر و حق‌بین داشت، از سرِ آگاهی به دیگران گفت:

گفت: وَ هُوَ مَعْکُم[4] این شاه بود   فعلِ ما می‌دید و سِرمان می‌شنود[5] ۲۸۶۵

«اوکه با شما بود»، همین شاه بود که کارِمان را می‌دید و رازمان را می‌شنید.

چشمِ من رَه بُرد شب، شه را شناخت   جمله شب با رویِ ماهش عشق باخت[6] ۲۸۶۶

من در تاریکی شب هم شاه را می‌شناختم و مشتاقش بودم.

---

۱ - **تفتیش :** بازجویی، بازجُست.   ۲ - **عارف شه بود :** حق‌بین بود، بصیر بود.

۳ - **حَشَم :** خدمتکاران، زیردستان، اینجا همدستان و رفقا.

۴ - قرآن: حدید: ۴/۵۷: ...وَ هُوَ مَعَکُمْ أَیْنَما کُنْتُمْ وَاللهُ بِما تَعْمَلُونَ بَصیرٌ: ...و اوست با شما هر جا که باشید. و خداوند به کردار شما بیناست.

۵ - از بیت پیشین سخنانِ عارفانهٔ مولاناست که از زبان یکی از دزدان که چشمی حقیقت‌بین داشته است، گفته می‌شود.

۶ - عارفان در زندگیِ این جهانی که مانند شب است و حقایق در آن نهان‌اند، حقیقت را می‌شناسند و شیفتهٔ هستیِ مطلق‌اند.

دفتر ششم ۳۹۵

امّتِ خود را بخواهم من از او[1] کو نگرداند ز عارف هیچ رُو[2] ۲۸۶۷
اینک نجات یاران را از او می‌خواهم؛ زیرا خواستهٔ شناسندهٔ خود را می‌پذیرد.

چشمِ عارف دان اَمانِ هر دو کَوْن که بدو یابید هر بهرام[3]، عَوْن ۲۸۶۸
چشمِ بصیر پناهِ هر دو جهان است؛ زیرا هر عارفی از حقیقت‌بینی سلطنت معنوی یافته است.

زآن محمّد شافعِ[4] هر داغ[5] بود که ز جُز شه چشمِ او مازاغ[6] بود ۲۸۶۹
پیامبر(ص) شفیع گناهکاران است، چون چشمِ او فقط حق را می‌دید.

در شبِ دنیا که محجوب است شید[7] ناظرِ حق بود و زو بودش امید ۲۸۷۰
در دنیا که مانند شب حقایق نهان‌اند، چشمِ او فقط حق را می‌دید و به او امید داشت.

از اَلَم نَشْرَح[8] دو چشمش سُرمه[9] یافت دید آنچه جبرئیل آن بر نتافت[10] ۲۸۷۱
عنایتِ الهی به او ادراک برتر و بصیرتی خاص داد، حقایقی را دید که در حدّ فرشتگان مقرّب نبود.

مر یتیمی را که سُرمه، حق کشد[11] گردد او دُرِّ یتیم[12] با رَشَد[13] ۲۸۷۲
یتیمی که خداوند به او بصیرت بدهد، مرواریدی بی همتا می‌شود.

---

۱ - مصراع اوّل: اشاره به شفاعتِ انبیا و اولیا و کاملان است که فانی در حق‌اند و باقی به حق و هویّت فردیِ مستقل ندارند و درخواستِ آنان مانند درخواست حق از خویش است.

۲ - در این حکایت، گروه دزدان نمادی از «صاحبانِ علومِ عقلی و نقلی»اند که دانشِ آنان صرفاً کسبی و تقلیدی است و با همین علم به «مخزنِ شاه» که نمادی از «علمِ حقیقی» است راه یافته‌اند؛ امّا این دانش چون سبب ادراک باطنی نشده، سبب گرفتاری آنان است. تنها آن کس که بصیرتی دارد از آفاتِ آن می‌رهد و به صاحب مخزن می‌رسد.

۳ - **بهرام** : اینجا مطلق شاه یا سلطان [سلطنت معنوی یا روحانی]. ۴ - **شافع** : شفاعت کننده.

۵ - **داغ** : مجازاً سیاهی، سیاهیِ گناه بر رویِ گناهکار، اینجا مُجرم.

۶ - اشارتی قرآنی؛ نجم: ۱۷/۵۳، که در معراج، چشمِ پیامبر(ص) فقط به حق نگریست و به هیچ چیز دیگر نپرداخت و نلغزید و خطا نکرد: مٰازاغَ البَصَرُ وَ مٰا طَغیٰ. ۷ - **شید** : خورشید، اینجا خورشیدِ حقایق.

۸ - اشارتی قرآنی؛ انشراح: ۱/۹۴: أَلَمْ نَشْرَحْ لَكَ صَدْرَكَ؟ آیا سینه و باطنِ تو را به نور ایمان و معرفتِ عالمِ غیب گشاده نکردیم؟

۹ - **سرمه** : قدما بر این باور بودند که سرمه سبب ازدیاد قوّهٔ بینایی است. اینجا همان بصیرت و بینش خاص است.

۱۰ - مُراد آنکه: پیامبر(ص) به لطف الهی دارای بینش، بصیرت و معرفتی شد و به شهودی رسید که حدّ فرشتگان نبود.

۱۱ - اشارتی قرآنی؛ والضُّحیٰ: ۶/۹۳: أَلَمْ يَجِدْكَ يَتيماً فَاٰوىٰ: آیا خداوند تو را یتیم نیافت و پناه داد؟ مُراد آنکه: حضرتش از شریف‌ترین مقامِ نبوّت برخوردار و بی‌رقیب و ممتاز است. ۱۲ - **دُرِّ یتیم** : مروارید یگانه.

۱۳ - **با رَشَد** : دارای کمالات، مهتدی. «رَشَد»: هدایت.

نـــورِ او بـــر ذرّه‌هـــا غـالب شـود[1]   آنـــچنان مـــطلوب را طـالب شـود ۲۸۷۳

نورِ او بر همه چیز غلبه دارد، حقیقتِ آن را می‌بیند و همان را می‌خواهد.

در نـــظر بـــودش مـقاماتُ آلعـباد[2]   لاجـــرم نـامش خـدا شـاهد نـهاد[3] ۲۸۷۴

چون مرتبهٔ روحانی خلق را می‌دید، خداوند او را «شاهد» نامید.

آلتِ شـــاهد زبـــان و چشـــمِ تـــیز   که ز شبْخیزش[4] ندارد سِر[5] گریز ۲۸۷۵

وسیلهٔ شاهد، زبان و چشمِ بیناست، سرّی نیست که وجودِ شب‌زنده‌دارِ او نداند.

گـــر هـزاران مـدّعی[6] سـر بـر زنـد   گوشْ قـاضی[7] جـانبِ شـاهد کـند ۲۸۷۶

اگر هزاران مدّعی بخواهند شهادت بدهند، قاضی به شاهدِ حقیقی توجّه می‌کند.

قاضیان را در حکومت این فن[8] است   شاهدْ ایشان را دو چشمِ روشن[9] است ۲۸۷۷

روش قُضات در محکمه برای داوری، استفاده از دو شاهد به منزلهٔ دو چشمِ بیناست.

گفتِ شاهد زآن به جایِ دیده[10] است   کو به دیدهٔ بی غرض سِر دیـده است ۲۸۷۸

قاضی شهادتِ شاهد را به جایِ دیدهٔ خود می‌پذیرد، چون شاهد با چشمی بی‌غَرَض راز را دیده است.

مـــدّعی دیـده‌ست، امّـا بـا غـرض   پـــرده بـــاشد دیـــدهٔ دل را غـرض ۲۸۷۹

مدّعی هم دیده است؛ امّا با چشم غَرَض‌آلود، غَرَض حجابِ حقایق است.

حق همی خواهد که تو زاهد شوی[11]   تـــا غـرض بگـذاری و شـاهد شـوی ۲۸۸۰

خداوند می‌خواهد که تو پرهیزکار باشی تا شاهدِ بدون غَرَض شوی.

کـــین غـــرض‌ها پـــردهٔ دیـده بُـوَد   بـر نـظر چـون پـرده پـیچیده بُـوَد ۲۸۸۱

غَرَض‌ها، همانند حجابی بر رویِ چشم، جلوی نظر را می‌گیرد.

---

۱ - مصراع اوّل: نورِ او بر ذرّات عالم یا همهٔ عالم غلبه دارد.

۲ - **مقاماتُ العباد :** مراتبِ روحانی خلق. درجهٔ تعالیِ هر کس.

۳ - اشارتی قرآنی؛ احزاب: ۴۵/۳۳ و فتح: ۸/۴۸، آمده است که پیامبر(ص) شاهد، مژده‌دهنده و بیم‌دهنده است. «شاهد»:گواه.

۴ - **شبْخیزش :** کسی که شب‌ها بیدار است.

۵ - **سِر :** سِرّ: راز.

۶ - **مدّعی :** اینجا کسی که می‌پندارد می‌تواند شهادت بدهد؛ امّا چون شهادتِ او بر پایهٔ اغراضِ دنیوی است، خداوند آن را نمی‌پذیرد.

۷ - **قاضی :** اینجا پروردگار.

۸ - **فن :** اینجا روش و منش، عادت.

۹ - **دو چشم روشن :** دو چشم بینا.

۱۰ - **به جای دیده :** به جای دیدهٔ خودِ قاضی.

۱۱ - **زاهد شوی :** پرهیز پیشه کُنی تا بی‌غَرَض باشی.

۲۸۸۲	پس نبیند جمله را با طِمّ و رِمّ¹ حُبُّکَ الْاَشْیاءَ یُعْمی وَ یُصِمّ²

در نتیجه خوب و بد چیزی را نمی‌تواند ببیند. علاقهٔ شدید به هر چیز تو را از دیدن و یا شنیدنِ بدی‌های آن کور و کر می‌کند.

۲۸۸۳	در دلش خورشید³ چون نوری نشاند پیشش اختر⁴ را مَقادیری⁵ نماند

کسی که خورشید به دلش بتابد، در نظرش جلوهٔ ستاره شأنی ندارد.

۲۸۸۴	پس بدید او بی حجاب اَسرار را سیرِ روحِ مؤمن و کفّار⁶ را

پس چنان کسی اسرار و تحوّلات روحیِ خلق را بی‌پرده می‌بیند.

۲۸۸۵	در زمین حق را و در چرخِ سَمی⁷ نیست پنهان‌تر⁸ ز روحِ آدمی

خداوند در زمین و آسمان چیزی پیچیده‌تر از روحِ آدمی ندارد.

۲۸۸۶	بازکرد از رَطْب و یابِس⁹، حق نَوَرد روح را مِنْ أمرِ رَبّی مُهر کرد¹⁰

خداوند پیچیدگیِ هر پدیده‌ای را برای بشر گشوده است بجز روح.

۲۸۸۷	پس چو دید آن روح را چشم عزیز¹¹ پس بر او پنهان نمانَد هیچ چیز

پس هنگامی که چشم عزیزِ شاهد می‌تواند روح را ببیند، چیزی بر او مخفی نیست.

۲۸۸۸	شاهدِ مطلق¹² بُوَد در هر نزاع بشکند گفتش خُمارِ هر صُداع¹³

شهادتِ او هر اختلاف و نزاعی را پایان می‌دهد.

---

۱ - طِمّ و رِمّ: آب و خاک، خشک و تر.
۲ - حدیث: اگر چیزی را دوست داشته باشی، دوست داشتن تو را از دیدنِ خوب یا بدِ آن کور و کر می‌کند.
۳ - خورشید: نور حقایق.   ۴ - اختر: کنایه از جاذبه‌های دنیوی.   ۵ - مقادیر: مقدار، شأن و قدر.
۶ - مؤمن و کفّار: همهٔ خلق، همهٔ مردم.   ۷ - سَمی: بلندمرتبه.
۸ - پنهان‌تر: اینجا پیچیده‌تر، غیر قابل دسترس یا غیر قابل درک برای عقولِ متعارف.
۹ - رَطْب و یابِس: خشک و تر، به هم بافتن، اینجا پیچیدگی.
۱۰ - اشارتی قرآنی؛ اِسراء: ۸۵/۱۷ و از تو (ای پیامبر) دربارهٔ روح می‌پرسند که چیست؟ بگو که روح از امر پروردگار است و تنها علم ناچیزی به شما داده شده است.   ۱۱ - چشمِ عزیز: چشمِ عزیزِ شاهد.
۱۲ - شاهدِ مطلق: کسی که هر چیز را چنان که هست، می‌بیند.
۱۳ - مصراع دوم: سخنش خُمار یا ناراحتیِ هر دردسری را زایل می‌کند.

نامِ حق عدل است، و شاهد آنِ اوست   شاهدِ عدل[۱] است زین رو چشمِ دوست ۲۸۸۹

«عدل» از نام‌های خداست و شاهد که واصل و متعلّق به اوست، چشمی عادل دارد.

منظرِ حقْ دل بُوَد در دو سرا   که نظر در شاهد[۲] آید شاه را ۲۸۹۰

نظرگاهِ حق در دو جهان، دل است؛ زیرا شاه فقط زیبارو را می‌نگرد.

عشق ِ حقّ و سرِّ شاهدْبازی‌اَش[۳]   بود مایهٔ جمله پرده‌سازی‌اَش[۴] ۲۸۹۱

عشقِ حق و راز عشق ورزیدنش به معشوق مایهٔ آفرینش شد.

پس از آن لَوْلاکَ[۵] گفت اندر لِقا[۶]   در شبِ معراجْ شاهدْبازِ[۷] ما ۲۸۹۲

خدای زیباپسندِ ما در شبِ معراج به پیامبر گفت: اگر تو نبودی، جهان را نمی‌آفریدم.

این قضا[۸] بر نیک و بد حاکم بُوَد[۹]   بر قضا شاهد نه حاکم می‌شود؟[۱۰] ۲۸۹۳

قاضی حُکم به نیک و بد می‌دهد؛ امّا آیا شاهد بر قاضی حاکم نیست؟

شد اسیرِ آن قضا میرِ قضا[۱۱]   شاد باش ای چشمِ تیزِ مرتضی[۱۲]! ۲۸۹۴

ای مرد حق، شاد باش که اسیرِ قضا هستی.

عارف از معروف[۱۳] بس درخواست کرد[۱۴]   کای رقیبِ ما[۱۵] تو اندر گرم و سرد[۱۶]! ۲۸۹۵

عارف از پروردگار خواست که: ای در همه حال نگهدارِ ما،

---

۱ - **شاهدِ عدل :** گواه صادق، گواه راستگو، یعنی آنچه را که ولیّ خدا تأیید می‌کند، مؤیّد حق است و آنچه را که او رد کند، مردود حق است. ۲ - **شاهد :** زیبارو، محبوبِ زیبا. ۳ - **شاهدبازی :** عشقبازی، عشق‌ورزی.

۴ - **پرده‌سازی :** اینجا آفرینش.

۵ - حدیث: لَوْلاکَ لَما خَلَقتُ الْأفلاکَ : اگر برای وجود تو نبود، آسمان‌ها را نمی‌آفریدم: احادیث مثنوی، ص ۱۷۲.

۶ - **اندر لِقا :** در شب معراج. ۷ - **شاهدباز :** کنایه از پروردگار.

۸ - **این قضا :** حُکمی که حق می‌دهد، داوریِ حق.

۹ - مراد آنکه: حق تعیین می‌کند که چه کس خوب است و چه کس بد.

۱۰ - مصراع دوم: مقصود آن است که: حق از دریچهٔ چشم انبیا و اولیا به خلق می‌نگرد و حُکمِ او مبتنی بر نظر اولیا و کاملانِ واصل است.

۱۱ - **میرِ قضا :** امیرِ قضا همان مردِ حق یا عارف است که خودِ او نیز از قضای حق تأثیر می‌پذیرد و حُکمِ الهی هرجا که باید او را می‌برد. ۱۲ - **چشمِ تیزِ مرتضی :** چشمِ بینایِ راضی به رضایِ حق، مردِ حق «عارف».

۱۳ - **معروف :** پروردگار. ۱۴ - **بس درخواست کرد :** بسیار خواست. ۱۵ - **رقیبِ ما :** مراقبِ ما.

۱۶ - **در گرم و سرد :** در همه حال.

ای مُشیرِ[۱] ما تو اندر خیر و شر! از اشارت‌هاتْ دلْمان بی خبر[۲] ۲۸۹۶

ای آنکه راهنمای ما در نیکی و بدی هستی، دلِ ما اشارات تو را در نمی‌یابد.

ای یَرانٰا لا نَراهُ[۳] روز و شب چشمْبندِ ما شده دیدِ سبب[۴] ۲۸۹۷

ای آنکه همواره ما را می‌بینی و ما تو را نمی‌بینیم، توجّه به «سبب» چشمِ ما را بسته است.

چشمِ من از چشم‌ها بُگْزیده[۵] شد تا که در شب[۶] آفتابم[۷] دیده شد ۲۸۹۸

چشمِ من باطن‌بین شده است که می‌تواند حقیقت را ببیند.

لطفِ معروفِ[۸] تو بود آن، ای بهی[۹] پس کَمٰالُ اَلْبِرِّ فی اِتْمٰامِهِ[۱۰] ۲۸۹۹

ای جمالِ مطلق، این منوّر شدن از لطف تو بود، پس آن را به کمال برسان.

یٰا رَبْ! اَتْمِمْ نورَنٰا فی اَلسّٰاهِرَه[۱۱] وَاَنْجِنٰا[۱۲] مِنْ مُفْضِحٰاتٍ[۱۳] قاهِرَه ۲۹۰۰

پروردگارا، نور ما را در قیامت کامل کن و از چیرگی زشتی و بی‌آبرویی برهان.

یارِ شب[۱۴] را روزْ[۱۵] مهجوری مده جانِ قربتْ دیده را دوری مده ۲۹۰۱

بنده‌ای را که همواره در این دنیا با یاد و مهرِ تو زیسته است در آن دنیا به هجران مبتلا نکن. جانی را که به قُربِ تو رسیده است به بُعد گرفتار نکن.

---

۱ - **مشیر :** اشاره کننده، راهنما. ۲ - مراد آنکه: هر چه می‌کنیم به اشارهٔ توست؛ امّا خودمان نمی‌دانیم.

۳ - **یَرانٰا لا نَراهُ :** ما را می‌بینی و ما تو را نمی‌بینیم.

۴ - مصراع دوم: توجّه به ابزاری به نامِ چشم که وسیلهٔ دیدن عالم محسوس است، نمی‌گذارد تو را که با این ابزار نمی‌توان دید، ببینیم، نمی‌گذارد که تمامِ قوا را بر توانایی‌های غیر مادّی‌مان متمرکز کنیم و به شهود برسیم.

۵ - **بگزیده :** برگزیده، اینجا چشمِ باطن یا چشمِ حقیقت‌بین. ۶ - **شب :** کنایه از دنیا.

۷ - **آفتاب :** کنایه از آفتابِ حقایق، حقیقتِ هستی. ۸ - **لطفِ معروف :** لطفِ پسندیده.

۹ - **بَهی :** روشن، زیبا، جمال و مظهر جمال.

۱۰ - مَثَل: مَا الاحسٰانِ إلاّ بِالاِتمام: احسان، احسان نیست، مگر کامل باشد. با اندک اختلاف به عنوان حدیث نیز یاد شده است.

۱۱ - **ساهره :** صحرای محشر.

مصراع اوّل اشاره دارد به مضمون آیهٔ هشتم سورهٔ تحریم: ...یَقُولُونَ رَبَّنٰا اَتمِمْ لَنٰا نُورَنٰا: مؤمنان در قیامت گویند: پروردگارا، نور ما را به کمال برسان. ۱۲ - **وَاَنْجِنٰا :** نجات بده.

۱۳ - **مُفْضِحٰات :** جمع مُفْضِحَه: رسوا کننده.

۱۴ - **یارِ شب :** عارف، کسی که در شبِ دنیا با یاد خدا و عشق خدا زندگی می‌کند.

۱۵ - **روز :** اینجا روزِ قیامت.

بُعدِ تو[۱] مرگی‌ست با درد و نَکال[۲]   خاصه بُعدی که بُوَد بَعْدَ اَلْوِصال ۲۹۰۲

دوری از تو مرگی با شکنجه است. مخصوصاً بُعدی که پس از وصل باشد.

آنکه دیده‌ستت مکن نادیده‌اش   آب[۳] زَن بر سبزهٔ بالیده‌اش[۴] ۲۹۰۳

آنکه توانسته تو را ببیند، نادیده محسوبش نکن. بگذار بارورتر شود.

من نکردم لااُبالی[۵] در رَوِش[۶]   تو مکُن هم لااُبالی در خَلِش[۷] ۲۹۰۴

من در سلوک بی پروا نبودم. تو هم در آزارِ من بی‌پروا نباش.

هین مران از رویِ خود او را بعید   آن که او یکبار آن رویِ تو دید ۲۹۰۵

کسی که رویت را دیده است، از دیدارِ خود دور مکن.

دیدِ رویِ جز تو شد غُلِّ گلو[۸]   کُلُّ شَیءٍ ما سِوَی الله باطِلُ[۹] ۲۹۰۶

دیدنِ غیرِ روی تو مانند غل و زنجیر بر گردن است: زیرا هر چیز جز تو باطل است.

باطل‌اَند[۱۰] و می‌نمایندم رَشَد[۱۱]   زآنکه باطل باطلان را می‌کَشَد ۲۹۰۷

مانند همین سخنان که اگرچه باطل‌اند، نشان دهندهٔ راه راست‌اند؛ زیرا باطل باطل را جذب می‌کند.

ذرّه ذرّه کاندر این ارض و سَماست   جنسِ خود را هر یکی چون کَهرُباست ۲۹۰۸

تمام ذرّاتی که در هستی است، مانند کهربا همجنسِ خود را جذب می‌کند.

معده نان را می‌کشد تا مُستَقَر[۱۲]   می‌کشد مر آب را تَفِّ جگر[۱۳] ۲۹۰۹

معده نان را جذب می‌کند و سوزِ جگر آب را.

---

۱ - **بُعد تو** : دوری از تو. ۲ - **نکال** : عقوبت. ۳ - **آب** : اینجا آبِ لطف، آبِ عنایت.

۴ - **سبزهٔ بالیده‌اش** : وجودِ عارف که از نور حق منوّر شده و زندگی حقیقی یافته است.

۵ - **لااُبالی** : بی مبالاتی، بی توجّهی. ۶ - **روش** : سلوک، راه حق.

۷ - **خَلِش** : از خلیدن: فرو کردن نیش، آزار دادن. ۸ - **غُلّ گلو** : غُل و زنجیر برگردنِ کسی.

۹ - مصراع دوم: هر چیز جز پروردگار باطل است.

۱۰ - **باطل‌اند** : اینجا اشاره به همین سخنان یا تعلیم است که تا «قال» است و با جانِ شنونده عجین نشده، باطل است. این سخن باطلان را جذب می‌کند و به سویِ حقیقت می‌کشانَد. عارف تمایلی به قال ندارد. حالِ او اِستغراق در حق است. غیر عارف از طریقِ قال به حال راه می‌یابد. ۱۱ - **رَشَد** : هدایت داشتن، راه راست.

۱۲ - **تا مستقر** : به قرارگاه. مُراد آنکه: معده نان را هضم می‌کند تا جذب شود و جزوِ وجودِ آدمی گردد؛ یعنی به مستقرِ خود برسد. ۱۳ - **تفِ جگر** : تشنگی.

۲۹۱۰ **چشم، جذّابِ بُتان[1] زین کوی‌ها مغزْ جویان از گلستان بوی‌ها**

چشم، زیباییِ زیبارویان را درک می‌کند و مغز عطرِ گل‌ها را.

۲۹۱۱ **زآنکه حسّ ِ چشم[2] آمد رنگْ‌کَش[3] مغز و بینی می‌کَشَد بوهایِ خَوش**

زیرا حسّ بینایی برای درکِ رنگ و نقش است و حسّ بویایی برای درک بوی خوش.

۲۹۱۲ **زین کَشِش‌ها ای خدایِ رازدان تو به جذبِ لطفِ خود،[4] مان دِهْ امان**

ای خدای رازدان، تو به عنایت ما را به خود جذب کن و از جاذبه‌های دیگر بِرَهان.

۲۹۱۳ **غالبی بر جاذبان، ای مشتری[5]! شاید ار درماندگان[6] را واخری**

ای خریدار، تو بر این جاذبه‌ها چیره‌ای. شأن توست که جانِ بیچارگان را نجات دهی.

۲۹۱۴ **رُو به شه آورد[7] چون تشنه به ابر[8] آنکه بود اندر شبِ قدر[9] آنِ بَدْر**

آن شاه‌شناس با اشتیاق به شاه می‌نگریست که مانند ماه شبِ چهارده در شبِ قدر می‌درخشید.

۲۹۱۵ **چون لسان و جانِ او بُود آنِ او[10] آنِ او با او بُوَد گستاخْ گو[11]**

چون زبان و جانِ او در سیطرهٔ حق بود، می‌توانست آنچه را که می‌خواست، بگوید.

۲۹۱۶ **گفت: ما گشتیم چون جانْ[12] بندِ طین[13] آفتابِ جان تُوی در یَوْمِ دین[14]**

گفت: ما همانند جان که مقیّدِ تن است، گرفتار شده‌ایم، تو آفتابِ جان در روز جزا هستی.

---

۱ - **بتان :** جمع بت: زیبارو. ۲ - **حسّ ِ چشم :** حسّ بینایی.
۳ - **رنگ‌کش :** جاذب یا درک‌کنندهٔ رنگ و نقش، صُوَر به‌طور مطلق. ۴ - **جذبِ لطفِ خود :** جذبهٔ حق.
۵ - **مشتری :** ناظر به آیهٔ صد و یازده سورهٔ توبه که در آن خداوند خریدارِ جان و مالِ مؤمنان است.
۶ - **درماندگان :** بیچارگان، خلق.
۷ - **رُو به شه آورد :** مراد عارف است که در «شبِ دنیا» به تجلیّات مختلف حق می‌نگرد و خواهانِ اوست. «بازگشت به قصّهٔ سلطان محمود و دزدان است.» ۸ - **چون تشنه به ابر :** مشتاقانه.
۹ - **شبِ قدر :** شب ویژه‌ای که لطف الهی شامل حال بندگان می‌شود. مُراد آنکه: زندگیِ دنیویِ عارف برای وی همانند شب قدر است و زندگی دنیوی خلق همانند شب‌های عادی.
۱۰ - **آنِ او بود :** به سبب فنایِ عارف در حق، زبان و جانش در سیطرهٔ حق است؛ پس حق می‌تواند خود را از خود درخواست کند. ۱۱ - **گستاخ‌گو :** گستاخانه سخن گفتن، اینجا شفاعت کردن.
۱۲ - مانند «جان» که در «تن» گرفتارِ زندگی مادّی شده است. ۱۳ - **طین :** گِل، اینجا زندگی این جهانی.
۱۴ - **یومِ دین :** روزِ جزا.

وقتِ آن شد ای شهِ مکتومْ سیر ۱	کز کَرَم ریشی بجنبانی به خیر ۲	۲۹۱۷

ای شاه که در نهان همه جا می‌گردی، وقت آن است که از کَرَم ریش را بجنبانی.

هر یکی خاصیّتِ ۳ خود را نمود	آن هنرها، جمله بدبختی فزود	۲۹۱۸

ما همه هنرِ خود را عرضه کردیم؛ امّا آن‌ها بدبختی را افزود.

آن هنرها گردنِ ما را بِبَست	زان مَناصب ۴ سرنگوساریم و پست	۲۹۱۹

آن قابلیّت‌ها و دانش‌ها مانند طنابی بر گردن، سبب سقوط ما شد.

آن هنر فی جیدِنا حَبلٌ مَسَد ۵	روزِ مُردن نیست زآن فن‌ها مَدَد	۲۹۲۰

هنرهای دنیویِ عُجب‌آفرین مانند رشته‌ای جان را به پایین می‌کشند و در روزِ مرگ مدد نیستند.

جز همان خاصیّتِ آن خوشْ‌حواس ۶	که به شب ۷ بُدْ چشمِ او سلطانْ‌شناس	۲۹۲۱

مگر هنرِ خاصّی که آن «اهل معنا» دارد و در شب شاه را می‌شناسد.

آن هنرها جمله غولِ راه ۸ بود	غیرِ چشمی کو ز شهْ آگاه بود	۲۹۲۲

بجز چشم شهْ‌شناس، هنرهای دیگر سالک را از راه به در می‌بَرند.

شاه را شرم از وی آمد روزِ بار	که به شب بر رویِ شه بودش نَظار	۲۹۲۳

روز باریابی، شاه از کسی که در شب نظر به او دوخته بود، شرم کرد.

وآن سگِ ۹ آگاهْ از شاهِ وَداد ۱۰	خود سگِ کهفش لقب باید نهاد	2924

دزدی که از پروردگار آگاه باشد، مانند سگِ اصحابِ کهف حرمت دارد.

خاصیت در گوش هم نیکو بُوَد	کو به بانگِ سگ ز شیر آگه شود	۲۹۲۵

گوشِ شنوا هم خوب است؛ زیرا تا حدّی ما را از حق آگاه می‌کند.

۱- **مکتوم سیر**: کسی که پنهانی همه جا به گشت و گذار می‌پردازد، مُراد پروردگار است.
۲- سلطان محمود در میان دزدان مدّعی شده بود که جنباندن ریشش سبب آزادی مجرمان می‌شود.
۳- **خاصیّت**: اینجا هنر یا خاصیّت اشاره است که دانش دنیوی یا علوم اکتسابی که عُجب‌آفرین است و سبب زوال انکسار و صفای درون و دوری از حق می‌گردد.   ۴- **مناصب**: منصب‌های دنیوی.
۵- اشارتی قرآنی؛ مَسَد: ۱۱۱/۵، در ارتباط با زن ابولَهَب. «فی جیدِنا»: در گردنِ ما.
۶- **خوش حواس**: اینجا دارای حواسّ باطنی.
۷- **شب**: زندگیِ دنیوی به شب مانند شده است که در آن حقایق نهان‌اند.   ۸- **غول راه**: راه‌زن.
۹- **سگ**: اینجا هرکس که با ظاهری ناشایست و موقعیّت بدی مثل دزد این قصّه باشد.
۱۰- ...

سگ چو بیدار است شب، چون پاسبان — بی خبر نَبْوَد ز شبخیزِ شهان[1] ۲۹۲۶

سگی که شب‌ها مانند پاسبان بیدار است، از شب‌زنده‌داری شاهان خبر دارد.

هین! ز بدنامان نباید ننگ داشت — هوش بر اسرارشان باید گماشت[2] ۲۹۲۷

هان، از بدنام شدگان نباید ننگ داشت، باید به باطنِ آنان توجّه کرد.

هر که او یکبار خود بدنام شد — خود نباید نام جُست[3] **و خام شد**[4] ۲۹۲۸

اگر سالکی در سلوک بدنام شود، نباید با ساده‌دلی به بدنامیِ او توجّه کرد.

ای بسا زر، که سیه‌تابَش کنند[5] **— تا شود آمِن ز تاراج و گزند** ۲۹۲۹

چه بسا طلا را که سیاه می‌کنند تا از غارت و آسیب در امان بماند.

قصّهٔ آنکه گاوِ بحری[6] **گوهرِ کاویان**[7] **از قعرِ دریا بر آوَرَد، شب بر ساحلِ دریا نهد، در دُرَخش و تابِ آن می‌چرد، بازرگان از کمین برون آید، چون گاو از گوهر دورتر رفته باشد، بازرگان به لُجْم**[8] **و گِلِ تیره گوهر را بپوشاند و بر درخت گریزد، الی آخر ٱلقصّة وٱلتّقریب**[9]

در این تمثیل، «گاو بحری» یا «گاو عنْبَر» شب‌ها گوهری از دریا بیرون می‌آوَرَد و در پرتوِ آن می‌چرد. به محض آنکه گاو از گوهر دور و غافل می‌شود، بازرگانی از کمین می‌آید و گوهر را به گِل می‌پوشانَد و چون گاو باز می‌گردد، گوهرِ گِل‌اندود را گِل می‌پندارد **«پس ز طین بگریزد او ابلیس‌وار»**.

«گوهر شب چراغ»، باطن منوّر عارف است که در شبِ تاریکِ زندگیِ دنیوی به امداد آن حقایق را می‌بیند. گِل‌اندود شدنِ آن، قرارگرفتن این گوهر در «تن خاکی» است. «بازرگان» نیز رمزی از «حق» است که گوهر را در

---

۱ - **شبخیزِ شهان :** شب‌زنده‌داریِ شاهانِ عالمِ معنا، عارفان.

۲ - معنیِ بیت: به ظاهر نمی‌توان حُکم کرد. «هوش بر اسرار گماشتن»: به باطن توجّه کردن.

۳ - **نباید نام جُست :** نباید به این بدنامی توجّه کرد. ۴ - **نباید خام شد :** نباید با ساده‌دلی آن را باور کرد.

۵ - **سیه تابَش کنند :** مادّهٔ سیاهی را رویِ آن بمالند تا سیاه شود؛ یعنی ظاهرش را بد جلوه می‌دهند.

۶ - **گاوِ بحری :** گاو عنبر یا وال است از پستانداران دریایی که «عنبر» رسوب سیاهرنگ خوشبویی در دستگاه گوارش این حیوان است.

۷ - **گوهر کاویان :** گوهر درخشان، طبق روایات بر درفش کاویانی ساسانیان بوده و از خزانهٔ ضحّاک به دست ساسانیان افتاده است: ر.ک. همان. ۸ - **لُجْم :** لَجَم: لجن [در متن کهن «لَحْم» ضبط شده است].

۹ - مأخذ این قصّه را ذیل واژهٔ «شب‌چراغ» در فرهنگ‌ها دانسته‌اند و در «داراب‌نامه، تألیف ابوطاهر طرسوسی» که داستان جنگ‌های داراب ودخترش با اسکندر است، تقریباً با همین مضمون آمده است: ر.ک. احادیث، ص ۵۷۲.

هر شکل و حال می‌شناسد؛ ولی «گاو بحری» که نمادی از «غافل و جاهل» است، گوهر را در گِل‌اندودی‌اش نمی‌شناسد و می‌رَمد.

گاوِ آبی[1] گوهر از بحر آوَرَد بِنْهد اندر مَرج[2]، و گِردَش می‌چَرَد ۲۹۳۰

گاوِ آبی گوهر را از دریا بیرون می‌آوَرَد و در چمنزار می‌گذارد و اطراف آن می‌چَرَد.

در شعاعِ نورِ گوهر،[3] گاوِ آب می‌چرد از سنبل و سوسن شتاب[4] ۲۹۳۱

در پرتوِ نورِ گوهر، با شتاب گُل‌ها را می‌خورد.

زآن فکندهٔ[5] گاوِ آبی عنبر است که غذااَش نرگس و نیلوفر است ۲۹۳۲

چون تغذیه‌اش از گُل است، مدفوعش مادّهٔ خوشبوی عنبر است.

هر که باشد قُوتِ او نورِ جلال[6] چون نزاید از لبش سِحرِ حلال[7]؟ ۲۹۳۳

هر کس که قُوتِ روحانی‌اش نورِ حق باشد، کلامش مسحور کننده است.

هر که چون زنبورْ[8] وحی اَسْتَش نَفَل[9] چون نباشد خانهٔ او پُر عسل؟ ۲۹۳۴

به هر کس مانند زنبور عسل وحی و الهام عطا شود، جانش پُر از معرفت می‌شود.

می‌چرد در نورِ گوهر آن بَقَر ناگهان گردد ز گوهر دورتر ۲۹۳۵

گاو در پرتوِ نورِ گوهر می‌چرد و ناگاه دور می‌شود.

تاجری[10] بر دُر نهد لُجْم[11] سیاه تا شود تاریک مَرج و سبزه‌گاه ۲۹۳۶

تاجری رویِ گوهر راگِل سیاه می‌مالد تا مرتع و سبزه‌زار تاریک شود.

پس گریزد مردِ تاجر بر درخت گاوجویان مرد را با شاخِ سخت[12] ۲۹۳۷

خود به بالای درختی می‌گریزد و گاو با شاخِ محکم او را می‌جوید.

---

۱ - **گاوآبی** : گاوِ عنبر یا وال. ۲ - **مَرْج** : مرتع. ۳ - **در شعاعِ نورِ گوهر** : در پرتوِ نورِ گوهر.
۴ - مصراع دوم: گل‌ها را به شتاب می‌خورد. ۵ - **فکنده** : مدفوع. ۶ - **نورِ جلال** : نور حق.
۷ - **سِحرِ حلال** : کلامی که خلق را مسحور کند.
۸ - اشارتی قرآنی؛ نحل: ۶۸/۱۶، که خداوند به زنبور می‌آموزد که در کندوها لانه بسازد و از گل‌ها و گیاهان تغذیه کند. ۹ - **نَفَل** : عطا، بخشش. ۱۰ - **تاجر** : اینجا کنایه از حق است. ۱۱ - **لُجْم** : لَجَن.
۱۲ - **شاخِ سخت** : شاخِ محکم.

بیست بار آن گاو تازد گردِ مَرج   تا کند آن خصم را در شاخ دَرْج[1] ۲۹۳۸

گاو بارها دورِ چمن می‌تازد تا دشمن را با شاخ سوراخ کند.

چون از او نومید گردد گاوِ نر   آید آنجا که نهاده بُد گهر ۲۹۳۹

چون گاوِ نر از یافتن او ناامید شد، به محلّی که گوهر را گذاشته بود، می‌آید.

لُجْم بیند فوقِ دُرِّ شاهوار[2]   پس ز طین[3] بگریزد او ابلیس‌وار ۲۹۴۰

می‌بیند که روی گوهرِ شاهانه با لجن پوشیده شده است؛ پس مانند ابلیس از گِل می‌گریزد.

کآن بِلیس از متنِ طین[4] کور و کر است   گاو کِی داند که در گِل گوهر است؟ ۲۹۴۱

زیرا ابلیس ظاهربین است، مانند گاوی که نمی‌فهمد گوهر درون گِل است.

اِهْبِطُوا[5] افکند جان را در حضیض[6]   از نمازش کرد محروم این مَحِیض[7] ۲۹۴۲

به سببِ وسوسهٔ این ملعون، فرمانِ «هبوط کنید» جان آدمی را به دنیا افکند و از حضور محروم کرد.

ای رفیقان زین مَقیل[8] و زآن مَقال[9]   اِتَّقُوا، اِنَّ الْهَویٰ حَیْضُ الرِّجال ۲۹۴۳

ای دوستان، از این گفتگوها که ما را به دنیا مشغول می‌کند، بپرهیزید که دنیا هوای نَفْس است و پرداختن به هوایِ نَفْس «حیضِ» مردان است؛ زیرا مردان را از «مرد صفتی» دور می‌کند.

اِهْبِطُوا افکند جان را در بَدَن   تا به گِل پنهان بود دُرِّ عَدَن[10] ۲۹۴۴

فرمانِ «اِهْبِطُوا» جان را محبوسِ بدن کرد تا «دُرّ» وجودش پنهان باشد.

تاجرش[11] داند، و لیکن گاوْ[12] نی   اهلِ دل[13] دانند، و هر گِلْ‌کاو[14] نی ۲۹۴۵

بازرگان آن را در هر حال می‌شناسد؛ امّا گاو نه. «گوهرِ جان» را اهلِ دل می‌شناسد نه اهلِ گِل.

---

۱ - **دَرْج :** پیچیدن چیزی در چیزی دیگر، اینجا فرو کردن شاخ. ۲ - **دُرِّ شاهوار :** گوهر شاهوار.

۳ - **طین :** گِل، خاک. ۴ - **متنِ طین :** درون گِل.

۵ - **اِهْبِطُوا :** پایین بروید: قرآن: بقره: ۳۶/۲، فرمانی که به موجب آن آدم و حوا پس از خوردن میوهٔ ممنوعه از بهشت به جهان خاکی فرود آمدند. ۶ - **حضیض :** پستی.

۷ - **مَحیض :** حیض شدن، اینجا رانده شدن و محروم شدن از محضرِ حق به عادت ماهیانهٔ زنان مانند شده است.

۸ - **مَقیل :** خوابِ نیمروز، کنایه از غفلت.

۹ - **مَقال :** گفتگو، گفتار. «مقیل و مقال»: گفتگوهای غافلانه که آدمی را به دنیا متوجّه و مشغول می‌کند.

۱۰ - **عَدَن :** بندری در یمن که مرواریدهایِ آن شهره‌اند. ۱۱ - **تاجر :** مرد حق، عارف.

۱۲ - **گاو :** اینجا گاوصفت، جاهل یا غافل. ۱۳ - **اهلِ دل :** اهلِ معرفت.

۱۴ - **گِل‌کاو :** اهل ظاهر، ظاهربین که فقط به ظواهر توجّه دارد با معیاری دنیایی.

هر گِلی[1] کاندر دلِ او گوهری‌ست[2]   گوهرش غمّازِ طینِ دیگری‌ست[3] ۲۹۴۶

هر کسی که گوهر وجودِ خود را شناخته است، می‌تواند گوهر وجود دیگران را بشناسد.

وآن گِلی کز رَشِّ حق نوری نیافت[4]   صحبتِ گِل‌های پُر دُر[5] بر نتافت ۲۹۴۷

و کسی که از نورِ حق بهره نبرد، هدایت نشد و قابلیّت همنشینیِ اهلِ معنا را نیافت.

این سخن پایان ندارد، موشِ ما   هست بر لب‌هایِ جُو بر گوشِ ما ۲۹۴۸

این سخن پایان ندارد، موشِ قصّهٔ ما در کنارِ جویبار منتظر حکایت است.

رجوع کردن به قصّهٔ طلب کردنِ آن موش آن چغز را لبْ لبِ جو، و کشیدنِ سررشته، تا چغز را در آب خبر شود از طلبِ او[6]

آن سِرِشتهٔ عشقْ[7] رِشته[8] می‌کَشَد   بر امیدِ وصلِ چَغزِ با رَشَد[9] ۲۹۴۹

موشِ عاشق به امیدِ رسیدنِ به قورباغه طناب را می‌کشد.

می‌تَنَد بر رشتهٔ دل دم به دم[10]   که سرِ رشته به دست آورده‌ام ۲۹۵۰

همواره در دل با خود می‌گوید: سرانجام سرِ نخ را به دست آوردم.

همچو تاری شد[11] دل و جان در شهود[12]   تا سرِ رشته به من رویی نمود ۲۹۵۱

دل و جانم برای پیوندی روحانی رنج‌ها کشید تا این ارتباط حاصل شد.

---

۱ - **هر گِل :** اینجا هر کسی، هر وجودی که قالبِ خاکی دارد، هر انسانی.
۲ - که گوهرِ درون خود را کشف کرده است.
۳ - مصراع دوم: حقیقتی که در درون خود یافته‌است، سبب کشف حقیقتِ درون دیگران می‌شود. «غمّاز»: خبرچین.
۴ - اشاره به حدیث؛ خداوند خلق را در ظلمت آفرید؛ سپس نورش را به آنان تابانید. هر کس از آن نور بهره یافت، هدایت شد و هر کس بهره نبرد، گمراه شد: احادیث، ص ۳۴. «رَش»: پاشیدن.
۵ - **صحبتِ گِل‌های پُر دُرّ :** همنشینی اهلِ معرفت. ۶ - بازگشت به قصّه‌ای که در ۲۶۳۹ آغاز شده بود.
۷ - **سِرِشتهٔ عشق :** عاشق. موش در این قصّه نمادی است از مشتاقِ طالبِ هدایت.
۸ - **رشته :** طناب، اینجا نمادی از رشتهٔ پیوندِ میان طالب هدایت و هدایت کننده.
۹ - **رَشَد :** راه یافته، هدایت یافته، آگاه، «چغزِ بارَشَد»: نمادی از یک سالک متعالی.
۱۰ - مصراع اوّل: بر دل می‌تَنَد: در دل با خود سخن می‌گوید. ۱۱ - **همچو تاری شد :** بسیار رنج کشید.
۱۲ - **دل و جان در شهود :** برای اینکه دل و جان ببیند که ارتباط معنوی با دل و جانِ مرشدِ خود دارد.

خود غُـرابُ اَلبَـیْن[1] **آمـد نـاگـهان　　　بر شکارِ موش و بُردش زآن مکـان** ۲۹۵۲
ناگهان کلاغِ سیاه برایِ شکار آمد و موش را بُرد.

چون بر آمد بر هوا موش از غُـراب　　　مُنْسَحِب[2] **شد چغز نیز از قـعرِ آب** ۲۹۵۳
چون کلاغ با موش در هوا پرواز کرد، قورباغه نیز از آب بیرون کشیده شد.

مــوش در مــنقارِ زاغ و چـغز هـم　　　در هـــوا آویـــخته پـا در رَتَـم[3] ۲۹۵۴
موش در منقارش بود و قورباغه هم که با نخ بسته بود، در هوا معلّق شد.

خَلق می‌گفتند زاغ از مکـر و کـید[4] **　　　چـغزِ آبی را چگـونه کـرد صـید؟** ۲۹۵۵
مردم می‌گفتند: کلاغ با چه نیرنگی توانسته قورباغه را شکار کند؟

چون شد اندر آب و چونش در رُبود　　　چـغزِ آبـی کـی شکـارِ زاغ بـود؟ ۲۹۵۶
چگونه درون آب رفته و قورباغه را ربوده است؟ کی قورباغه شکار زاغ شده است؟

چـغز گـفتا ایـن سزایِ آن کسی　　　کو چو بی‌آبان[5] **شود جفتِ خسی**[6] ۲۹۵۷
قورباغه گفت: این سزایِ همنشینی با فرومایگان است.

ای فغان از یـارِ نـاجنس ای فـغان　　　هــمنشینِ نـیک جـویید ای مِـهان ۲۹۵۸
ای بزرگان، فریاد از دوستِ ناآگاه، همنشینِ نیک طلب کنید.

عقل را افـغان ز نَـفْسِ پُـر عُـیوب　　　همچو بینیِّ بَـدی بـر رویِ خـوب[7] ۲۹۵۹
عقل از نَفْسِ معیوب در فریاد است، مانند بینیِ زشتی که رویِ زیبا را زشت می‌کند.

عقل می‌گفتش کـه: جـنسیّت یـقین　　　از رَهِ معنی[8]**ست، نی از آب و طین**[9] ۲۹۶۰
عقل می‌گفت: به یقین جنسیّتِ معنوی است نه ظاهری.

---

۱ - **غُرابُ البَیْن** : کلاغ، زاغِ سیاه. می‌تواند کنایه از مرگ هم باشد.　　۲ - **مُنْسَحِب** : کشیده شده.
۳ - **رَتَم** : رشته، نخ.　　۴ - **مکر و کید** : نیرنگ و حیله.
۵ - **بی‌آبان** : بی‌آبرویان، کسانی که شأنِ باطنی یا معنویِ عارف یا انسانِ آگاه را ندارند.
۶ - **خس** : فرومایه، اینجا ناآگاه، اهل دنیا.
۷ - در اینجا «نَفْس» به «بینیِ زشتی» مانند شده که رویِ خوبِ وجهِ روحانیِ آدمی را زشت می‌کند.
۸ - **از رهِ معنی** : از تناسبِ روحی یا معنوی.　　۹ - **از آب و طین** : از آب و گِل، از ظاهر.

هین مشو صورتْ‌پرست و این مگو   سِرِّ جنسیّت به صورت در[1] مجو ۲۹۶۱

به خود بیا، ظاهربین نباش. تجانس به وجودِ صوریِ ما نیست.

صورت آمد چون جماد و چون حَجَر[2]   نیست جامد را ز جنسیّت خبر ۲۹۶۲

صورت ظاهر، مانند جماد و سنگ است که از تناسبِ روحی و باطنی خبری ندارد.

جان چو مور و تن چو دانهٔ گندمی   می‌کَشاند سو به سویش هر دمی[3] ۲۹۶۳

جان، مانندِ مور و تن، همانند گندم است که جان آن را هر لحظه به جایی می‌کشانَد.

مور داند کآن حُبوبِ مُرْتَهَن[4]   مستحیل[5] و جنسِ من خواهد شدن[6] ۲۹۶۴

مورچه می‌داند این دانه‌هایی را که می‌برد، تغییر صورت می‌دهد و جزو وجودش می‌شود.

آن یکی موری گرفت از راه، جو   مورِ دیگر گندمی بگرفت و دو[7] ۲۹۶۵

مورچه‌ای دانهٔ جوی را برداشت و مورچهٔ دیگری گندم را گرفت و دوید.

جو سویِ گندم نمی‌تازد، ولی   مور سویِ مور می‌آید، بلی ۲۹۶۶

جو به سویِ گندم نمی‌رود؛ امّا مورچه به سوی مورچه می‌رود. بله می‌رود.

رفتنِ جو سویِ گندم تابع است   مور را بین که به جنسش راجع[8] است ۲۹۶۷

رفتنِ جو به تَبَعِ رفتنِ مورچه است؛ امّا رفتن مورچه به سوی مورچه به تَبَعِ همجنس بودن است.

تو مگو گندم چرا شد سویِ جو   چشم را بر خصم نِهْ[9] نی بر گرو[10] ۲۹۶۸

نگو که چگونه گندم به سویِ جو رفت، به فاعل توجّه کن نه مفعول.

---

۱ - **به صورت در:** در ظاهر.   ۲ - **حَجَر :** سنگ.

۳ - در این تمثیل جان آدمی به موری سیاه مانند شده است که دانه‌ها را بر روی نمدی سیاه و در زیر دانه‌ای درشت‌تر از جثهٔ خود جابجا می‌کند و کسی که آن مور سیاه را روی آن فرش تیره نمی‌بیند، می‌پندارد که دانه‌ها خودبه‌خود جابجا می‌شوند و به هم نزدیک می‌گردند یا از هم فاصله می‌گیرند، در حالی که هر یک از این تحرّکات که در عالم محسوسات قابل رؤیت است، به دلیل وجود اسبابی نامرئی است که تمامی عالمِ محسوس بدان وابسته است و عدم ادراک آن دلیلی برای ردّ آن نیست.

۴ - **مُرْتَهَن :** گرو شده، اینجا «حُبوبِ مُرْتَهَن»: دانه‌هایی که مور تصرّف کرده و با خود می‌برد.

۵ - **مستحیل شدن :** تغییر صورت دادن.   ۶ - **جنسِ من خواهد شدن :** جزوِ وجود من خواهد شد.

۷ - **دو :** ریشهٔ فعلِ دویدن. اینجا فعل مضارع: می‌دَوَد.   ۸ - **راجع :** رجوع کننده.

۹ - **چشم را بر خصم نِهْ :** به آن دو وجودی که مقابل یک‌دیگرند، توجّه کن؛ یعنی مورچه‌ها که اینجا فاعلِ فعل‌اند.

۱۰ - **گرو :** اینجا دانه‌هایِ حبوبات که اینجا مفعول‌اند و حمل می‌شوند.

مـورِ اَسـود[1] بـر سَـرِ لِبْدِ سیاه[2] مـورْ پـنهان، دانـه پـیدا پـیشِ راه ۲۹۶۹

مورِ سیاه، رویِ نمدِ سیاه دیده نمی‌شود؛ امّا حرکتِ دانه دیده می‌شود.

عـقل گـوید چشـم را: نـیکو نگـر دانه هرگز کـی رود بـی دانـه بَـر؟[3] ۲۹۷۰

عقل به چشم می‌گوید: دقّت کن که دانه بدون حمل کننده حرکتی ندارد.

زین سبب آمد سویِ اصحابْ کَـلْب[4] هست صورت‌ها حبوب، و مورْ قلب ۲۹۷۱

به سببِ وجودِ این اسباب ناپیدا، سگِ ناپاکی به پاکان کهف ملحق شد؛ زیرا ظاهر مانند دانه است و مورچه مانند دل یا ضمیرِ آدمی.

زآن شود عیسی سویِ پاکانِ چـرخ[5] بُد قفص‌ها مختلف، یک جنس فَرْخ[6] ۲۹۷۲

همین تجانس، جسمِ خاکیِ عیسی(ع) را به پاکان چرخ اتّصال داد؛ زیرا بر خلافِ ظاهرِ متفاوت، جنس‌ها یکی بود.

این قفص[7] پیدا و آن فَرْخَش نـهان بی قفص کشْ کی قفص باشد روان؟ ۲۹۷۳

جسم پیدا و جان نهان است. نیرویی درونی جسم‌ها را به سوی هم می‌کشاند.

ای خُنُک چشمی[8] که عقل اَسْتَش امیر[9] عـاقبت‌بین بـاشد و حَـبْر[10] و قَـریر[11] ۲۹۷۴

خوشا به چشمِ باطن که با نورِ عقل می‌بیند و به عالمِ معنا توجّه دارد.

فرقِ زشت و نَـغز، از عـقل آوریـد نی ز چشمی کز سِیَهْ گفت و سـپید ۲۹۷۵

بد یا خوب را از عقل بخواهید، نه از چشمی که می‌تواند از ظاهر و رنگ سخن بگوید.

چشم غرّه[12] شد به خَضرایِ دِمَن[13] عـقل گـوید: بـر مِـحَکِّ مـاش زن ۲۹۷۶

چشم، مفتونِ جاذبه‌های دنیوی می‌شود؛ امّا عقل می‌گوید: آن را با محکِ ما امتحان کن.

---

۱ - **اَسود**: سیاه. ۲ - **لِبْدِ سیاه**: نَمَدِ سیاه. ۳ - مراد آنکه: در پسِ این ظاهر، سببی ناپیدا هست.

۴ - مُراد آنکه: در سگ اصحابِ کهف هم حسّی بود که او را به دنبالِ آنان می‌کشانید؛ یعنی نوعی تجانس داشت که سببِ جذب شدن او بود.

۵ - اشاره به روایاتی که بنا بر آن عیسی(ع) در آسمان چهارم است. مقصود آنکه: عیسی(ع) با آدم‌ها تجانسی نداشت و با فرشتگان همجنس بود؛ یعنی فرشته صفت بود و به فرشتگان پیوست. ۶ - **فَرْخ**: جوجه، اینجا جان.

۷ - **قفص**: اینجا تن. ۸ - اشاره به چشمِ باطنی.

۹ - **عقل اَسْتَش امیر**: با نورِ عقلِ زنگارزدایی شده می‌بیند، عقلِ کمال‌طلب هدایتش می‌کند.

۱۰ - **حَبْر**: دانشمند، عالم یهودی. ۱۱ - **قریر**: روشن (چشم). ۱۲ - **غرّه**: فریفته، گول خورده.

۱۳ - **خضرایِ دِمَن**: سبزه‌ای که بر زباله‌ها و خاکروبه‌ها بروید، کنایه از جاذبه‌های فریبندهٔ دنیا.

آفتِ مرغ است چشمِ کامْبین[۱]   مَخلص[۲] مُرغ است عقلِ دامْبین ۲۹۷۷

چشمی که در پیِ آرزوهاست، مایهٔ زیانِ پرنده است. عقلی که دام را می‌بیند، مایهٔ نجات است.

دام دیگر بُد، که عقلش در نیافت   وحیِ غایبْبین بدین سو زآن شتافت ۲۹۷۸

چون دام‌های دیگری هم هستند که عقل آن را درنمی‌یابَد، وحیِ غیب‌بین آمد.

جنس و ناجنس از خرد دانی شناخت   سویِ صورت‌ها نشاید زود تاخت ۲۹۷۹

خوب یا بد را به کمکِ عقل می‌توانی بشناسی، فوراً جذبِ ظاهر نشو.

نیست جنسیّت به صورت لِي و لَک[۳]   عیسی آمد در بشر، جنس مَلَک ۲۹۸۰

جنسیّت به صورت و ظاهر نیست، عیسی(ع) در میان بشر از جنسِ فرشته بود.

بر کشیدش فوقِ این نیلی حصار[۴]   مرغِ گردونی،[۵] چو چَغزش زاغْوار ۲۹۸۱

جاذبهٔ آسمانی او را بر فراز آسمان کشاند، همان‌طور که کلاغ قورباغه را بُرد.

قصّهٔ عبدُ الغَوْث و ربودن پریان او را، و سال‌ها میان پریان ساکن شدنِ او، و بعد از سال‌ها آمدنِ او به شهر و فرزندانِ خویش، و باز ناشکیفتن او از آن پریان به حکمِ جنسیّت و همدلیِ او با ایشان[۶]

ابیات پایانی قصّهٔ «طلب کردن آن موش چغز را لبِ لب جو» در تقریر جنسیّت و سنخیّت بود که بر حسب ذات است و به صورت نیست. تأیید همان معنا تداعی‌گر قصّهٔ عبدالغوث شده است که زن و فرزند را رها می‌سازد و نُه سال در میان پریان زندگی می‌کند و هنگامی که باز می‌گردد، خود را در میان انسان‌ها عاریه می‌یابد و مجدداً به نزد پریان بر می‌گردد.

سرّ سخن در این حکایت نیز تقریر جنسیّت و سنخیّت بر حسب ذات است.

---

۱ - **کامْبین**: کسی که در پی آرزوها و خواسته‌هایِ خویش است. ۲ - **مَخْلص**: پناهگاه، محلِّ خلاص.

۳ - **لِي و لَک**: برای من و تو. ۴ - **نیلی حصار**: آسمان. ۵ - **مرغ گردونی**: جاذبهٔ آسمانی.

۶ - مأخذ آن را روایات عامه و اقوال رایج در افواه دانسته‌اند. در الفهرستِ ابن الندیم اخبار و روایاتی را در ارتباط با کسانی که بین آنان و جنیان صحبت و محبّت بوده است، می‌توان یافت: بحر درکوزه، ص ۲۸۰.

این قصّه در باب عقاید عامیانه و در ارتباط با نکاح بین انسان و جن و یا زندگی در میان آن‌هاست که جاحظ امکان وقوع نظایر آن را انکار می‌نماید: سرّ نی، ص ۳۱۹.

در احوال صحابهٔ رسول هم تمیم الدّاری را می‌یابیم که مطابق روایات چنین تجربهٔ شگفتی داشته است: مثنوی، دکتر استعلامی، ج ۶، ص ۳۸۹.

بـود عـبدُالغَوْث هـم‌جنس ِ پـری　　چون پری، نُه سال در پـنهان‌پَری[1] ۲۹۸۲

عبدالغوث همجنس پریان بود و نُه سال همانند آنان مخفیانه زیست.

شــد زنش را نســل از شـویِ دگـر　　وآن یـتیمانَش ز مـرگش در سَـمَر[2] ۲۹۸۳

زنِ او از شوهر دیگری فرزند آورد، و فرزندانِ یتیمش دربارهٔ مرگِ او افسانه‌ها گفتند.

کــه مــر او را گـرگ زد یـا رَه‌زنـی　　یــا فُـتاد انـدر چَـهی یـا مَکْـمَنی[3] ۲۹۸۴

می‌گفتند: یا گرگی به او حمله کرده یا دزدی وی را ربوده یا در چاه و دام افتاده است.

جمله فرزندانْش در اَشـغالْ مست[4]　　خود نگفتندی کـه بـابایی بُـده‌ست ۲۹۸۵

فرزندانش سرگرمِ کار خود بودند و نمی‌گفتند که ما پدری هم داشته‌ایم.

بـعدِ نُـه سـال آمـد او هـم عـاریه[5]　　گشت پـیدا، بــاز شـد مُـتْواریـه[6] ۲۹۸۶

بعد از نُه سال موقّتاً آمد، ظاهر شد و دوباره غیبش زد.

یک مــهی مــهمانِ فـرزندانِ خـویش　　بود و زآن پس کس ندیدش رنگْ بیش[7] ۲۹۸۷

حدود یک ماه میهمان فرزندانِ خود بود و پس از آن دیگر کسی او را ندید.

بُــرد هــم‌جنسیِّ پــریانَش چــنان　　کــه رُبــاید روح را زخـمِ سِـنان[8] ۲۹۸۸

تجانس با پریان او را جذب کرد، همان‌طور که زخم نیزه به سرعت روح را از بدن می‌رُباید.

چون بهشتی جنس ِ جنّت آمده‌ست　　هم ز جنسیّت شود یـزدانْ پَـرست ۲۹۸۹

جنس ِ اهل بهشت از بهشت است و به همین مناسبت یزدان را می‌پرستد.

نــه نَـبی فـرمود جُـود و مَـحْمَده[9]　　شاخِ جنّت دان، بـه دنـیا آمـده؟[10] ۲۹۹۰

مگر پیامبر(ص) نفرمود که: بخشندگی و ستودگی شاخه‌های درخت بهشت‌اند که به دنیا آمده‌اند؟

---

۱ - **پنهان‌پَری :** پروازِ پنهانی، اینجا زندگیِ نهانی.　۲ - **سَمَر :** افسانه، قصّه‌ای که در شب گویند.

۳ - **مَکْمَن :** کمینگاه، نهانگاه.　۴ - **در اَشغال مست :** سرگرم کارهایِ دنیوی و امورِ خود بودند.

۵ - **عاریه آمد :** موقّتی آمد.　۶ - **باز شد متواریه :** باز غیبش زد.　۷ - مُراد آنکه: به کلّی غیبش زد.

۸ - **سِنان :** سرنیزه، نیزه.　۹ - **جُود و مَحْمَده :** بخشندگی و ستودگی.

۱۰ - اشاره به حدیث با همین مضمون: سخا شاخی است از بهشت که هر کس بدان تمسّک جوید، او را به بهشت می‌رسانَد: احادیث مثنوی، ص ۵۳.

مِهرها را جمله جنسِ مِهر خوان   قهرها را جمله جنسِ قهر دان ۲۹۹۱

مهر همجنسِ مهر است و خشم همجنسِ خشم.

لاأُبالی[1] لاأُبالی آوَرَد[2]   زآنکه جنسِ هم بُوَند اندر خِرَد[3] ۲۹۹۲

آدم بی‌پروا با بی‌پروا معاشرت می‌کند؛ زیرا عقلشان در یک مرتبه و همجنس است.

بود جنسیّت در اِدریس[4] از نجوم   هشت سال او با زُحل بُد در قُدوم[5] ۲۹۹۳

ادریس نبی(ع) با ستارگان وجه اشتراکی داشت که هشت سال با زُحل در سیرِ آسمان‌ها بود.

در مشارق در مغارب[6] یارِ او[7]   هم‌حدیث[8] و مَحرمِ آثارِ[9] او ۲۹۹۴

زُحل در همه جا یار و هم‌صحبت و محرمِ اسرارِ ادریس بود.

بعدِ غیبت[10] چونکه آورد او قُدوم[11]   در زمین می‌گفت او درسِ نُجوم ۲۹۹۵

بعد از غیبت، به زمین آمد و درسِ نجوم می‌داد.

پیشِ او اِستارگان خوش صف زده   اختران در درسِ او حاضر شده[12] ۲۹۹۶

ستارگان صف می‌کشیدند و در درسِ او حاضر می‌شدند.

آنچنانکه خَلْقْ آوازِ نُجوم[13]   می‌شنیدند از خصوص و از عموم[14] ۲۹۹۷

این حضور چنان تأثیری داشت که خاص و عام صدایِ ستارگان را می‌شنیدند.

---

۱ - **لاأُبالی:** بی‌پروا. ۲ - **لاأُبالی آوَرَد:** با بی‌پروا معاشرت می‌کند.
۳ - زیرا عقل و درکی همجنس دارند.
۴ - **ادریس:** روایت کرده‌اند که این پیامبر که مسلمانان او را خنوق یا اخنوق می‌دانند، زنده به آسمان‌ها رفته و هم او اوّل کسی بوده است که به نجوم پرداخته و دانشِ ستارگان را به انسان‌ها آموخته است و بنا به روایتِ مولانا، وی سیرِ ستارهٔ زُحل را می‌دانسته و در آن تعمّق می‌کرده است.
۵ - **با زُحل بُد در قُدوم:** با زُحل در سیرِ آسمان‌ها بوده است. «زُحل»: ستارهٔ کیوان.
۶ - **در مشارق و مغارب:** در مشرق و مغرب، در همه جا. ۷ - **او:** اینجا زُحل است.
۸ - **هم حدیث:** هم‌صحبت. ۹ - **محرمِ آثار:** محرمِ اسرار.
۱۰ - **بعدِغیبت:** دربارهٔ وی آمده است که: از فرشتهٔ مرگ خواست تا جانش را بگیرد و به آسمان ببرد، آنگاه یک ساعت بعد به او باز داده شد: شرح مثنوی مولوی، ج ۶، ص ۲۱۹۱.
۱۱ - **چونکه آورد او قدوم:** چون به زمین بازگشت.
۱۲ - اینکه چگونه ستارگان در درسِ او حاضر می‌شدند، مهم نیست، آنچه که برای مولانا در این بخش مهم است، انتقال مفهومِ سنخیّت و جنسیّت است و این مثال‌ها پیمانه‌های آن‌اند. ۱۳ - **آوازِ نجوم:** صدایِ ستارگان.
۱۴ - **از خصوص و از عموم:** از خواص و عوام، همه.

جذبِ جنسیّت کشیده تا زمین   اختران را پیشِ او کرده مُبین[۱] ۲۹۹۸

جاذبهٔ جنسیّت ستارگان را به زمین می‌کشید که آشکارا به محضرِ او می‌آمدند.

هر یکی نامِ خود و احوالِ خَود[۲]   بازگفته پیشِ او شرحِ رَصَد[۳] ۲۹۹۹

هر ستاره نام، حال و چگونگیِ منازلِ خود را شرح می‌داد.

چیست جنسیّت؟ یکی نوعِ نظر[۴]   که بدآن یابند ره در همدگر[۵] ۳۰۰۰

جنسیّت چیست؟ یک دیدِ باطنی یا خصوصیّت درونی است که سبب ارتباط می‌شود.

آن نظر که کرد حق در وی نهان[۶]   چون نهد در تو، توگردی جنسِ آن ۳۰۰۱

اگر خداوند دیدِ باطنی را که به او داده به تو هم بدهد، همجنسِ او می‌شوی.

هر طرف چه می‌کشَد تن را؟ نظر[۷]   بی‌خبر را کِی کشانَد؟ باخبر ۳۰۰۲

چه چیزی تن را به این طرف و آن طرف می‌کشاند؟ نظر، «تن» بی‌خبر است، «جانِ» باخبر آن را به هر سو می‌کشانَد.

چونکه اندر مرد خویِ زن نهد   او مخنّث[۸] گردد و گان[۹] می‌دهد ۳۰۰۳

اگر خداوند در مرد خوی زنانه قرار دهد، بدکاره و مفعول می‌شود.

چون نهد در زن خدا خویِ نری[۱۰]   طالب زن گردد آن زن سَعْتَری[۱۱] ۳۰۰۴

و اگر خداوند در زن تمایلاتِ جنسی مردانه قرار دهد، چرمینه می‌بندد و با زنِ دیگر آمیزش می‌کند.

چون نهد در تو صفاتِ جبرئیل[۱۲]   همچو فَرْخی بر هوا جویی سبیل[۱۳] ۳۰۰۵

امّا اگر خداوند در تو صفات فرشتگان را قرار دهد، مانند جوجهٔ پرنده مشتاق پرواز می‌شوی.

---

۱ - **مبین** : آشکارا، اینجا کاملاً قابلِ دیدن.

۲ - **احوالِ خود** : ویژگی‌هایِ مربوط به هر ستاره و محلّ قرارگرفتن آن در آسمان و سایر خصوصیّات.

۳ - **شرحِ رَصَد** : چگونگیِ منازلِ هر ستاره.

۴ - **یکیَ نوعِ نظر** : یک نظرِ درونی یا نظرِ باطنی، یک دیدِ باطنی.

۵ - **در همدگر ره یابند** : با هم مرتبط می‌شوند، روح دو نفر با هم ارتباط می‌یابند.

۶ - دیدی باطنی را که حق نهانی به او داده است.   ۷ - **نظر** : دیدِ باطنی.   ۸ - **مُخَنَّث** : مردِ بدکاره، مفعول.

۹ - **گان** : جماع.   ۱۰ - **خویِ نری** : تمایلات جنسیِ مردانه.

۱۱ - **سَعْتَری** : زنِ بدکاره، زنی که تمایل به زنِ دیگر دارد و آلتِ چرمینه به خود می‌بندد.

۱۲ - **صفاتِ جبرئیل** : فرشته صفت بودن، یعنی مشتاقِ عوالمِ غیبی و تقرّبِ به حق.   ۱۳ - **سبیل** : راه.

منتظر بنهاده دیده در هوا   از زمین بیگانه، عاشق بر سما[۱] ۳۰۰۶

چشمت را با انتظار به آسمان می‌دوزی، بیگانه با زمین می‌شوی و عاشق آسمان.

چون نهد در تو صفت‌هایِ خَری[۲] **   صد پَرَت**[۳] **گر هست بر آخُر**[۴] **پری** ۳۰۰۷

چون خداوند در تو تمایل به چیزهای پست را قرار دهد، علی‌رغمِ تواناییِ پرواز جذبِ جاذبه‌هایِ دنیوی می‌شوی.

از پیِ صورت[۵] **نیامد موشْ خوار   از خبیثی**[۶] **شد زبونِ موشخوار**[۷] ۳۰۰۸

شکلِ ظاهریِ موش سببِ حقارتِ او نشده است، با سرشتِ پلید اسیرِ لاشخور می‌شود.

طعمه‌جوی و خاین و ظلْمت‌پرست[۸] **   از پنیر و فُستق**[۹] **و دوشابْ**[۱۰] **مست** ۳۰۰۹

جویای طعمه، خیانتکار، عاشقِ تاریکی و سرمست از خوردنی‌هاست.

بازِ اشهب[۱۱] **را چو باشد خویِ موش   ننگِ موشان باشد و عارِ وُحوش** ۳۰۱۰

اگر عقابِ سفید هم صفاتِ موش را داشته باشد، ننگِ موش‌ها و جانوران است.

خویِ آن هاروت و ماروت، ای پسر   چون بگشت و، دادشان خویِ بشر ۳۰۱۱

ای فرزند، وقتی خداوند هاروت و ماروت را که مدّعیِ پاکی بودند، به جایِ صفات فرشتگان، صفاتِ بشری داد،

در فُتادند از لَنَحْنُ اَلصّافُّون[۱۲] **   در چَهِ بابِل بِبَسته سرنگون** ۳۰۱۲

از «صفِ فرشتگان» خارج شدند و دست بسته در چاهِ بابل سرنگون گشتند.

لوحِ محفوظ[۱۳] **از نظرشان دور شد   لوحِ ایشان ساحر و مسحور شد**[۱۴] ۳۰۱۳

علمِ الهی را از دست دادند و به علمِ سحر و جادو روی آوردند.

---

۱ - **سَما :** آسمان.   ۲ - **صفت‌هایِ خری :** کشش به عالم مادّه و جاذبه‌هایِ آن، عدمِ توجّه به عوالمِ معنوی.

۳ - **صد پر :** اینجا دانش و معرفتِ سطحی یا تقلیدی.   ۴ - **آخُر :** آخور: کنایه از دنیا و جاذبه‌ها.

۵ - **از پیِ صورت :** به سبب شکل ظاهری.   ۶ - **از خبیثی :** از سرشت بد.

۷ - **زبونِ موشخوار :** خوار و اسیرِ لاشخور. «موشخوار»: زَغَن، لاشخور.

۸ - **ظلمت‌پرست :** چون لانه‌اش زیر خاک است.   ۹ - **فُستق :** پسته.   ۱۰ - **دوشاب :** شیرهٔ انگور.

۱۱ - **بازِ اشهب :** بازِ شکاری سفید یا خاکستری، عقابِ سفیدِ شکوهمند.

۱۲ - اشاره به بخشی از آیهٔ ۱۶۵ سورهٔ صافات: إِنّا لَنَحْنُ الصّافُّونَ: و ماییم فرشتگانی که به صف در پیشگاه حقایم.

۱۳ - **لوح محفوظ :** علمِ الهی.

۱۴ - مُرادَ آنکه: از ساحرانِ بابل و کسانی که شیفته و مفتونِ آن ساحران بودند، الهام می‌گرفتند؛ یعنی به سحر و جادو روی آوردند.

پَر همان و سَر همان، هیکل همان[۱] موسیی بر عرش[۲] و فرعونی مُهان[۳] ۳۰۱۴

ظاهر و اندام تغییری نکرده بود، خِصال نیک را از دست داده و با خِصال بد خوار شده بودند.

در پیِ خو باش[۴] و با خوش‌خو نشین خــوپذیریْ[۵] روغـنِ گُـل را بـبین ۳۰۱۵

جویای خصالِ نیک و انسان‌های نیک باش؛ زیرا آدمی تأثیرپذیر است، مانند روغن گُل که بویِ گُل دارد.

خاکِ گور از مَرد هـم یـابد شـرف تا نـهد بـر گـورِ او دلْ روی و کـف ۳۰۱۶

خاک گور هم از انسان شأن می‌یابد، چنانکه با جان و دل بر آن دست و روی می‌نهند.

خــاک از هـمسایگیّ جـسم پـاک چـون مشـرّف آمـد[۶] و اقـبالْناک[۷] ۳۰۱۷

چون خاک در کنارِ جسمِ پاکِ انسان شرف و اقبال می‌یابد،

پس تـو هـم اَلْـجارُ ثُـمَّ اَلدّار[۸] گـو گــر دلی داری، بـرو دلدار جـو ۳۰۱۸

پس تو هم اگر خانهٔ دل را منوّر می‌خواهی، جویای دلداری منوّر باش.

خاکِ او هم سیرتِ جـان مـی‌شود سـرمهٔ چشـمِ عـزیزان[۹] مـی‌شود ۳۰۱۹

خاکِ انسانِ متعالی که جسمش صفات روحانی یافته است، مانند سرمه بینایی باطن را می‌افزاید.

ای بسـا درگـور خُـفته خـاکْ‌وار بِهْ ز صد اَحیا بـه نـفع و انـتشار[۱۰] ۳۰۲۰

چه بسا کسی‌که مانند خاک درگور آرمیده؛ امّا منفعتی که به خلق می‌رساند، بیش از صدها زنده‌است.

سایه بُرده[۱۱] او و خاکش سایه‌مند[۱۲] صد هزاران زنده در سایهٔ وی‌اند[۱۳] ۳۰۲۱

او از این جهان رفته، ولی صدها هزار نفر در زیر سایهٔ گستردهٔ او زندگی می‌کنند.

---

۱ – مُراد آنکه: خصلت خوب یا بد سببِ خوبی یا بدیِ آدم‌هاست نه ظاهر آنان، یکی موسی می‌شود و یکی فرعون.

۲ – **موسیی بر عرش :** صفات عالی به جایگاهش باز می‌گردد. ۳ – **مُهان :** خوار.

۴ – **در پیِ خو باش :** به خصلت‌های نیک اهمیّت بده و جویای آن باش.

۵ – **خوپذیری :** انسان ذاتاً موجودی تأثیرپذیر است؛ پس همنشینِ نیک بجو. ۶ – **مشرّف آمد :** شرف یافت.

۷ – **اقبال‌ناک :** مقبل، بختیار.

۸ – اشاره به حدیثی که ترجمهٔ کامل آن را می‌آوریم: اوّل همسایه بعد خانه، اوّل رفیق بعد راه، اوّل توشه بعد سفر. مُراد آنکه: خانهٔ دل با همصحبتِ منوّر منوّر می‌شود: احادیث مثنوی، ص ۲۱۲.

۹ – **عزیزان :** کسانی که تعالی و کمالِ بزرگان را درک می‌کنند، اهل دل.

۱۰ – **انتشار :** پراکنده شدن، منتشر شدن، اینجا گسترده شدنِ منافع و رسیدن به این و آن.

۱۱ – **سایه بُرده :** سایهٔ جسمانی‌اش از جهان رفته است؛ یعنی خودِ او دیگر نیست.

۱۲ – **سایه‌مند :** سایه‌گستر.

۱۳ – صدها هزار نفر در سایهٔ گستردهٔ گورِ او به راه حق هدایت می‌شوند؛ یعنی هنوز هم هدایت کننده هست.

داستانِ آن مرد که وظیفه‌یی[1] داشت از محتسبِ[2] تبریز و وام‌ها کرده بود بر امیدِ آن وظیفه، و او را خبر نَه از وفاتِ او، حاصل از هیچ زنده‌یی وامِ او گزارده نشد، الاّ از محتسبِ متوفّی گزارده شد، چنانکه گفته‌اند:

لَیْسَ مَنْ ماتَ فَاسْتراحَ بِمَیْتٍ — اِنَّمَا الْمَیْتُ مَیِّتُ الْاَحْیاءِ[3]

درویشی که بارها از جُودِ مُحتَسِبِ تبریز به نام بدرالدّین عُمَر بهره‌مند گشته بود و به امید کَرَم او نُه هزار دینار وام گرفته و بدهکار بود، به سوی تبریز روانه شد تا از طریق او وام خویش بگزارد. با نام تبریز که زیستگاه مُحتَسب و زادگاهِ شمس، محبوبِ همواره و همیشهٔ مولاناست، تقریر ابیات حالی عاشقانه می‌یابد، **«کین زمان جان دامنم برتافته‌ست»**، **«بوی پیراهانِ یوسف یافته است»**. نام تبریز که درویش اینک بدانجا رسیده است، توفانی است که مولانا را در خیال به عالمی ورای زمان به تبریز می‌بَرَد و به امید دیدار محبوبی که سخت گریزپای بوده است، ملتمسانه از ساربان می‌خواهد تا بار اُشتران بر گیرد؛ زیرا که **«شهر تبریز است و کوی گلستان»**، شهری که فرِّ فردوس دارد و شَعشَعهٔ عرش. به هر تقدیر، درویش شنید که آن طاووس عرشی از دار دنیا نقل کرده است و همگان از این واقعه اندوهگین‌اند، با دریافت این خبر مرد غریب نعره‌ای زد و بیهوش افتاد: **«گوییا او نیز در پی جان بداد»** و چون به خویش آمد از اینکه جز به حق تعالیٰ امید بسته شرمسار شد و از اینکه او را قبلهٔ خود ساخته و قبله‌ساز را از خاطر برده است، ناله‌ها کرد و عذرها خواست. ناله و فغان او در فقدان محتسبِ نیک‌سرشت و ماجرای وام او در شهر بر زبان‌ها افتاد و کارگزاری را که به پایمردی او برای بازماندگان اعانه جمع‌آوری می‌شد، بر آن داشت تا از مردم یاری بخواهد؛ امّا به این ترتیب بیش از صد دینار حاصل نشد و کارگزار مردِ غریب را به تربت مُحتَسب برد و مردِ وامدار با زیارت خاک خواجه از روح او طلبِ همّت کرد.

مرد کارگزار که درویش غریب را به خانه برده بود، نیم‌شب در خواب محتسب را دید که می‌گوید: سخنانی را که گفته شد، شنیدم. چند پاره گوهر برای وی نهاده‌ام؛ امّا اجل مهلت

---

۱ - **وظیفه** : حقوق، مقرّری، اینجا کمک مالی.

۲ - **مُحْتَسِب** : مأمور حکومتی که کارش نظارت بر مقادیر، اندازه‌ها و اجرای احکام دین است.

۳ - کسی که می‌میرد و به آرامش می‌رسد، مرده نیست. کسی که در عینِ حیاتِ دنیوی می‌میرد، مرده است؛ یعنی آن کس که حیات مادّی دارد و حیاتِ معنوی ندارد.

نداد. اینک آن لعل و یاقوت را که در فلان طاقی مدفون داشته‌ام به او بده و بگو که ما را به دعایی خیر یاد کند و بدین ترتیب درویش بینوا از همّتِ مُحتَسب به نوایی رسید و گرِه از کار فروبسته‌اش گشوده شد.[1]

این قصّه که تصویری است از نقش رؤیای صادقانه و الهام ربّانی، در عین حال تبیینی است از احوال مردان حق که نه تنها در حیات این جهانی مرهمِ دردمندان‌اند که پس از انتقال به جهان باقی نیز خیر و همّت ایشان بیش از صدها زنده به محتاجان می‌رسد. مرد حق سایه می‌بَرَد و خاکش بسان چتری بر سر مشتاقان سایه می‌افکَنَد: **«صدهزاران زنده در سایهٔ وی‌اند»**.

آن یکی درویش ز اطرافِ دیار جانبِ تبریز آمد وامدار[2] ۳۰۲۲

درویشِ مقروضی از اطراف به تبریز آمد.

نُه هزارش وام بُد از زر مگر بود در تبریز بَدرُالدّین عُمَر ۳۰۲۳

نُه هزار دینار قرض داشت و در تبریز مُحْتَسبی به نامِ بدرالدّین عُمَر می‌زیست.

محتسب بُد او، به دل بحر آمده[3] هر سرِ مویش یکی حاتم‌کَده[4] ۳۰۲۴

او مُحْتَسبی دریادل بود، گویی در وجودش هزاران حاتمِ طایی بود.

حاتم، ار بودی،[5] گدایِ او شدی سر نهادی،[6] خاکِ پایِ او شدی ۳۰۲۵

اگر حاتمِ طایی در آن موقع بود، در برابر او خود را ناچیز می‌یافت و بسیار تواضع می‌کرد.

گر بدادی تشنه را بحری زلال در کَرَم شرمنده بودی زآن نَوال[7] ۳۰۲۶

اگر به تشنه‌ای دریایی زلال می‌بخشید، آن را ناچیز می‌دانست و شرمنده می‌شد.

ور بکردی ذرّه‌یی را مَشرقی[8] بودی آن در همّتش نالایقی[9] ۳۰۲۷

اگر بینوایی را به نوا و مراتبِ عالی می‌رسانید، در نظرش کارِ مهمّی نبود.

---

۱ - مأخذ آن را حکایتی در کتاب المستجاد من فعلات الاجواد، تألیف ابوعلی محسن بن علی التنوخی، طبع دمشق، ص ۱۷۶ و ۱۷۷ و احیاءالعلوم ج ۳، ص ۱۷۳ دانسته‌اند. این قصّه در کیمیای سعادت نیز نقل شده و مضمون آن با اندک تفاوت همان است: احادیث، صص ۵۷۴-۵۷۳. ۲ - **وامدار :** مقروض.

۳ - **به دل بحر آمده :** بسیار بخشنده، با دلی دریاصفت.

۴ - مصراع دوم: هر سرِ مویش بسی حاتم بود؛ یعنی خیلی بخشنده بود، گویی هزاران حاتم در او بود.

۵ - **ار بودی :** اگر زنده بود. ۶ - **سر نهادی :** در برابر او به خاک می‌افتاد. ۷ - **نَوال :** عطا، بخشش.

۸ - **ذرّه‌یی را مشرقی کردن :** کسی را که شأنی ندارد به شأن و اعتبار رسانیدن.

۹ - **نالایقی :** اینجا کاری بی‌قدر.

۳۰۲۸ **بر امیدِ او بیامد آن غریب کو غریبان را بُدی خویش و نسیب**[۱]

درویشِ غریب به امید او که همانند قوم و خویشِ غریبان بود، آمد.

۳۰۲۹ **با دَرَش بود آن غریب آموخته**[۲] **وامِ بی حدّ از عطایش توخته**[۳]

آن درویش به عطایِ او عادت داشت و به امیدِ کَرَم او وام بسیار گرفته بود.

۳۰۳۰ **هم به پشتِ آن کریم**[۴] **او وام کرد که به بخشش‌هاش واثق**[۵] **بُود مَرد**

به اتّکای آن کریم وام گرفته بود و به بخششِ او اطمینان داشت.

۳۰۳۱ **لااُبالی گشته زو و وامْجُو**[۶] **بر امیدِ قُلْزُمِ اکرامْخُو**[۷]

به امیدِ آن دریایِ کَرَم، بی‌محابا قرض کرده بود.

۳۰۳۲ **وامْداران رو تُرُش، او شادکام همچو گل خندان از آن رَوضُ آلکِرام**[۸]

هر وام‌داری برای تأدیهٔ آن بیمی دارد؛ امّا او به امیدِ محتسب شاد بود.

۳۰۳۳ **گرم شد پُشتش ز خورشیدِ عرب**[۹] **چه غم اَشْتَش از سِبالِ بولهب؟**[۱۰]

کسی که متّکی به درخشان‌ترینِ خورشیدهاست چه بیمی از دشمنی و تکبّر دارد؟

۳۰۳۴ **چونکه دارد عهد و پیوندِ سَحاب**[۱۱] **کی دریغ آید ز سقّایانْش**[۱۲] **آب؟**

کسی که به منبعِ فیض متّصل است، از عطا دریغ ندارد.

۳۰۳۵ **ساحرانِ واقف از دستِ خدا کی نهند این دست و پا را دست و پا؟**[۱۳]

جادوگرانی که قدرتِ خدا را شناختند، دست و پای ظاهری را دست و پایِ واقعی نمی‌دانستند و از قطعِ آن بیمی نداشتند.

---

۱ - **نسیب :** منسوب، خویشاوند. ۲ - **با دَرَش آموخته بودن :** عادت داشتن به آنکه از درگاهِ او رفع نیاز کند.

۳ - **وام توختن :** وامِ بسیار گرفتن و نگه داشتن. ۴ - **به پشتِ آن کریم :** به اتّکای او.

۵ - **واثق :** اعتماد و اطمینان. ۶ - **وامْجو :** وام‌خواه.

۷ - **قُلْزُمِ اکرامْخُو :** دریایِ کَرَم، کنایه از بخشش بیکرانِ محتسب. قُلْزُم: دریایِ اَحْمَر، اینجا مطلقِ دریا، کنایه از عظمت. ۸ - **رَوْضُ آلْکِرام :** گلشن یا باغِ بخشندگان. ۹ - **خورشیدِ عرب :** پیامبر(ص).

۱۰ - **سِبالِ بولهب :** نخوت و قدرتِ ابولهب، نخوت و قدرتِ بزرگ‌ترین دشمن، اینجا برای درویش «وام‌ها»ست که پرداختنِ آن می‌تواند برای همه موجب دلهره باشد؛ امّا نه برای او.

۱۱ - **عهد و پیوند با سحاب داشتن :** اتّصال به منبع یا مبدأ داشتن. «سحاب»: ابر.

۱۲ - **سقّا :** آب فروش، اینجا آب‌خواه، نیازمند.

۱۳ - اشاره به مضمون آیهٔ ۱۲۴ سورهٔ اعراف، که فرعون می‌خواست دست و پایِ ساحران که حقّانیّت موسیٰ(ع) را باور کرده بودند، قطع کند.

روبهی[1] که هست زآن شیرانْش[2] پُشت[3] بشکـند کَـلّهٔ پـلنگان[4] را بـه مُشت 3036

ناتوانی که متّکی به قدرتِ مردان حق باشد، از عهدهٔ کارهای بزرگ بر می‌آید.

آمدنِ جعفر رَضِیَ‌اللهُ عَنْهُ به گرفتنِ قلعه‌یی به تنهایی، و مشورت کردنِ مَلِکِ آن قلعه در دفعِ او، و گفتنِ آن وزیرْ مَلِک را که زنهار! تسلیم کن و از جهل تهوّر مکن،[5] که این مرد مؤیَّد است[6] و از حق جمعیّتِ عظیم دارد[7] در جانِ خویش، الی آخِره[8]

در ابیاتِ پیشین سخن از اتّکا به حق و مردان حق بود، اینک در این قطعه، «جعفر طیّار»، برادر علی(ع) به عنوان یک نمونهٔ عالی از واصلانِ به حق مطرح می‌شود که به سببِ اتّکایِ به پروردگار بی‌باک و ایمن است.

به روایتِ مولانا، جعفربن ابیطالب(ع) به تنهایی برای فتح قلعه‌ای رفت. همه از حضور او بیمناک شدند. رئیس قلعه از معاونِ خود جویایِ چاره شد. او گفت: راهی جز آن نیست که قلعه را تسلیم کنی؛ چون او مؤیَّد حق است و به اتّکای خداوند بی‌باک. رئیس قلعه گفت: آخر او یک نفر است، چرا باید تسلیم شویم؟ معاونِ وی گفت: به فرد بودنِ او منگر، بـه لرزان بودن قلعه در برابرِ وی بنگر.

چونکه جعفر رفت سـویِ قـلعه‌یی قلعه پیش ِکامِ خشکش[9] جرعه‌یی ۳۰۳۷

جعفرِ طیّار برای فتحِ قلعه‌ای رفت. این کار در نظرش بسی ساده بود.

یک‌سواره[10] تاخت تا قلعه به کَرّ[11] تـا درِ قـلعه بـبستند از حَـذر[12] ۳۰۳۸

به تنهایی به سویِ قلعه تاخت. اهالیِ آن از ترس درها را بستند.

---

۱ - **روبه :** کنایه از آدمِ ضعیف و ناتوان. ۲ - **شیران :** کنایه از مردانِ حق.

۳ - **پُشت هست :** پشتگرمی داشتن، متّکی بودن.

۴ - **پلنگان :** کنایه از بدان، یا کنایه از هر سختی و دشواری که به اتّکای کاملان سهل می‌شود.

۵ - **از جهل تهوّر مکن :** در برابرِ او بی‌باک نباش که نادانی است.

۶ - **مؤیَّد است :** تأیید شده است، مورد تأییدِ حق است.

۷ - **از حق جمعیّت دارد :** در جانِ خویش متّکی به پروردگار است و با شهامت و بی‌باک.

۸ - مأخذی برای آن نیافته‌اند.

۹ - **کام خشک :** تشنگی، اینجا تشنهٔ خدمت برای حق، شوقِ مبارزه برای راهِ خدا.

۱۰ - **یک‌سواره :** تنها، به تنهایی. ۱۱ - **به کَرّ :** به تاخت. ۱۲ - **از حذر :** از ترس.

زَهره نه‌کس راکه پیش آید به جنگ اهلِ کَشتی را چه زَهره با نهنگ؟ ۳۰۳۹

کسی جرأت نبرد نداشت. کشتی‌نشین می‌تواند با نهنگ مبارزه کند؟

روی آورد آن مَلِک سوی وزیر که: چه‌چاره‌ست اندراین‌وقت؟ ای مشیر[1]! ۳۰۴۰

رئیس قلعه از معاونِ خود پرسید: اینک چه کنیم؟

گفت: آنکه تَرک گویی کِبر و فَن[2] پیشِ او آیی به شمشیر و کفن[3] ۳۰۴۱

گفت: آنکه بدون تکبّر و صادقانه نزد او بروی و تسلیم شوی.

گفت: آخر نه یکی مردی‌ست فرد[4]؟ گفت: منگر خوار در فردیِّ مرد[5] ۳۰۴۲

رئیس قلعه گفت: مگر او یک نفر نیست؟ گفت: تنها بودن او را دست کم نگیر.

چشم بگشا، قلعه را بنگر نکو همچو سیماب[6] است لرزان پیشِ او ۳۰۴۳

دقّت کن که قلعه در برابرِ او مانند جیوه لرزان است.

شِسته[7] در زین آنچنان محکم‌پی[8] است گوییا شرقی و غربی[9] با وی است ۳۰۴۴

چنان استوار بر زین نشسته است که گویی همهٔ عالم همراهِ او هستند.

چند کس همچون فدایی[10] تاختند خویشتن را پیشِ او انداختند ۳۰۴۵

چند نفر از قلعه‌نشینان بی‌مُحابا به مقابله با وی رفتند.

هر یکی را او به گُرزی می‌فکند سرنگوسار[11] اندر اَقدامِ سمند[12] ۳۰۴۶

هر یک را با گُرز افکند و زیر پای اسب انداخت.

داده بودش صُنعِ حق[13] جمعیّتی[14] که همی زد یک تنه بر اُمّتی ۳۰۴۷

چنان متّکی به حق و مطمئن بود که یک تنه به گروه کثیری حمله می‌کرد.

---

۱ - **مشیر**: مشاور. ۲ - **فن**: هنر، اینجا ریاکاری و تقلّب «اعتماد به قدرتِ دنیوی در برابر قدرتِ حق».
۳ - **به شمشیر و کفن**: به حالت تسلیم، که اگر می‌خواهی بکش و اگر می‌خواهی ببخش.
۴ - **مردی‌ست فرد**: تنهاست، یکی است.
۵ - مُراد آنکه: تنها بودن او نشانهٔ باطنِ نیرومند و منوّرِ اوست که از حق بی‌نیازی یافته و به خلق نیازمند نیست.
۶ - **سیماب**: جیوه. ۷ - **شِسته**: نشسته. ۸ - **محکم پی**: پابرجا، استوار.
۹ - **شرقی و غربی**: همه، همهٔ عالم. ۱۰ - **همچون فدایی**: با فداکاری، مانند فداییان اسماعیلی بی‌باک.
۱۱ - **سرنگوسار**: سرنگونسار: سرنگون. ۱۲ - **اَقدامِ سمند**: زیرِ پای اسب.
۱۳ - **صُنع حق**: اینجا ارادهٔ حق.
۱۴ - **جمعیّتی**: جمعیّتِ خاطر، خاطر جمعی، اعتماد به نفس به جهتِ اتّکای به حق.

۳۰۴۸	چشمِ من چون دید روی آن قُباد¹ کثرتِ اعداد از چشمم فُتاد²

هنگامی که به شهودِ حقیقتِ هستی رسیدم، موهوم بودن عالم کثرت را فهمیدم.

۳۰۴۹	اختران³ بسیار و خورشید⁴ ار یکی‌ست پیشِ او بنیادِ ایشان مُنْدَکی⁵‌ست

ستارگان زیادند؛ امّا خورشید یکی است و در برابرِ نورِ او همه محو است.

۳۰۵۰	گر هزاران موش⁶ پیش آرند سر گربه را نه ترس باشد نه حَذَر

گربه در برابر هزاران موش ترس و بیمی ندارد.

۳۰۵۱	کی به پیش آیند موشان ای فلان؟ نیست جمعیّت درونِ جانشان

ای فلان، موش‌ها چگونه می‌توانند به گربه حمله کنند در حالی که اعتماد به نفس ندارند؟

۳۰۵۲	هست جمعیّت به صورت‌ها فُشار⁷ جمع معنی خواه، هین از کردگار

تعدادِ زیادِ نفرات مهم نیست، از خدا بخواه که جمعیّتِ خاطر داشته باشی.

۳۰۵۳	نیست جمعیّت⁸ ز بسیاریِ جسم⁹ جسم را بر باد قایم دان چو اسم¹⁰

اعتماد به نَفْسِ واقعی از بسیاریِ نفرات حاصل نمی‌شود؛ چون حقیقی نیست.

۳۰۵۴	در دلِ موش ار بُدی جمعیّتی جمع گشتی چند موش از حَمْیَتی¹¹

اگر موش‌ها اتّحادِ واقعی داشتند و چند موش غیورانه متّحد می‌شدند،

۳۰۵۵	بر زدندی چون فدایی¹² حمله‌یی خویش را بر گربهٔ بی‌مُهله‌یی¹³

می‌توانستند متهوّرانه و بی‌تأمّل به گربه حمله کنند.

---

۱ - قُباد : اینجا مطلق شاه، پروردگار.
۲ - مُراد آنکه: حقیقت را که دیدم، فهمیدم که این جهان چقدر غیر حقیقی است. «احتمالاً این بیت را مولانا از زبانِ جعفر طیّار(ع) می‌گوید.»   ۳ - اختران : اینجا آنان که متّکی به حق نیستند.
۴ - خورشید : اینجا کنایه از خورشیدِ حقایق.   ۵ - مُنْدَک : پاره پاره، اینجا محو و نابود.
۶ - موش : اینجا اهل ظاهر که به حق اتّکا ندارد.   ۷ - فُشار : بیهوده.
۸ - جمعیّت : اینجا خاطرجمعی، اعتمادِ درونی.   ۹ - بسیاریِ جسم : زیادیِ نفرات.
۱۰ - مُراد آنکه: وجودِ این آدم‌ها مانند الفاظ که در اثر باد از حنجره و دهان بر زبان می‌آیند، پایدار نیستند؛ چون وجودشان موهومی است، حقیقی نیست. «بر باد قایم بودن»: ناپایدار بودن.
۱۱ - حَمْیَّت : غیرتِ هدفمند، مانند غیرت در راهِ حق.   ۱۲ - چون فدایی : بی‌باک.
۱۳ - بی‌مُهله : بی مهلت.

آن یکی چشمش بکندی از ضِراب[۱] وآن دگر گوشش دریدی هم به ناب[۲] ۳۰۵۶

یکی چشم گربه را می‌کَند و دیگری گوشش را به دندان می‌درید.

وآن دگـر سـوراخ کـردی پَـهلُوَش از جماعت گم شدی بیرون‌شَوَش[۳] ۳۰۵۷

دیگری پهلویش را پاره می‌کرد و گربه از زیادیِ موش‌ها نمی‌توانست فرار کند.

لیک جـمعیّت نـدارد جـانِ مـوش بِجْهد از جانَش به بانگِ گربه هوش ۳۰۵۸

امّا آن‌ها متّحد نیستند و به صدایِ گربه بیهوش می‌شوند.

خشک گردد[۴] موش زآن گربهٔ عَیار[۵] گر بُـوَد اَعـدادِ مـوشان صـد هـزار ۳۰۵۹

هر قدر تعداد موش‌ها زیاد باشد، باز هم در برابر گربهٔ زرنگ عاجزند.

از رمـهٔ اَنبُه چـه غـم قـصّاب را؟ انـبهیِ هُش چـه بـندد خـواب را؟ ۳۰۶۰

قصّاب از انبوهیِ رمه چه بیمی دارد؟ هوشِ سرشار می‌تواند راهِ خواب را ببندد؟

مالِكُ آلمُلك[۶] است، جمعیّت دهـد شـیر را تـا بـر گـلهٔ گـوران جَـهَد ۳۰۶۱

اینکه شیر بر وحوش غلبه می‌کند، به سببِ اعتمادی است که خداوند به او داده است.

صـد هـزاران گـورِ دَه‌شـاخ و دلیـر چون عدم باشند پیشِ صَوْلِ[۷] شیر ۳۰۶۲

هزاران گورخرِ شجاع با شاخ‌هایِ فراوان در برابر یورشِ شیر هیچ‌اند.

مالِكُ آلمُلك است، بِدْهد مُلْکِ حُسن یوسفی را، تـا بُـوَد چـون مـاءِ مُـزْن[۸] ۳۰۶۳

جمال هم عطایِ الهی است که به یوسف(ع) داده شد تا لطیف و درخشان باشد.

در رُخـی بِـنْهَد شـعاعِ اختری[۹] کـه شـود شـاهی غـلامِ دختـری ۳۰۶۴

به چهره‌ای زیباییِ چشمگیری می‌دهد تا شاهی غلامِ دختری شود.

بنهد اندر رویِ دیگـر نـورِ خَـود[۱۰] که ببینند نیم‌شب[۱۱] هر نـیک و بَـد ۳۰۶۵

چهرهٔ دیگری را با نورِ خود منوّر می‌کند تا بتواند حق و باطل را تمییز دهد.

---

۱ - **ضِراب :** زد و خورد، حمله. ۲ - **ناب :** دندان، دندان تیز، نیش.
۳ - **بیرون‌شو :** راهِ فرار، راهِ در رفتن، مَخْلَص. ۴ - **خشک گردد :** بر جای خشک می‌شود، عاجز می‌شود.
۵ - **گربهٔ عیار :** عیّار: حیله‌گر، زرنگ و چالاک. ۶ - **مالِكُ آلْمُلْك :** مالکِ مُلکِ هستی، مالکِ حقیقی.
۷ - **صَوْل :** یورش، حمله. ۸ - **ماءِ مُزْن :** بارانِ پاک و لطیف.
۹ - **شعاعِ اختری :** درخشندگی و نورِ ستارگان، کنایه از زیبایی بی‌همتا و چشمگیر. ۱۰ - **نور خود :** نورِ حق.
۱۱ - **نیم‌شب :** در تاریکی، کنایه از دنیاست که در آن حق و باطل نهان‌اند مگر بر دیدهٔ حق‌بین.

یوسف و موسی[1] ز حق بُردند نور　　در رخ و رخسار، و در ذاتُ آلصّدور[2] ۳۰۶۶

انبیا به نورِ حق منوّر شدند که ظاهر و باطنِ آنان نورانی بود.

رویِ موسی بارقی[3] انگیخته　　پیش رو او توبره[4] آویخته ۳۰۶۷

چهرهٔ موسیٰ چنان درخشان بود که او نقاب می‌زد.

نورِ رویش آن چنان بردی بَصَر[5]　　که زُمُرّد[6] از دو دیدهٔ مارِ کَر[7] ۳۰۶۸

نورِ صورتش مانندِ زمرّد که چشمِ افعی را کور می‌کند، خیره‌کننده و کُشنده بود.

او ز حق در خواسته تا توبره　　گردد آن نورِ قوی[8] را ساتره[9] ۳۰۶۹

او از حق پوششی خواست که آن نور قاهر را بپوشانَد.

توبره، گفت از گلیمت[10] ساز هین　　کآن لباسِ عارفی آمد امین[11] ۳۰۷۰

فرمود: از خرقهٔ پشمینت سرپوشی بساز که لباسِ عارفِ به حق همین است.

کآن کِسا[12] از نورْ صبری یافته است　　نورِ جان در تار و پودش تافته است ۳۰۷۱

زیرا آن جامه در تار و پودش نورِ حق تابیده و می‌تواند نور را تحمّل کند.

جز چنین خرقه نخواهد شد صِوان[13]　　نورِ ما را بر نتابد[14] غیرِ آن ۳۰۷۲

چیزِ دیگری بجز آن نمی‌تواند محافظ باشد و نورِ ما را تحمّل کند.

کوهِ قاف ار پیش آید بِهْرَسَد[15]　　همچو کوهِ طور نورش بَر دَرَد ۳۰۷۳

کوهِ قاف با آن عظمت نمی‌توانَد حجابِ نور الهی باشد و مانند طور متلاشی می‌شود.

---

۱ - **یوسف و موسیٰ :** اینجا مُراد تمامِ انبیا و اولیاست، واصلان و کاملان.

۲ - **ذات‌آلصّدور :** درون سینه، در دل، تعبیری قرآنی است از جمله در آیات ۱۱۹ و ۱۵۴ سورهٔ آل عمران.

۳ - **بارِق :** نور، درخشنده.

۴ - **توبره :** کیسهٔ بزرگ، اینجا نقاب، چیزی که سر و صورت را می‌پوشاند. اشاره است به بازگشت موسیٰ(ع) از کوهِ طور و درخشان شدن چهره‌اش پس از شهودِ تجلیّات حق به حدّی که کس را تابِ دیدنِ آن نورانیّت نبود و جان می‌داد: احادیث، صص ۵۷۵-۵۷۴.　　۵ - **بُردی بَصَر :** خیره کننده بود.

۶ - **زمرّد :** قُدما بر این باور بودند که زمرّد می‌تواند چشم مار را کور کند.

۷ - **مارِ کَر :** مار خطرناک، افعی: به روایت از دمیری: «مار کَر» یا «الحیّة الصّماء» گونه‌ای بس خطرناک است که صدای افسونگران را نمی‌شنود: شرح مثنوی مولوی، ج ۶، ص ۲۱۹۴.　　۸ - **نورِ قوی :** نورِ قاهر، نور غالب.

۹ - **ساتره :** پوشاننده.　　۱۰ - **گلیم :** اینجا خرقهٔ پشمین.

۱۱ - مُراد آنکه: لباسِ عارف که امانت‌دارِ معارف است، همین است.　　۱۲ - **کِسا :** لباس، جامه.

۱۳ - **صِوان :** حِفاظ.　　۱۴ - **بر نتابَد :** تحمّل نمی‌کند.　　۱۵ - **بِهْرَسد :** می‌هراسد.

از کمالِ قدرت[1]، اَبْدانِ رجال[2] یافت اندر نورِ بی چون[3]، احتمال[4] ۳۰۷۴

اگر جسم واصلان می‌تواند نور حق را تحمّل کند در پرتو قدرت و حمایتِ حق است.

آنچه طورش بر نتابد ذرّه‌یی قدرتش[5] جا سازد[6] از قاروره‌یی[7] ۳۰۷۵

نوری که اندکی از تجلیّاتش را کوهِ طور نتوانست تحمّل کند، قدرتِ الهی در وجودِ کوچک و ظریفِ مردِ حق قرار داده است.

گشت مشکات[8] و زُجاجی[9] جایِ نور[10] که همی درّد ز نورْ آن قاف و طور ۳۰۷۶

جسمِ بسیار ظریفِ آنان محلِّ تجلّی انواری شده است که بزرگ‌ترین اجسام از هیبتِ آن بر خود می‌دَرَند.

جسمشان مِشکات دان دِلْشان زُجاج تافته بر عرش و افلاک این سِراج[11] ۳۰۷۷

جسمِ آنان، همانند چراغ و دلشان، مانند شیشه‌ای ظریف است که نورش به عرش و افلاک می‌تابد.

نورشان[12] حیرانِ این نور آمده چون ستاره زین ضُحی[13] فانی شده ۳۰۷۸

نورِ ستارگان و افلاک در برابرِ نورِ باطن آنان حیران و محو است.

زین حکایت کرد آن خَتْمِ رُسُل[14] از مَلیکِ لا یَزال و لَم یَزُلْ[15] ۳۰۷۹

به همین مناسبت، خاتم انبیا از قول خداوندِ ازلی و ابدی فرموده است:

که نگُنجیدم در افلاک و خلا[16] در عقول و در نفوسِ با عُلا[17] ۳۰۸۰

تمامِ عوالمِ مادّی و غیر مادّی و عقول و نفوسِ بلند مرتبه توانِ جای دادن مرا ندارند.

---

۱ - **کمالِ قدرت :** کمالِ قدرتِ خداوند. ۲ - **اَبدانِ رجال :** جسم مردانِ حق. ۳ - **نورِ بی‌چون :** نورِ حق.
۴ - **احتمال :** تحمّل. ۵ - **قدرتش :** قدرتِ الهی. ۶ - **جا سازَد :** قرار می‌دهد.
۷ - **قاروره‌یی :** ظرفی از شیشه، اینجا وجودِ ظریف و شکننده و کوچکِ مردِ حق. ۸ - **مشکات :** چراغدان.
۹ - **زجاج :** شیشه. «مشکات و زجاجی»: مُراد جسم ظریف و لطیفِ مردِ حق که مانند چراغ یا فانوسی ظریف است. ۱۰ - ناظر به آیهٔ ۳۵ سورهٔ نور است که «جسم و دلِ» واصلان به «مشکات و زجاج» مانند شده است.
۱۱ - **سِراج :** چراغ. ۱۲ - **نورشان :** نورِ ستارگان و افلاک.
۱۳ - **ضُحیٰ :** پیش از ظهر، چاشتگاه، اینجا نورِ باطنیِ واصلان. ۱۴ - **ختم رُسُل :** پیامبر(ص).
۱۵ - مصراع دوم: خداوندِ ازلی و ابدی، خداوندِ جاودان. «لَمْ یَزَل»: باید «لَمْ یَزُل» قرائت شود به اقتضایِ قافیه.
۱۶ - **افلاک و خلا :** اینجا تمام عوالمِ مادّی و ماورایِ آن.
۱۷ - **عُلا :** عُلُوّ و بلندی، «با عُلا»: بلندْ مرتبه «مُراد عقول و نفوسِ فرشتگان است».
اشاره به حدیث قدسی: احادیث، صص ۱۱۴-۱۱۳.

دفتر ششم ۴۲۵

در دلِ مؤمن بگنجیدم چو ضَیف[۱]   بی ز چون و بی چگونه، بی ز کیف[۲] ۳۰۸۱

امّا دل مؤمن می‌تواند مرا مانند میهمان در خود جای دهد، بدون آنکه این امر چگونگی و کیفیّت‌پذیر باشد.

تا به دلاّلیِ آن[۳] دل فوق و تحت[۴]   یابد از من پادشاهی‌ها و بخت ۳۰۸۲

تا به واسطهٔ آن دل، تمامِ هستی بتواند از حق فیض یابد.

بی چنین آینه[۵] از خوبیِ من   بر نتابد نه زمین و نه زَمَن ۳۰۸۳

هیچ چیز جز چنین آینهٔ کاملی نمی‌تواند تجلیّات مرا تحمّل کند، نه زمین و نه زمان.

بر دو کَون اسبِ ترحّم تاختیم[۶]   پس عریض آینه‌یی بر ساختیم[۷] ۳۰۸۴

تجلّیِ رحمتِ ما در دو جهان، سببِ پیدایش آیینهٔ عظیمِ دلِ انسانِ کامل شد.

هر دمی زین آینه پنجاه عُرس[۸]   بشنو آیینه، ولی شرحش مپرس[۹] ۳۰۸۵

این آیینه همواره تجلیّاتِ ما را منعکس می‌کند و گروه کثیری از آن بهره‌مند می‌شوند.

حاصل این کز لُبسِ[۱۰] خویشش پرده‌ساخت   که نفوذِ آن قَمَر[۱۱] را می‌شناخت ۳۰۸۶

خلاصه، موسی(ع) از خرقهٔ خود نقاب ساخت؛ زیرا شدّت آن را می‌دانست.

گر بُدی پرده ز غیرِ لُبسِ او   پاره گشتی گر بُدی کوهِ دوتُو[۱۲] ۳۰۸۷

اگر به غیر از خرقهٔ خود از چیزِ دیگری نقاب می‌ساخت، پاره می‌شد.

ز آهنین دیوارها نافذ شدی   توبره با نورِ حق چه فن زدی؟ ۳۰۸۸

در حالی که هیچ دیوارِ آهنین مانعِ نفوذِ نور حق نیست، نقاب چه می‌تواند بکند؟

---

۱ - **ضیف :** مهمان.

۲ - مُراد آنکه: این امر مادّی نیست که چگونگی و کیفیت‌پذیر باشد و بتوان آن را بیان کرد، غیر مادّی است.

۳ - **به دلاّلیِ آن :** به واسطهٔ آن، به امدادِ آن، از طریق آن.

۴ - **فوق و تحت :** همهٔ هستی، تمامِ مراتبِ متعددِ هستی.   ۵ - **آیینه :** کنایه از دلِ انسانِ کامل.

۶ - مُراد آنکه: در دو جهان به رحمت تجلّی کردیم.

۷ - نتیجهٔ تجلیّات رحمانیِ ما آیینهٔ دلِ انسان کاملِ واصل است.

۸ - **عُرس :** عروسی. مُراد آنکه: در هر لحظه چنان پرتو انوارِ ما را به دیگران می‌رساند و آنان را بهره‌مند می‌کند که گویی بسی جشن عروسی و شادمانی در دلِ خلق برپا می‌گردد.   ۹ - اسم آیینه را بشنو؛ امّا شرح دادنی نیست.

۱۰ - **لُبس :** لِبْس: جامه، اینجا خرقه.   ۱۱ - **آن قمر :** کنایه از انوارِ الهی.

۱۲ - **کوهِ دوتُو :** کوهِ دو لایه، کوه بزرگ.

گشته بود آن توبره صاحبْ تَفی[۱] بود وقتِ شورْ[۲] خرقهٔ عارفی ۳۰۸۹

نقاب که هنگامِ شورِ عاشقانه، خرقهٔ موسیٰ(ع) بود، گرمی معنوی و تحمّلِ انوار را داشت.

زآن شود آتش رهینِ[۳] سوخته[۴] کوست با آتش ز پیش آموخته[۵] ۳۰۹۰

آتش در «سوخته» نهان شده؛ زیرا «نیم سوز»، سوخته و با آتش خُو گرفته است.

وز هوا[۶] و عشقِ آن نورِ رَشاد[۷] خود صَفورا[۸] هر دو دیده باد داد[۹] ۳۰۹۱

همسرِ موسیٰ(ع) از عشقی که به دیدنِ آن نور داشت، بینایی را از دست داد.

اوّلا بر بَست یک چشم و بدید نورِ رویِ او و آن چشمش پَرید ۳۰۹۲

ابتدا یک چشم را بست و با آن چشمِ دیگر دید و همان چشم کور شد.

بعد از آن صبرش نماند و آن دگر برگشاد و کرد خَرجِ آن قَمَر[۱۰] ۳۰۹۳

سپس بی‌طاقت شد و چشمِ دیگر را هم گشود و آن را از دست داد.

همچنان مَردِ مُجاهد نان دهد چون بر او زد نورِ طاعت، جان دهد[۱۱] ۳۰۹۴

مجاهدِ راهِ حق ابتدا از دنیا می‌گذرد، بعد که عالمِ معنا را درک کرد، از جان می‌گذرد.

پس زنی گفتش: ز چشمِ عَبْهری[۱۲] که ز دستت رفت، حسرت می‌خوری؟ ۳۰۹۵

زنی از صفورا پرسید: برای از دست دادن چشمِ نرگسِ خود حسرت می‌خوری؟

گفت: حسرت می‌خورم که صد هزار دیده بودی، تا همی کردم نثار ۳۰۹۶

گفت: حسرت از آن دارم که کاش هزاران دیده داشتم و نثار می‌کردم.

---

۱ - **صاحبْ تَفی**: دارای تاب و تب، گرمیِ معنوی. ۲ - **وقتِ شور**: هنگام سوز و گداز عاشقانه.

۳ - **رهین**: درگرو. ۴ - **سوخته**: نیم‌سوزی که به کمکِ آن آتش می‌افروزند.

۵ - **با آتش ز پیش آموخته**: از پیش با آتش خُوگرفته است. ۶ - **وز هوا**: از شدّت اشتیاق.

۷ - **نورِ رَشاد**: نورِ هدایت. ۸ - **صفورا**: دختر شُعیب و همسر موسیٰ(ع).

۹ - **هر دو دیده باد داد**: کور شد. «بعضی از تفاسیرِ قرآن اشاره به این نکته دارند.»

۱۰ - **خرج قمر کرد**: چشمِ دیگر را هم برای دیدن رویِ موسیٰ(ع) از دست داد.

۱۱ - مصراع دوم: طاعت که به بار نشست و سبب منوّر شدنِ او شد، جان را فنا می‌کند.

۱۲ - **عَبْهری**: مانند گل نرگس.

روزنِ چشمم ز مَهْ ویران شـده‌ست[1]   لیک مَهْ چون گنج در ویران نشست[2] ۳۰۹۷

نورِ الهی چشمِ ظاهرم را گرفته؛ امّا باطنم را روشن و منوّر کرده است.

کـی گـذارد گـنج کـین ویـرانـه‌ام   یـــاد آرَد از رِواق و خـــانه‌ام[3] ۳۰۹۸

نورِ درونی‌ام مرا از نورِ بیرون بی‌نیاز کرده است.

نـــورِ رویِ یـوسفی وقتِ عـبور   مـی‌فُتادی در شِباکِ هـر قُـصور[4] ۳۰۹۹

نورِ چهرهٔ یوسف(ع) هم هنگامِ عبور به پنجرهٔ خانه‌ها و قصرها می‌افتاد.

پس بگـــفتندی درونِ خـــانه در: یوسف است این سو به سَیران[5] و گذر ۳۱۰۰

پس اهالیِ خانه می‌گفتند: یوسف دارد از اینجا عبور می‌کند.

زآنکــه بـر دیـوار دیـدندی شُـعاع   فهم کـردندی پس اصـحابِ بِـقاع[6] ۳۱۰۱

زیرا صاحبخانه‌ها نور را بر دیوارها می‌دیدند و می‌فهمیدند.

خانه‌یی راکِش دریچه است آن طرف   دارد از سَـیرانِ آن یـوسف شـرف[7] ۳۱۰۲

هر خانه‌ای که به محلّ عبورِ او دریچه داشت، از عبورش برخوردار می‌شد.

هین! دریچه سویِ یوسف بـاز کـن   وز شکـافش فُـرجـه‌یی[8] آغـاز کـن ۳۱۰۳

آگاه باش و از طریقِ دل به انسانِ کامل توجّه کن تا از حقایق بهره‌مند شوی.

عشق ورزیْ آن دریچه کردن است   کز جمالِ دوست سینه روشن است ۳۱۰۴

عشقِ خالصانه به حق همان پنجره‌ای است که از آن نورِ جمال می‌تابد.

پس هـــماره[9] رویِ مـعشوقه نگـر   این به دستِ توست، بشنو ای پدر ۳۱۰۵

ای عزیز، تو این اختیار را داری که همواره با دل به معشوقه توجّه کنی.

---

۱ - چشمِ ظاهرم را از دست داده‌ام.   ۲ - چشمِ باطنی‌ام گشوده شده است.

۳ - **رواق و خانه**: اینجا زندگیِ ظاهری و صورتِ ظاهرِ آن. «رواق»: ایوان.

۴ - **شِباکِ قُصور**: پنجره‌هایِ خانه‌ها و قصرها.   ۵ - **سَیران**: سیر و گشت.

۶ - **اصحابِ بِقاع**: ساکنانِ خانه‌ها. «بِقاع»: جمع بُقعه.

۷ - از عبورِ یوسف(ع) شرف می‌یافت؛ یعنی از نور بهره‌مند می‌شد. «یوسف»: اینجا نمادِ هر انسانِ کاملِ واصل که نورِ حق در او متجلّی است.

۸ - **فُرجه**: تماشا، اینجا توجّه و دقّتِ عمیق که سببِ درکِ عوالمِ معنوی می‌شود.   ۹ - **هماره**: همواره.

راه کــن در انــدرون‌ها[۱] خــویش را دور کــن ادراکِ غــیرانــدیش[۲] را ۳۱۰۶

ادراکِ دنیوی را به حدّاقل برسان تا در دلِ مردِ حق جایی بیابی.

کــیمیا[۳] داری، دوایِ پــوست کــن[۴] دشمنان را زین صناعت[۵] دوست کن[۶] ۳۱۰۷

با داروی ارشادِ این انسانِ «کیمیاصفت»، ادراکِ دنیوی‌ات را معنوی کن.

چون شدی زیبا، بـدآن زیبا رسی کــه رهــانَد روح را از بــی‌کسی ۳۱۰۸

اگر زیبندهٔ عالم معنا شوی، به او که تو را از غربت می‌رهانَد، می‌رسی و از خلق بی‌نیاز می‌شوی.

پرورش مر بـاغ جـان‌ها را نَـمَش[۷] زنــده کــرده مــردهٔ غــم را دَمَش[۸] ۳۱۰۹

ذرّه‌ای از توجّه او باغِ جان‌ها را می‌پروَرَد و دمِ رحمانی‌اش، دل را زنده می‌کند.

نه همه مُـلکِ[۹] جـهانِ دون[۱۰] دهـد صد هزاران مُلکِ گوناگـون دهـد[۱۱] ۳۱۱۰

رسیدنِ به او هم موجبِ قدرتِ این جهانی است و هم آن جهانی.

بر سـرِ مُـلکِ جـمالْش[۱۲] داد حـق مُلکتِ تعبیر[۱۳] بی درس و سـبق[۱۴] ۳۱۱۱

خداوند علاوه بر جمالِ زیبا، علمِ تأویلِ خواب را نیز بی‌تعلیم دنیوی، آموخت.

مُلکتِ حُسنش سویِ زندان کشید[۱۵] مُلکتِ علمش سویِ کیوان کشید[۱۶] ۳۱۱۲

جمال، او را به زندان کشانید و کمال به عالی‌ترین درجات.

شَــهْ غــلامِ او شـد از عـلم و هـنر مُلکِ عِلم از مُلکِ حُسنْ اُستوده‌تر ۳۱۱۳

به سبب دانش و کمالش موردِ تأییدِ شاه قرار گرفت. قدرتِ کمال و علوم پسندیده‌تر است.

---

۱ - **اندرون‌ها :** درونِ مردِ حق، دلِ مردِ حق. ۲ - **ادراکِ غیراندیش :** ادراک دنیوی.

۳ - **کیمیا :** کنایه از وجود استادِ واصل. ۴ - **دوایِ پوست کن :** از آن برای درمانِ ظاهربینی‌ات استفاده کن.

۵ - **صناعت :** هنر، فن، صنعت. ۶ - دشمنی دشمن‌تر از نَفْسِ آدمی نیست که باید ارتقا پیدا کند.

۷ - **نَمَش :** نم او: کنایه از «اندکی از عنایت و توجّهِ حق». ۸ - **دَمَش :** دمِ او: دمِ رحمانی، نفخهٔ رحمانی.

۹ - **مُلک :** سلطنت، پادشاهی، قدرت و جاه. ۱۰ - **جهانِ دون :** دنیایِ ناپایدار.

۱۱ - مُراد سلطنتِ معنوی است، یعنی ارتقایِ جان. ۱۲ - **مُلکِ جمال :** سلطنتِ جمال.

۱۳ - **مُلکتِ تعبیر :** سلطنتِ تعبیرِ رویا، علم تأویل خواب که قدرتی خاص و معنوی است.

۱۴ - **بی‌درس و سَبَق :** بدون آموختن. «سَبَق»: درس.

۱۵ - مُراد آنکه: زیبایی او سببِ وسوسهٔ زلیخا و زندان رفتن شد.

۱۶ - قدرتِ ناشی از علمِ معنوی او را بلندمرتبه کرد.

رجوع کردن به حکایتِ آن شخصِ وام کرده و آمدنِ او به امیدِ عنایتِ آن محتسب سویِ تبریز

آن غریبِ ممتحَن[1] از بیمِ وام — در رَهْ آمد سویِ آن دارُالسَّلام[2] ۳۱۱۴

آن درویشِ غریبِ محنت‌زده از ترسِ وام به سوی تبریز به راه افتاد.

شد سویِ تبریز و کویِ گُلْسِتان[3] — خفته اومیدش فرازِ گُل سِتان[4] ۳۱۱۵

با امیدِ فراوان به سویِ تبریز و کویِ گلستان رفت.

زد ز دارُالملکِ تبریزِ سَنی[5] — بر امیدش روشنی بر روشنی ۳۱۱۶

هنگامی که به تبریز رسید، امیدش بیشتر شد.

جانْش خندان شد از آن روضهٔ رجال[6] — از نسیمِ یوسف و مصرِ وصال[7] ۳۱۱۷

جانش از شهرِ مردانِ بزرگ و از نسیمِ وصلِ یوسف شاد شد.

گفت یا حادی! اَنِخْ لی ناقَتی — جاءَ اِسْعادی وَ طارتْ فاقَتی ۳۱۱۸

گفت: ای شتربان، شتر را بخوابان که هنگام سعادت است و بیچارگی رفته است.

اُبْرُکی یا ناقَتی! طابَ اَلاُمور — اِنَّ تبریزاً مُناخاتُ الصُّدُور ۳۱۱۹

ای ناقهٔ من، زانو بزن که کارها روبراه شد، تبریز پناهگاهِ سینه‌های دردمند است.

اِسْرَحی یا ناقَتی! حَوْلَ الرِّیاضْ — اِنَّ تَبْریزاً لَنا نِعْمَ المُفاضْ ۳۱۲۰

ای شترِ من، دورِ این باغ‌ها چرا کن، راستی تبریز برای ما چه فیض بخش است.

---

۱ - **مُمتَحَن** : محنت زده.

۲ - **دارُالسَّلام** : پایتخت، بهشت، سرایِ سلامت. اینجا خانهٔ محتسب در تبریز که برای او مرکزِ عالم محسوب می‌شد.

۳ - **کویِ گُلْسِتان** : گفته‌اند که در قدیم نامِ محلّهٔ معروفی در تبریز بوده است، اینجا: کویِ محبوب کوی گل‌هاست هر جا که باشد. ۴ - امیدش روی گل‌ها دراز کشیده بود؛ یعنی با امیدی آرامش بخش. «سِتان»: طاقباز.

۵ - **سنی** : بلندمرتبه، روشن.

۶ - **روضهٔ رجال** : باغِ مردان، سرزمینِ مردخیز، شهری که از آن مردانِ بزرگی برخاسته‌اند.

۷ - این سخنان علاوه بر آنکه از زبانِ درویشِ غریب است، در واقع کلامِ خود مولاناست که با نامِ تبریز به یادِ احوالِ پر التهاب گذشته‌ها و محبوبِ تبریزی افتاده است.

ساربانا! بار بگشا ز اشتران　　　شهرِ تبریز است و کویِ گلستان 3121

ای ساربان، بارِ شتران را باز کن، اینجا تبریز و کویِ گلستان است.

فرِّ فردوسی‌ست[1] این پالیز[2] را　　　شعشعهٔ عرشی‌ست[3] این تبریز را ۳۱۲۲

این شهر دارایِ شکوهِ بهشت و تابناکیِ آسمان است.

هر زمانی نورِ روحْ‌انگیزِ جان[4]　　　از فرازِ عرش بر تبریزیان ۳۱۲۳

هر لحظه از فرازِ عرش نوری فرح‌بخش بر مردمِ تبریز نثار می‌شود.

چون وثاقِ[5] محتسب جُست آن غریب　　　خلق گفتندش که: بگذشت آن حبیب[6] ۳۱۲۴

آن غریب جویایِ خانهٔ داروغه شد، گفتند: آن مردِ محبوب درگذشته است.

او پریر از دارِ دنیا نقل کرد　　　مرد و زن از واقعهٔ او رویْ‌زرد[7] ۳۱۲۵

او پریروز از دنیا رفت. مرد و زن از مرگِ او پژمرده‌اند.

رفت آن طاووسِ عرشی[8] سویِ عرش　　　چون رسید از هاتفانش بویِ عرش ۳۱۲۶

آن طاووس آسمانی از هاتفانِ غیبی بویِ عرش را شنید و پرواز کرد.

سایه‌اش گرچه پناهِ خلق بود　　　در نَوَردید آفتابش[9] زود زود ۳۱۲۷

هرچند که وجودش پناهگاهِ خلق بود؛ امّا آفتابِ حقیقت او را به سرعت در هم پیچید و بُرد.

راند او کشتی از این ساحل[10] پریر　　　گشته بود آن خواجه زین غمخانه سیر ۳۱۲۸

پریروز از دنیا رفت. از این غمخانه سیر شده بود.

نعره‌یی زد مَرد و بیهوش اوفتاد　　　گوییا او نیز در پی جان بداد ۳۱۲۹

مردِ غریب نعره‌ای زد و بیهوش افتاد، گویی او هم در پیِ داروغه مُرد.

پس گلاب و آب بر رویش زدند　　　همرهان بر حالتش گریان شدند ۳۱۳۰

آب و گلاب بر رویش زدند. حاضران به حالِ او می‌گریستند.

---

۱ - **فَرِّ فردوس :** S z MRñ{　　۲ - **این پالیز :** این باغ یا بوستان، اینجا تبریز.

۳ - **شعشعهٔ عرشی :** درخشش آسمانی.　　۴ - **نورِ روح‌انگیزِ جان :** نوری که جان را شادی و ارتقا می‌دهد.

۵ - **وثاق :** اتاق، خانه.　　۶ - **حبیب :** محبوب.　　۷ - **روی زرد :** پژمرده.

۸ - **طاووس عرش :** طاووس آسمانی، پرندهٔ بهشتی.　　۹ - **آفتابش در نوردید :** آفتابِ حقیقت او را بُرد.

۱۰ - **ساحل :** اینجا کنایه از دنیا که در کنار و جوارِ دریایِ عالمِ غیب است.

۳۱۳۱ **تا به شب بی‌خویش بود و بعد از آن   نیمْ‌مرده[1] بازگشت از غیبْ جان[2]**

تا شب بیهوش بود، سپس نیمه‌جان به هوش آمد.

باخبر شدنِ آن غریب از وفاتِ آن محتسب، و استغفارِ او از اعتماد بر مخلوق و تعویل[3] بر عطایِ مخلوق، و یاد نعمت‌هایِ حق کردنش و انابت[4] به حق از جُرم خود «ثُمَّ الَّذینَ کَفَرُوا بِرَبِّهِمْ یَعدِلُونَ»[5]

باخبر شدنِ آن غریب از وفاتِ محتسب، و استغفار از تکیه و اعتماد به مردم و یادکردن از نعمت‌های خداوند و توبه کردن از گناهِ خود، «با این همه، کافران دیگری را با پروردگارشان برابر می‌دارند».

۳۱۳۲ **چون به هوش آمد، بگفت: ای کردگار!   مُجرمم، بودم به خلق اومیدوار**

چون به هوش آمد، گفت: آفریدگارا، گناهکارم، من به مخلوق امید بسته بودم.

۳۱۳۳ **گرچه خواجه بس سخاوت کرده بود   هیچ آن کُفْوِ[6] عطایِ تو نبود**

هرچند که محتسب بسیار بخشش کرد؛ امّا هرگز نظیرِ عطایِ تو نبود.

۳۱۳۴ **او کُلَه بخشید و تو سر، پُر خِرَد   او قبا بخشید و تو بالا و قد**

او کلاه بخشید و تو سرِ پُر خِرد عطا کردی، او قبا داد و تو قد و قامت بخشیدی.

۳۱۳۵ **او زَرَم داد و تو دستِ زَرْشمار   او سُتورم[7] داد و تو عقلِ سوار[8]**

او زر داد و تو دستی که زر را می‌شمارد. او چهارپا داد و تو عقلِ سوارکاری.

۳۱۳۶ **خواجه شمعم داد و تو چشمِ قَریر[9]   خواجه نُقلم داد و تو طعمه‌پذیر[10]**

داروغه به من شمع داد، تو چشمِ روشن دادی، او نُقل داد و تو معده‌ای نُقل‌پذیر عطا کردی.

---

۱ – **نیمْ مُرده :** نیمه‌جان.

۲ – مصراعِ دوم: جانش نیمه جان از عالمِ غیب بازگشت؛ یعنی نیمه‌جان به هوش آمد.

۳ – **تعویل :** تکیه کردن.   ۴ – **انابت :** توبه کردن.

۵ – اقتباس قرآنی؛ انعام: ۱/۶. «با این همه کافران دیگری را با پروردگارشان برابر می‌دارند.»   ۶ – **کُفْو :** نظیر.

۷ – **ستور :** چهارپا.   ۸ – **عقلِ سوار :** عقلِ سوارکاری.   ۹ – **چشم قریر :** چشم روشن.

۱۰ – مُراد آنکه: او بهره‌هایِ دنیوی داد و تو قابلیّت استفاده از این بهره‌ها را عطا کردی؛ پس عطای تو اصل است و بخشش خلق فرعِ آن.

او وظیفه داد و تو عُمر و حیات　　وعده‌اش زر، وعدهٔ تو طیّبات[1] ۳۱۳۷

او مستمری داد و تو عمر و زندگی دادی. او وعدهٔ زر داد و تو وعدهٔ رزقی پاک دادی.

او وثاقم داد و تو چرخ و زمین　　در وثاقت او و صد چون او سَمین[2] ۳۱۳۸

او به من خانه داد و تو آسمان و زمین بخشیدی که در آن او و صدها چو او پرورده می‌شوند.

زر از آنِ توست، زر او نافرید　　نان از آنِ توست، نان از تُش[3] رسید ۳۱۳۹

زر متعلّق به توست، او آن را نیافریده است، نان هم از آنِ توست و تو به او داده‌ای.

آن سخا و رحم هم تو دادی‌اَش　　کز سخاوت می‌فزودی شادی‌اَش ۳۱۴۰

بخشندگی و رحم را هم تو به او دادی که با بخشش شادتر می‌شد.

من مر او را قبلهٔ خود ساختم　　قبله‌سازِ اصل[4] را انداختم[5] ۳۱۴۱

من او را قبلهٔ خود ساختم و قبله‌ساز را فراموش کردم.

ما کجا بودیم کآن دیّانِ دین[6]　　عقل می‌کارید اندر آب و طین؟[7] ۳۱۴۲

هنگامی که پروردگار وجودِ آدمی را با عقل می‌سرشت، ما کجا بودیم؟

چون همی کرد از عدم گردون پدید　　وین بساطِ خاک را می‌گسترید ۳۱۴۳

هنگامی که افلاک را می‌آفرید و زمین را می‌گسترد.

ز اختران[8] می‌ساخت او مِصباح‌ها[9]　　وز طبایع قُفلِ با مِفتاح‌ها[10] ۳۱۴۴

از ستارگان چراغ‌ها را می‌آفرید و از درآمیختنِ طبایعِ چهارگانه قفل و کلید می‌ساخت.

---

۱ – **طیّبات :** هر چیزِ پاک. مُراد آنکه: عطایِ حق پاک از آلایش دنیوی است.　۲ – **سمین :** عالی.

۳ – **از تُش :** از تو به او.

۴ – **قبله سازِ اصل :** پروردگار که می‌تواند هرکس و هرچیز را برای غیرِ اهلِ معنا قبله کند از قبیل شاهان و حاکمان و یا جان و مال و... .　۵ – **انداختم :** فراموش کردم.　۶ – **دیّانِ دین :** پروردگار.

۷ – مُراد آنکه: ما پیش از خلقتِ صوری که نبودیم؛ امّا اینک می‌دانیم که تقدیر الهی انسان را خردمند آفریده است و انسانِ دانا باید این خِرد را به کارگیرد تا بتواند مسبّب را از سبب بازشناسد. «آب و طین»: آب و گِل.

۸ – **اختران :** ستارگان.　۹ – **مِصباح :** چراغ.

۱۰ – **مِفتاح :** کلید.

مصراع دوم: طبایعِ چهارگانه که خاک، آب، باد و آتش‌اند و بنابر باور قُدما بنیاد و ساختمان عالم مادّه از آن‌هاست. امتزاج متعادل اینِ طبایع سببِ گشایش و خیر، و امتزاج نامتعادل آن‌ها موجب اختلال در امور مادی می‌شود، مانند پُرباریِ کشتزارها و باغ‌ها و امنیّت و سلامت برای زمین و زمینیان، و یا بر خلاف آن خشکسالی، سیل و عوامل عدیدهٔ دیگری که مضرند. دستهٔ اوّل مانند کلیدند و دستهٔ دوم مانند قفل.

ای بســا بــنیادها[1] پـنهان و فـاش   مُضْمَرِ[2] این سقف کرد و این فِراش[3] ۳۱۴۵

بسا عواملِ بنیادیِ تأثیرگذارِ نهان و عیان در دنیا وجود دارند.

آدم اُصطرلابِ[4] اوصـافِ عُـلُوست   وصـف[5] آدم مَـظهرِ آیـاتِ[6] اوست ۳۱۴۶

روحِ انسانِ کاملِ واصل، محلِّ تجلّیِ اوصاف عالم بالاست و اوصافِ او اوصافِ حق است.

هر چه در وی می‌نماید، عکسِ[7] اوست   هـمچو عکسِ مـاه انـدر آبِ جُـوست ۳۱۴۷

آنچه که در او جلوه‌گر است، بازتابِ اوصافِ حق است، مانند عکسِ ماه در آبِ جویبار.

بر صُـطُرلابش نـقوشِ عـنکبوت[8]   بــهرِ اوصــافِ ازل دارد ثُــبوت[9] ۳۱۴۸

همان‌گونه که اوصافِ ازلی ثابت‌اند، اوصافِ روحِ عالیِ عِلْوی نیز ثابت‌اند.

تا ز چرخِ غیب وز خـورشیدِ روح   عــنکبوتش درس گـوید از شُـروح ۳۱۴۹

انسان در پرتوِ وجودِ شبکهٔ حقایقِ درونیِ خویش از عوالمِ غیبی و حقیقت آگاه می‌شود.

عنکبوت و این صُطرلابِ رَشـاد[10]   بـی مـنجّم درکـفِ عـام اوفـتاد ۳۱۵۰

امّا فقط منجّم روش استفادهٔ صحیح از این اسطرلاب را می‌داند، نه عوام.

انــبیا را داد حــق تـنجیم[11] ایـن   غــیب را چشـمی بـباید غـیبْ‌بین ۳۱۵۱

خداوند به انبیا این علم را داده است. عوالمِ غیبی با چشمِ غیب‌بین دیده می‌شوند.

در چَـهِ دنـیا فُـتادند[12] ایـن قُـرون[13]   عکسِ خود را دید هر یک چَهْ درون[14] ۳۱۵۲

بعضی از امّت‌های پیشین گمراه شدند و جز عالمِ محسوس چیزی را ندیدند.

---

۱ - **بنیاد :** بنیان.   ۲ - **مُضْمَر :** پوشیده، نهفته.   ۳ - **سقف و فِراش :** آسمان و زمین.

۴ - **اصطرلاب :** اسطرلاب: ابزاری که با آن ارتفاع و موقع ستارگان را می‌سنجیدند. روحِ انسانِ کاملِ واصل، مانند اسطرلابی است که از طریقِ آن می‌توان تجلّیِ اسما و صفاتِ حق را دید.   ۵ - **وصف :** اوصاف.

۶ - **آیات :** نشانه‌ها.   ۷ - **عکس :** بازتاب.

۸ - **نقوشِ عنکبوت :** صفحه‌ای مشبّک در اسطرلاب که علایم منطقةالبروج را نشان می‌دهد. اینجا روحِ عالیِ عِلْوی (حقیقتِ انسان) که اوصاف الهی در آن نقش بسته و مانند شبکه‌ای از حقایق ظهور یافته است.

۹ - مصراع دوم: زیرا مبیّنِ ثبوتِ اوصافِ الهی‌اند.   ۱۰ - **رشاد :** ازگمراهی درآمدن، به راه راست رفتن.

۱۱ - **تنجیم :** علمِ ستاره‌شناسی.   ۱۲ - **در چَه دنیا افتادند :** فقط ظاهر را دیدند، اسیرِ عالمِ مادّه شدند.

۱۳ - **قرون :** جمعِ قرن: نسل، امّت.

۱۴ - مصراع دوم: عکسِ خود را دیدند؛ یعنی گول خوردند. اشاره به قصّهٔ «شیر و نخچیران» در دفتر اوّل که شیر عکسِ خود را در چاه دید و آن را واقعی پنداشت، تو هم اگر عکس یا بازتابِ حقایقِ غیبی را که در «چاهِ دنیا» دیده می‌شود، حقیقت بپنداری، گمراه می‌شوی و در همین چاه می‌مانی؛ یعنی ارتقا نمی‌یابی.

عکس در چَهْ دید و از بیرون ندید — همچو شیرِ گـول انـدر چَـهْ دویـد[۱] ۳۱۵۳

مانند آن شیرِ نادان بازتابِ حقایق را در دنیا دیدند و آن را حقیقی پنداشتند.

از برون دان آنچه در چاهت نـمود — ورنه آن شیری که در چَهْ شد فـرود ۳۱۵۴

اگر ندانی که هرچه در دنیاست، همه بازتابِ حقایق است، تو هم مانندِ شیری که در چاه افتاد، گمراهی.

بُـرد خـرگوشیش از ره کِـای فـلان — در تکِ چــاه است آن شــیرِ ژیـان ۳۱۵۵

خرگوشی او را از راه به در بُرد و گفت: شیری خشمگین در تهِ چاه است.

در رو اندر چاه، کـین از وی بِکَش — چون از او غالب‌تری، سر بر کَنَش ۳۱۵۶

به درونِ چاه برو و از وی انتقام بگیر، چون قدرتمندتری سرش را بکَن.

آن مــقلِّد[۲] سُــخرهٔ خـرگوش شـد — از خیالِ خویشتن پُـر جـوش شـد ۳۱۵۷

شیر هم باور کرد و به پیروی از خیالی باطل خشمگین شد.

او نگفت این نـقشْ دادِ آب نـیست[۳] — این به جز تقلیبِ[۴] آن قلاّب[۵] نیست[۶] ۳۱۵۸

شیر فکر نکرد که این تصویر از آب پدید نیامده و خرگوش سبب پدید آمدن آن شده است.

تو هم از دشمن چو کینی مـی‌کَشی — ای زبونِ شش[۷]، غلط در هر ششی[۸] ۳۱۵۹

ای اسیرِ عالمِ محسوس، تو هم اگر می‌خواهی از دشمن انتقام بگیری، از هر جهت در اشتباهی.

آن عداوت[۹] اندر او عکسِ حق است[۱۰] — کز صفاتِ قـهرْ آنـجا مشـتق است[۱۱] ۳۱۶۰

دشمنیِ دشمن، بازتابی از حق است و از قهرِ الهی مشتق شده است.

---

۱ - مانند آن شیرِ نادان که به امیدِ گرفتنِ عکسی که در چاه بود، به درون پرید و مُرد.

۲ - **آن مقلّد :** شیرِ مقلّد، شیری که با پیروی از سخنانِ خرگوش، اسیرِ پنداری باطل شد.

۳ - **دادِ آب نیست :** در آب به وجود نیامده، در آب وجود ندارد.

۴ - **تقلیب :** دگرگون کردن، چیزی را از حالی به حالِ دیگر در آوردن.

۵ - **قلاّب :** دگرگون کننده، کسی که سکّهٔ تقلّبی ضرب می‌کند، متقلّب.

۶ - مُراد آنکه: شیر نفهمید که آن تصویر را خرگوش به چشم او آورده و فقط یک تصویر است و شیر نیست. کنایه‌ای است به ظاهربینان که نمی‌دانند عالم مادّه فقط تصویر یا بازتابی است که اصلِ آن در عالمِ غیب است.

۷ - **زبونِ شش :** اسیرِ عالمِ حس، ظاهربین، نامتعالی.

۸ - **غلط در هر ششی :** از هر جهت در اشتباهی، کاملاً اشتباه می‌کنی. ۹ - **عداوت :** دشمنی.

۱۰ - **عکسِ حق است :** بازتابِ عدمِ رضایتِ حق است.

۱۱ - مصراع دوم: که از صفاتِ جلالی مشتق شده و سبب قهر و غضب و بُعد است.

وآن گُنه در وی ز جنسِ جرمِ توست[1]　　باید آن خُو را ز طبعِ خویش شُست ۳۱۶۱

گناهِ دشمن، همجنسِ گناهِ توست. باید سرشتت را از آن صفت پاک کنی.

خُلقِ زشتت اندر او رویت نمود　　که تو را او صفحهٔ آیینه بود ۳۱۶۲

او مانندِ آیینه‌ای بود که خُوی زشتِ تو را به خودت نشان داد.

چونکه قُبحِ خویش دیدی ای حَسَن[2]　　اندر آیینه، بر آیینه مزن[3] ۳۱۶۳

ای زیبارو، اگر زشتیِ خود را در آیینه دیدی، آیینه را گناهکار ندان.

می‌زند بر آب استارهٔ سَنی[4]　　خاکْ تو بر عکسِ اختر می‌زنی ۳۱۶۴

تصویرِ ستاره از آسمان بر آب می‌افتد و تو رویِ تصویر خاک می‌پاشی.

کین ستارهٔ نحس در آب آمده‌ست　　تا کُنَد او سَعدِ ما را زیرْدست[5] ۳۱۶۵

و می‌گویی: این ستارهٔ نحس آمده است تا ستارهٔ سعدِ ما را از بین ببرد.

خاکِ استیلا[6] بریزی بر سرش　　چونکه پنداری ز شُبههٔ[7] اخترش ۳۱۶۶

تصویر را با خاک می‌پوشانی؛ چون آن را ستاره پنداشته‌ای.

عکسْ پنهان گشت و اندر غیب راند[8]　　تو گُمان بردی که آن اختر نماند ۳۱۶۷

تصویر ناپدید می‌شود و تو گُمان می‌کنی که ستاره را نابود کردی.

آن ستارهٔ نحس هست اندر سَما　　هم بدان سو بایدش کردن دوا[9] ۳۱۶۸

ستارهٔ نحس هنوز در آسمان هست و باید آنجا درمان شود.

بلکه باید دل سویِ بی‌سوی[10] بست　　نحسِ این سو عکسِ نحسِ بی‌سُو است[11] ۳۱۶۹

باید به هستیِ حقیقی توجّه کرد که سعد و نحسِ اینجا از آنجاست.

---

۱ - مُراد آنکه: غالبِ دشمنی‌ها ریشه در وجودِ خودِ ما دارد. باید جویایِ بدی‌هایی بود که در خودِ ماست و بازتابش را در این و آن به صورت دشمنی یا بدگویی می‌بینیم.　۲ - **ای حَسَن :** ای زیبارو، ای نازنین.

۳ - **بر آیینه مزن :** آیینه را مُجرم ندان و در پیِ انتقام نباش.　۴ - **استارهٔ سَنی :** ستارهٔ بلند، ستارهٔ آسمان.

۵ - **کند زیرْدست :** مغلوب کند، محو کند.

۶ - **خاکِ استیلا :** خاک می‌ریزی تا ثابت کنی که بر او غلبه داری.　۷ - **شُبهه :** اشتباه.

۸ - **اندر غیب راند :** محو شد، ناپدید شد.

۹ - مُراد آنکه: ریشهٔ دشمنی، کینه و کدورت در خودِ آدمی است و با انتقام‌جویی و دشمنی با خلق، درمان نمی‌شود.

۱۰ - **بی‌سوی :** هستیِ حقیقی که لازمان و لامکان است و در هیچ جهتِ خاص نیست؛ زیرا همه جا هست.

۱۱ - شومیِ اینجا از آنجا آمده است و بازتابِ قهرِ حق است.

دادْ[۱] دادِ حـــق‌شناس و بــخشِشش　　　عکس ِآن داد است اندر پنج و شش[۲] ۳۱۷۰

بدان که بخشش، عطاي خداوند است که بازتابش در این جهان دیده می‌شود.

گر بُوَد دادِ خَسان[۳] افزون ز ریگ[۴]　　　تو بـمیری و آن بـمانَد مُـرده‌ریگ[۵] ۳۱۷۱

اگر عطاي اهلِ دنیا به تو بی‌شمار باشد، در هر حال روزی می‌میری و آن عطاها میراث می‌مانَد.

عکسْ آخـــر چـند پـاید در نـظر؟　　　اصـلْبینی پـیشه کُـن ای کـژنگر[۶]! ۳۱۷۲

ای کژبین، تا کی باید بازتاب را دید؟ به تابندهٔ آن توجّه کن.

حق چو بخشش کرد بر اهلِ نـیاز[۷]　　　بـا عــطا بـخشیدشان عُـمرِ دراز[۸] ۳۱۷۳

اگر خداوند به «اهلِ دل» بخشش کند، عطاي او همراهِ با عمرِ جاودان است.

خـالِدینْ شـد نـعمت و مُـنْعَمْ[۹] عَـلَیه　　　مُحْیِیُ ٱلْمَوْتی[۱۰] است، فَاجْتازُوا اِلَیه[۱۱] ۳۱۷۴

نعمت و کسی که عنایتِ حق به او نعمتی داده است، جاودانه‌اند؛ زیرا خداوند مُرده‌ها را زنده می‌کند؛ پس به سويِ او بروید.

دادِ[۱۲] حق با تو در آمیزد چو جان　　　آنـچنانکه آن تـو بـاشی و تـو آن ۳۱۷۵

عطايِ حق چنان با تو آمیخته می‌شود که گویی توست.

گـــر نـمانَد اشـتهايِ نـان و آب　　　بِدْهدت بی این دو قُوتِ مستطاب[13] 3176

اگر تمایلی به غذايِ جسمانی نداشتی، با رزق روحانی به تو قوّتِ ظاهری و باطنی می‌دهد.

فـربهی گـر رفت، حـق در لاغـری　　　فربهی پنهانْت[۱۴] بخشد آن سَری[۱۵] ۳۱۷۷

اگر از نظر جسمی ناتوان و ضعیف شدی، به تو قوّتِ روحانی و معنوی می‌بخشد.

---

۱ - **داد :** بخشش، عطا.　۲ - پنج حس و شش جهت، دنیا.　۳ - **خَسان :** اهل دنیا، فرومایگان.
۴ - **افزون ز ریگ :** فراوان، بی‌شمار.　۵ - **مُرده‌ریگ :** میراث.　۶ - **کژنگر :** کژبین، ظاهربین.
۷ - **اهلِ نیاز :** اهلِ دل که نیازمندِ ادراک حقایق و معارف‌اَند.　۸ - **عُمرِ دراز :** عمرِ جاودان، عمرِ باقی.
۹ - **مُنْعَم :** کسی که نعمت را دریافت داشته است، نعمت‌خوار.
۱۰ - زنده کنندهٔ مردگان است: در سورهٔ روم آیهٔ ۵۰ و در سورهٔ فُصِّلَت آیهٔ ۳۹ آمده است.
۱۱ - به سوی او بروید.　۱۲ - **داد :** عطا.
13 - **قوتِ مُستطاب :** غذايِ پاک، غذايِ روحانی که جسم را هم قوّت می‌دهد. «قوتِ اصلیِ بشر نور خداست.»
۱۴ - **فربهیِ پنهان :** قدرتِ روحانی و معنوی.　۱۵ - **آن سری :** غیر مادّی، غیبی.

چون پَری را قُوت از بو می‌دهد[1] هر مَلَک را قُوتِ جان او می‌دهد ۳۱۷۸

همان‌طور که پری با بوی غذا سیر می‌شود و هر فرشته‌ای را رزقِ روحانی خاصِ خود می‌دهد.

جان[2] چه باشد که تو سازی زو سند[3]؟ حق به عشقِ خویش زنده‌ت می‌کُند ۳۱۷۹

چرا در پیِ پروردن جانِ حیوانی هستی؟ با عشقِ به حق، جانِ مجرّد و حیات جاودان می‌یابی.

زو[4] حیاتِ عشق[5] خواه و جانْ مخواه[6] تو از او آن رزق خواه و نان مخواه ۳۱۸۰

از او بخواه که زنده به عشق باشی نه به نان. رزقِ روحانی بخواه نه رزقِ مادّی.

خلق[7] را چون آب دان صاف و زلال اندر آن تابان صفاتِ ذوالجلال[8] ۳۱۸۱

بدان که مخلوقات مانند آبِ زلال‌اند که صفاتِ خداوند در آنان متجلّی است.

عِلْمشان و عَدْلشان و لطفشان چون ستارهٔ چرخ[9] در آبِ روان ۳۱۸۲

علم، عدل و لطفِ آن‌ها همانندِ تصویرِ ستاره در آسمان است.

پادشاهان مَظهرِ[10] شاهیِ حق فاضلان مِرآةِ[11] آگاهیِ حق ۳۱۸۳

پادشاهان تجلّی‌گاه سلطنتِ الهی، و آگاهان آیینهٔ علم خداوند هستند.

قرن‌ها[12] بگذشت و این قرنِ نوی‌ست ماه[13] آن ماه است، آبْ[14] آن آب نیست ۳۱۸۴

قرن‌ها گذشته و این قرن جدیدی است. ماه همان ماه است؛ ولی آب آب دیگری است.

عدل آن عدل است و فضل[15] آن فضل هم لیک مُستبدَل[16] شد آن قَرن و اُمَم ۳۱۸۵

عدل و فضل همان‌اند؛ امّا قرن‌ها و امّت‌ها تغییر کرده‌اند.

---

۱ – قُدما بر این باور بودند که پریان از بویِ غذا سیر می‌شوند.

۲ – **جان**: اینجا زندگیِ مادّیِ صرف و جانِ حیوانی. ۳ – **سند**: تکیه‌گاه. ۴ – **زو**: از او.

۵ – **حیاتِ عشق**: حیاتِ عاشقانه، به عشق زنده بودن.

۶ – **جان مخواه**: زندگیِ صرفاً مادّی یا جانِ حیوانی نخواه. ۷ – **خلق**: مخلوقات.

۸ – **ذوالجلال**: صاحبِ جلال.

مُراد آنکه: عالمِ هستی مظهرِ تجلّیِ اسما و صفاتِ الهی است. ۹ – **ستارهٔ چرخ**: ستارهٔ آسمان.

۱۰ – **مظهر**: مَحلِّ ظهور. ۱۱ – **مِرآة**: آیینه. ۱۲ – **قرن‌ها**: دوران‌ها و قرن‌ها آمده و رفته‌اند.

۱۳ – **ماه**: اینجا کنایه از حقیقتِ هستی که ثابت است و تغییرپذیر نیست.

۱۴ – **آب**: اینجا کنایه از مظاهرِ هستی است که عوض می‌شوند مانند آبِ جوی که عوض می‌شود؛ امّا خودِ جوی تغییر نمی‌کند. ۱۵ – **عدل و فضل**: صفات الهی ثابت‌اند.

۱۶ – **مُسْتَبْدَل**: بَدَل گرفتن، گرفتنِ چیزی عوضِ چیزی.

قرن‌ها[۱] بر قرن‌ها رفت ای هُمام[۲] وین معانی برقرار و بر دَوام ۳۱۸۶

ای مرد بزرگ، دوران‌ها و نسل‌ها در پیِ یک‌دیگر آمده و رفته‌اند؛ امّا اسما و صفات الهی ثابت مانده‌اند.

آب مُبْدَل شد در این جو چند بار عکس ِ ماه و عکس ِ اختر برقرار ۳۱۸۷

مظاهر هستی در هستی بارها عوض شده‌اند؛ امّا حقیقتِ هستی و بازتابِ آن در این عالم همچنان ثابت بوده است.

پس بناش نیست بر آبِ روان[۳] بلکه بر اقطارِ عرض ِ آسمان[۴] ۳۱۸۸

پس هستیِ «حقیقتِ هستی» فانی و گذرا نیست و در تمام کائنات گسترده است.

این صفت‌ها[۵] چون نجومِ معنوی[۶]ست دان که بر چرخِ معانی[۷] مُسْتَوی[۸]ست ۳۱۸۹

اوصافِ الهی مانند ستارگانی در عالمِ معنا استوارند.

خوبْ‌رویان آینهٔ خوبیِّ او عشق ِ ایشان[۹] عکس ِ مطلوبیِّ او[۱۰] ۳۱۹۰

خوب‌رویان مانند آیینه‌ای، پرتوی از جمالِ او را منعکس می‌کنند و عشق ورزیدنِ به آنان، بازتابِ معشوق بودن اوست.

هم به اصلِ خود رود این خَدّ[۱۱] و خال دایما در آب کی ماند خیال؟[۱۲] ۳۱۹۱

زیبایی صورت پایان می‌یابد و هستیِ معنوی‌اش به اصل خود باز می‌گردد. نقش در آب پایدار نیست.

جمله تصویراتْ[۱۳] عکسِ آبِ جُوست[۱۴] چون بمالی چشم خود، خود جمله اوست ۳۱۹۲

تمامِ نقوشی که بر لوحِ هستی هست، پرتوِ تجلیّات اوست و جز آن چیزی نیست.

---

۱ - **قرن :** صد سال، دوران، نسل یا امّت. ۲ - **هُمام :** مرد بزرگ.

۳ - مصراع اوّل: بنای آن بر آب نیست؛ یعنی سُست و فانی نیست.

۴ - مصراع دوم: بر پهنهٔ گستردهٔ تمام هستی گسترده است. ۵ - **صفت‌ها :** اوصافِ الهی.

۶ - **نجوم معنوی :** ستارگان در عالمِ غیب. ۷ - **چرخ معانی :** آسمان معنوی، عالمِ معنا.

۸ - **مُسْتَوی :** استوار و برقرار. ۹ - **عشق ِ ایشان :** عشق ورزیدن به ایشان.

۱۰ - **عکس ِ مطلوبیِّ او :** انعکاسِ معشوق بودن و محبوب بودن او. ۱۱ - **خَدّ :** گونه، زیبایی چهره.

۱۲ - آب می‌گذرد و نقش در آن نمی‌پاید.

۱۳ - **جمله تصویرات :** نقوشی که در عالم هست، همه چیز، همهٔ صُوَر متعدّدی که در هستی وجود دارد.

۱۴ - **عکس ِ آبِ جوست :** بازتابِ تجلیّات حق است که در صُوَرِ مختلف تعیّن یافته است.

بـاز عـقلش گـفت: بگـذار ایـن حَـوَل[۱] خَلّ[۲] دوشاب[۳] است و دوشاب است خَل ۳۱۹۳

عقلِ درویش بینوا به او گفت: دوبینی را رها کن، مردِ حق را از حق جدا نبین.

خواجه[۴] را چون غیر گفتی[۵] از قصور[۶] شـرم دار ای احْـوَلْ از شـاهِ غَـیور[۷] ۳۱۹۴

ای دوبین، از پروردگار شرم کن که با نادانی بخشش ِ خواجه را در پرتوِ بخشش ِ حق ندانستی.

خواجه راکه درگذشته است از اثیر[۸] جنس ِ این موشانِ تـاریکی[۹] مگـیر ۳۱۹۵

خواجه را که از عالم مادّه فراتر رفته است، با اهل دنیا هم‌مرتبه ندان.

خواجهٔ جان بین، مبین جسمِ گران مـغز بـین او را، مـبینش اسـتخوان ۳۱۹۶

او «جان» است، نه «جسم». «مغز» است، نه «استخوان».

خواجه را از چشـمِ ابـلیس ِ لعـین منگر و نسبت مکن او را به طین[۱۰] ۳۱۹۷

مانند ابلیس نباش که خلیفهٔ حق را موجودی خاکی دید.

همرهِ خورشید[۱۱] را شبْ‌پَر[۱۲] مـخوان آنکه او مسجود[۱۳] شد، ساجد[۱۴] مدان ۳۱۹۸

همراهِ خورشید را خفّاش مدان. مسجود را به چشمِ ساجد منگر.

عکس‌ها[۱۵] را مانَد این و عکس نیست[۱۶] در مـثالِ عکس حـق بـنمودنی‌ست[۱۷] ۳۱۹۹

خواجه در ظاهر موجودی فانی به نظر می‌رسید؛ امّا با تجلّیِ حق در او باقی شده بود.

---

۱ – **حَوَل :** دوبینی، لوچی. ابیات پیشین از زبان مردِ درویش گفته شد، همان کس که به عطای خلق امید بسته بود و بسی متأثّر بود که چرا توکّل به خدا را از یاد برده است. ۲ – **خَلّ :** سرکه.

۳ – **دوشاب :** شیرهٔ انگور یا خرما. «مُراد آنکه: سرکه و شیره هر دو از انگور و آبِ آن پدید آمده‌اند.» اینجا کنایه از مردِ حق و حق که از یک‌دیگر جدا نیستند. ۴ – **خواجه :** محتسب.

۵ – **چون غیر گفتی :** چون جدا دانستی. ۶ – **از قصور :** از نادانی.

۷ – **شاهِ غیور :** پروردگار که نسبت به واصلان غیرت می‌ورزد.

۸ – **درگذشته است از اثیر :** از لطیف‌ترین مرتبهٔ عناصر مادّی هم فراتر رفته است.

۹ – **موشانِ تاریکی :** کنایه از اهلِ دنیا.

۱۰ – مُراد آنکه: با نگاهِ ابلیس به او منگر که او فراتر از خاک است. «طین»: خاک.

۱۱ – **همرهِ خورشید :** کسی که اوج گرفته و غرقِ نور است. ۱۲ – **شب‌پَر :** خُفّاش، کنایه از اهلِ دنیا.

۱۳ – **مسجود :** کنایه از هر کاملِ واصلی که مسجودِ ملایک است. ۱۴ – **ساجد :** سجده کننده.

۱۵ – **عکس :** تصویر، اینجا تصویری از هستیِ حقیقی که خود فانی است، همانند همهٔ مخلوقات. «مُراد آنکه: ظاهراً مانند همه بود که فانی‌اند.» ۱۶ – **عکس نیست :** تصویر هستی نیست، حق در او تجلّی کرده است.

۱۷ – مصراع دوم: در خلقتِ صوریِ او [در وجودِ او] حق متجلّی شده بود.

۳۲۰۰ **آفتابی دید او، جامد نماند[۱] روغنِ گل، روغنِ کُنجد نماند[۲]**

تابشِ آفتابِ حق سببِ تبدیلِ او گردید تا در حق محو گردید و با حقیقتِ خود یکی شد.

۳۲۰۱ **چون مبدّل گشته‌اند اَبدالِ حق[۳] نیستند از خلق،[۴] برگردان وَرَق[۵]**

چون مردان حق انسانی برتر شده‌اند و در مرتبهٔ خلق نیستند، نظرت را عوض کن.

۳۲۰۲ **قبلهٔ وحدانیت دو چون بُوَد؟ خاکْ مسجودِ ملایک چون شود؟[۶]**

چگونه با وحدانیتِ حق، دو قبله وجود داشته باشد؟ چگونه خاک مسجود فرشتگان شود؟

۳۲۰۳ **چون در این جُو[۷] دید عکسِ سیبْ[۸] مرد[۹] دامنش[۱۰] را دیدِ آن، پُر سیب کرد[۱۱]**

چون عارف تجلیّاتِ «هستیِ حقیقی» یا «صفاتِ حق» را در خود می‌بیند، حق را در این شهود می‌یابد.

۳۲۰۴ **آنچه در جو دید، کی باشد خیال؟[۱۲] چونکه شد از دیدنش پُرْ صد جوال[۱۳]**

آنچه را که می‌بیند، خیال نیست، ظهور حقیقتی در وجودِ اوست که گروه کثیری از آن بهره‌مند می‌شوند.

۳۲۰۵ **تن مبین،[۱۴] وآن مکن، کآن بُکْمْ و صُمْ[۱۵] کَذَّبُوا بِالْحَقِّ لَمّا جاءَ هُمْ[۱۶]**

به روح او توجّه کن، مانند افراد کر و لالی نباش که حق را تکذیب کردند.

---

۱ - مصراع اوّل: اشاره به فانی شدن در حق.

۲ - در استفاده‌های دارویی در ابتدا مرهمی از گل سرخ و گل‌های دیگر می‌ساختند که از پرداخت عُصاره‌ای چرب به دست می‌آمد و به شکل ناخالص باقی می‌ماند که در برابر آفتاب باز نمی‌شد: شرح مثنوی مولوی، ج ۶، ص ۲۲۰۱. مُراد آنکه: اگر مرهم از روغن‌های خالص تهیّه شود، ممزوج می‌گردد و در برابر آفتاب ذوب می‌شود.

۳ - **اَبدالِ حق :** مردان حق، بَدَل شدگان، کسانی که اخلاق و صفات‌شان الهی شده است.

۴ - **از خلق نیستند :** انسانِ متعالی شده‌اند.

۵ - **برگردان وَرَق :** سخن و نظرت را دربارهٔ آنان عوض کن. خطابِ درویش به خودِ اوست، که محتسب مردِ حق بود، مانند خلق نبود، به حق پیوسته بود.

۶ - مُراد آنکه: فرشتگان به روحِ عالیِ آدم(ع) سجده کردند نه به جسمِ او، روحِ او هم در اتّصال به حقیقتِ هستی بود.

۷ - **جُو :** جوی: اینجا وجودِ انسان. ۸ - **سیب :** هستیِ حقیقی، تجلّیِ انوارِ حق، صفاتِ حق.

۹ - **مرد :** اینجا عارف که چشمِ حقیقت‌بین دارد. ۱۰ - **دامنش :** کنایه از وجودش.

۱۱ - در این شهود حق را می‌یابد. ۱۲ - حقیقتی که در کلِّ هستی ساری و جاری است، خیال نیست.

۱۳ - **صد جوال :** کنایه از صدها وجود، کسانی که عارفِ به حق را می‌شناسند و به او ارادت دارند، از پرتوِ تجلیّات حق بهره‌مند می‌گردند. ۱۴ - **تن مبین :** روح را ببین.

۱۵ - **آن مکن که آن بُکْمْ و صُمْ :** کار آدم کر و لال را نکن. ناظر به: قرآن: انعام: ۳۹/۶: صُمٌّ و بُکْمٌ.

۱۶ - اشارتی قرآنی؛ انعام: ۵/۶: چون حق بر ایشان عرضه شد، تکذیب کردند.

مٰا رَمَیْتَ اِذْ رَمَیْتَ[1] احمد بُده‌ست   دیدنِ او دیدنِ خالق شده‌ست[2] ۳۲۰۶

«آن‌گاه که تیر انداختی، تو نینداختی»، دربارهٔ پیامبر(ص) است که دیدنِ او دیدنِ حق است.

خدمتِ او خدمتِ حق کردن است[3]   روزْ دیدنْ[4] دیدنِ این روزَن[5] است ۳۲۰۷

خدمتِ به او خدمتِ به خداست. دیدارِ او دیدارِ حقیقت است.

خاصه این روزن درخشان از خَود[6] است   نـی ودیـعهٔ[7] آفـتاب و فَـرْقَد[8] است ۳۲۰۸

نورِ او نورِ ذاتِ هستی است، نه نورِ مادّی.

هم از آن خورشید[9] زد بر روزنی   لیک از راه و سـوی معهود نی[10] ۳۲۰۹

«هستیِ مطلق» در او طالع شده؛ امّا نه در مرتبه‌ای که بر دیگرِ بزرگان متجلّی گشته است.

در میانِ شمس و این روزن رهی   هست، روزن‌ها نشد زو آگهی[11] ۳۲۱۰

در مرتبه‌ای که خاصِّ اوست و فراتر از انبیا و اولیاست.

تا اگر ابری بر آید چرخْ‌پوش[12]   اندر این روزن بُوَد نورش به جوش ۳۲۱۱

تا هیچ چیز مانعِ جوششِ انوار در وجود پیامبر(ص) نشود.

غیرِ راهِ این هوا و شش جهت[13]   در میانِ روزن و خورْ[14] مَأْلَفت[15] ۳۲۱۲

غیر از ارتباطی که هر مخلوقی با خالق دارد، میان او و حقیقتِ هستی اُنس و پیوند خاصّی هست.

---

۱ – اشارتی قرآنی؛ انفال: ۱۷/۸: تیری را که تو انداختی، تو نینداختی، خدا انداخت.

۲ – اشاره به حدیث نبوی: مَنْ رَآنی فَقَد رَأَی الحقَّ: هر که مرا ببیند، حق را دیده است: احادیث مثنوی، ص ۶۳.

۳ – اشارتی قرآنی؛ نساء: ۸۰/۴: مَنْ یُطِعِ الرَّسُولَ فَقَدْ اَطَاعَ اللّٰه.   ۴ – **روزْ دیدنْ :** دیدنِ حقیقت.

۵ – **روزن :** وجودِ پیامبر(ع) که روزنِ دیدنِ حقیقتِ هستی است.

۶ – **درخشان از خود :** نورش از ذاتِ هستی است.   ۷ – **ودیعه :** عاریه.

۸ – **فَرْقَد :** دو ستارهٔ پر نورِ دُبِّ اصغر را «فَرْقَدان» و یکی از آن‌ها را «فَرْقَد» نامند. مُراد آنکه: نورِ او از ذاتِ اوست، نه نورِ مادّی یا دنیوی.   ۹ – **خورشید :** خورشیدِ حقایق، هستیِ مطلق.   ۱۰ – از راهِ خاصِّ خود.

۱۱ – مصراع دوم: راهی که سایرِ واصلان از آن بی‌خبرند؛ یعنی در مرتبه‌ای فرودست قرار دارند.

۱۲ – تا اگر ابری آسمان را بپوشانَد، اگر چیزی بخواهد مانع شود.

۱۳ – مصراع اوّل: به غیر از ارتباطی که هر مخلوقی با خالق دارد.

۱۴ – **خورْ :** خورشید، اینجا خورشیدِ حقایق.   ۱۵ – **مَأْلَفت :** الفت، انس و پیوند.

۴۴۲ شرح مثنوی معنوی

مِدحت[۱] و تسبیح او تسبیحِ حق — میوه[۲] می‌روید ز عینِ این طَبَق[۳] ۳۲۱۳

ستایش و تقدیسِ او تقدیس حق است. حقایق از ذاتِ او که به حق پیوسته است، متجلّی می شوند.

سیب[۴] رویَد زین سبد[۵]، خوش‌لخت‌لخت[۶] — عیب نَبْوَد گر نهی نامش درخت[۷] ۳۲۱۴

در او صفاتِ حق به ظهور می‌رسد و وجودش کاملاً حقّانی است.

این سبد را تو درختِ سیب خوان — که میانِ هر دو راه آمد نهان ۳۲۱۵

می‌توانی او را «هستیِ حقیقی» بنامی؛ زیرا میان آنان رابطه‌ای خارج از درکِ عقلِ جزوی وجود دارد.

آنچه روید از درختِ بارْوَر — زین سبد روید همان نوع از ثَمَر ۳۲۱۶

هرچه از «هستیِ مطلق» به ظهور می‌رسد، از او نیز به ظهور می‌رسد.

پس سبد را تو درختِ بخت بین — زیر سایهٔ این سبدْ خوش می‌نشین ۳۲۱۷

پس وجودش «درختِ بخت» است که باید در سایه‌اش آسود.

نان چو اطلاق[۸] آوَرَد ای مهربان — نان چرا می‌گوییش؟ مَحموده[۹] خوان ۳۲۱۸

ای مهربان، اگر نان موجبِ اسهال شود، نان نیست، مُسْهِل است.

خاکِ رَه[۱۰] چون چشمْ روشن کرد و جان[۱۱] — خاکِ او را سُرمه بین و سُرمه‌دان ۳۲۱۹

اگر وجودی به ظاهر بی‌قدر، در ادراکِ معانی و معارف یاری‌اَت کرد، قدر و شأنِ بسیار دارد.

چون ز رویِ این زمین تابد شُروق[۱۲] — من چرا بالا کنم رُو در عَیُوق[۱۳]؟ ۳۲۲۰

چون انوارِ حق از وجودِ او می‌تابد، چرا فیضِ حق را از او نخواهم؟

شد فنا، هستش مخوان ای چشمْ‌شوخ[۱۴]! — در چنین جُو خشک کی مانَد کُلوخ؟[۱۵] ۳۲۲۱

ای گستاخ، او در حق فانی شده و هستیِ فردی‌اَش را از دست داده است.

---

۱ - **مِدحت :** ستایش. ۲ - **میوه :** اینجا اوصافِ حق. ۳ - **عینِ این طَبَق :** از وجودِ او، از ذاتِ او.

۴ - **سیب :** صفات حق. ۵ - **سبد :** اینجا وجود پیامبر(ص). ۶ - **لخت‌لخت :** پاره‌پاره، اینجا نوع به نوع.

۷ - **درخت :** اینجا کنایه از هستیِ حقیقی. ۸ - **اطلاق :** اسهال.

۹ - **مَحْموده :** یا سَقْمونیا که گیاهی بالارونده است. ریشهٔ آن مسهلِ قوی است.

۱۰ - **خاکِ رَه :** وجودی به ظاهر بی‌قدر. ۱۱ - اگر سببِ روشنیِ باطنِ تو شد.

۱۲ - **شُروق :** جمع شَرَق: خورشید، اینجا تابش انوار حق در وجودِ واصلان.

۱۳ - **عَیُوق :** مخفّف عیُّوق: ستارهٔ شِعرایِ یمانی، اینجا آسمان. ۱۴ - **شوخ‌چشم :** گستاخ، بی‌آزرم.

۱۵ - مصراع دوم: هرکس که به جویبارِ «هستیِ حقیقی» برسد، در آن محو می‌شود و هویتِ فردی‌اش را از دست می‌دهد.

دفتر ششم ۴۴۳

پیش ِ این خورشید کی تابد هلال؟ با چنان رُستم[1] چه باشد زورِ زال[2]؟ ۳۲۲۲

در تقابلِ با «هستیِ حقیقی»، هر نور یا زور محو است.

طالب است و غالب است آن کردگار تـا ز هسـتی‌ها بـر آرد او دَمـار ۳۲۲۳

خداوند طالبِ بازگشتِ ما به مبدأ است؛ پس به هستی‌هایِ فردی‌مان غلبه می‌کند تا محو شوند.

دو مگـو و دو مـدان و دو مـخوان بنده را در خواجهٔ خـود مـحو دان ۳۲۲۴

میانِ «او» و «هستیِ حقیقی» دوگانگی نیست، محو شده است.

خواجه هم در نورِ خواجه آفـرین[3] فانی است و مُرده و مات و دَفـین[4] ۳۲۲۵

محتسب هم در نورِ حق فانی شده و از خودی‌اش اثری بر جای نمانده است.

چون جدا بینی ز حقّ این خواجه را گم کنی هم مَتْن و هـم دیـباجه[5] را ۳۲۲۶

اگر او را از حق جدا بدانی، از کتابِ هستی چیزی نمی‌فهمی.

چشم و دل را هین گذاره کن[6] ز طین[7] این یکی قـبله‌ست، دو قـبله مـبین[8] ۳۲۲۷

هان، بکوش تا چشم و دلت فراتر از عالمِ مادّه، به عالم معنا توجّه کند و وحدت را دریابد.

چون دو دیدی، ماندی از هر دو طرف آتشی در خَـف[9] فُـتاد و رفت خَـف ۳۲۲۸

اگر مردِ حق را از حق جدا ببینی، قابلیّت و استعدادِ ترقّیِ معنوی را از دست می‌دهی. نه مردِ حق به تو توجّه می‌کند و نه حق. مانند آتشی که در بوتهٔ خشک بیفتد، نابود می‌شوی.

---

۱ - مراد آنکه: همه چیز در برابر نورِ حقیقت زوال می‌یابد. ۲ - **زال** : پیر، فرتوت.

۳ - بازگشت به قصّهٔ درویش وام‌دار و محتسب.

۴ - خودی‌اَش فانی و مات و مُرده و دفن شده است؛ یعنی اثری از آثارش نیست.

۵ - **دیباجه و متن** : مقدّمه و متنِ کتاب، اینجا کتابِ هستی. ۶ - **گذاره کن** : عبور کن، بگذر.

۷ - **طین** : گِل، کنایه از قالبِ جسمانیِ انسان. ۸ - مصراع دوم: وحدت را ببین.

۹ - **خَف** : گیاهِ خشک که زود آتش می‌گیرد و زود هم خاموش می‌شود.

مَثَلِ دوبین،[1] همچو آن غریبِ شهرِ کاش، عُمَر نام، که از یک دکانش به سببِ این به آن دکانِ دیگر حواله کرد، و او فهم نکرد که همه دکان یکی است، در این معنی که به عُمَر نان نفروشند، هم اینجا تدارک کنم: من غلط کردم، نامم عُمَر نیست، چون بدین دکان توبه و تدارک کنم، نان یابم از همه دکان‌هایِ این شهر، و اگر بی تدارک همچنین عُمَرْ نام باشم، از این دکان درگذرم، محرومم، و اَحْوَلم و این دکان‌ها را از هم جدا دانسته‌ام

سنّی غریبی به شهر شیعه‌نشینِ کاشان وارد شد. گرسنگی او را به نانوایی کشانید. نانوا که او را بیگانه یافت، جویایِ نامش شد و چون دانست که «عُمَر» است، گفت: نانِ من بیات است، کمی جلوتر نان تازه می‌فروشند و با صدای بلند به نانوای دیگری که غریب را بدان حواله کرده بود، بانگ زد که عمر می‌آید، نان تازه به او ده. غریبه به آن دکّان رسید؛ امّا نانوا گفت که نان تازه‌اش تمام شده است و او را به نانوایی بعدی که کمی جلوتر بود، حواله کرد و بانگ عمر می‌آید نیز سر داد و به همین ترتیب تا غروب او را از دکّانی به دکّانی فرستادند و لقمه نانی بدو ندادند.

طعنی است در کسانی که وحدت و یگانگی باطنی و نوریِ مردان حق را در نیافته و به ظواهر و الفاظ تکیه کرده‌اند.

گر عُمَر نامی تو اندر شهرِ کاش[2] کس بنفروشد به صد دانگت لواش ۳۲۲۹

اگر در کاشان نامت عُمَر باشد، هیچ کس با پولِ زیاد هم به تو نان نمی‌فروشد.

چون به یک دکّان بگفتی عُمَّرم این عُمَر را نان فروشید از کرم ۳۲۳۰

اگر به دکّانی می‌گفتی که نامم عمر است، از کَرَم نانی به من بفروشید،

او بگوید رو بدآن دیگر دکان زآن یکی نان بِهْ کز این پنجاه نان ۳۲۳۱

او می‌گفت: به دکان دیگر برو، یک نانِ آنجا بهتر از پنجاه نان اینجاست.

گر نبودی اَحْوَل او اندر نظر او بگفتی: نیست دکّانی دگر ۳۲۳۲

اگر او «دوبین» نبود، باید می‌فهمید که دکّان دیگری در کار نیست.

۱ – مثالِ آدم دوبین یا اَحْوَل همانند آن غریبهٔ عمر نام در شهر شیعه نشین کاشان است که می‌پندارد اگر نامش را بگوید به حرمتِ عمر بن خطّاب او را محترم می‌دارند و نمی‌داند که همهٔ دکّان‌ها یکی است هرچند که در ظاهر متعدّد است. ۲ – **شهرِ کاش** : کاشان که ساکنانش شیعیان متعصّبی بودند.

پس زدی اِشـراقِ آن نـااَحْـولی[1] بـر دلِ کـاشی شـدی عُـمَّر عـلی[2] ۳۲۳۳

پس نورِ درونش به دل نانوا هم می‌تابید و او را بیگانه نمی‌انگاشت.

ایـن از ایـنجا گـوید آن خـبّاز[3] را این عُـمَر را نـان فـروش ای نـانبا[4] ۳۲۳۴

این نانوا از اینجا به آن نانوا می‌گوید: به عُمَر نان بفروش.

چون شنید او هم عُمَر، نان درکشید پس فـرستادت بـه دکّـانِ بـعید[5] ۳۲۳۵

آن نانوا هم نامِ عُمَر را شنید و نان‌ها را برداشت و تو را به دکّان دورتر فرستاد.

کین عُمَر را نـان دِهْ ای انـبازِ[6] مـن راز، یـعنی فـهم کـن ز آوازِ مـن[7] ۳۲۳۶

و گفت: ای همکار، به این عُمَر نان بده، به راز، یعنی منظورم را بفهم.

او هَـمَت زآن سـو حـواله مـی‌کند هین عُمَر آمـد کـه تـا بـر نـان زنـد ۳۲۳۷

او هم تو را به جای دیگری می‌فرستد و می‌گوید: هوشیار باشید که عمر آمد نان بخرد.

چون به یک دکّان عُمَر بودی، بـرو در همه کاشان زِ نـان مـحروم شـو ۳۲۳۸

اگر در یک دکّان عمر بودی، برو که در همهٔ کاشان از نان محروم هستی.

ور بـه یک دکّـان عـلی گـفتی، بگـیر نان از اینجا، بی حواله[8] و بی زَحیر[9] ۳۲۳۹

و اگر در یک دکّان گفتی نامم علی است، بدون ناراحتی و زحمت نان بگیر.

اَحْوَلِ دوبین چو بی‌بَر شد ز نوش[10] احـولِ دَه‌بـینی[11] ای مـادر فـروش ۳۲۴۰

چون «دوبین» از درکِ معنوی محروم است، ای پست فطرت، تو که «دَه‌بین» هستی، تا چه حدّ از حقایق دور خواهی ماند؟

اندر این کاشانِ خاک[12] از اَحْـوَلی چون عُمَر می‌گرد چون نَبْوِی علی[13] ۳۲۴۱

در این دنیا مانند آن غریب، سرگردان و بی‌حاصل باش؛ چون حاضر نیستی از قیدِ نام و صورت رها شوی.

---

۱ - مصراع اوّل: نورِ ادراک باطنی و دوبین نبودن. ۲ - عزیز می‌شد، غریبه نبود. ۳ - **خبّاز :** نانوا.
۴ - **نانبا :** نانوا. ۵ - **دکّانِ بعید :** دکّانِ دورتر. ۶ - **انباز :** شریک، اینجا همکار.
۷ - بفهم که عُمَر آمده است. ۸ - **حواله :** واگذارکردن به دیگری. ۹ - **زَحیر :** شدّت و سختی.
۱۰ - **بی بَر شد ز نوش :** از خورد و خوراک بی‌بهره شد، اینجا درکِ معنوی ندارد.
۱۱ - **دَه‌بین :** کسی که اسیرِ هوا و هوس‌هاست: اسیرِ قدرت، شهوت و دیگر تمتّعات.
۱۲ - **کاشانِ خاک :** در این دنیا که مانند کاشان است و اگر از نام نگذری، نان نمی‌یابی، باید ظواهر را رها کنی تا نانِ معنوی «رزقِ معنوی» یا «ادراک معنوی» بیابی. ۱۳ - **چون نَبْوِی علی :** چون علی نیستی.

هست اَحْوَل را در این ویرانه دَیْر[1] گوشه‌گوشه[2] نَقلِ نو[3] ای ثَمَّ خَیْر[4]	۳۲۴۲

«دوبین»، در دنیا همواره در جُست‌وجویِ خیر به این سو و آن سو می‌رود.

ور دو چشمِ حقْ‌شناس آمد تو را دوستْ پُربین عرصۀ هر دو سرا	۳۲۴۳

اگر چشمِ حقیقت‌بین داشتی، عرصۀ دو عالم را پُر از معبود می‌دیدی.

وارهـــیدی از حـــوالۀ جـــابه‌جا اندر این کاشانِ پُر خوف و رجا[5]	۳۲۴۴

و در این دنیایِ پر از بیم و امید، آرام می‌یافتی و از این سوی به آن سوی رفتن، می‌رهیدی.

اندر این جُو[6] غنچه دیدی یا شَجَر[7] همچو هر جُو تو خیالش ظَن مبر[8]	3245

تجلّیِ اوصافِ حق در جویبارِ وجودِ مردِ حق، مانند بازتابِ غنچه یا درخت در آبِ هر جویبار، «تصویر» یا «خیال» نیست، حقیقی است.

که تو را از عینِ این عکسِ نقوش حق حقیقت گردد و میوه فـروش[9]	۳۲۴۶

که خداوند با تجلّیِ آن اوصاف، حقایق را بر تو آشکار می‌کند.

چشم از این آب[10] از حَوَل حُر می‌شود[11] عکس مـی‌بیند سبد پُـر مـی‌شود[12]	۳۲۴۷

او تو را از «دوبینی» می‌رهاند که بدانی اوصافِ حق و حق یکی است.

پس به معنی باغ بــاشد این نـه آب[13] پس مشو عریان چو بلقیس از حباب[14]	۳۲۴۸

پس در وجودِ او که بسانِ باغ است با میوه‌هایی که اوصافِ حقّ‌اند، «حق» را ببین، مانند بلقیس اشتباه نکن که درخششِ سنگ‌هایِ کفِ قصرِ سلیمان را آب پنداشت و پایِ خود را عریان کرد.

۱- **ویرانه دیر**: کنایه از دنیا. ۲- **گوشه گوشه**: هر طرف، این طرف به آن طرف.
۳- **نَقلِ نو**: کوچ کردن، از اینجا به آنجا رفتن.
۴- **ای ثَمَّ خَیر**: ای آنکه می‌پنداری خیر در آنجاست. «ای»: خطاب به شخصِ جوینده است. «ثَمَّ»: آنجا.
۵- **خوف و رجا**: بیم و امید، ترس از گم کردنِ راهِ حق و امیدِ یافتن آن.
۶- **این جُو**: [...] / ۷- **غنچه دیدی یا شَجر**: [...] /
۸- [...]
۹- مصراع دوم: حق میوۀ حقیقت را به تو می‌فروشد؛ یعنی به تو عطا می‌کند.
۱۰- **از این آب**: کنایه از وجودِ مردِ حق، واصل. ۱۱- **حُر می‌شود**: رهایی می‌یابد.
۱۲- مصراع دوم: «میوه» را می‌بیند و می‌فهمد که میوه از سبد میوه جدا نیست، یکی است.
۱۳- جویبارِ عظیمِ وجود او در واقع باغی عظیم است که انواعِ میوه در آن می‌روید. میوه‌ها «اوصافِ حق در او» را حقیقی بدان، بازتاب نیست.
۱۴- اشارتی قرآنی؛ نَمل: ۴۴/۲۷. مراد آنکه: اشتباه نکن، حقیقت را در او حقیقت ببین، نپندار که بازتاب یا خیال است.

بارِ[۱] گوناگونْست بر پشتِ خران[۲] — هین! به یک چوب این خران را تو مران ۳۲۴۹

قابلیّت و استعدادِ نفوسِ خلق یکسان نیست. آنان را به یک چشم نبین.

بر یکی خر بارِ لعل و گوهر[۳] است — بر یکی خر بارِ سنگ و مرمر[۴] است ۳۲۵۰

یکی بسیار قابل است و دیگری قابلیّت کمتری دارد.

بر همه جُوها تو این حکمت مران — اندر این جو ماه بین، عکسش مخوان ۳۲۵۱

جویبارِ وجودِ خلق یکسان نیست. تجلّیاتِ حق در انسانِ کامل حقیقت است، بازتاب نیست.

آبِ خضر[۵] است این، نه آبِ دام و دد[۶] — هر چه اندر وی نماید، حق بُوَد ۳۲۵۲

«آبِ حیات» است نه جویباری از آبِ معمولی. همه چیز در آن حقّانی است.

زین تکِ جو[۷] ماه گوید: من مَهَم — من نه عکسم، هم‌حدیث[۸] و همرهم ۳۲۵۳

«حقیقت» از عمقِ وجودِ او می‌گوید: من حق‌ام، بازتاب نیستم، همدم و همراه توأم.

اندر این جو آنچه بر بالاست، هست — خواه بالا، خواه در ویْ دار دست[۹] ۳۲۵۴

هر چه که در «هستیِ حقیقی» هست در او هم هست. تفاوتی ندارد که از کجا آن را بجویی.

از دگر جوها مگیر این جوی را — ماه[۱۰] دان این پرتُوِ مَهْروی[۱۱] را ۳۲۵۵

او را همانند دیگران ندان. اوصافِ او هم «حقیقت» است.

این سخن پایان ندارد، آن غریب — بس گریست از دردِ خواجه شد کئیب[۱۲] ۳۲۵۶

این سخن پایان‌ناپذیر است. آن غریب از دردِ محتسب بسیار گریست و دلشکسته شد.

---

۱ - **بار**: کنایه از قابلیت و استعدادِ ارتقا. ۲ - **خر**: کنایه از نَفْسِ امّارهٔ خلق.
۳ - **لعل و گوهر**: کنایه از قابلیّتِ بسیار. ۴ - **سنگ و مرمر**: کنایه از قابلیّتِ کمتر.
۵ - **آبِ خضر**: آبِ حیات. ۶ - **آبِ دام و دَد**: آبی که چهارپایان می‌نوشند؛ یعنی آبِ معمولی.
۷ - **تکِ جو**: تگِ جو: تهِ جو، اینجا عمقِ وجودِ او. ۸ - **هم حدیث**: هم‌سخن، همدم.
۹ - مصراع دوم: خواه به عالمِ بالا دست بلند کن، خواه به او. ۱۰ - **ماه**: کنایه از «حقیقت».
۱۱ - **پرتوِ مَهْروی**: زیبارویی را که تجلّیاتی دارد. ۱۲ - **کئیب**: دلشکسته.

توزیع کردنِ[1] پایْمَرد[2] در جملهٔ شهرِ تبریز و جمع شدنِ اندک چیز، و رفتنِ آن غریب به تربتِ محتسب به زیارت، و این قصّه را برسرِ گورِ او گفتن به طریقِ نوحه، الی آخِره

واقعهٔ آن وامِ او مشهور شد　　　پایْمرد از دردِ او رنجور شد ۳۲۵۷

ماجرایِ وامِ مردِ غریب را خلق فهمیدند. جوانمردی از دردِ او متأثّر شد.

از پیِ توزیعْ گِردِ شهر گشت　　　از طمع[3] می‌گفت هرجا سرگذشت ۳۲۵۸

در شهر گشت و ماجرا را به همه گفت که شاید بتوان آن را تقسیم کرد.

هیچ ناورد از رَهِ کُدْیَه[4] به دست　　　غیرِ صد دینار آن کُدیَه‌پرست[5] ۳۲۵۹

امّا از این درخواست فقط صد دینار به دست آمد.

پایْمرد آمد بدو، دستش گرفت　　　شد به گورِ آن کریمِ بس شگفت[6] ۳۲۶۰

جوانمرد آمد و دست مردِ غریب را گرفت و به سویِ مزار محتسبِ بسیار کریم بُرد.

گفت: چون توفیق یابد بنده‌یی　　　که کند مهمانیِ فرخنده‌یی ۳۲۶۱

گفت: اگر بنده‌ای توفیق یابد که میهمانیِ فرخنده‌ای بدهد،

مالِ خود ایثارِ راهِ او کند　　　جاهِ خود ایثارِ جاهِ او کند ۳۲۶۲

و بتواند جاه و مال خود را نثارِ مقامِ میهمان کند،

شُکرِ او شُکرِ خدا باشد یقین　　　چون به احسانْ کرد توفیقش قرین ۳۲۶۳

سپاسگزاری از او سپاس از خداست، چون خداوند به او توفیق داده است.

تَرکِ شُکرش تَرکِ شُکرِ حق بُوَد　　　حقِّ او لاشک به حق ملحق بُوَد[7] ۳۲۶۴

کوتاهی در سپاس از او کوتاهی در شکرِ حق است؛ زیرا حقِّ او جزو حقوق پروردگار است.

---

۱ - **توزیع کردن**: تقسیم کردن. ۲ - **پایْمرد**: واسطه، اینجا یاری کننده و جوانمرد.

۳ - **از طمع**: به امیدِ یاریِ خلق. ۴ - **کُدْیه**: سؤال، درخواست، گدایی.

۵ - **کُدْیه پَرَست**: مرد یاری کننده که به یاریِ و امدادِ خلق امیدوار بود.

۶ - **کریم بس شگفت**: بخشنده‌ای که کَرَمش شگفت‌آور بود.

۷ - مصرَاع دوم: حقّ او از حقوقِ الهی جدا نیست. اشاره به حدیث: مَنْ لَمْ یَشْکُرِ النّاس لَمْ یَشْکُرِ الله: احادیث مثنوی، ص ۲۱۳.

شُکـــر مـــی‌کن مـر خـدا را در نِـعَم　　　نیز می‌کن شُکر و ذکرِ خواجه هـم ۳۲۶۵

خدا را برای نعمت‌ها شکر کن و شکر و ذکرِ خواجه را هم به جای آور.

رحـمتِ مـادر اگـرچـه از خـداست　　　خدمتِ او هم فریضه است و سزاست[1] ۳۲۶۶

مهرِ مادری را خدا داده است؛ امّا باید از مادر سپاسگزار بود و به او خدمت کرد و حُرمت نهاد.

زین سبب فرمود حق صَلُّوا عَـلَیْه[2]　　　**کـه مـحمّد بـود مُـحْتالٌ اِلَـیْه**[3] ۳۲۶۷

خداوند به همین سبب فرمود: «بر او درود بفرستید» که امور خلق به او محوّل شده است.

در قـیامت بـنده را گـوید خـدا　　　هین! چه کردی آنچه دادم من تو را؟ ۳۲۶۸

خداوند در قیامت به بنده می‌گوید: هان، آنچه را که به تو دادم، چه کردی؟

گوید:ای ربْ! شُکرِ توکردم به جان　　　چون ز تو بود اصلِ آن روزی و نان ۳۲۶۹

بنده می‌گوید: پروردگارا، خالصانه شکر کردم؛ چون اصلِ روزی از تو بود.

گویدش حق: نه، نکردی شُکرِ مـن　　　چون نکردی شُکـرِ آن اِکـرامْفـن[4] ۳۲۷۰

خداوند گوید: نه، شکر مرا به جای نیاوردی؛ چون از آن بخشنده سپاسگزار نبودی.

بـر کـریمی کـرده‌ای ظـلم و سـتم　　　نـه ز دستِ او رسـیدت نـعمتم؟ ۳۲۷۱

به بخشنده‌ای که از دستش بخشش‌ها به تو رسید، ستم کردی.

چون به گـورِ آن ولی‌نـعمت رسـید　　　گشت گریان زار و آمـد در نَشـید[5] ۳۲۷۲

چون مردِ غریب به مزار محتسب رسید، گریان شد و نوحه کرد.

گفت: ای پشت و پـناهِ هـر نَـبیل[6]　　　**مـرتجیٰ**[7] **و غَـوثِ اَبْـناءُ اَلسَّـبیل**[8] ۳۲۷۳

گفت: ای پشتیبان و پناهگاهِ هر نجیب، ای پناه و یاورِ مسافران.

---

۱ - **سزاست** : سزاوار است، شایسته است، اینجا واجب است.

۲ - اشارتی قرآنی؛ احزاب: ۵۶/۳۳: إِنَّ اللهَ وَ مَلائِکَتَه یُصَلُّونَ عَلَی النَّبیِّ یَا أَیُّهَا اَلَّذینَ ءَامَنُوا صَلُّوا عَلَیْهِ وَ سَلِّمُوا تَسْلیماً.　۳ - **مُحْتالٌ اِلَیْه** : کسی که امور خلق به او محوّل می‌شد.

۴ - **اکرام‌فَن** : کسی که کَرَم کردن و بخشندگی، فن یا شیوهٔ او بوده است، بخشنده.

۵ - **نَشید** : آواز، اینجا نوحه.　۶ - **نبیل** : شریف، نجیب.　۷ - **مرتجیٰ** : محلِّ امیدِ دیگران.

۸ - **غوثِ اَبْناءُ السّبیل** : فریادرسِ در راه ماندگان.

۳۲۷۴ **ای غـم اَرزاقِ مـا بـر خـاطرت ای چو رزقِ عامْ احسان و بِـرَت**[1]

ای کسی که غمِ روزیِ ما را داشتی، ای آنکه احسان و نیکی‌اَت مانند روزیِ عامِ خداوند بود.

۳۲۷۵ **ای فـقیران را عشـیره**[2] **و والدَیْـن در خراج و خرج**[3] **و در ایفایِ دَین**[4]

ای کسی که در پرداختِ مخارج و اداىِ قروضِ فقیران مانند پدر و مادر و خویشاوند بودی.

۳۲۷۶ **ای چو بحر از بـهرِ نـزدیکان گُـهر داده، و تـحفه سـویِ دُوران مَـطَر**[5]

ای کسی که مانند دریا به نزدیکان گوهر عطا می‌کردی و بارانِ لطفِ تو به آنان که نزدت نمی‌آمدند و دور بودند، نیز می‌رسید.

۳۲۷۷ **پشتِ ما گرم از تو بـود ای آفـتاب رونقِ هر قصر و گنجِ هـر خـراب**[6]

ای خورشیدِ معنوی، ما به تو پشتگرم بودیم که مایهٔ رونق قصر و خرابه و گنج بودی.

۳۲۷۸ **ای در ابـرویت نـدیده کس گِـره ای چـو مـیکائیلْ راد**[7] **و رزقْ دِه**

ای‌آنکه هیچ کس خم بر ابروی تو ندیده بود، ای آنکه مانند میکائیل جوانمرد و روزی‌رسان بودی.

۳۲۷۹ **ای دلت پـیوسته بـا دریـایِ غـیب ای به قافِ مَکرُمت عَنقایِ غـیب**[8]

ای آنکه دلت به عالمِ غیب متّصل است و از همهٔ بخشندگان بخشنده‌تر بودی.

۳۲۸۰ **یـاد نـاورده کـه از مـالم چـه رفت سقفِ قصدِ هـمّتت هـرگز نَکَـفت**[9]

چنان بزرگوار بودی که هرگز نیندیشیدی چه مقدار بخشیده‌ای. کسی بلندنظرتر از تو نبود.

۳۲۸۱ **ای من و صد همچو من در ماه و سال مر تو را چون نسلِ تو گشـته عـیال**

ای آنکه من و صدها نفر مانند من، در هر ماه و سال مانند خانواده‌ات، در حمایتِ تو بودند.

---

۱ - **احسان و بِرّ :** احسان و نیکی. ۲ - **عشیره :** قوم و قبیله. ۳ - **خراج و خرج :** مخارج، هزینه‌ها.

۴ - **ایفایِ دین :** اداىِ وام.

۵ - **مَطَر :** باران. مُراد آنکه: تو مانند دریا هستی. نزدیکان گوهر می‌برند و دوران باران. آب دریا که به صورت ابر در آمده است در دوردست‌ها می‌بارد؛ یعنی دریا به همه لطف می‌کند.

۶ - مُراد آنکه: تو مایهٔ رونقِ همه چیز بودی. ۷ - **راد :** جوانمرد.

۸ - مصراع دوم: محتسبِ کریم، سیمرغِ قافِ بخشندگی است؛ یعنی از همهٔ بخشندگان بخشنده‌تر است. «مَکرُمَت»: بزرگواری و بخشندگی.

۹ - **کَفتَن :** شکاف برداشتن. اینجا مُراد آنکه: هیچ کس بلندنظرتر از تو نبود و نتوانست سقفِ همّتِ تو را شکاف دهد و از آن برتر رَوَد.

دفتر ششم ۴۵۱

نقدِ ما و جنسِ ما و رختِ ما نامِ ما و فخرِ ما و بختِ ما[1] ۳۲۸۲

تو نقدینهٔ ما، کالای ما، اثاث ما، نام و افتخار و اقبال ما بودی.

تو نمُردی، ناز[2] **و بختِ ما بِمُرد عیشِ ما و رزقِ مستوفیٰ**[3] **بِمُرد** ۳۲۸۳

تو نمردی. افتخار و اقبالِ ما مُرد. زندگی و روزیِ تمام و کمالِ ما مُرد.

وٰاحِدٌ کَالْأَلْفْ[4] **در رزم و کَرَم صد چو حاتم گاهِ ایثارِ نِعَم**[5] ۳۲۸۴

در رزم و بخشندگی یک تن برابرِ با هزار تن بودی و هنگامِ بخشش مانندِ صدها حاتم.

حاتم ار مُرده[6] **به مُرده**[7] **می‌دهد گِردَکانهایِ شمرده می‌دهد**[8] ۳۲۸۵

اگر حاتم «مالِ دنیا» را به «اهلِ دنیا» می‌دهد، عطایِ او محدود است.

تو حیاتی می‌دهی در هر نَفَس کز نفیسی[9] **می‌نگنجد در نَفَس** ۳۲۸۶

تو در هر نَفَس حیاتی معنوی می‌دهی که با نَفَس و کلام قابل وصف نیست.

تو حیاتی می‌دهی بس پایدار نقدِ زرِّ بی‌کساد[10] **و بی‌شمار**[11] ۳۲۸۷

تو زندگی پایدار می‌بخشی که گرانبها، همیشگی و بی‌حد است.

وارثی نابوده یک خویِ تو را[12] **ای فلک سجده‌کنان کویِ تو را** ۳۲۸۸

ای آنکه فلک کویت را سجده می‌کند، خُلق و بخشندگی‌اَت نظیر ندارد.

خَلق را از گُرگِ غم[13] **لطفت شبان چون کَلیم‌اللّه**[14]**، شبانِ مهربان** ۳۲۸۹

لطفِ تو خلق را از غمِ کُشنده حفظ می‌کرد؛ زیرا مانندِ موسیٰ(ع) چوپانی مهربان بودی.

گوسفندی از کلیم‌اللّه گریخت پایِ موسی آبله شد، نعل ریخت[15] ۳۲۹۰

گوسفندی از گلّهٔ موسیٰ(ع) گریخت و او در پی‌اَش با پای تاول‌زده و برهنه می‌رفت.

---

۱ - مُراد آنکه: تو همه چیز ما بودی. ۲ - **ناز:** افتخار. ۳ - **رزقِ مستوفیٰ :** روزیِ کامل.

۴ - **وٰاحِدٌ کَالْأَلْفْ :** مَثَل است: یک تن که مانند هزار تن است. ۵ - **نِعَم :** نعمت‌ها.

۶ - **مُرده :** پول یا مال که فاقد حیات است.

۷ - **به مُرده می‌دهد :** به اهلِ دنیا که فاقد حیاتِ معنوی‌اند، کمک می‌کند.

۸ - مصراع دوم: در هر حال عطایِ او شمرده شده، یعنی محدود می‌بخشد.

۹ - **کز نفیسی :** از فرط گرانبها بودن. ۱۰ - **نقدِ زرِّ بی‌کساد :** نقدِ زرِ همیشگی.

۱۱ - **بی‌شمار :** بی حد، غیر قابل شمارش. ۱۲ - خُوی تو وارثی ندارد؛ یعنی نظیر ندارد.

۱۳ - **گرگِ غم :** «غم» به گرگ مانند شده است و «لطفِ محتسب» به چوپان.

۱۴ - **کلیم الله :** موسیٰ(ع) که با خداوند همکلام شد. ۱۵ - **نعل ریخت :** به شتاب و سراسیمه رفتن.

در پیِ او تا به شب در جُست و جو   وآن رَمه غایب شده از چشمِ او ۳۲۹۱

تا شب در پیِ او بود و گوسفند را نمی‌یافت.

گوسفند از ماندگی شد سُست و ماند   پس کلیم‌الله گَردْ از وی فشاند ۳۲۹۲

سرانجام گوسفند از خستگی ناتوان شد و ایستاد. موسیٰ(ع) گرد و خاک را از او پاک کرد.

کف همی مالید بر پُشت و سرش   می‌نواخت از مِهر همچون مادرش ۳۲۹۳

بر پُشت و سرِ او دست می‌کشید و مانند مادر از مهر نوازش می‌کرد.

نیم‌ْذرّه طَیْرَگی و خشم نی   غیرِ مِهر و رَحم و آبِ چشمْ نی ۳۲۹۴

عصبانی و خشمگین نبود، رفتارِ او با محبّت و دلسوزی و اشک بود.

گفت: گیرم بر مَنَت رحمی نبود   طبعِ تو بر خود چرا استم نمود؟ ۳۲۹۵

گفت: گیرم که دلت بر من نسوخت، چرا به خودت رحم نکردی؟

با ملایک گفت یزدان آن زمان   که نبوّت را همی زیبد فُلان ۳۲۹۶

در آن لحظه خداوند به فرشتگان گفت: فلانی شایستهٔ پیامبری است.

مصطفی فرمود خود[1] که: هر نَبی   کرد چوپانی‌ش، بُرنا یا صَبی[2] ۳۲۹۷

مصطفیٰ(ص) فرمود: هر پیامبری در جوانی یا کودکی چوپان بوده است.

بی شبانی کردن و آن امتحان   حق ندادش پیشواییِّ جهان ۳۲۹۸

بدون چوپانی و گذراندنِ آن امتحان و سختی، خداوند پیشواییِ جهان را به پیامبری نسپرد.

گفت سائل[3] هم تو نیز ای پهلوان؟   گفت من هم بوده‌ام دَهری[4] شبان ۳۲۹۹

شخصی از پیامبر(ص) پرسید: ای پهلوان، تو هم چوپانی کردی؟ فرمود: آری، زمانی بودم.

تا شود پیدا وَقار و صبرشان   کردشان پیش از نبوّت حق شبان ۳۳۰۰

آنان را پیش از نبوّت چوپان می‌کرد تا متانت و بردباری‌شان آشکار شود.

هر امیری[5] کو شبانیِّ بشر   آن چنان آرد که باشد مُؤتَمَر[6] ۳۳۰۱

هر فرمانروایی که شبانیِ بشر را آنچنان که امر شده است، به جای آوَرَد،

---

۱ - **مصطفیٰ فرمود خود :** خودِ مصطفیٰ فرمود. ۲ - **بُرنا یا صَبی :** در جوانی یا در کودکی.

۳ - **سائل :** سؤال کننده. ۴ - **دهری :** زمانی، مدّتی. ۵ - **امیر :** فرمانروا. ۶ - **مُؤتَمَر :** مأمور شده.

حلمِ موسی‌وار[۱] انـدر رَعْـیِ خَـود[۲] او بـه جـا آرَد بـه تـدبیر و خِـرَد ۳۳۰۲

در چوپانی، با عقل و تدبیر و بسیار بردبار چون موسیٰ(ع) باشد،

لاجَـرَم حـقّش دهـد چـوپانیی بـر فـرازِ چـرخِ مَـهْ روحـانیی[۳] ۳۳۰۳

بی‌شک خداوند به او چوپانیِ روحانی یا نبوّت عطا می‌کند.

آنـچنانکه انـبیا را زیـن رِعـا[۴] بـرکشید و داد رَعْـیِ اصـفیا[۵] ۳۳۰۴

همان گونه که انبیا را از چوپانیِ دنیوی به چوپانیِ معنوی رسانید.

خواجه![۶] باری، تو در این چوپانی‌اَت کـردی آنـچه کـور گـردد شـانی‌اَت[۷] ۳۳۰۵

باری، ای خواجه، تو در رسیدگی به کار خلق چنان بودی که چشم بدخواهانت کور می‌شود.

دانـم آنـجا در مکـافات[۸] ایـزدت سـروریّ جـاودانـه بـخشدت ۳۳۰۶

می‌دانم که خداوند به پاداشِ آن، به تو سروریِ ابدی می‌دهد.

بـر امیدِ کـفِّ چـون دریـایِ[۹] تـو بـر وظـیفه[۱۰] دادن و ایـفایِ تـو ۳۳۰۷

به امیدِ دستِ بخشنده‌ای که مستمرّی می‌دادی و دِین را می‌پرداختی،

وام کـردم نُـه هـزار از زرگـزاف[۱۱] تو کجایی تا شود این دُردْ صاف[۱۲]؟ ۳۳۰۸

بی‌مُحابا نُه هزار دینار وام گرفتم، کجایی که آن را ادا کنی؟

تو کجایی تا که خندان چون چمن گویی: بستان آن و دَهْ چندان زِ مَن؟ ۳۳۰۹

تو کجایی تا با لبی خندان بگویی: وام و ده‌ها برابرِ آن را از من بستان؟

تـو کـجایی تـا مـرا خـندان کـنی لطف و احسان چون خداوندان کنی؟ ۳۳۱۰

تو کجایی تا شادم کنی، و مانند شاهان در حقم نیکی و احسان کنی؟

---

۱ - **حلمِ موسیٰ‌وار :** بردباریِ بسیار چون موسیٰ(ع). ۲ - **رَعْیِ خَود :** چوپانیِ خود.
۳ - مصرَاع دوم: چوپانیِ روحانی بر فرازِ کُرهٔ ماه می‌دهد؛ یعنی نبوّت. ۴ - **رِعا :** رَعْی: چوپانی.
۵ - **اصفیا :** جمع صفی، پاکان. «رَعْیِ اصفیا»: هدایتِ مشتاقان، چوپانیِ معنوی.
۶ - راز و نیاز درویشِ وام‌دار بر مزار محتسب است. ۷ - **شانی :** بدخواه. ۸ - **در مکافات :** در پاداش.
۹ - **کفِّ چون دریا :** دستِ بسیار بخشنده. ۱۰ - **وظیفه :** مستمری. ۱۱ - **گزاف :** بی‌مُحابا، غیرعقلانی.
۱۲ - **این دُرد صاف شود :** این مشکل حل شود.

تو کجایی تا بری در مَخزنم　　　تا کنی از وام و فاقه[۱] ایمنم؟ ۳۳۱۱

تو کجایی تا مرا به خزانه‌ات ببری و از وام و فقر آسوده کنی؟

من همی گویم: بس و تو مُفْضِلم[۲]　　　گفته کین هم گیر از بهرِ دلم ۳۳۱۲

من بگویم: بس است و تو بخشندهٔ من بگویی: این را هم برایِ خاطرِ دل من بگیر.

چون همی گنجد جهانی زیرِ طین[۳]　　　چون بگنجد آسمانی در زمین؟[۴] ۳۳۱۳

چگونه جهان زیرِ گِل می‌گنجد؟ چگونه آسمان در زمین جای می‌گیرد؟

حاشَ لِلَّه[۵] تو بُرونی زین جهان　　　هم به وقت زندگی، هم این زمان ۳۳۱۴

پناه بر خدا، تو هم در حیاتِ این جهانی و هم در حیاتِ آن جهانی، متعلّق به عالمِ معنا بودی.

در هوایِ غیبْ مرغی می‌پَرَد　　　سایهٔ او بر زمینی می‌زند ۳۳۱۵

مانند پرنده‌ای در عوالم غیبی زندگی می‌کردی و جسمِ سایه مانندت بر زمین بود.

جسمْ سایهٔ سایهٔ سایهٔ دل است　　　جسم کی اندر خورِ پایهٔ دل است؟[۶] ۳۳۱۶

جسم، سایهٔ سایهٔ سایهٔ دل است. مادّه چگونه همپایهٔ معناست؟

مردْ خفته، روحِ او چون آفتاب　　　در فلک تابان و تن در جامه خواب ۳۳۱۷

انسان در بستر می‌خوابد و روحش چون آفتاب در عالمِ معنا می‌درخشد.

جان نهان اندر خلا[۷] همچون سِجاف[۸]　　　تن تقلّب می‌کند[۹] زیرِ لحاف ۳۳۱۸

جان در عالم غیب نهان است و تن در زیرِ لحاف در حرکت.

روح چون مِنْ اَمْرِ رَبّی[۱۰] مُختفی‌ست　　　هر مثالی که بگویم مُنتفی‌ست[۱۱] ۳۳۱۹

چون خداوند می‌خواهد که «روح» ناشناخته بماند؛ پس هر مثالی بی‌فایده است.

---

۱ - **فاقه :** فقر.　۲ - **مُفْضِل :** بخشنده.

۳ - **جهانی زیرِ طین :** کنایه از عظمت جانِ محتسب که در قالبِ خاکیِ او جای دارد.

۴ - مصراع دوم: همان معنا را دارد، که روحی چنان وسیع و عظیم چگونه در مُشتی خاک جای گرفته است؟

۵ - **حاشَ لِلَّه :** پناه بر خدا.　۶ - مصراع دوم: جسم چگونه می‌تواند همپایهٔ دل باشد؟

۷ - **خلا :** ماورایِ عالمِ حس، عالمِ غیب، عالمِ معنا.

۸ - **همچون سِجاف :** همانگونه که در سجافِ لباس چیزی پنهان است و دیده نمی‌شود.

۹ - **تقلّب می‌کند :** دگرگون می‌شود، حرکت می‌کند.　۱۰ - اشارتی قرآنی؛ إسراء: ۸۵/۱۷

۱۱ - **مُنتفی‌ست :** بی فایده است.

ای عجب کو لعلِ شکّرْبارِ تو   وآن جواباتِ خوش و اَسرارِ تو[1]؟ ۳۳۲۰

عجبا، آن لبِ شکرین و جواب‌های شیرین و آگاهی‌ات بر اسرار کجاست؟

ای عجب کو آن عقیقِ قندْخا[2]   آن کلیدِ قفلِ مشکل‌هایِ ما؟ ۳۳۲۱

عجبا آن لبِ شیرین سخن کو؟ کلیدِ قفلِ مشکلاتِ ما کجاست؟

ای عجب کو آن دَمِ چون ذوآلفقار[3]   آنکه کردی عقل‌ها را بی‌قرار؟ ۳۳۲۲

عجبا، آن کلامِ گیرا و بُرنده که عقل‌ها را بی‌قرار می‌کرد، کجاست؟

چند همچون فاخته[4] کاشانه‌جو   کو و کو و کو و کو و کو و کو؟[5] ۳۳۲۳

تا کی مانند فاخته در پیِ آشیانه‌ای امن کو کو می‌گویی؟

کو؟[6] همانجا که صفاتِ رحمت است   قدرت است و نُزهت[7] است و فِطنت[8] است ۳۳۲۴

او کجاست؟ همانجا که تجلّی‌گاهِ صفاتِ رحمت، قدرت، پاکی و دانایی است.

کو؟ همانجا که دل و اندیشه‌اش   دایم آنجا بُد چو شیر و بیشه‌اش[9] ۳۳۲۵

او کجاست؟ همانجا که دل و اندیشه‌اش مانند شیری که به بیشه می‌رود، همواره آنجا بود.

کو؟ همانجا که امیدِ مرد و زن   می‌رود در وقتِ اندوه و حَزَن[10] ۳۳۲۶

او کجاست؟ همانجا که اندیشهٔ خلق در غم و اندوه متوجّه آنجا می‌شود.

کو؟ همانجا که به وقتِ علّتی[11]   چشم پَرَّد بر امیدِ صحّتی ۳۳۲۷

او کجاست؟ همانجا که در بیماری از آن امیدِ صحّت داری.

---

۱ - **اسرارِ تو** : آگاهیِ تو بر اسرار، اِشراف بر ضمایر.   ۲ - **عقیقِ قندخا** : کنایه از لبِ شیرینِ سخن.

۳ - **آن دَمِ چون ذوالفقار** : کلامِ بسیار نافذ و بُرَنده.

۴ - **فاخته** : پرنده‌ای که صدایش شبیه گفتنِ «کوکو» است. «فاختهٔ کاشانه‌جو»: فاخته‌ای که در پیِ کاشانه‌ای امن و آسوده است.

۵ - درویشِ غریب جُست‌وجویِ خویش برای یافتن محتسب را همانندکوکوی فاخته می‌یابد که جویایِ محلّی امن است که بدان پناه بَرَد.

۶ - از این بیت به بعد «کوکو»ی فاخته به «کو»ی استفهام تبدیل شده است و در تبیینِ جست‌وجویِ سالک است در پیِ یافتنِ «تجلّی‌گاهِ لطف و رحمت» الهی.   ۷ - **نُزهت** : پاکی.   ۸ - **فِطنت** : زیرکی و دانایی.

۹ - همان‌گونه که شیر به بیشه می‌رود، اندیشهٔ اهلِ معنا هم همواره در پیِ حقایق و حقیقتِ هستی است.

۱۰ - **حَزَن** : اندوه.   ۱۱ - **علّت** : بیماری.

آن طـرف کـه بـهرِ دفـع زشـتیی[1] باد[2] جـویی بـهرِ کشت و کَشـتیی[3] ۳۳۲۸

همانجایی که برای دفعِ بدی، طلبِ باد برای خرمن و یا راندنِ کشتی داری.

آن طـرف کـه دل اشـارت مـی‌کند چون زبان یـاهو عـبارت مـی‌کند[4] ۳۳۲۹

همانجایی که چون زبان «یاهو» می‌گوید، دل به آن سوی اشاره می‌کند.

او مَـعَ‌الله[5] است بـی کـوکو هـمی کـاش جـولاهانه[6] مـاکـو[7] گـفتمی ۳۳۳۰

او بدون «کوکو» گفتن هم با خداست. کاش ما هم مانند «بافنده»ها «ماکو» می‌گفتیم.

عقلِ ما[8] کو تا ببیند غرب و شرق[9]؟ روح‌ها را مـی‌زند صـدگونه بـرق[10] ۳۳۳۱

عقلِ زنگارزدایی شدهٔ ما کجاست تا ببیند که عنایت حق در همین عالم، شاملِ حال روحِ «اهلِ معنا» هست.

جزر و مدّش بُد[11] به بحری[12] در زَبَد[13] مـنتهی شـد جَـزر و بـاقی مـاند مَـدّ ۳۳۳۲

عقلِ حق طلبِ محتسب هم در زندگیِ این جهانی که مانند دریایی پُرتلاطم است، دچار جزر و مد بود تا عنایت الهی شاملِ حالش شد و به حق پیوست و از تلاطمِ درونی رهید.

نُـه هـزارم وام و مـن بـی‌دستْ‌رس هست صد دینار از ایـن تـوزیع و بس ۳۳۳۳

نُه هزار دینار وام دارم و دستم به جایی نمی‌رسد، از این توزیع هم فقط صد دینار دارم.

حق کشیدت، مـاندم در کَش مَکش می‌روم نومید، ای خـاکِ تو خَـوش ۳۳۳۴

خداوند تو را بُرد و من با گرفتاری ماندم. ای خاکِ تو پاک، با ناامیدی می‌روم.

---

۱ - **بهرِ دفعِ زشتی :** برای دفع بدی. ۲ - **باد :** اینجا بادِ موافق، توسّعاً بادِ عنایتِ الهی.

۳ - که کشتَ را باد دهی یا کشتی به حرکت در آید.

۴ - معنای بیت: زبان «یاهو» می‌گوید و دل متوجّه عالم غیب می‌شود. اینجا اشاره به سالکِ مجاهد است که در طلب حق می‌کوشد. ۵ - **مَعَ‌الله :** با خدا. ۶ - **جولاه :** بافنده. «جولاهانه»: مانندِ بافنده.

۷ - **ماکو :** جای قرار دادنِ ماسوره در چرخِ خیّاطی. آرایهٔ لفظی است که: ما کجاییم؟ چرا خود را نمی‌یابیم؟ جایگاه ما کجاست؟ ۸ - **عقلِ ما :** اینجا عقلِ حق‌جو، عقلِ معاد.

۹ - **غرب و شرق :** یعنی همه جا و در همین عالم.

۱۰ - تجلیّات حق شامل حال روحِ «اهل معنا» هست. این سخنانِ درویشِ غریب است.

۱۱ - اشاره به عقلِ محتسب. ۱۲ - **به بحری :** در بحرِ عالمِ معنا. ۱۳ - **زَبَد :** کف.

هـمّتی مـی‌دار در پُـر حسـرتت[1]   ای همایون روی و دست و همّتت[2] ۳۳۳۵

ای آنکه ظاهر و باطن مبارک داری، همّتی بدرقه راهِ این پرحسرت کن.

آمـدم بـر چشـمه و اَصـلِ عُـیون[3]   یافتم در وی بـه جـایِ آبْ خـون[4] ۳۳۳۶

به خانه‌ات که منبعِ تمامِ چشمه‌هایِ لطف است، آمدم؛ امّا به جای آب، خون دیدم.

چرخْ آن چرخ است، آن مهتاب نیست   جویْ آن جوی است، آب آن آب نیست ۳۳۳۷

آسمان همان است؛ امّا مهتابی که شبم را روشن می‌کرد، نیست. جوی همان است؛ امّا آبی برای من نیست.

مُحسنان[5] هستند، کو آن مستطاب[6]   اخـتران هسـتند، کـو آن آفـتاب؟ ۳۳۳۸

احسان کنندگان هستند، آن پاکمرد کو؟ ستارگان هستند، آفتاب کو؟

تـو شـدی سـویِ خـدا ای مُـحترم   پس به سویِ حق رَوَم من نـیز هـم ۳۳۳۹

ای مردِ گرامی، تو به سویِ خدا رفتی؛ پس من هم به سویِ خدا بروم.

مَجمع و پایِ عَلَم[7] مَأوَی اَلقُـرون[8]   هست حقْ کُـلٌّ لَـدَیْنا مُـحْضَرُون[9] ۳۳۴۰

محلِ اجتماعِ همهٔ مردم در تمامِ اعصار، پیشگاه حق است که خداوند می‌گوید: سرانجام همه نزدِ ما حضور می‌یابند.

نـقش‌ها[10] گـر بـی‌خبر گـر بـاخبر   در کـفِ نـقّاش بـاشد مُـحتصر[11] ۳۳۴۱

مخلوقات، چه آگاه و چه ناآگاه، همه در دستِ مشیّت نقّاش ازلی‌اند.

دم بـه دم در صـفحهٔ انـدیشه‌شان   ثبت و محوی می‌کند آن بی‌نشان[12] ۳۳۴۲

آن نقّاشِ بی‌نشان دم‌به‌دم در صفحهٔ اندیشه‌شان نقش‌هایی را می‌نویسد و پاک می‌کند.

---

۱ - **پُر حسرت** : کسی که در فراقِ تو پر از حسرت است؛ یعنی من.

۲ - **همّت** : نفوذِ معنوی و روحانی مُراد در مُرید، اینجا درخواستِ لطف و مرحمت از مردِ حق.

۳ - **چشمه و اصلِ عیون** : منبعِ تمامِ چشمه‌ها. «عیون»: جمعِ عین: چشمه.

۴ - **به جای آب خون یافتم** : اشاره به مرگِ محتسب و خون‌گریستنِ مردِ غریب است.

۵ - **محسنان** : احسان کنندگان. ۶ - **مستطاب** : پاک. ۷ - **پایِ عَلَم** : پیشگاهِ حق.

۸ - **مَأوَی القُرون** : پناهگاه نسل‌ها و اقوام. ۹ - اشارتی قرآنی؛ یس: ۳۲/۳۶. اقتباس شده است.

۱۰ - **نقش‌ها** : اینجا مخلوقات.

۱۱ - **مُحتصر** : در مثنوی کهن عیناً چنین ضبط شده است. ظاهراً به معنیِ «محصور» به کار رفته است. نیکلسون «مختصر» قرائت کرده است. ۱۲ - **بی‌نشان** : خداوند.

خشم می‌آرَد، رضا را می‌بَرَد بُخل می‌آرَد، سخا را می‌بَرَد[۱] ۳۳۴۳

خشم را می‌آوَرَد، خشنودی را می‌بَرَد. بُخل را می‌آوَرَد و بخشندگی را می‌بَرَد.

نیمْ‌لحظه مُدرَکاتم[۲] **شام و غَدْو**[۳] **هیچ خالی نیست زین اثبات و محو** ۳۳۴۴

حواسِ من، شب و روز هرگز از این اثبات و محو خالی نیست.

کوزه‌گر با کوزه باشد کارْساز کوزه از خود کی شود پهن و دراز؟ ۳۳۴۵

کوزه‌گر کوزه را می‌سازد. چگونه کوزه می‌تواند خودبه‌خود پهن یا دراز شود؟

چوب در دستِ دُروگر مُعتکف[۴] **ورنه چون گردد بُریده و مؤتلف**[۵] **؟** ۳۳۴۶

چوب در دستِ نجّار شکلِ مناسب می‌یابد، وگرنه چگونه بریده و مناسب شود؟

جامه اندر دستِ خیّاطی بُوَد ورنه از خود چون بدوزد یا دَرَد؟ ۳۳۴۷

لباس در دستِ خیّاط دوخته می‌شود، وگرنه به خودیِ خود که دوخته یا بریده نمی‌شود.

مَشک با سقّا بُوَد ای منتهی[۶] **! ورنه از خود چون شود پُر یا تهی؟** ۳۳۴۸

ای استاد، مَشک باید در دستِ سقّا باشد، وگرنه چگونه به خودیِ خود پُر یا خالی شود؟

هر دمی، پُر می‌شوی، تی می‌شوی[۷] **پس بدان که در کفِ صُنعِ وی‌ای**[۸] ۳۳۴۹

تو هم در هر لحظه پُر و خالی می‌شوی؛ پس بدان که در دستِ قدرت پروردگار هستی.

چشمْ‌بند[۹] **از چشم روزی که رَوَد صُنع**[۱۰] **از صانع چه سان شیدا شود** ۳۳۵۰

روزی که چشمْ‌بند از چشمِ تو به کناری برود، می‌بینی که صنع شیدای صانع است.

---

۱ – مُراد آنکه: همه در دست مشیّت الهی‌اند. چه آگاه چه ناآگاه، چه بخواهند، چه نخواهند.

۲ – **مُدْرکاتم** : حواسِ من. ۳ – **شام و غَدْو** : شب و روز، همیشه. «غدو»: بامداد، چاشت.

۴ – **معتکف** : گوشه‌گیری به جهت عبادت، اینجا ثابت و بی‌حرکت.

۵ – **مؤتلف** : الفت گیرنده، اینجا دارای شکل مورد نظر و مناسب.

۶ – **منتهی** : استاد، کسی که به نهایتِ علم یا فن رسیده است.

۷ – **پُر می‌شوی تی می‌شوی** : پُر و خالی می‌شوی.

۸ – **درکفِ صنع وی‌ای** : در دستِ مشیّت و قدرتِ آفریدگار هستی.

۹ – **چشمْ‌بند** : حجاب، جهل و غفلت و تعلّقات همه و همه حجاب‌اند.

۱۰ – **صُنع** : مخلوقات همه آثار صنعِ حق‌اند. اگر صنع شیدا نباشد؛ یعنی صانع را نمی‌شناسد. معرفت با محبّت توأم است.

چشم داری تو، به چشم خود نگر　　　منگر از چشمِ سفیهی بی‌خبر[۱] ۳۳۵۱

اگر چشمِ باطنی داری، با آن هستی را ببین، نه با چشمِ ظاهربینِ دیگران.

گوش داری تو، به گوشِ خود شنو　　　گوشِ گولان[۲] را چرا باشی گرو[۳]؟ ۳۳۵۲

اگر گوشِ باطنی داری، با آن بشنو، به شنیده‌های اهلِ ظاهر توجّه نکن.

بی ز تقلیدی نظر را پیشه کن　　　هم برای عقلِ خود اندیشه کن ۳۳۵۳

بدون تقلید از این و آن و مدّعیان، بصیر باش و عاقلانه بیندیش.

دیدنِ خوارزمشاه[۴] رَحِمَهُ‌الله، در سَیْران[۵] در موکبِ خود، اسبی بس نادر، و تعلّقِ دلِ شاه به حُسن و چُستیِ آن اسب، و سرد کردنِ عمادالملک[۶] آن اسب را در دلِ شاه، و گزیدنِ شاه گفتِ او را بر دیدِ خویش، چنانکه حکیم[۷] رَحْمَةُالله عَلَیْه در الهی‌نامه[۸] فرمود:

چون زبانِ حسد شود نَخّاس[۹]　　　یوسفی یابی از گزی کرباس

از دلّالیِ برادرانِ یوسف حسودانه، در دلِ مشتریان، آن چندان حُسن پوشیده شد و زشت نمودن گرفت، که: «وَ کانُوا فیهِ مِنَ الزّاهِدینَ»[۱۰]

خوارزمشاه تعلّق خاطری به اسبِ نادر امیری یافت و امیر که خود نیز دلبستهٔ حُسن اسب بود، از عمادالملک خواهان تدبیر در تغییر رأی شاه شد. وزیر مدبّر پارسا که در این قصّه نمادی از «مرشدکامل» است، ضمن راز و نیازی از حق خواست تا کشش شاه را که به یکی از مظاهر دنیوی «اسب» است، متوجّه مظاهر معنوی و عالم غیب کند و «امیر» را که به جای استعانت از حق، از وی یاری خواسته است، آگاه نماید. دعای خالصانهٔ او اجابت می‌یابد و سخنان وی با اثری شگفت دل شاه را نسبت به اسب سرد می‌کند.

---

۱ - مصراع دوم: چشم ظاهربینِ اهلِ دنیا سفیه و بی‌خبر است و مدّعیِ خبر هم هست.

۲ - **گوشِ گولان**: گوشِ اهلِ ظاهر است که می‌خواهند شنیده‌های خود را منتقل هم بکنند.

۳ - **گرو بودن**: رهین بودن.　۴ - مراد محمّد خوارزمشاه است.　۵ - **سَیْران**: سیر و گشت و گذار.

۶ - **عمادالملک**: وزیر یا یکی از خواصِّ شاه.　۷ - حکیم سنایی.

۸ - **الهی‌نامه**: همان حدیقةالحقیقه است که مولانا همواره آن را الهی‌نامه می‌گوید.

۹ - **نخّاس**: دلاّل، برده‌فروش. اگر برده‌فروش به برده حَسَد ورزد، او را ارزان می‌فروشد، همان‌گونه که برادران یوسف(ع) او را به چاه انداختند که با چند درهم به فروش رفت.

۱۰ - اشارتی قرآنی؛ یوسف: ۲۰/۱۲: ...و به او بی‌علاقه بودند.

بود امیری را یکی اسبی گزین[۱]   در گلهٔ سلطان نبودش یک قرین[۲] ۳۳۵۴

امیری اسبی گزیده داشت که در گلّهٔ شاه نظیر نداشت.

او سواره گشت در موکب بگاه[۳]   ناگهان دید اسب را خوارزمشاه ۳۳۵۵

صبحِ زود که امیر سوار بر اسب آمد، خوارزمشاه ناگهان آن را دید.

چشمِ شه را فرّ و رنگِ او رُبود   تا به رَجعت[۴] چشمِ شَه با اسب بود ۳۳۵۶

شکوه و رنگِ اسب چشم شاه را گرفت و تا هنگام بازگشت به آن چشم دوخته بود.

بر هر آن عضوش که افکندی نظر   هر یکش خوشتر نمودی زآن دگر ۳۳۵۷

هر عضوِ اسب را که می‌نگریست، به نظرش زیباتر از عضوِ دیگر می‌آمد.

غیرِ چُستی[۵] و گَشی[۶] و رَوْحَنَت[۷]   حق بر او افکنده بُد نادر صفت[۸] ۳۳۵۸

غیر از چابکی، زیبایی و خوبی، خداوند به او صفتی غیر قابل وصف داده بود.

پس تجسّس کرد عقلِ پادشاه[۹]   کین چه باشد که زند بر عقلْ راه ۳۳۵۹

پس شاه با خود فکر کرد که چرا این اسب چنین عقل را می‌دزدد؟

چشمِ من پُرّ است و سیر است و غَنی   از دو صد خورشید دارد روشنی ۳۳۶۰

چشمِ من پُر و سیر و بی‌نیاز است و از درونی روشن و بصیر می‌نگرد.

ای رخِ شاهان بَرِ من بَیْدَقی[۱۰]   نیم اسبم[۱۱] در رُباید بی‌حقی[۱۲] ۳۳۶۱

مرا که هیبت و قدرتِ شاهان، خیره و نگران نمی‌کند، چرا بی‌دلیل این اسب خیره کرده است؟

جادوی کرده است جادوآفرین[۱۳]   جذبه باشد آن، نه خاصیّاتِ این[۱۴] ۳۳۶۲

خدایِ جادوآفرین جادویی کرده است. این جذبهٔ الهی است و از اسب نیست.

---

۱ - **گزین :** گزیده. ۲ - **قرین :** نظیر، همتا. ۳ - صبحِ زود که با اسب می‌گشت. ۴ - **رَجعت :** بازگشت.

۵ - **چُستی :** چابکی. ۶ - **گشی :** زیبایی. ۷ - **رَوْحَنَت :** خوبی، خوشی.

۸ - **نادرصفت :** صفتی که نظیر نداشت، حالتی داشت که چشم را جذب و میخکوب می‌کرد.

۹ - مصراع اوّل: شاه در ذهنِ خود جست‌وجو کرد، فکر کرد.

۱۰ - **رخ و شاه و بَیْدَق :** مُهره‌های شطرنج، «رُخ» مهرهٔ توانمند است و «بَیْدَق»، پیاده است و شأنی ندارد.

۱۱ - **نیم اسبی :** همان اسب که اینک در ذهنِ شاه تحقیر می‌شود. ۱۲ - **بی‌حقی :** بی‌دلیل.

۱۳ - خداوندِ شگفتی‌آفرین، کاری بس حیرت‌انگیز کرده است.

۱۴ - مُراد آنکه: به این نتیجه رسید که خداوند این گونه می‌خواهد و او را چنین مجذوب کرده است.

۳۳۶۳ **فاتحه[1] خواند و بسی لاحول کرد فاتحه‌ش در سینه می‌افزود درد[2]**

فاتحه خواند و لاحول و لا قوّة... گفت؛ امّا دعایش اجابت نمی‌شد.

۳۳۶۴ **زآنکه او را فاتحه خود می‌کشید[3] فاتحه در جرّ و دفع آمد وحید[4]**

هرچند که «فاتحه» در جلب خیر و دفعِ شرّ بی‌مانند است؛ امّا او را بیشتر جلب می‌کرد.

۳۳۶۵ **گر نماید غیر، هم تَمویه[5] اوست ور رود غیر از نظر، تنبیه[6] اوست**

اگر «غیر»ی به نظر آید، چشم‌بندیِ اوست و اگر از نظر برود و فقط توجّه به حق بمانَد، آگاه کردنِ اوست.

۳۳۶۶ **پس یقین گشتش که جذبه زآن سری‌ست کارِ حق هر لحظه نادرْآوری‌ست**

پس یقین کرد که این جذبه، از عالم غیب است. خداوند هر لحظه چیزِ نادری می‌آفریند.

۳۳۶۷ **اسبِ سنگین، گاوِ سنگین،[7] زِابتلا[8] می‌شود مسجود از مکرِ خدا**

به سببِ قدرت و مکرِ الهی بت‌ها را می‌پرستند و آزمایش می‌شوند.

۳۳۶۸ **پیشِ کافر نیست بُت را ثانیی نیست بُت را فرّ و نه روحانیی**

«بُت‌پرست»، بُتی را که فرّ و روحانیتی ندارد، بی‌همتا می‌داند.

۳۳۶۹ **چیست آن جاذب، نهان اندر نهان در جهان تابیده از دیگر جهان؟**

آن جاذبهٔ بسیار نهانی که از عالمی دیگر می‌تابد و سنگی را شأن می‌دهد، چیست؟

۳۳۷۰ **عقل محجوب است و جان هم زین کمین من نمی‌بینم، تو می‌توانی ببین**

نه عقل و جان آن جاذبهٔ نهانی را می‌شناسد، نه من، اگر تو می‌توانی، ببین.

۳۳۷۱ **چونکه خوارَمْشَه ز سَیران بازگشت با خواصِ مُلکِ[9] خود همراز گشت**

چون خوارزمشاه از گردش بازگشت، با ندیمانِ خاص نهانی مذاکره کرد.

---

۱ - فاتحه به معنی سرآغاز و گشودن، اوّلین سورهٔ قرآن، آن را سبع‌المثانی گویند چون هفت آیه دارد. در شروع کارها و برآورده شدن حاجات قرائت می‌کنند.

۲ - مصراع دوم: قرائت فاتحه برای او سبب گشوده شدن بیشترِ ابواب در جهتِ تمایل به اسب بود؛ چون تقدیر چنین بود و قرار بود که به مسیری دیگر هدایت شود. ۳ - بیشتر جذب می‌کرد.

۴ - در جلب و جذبِ خیرها و در دفعِ بدی‌ها نظیر ندارد. «وحید»: یگانه، بی‌مانند.

۵ - **تَمویه** : آب طلا دادن، اینجا چیزی را جلوه دادن، چشم‌بندی. ۶ - **تنبیه** : آگاه کردن.

۷ - **اسب سنگین و گاو سنگین** : بُت‌هایِ سنگی. ۸ - **زِابتلا** : برای آزموده شدن.

۹ - **خواصِ مُلک** : ندیمانِ خاص، مقاماتِ بلندمرتبه، وزیران و نزدیکانِ دربار.

پس به سرهنگان بفرمود آن زمان   تا بیارند اسب را زآن خاندان[1] ۳۳۷۲

پس به بزرگان لشکری فرمان داد تا اسب مورد نظر را بیاورند.

همچو آتش[2] در رسیدند آن گروه   همچو پشمی گشت امیرِ همچو کوه[3] ۳۳۷۳

مأمورانِ شاه مانند صاعقه بر امیر فرود آمدند و آن مرد استوار در برابرشان خُرد شد.

جانْش از درد و غبین[4] تا لب رسید   جز عمادُالملک زنهاری[5] ندید ۳۳۷۴

جانش از درد و زیان به لب رسید و جز عمادالملک پناهی نیافت.

که عمادالملک بُد پایِ عَلَم[6]   بهرِ هر مظلوم و هر مقتولِ غم ۳۳۷۵

زیرا او برای مظلومان واندوه‌زدگان پناه بود.

محترم‌تر خود نَبُد زُو سروری   پیشِ سلطان بود چون پیغمبری ۳۳۷۶

سالاری محترم‌تر از او نبود. سخنش نزدِ شاه حق بود.

بی‌طمع بود[7] او، اصیل و پارسا   رایض[8] و شبْ‌خیز و حاتم[9] در سَخا ۳۳۷۷

بی‌طمع، والاتبار و پرهیزکار بود. اهلِ ریاضت، شب‌زنده‌دار و بسیار بخشنده بود.

بس همایون رای[10] و باتدبیر و راد[11]   آزموده رایِ او در هر مُراد ۳۳۷۸

بسیار نیک‌اندیش، باتدبیر و جوانمرد بود و در هر مورد فکری بلند و مجرّب داشت.

هم به بذلِ جان سَخی[12] و هم به مال   طالبِ خورشیدِ غیبْ او چون هلال[13] ۳۳۷۹

فداکار، بخشنده و جویای رضایِ حق بود.

در امیری او غریب و مُحْتَبِس[14]   در صفاتِ فقر[15] و خُلّت[16] مُلْتَبِس[17] ۳۳۸۰

خود را در مقامِ امارت غریب و زندانی می‌دید، از دنیا بی‌نیاز و با حق مأنوس بود.

---

۱ - **آن خاندان :** اینجا از اصطبلِ امیر. ۲ - **همچو آتش :** اینجا مانند صاعقه.

۳ - مصراع دوم: امیری که مانند کوه استوار و محکم بود، مانند پشم نرم و خُرد شد؛ یعنی خود را باخت.

۴ - **غبین :** زیان، مغبون شدن. ۵ - **زنهار :** امان، پناه و ملجأ. ۶ - **پایِ عَلَم :** پناه.

۷ - **بی‌طمع بود :** طمعکار نبود. ۸ - **رایض :** اهلِ ریاضت.

۹ - **حاتم :** جوانمردی از قبیلهٔ طی که عرب به سخای وی مَثَل می‌زند. ۱۰ - **همایون رأی :** نیک‌اندیش.

۱۱ - **راد :** جوانمرد. ۱۲ - **در بذلِ جان سخی بودن :** فداکار بودن.

۱۳ - مصراع دوم: همان‌گونه که هلال جویایِ نور افزون‌تر از خورشید است تا بدرِ کامل گردد، او هم طالبِ توجّه و عنایت افزون‌تر خداوند بود. ۱۴ - **مُحْتَبِس :** حبس کننده، اینجا محبوس.

۱۵ - **در صفاتِ فقر :** دارایِ صفات درویشان، بی‌نیاز از خلق. ۱۶ - **خُلّت :** دوستی.

۱۷ - **مُلتَبِس :** مشتبه سازنده، اینجا پوشیده شده.

بوده هر محتاج را همچون پدر   پیشِ سلطان شافع و دفعِ ضرر ۳۳۸۱

برای نیازمندان مانند پدر بود و نزدِ سلطان شفاعت می‌کرد و ضرر را دور می‌ساخت.

مر بَدان را سَتْر[1]، چون حلمِ خدا   خُلقِ او بر عکسِ خَلقان، و جدا ۳۳۸۲

در پرتوِ حلمِ الهی، عیبِ بَدان را می‌پوشاند و اخلاقی ممتاز داشت.

بارها می‌شد به سوی کُوهْ فرد[2]   شاه با صد لابه او را دفع کرد ۳۳۸۳

بارها می‌خواست در کوه خلوت کند؛ امّا شاه با خواهش او را از آن بازداشت.

هر دم ار صد جُرم را شافع شدی   چشم سلطان را از او شرم آمدی ۳۳۸۴

اگر هر لحظه شفیعِ صدها مجرم می‌شد، پادشاه شرم می‌کرد و می‌پذیرفت.

رفت او پیشِ عمادالملکِ راد   سر برهنه کرد و بر خاک اوفتاد[3] ۳۳۸۵

امیر نزد عمادالملکِ جوانمرد رفت و ملتمسانه دادخواهی کرد.

که: حَرَم[4]، با هرچه دارم، گو بگیر   تا بگیرد حاصلم را هر مُغیر[5] ۳۳۸۶

گفت: شاه، اهلِ حرم و دارایی‌ام را بگیرد و غارتگران دار و ندارم را ببرند.

این یکی اسب است، جانم رهنِ اوست[6]   گر بَرَد، مُردَم یقین، ای خیرْدوست[7]! ۳۳۸۷

امّا ای خیرخواه، اگر این اسب را که جانم درگرو اوست، بگیرد، می‌میرم.

گر بَرَد این اسب را از دستِ من   من یقین دانم، نخواهم زیستن ۳۳۸۸

اگر اسب را از دستم بگیرد، به یقین زنده نمی‌مانم.

چون خدا پیوستگیّ داده است[8]   بر سرم مال، ای مسیحا! زود دست[9] ۳۳۸۹

چون خداوند به تو توجّه خاص دارد، ای مسیحْ صفت، حمایتم کن.

---

۱ - **سَتْر** : پوشش.   ۲ - بارها می‌خواست به کوه برود و خلوت کند.

۳ - مصراع دوم: سر برهنه کردن و بر خاک افتادن: دادخواهی کردن.

۴ - **حَرَم** : اهل حَرَم، زنان و کنیزانِ زرخرید.   ۵ - **مُغیر** : غارتگر.

۶ - **جانم رهن اوست** : جانم درگروِ اوست.   ۷ - **خیردوست** : خیرخواه.

۸ - مصراع اوّل: چون به خداوند اتّصال یافته‌ای، نزدِ خدا قُرب داری.

۹ - **دست بر سرم مال** : از من حمایت کن.

از زن و زرّ و عِـقارم[1] صـبر هست   این تکلّف[2] نیست، نی تزویری است ۳۳۹۰

از دست دادن زن، مال و مِلک را می‌توانم تحمّل کنم، امّا اسبم را نمی‌توانم. نه ریا می‌کنم و نه ادّعاست.

انـدر ایـن گـر مـی‌نداری بـاورم   امتحان کن، امتحان، گفت و قـدم[3] ۳۳۹۱

اگر باور نمی‌کنی، گفتار و کردار مرا امتحان کن تا ببینی آنچه می‌گویم، عمل می‌کنم.

آن عمادالمـلک گـریان، چشـمْ‌مال   پیشِ سلطان در دوید آشفته حـال ۳۳۹۲

عمادالملک، گریان و در حالی که اشک‌ها را پاک می‌کرد، به سرعت و پریشان نزد سلطان رفت.

لب ببست و پیشِ سلطان ایستاد   رازگـویان بـا خـدا، رَبُّ العِباد[4] ۳۳۹۳

خاموش نزدِ سلطان ایستاد در حالی که در دل با خداوند راز و نیاز می‌کرد.

ایسـتاده رازِ سـلطان مـی‌شنید[5]   واندرون اندیشه‌اش ایـن مـی‌تنید[6] ۳۳۹۴

ایستاده بود و رازِ دلِ سلطان را که شیفتهٔ اسب بود، می‌شنید و در این فکر بود که:

کِای خدا! اگر آن جوان کژ رفت راه[7]   کـه نشـاید سـاختن جـز تـو پـناه 3395

پروردگارا، اگر آن امیر اشتباه کرد و نفهمید که نباید جز تو پناهی بجوید،

تو از آنِ خـود بکـن،[8] از وی مگـیر[9]   گرچه او خواهد خلاص از هر اسیر[10] ۳۳۹۶

تو خدایی کن و گناهش را ندیده بگیر، هرچند که او از بندهٔ دیگری که اسیرِ تقدیرِ توست، کمک خواسته است.

زآنکه محتاج‌اند ایـن خَـلقان هـمه   از گـدایـی گـیر تـا سـلطان هـمه ۳۳۹۷

زیرا انسان‌ها، از گدا تا سلطان همه نیازمندند.

بـا حـضورِ آفـتابِ بـا کـمال   رهنمایی جُستن از شمع و ذُبـال[11] ۳۳۹۸

با وجودِ خداوندِ قادر، کمک خواستن از امیر و وزیر،

---

۱ - **عِقار**: مِلک مزروعی، آب و زمین.   ۲ - **تکلّف**: ریا.   ۳ - **گفت و قدم**: گفتار و کردار، حرف و عمل.

۴ - **رَبُّ العِباد**: پروردگارِ بندگان، خداوند.

۵ - رازِ دلِ شاه را که جذبِ اسب شده بود و اشتیاقِ وافری داشت.   ۶ - مصراع دوم: در دل به این فکر می‌کرد.

7 - **کژ رفت راه**: اشتباه کرد.   8 - ApC ñMj±i :U± iÀ¼« / 9 - Ap° ° «¢d: B½kM¾¢/

10 - oa®k ³AºM3]B °CñA³Ap iÀ ª õMhA±A k,ApM®kA° ³AW¢«¢k SU±w S,½Br° i±AWT³Aw S/

۱۱ - مُراد آنکه: باید از پروردگار یاری خواست نه از بندگان که البتّه هر کدام مرتبه‌ای دارند. «ذُبال»: جمع ذُباله: فتیله. اینجا امیر و وزیر به شمع و فتیله مانند شده‌اند.

بـا حـضورِ آفـتابِ خـوش‌مَساغ[۱] روشنایی جُستن از شـمع و چـراغ ۳۳۹۹

با وجودِ قدرتِ مطلقِ او، چشم به یاریِ این و آن دوختن،

بـی‌گـمان تـرکِ ادب بـاشد ز مـا کـفرِ نـعمت بـاشد و فـعلِ هـوا ۳۴۰۰

بی‌گمان بی‌ادبیِ ما و کفرانِ نعمت و عملی نَفْسانی است.

لیک اغـلب هـوش‌ها[۲] در اِفـتِکار[۳] همچو خفّاش‌اند ظـلمت دوسـتدار ۳۴۰۱

امّا عقلِ ما اغلبِ توجّه و تفکّرش مانند خفّاش به سویِ تاریکی است، نه به نورِ حقیقت.

در شب ار خفّاش کِرمی می‌خورد کِرْم را خـورشیدِ جـان مـی‌پرورد[۴] ۳۴۰۲

اگر خفّاش در تاریکی کِرمی می‌یابد و می‌خورد، آن را خورشیدِ جان پرورده است.

در شب ار خُفّاش از کرمی[۵]ست مست کرم از خورشید جُـنبنده شـده است[۶] ۳۴۰۳

اگر خفّاش از آن بهرهٔ حقیر سرمست است، وجودِ کِرم از خورشیدِ حیات‌بخش است.

آفـتابی کـه ضـیا[۷] زو مـی‌زَهَد[۸] دشـمنِ خـود را نـواله[۹] مـی‌دهد ۳۴۰۴

آفتابِ حقایق که همهٔ روشنی‌ها از آن نشأت می‌یابند، دشمن را نیز بی‌بهره نمی‌گذارد.

لیک شهبازی[۱۰] که او خـفّاش نـیست چشمِ بازش[۱۱] راستْ‌بین و روشنی‌ست ۳۴۰۵

امّا کسی که با عوالم غیبی آشناست، چشمِ بصیرش حقایق را درک می‌کند.

گر به شب[۱۲] جوید چو خُفّاش[۱۳] او نُمو[۱۴] در ادبْ خـورشید مـالَد گـوشِ او ۳۴۰۶

اگر مانند اهلِ دنیا به دنیا روی آوَرَد، حق او را تأدیب می‌کند.

گویدش: گیرم که آن خُـفّاشِ لُـد[۱۵] علّتی[۱۶] دارد، تو را باری چه شـد؟ ۳۴۰۷

و می‌گوید: فرض کنیم که او بیمار است و آفتاب را نمی‌بیند، تو چرا آفتاب را رها می‌کنی؟

---

۱ - **خوش‌مَساغ :** خوش‌رفتار، «مَساغ»: گذرگاه. «آفتابِ خوش‌مَساغ»: آفتابی که می‌توان به گذرگاه و بارگاهِ او رفت، پروردگار و قدرتِ مطلقهٔ او. ۲ - **هوش‌ها :** عقلِ ما. ۳ - **افتکار :** اندیشیدن.

۴ - مُراد آنکه: خفّاش هم در پرتوِ عنایتِ حق زندگی می‌کند و بهره‌مند می‌شود. «خفّاش»: کنایه از اهلِ دنیا یا ظاهربینان. ۵ - **کِرم :** کنایه از متاعِ حقیر دنیوی، بهره‌های زوال‌پذیر دنیوی.

۶ - مُراد آنکه: این جاذبه‌ها را هم خالقِ هستی آفریده و حیات بخشیده است. ۷ - **ضیا :** نورِ ذات.

۸ - **می‌زَهَد :** می‌تراود. ۹ - **نواله :** لقمه، اینجا عطا. ۱۰ - **شهباز :** غیرِ اهل دنیا، اهلِ معنا.

۱۱ - **چشمِ باز :** چشمِ بصیر. ۱۲ - **شب :** اینجا زندگیِ این جهانی. ۱۳ - **چو خفّاش :** مانند اهلِ دنیا.

۱۴ - **نموّ :** بالیدگی، رشد یافتگی. ۱۵ - **خفّاشِ لُد :** خفّاشِ ستیزه‌گر.

۱۶ - **علّت :** بیماری، بیماریِ جهل، عدمِ درک.

۳۴۰۸ **مالِشَت[۱] بِدْهم به زجر از اِکتیاب[۲] تا نتابی سر دگر از آفتاب**

با اندوهِ فراق گوشمالی‌ات می‌دهم تا دیگر از حق روی‌گردان نشوی.

مواخذهٔ[۳] یوسفِ صدّیق صلوات الله علیه به حبس «بِضْعَ سِنینَ»[۴]، به سببِ یاری خواستن از غیرِ حق، و گفتن: «اُذْکُرنی عِنْدَ رَبِّکَ»[۵] مَعَ تقریره[۶]

۳۴۰۹ **آنچنانکه یوسف، از زندانیی بانیازی،[۷] خاضعی،[۸] سَعدانیی[۹]**

چنانکه یوسف(ع)، از زندانیِ نیازمندِ فروتنِ نیکبختی،

۳۴۱۰ **خواست یاری، گفت: چون بیرون رَوی پیش شَهْ گردد اُمورت مُستوی[۱۰]**

یاری خواست و گفت: چون از زندان رفتی و کارَت نزد شاه روبراه شد،

۳۴۱۱ **یادِ من کن پیشِ تختِ آن عزیز[۱۱] تا مرا هم واخَرَد زین حبس نیز**

نزدِ او از من یاد کن تا مرا نیز از زندان بیرون آوَرَد.

۳۴۱۲ **کی دهد زندانیی در اِقْتِناص[۱۲] مردِ زندانیِّ دیگر را خلاص؟**

زندانیِ اسیر می‌تواند زندانیِ دیگر را نجات دهد؟

۳۴۱۳ **اهلِ دنیا جملگان زندانی‌اَند[۱۳] انتظارِ مرگِ دارِ فانی‌اَند[۱۴]**

«اهلِ دنیا» همه زندانی و در انتظار مرگ‌اند.

۳۴۱۴ **جز مگر نادر یکی فَردانیی[۱۵] تن به زندان، جانِ او کیوانیی[۱۶]**

مگر انسانِ نادری که بدنش در عالمِ مادّه و جانش در عالمِ معناست.

---

۱ - **مالش :** گوشمالی. ۲ - **اکتیاب :** اندوه. ۳ - **مؤاخذه :** بازخواست. ۴ - **بِضْعَ سنین :** چند سال.
۵ - بخشی از آیهٔ ۴۲ سورهٔ یوسف: مرا نزدِ مولایِ خود یاد کن. ۶ - **مَعَ تقریره :** با بیانِ آن.
۷ - **بانیاز :** نیازمند. ۸ - **خاضع :** فروتن. ۹ - **سعدانی :** نیکبخت.
۱۰ - **گردد امورت مُسْتَوی :** امورت روبراه شد. «مُسْتَوی»: راست. ۱۱ - **آن عزیز :** عزیزِ مصر.
۱۲ - **اِقْتِناص :** شکار، اینجا اسیر. ۱۳ - زندانیِ عالم مادّه‌اند و توانایی رهایی از قیود آن را ندارند.
۱۴ - مراد آنکه: زندگی آنان در واقع انتظار برای فرارسیدنِ مرگ است. ۱۵ - **فردانی :** منحصر به فرد.
۱۶ - **کیوان :** ستارهٔ زحل، اینجا مطلقِ آسمان، عالمِ معنا.

پس جـزایِ آنکـه دیـد او را مُـعین ماند یوسف حَبس دَرْ بِضعَ سِنین[۱] ۳۴۱۵

پس یوسف(ع) به کیفر آنکه او را یاور دانست، چند سال در زندان ماند.

یـادِ یـوسفْ دیـو از عـقلش سُـتُرد وز دلش دیو آن سخن از یـاد بُـرد ۳۴۱۶

شیطان یاد و سخن یوسف را از خاطرِ آن زندانی محو کرد.

زین گُنه کآمـد از آن نـیکوخصال[۲] مـاند در زنـدان ز داوَر چـند سـال ۳۴۱۷

به سببِ این گناهِ آن نیکوخصلت، خداوند او را چند سال در زندان باقی گذاشت.

که: چه تقصیر آمد از خورشیدِ داد تا تو، چون خفّاش اُفتی در سَواد[۳]؟ ۳۴۱۸

که آیا خورشیدِ عدل کوتاهی کرد که تو چون خفّاش به تاریکی روی آوردی؟

هین! چه تقصیر آمد از بَحر و سَحاب[۴] تا تو یاری خواهی از ریگ و سـراب؟ ۳۴۱۹

هان، «بحر و سحاب» چه کرده‌اند که تو از «ریگ و سراب» یاری می‌خواهی؟

عام اگر خـفّاش‌طبع‌انـد[۵] و مـجاز یوسفا ! داری تـو آخـر چشـمِ بـاز ۳۴۲۰

اگر عامِ خلق کور باطن وغیر حقیقی‌اند، آخر ای یوسف، تو که چشمی بینا و بصیر داری.

گر خُفاشی رفت در کـور و کـبود[۶] بازِ سلطانْ‌دیده[۷] را باری چه بـود؟ ۳۴۲۱

اگر «ظاهربین» به سویِ تباهی برود، چرا «باطن‌بین» باید چنین کند.

پس ادب کردش بدین جُرم اوستاد که مساز از چوبِ پـوسیده عِـماد[۸] ۳۴۲۲

پس استاد برای این گناه ادبش کرد که چوب پوسیده ستون نیست، به آن تکیه نکن.

لیک یوسف را به خود مشغول کرد تـا نـیاید در دلش زآن حـبسْ درد ۳۴۲۳

امّا او یوسف را به خود مشغول کرد تا از زندان دلش به درد نیاید.

آنـچنانش اُنس و مسـتی داد حـق که نه زندان ماند پیشش نه غَسَـق[۹] ۳۴۲۴

خداوند چنان او را با خود مأنوس و سرمست کرد که نه زندان را می‌دید و نه تاریکی را.

---

۱ - **بِضعَ سنین :** چندین سال. ۲ - **نیکوخصال :** نیک خصلت. ۳ - **سواد :** سیاهی، تاریکی.
۴ - **بحر و سحاب :** دریا و ابر. ۵ - **خفّاش‌طبع‌اند :** اینجاکور باطن‌اند.
۶ - **کور و کبود رفتن :** مجازاً به سوی دنیا تمایل یافتن.
۷ - **بازِ سلطان‌دیده :** مردِ حق، عارف، کسی که حقایق را می‌بیند و می‌داند. ۸ - **عماد :** ستون.
۹ - **غَسَق :** تاریکی.

نیست زندانی وَحِشْ‌تر[۱] از رَحِم ناخوش و تاریک و پُر خون و وَخِم[۲] ۳۴۲۵

هیچ زندانی وحشتناک‌تر از زهدانِ مادر که ناپسند، تاریک، پرخون و ناگوار است، نیست.

چون گشادت حق دریچه سویِ خویش در رَحِم هر دم فزاید تَنْتْ بیش[۳] ۳۴۲۶

چون در آن زندان «دریچه»ای به سویِ حق باز است، هر لحظه رشد می‌کنی.

اندر آن زندان ز ذوقِ بی‌قیاس[۴] خوش شکُفت از غَرس[۵] جسمِ تو حَواس ۳۴۲۷

در آن فضایِ تنگ وتاریک، لذّتی قیاس‌ناپذیر، از حواسِ تو شکفته می‌شود.

زآن رَحِم بیرون شدن بر تو دُرُشت[۶] می‌گریزی از زَهارش[۷] سویِ پُشت ۳۴۲۸

خارج شدن از رحم را ناگوار می‌دانی و از دهانهٔ رحم به پُشت می‌گریزی.

راهِ لذّت از درون[۸] دان، نه از برون[۹] ابلهی دان جُستنِ قصر و حُصون[۱۰] ۳۴۲۹

بدان که لذّتِ حقیقی معنوی است نه مادّی. جُستنِ قصر و قلعه حماقت است.

آن یکی در کُنجِ مسجد مست و شاد وآن دگر در باغْ تُرْش و بی‌مراد ۳۴۳۰

یکی درگوشهٔ مسجد سرمست و شاد است و دیگری در باغ غمگین و ناکام.

قصرْ چیزی نیست، ویران کن بَدَن[۱۱] گنج[۱۲] در ویرانی است ای میرِ من! ۳۴۳۱

سعادت درکاخ یافت نمی‌شود، ای سرور من، باید هستیِ فردی و علایق را ترک کنی.

این نمی‌بینی که در بزمِ شراب مست آنگه خوش شود کو شُد خراب؟ ۳۴۳۲

آیا نمی‌دانی که در بزمِ شراب، سرخوشیِ مست وقتی است که خراب شود؟

گرچه پُر نقش است خانه[۱۳]، برکَنش گنج جُو وزگنج آبادان کُنَش ۳۴۳۳

هرچند که هستیِ فردی در حیاتِ دنیوی جاذبه‌هایی دارد؛ امّا آن را رها کن تا به نورِ معرفت برسی و با آگاهی زندگی‌ات را پربارتر کنی.

---

۱ - **وَحِش** : وحشتناک. ۲ - **وَخِم** : ناگوار. ۳ - مصراع دوم: مرتب در حال رشد هستی.

۴ - **ز ذوقِ بی‌قیاس** : از لذّتی که قیاس نمی‌توان کرد. این ذوق به سبب رابطهٔ نهانیِ مخلوق با خالق است.

۵ - **غَرس** : نهال، «غرسِ جسم»: تن به نهال مانند شده که حواسّ مختلف میوه‌های آن‌اند.

۶ - **دُرُشت** : ناگوار، سخت. ۷ - **زَهار** : شرمگاه، اینجا دهانهٔ رَحِم. ۸ - **از درون** : باطنی، معنوی.

۹ - **از برون** : مادّی یا دنیوی. ۱۰ - **حصون** : قلعه، دژ. ۱۱ - **ویران کن بدن** : هستیِ فردی را فانی کن.

۱۲ - **گنج** : گنج حقایق، معرفتِ عالمِ معنا، رسیدن به حقیقتی که در درون ماست.

۱۳ - **خانهٔ پر نقش** : حیاتِ دنیوی و هستیِ فردیِ ماست.

خانهٔ پر نقش ِ تصویر و خیال وین صُوَر چون پرده بر گنجِ وصال ۳۴۳۴

هستیِ دنیوی سرشار از تصاویر و نقوشی خیالی است که مانند پرده‌ای رویِ حقایق را پوشانده است.

پرتوِ گنج است و تابش‌هایِ زر[۱] که در این سینه همی جوشد صُوَر ۳۴۳۵

تصاویر ذهنی و اندیشه‌هایِ ما به سببِ جوشش وبازتابِ حقیقتی است که در ما هست.

هم ز لطف و عکس ِ آبِ باشرف[۲] پرده شد بر رویِ آب اجزایِ کف[۳] ۳۴۳۶

آن حقیقت چنان لطیف و بلندمرتبه است که «هستی‌هایِ صوری» از آن پدید می‌آیند و مانند «کف» رویِ این دریایِ بیکران را می‌پوشانند.

هم ز لطف و جوش ِ جانِ باثَمَن[۴] پرده‌یی بر رویِ جان شد شخص ِ تن ۳۴۳۷

همچنین از جوششِ «جان»، «تن» زندگی یافته و حجابِ جان شده است.

پس مَثَل بشنو که در اَفواه[5] خاست که اینچه بر ماست ای برادر! هم ز ماست 3438

پس این مَثَل را که در دهان‌ها افتاده است، بشنو: که: آنچه بر ما می‌رسد، از ماست.

زین حجاب[۶] این تشنگانِ[۷] کف‌پَرَست[۸] ز آبِ صافی اوفتاده دُوردست ۳۴۳۹

«ظاهربینان» که فقط «صورت‌های مجازی» را می‌بینند، به آن دل می‌بندند و از حقایق مهجور می‌مانند.

آفتابا![۹] با چو تو قبله و امام[۱۰] شب‌پرستی و خُفاشی می‌کنیم[۱۱] ۳۴۴۰

پروردگارا، ما همانند خفّاش، «نورِ قبلهٔ حقایق» را نمی‌بینیم و به «دنیا» روی می‌آوریم.

---

۱ - مصراع اوّل: در پرتوِ وجودِ عوالم معنویِ وجودمان هست که ما تصاویری در ذهن داریم و می‌اندیشیم.

۲ - **آبِ باشرف**: دریایِ شریفِ عالمِ معنا.

۳ - **اجزایِ کف**: هستی‌هایِ صوری که از هستیِ حقیقی هست شده‌اند.

۴ - **جانِ باثَمَن**: روحِ گرانبها، روحِ عالیقدر، روحِ عالیِ عِلْوی. 5 - **اَفواه**: دهان‌ها.

۶ - **زین حجاب**: خلقت‌هایِ صوری، هرچه که در عالم هست و برای آدمی جاذبه‌ای دارد.

۷ - **تشنگان**: ظاهربینان هم تشنهٔ دریایِ حقایق هستند؛ امّا فقط «کفِ» روی آن را می‌توانند ببینند و به همان دل می‌بندند. ۸ - **کف‌پَرَست**: ظاهربین. ۹ - **آفتابا**: اینجا پروردگارا.

۱۰ - معنی مصراع اوّل: با وجودِ نورِ حقایق که قبله و هادی است.

۱۱ - تا اینجا هرچه که خواندیم، اندیشهٔ عمادالملک بود و اینک راز و نیاز او با پروردگار است.

سویِ خود کن این خُفاشان[1] را مَطار[2]   زین خُفاشی‌شان بخِر[3] ای مُسْتَجار[4]! ۳۴۴۱

ای پناه دهنده، این ظاهربینان را متوجّه عالمِ معنا کن و نجاتشان بده.

این جوان زین جُرم ضال است و مُغیر[5]   کـه بـه مـن آمـد، ولی او را مگـیر[6] ۳۴۴۲

این جوان را که به جای پناه بردن به خدا به سویِ من آمد و گمراه و متجاوز است، ببخش.

در عـمادالمـلک ایـن انـدیشه‌ها   گشته جوشان چون اَسَد در بیشه‌ها ۳۴۴۳

این اندیشه‌ها در ذهن عمادالملک می‌گذشت، همان‌گونه که شیر از بیشه می‌گذرد.

ایـسـتاده پـیش ِ سـلطان ظـاهرش   در ریاض ِ غیبْ[7] جـانِ طـایرش[8] ۳۴۴۴

جسمِ او نزد سلطان بود و جانش در عوالمِ غیبی پرواز می‌کرد.

چـون مـلایک او بـه اقـلیمِ اَلَست[9]   هر دَمی می‌شد به شُربِ تازه[10] مست ۳۴۴۵

چون فرشتگان در پیشگاهِ حق، هر دم از فیضی سرمست بود.

اندرون سور و بُرون چون پُر غـمی   در تنِ همچون لَحَد[11] خوش عالَمی ۳۴۴۶

درونی شاد و ظاهری غمگین داشت. در تنِ مانندِ قبر، خوش بود.

او در این حـیرت بُـد و در انـتظار   تا چه پیدا آید از غـیب و سِـرار[12] ۳۴۴۷

منتظر و متحیّر بود که از عالمِ غیب چه اسراری پدید می‌آید؟

اسب را انــدر کشـیدند آن زمــان   پیش ِ خوارَمْشاه سـرهنگانْ کَشـان ۳۴۴۸

در آن لحظه بزرگانِ لشکر، اسب را کشان کشان به محضرِ شاه آوردند.

الحق انـدر زیـرِ ایـن چـرخِ کـبود   آنچنان کُـرّه بـه قـدّ و تَک[13] نـبود ۳۴۴۹

الحق که در جهان، کرّه‌یی به قد و قامت و سرعت او نبود.

---

۱ - **خفاشان :** اینجا ظاهربینان. ۲ - **مَطار :** پرواز کردن. ۳ - **زین خفاشی‌شان بخر :** نجاتشان بده.
۴ - **مستجار :** مستجیر، پناه دهنده. ۵ - **مُغیر :** غارتگر، اینجا طغیانگر، متجاوز.
۶ - **او را مگیر :** او را ببخش. ۷ - **ریاضِ غیب :** باغ‌هایِ غیب. ۸ - **جانِ طایرش :** جانِ پرّانش.
۹ - **اقلیم اَلَست :** پیشگاهِ حق. ۱۰ - **شُربِ تازه :** شرابِ تازه‌ای، تجلیّاتِ پی‌درپی.
۱۱ - **تنِ همچون لَحَد :** تنِ قبرمانند، چون جان در آن محبوس است. ۱۲ - **سِرار :** اسرار.
۱۳ - **به قدّ و تک :** به قد و قامت و دوندگی.

مـی‌رُبودی رنگِ او هـــر دیـــده را　　مَرحَبْ[۱] آن از برق و مَهْ زاییده[۲] را ۳۴۵۰

رنگش چشم‌ها را جذب می‌کرد، مرحبا به آن اسبِ درخشان.

همچو مَه، همچون عُـطارد[۳] تـیزْرو　　گوییی صَرصَر علف بودش، نه جو ۳۴۵۱

مانند ماه و ستاره سریع بود، گویی از «تندباد» تغذیه می‌کرد، نه از جُو.

مـاهْ عــرصهٔ آســمان را در شـبی　　مـی‌بُرَد[۴] انــدر مسیر و مَـذهبی[۵] ۳۴۵۲

ماه در یک شب پهنهٔ آسمان را طی می‌کند و به آن سوی می‌رود.

چون به یک شب مَهْ بُرید[۶] اَبراج[۷] را　　از چه مُـنکِر مـی‌شوی مـعراج را؟[۸] ۳۴۵۳

چون «ماه» در یک شب می‌تواند تمام برج‌های فلکی را طی کند، چرا پیامبر(ص) نتواند؟

صد چو ماه است آن عجب[۹] دُرِّ یتیم[۱۰]　　که به یک ایماءِ[۱۱] او شد مَهْ دو نیم[۱۲] ۳۴۵۴

ماه که به یک اشارهٔ او شکافته شد، با آن مروارید یگانهٔ شگفت‌انگیز، قابل قیاس نیست.

آن عجب[۱۳] کو در شکاف مَهْ نمود　　هم به قدرِ ضعفِ حسِّ خَلق بود[۱۴] ۳۴۵۵

معجزهٔ پیامبر(ص) در شکافتن ماه، به سببِ ضعفِ قابلیّت خلق بود که نمی‌توانستند بدون بروز حوادثِ مادّی، عظمتِ معنوی و روحانیِ او را درک کنند.

کــار و بــارِ انــبیا و مُــرسَلون　　هست از افلاک و اخترها بُـرون[۱۵] ۳۴۵۶

وگرنه، قدرت و عظمتِ پیامبران بسی فراتر از عالمِ مادّه و در عوالمِ غیر مادّی است.

تو برون رو هم ز افـلاک و دَوار[۱۶]　　وآنگهان نـظّاره کـن آن کـار و بـار ۳۴۵۷

تو از عالمِ محسوس فراتر برو تا کار و مقامِ آنان را ببینی.

---

۱ - **مَرْحَب :** مرحبا، آفرین.　　۲ - **از برق و مَه زاییده بود :** کنایه از درخشان بودن.

۳ - **عطارد :** همچون عطارد تیزرو، مُراد آنکه: سالِ معمولیِ زمین ۳۶۵ روز است؛ امّا سال عطارد ۸۸ روز؛ در کمتر از سه ماه به دور خورشید می‌گردد.　　۴ - **می‌بُرد :** طی می‌کند.

۵ - **مسیر و مذهب :** «مسیر»: سیر. «مذهب»: راه و رفتن.　　۶ - **بُرید :** طی کرد، یا طی می‌کند.

۷ - **ابراج :** برج‌ها.

۸ - مصراع دوم: ماه می‌تواند آسمان را طی کند، پیامبر(ص) نمی‌تواند به ماورای عالم مادّه و به دیدارِ حق برود؟

۹ - **عجب :** عجیب، شگفت‌انگیز.　　۱۰ - **دُرّ یتیم :** مروارید یگانه.　　۱۱ - **ایما :** اشاره.

۱۲ - اشاره به شقّ‌القمر در سورهٔ قمر، آیهٔ اوّل.　　۱۳ - **آن عجب :** آن معجزه.

۱۴ - به سببِ عدمِ قابلیّت و استعدادِ خلق بود که قدرت‌های ماورایی را درک نمی‌کردند.

۱۵ - مصراع دوم: برتر از عالمِ محسوس است، ماورایی است، معنوی و روحانی است.

۱۶ - **افلاک و دوار :** آسمان‌ها و گردش آن‌ها، یعنی از عالمِ حس.

در میانِ بیضه‌ای[1] چون فَرخ‌ها[2] نشنوی تسبیحِ مرغانِ هوا[3] ۳۴۵۸

تو که مانند جوجه درون تخم هستی، نمی‌توانی تسبیحِ پرندگان را بشنوی.

معجزات اینجا نخواهد شرح گشت ز اسب و خوارمشاه گو و سرگذشت ۳۴۵۹

اینجا فرصتی برای بیان معجزات انبیا نیست. سرگذشتِ اسب و خوارزمشاه را بگوییم.

آفتابِ لطفِ حق بر هر چه تافت از سگ و از اسب، فرِّ کَهْف[4] یافت ۳۴۶۰

آفتابِ لطفِ حق بر هر چه بتابد، سگ یا اسب، شکوهمند می‌شود.

تاب لطفش را تو یکسان هم مدان سنگ را و لعل را داد او نشان[5] ۳۴۶۱

تابشِ لطفِ او و اثرش به قابلیّت مخلوق هم بستگی دارد.

لعل را زآن[6] هست گنجِ مُقتبَس[7] سنگ را گرمی و تابانی و بس ۳۴۶۲

لعل از آن تابش، گرانقدر و گرانبها می‌شود؛ امّا سنگ گرمی و درخشندگی می‌یابد.

آنکه بر دیوار افتد آفتاب آنچنان نَبْوَد کز آب و اضطراب[8] ۳۴۶۳

آفتاب بر دیوار و آب می‌تابد؛ بازتابش از سطحِ آب شدید و گرم است؛ امّا دیوار این خاصّیت را ندارد.

چون دمی حیران شد از وی شاهِ فرد رویِ خود سویِ عمادالملک کرد ۳۴۶۴

چون شاهِ یگانه لحظه‌ای حیران به اسب نگریست، به سویِ عمادالملک برگشت.

کِای اِچی[9]، بس خوب اسبی نیست این؟ از بهشت است این مگر، نه از زمین ۳۴۶۵

که: ای برادر، اسبِ خوبی نیست؟ گویی بهشتی است، نه زمینی.

پس عمادالملک گفتش: ای خدیو[10]! چون فرشته گردد از میلِ تو دیو ۳۴۶۶

عمادالملک گفت: ای شاه، علاقه می‌تواند دیو را فرشته جلوه دهد.

---

۱ - **بیضه** : تخم. ۲ - **فَرْخ** : جوجه.

۳ - **تسبیح مرغانِ هوا** : راز و نیازِ بزرگان با حق و نفاذی را که کلام و اراده‌شان در هستی دارد.

۴ - **فرِّ کهف** : شکوهِ پناهِ الهی، شکوهمندیِ خاص که نشانِ توجّه حق است.

۵ - مُراد آنکه: به همهٔ سنگ‌ها می‌تابد؛ ولی همه لعل نمی‌شوند. ۶ - **زآن** : از لطفِ حق.

۷ - **گنجِ مُقْتَبَس** : گنجی که اقتباس شده، گنجی که یافته، ارزشی که پیدا کرده و قبلاً نداشته.

۸ - **آبَ و اضطراب** : بر آب و امواجِ آن. ۹ - **اِچی** : برادر، برادرِ بزرگ، بزرگ، لفظ ترکی.

۱۰ - **خدیو** : پادشاه.

۳۴۶۷ **در نـظر آنـچ آوری،[1] گـردید نـیک　　　　بس گَش[2] و رعناست این مرکب، ولیک**

هرچه که به چشمت بیاید، نیک می‌شود. این اسب هم خوب و زیباست؛ امّا،

۳۴۶۸ **هست ناقص آن سر انـدر پـیکرش　　　　چون سرِ گاو است گویی آن سَرش**

سرِ اسب نسبت به پیکرش تناسبی ندارد، گویی شبیه سرِ گاو است.

۳۴۶۹ **در دلِ خوارَمشه این دَم[3] کار کرد[4]　　　　اسب را در مـنظرِ شَـهْ خـوار کـرد**

این سخن در دلِ شاه اثر کرد و اسب در نظرش خوار شد.

۳۴۷۰ **چون غَرَض[5] دَلاّله[6] گشت و واصفی　　　　از سـه گـز کـرباس یـابی یـوسفی[7]**

اگر در معامله‌ای، دلاّل در توصیف غَرَض‌ورزی کند، یوسفی را می‌توان با سه گز کرباس خرید.

۳۴۷۱ **چـونکه هـنگامِ فـراقِ جـان شـود　　　　دیـــو دلاّل دُرِ ایـــمان شـــود[8]**

هنگامی که جان از بدن جدا می‌شود، ابلیس قصد ایمان می‌کند.

۳۴۷۲ **پس فـروشَد ابـله ایـمان را شـتاب　　　　اندر آن تـنگی بـه یک ابـریقْ[9] آب**

پس آدمِ ابله در آن تنگنا با شتاب، ایمان را به آب می‌فروشد.

۳۴۷۳ **وآن خـــیالی بـــاشد و ابــریقْ نــی　　　　قـصدِ آن دلاّل جـز تـخریق[10] نــی**

در حالی که قدحِ آب خیال بوده و قصدِ ابلیس جز نیرنگ نبوده است.

۳۴۷۴ **این زمان که تو صحیح و فربهی[11]　　　　صِـدْق[12] را بـهرِ خـیالی مـی‌دهی**

اینک تو محتضر نیستی و سالمی؛ امّا حقیقت را با خیالی از دست می‌دهی.

۳۴۷۵ **مـی‌فروشی هـر زمـانی دُرِّکـان[13]　　　　همچو طفلی می‌ستانی گِـردَکـان[14]**

هر لحظه گوهر گرانبهایِ ایمان به حقایق را می‌دهی و گول می‌خوری.

---

۱ - **در نظر آنچ آوری :** هرچه که بپسندی در نظرت مقبول و خوب است.　　۲ - **گَش :** زیبا.

۳ - **این دم :** این سخن.　　۴ - **کار کرد :** اثر کرد.　　۵ - **غَرَض :** غَرَض‌ورزی، تمایلِ نَفْسانی.

۶ - **دلاّله :** زنی که واسطهٔ آشنایی است، اینجا کسی که چیزی یا فردی را معرّفی و توصیف می‌کند.

۷ - مُراد آنکه: با بدگوییِ این و آن، یوسفی ارزان می‌شود، چیزِ گرانقدری بی‌قدر می‌گردد.

۸ - ابلیس به محتضرِ تشنه می‌گوید: اگر برایِ خدا شریکی قایل شوی، ابریقِ آب را به تو می‌دهم و البتّه آدمِ ابله می‌پذیرد و ابریق خالی را به جایِ ایمانِ خود دریافت می‌کند.　　۹ - **ابریق :** قدح.

۱۰ - **تخریق :** دروغگویی، مکر، نیرنگ.　　۱۱ - مصراع اوّل: اینک که تو سالمی و محتضر هم نیستی.

۱۲ - **صدق :** اینجا ایمان.　　۱۳ - **دُرِّکان :** گوهرِ گرانبهایِ ایمان.

۱۴ - مصراع دوم: مانند کودکان گردو می‌گیری؛ یعنی گمراه می‌شوی و گول می‌خوری.

پس در آن رنجوریِ روز اَجَل   نیست نادر گر بُوَد اینَت عَمَل ۳۴۷۶

پس عجبی نیست که در آن دردمندیِ روزِ مرگ چنین کنی.

در خیالت صورتی جوشیده‌یی[1]   همچو جوزی وقتِ دَق پوسیده‌یی[2] ۳۴۷۷

در خیال، تصوّر چیزی مثلِ گردو را داری که هنگامِ شکستن پوسیده است.

هست از آغاز چون بَدْر آن خیال   لیک آخِر می‌شود همچون هلال ۳۴۷۸

آن خیال در آغاز درخشان است و در پایان تاریک.

گر تو اوّل بنگری چون آخِرش   فارغ آیی از فریبِ فاترش[3] ۳۴۷۹

اگر در آغاز بتوانی پایانش را ببینی، گولِ نیرنگِ بی‌اساس را نمی‌خوری.

جوزِ پوسیده‌ست دنیا[4] ای امین[5]   امتحانش کم کن، از دُورش ببین[6] ۳۴۸۰

ای مرد درستکار، هر چه در دنیا هست، هستیِ مجازی دارد، آن را تجربه نکن و جذبش نشو.

شاه دید آن اسب را با چشمِ حال[7]   وآن عمادالملک با چشمِ مآل[8] ۳۴۸۱

شاه اسب را با چشمِ ظاهربین دید و عمادالملک با چشم باطن‌بین.

چشمِ شَهْ دو گز همی دید از لُغَز[9]   چشمِ آن پایانْ‌نگر پنجاه گز ۳۴۸۲

چشمِ غیر حق‌بینِ شاه دو گز را می‌دید؛ امّا چشمِ عاقبت‌نگر پنجاه گز را.

آن چه سُرمه[10]ست؟ آنکه یزدان می‌کشد   کز پسِ صد پرده بیند جانْ رَشَد[11] ۳۴۸۳

آن چه عنایتی است که حق می‌کند و «چشم» می‌تواند امورِ باطنی را درک کند.

---

۱ - مصراعِ اوّل: در خیال تصوّری کرده‌ای.   ۲ - آن خیال مانند جوز پوسیده است. «وقتِ دَق»: وقتِ شکستن.

۳ - **فریبِ فاتر** : نیرنگِ سُست.

۴ - [Qp±W¼k²w S]B¾: دنیا توخالی است؛ یعنی مجازی است و هستیِ حقیقی ندارد.

۵ - A°A¼ : ای درستکار.   ۶ - مصراع دوم: نیازی به تجربه کردن و جذب شدن نیست، گرفتارش نشو.

۷ - za©ß ¤Be: چشمِ ظاهربین.   ۸ - za©ß «D¤: چشمِ باطن بین یا چشمِ عاقبت اندیش.

۹ - **لُغَز** : راه پُر پیچ و خَم. «از لُغَز»: از اشتباه، از درست ندیدن.

۱۰ - **سُرمه** : سرمه‌ای که حق می‌کشد، عنایتی است که چشمِ باطنیِ آدمی گشوده می‌شود.

۱۱ - که چشمِ باطنی می‌تواند، عاقبت‌بین باشد و امور باطنی را بفهمد. «رَشَد»: تمییز نیک و بد.

چشمِ مهتر[1] چون به آخِر بود جفت[2]   پس بدان دیده جهان را جیفه گُفت[3] ۳۴۸۴

چون چشمِ پیامبر(ص) عاقبت‌بین بود، توانست حقیقتِ عالم مادّه را ببیند که دنیا را مُردار نامید.

زین یکی ذَمَّش[4] که بشنود او و حَسب[5]   پس فُسرد اندر دل شَهْ مِهرِ اسب ۳۴۸۵

پادشاه از شنیدنِ نکوهش، محبّتِ اسب در دلش سرد شد.

چشمِ خود بگذاشت و چشمِ او گزید   هوشِ خود بگذاشت و قولِ او شنید ۳۴۸۶

با چشمِ عمادالملک نگریست، نه با چشمِ خود. عقل خود را رها کرد و گفتهٔ او را پذیرفت.

این بهانه بود، و آن دیّانِ فرد[6]   از نیاز، آن در دلِ شَهْ سرد کرد ۳۴۸۷

این سخن بهانه‌ای بود که خدای یگانه به سببِ دعای عمادالملک، اسب را در دل شاه سرد کرد.

در بِبَست از حُسنِ او پیشِ بَصَر   آن سخن بُد در میان چون بانگِ در[7] ۳۴۸۸

کلامِ او مانند بانگِ بسته شدنِ درِ جمالِ اسب به روی شاه بود.

پرده کرد آن نکته را بر چشمِ شَه   که از آن پرده نماید مَهْ سیه ۳۴۸۹

آن نکته را خداوند مانندِ حجابی بر چشمِ شاه قرار داد تا زیبایی را زشتی ببیند.

پاک، بنّایی[8] که بر سازد حُصون[9]   در جهانِ غیب، از گفت و فسون ۳۴۹۰

پاک است خداوندی که قدرت او در عوالمِ غیبی با سخن و افسون قلعه‌ها می‌سازد.

بانگِ در دان گفتْ را، از قصرِ راز   تا که بانگِ واشد است این یا فَراز[10]؟ ۳۴۹۱

«سخن»، درِ قصرِ راز است. توجّه کن که بانگِ باز شدن است یا بسته شدن؟

بانگِ در محسوس، و در از حس برون[11]   تُبْصِرون این بانگ[12]، و دَر لاتُبْصِرون[13] ۳۴۹۲

صدایِ در شنیده می‌شود؛ امّا خودِ در دیده نمی‌شود، فقط بانگِ در محسوس است.

---

۱ - **مِهتر** : مُراد پیامبر(ص) است. ۲ - مُراد آنکه: عاقبت‌بین یا حقیقت‌بین بود.

۳ - اشاره به حدیث: دنیا مُردار است و طالبانِ آن سگان‌اند: این سخن به علی(ع) منسوب است. «جیفه»: مُردار.

۴ - **ذَمَّش** : ذمّ اسب، نکوهشِ اسب. ۵ - **حَسْب** : کافی. ۶ - **دیّانِ فرد** : خداوند.

۷ - مُراد آنکه: خداوند اراده فرمود که درِ جمالِ اسب به رویِ او بسته شود و کلام او مانند بانگ بسته شدن در بود. فعلِ حق به بستنِ در مانند شده است. ۸ - **بنّا** : سازنده، کنایه از پروردگار.

۹ - **حُصون** : جمعِ حصن: قلعه. ۱۰ - **بانگ واشد یا فراز** : بانگِ باز شدن یا بسته شدن.

۱۱ - **از حس برون** : غیر قابل دیدن.

۱۲ - **تُبصرون این بانگ** : بانگ را احساس می‌کنید. «تُبْصِرون»: می‌بینید.

۱۳ - **در لا تُبْصِرون** : در دیده نمی‌شود.

چنگِ حکمت [1] چونکه خوش آواز شد تا چه در از رَوضِ جنّت باز شد؟ ۳۴۹۳

هنگامی که صدایِ خوش حکیمانه‌ای را شنیدی، دقّت کن که کدام درِ باغِ بهشت باز شده است؟

بانگِ گفتِ بَد [2] چو دَرْوا می‌شود [3] از سَقَر [4]، تا خود چه در وا می‌شود؟ ۳۴۹۴

چون «بانگِ بد» به گوش رسید، دقّت کن که کدام درِ دوزخ باز شده است؟

بانگِ در بشنو، چو دوری از دَرَش [5] ای خُنُک [6] او را که واشد مَنْظَرش [7] ۳۴۹۵

چون از «در» دوری، بانگش را بشنو. خوشا به آنکه دیدهٔ باطن دارد.

چون تو می‌بینی که نیکی می‌کنی بر حیات و راحتی بر می‌زنی ۳۴۹۶

هنگامی که نیکی می‌کنی، می‌بینی که امنیّت و آرامشِ درونی داری.

چونکه تقصیر و فسادی می‌رود آن حیات و ذوقْ پنهان می‌شود ۳۴۹۷

هنگامی که مرتکب خطا و تباهی می‌شوی، انبساط و لذّت درونی محو می‌شود.

دیدِ خود [8] مگذار از دیدِ خسان [9] که به مُردارت [10] کَشَند این کَرکَسان [11] ۳۴۹۸

اگر درکِ باطنی داری، به نظرِ «اهلِ دنیا» که تو را گمراه می‌کنند، توجّه نکن.

چشمِ چون نرگس [12] فروبندی که چی؟ هین عصاام کَش، که کورم، ای اِچی [13]؟ ۳۴۹۹

چرا چشمِ بصیرتِ خود را می‌بندی و می‌گویی: ای برادر، عصاکشِ من باش؟

وآن عصاکَش که گُزیدی در سفر خود ببینی باشد از تو کورتر ۳۵۰۰

دقّت کن تا ببینی که آن عصاکش از تو کورتر است.

دستْ کورانه [14] به حَبْلُ‌الله [15] زن جز بر اَمر و نهی یزدانی مَتَن [16] ۳۵۰۱

اگر چشم باطنی نداری، از خدا کمک بخواه و به اوامر و نواهی توجّه کن.

---

۱ - **چنگِ حکمت :** معرفت به چنگ مانند شده است که صدایی خوش دارد. مُراد آنکه: معرفت از آن جهت «خوش» است که ما را به «ادراک باطنی» هدایت می‌کند و به بهشتِ حقایق می‌رسانَد.

۲ - **بانگِ بد :** سخن بد. ۳ - **دروا شدن :** معلّق شدن، منتشر شدن، پراکنده شدن. ۴ - **سَقَر :** دوزخ.

۵ - **دوری از دَرَش :** از درگاهِ حق دور هستی، از درِ قصرِ راز دوری. ۶ - **ای خُنُک :** ای خوشا.

۷ - **واشد منظرش :** چشمِ باطنی‌اش گشوده شد. ۸ - **دیدِ خود :** بینش و بصیرتِ خود، دیدِ باطنیِ خود.

۹ - **دیدِ خَسان :** نظرِ اهلِ دنیا. ۱۰ - **مُردار :** کنایه از جاذبه‌هایِ دنیوی. ۱۱ - **کرکسان :** کنایه از جاهلان.

۱۲ - **چشمِ چون نرگس :** چشمِ باطنی. ۱۳ - **اِچی :** برادر، بزرگ، واژهٔ ترکی.

۱۴ - **کورانَه :** کورکورانه، با عدمِ بصیرت.

۱۵ - **حَبْلُ‌الله :** ریسمانِ خدا، توجّه به آنچه که آدمی را به خدا نزدیک می‌کند. اشارتی قرآنی؛ آل‌عمران: ۱۰۳/۳.

۱۶ - جز به گِردِ اوامر و نواهی نگرد.

دفتر ششم ۴۷۷

چیست حبلُ‌اللّه؟ رها کردن هوا　　کین هوا شد صَرْصَری مر عاد را[۱] ۳۵۰۲

«حَبْلُ‌الله»، رها کردنِ هوا و هوس است، چیزی که قوم عاد را نابود کرد.

خَلق در زندان نشسته، از هواست　　مرغ را پرها بِبَسته، از هواست[۲] ۳۵۰۳

خلق به سبب هوایِ نَفْس در زندان‌اند و پرنده به هوای دانه در دام می‌افتد.

ماهی اندر تابهٔ گرم، از هواست　　رفته از مستوریان[۳] شَرم، از هواست ۳۵۰۴

ماهی در هوای طعمه گرفتار تابه می‌شود و هوس شرم را از پاکدامن زایل می‌کند.

خشم شِحنه[۴]، شعلهٔ نار[۵]، از هواست　　چار میخ و هیبتِ دار[۶]، از هواست ۳۵۰۵

انواعِ مجازاتِ شِحنه به سبب آتشِ هوا و هوس است.

شحنهٔ اجسام دیدی بر زمین　　شحنهٔ احکامِ جان را هم ببین ۳۵۰۶

این شحنه، مأمور اجرایِ احکامِ زمینی است، شحنه‌ای برای احکامِ جان هم هست.

روح را در غیبْ خود اشکنجه‌هاست　　لیک تا نَجْهی، شکنجه در خَفاست ۳۵۰۷

«روح»، در عالمِ غیب کیفرها می‌بیند؛ امّا تا از قیدِ نَفْس رها نشوی، چگونگیِ آن را نمی‌توانی درک کنی.

چون رهیدی، بینی اشکنجه و دَمار　　زآنکه ضدّ از ضِدّ گردد آشکار[۷] ۳۵۰۸

اگر رها شوی، مفهومِ عذابِ روحانی را می‌فهمی؛ زیرا تا رها نشوی در عذابی و معنیِ آن‌را نمی‌دانی.

آنکه در چَه زاد و در آبِ سیاه　　او چه داند لطفِ دشت و رنجِ چاه؟ ۳۵۰۹

کسی که در چاه و آبِ سیاه زاده شده است، از لطف دشت و رنج چاه چه می‌داند؟

چون رها کردی هوا از بیمِ حق　　در رَسَد سَغراق[۸] از تَسنیمِ[۹] حق ۳۵۱۰

چون از ترسِ خدا هوایِ نَفْس را رها کردی، شرابِ حق می‌رسد.

---

۱ - اشارتی قرآنی؛ حاقه: ۶/۶۹: و امّا قوم عاد با تندبادی طغیانگر و سرد و پر سروصدا به هلاکت رسیدند.

۲ - با مثال‌های متعدد سخن این است که: گرفتاری و دردسرهایِ خلق به سبب هوایِ نفس است.

۳ - **مستور**: در پرده، اینجا محجوب، شرمگین. ۴ - **شِحنه**: عَسَس، رئیسِ شهربانی، نایب و حاکمِ شهر.

۵ - **شعلهٔ نار**: آتشِ هوا و هوس. ۶ - **چار میخ و هیبتِ دار**: انواع شکنجه و عقوبت.

۷ - مصراع دوم: با رهایی شکنجه معنی پیدا می‌کند و بالعکس. ۸ - **سَغراق**: پیاله.

۹ - **تسنیم**: چشمه‌ای در بهشت.

لا تُطَرِّقْ[۱] في هَواكَ، سَلْ[۲] سَبيل   مِنْ جَنابِ اللهِ نَحْوَ السَّلسَبيل ۳۵۱۱

در هوای نَفْس راه را مجوی، از خداوند راهِ چشمهٔ سلسبیل را بخواه.

لا تَكُنْ طَوْعَ الهَویٰ مِثْلَ الحَشیش   اِنَّ ظِلَّ العَرْش أَوْلیٰ مِنْ عَریش[۳] ۳۵۱۲

مانند علف با باد به هر سوی نرو. سایهٔ عرش بهتر از کومهٔ دنیاست.

گفت سلطان: اسب را واپس برید   زودتر زین مَظْلَمه[۴] بازم خرید ۳۵۱۳

سلطان گفت: اسب را زودتر برگردانید و مرا از این وبال نجات دهید.

با دلِ خود شه نفرمود این قَدَر   شیر را مفریب زین رَأسُ البَقَر[۵] ۳۵۱۴

شاه با خود نیندیشید که: مرا با سرگاو فریب مده.

پایِ گاو اندر میان آری زِ داوْ[۶]؟   رو، ندوزد حق بر اسبی شاخِ گاو ۳۵۱۵

با زیرکی سخن از گاو می‌گویی، برو که خداوند سرِگاو را بر تن اسب قرار نمی‌دهد.

بس مناسب‌صنعت[۷] است این شُهره[۸] زاوْ[۹]   کِی نهد بر جسمِ اسب او عضوِ گاو؟[۱۰] ۳۵۱۶

خالق بی‌همتا، استاد است، عضوی از گاو را بر جسمِ اسب قرار نمی‌دهد.

زاوْ، اَبدان را مناسب ساخته   قصرهایِ[۱۱] مُنتقِل پرداخته ۳۵۱۷

بدن‌ها را بسیار متناسب آفریده است، مانند قصرهایی قابل انتقال.

در میانِ قصرها تخریج‌ها[۱۲]   از سویِ این، سویِ آن صِهْریج‌ها[۱۳] ۳۵۱۸

در این بنای عظیم، اعضای مختلف و دستگاه‌های متفاوت وجود دارد.

وز درونشان[۱۴] عالمی بی‌مُنْتها[۱۵]   در میانِ خرگهی[۱۶] چندین فضا ۳۵۱۹

در بخشِ روحانی و معنویِ این خیمه و خرگاه، عالمِ بی‌حدِّ معنا قرار دارد.

---

۱ - **لا تُطَرِّقْ** : ره مپوی.   ۲ - **سَلْ** : جویا شو.   ۳ - **عریش** : کومه، سایبان.   ۴ - **مَظْلَمه** : ظلم و ستم.

۵ - **رأسُ البَقَر** : سرِگاو. «مُراد آنکه»: چون خداوند اراده فرمود که کلامِ عمادالملک اثر کند، شاه هیچ نیندیشید و هرچه او گفت در دلش اثر کرد. «شیر»: اینجا خودِ شاه.   ۶ - **داوْ** : نوبتِ بازی یا قمار، اینجا نیرنگ.

۷ - **مناسب‌صنعت** : صنعتگرِ ماهر، اینجا خداوند که خالقِ بی‌همتاست.   ۸ - **شُهره** : مشهور.

۹ - **زاوْ** : معمار، استاد.   ۱۰ - مُراد آنکه: هرگز استادی ماهر کار غیرِ استادانه نمی‌کند.

۱۱ - **قصر** : کنایه از بدن.

۱۲ - **تخریج** : بیرون‌زدگیِ قسمت‌هایی از بنا مانند ایوان‌ها و کنگره‌ها، اینجا اعضای بدن.

۱۳ - **صِهْریج** : حوض، چاهِ آب، اینجا کنایه از دستگاه‌های متفاوت بدن.

۱۴ - در درون این خیمه و خرگاه، یعنی در تن.   ۱۵ - **عالمی بی‌مُنتها** : عالمِ معنا.

۱۶ - **خرگه** : خیمه و خرگاهِ تنِ آدمی.

گَهْ چو کابوسی نماید ماه را   گه نماید روضه[1] قعرِ چاه را[2] ۳۵۲۰

معمار در بخشِ معنوی تأثیر می‌گذارد و به چشمِ ما خوب را بد و بد را خوب می‌نماید.

قبض و بسطِ چشمِ دل از ذوالجلال   دم به دم چون می‌کند سِحرِ حلال[3] ۳۵۲۱

خداوند در هر لحظه چشمِ دل را می‌بندد و یا باز می‌کند که گویی سحر می‌کند.

زین سبب درخواست از حق مصطفی[4]   زشت را هم زشت، و حق را حق نما ۳۵۲۲

به همین سبب پیامبر(ص) از خداوند خواست که هرچیز را آن چنان که هست، به من بنما.

تا به آخِر، چون بگردانی ورق   از پشیمانی نه افتم در قَلَق[5] ۳۵۲۳

تا عاقبت که وضع را دگرگون کنی، از پشیمانی، مضطرب نشوم.

مکر که کرد آن عمادالملک فرد   مالک آلملکش[6] بدآن ارشاد کرد ۳۵۲۴

مکرِ عمادالملکِ یگانه به هدایتِ خداوند بود.

مکرِ حق سرچشمهٔ این مکرهاست   قلبْ بَیْنَ اِصْبَعَیْنِ کبریاست ۳۵۲۵

مکرِ خداوند سرچشمهٔ مکرهاست. قلب در میان دو انگشتِ عظمت خداوند است.

آنکه سازد در دلت مکر و قیاس   آتشی داند زدن اندر پلاس[7] ۳۵۲۶

خدایی که در دلت مکر و قیاس ایجاد می‌کند، می‌تواند آن را محو هم بکند.

رجوع کردن به قصّهٔ آن پای‌مَرد و آن غریبِ وامْدار، و بازگشتنِ ایشان از سرِ گورِ خواجه، و خواب دیدنِ پای‌مرد خواجه را، الی آخره

بی‌نهایت آمد این خوش سرگذشت   چون غریب از گورِ خواجه بازگشت ۳۵۲۷

این سرگذشتِ خوش به درازا کشید، چون غریبِ وام‌دار از گورِ خواجه بازگشت،

---

۱ - **روضه** : باغ، گلزار.   ۲ - مُراد آنکه: خوب را بد و بد را خوب می‌نماید.

۳ - مُراد آنکه: چشمِ دل را می‌بندد یا می‌گشاید مانندِ سحر، امّا حلال.

۴ - اشاره به حدیث: اَللّهُمَّ اَرِنَا الأَشْیاءَ کَمٰا هِیَ: احادیث مثنوی، ص ۴۵.   ۵ - **قَلَق** : اضطراب.

۶ - **مالکِ آلمُلک** : خداوند.   ۷ - **آتش زدن در پلاس** : چیزی را محو و نابود کردن.

پایْمردش سویِ خانهٔ خویش بُرد — مُـهرِ صـد دیـنار را فـا او سپرد ۳۵۲۸

مرد یاری کننده او را به خانهٔ خود بُرد و کیسهٔ مُهر شدهٔ صد دیناری را به او داد.

لوتش[1] آورد، و حکایت‌هاش گفت — کز امید اندر دلش صدگُل شِکُفت[2] ۳۵۲۹

غذا آورد و حکایاتی امیدوارکننده گفت.

آنچه بَعْدَٱلعُسْر یُسْر[3] او دیده بود — بـا غـریب از قـصّهٔ آن لب گشـود ۳۵۳۰

هر ماجرایی که دیده بود: «از پیِ هر دشواری آسانی است» برای او تعریف کرد.

نیم‌شب بگـذشت، و افسـانه کـنان — خوابشان انداخت تا مَرعایِ جان[4] ۳۵۳۱

شب از نیمه گذشت، افسانه گفتند تا خواب آنان را به چراگاهِ جان بُرد.

دید پامرد آن هـمایون خـواجـه را — اندر آن شب خواب بر صـدرِ سرا ۳۵۳۲

مرد یاری کننده، خواجهٔ خجسته را در خواب دید که در صدر خانه نشسته است.

خواجه گفت: ای پایْمردِ بـانمک[5] — آنچه گفتی، من شنیدم یک بـه یک ۳۵۳۳

خواجه گفت: ای مددکارِ حق‌شناس، هرچه گفتی، شنیدم.

لیک پـاسخ دادنـم فـرمان نـبود — بـی اشـارت لب نـیارَستم گشـود ۳۵۳۴

امّا، اجازه نداشتم که پاسخ بدهم و بی‌اجازه هم نمی‌شود سخن گفت.

ما چو واقف گشته‌ایم از چون و چند — مُـهر بـر لب‌هـایِ مـا بـنهاده‌انـد ۳۵۳۵

چون ما از چند و چونِ کارها آگاه شده‌ایم، اجازهٔ سخن گفتن نداریم.

تـا نگـردد رازهـایِ غـیبْ فـاش — تـا نگـردد مُنهدِم عـیش و مـعاش ۳۵۳۶

تا رازهای غیب فاش نشود و چرخِ زندگی بچرخد.

تـا نَـدَرَّد پـردهٔ غـفلت تـمام — تـا نـماند دیگِ محنت نـیمْ‌خام[6] ۳۵۳۷

تا یکباره پردهٔ غفلت پاره نشود و خلق تعالی نیافته بر اسرار واقف نشوند.

---

۱ - **لوت:** غذا. ۲ - مُراد آنکه: به او امید داد. ۳ - اشارتی قرآنی؛ انشراح: ۹۴/۶-۵.

۴ - **مرعایِ جان:** چراگاهِ عالمِ جان، عالمِ معنا. ۵ - **بانمک:** حق‌شناس، ملیح.

۶ - مصراعِ دوم: اگر غفلت زایل شود، محنت دنیوی می‌رود و جهدِ آدمیان مصروف تعالیِ جان می‌گردد؛ البتّه احتمال گمراهیِ جانِ غیر متعالی از دیدن و درکِ حقایق که هنوز آمادگیِ ادراکش را ندارد، نیز هست.

ما همه گوشیم، کَر شُدْ نقش ِ گوش[1]   ما همه نـطقیم، لیکـن لبْ خـموش ۳۵۳۸

ما همه چیز را می‌شنویم، هرچند که گوش ِ ظاهری نداریم. ما همه سخن‌ایم، گرچه خاموشیم.

هـرچـه مـا دادیـم، دیـدیم ایـن زمـان   این جهان پردهست، و عین[2] است آن جهان ۳۵۳۹

هرچه را در دنیا رها کردیم و نقشی بیش نبود، اینجا می‌بینیم. دنیا پرده است و آخرت حقیقت.

روزِ کِشتن[3] روزِ پنهان کردن است   تخم در خاکی پریشان کردن است ۳۵۴۰

در دنیا تخم‌ها را می‌کاریم و پنهان می‌کنیم.

وقتِ بـدرودن[4] گـهِ مِـنْجَل[5] زدن   روزِ پـاداش آمـد و پـیدا شـدن ۳۵۴۱

تا در دنیایِ دیگر درو کنیم و داس بزنیم. اینجا محلِّ پاداش و پیدا شدن است.

گفتنِ خواجه در خواب به آن پایْ‌مرد، وجوهِ وام[6] آن دوست را که آمده بود، و نشان دادنِ جایِ دفنِ آن سیم، و پیغام کردن به وارثان، که: البتّه آن را بسیار نبینند[7] و هیچ باز نگیرند، و اگرچه او هیچ از آن قبول نکند یا بعضی را قبول نکند، هم آنجا بگذارند، تا هر آنکه خواهد برگیرد، که من با خدا نذرها کردم که از آن سیم به من و به متعلّقانِ من حَبّه‌یی[8] باز نگردد، الی آخره

بشـنو اکـنون دادِ مـهمان[9] جـدید   من همی دیدم که او خواهـد رسـید ۳۵۴۲

اینک بشنو که به میهمانِ نورسیده که آمدنش را می‌دیدم، چه خواهم داد.

مـن شـنوده بـودم از وامش خَـبر   بسـته بـهرِ او دو سـه پـاره گُـهر ۳۵۴۳

از وامِ او باخبر بودم و چند قطعه جواهر برای وی نهاده‌ام.

کـه وفـایِ وامِ او هسـتند و بـیش   تا که ضیفم[10] را نگردد سینه ریش[11] ۳۵۴۴

که برای ادایِ قرض ِ او کافی و بیشترند تا دلِ او آزرده نشود.

---

۱ - **کَرْ شد نَقش ِ گوش :** اگر نقش ظاهریِ گوش نیست یا کَرْ است و نمی‌شنود. به نظر می‌رسد که «گر شد نقشِ گوش» ضبطی صحیح‌تر باشد؛ امّا در متن کهن همان است که آورده‌ایم.   ۲ - **عین :** عینِ حقیقت.

۳ - **روزِ کِشتن :** زندگیِ دنیوی.   ۴ - **بدرودن :** درو کردن.   ۵ - **مِنْجَل :** داس.

۶ - **وجوهِ وام :** وجهی که برای قرضِ او کنار نهاده شده است.

۷ - **آن را بسیار نبینند :** به نظرشان بسیار نیاید.   ۸ - **حبّه یی :** سکّه‌ای.   ۹ - **دادِ مهمان :** حقِّ مهمان.

۱۰ - **ضیف :** میهمان.   ۱۱ - **نگردد سینه ریش :** آزرده دل نشود.

وام دارد از ذَهَب[۱] او نُـــه هــزار[۲] وام را از بــعض ِ ایـن، گـو بـرگزار ۳۵۴۵

او نُه هزار دینارِ طلا بدهی دارد، بگو که آن را با مقداری از این جواهرات بپردازد.

فَضله[۳] مانَد زین بسی، گو: خرج کن در دعایی، گـو: مـرا هـم دَرج کـن[۴] ۳۵۴۶

مقدار زیادی هم می‌ماند، بگو که خرج کن و مرا هم در دعا به یاد آور.

خواستم تا آن به دستِ خـود دهـم در فلان دفتر نوشته‌ست این قِسَم[۵] ۳۵۴۷

خواستم آن را با دستِ خود بدهم و در فلان دفتر هم نوشته‌ام.

خود اجل مهلت ندادم تـا کـه مـن خُـفیه[۶] بسـپارم بـدو دُرِّ عَـدَن[۷] ۳۵۴۸

اجل مهلت نداد که گوهرها را خصوصی به او بدهم.

لعـل و یـاقوت است بـهرِ وامِ او در خَـــنوری[۸]، و نـبشته نـامِ او ۳۵۴۹

برایِ وامِ او لعل و یاقوت را در ظرفی نهاده و نامش را بر آن نوشته‌ام.

در فـلان طـاقیش مـدفون کـرده‌ام مـن غـم آن یـارْ پـیشین خـورده‌ام ۳۵۵۰

زیرِ فلان سقف دفن کرده‌ام؛ چون به یاد او بوده‌ام.

قـیمتِ آن را نـدانـد جـز مُـلوک فَـاجْتَهِدْ بِـالبَیْعِ اَنْ لاٰ یَـخْدَعُوك ۳۵۵۱

قیمت آن را گوهرشناسان می‌دانند، نگذار سرت کلاه بگذارند.

در بُیوع[۹] آن کن تو، از خوفِ غِرار[۱۰] که رسول آموخت، سه روز اختیار[۱۱] ۳۵۵۲

در هنگامِ معامله بنا بر فرمودهٔ پیامبر(ص)، اختیار سه روز فسخ را داشته باش.

از کَسادِ آن مترس[۱۲] و در مَیُفت[۱۳] که رَواج آن نـخواهـد هـیچ خُـفت ۳۵۵۳

نگرانِ کسادِ آن نباش و قیمت را پایین نیاور که بسی گرانبهاست.

---

۱ - **ذَهَب** : زر. ۲ - نُه هزار سکّهٔ طلا. ۳ - **فضله** : پس‌مانده.
۴ - **در دعا درج کن** : در دعا به یاد آور. ۵ - **این قِسَم** : این تقسیمات که چگونه آن را هزینه کند.
۶ - **خُفیه** : نهانی، خصوصی. ۷ - **دُرِّ عَدَن** : مرواریدِ گرانبهایِ عَدَن، اینجا جواهرات.
۸ - **خَنور** : ظرفِ سفالی مانندِ کاسه و کوزه. ۹ - **بُیوع** : جمع بیع: داد و ستد.
۱۰ - **از خوفِ غِرار** : از بیمِ مغبون شدن.
۱۱ - حدیث: در معامله بگو که فریب را قبول ندارم و سه روز مهلت می‌خواهم که اگر احساس غبن کردم، معامله را فسخ کنم: مآخذ قصص و تمثیلات مثنوی، ص ۱۱۸. ۱۲ - اگر قیمت پایین گفتند، تو باور نکن و نپذیر.
۱۳ - **در مَیُفت** : کوتاه نیا، قیمت را کم نکن.

وارِثــــانم را، ســـلام مــن بگــو   وین وصیَّت را بگو هم مـو بـه مـو ۳۵۵۴

به ورثه‌ام سلام برسان و وصیّت مرا موبه‌مو شرح بده.

تـــا ز بســـیاریِ آن زر نَشکُـهَند[1]   بی‌گرانـی[2] پـیشِ آن مـهمان نـهند ۳۵۵۵

تا از بسیاری جواهرات نگران و بیمناک نشوند و با رضایت به او بدهند.

ور بگـوید او: نـخواهـم ایـن فِـره[3]   گو: بگیر و هر که را خـواهـی بـده ۳۵۵۶

اگر او گفت: این‌ها خیلی است، نمی‌خواهم. بگو: بگیر، به هر که می‌خواهی، بده.

زآنــچه دادم، بــاز نســتانم نَـقیر[4]   سویِ پسـتان بـاز نـاید هـیچ شیر ۳۵۵۷

آنچه را دادم، ذرّه‌ای پس نمی‌گیرم. شیر به پستان باز نمی‌گردد.

گشته باشد همچو سگ قی را اَکول[5]   مُســتَرِدِّ نِــحله[6]، بـر قـولِ رسـول ۳۵۵۸

پیامبر(ص) فرمود: هرکس عطایِ خود را پس بگیرد، مانند سگی است که قی کردهٔ خود را بخورد.

ور بـــبندد در، نـــباید آن زرش[7]   تــا بــریزند آن عــطا را بـر دَرَش ۳۵۵۹

اگر در را ببندد و نپذیرد، آن عطا را بگذارید و بازگردید.

هــر کــه آنـجا بگـذرد زر مـی‌بَرَد   نیست هدیهٔ مُخلصان[8] را مُسْتَرَد[9] ۳۵۶۰

تا هر کس از آنجا گذشت، بردارد. پاکدلان هدیه را پس نمی‌گیرند.

بـــهرِ او بـــنهاده‌ام آن از دو ســال   کــرده‌ام مــن نـذرها بـا ذُوالجَـلال ۳۵۶۱

از دو سال پیش آن را برای او نهاده‌ام و با خداوند عهدها بسته‌ام.

ور رَوا دارنــد[10] چـیزی زآن سِـتَد   بیست چندان خود زیانشان اوفـتد ۳۵۶۲

اگر ورثهٔ من بخشی از آن را برای خود بردارند، بسیار زیان می‌بینند.

---

۱ - **نَشْکُهَند :** از شکوهیدن: نترسند. ۲ - **بی‌گرانی :** بدون اخم و بدون نارضایی، بُخل.
۳ - **فِره :** فراوان، بسیار. ۴ - **نَقیر :** ذرّه، واحدِ کوچکِ وزن.
۵ - حدیث: اگر کسی بخششِ خود را پس بگیرد، مانند سگی است که قی کردهٔ خود را می‌خورد: احادیث، ص ۲۱۷.
«اکول»: خورنده، بسیار خورنده. ۶ - **مُسْتَرَدِّ نِحْلِه :** پس‌گیرندهٔ بخشش. «نِحْلِه»: عطا.
۷ - **نباید آن زرش :** آن زر را نخواهد. ۸ - **مُخلصان :** پاکدلان. ۹ - **مُسْتَرَد :** باز پس داده شده.
۱۰ - **ور روا دارند :** اگر به خود حق بدهند.

گــر رَوانــم[۱] را پــژُولانند[۲]، زود صد درِ محنت بـر ایشـان بـرگشود ۳۵۶۳

اگر روحم را بیازارند، بسیار محنت و صدمه خواهند دید.

از خــدا اومــید دارم مــن لَــبِق[۳] کــه رســاند حقّ را در مُسـتَحِق[۴] ۳۵۶۴

از خداوند امید دارم که حق را به حق‌دار برساند.

دو قــضیّهٔ دیگــر او را شــرح داد لبْ بـه ذکـرِ آن نـخواهـم بـرگشاد ۳۵۶۵

محتسب دوموضوع دیگر را هم گفت که در بابِ آن سخنی نمی‌گویم.

تــا بــمانَد دو قــضیّه سِــرّ و راز هــم نگـردد مـثنوی چـندین دراز ۳۵۶۶

تا پوشیده بماند و مثنوی بسیار طویل نشود.

برجهید از خواب، انگشـتک‌زنان[۵] گَهْ غزل گویان و گـه نـوحه کـنان[۶] ۳۵۶۷

مردِ یاری دهنده با شادمانی از خواب جَست. گاه خندان بود و گاه گریان.

گفت مهمان: در چه سوداهـاستی؟ پایْ‌مَردا ! مست و خوش برخاستی ۳۵۶۸

میهمان گفت: ای جوانمرد، با چه فکری چنین سرمست و شاد از خواب برخاسته‌ای؟

تا چه دیدی خواب دوش؟ ای بوالعَلا[۷]! کــه نـمی‌گُنجی تـو در شـهر و فَـلا[۸] ۳۵۶۹

ای بزرگمرد، چه خوابی دیدی که در دنیا نمی‌گنجی؟

خـواب دیـده پـیلِ تـو هـندوستان کـه رمیده‌ستی ز حـلقهٔ دوسـتان؟ ۳۵۷۰

مگر فیلت یاد هندوستان کرده است که یاران را رها کرده‌ای؟

گفت: سودانـاک[۹] خـوابـی دیـده‌ام در دلِ خــــود آفــتابی دیــده‌ام ۳۵۷۱

گفت: در خوابی باورنکردنی، حقایقی تابناک را دیدم.

خــواب دیــدم خــواجهٔ بـیدار را آن سـپرده جـانْ پـیِ دیـدار را[۱۰] ۳۵۷۲

خواجهٔ آگاه را که جان در پیِ وصل داده است، در خواب دیدم.

---

۱ - **روانم** : روحم. ۲ - **پژولانند** : از پژولاندن: آزار دادن. ۳ - **لَبِق** : خوش‌رفتار، حاذق و ماهر.

۴ - **مُسْتَحِق** : دارای استحقاق، حق‌دار. ۵ - **انگشتک‌زنان** : بشکن‌زنان، شادمان.

۶ - شاد بود که دِینِ درویش ادا می‌شود و غمگین بود که: حیف شد چنین مردِ بزرگی از دست رفت.

۷ - **بوالعَلا** : بزرگمرد. ۸ - **فَلا** : بیابان. ۹ - **سوداناک** : خیال‌انگیز، اینجا شگفت‌انگیز و باورنکردنی.

۱۰ - مصراع دوم: کسی که جان برای وصال داده است.

خواب دیدم خواجهٔ مُعْطِی‌اَلْمُنیٰ[1]   واحِدٌ کَالْأَلْف[2] اِنْ اَمْرٌ عَنیٰ[3] ۳۵۷۳

آن خواجهٔ استثنایِیِ برآورندهٔ آرزوها را دیدم که مُرده‌اش از هزار زنده بهتر است.

مست و بی‌خود این چنین بر می‌شمرد   تا که مستی عقل و هوشش[4] را بِبُرد ۳۵۷۴

مددکار سرخوش و بی‌خویش می‌گفت تا به کلّی بیهوش شد.

در میانِ خانه افتاد او دراز   خلق اَنْبُه گِردِ او آمد فراز ۳۵۷۵

وسطِ اتاق افتاد و گروهِ کثیری گِردش آمدند.

با خود آمد، گفت: ای بحرِ خوشی!   ای نهاده هوش‌ها[5] در بیهُشی[6]! ۳۵۷۶

به هوش که آمد، گفت: ای دریایِ خوشی، ای آنکه هوش را در بی‌هوشی نهاده‌ای!

خواب در[7] بنهاده‌ای بیداریی[8]   بسته‌ای در بی‌دلی دلداریی[9] ۳۵۷۷

بیداری را در خواب قرار داده‌ای و داشتنِ دل را در بی‌دلی.

تُوانْگری[10] پنهان کنی در ذُلِّ فقر[11]   طوقِ دولت[12] بسته اندر غُلِّ فقر[13] ۳۵۷۸

توانگریِ معنوی در ظاهری فقیرانه نهان است و اقبال در سختی‌های سلوک.

ضِدّ اندر ضدّ پنهان مُندَرِج   آتش اندر آبِ سوزان مندرِج[14] ۳۵۷۹

اضداد از طریق یک‌دیگر شناخته می‌شوند؛ همان گونه که «آتش» در «آبِ سوزان» هست.

---

۱ - **مُعْطِی‌اَلْمُنیٰ**: عطابخش، برآورندهٔ خواسته‌ها.

۲ - **واحِدٌ کَالْأَلْف**: یکی که ارزش هزار را دارد، بسیار ارزنده.

۳ - **اِنْ اَمْرٌ عَنیٰ**: که اگر کاری مورد نظر باشد، اینجا در این کارِ موردِ نظر ما که اداي دينِ درویش است، باز هم مُردهٔ او به از هزار زنده است.   ۴ - **عقل و هوش**: عقل و هوشِ صوری یا ظاهری.

۵ - **هوش**: اینجا هوشِ معنوی.

۶ - **بیهشی**: بیهوشیِ دنیوی، یعنی از کار افتادنِ حواسِّ ظاهری. با تعطیلِ این حواس، آن حواس به کار می‌افتد. «حواسِّ باطنی»   ۷ - **خوابْ در**: در خواب.

۸ - مُراد آنکه: تا توجّه تامّ به دل و امور معنوی نباشد و تا حواسِّ ظاهری تعطیل نشود، آگاهیِ عمیق «درکِ حقایق» حاصل نمی‌شود.

۹ - باید «دل» را به او بسپاری «عاشق حق شوی» تا «دل» داشته باشی، آنچه اکنون هست، آب و گِل است.

۱۰ - **توانگری**: اینجا کمالِ معنوی.

۱۱ - **ذُلِّ فقر**: در سایهٔ فقرِ معنوی، مُراد درکسوت فقر یا در لباسِ درویشی و فقیرانه.

۱۲ - **طوقِ دولت**: اثرِ اقبال، گردنبندِ اقبال، بخت و اقبال.

۱۳ - **غُلِّ فقر**: سختی راه سلوک که مانند زنجیر برگردن دشوار است.

۱۴ - مُراد آنکه: اگر آتش و تأثیرش نبود، آبِ سوزان، سوزان نمی‌شد.

روضه اندر آتشِ نمرودْ دَرج   دخل‌ها رویان شده[۱] از بَذل و خرج ۳۵۸۰

در آتشِ نمرود، گلستان نهان بود؛ زیرا همیشه دخل از خرج پدید می‌آید.

تا بگفته مصطفیٰ شاهِ نَجاح[۲]:   السَّماحُ، یا اُولِی النُّعمیٰ! رَباح[۳] ۳۵۸۱

از این رو پیامبر(ص) فرموده است: ای صاحبانِ نعمت، بخشش سود است.

مٰا نَقَصْ مٰالٌ مِنَ الصَّدْقٰاتِ قَطّ   اِنَّمٰا الخَیْراتُ نِعْمَ المُرْتَبَط ۳۵۸۲

هیچ مالی از صدقه کم نمی‌شود، به درستی که خیرات ارتباطِ خوبی برایِ بهره بردن است.

جوشش و افزونیِ زر در زکات   عصمت از فحشا و مُنکر، در صَلات[۴] ۳۵۸۳

زکات زر را می‌افزاید و نماز پاکی‌ها را.

آن زکاتت کیسه‌ات را پاسبان   وآن صَلاتت هم ز گرگانت[۵] شبان ۳۵۸۴

زکات کیسه‌ات را حفظ می‌کند و نماز معنویت تو را.

میوهٔ شیرین نهان در شاخ و برگ   زندگیِّ جاودان در زیرِ مرگ[۶] ۳۵۸۵

همان‌طور که میوهٔ شیرین در لابه‌لای شاخ و برگ نهان است، زندگی جاودان هم با فنایِ خودی متحقق می‌شود.

زِبل[۷]، گشته قُوتِ خاک از شیوه‌یی[۸]   زآن غذا، زاده زمین را میوه‌یی ۳۵۸۶

سرگین به خاک قوّت می‌دهد و از آن میوه‌ها پدید می‌آید.

در عدم[۹] پنهان شده موجودیی   در سِرشتِ ساجدی مسجودیی[۱۰] ۳۵۸۷

وجود در عدم پنهان شده است و مسجود در ساجد.

---

۱ – **رویان شده :** روییده شده، پدید آمده.   ۲ – **شاهِ نَجاح :** شاهِ رستگاری.

۳ – اشاره به حدیث: السَّماحُ رَباحٌ وَ الْعُسْر شُومٌ: سود در فروشِ آسان است نه در سختگیری: احادیث، ص ۵۸۲.

۴ – مصراع دوم: نماز مانند حصنی آدمی را از زشتی‌ها «فحشا و کارهای بد» باز می‌دارد.

۵ – **گرگان :** کنایه از گرگ‌صفتان.   ۶ – باید شاخ و برگِ تعلّقات را افشاند. در فنایِ خودی زندگیِ سرمدی است.

۷ – **زِبْل :** زباله، سرگین.   ۸ – **از شیوه‌یی :** از راهِ خاصّی.

۹ – **عدم :** مُراد عدمِ صوری است؛ زیرا عدم به مفهوم حقیقی وجود ندارد و اشاره به هستیِ حقیقی است که با چشمِ سر مشهود نیست.

۱۰ – اشاره به سجدهٔ صمیمانه و خالصانهٔ آدم(ع) که مسجود ملایک شد: اشاره به آیهٔ ۱۱ سورهٔ اعراف.

آهن و سنگ از برونش مُظلَمی[1]   اندرون نوری و شمعِ عالمی ۳۵۸۸

ظاهرِ آهن و سنگِ آتش‌زنه نوری ندارد؛ امّا نور در آن نهان است.

دَرج در خوفی[2] هزاران آمِنی[3]   در سوادِ چشم[4] چندان روشنی ۳۵۸۹

«ترس و بیم» مؤمن، سبب امنیّت اوست، همان‌طور که در سیاهیِ چشم نور و روشنی نهان شده است.

اندرونِ گاوِ تن[5] شه‌زاده‌یی   گنج[6] در ویرانه‌یی[7] بنهاده‌یی ۳۵۹۰

در درون تن، «روحِ عالیِ عِلْوی» است، گنجی که در ویرانه نهاده‌اند.

تا خَرِی پیری[8] گریزد زآن نفیس   گاو بیند، شاه نی، یعنی بِلیس ۳۵۹۱

تا ابلیس فقط جسم را ببیند، نه جان را و از آن بگریزد.

حکایتِ آن پادشاه و وصیّت کردنِ او سه پسرِ خویش را که: در این سفر در ممالکِ من فلان جا چنین ترتیب نهید،[9] و فلان جا چنین نوّاب[10] نصب کنید، امّا الله الله[11] به فلان قلعه مَروید، و گِردِ آن مگردید

پادشاهی سه پسر زیرک و خردمند داشت. روزی پسران مصمّم شدند که در اطراف و اکناف مملکتِ پدر به سیر و سفر بپردازند. هنگامی که برای وداع نزد شاه رفتند، آنان را اندرز داد: هرجا که مایل هستید، بروید، جز به سوی «قلعهٔ هوش‌رُبا» که عرصه را بر پادشاهان تنگ می‌کند. زنهار، زنهار از آن «قلعهٔ ذات‌الصُّوَر» که مانندِ حُجرهٔ زلیخاست، پر از تمثال و نگار و صورت‌های گوناگون.

از منع شاه، رغبتی در دل پسران جوشید تا قلعهٔ هوش‌رُبا را ببینند؛ زیرا آدمی بر هرچه که

---

۱ - **مُظلَم** : سیاه، تاریک. ۲ - **خوف** : بیم. ۳ - امنیّت و آرامش در ترس از عدمِ رضایتِ حق است.

۴ - **سوادِ چشم** : سیاهی چشم که دیدن به آن وابسته است.

۵ - **گاوِ تن** : تن به گاو مانند شده است؛ زیرا بدون هدایتِ جانِ متعالی، ادراکی حیوانی دارد.

۶ - **گنج** : روحِ عالیِ عِلْوی. ۷ - **ویرانه** : کنایه از قالبِ جسمانی آدمی.

۸ - **خرِ پیر** : کنایه از ابلیس که ظاهربینی و طغیانش سبب تحقیر ابدی‌اش شده است.

۹ - چنین شیوه‌ای برقرار کنید. ۱۰ - **نوّاب** : جمع نایب به معنی وکیل. ۱۱ - **الله الله** : شما را به خدا.

ممنوع است، حریص می‌شود؛ امّا در ظاهر گفتند: اجرای امر می‌کنیم و چون اعتمادی وافر به خویشتن داشتند، فراموش کردند که «انشاءالله» بگویند و سِرّ ذکر استثنا را که «حَذَر از قَدَر» است از یاد بردند، همان‌گونه که طبیبان در حکایت **«شاه و کنیزک»**.

شاهزادگان علی‌رغم منعِ پدر عازم دژ شدند و قلعه‌ای دیدند هوش‌رُبا که پنج در به سویِ دریا و پنج در به سوی خشکی داشت و هزاران نقش و نگار دلفریب که بیننده را بیقرار می‌کرد و در میان آن تصاویر، نقش فریبندهٔ دختری را مشاهده کردند در نهایت جمال و شکوه که مانند افیون هر سه را مدهوش ساخت و به چاه بلا افکند. عشقِ صورت در دل شاهزادگان می‌جوشید و اشکشان را سرازیر می‌کرد. خویشتن را نکوهش می‌کردند که چرا خود را به بلا مبتلا کرده‌اند؟! عاقبت در جست‌وجوی صاحب این نقش شهر به شهر و کوی به کوی گشتند تا به «حکیمی صاحبدل» رسیدند که «شیخی بصیر» و رازدان بود و به هدایتِ او دانستند که این نقش متعلّق به «شهزادهٔ چین» است که شاهِ غیور او را از همه نهان داشته است و مرغ را پروای پریدن بر بام او نیست. شاهزادگان که سخت شیفته بودند، به پیشنهاد برادر بزرگ‌تر عازم چین شدند. با رسیدن به دیارِ محبوب، برادرِ بزرگ که عشقِ آتشین، احتیاط و خویشتن‌داری‌اش را بر باد داده بود، بی‌محابا به قصر شاه رفت و علی‌رغم اندرزِ برادران و پندِ شیخِ بصیر که از غیرت شاهِ چین سخن رانده و شرحِ حال خواستگاران دختر را برشمرده بود، که چون هیچ یک نتوانستند وجود دختر را ثابت کنند و هر یک از نگار ماه‌روی جز نقشی در قلعه، نشانی نداشتند، به تیغِ قهرِ شاه به هلاکت رسیدند، به بارگاه شاه چین وارد شد و در کسوت بشر، عظمت آسمان را دید و مدّتی کوتاه از تعالیم روحانی شاه بهره‌مند گردید؛ امّا از هیبت شاه دیرزمانی نگذشت که دردِ اشتیاق جانش را بر لب آوَرْد و در خاموشی جان به جانان تسلیم کرد.

خبر مرگِ شاهزادهٔ میهمان منتشر شد و برادرِ میانی برای مراسم خاکسپاری او رفت و مورد عنایت و الطاف شاه قرار گرفت و اجازه یافت تا در قصر شاه بمانَد و از تعالیم معنوی وی بهره‌ها جوید؛ امّا او که به همّت شاهِ روشن‌ضمیر، در طیِّ اقامت در کاخ فتوحاتی ربّانی یافته بود، به عُجب و خودبینی مبتلا شد و آن احوال را از ضمیرِ پاک خویش دانست و خود را واصل و بی‌نیاز از امداد شاه یافت. شاه که عارفی والا بود و به ضمیر و اندیشهٔ جوانِ خام اشراف داشت، همّت و امدادِ معنوی و روحانی را از وی برگرفت و زخمی به باطن او خورد و در اندک زمانی مُرد. کوچک‌ترین شاهزاده که بی‌طاقتیِ برادر بزرگ‌تر و کبر و غرور برادر کوچک‌تر را نداشت، به حکیم چین و قصر وی راه یافت و صبورانه صورت و معنی را

تصاحب کرد؛ زیرا عارف‌ترینِ شهزادگان بود و به دلالت دایه که او را در سختی‌ها ثابت قدم یافته بود، با بصیرت و معرفت در حصولِ به مقصود گام نهاد و به وادیِ امن و آسایش رسید و از مهالک رهید.[1]

قصّهٔ «شاهزادگان و قلعهٔ ذات‌الصُّور» که آخرین حکایت طویل مثنوی است با تداعی قصّه‌های دیگری تطویل می‌یابد و با اشاره‌ای که مولانا خود در ابیات آغازین این حکایت به قصّهٔ «شاه و کنیزک» که اوّلین قصّهٔ طویل مثنوی است و «نقدِ حال ما» خوانده شده است، دارد، این داستان را به نوعی با آن قصّه پیوند معنوی می‌دهد و علی‌رغم آنکه اینجا تصریحی به «نقدِ حالِ ما» نشده است؛ امّا مضمون داستان چیزی جز نقد حال ما نیست که با سکوتِ عامدانهٔ مولانا در آخرین روزهای حیات، پایانی بی‌پایان می‌یابد. کوچک‌ترینِ شهزادگان، که کاهلترین ایشان خوانده شده، نمادی از وجود «عارف» است که به تن کم می‌کوشد و به معرفت می‌جوشد، و حق کارگزار وی است: **«صورت و معنی به کلّی او ربود»**. بدین سان قصّه‌گوی بی‌نظیرِ مثنوی، در مقام مُرشدی شفیق، که قصّه را قالبی برای تبیین عالی‌ترین ظرایف و لطایف و اسرار و معارف در عظیم‌ترین کتاب تعلیمی عرفانی برگزیده است، با پیوستن آخرین قصّهٔ طویل به نخستین حکایت مثنوی، گویی حلقهٔ هستی را کامل می‌کند و به اشارتی نهانی آدمی را به این دایرهٔ هستی فرا می‌خوانَد و با سکوت و خاموشی خویش کلامی نهانی را به جان مخاطب القا می‌کند: چیز دیگر مانَد، امّا **«گفتنش با توروح‌القدس گوید بی مَنَش»**.

قصّهٔ «شهزادگان و قلعهٔ هوش‌رُبا»، همانند حکایت «شاه و کنیزک» در تقریر معنای الزام و ارشاد حکیمی الهی در گره‌گشایی و هدایت به سوی کمال است و اینکه جز با ادراکِ رموز، به سرِّ نهانیِ سخن راه نمی‌توان بُرد و در ماورای صورتِ عامیانهٔ آن، جست‌وجوی مفاهیم بلندِ «سِرِّ قصّه» الزامی است.

در این داستان، «پدر شهزادگان»، رمزی از «طبیعت بشری» است که شهزادگان را که نمادی از «سالکان»اند از مهالکِ ورود به «دژ هوش‌رُبا» دل‌نگران می‌کند و مانع می‌آید.

«دژ هوش‌رُبا» که پنج در به برّ و پنج در به بحر دارد، نمادی از «قلعهٔ وجود آدمی» است با حواسِ پنجگانهٔ ظاهری و باطنیِ وی. ورود به این دژ، که نقوشِ دلربایِ آن نمادی از معارفِ الهی است، باگام نهادن در وادی سلوک امکان می‌یابد. تصویرِ نگاری که سالکان مفتون آن می‌گردند، نمادی از لِقایِ یارِ حقیقی و استغراق در حق است که جز کاملان را در مقامِ وصل ممکن نیست و شهزاده‌ای بدان جایگاه رفیع امکان ارتقا می‌یابد که به دلالت و هدایتِ دایه، رمزِ آشنایی با درگاه را بداند و به تدبیرِ او گوسالهٔ زرّینِ میان‌تهی را بسازد و در جوفِ آن به کوشکِ نگار وارد شود و نشانی از آن ماه‌روی با خویشتن بیاوَرَد.

---

۱ - مأخذ آن را حکایتی در مقالات شمس، نسخهٔ فاتح، ص ۱۹ دانسته‌اند. که در طیِّ آن و به روایت شمس: به امر شاهِ چین خندقی را پر از سرهای بریده به شهزادگان می‌نمایند که این است سرانجامِ خواستگارانی که دعویِ عشق کردند؛ امّا نتوانستند نشانی از دختر ارائه دهند و بدین ترتیب دو شهزادهٔ بزرگ‌تر به قتل می‌رسند؛ زیرا دعویِ آنان بی‌نشان بود؛ امّا کوچک‌ترینِ برادران در طلب می‌ایستد و دایه را بر صدق او رحم می‌آید و به دلالت و هدایت او گاوی زرّین و میان‌تهی می‌سازد تا بدین حیله درکوشک دختر ره یابد و بدین ترتیب شهزادهٔ کِهترین موفّق می‌شود روبنده و انگشتری و دیگر علایمی از وجودِ نگارِ مکنون را به دست آوَرَد و به خلق که بی‌نشان نیز شیفته و مرید او شده بودند، بنماید و در خلوتی با شاه و وزیر نیز علایم و نشان‌ها را حاضر می‌آوَرَد و شُبهه‌ای برای کس نمی‌مانَد که شایسته‌ترین شهزادگان اوست: احادیث، صص ۵۸۵-۵۸۴.

«گوسالۀ زرّین» نیز می‌تواند نمادی از «نَفْسِ کامل» باشد، آنجاکه مسِ وجود به صحبت و امدادِ دلیل راه‌که کاملی است مکمّل، به زرِّ ناب مبدّل می‌گردد. «شاه چین» نیز نمادی از حقیقتِ حق است که غیرت او غیر را از سراپردۀ وصالِ «اسما و صفاتِ» باری‌تعالیٰ دورباش می‌دهد و چه بسا سرها که در این هوا بر باد رفته است.

شهزادگان همگی شوریده و از خود بی‌خودند و «جذبۀ حق» هر یک را به نوعی ربوده است. برادر بزرگ‌تر که در شیدایی باقی می‌مانَد، حالی دارد که در اصطلاح صوفیه این بندگان را **«مجذوب»** می‌نامند. برادر میانی بیانِ حال **«مجذوب سالک»** است که از حال شیفتگی و بی‌خودی به خود باز می‌آید و در طیّ سلوک گرفتار عُجب و غرور و مهالکِ راه می‌شود. شهزادۀ کوچک، جذبۀ حق را تحمّل می‌کند و سلوکش با صبوری و معرفت است و بـه دلالت دایه، رمز آشنایی را در می‌یابد و با نشان دوستی و آشنایی به حریمِ حرمِ یار راه می‌یابد، رمزی از بیانِ حالِ **«سالکِ مجذوب»** است.

پس می‌توان گفت: قصّۀ شهزادگان و قلعۀ هوش‌رُبا که به نوعی «نقدِ حالِ ما» است، با توجّه به «وجه ناسوتی» و «وجه لاهوتی» آدمی و چالشی که تا پایان سیرِ استکمالی بینِ «نَفْس» و «عقل» در درون انسان جریان و تداومی همیشگی دارد به لسان حال، تبیینی است از حدیث[1]: جَذَبَةٌ مِنْ جَذَباتِ الرَّحْمٰنِ تُوازی عَمَلَ الثقلین.

بـود شــاهی، شــاه را بُـد سـه پسـر — هر سه صاحبْ‌فِطنت[2] و صاحبْ‌نظر ۳۵۹۲

شاهی بود که سه پسرِ زیرک و صاحب‌نظر داشت.

هــر یکــی از دیگـری اُستوده‌تر[3] — در سخا[4] و در وَغـا[5] و کـرّ و فَـرّ[6] ۳۵۹۳

هر یک در بخشندگی، دلاوری و شکوه برتر از دیگری بود.

پیش شَه شَهْزادگـان اِسـتاده جـمع — قُرَّةُالعینانِ[7] شه همچون سـه شـمع ۳۵۹۴

نورچشمان شاه مانند سه شمعِ تابناک نزدِ شاه ایستاده بودند.

از رَهِ پـــنهان[8] ز عَـیْنَیْنِ[9] پســر — مـی‌کشید آبـی[10] نَـخیلِ آن پـدر ۳۵۹۵

درختِ وجودِ پدر با نگاه و حضور فرزندان جانِ تازه می‌یافت.

تا ز فرزندْ آبِ این چشمه[11] شتاب — می‌رود سویِ رِیاضِ[12] مام و بـاب ۳۵۹۶

تا از چشمۀ وجودِ فرزند، آبِ مهر و محبّت به سویِ باغِ وجود مادر و پدر جاری است،

---

۱ - حدیث: ذیل بیت ۶۸۹/۱. ۲ - **صاحب‌فِطنت** : زیرک. ۳ - **اُستوده** : ستوده. ۴ - **سخا** : بخشش.
۵ - **وَغا** : جنگ. ۶ - **کَرّ و فَرّ** : شکوه. ۷ - **قُرّةُالعینان** : نورچشمان.
۸ - **از رهِ پنهان** : باطناً، به سبب محبّتِ قلبی. ۹ - **عَیْنَین** : عینان: دو چشم.
۱۰ - **آب کشیدن** : اینجا حیاتِ تازه یافتن. ۱۱ - **این چشمه** : چشمۀ مهر و محبّتِ فرزند، توجّه به والدین.
۱۲ - **ریاض** : جمعِ روضه: باغ. وجود مادر و پدر به باغ مانند شده است.

تـــازه مـــی‌باشد ریـــاضِ والدَیْـــن گشته جاری عینِ‌شان[1] زین هر دو عَیْن ۳۵۹۷

باغِ وجود و محبّتِ والدین از توجّه فرزند تر و تازه و شاداب است.

چون شود چشمه ز بیماری علیل[2] خشک گردد برگ و شاخِ آن نَـخیل ۳۵۹۸

اگر به هر دلیلی، توجّه فرزند به والدین کم و یا منقطع گردد، درختِ وجودشان می‌خشکد.

خشکیِ نـخلش هـمی گـوید پـدید که ز فـرزندان شـجر نَـم مـی‌کشید ۳۵۹۹

پژمردگیِ آنان، نشان آن است که از توجّه و وجود فرزندان طراوت و شادابی می‌رسید.

ای بســا کــاریزِ[3] پـنهان هـمچنین مُــتَّصِل بــا جــانِتان یــا غــافلین ۳۶۰۰

ای غافلان، چه بسا قنات‌هایی که در نهان با جان شما متّصل‌اند.

ای کشـــیده ز آســمان و از زمــین مایه‌ها تا گشته جسـم تـو سَـمین[4] ۳۶۰۱

ای آنکه برای رشد از آسمان و زمین مایه‌هایی را جذب کردی.

تــن ز اجــزایِ جــهان دزدیـده‌ای پــاره پــاره زیـن و آن بُـبْریده‌ای[5] ۳۶۰۲

تنِ تو متشکّل از اجزایِ زمین است که از اینجا و آنجا حاصل شده است.

از زمـــین و آفـــتاب و آســمان پاره‌ها بردوختی بر جســم و جــان ۳۶۰۳

اجزایی از زمین، آفتاب و آسمان به جسم و جانت پیوسته است.

یــا تـو پـنداری کـه بُـردی رایگـان بــاز نـستانند از تــو ایــن و آن؟ ۳۶۰۴

گمان کردی که آن‌ها را رایگان بُردی و از تو باز نمی‌ستانند؟

کـــالهٔ دزدیـــده نَـبْوَد پـایدار لیک آرَد دزد را تـــا پـــایِ دار ۳۶۰۵

کالای دزدی پایدار نیست و دزد را به سویِ کیفر می‌بَرَد.

---

۱ - **عینِ‌شان:** چشمهٔ حیات و محبّتِ وجودشان از توجّه فرزند جاری و پربار است.

۲ - اگر توجّه و محبّت نباشد یا کم شود. ۳ - **کاریز:** قنات. «کاریزِ پنهان»: چشمه‌های اثرگذارِ معنوی.

۴ - **سمین:** چاق، اینجا بزرگ و دارای رشد.

اشاره است به تأثیرات عواملِ جَوّی و کیهانی در حیات و رشد آدمی.

۵ - این بیت و سه بیت بعد آن، چهار بیت است که در نسخهٔ کهن که مبنای این شرح مثنوی است، هست و در سایر نُسَخ نیست. در مقابله با اشاره به محلّ آن در حاشیه افزوده شده است.

عاریه‌ست این،[1]کم همی باید فشارد[2]   کانچه بگرفتی، همی باید گزارد[3] 3606

همه چیز عاریه است، نباید محکم بگیری؛ چون همه را پس می‌گیرند.

جز نَفَختُ[4] کآن زِ وهّاب[5] آمده‌ست   روح را باش، آن دگرها بیهده‌ست ۳۶۰۷

جز «روحِ عالی» که خداوندِ بخشنده دمیده، هیچ چیز هستیِ حقیقی ندارد.

بیهده نسبت به جان می‌گویمش   نی به نسبت با صَنیعِ محکمش[6] ۳۶۰۸

آن‌ها نسبت به جان شأنی ندارند، وگرنه از آفرینشی استوار برخوردارند.

بیانِ استمدادِ[7] عارف از سرچشمهٔ حیاتِ ابدی، و مستغنی شدنِ او از استمداد و اجتذاب[8] از چشمه‌هایِ آب‌هایِ بی‌وفا که عَلاٰمَةُ ذٰلِكَ[9] «التَّجافي عَنْ دٰارِ ٱلغُرور»[10]، که آدمی چون بر مددهایِ آن چشمه‌ها اعتماد کند، در طلب چشمهٔ باقیِ دایم سُست شود

کاری زِ درون جانِ تو می‌باید   کز عاریه‌ها تو را دری نگشاید
یک چشمهٔ آب از درونِ خانه   به زآن جویی که آن ز بیرون آید[11]

در این تمثیل، «علم» یا «معرفت» به آب مانند شده است و اینکه: علمِ تحقیقی عارف که ناشی از مکاشفه است، همانند چشمه‌ای زلال از درون او می‌جوشد و گَرد و غبارِ «اهلِ شک» آن را نمی‌آلاید و علم تقلیدیِ «اهل قال» بسان آبی است که از جوی و یا کاریز حاصل می‌شود و گرد و غبار مسیر بر آن می‌نشیند و به بقای آن نیز امیدی نیست.

این تمثیل به احتمال قوی مأخوذ از کیمیای سعادت غزّالی است و یادآور اقوال او.[12]

---

۱ - مُراد آنکه: هر چیزی که در ارتباط با عالمِ امکان است، هستیِ حقیقی ندارد و عاریه است، و عاریه را باید پس داد.   ۲ - نباید محکم گرفت.   ۳ - **باید گزارد :** باید پس بدهی.

/4k®zhMnB¥M :J B Ø° - 5   /72.38 | 29.15 ɒ\₲ ≯ Ꮯ » UB(A- 4

۶ - **صنیعِ محکم :** مصنوع محکم و استوار.   ۷ - **بیانِ استمداد :** بیانِ یاری خواستن.

۸ - **اجتذاب :** جذب کردن.   ۹ - **عَلاٰمَةُ ذٰلِكَ :** نشانهٔ آن.   ۱۰ - دل برگرفتن از سرایِ فریب است.

۱۱ - از رباعیات دیوانِ شمس، رباعیِ شمارهٔ ۸۲۹ در نسخهٔ تصحیح استاد فروزانفر.

در ابیات پیشین سخن از تأثیراتِ معنوی و روحانی بود، اینک در راستای همان مفهوم، جان کلام آنکه: تغییرات کلّی و درونی در جهتِ معرفت، آدمی را به اصلِ خود و به اصلِ همهٔ خوبی‌ها می‌رسانَد و از هستیِ امکانی بی‌نیاز می‌کند.

۱۲ - بحر در کوزه، ص ۲۷۱.

حَـــبَّذا[1] کــاریزِ[2] اصــلِ چــیزها　　　فـــارغت آرَد از ایـــن کـــاریزها ۳۶۰۹

خوشا قناتی که اصلِ همه چیز است و تو را از هر قناتی بی‌نیاز می‌کند.

تـو ز صـد یَـنبوع[3] شـربت مـی‌کشی　　　هرچه زآن صدکم شود، کاهد خوشی ۳۶۱۰

خوشی و طراوتت از چشمه‌های متعددی است که اگر بکاهد، تو هم کاسته می‌شوی.

چون بجوشید از درون، چشمهٔ سَنی[4]　　　زِاســتراقِ[5] چشــمه‌ها گـردی غـنی ۳۶۱۱

اگر چشمهٔ معنا از درونِ خودت بجوشد، از بقیّه بی‌نیاز می‌شوی.

قُرَّةُالعَیْنت[6] چو ز آب و گِـلْ[7] بُـوَد　　　راتـــبهٔ[8] ایـــن قُـــرّه دردِ دل بُــوَد ۳۶۱۲

اگر شادیِ تو وابسته به پدیده‌های دنیوی است، همواره غمگین هستی.

قـلعه را چـون آب آیـد از بـرون　　　در زمـانِ اَمـن بـاشد بـر فـزون ۳۶۱۳

اگر آبِ قلعه از بیرون بیاید، در زمان صلح فراوان است.

چونکه دشـمن گِـردِ آن حـلقه کُـند　　　تـا کـه انـدر خـونشان غـرقه کـند ۳۶۱۴

امّا اگر قلعه محاصره شود و دشمن بخواهد آنان را نابود کند،

آبِ بـــیرون را بِـــبُرّند آن سـپاه　　　تـا نـباشد قـلعه را زآن‌هـا پـناه ۳۶۱۵

راهِ آب را می‌بندند تا نتوانند در قلعه بمانند.

آن زمان یک چاهِ شـوری از درون　　　بِهْ ز صد جیحونِ[9] شیرین از برون ۳۶۱۶

در آن شرایط، اگر چاهِ آبِ شوری در قلعه بجوشد، بهتر از صدها رودِ بیرون است.

قاطعُ آلاسباب[10] و لشکرهایِ مرگ　　　همچو دی آید به قطعِ شاخ و بـرگ ۳۶۱۷

به همین ترتیب، قدرتِ حق توسّطِ مرگ تمام سبب‌های دنیوی و وجودِ مادّیِ ما را مانند شاخهٔ درخت می‌بُرد.

در جهان نَبْوَد مـددْشان از بـهار[11]　　　جز مگر در جانْ[12] بهارِ رویِ یار[13] ۳۶۱۸

آنگاه، بهار دنیوی نمی‌تواند یاری کند، بهار معنوی یاری دهنده است.

---

۱ - **حَبَّذا:** خوشا.　۲ - **کاریز :** قنات.　۳ - **ینبوع :** چشمه. «صد ینبوع»: منابعِ مختلف.

۴ - **سَنی :** بلندمرتبه.　۵ - **استراق :** دزدی.　۶ - **قُرّةالعین :** نورِ چشم، اینجا رضایت و شادی.

۷ - **آب و گِل :** کنایه از دنیا.　۸ - **راتبه :** مقرّری.　۹ - **جیحون :** اینجا مطلقِ رود.

۱۰ - **قاطعُ آلاسباب :** بُرَندهٔ سبب‌ها.　۱۱ - **بهار :** کنایه از تمامِ جاذبه‌ها و توانمندی‌های دنیوی.

۱۲ - **در جان :** در جانِ متعالی و منوّر.

۱۳ - **بهارِ رویِ یار :** کنایه از نور حق، نور معرفت که می‌تواند زمستانِ مرگ را به بهارِ وصل بَدَل کند.

زآن لقب شد خـاک را دارُ‌آلغُـرور[۱] کو کَشَد پا را سپس[۲]، یَـومَ‌آلعُبور[۳] ۳۶۱۹

به همین مناسبت خاک را «سرایِ فریب» می‌گویند که روزِ مرگ کسی را یاری نمی‌کند.

پیش از آن بر راست و بر چپ می‌دوید[۴] کـه: بـچینم دَردِ تـو، چـیزی نـچید ۳۶۲۰

در حالی که پیش از آن، احاطه‌ات می‌کرد و می‌گفت: درمانت منم و نبود.

او[۵] بگـفتی مـر تـو را وقتِ غَـمان دور از تو رنـج و دَهْ کُـه در مـیان[۶] ۳۶۲۱

در هنگامِ غم و درد، گویی که جاذبه‌های دنیوی به زبان حال می‌گویند: بیا که غم از تو دور باد.

چـون سـپاهِ رنـج آمـد بَست دَم خود نـمی‌گوید: تـو را مـن دیـده‌ام ۳۶۲۲

امّا با فرارسیدنِ رنج حقیقی که رویارویی با حقایق در انتقال به جهانِ دیگر است، جاذبه‌ها چنان خاموش‌اند که گویی هرگز نبوده‌اند.

حق پیِ شیطان بدین سان زد مَثَل[۷] کـه تـو را در رزم آرَد بـا حِـیَل ۳۶۲۳

خداوند دربارهٔ شیطان چنین مَثَل زد که شیطان تو را با نیرنگ وارد معرکه می‌کند،

که: تو را یاری دهـم، مـن بـا تُـواَم در خطرها پـیشِ تـو مـن مـی‌دَوَم ۳۶۲۴

می‌گوید: با تواَم و یاری‌ات می‌کنم، در دشواری‌ها پیشاپیش می‌دَوَم.

اِسـپرت[۸] بـاشم گـهِ تـیرِ خَـدَنگ[۹] مَخْلَصِ[۱۰] تو باشم اندر وقتِ تنگ[۱۱] ۳۶۲۵

در برابر تیرها سپرت می‌شوم و از سختی‌ها می‌رهانمت.

جان فـدایِ تـو کـنم در اِنـتعاش[۱۲] رُستمی، شیری، هَلا! مردانـه بـاش ۳۶۲۶

برای نیکو شدنِ حال تو جانم را فدا می‌کنم. تو بسیار نیرومندی، مردانه مقاومت کن.

---

۱ - **دارُ‌آلغرور:** سرایِ فریب. ۲ - **سپس:** عقب. ۳ - **یَومَ‌آلعُبور:** روزِ گذر، روزِ مرگ.

۴ - دنیا به چپ و راست می‌رفت؛ یعنی از همه سو جاذبه‌های دنیوی احاطه‌ات می‌کردند که درمانِ دردها همین است و بس. ۵ - **او:** اینجا دنیا و جاذبه‌هایِ دنیوی.

۶ - **دَه کُه در میان:** میان تو و رنج ده کوه فاصله باشد؛ یعنی دور باد.

۷ - اشارتی قرآنی؛ انفال: ۴۸/۸، در جنگ بدر که شیطان به دشمنانِ اسلام و پیامبر(ص)، وعدهٔ یاری می‌داد.

۸ - **اِسپر:** سپر. ۹ - **تیرِ خَدَنگ:** تیری که از چوبِ خدنگ که بسیار سخت است، تیرِ سخت.

۱۰ - **مَخلَص:** محلّ خلاص، گریزگاه. ۱۱ - **وقتِ تنگ:** در سختی‌ها، تنگناها.

۱۲ - **انتعاش:** بهبودی، نیکو شدنِ حال کسی.

سویِ کُفرَش آوَرَد زین عشوه‌ها[1] آن جَوالِ خُدعه و مکر و دَها[2] ۳۶۲۷

آن منبع نیرنگ، فریب و زیرکی، با این حیله‌ها آدمی را به کفر می‌کشانَد.

چون قدم بنهاد، در خندق فُتاد او به قاها قاهِ خنده لب گشاد ۳۶۲۸

چون انسان قدم برداشت و به چاه افتاد، او شاد می‌شود.

هی ! بیا، من طمْع‌ها دارم ز تو گویدش: رو رو، که بیزارم ز تو ۳۶۲۹

آدمی که فریب خورده، می‌گوید: هی، بیا که من به تو امیدها دارم و او می‌گوید: برو، برو که از تو بیزارم.

تو نترسیدی ز عدلِ کردگار من همی ترسم، دو دست از من بدار ۳۶۳۰

تو از عدالت خداوند نترسیدی؛ امّا من می‌ترسم، رهایم کن.

گفت حق: خود او جدا شد از بِهی تو بدین تزویرها هم کی رهی؟ ۳۶۳۱

خداوند در پاسخِ شیطان می‌گوید: اگر آن بنده از راهِ خیر به دور افتاد، تو نمی‌توانی با این تزویر و اظهارِ ترس از مجازات در امان باشی.

فاعل و مفعول در روزِ شمار رُوسیاه‌اند و حریفِ سنگسار ۳۶۳۲

فریب دهنده و فریب خورده در قیامت روسیاه‌اند و سنگسار می‌شوند.

رَه‌زده و رَه‌زن[3] یقین در حُکم و داد[4] در چَهِ بُعدند[5] و در بِئْسَ اَلمِهاد[6] ۳۶۳۳

گمراه شده و گمراه کننده به حُکمِ عدلِ الهی به «دوری» از حق که بدترین است، مبتلا می‌شوند.

گول را، و غول[7] را کو را فریفت از خلاص و فَوز[8] می‌باید شکیفت[9] ۳۶۳۴

آن دو باید از رهایی و رستگاری قطعِ امید کنند.

---

۱ - **عشوه :** فریب. ۲ - **جوالِ ... :** مُراد شیطان است که زیرکیِ دنیوی دارد.

۳ - **رَه زده و رَهْزن :** گول خورده و گول زننده. ۴ - **حُکم و داد :** به حکمِ عدالتِ الهی.

۵ - **چَهِ بُعْد :** چاهِ دوری از حق. ۶ - **بِئْسَ اَلمِهاد :** بد جایگاهی، بدترینِ جاها.

۷ - **گول و غول :** فریب خورده و فریب دهنده. ۸ - **فوز :** رستگاری.

۹ - **شکیفت :** از شکیفتن: منصرف شدن، قطع امید کردن.

هم خر و خرگیر[۱] اینجا در گِل‌اند[۲]　　غافل‌اند اینجا، و آنجا آفِل‌اند[۳] ۳۶۳۵

آنان در این جهان غافل‌اند و درگیرِ تعلّقات و در آن جهان سرنگون در دوزخ.

جز کسانی را که واگردند از آن　　در بهارِ فضل آیند از خزان ۳۶۳۶

مگر کسانی را که از بدی توبه کنند و به بهارِ لطفِ الهی روی آورند.

توبه آرند و خدا توبه‌پذیر　　اَمرِ او گیرند و او نِعْمَ‌اْلامیر[۴] ۳۶۳۷

توبه‌ای کنند که خدا بپذیرد و اوامرِ او را اجرا کنند که بهترین فرمانرواست.

چون بر آرند از پشیمانی حَنین[۵]　　عرش لرزد از اَنینُ‌اْلمُذنِبین[۶] ۳۶۳۸

چون از پشیمانی ناله سر دهند، عرش از نالهٔ گناهکاران می‌لرزد.

آنچنان لرزد که مادر بر وَلد　　دستشان گیرد، به بالا می‌کَشَد ۳۶۳۹

چنان می‌لرزد که دلِ مادر برای فرزند، دستشان را می‌گیرد و بالا می‌کشد.

کِای خداتان واخریده از غرور[۷]　　نَک ریاض[۸] فضل و نَک ربِّ غَفور ۳۶۴۰

می‌گوید: ای کسانی که خدا شما را از فریب نجات داد، اینک باغ‌هایِ احسان و اینک پروردگار بخشاینده.

بعد از این‌تان برگ[۹] و رزقِ جاودان　　از هوایِ حق[۱۰] بُوَد نه از ناودان[۱۱] ۳۶۴۱

بعد از این، رزقِ جاودانهٔ شما بدون واسطه و مستقیماً از محبّتِ حق می‌رسد.

چونکه دریا[۱۲] بر وسایط[۱۳] رشک کرد[۱۴]　　تشنه[۱۵] چون ماهی[۱۶] به ترکِ مَشک[۱۷] کرد ۳۶۴۲

هنگامی که غیرتِ حق، واسطه‌ها را از میان بردارد، طالبِ حقایق فقط به مسبب توجه می‌کند.

---

۱ - **خر و خرگیر** : همان فریب خورده و فریب دهنده است. ۲ - **گِل** : گِل جاذبه‌ها و تعلّقات دنیوی.
۳ - **آفِل** : فروشونده. ۴ - **نِعْمَ‌اْلامیر** : بهترین فرمانرواست. ۵ - **حنین** : ناله.
۶ - **اَنینُ‌اْلمُذْنِبین** : نالهٔ گناهکاران. ۷ - **غرور** : فریب. ۸ - **ریاض** : جمع روضه: باغ.
۹ - **برگ** : کنایه از توشه، نوا. ۱۰ - **هوایِ حق** : محبّت و عشق به حق.
۱۱ - **ناودان** : کنایه از اسباب و عللِ ظاهری. ۱۲ - **دریا** : دریایِ حقایق، هستیِ حقیقی، حضرتِ حق.
۱۳ - **وسایط** : واسطه‌ها، اسباب و ابزار دنیوی.
۱۴ - **رشک کرد** : غیرتِ حق جوشید. «هنگامی که سالکِ مشتاق به واسطه‌ها تکیه کند و مسبب را از یاد ببرد، اگر طلب او راستین و خالصانه باشد، غیرت حق او را از قیدِ اسباب و عللِ ظاهری می‌رهانَد.»
۱۵ - **تشنه** : سالک. ۱۶ - **ماهی** : کنایه از عارف که چشمِ حقیقت‌بین دارد و مسبب را می‌بیند نه سبب را.
۱۷ - **مَشک** : کنایه از واسطه‌ها، سبب‌ها.

روان شدنِ شه‌زادگان در ممالکِ پدر بعد از وداع کردنِ ایشان شاه را، و اِعادت[1] کردنِ شاه وقتِ وداع، وصیّت را، الی آخره

عـزمِ رَه کـردند آن هـر سه پسر — سـویِ اَمـلاکِ پـدر، رسـمِ سفر[2] ۳۶۴۳

پسران برای سفر در سراسرِ مملکتِ پدر به راه افتادند.

در طـوافِ شـهرها[3] و قـلعه‌هاش — از پـیِ تـدبیر دیـوان[4] و معاش ۳۶۴۴

تا به جهتِ آموختنِ کشورداری و زندگی به گردشِ در شهرها و قلعه‌ها بروند.

دسـتبوسِ شـاه کـردند و وداع — پس بدیشان گفت آن شـاهِ مُطاع[5] ۳۶۴۵

برای خداحافظی دستِ پدر را بوسیدند. آنگاه شاه به آنان گفت:

هر کجاتان دل کَشَد، عـازم شـوید — فـی امـانِ الله، دست افشـان رویـد ۳۶۴۶

هرجا دلتان خواست، بروید، شادمان در امانِ خدا باشید.

غیرِ آن یک قـلعه، نـامش هُش‌رُبـا — تـنگ آرَد بـر کُـلَه‌داران قـبا[6] ۳۶۴۷

بجز قلعه‌ای که نامش «هوش‌رُبا» است و عرصه را بر شاهان تنگ می‌کند.

اللّـه اللّـه زآن دِزِ ذاتَ آلصُّـوَر[7] — دور بـاشید و بـترسید از خـطَر ۳۶۴۸

زنهار، زنهار از آن قلعهٔ پرتصویر دوری کنید و از خطر بترسید.

رو و پُشتِ بُرجهاش و سقف و پَست[8] — جمله تِمثال و نگـار[9] و صـورت است ۳۶۴۹

رو، پُشتِ برج‌ها، سقف و کفِ قلعه، همه با نقش و تصویر آراسته شده است.

همچو آن حُجرهٔ[10] زلیخا، پر صُوَر — تا کند یوسف به نـاکـامش[11] نـظر ۳۶۵۰

مانند اتاق زلیخا پر از نقش بود تا یوسف ناچار به آن‌ها بنگرد.

چونکه یـوسف سـویِ او مـی‌ننگرید — خانه را پُر نَقشِ خودکرد آن مُکید[12] ۳۶۵۱

آن مکّار اتاق را پر از تصویرِ خود کرده بود؛ چون یوسف به او نگاه نمی‌کرد.

---

۱ - **اِعادت**: بازگفتن. ۲ - **رسم سفر**: به عنوانِ مسافر، نه به عنوانِ شاهزاده.
۳ - **در طوافِ شهرها**: گردش در شهرها. ۴ - **تدبیر دیوان**: آموختن راه و رسمِ کشورداری.
۵ - **مُطاع**: آنکه مورد اطاعت باشد. ۶ - مصراع دوم: عرصه را بر پادشاهان تنگ می‌کند.
۷ - **ذاتَ آلصُّوَر**: پرتصویر، نام قلعه. ۸ - **پست**: کف. ۹ - **تمثال و نگار**: نقش و نگار.
۱۰ - **حُجره**: اتاق. ۱۱ - **به ناکام**: ناخواسته، بی‌آنکه بخواهد. ۱۲ - **مُکید**: کید کننده، مکّار.

تا به هر سو کِه‌نْگَرَد آن خوشْ‌عِذار[1] رویِ او را بـــیند او بـی‌اخـتیار ۳۶۵۲

تا یوسف به هر سوی که بنگرد، بی‌اختیار رویِ او را ببیند.

بـهرِ دیـده‌روشنانْ[2]، یـزدانِ فـرد شش جـهت را مَـظهرِ آیـات کـرد ۳۶۵۳

خداوند برای چشمانِ حقیقت‌بین، شش جهت را مظهرِ آیات حق کرد.

تا به هر حـیوان و نـامی[3] کـه‌نْگرند از ریـاضِ حُسـنِ ربّـانی چَـرَند[4] ۳۶۵۴

تا هر جاندار و گیاهی را که ببینند، مراتبِ متعددِ هستی را در آن بیابند و لذّت روحانی ببرند.

بـهرِ ایـن فـرمود بـا آن اِسْپَه او حَـیْثُ وَلَّـیْتُمْ، فَـثَمَّ وَجْـهُهُ[5] ۳۶۵۵

از این جهت به مؤمنان فرمود: «به هر طرف که بگردید، همانجا روی به خداست».

از قَدَح گر در عـطش آبـی خـورید در درونِ آب، حـق را نـاظرید ۳۶۵۶

اگر در تشنگی از قدحی آبی بخورید، بدانید که در میانِ آب جلوهٔ حق را می‌بینید.

آنکـه عـاشق نـیست، او در آبْ در صورتِ خود بیند، ای صاحبْ بَصَر! ۳۶۵۷

ای مرد بینا، کسی که عاشق حق نیست، در آب تصویرِ خود را می‌بیند.

صورتِ عاشق چو فانی شـد در او پس در آب اکنون که را بیند؟ بگـو ۳۶۵۸

اگر وجودِ عاشق در حق فانی شود، بگو که در آب که را خواهد دید؟

حُسنِ حق بـینند انـدر رویِ حُـور هـمچو مَـهْ در آب، از صُـنعِ غَـیُور ۳۶۵۹

از قدرت خداوندِ غیور در روی حُوریان جمال حق را می‌بینند، همان‌طور که عکس ماه را در آب.

غیرتش بر عـاشقی و صـادقی‌ست غیرتش بر دیو و بر اُسـتور نـیست ۳۶۶۰

غیرت او بر عاشقان و صادقان است، نه شیطان و چهارپایان.

---

۱ - **خوشْ‌عِذار:** زیبارو، یوسف. ۲ - **دیده‌روشنان:** افرادِ بصیر، کسانی که چشمانی حقیقت‌بین دارند.

۳ - **نامی:** گیاه.

۴ - تا از باغ‌های جمال الهی برخوردار شوند؛ یعنی همهٔ هستی را آیینه‌ای برای تجلّی انوار و اسما و صفات ببینند.

۵ - اشارتی قرآنی؛ بقره: ۱۱۵/۲: وَ لِلّٰهِ المشرقُ وَ ٱلْمَغْرِبُ فَأَيْنَمَا تُوَلُّوا فَثَمَّ وَجْهُ اللهِ...: مشرق و مغرب هر دو ملک خداست، پس به هر طرف روی کنید به سویِ خدا روی آورده‌اید.

«آن اِسپه»: مُراد مؤمنان است.

دیو اگر عاشق شود، هم گوی بُرد　　جبرئیلی گشت، و آن دیوی بِمُرد ۳۶۶۱

شیطان هم اگر عاشق حق شود، دیوی‌اش می‌میرد و جبرئیل می‌شود.

اَسْلَمَ اَلشَّیطانُ[1]، آنجا شد پدید　　که یزیدی[2]، شد ز فضلش بایزید[3] ۳۶۶۲

«شیطان اسلام آورد»، آنجا پدید می‌آید که یزیدی بایزید می‌شود؛ یعنی «نَفْس» کمال می‌یابد.

این سخن پایان ندارد ای گروه[4]!　　هین! نگه دارید زآن قلعه وُجوه[5] ۳۶۶۳

ای پسران، این سخن پایان ناپذیر است، هان، به آن قلعه نروید.

هین! مبادا که هَوَسْ‌تان رَهْ زند　　که فُتید اندر شَقاوتْ تا ابد ۳۶۶۴

هان، مبادا هوس راهِ شما را بزند و تا ابد به بدبختی بیفتید.

از خطر پرهیز، آمد مُفْتَرَض[6]　　بشنوید از من حدیثِ[7] بی غرض ۳۶۶۵

پرهیز از خطر واجب است. سخنِ بی‌غَرَض مرا بپذیرید.

در فَرَجْ‌جویی[8]، خرد سرتیز[9] بِهْ　　از کمین‌گاهِ بلا، پرهیز بِهْ ۳۶۶۶

در جست‌وجوی رهایی، عقل باید نافذ باشد، البتّه دوری از کمینگاهِ بلا بهتر است.

گر نمی‌گفت این سخن را آن پدر　　ور نمی‌فرمود زآن قلعه حَذَر[10] ۳۶۶۷

اگر پدر این سخن را نمی‌گفت و به پرهیز از قلعه فرمان نمی‌داد،

خود بدآن قلعه نمی‌شد خَیلشان[11]　　خود نمی‌افتاد آن سو مَیلشان ۳۶۶۸

گروه برادران به سویِ قلعه نمی‌رفتند و تمایلی به آن نداشتند.

کآن نَبُد معروف، بس مهجور[12] بود　　از قِلاع[13] و از مَناهِج[14] دور بود[15] ۳۶۶۹

زیرا قلعهٔ مشهوری نبود و در جای دور افتاده‌ای، جدا از سایر قلعه‌ها و راه‌ها قرار داشت.

---

۱ - به حدیثِ نبوی: شیطانِ نَفْسِ من به دستِ من اسلام آورد و مرا جز به نیکی فرمان نمی‌دهد: احادیث، ص ۴۳۲.

۲ - **یزید**: خلیفهٔ ظالمِ اُمَوی، نمادِ بدی.　۳ - **بایزید**: عارفِ عاشق، نمادِ خوبی.

۴ - **ای گروه**: اشاره به شهزادگان، ای پسران.

۵ - **نگه دارید زآن قلعه وجوه**: از روی آوردن به قلعه خودداری کنید.　۶ - **مُفْتَرَض**: واجب، فریضه.

۷ - **حدیث**: سخن.　۸ - **فَرَج‌جویی**: جست‌وجویِ راهِ رهایی از تنگنا و دردسر.

۹ - **خِرد سرتیز**: عقلِ دقیق و نافذ.　۱۰ - **حَذَر**: پرهیز، دوری جُستن.　۱۱ - **خیل**: گروه، دسته.

۱۲ - **مهجور**: متروک.　۱۳ - **قِلاع**: قلعه‌ها.　۱۴ - **مناهِج**: جمعِ مَنْهَج: راه.

۱۵ - قلعهٔ «ذاتُ‌الصُّوَر» دور و متروک بود؛ یعنی ادراک معانی و رسیدن به حقایق در مسیرِ زندگیِ دنیویِ همه کس نیست، متعلّق به خاصان است، همه به آن توجّه ندارند.

چون بکرد آن منع، دلشان زآن مَقال   در هوس افتاد و در کویِ خیال ۳۶۷۰

چون منع کرد، هوس کردند و به این خیال افتادند.

رغبتی زین مَنع در دِلْشان بِرُست   که بباید سِرّ آن را باز جُست ۳۶۷۱

از این منع راغب‌تر شدند که باید سرّ آن را کشف کنیم.

کیست کز ممنوع گردد مُمتنِع[1] ؟   چونکه اَلاِنْسانُ حَرِیصٌ ما مُنِع[2] ۳۶۷۲

چه کسی از امور ممنوعه خودداری می‌کند؟ در حالی که انسان با منع حریص‌تر می‌شود.

نهی بر اَهلِ تُقیٰ[3] تبغیض[4] شد   نهی بر اهلِ هوا تحریض[5] شد ۳۶۷۳

پرهیزکاران نسبت به آنچه که نهی شده‌است، حسّ بدی می‌یابند؛ امّا هواپرستان به آن مشتاق‌تر می‌شوند.

پس از این یُغْوِی بِهِ قَوْماً کَثِیر   هم از این یَهْدِی بِهِ قَلْباً خَبیر[6] ۳۶۷۴

پس با این نهی «گروه کثیری گمراه» و «دل‌های آگاه» هدایت می‌شوند.

کِی رَمَد از نی[7] حَمامِ آشنا[8] ؟   بل رَمَد زآن نی حَماماتِ هوا[9] ۳۶۷۵

کبوترِ دست‌آموز از نوایِ نیِ کبوترباز نمی‌هراسد؛ بلکه کبوتران وحشی می‌رمند.

پس بگفتندش که: خدمت‌ها کنیم   بر سَمِعْنٰا و اَطَعْنٰاها[10] تَنیم ۳۶۷۶

شاهزادگان به پدر خویش گفتند که در اجرای اوامر تو می‌کوشیم به مضمون «شنیدیم و فرمانبرداریم» از جان و دل عمل می‌کنیم.

رُو نگردانیم از فرمانِ تو   کفر باشد غفلت از احسانِ تو ۳۶۷۷

از فرمان تو سرپیچی نمی‌کنیم؛ زیرا بی‌توجّهی به احسان تو کفر محسوب می‌شود.

لیک استثنا[11] و تسبیحِ خدا   ز اعتمادِ خود، بُد از ایشان جدا ۳۶۷۸

امّا به علّت اعتمادی که به خود داشتند، «إن شاء الله» نگفتند و از تسبیحِ حضرت باری غافل شدند.

---

۱ - **مُمتَنِع :** امتناع کننده، پرهیز کننده.

۲ - حدیث: انسان نسبت به هرچه که نهی شود، حریص‌تر می‌گردد: احادیث، ص ۳۱۲.

۳ - **اهلِ تُقیٰ :** اهلِ تقوا، پرهیزکاران.   ۴ - **تبغیض :** سببِ بغض، سبب بد آمدن.   ۵ - **تحریض :** تشویق.

۶ - اشارتی قرآنی؛ بقره: ۲۶/۲: ...یُضِلُّ بِهِ کثیراً وَ یَهْدی بِهِ کثیراً وَ مَا یُضِلُّ بِهِ إلاَّ الفَاسِقینَ: گروه کثیری گمراه و گروه کثیری هدایت می‌شوند. و گمراه نمی‌کند به آن مگر فاسقان را...   ۷ - **از نی :** از نوایِ نی.

۸ - **حَمامِ آشنا :** کبوترِ دست‌آموز.   ۹ - **حَماماتِ هوا :** کبوترانِ وحشی، کبوتر تربیت نشده.

۱۰ - اشارتی قرآنی؛ بقره: ۲۸۵/۲ و نساء: ۴۶/۴ و مائده: ۷/۵ و نور: ۵۱/۲۴.

۱۱ - **استثنا :** گفتنِ «إن شاء الله» و حواله کردن احوال به حول الهی.

ذکرِ استثنا و حزمِ مُلتَوی[۱] گفته شد در ابتدایِ مثنوی ۳۶۷۹

لزوم گفتن «إن شاء الله» و حواله کردن احوالات به حول و ارادهٔ خداوندی که خود ناشی از غایت‌اندیشی و عاقبت‌بینی است، در ابتدای مثنوی در قصّهٔ پادشاه و کنیزک نیز آمد و گفتیم که به سبب «ترکِ استثنا» بود که خداوند عجز بشری را به طبیبان نشان داد.

صد کتاب ار هست، جُز یک باب نیست صد جهت را قصد جز محراب نیست[۲] ۳۶۸۰

اگر صدها کتاب در باب نظامِ عالم باشد، یک سخن کلّی دارد که احوالِ هستی به حول و ارادهٔ الهی وابسته است و او تنها معبود است.

این طُرُق[۳] را، مَخْلَصی[۴] یک خانه است این هزاران سُنبل از یک دانه است[۵] ۳۶۸۱

هدفِ مذاهبِ متعدد، یک بارگاه است که همه چیز از آنجا «هست» می‌شود.

گونه‌گونه خوردنی‌ها صد هزار جمله یک چیز است اندر اعتبار[۶] ۳۶۸۲

خوراک متعدد است؛ امّا انواع خوردنی‌ها خاصیّتش سیر کردن است.

از یکی چون سیر گشتی تو تمام سرد شد اندر دلت پَنجَه طعام[۷] ۳۶۸۳

یکی که تو را سیر کند، گویی همه را خورده‌ای.

در مَجاعت[۸]، پس تو اَحْوَل[۹] بوده‌ای که یکی را صد هزاران دیده‌ای ۳۶۸۴

پس تو مانند آدم دوبین، در حال گرسنگی «غذا»ها را که در عین تنوع، واحد و همه موجبِ سیری‌اند، صدها هزار می‌دیدی.

گفته بودیم از سَقام[۱۰] آن کنیز وز طبیبان و قُصورِ فهم[۱۱] نیز ۳۶۸۵

از بیماری کنیز، طبیبان و کوتاه‌اندیشی آنان سخن گفته بودیم.

---

۱ - **حزمِ مُلْتوی** : احتیاط فراوان، عاقبت‌اندیشی. «ملتوی»: درهم پیچیده.

۲ - مُرادْ آنکه: در پرستش حق روی به هر سو کنید، روی به پروردگار است؛ زیرا خالق هستی اوست.

۳ - **این طُرُق** : این مذاهب، مذاهبِ متعدد. ۴ - **مَخْلَصی** : اینجا پناهگاه.

۵ - جایی که همه چیز از آنجا پدید می‌آید. ۶ - **اندر اعتبار** : به دیدهٔ بصیرت.

۷ - **پَنجَه طعام** : پنجاه غذا، غذاهای متفاوت و فراوان. ۸ - **مَجاعت** : گرسنگی. ۹ - **اَحْوَل** : دو بین.

۱۰ - **سَقام** : بیماری. «سقامِ کنیز»: بیماری کنیز، اشاره به اوّلین قصّهٔ مثنوی است.

۱۱ - **قُصورِ فهم** : کوتاه‌اندیشی.

کآن طبیبان، همچو اسبِ بی عِذار[۱]   غـافل و بـی‌بهره بـودند از سـوار[۲] ۳۶۸۶

آن طبیبان مانندِ اسبِ بی‌افسار، از سواری که آنان را می‌راند، غافل بودند، در حالی که این اسب لگام داشت.

کـامشان پُـر زخـم از قـرعِ لگـام[۳]   سُمّشان مـجروح از تـحویلِ گـام[۴] ۳۶۸۷

دهانشان از ضربه‌هایِ دهنه پُر از زخم شده بود و پاها خسته و مجروح.

ناشده واقف[۵] که: نک بـر پُشتِ مـا   رایض[۶] چُستی‌ست[۷] استادی نما[۸] ۳۶۸۸

نمی‌دانستند که اینک بر پُشتِ ما سوارکار ماهری است که مهارتِ خود را نشان می‌دهد.

نیست سرگردانیِ[۹] مـا زیـن لگـام   جز ز تصریفِ[۱۰] سوارِ دوستکام[۱۱] ۳۶۸۹

چرخیدنِ سرِ ما به چپ و راست از قدرتِ کسی است که به ما احاطهٔ کامل دارد.

ما پیِ گُـل سـویِ بُسـتان‌ها شـده[۱۲]   گُل نـموده آن، و آن خـاری[۱۳] بُـده ۳۶۹۰

ما در پیِ درمانی بودیم که درمان نبود، افزودنِ درد بود.

هیچشان این نی که گویند از خِـرَد   بـر گـلویِ مـا کـه می‌کوبد لگـد؟ ۳۶۹۱

آنان فشارِ پای سوار را که بر گردنشان می‌کوبد، حس می‌کنند؛ امّا فکر نمی‌کنند و در نمی‌یابند که این حال از سیطرهٔ نیرویی قاهر است.

---

۱ - **عِذار:** افسار. «اسبِ بی‌عِذار»: اسبِ بی‌لگام. سوارکارانِ ماهر می‌توانند با اسبِ بی‌افسار بتازند.

۲ - **از سوار غافل بودند:** آنان متوجّه سوارکار نبودند، چون بی‌لگام می‌تاخت. «قدرت الهی و تقدیر» به سوار مانند شده است. ۳ - **قرعِ لگام:** ساییدن و ضربه‌ای که دهنه و لگام بر دهانِ اسب می‌زد. «قرع»: ضربه.

۴ - مصراع دوم: سُمِّ اسب‌ها از جابه‌جا شدن و گام برداشتنِ با سرعت «تاختن» خسته و مجروح می‌شود و نمی‌داند که سوارکاری تندرو و ماهر بر او سوار است و می‌تازد. «مُراد آنکه: طبیبان از جهدِ بی‌حاصل خسته و آزرده بودند.»

۵ - **ناشده واقف:** آگاه نبودند که. ۶ - **رایض:** رام کنندهٔ حیوانات، اینجا سوارکار. ۷ - **چُستی:** چابکی.

۸ - **استادی نما:** در حال نشان دادنِ استادیِ خود.

۹ - **سرگردانی:** گرداندنِ سر به چپ و راست. در مورد «طبیبان»، رنج و عدمِ موفقیت در درمانِ کنیزک.

۱۰ - **تصریف:** تصرّف کردن، تغییر دادن، اینجا اعمال قدرت و سیطره.

۱۱ - **دوستکام:** رفیقِ مهربان، اینجا سوارِ ماهر و قادر، کسی که سیطره دارد.

۱۲ - سخنِ دلِ طبیبان است اگر از اشتباهِ خود واقف شوند. «گُل»: اینجا درمان، که طبیبان آن را در بوستان دانشِ خود می‌جُستند. ۱۳ - **خار:** اینجا کنایه از افزونیِ درد.

آن طبیبان آنچنان بندهٔ سبب[1] گشته‌اند از مکرِ یزدان[2] مُحْتَجَب[3] ۳۶۹۲

چون طبیبان فقط «سبب» را می‌دیدند، «مسبب» درِ «اسباب» را به رویشان بست.

گر ببندی در صِطبلی گاوِ نر باز یابی در مقامِ گاو، خر ۳۶۹۳

اگر در اصطبلی گاو نری را ببندی و روز بعد به جای گاو، خری را در آنجا ببینی،

از خری باشد[4] تَغافل[5] خفته‌وار[6] که نجویی تا: کِی است آن خُفیه‌کار[7]؟ ۳۶۹۴

از حماقت است اگر غافلانه بنشینی و نجویی که چه کسی این کار را کرده است؟

خود نگفته: این مبدِّل تا کِی است؟ نیست پیدا، او مگر افلاکی است ۳۶۹۵

با خود نمی‌گویی آیا کسی از آسمان آمده و این‌ها را عوض کرده است؟

تیر سوی راست پرّانیده‌ای سویِ چپ رفته است تیرت، دیده‌ای[8] ۳۶۹۶

چه بسا که دیده‌ای تیری که به راست پرتاب کردی، به چپ رفته است.

سویِ آهویی به صیدی تاختی خویش را تو صیدِ خوکی ساختی ۳۶۹۷

برای صیدِ آهو رفتی و خودت صیدِ خوک شدی.

در پیِ سودی دویده بهرِ کَبْس[9] نارسیده سود، افتاده به حَبس ۳۶۹۸

با حرص جویایِ سود بودی، به سود نرسیدی و محبوس هم شدی.

چاه‌ها کَنده برای دیگران خویش را، دیده فُتاده اندر آن[10] ۳۶۹۹

چاه برای دیگران کَندی و خود در آن افتادی.

در سبب چون بی‌مُرادت کرد رَب پس چرا بَدْظن نگردی در سبب؟[11] ۳۷۰۰

چون خداوند به تو نشان داد که «سبب»ها نمی‌توانند کسی را به مُراد برسانند، چرا به «مسبب» توجّه نمی‌کنی؟

---

۱ - **بندهٔ سبب :** کسی که سبب را می‌بیند و از سبب‌ساز بی‌خبر است.

۲ - اشارتی قرآنی؛ آلِ عمران: ۵۴/۳: ...وَ مَکَرُوا وَ مَکَرَ الله و الله خَیْرُ اَلْمَاکِرینَ.

۳ - **مُحْتَجَب :** در حجاب مانده. ۴ - **از خری باشد :** حماقت و نادانی است.

۵ - **تَغافل :** خود را به غفلت زدن. ۶ - **خفته‌وار :** به حالت خواب آلوده.

۷ - **خُفیه‌کار :** پنهان کار، کسی که کاری در نهان انجام می‌دهد.

۸ - اشاره است به سخن حضرت علی(ع): عَرَفْتُ الله بِفَسْخِ العَزائم و حَلِّ العُقود وَ نَقْضِ الهِمَمْ: خدای را شناختم به فسخ عزم‌ها و گشوده شدنِ گِره‌ها و شکستنِ همّت‌ها: احادیث مثنوی، ص ۵۲. ۹ - **بهرِ کَبْس :** از رویِ حرص.

۱۰ - ناظر است به حدیث: مَنْ حَفَرَ لِأَخیهِ حُفْرَةً وَقَعَ فیها: هر کس برای برادرش چاه بکَنَد، در آن می‌افتد: احادیث مثنوی، ص ۱۴. ۱۱ - مصراع دوم: به سبب بدبین شدن یعنی به مسبب توجّه کردن.

بس کسی از مَکسَبی خاقان[1] شده — دیگری زآن مَکسَبَه[2] عُریان شده[3] ۳۷۰۱

بسا کس که از راهی به همه چیز رسیده و دیگری از همان راه همه چیزش را از دست داده است.

بس کس از عَقدِ زنان قارون شده — بس کس از عقدِ زنان مدیون[4] شده ۳۷۰۲

بسا کس از ازدواج با زنی قارون شده و بسا کس از ازدواج بدهکار شده است.

پس سبب، گردان چون دُمِّ خر بُوَد — تکیه بر وی کم کنی، بهتر بُوَد ۳۷۰۳

پس «سبب» همواره در حالِ تغییر است و نباید به آن امید داشت.

ور سبب گیری، نگیری هم دلیر[5] — که بس آفت‌هاست پنهانش به زیر[6] 3704

و اگر از «سبب» بهره می‌بری، بهتر است به آن چندان امیدی نداشته باشی که زیانبار است.

سِرِّ استثناست این حزم و حَذَر — زآنکه خر را بُز نماید این قَدَر ۳۷۰۵

عاقبت‌اندیشی و احتیاط، رازی است که در «إن شاء الله» است؛ چون تقدیر خر را بُز جلوه‌گر می‌کند.

آنکه چشمش بست، گرچه گُربُز[7] است — ز اَحْوَلی اندر دو چشمش خر بُز است ۳۷۰۶

کسی که چشمش بسته شد، هرچند زیرک باشد، به سبب ظاهربینی خر را بُز می‌بیند.

چون مُقلِّب حق بُوَد اَبصار را — کِه بگرداند دل و افکار را؟ ۳۷۰۷

حق چشم‌ها را دگرگون می‌کند و جز او چه کسی می‌تواند دل و افکار را تغییر دهد؟

چاه را تو خانه‌یی بینی لطیف — دام را تو دانه‌یی بینی ظریف ۳۷۰۸

که چاه را محلِّ امن و آسایش ببینی و دام را دانه‌ای خوش.

این تَفَسْطُط[8] نیست، تقلیبِ[9] خداست — می‌نماید که حقیقت‌ها کجاست ۳۷۰۹

این سفسطه یا مغلطه نیست، دگرگون‌سازی خدا و نشان دادنِ حقایق است.

---

۱ - **خاقان** : لقب شاهان تُرک و چین، مطلقِ شاه، اینجا پولدار شدن، به همه چیز رسیدن.

۲ - **مَکْسَبه** : کسب. ۳ - **عُریان شده** : بینوا شده، همه چیزش را از دست داده. ۴ - **مدیون** : بدهکار.

5 - **نگیری هم دلیر** : بی‌توجّه نباشی و کاملاً به آن دل نبندی و امیدوار نباشی.

6 - [illegible] 7 - **گُربُز** : [illegible]

۸ - **تَفَسْطُط** : سفسطه‌گری، سوفسطایی شدن، به اشتباه انداختن.

۹ - **تقلیب** : دگرگون کردن، تغییر دادن. که نمی‌گذارد «اهل دنیا» جز ظواهر چیزی را ببینند یا بفهمد.

آنکه انکارِ حقایق می‌کند   جملگی او بر خیالی می‌تَنَد[۱] ۳۷۱۰

محور اندیشه و زندگیِ «منکرِ حقایق» بر مبنای «پندار» است.

او نمی‌گوید که حِسبانِ[۲] خیال   هم خیالی باشدت، چشمی بمال ۳۷۱۱

او به خود نمی‌گوید که اندیشه در مورد «خیال» هم خیالی بیش نیست، دقّت کن.

رفتنِ پسرانِ سلطان به حکم آنکه «اَلاِنْسانُ حَریصٌ عَلیٰ ما مُنِعَ»[۳]

ما بندگیِ خویش نمودیم و لیکن   خویِ بدِ تو بنده ندانست خریدن[۴]

به سویِ آن قلعهٔ ممنوعٌ عَنْه.[۵] آن همه وصیّت‌ها و اندرزهایِ پدر را زیر پا نهادند تا در چاهِ بلا افتادند، و می‌گفتند ایشان را نفوسِ لوّامه[۶]: «اَلَمْ یَأْتِکُمْ نَذیرٌ؟»[۷] ایشان می‌گفتند گریان و پشیمان: «لَوْ کُنّا نَسْمَعُ اَوْ نَعْقِلُ ما کُنّا فی اَصْحابِ اَلسَّعیر»[۸]

این سخن پایان ندارد، آن فریق[۹]   بر گرفتند از پیِ آن دِز[۱۰] طریق ۳۷۱۲

این سخن پایانی ندارد، شهزادگان در پیِ یافتنِ قلعه راه سفر را پیش گرفتند.

بر درختِ گندمِ مَنْهی[۱۱] زدند[۱۲]   از طویلهٔ مُخلصان بیرون شدند[۱۳] ۳۷۱۳

به سویِ «گندمِ» نهی شده رفتند و از صفِ خالصان خارج شدند.

---

۱ - **بر خیال تنیدن :** اینجا با پندار زندگی کردن.

۲ - **حِسْبان :** گمان کردن. «حِسْبانِ خیال»: اندیشیدن در باب خیال.

۳ - انسان بدانچه از آن باز داشته‌اند، آزمند است.

۴ - این بیت، بیتِ آخرِ غزلی از سنایی است با این مطلع:

جانا ز لب آموز کنون بنده خریدن   کز زلف بیاموخته‌ای پرده دریدن

دیوان سنایی، تصحیح مدرس رضوی، ص ۷۰۷.

۵ - به سوی قلعه‌ای که از آن باز داشته شده بودند.

۶ - **نفوسِ لوّامه :** تعبیری قرآنی؛ قیامت: ۲/۷۵: لاٰ اُقْسِمُ بِالنَّفْسِ اللَوّامه: سوگند به نَفْسِ ملامتگر و وجدانِ بیدار [که رستاخیز حق است].

۷ - نَفْسِ ملامتگرشان به آنان می‌گفت: آیا شما را بیم‌دهنده‌ای نیامد؟

اشارتی قرآنی؛ مُلک: ۶۷/۱۰-۸: ...خازنان به جهنّمیان گویند: آیا شما را بیم‌دهنده‌ای نیامد؟ گویند: چرا، آمد؛ امّا تکذیبش کردیم و گفتیم: خدا هیچ چیزی نازل نکرده است، شما درگمراهیِ بزرگی هستید و می‌گویند: اگر ما می‌شنیدیم یا تعقّل می‌کردیم، دوزخی نمی‌شدیم.   ۸ - از سورهٔ مُلک، توضیح در پانوشت پیشین.

۹ - **فریق :** گروه.   ۱۰ - **دِز :** دژ.   ۱۱ - **مَنْهی :** نهی شده.

۱۲ - اشاره به مضمونِ آیهٔ شریفه: بقره: ۳۵/۲: لاٰ تقربا هذه الشجرة...: به این درخت نزدیک نشوید.

۱۳ - شهزادگان به «آدم و حوّا» مانند شده‌اند که به سویِ گندم رفتند و به بُعد مبتلا شدند.

چون شدند از منع و نَهْیَش گرم‌تر[1] سـوی آن قـلعه بـر آوردنـد سَـر ۳۷۱۴

چون از منع و نهیِ پدر حریص‌تر شدند، به سویِ قلعه رفتند.

بـرستیزِ[2] قـولِ شـاهِ مـجتبی[3] تـا بـه قـلعهٔ صبْرسوزِ[4] هُشْ‌رُبـا ۳۷۱۵

برخلاف سخنِ شاهِ برگزیده به قلعهٔ طاقت‌گدازِ «هوش‌رُبا» رسیدند.

آمـدند از رَغـم[5] عـقلِ پـندْتُوز[6] در شبِ تـاریک، بـرگشته زِ روز ۳۷۱۶

برخلاف پندِ عقل، «روز» را رها کردند و به «شب» پا نهادند.

اندر آن قلعهٔ خـوش ِ[7] ذاتُ‌الصُّـوَر پنج در در بحر و پنجی سویِ بـر[8] ۳۷۱۷

در قلعهٔ زیبایِ «ذاتُ الصُّوَر»، پنج در به سوی دریا و پنج در به جانبِ صحرا بود.

پنج از آن چون حِس به سویِ رنگ و بو[9] پنج از آن چـون حسِّ ِ بـاطن رازْجـو[10] ۳۷۱۸

«پنج در» مانندِ «حواسِّ ظاهری» به سویِ «عالمِ محسوس» و «پنج در» مانندِ «حواسِّ باطنی» به سویِ «عالمِ نامحسوس».

زآن هزاران صـورت و نـقش و نگـار می‌شدند از سو به سو، خوش، بی‌قرار ۳۷۱۹

در میان هزاران نقش و نگار، مشتاق و بیقرار از این سو به آن سو می‌رفتند.

زین قدح‌هایِ صُوَر[11]، کم باش[12] مست تـا نگـردی بُت‌تراش و بُت‌پرست[13] ۳۷۲۰

سرمستی از زیبایی‌هایِ این جهانی کـه مـانند «قـدحی بلورین و خالی»انـد، بُت‌تـراشـی و بُت‌پرستی است.

---

۱ - **گرم‌تر :** حریص‌تر، مشتاق‌تر. ۲ - **برستیز :** اینجا برخلاف. ۳ - **مجتبی :** برگزیده.

۴ - **صبرسوز :** طاقت‌فرسا، طاقت‌گداز. ۵ - **از رَغم :** برخلافِ.

۶ - **عقلِ پندتوز :** عقل نصیحتگر، اینجا «عقلِ دنیوی» یا «عقلِ معاش» که آدمی را از مهالکِ راهِ حق می‌ترسانَد.

۷ - قلعه اینجا خوش و خوب نامیده شده است؛ چون در واقع وجودش جاذبه یا معبری است برای ورود به «عالمِ معنا» و رسیدن به «هستیِ مطلق». ۸ - **بحر و بر :** دریا و خشکی، کنایه از عالمِ معنا و عالمِ حس.

۹ - **رنگ و بو :** کنایه از دنیایِ مادّی، عالمِ محسوس. ۱۰ - **رازْجو :** جویای راز، جویایِ حقایق.

۱۱ - **قدح‌هایِ صُوَر:** صورت‌های عالمِ محسوس، هر چیز یا هر پدیده‌ای که آدمی را بیش از حد مجذوب و مسحور کند. ۱۲ - **کم باش :** نباش.

۱۳ - **بُت‌تراش و بُت‌پرست :** کسی که قبلهٔ آمال و آرزوهایش چیزهای فناپذیر و دنیوی‌اند و چنان مجذوب و فریفته است که مطلقاً توجّهی به حقایق ندارد.

از قـدح‌هایِ صُـوَر بگـذر، مَـایست   باده در جام است،[1] لیک از جام نیست ۳۷۲۱

جذبِ این زیبایی‌ها نشو؛ زیرا جاذبهٔ آن‌ها عاریتی است.

سـویِ بـاده‌بخش بگشـا پَـهْن فَـم[2]   چـون رسـد بـاده، نـیاید جـام کـم ۳۷۲۲

به «حق» توجّه کن و جذبِ او بشو تا «بادهٔ عنایت» برسد، که بی جام سرمستی می‌دهد.

آدمــا ! مــعنیِّ دلبــندم[3] بــجوی   ترکِ قشر و صورتِ گـندم بگـوی[4] ۳۷۲۳

ای آدم، «هستیِ حقیقی» یا «مسبّب» را بخواه، امور ظاهری اصل نیست.

چونکه ریگی آرد شد بـهرِ خـلیل[5]   دان که معزول است گندم، ای نَبیل[6] ۳۷۲۴

ای هوشیار، وقتی که ریگ برای خلیل آرد شد، بدان که گندم کاره‌یی نیست.

صورت از بی‌صورت آید در وجود   همچنان کـز آتشـی زاده‌ست دود[7] ۳۷۲۵

همان‌طور که دود از آتش پدید آمده است، «صورت» از «بی‌صورتی» پدید آمده است.

کمترین عیبِ مُصوَّر[8]، در خِصال[9]   چـون پـیاپی بـینی‌اَش، آیـد مـلال ۳۷۲۶

یکی از خصوصیّاتِ «عالمِ مادّه» این است که دیدنِ مکررش ملال می‌آوَرَد.

حـیرتِ مـحض آرَدَت بـی‌صورتی   زاده صــد گــون آلت از بــی‌آلتی ۳۷۲۷

امّا «عالمِ حقایق» یا «عالمِ بی‌صورت» که منبع آفرینشِ «صُوَر خلقی» و «سبب»هاست، مـوجبِ حیرتِ محض است.

بی ز دستی، دست‌ها بـافد هـمی[10]   جانِ جـان[11] سـازد مـصوَّر آدمـی ۳۷۲۸

«شیخِ اقطع» با یک دست زنبیل می‌بافت؛ چون پروردگار هنگامِ بافتنِ دستِ او را پدید می‌آورد.

---

۱ - **باده در جام است :** صورت‌ها و پدیده‌هایی که در عالم هست، همه مانند جام‌اند که بازتاب تجلیّات حق را به ما می‌نمایند و «لطف و جاذبهٔ» آنان از این روست؛ امّا این «انوار» در وجودِ آن‌ها عاریه‌اند و بازتاب، ذاتی نیستند.

۲ - **بگشا پهن فَم :** دهان را کاملاً باز کن؛ یعنی بسیار طالبِ «باده‌بخش» باش. حق را بخواه نه برای «قدح» نه برای «باده»، برای خودِ حق.

۳ - **معنیِّ دلبندم :** معنیِ باطنیِ مورد علاقهٔ مرا، هستیِ حقیقی، مسبّب.

۴ - مصراع دوم: پوسته و ظاهر گندم را رها کن؛ یعنی به باطن و حقیقتِ هر چیز بنگر. به اصل توجّه کن.

۵ - اشاره به روایتی که: ابراهیم(ع) با دستی تهی به خانه می‌رفت و ناامید بود. ندا رسید که کیسه‌ات را از ریگ پر کن. به خانه که رسید، ریگ‌ها آرد شده بود.

۶ - **نبیل :** هوشیار.

۷ - مُراد آنکه: عالمِ مادّه از عالم معنا پدید آمده است.

۸ - **مصوَّر :** خلقتِ صوری، عالم محسوس.

۹ - **در خِصال :** از اوصاف، از خصوصیّات.

۱۰ - ر.ک: ۱۷۰۶/۳. اشاره به زنبیل بافتنِ شیخِ اقطع است.

۱۱ - **جانِ جان :** پروردگار.

آنچنان کاندر دل از هَجر و وصال / می‌شود بافیده[1] گوناگون خیال ۳۷۲۹

پدید آمدنِ خلقت‌های صوری، مانند پدیدن آمدنِ خیال‌های ما در شرایط گوناگون مثلاً هجران یا وصال است که همه دارای صورت‌هایِ ذهنی هستند و «ذهن و ضمیر» آن‌ها را به وجود می‌آورند و یا می‌بافند و خیالی‌اند، نه حقیقی.

هیچ مانَد این مؤثّر با اثر[2] / هیچ مانَد بانگ و نوحه با ضرر؟ ۳۷۳۰

«صورتِ ذهنی» حاصل از «هجران یا وصال» چه شباهتی به آن دارد؟ یا بانگ نوحه به ضرر؟

نوحه را صورت، ضرر بی‌صورت است / دست خایند از ضرر کِش نیست دست ۳۷۳۱

«نوحه» صورت دارد، «ضرر» صورت ندارد. از زیان دست به دندان می‌گزند؛ امّا «زیان» دست ندارد.

این مَثَل نالایق[3] است ای مُستدِل[4] / حیلهٔ تفهیم را، جُهْدُ‌ٱلْمُقِل[5] ۳۷۳۲

ای اهلِ استدلال، این تمثیل لایق نیست، کوششی است با توانایی ناچیز برایِ تفهیمِ مطلب.

صنعِ بی‌صورت[6]، بکارد صورتی[7] / تن بروید با حواس و آلتی ۳۷۳۳

قدرت آفریدگار، در وجودِ خلق، «صورتِ ذهنی» کاملی از «آمال و آرزوها» یا خواسته‌ها می‌آفریند.

تا چه صورت باشد آن بر وفقِ خَود / اندر آرَد جسم را در نیک و بَد ۳۷۳۴

صورتِ «آن خواسته»، که می‌تواند «نیک یا بد» باشد، تمامِ وجودِ ما را در پیِ خود می‌کشانَد.

صورتِ نعمت بُوَد، شاکر شود / صورتِ مُهلت بُوَد، صابر شود ۳۷۳۵

اگر آن صورت، نشانِ «نعمت» باشد، انسان شکرگزار می‌شود و اگر نشانِ «مهلت» باشد، صابر می‌گردد.

صورتِ رحمی بود، بالان شود / صورتِ زخمی بود، نالان شود ۳۷۳۶

اگر نشانِ «رحمت» باشد، می‌بالد و رشد می‌کند، اگر نشان «زخم و زحمت» باشد، می‌نالد.

---

۱ - **بافیده:** بافته شده. ۲ - مُراد آنکه: خیال‌هایِ ما با عواملی که آن‌ها را پدید می‌آورند، شباهت ندارند.

۳ - **نالایق:** شایسته نیست، کامل نیست. ۴ - **مُسْتَدِل:** استدلالی، اهل استدلال.

۵ - **جُهْدُ‌ٱلْمُقِل:** تلاشِ کسی که توانایی محدودی دارد.

۶ - **صنعِ بی‌صورت:** قدرت الهی، قدرتِ آفرینشِ خالقی که منزّه از صورت است.

۷ - **بکارَد صورتی:** خداوند خواسته‌ای را در دلِ آدمی به وجود می‌آوَرَد [می‌کارَد] و انسان تصویرِ ذهنیِ آن خواسته را در خود می‌بیند [صورت را]، و در پیِ به دست آوردن و حصولِ آن می‌کوشد.

صـورتِ شـهری بُـوَد، گـیرد سـفر　　صــورتِ تـیری بُـوَد، گـیرد سـپر ۳۷۳۷

اگر نشانِ رسیدن به «شهر یا دیار»ی باشد، سفر می‌کند، اگر نشانِ «تیر»ی باشد، سپر بر می‌دارد.

صورتِ خوبان بُـوَد، عشـرت کـند　　صورتِ غـیبی[۱] بُـوَد، خـلوت کـند ۳۷۳۸

اگر «صورتِ خوبرویان» باشد، خوشی می‌کند، اگر «صورتِ عوالمِ غیبی» باشد، خلوت می‌کند.

صورتِ محتاجی[۲]، آرَد سویِ کسب　　صورتِ بـازووَری[۳] آرَد بـه غـصب ۳۷۳۹

اگر نشانِ «نیاز و احتیاج» باشد، به کسب می‌پردازد و اگر نشانِ «قدرت و بی‌نیازی» باشد، غاصب می‌شود.

این[۴] ز حدْ وَ اندازه‌ها بـاشد بـرون　　داعـیِ فـعل[۵] از خـیالِ گـونه‌گـون ۳۷۴۰

«تصوّرات و خیالاتِ» متعدد و متفاوت، آدمی را به کارهای متعدد فرا می‌خوانَد.

بــی‌نهایت کـیش‌ها و پـیشه‌ها[۶]　　جـمله ظـلِّ صـورتِ انـدیشه‌ها[۷] ۳۷۴۱

مذاهبِ متعدد، پیشه‌های متفاوت، حرفه‌های مختلف، همه به سببِ تصوّرات، خیالات و اندیشه‌های بی‌شمار آدمی حاصل شده‌اند.

بـر لبِ بـام ایسـتاده قـومِ خَـوش　　هر یکی را بر زمـین بـین سـایه‌اش ۳۷۴۲

«صورت‌هایِ ذهنی»، مانند قومی‌اند که لبِ بامی ایستاده‌اند و سایه‌شان بر زمین افتاده است.

صــورتِ فکـر است بـر بـامِ مَشـید[8]　　وآن عملْ[9]، چون سایه بر ارکان پدید[10] 3743

«صورتِ اندیشه» بر بامِ بلند است و فعلِ ما در پیِ حصولِ آن اندیشه مانند «سایه»‌ای بر زمین.

فعل بر ارکـان، و فکـرت مُکـتَتَم[۱۱]　　لیک در تأثیر و وُصلت دو به هم[۱۲] ۳۷۴۴

فعلِ آدمی آشکار است؛ امّا فکری که سببِ آن فعل شده، آشکار نیست؛ لیکن «فعل و فکر» همواره با هم‌اند.

---

۱ - **صورتِ غیبی**: شهودِ عوالم غیبی. ۲ - **صورتِ محتاجی**: نشانِ نیازمندی و احتیاج.

۳ - **صورتِ بازووَری**: نشانِ نیرومند بودن، اگر خیال کند که قدرتمند است، به حقوقِ دیگران تجاوز می‌کند.

۴ - **این**: اشاره به تصوّرات و خیالاتِ فراوان و متعدّد است.

۵ - **داعیِ فعل**: این تصوّرات آدمی را به افعال متفاوت فرا می‌خوانَد. ۶ - مذاهب و حِرَف مختلف.

۷ - **ظلِّ صورت اندیشه‌هااند**: در اثر اندیشه‌ها به وجود آمده‌اند. ۸ - **مَشید**: بلند، رفیع.

۹ - **وآن عمل**: کاری که ما در پیِ حصولِ آن اندیشه می‌کنیم.

10 - k½kQ¬BrAdM: در این جهان دیده می‌شود. «ارکان»: عناصرِ چهارگانهٔ آب، باد، خاک و آتش. مُراد عالمِ مادّه یا /S wA° n±æ© »ßTv

۱۱ - مصراع اوّل: فعلِ انسان در این جهان دیده می‌شود، فکر او دیده نمی‌شود. «مُکْتَتَم»: نهان، پنهان.

۱۲ - **در تأثیر دو به هم**: اندیشه و جسم با هم‌اند در هرکار. «وصلت»: پیوستگی.

آن صُوَر در بزم[۱]، کز جامِ خوشی‌ست فـایدهٔ او[۲] بی‌خودی و بـیهُشی‌ست[۳] ۳۷۴۵

همین حالت در بروز «معانی» از «فعل» هم هست، مانند بزمِ شرابخواران که صورتی عینی دارد و سبب بروز صورتی ذهنی به نام مستی می‌شود.

صورتِ مرد و زن و لَعْب و جِماع[۴] فـایده‌ش بـی‌هوشیِ وقتِ وِقـاع[۵] ۳۷۴۶

«صورتِ عینیِ» مرد و زن در آمیزش، سبب بروز «صورتِ ذهنیِ» بی‌هوشی است.

صورتِ نان و نمک، کآن نعمت است فـایده‌ش آن قـوّتِ بی‌صورت است ۳۷۴۷

وجودِ نعمت مانند «نان و نمک»، دیده می‌شود و محسوس است؛ امّا حاصلِ آن «نیرو و قوّت» است که دیده نمی‌شود و نامحسوس است.

در مُصاف آن صورتِ تـیغ و سپر فـایده‌ش بی‌صورتی، یـعنی ظـفر ۳۷۴۸

در جنگ، وجودِ ابزارِ نبرد سببِ «پیروزی» است که خود به تنهایی قابل رؤیت نیست.

مـدرسه و تـعلیق[۶] و صـورت‌هایِ وی چون به دانش متّصل شـد، گشت طی ۳۷۴۹

وجودِ مدرسه و مشق امری قابل رؤیت است که پس از حصول «دانش» که قـابل رؤیت نیست، پایان می‌یابند.

این صُوَر چون بندهٔ بی‌صورت‌انـد پس چرا در نفیِ صاحبْ‌نعمت‌اند؟ ۳۷۵۰

«صورت»ها همه از «بی‌صورت» که خالقِ هستی است، به وجود آمده‌اند، چرا او را نفی می‌کنند؟

ایـن صُـوَر دارد ز بـی‌صورت وُجـود چیست پس بر موجدِ خویشش جُحود؟ ۳۷۵۱

چرا وجودِ صورت‌آفرین را که خالقِ آن‌هاست، منکر می‌شوند؟

خود از او[۷] یـابد ظـهور انکـارِ[۸] او نیست غیر عکس[۹]، خود این کارِ او ۳۷۵۲

باید دانست که «انکار» هم از حق به ظهور می‌رسد و بازتابِ مشیّت اوست.

---

۱ - **آن صُوَر در بزم :** بزمِ شرابخواری صورتِ ظاهری هم دارد؛ یعنی حضور عدّه‌ای.

۲ - **فایدهٔ او... :** حاصلِ آن بروزِ حالتی به نام از خود بیخود شدن و بیهوشی است.

۳ - از این بیت تا چهار بیتِ بعد، با مثال‌های مختلف، ظهورِ «معانی از صُوَر» شرح داده می‌شود.

۴ - **صورتِ مرد و زن در لَعْب و جِماع :** وجود آن دو درکنار هم برای آمیزش، که این مجموعه را یک «صـورتِ عینی» می‌نامند؛ یعنی آنچه که در عالمِ محسوس دیده می‌شود. «لَعْب»: بازی. «جماع»: آمیزش.

۵ - **وِقاع :** آمیزش. ۶ - **تعلیق :** مشق. ۷ - **او :** اینجا حق. ۸ - **ظهورِ انکار :** مُنکر شدن.

۹ - **نیست غیرِ عکس :** جز بازتابی از مشیّت الهی نیست.

۳۷۵۳ **صورتِ دیوار و سقفِ هر مکان — سایهٔ اندیشهٔ معمار دان**

در یک بنا، هرچه که هست از دیوار و سقف، در نتیجهٔ اندیشهٔ معمار است.

۳۷۵۴ **گرچه خود اندر محلِّ افتکار[1] — نیست سنگ و چوب و خشتی آشکار**

هرچند که در ذهنِ معمار، سنگ و چوب و خشت وجود ندارد.

۳۷۵۵ **فاعلِ مطلق[2]، یقین بی‌صورت است — صورت اندر دستِ او، چون آلت است**

«فاعلِ مطلق»، منزّه از صورت است. صورت برای او مانند ابزار است.

۳۷۵۶ **گه گه آن بی‌صورت از کَتْمِ عدم[3] — مر صُوَر[4] را رُو نماید[5] از کَرَم**

گه‌گاه آن «بی‌صورت» از «کَتمِ عَدَم» در «صورت»ها تجلّی می‌کند.

۳۷۵۷ **تا مَدَد گیرد از او هر صورتی — از کمال و از جمال و قدرتی**

تا به امدادِ او «صورت»ها به جمال، کمال و قدرتِ معنوی برسند.

۳۷۵۸ **باز بی‌صورت چو پنهان کرد رُو — آمدند از بهرِ کَدْ[6] در رنگ و بو[7]**

اگر پروردگار در صورت‌ها متجلّی نشود، بندگان به دنیا روی می‌آوَرَند.

۳۷۵۹ **صورتی از صورتِ دیگر، کمال — گر بجوید، باشد آن عینِ ضَلال[8]**

اگر مخلوق از مخلوقِ دیگری «کمال» بخواهد، گمراهیِ محض است.

۳۷۶۰ **پس چه عرضه می‌کنی ای بی‌گُهر[9]! — احتیاجِ خود به محتاجی دگر؟**

پس ای بی‌اصل، چرا نیازت را به نیازمندی دیگر عرضه می‌کنی؟

۳۷۶۱ **چون صُوَر بنده است، بر یزدان مگو — ظن مَبَر صورت،[10] به تشبیهش مجو[11]**

«صورت»ها بندهٔ یزدانِ «بی‌صورت»اند، به خداوند گمانِ صورت مَبَر و او را به هیچ چیز تشبیه نکن.

---

۱ - **محلِّ افتکار :** محلِّ اندیشیدن، در ذهن و فکر. ۲ - **فاعلِ مطلق :** خالقِ هستی.
۳ - **کَتمِ عدم :** نهانگاه نیستی، از عدم. ۴ - **صُوَر :** صورت‌ها، اینجا مخلوقات را.
۵ - **رو نماید :** تجلّی می‌کند. ۶ - **بهرِ کَد :** برای تکدّی، برای گدایی.
۷ - **رنگ و بو :** کنایه از عالم مادّه، دنیا. ۸ - **عینِ ضَلال :** گمراهی محض.
۹ - **بی‌گُهر :** بی‌اصل، کسی که از حقیقتِ خود به کلّی دور افتاده است. ۱۰ - به یزدان گمانِ صورت مَبَر.
۱۱ - او را به چیزی تشبیه نکن.

در تضرّع جوی و در اِفنایِ[1] خویش کز تفکّر جز صُوَر نـاید بـه پـیش[2] ۳۷۶۲

راهِ شناخت حق، «تضرّع» و «فنا»ی خودی‌هاست، نـه «تـفکّر» کـه مـحصولی جـز صُـوَر محسوس ندارد.

ور ز غـیرِ صـورتت نـبود فِـرِهْ[3] صورتی کآن بی تو زاید در تو، بِهْ[4] ۳۷۶۳

اگر نمی‌توانی «عالم غیب» و «بی‌صورتی» را درک کنی، بگذار در تو صورتی بی‌خواستِ تو پدید آید.

صـورتِ شـهری کـه آنـجا می‌روی ذوقِ بی‌صورت کشیدت، ای رَوی[5]! ۳۷۶۴

ای مسافر، صورتِ ظاهر یک شهر سببِ سفر تو نیست، تو را میل و ذوقِ دیدن می‌کشانَد.

پس به مـعنی مـی‌روی تـا لامکـان که خوشی، غیرِ مکان است و زمان[6] ۳۷۶۵

«میل و ذوق و خوشی» امری خارج از «زمان و مکان» است؛ پس در باطن به لامکان هم می‌روی.

صورتِ یاری کـه سـویِ او شـوی[7] از بـرای مـونسی‌اش مـی‌رَوی ۳۷۶۶

هنگامی که نزد دوستی می‌روی، برای اُنسی است که با او داری.

پس به معنی سویِ بی‌صورت شدی[8] گـرچـه زآن مـقصود غـافل آمدی ۳۷۶۷

«اُنس و الفت» امور غیرِ مادّی‌اند؛ پس بی‌آنکه بدانی به عالمِ غیب توجّه کردی.

پس حقیقت،[9] حق بُوَد معبودِ کُل[10] کز پـیِ ذوق است سَیرانِ سُبُل[11] ۳۷۶۸

پس در حقیقت، هر حرکت در پیِ امری غیر مادّی است که از عالمِ معنا نشأت می‌یابد.

---

۱ - **در تضرّع و افنا جو :** خداوند را با الحاح و انکسار کامل و فنایِ خودی‌ها و تهذیب، می‌توان در دل یافت.

۲ - تفکّر امری مادّی است که به ماورای مادّه راه ندارد.

۳ - **فِرِه :** بهره. اگر به غیر از صورت و امور محسوس چیزی را درک نمی‌کنی.

۴ - خود را به پروردگار بسپار و بگذار صورتی بی‌خواستِ تو در تو به وجود آید، که نشان تجلّی حق است.

۵ - **رَوی :** سالک، روندهٔ راه حق، اینجا مسافر.

۶ - در باطن به لامکان هم رفته‌ای؛ چون «خوشی» امری مادّی نیست. ۷ - ظاهراً نزدِ دوستی مونس می‌روی.

۸ - **سویِ بی‌صورت شدی :** به سویِ امری غیر مادّی رفتی که «اُنس» و «اُلفت» است؛ یعنی به عوالمِ غیبی توجّه کردی بی‌آنکه بدانی. ۹ - **پس حقیقت :** پس در حقیقت.

۱۰ - **حق بُوَد معقود کُل :** حق مقصد نهایی همه است.

۱۱ - **سَیرانِ سُبُل :** پیمودن راه‌ها، سلوک در هر دین وآیین.

لیک بـعضی رُو سـوی دُم¹ کرده‌اند   گرچه سَر² اصل است، سر گُم کرده‌اند   3769

امّا بعضی علی‌رغم آنکه «عالم معنا» اصل است، آن را فراموش کرده و به «عالم محسوس» روی آورده‌اند.

لیک آن سر پیشِ این ضالانِ گُم³   مـی‌دهد دادِ سـری از راهِ دُم⁴   3770

ولی «عالم معنا» نزدِ این گمراهانِ منحرف از راهِ «عالم محسوس» جلوه‌گر می‌شود.

آن ز سر می‌یابد آن داد، این ز دُم   قـومِ دیگـر پـا و سـر کـردنـد گُم⁵   3771

آن یکی جاذبه و لطفِ عالم معنا را از عوالم غیبی دریافت می‌کند، این یکی همان را از هستی‌هایِ مادّی در می‌یابد؛ امّا گروهی هم هستند که هر دو را گم کرده‌اند.

چون که گم شد جمله⁶، جمله یافتند⁷   از کَم آمـد⁸ سـویِ کُل بشـتـافتند   3772

چون به کلّی هستیِ فردی‌شان در حق فانی شد؛ پس باقی شدند به بقایِ او، رمز پیوستن به هستیِ کُلّ، خود را ندیدن بود.

دیدنِ ایشان در قصرِ این قلعهٔ ذاتَ اَلصّور نقشِ رویِ دخترِ شاهِ چین را، و بیهوش شدنِ هر سه، و در فتنه افتادن و تفحّص کردن که: این صورتِ کیست؟

این سخن پایان نـدارد، آن گـروه   صورتی دیدند بـا حُسـن و شکوه   3773

این سخن پایانی ندارد، شهزادگان تصویری زیبا و باشکوه دیدند.

خوب‌تر زآن دیده بـودند آن فـریق   لیک زین رفتند در بـحرِ عـمیق⁹   3774

آنان صورت‌هایِ زیباتری را هم دیده بودند؛ امّا از دیدنِ این تصویر عاشق شدند.

۱- دُم: کنایه از دنیا یا عالم محسوس.
۲- سر: کنایه از عالم معنا، عوالم غیبی که مبدأ یا منشأ هر حرکت‌اند.   ۳- ضالانِ گُم: گمراهانِ منحرف.
۴-
۵- نه به این دنیا و بهره‌اش توجّهی دارند و نه به آن دنیا و نعیم‌اش.
۶- گُم شد جمله: محو شد، هستیِ فردی‌شان فانی شد.   ۷- جمله یافتند: به هستیِ کُلّ رسیدند.
۸- کَم آمد: کم دیدنِ خود، ندیدنِ خود.   ۹- بحرِ عمیق: بحرِ عشق، عاشق شدن.

زآنکه افیونْشان[1] در این کاسه[2] رسید کاسه‌ها محسوس و افیون ناپدید ۳۷۷۵

زیرا این تصویر آنان را از خود بیخود کرد. جاذبهٔ خاصّی در آن بود.

کرد فعلِ خویش قلعهٔ هُش‌ربا هر سه را انداخت در چاهِ بلا ۳۷۷۶

قلعهٔ هوش‌رُبا، کار خودش را کرد و هر سه را در چاهِ بلا افکند.

تیرِ غمزه دوخت دل را بی‌کمان[3] الأمان[4] و الأمان، ای بی‌امان! ۳۷۷۷

تیرِ نگاه به دل اصابت کرد. ای فریاد، فریاد، فریاد!

قرن‌ها را صورتِ سنگین[5] بسوخت آتشی در دین و دلشان برفروخت ۳۷۷۸

اُمّت‌های پیشین، بُت سنگی را پرستیدند و دین و دلشان بر باد رفت.

چونکه روحانی بُوَد، خود چون بُوَد؟[6] فتنه‌اش هر لحظه دیگرگون بُوَد ۳۷۷۹

اگر صورتی پرستیدنی مانند بُت، جاذبهٔ روحانی هم داشته باشد، هر لحظه فتنه‌اش جلوهٔ تازه‌ای دارد.

عشقِ صورت در دل شه‌زادگان چون خَلِش می‌کرد مانندِ سِنان[7] ۳۷۸۰

چون عشقِ آن صورت در اعماق قلبشان جای گرفت،

اشک می‌بارید هر یک همچو میغ[8] دست می‌خایید[9] و می‌گفت: ای دریغ! ۳۷۸۱

هر یک مانند ابر می‌گریست و از سرِ ندامت دریغ و درد می‌گفت.

ما کنون دیدیم، شَهْ ز آغاز دید چندمان سوگند داد آن بی‌نَدید[10] ۳۷۸۲

آنچه را که شاه در آغاز دیده بود، ما اینک دیدیم. آن شاهِ بی‌همتا چندین بار سوگندمان داد.

انبیا را حقِّ بسیار است از آن که خبر کردند از پایانمان[11] ۳۷۸۳

پیامبران از آن جهت بر گردن ما حقّ بسیار دارند که خبر از پایانِ کار داده‌اند.

---

۱ - **افیون**: مادّه‌ای مُخدّر، اینجا کنایه از بیخودی و عاشقی.

۲ - **کاسه**: اینجا کنایه از تصویرِ دخترِ شاهِ چین که در این قصّه نمادی است از وصول به حقایق.

۳ - **بی‌کمان**: بدون کمان، بدون اسباب یا ابزارِ دنیوی. ۴ - **الامان**: پناه جُستنِ عاشق است و فریاد او.

۵ - **صورتِ سنگین**: بُت سنگی. ۶ - مُراد آنکه: آن تصویر جلوه‌ای از تجلیّات غیبی بود، دنیوی نبود.

۷ - مانند سرنیزه می‌خلید؛ یعنی به عمقِ قلبشان فرو رفته بود. ۸ - **میغ**: ابر.

۹ - **دست می‌خایید**: دست به دندان گزیدن، ابراز ندامت کردن. ۱۰ - **ندید**: نظیر، همتا.

۱۱ - **پایانمان**: عاقبتِ کار.

کاینچه می‌کاری، نروید جز که خار وین طرف پـَرّی، نـیابی زُو مَـطار[1] ۳۷۸۴

و گفته‌اند: از بذرِ تو جز خار نخواهد رویید و این طرف که پرواز می‌کنی، جـایی بـرای پرواز نخواهی یافت.

تخم از من بَر، که تـا رَیـعی دهـد[2] با پَرِ من پَر[3]، که تیر آن سو جـهد[4] ۳۷۸۵

از من کمک بخواه تا زندگی‌ات پُربار باشد و با پرِ من پرواز کن که عاقبتِ تمام تلاش‌ها راهِ خداست.

تـو نـدانـی واجـبیِّ آن[5]، و هست هم توگویی آخر :آن واجب بُده‌ست ۳۷۸۶

تو واجب بودنِ آن را نمی‌دانی؛ امّا عاقبت می‌فهمی و اعتراف می‌کنی.

او تو است، امّا نه این تو، آن تو است که در آخِر، واقـفِ بـیرونْ‌شو[6] است ۳۷۸۷

آن «پیامبر»، حقیقتِ عالیِ خودِ توست که از عاقبت آگاه است.

تـویِ آخِـر[7]، سـویِ تـویِ اوّلت آمده‌ست، از بهرِ تـنبیه[8] و صِـلَت[9] ۳۷۸۸

تویِ «آگاه» برای مرحمت و آگاه کردنِ تویِ «ناآگاه» آمده است.

تویِ تـو در دیگـری آمـد دَفـین[10] مـنْ غـلامِ مـردِ خـودْبینی چُـنین ۳۷۸۹

حقیقتِ تو در او متجلّی است، من غلامِ کسی هستم که بتواند خود را در کاملِ واصل ببیند.

آنـچه در آیـینه مـی‌بیند جـوان پیر اندر خشت بیند بـیش از آن[11] ۳۷۹۰

آنچه را که جوان در آیینه می‌بیند، پیر در خشت خام می‌بیند.

ز امـرِ شـاهِ خـویش بـیرون آمـدیم بـا عـنایاتِ پـدر یـاغی شـدیم ۳۷۹۱

از فرمانِ شاهِ خود سر پیچیدیم و در برابر عنایات او طغیان کردیم.

---

۱ - **نیابی زُو مطار:** آنجا محلّی برای پرواز نیست.

۲ - مُراد آنکه: به هدایتِ من توجّه کن تا زندگی‌ات پُربار شود. «ریع»: ثمره، حاصل.

۳ - **با پرِ من پر:** به کمک من در آسمانِ عالم معنا پرواز کن.

۴ - **تیر آن سو جهد:** عاقبتِ تمام جدّ و جهدها همین راهِ حق است. ۵ - **واجبیِّ آن:** واجب بودنِ آن را.

۶ - **واقفِ بیرون شو:** آگاه از راه نجات. ۷ - **تویِ آخر:** تویی که در عاقبت کار آگاه خواهی شد.

۸ - **تنبیه:** آگاه کردن. ۹ - **صلت:** رحم و محبّت با نزدیکان. ۱۰ - **دفین:** مدفون، دفن شده.

۱۱ - جوان زمانِ حال را می‌بیند و پیر عاقبت را، اینجا «جوان»: انسان ناقص و یا کمال نیافته است و «پیر»: انسان کامل، استاد طریقت.

سهل دانستیم[۱] قولِ شاه[۲] را   وآن عنایت‌هایِ بی‌اَشباه[۳] را ۳۷۹۲

به سخنِ شاه و الطافِ بی‌مانندش توجّهی نکردیم.

نک[۴] در افتادیم در خندق[۵] همه   کُشته و خستهٔ[۶] بلا، بی‌مَلْحَمه[۷] ۳۷۹۳

اکنون بدون جنگ و کارزار، همگی کُشته و مجروح از تیر بلا و گرفتار رنج و درد شده‌ایم.

تکیه بر عقلِ خود و فرهنگِ[۸] خویش   بودمان، تا این بلا آمد به پیش ۳۷۹۴

به عقل و تدبیرِ خویش متکّی بودیم که این بلا به سرمان آمد.

بی‌مرض[۹] دیدیم خویش و بی زِ رِق[۱۰]   آنچنانکه خویش را بیمارِ دِق ۳۷۹۵

خود را سالم و آزاد دیدیم، همان‌طور که بیمارِ مبتلا به سل خود را سالم می‌پندارد.

علّتِ پنهان کنون شد آشکار   بعد از آنکه بند گشتیم و شکار ۳۷۹۶

بعد از آنکه گرفتار و اسیر شدیم، نادانی و خام بودنِ ما آشکار شد.

سایهٔ رهبر[۱۱] بِهْ است از ذکرِ حق[۱۲]   یک قناعت بِهْ که صد لوت[۱۳] و طَبَق ۳۷۹۷

چتر حمایت و تربیت مُرشد بهتر از هر چیز، حتّی ذکرِ حق است؛ زیرا استاد معنوی چگونگی ارشاد هر مُرید را می‌داند. همان‌گونه که قناعت برای سلامت بهتر از صدها طعام است.

چشمِ بینا[۱۴] بهتر از سیصد عَصا   چشم بشناسد گُهر را از حَصا[۱۵] ۳۷۹۸

چشمِ بینا بهتر از سیصد عصاست؛ زیرا چشم می‌تواند گوهر را از سنگ تمییز دهد.

در تفحُّص آمدند از اندُهان   صورتِ کِه بْوَد عجب! این در جهان؟[۱۶] ۳۷۹۹

با اندوه به جُست‌وجو پرداختند تا بدانند که این تصویر با آن جاذبهٔ شگفت‌انگیز متعلّق به کیست؟

---

۱ - **سهل دانستن :** آسان گرفتن، چندان که باید توجّه نکردن، دست کم گرفتن. ۲ - **قولِ شاه :** سخنِ شاه.

۳ - **عنایتِ بی‌اَشباه :** لطف و توجّه بی‌نظیر، اینجا عنایتِ بی‌نظیرِ حق، چون «شاه» در این ابیات نمادی از استاد طریقت و انسان کمال یافته است. «اشباه»: جمعِ شبه: مانند. ۴ - **نک :** اینک.

۵ - **خندق :** اینجا کنایه از گرفتاری و مشکلات. ۶ - **خسته :** مجروح. ۷ - **بی‌مَلْحَمه :** بدون جنگ.

۸ - **فرهنگ :** تدبیر، چاره. ۹ - **بی‌مرض :** سالم.

۱۰ - **رِق :** بندگی، مقیّد بودن. «بی زِ رِق»: بدونِ قید، آزاد.

۱۱ - **سایهٔ رهبر :** تربیتِ روحانی و معنویِ استاد طریقت. ۱۲ - **ذکر حق :** گفتن اذکار و اوراد.

۱۳ - **لوت :** غذا.

۱۴ - **چشمِ بینا :** اینجا کنایه از وجودِ کاملِ واصل است که حقیقتِ هر چیز را می‌شناسد و نیازی به «دلیل و برهان» که «عصا» نَمادی از آن است، ندارد. ۱۵ - **حَصا :** سنگریزه.

۱۶ - مُراد آنکه: تجلّی باطنیِ چه کسی این تصویر را چنین پرجاذبه و مفتون کننده کرده است؟

بـعدِ بســیاری تـفحُّص در مَسیر   کشف کرد آن راز را شیخی بصیر[1] ۳۸۰۰

بعد از جُست‌وجوی بسیار، شیخی بصیر آن راز را گشود.

نه از طریقِ گوش[2]، بل[3] از وحیِ هوش[4]   رازهــا بُـد پـیش ِ او بـی‌رویْ‌پوش[5] ۳۸۰۱

عارفِ روشن‌ضمیری که از طریق الهامِ غیبی، نورِ درون و کشف، اسرار را می‌دانست.

گفت: نقش ِ رَشکِ پروین[6] است این   صـورتِ شـه‌زادهٔ چین است ایـن ۳۸۰۲

شیخِ بصیر گفت: این تصویرِ شهزادهٔ چین است که به زیباییِ تابناکش ستارگان رشک می‌برند.

همچو جان و چون جَنین پنهانْست او   در مُکَــتَّم[7] پـــرده و ایـوانْست او ۳۸۰۳

مانند جان و جنین از چشم‌ها نهان است، درون کاخ و پرده‌ای پوشیده شده است.

ســویِ او نــه مـرد رَهْ دارد، نـه زن   شـــاه پـنهان کـرد او را از فِـتَن ۳۸۰۴

هیچ‌کس به سوی او راهی ندارد. شاه او را از خلق نهان کرده تا در فتنه نیفتد.

غــیرتی دارد مَــلِک بـر نـامِ او   کـه نـپرَّد مـرغ هـم بـر بـامِ او ۳۸۰۵

شاه حتّی به نام او نیز غیرت دارد و اجازه نمی‌دهد که پرنده بر بامِ او پرواز کند.

وایِ آن دل کِش چنین سودا فُتاد   هیچ کس را این چنین سـودا مـباد ۳۸۰۶

وای به دلی که چنین سودایی داشته باشد. الهی که کسی به چنین آرزوی محالی گرفتار نشود.

ایـن سزایِ آنکه تـخمِ جـهل کـاشت[8]   وآن نصیحت را کَساد[9] و سهل[10] داشت ۳۸۰۷

این سزای کسی است که جاهلانه نصایح شاه را بی‌قدر و ناچیز بشمارد.

اعـتمادی کـرد بـر تـدبیرِ خـویش   که بَرَم من کارِ خود با عـقلْ پـیش ۳۸۰۸

به تدبیرِ خود اعتماد کرد که می‌توانم به اتّکای عقل امور خود را پیش ببرم.

---

۱ - **شیخی بصیر** : عارفی روشن‌ضمیر.   ۲ - **نه از طریقِ گوش** : از راه آموختن یا شنیدن نبود.

۳ - **بل** : بلکه.   ۴ - **وحیِ هوش** : الهامِ باطنی.   ۵ - مصراع دوم: رازها را می‌دانست، از او پوشیده نبود.

۶ - **رشکِ پروین** : پروین صورتی فلکی است با چند ستارهٔ درخشان. مُراد آنکه: زیبایی و درخشندگیِ او مایهٔ حسرت و حَسَد ستارگان است.   ۷ - **مُکَتَّم** : مکتوم، پوشیده.

۸ - **تخم جهل کاشتن** : جاهلانه کاری را انجام دادن به امید آنکه بسیار عاقلانه است، بدون قابلیّت در راهِ معرفت گام نهادن.   ۹ - **کساد** : بی‌رونق، اینجا بدون شأن، بی‌قدر.   ۱۰ - **سهل** : آسان، ساده، اینجا پیش پا افتاده.

نیـم ذرّه زآن عـنـایـتْ¹، بِـهْ بُـوَد   کـه ز تدبیرِ خِـرَد² سیصد رَصَد³   3809

نیم ذرّه از عنایتِ شاه بهتر است از بسی بهره‌ها که از عقل حاصل شود.

ترکِ مکرِ خویشتن⁴ گیر، ای امیر⁵!   پا بکش،⁶ پیشِ عنایت خوش بمیر⁷   ۳۸۱۰

ای امیر، تدبیرِ عقلِ جزوی را رها کن. به عنایتِ او روی آور و تسلیم باش.

ایـن⁸ بـه قَـدْرِ حـیـلـهٔ معدود⁹ نیست   زین حِیَل تا تو نمیری¹⁰، سود نیست¹¹   ۳۸۱۱

اسرارِ عالم غیب بسی فراتر از ادراکِ عقل جزوی است، چاره‌ای جز تسلیم نیست.

حکایتِ صدرِ جهانِ بخارا، که هر سائلی که به زبان بخواستی، از صدقهٔ عام بی‌دریغِ او محروم شدی، و آن دانشمندِ درویش، به فراموشی و فرطِ حرص و تعجیل، به زبان بخواست در موکب، صدر جهان از وی رُو بگردانید، و او هر روز حیلهٔ نو ساختی، و خود را گاه زن کردی زیرِ چادر و گاه نابینا کردی و چشم و رویِ خود بسته، به فراسَتَش¹² بشناختی، الی آخِرِهِ

خواجهٔ بزرگ بُخارا که به «صدر جهان» شُهره بود، دستی گشاده و ایثارگر داشت؛ امّا احسانِ او که هر صباحی به گروهی خاصّ اختصاص می‌یافت، در گرو سکوتِ سائلان بود و اگر روزی کسی زبان به نیاز می‌گشود، از کَرَمِ او محروم می‌ماند. یک روز مبتلایان را زر می‌بخشید، یک روز بیوگان را، دیگر روز علویان را، گاهِ دیگر فقیهان را، و به این ترتیب اقشارِ گوناگون همه از جُودِ او بهره‌مند می‌شدند. از قضا روزی که نوبت فقیهان بود، فقیهی از حرص در فغان آمد؛

---

۱ - **زآن عنایت**: عنایتِ شاه، عنایتِ شاهِ دل‌ها و جان‌ها، استاد روحانی و معنوی.
۲ - **تدبیر خرد**: چاره‌جویی‌های عقلِ جزوی.   ۳ - **رَصَد**: در کمین چیزی بودن، اینجا توسّعاً بهره و نصیب.
۴- ...
۵- ...
۶- ...
۷- ...
۸ - **این**: اینجا اشاره به اسرار غیبی.   ۹ - **حیلهٔ معدود**: تدبیرِ عقلِ جزوی و ادراکِ آن.
۱۰ - **تا تو نمیری**: تا رها نکنی، تا تسلیم نشوی.
۱۱ - **سود نیست**: از آنچه می‌کنی بهره‌ای نخواهی بُرد؛ پس چاره‌ای نیست.
۱۲ - **فراست**: ادراک و دریافتن باطن چیزی با دیدن ظاهر آن.

ولی طرفی نبست. صدر جهان گذشت و توجّهی نکرد. دیگر روز فقیه تخته‌ها بر پای بست و در صف مبتلایان نشست؛ امّا صدر جهان او را شناخت و رد شد. روزی صورت خود را در لباده پوشاند و روزی دیگر چون زنان چادر بر سر در میان بیوگان نشست؛ امّا هر بار صدر جهان او را شناخت و از عطا محروم ماند. لاجرم تدبیری اندیشید و نزد کسی رفت که برای مُردگانِ بی‌بضاعت پولی جهت کفن و دفن فراهم می‌آوَرد و از او خواست تا وی را در نمد بپیچد و بر سر راه صدر جهان بگذارَد و خود همچون کفن خواهی بر سر راه بایستد، تا زری را که وجه کفن می‌افکَند، با هم تقسیم کنند. صدر جهان با دیدن مُرده‌ای در نمد، زری افکند و فقیه به شتابی تمام دست از میان نمد بر آورد و زر را ربود، مبادا که کفن‌خواه زر را از وی نهان کند و در همان حال به صدر جهان گفت: دیدی عاقبت زر را ستاندم. صدر جهان در پاسخ گفت: **«لیکن تا نمُردی ای عَنود، از جناب من نبردی هیچ جُود»** و سرّ **مُوتُوا قَبْلَ اَنْ تَمُوتُوا** همین است، که پس از مُردن عنایت می‌رسد و برای رسیدن به چنین مرگی که همان «فنای عارفانه» است، **«یک عنایت به ز صدگون اجتهاد»**.[1]

این صدر جهان به احتمال قوی باید برهان‌الدّین عبدالعزیز دوم از «آل مازه» باشد که ظاهراً چندی مثل تعداد دیگری از خاندان خویش در بخارا ریاست عامّه داشته و محرّر تاریخ بخارا او را «امام اجل» می‌خوانَد و عوفی هم در جوامع‌الحکایات از وی به نام «سلطانِ دستارداران جهان» یاد می‌کند. اینکه حکایتِ مثنوی به صدر دیگری از بخارا و از همین خانواده مربوط باشد، نیز مانعی ندارد. واقع آن است که صدر بخارا از «بیت برهان»، احفاد برهان‌الدّین عبدالعزیز اوّل معروف به آل مازه، فُقهای حَنَفی بوده‌اند و چندین نسل در ماوراءالنّهر مخصوصاً بخارا ریاست عالیه داشته‌اند و در زمان کودکی مولانا از احوال و اقوال بسیاری از آن‌ها حکایات گونه‌گون در افواه عام رایج بوده‌است.[2]

در بخارا خویِ آن خواجیم اَجَل[3] **بود با خواهندگان**[4] **حُسنِ عمل** ۳۸۱۲

خصلتِ خواجهٔ بزرگ بخارا، رفتاری پسندیده با نیازمندان بود.

دادِ[5] **بسیار و عطایِ بی‌شمار تا به شب بودی ز جُودش زر نثار** ۳۸۱۳

آن خواجهٔ بزرگ همواره بسی سیم و زر به خلق می‌بخشید.

زر به کاغذپاره‌ها پیچیده بود تا وجودش بود، می‌افشاند جُود ۳۸۱۴

زر را در کاغذپاره‌ها می‌پیچید و می‌داد؛ زیرا وجودی بخشنده داشت.

---

۱ - این حکایت را که ظریف‌ترین رمزِ سلوکِ عارفانه و محور اندیشهٔ کاملانِ واصل در ارشاد و تربیت طالبان و مُریدان است، مؤلف جواهرالمضیئه، ضمن شرح حال مولانا با همین مضمون آورده است: احادیث، ص ۵۸۷.

۲ - بحر در کوزه، صص ۴۳۱ و ۴۳۲. ۳ - **خواجیم اَجَل :** سرورِ بزرگوار. ۴ - **خواهندگان :** نیازمندان.

۵ - **داد :** عطا، بخشش.

همچو خورشید و چو ماهِ پاکْباز[۱] آنچه گیرند از ضیا[۲]، بِدْهند باز ۳۸۱۵
مانند ماه و خورشید بود که نور را از خالق می‌گیرند و به مخلوقات می دهند.

خاک را زرْبخش کِه‌بْوَد؟ آفتاب[۳] زرّ از او در کان، و گنج اندر خراب[۴] ۳۸۱۶
تابش آفتاب، خاک را به زر بَدَل کرده، و زر در معدن و گنج در خرابه جای گرفته است.

هر صباحی[۵] یک گُرُه را راتِبه[۶] تا نمانَد اُمَّتی زو خایِبه[۷] ۳۸۱۷
هر صبح به گروهی مقرّری می‌داد تا هیچ دسته بی‌بهره نمانند.

مبتلایان[۸] را بُدی روزی عطا روزِ دیگر بیوگان را آن سخا ۳۸۱۸
یک روز نوبتِ بیماران بود و روز دیگر نوبتِ بیوه‌زنان.

روزِ دیگر بر عَلَوْیانِ[۹] مُقِل[۱۰] بر فقیهانِ فقیرِ مشتَغِل[۱۱] ۳۸۱۹
روزِ بعد به سادات و فقیهانِ نیازمند که به تعلیم و تعلّم اشتغال داشتند.

روزِ دیگر بر تُهی‌دستانِ عام روزِ دیگر بر گرفتارانِ وام ۳۸۲۰
یک روز به عوامِ نیازمند و روزِ بعد به وامداران احسان می‌کرد.

شرطِ او آن بود که کَس با زبان زر نخواهد، هیچ نگشاید لبان ۳۸۲۱
شرطِ برخورداری از این احسان آن بود که کسی نیازِ خود را به زبان نیاوَرَد.

لیک خامُش بر حوالیِّ رَهَش ایستاده مُفلسان دیواروَش ۳۸۲۲
امّا، همهٔ بینوایان می‌توانستند خاموش، چون دیوار در راه او بایستند.

هر که کردی ناگهان با لب سؤال زو نَبُردی زین گنه یک حَبّه مال ۳۸۲۳
اگر کسی ناگهان نیاز خود را به زبان می‌آورد، مُجرم بود و پشیزی دریافت نمی‌کرد.

---

۱ - **پاک‌باز:** خورشید و ماه پاک‌بازند، چون تمامِ نورِ خود را نثار می‌کنند. ۲ - **ضیاء :** نور ذات.

۳ - اشاره است به باور قُدما که آفتاب خاک را به زر بَدَل می‌کند و سنگ را به لعل.

۴ - در مثنوی، همواره در تعبیر بَدَل شدن خاک به زر، تأثیر تابش آفتابِ معنوی کاملان بر خاکِ وجودِ سالکان و تبدیلِ آن، مورد نظر هست. ۵ - **صباح :** صبح. ۶ - **راتبه :** مقرّری، وظیفه. ۷ - **خایبه :** بی‌بهره.

۸ - **مبتلایان :** بیماران. ۹ - **عَلَوْیان :** سادات. ۱۰ - **مُقِل :** فقیر.

۱۱ - **فقیهِ فقیرِ مشتغل :** فقیهی بی‌بضاعت که فقط به فقاهت و تعلیم و تعلّم می‌پردازد، نه به دنیا.

۳۸۲۴ **مَنْ صَمَتْ مِنْكُمْ نَجا[1]، بُد یاسه‌اش[2] خامُشان را بـود کـیسه و کـاسه‌اش**

قانون او این بود: «هرکس سکوت کند، نجات می‌یابد.» عطایِ او مخصوص خاموشان بود.

۳۸۲۵ **نـادرا،[3] روزی یکـی پـیری بگـفت دِهْ زکاتم، که منم بـا جـوعْ[4] جـفت**

اتّفاقاً روزی پیری گفت: گرسنه‌ام، زکاتی بده.

۳۸۲۶ **منع کرد[5] از پیر، و پیرش جِد گرفت[6] مانده خلق از جِدِّ پیر انـدر شگـفت**

صدر جهان به پیر چیزی نداد؛ امّا پیر اصرار کرد و مردم شگفت‌زده شدند.

۳۸۲۷ **گفت: بس بی‌شرم پیری، ای پـدر! پیر گفت: از مـنْ تُـوی بـی‌شرم‌تـر**

گفت: ای پدر، چه پیرِ بی‌شرمی هستی! پیر گفت: تو از من بی‌شرم‌تری.

۳۸۲۸ **کین جهان خوردی و خواهی تو ز طَمْع[7] کآن جهان با این جهان گیری به جـمع[8]**

زیرا این جهان را که خورده‌ای، آن جهان را هم می‌خواهی داشته باشی.

۳۸۲۹ **خـنده‌ش آمـد، مـال داد آن پـیر را پــیرِ تــنها بُـرد آن تـوفیر[9] را**

صدر جهان خنده‌اش گرفت و برخلاف معمول به پیر احسان کرد.

۳۸۳۰ **غیرِ آن پیر ایـچ[10] خـواهـنده از او نیم حـبّه[11] زر نـدید و نـه تَسُـو[12]**

غیر از آن پیر، هیچ خواهنده‌ای نتوانست پشیزی بگیرد.

۳۸۳۱ **نـــوبتِ روز فــقیهان، نــاگــهان یک فقیه از حـرص آمـد در فـغان**

روزی که نوبت فقیهان بود، ناگهان فقیهی از حرص به فریاد آمد.

۳۸۳۲ **کرد زاری‌هـا بسـی، چـاره نـبود[13] گفت هر نوعی، نبُودش هیچ سود[14]**

بسی زاری کرد؛ امّا چارهٔ کار نشد. هر نوع سخنی گفت؛ ولی فایده نداشت.

---

۱ – حدیث: مَنْ صَمَتْ نجیٰ: هر که خاموشی گزید، رستگار شد: احادیث مثنوی، ص ۲۱۹.

۲ – **یاسه** : یاسا: قانون، اینجا این واژهٔ ترکی با کاسه قافیه شده و به صورت «یاسه» به کار رفته است.

۳ – **نادرا** : از قضا، بر حسب اتّفاق. ۴ – **جُوع** : گرسنگی. ۵ – **منع کرد** : به او احسان نکرد، چیزی نداد.

۶ – **جِد گرفت** : اصرار کرد. ۷ – **ز طَمْع** : به سبب طمعی که داری.

۸ – مصراع دوم: هر دو جهان را با هم می‌خواهی. «به جمع»: با هم.

۹ – **توفیر** : حق کسی را دادن، اینجا بخشش و احسانِ زیاد. ۱۰ – **ایچ** : هیچ.

۱۱ – **نیم حبّه** : حبّه‌یی، واحد کوچکِ وزن. ۱۲ – **تَسُو** : واحدِ کوچکِ پول، پشیز.

۱۳ – **چاره نبود** : چارهٔ کار این نبود. ۱۴ – **نبودش هیچ سود** : هیچ سودی نداشت.

روزِ دیگر با رُگو[1] پیچید پا ناکِس[2] اندر صفِّ قومِ مُبتلا ۳۸۳۳

روزِ بعد با پارچهٔ کهنه‌ای پای را بست و با سری افکنده میان درماندگان نشست.

تخته‌ها بر ساق بست از چپّ و راست تا گمان آید که او اشکسته پاست ۳۸۳۴

با تخته پای را از چپ و راست بست تا گمان آید که پایش شکسته است.

دیدش و بشناختش، چیزی نداد روزِ دیگر رُو بپوشید از لُباد[3] ۳۸۳۵

او را دید و شناخت و چیزی نداد. روزِ دیگر صورتش را با لبّاده پوشاند.

هم بدانستش، ندادش آن عزیز[4] از گناه و جُرمِ گفتن[5]، هیچ چیز ۳۸۳۶

صدر جهان او را شناخت و به سبب خطایش چیزی نداد.

چونکه عاجز شد ز صدگونه مَکید[6] چون زنان او چادری بر سر کشید ۳۸۳۷

چون از نیرنگ‌ها حاصلی ندید، مانند زنان چادری به سر کرد.

در میانِ بیوگان رفت و نشست سر فرو افکند و پنهان کرد دست ۳۸۳۸

رفت و میانِ بیوه‌زنان نشست. سر را پایین افکند و دست‌ها را پنهان کرد.

هم شناسیدش، ندادش صَدْقه‌یی در دلش آمد ز حِرمان حُرقه‌یی[7] ۳۸۳۹

باز هم او را شناخت و صدقه نداد. فقیه از این همه محرومیّت دلش سوخت.

رفت او پیشِ کفن‌خواهی[8]، بِگاه[9] که بپیچم در نَمَد، نِهْ پیش راه ۳۸۴۰

صبحگاه نزدیک «کفن‌خواه» رفت و گفت: مرا در گلیمی بپیچ و بر سرِ راه بگذار.

هیچ مگشا لب، نشین و می‌نگر تا کُنَد صدرِ جهان اینجا گُذر ۳۸۴۱

خاموش بنشین و بنگر تا صدر جهان از اینجا عبور کند.

بوکه[10] بیند، مُرده پندارد به ظن[11] زر در اندازد پیِ وَجْهِ کفن ۳۸۴۲

شاید مرا ببیند و مُرده بپندارد و پولی برای کفن و دفن بدهد.

---

۱ - **رُگو** : پارچهٔ کهنهٔ تکّه و پاره. ۲ - **ناکِس** : سرافکنده. ۳ - **لُباد** : لبّاده: قبای پشمین.
۴ - **آن عزیز** : صدر جهان. ۵ - **از گناه و جُرمِ گفتن** : گناه و جُرم درخواست کردن. ۶ - **مَکید** : نیرنگ.
۷ - **زِ حِرمان حُرقه یی** : سوزشی در اثر محروم شدن. «حُرقه»: سوزش، حرارت.
۸ - **کفن‌خواه** : کسی که برای مُردگان فقیر پولِ کفن و دفن جمع می‌کند. ۹ - **بگاه** : صبحِ زود.
۱۰ - **بوکه** : شاید که، باشد که. ۱۱ - **به ظن** : در اثر آن گُمان.

هر چه بِدْهد، نیمِ آن بِدْهم به تو همچنان کرد آن فقیرِ صِلّه‌جو[1] ۳۸۴۳

هر پولی که بدهد، نیمِ آن را به تو می‌دهم. آن فقیر برای پول این کار را کرد.

در نمد پیچید و بر راهش نهاد مَعبرِ[2] **صدرِ جهان آنجا فُتاد** ۳۸۴۴

فقیه را در نمد پیچید و بر سرِ راه نهاد، تا گذرِ صدرِ جهان به آنجا افتاد.

زر در اندازید بر رویِ نمد دست بیرون کرد از تعجیلِ خَود[3] ۳۸۴۵

صدرِ جهان سکّه‌ای به روی نمد افکند. فقیه به شتاب دست را بیرون آورد،

تا نگیرد آن کفن‌خواه آن صِلَه تا نهان نَکْنَد از او آن دَه‌دِله[4] ۳۸۴۶

تا سکّه را کفن‌خواهِ غیر قابل اعتماد بر ندارد و نهان نکند.

مُرده از زیرِ نمد بر کرد دست سر برون آمد پیِ دستش ز پست ۳۸۴۷

مُرده از زیرِ نمد دستش را بر آورد و سرش را نیز بلند کرد.

گفت با صدرِ جهان: چون بِسْتَدَم؟ ای ببسته بر من اَبوابِ کَرَم ۳۸۴۸

و به صدرِ جهان گفت: ای آنکه درهای کَرَم را به رویم بستی، دیدی چگونه گرفتم؟

گفت: لیکن، تا نَمُردی، ای عَنُود[5] **! از جنابِ**[6] **من نَبُردی هیچ جُود**[7] ۳۸۴۹

صدرِ جهان گفت: ای لجباز، مُردی تا گرفتی، تا نمردی نگرفتی.

سِرِّ مُوتُوا قَبْلَ مَوْتٍ[8] **این بُوَد کز پسِ مردن غنیمت‌ها**[9] **رسد** ۳۸۵۰

سرِّ «مرگِ قبل از مرگ» همین است که با مُردن الطافِ الهی فرا می‌رسد.

غیرِ مُردن هیچ فرهنگی[10] **دگر در نگیرد**[11] **با خدای، ای حیله‌گر!** ۳۸۵۱

ای مکّار، نزد خداوند هیچ چیز جز «مُردنِ از خود» اثری ندارد.

---

۱ - **صِلّه‌جو** : عطاخواه، جویندهٔ بخشش و احسان. ۲ - **مَعْبَر** : محلِّ عبور، گذر.

۳ - **از تعجیلِ خَود** : از شتابی که داشت، به شتاب.

۴ - **دَه‌دِله** : کسی که حس و فکرش هر لحظه عوض شود و به وعده وفادار نباشد، غیر قابلِ اعتماد، متلوّن.

۵ - **عَنود** : لجباز. ۶ - **جناب** : درگاه، آستانه. ۷ - **جُود** : عطا.

۸ - حدیث: بمیرید پیش از آنکه شما را بمیرانند. [سخنِ منسوب به پیامبر(ص)]: احادیث، ص ۳۷۰.

۹ - **غنیمت‌ها** : اینجا عنایاتِ الهی. ۱۰ - **فرهنگ** : دانش، تدبیر. ۱۱ - **در نگیرد** : مؤثّر نمی‌افتد.

یک عنایت[1] بِهْ ز صدگون اجتهاد[2] — جهد را خوف[3] است از صدگون فساد ۳۸۵۲

عنایتِ حق بهتر از هر سعی است؛ زیرا فساد در کمینِ جهدِ آدمی است.

وآن عنایتْ هست موقوفِ[4] مَمات[5] — تجربه کردند این رَهْ را ثِقات[6] ۳۸۵۳

عنایتِ حق هم منوط به «از خود مُردن» است. این را بزرگان آزموده‌اند.

بلکه مرگش[7] بی‌عنایت نیز نیست[8] — بی‌عنایت، هان و هان! جایی مه‌ایست[9] ۳۸۵۴

«از خود مُردن» هم بی‌عنایت ممکن نیست. آگاه باش که آن را بخواهی.

آن زُمُرُّد باشد، این افعیّ[10] پیر — بی زُمُرّد کی شود افعی ضَریر[11]؟ ۳۸۵۵

«عنایتِ حق»، مانند «زمرّد» که چشمِ افعی را کور می‌کند، «خودیِ آدمی» را به زوال می‌آوَرَد، بدون عنایت ممکن نیست.

حکایتِ آن دو برادر، یکی کوسه[12] و یکی اَمْرَد[13]، در عَزَبْ‌خانه‌یی خفتند شبی، اتّفاقاً اَمْرَد خشت‌ها بر مَقْعدِ خود انبار کرد، عاقبت دَبّاب[14] دَبّ[15] آورد و آن خشت‌ها را به حیله و نرمی از پسِ او برداشت، کودک بیدار شد به جنگ که: این خشت‌ها کو؟ کجا بُردی و چرا بُردی؟ او گفت: تو این خشت‌ها را چرا نهادی؟ الی آخِرِه

جوانی که هنوز موی صورت و چانه‌اش نَرُسته بود، با برادر جوانش که بسان کوسه جز چند تارِ موی بر اطراف چانه نداشت، به خانقاهی وارد شد و چون پاسی از شب گذشته بود، از بیم محتسب همانجا خوابید. در حالی که تنی چند از مردان مجرّد نیز در آن مکان خفته بودند. نیم‌شب لوطیِ پلیدی که طمعی در جوان داشت، آهنگِ وی کرد و به آهستگی

۱ - **یک عنایت :** ذرّه‌ای عنایتِ حق. ۲ - **صدگون اجتهاد :** هزاران جدّ و جهدِ آدمی. ۳ - **خوف :** بیم.
۴ - **موقوف :** وابسته. ۵ - **مَمات :** اینجا محوِ هویتِ فردیِ آدمی در هستیِ حق، محوِ خودی.
۶ - **ثِقات :** جمع ثقه: موردِ اعتماد، کسی که می‌توان به فعل و قولِ او اعتماد کرد، بزرگانِ معنوی، کاملان و واصلان.
۷ - **بلکه مرگش :** بلکه از خود مُردن. ۸ - **بی‌عنایت نیست :** بدون عنایت ممکن نیست.
۹ - **بی‌عنایت مه‌ایست :** همواره طالبِ عنایت باش، بدونِ آن آرام نگیر.
۱۰ - **زمرّد و افعی :** قُدما بر این باور بودند که اگر زمرّد را در برابرِ چشمِ افعی بگیرند، کور می‌شود. اینجا «نَفْسِ غیرِ کاملِ آدمی» که می‌تواند امّاره یا لوّامه باشد، به افعی مانند شده که «عنایتِ حق» مانند زمرّد آن را نابود می‌کند.
۱۱ - **ضریر :** کور. ۱۲ - **کوسه :** کنایه از کسی که مویِ اطراف چانه‌اش کم است.
۱۳ - **اَمْرَد :** پسرِ بدکار، مفعول. ۱۴ - **دَبّاب :** لواط‌گر. ۱۵ - **دَبّ :** گرد آمدن با مفعولِ بدکار.

خشت‌هایی را که این اَمْرَد در گوشه‌ای حصار خویش ساخته بود، برداشت و دستی به او رساند. فریاد جوان بلند شد و او را دشنام داد که آیا در این مکان نیز نمی‌توان از شرّ پلیدان در امان بود؟ در همین اثنا نگاه جوانِ بدکار به برادر کوسه‌اش افتاد که از سوء قصد پلیدان ایمن بود. متحیّر شد که او با داشتن تنها چند تارِ مو بر چانه از این غم رَسته و گویی در حصاری بسته خفته که از سی خشت حاصل نشده است.

«حکایت صدر جهان» در تبیین ترجیح عنایت الهی بر جهد عابدانه است. عنایتی که از صدگونه جهد برتر و موقوف مَمات عارفانه است و تداعی‌گر قصّهٔ دو برادر که نمونهٔ دیگری از حدیثِ «پست نازل است»، شدکه به موجبِ «هزل من هزل نیست، تعلیم است»[1]، مولانا نیز مانند سنایی با این اندیشه، تصویری از اَمْرَدبارگیِ شومِ پلیدان مُلحد را با طعنی در آن، ترسیم می‌کندکه سِرّ قصّه در تفصیل همان معناست که ذرّه‌ای عنایت بهتر است از هزاران کوشش طاعت‌پرست؛ زیرا شیطان که در این قصّه «رندِ زندیق» نمادی از آن است، به مختلف‌الحیل، خشتِ طاعات را بر می‌کَنَد؛ امّا سایهٔ عنایتِ حق و مردان حق، که «دو، سه تار مویِ زنخِ» کوسه نمادی از آن است، همچون سدّی است که حقیقتِ عبودیّت را از دسترس شیطان مصون می‌دارد.

اَمْـرَدی[2] و کـوسه‌یی در انـجمن[3] آمـدند، و مَـجمعی بُـد در وطـن[4] ۳۸۵۶

جوانی بی‌ریش با کوسه‌ای در شهری به جمعی وارد شدند و به دیگران پیوستند.

مُشـتغِل[5] مـاندند قـومِ مُـنْتجَب[6] روز رفت، و شد زمانه ثُـلثِ شب[7] ۳۸۵۷

آن گروه گرم صحبت شدند تا روز گذشت و پاسی از شب هم گذشت.

زآن عزبْ‌خانه[8] نـرفتند آن دو کس هم بخفتند آن سـو از بیمِ عسس[9] ۳۸۵۸

آن دو نفر از بیمِ عسس همانجا ماندند و خوابیدند.

کوسه را بُد بر زنخدان[10] چـار مـو لیک هـمچون مـاهِ بـدرش بـود رُو ۳۸۵۹

کوسه چهار تارِ مو بر چانه داشت؛ امّا صورتش مثل ماه شبِ چهارده بود.

کودکِ امـرد بـه صـورت بـود زشت هم نهاد اندر پسِ کون بیست خشت ۳۸۶۰

جوانِ بی‌ریش که صورتش زشت بود، بیست خشت را حصارِ ماتحتِ خود کرد.

---

۱ - حدیقة الحقیقه، ص ۷۱۸. ۲ - **اَمْرَد** : جوانِ بی‌ریش، جوانی که در صورتش مویی نَرُسته.
۳ - **انجمن** : محفل، گرد آمدنِ جماعتی. ۴ - **در وطن** : اینجا شهری، جایی، محلّی.
۵ - **مُشْتَغِل** : مشغول. ۶ - **قومِ مُنْتَجَب** : گروه برگزیده، گروهی که آنجا جمع شده بودند.
۷ - **ثلثِ شب** : سه پاس از شب. ۸ - **عَزَب‌خانه** : خانهٔ افرادِ مجرّد. ۹ - **عَسَس** : داروغه.
۱۰ - **زنخدان** : چانه.

لوطیی[1] دَب بُرد[2] شب در انبهی[3]   خشت‌ها را نقل کرد[4] آن مُشتَهی[5] ۳۸۶۱

مردِ بدکاری شهوت‌زده، شبانه به آهستگی در میانِ انبوهِ خفتگان آمد و خشت‌ها را برداشت.

دست چون بر وی زد، او از جا بجَست   گفت: هی، تو کیستی؟ ای سگ‌ْپرست[6]! ۳۸۶۲

چون دست به جوان زد، جوان از جای جَست و گفت: هی، ای بی‌دین تو کیستی؟

گفت: این سی خشت چون انباشتی؟   گفت: تو سی خشت چون برداشتی؟ ۳۸۶۳

لوطی گفت: این خشت‌ها را چرا گذاشتی؟ گفت: تو چرا آن‌ها را برداشتی؟

کودکِ بیمارم و از ضعفِ خَود   کردم اینجا احتیاط و مُرْتَقَد[7] ۳۸۶۴

جوان گفت: من کودکی بیمارم و به سببِ ضعف احتیاط کردم و اینجا خوابیدم.

گفت: اگر داری زِ رنجوری تَفی[8]   چون نرفتی جانب دارُالشِّفا[9]؟ ۳۸۶۵

لوطی گفت: اگر تب داری، چرا به شفاخانه نرفتی؟

یا به خانهٔ یک طبیبی، مشفقی[10]   که گشادی از سَقامت[11] مَغْلَقی[12]؟ ۳۸۶۶

یا به خانهٔ طبیبِ مهربانی که درمانت کند.

گفت: آخِر من کجا دانم شدن؟   که به هر جا می‌روم من مُمْتَحَن[13] ۳۸۶۷

جوان گفت: کجا می‌توانم بروم؟ منِ رنجور هر جا که می‌روم،

چون تو زندیقی[14]، پلیدی، مُلحدی[15]   می برآرَد سر به پیشم چون دَدی[16] ۳۸۶۸

کافرِ پلید و بی‌دینی مانند تو، چون درنده‌ای نزدم سبز می‌شود.

خانقاهی که بُوَد بهتر مکان   من ندیدم یک دَمی در وی امان ۳۸۶۹

در خانقاه که بهترین جاست، لحظه‌ای امان ندارم.

---

۱ - **لوطی:** مردِ بدکار. ۲ - **دَب بُرد:** به آرامی به امرد نزدیک شد.
۳ - **در انبهی:** در میان انبوهِ جمعیّت که خواب بودند. ۴ - **نقل کرد:** برداشت.
۵ - **مُشْتَهی:** دارای شهوت، شهوت‌زده.
۶ - **سگ پرست:** کسی که سگِ نَفسِ امّارهٔ خود را می‌پرستد، بی‌دین. ۷ - **مُرْتَقَد:** محلِّ خواب.
۸ - **تَف:** تب. ۹ - **دارُالشّفا:** شفاخانه. ۱۰ - **مُشفق:** مهربان. ۱۱ - **سَقامت:** بیماری.
۱۲ - **مَغْلَق:** گِره. «از سِقام مَغْلَق گشادن»: درمان کردن. ۱۳ - **مُمْتَحَن:** محنت‌زده، رنج‌دیده و بیمار.
۱۴ - **زندیق:** کافر. ۱۵ - **مُلْحِد:** بی‌دین. ۱۶ - **چون دَدی:** چون درنده‌ای.

۳۸۷۰ **رُو به من آرند مُشتی حَمزه‌خوار[۱] چشم‌ها پر نُطفه[۲]، کفْ خایه‌فشار**

گروهی بی‌سروپا، با چشمانی پُر از شهوت به سراغ من می‌آیند.

۳۸۷۱ **وآنکه ناموسی‌ست[۳] خود از زیرْزیر[۴] غمزه دُزدد،[۵] می‌دهد مالش به کیر**

و آنکه می‌خواهد ظاهر را حفظ کند، پنهانی چشمک می‌زند و آلتش را می‌مالد.

۳۸۷۲ **خانِقَه چون این بُوَد، بازارِ عام چون بُوَد؟ خرگَلّه[۶] و دیوانِ خام[۷]**

خانقاه که این است ببین بازارِ عوام با مردمِ دیوصفت و نادان چگونه است؟

۳۸۷۳ **خر کجا؟ ناموس[۸] و تقویٰ[۹] از کجا؟ خر چه‌داند خَشْیَت[۱۰] و خوف‌و رجا[۱۱]؟**

خر، ناموس و تقوا چه می‌فهمد؟ ترسِ از خدا و امیدِ به او را چه می‌داند؟

۳۸۷۴ **عقل باشد آمِنی[۱۲] و عدلْ‌جو[۱۳] بر زن و بر مرد، امّا عقلْ کو؟**

عقل سببِ امنیّت و عدالت است؛ امّا کو عقل؟

۳۸۷۵ **ور گریزم من، رَوَم سوی زنان همچو یوسف اُفتم اندر اِفتتان[۱۴]**

اگر بگریزم و نزدِ زنان بروم، چون یوسف گرفتارِ فتنه می‌شوم.

۳۸۷۶ **یوسف از زن یافت زندان و فشار[۱۵] من شوم توزیع[۱۶] بر پنجاه دار**

یوسف(ع) به سببِ زن محکوم به زندان و عذاب شد، لابد اگر من باشم، پاره پاره‌ام می‌کنند و هر تکّه را دار می‌زنند.

۳۸۷۷ **آن زنان از جاهلی بر من تنند[۱۷] اولیاشان[۱۸] قصدِ جانِ من کنند**

زنان از نادانی دور و بَرَم می‌آیند، شوهرانشان قصد کشتنم را می‌کنند.

۳۸۷۸ **نه ز مردان چاره دارم، نه از زنان چون کنم؟ که نی از اینم، نه از آن**

از دستِ مرد و زن آسایش ندارم، چه کنم که نه از اینم نه از آن؟!

---

۱ - **حمزه‌خوار :** آشِ بلغورخوار، مجازاً پرخور، ولگرد و بی‌سروپا. ۲ - **پُرنطفه :** پُر از شهوت.
۳ - **آنکه ناموسی‌ست :** کسی که می‌خواهد حفظ ظاهر کند. ۴ - **زیرْزیر :** پنهانی.
۵ - **غمزه دُزدد :** چشمک می‌زند. ۶ - **خرگَلّه :** گلّهٔ خران، گروهِ نادان و نفهم.
۷ - **دیوانِ خام :** شیطان صفتان، مردم دیوصفت و نادان. ۸ - **ناموس :** شهرت، آوازه.
۹ - **تقویٰ :** پرهیزگاری، پرهیز. ۱۰ - **خَشْیَت :** ترس، بیم. ۱۱ - **خوف و رجا :** بیم از خدا و امید به او.
۱۲ - **آمنی :** امنیّت. ۱۳ - **عدلْ‌جو :** طلبِ عدالت. ۱۴ - **اِفتتان :** به فتنه افتادن.
۱۵ - **فشار :** رنج و سختی. ۱۶ - **توزیع :** تقسیم. ۱۷ - **بر من تَنَند :** به سراغم می‌آیند.
۱۸ - **اولیاشان :** شوهرانشان یا صاحبانشان.

بعد از آن کودک به کوسه بنگریست   گفت: او با آن دو مو[1] از غم بَری‌ست[2] ۳۸۷۹

سپس جوانِ بی‌ریش به کوسه نگریست و گفت: او با مختصر مویی که دارد، از غم به دور است.

فارغ است از خشت و از پیکارِ خشت   وز چو تو مادرفروشِ کِنگ[3] زشت ۳۸۸۰

از خشت و نزاعِ خشت و از دستِ لوطیِ زشتِ مادر فلانی چون تو آسوده است.

بر زَنَخ سه چار مو بهرِ نُمون[4]   بهتر از سی خشت گِرداگِردِ کُون ۳۸۸۱

سه چهار تارِ موِی چانه به نشانهٔ مردی، بهتر است از آن همه خشت.

ذرّه‌یی سایهٔ عنایت بهتر است   از هزاران کوششِ طاعتْ پرست[5] ۳۸۸۲

ذرّه‌ای عنایت حق بهتر است از هزاران جدّ و جهد.

زآنکه شیطان خشتِ طاعتْ بر کَنَد[6]   گر دو صد خشت است، خود را رَهْ کُند[7] ۳۸۸۳

زیرا شیطان می‌تواند با وسوسه‌هایِ کفرآمیز، خشتِ طاعات را بر کَنَد و عبادات را لوث کند.

خشت اگر پُرّ است،[8] بنهادهٔ تو است[9]   آن دو سه مو از عطایِ آن سُو است ۳۸۸۴

هر قدر بکوشی، آن جدّ و جهد، کوششِ توست، «عنایتِ حق»، عطایِ الهی است.

در حقیقت هر یکی مو زآن کُهی‌ست[10]   کآن[11] امانْ‌نامهٔ صِلهٔ شاهنشهی‌ست[12] ۳۸۸۵

در حقیقت، کوچک‌ترین توجّهی که از حق می‌شود، مانند کوه است؛ زیرا امان‌نامهٔ الهی است.

تو اگر صد قفل بنهی بر دَری   برکَنَد آن جمله را خیره سری[13] ۳۸۸۶

اگر صدها قفل بر دری بنهی، دزد می‌تواند همه را بشکند.

---

۱ - **آن دو مو :** مختصر موِی ریش که اینجا کنایه از توجّه استاد معنوی است یا مُرشد.

۲ - **بری :** مبرّا، به دور. ۳ - **کِنگ :** درشت اندامِ زمخت. ۴ - **نُمون :** نشان، نمودار، علامت.

۵ - **طاعت‌پرست :** اهل طاعت.

۶ - مُراد آنکه: شیطان می‌تواند در حین عبادات آدمی را وسوسه کند و صدق و خلوصِ مؤمن را زایل گرداند.

۷ - مُراد آنکه: طاعات و عباداتِ ما در حدّ خشت‌هایِ آن جوان می‌تواند حافظِ آدمی باشد؛ زیرا شیطان با وسوسه‌های عجیب و غریب قادر است همه را لوث کند. ۸ - **اگر پُرّ است :** اگر زیاد است، اگر زیاد باشد.

۹ - **بنهادهٔ تو است :** نتیجهٔ کار و تلاش توست؛ یعنی الهی نیست.

۱۰ - **کُهی‌ست :** مانند کوه بزرگ و عظیم است. ۱۱ - **کآن :** که آن.

۱۲ - **صِلهٔ شاهنشهی‌ست :** عطایِ الهی است. ۱۳ - **خیره‌سر :** ولگرد، اینجا دزد.

شحنه‌یی[1] از موم اگر مُهری نهد　　پهلوانان را از آن دل بِشْکُهَد[2] ۳۸۸۷

امّا اگر مأمور حکومت مُهری از موم بِنَهد، پهلوانان هم جرأت نمی‌کنند دست بزنند.

آن دو سه تارِ عنایت همچو کوه　　سَدّ شد، چون فَرّ سیما در وُجوه[3] ۳۸۸۸

آن دو سه تارِ مویِ عنایت، مانند کوه سدّ می‌شود، همان‌گونه که «نوری در چهره‌ها».

خشت را مگذار[4]، ای نیکوسرشت!　　لیک هم ایمن مَخُسب[5] از دیوِ زشت ۳۸۸۹

ای نیک سرشت، همچنان به طاعات و عبادات بپرداز؛ امّا بدان که به اتّکای آن نمی‌توانی از شرّ شیطان در امان باشی.

رو، دو تا مو زآن کَرَم با دست آر[6]　　وآنگهان آمِن بخُسب[7] و غم مدار ۳۸۹۰

ذرّه‌ای عنایت حق را به دست آور، آنگاه آسوده باش.

نَومِ[8] عالِم[9] از عبادت بِهْ بُوَد　　آنچنان علمی که مُسْتَنبِه[10] بُوَد ۳۸۹۱

خوابِ دانشمند از عبادت بهتر است؛ امّا علمی که سببِ آگاهی باشد.

آن سکونِ سابحْ[11] اندر آشنا[12]　　بِهْ ز جهدِ اعجمی[13] با دست و پا ۳۸۹۲

دست و پا نزدنِ شناگر بهتر است از دست و پا زدنِ کسی که شنا نمی‌داند.

اعجمی زد دست و پا و غرق شد　　می‌رود سَبّاح[14] ساکن چون عُمُد[15] ۳۸۹۳

آنکه شنا نمی‌داند، دست و پایی می‌زند و غرق می‌شود؛ امّا شناگر مانند کشتی آرام می‌گذرد.

علم دریایی‌ست بی‌حدّ و کنار　　طالبِ علم است غوّاصِ بِحار ۳۸۹۴

«علم»، دریایی بیکران است و طالبِ آن مانند غوّاصِ دریاهاست.

---

۱ - **شِحنه** : عسس، داروغه، مأمور حکومت.　　۲ - **بِشکُهَد** : از شکوهیدن: ترسیدن.

۳ - اشارتی قرآنی؛ فتح: ۲۹/۴۸: ...سیماهُمْ فی وُجوهِهِم مِن أَثَرِ اَلسُّجود...: نشانهٔ آنان در صورتشان از اثر سجده نمایان است.　　۴ - **خشت را مگذار** : همچنان به طاعات و عبادات بپرداز.

۵ - **ایمن مَخُسب** : غافل نشو، فکر نکن که در امان هستی.　　۶ - **با دست آر** : به دست آور.

۷ - **آمِن بخُسب** : آسوده بخواب، آسوده باش.　　۸ - **نوم** : خواب.　　۹ - **نومِ عالِم** : خوابِ عارف.

۱۰ - **مُسْتَنْبِه** : آگاه، بیدار، آنکه از خواب بیدار شده باشد، «علمی که مُسْتَنبِه بُوَد»: علمِ باطنی، علم آگاه کننده.

۱۱ - **سکونِ سابح** : آرامشِ شناگر.　　۱۲ - **اندر آشنا** : هنگامِ شناکردن.

۱۳ - **جهدِ اعجمی** : اینجا تلاشِ کسی که شنا نمی‌داند. «اعجم»: ناآگاه.　　۱۴ - **سَبّاح** : شناگر.

۱۵ - **عُمُد** : جمعِ عَمُود: ستون: اینجا چوب‌ها و الوار. «عَمَد»: قایق.

گـر هـزاران سـال بـاشد عـمرِ او   او نگردد سیر خود از جُست و جو ۳۸۹۵

اگر هزاران سال از عمر جویندهٔ دانش بگذرد، از جُست‌وجوی علم سیر نمی‌شود.

کآن رسولِ حق بگـفت انـدر بـیان   ایـنکه: مَـنْهُومٰانْ هُـمٰا لاٰ یَشْـبَعٰان ۳۸۹۶

رسول خدا(ص) در بیان این موضوع فرموده است: دو خورنده‌اند که هرگز سیر نمی‌شوند.

در تفسیرِ این خبر که مصطفی صلوات الله علیه فرمود: «مَنْهُومٰانِ لاٰ یَشْبَعٰانِ طٰالِبُ ٱلدُّنْیٰا وَ طٰالِبُ ٱلعِلْم»،[1] که این عِلم غیرِعِلم دنیا باید تا دو قِسْم باشد، امّا علمِ دنیا هم دنیا باشد الی آخِرِهِ و اگر همچنین شود که طٰالِبُ ٱلدُّنیا وَ طٰالِبُ ٱلدُّنیا تکرار بُوَد نه تقسیم، مَعَ تَقریره

در بیان این خبر که مصطفی، که درود خدا بر او باد، فرمود: «دو حریص‌اند که سیر نمی‌شوند: طالب دنیا و طالب علم»، این علم باید که غیر از علم دنیا باشد تا دو قسم باشد، امّا علمِ دنیا هم دنیاست، تا آخر. اگر چنین باشد که طالب دنیا و طالبِ دنیا تکرار می‌شود نه تقسیم، و توضیح آن.

طٰـــالِبُ ٱلدُّنْـــیٰا وَ تَـوفیراتِـهٰا[2]   طٰـــالِبُ ٱلعِـلْمِ وَ تَـدْبیراتِـهٰا[3] ۳۸۹۷

طالبِ دنیا و زیاده‌طلبی‌هایِ آن، طالبِ علم و اندیشه و تدبیرش.

پس در این قسمت چو بُگماری نظر   غیرِ دنـیا بـاشد ایـن عـلم ای پـدر ۳۸۹۸

ای پدر، اگر به این قسمت توجّه کنی، می‌بینی که این علم علمِ دنیا نیست.

غیرِ دنـیا پس چـه بـاشد؟ آخـرت   کِت کَنَد[4] زیـنجا و بـاشد رهـبرت ۳۸۹۹

چه چیزی غیر از دنیاست؟ آخرت که تو را از دنیا جدا می‌کند و راهنمایِ تو می‌شود.

---

۱ - حدیث: دو حریص‌اند که سیری‌ناپذیرند، طالبِ علم و طالبِ دنیا: احادیث، ص ۵۸۹.

۲ - **توفیرات**: سودهایی که طالبِ دنیا می‌بَرَد.

۳ - **تدبیرات**: اندیشه و تدبیری که طالبِ علم برای ادراکِ علم باطن دارد.

۴ - **کِت کَنَد**: که تو را از دنیا بر می‌کَنَد [جدا می‌کند] و به عوالمِ دیگری هدایت می‌کند.

بحث کردنِ آن سه شه‌زاده در تدبیرِ آن واقعه[1]

رُو بـه هـم کـردند هـر سـه مُفتَتَن[2]   هر سه را یک رنج و یک درد و حَزَن[3] ۳۹۰۰

شهزادگانِ عاشق که هر سه یک رنج و درد و اندوه داشتند، رو به هم آوردند.

هر سه در یک فکر و یک سودا ندیم   هر سه از یک رنج و یک علّت سقیم[4] ۳۹۰۱

هر سه یک فکر و سودا داشتند و از یک رنج و درد بیمار بودند.

در خموشی هر سه را خَطرت[5] یکی   در سخن هم هر سه را حُجّت یکی ۳۹۰۲

همه به یک دلیل خاموش بودند و به همان دلیل سخن می‌گفتند.

یک زمانی اشکْ‌ریـزان جـمله‌شان   بر سرِ خوانِ مُصیبت[6] خـونْ‌فشان ۳۹۰۳

زمانی که بر این مصیبت اشک می‌ریختند، از چشمشان خون می‌بارید.

یک زمان از آتشِ دل[7] هر سه کس   بر زده با سوز چون مِـجْمَر[8] نَـفَس ۳۹۰۴

زمانی از آتشِ دل آهِ پرسوز می‌کشیدند.

مقالتِ[9] برادرِ بزرگین[10]

آن بزرگین گفت: ای اِخْـوانِ خَـیر[11]   ما نه نر بودیم[12] اندر نُصحِ غـیر[13]؟ ۳۹۰۵

برادر بزرگ‌تر گفت: ای برادرانِ خوب، مگر ما مردانه دیگران را اندرز نمی‌دادیم؟

از حَشَم[14] هر که به ما کـردی گِـله   از بـــلا و فـقر و خـوف و زلزله ۳۹۰۶

هر یک از چاکران که نزدِ ما از بلا، فقر، بیم و آشفتگی گِله می‌کرد،

---

۱ - مُراد آنکه: بحث کردند که برای این عشق چه تدبیری می‌توان اندیشید؟

۲ - **مُفْتَتَن** : در فتنه افتاده، اینجا عاشق شده.   ۳ - **حَزَن** : اندوه.   ۴ - **سقیم** : بیمار.

۵ - **خَطرت** : فکر، اندیشه.   ۶ - **خوانِ مُصیبت** : سفرهٔ مصیبت، بر بلا و مصیبتی که نازل شده بود.

۷ - **از آتشِ دل** : از سوزِ درون.   ۸ - **مِجْمَر** : منقل، آتشدان.   ۹ - **مقالت** : گفتار، سخن.

۱۰ - **بزرگین** : بزرگ‌ترین.   ۱۱ - **اِخوانِ خیر** : برادرانِ خوب.

۱۲ - **نر بودیم** : مرد بودیم، مردانه عمل می‌کردیم.   ۱۳ - **نُصحِ غیر** : نصیحت به دیگران، راهنمایی دیگران.

۱۴ - **حَشَم** : خدمتکاران، چاکران، خویشان.

ما همی گفتیم کم نال از حَرَج[۱] صبر کن، کالصَّبْرُ مِفْتاحُ اَلفَرَج[۲] ۳۹۰۷

ما می‌گفتیم: از تنگی و فشار ناله نکن، صبر کن که کلید رهایی است.

این کلیدِ صبر را اکنون چه شد؟ ای عجب، منسوخ شد قانون،[۳] چه شد؟ ۳۹۰۸

ای عجب، اکنون «صبر» ما چه شد؟ دیگر صبر کلید گشایش نیست؟

ما نمی‌گفتیم کاندر کش‌مَکش[۴] اندر آتش همچو زر، خندید خَوش؟[۵] ۳۹۰۹

ما نمی‌گفتیم که در گرفتاری‌ها مانند طلا در بوتهٔ زرگری بدرخشید و بخندید؟

مر سپه را وقتِ تنگاتنگِ جنگ[۶] گفته ما که هین مگردانید رنگ[۷] ۳۹۱۰

به سپاهیان می‌گفتیم که هان، در کشاکشِ جنگ رنگ نبازید.

آن زمان که بود اسبان را وِطا[۸] جمله سرهایِ بریده زیرِ پا[۹] ۳۹۱۱

آن زمان که سرهایِ بریده، زیرِ پای اسبان مثل فرش گسترده بود،

ما سپاهِ خویش را هی‌هی‌کنان[۱۰] که به پیش آیید قاهرْ[۱۱] چون سِنان[۱۲] ۳۹۱۲

ما به سپاهیان خود بانگ می‌زدیم که چون نیزهٔ غالب به پیش بروید.

جمله عالم را نشان داده[۱۳] به صبر زآنکه صبر آمد چراغ و نورِ صدر[۱۴] ۳۹۱۳

همهٔ عالم را به صبر فرا می‌خواندیم که صبر چراغ و نورِ دل است.

نوبتِ ما شد، چه خیره‌سر[۱۵] شدیم چون زنانِ زشت در چادر شدیم[۱۶] ۳۹۱۴

حالا که نوبتِ خودمان رسیده، چه گیج شده‌ایم و مانند زنانِ زشت خود را پنهان کرده‌ایم.

---

۱ - **حَرَج :** سختی و تنگی. ۲ - شکیبایی کلیدِ گشایش کارهاست.

۳ - **منسوخ شد قانون؟ :** قانون از بین رفت؟ عوض شد؟ ۴ - **کش‌مَکش :** گرفتاری‌های زندگی.

۵ - **همچو زر خندید خوش :** مانند طلا در بوته بدرخشید و بخندید.

۶ - **تنگاتنگِ جنگ :** بحبوحهٔ درگیری و جنگ. ۷ - **مگردانید رنگ :** رنگِ خود را نبازید.

۸ - **وِطا :** وِطاء: فرش، گستردنی، زیرانداز.

۹ - مصراع دوم: سرهای بریدهٔ سربازان زیر پای اسبان گسترده بود.

۱۰ - **هی‌هی‌کنان :** بانگ‌زنان فرمان می‌دادیم. ۱۱ - **قاهر :** غالب. ۱۲ - **سنان :** نیزه.

۱۳ - **نشان داده :** راهنمایی می‌کردیم، هدایت می‌کردیم. ۱۴ - **صدر :** سینه، اینجا دل.

۱۵ - **خیره‌سر :** گیج، آشفته، ناتوان. ۱۶ - **در چادر شدیم :** اینجا خود را مخفی کردیم.

ای دلی که جمله را کردی تو گرم[۱] گرم کن خود را، و از خود دار شرم ۳۹۱۵

ای دل که همه را تشویق می‌کردی، حالا خود را دلگرمی بده و شرم کن.

ای زبان که جمله را ناصِح بُدی نوبتِ تو گشت، از چه تن زدی[۲] ؟ ۳۹۱۶

ای زبان که همه را نصیحت می‌کردی، نوبت تو شد، چرا خاموش شدی؟

ای خِرَد! کو پندِ شکرخایِ[۳] تو؟ دورِ توست، این دم چه شد هیهایِ[۴] تو؟ ۳۹۱۷

ای عقل، پندهای شیرین تو کو؟ نوبتِ توست، چرا خودی نشان نمی‌دهی؟

ای ز دل‌ها بُرده صد تشویش را نوبتِ تو شد، بجُنبان ریش را[۵] ۳۹۱۸

ای آنکه از دل‌ها تشویش را زایل می‌کردی، نوبت توست، ریشت را بجنبان.

از غَری[۶] ریش ارکنون دزدیده‌ای[۷] پیش از این بر ریشِ خود خندیده‌ای ۳۹۱۹

اگر اکنون با نامردی کاری نکنی، معلوم می‌شود که پیش از این هم خود را مسخره می‌کرده‌ای.

وقتِ پندِ دیگرانی های‌های[۸] در غمِ خود چون زنانی وای‌وای[۹] ۳۹۲۰

هنگام اندرز به دیگران هیاهو می‌کنی و هنگامِ اندرز به خودت، ناله و وای‌وای سر می‌دهی.

چون به دردِ دیگران درمان بُدی دردْ مهمانِ تو آمد، تن زدی[۱۰] ؟ ۳۹۲۱

تو که درمانِ دردِ دیگران بودی، چرا دردِ خودت را درمان نمی‌کنی؟

بانگ[۱۱] بر لشکر زدن بُد سازِ تو[۱۲] بانگ برزن، چه گرفت آوازِ تو؟[۱۳] ۳۹۲۲

به دیگران فرمان می‌دادی و بانگ می‌زدی، چرا صدایت گرفت؟ بانگ بزن.

---

۱ - **گرم کردی :** دلگرم می‌کردی، تشویق می‌کردی.

۲ - **تن زدن :** خاموش بودن، سکوت کردن، شانه خالی کردن. ۳ - **شِکّرخا :** شیرین، سخت شیرین.

۴ - **هیهای :** هیاهو، خودی نشان دادن، اظهار وجود کردن.

۵ - اشاره به قصّهٔ سلطان محمود و شبْ‌دزدان: ۲۸۲۴/۶، که در آن سلطان گفته بود که با جنباندن ریش می‌تواند مجرمان را از کیفر برهانَد. اینجا کنایه از ابرازِ قابلیّت. خطاب به عقل است. ۶ - **غَری :** نامردی.

۷ - **ارکنون ریش دزدیدی :** اگر اکنون توانایی‌ات را پنهان کنی. ۸ - **های‌های :** پُر هیاهو، پُر سروصدا.

۹ - **وای‌وای :** ای‌وای گو، ناله و وای‌وای سر دادن. ۱۰ - **تن زدی :** خاموش شدی.

۱۱ - **بانگ زدن :** فرمان دادن، رِهبری کردن. ۱۲ - **بُد سازِ تو :** راه و روشِ تو بود.

۱۳ - **چه گرفت آوازِ تو :** چرا صدایت در نمی‌آید؟ چرا به خودت کمک نمی‌کنی؟ خطابِ شهزادگان به خِردِ خود.

آنچه پنجَهْ سال بافیدی به هوش[۱] زآن نسیجِ[۲] خود بَغَلتاقی[۳] بپوش ۳۹۲۳

تدبیرهایی را که در تمامِ عمر برای این و آن به کار می‌بردی، برایِ خودت هم به کار ببر.

از نوایت[۴] گوشِ یاران بود خَوش دست بیرون آر[۵] و گوش خود بِکَش[۶] ۳۹۲۴

گوشِ یاران از ارشادِ تو خوش بود، اینک خود را ارشاد کن.

سر بُدی[۷] پیوسته، خود را دُم مَکُن[۸] پا و دست و ریش و سِبلت گم مکن[۹] ۳۹۲۵

همیشه دیگران را هدایت می‌کردی، همچنان هادی باش و خود را نباز.

بازی آنِ توست بر رُویِ بساط[۱۰] خویش را در طبع آر و در نشاط ۳۹۲۶

اکنون در این عرصه نوبتِ بازیِ توست، خود را آماده کن و به نشاط آور.

ذکرِ آن پادشاه که آن دانشمند را به اکراه در مجلس آورد و بنشاند، ساقی شراب بر دانشمند عرضه کرد، ساغر پیشِ او داشت، رُو بگردانید و تُرشی و تندی آغاز کرد، شاه ساقی را گفت که: هین! در طَبْعَش آر، ساقی چندی بر سرش کوفت و شرابش درخورد داد، الی آخِرِه

پادشاهی که در بزمی خوش، سری از باده گرم داشت، فقیهی را که از نزدیک بارگاه وی می‌گذشت، دید. به اشارت او فقیه را به بزم شاهانه آوردند تا ساغری به او بچشانند. فقیه با دیدن بزم، تُرُش‌روی نشست و پیاله را نگرفت. شاه به ساقی اشارت کرد تا او را در طبع آرَد. ساقی با چند سیلی او را به خوردن شراب واداشت تا جایی که سرخوش و شاد شد و به مضحکه پرداخت.

۱ - **بافیدی به هوش**: آنچه که با عقلِ و هوشِ خود درک می‌کردی و به همه می‌گفتی.

۲ - **نسیج**: منسوج، بافته. ۳ - **بَغَلْتاق**: قبا، قبایی که بغلِ آن تنگ است.

۴ - **از نوایت**: از نوایِ ارشاد و هدایتِ تو. ۵ - **دست بیرون آر**: کاری بکن.

۶ - **گوشِ خود را بکش**: گوشِ خود را بگیر و به سویِ آن نوایِ خوش ارشاد بکش تا نجات یابی.

۷ - **سر بُدی**: هادی بودی، هدایت کننده بودی.

۸ - **خود را دُم مکن**: نقشِ همیشگیِ خود را فراموش مکن، همچنان هادی باش و خود را هم بِرَهان.

۹ - مصراع دوم: خود را نباز، در برابر پیشامدها دست‌پاچه نشو.

۱۰ - در شطرنجِ زندگی نوبتِ حرکتِ توست که با نشاط کاری کنی و موفّق شوی.

فقیه برای قضایِ حاجت به سوی آبریزگاه رفت و از قضا کنیزکی ماهرو را در آنجا دید و در آن مستی و خوشی مشتاق وی شد و بی‌توجّه به فریاد کنیزک با او در آمیخت و زُهد و عفاف را به فراموشی سپرد.

چون انتظار شاه برای بازگشت فقیه از حد گذشت، رفت و وقایع را دید. فقیه از بیم شاه به سویِ مجلس دوید و جامی را سرکشید. شاه با چهره‌ای خشمگین و قهری سنگین، تشنهٔ خون این دو جفت بدفعل نشسته بود. فقیه که با خوردن جامی دیگر سرمست شده بود، به ساقی بانگ زد: ای خیره‌سر! چه نشسته‌ای؟! جامی دِه و در طبعش آر. شاه از کلامِ او خندید و گفت: در طبع آمدم، آن دختر تو را.

این قصّه اشارت به این نکته دارد که آن‌کس که دیگران را به صبر و ثبات فرامی‌خوانَد، هنگامی که نوبتِ خودِ اوست، باید با صبر و ثبات خویشتن را در نشاط و طبع آرَد. همچنین در تبیین این نکته نیز هست که تحمّلِ امر مکروه با لطفِ الهی می‌تواند بنده را به حال روحانی هم برسانَد.

پـادشاهی مست انـدر بـزمِ خـوش　　　می‌گذشت آن یک فقیهی بـر درش ۳۹۲۷

پادشاهی در بزمی سرمست شده بود که فقیهی از درِ مجلس می‌گذشت.

کرد اشارت‌کِش در این مجلس کشید　　　وآن شـرابِ لعـل را بـا او چَشـید[1] ۳۹۲۸

اشاره کرد که او را اینجا بیاورید و از آن شرابِ لعل به او بچشانید.

پس کشیدندش بـه شـه بـی‌اختیار　　　شِست[2] **در مجلس تُرُش**[3] **چون زهر و مار** ۳۹۲۹

او را به زور آوردند. چون زهرِ مار، تلخ و اخم‌آلود نشست.

عرضه کردش مِیْ، نپذرفت[4] **او به خشم　　　از شَـهْ و سـاقی بگـردانید چشـم**[5] ۳۹۳۰

شراب عرضه کردند، نپذیرفت و با خشم از شاه و ساقی روی گردانید.

که: به عمرِ خود نخوردَستم شراب　　　خوشتر آیـد از شـرابـم زهـرِ نـاب ۳۹۳۱

و گفت: به عمرِ خود شراب نخورده‌ام، برایم زهرِ ناب گواراتر از شراب است.

هین! به جای مِیْ به من زهری دهید　　　تا من از خویش، و شما زین وارهید ۳۹۳۲

هان، به جای شراب، زهر بدهید تا من از خودم و شما از این کار رهایی یابیم.

---

۱ - مصراع دوم: با او چشید: به او بچشانید.　۲ - **شِست** : نشست.　۳ - **تُرُش** : پُر از اخم.

۴ - **نپذرفت** : نپذیرفت.　۵ - **بگردانید چشم** : روی را گردانید.

مـــی نـــخورده، عـــربده آغـــاز کـــرد   گشته در مجلس گِران، چون مرگ و دَرد ۳۹۳۳
شراب نخورده، عربده می‌کشید و چون مرگ و درد بر مجلسیان ناگوار بود.

همچو اهلِ نَفْس و اهلِ آب و گِـل[1]   در جهان بنشسته با اصـحابِ دل[2] ۳۹۳۴
حالتِ او مانند «اهلِ دنیا» بود که با «اهل دل» بنشینند.

حق ندارد خـاصگان را در کُـمون[3]   از مِـی احـرار[4]، جـز در یَشْـرَبُون[5] ۳۹۳۵
خداوند همواره «مِیِ معرفت» را از جامِ دلِ واصلان به آنان می‌چشاند تا در حالتِ شُرب بمانند.

عرضه می‌دارند بر محجوبْ[6] جام[7]   حس نـمی‌یابد از آن غـیرِ کـلام[8] ۳۹۳۶
اگر به کسانی که واصل نیستند، جامِ معرفت را عرضه کنند، آن را درک نمی‌کنند، فقط الفاظ یا کلام را می‌آموزند.

رُو هـــمی گـــردانَـــد از اِرشـادشان   کـــه نـــمی‌بیند بـه دیـده دادشـان[9] ۳۹۳۷
و چون جام را که عطاست، نمی‌بیند، از ارشادِ آنان روی بر می‌گردانَد.

گر زِگوشش تا به حَلقش رَهْ بُدی[10]   سِرِّ نُصح اندر درونشان در شدی[11] ۳۹۳۸
اگر قابلیّت جذب و درک داشت، سِرِّ اندرز را می‌فهمید.

چون همه نار است جانش،[12] نیست نور   کِه افْکند در نـارِ سـوزان جـز قُـشـور؟[13] ۳۹۳۹
چون وجودِ او از «نور» نیست و از «نار» است، فقط می‌تواند مادّه را جذب کند.

---

۱ - **اهلِ نَفْس و اهلِ آب و گل :** اهلِ دنیا، دنیادوست، ظاهربین.   ۲ - **اصحابِ دل :** اهلِ معنا.
۳ - **ندارد درکمون :** پنهان نمی‌کند.
مُراد آنکه: خداوند از خاصّان خود شراب معرفت را نهان نمی‌کند، این مِی در دلِ آنان است.
۴ - **مِیِ احرار :** شرابِ معرفت که خاصِّ آزادگان است، کسانی که از قیودِ عالم مادّه رهایی یافته‌اند.
۵ - اشارتی قرآنی؛ دهر: ۵/۷۶: إِنَّ ٱلأَبرارَ يَشْرَبُونَ مِن كَاسٍ كانَ مِزاجُها كافوراً: به یقین نیکان از جامی خواهند نوشید که زلال و خوشبوی چون کافور است. [مُراد دلِ کاملان و واصلان است که درخشان و معطّر است.]
۶ - **محجوب :** کسی که به درک حقایق واصل نشده است، کسی که ادراک باطنی ندارد.
۷ - **جام :** جامِ حقایق.   ۸ - **غیرِ کلام :** غیر از الفاظ، طوطی‌وار.
۹ - مصراع دوم: نمی‌توانند عطا را ببینند. «داد»: عطا.
۱۰ - اگر قابلیّت جذب و درک داشت. «حلق»: کنایه از قابلیّت جذب و درک است.
۱۱ - مصراع دوم: راز اندرز را می‌فهمید؛ یعنی رازِ اندرز جذبِ وجودش می‌شد.
۱۲ - اهلِ دنیا وجودش مادّی و دوزخی شده است؛ یعنی قابلیّتِ روحی خود را از دست داده است.
۱۳ - مُراد آنکه: در نار، قشور یا مادّه را می‌افکنند، «الفاظ» مادّی‌اند؛ جانِ مادّی شدهٔ اهلِ دنیا فقط الفاظ را می‌فهمد و همان را جذب می‌کند.

مغزْ[1] بیرون ماند و قِشرِ گفتْ[2] رفت[3]   کی شود از قِشْر معده گـرم و زَفت؟[4] ۳۹۴۰

«معانی» جذب نمی‌شود و پوست یا «الفاظ» جذب می‌شود. جان از الفاظ قوّت نمی‌یابد.

نارِ دوزخ[5] جز که قشرْافشار[6] نیست   نار را بـا هـیچ مـغزی کـار نـیست ۳۹۴۱

دوزخِ وجودِ اهلِ دنیا، با همین قشرها کار دارد نه با معنا.

ور بُـوَد بـر مـغز، نـاری شـعله‌زن   بـهرِ پـختن دان، نـه بـهرِ سـوختن ۳۹۴۲

اگر شعله‌ای به «اهلِ معنا» آتش بزند، شراره‌ای هدایت کننده است که او را پخته‌تر کند نه اینکه بسوزانَد.

تا که باشد حق حکیم،[7] این قاعده   مُسـتَمِر دان[8] در گـذشته و نـامده[9] ۳۹۴۳

تا خدا خدایی می‌کند، این قاعده برقرار است.

مـغزِ نـغز و قِشـرها مـغفور از او   مغز را پس چون بسوزد؟ دور از او[10] ۳۹۴۴

«مغز» و «قشر» هر دو مورد بخشایش هستند؛ پس چگونه ممکن است که مغز را بسوزاند؟

از عـنایت گـر بکوبد بـر سـرش   اشـتها آیـد شـرابِ احـمرش[11] ۳۹۴۵

اگر شعله مانند پتکی بر سرش بکوبد، قابلیّتِ نهفتهٔ سالک را برای «مِیِ معرفت» بیدار و آماده می‌کند.

---

۱ - **مغز :** معنا، معانی.   ۲ - **قشرِ گفت :** پوست یا الفاظ، ظاهرِ کلام.

۳ - **رفت :** جذب شد یا جذب می‌شود.

۴ - مصراع دوم: جان از الفاظ قدرت نمی‌یابد و متعالی نمی‌شود. «زَفت»: بزرگ، قوی.

۵ - **نارِ دوزخ :** دوزخِ وجودِ اهلِ دنیا.

۶ - **قشرْافشار :** پوست را می‌فشارد، پوست را دندان می‌زند؛ یعنی فقط با ظواهر و الفاظ کار دارد.

۷ - **تا که باشد حق حکیم :** تا خداوند حکیم است؛ یعنی همواره و همیشه.

۸ - **این قاعده مستَمِر دان :** این قاعده استمرار دارد و همیشگی است.

۹ - **درگذشته و نامده :** چه در گذشته و چه در آینده.

۱۰ - مراد آنکه: چون قشر [دوزخی] هم مورد مغفرت قرار می‌گیرد، چگونه «اهل معنا» را می‌سوزاند؟ شعله‌ای اگر باشد، شرارهٔ هدایت است، نه سوختن و عذاب.

۱۱ - اگر فشار شدیدی به سالکِ مشتاق وارد شود و آتشی به جانش بیفتد و پُتک بر سرش بکوبد، در واقع قابلیّت و استعداد نهفته‌اش را مستعدِّ بهره‌برداری می‌کند تا بتواند از معرفتِ بیشتری بهره‌مند شود. «شراب احمر»: مِیِ معرفت.

ور نکـــوبد، مـــانَد او بســـته دهـــان   چون فقیه از شُرب و بزمِ این شهان[1] ۳۹۴۶

اگر ضربهٔ شدید وارد نشود، قابلیّتِ نهفته شکوفا نمی‌شود و مانندِ فقیه در بزمِ شاهان «مِی» نمی‌نوشد.

گفت شه با ساقی‌اش: ای نـیک پی[2]!   چه خموشی؟ دِه، به طبعَش آر[3]، هی! ۳۹۴۷

شاه به ساقی گفت: ای نیک‌سرشت، چرا ساکتی؟ هان، او را سرحال بیاور.

هست پنهان حاکمی[4] بر هر خِـرَد   هر که را خواهد، به فَنّ[5] از سر بَرَد[6] ۳۹۴۸

قدرتی نهانی بر هر خِرَدی غالب است که می‌تواند هرگاه که بخواهد آن را غیر فعّال و یا زایل کند.

آفـــتابِ مشـــرق و تَـــنویرِ[7] او   چون اسیران بسته در زنجیرِ او[8] ۳۹۴۹

آفتابِ عالمتاب و نورافشانی‌اش نیز مانند اسیران، بسته به زنجیرِ مشیّت حق است.

چرخ[9] را چرخ اندر آرَد در زَمَن[10]   چون بخوانَد در دِمـاغش نـیم‌فن[11] ۳۹۵۰

اگر بر مغزِ فلک نیمه افسونی بخوانَد، آن را به چرخش می‌آوَرَد.

عـقل، کـو عـقلِ دگـر را سُخره کـرد[12]   مُهره زو دارد،[13] وی[14] است اُستادِ نرد[15] ۳۹۵۱

اگر عقلی بر عقلِ دیگر تسلّط یابد، این قدرت را از حق گرفته که شطرنجِ زندگی مُهره‌ها را جابه‌جا می‌کند و استاد است.

---

۱ – مُراد آنکه: همچنان که فقیه در بزمِ شاه تُرُش‌رو نشست، سالک هم اگر از استعداد و قابلیّتِ خود بهره نبرد، با معارف بیگانه می‌مانَد و در بزمِ شاهِ معنا تُرُش‌رو خواهد ماند.

۲ – **نیک‌پی :** نکوسرشت، خوشخوی، نیک‌سرشت.   ۳ – **به طبعش آر :** او را سرحال بیاور.

۴ – **پنهان حاکم :** حاکمِ نهانی همان قدرتِ حق است.

۵ – **به فن :** با حیله، به هر شکلی که بخواهد و آدمی سِرِّ آن را در نیابد.

۶ – **از سر بَرَد :** زایل کند، غیر فعّال کند، عقل را از کار بیندازد.   ۷ – **تنویر :** نورافشانی، پرتوافشانی.

۸ – مُراد آنکه: فقط خِرَدِ آدمی نیست، همه چیز در عالمِ امکان تحت سیطرهٔ تامّ باری تعالیٰ و مشیّت اوست.

۹ – **چرخ :** فلک.   ۱۰ – فلک را در روزگار به چرخش وا می‌دارد. «در زَمَن»: در زمان، در همان دم.

۱۱ – مصراع دوم: اگر ذرّه‌ای در آن نفوذ کند، اگر اراده کند.

۱۲ – **عقلِ دگر را سُخره کرد :** مسخره کرد، به بیگاری گرفت، تسلّط یافت.

۱۳ – **مُهره زو دارد :** مُهرهٔ پیروزی، یعنی قدرتش از قدرتِ حق نشأت یافته است.   ۱۴ – **وی :** پروردگار.

۱۵ – **استادِ نرد :** استادِ شطرنجِ زندگی است و اوست که مهره‌ها را جابه‌جا می‌کند.

۳۹۵۲ **چند سیلی[۱] بر سرش زد، گفت:گیر[۲] در کشـید از بیمِ سـیلی آن زَحـیر[۳]**

ساقی چند ضربه به سر فقیه زد و گفت: بگیر. او هم از بیمِ مُشت‌ها گرفت.

۳۹۵۳ **مست گشت و شاد و خندان شد چو باغ[۴] در نـدیمی[۵] و مَـضاحِک[۶] رفت و لاغ[۷]**

مست و خندان شد. سخنان بامزه و خنده‌دار گفت و شوخی کرد.

۳۹۵۴ **شیرگیر[۸] و خوش شد، انگشتک بزد سویِ مَبرَز[۹] رفت تا مـیزَک[۱۰] کـند**

دلیر و شاد شد و بشکن‌زنان به آبریزگاه رفت تا ادرار کند.

۳۹۵۵ **یک کنیزک بـود در مَـبْرَز چـو مـاه سـخت زیـبا و ز قِـرناقانِ[۱۱] شـاه**

کنیزک ماهرویی از زنان زرخریدِ شاه آنجا بود.

۳۹۵۶ **چون بدید او را، دهانش باز ماند[۱۲] عقل رفت و تن سـتمْپَرداز[۱۳] مـاند**

از زیباییِ او حیران شد، عقل رفت و نَفْسِ متجاوز باقی ماند.

۳۹۵۷ **عمرها بوده عزب[۱۴]، مشتاق و مست بـر کـنیزک در زمـان در زد دو دست**

او که عمری عَزَب مانده بود، مشتاق و مست با کنیزک در آویخت.

۳۹۵۸ **بس طپید آن دختر، و نعره فراشت بر نیامد بـا وی، و سـودی نـداشت**

دختر دست و پا زد و فریاد کشید؛ امّا بی‌فایده بود و نتوانست از عهدهٔ او بر آید.

۳۹۵۹ **زن بــه دستِ مـرد در وقتِ لقـا[۱۵] چـون خـمیر آمـد، بـه دستِ نـانبا**

هنگام هماغوشی، زن در دست مرد، مانند خمیر در دستِ نانواست.

۳۹۶۰ **بِسْرِشَد[۱۶] گاهیش نرم و گَهْ درشت[۱۷] زو بـر آرد چـاقْچاقی[۱۸] زیـرِ مشت**

نانوا خمیر را مالش می‌دهد، گاه نرم و گاه سخت، خمیر در دستش چق‌چق صدا می‌کند.

---

۱ - **سیلی :** ضربه، مُشت. ۲ - بازگشت به قصّهٔ پادشاه و فقیه.

۳ - **زحیر :** کنایه از شراب که برای فقیه رنج و درد بود. ۴ - **شاد و خندان شد چو باغ :** خندان شد.

۵ - **در ندیمی :** در مصاحبت. ۶ - **مضاحک :** سخنان خنده‌دار. ۷ - **لاغ :** شوخی، هزل.

۸ - **شیرگیر :** دلاور، دلیر، اینجا مست شد و خجالتش ریخت و با دلیری در مجلس ماند در حالی که بشکن هم می‌زد. ۹ - **مَبرَز :** آبریزگاه. ۱۰ - **میزَک :** ادرار، بول. ۱۱ - **قِرناق :** زنِ زرخرید، کنیزک، واژهٔ ترکی.

۱۲ - **دهانش باز ماند :** حیران شد. ۱۳ - **ستم‌پرداز :** متجاوز، تجاوزگر. ۱۴ - **عزب :** مردِ بدون زن.

۱۵ - **لِقا :** ملاقات، هماغوشی. ۱۶ - **بِسْرِشَد :** مالش می‌دهد، ورز می‌دهد.

۱۷ - **گه نرم و گه دُرشت :** گاه نرم و گاه محکم. ۱۸ - **چاقچاق :** صدایِ چق‌چق.

گاه پهنش واکشد بر تختهیی[۱] در هَمَش آرد گهی یک لختهیی[۲] ۳۹۶۱

گاه روی تخته پهن میکند، گاه به صورت گلوله در میآوَرَد.

گاه در وی ریزد آب و گَهْ نمک از تنور و آتشش سازد مِحَک ۳۹۶۲

گاه در آن آب میریزد، گاه نمک، و روی آتشِ تنور آن را میآزماید.

این چنین پیچند مطلوب و طَلوب[۳] اندر این لعب‌اند[۴] مغلوب و غَلوب[۵] ۳۹۶۳

مطلوب و طالب این چنین به هم میپیچند و در این بازی غالب و مغلوب‌اند.

این لَعِب، تنها نه شُو را با زن است هر عشیق[۶] و عاشقی را این فن است[۷] ۳۹۶۴

این رابطهٔ غالب و مغلوب فقط میان زن و شوهر نیست، هر عاشق و معشوق همین‌اند.

از قدیم[۸] و حادث[۹] و عَین و عرض[۱۰] پیچشی چون وَیس و رامین مُفترض[۱۱] ۳۹۶۵

میان خالق و مخلوق، و هستیِ حقیقی با هستیِ غیرِ حقیقی، مانند عاشق و معشوقِ دنیوی، پیچشی و عشقی لازم و ضروری است.

لیک لِعبِ هر یکی رنگی دگر پیچشِ هر یک ز فرهنگی دگر[۱۲] ۳۹۶۶

امّا ارتباط حق با هر یک از مراتبِ هستی خاصِّ اوست و متناسبِ با آن.

شُوی و زن را گفته شد بهرِ مِثال[۱۳] که: مکن ای شُوی! زن را بدگُسیل[۱۴] ۳۹۶۷

شوهر و زن برای مثال گفته شد که ای مرد، زنِ خود را خوار مکن.

آن شبِ گِرْدک[۱۵]، نه ینگا[۱۶] دستِ او خوش امانت داد اندر دستِ تو؟ ۳۹۶۸

مگر در شب عروسی ینگه دستِ او را به خوشی به دستِ تو نداد؟

---

۱ - گاه پهن میکند. ۲ - گاه گلوله میکند. ۳ - **مطلوب و طَلوب :** مطلوب و طالب.

۴ - **لِعْب :** لَعْب: بازی، سرگرمی. ۵ - **غلوب :** غالب، چیره.

۶ - **عشیق :** عاشق، معشوق، اینجا معشوق. مُراد آنکه در عشق‌هایِ روحانی هم هست؛ امّا با ویژگی‌های معنوی و روحانی. ۷ - **این فن است :** این ویژگی را دارد، این خاصیّت را دارد. ۸ - **قدیم :** ازلی، خالق.

۹ - **حادث :** مخلوق، چیزی که ازلی نیست. ۱۰ - **عین و عَرَض :** هستیِ حقیقی و هستیِ غیر حقیقی.

۱۱ - **مفترض :** واجب، لازم.

۱۲ - **ز فرهنگی دگر :** با شرایطی دیگر و متفاوت، بنا بر مرتبهٔ هر یک از مراتبِ متعددِ هستی.

۱۳ - **بهرِ مثال :** به عنوانِ مثال، برای رعایت قافیه «مثیل» بخوانید.

۱۴ - **بدگُسیل :** بدراه، بدرفتار، به سوی بدی سوق داده شده. ۱۵ - **شبِ گِرْدَک :** شبِ زفاف.

۱۶ - **ینگا :** ینگه، زنی که همراه عروس است و وظیفه‌اش تعلیمِ وظایف زناشویی به اوست.

دفتر ششم ۵۴۱

کآنچه با او تو کنی، ای معتمد! از بد و نیکی، خدا با تو کند 3969

که ای مرد امین، هر بدی یا خوبی که در حقّ او روا داری، خدا با تو روا خواهد داشت.

حاصل، اینجا این فقیه از بی‌خودی نه عفیفی¹ ماندش، و نه زاهدی² ۳۹۷۰

خلاصه، برای فقیه از مستی نه عفّت ماند و نه پارسایی.

آن فقیه افتاد بر آن حورزاد آتشِ³ او اندر آن پنبه فُتاد⁴ ۳۹۷۱

فقیه به کنیزک زیبا پرید و آتشِ شهوتش به او شعله زد.

جان به جان پیوست⁵، و قالب‌ها چَخید⁶ چون دو مرغ سربُریده می‌طپید⁷ ۳۹۷۲

جان‌ها به هم آمیخت و تن‌ها در هم پیچید، مانند دو پرندهٔ سربریده دست و پا می‌زدند.

چه سَقایه⁸؟ چه مَلِک⁹؟ چه اَرسلان¹⁰؟ چه حیا؟ چه دین؟ چه بیم و خوف جان؟ ۳۹۷۳

چه پیاله‌ای؟ چه سلطانی؟ چه امیری؟ حیا و دین کدام است؟ ترس و بیم جان کجاست؟

چشمشان افتاده اندر عَین و غَین¹¹ نه حَسَن پیداست اینجا، نه حسین ۳۹۷۴

چشمشان چیزی را به درستی نمی‌دید، نه حسن را می‌فهمیدند و نه حسین را.

شد دراز و کو طریقِ بازگشت؟ انتظارِ شاه هم از حد گذشت ۳۹۷۵

ماجرا به درازا انجامید و تمایلی به پایانش نداشتند. انتظار شاه بسیار طولانی شد.

شاه آمد، تا ببیند واقعه دید آنجا زلزلهٔ اَلْقارعَه¹² ۳۹۷۶

شاه آمد تا ببیند چه خبر است؟ آنجا زلزلهٔ قیامت را دید.

آن فقیه از بیم برجَست و برفت سویِ مجلس، جام را برْبُود تَفت¹³ ۳۹۷۷

فقیه از ترس از جای جست و به مجلس رفت و با شتاب جام را برداشت.

---

۱ - عفیفی: [ناخوانا] ۲ - زاهدی: پارسایی. ۳ - آتش: آتشِ شهوت.
۴ - در پنبه فُتاد: آتشِ شهوتِ او در پنبهٔ وجود کنیزک شراره زد.
۵ - جان به جان پیوست: کنیزک هم به او تمایل پیداکرد. ۶ - چَخید: تقلاکرد، در هم پیچید.
۷ - می‌طپید: دست و پا می‌زد. ۸ - سَقایه: پیاله. ۹ - مَلِک: شاه.
۱۰ - ارسلان: شیر، نام شاهان، مطلقِ شاه، اینجا امیرانِ شاه.
۱۱ - اندر عین و غین افتادنِ چشم: چیزی را به درستی ندیدن. ۱۲ - زلزلهٔ قیامت، حادثهٔ تکان‌دهنده.
۱۳ - تَفت: تند، سریع.

شه چو دوزخ پُر شرار و پُر نَکال[۱] تشنهٔ خونِ دو جُفتِ بد فِعال ۳۹۷۸

شاه مانند دوزخ پُر از آتشِ خشم و غضب بود و تشنهٔ خون آن دو بدکردار.

چون فقیهش دید رخ پُرخشم و قهر تلخ و خونی[۲] گشته، همچون جامِ زهر ۳۹۷۹

چون فقیه دید که چهرهٔ شاه پر از خشم و قهر و مانند جام زهر تلخ و خونریز است،

بانگ زد بر ساقی‌اَش: کِای گرم‌دار[۳]! چه نشستی خیره؟ دِهْ، در طبعَش آر ۳۹۸۰

به ساقی بانگ زد که ای مجلس‌آرای، چرا بیهوده نشستی؟ او را سرحال بیاور.

خنده آمد شاه را، گفت: ای کیا[۴]! آمدم با طبع، آن دختر تو را ۳۹۸۱

شاه خنده‌اش گرفت و گفت: ای بزرگمرد، سرحال آمدم، آن دختر مال تو.

پادشاهم، کارِ من عدل است و داد[۵] زآن خورم که یار را جُودَم بداد[۶] ۳۹۸۲

پادشاهم، کارِ من عدل و داد است. آنچه به تو دادم، خودم هم می‌خورم.

آنچه آن را من ننوشم همچو نوش[۷] کی دهم در خوردِ یار و خویش و تُوش[۸]؟ ۳۹۸۳

چیزی را که خود نخورم به خوردِ دیگران نمی‌دهم.

زآن خورانم من غلامان را که من می‌خورم بر خوانِ خاص ِ خویشتن[۹] ۳۹۸۴

به غلامان چیزهایی را می‌خورانم که خود بر سفرهٔ خاص می‌خورم.

زآن خورانم بندگان را از طعام که خورم من خود ز پخته یا ز خام ۳۹۸۵

به بندگان همان طعام پخته یا خام را که می‌خورم، می‌خورانم.

من چو پوشم از خَز و اطلسْ[۱۰] لِباس زآن بپوشانم حَشَم[۱۱] را نه پَلاس[۱۲] ۳۹۸۶

اگر جامهٔ خز یا اطلس بپوشم، به چاکران هم همان جامه را می‌پوشانم، نه پشمینه.

---

۱ - **پُر نکال :** پُر از عقوبت و کیفر. ۲ - **خونی :** سفّاک و خونریز.

۳ - **گرم‌دار :** رفیق، مجلس‌آرای، ساقی. ۴ - **کیا :** بزرگ. ۵ - عدالتگستری و دادگری.

۶ - مصراع دوم: مُراد آنکه: مجبورت کردم که سرحال بیایی، حالا هم خودم را مجبور می‌کنم.

۷ - **همچو نوش :** مانند شربتِ گوارا. «نوش»: شربت. ۸ - **تُوش :** تن، بدن، توسّعاً خانواده.

۹ - ناظر است به این حدیث: به زیردستانِ خود از آنچه که می‌خورید، بخورانید و از آنچه که می‌پوشید، بپوشانید: احادیث مثنوی، ص ۲۲۱. ۱۰ - **خز و لباس :** خز و حریر، مُراد جامهٔ گرانبهاست. ۱۱ - **حَشَم :** چاکران.

۱۲ - **پلاس :** پشمینه.

شـــرم دارم از نَـــبیِّ ذوفـــنون   أَلْـــبِسُوهُمْ گـفت مِـمّا تَـلبَسُون ۳۹۸۷

از پیامبر(ص) دارایِ کمالات شرم می‌کنم که گفت: به بندگانِ خود جامه‌ای که می‌پوشید، بپوشانید.

مصطفی کرد این وصیّت با بَـنون[1]   أَطْـعِمُوا اَلأذْنـابَ مِـمّا تَأكُـلُون ۳۹۸۸

مصطفی(ص) به امّتِ خود این وصیّت را کرد: بـه زیـردستان از غـذایـی کـه مـی‌خورید، بخورانید.

دیگـران را بس بـه طـبع آورده‌ای   در صبوری چُست و راغب کرده‌ای[2] ۳۹۸۹

بارها دیگران را سر حال آوردی و تشویق کردی که بسیار صبور باشند.

هم به طبع آور به مردی خـویش را   پـیشوا کـن عـقلِ صـبرْانـدیش را ۳۹۹۰

با مردانگی خود را سر حال بیاور و عقلِ بسیار بُردبار را هادی قرار ده.

چون قَلاووزیّ[3] صـبرت پـر شـود   جان به اوجِ عرش و کرسی بر شود ۳۹۹۱

اگر «صبر» تو را هدایت کند، مانند «پر و بال» جانت را به عالی‌ترینِ درجات پرواز می‌دهد.

مصطفی بین که چو صبرش شد بُراق[4]   بـر کشـانیدش بـه بـالایِ طِـباق[5] ۳۹۹۲

ببین که «صبر» مانند بُراق، مصطفی(ص) را به معراج و شهودِ حق رسانید.

---

۱ - **بَنون :** پسران، فرزندان، توسّعاً امّت.

۲ - مصراع دوم: تشویق کردی که به چُستی [بسیار زیاد] صبور باشند. «راغب»: دارای رغبت.

۳ - **قَلاووزی :** هدایت و راهنمایی. ۴ - **بُراق :** نام ستوری که پیامبر(ص) در شبِ معراج بر آن سوار بود.

۵ - **بالای طِباق :** بالای طبقات آسمان، بالایِ افلاک.

روان گشتنِ شاه‌زادگان بعد از تمامِ بحث و ماجرا، به جانبِ ولایتِ چین[۱]، سویِ معشوق و مقصود، تا به قدرِ امکان به مقصود نزدیکتر باشند. اگرچه راهِ وصل مسدود است،[۲] به قدرِ امکان نزدیکتر شدن محمود است، الی آخِرِه

ایــن بگــفتند و روان گشــتند زود هر چه بود، ای یارِ من، آن لحظه بود[۳] ۳۹۹۳
این سخنان را گفتند و بی‌درنگ روان شدند. ای دوست، هرچه بود، همان دَم بود.

صبر بگزیدند[۴] **و صدّیقین**[۵] **شــدند بعد از آن سویِ بـلادِ چـین شــدند** ۳۹۹۴
صبر را برگزیدند و خالصانه عازمِ چین شدند.

والدَیْــن و مُــلک[۶] **را بگــذاشــتند راهِ مــعشوقِ نــهان**[۷] **بــرداشــتند** ۳۹۹۵
پدر و مادر و سرزمینِ خود را برای رسیدن به معشوقِ نهان ترک کردند.

هـمچو ابـراهـیمِ ادهـم[۸] **از سَـریر**[۹] **عشقشان بی پا و سـر کـرد و فـقیر** ۳۹۹۶
عشق، آنان را مانند ابراهیم اَدْهَم از تخت به فقر و بی خویشی کشانید.

یا چو ابراهیمِ مُرسَل[۱۰]**، سرخوشی**[۱۱] **خــویش را افکــند انــدر آتشی** ۳۹۹۷
یا همانند ابراهیمِ پیامبر که از سرمستی خود را به درون آتش افکند.

یا چو اسماعیلِ صَـبّارِ[۱۲] **مـجید**[۱۳] **پیشِ عشق و خنجرش حلقی کشید** ۳۹۹۸
یا بسانِ اسماعیلِ صبورِ خوب که حلقِ خود را نزدِ خنجرِ عشق آورد.

---

۱ - **ولایتِ چین :** اینجا نمادی از عالمِ معناست.
۲ - **راهِ وصل مسدود است :** تا هستیِ عاشق هنوز هست، وصل ممکن نیست، باید فنا شد.
۳ - مصراع دوم: مهم‌ترین لحظهٔ زندگیِ عاشقِ حق لحظه‌ای است که مصمّمِ به فناست و حاضر است برای وصل جان را ایثار کند. ۴ - **صبر بگزیدند :** تصمیم گرفتند صابر باشند.
۵ - **صدّیقین :** جمع صدّیق: راست‌گو، کسی که گفتار و کردارش یکی است، اینجا خالص.
۶ - **مُلک :** سرزمین، مُلک و مملکت. ۷ - **معشوقِ نهان :** حضرت حق.
۸ - **ابراهیم اَدْهَم :** عارف بزرگ نیمهٔ اوّل قرن دوم هجری که سلطنت بلخ را رها کرد. ۹ - **سریر :** تخت.
۱۰ - **مُرسَل :** رسول، فرستاده شده. ۱۱ - **سرخوشی :** از سر مستی. ۱۲ - **صبّار :** بسیار صبور.
۱۳ - **مجید :** خوب.

حکایتِ اِمْرءُالقَیْس[1] که پادشاهِ عرب بود و به صورت عظیم به جمال بود، یوسفِ وقتِ خود بود و زنانِ عرب چون زلیخا مردهٔ او و او شاعرْطبع: «قِفانَبْكِ مِنْ ذِكْریٰ حَبیبٍ وَ مَنْزِلٍ»، چون همه زنان او را به جان می‌جُستند، ای عجب غزل او و نالهٔ او بهرِ چه بود؟ مگر دانست که این‌ها همه تمثال صورتی‌اند که بر تخته‌هایِ خاک نقش کرده‌اند. عاقبت این امرءُالقیس را حالی پیدا شد که نیم‌شب از مُلک و فرزند گریخت و خود را در دلقی پنهان کرد و از آن اقلیم به اقلیم دیگر رفت، در طلب آن کس که از اقلیم منزّه است «یَخْتَصُّ بِرَحْمَتِهِ مَنْ یَشاءُ»[2] الی آخِرِه

اِمْرِءُالقَیْس مَلِکی صاحبْ‌جمال با طبعی شاعرانه و سرشار از ذوق بود. زنان عرب چون زلیخا که دلدادهٔ یوسف(ع) بود، شیفتهٔ او بودند؛ امّا ناگهان حالی یافت که نیم‌شب از مُلک و فرزند گریخت و در پی آن کس رفت که از اقلیم منزّه است.

پادشاه روم خبر یافت که او در تَبوک[3] خشت می‌زند. شبانگاه به نزد وی رفت و از او خواست تا همانند یک مَلِک و یک برادر در آنجا حکم برانَد و امارت کند؛ امّا اِمْرءُالقیس در سکوت گوش کرد و در پایان سرّی در گوش او گفت که پادشاه روم نیز دست او را گرفت و همراه وی به بلاد دور رفت و تخت و قدرت را به امید یافتن مَلِکِ باقی رها کرد.[4]

در ادامه مولانا شرح می‌دهد که عشق بارها عاشقان را آواره کرده است **«عشق یک کرّت نکرداست این گُنه»** و به غیر از این دو، ملوکِ دیگری را هم از مُلک و سلطنت جدا کرده است. این ابیات تداعی‌گر زندگی «ابراهیم اَدْهَم» است که نمادی از جاذبهٔ عظیم عشق الهی است که به امدادِ آن عاشقان، خاندان و ملک و تخت را رها می‌کنند.

---

۱ - **اِمْرَءُالقَیس** : پسر حُجْرِ کِنْدی «حاکم قبیلهٔ بنی اسد»، بزرگ‌ترین شاعر دوران جاهلیّت و یکی از صاحبان «معلّقات سبعه» است که شامل هفت شعر ممتاز دوران جاهلی است که به روایتی تا قبل از اسلام بر در خانهٔ کعبه آویخته بوده‌اند. مولانا به مطلع معلّقهٔ معروف او اشاره می‌کند: قِفا نَبْكِ مِنْ ذِكْریٰ حَبیبٍ و مَنْزِلٍ / بِسِقْطِ اللِّویٰ بَیْنَ الدُّخولِ فَحَوْمِلِ : ای یاران درنگ کنید تا بگرییم به یاد دوست و منزلگاه او که در شن‌زار میان ناحیهٔ «دخول» و «حومل» است. پدرش با نیرنگ کشته شد و او به خونخواهی قیام کرد و به قیصر روم پناه برد و گفته‌اند که امارت بخشی از سرزمین را نیز به او داد و در همان مقام از بیماری آبله مُرد. وفاتش را به سال ۵۶۶-۵۴۰ میلادی نوشته‌اند. دیوان وی برای نخستین بار در سال ۱۸۷۷ میلادی در پاریس منتشر شد: نقل از دهخدا.

۲ - خداوند هر که را خواهد به رحمت خود مخصوص گردانَد: بخشی از آیهٔ ۱۰۵ سورهٔ بقره و آیهٔ ۷۴ سورهٔ آل‌عمران.

۳ - **تبوک** : شهری در شمال شبه جزیرهٔ عربستان.

۴ - مأخذ آن احتمالاً می‌تواند روایات قصّه‌پردازان عرب باشد که آن را با الگوبرداری از قصّهٔ «ابراهیم ادهم» ساخته باشند تا نمونهٔ دیگری باشد از امیران عرب که در جست‌وجوی مَلِکِ باقی، مُلکِ فانی را رها ساخته‌اند.

اِمْرِءُالقَیس که شعرش وی را مظهر جنگجویی و شهوت‌بارگی و جهان‌خواهی نشان می‌دهد، در قصّهٔ مثنوی، تایب زاهدی است که متاع دنیا را حقیر می‌بیند. در باب هویّت تاریخی او هنوزگه‌گاه تردید دارند. داستانی که مولانا دربارهٔ او می‌گوید، با روایات مربوط به سرایندهٔ آن متفاوت است.[1]

در کتاب بررسی تاریخی قصص قرآن گزارشی از یک پادشاه عرب به نام إمْرِوءالقَیس بن عمرو هست که پادشاه حیره (۳۲۸-۲۸۸م) بوده است که سنگ‌نوشته‌ای متعلّق به سدهٔ ششم میلادی در یمن حاکی از فتوحات اوست و مورّخان شعری به زبان عرب را هم از او گزارش کرده‌اند. در حالی که گویش مردم یمن هماهنگ با زبان عربی قرآن نیست.[2]

این قصّه در توجیه حال شاهزادگان قلعهٔ ذات‌الصّور و در تبیین همان معنا به تقریر آمده است.

۳۹۹۹ **اِمْرِءُالقیس از مَمالِک[3] خشک‌لب[4] هم کشیدش عشق از خطّهٔ عرب[5]**

عشق، اِمْرِؤالقیس را هم خسته و بیزار از تمتّعات دنیوی از سرزمینِ خود بیرون کشید.

۴۰۰۰ **تا بیامد خِشت می‌زد در تَبوک[6] با مَلِک گفتند: شاهی از ملوک**

تا به تبوک آمد و آنجا به خشت‌زنی پرداخت. به شاه گفتند یکی از شاهان،

۴۰۰۱ **اِمْرِءُالقیس آمده است اینجا به کَد[7] در شکارِ عشق[8]، و خشتی می‌زند**

اِمْرِءُالقیس برای کار اینجا آمده، عاشق شده است و خشت می‌زند.

۴۰۰۲ **آن مَلِک[9] برخاست شب، شد پیشِ او گفت او را: ای مَلیکِ[10] خوب‌رُو!**

آن شاه شبانه نزد او رفت و گفت: ای شاه زیبارو!

۴۰۰۳ **یوسفِ وقتی، دو مُلکت شد کمال مر تو را رام، از بِلاد و از جمال**

تو یوسفِ روزگاری که دو سلطنت داری، سلطنت بر سرزمین‌ها و بر دل‌ها.

۴۰۰۴ **گشته مردان بندگان از تیغِ تو[11] و آن زنان، مُلکِ مَهِ بی میغِ تو[12]**

مردان از شمشیرِ بُرنده‌ات بنده شدند و زنان از جمالِ تابناکت.

---

۱ - با استفاده از بحر در کوزه، صص ۲۸۳ و ۲۸۴. ۲ - بررسی تاریخی، ج ۱، صص ۲۶۶-۲۶۵.

۳ - **ممالک**: جمع مملکت، پادشاهی‌ها. ۴ - **خشک‌لب**: تشنه، گرسنه، توسّعاً خسته و بیزار، وازده.

۵ - **خِطّهٔ عرب**: اینجا سرزمینِ خویش. ۶ - **تَبوک**: شهری در شمال شبه جزیرهٔ عربستان.

۷ - **کَد**: کوشش کردن، کار کردن و به سببِ آن رنج بردن. ۸ - **در شکارِ عشق**: شکارِ عشق شده.

۹ - **مَلِک**: شاه. ۱۰ - **مَلیک**: شاه. ۱۱ - **از تیغ تو**: از شمشیرِ بُرندهٔ تو.

۱۲ - **مُلکِ مَهِ بی تیغ تو**: بندهٔ سیمایِ تابناکِ تو که چونَ ماهی است که ابر نمی‌تواند رویِ آن را بپوشانَد. «میغ»: ابر.

پیشِ ما باشی تو، بخت ما بُوَد[1] جانِ ما از وصلِ تو صد جان شود[2] 4005

اگر اینجا بمانی، برای ما سعادتی حیات‌بخش است.

هم من و هم مُلکِ من مملوکِ[3] تو ای به همّت مُلک‌ها متروکِ تو[4] ۴۰۰۶

ای آنکه با همّتِ والایت سلطنت دنیا را ترک کرده‌ای، من و سرزمینم غلامِ توایم.

فلسفه گفتش[5] بسی، و او خموش ناگهان واکرد از سِرّ رویْ‌پوش[6] ۴۰۰۷

و سخنان حکمت‌آمیزی گفت؛ امّا او خاموش بود؛ ولی ناگهان رازِ عشق را افشا کرد.

تا چه گفتش او به گوش از عشق و درد همچو خود در حال سرگردانْش کرد ۴۰۰۸

از عشق و درد رازی به گوشِ او گفت که آن شاه را هم چون خود سرگردان کرد.

دستِ او بگْرفت و با او یار شد او هم از تخت و کمر بیزار شد[7] ۴۰۰۹

دستِ امرؤالقیس را گرفت و همراه او تخت و تاج را رها کرد.

تا بِلادِ[8] دُور رفتند این دو شَهْ عشق یک کرّت[9] نکرده‌ست این گُنه ۴۰۱۰

این دو شاه تا سرزمین‌های دور رفتند. عشق این گناه را فقط یک بار مرتکب نشده است.

بر بزرگان[10] شهد و بر طفلانْسْت[11] شیر او به هر کَشتی بُوَد مَنَّ ٱلْأَخیر[12] ۴۰۱۱

عشق برای «آگاه» و «ناآگاه» موجب قوّت جان است، مانند آخرین محموله‌ای است که در کشتی می‌نهند و موجبِ غرقِ آن می‌شود.

غیرِ این دو بس ملوکِ بی‌شمار[13] عشقشان از مُلک بِرْبُود و تَبار[14] ۴۰۱۲

عشق غیر از آن دو، بسی شاهان دیگر را از سلطنت بیزار کرده است.

---

۱ - **بختِ ما بُوَد :** برای ما سعادت است، مایهٔ بختیاریِ ماست.

۲ - **صد جان شود :** حیات‌بخش است، جان را کمال می‌بخشد. ۳ - **مملوک :** بنده، غلام.

۴ - **ای به همّت مُلک‌ها متروکِ تو :** ای آنکه با همّتِ بلند به عوالمِ معنوی توجّه می‌کنی و شأنی برای سلطنت دنیوی قائل نیستی. ۵ - **فلسفه گفتش :** او را اندرز داد.

۶ - **واکرد از سِرّ رویْ‌پوش :** رازی را بر ملاکردن، پرده از رازی برداشتن.

۷ - **از تخت و کمر بیزار شد :** از تخت و تاج و سلطنت دوری کرد. ۸ - **بلاد :** جمع بَلَد: سرزمین، شهر.

۹ - **کرّت :** مرتبه، دفعه. ۱۰ - **بزرگان :** جمع بزرگ: اینجا آگاه، اهل معنا.

۱۱ - **طفلان :** جمع طفل: اینجا ناآگاه، غیرِ اهلِ معنا.

۱۲ - **مَنَّ ٱلْأَخیر :** آخرین بار یا آخرین محموله‌ای که در کشتی می‌نهند و سببِ غرق شدن کشتی می‌گردد.

۱۳ - **ملوکِ بی‌شمار :** از قبیل: ابراهیم اَدْهَم، بودا و بعضی اسطوره‌ها.

۱۴ - مصراع دوم: عشق آنان را از سلطنت و خاندان ربوده و بیزارکرده است. «تبار»: دودمان و خویشاوندان.

جانِ این سه شَهْبَچَه هم گِردِ چین همچو مرغان گشته هر سو دانه‌چین ۴۰۱۳

جانِ این شهزادگان هم مانند پرندگان گِردِ کشورِ چین جویای دانهٔ معرفت بود.

زَهره[1] نی تا لب گُشایند از ضمیر[2] زآنکه رازی با خطر بود و خطیر[3] ۴۰۱۴

جرأت ابرازِ احساسِ خود را نداشتند؛ زیرا رازی خطرناک و مهم بود.

صدهزاران سر، به پولی آن زمان[4] عشق، خشم‌آلوده زِه کرده کمان[5] ۴۰۱۵

هنگامی که «عشق» روی می‌آوَرَد، هستیِ عاشقان را محو می‌کند.

عشق، خود بی‌خشم در وقتِ خوشی[6] خُوی دارد[7] دم به دم خیره‌کُشی[8] ۴۰۱۶

این خاصیّتِ عشق است که بی‌مُحابا عاشق را نابود می‌کند.

این بُوَد آن لحظه کو خشنود شد من چه گویم چونکه خشم‌آلود شد؟[9] ۴۰۱۷

هنگامی که خشنود است، می‌کُشد، اگر خشمگین باشد، چه می‌شود؟!

لیک مَرجِ جانْ[10] فدایِ شیرِ او کِش کُشد این عشق و این شمشیرِ او ۴۰۱۸

امّا با این همه، جان فدای این عشق و شمشیرش که هستیِ جان را از او می‌گیرد.

کُشتنی بِهْ از هزاران زندگی سلطنت‌ها مُردهٔ این بندگی[11] ۴۰۱۹

کُشتنی که از هزاران زندگی بهتر است. بندگی و از عشق مُردنِ عاشق برتر از هر سلطنتی است.

با کنایت[12]، رازها با همدگر پَست[13] گفتندی به صد خوف و حذر[14] ۴۰۲۰

شهزادگان با ترس و لرز، آهسته و با کنایه از رازها سخن می‌گفتند.

---

۱ - **زَهره :** جرأت، شهامت. ۲ - **لب گشایند از ضمیر :** سخنی از احساس و ادراک خود بگویند.

۳ - مصراع دوم: زیرا رازی خطرناک و مهم بود و بهتر بود که در میانِ خود آنان نیز گفته نشود. «خطیر»: مهم.

۴ - **به پولی آن زمان :** لحظهٔ فرارسیدنِ عشق جان‌ها ارزشی ندارند، به یک پولِ سیاه می‌ارزند؛ یعنی ابداً نمی‌ارزند. ۵ - **زِه کرده کمان :** کنایه از آماده بودن برای تیراندازی.

۶ - **در وقتِ خوشی :** مُراد آنکه در هر حال چه با خشم و چه با خوشی می‌کُشد.

۷ - **خُوی دارد :** خاصیّت او این است. ۸ - **خیره‌کُشی :** بی‌دلیل یا بی‌محابا می‌کُشد.

۹ - مُراد آنکه: اگر خشنود نباشد و خشم و غیرتِ خود را بنماید.

۱۰ - **مَرجِ جان :** چمنزار جان، جان به مرغزاری مانند شده که شیرِ عشق به این سرزمین حمله می‌آوَرَد.

۱۱ - مُرادَ آنکه: می‌کُشد که بکُشد، بهتر؛ زیرا چنان مُردنی برتر از هر زندگی و حشمتی است.

۱۲ - **با کنایت :** با گوشه و کنایه اسرار را می‌گفتند؛ یعنی با اصطلاحات خاص.

۱۳ - **پَست :** آهسته، بانجوا، درِ گوشی. ۱۴ - **خوف و حَذَر :** ترس و احتیاط.

راز را غیرِ خدا مَحرم نبود   آه را جز آسمان همدم نبود ۴۰۲۱

محرمِ آن راز که سوزِ آهش به آسمان می‌رسید، فقط خدا بود.

اصطلاحاتی[۱] میانِ همدگر   داشتندی بهرِ ایرادِ خَبر[۲] ۴۰۲۲

برای سخن گفتن اصطلاحاتی میانِ خود داشتند.

زین لسانُ‌الطَّیْر[۳]، عام[۴] آموختند   طُمطُراق[۵] و سروری اندوختند ۴۰۲۳

این اصطلاحات، زبانِ عاشقان است به نام «لسانُ‌الطَّیْر» که مدّعیان، الفاظِ آن را آموختند و خلق را جذب کردند.

صورتِ آوازِ مرغ است آن کلام   غافل است از حالِ مرغان مردِ خام[۶] ۴۰۲۴

مدّعی که حالِ معنوی واصلان را ندارد، الفاظ را که صورتِ ظاهرِ کلام است، می‌گوید.

کو سلیمانی[۷] که داند لَحْنِ طَیر[۸]؟   دیو[۹]، گرچه مُلک[۱۰] گیرد، هست غیر[۱۱] ۴۰۲۵

برای استفاده از این کلام باید سلیمان‌صفتی باشد که حالِ «اهلِ معنا» را بداند، وگرنه طوطی‌وار به کار بردنِ آن مانند انگشتر سلیمان است در دست دیو.

دیو بر شِبْهِ سلیمان کرد ایست   عِلمِ مکرش هست، وعُلِّمْناش[۱۲] نیست ۴۰۲۶

«مدّعیِ معرفت»، در کِسوت عارفان دعویِ کمال می‌کند؛ امّا او دانش را آموخته است، از عالمِ غیب به او نیاموخته‌اند.

چون سلیمان از خدا بَشّاش[۱۳] بود   منطق الطّیری ز عُلِّمْناش بود ۴۰۲۷

چون طراوتِ روحانی و معنویِ سلیمان(ع) از خدا بود، زبانِ مرغان را هم از آموزش او آموخته بود.

---

۱ - **اصطلاحات** : اشاره به زبانِ اهلِ معناست که اصطلاحاتِ خاصِّ خود را دارد و اهلِ دنیا با آن بیگانه است.

۲ - **بهرِ ایرادِ خبر** : برای سخن گفتن.

۳ - **لسان‌الطّیر** : زبانِ مرغان، همان «منطق‌الطّیر سلیمانی» است که زبان واصلان و کاملان است و اصطلاحاتی که بزرگان با آن سخن می‌گویند.   ۴ - **عام** : عامِ خلق، غیر عارفان، مدّعیان، اهلِ تقلید نه اهلِ تحقیق.

۵ - **طُمطراق** : کرّ و فرّ و خودنمایی.   ۶ - **مردِ خام** : کسی که اهلِ معنا نیست، مدّعی.

۷ - **سلیمان** : کنایه از واصل، کامل.   ۸ - **لحنِ طیر** : زبانِ عارفان.   ۹ - **دیو** : کنایه از اهلِ نَفْس، مدّعی.

۱۰ - **مُلک** : کنایه از صورتِ الفاظ.   ۱۱ - **غیر** : غریبه، غیرِ اهلِ دل.

۱۲ - اقتباس لفظی از قرآن؛ نمل: ۱۶/۲۷: ...عُلِّمْنَا مَنْطِقَ الطَّیْرِ...: که سلیمان پس از جلوس به جای پدر به مردم می‌گوید: ما را زبان مرغان آموخته‌اند. «علمِ مکر»: مولانا علومِ کسبی را در تقابل با علومِ کشفی و علمِ لَدُنّی چیزی جز مکر نمی‌داند.   ۱۳ - **بشّاش** : باطراوت، اینجا دارایِ طراوتِ باطنی و روحانی.

تو از آن مرغِ هوایی[1] فهم کن — که ندیدستی طیورِ مِنْ لَدُن[2] ۴۰۲۸

تو از شیفتگی‌ات به «مرغِ هوایی» بفهم که «پرندگان عوالمِ غیبی» را نمی‌شناسی.

جایِ سیمرغان[3] بود آن سویِ قاف[4] — هر خیالی را نباشد دست‌باف[5] ۴۰۲۹

جایگاهِ عارفان فراتر از عالمِ مادّه است و با خیالبافی نمی‌توانیم آن را درک کنیم.

جز خیالی را که دید آن اِتّفاق[6] — آنگهش بعدَالعِیان[7] افتد فراق[8] ۴۰۳۰

گاه «خیال» ما می‌تواند به‌طور اتّفاقی عوالمِ غیر مادّی را ببیند، پرتوی از حقیقت آشکار و بعد نهان می‌گردد.

نه فراقِ قطع،[9] بهرِ مصلحت[10] — کآمِن است از هر فِراق آن مَنقَبت[11] ۴۰۳۱

این «فراق» همیشگی نیست، موقّتی و مصلحتی است؛ زیرا کسی که از نورِ غیب برخوردار شد و از آن ذوقی یافت، باز هم برخوردار خواهد شد.

بهرِ استبقایِ[12] آن روحی جَسد[13] — آفتاب از برف یکدم درکشَد[14] ۴۰۳۲

این فراق موقّتی برای آن است که این جسمِ روحانی شده باقی بماند و به کلّی ذوب نشود.

بهرِ جانِ خویش جُو ز ایشان[15] صلاح — هین! مَدُزد از حرفِ ایشان اصطلاح[16] ۴۰۳۳

برای متعالی شدنِ جانت از این بزرگان امداد بخواه، هان، بدان که اصطلاحاتِ عرفانی خاصّ عُرفاست، آن را جاهلانه به کار نبر، این کار دزدی است.

---

۱ - **مرغِ هوا :** عامِ خلق، غیرِ واصلان، غیرِ کاملان.

۲ - **طیورِ مِن لَدُن :** اشاره به آیهٔ ۶۵ سورهٔ کهف، در ارتباط با خضر: عَلَّمْنَاهُ مِنْ لَدُنّا عِلْماً. اینجا مراد علمِ حاصلِ از تزکیهٔ نفس و کشف است. ۳ - **سیمرغان :** عارفان، واصلان، عاشقانِ حق.

۴ - **آن سویِ قاف :** فراتر از عالمِ مادّه، در عوالمِ معنوی.

۵ - با خیالبافی نمی‌توان آن را درک کرد. «دست‌باف»: بافتهٔ دست، کنایه از سهل و آسان.

۶ - مصراع اوّل: بجز خیالی که گاه به حقایق اصابت می‌کند و می‌تواند آن‌ها را ببیند.

۷ - **بعدالعیان :** بعد از رؤیت.

۸ - **افتد فِراق :** پرتوی از حقیقت آشکار می‌شود و بعد نهان می‌گردد و آدمی را به فراقِ خود مبتلا می‌کند.

۹ - **نه فراقِ قطع :** فراقِ دائم و همیشگی نیست. ۱۰ - **بهرِ مصلحت :** مصلحتی است.

۱۱ - **مَنقَبَت :** هنر و ستودگی. ۱۲ - **استبقا :** باقی گذاشتن.

۱۳ - **روحی جسد :** جسمِ روحانی شده، جسمِ سالکی که ارتقا پیدا کرده است.

۱۴ - **آفتاب دم درکشد :** تابش انوارِ حق برای مدّتی متوقّف می‌شود تا سالک به کلّی در برابر آن ذوب نشود، جسمِ او بماند تا جانِ وی بتواند همچنان به سیرِ خود در عوالمِ معنوی ادامه دهد. ۱۵ - **ایشان :** واصلان، کاملان.

۱۶ - مُراد آنکه: طوطی‌وار کلامِ عارفان را به زبان میاور، این کار دزدی است؛ زیرا سخنی را می‌گویی که به تو تعلّق ندارد.

آن زلیخا از سِپندان[1] تا به عُود[2]   نامِ جمله چیز یوسف کرده بود ۴۰۳۴

عشقِ زلیخا در او حالی به وجود آورده بود که با رمزپردازی‌های عاشقانه در پسِ نامِ هرچیز مُرادش «یوسف» بود.

نامِ او در نام‌ها مکتوم[3] کرد   مَحْرمان را سِرِّ آن معلوم کرد ۴۰۳۵

نامِ او را در میان نام‌های دیگر نهان کرد و رازِ آن را به افرادِ محرمِ خود گفت.

چون بگفتی: موم ز آتش[4] نرم شد[5]   این بُدی کآن یارْ با ما گرم شد ۴۰۳۶

اگر می‌گفت: موم از آتش نرم شد، مُرادش آن بود که یار با من مهربان شد.

ور بگفتی: مَهْ بر آمد، بنگرید   ور بگفتی: سبز شد آن شاخِ بید[6] ۴۰۳۷

اگر می‌گفت: بنگرید که ماه طلوع کرد، و اگر می‌گفت: شاخهٔ بید سبز شد،

ور بگفتی: برگ‌ها خوش می‌طپند   ور بگفتی: خوش همی سوزد سپند[7] ۴۰۳۸

اگر می‌گفت: برگ‌ها چه زیبا تکان می‌خورند، و اگر می‌گفت: اسپند به خوبی می‌سوزد،

ور بگفتی: گُل به بلبل راز گفت   ور بگفتی: شَهْ سِرِ شهناز[8] گفت[9] ۴۰۳۹

اگر می‌گفت: گُل به بلبل راز گفت، اگر می‌گفت: شاه رازِ معشوق را فاش کرد،

ور بگفتی: چه همایون است بخت   ور بگفتی که: برافشانید رخت[10] ۴۰۴۰

اگر می‌گفت: چه بخت مبارک است، اگر می‌گفت: رخت‌ها را برافشانید،

ور بگفتی که: سَقا آورد آب   ور بگفتی که: برآمد آفتاب[11] ۴۰۴۱

اگر می‌گفت: سقا آب آورد، اگر می‌گفت: آفتاب طلوع کرد،

---

۱ - **سپندان:** دانهٔ اسپند یا اسفند که برای دفع موج منفیِ چشم دود می‌کنند.

۲ - **عُود:** چوبی با دودی معطّر. ۳ - **مکتوم:** کتمان، نهان، پوشیده.

۴ - **موم از آتش:** «موم» کنایه از وجودِ معشوق و «آتش» کنایه از عشقِ عاشق. ۵ - **نرم شد:** مهربان شد.

۶ - «**برآمدنِ ماه**» و «**سبز شدنِ شاخ بید**»: تعبیر از لحظاتِ خوش و بختِ موافقِ عاشق است.

۷ - «خوش طپیدنِ برگ‌ها» و «خوش سوختنِ سپند» هم تعبیراتی از خوش طپیدنِ دلِ عاشق و شراره‌هایِ سوزانِ عشق است. ۸ - **شهناز:** معشوق.

۹ - در «بحرُالمحبة» منسوب به «احمد غزّالی» هم روایتی این چنین در بابِ احوالِ عاشقانهٔ زلیخا هست: مآخذِ قصص و تمثیلاتِ مثنوی، ص ۲۱۹.

۱۰ - **رخت‌ها را برافشاندن:** صُوَرِ مجازی را که مانعِ وصلِ حق است از میان برداشتن: شرحِ مثنوی مولوی، ج ۶، ص ۲۲۴۶.

۱۱ - «آب آوردنِ سقا» رمزی است از رفعِ تشنگیِ عاشق در دیدار، و «برآمدنِ آفتاب» رمزی است از شهودِ آفتابِ جمالِ معشوق.

ور بگفتی: دوش دیگی پُختهاند[۱] یا حَوایج از پَزِش یک لختهاند[۲] ۴۰۴۲

اگر می‌گفت: دیشب دیگی پخته‌اند، یا می‌گفت: پختنی‌ها پخته و جاافتاده‌اند،

ور بگفتی: هست نان‌ها بی‌نمک[۳] ور بگفتی: عکس می‌گردد فلک[۴] ۴۰۴۳

اگر می‌گفت: نان‌ها بی‌نمک است، و اگر می‌گفت: فلک وارونه می‌گردد،

ور بگفتی که: به در آمد سَرَم[۵] ور بگفتی: دردِ سَر شد، خوشترم[۶] ۴۰۴۴

اگر می‌گفت: سرم درد گرفت، و اگر می‌گفت: سردردم بهتر شد،

گر ستودی، اِعتناقِ[۷] او بُدی ور نکوهیدی[۸]، فراقِ او بُدی ۴۰۴۵

اگر ستایش می‌کرد، مقصود وصلِ یوسف بود، و اگرنکوهش می‌کرد، مُراد فراقِ او بود.

صدهزاران نام گر بر هم زدی قصدِ او و خواهِ او یوسف بُدی ۴۰۴۶

اگر صدها هزار نام را بر زبان می‌آورد، مقصود و خواسته‌اش یوسف بود.

گُرْسِنه بودی، چو گفتی نامِ او می‌شدی او سیر، و مستِ جامِ او ۴۰۴۷

در گرسنگی، با نامِ یوسف سیر و مست می‌شد.

تشنگی‌ش از نامِ او ساکن شدی نامِ یوسف شربتِ باطن شدی ۴۰۴۸

نامِ او تشنگی‌اش را رفع می‌کرد و مانند شربتی باطنی درمان کننده بود.

ور بُدی دردی‌ش زآن نامِ بلند دردِ او در حال گشتی سودمند ۴۰۴۹

اگر دردی داشت، به سببِ آن نامِ رفیع، فوراً درمان می‌یافت.

وقتِ سرما بودی او را پوستین[۹] این کُند در عشقْ نامِ دوست، این ۴۰۵۰

آن نام در زمستان او را گرم می‌کرد. نامِ معشوق در عشق چنین می‌کند، چنین.

---

۱ - **دیگی پخته اند** : رمزی از پخته شدنِ عاشق در آتشِ ناکامی‌ها.

۲ - مصراع دوم: موادِّ پختنی و سبزیجات پخته‌اند، یعنی تمامِ حواس، اندیشه و عواطف [قوایِ ظاهری و باطنیِ عاشق] به پختگی رسیده است. «پَزِش»: پختن، «لخته»: بسته، کاملاً جاافتاده.

۳ - **بی‌نمک بودنِ نان** : رمزی از تأثیرگذار نبودنِ عشقِ عاشق در معشوق.

۴ - مصراع دوم: رمزی از ناکام ماندن. ۵ - رمزی از رنج و فراق. ۶ - رمزی از کاهش دردِ هجران.

۷ - **اِعتناق** : دست درگردن کردن. ۸ - **نکوهیدی** : نکوهش می‌کرد.

۹ - **او را پوستین بود** : مانندِ پوستین گرم‌کننده بود.

عام می‌خوانند هر دَم نامِ پاک[۱]　　این عمل نَکْنَد،[۲] چو نَبْوَد عشقناک[۳] ۴۰۵۱

عوام هر لحظه نامِ پاکِ حق را بر زبان می‌آورند که اگر با عشق همراه نباشد، اثری ندارد.

آنچه عیسی کرده بود از نامِ هو[۴]　　می‌شدی پیدا وَرا از نامِ او ۴۰۵۲

معجزاتی را که عیسی(ع) با نام حق می‌کرد، برای او با نام یوسف(ع) رُخ می‌داد.

چونکه با حق متّصل گردید جان　　ذکرِ آن این است، و ذکرِ اینْسْت آن ۴۰۵۳

چون «جان» به حق متّصل شود، یادِ او یادِ این و یادِ این یادِ اوست.

خالی از خود بود و پُر از عشقِ دوست[5]　　پس ز کوزه آن تَلابَد[6] که در اوست 4054

زلیخا از خود خالی و از عشقِ دوست پُر بود، پس از کوزه همان برون تراود که در اوست.

خنده[7] بویِ زعفرانِ وصل[۸] داد　　گریه بوهایِ پیاز[9] آن بِعاد[۱۰] ۴۰۵۵

خندهٔ عاشق از وصل است و گریه‌اش از فراق.

هر یکی[۱۱] را هست در دل صد مُراد[۱۲]　　این نباشد مذهبِ عشق و وَداد[۱۳] ۴۰۵۶

خلق صدها امید و آرزو در دل دارند، در حالی که عاشق فقط یک خواسته دارد.

یار، آمد عشق را روزْ آفتاب[۱۴]　　آفتاب آن روی را همچون نقاب[15] ۴۰۵۷

برای عاشق، رویِ یار تابناک‌تر از هر خورشید است، آفتاب در تقابلِ با آن چهره همانندِ نقاب تاریک است.

---

۱ - **نامِ پاک** : نامِ حق.　　۲ - **عمل نَکْنَد** : تأثیری ندارد.
۳ - **چو نَبْوَد عشقناک** : چون با عشق توأم نیست.　　۴ - **نامِ هو** : نامِ اعظم.　　۵ - اشاره به زلیخاست.
6 - **تَلابد** : تراود.　　/ {Bî ¶k®i :²k®i - 7
۸ - **زعفرانِ وصل** : خوردنِ زعفران سببِ خنده و نشاط است و وصل نیز موجبِ انبساط و فرح.
۹ - **بوهایِ پیاز** : پیاز موجبِ ریزش اشک است و هجران هم.　　۱۰ - **بِعاد** : از کسی دور شدن، دوری.
۱۱ - **هر یکی** : مردم، خلق، هر یک از آدمیان.　　۱۲ - **صد مُراد** : آرزوهای متعدّدی دارند.
۱۳ - مصراع دوم: امّا مذهبِ عشق این نیست، ملّتِ عاشق زِ ملّت‌ها جداست، عاشقِ حق فقط حق را می‌خواهد. «وَداد»: محبّت.　　۱۴ - یار مانند آفتابِ روزِ عشق است؛ یعنی در روزِ روشن سیمایِ او از آفتاب تابان‌تر است.
۱۵ - مصراع دوم: آفتاب در تقابلِ با درخششِ او تاریک است.

آنکه نشناسد نقاب از رویِ یار[۱] عابِدُالشّمس[۲] است، دست از وی بدار[۳] ۴۰۵۸

کسی که نمی‌تواند جلوهٔ حق را از حق تمییز دهد، مُشرک است، رهایش کن.

روزْ او و روزیِ عاشق هم او دل همو، دلسوزیِ عاشق هم او[۴] ۴۰۵۹

برای عاشق، معشوق روز است و روزی، دل است و سوزانندهٔ دل.

ماهیان[5] را نقد شد[۶] از عینِ آب[۷] نان و آب و جامه و دارو و خواب[۸] ۴۰۶۰

همان‌گونه که برای ماهیان آب همه چیز است، نان، آب، جامه، دارو و خواب.

همچو طفل است او[۹] ز پستان شیرگیر او نداند در دو عالم غیرِ شیر ۴۰۶۱

عاشقِ حق مانند طفلِ شیرخواره است که به غیر از شیر چیز دیگری را نمی‌شناسد.

طفل داند، هم نداند شیر را راه نَبْوَد این طرف تدبیر را[۱۰] ۴۰۶۲

طفل شیرخواره هم شیر را می‌شناسد و هم نمی‌شناسد، دانشِ ما هم از چند و چون این راز بی‌خبر است.

گیج کرد[۱۱] این گِردنامه[۱۲] رُوح را تا بیابد فاتح[۱۳] و مفتوح[۱۴] را ۴۰۶۳

«جانِ» آدمی، هم مانندِ طلسمی در زمینِ تنِ او مدفون شده و در میانِ «دانستن و ندانستن» «گیج» است تا روزی که بتواند به «حق» و «حقیقت» برسد.

گیج نَبْوَد در رَوِش[۱5] بل کاندر او[۱۶] حاملش دریا بُوَد[۱۷] نه سیل و جُو[۱۸] ۴۰۶۴

«جانِ» آدمی در رفتن به سوی «مبدأ رازها» گیج نیست، در «هستیِ حقیقی» که او را به تحرّک وامی‌دارد، حیران است.

---

۱ - **نقاب از روی یار :** مظاهرِ متعدّدِ هستی جلوه‌هایی از حق‌اند؛ امّا «حق» نیستند، ظاهربین به همین مظاهر که مانندِ نقاب رویِ حقیقتِ هستی کشیده شده‌اند، دل می‌بندد و نمی‌داند که تجلّیِ حق در مراتبِ متعدد، این صُوَر خلقی را جاذب کرده است و به خودیِ خود جاذبه و لطفی ندارند.

۲ - **عابدالشّمس :** آفتاب پرست، مُشرک. قرآن: نمل: ۲۴/۲۷. ۳ - **دست از وی بدار :** رهایش کن.

۴ - مُراد آنکه: او همه چیزِ عاشق است. ۵ - **ماهیان :** کنایه از عاشقانِ حق، عارفان.

۶ - **نقد شد :** حاصل شد، حاصل می‌شود. ۷ - **از عینِ آب :** از خودِ آب. ۸ - مُراد تمام نیازمندی‌هاست.

۹ - **او :** عاشقِ حق. ۱۰ - مصراع دوم: تدبیر و دانشِ ما هم از این راز چیزی نمی‌داند.

۱۱ - **گیج کرد :** در میان دانستن و ندانستن گیج شده است.

۱۲ - **گِردنامه :** کاغذ طویلی که بر آن افسون یا طلسمی است با دعایی و آیاتی که آن را به شکل حلقه در می‌آوردند و برای شفای بیماران و یا یافتنِ گمشدگان و گریختگان به کار می‌بردند و در زمین مدفون می‌کردند.

۱۳ - **فاتح :** گشاینده، پروردگار. ۱۴ - **مفتوح :** گشوده شده: حقیقت، حقایقِ هستی.

۱۵ - در رفتن به سوی حق گیج نیست. ۱۶ - **بل کاندر او :** در خودِ حق گیج و متحیّر.

۱۷ - **حاملش دریا بُوَد :** بحرِ هستی او را به حرکت وامی‌دارد و می‌برد نه خودِ او.

۱۸ - **نه سیل و جُو :** هستی‌هایِ صوریِ حقیر سببِ حرکتِ روح نیستند.

چون بیابد؟ او که یابد گُم شود[1] همچو سیلی غرقهٔ قُلزم[2] شود ۴۰۶۵

اگر سالک به آنجا برسد، «هستیِ فردی» او به کلّی محو و مضمحل شده و دیگر یابنده‌ای وجود ندارد، مانند سیلی که به دریا رسیده باشد، در بحرِ وحدت محو و گُم شده است.

دانه[3] گُم شد، آنگهی او تین[4] بُوَد تا نَمُردی زر ندادم، این بُوَد[5] ۴۰۶۶

«دانه» محو شده و به «انجیر» مبدّل گشته‌است. مفهومِ باطنیِ اینکه: تا نمردی زر نبردی، همین‌است.

بعدِ مکثِ ایشان مُتَواری در بلادِ چین در شهرِ تختگاه و بعدِ دراز شدنِ صبر، بی‌صبر شدن آن بزرگین که: «من رفتم اَلوَداع، خود را بر شاه عرضه کنم»

اِمّا قَدَمی تُبْلِغُنی مَقْصُودی اَوْ اُلْقِیَ رَأْسی کَفُؤادی ثَمَّ

یا پای رسانَدَم به مقصود و مُراد یا سربنهم همچو دل از دست آنجا

و نصیحتِ برادران او را سود ناداشتن

یا عاذِلَ الْعاشِقینَ دَعْ فِئَةً اَضَلَّها اللهُ، کَیْفَ تُرْشِدُها

الیٰ آخِره

بعد از توقّفِ مخفیانهٔ شهزادگان در پایتختِ چین، و بعد از طویل شدن زمانِ صبر، برادر بزرگ بی‌تاب شد که: می‌روم تا خود را به پادشاه معرّفی کنم.

یا پایِ من مرا به مقصودم می‌رسانَد یا سرم را مانند دلم از دست می‌دهم

یا پای رسانَدم به مقصود و مُراد یا سر بنهم همچو دل از دست آنجا

و بی‌حاصل بودنِ اندرزِ برادران

ای ملامتگرِ عاشقان! آنان را رها کن، خداگمراهشان کرده است، چگونه هدایتشان خواهی کرد؟

آن بزرگین گفت: ای اِخْوانِ من! زانتظار آمد به لب این جانِ من ۴۰۶۷

بزرگترین برادر گفت: برادرانِ من، جانم از انتظار به لب رسیده است.

---

۱ – وقتی که برسد یابنده در آن هستیِ بیکران محو و گُم شده است، یابنده‌ای در کار نیست.

۲ – **قُلْزم**: مطلقِ دریا، اینجا بحرِ وحدانیت. ۳ – **دانه**: کنایه از «هستیِ فردیِ» سالک.

۴ – **تین**: انجیر، کنایه از «هستیِ حقیقی». ۵ – مُراد آنکه: رمزِ مُوتوا قبل اَنْ تَمُوتُوا این است.

لاأُبـالی گشـته‌ام، صـبرم نـماند   مر مـرا ایـن صـبر در آتش نشـاند ۴۰۶۸

بی‌پروا شده‌ام، صبری ندارم. «صبر» مرا سوزانده است.

طاقتِ من زین صبوری طاق شـد   واقـعهٔ مـن عـبرتِ عُشّـاق شـد ۴۰۶۹

«صبوری» بی‌طاقتم کرده و ماجرای من مایهٔ عبرت عاشقان شده است.

من ز جان سـیر آمـدم انـدر فـراق   زنـده بـودن در فِـراق آمـد نِـفاق ۴۰۷۰

بر اثر فراق از زندگی سیر شده‌ام. زنده بودن در فراق شرط وفا نیست.

چـند دردِ فُـرقتش بُکْشـد مـرا؟   سر بِبُر تـا عشـق سـر بـخشد مـرا ۴۰۷۱

تا کی فراق مرا بکشد؟ سرم را بِبُر تا عشق سرِ دیگری به من بدهد.

دینِ من، از عشـقْ زنـده بـودن است   زندگی زین جان و سر ننگِ من است ۴۰۷۲

دینِ من با عشق زنده بودن است، نه این حیاتِ مادّیِ ننگ‌آور.

تیغْ[۱]، هست از جانِ عاشق گَرْدْ رُوب[۲]   زآنکـه سـیف افـتاد مَـحّاءُ الذُّنُوب[۳] ۴۰۷۳

شمشیرِ عشق گَرد را از جانِ عاشق می‌روبد؛ زیرا تیغ «گناهِ هستی» را می‌زداید.

چون غبار تن بِشُد،[۴] ماهم[۵] بتافت   ماهِ جانِ من هـوایِ صـاف[۶] یـافت ۴۰۷۴

چون غبارِ تن از روحِ من پاک شد، ماهِ روحم درخشید؛ زیرا هوایِ وجودم بدون گَرد و صاف بود.

عُمرها بر طبلِ عشقت، ای صنم[۷]!   اِنَّ فـی مَـوتی حَـیاتی[۸] مـی‌زنم ۴۰۷۵

ای بُت من، همواره در دعویِ عشقِ تو گفته‌ام که زندگی جاویدم در مرگ است.

دعویِ مُرغابیی[۹] کـرده است جـان   کِـی ز طـوفانِ بـلا[۱۰] دارد فـغان؟ ۴۰۷۶

«جانِ» من ادّعای سیر و سلوک در راه حق را دارد، از رنج‌ها و سختی‌ها نمی‌نالد.

---

۱ - **تیغ** : شمشیر.

۲ - **از جانِ عاشق گَردروب** : گَردِ وجودِ صوریِ عاشق را از روحِ سالک می‌روبَد و زایل می‌کند.

۳ - حدیث: إِنَّ السَّیْفَ مَحّاءُ الخطایا: شمشیرِ مجازات، گناهان را می‌زداید: احادیث، ص ۵۹۱. مُراد آنکه: شمشیرِ عشق «گناهِ هستیِ موهومی» را محو می‌کند؛ یعنی هستیِ عاشق در هستیِ حق محو می‌گردد.

۴ - چون وجه نَفسانیِ نَفْس در وجهِ روحانی‌اش فنا شد.   ۵ - **ماهم** : ماهِ روحِ حق‌طلب.

۶ - **هوایِ صاف** : هوایی بدون گردِ تعلّقات، بدون غبارِ صفاتِ انسانی.   ۷ - **صَنم** : بُت.

۸ - اشاره به مصراعی از شعری که منسوب به حسین بن منصور حلاّج است.

۹ - **مرغابیی** : مرغابی بودن، با یاء مصدری، کنایه از سالکِ مجاهد.

۱۰ - **طوفانِ بلا** : سختی‌هایِ راهِ حق، بلایا و مصایب.

بَطّ[1] را ز اشکستنِ کشتی[2] چه غم؟ کَشتی‌اش بـر آب بس بـاشد قَـدَم[3] ۴۰۷۷

«جانِ» سالک از زوالِ تن باکی ندارد، سیرِ باطنی برای او کافی است.

زنده زین دعـوی بُـوَد جـان و تـنم من از این دعوی چگونه تن زنم[4]؟ ۴۰۷۸

حیاتِ من به سببِ همین دعوی است، چگونه از آن بگذرم؟

خواب می‌بینم، ولی در خواب نـه[5] مـدّعی هســتم، ولی کــذّاب[6] نـه ۴۰۷۹

آنچه را که می‌بینم «حقیقت» است، رؤیا نیست. مدّعیِ عشق هستم و در این ادّعا صادقم.

گـر مـرا صـدبار تـو گـردن زنـی هـمچو شـمعم، بـرفروزم روشـنی[7] ۴۰۸۰

اگر بارها گردنم را بزنی، مانند شمع که سر سوخته‌اش را می‌گیرند، روشن‌تر می‌شوم.

آتش ار خرمن[8] بگیرد، پیش و پس[9] شب‌روان[10] را خرمنِ آن مـاه[11] بس ۴۰۸۱

اگر خرمنِ هستیِ عاشق آتش بگیرد، تابشِ خرمنِ معشوق بس است.

کرده یـوسف را نـهان و مُـختبی[12] حـیلتِ اِخْـوان، ز یـعقوبِ نَـبی ۴۰۸۲

حیلهٔ برادرانِ یوسف(ع)، او را از یعقوب(ع) نهان کرد.

خُفیه[13] کردندش به حـیلتْ‌سازیی کــرد آخِــر پـیرهن غـمّازیی[14] ۴۰۸۳

او را با نیرنگ نهان کردند؛ امّا بویِ پیراهن راز را فاش کرد.

---

۱ - **بط** : مرغابی. ۲ - **کشتی** : کنایه از تن یا وجود صوری.

۳ - مصراع دوم: حیاتِ او همین است که بتواند در عوالم معنوی سیرِ باطنی و ارتقای معنوی داشته باشد.

۴ - **تن زدن** : سکوت کردن، شانه خالی کردن، رها کردن.

۵ - شهزاده می‌گوید: آنچه را که خلق در عالمِ رؤیا می‌بیند، من در بیداری می‌بینم؛ امّا خواب نیستم.

۶ - **کذّاب** : دروغگو.

۷ - شهزادهٔ عاشق خود را به شمع مانند می‌کند که هر بار که سرِ سوختهٔ فتیله‌اش را می‌گیرند، روشن‌تر می‌شود.

۸ - **خرمن** : اینجا خرمنِ هستیِ عاشق، خرمنِ هستی دنیوی و دار و ندارِ عاشق.

۹ - **پیش و پس** : از همه طرف، به کلّی. ۱۰ - **شب‌روان** : سالکان، عاشقانِ حق.

۱۱ - **خرمنِ ماه** : جلوهٔ ماهِ حقیقت، تجلّی حقایق، نور معرفت. ۱۲ - **مُخْتَبی** : پنهان.

۱۳ - **خفیه** : نهان.

۱۴ - **غمّازی** : سخن‌چینی، افشا کردن. مُراد آنکه: بویِ پیراهن از وجود یوسف(ع) خبر می‌داد و عشق شهزادگان از وجودِ معشوق.

آن دو گفتندش نصیحت در سَمَر[1] که: مکن ز اخطارْ[2] خود را بی‌خبر[3] 4084

دو برادر با بیان قصّه و حکایت او را اندرز دادند که خطرها را ندیده نگیر.

هین! مَنِهْ بر ریش‌های[4] ما نمک هین! مخور این زهر[5] بر جَلدی[6] و شَک[7] ۴۰۸۵

هان، غُصّهٔ ما را افزون نکن و نپندار که بی‌نیاز از اندرز و با زرنگی در هر کار هلاکت‌آوری موفّق می‌شوی.

جز به تدبیرِ یکی شیخی خبیر[8] چون روی؟ چون نَبْوَدت قلبی بصیر[9] ۴۰۸۶

تو که دل منوّر و بصیری نداری، چگونه بدون تدبیرِ شیخی آگاه می‌توانی بروی؟

وایِ آن مرغی[10] که ناروییده پَر بر پَرَد بر اوج و افتد در خطر ۴۰۸۷

وای به حال سالکی که بدون «بال و پرِ» ارشادِ استادِ کامل، به سیر در راهِ حق بپردازد که به مهالک دچار خواهد شد.

عقل[11]، باشد مرد را بال و پَری چون ندارد عقل، عقلِ رهبری ۴۰۸۸

«عقل» به منزلهٔ «بال و پرِ» آدمی است. اگر عقلِ زنگارزدایی شده نداری، از عقلِ استادِ کامل بهره ببر.

یا مظفّر، یا مُظفَّرْجوی[12] باش یا نظروَر، یا نظْرْوَرجوی[13] باش ۴۰۸۹

یا خودت «کامل» باش و یا در پیِ «انسانِ کامل» برو. باید «صاحب‌نظر» بود یا «صاحب نظری» را جُست.

بی ز مفتاحِ[14] خِرَد[15]، این قَرْعِ باب[16] از هوا[17] باشد، نه از رویِ صواب ۴۰۹۰

سیر در راه حق بدون یاریِ «عقلِ کاملِ استاد» هوا و هوس است.

---

۱ - **سَمَر** : افسانه، حکایتی که شب‌هنگام گویند. ۲ - **اَخطار** : خطرها، مشکلات، سختی‌ها.
۳ - **مکن خود را بی‌خبر** : خود را به بی‌خبری نزن، خطرها را ندیده نگیر. ۴ - **ریش** : زخم، اینجا غصّه.
/AjAMprkA³M T{Ajð {B\%A:ð { -7 /¢rp :°kÖ-6 /nºCS À nB ½A:op ½A-5
۸ - **خبیر** : آگاه. ۹ - **بصیر** : قلبی نورانی با دیدهٔ باطنی. ۱۰ - **آن مرغ** : اشاره به مرغِ جانِ سالک است.
۱۱ - **عقل** : مُراد عقلِ زنگارزدایی شده است که تحت تأثیر نَفْس قرار نمی‌گیرد.
۱۲ - **مظفّر یا مظفّرجوی** : انسانِ کامل.
۱۳ - **نظرور یا نظرورجوی** : «صاحب نظر» بودن و یا آن را جُستن که همان انسان کامل است.
۱۴ - **مفتاح** : کلید. ۱۵ - **مفتاحِ خِرَد** : کلیدِ عقل، اینجا عقلِ استادِ کامل. ۱۶ - **قرعِ باب** : کوبیدن در.
۱۷ - **از هوا** : هوا و هوس است، کارَی است باطل.

عـــالمی در دام مـــی‌بین از هـــوا[1]   وز جـــراحت‌هـــایِ[2] هـم‌رنگِ دوا ۴۰۹۱

ببین که همهٔ عالم از رویِ «هوایِ نَفْس» و «درد»هایی که به صورتْ «درمان»اند، گمراه شده‌اند.

مارْ اِستاده است بر سینه چو مـرگ   در دهانش بهرِ صید، اِشگرفْ‌برگ[3] ۴۰۹۲

لذّت‌هایی که در مبتلا شدن به آن‌ها خطر هلاکت هست، همانند ماری‌اند که برگِ زیبایی را در دهان گرفته و خود در پسِ آن همچون شاخه‌ای بی‌جان، جویای مرغی به عنوان طعمه است.

در حَشایش[4] چون حشیشی او به پاست   مـــرغْ پـندارد کـه او شـاخِ گـیاست ۴۰۹۳

مار خود را پس شاخه و گیاهان نهان داشته و همانند ساقهٔ گیاه راست ایستاده است و مرغ می‌پندارد که او شاخهٔ گیاه است.

چون نشیند بهرِ خور بر رویِ بـرگ   در فُـــتد انـــدر دهـانِ مـار و مـرگ ۴۰۹۴

و به محض آنکه برای خوردن بر روی برگ می‌نشینند، در دهان مار و کام مرگ گرفتار می‌آید.

کرده تِمساحی دهـانِ خـویش بـاز   گِـردِ دنـــدانـ‌هـاش کِـرمانِ[5] دراز[6] ۴۰۹۵

تمثیل دیگری که مشابه آن مار است، تمساحی است با دهان باز و کرم‌های بسیاری در اطراف دهان وی.

از بقیّهٔ خور، کـه در دنـدانْش مـاند   کِرم‌ها رویـید[7] و بـر دنـدان نشـاند ۴۰۹۶

وجود این کرم‌ها به سبب باقی‌ماندهٔ غذای اوست که در لابلای دندان‌هایش مانده است.

---

۱ - **از هوا :** از رویِ هوایِ نَفْس، چون عقلِ کامل ندارند و راه را از چاه نمی‌دانند.

۲ - **جراحت :** کنایه از نیرنگ‌ها یا فریب‌هایی که بر سرِ راه سالکان است و گمراه کننده؛ امّا «دام» به نظر نمی‌رسد و ظاهری خوشایند و فریبنده دارد.

۳ - **اِشگرفْ‌برگ :** برگِ زیبا.

در کتاب الحیوان جاحظ، ص ۴، ص ۳۸ آمده است: در ریگ‌های بَلْعَنْبَر ماری است که با روشی شگفت‌انگیز پرندگان را شکار می‌کند. او در میان ریگ‌های داغ در نیمروز، دُم خود را در زمین فرو می‌برد و خود را چون نیزه‌ای یا چوبی ثابت در زمین راست می‌کند، پرندگان کوچک یا ملخ می‌رسند و به تصوّر آنکه چوب است، بر آن می‌نشینند و مار فوراً آن را می‌بلعد و ایستاده می‌مانَد تا طعمه‌ای برسد و او را سیر کند: با دخل و تصرّف: شرح مثنوی مولوی، نیکلسون، ج ۶، ص ۲۵۰.   ۴ - **حشایش :** جمع حشیش: گیاهِ خشک، اینجا مطلقِ گیاه.   ۵ - **کِرمان :** کِرم‌ها.

۶ - توصیف آن در کتاب الحیوان دمیری و نزهة‌القلوب حمدالله مستوفی نیز هست که می‌گویند بر اطراف دهانش کرم‌های بسیاری جمع می‌شود که مولانا شرح می‌دهد که از باقی‌ماندهٔ غذای اوست و قولی نیز می‌گوید که حیوان مدفوع خود را از طریق دهان خارج می‌کند و این کرم‌ها از آنجا به وجود می‌آید: بحر در کوزه، ص ۲۶۵.

۷ - **کِرم‌ها رویید :** کرم‌های فراوانی هست.

مـرغکان بـینند کِـرم و قُـوت را مَـرج[1] پـندارنـد آن تـابوت[2] را ۴۰۹۷

هنگامی که این تمساح سر از آب بر می‌آوَرَد، مرغکانِ هوا کِرم‌ها را پیرامـونِ دهـان او می‌بینند و آن تابوتِ بلا را خزانهٔ طعمه و مخزن قُوت و حیات می‌پندارند.

چون دهان پُر شد ز مرغ او ناگهان درکَشَـدشان و فـرو بـندد دهـان ۴۰۹۸

و به طمع این قُوت به اطراف دهان تمساح می‌آیند. او آنان را در می‌کشد و دهان را فرو می‌بندد.

این جهانِ پُـر ز نُـقل و پُـر ز نـان[3] چـون دهـانِ بـازِ آن تـمساح دان ۴۰۹۹

عالم محسوسات را که سرشار از نُقل و نان است، همانند دهان باز آن تمساح باید دانست.

بهرِ کِرم و طُعمه[4] ای روزیْ‌تراش[5]! از فنِ تـمساحِ[6] دهـر ایـمن مـباش ۴۱۰۰

ای کسی که می‌کوشی از هر چیزی بهره‌ای مادّی بیابی، از نیرنگ روزگـار کـه هـمانند تمساح دهان گشوده است، ایمن مباش.

روبَـهْ افـتد پـهن انـدر زیـرِ خـاک بر سرِ خـاکش حُـبوبِ مکـرناک[7] ۴۱۰۱

روباه مکّار در سوراخی زیر خاک نهان می‌شود و دانه‌ها را روی خاک می‌ریزد.

تـا بـیاید زاغِ غـافل سـویِ آن پایِ او گیرد بـه مکـر آن مکـردان[8] ۴۱۰۲

تا زاغ ناآگاه به بوی دانه روی خاک فرود آید و روباه بتواند پای او را بگیرد.

صدهزاران مکر در حیوان چو هست چون بُوَد مکرِ بشر کُو مِهتر است[9]؟ ۴۱۰۳

جانوران که این همه مکّارند، ببین مکرِ انسان که توانایی‌های افزون‌تری دارد، چیست؟!

---

۱ - **مَرج** : چمنزار، مَرْتع، اینجا جایِ امن و خوب.

۲ - **تابوت** : دهانِ تمساح به تابوتِ مرگ و بلا مانند شده است.

۳ - **پُر از نقل و نان** : پُر از بهره‌ها و لذّت‌هایِ دنیوی و مادّی.

۴ - **بهرِ کِرم و طعمه** : برای بهره‌های بی‌قدرِ دنیوی، برای تمتّعاتی که مانند کِرم و طعمه‌های ناچیزاند.

۵ - **روزی‌تراش** : کسی که از هر شرایط و موقعیّتی استفاده می‌کند تا بتواند بهره یا سودی مادّی ببرد.

۶ - **فنِ تمساح** : نیرنگ تمساح، اینجا دنیا که در آن بنیاد بر «وارونه نمایی» است، بـه تـمساح مـانند شـده است. «تمساحِ دهر»: دنیایِ مادّی، دنیا.

۷ - **حُبوبِ مکرناک** : دانه‌هایی که با نیرنگ و برای به دام افکندنِ زاغ ریخته شده است.

۸ - در این تمثیل، «دنیا» به روباهی مانند شده است که از طریق جاذبه‌هایش که مانند دانه همه جـا پـراکـنده‌انـد، زاغ‌صفتان را به دام می‌افکند. ۹ - **مِهتر است** : قابلیّت فکری و توانمندیِ افزون‌تری دارد.

مُصْحَفی[۱] درکف، چو زَیْنُ‌ٱلعابِدین[۲] خـــنجری پُــر قــهر انــدر آسـتین ۴۱۰۴

ظاهری عابدانه دارد و باطنی پر از خیانت و خطرناک.

گویدت خندان که: ای مولایِ مـن! در دلِ او بـــابِلی پُــر سِــحْر و فــن[۳] ۴۱۰۵

با خوشرویی تو را مولایِ من خطاب می‌کند و دلی پر از حیله و جادو دارد.

زهرِ قاتل، صورتش شهد است و شیر هـــین! مـــرو بی‌صحبتِ پـیرِ خـبیر ۴۱۰۶

بدان که جاذبه‌های دنیوی هلاکت‌آور است، سلوک بدون هدایتِ پیرِ آگاه ممکن نیست.

جمله لذّاتِ هوا[۴] مکر است و زرق[۵] سوز و تاریکی‌ست گِردِ نورِ بـرق[۶] ۴۱۰۷

هر «لذّتِ مادّی یا دنیوی»، مجازی و مانند برقی ناپایدار است.

بـرقِ نـورِ کـوته و کِـذب و مـجاز گِـــردِ او ظـــلمات، و راهِ تــو دراز ۴۱۰۸

تو هستی و راهی تاریک و بس دراز با نوری گذرا و دروغین.

نه به نورش نـامه تـوانـی خـوانـدن نـــه بـــه مـــنزل اسب دانـی رانـدن ۴۱۰۹

نه در آن نور می‌توانی نامهٔ وجودت را بخوانی و نه می‌توانی به سویِ مقصد بروی.

لیک جُرمِ آنکه بـاشی رَهـنِ بـرق[۷] از تـو رُو انـدرکشـد انـوارِ شـرق[۸] ۴۱۱۰

امّا به جُرمِ آنکه مفتونِ نورِ مجازی شده‌ای، از نورِ حقیقی محروم می‌مانی.

مـی‌کَشاند مکـرِ بَـرقَت بـی‌دلیل[۹] در مَفازهٔ مُظْلَمی[۱۰] شبْ میلْ‌میل[۱۱] ۴۱۱۱

چون هدایت‌کننده‌ای نداری، لذّت‌های دنیوی تو را انـدک انـدک بـه سـوی تـاریکی و گمراهی می‌برند.

---

۱ - **مُصْحَف** : قرآن.

۲ - **زین‌العابدین** : زینتِ پرستندگان، لقب امام چهارم(ع)، اینجا احتمال است نظر به آن بزرگوار باشد یا در مفهومِ لفظی به کار رفته باشد. ۳ - مصراع دوم: بابل مرکز سحر و جادو بوده است. «فن»: حیله.

۴ - **لذّاتِ هوا** : لذّت‌های دنیوی یا غیر معنوی. ۵ - **مکر است و زرق** : نیرنگ است و تزویر، ناپایدار است.

۶ - **نورِ برق** : درخششِ لذّت‌هایِ دنیوی به برقی در آسمان مانند شده است.

۷ - **رهنِ برق** : گروی برقِ آسمان، کنایه از اسیر لذّت‌های مجازی و گذرا شدن.

۸ - **انوارِ شرق** : کنایه از نورِ حقیقی، نورِ حق. ۹ - **دلیل** : راهبر، مُرشدِ کامل، پیر.

۱۰ - **مفازهٔ مُظْلَم** : بیابانِ تاریک.

۱۱ - **میل** : واحدِ طول، میل اروپایی حدود ۱۶۰۰ متر است، اینجا بخشی از راه، اندکی. «میلْ میل»: انـدک‌انـدک، کم‌کم.

بر کُهْ افتی[1] گاه، و در جُوی اوفتی گه بدین سو، گه بدان سوی اوفتی ۴۱۱۲

به موانع بزرگ و کوچک برخورد می‌کنی و به این سوی و آن سوی می‌افتی.

خود نبینی تو دلیل، ای جاه‌جو ور ببینی، رُو بگردانی از او ۴۱۱۳

ای جاه‌طلب، تو نمی‌توانی وجودِ استادِ کامل را درک کنی و خود را بی‌نیاز می‌دانی.

که: سفر کردم در این رَهْ شصت میل[2] مر مرا گمراه گوید این دلیل[3] ۴۱۱۴

و می‌اندیشی: عمری است که سلوک داشته‌ام و این پیر مرا گمراه می‌داند.

گر نَهَم من گوش سویِ این شگفت[4] زَ امرِ او، راهم ز سر باید گرفت ۴۱۱۵

اگر حرفِ عجیبِ او را بپذیرم، باید راه را از آغاز شروع کنم.

من در این رَهْ عُمرِ خود کردم گِرو هرچه باداباد، ای خواجه! برو ۴۱۱۶

من عمرم را بر سر این کار گذاشته‌ام. ای خواجه، هرچه باداباد، به تنهایی برو.[5]

راه کردی، لیک در ظنِّ چو برق[6] عُشرِ[7] آن رَه کُن، پِیِ وحیِ چو شرق[8] ۴۱۱۷

بله، راه رفته‌ای؛ امّا با «ظنّ و گمان»، اینک با یقینِ نورِ حق برو.

ظَنُّ لا یُغْنی مِنَ اَلْحَق[9]، خوانده‌ای وز چنان برقی، ز شرقی مانده‌ای ۴۱۱۸

خوانده‌ای که: «گُمان کسی را از یقین [علمِ یقین] بی‌نیاز نمی‌کند.»، با آن «برق» از «شرق» بی‌نصیب مانده‌ای.

هی! در آ در کشتیِ ما، ای نژند! یا تو آن کشتی بر این کَشتی ببند[10] ۴۱۱۹

ای پژمرده، یا به کشتیِ ما بیا یا کشتیِ خودت را به این کشتی ببند.

---

۱ - **بر کُهْ افتی**: به کوه برخورد می‌کنی، به کوه می‌رسی، به سربلندی و جایِ سخت، کنایه از موانعِ سختِ زندگی.

۲ - **شصت میل**: کنایه از مسافتِ طولانی. ۳ - **این دلیل**: این مُرشد، این پیر.

۴ - **این شگفت**: این حرفِ عجیب، این سخن عجیب یا دلیلِ عجیب.

۵ - **به تنهایی برو**: به دانشِ ناقصِ خودت تکیه کن، همچنان گمراه باش.

۶ - **در ظنِّ چو برق**: در پرتو برقی که به ندرت هست و زود محو می‌شود، اینجا کنایه از دانش یا آگاهیِ علمِ کسبی و از طریقِ عقل جزوی. ۷ - **عُشر**: یک دهم از هر چیز، اینجا اندکی، کمی.

۸ - **وحیِ چو شرق**: اینجا کنایه از نورِ تابناک یقین است. «شرق»: خورشید، کنایه از خورشیدِ حقیقت.

۹ - اشارتی قرآنی؛ یونس: ۳۶/۱۰: ...إِنَّ الظَّنَّ لاَ یُغْنی مِنَ الحَقِّ...

۱۰ - سخنان مولاناست از زبان پیرِ راه‌دان که سالک گمراه را مانند پسرِ نافرمانِ نوح(ع) می‌یابد که حاضر نبود در توفانِ بلایا از پدر کمک بخواهد.

گوید او[۱]: چون ترک گیرم گیرودار[۲] چون رَوَم من در طُفیلت[۳] کوروار؟ ۴۱۲۰

او می‌گوید: چگونه توانایی و قابلیّت درکِ خود را ندیده بگیرم و کورکورانه از تو پیروی کنم؟

کـور، بـا رهـبر بِـهْ از تـنها، یـقین زآن یکی ننگ است[۴]، وصد ننگ است[۵] ازین ۴۱۲۱

کور باطن بودن به تنهایی یک عیب است که بدونِ استاد بودن آن را به صدها عیب مبدّل می‌کند.

می‌گریزی از پشه[۶] در کـژدُمی[۷]؟ مـی‌گریزی در یَـمی تـو از نَـمی؟ ۴۱۲۲

برای رهایی از رنجِ سلوک خود را به هلاکتِ معنوی گرفتار می‌کنی؟ از قطره به دریا می‌گریزی؟

مـــی‌گریزی از جـــفاهایِ پـــدر[۸] در میـانِ لوطـیان[۹] و شـور و شـر؟ ۴۱۲۳

از تربیتِ استادِ معنوی به جمعِ گمراهان و غافلان پناه می‌بری؟

می‌گریزی همچو یـوسف زَ انـدُهی تا ز نَرْتَعْ نَلْعَب[۱۰] اُفـتی در چَـهی؟ ۴۱۲۴

یا مانند یوسف(ع) برای رهایی از غم و به هوای گردش و بازی می‌گریزی تا به چاه بیفتی؟

در چَهْ افتی زیـن تـفرُّج هـمچو او مر تو را لیک آن عنایت یارْ کو؟[۱۱] ۴۱۲۵

اگر به هوای آسایش، رنجِ سلوک را نپذیری، مانند او به چاه می‌افتی. آیا عنایتِ حق با تو هست؟

گر نبودی آن بـه دسـتوریْ[۱۲] پـدر بـر نـیاوردی ز چَـهْ تـا حَشْـر سـر ۴۱۲۶

اگر بدون اجازهٔ پدر رفته بود، هرگز نجات نمی‌یافت.

آن پـــــدر بـــــهرِ دلِ او اذن داد گفت: چون این است میلت، خیر باد ۴۱۲۷

پدر به خاطرِ دل او اجازه داد و گفت: چون تو می‌خواهی، برو.

---

۱ - **او** : کنایه از سالکِ گمراه. ۲ - **گیرودار** : اینجا توانایی و قابلیّت، درک و فهم.

۳ - **طُفیل** : مهمان ناخوانده، انگل. ۴ - **یکی ننگ است** : یک عیب است.

۵ - **صد ننگ است** : سبب صدها عیب و گرفتاری می‌شود.

۶ - **پشه** : اینجا کنایه از رنجِ سلوک یا دامانِ تربیتِ پیر که عتاب هم از لوازمِ آن است.

۷ - **کژدم** : اینجا کنایه از هلاکت معنوی.

۸ - **جفاهایِ پدر** : تربیتِ پدر که با تندی و درشتی نیز همراه است. «پدر»: اینجا استادِ معنوی.

۹ - **لوطیان** : جمع لوطی: بدکار، اینجا گمراهان.

۱۰ - ناظر است به آیهٔ ۱۲ سورهٔ یوسف که برادران گردش و بازی را بهانه کردند تا او را ببرند و به هلاکت بیفکنند. «نَرْتَع و نَلْعَب»: بگردیم و بازی کنیم. ۱۱ - مُراد آنکه: او مورد عنایتِ حق بود و نجات یافت. آیا تو هم هستی؟

۱۲ - **دستوری** : اجازه.

هر ضَریری[۱] کز مسیحی[۲] سر کَشَد … او جهودانه[۳] بمانَد از رَشَد[۴] ۴۱۲۸

هر کوردلی که از مُرشدِ کامل پیروی نکند، از هدایت محروم می‌مانَد.

قابلِ ضَو[۵] بود، اگرچه کور بود … شد از این اِعراض[۶] او کور و کبود[۷] ۴۱۲۹

سالکِ کوردل قابلیّت بینا شدن را دارد؛ امّا روی‌گرداندن از استاد آن را زایل می‌کند.

گویدش عیسی[۸]: بزن در من دو دست[۹] … ای عَمی[۱۰]! کُحلِ عُزیزی[۱۱] با من است ۴۱۳۰

مُرشد می‌گوید: ای ناآگاه، به دامانِ تربیتِ من بیاویز که آگاه کننده است.

از من، اَرْ کوری، بیابی روشنی … بر قَمیصِ یوسفِ جان بر زنی[۱۲] ۴۱۳۱

با هدایتِ من، بینش می‌یابی، مانند کوری که بینا شود.

کار و باری کِت رسد بعدِ شکست[۱۳] … اندر آن اقبال[۱۴] و منهاجِ[۱۵] ره است ۴۱۳۲

پیر بعد از انکسار به سالک توجّه می‌کند، توجّه او تو را در راه وصل قرار می‌دهد.

کار و باری که ندارد پا و سر[۱۶] … ترک کن، هی[۱۷]! پیر خِر، ای پیر خَر[۱۸] ۴۱۳۳

ای دنیادوست، کارِ دنیا را که حاصلی ندارد، رها کن و جویای پیری کامل باش.

---

۱ - **ضریر :** کور، اینجا کوردل، کورباطن. ۲ - **مسیح :** کنایه از هر انسانِ کاملِ واصل، مُرشدِ کامل.

۳ - **جُهودانه :** مانند جهودان که ایرادگیر و بهانه‌جو بودند. ۴ - **رَشَد :** هدایت.

۵ - **قابل ضَو :** قابلِ هدایت، نورپذیر، دارای قابلیّت و استعدادِ ترقّیِ معنوی. ۶ - **اعراض :** روگرداندن.

۷ - **کور و کبود :** اینجا از دست دادن قابلیّت، محروم و افسرده. ۸ - **عیسی :** اینجا هر مرشدِ کامل.

۹ - **دو دست در من بزن :** در دامان ارشادِ من بیاویز، از هدایتم بهره ببر.

۱۰ - **عمی :** عَمیّ: کور، اینجا کوردل، ناآگاه.

۱۱ - **کُحلِ عزیز :** سرمه‌ای عزیز، کنایه از قابلیّت بیناکردن، توانایی آگاهی دادن به دیگران.

۱۲ - اشاره به پیراهن یوسف(ع) که چشمِ یعقوب(ع) را شفا داد. «قمیص»: پیراهن. «قمیصِ یوسفِ جان»: نورِ آگاهی، نورِ معرفت در دل.

۱۳ - مصراع اوّل: آنچه که بعد از افتادگی و تواضعِ بسیار در برابر استاد معنوی برایت رُخ می‌دهد. «کِت»: که تو را، که برای تو. ۱۴ - **اقبال :** اینجا توجّه پیر. ۱۵ - **مِنهاج :** راه راست، اینجا راهِ تقرّب، راهِ وصل.

۱۶ - اشاره به کار و بار دنیاست که اوّل و آخری ندارد و بی‌حاصل است.

۱۷ - **هی :** آهای، از ادات تنبیه یا آگاه کردن. «هی پیر خِر»: ای انسان، ای آدم، بیا و خریدار پیر باش؛ یعنی جویای کمال باش. به عالم معنا توجّه کن. «خِر»: خریدار بودن، تلفّظ بلخی مولاناست.

۱۸ - **پیر خر :** ای که خریدار عالمِ پیر [دنیا] هستی، ای اهل دنیا.

**غیرِ پیر، اُستاد و سرلشکر مباد		پیرِ گردون[۱] نی، ولی پیرِ رَشاد[۲]** ۴۱۳۴

فقط انسانِ کامل شایستگیِ استادی و پیشوایی دارد که پیرِ زمانه نیست، پیرِ عقلی است.

**در زمان[۳]، چون پیر را شُد زیرْدست[۴]		روشنایی دید آن ظلمتْ‌پرست[۵]** ۴۱۳۵

به محض آنکه سالکِ نافرمان مطیعِ پیر شود، نورِ معرفت به دلش می‌تابد.

**شرطْ تسلیم[۶] است، نه کارِ دراز[۷]		سود نَبْوَد در ضَلالت[۸] تُرک‌تاز[۹]** ۴۱۳۶

شرطِ موفقیّت تسلیم و اطاعت در برابر پیر است، نه تلاشِ فراوان. جدّ و جهد در گمراهی حاصلی ندارد.

**من نجویم زین سپس راهِ اثیر[۱۰]		پیر جویم، پیر جویم، پیر، پیر** ۴۱۳۷

من بعد از این به جای اینکه جویای راهِ عالمِ ملکوت باشم، جویایِ پیر هستم... پیر.

**پیر باشد نردبانِ آسمان		تیر پرّان از که گردد؟[۱۱] از کَمان** ۴۱۳۸

توسّط پیر می‌توان به عوالمِ غیبی رسید و مانند تیری از کمان جهید.

**نه ز ابراهیم نمرودِ گِران[۱۲]		کرد با کرکس سفر بر آسمان؟[۱۳]** ۴۱۳۹

مگر نمرودِ پست نمی‌خواست با تختی که کرکس‌ها آن را می‌کشیدند، به خدایِ ابراهیم برسد؟

**از هوا[۱۴]، شد سویِ بالا او بسی		لیک بر گردون نَپَرَّد کرکسی[۱۵]** ۴۱۴۰

از روی هوایِ نفس بسیار بالا هم رفت؛ امّا هیچ کرکسی نمی‌تواند به اوج برسد.

**گفتش ابراهیم: ای مردِ سفر!		کرکست من باشم، اینَت خوب‌تر** ۴۱۴۱

ابراهیم(ع) گفت: ای مردِ سفر، بگذار من تو را ببرم، این برایت بهتر است.

---

۱ - **پیرِ گردون :** پیرِ زمانه، سالمند. ۲ - **رَشاد :** هدایت. ۳ - **در زمان :** بی‌درنگ.

۴ - **زیردست شدن :** مطیع شدن، فرمانبر شدن. ۵ - **ظلمت‌پرست :** گمراه، اینجا سالکِ خودبین یا نافرمان.

۶ - **تسلیم :** تسلیم شدن در برابر فرمان پیر.

۷ - **کارِ دراز :** طاعات و عباداتِ طویل که بنا بر ارشاد پیر نباشد. ۸ - **ضلالت :** گمراهی.

۹ - **تُرک‌تاز :** تاخت و تاز، اینجا تلاشِ خودسرانه یا خودخواهانه.

۱۰ - **راهِ اثیر :** راهِ عالمِ ملکوت، راهِ عوالمِ غیبی و اسرارِ آن.

۱۱ - **پران شدن تیر :** اشاره است به امداد و همّتِ روحانی پیر. ۱۲ - **نمرودِ گران :** نمرود پست.

۱۳ - مُراد آنکه: همه می‌خواهند به هر وسیله که باشد به آسمان برسند؛ امّا راهش را نمی‌دانند.

۱۴ - **از هوا :** از روی هوایِ نَفْس، از رویِ خودخواهی و خودپرستی.

۱۵ - **کرکس :** لاشخور، کنایه از ظاهربین یا اهل دنیا.

چون ز من سازی به بالا نردبان   بی‌پریدن بر رَوی بر آسمان ۴۱۴۲

اگر من نردبانِ تو باشم، بدون پرواز هم می‌توانی به آسمان برسی.

آنچنانکه می‌رود تا غرب و شرق   بی زِ زاد و راحله[1]، دل همچو برق[2] ۴۱۴۳

همان‌طور که دلِ آدمی بدون توشه و مَرْکَب، مانند برق به غرب و شرق توجّه می‌یابد.

آنچنانکه می‌رود شب زِ اِغتراب[3]   حِسِّ مردم[4]، شهرها در وقتِ خواب ۴۱۴۴

همان‌گونه که «روح» هنگامِ خواب در شب به نقاط دوردست می‌رود.

آنچنانکه عارف از راهِ نهان[5]   خوش نشسته،[6] می‌رود در صد جهان ۴۱۴۵

مانند عارف که جسمش بی‌حرکت نشسته است؛ امّا جانش در عوالمِ غیبی سیر می‌کند.

گر ندادستش چنین رفتارْ دست   این خبرها زآن ولایت از کیِ است؟ ۴۱۴۶

اگر نمی‌تواند به عوالمِ غیبی برود، اسرار را از کجا آورده است؟

این خبرها، وین روایاتِ مُحِق[7]   صدهزاران پیر بر وی مُتّفِق[8] ۴۱۴۷

این همه خبرهایِ صحیح که مورد تأییدِ پیران راه‌دان‌اند.

یک خلافی نی میانِ این عُیون[9]   آنچنانکه هست در علمِ ظُنون[10] ۴۱۴۸

در حقیقتی که چشمِ باطنیِ پیران دیده است، هیچ اختلافی نیست، برخلافِ چشمِ ظاهربینِ اهلِ دانشِ کسبی.

آن تحرّی[11] آمد اندر لیلِ[12] تار   وین حضورِ کعبه و وَسْطِ نهار[13] ۴۱۴۹

علمِ ظنّی مانند تحرّی در شبِ تار است و علمِ کشفی مانند دیدن کعبه و وسطِ روز روشن.

---

۱ - **بی زِ زاد و راحله :** بدون توشه و مَرْکَب. ۲ - **همچو برق :** به سرعت، با سرعتی غیر قابل اندازه‌گیری.
۳ - **اِغتراب :** دور شدن از دیار و یار، اینجا سیرِ روح و جداییِ آن از تن در هنگامِ خواب.
۴ - **حسِّ مردم :** مُراد روح آدمی است. ۵ - **از راهِ نهان :** از راهِ جان، از راهِ غیر مادّی.
۶ - **خوش نشسته :** آرام و آسوده نشسته است. ۷ - **روایاتِ مُحِق :** خبرهایِ صحیح، دارایِ حقیقت.
۸ - **بر وی مُتّفِق :** دارای اتّفاقِ نظر. ۹ - **عیون :** جمع عین: چشم. مُراد چشمِ باطنی صدهزاران پیر است.
۱۰ - **علم ظُنون :** علومِ رسمی و کسبی که در تقابل با علومِ کشفی است.
۱۱ - **تحرّی :** جُست‌وجویِ قبله از طریق ستارگان و یا روش‌های دیگر. ۱۲ - **لیل :** شب.
۱۳ - **نهار :** روز.

۴۱۵۰ **خیز ای نمرود! پَر¹ جوی از کَسان² نردبانی نایدت زین کرکسان³**

ای نمرودصفت، برخیز و از بزرگانِ بال و پری بخواه. از مدّعیان کاری بر نمی‌آید.

۴۱۵۱ **عقلِ جزوی کرکس آمد ای مُقِلّ⁴! پرِّ او با جیفه‌خواری⁵ متّصِل**

ای فقیر، عقلِ جزوی مانند کرکس است که هر جا بپَرَد، خوراکش جز مُردارِ عالمِ مادّه نیست.

۴۱۵۲ **عقلِ ابدالان⁶ چو پَرِّ جبرئیل می‌پَرَد تا ظلِّ سِدره⁷ میل‌میل⁸**

عقلِ کاملِ مردانِ حق، همانند پرِ جبرئیل تا پیشگاهِ حق پرواز می‌کند.

۴۱۵۳ **بازِ سلطانم، گَشَم⁹، نیکوپی‌اَم¹⁰ فارغ از مُردارم، و کرکس نی‌اَم¹¹**

من بازِ سلطانم، خوب و فرخنده‌ام. به عوالمِ پستِ دنیوی وابسته نیستم.

۴۱۵۴ **ترکِ کرکس¹² کُن، که من باشم کَسَت¹³ یک پرِ من بهتر از صد کَرکست**

به عقلِ جزوی‌ات اهمّیّت نده تا هدایتت کنم که کمترین توجّهِ من بهتر از صدها عقلِ جزوی است.

۴۱۵۵ **چند بر عَمیا دَوانی اسب را؟ باید اُستا پیشه را و کسب را¹⁴**

تا کی کورکورانه اسب می‌تازی؟ هر پیشه و کسبی به استاد نیاز دارد.

۴۱۵۶ **خویشتن رسوا مکن در شهرِ چین عاقلی جو، خویش از وی در مَچین¹⁵**

خود را در چین رسوا نکن. جویایِ عاقلی فرزانه باش که از او بی‌نیاز نیستی.

۴۱۵۷ **آن چه گوید آن فلاطونِ زمان هین! هوا بگذار و رو بر وفقِ آن¹⁶**

هرچه آن حکیم گفت، بکن. عقل و اندیشهٔ خود را رها کن و سخنِ او را بپذیر.

۱- پر: بال و پر پرواز در عالم معنا.
۲- کسان: اینجا کسانی که کس‌اند، بزرگانِ عالم معنا، پیران، مرشدانِ راه‌دان. ۳- کرکسان: اهلِ دنیا.
۴- مُقِل: مُقِلّ: فقیر، مسکین. ۵- جیفه‌خواری: خوردنِ مُردار. ۶- ابدالان: مردانِ حق، کاملان.
۷- ظلِّ سِدره: تا درختِ سدرة‌المنتهی. ۸- میل‌میل: اندک‌اندک، به تدریج. ۹- گَش: خوب و خوش.
۱۰- نیکوپی: فرخنده. ۱۱- مصراع دوم: به دنیا و عوالمِ پست وابستگی ندارم، کرکس‌صفت نیستم.
۱۲- کرکس: اینجا عقلِ جزوی. ۱۳- کَسَت باشم: استادت باشم و هدایتت کنم.
۱۴- بازگشت به قصّه است و سخنِ شهزادگان با برادرِ بزرگ. «عَمیا»: کور.
۱۵- خویش از وی در مچین: از او کناره‌گیری نکن، احساسِ بی‌نیازی نکن.
۱۶- بر وفقِ آن: در موافقتِ با آن.

جمله می‌گویند اندر چین به جِد بهرِ شاهِ خویشتن که: لَمْ‌یَلِد[1] ۴۱۵۸
همهٔ چینیان با جدّیت می‌گویند که شاهِ آنان فرزندی نزاده است.

شاهِ ما خود هیچ فرزندی نزاد بلکه سویِ خویش زن را ره نداد ۴۱۵۹
شاهِ ما فرزندی نزاده و زنی را نیز به خود راه نداده است.

هرکه از شاهان، از این نوعش بگفت گردنش با تیغ بُرّان کرد جفت ۴۱۶۰
هر شاهی که به او چنین نسبتی داده، سرش جدا شده است.

شاه گوید: چونکه گفتی این مقال[2] یا بکُن ثابت که دارم من عیال ۴۱۶۱
شاه می‌گوید: چون این سخن را گفتی، یا ثابت کن که همسر و فرزند دارم،

مر مرا دختر، اگر ثابت کنی یافتی از تیغِ تیزم آمِنی[3] ۴۱۶۲
اگر ثابت کنی دختری دارم، در امان خواهی بود،

ورنه، بی‌شک من ببُرّم حَلقِ تو برکَشَم از صوفیِ جان[4] دلقِ[5] تو ۴۱۶۳
وگرنه بدون شک گلویت را می‌بُرَم و تو را می‌کُشم.

سر نخواهی بُرد هیچ از تیغْ تو ای بگفته لافِ کِذبْ‌آمیغْ[6] تو ۴۱۶۴
ای مدّعی، از شمشیرِ من جان سالم به در نخواهی بُرد.

بنگر ای از جهل گفته ناحقی پُر ز سرهایِ بُریده خندقی ۴۱۶۵
ای جاهل که با نادانی سخنی باطل گفته‌ای، خندقِ پُر از سرهای بُریده را ببین.

خندقی از قعرِ خندق تا گلو[7] پُر ز سرهایِ بُریده زین غُلُو[8] ۴۱۶۶
خندقی مملوّ از سرهای بریده از این گزافه گویی است.

---

۱ - اشارتی قرآنی؛ توحید: ۳/۱۱۲: نه کسی فرزند اوست و نه او فرزند کسی است.
مُراد شاهِ وجود است و حقیقتِ هستی، وجودی ازلی و جاودانه. ۲ - **این مقال :** این حرف، این سخن.
۳ - **از تیغ تیزم آمِنی :** از شمشیرِ تیزم در امان خواهی بود.
۴ - **صوفیِ جان :** جان، اضافهٔ تشبیهی است. «برکشیدن دلق از جان»: کُشتن. ۵ - **دلق :** کنایه از تن.
۶ - **لافِ کِذب‌آمیغ :** لافِ دروغین، دعویِ دروغین، اینجا رویِ سخن با مدّعیان است که به اتّکای عقلِ جزوی جویایِ حقایق‌اند و به هلاکت می‌رسند. ۷ - **تاگلو :** مملوّ، تا لبِ خندق.
۸ - **زین غُلُو :** از این گزافه گویی، از این بیهوده‌گویی. [که برای حق زندگی صوری قائل شده‌اند.]

جمله اندر کارِ این دعوی شدند   گردنِ خود را بدین دعوی زدند ۴۱۶۷

جملگی چنین ادّعایی داشتند و سرِ خود را به باد دادند.

هان! ببین این را به چشمِ اعتبار[۱]   این چنین دعوی مَیندیش و میار ۴۱۶۸

هان، از این عبرت بگیر، فکرِ چنین دعوی نباش و نگو.

تلخ خواهی کرد بر ما عُمرِ ما   کِی بر این میدارد، ای دادَر[۲]، تو را؟ ۴۱۶۹

ای برادر، چه کسی تو را به این ادّعا برانگیخته است که زندگی را بر ما تلخ کنی؟

گر رود صد سال، آن کاگاه نیست[۳]   بر عَما[۴]، آن از حسابِ راه نیست ۴۱۷۰

زیرا جدّ و جهد با ناآگاهی، حتّی اگر یک عمر باشد، طیّ طریق نیست.

بی‌سِلاحی[۵] در مرو در معرکه[۶]   همچو بی‌باکان[۷] مرو در تَهلُکه[۸] ۴۱۷۱

سلوک بدون هدایتِ استاد ممکن نیست؛ زیرا مانند گستاخان به هلاکت می‌رسی.

این همه گفتند، و گفت آن ناصبور   که: مرا زین گفته‌ها آید نُفور[۹] ۴۱۷۲

دو شهزاده سخنان بسیاری گفتند؛ امّا برادر بزرگ گفت: از این حرف‌ها نفرت دارم.

سینه پر آتش مرا چون مِنقَل است[۱۰]   کِشت کامل گشت،[۱۱] وقتِ مِنْجَل[۱۲] است ۴۱۷۳

سینهٔ پر آتشم مانند منقل سوزان است. آن‌چه را که عشق در وجودم کاشته به کمال رسیده و وقت درو کردن است.

صدر را صبری بُد، اکنون آن نماند   بر مقامِ صبر، عشق آتش نشاند ۴۱۷۴

در دلم صبری بود که اکنون نیست. عشق به جای صبر آتش نهاده است.

---

۱ - **اعتبار**: عبرت گرفتن.   ۲ - **دادَر**: برادر.

۳ - مصراعِ اوّل: عمری بدون هدایتِ استادِ معنوی و با ناآگاهی.

۴ - **بر عَما**: با ناآگاهی، بدون آنکه از عیوب و نقایصِ خود آگاه گردد.

۵ - **سِلاح**: اینجا آگاهی و امدادِ روحانیِ استاد.

۶ - **معرکه**: اینجا میدان یا عرصهٔ سلوک، عرصه‌ای که در آن عقل و نَفْس در نبردند.

۷ - **بی‌باک**: جسور، گستاخ، اینجا خودمحور یا خودبین که در سلوک به هلاکت می‌رسد.

۸ - **تَهْلُکه**: هلاکت. مقتبس از آیهٔ ۱۹۵ سورهٔ بقره: ...و خود را به مهلکه و خطر در نیفکنید... .

۹ - **نُفور**: نفرت داشتن.   ۱۰ - مصراعِ اوّل: مُراد آنکه: برادر بزرگ می‌گوید: عشق مرا سوزانده است.

۱۱ - **کِشت کامل گشت**: و می‌گوید: کِشت وجودم به کمال رسیده و دیگر نیاز به هدایتِ استاد ندارم.

۱۲ - **مِنْجَل**: داس.

صبرِ من مُرد آن شبی که عشق زاد   درگذشت او[1]، حاضران را عُمر باد 4175

با تولّد عشق صبرم مُرد. سرِ حاضران سلامت باد.

ای محدِّث[۲] ! از خطاب[۳] و از خُطوب[۴]   زآن گذشتم، آهنِ سردی مکوب[5] ۴۱۷۶

ای اندرزگو، هرچه بگویی در من تأثیری ندارد. کار بیهوده‌ای است.

سرنگونم، هی! رها کن پایِ من   فهم کُو در جملهٔ اجزایِ من؟ ۴۱۷۷

پایم را رها کن که سرنگون شده‌ام. آیا در من ذرّه‌ای عقلِ عافیت‌طلب هست؟

اُشتُرم من، تا توانم می‌کَشَم   چون فُتادم زار، با کُشتن خَوشم ۴۱۷۸

مانند شتر تا می‌توانم بار را می‌کشم، چون از پا در آیم، با کشتن خوشم.

پُر سرِ مقطوع[۶]، اگر صد خندق است   پیشِ دردِ من[۷] مِزاحِ مُطلق است[۸] ۴۱۷۹

در برابرِ دردِ من، صدها خندقِ پُر از سرهای بریده، شوخی و مزاح است.

من نخواهم زد دگر از خوف[۹] و بیم   این چنین طبلِ هوا زیرِ گِلیم[۱۰] ۴۱۸۰

بعد از این با ترس و نهانی عشق نخواهم ورزید.

من عَلَم اکنون به صحرا می‌زنم[۱۱]   یا سرْاندازی وَ یا رویِ صنم ۴۱۸۱

من اینک عشقم را آشکار می‌کنم، یا جان می‌دهم و یا به مقصود می‌رسم.

حلق کو نَبْوَد سزایِ آن شراب[۱۲]   آن بریده بِهْ به شمشیر و ضِراب[۱۳] ۴۱۸۲

گلویی که لایقِ شراب وصل نیست، بهتر است با شمشیر و ضربت بریده شود.

دیده کو نَبْوَد ز وصلش در فِرِه[۱۴]   آن چنان دیده سپید[15] و کور بِهْ ۴۱۸۳

چشمی که از دیدار شاد نیست، بهتر است کور باشد.

---

1 - **او** : اشاره به صبر.   2 - **مُحدِّث** : £4%k,A%\AB krp±, 4/d ±S/   3 - **خطاب** : i ³B/

4 - **خُطوب** : [ªé i K B« ´© ,BMqn ô/   5 - **آهن سرد کوبیدن** : ®B³¹A p B¼¹´ ±j²/

۶ - **مقطوع** : بُریده.   ۷ - **دردِ من** : دردِ عشق.

۸ - **مِزاحِ مطلق است** : کاملاً عادی و طبیعی است، مانند یک شوخیِ معمولی؛ زیرا راهِ عشق فنا شدن است و راهِ جانبازی است.   ۹ - **خوف** : ترس.   ۱۰ - **طبل زیرِ گلیم زدن** : کاری پرهیاهو را نهان داشتن.

۱۱ - **عَلَم به صحرا زدن** : کنایه از علنی کردن کاری.   ۱۲ - **آن شراب** : شرابِ وصل.

۱۳ - **ضِراب** : ضربه‌های شمشیر و تیغ.

۱۴ - **فِرِه** : خوب، خوشحال. «زِ وصلش در فِرِه بودن»: به دیدار رسیدن و در دیدار شادمان بودن.

۱۵ - **سپید** : چشمِ نابینا.

گوش کآن نَبْوَد سزایِ رازِ او — برکَنَش، که نَبْوَد آنْ بر سر نکو ۴۱۸۴

گوشی را که لایقِ راز او نیست، بِکَن که شایستهٔ سر نیست.

اندر آن دستی که نَبْوَد آن نِصاب[1] — آن شکسته بِهْ به ساطورِ قصاب ۴۱۸۵

دستِ بی‌نصیبی که در راهِ وصل او نمی‌کوشد، بهتر است با ساطور شکسته شود.

آنچنان پایی که از رفتارِ[2] او — جان نپیوندد به نرگس‌زارِ[3] او ۴۱۸۶

پایی که نتواند «جان» را به شهود برساند،

آنچنان پا در حدید[4] اولیٰ‌تر است — کآنچنان پا عاقبت دردِ سر است ۴۱۸۷

بهتر است در زنجیر آهنین باشد؛ زیرا سرانجام سببِ درد سر می‌شود.

بیانِ مجاهد که دست از مجاهده[5] باز ندارد، اگرچه داند بَسْطتِ عطایِ حق[6] را، که آن مقصود از طرفِ دیگر و به سببِ نوعِ عملِ دیگر بدو رسانَد، که در وهمِ او نبوده باشد، او همه وَهم و اومید در این طریقِ معیّن[7] بسته باشد، حلقهٔ همین در می‌زند، بو که[8] حق تعالی آن روزی را از درِ دیگر بدو رسانَد که او آن تدبیر نکرده باشد، «وَ یَرْزُقْهُ مِنْ حَیْثُ لاٰ یَحْتَسِبْ»[9]، «اَلْعَبْدُ یُدَبِّر واللهُ یُقَدِّر»[10] و بُوَد که بنده را وَهْم بندگی بُوَد که: مرا از غیرِ این در برسانَد اگرچه من حلقهٔ این در می‌زنم، حق تعالی او را هم از این در روزی رسانَد، فی اَلجُمله این همه درهایِ یک سرای است، مَعَ تَقْریرِه

یا در این رَه، آیدم آن کامِ من[11] — یا چو باز آیم زِ رَه سویِ وطن ۴۱۸۸

یا در این راه به مقصود می‌رسم یا مانند بازِ شکاری به وطن باز می‌گردم.

---

۱ - **نِصاب** : اصلِ هر چیز، رتبه و لیاقت، نصیب و بهره. ۲ - **رفتار** : رفتن، سلوک.

۳ - **نرگس‌زار** : نرگسستان، اینجا شهود. ۴ - **حدید** : آهن. «در حدید»: در غُل و زنجیر.

۵ - **مجاهده** : جهد و کوشش. ۶ - **بَسْطَتِ عطایِ حق** : وسعتِ بخشش‌هایِ پروردگار.

۷ - **طریقِ معیّن** : همان راهی را که می‌داند و می‌شناسد. ۸ - **بوکه** : باشد که، بُوَد که، شاید، مگر.

۹ - **وَ یَرْزُقْهُ...** : طلاق: ۳/۶۵: و از جایی که گمان نَبَرد به او روزی عطا کند.

۱۰ - بنده می‌اندیشد و تدبیری می‌کند و خداوندکار را به نحوی دیگر پیش می‌آوَرَد.

۱۱ - **آن کامِ من** : مقصودِ من.

بوکه موقوف است کامم بر سفر   چون سفر کردم، بیابم در حَضَر[1] ۴۱۸۹

شاید مُراد در سفر حاصل شود، یا در سفر دریابم که یار در خانه است.

یار را چندین بجویم جِدّ و چُست   که بدانم که نمی‌بایست جُست ۴۱۹۰

یار را چنان با جدیّت می‌جویم تا بدانم که نباید بجویم.

آن معیَّت[2] **کی رود در گوشِ من؟   تا نگردم گِردِ دورانِ زَمَن؟**[3] ۴۱۹۱

تا در سفرها تجربهٔ فراوان کسب نکنم، چگونه بفهمم که او با من است؟

کِی کنم من از مَعیَّت فهمِ راز؟   جز که از بعدِ سفرهایِ دراز ۴۱۹۲

رازِ «معیّتِ خداوند» را جز با سفرهای دراز نمی‌توانم درک کنم.

حق مَعیَّت گفت و دل را مُهر کرد   تاکه عکس آید به گوشِ دل، نه طَرد[4] ۴۱۹۳

حق تعالیٰ از «معیّتِ» خود با بنده سخن گفت؛ امّا دلِ او را مُهر کرد تا برای درکِ آن تلاش کند.

چون سفرها کرد و دادِ راه داد[5] **بعد از آن مُهر از دلِ او برگُشاد**[6] ۴۱۹۴

هنگامی که سالک موفّق می‌شود و از عهدهٔ سلوک بر می‌آید، مُهر از دلش می‌گشایند.

چون خطائَیْن[7]**، آن حسابِ باصفا**[8] **گرددش روشن، ز بعدِ دو خطا** ۴۱۹۵

و بعد از خطاهایی چند، رازِ درکِ «معیّتِ» حق را در می‌یابد و متوجّه می‌شود که حسابِ پروردگار برای درکِ این راز چقدر دقیق و صمیمانه بوده است.

---

۱ - **حَضَر :** جایِ حضور، شهر، منزل.

۲ - اشارتی قرآنی؛ حدید: ۴/۵۷: ...وَ هُوَ مَعَکُمْ أَیْنَ مَا کُنْتُمْ...: و هرجا باشید او با شماست.

۳ - **گِردِ دوران زَمَن گشتن :** گِردِ روزگار گشتن، همه جا راگشتن و همه جا را جُستن.

۴ - **عکس و طرد :** از صنایعِ معانی و بیان است و شامل دو قسمت که بخشِ دوم عکس یا وارونهٔ بخش اوّل است، مانند: گل بوی خوش دارد و بویِ خوش از گُل است. اینجا مولانا می‌خواهد بگوید: بنده را وادارکرد تا از راهِ معکوس برود و در راه معرفت رنج بیشتری بکشد. ۵ - **دادِ راه داد :** موفّق به سیر و سلوک شد.

۶ - حقیقت را دریافت.

۷ - **خطائَیْن :** دو خطا، در ریاضی طرح مسأله‌یی است که برای رسیدن به پاسخ ناگزیرند فرض‌هایی را مطرح کنند و از میان دو فرضِ نادرست می‌توانند به فرض درست برسند. [که البتّه فرض‌های نادرست هم در آغاز درست به نظر می‌آیند.] مُراد آنکه: سالکِ صادق می‌فهمد که جُست‌وجو بیرون از خود، چه سیرِ ظاهری و چه سیرِ باطنی با هشیاریِ نفس، خطا بوده است؛ امّا اجتناب‌ناپذیر: با استفاده از تعلیقاتِ مثنوی با تصحیحِ دکتر استعلامی.

۸ - **حسابِ باصفا :** حسابِ پروردگار که روشن و از سرِ مِهر است.

بعد از آن گوید: اگر دانستمی این معیَّت را کِی او را جُستمی؟ ۴۱۹۶
سپس سالک می‌اندیشد: اگر این معیّت را می‌دانستم، او را نمی‌جُستم.

دانش ِ آن، بود موقوفِ سفر[1] ناید آن دانش به تیزیّ فِکَر[2] ۴۱۹۷
درکِ آن وابسته به سیر و سلوک است و با اندیشه و زیرکی حاصل نمی‌شود.

آنچنانکه وجهِ وامِ شیخ بود بسته و موقوفِ گریهٔ آن وجود[3] ۴۱۹۸
همانگونه که پرداختِ وامِ شیخ احمد خضرویه منوط به گریهٔ آن کودک بود.

کودکِ حلوایی بگریست زار توخته شد[4] وامِ آن شیخِ کِبار[5] ۴۱۹۹
کودک حلوافروش زارزار گریست تا بدهیِ شیخ بزرگوار فراهم شد.

گفته شد آن داستانِ معنوی پیش از این اندر خِلالِ مثنوی ۴۲۰۰
آن داستان پُرمعنا پیش از این در مثنوی گفته شده است.

در دلت خوف افکَنَد از موضعی[6] تا نباشد غیرِ آنَت مَطمَعی[7] ۴۲۰۱
گاه پروردگار به سببی بنده را بیمناک و نگران می‌کند تا به چیزی طمع و اشتیاق پیدا کند.

در طمع فایِدۀ[8] دیگر نهد[9] وآن مُرادت از کسی دیگر دهد ۴۲۰۲
طمع و اشتیاقِ بنده می‌تواند حاصلی جز آن که می‌پنداشته است، به بار آوَرَد و خواسته‌اش از راهی که انتظارش را نداشته برآورده شود.

ای طمع در بسته در یک جایْ سخت[10] کآیدم میوه از آن عالی درخت ۴۲۰۳
ای بنده‌یی که می‌پنداری خواسته‌ات با دشواری و سختیِ بسیار حاصل خواهد شد،

---

۱ - **موقوفِ سفر :** وابسته به سلوک، وابسته به طی کردن راهِ حق.

۲ - **تیزیِ فِکَر :** تندی و نفوذ اندیشه، مُراد ریزبینی‌هایِ علومِ رسمی است.

۳ - اشاره به قصّه‌ای در دفتر دوم که از بیت ۳۷۹ آغاز می‌شود. ۴ - **توخته شد :** ادا شد، پرداخته شد.

۵ - **کِبار :** جمعِ کبیر: بزرگ. ۶ - **از موضعی :** از جایی و به سببی.

۷ - **مَطْمعی :** دارای طمع، مایل و مشتاق.

۸ - بعضی از شارحان فایده را با تشدید قرائت کرده‌اند، به ضرورتِ وزن شعر: فایّدهٔ. در نسخهٔ کهن مورد استفادهٔ این شرح به همین صورت ضبط شده است.

۹ - در امید و اشتیاقِ تو خاصیّتِ دیگری هم قرار می‌دهد و از طریق کسی که باورت نمی‌شود، خواسته‌ات را می‌دهد و این حکمتِ الهی است که سبب حیرت سالک می‌شود. ۱۰ - ای آنکه به جایی سخت امید بسته‌ای.

آن طمع زآنجا نخواهد شد وفا بل ز جایِ دیگر آید آن عطا ۴۲۰۴

امیدت از آنجا برآورده نمی‌شود، از جای دیگری می‌رسد.

آن طمع را، پس چرا در تو نهاد؟ چون نخواستت زآن طرف آن چیز داد؟ ۴۲۰۵

پس پروردگار که نمی‌خواست امیدت را از آنجا برآوَرَد، چرا آن خواسته را در دلت پدید آورد؟

از برای حکمتی[1] و صنعتی[2] نیز تا باشد دلت در حیرتی ۴۲۰۶

این امر به سبب «حکمت و صنعتِ الهی» است که از قدرتِ حق و عجزِ خود حیران شوی.

تا دلت حیران بُوَد، ای مستفید[3]! که مُرادم از کجا خواهد رسید؟ ۴۲۰۷

تا ای خواهنده همواره در حیرت بمانی که مُرادم از کدام سوی می‌رسد؟

تا بدانی عجزِ خویش و جهلِ خویش تا شود ایقانِ[4] تو در غیبْ[5] بیش ۴۲۰۸

تا عجز و جهلِ خود را درک کنی و به عوالم غیبی یقین افزون‌تری بیابی.

هم دلت حیران بُوَد در مُنْتَجَع[6] که چه رویاند مُصَرِّف[7] زین طمع[8]؟ ۴۲۰۹

دلت حیرانِ خواسته‌ات است که پروردگار با آن چه می‌کند؟

طَمْع داری[9] روزیی در دَرزیی[10] تا ز خیّاطی بَری زر، تا زِیی[11] ۴۲۱۰

مثلاً امید داری که از راهِ خیّاطی امرار معاش کنی.

رزقِ تو در زرگری آرَد پدید که زِ وَهْمت بود آن مَکسب[12] بعید[13] ۴۲۱۱

امّا روزی‌ات را از راه زرگری می‌رسانَد که هرگز به فکرت هم نمی‌رسید.

---

۱ - **حکمت**: تقدیر و مشیّت الهی، اشاره به قدرتِ حق.

۲ - **صنعت**: فنِّ شگفت‌انگیزی که پروردگار در نظامِ امور دارد و کارهایِ خلاف انتظاری که سببِ حیرتِ آدمی می‌شود. ۳ - **مستفید**: فایده‌طلب، اینجا جویندهٔ فایده. ۴ - **ایقان**: یقین.

۵ - **در غیب**: به عوالمِ غیبی، به عالمِ معنا.

۶ - **مُنْتَجَع**: منزلی که در آن به جُستَ‌وجوی احسان و آب و علف روند، اینجا کنایه از محل یا منبعی که بتوان از طریق آن به خواستهٔ خود رسید.

۷ - **مُصرِّف**: دگرگون کننده، پروردگار که می‌تواند هرچیزی را دگرگون کند و از آن چیزِ دیگری پدید آوَرَد.

۸ - **زین طمع**: از این خواسته، از این امید. ۹ - **طَمْع داری**: امید داری.

۱۰ - **روزیی در درزیی**: روزی را از طریقِ خیّاطی. ۱۱ - **تا زیی**: تا زندگی کنی، تا زیست کنی.

۱۲ - **مَکْسَب**: کسب و پیشه. ۱۳ - **بعید بود**: دور بود، به فکرت نمی‌رسید.

پس طـمع در درزیـی بـهرِ چـه بـود؟ چون نخواست آن رزق زآن جانب گشود ۴۲۱۲

پس پروردگار که نمی‌خواست از راه خیّاطی روزیِ تو را برسانَد، چـرا عـلاقه‌اش را بـه وجود آورد؟

بـهرِ نـادِر حکـمتی[1] در عـلمِ حـق که نبشت آن حُکـم را در مـاسَبَق[2] ۴۲۱۳

به سببِ حکمتِ بی‌نظیرِ او در علمِ الهی که آن را در ازل رقم زده بود.

نـیز تـا حـیران بُـوَد انـدیشه‌ات[3] تا کـه حـیرانـی بُـوَد کُـلْ پـیشه‌ات ۴۲۱۴

همچنین به سبب اینکه هرگز ندانی که چه خواهد شد و همواره در کارِ حق حیران باشی.

یـا وصـالِ یـار زیـن سَـعْیَم رسـد یا ز راهی خـارج از سعیِ جَسَـد[4] ۴۲۱۵

شاهزادهٔ بزرگ گفت: یا از طریق سعی به وصال می‌رسم یا از راهی دیگر.

من نگـویم زیـن طـریق آیـد مُـراد می‌طپم تـا از کـجا خـواهـد گُشـاد ۴۲۱۶

مطمئن نیستم که از این راه موفّق می‌شوم. می‌کوشم تا گشایشی حاصل شود.

سـر بُـریده مُـرغ هـر سـو مـی‌فُتد تا کدامین سو رهد جان از جَسَـد؟ ۴۲۱۷

مرغِ سربریده به هر سوی می‌افتد تا بالاخره جان در سویی از تنش رها شود.

یا مرادِ مـن بـر آیـد زیـن خُـروج[5] یا ز بُرجـی دیگـر از ذاتَ‌الْبُـرُوج[6] ۴۲۱۸

یا با رفتن به شهرِ چین مُرادم حاصل می‌شود یا طالعِ دیگری برایم رقم می‌خورَد.

---

۱ - **نادر حکمت :** حکمت بی‌نظیر، حکمت الهی. ۲ - **ماسَبَق :** ازل.

۳ - مُراد آنکه: هرگز نتیجهٔ هیچ چیز را ندانی و نتوانی پیش‌بینی کنی و به حق بسپاری. «جز که حیرانی نباشد کـارِ دین.» ۴ - مصراع دوم: راهی بدون کوششِ جسم، راهی که نباید با پای ظاهری راهی را پیمود.

۵ - **زین خروج :** اشاره به رفتن به شهر چین.

۶ - **بُرجی دیگر از ذاتَ‌البُرُوج :** کنایه از طالعِ بهتر از طالعِ قبلی‌ام. مقتبس از: بروج: ۱/۸۵: سوگند به آسـمان کـه دارایِ برج‌هایِ بلند است. [در بیت اشاره به قدرتِ حق است.]

حکایتِ آن شخص که: خواب دید که: آنچه می‌طلبی از یَسار[۱]، به مصر وفا شود، آنجا گنجی است در فلان محلّه در فلان خانه، چون به مصر آمد، کسی گفت: من خواب دیده‌ام که گنجی است به بغداد، در فلان محلّه در فلان خانه، نام محلّه و خانهٔ این شخص بگفت. آن شخص فهم کرد که: آن گنج در مصر گفتن جهتِ آن بود که مرا یقین کنند که در غیرِ خانهٔ خود نمی‌باید جُستن، و لیکن این گنجِ یقین و محقَّق جز در مصر حاصل نشود

شخصی که مُلک و مالی را به میراث یافته و پس از اتمام آن عور و زار مانده بود، با تهی شدن دست و کاسه، یاربّ، یاربّ ساز کرد و به زاری نالید و درِ رحمت را به امید اجابت کوبید. هاتفی ندا داد: به جانب مصر برو که در فلان موضع گنج عظیمی است. فقیر از بغداد عازم مصر شد؛ امّا به زودی مختصر زاد راهِ او پایان یافت و مانند شبگردان دوره‌گرد در تاریکی شب به سؤال و درخواستِ دانگی از مردم پرداخت. از قضا در آن ایّام دزدان در شب‌هایِ تار آرامشِ شهرنشینان را ربوده بودند و به فرمان خلیفه، عسس شبگردان را توقیف می‌کرد و بدین ترتیب، فقیر گرفتار مأموران خلیفه شد که با مشت و چوب او را کوبیدند و به دیوان حکومتی بردند. درویش غریب ناله و فغان برآورد و شرح ماجرا بازگفت: «**قصّهٔ آن خواب و گنج زر بگفت**»، بوی صدقِ کلام او و سوزِ دلش ترحُّم عَسَس را برانگیخت و گفت: تو نه دزدی و نه فاسقی، «**مردِ نیکی، لیک گول و احمقی**»، بر خیالی و خوابی از بغداد به مصر آمده‌ای، من خود بارها در خواب نشان گنجی را در بغداد، فلان کوی و فلان موضع دانستم؛ امّا هرگز به خوابی باطل ترک وطن نکردم. به این ترتیب فقیرِ بینوا را رها کردند. آن نشان‌ها که عسس داده بود، نام کوی و محلّه و خانهٔ درویش بینوا بود که حیران و مست از عجایب و حکمتی که در این سفر نهفته بود، به سوی قبلهٔ مُراد بازگشت و در خانه گنجِ موعود را پیدا کرد و[۲] «**کارش از لطف خدایی ساز یافت**».

---

۱ - **یَسار**: دست چپ، ثروت.

۲ - مأخذِ آن را حکایتی با همین مضمون در عجایب‌نامه از مؤلّفات قرن ششم دانسته‌اند، که در طیّ آن مردی در پی خوابی از ری به دمشق می‌رَوَد و در آنجا به شخصی بر می‌خورَد که به حماقت او می‌خندد که من نیز چنین رویایی دیده‌ام که در ری در فلان محلّه و فلان موضع گنجی است. مرد مسافر باز می‌گردد و در خانهٔ خویش هاونی زرّین و سنگین می‌یابد: احادیث، صص ۵۹۲-۵۹۱.

گنجِ مقصود در وجودِ خودِ آدمی و در خانهٔ دل اوست و اینکه آدمی در طلبِ آن می‌کوشد و می‌جوشد، در تبیین رمزی است که رسیدن به این «گنجِ مقصود»، موقوفِ جهد است که از آن گزیری نیست و رفتن به مصر، رمزی از یافتنِ مصرِ وجودِ کاملِ واصلی است که نشان گنجِ درونِ وی را به او بنماید.

همچنین در بیانِ این معنا نیز هست که رزقِ ظاهری و باطنی آدمی از موضعی که مشیّت الهی بر آن مقرّر گشته است، می‌رسد و اسباب و عللِ فقط وسیله‌اند، نه هدف و حکمت الهی وابسته به اسباب نیست و گاه ضلالت را بَدَل به هدایت می‌کند و اندرون زهر، تِریاق می‌نهد.

بـود یک مـیراثـی[1] مـال و عَـقار[2]　　　جمله را خورد و بماند او عور[3] و زار ۴۲۱۹

مردی همهٔ اموال و املاکی را که به ارث رسیده بود، خورد و بینوا شد.

مـالِ مـیراثـی نـدارد خـود وفـا　　　چون به ناکام از گذشته شد جـدا[4] ۴۲۲۰

ارثی که بر خلافِ خواستهٔ آدمِ درگذشته از او جدا شده است، وفا ندارد.

او نـدانـد قـدر هم، کآسـان بـیافت　　　کو به کَدّ[5] و رنج و کَسبش[6] کم شتافت ۴۲۲۱

وارث هم قدرِ آن را نمی‌داند؛ زیرا برای حصولش رنجی نکشیده است.

قدرِ جان زآن می‌ندانی، ای فـلان!　　　که بدادت حق به بخشش رایگـان ۴۲۲۲

ای فلانی، تو هم قدر جان را نمی‌دانی؛ زیرا پروردگار آن را رایگان به تو بخشیده است.

نقد[7] رفت و کـاله[8] رفت و خـانه‌ها　　　ماند چون جُغدان در آن ویـرانـه‌ها ۴۲۲۳

وارث هرچه را که از پول، کالا و مِلک به ارث رسیده بود، به باد داد و خرابه‌نشین شد.

گفت: یارب! برگ[9] دادی، رفت برگ　　　یـا بِـدِه بـرگی و یـا بِـفْرست مـرگ ۴۲۲۴

گفت: پروردگارا، نعمت دادی، از بین رفت. یا دوباره بده یا مرا ببر.

چون تهی شد،[10] یادِ حق آغاز کرد　　　یارب و یارب اَجِرْنی[11] ساز کرد[12] ۴۲۲۵

دستش که خالی شد، به یاد حق افتاد و «یارب یارب اجرنی» گو شد.

---

۱ – **میراثی:** وارث، کسی که به او ارثی رسیده است.　۲ – **عَقار:** عِقار: مِلک و زمینِ مزروعی.

۳ – **عور:** برهنه، بینوا.

۴ – مُراد ارثی است که چشمِ شخصِ فوت شده در آن است؛ یعنی از آن دل نَکَنده است.

۵ – **کَد:** کوشش کردن و رنجِ بردن در کار.　۶ – **کسب:** حاصل کردن.　۷ – **نقد:** پول.

۸ – **کاله:** کالا، اموال.　۹ – **برگ:** توشه، اینجا رزق و روزی و امکانات، انواع نعمت.

۱۰ – **تهی شد:** دستش تهی شد.　۱۱ – **اَجِرْنی:** پناهم دِه.　۱۲ – **ساز کرد:** شروع کرد.

چون پیمبر گفت:[۱] مُؤمن مِزْهَر[۲] است   در زمـــانِ خـــالی نـالهگـر است ۴۲۲۶

پیامبر(ص) گفت: مؤمن مانند «نی» است. اگر خالی نباشد، صدایی ندارد.

چون شود پُر، مُطربش[۳] بِـنْهد ز دست   پُر مشو،کآسیبِ دستِ او[۴] خوش است ۴۲۲۷

اگر پُر باشد، نوازنده آن را نمی‌نوازد. خالی باش تا از «نیِ» وجودت نوایی خوش بر آوَرَد.

تی شو[۵] و خوش باش بَـیْنَ اِصْـبَعَیْن[۶]   کز میِ «لا اَیْن»[۷] سرمست است «اَیْن»[۸] ۴۲۲۸

خالی شو و میان دو انگشتِ او خوش باش که «هستیِ صوری» در دستِ قدرتِ او سرمست است.

رفت طغیان، آب از چشمش گشاد   آبِ چشـمش زرعِ دیـن را آب داد ۴۲۲۹

عصیان او تمام شد و گریست. اشک‌هایش ایمانش را صفایی داد.

سببِ تأخیرِ اجابتِ دعایِ مؤمن

ای بسا مُـخلِص، کـه نـالد در دُعـا   تا رَوَد دُودِ خُـلوصش[۹] بـر سَـما[۱۰] ۴۲۳۰

چه بسا افرادِ صادق که در دعا می‌نالند و دودِ آهِ دلشان به آسمان می‌رسد.

تا رود بـالایِ ایـن سـقفِ بَـرین[۱۱]   بویِ مِجمَر[۱۲] از اَنـینُ اَلمُـذْنبین[۱۳] ۴۲۳۱

و همچنین دودِ آه و نالهٔ گناهکاران نیز به اوج آسمان می‌رود.

---

۱ - حدیث: مؤمن مانند نای است که صدایش جز با تهی بودنِ درون نیک نیست: احادیث، ص ۵۹۲. [اشاره به خالی بودن از خود محوری و خودبینی.]

۲ - **مِزْهَر** : آلت موسیقی، ساز، احتمالاً «مِزمر» یا «مِزمار» است به معنیِ «نی».

۳ - **مُطرب** : اینجا نوازنده پروردگار است.   ۴ - **آسیبِ دستِ او** : تماسِ دستِ او، ضربهٔ دستِ او.

۵ - **تی شو** : تهی شو.

۶ - اشاره به حدیثی که به موجبِ آن دلِ مؤمن میان دو انگشتِ پروردگار قرار دارد و آن را چنان که بخواهد می‌گرداند. [میان صفاتِ جمال و جلال]

۷ - **میِ لا اَیْن** : میِ ناکجا، میِ لامکان، میِ آن جهانی، قدرتِ لایزال حق، سیطرهٔ تامِّ حق تعالیٰ و اینکه اصل و مبدأ هر چیز است و همه چیز سرمستانه مشتاق بازگشت به اصلِ خویش‌اند.

۸ - **اَیْن** : کجا، مکان، هستیِ صوری، عالم اِمکان.   ۹ - **دودِ خلوص** : آهِ دلِ پرسوز.   ۱۰ - **سَما** : آسمان.

۱۱ - **سقفِ برین** : سقفِ آسمان، آسمان.   ۱۲ - **بویِ مِجْمَر** : اینجا دودِ آه و تأثیرِ سوز و دردِ آن.

۱۳ - **انین آلمُذْنبین** : نالهٔ گناهکاران.

۴۲۳۲ پس مـلایـک بـا خـدا نــالـنـد زار   کِای مُجیبِ¹ هر دعا، وی مُستَجار²
پس فرشتگان می‌نالند که ای اجابت‌کننده و ای پناه!

۴۲۳۳ بـنـدهٔ مـؤمـن تـضـرُّع مـی‌کـنـد   او نـمـی‌دانـد بـه جـز تـو مُـسـتَـنَد³
بندهٔ مؤمن زاری می‌کند و تکیه‌گاهی جز تو نمی‌شناسد.

۴۲۳۴ تـو عـطا بـیـگـانـگان را مـی‌دهـی   از تــو دارد آرزو هـر مُشْـتَـهی⁴
عطایِ تو به بیگانگان هم می‌رسد؛ پس چشم امیدِ هر خواهنده‌ای به توست.

۴۲۳۵ حق بفرماید که: نه از خواریِّ اوست   عـیـنِ تأخـیـرِ عـطـا یـاریِّ اوست
حق می‌فرماید: تأخیر به سبب خواری او نیست، برای یاری است.

۴۲۳۶ حاجت آوردش ز غفلت سویِ من   آن کشیدش موکشان⁵ در کویِ من⁶
زیرا «نیاز» به زور و با رنج او را از غفلت به سویِ من آورد.

۴۲۳۷ گر بـر آرم حـاجتش، او واروَد⁷   هم در آن بـازیچه⁸ مستغرق شود
اگر حاجتش بر آوَرَم، می‌رود و باز هم غرقِ دنیا می‌شود.

۴۲۳۸ گرچه می‌نالد به جان: یا مُستجار!   دل شکسته، سینه خسته، گو: بــزار
هرچند که با دلِ شکسته و خسته می‌نالد و خدا را پناهِ خود می‌داند؛ بگذار زاری کند.

۴۲۳۹ خـوش هـمـی آیـد مـرا آواز او   وآن خـدایـا گـفـتـن و آن رازِ او
من آوایِ راز و نیاز و یاربّ یاربّ او را خوش دارم.

۴۲۴۰ وآنکـه انـدر لابـه و در مـاجرا   مـی‌فـریباند⁹ بـه هـر نـوعـی مـرا
و اینکه در زاری و عرضِ خواسته‌اش می‌کوشد تا عنایتِ مرا جلب کند.

۴۲۴۱ طــوطیان و بــلـبـلـان را، از پـسـند   از خوش آوازی قــفـص در مـی‌کُنند
مردم برای اینکه صدایِ خوشِ طوطی و بلبل را بشنوند، آن‌ها را نگاه می‌دارند.

---

۱ - مجیب: اجابت‌کننده.   ۲ - مُسْتَجار: پناه و ملجأ.   ۳ - مُسْتَنَد: تکیه‌گاه.
۴ - مُشتهی: حاجت‌خواهنده، طالب.   ۵ - موکشان: به زور و با رنج و درد.
۶ - در کویِ من: به سویِ حق.   ۷ - واروَد: باز می‌گردد.   ۸ - بازیچه: کنایه از جاذبه‌هایِ دنیوی.
۹ - می‌فریباند...: به هر شکلی که شده است می‌کوشد تا توجّه، رضایت و عنایتِ حق را جلب کند.

زاغ را و جُغد را اندر قفص کِی کُنند؟ این خود نیامد در قصص ۴۲۴۲

در هیچ افسانه‌ای نیامده است که زاغ یا جُغد را در قفس نگه داشته باشند.

پیشِ شاهِدْباز[1] چون آید دو تن آن یکی کَمپیر[2] و دیگر خوش‌ذَقَن[3] ۴۲۴۳

اگر نزد آدمِ زیباپسندی دو نفر بروند که یکی پیرِ فرتوت و دیگری زیباروی باشد،

هر دو نان خواهند، او زوتر فَطیر[4] آرَد و کَمپیر را گوید که: گیر ۴۲۴۴

هر دو نان بخواهند، او به سرعت نانی فطیر به پیر می‌دهد که بگیر و برو.

وآن دگر راکه خوش استش قَدّ و خَدّ[5] کی دهد نان؟ بل به تأخیر افکَند ۴۲۴۵

و آن دیگری را که قامت و چهرهٔ زیبایی دارد، نان نمی‌دهد و تأخیر می‌کند.

گویدش: بنشین زمانی بی‌گزند[6] که به خانه نانِ تازه می‌پزند ۴۲۴۶

می‌گوید: اندکی بنشین که نان تازه در خانه می‌پزند.

چون رسد آن نانِ گرمش، بعدِ کَد[7] گویدش بنشین که: حلوا می‌رسد ۴۲۴۷

و چون نان گرم رسید، می‌گوید: بمان که حلوا هم می‌آورند.

هم بر این فن دارْدارَش[8] می‌کُند وز رَهِ پنهان شکارش می‌کند ۴۲۴۸

با این حیله او را معطّل می‌کند تا شکارش کند.

که مرا کاری‌ست با تو یک زمان منتظر می‌باش، ای خوبِ جهان! ۴۲۴۹

و می‌گوید: ای زیبایِ جهان، با تو کاری دارم، صبر کن.

بی‌مُرادیْ مؤمنان، از نیک و بد[9] تو یقین می‌دان که بهرِ این بُوَد ۴۲۵۰

یقین کن که تأخیر در اجابتِ دعایِ مؤمن برای این است که حق دوستش دارد.

---

۱ - **شاهدباز:** دوستدار زیبایان، زیباپسند. ۲ - **کمپیر :** پیرِ بسیار سالخورده.

۳ - **خوش ذَقَن :** زیبارو، دارای چانه‌ای متناسب و زیبا.

۴ - **فطیر :** نانی که خمیرش به درستی عمل نیامده باشد. ۵ - **قد و خَدّ :** قامت و چهره.

۶ - **زمانی بی‌گزند :** اندکی با آسایش. ۷ - **بعدِ کَدْ :** بعد از رنجِ پختن. «کَدْ»: رنج بردن در کار.

۸ - **داردار :** درنگ و کُندی در انجام کار. ۹ - **از نیک و بد :** برای رساندن خیر و دفعِ شرّ.

رجوع کردن به قصّهٔ آن شخص که به او گنج نشان دادند به مصر، و بیانِ تضرّعِ او از درویشی به حضرتِ حق

مردِ میراثی چو خورد و شد فقیر آمد اندر یارب و گریه و نَفیر ۴۲۵۱

چون مردِ وارث میراث را تمام کرد و فقیر شد، یارب یارب و گریه و ناله سر داد.

خود که کوبد این درِ رحمتْ‌نثار[۱] که نیابد در اجابت صد بهار[۲] ؟ ۴۲۵۲

چه کسی درِ درگاهِ حق را کوبیده و لطف و رحمت بیکران ندیده است؟

خواب دید او، هاتفی[۳] گفت، او شنید که: غِنایِ[۴] تو به مصر آید پدید ۴۲۵۳

آن مرد در خواب دید که هاتفی گفت: در مصر ثروتمند می‌شوی.

رو به مصر، آنجا شود کارِ تو راست[۵] کرد کُدیه‌ت[۶] را قبول، او مُرْتَجا[۷]ست ۴۲۵۴

به مصر برو که آنجا کارت درست می‌شود. او محلّ امید همه است و درخواست تو را پذیرفت.

در فلان موضع یکی گنجی‌ست زَفت در پیِ آن بایدت تا مِصر رفت ۴۲۵۵

در فلان جا گنج بزرگی است که برای آن باید به مصر بروی.

بی‌درنگی، هین! ز بغداد ای نژند[۸] ! رو به سویِ مصر و مَنْبَتْ‌گاهِ[۹] قند ۴۲۵۶

ای افسرده، بی‌درنگ از بغداد به مصر برو که آنجا کامِ تو شیرین می‌شود.

چون ز بغداد آمد او تا سویِ مصر گرم شد پُشتش[۱۰] چو دید او رویِ مصر ۴۲۵۷

چون از بغداد به مصر رسید، احساس دلگرمی کرد.

بر امیدِ وعدهٔ هاتف، که گنج یابد اندر مصر بهرِ دفعِ رنج ۴۲۵۸

به وعدهٔ هاتف امیدوار بود که در مصر گنج را می‌یابد و از رنج خلاص می‌شود.

---

۱ - **درِ رحمت‌نثار :** در رحمت‌بخش، درِ درگاه حق. ۲ - **صد بهار :** اینجا لطف بیکران.

۳ - **هاتفی :** سروش، ندایِ غیبی. ۴ - **غنا :** توانگری.

۵ - **کارِ تو راست می‌شود :** کارت به سامان می‌رسد. ۶ - **کُدیه‌ت :** درخواستِ تو را.

۷ - **مُرْتجا :** محلّ امید، امید داشته شده. ۸ - **نژند :** افسرده، پژمرده.

۹ - **مَنْبَت‌گاه :** محلّ روییدن گیاه. «منبت‌گاهِ قند»: محلّی که نیشکر می‌روید، محلّی که در آن شادکام می‌شوی.

۱۰ - **گرم شد پُشتش :** دلگرم شد، امیدوار شد.

در فلان کوی و فلان موضع دفین[1] هست گنجی سخت نادر[2]، بس گزین[3] 4259

در فلان کوی و فلان جا گنجی بسیار خاص دفن شده است.

لیک نَفْقَه‌ش[4] بیش و کم چیزی نماند خواست دَقّی[5] بر عَوام‌النّاس[6] راند ۴۲۶۰

امّا پولش تمام شده بود و خواست از مردم گدایی کند.

لیک شرم و هِمّتش[7] دامن گرفت خویش را در صبر افشردن گرفت ۴۲۶۱

امّا شرم و نظرِ بلندِ او نگذاشت و سعی کرد صبر و تحمّل کند.

باز نَفْسش از مَجاعت[8] برطَپید[9] زانتجاع[10] و خواستن چاره ندید ۴۲۶۲

امّا نَفْسِ او به سببِ گرسنگی به جُنب و جوش افتاد و چاره‌ای جز طلبِ خوراک ندید.

گفت: شب بیرون رَوَم من نرمْنرم[11] تا ز ظلمت نآیدم در کُدْیه شرم ۴۲۶۳

با خود گفت: شب به آهستگی می‌روم تا در تاریکی کسی مرا نبیند و خجالت نکشم.

همچو شَبکُوکی[12] کنم شب ذکر و بانگ تا رسد از بام‌ها‌اَم نیمْ‌دانگ[13] ۴۲۶۴

مانند گدایان شبگرد با صدای بلند آوایی سر می‌دهم تا پول خُردی از بام‌ها برسد.

اندر این اندیشه بیرون شد به کوی واندر این فکرت همی شد سوبه‌سوی ۴۲۶۵

با این فکر بیرون آمد و به این سوی و آن سوی رفت.

یک زمان مانع همی شد شرم و جاه[14] یک زمانی جوع می‌گفتش: بخواه ۴۲۶۶

یک لحظه شرم مانع می‌شد و یک دم گرسنگی فشار می‌آورد که بخواه.

پای پیش و پای پس تا ثُلثِ شب که: بخواهم یا بخسبم خشکْ‌لب؟ ۴۲۶۷

ثلثِ شب گذشته بود و او همچنان تردید داشت که درخواست کند یا گرسنه بخوابد؟

---

۱ - **دفین**: دفن شده، مدفون. ۲ - **نادر**: کمیاب. ۳ - **گزین**: ممتاز. ۴ - **نفقه**: پول و زادِ راه.

/ |i ,"jo« :t BẞÄA±î - 6 /¬jo »TWA±inj ° » ẞEw ,¬jpA»v ŋj » ¼k£ : ḑ- 5

۷ - **همّت**: سعهٔ صدر، بلندنظری. ۸ - **مَجاعت**: گرسنگی. ۹ - **برطپید**: به جنب و جوش افتاد.

۱۰ - **انتجاع**: طلب خوراک، به طلب نیکویی و احسان شدن. ۱۱ - **نرم‌نرم**: آرام آرام.

۱۲ - **شبکُوک**: فقیری که شب‌ها می‌گردد و آوایی سر می‌دهد. ۱۳ - **نیم دانگ**: پول خُرد.

۱۴ - **جاه**: شرایط و موقعیّت اجتماعی، مقام و منزلت.

رسیدنِ آن شخص به مصر و شب بیرون آمدن به کوی از بهرِ شبکوکی و گدایی، و گرفتنِ عَسَس او را و مُرادِ او حاصل شدن از عسس بعد از خوردنِ زخم بسیار[۱]، «وَ عَسیٰ اَنْ تَکْرَهُوا شَیْئاً وَ هُوَ خَیْرٌ لَکُمْ»[۲] و قَوْلُه تَعالیٰ: «سَیَجْعَلُ اللهُ بَعْدَ عُسْرٍ یُسْراً»[۳]، و قَوْلُه تَعالیٰ: «إِنَّ مَعَ ٱلْعُسْرِ یُسْراً»[۴] و قَوْلُهُ علیه السَّلام: «اِشْتَدّی اَزْمَةُ تَنْفَرِجی»[۵]، و جمیعُ ٱلقُرآنِ وَ ٱلْکُتُبِ ٱلْمُنْزَلَةِ فی تَقْریرِ هٰذا[۶]

ناگهانی خود عسس او را گرفت — مُشت و چوبش زد ز صفرا[۷]، ناشِکِفت[۸] ۴۲۶۸

ناگهان داروغه او را گرفت و با خشم مُشت و چوب زد.

اتّفاقاً اندر آن شب‌هایِ تار — دیده بُد مردم ز شبْدزدان ضِرار[۹] ۴۲۶۹

اتّفاقاً در آن ایّام، مردم در شب‌های تاریک از دزدان زیان دیده بودند.

بود شب‌هایِ مخوف[۱۰] و مُنْتَحَس[۱۱] — پس به جِد[۱۲] می‌جُست دزدان را عَسَس ۴۲۷۰

شب‌هایی ترسناک و شوم بود؛ پس داروغه با جدّیت در پیِ دزدان بود.

تا خلیفه گفت که: بُبْرید دست — هر که شب گردد، وگر خویشِ من است ۴۲۷۱

تا خلیفه فرمان داد که دست شبگردان را قطع کنید؛ حتّی اگر از نزدیکان من باشد.

بر عَسَس کرده مَلِک[۱۳] تهدید و بیم[۱۴] — که: چرا باشید بر دزدان رحیم؟ ۴۲۷۲

و داروغه را تهدید و تخویف کرد که چرا به دزدان سختگیری نمی‌کنید؟

عشوه‌شان[۱۵] را از چه رُو باور کنید — یا چرا ز ایشان قبولِ زر کنید؟ ۴۲۷۳

چرا دروغ‌هایشان را باور می‌کنید و یا رشوه می‌گیرید؟

---

۱ - **زخم بسیار:** ضربهٔ بسیار.

۲ - **وَ عَسیٰ ... :** بخشی از آیهٔ ۲۱۶ سورهٔ بقره: چه بسیار شود که چیزی را مکروه شمارید؛ ولی به حقیقت خیر و صلاح شما در آن است... .

۳ - **سَیَجْعَلُ ... :** بخشی از آیهٔ ۷ سورهٔ طلاق: ۷/۶۵: ...و خداوند بعد از هر تنگنایی گشایشی قرار می‌دهد.

۴ - **إِنَّ مَعَ ... :** آیهٔ ۶ سورهٔ انشراح: ۶/۹۴: و با هر سختی البتّه آسانی هست.

۵ - **اِشْتَدّی ... :** حدیث: ای دشواری سخت شو تا به گشایش برسی: احادیث، ص ۳۲۳.

۶ - همهٔ کتاب‌های مقدّس این را بیان کرده‌اند که: پس از هر سختی البتّه آسانی هست. ۷ - **زِ صفرا:** از خشم.

۸ - **ناشِکِفت:** بی‌مُحابا. ۹ - **ضِرار:** زیان رساندن. ۱۰ - **مخوف:** ترسناک.

۱۱ - **مُنْتَحَس:** منحوس، شوم. ۱۲ - **به جِد:** با جدیّت. ۱۳ - **مَلِک:** خلیفه.

۱۴ - **بیم کرده:** تخویف، آنان را ترسانده. ۱۵ - **عشوه:** فریب، وعدهٔ دروغ.

رحم بر دزدان و هر منحوش‌دست[1] بر ضعیفان ضربت و بی‌رحمی است ۴۲۷۴

بدانید که ترحّم بر دزدان و شوم‌دستان ظلم و بی‌رحمی بر ضعیفان است.

هین! ز رنج خاص، مَسْکُل[2] ز انتقام[3] رنجِ اوکَم بین، ببین تو رنجِ عام ۴۲۷۵

آگاه باش و به خاطرِ رنجِ دزد از کیفر صرف نظر نکن. رنجِ خلق را ببین.

اِصْبَعِ مَلْدُوغْ[4] بُرْ[5] در دفعِ شر[6] در تعدّی[7] و هلاکِ تن نگر ۴۲۷۶

انگشت گزیده و مسموم را بِبُر وگرنه تمامِ تن مسموم و هلاک می‌شود.

اتّفاقاً اندر آن ایّام، دزد گشته بود انبوه، پُخته[8] و خامْ‌دزد ۴۲۷۷

اتّفاقاً در آن ایّام، تعداد دزدانِ ماهر و ناشی زیاد شده بود.

در چنین وقتش بدید و سخت زد چوب‌ها و زخم‌هایِ بی‌عدد ۴۲۷۸

در چنین شرایطی داروغه مردِ غریب را دید و به شدّت با چوب زد.

نعره و فریاد زآن درویش خاست که: مزن تا من بگویم حالْ راست ۴۲۷۹

مردِ بینوا نعره و فریاد برآورد که نزن تا راستش را بگویم.

گفت: اینک دادمت مُهلت، بگو تا به شب چون آمدی بیرون به کو؟ ۴۲۸۰

داروغه گفت: مهلت دادم تا بگویی که چرا شبانه بیرون آمدی؟

تو نه‌ای ز اینجا، غریب و مُنکَری[9] راستی گو، تا به چه مکر اندری؟ ۴۲۸۱

تو اهلِ اینجا نیستی، غریبه و ناشناسی، راست بگو که چه در سر داری؟

اهلِ دیوان بر عسَس طعنه زدند که: چرا دزدان کنون اَنبُه شدند؟ ۴۲۸۲

کارگزاران خلیفه مرا سرزنش می‌کنند که چرا تعداد دزدان زیاد شده است؟

انبُهی از توست و از اَمثالِ توست وانُما یارانِ زشتَت را نخُست ۴۲۸۳

زیادی دزدان از تو و امثالِ توست. ابتدا همکارانِ پلیدت را معرّفی کن.

---

۱ - **منحوس‌دست**: کسی که دستی نحس یا شوم دارد.

۲ - **مَسْکُل**: از سِکُلیدن به معنی گسیختن، اینجا صرف نظر کردن. ۳ - **انتقام**: کیفر.

۴ - **اِصْبَعِ مَلْدُوغ**: انگشت گزیده شده. «مَلْدُوغ»: مارگزیده. ۵ - **بُر**: بِبُر، قطع کن.

۶ - **در دفع شر**: برای جلوگیری از شرِّ بیشتر. ۷ - **تعدّی**: تجاوز، اینجا سرایت.

۸ - **دزد پُخته**: دزدِ ماهر. ۹ - **مُنکَر**: ناشناس.

ورنه کین جمله را از تو کَشَم تا شود ایمن زرِ هر مُحتشَم ۴۲۸۴

وگرنه انتقام همه را از تو می‌گیرم تا اموالِ ثروتمندان در امان باشد.

گفت او از بعدِ سوگندانِ پُر که: نی‌اَم[1] من خانه‌سوز[2] و کیسه‌بُر[3] ۴۲۸۵

مردِ غریب سوگندهای غلیظی خورد که دزد و جیب‌بُر نیستم.

من نه مردِ دزدی و بیدادی‌اَم من غریبِ مصرم و بغدادی‌اَم ۴۲۸۶

من دزد و ستمگر نیستم، اهل بغدادم و اینجا غریبم.

بیانِ این خبر که: «اَلْکِذْبُ رِیبَةٌ وَ اَلصِّدْقُ طُمَأنینَةٌ»[4]

قصّهٔ آن خواب و گنج زر بگفت پس ز صدق ِ او دلِ آنکس شکُفت ۴۲۸۷

مردِ غریب صادقانه قصّهٔ خواب و گنج را گفت و در دل عَسَس اثر کرد.

بویِ صدقش آمد از سوگندِ او سوزِ او پیدا شد و اِسپندِ او[5] ۴۲۸۸

بوی صداقتش در سوگندِ او و سوزِ دلش آشکار بود.

دل بیارامد به گفتارِ صواب آنچنانکه تشنه آرامد به آب ۴۲۸۹

دل با سخن راست آرامش می‌یابد، همان‌گونه که تشنه با آب.

جز دلِ محجوب[6] کو را علّتی‌ست[7] از نبی‌اَش[8] تا غَبی[9] تمییز نیست ۴۲۹۰

بجز دلِ غافل که بیمار است و فرقِ عقلِ کامل و عقلِ ناقص را هم نمی‌داند.

ورنه آن پیغام کز موضع بُوَد[10] بر زند بر مَهْ شکافیده شود[11] ۴۲۹۱

وگرنه سخنِ حق ماه را هم می‌شکافد.

---

۱ – **نی‌اَم:** نیستم. ۲ – **خانه‌سوز:** توسّعاً دزد. ۳ – **کیسه‌بُر:** جیب‌بُر، دزد.

۴ – حدیث: راستی موجب آرامش است و دروغ موجبِ پریشانی: احادیث، ص ۲۲۶.

۵ – **اسپندِ او:** دل‌سوخته و آزردهٔ او.

۶ – **دلِ محجوب:** دلی که از عالم معنا و حقایق بی‌خبر و غافل است، دلی که در پردهٔ غفلت مانده.

۷ – **علّت:** بیماری، ناخوشی و این بیماری غفلت و جهل است. ۸ – **نَبی:** پیامبر.

۹ – **غَبی:** ابله، احمق. ۱۰ – **کز موضع بُود:** از محلِّ صدق، سخنِ حق، کلام صواب.

۱۱ – همان‌گونه که در مورد پیامبر(ص) رُخ داد. اشاره به سورهٔ قمر.

مَهْ شکافد، و آن دلِ محجوبْ نی زآنکه مردود است او، محبوب نی ۴۲۹۲

با سخن حق ماه می‌شکافد؛ امّا دلِ غافل نه؛ زیرا مردود درگاه است نه محبوب.

چشمه شد چشم عسس زاشکِ مُبِل[۱] نی زگفتِ خُشک[۲]، بَلْ[۳] از بویِ دل[۴] ۴۲۹۳

چشم داروغه پُر از اشک شد؛ چون سخنِ او بی‌روح نبود، پرسوز بود.

یک سخن از دوزخ[۵] آید سویِ لب یک سخن از شهرِ جان[۶] در کویِ لب ۴۲۹۴

یک سخن از نَفسِ امّاره بر لب می‌آید و یک سخن از نَفْسِ مطمئنّه.

بحرِ جانْافزا[۷] و بحرِ پُر حَرَج[۸] در میانِ هر دو بحر، این لب مَرَج[۹] ۴۲۹۵

«لبِ انسان»، برزخی است میان این جهان و آن جهان؛ یعنی عالمِ غیب که جان‌افزاست و دنیا که پُر از تنگنا و گرفتاری است.

چون یَپُنلُو[۱۰] در میانِ شهرها از نواحی آید آنجا بهرها[۱۱] ۴۲۹۶

همان‌طور که در بازار روستایی هر شهری کالایِ خود را عرضه می‌کند، زبان آدمی هم بازاری است که شأن او را به نمایش می‌گذارد.

کالۀ[۱۲] معیوبِ قلبِ[۱۳] کیسه‌بُر[۱۴] کالۀ پرسودِ مُستَشرَف[۱۵] چو دُر[۱۶] ۴۲۹۷

هم کالای پُرعیبِ تقلّبیِ گول زننده و هم کالایِ عالی و گرانبها مانندِ مروارید.

زین یَپُنْلُو، هر که بازرگان‌تر[۱۷] است بر سَره[۱۸] و بر قلب‌ها دیده‌ور است ۴۲۹۸

در این بازار هر که با آگاهی بیشتر بتواند کالایِ خالص را از ناخالص بشناسد،

شد یَپُنلُو مر وَرا دارُآلرِّباح[۱۹] وآن دگر را از عَمیٰ[۲۰] دارُآلجُناح[۲۱] ۴۲۹۹

بازار برایِ او محلِّ سود است و برای آدمِ ناآگاه محلّ زیان.

---

۱ - **مُبِلّ** : تَر و خیس کننده، ریزنده. ۲ - **گفتِ خُشک** : سخنِ خُشک و بی‌روح. ۳ - **بَل** : بلکه.
۴ - **بویِ دل** : تأثیری که سوزِ دل دارد. ۵ - **دوزخ** : کنایه از نَفْسِ امّاره.
۶ - **شهر جان** : کنایه از نَفْسِ مطمئنّه. ۷ - **بحرِ جان‌افزا** : عوالم غیبی، عالم معنا.
۸ - **بحرِ پُر حَرَج** : دریایی پر از تنگنا و سختی، کنایه از دنیا. «حَرَج»: تنگی، تنگنا، سختی.
۹ - **مَرَج** : ناظر است به آیۀ ۱۹ و ۲۰ سورۀ الرّحمن: مَرَجَ البَحْرَیْنِ یَلْتقیان بَیْنَهُما بَرْزَخٌ لاَ یَبْغیانِ.
۱۰ - **یَپُنلُو** : واژه‌ای ترکی است به معنی بازار روستایی. ۱۱ - **بَهْر** : قسمت، حصه، بخش، اینجا کالا.
۱۲ - **کاله** : کالا، متاع. ۱۳ - **قلب** : تقلّبی. ۱۴ - **کیسه‌بُر** : گول‌زننده، فریب‌دهنده.
۱۵ - **مُسْتَشْرِف** : شریف، عالی. ۱۶ - **دُرّ** : مروارید. ۱۷ - **بازرگان‌تر** : اینجا آگاه‌تر.
۱۸ - **سَره** : صحیح، خالص، خوب. ۱۹ - **دارُآلرَّباح** : محلِّ سود، خانۀ سود.
۲۰ - **عَمیٰ** : نابینایی، اینجا ناآگاهی، کورباطنی. ۲۱ - **دارُآلجُناح** : خانۀ زیان و خطا.

هر یکی ز اجزایِ عالم یک به یک   بر غَبی بند است و بر استادْ[1] فَک[2] ۴۳۰۰

به همین ترتیب هر یک از اجزایِ جهان برای نادان مانندِ بند است و برای دانا موجبِ رهایی.[3]

بر یکی قند است، و بر دیگر چو زهر   بر یکی لطف است، و بر دیگر چو قهر ۴۳۰۱

برای یکی قند و برای دیگری زهر است، برای یکی لطف و برای دیگری قهر است.

هر جَمادی با نَبی افسانه گو   کعبه با حاجی، گواه و نطقْ‌خُو[4] ۴۳۰۲

هر جمادی با پیامبر سخن می‌گوید، کعبه گواه حاجی است و با او حرف می‌زند.

بر مُصلّی، مسجد آمد هم گواه   کو همی آمد به من از دورْ راه ۴۳۰۳

مسجد گواهِ نمازگزار است که از راهی دور نزد من می‌آمد.

با خلیل، آتش گل و ریحان و وَرد   باز بر نمرودیان مرگ است و درد ۴۳۰۴

آتش برای ابراهیم(ع) انواع گل و ریحان بود؛ امّا بر نمرودیان هلاکت‌آور و دردناک.

بارها گفتیم این را، ای حَسَن[5]!   می‌نگردم از بیانش سیرْ من ۴۳۰۵

ای حَسَن، این را بارها گفته‌ام؛ امّا از بیانِ آن سیر نمی‌شوم.

بارها خوردی تو نان، دَفع ذُبول[6]   این همان نان‌است[7]، چون نَبْوی[8] ملول؟ ۴۳۰۶

برای رفعِ ضعف، بارها نان خوردی و باز هم می‌خوری، چرا ملول نمی‌شوی؟

در تو جوعی[9] می‌رسد نو زِاعتلال[10]   که همی سوزد از او[11] تُخمه[12] و ملال[13] ۴۳۰۷

به عللی دوباره گرسنه می‌شوی که سیری و بی‌میلی از میان می‌رود.

هر که را دردِ مَجاعت نقد شد[14]   نو شدن با جُزو جُزوش عقد[15] شد ۴۳۰۸

هرکس که نیازمند باشد، هر لحظه درکی تازه و نو دارد.

---

۱ - **استاد :** دانا. ۲ - **فَک :** جدا شدن دو چیز از هم، رها کردن.

۳ - مُراد آنکه: هر جزو می‌تواند آگاه کننده ویا غافل کننده باشد. ۴ - **نطق‌خُو :** ناطق، گویا.

۵ - **حَسَن :** نامِ خاص نیست و در مثنوی این‌گونه خطاب مکرر آمده است. ۶ - **ذُبول :** لاغری، پژمردن.

۷ - **این همان نان است :** باز هم همان نان را می‌خوری. ۸ - **نَبْوی :** نیستی. ۹ - **جُوع :** گرسنگی.

۱۰ - **اعتِلال :** علل، عوامل. ۱۱ - **همی سوزد از او :** از میان می‌رود. ۱۲ - **تُخمه :** امتلاء معده.

۱۳ - **ملال :** اینجا بی‌میلی.

۱۴ - **دردِ مَجاعت... :** هرکس که گرسنگی سرمایه‌اش باشد؛ یعنی نیاز سرمایه‌اش شود، همین نیاز سبب نو شدنِ او و درکِ تازهٔ او از هستی می‌گردد. ۱۵ - **عقد :** پیوند زدن.

لذّت از جوع است، نه از نُـقلِ نـو[1]   بـا مَـجاعت از شکـر بِـهْ نـانِ جـو 4309

لذّتِ طعام به سببِ گرسنگی است که در آن حال نانِ جو بهتر از شکر است.

پس ز بی‌جوعی‌ست وز تُخمهٔ[۲] تمام   آن مــلالت، نــه ز تکـرارِ کـلام ۴۳۱۰

پس ملال از تکرار کلام نیست از بی‌نیازی و خودبینی است.

چون ز دکّان و مِکاس[۳] و قیل و قال   در فـریبِ مَـردمت، نـاید مـلال؟ ۴۳۱۱

چرا از کاسبی و چک و چانه زدن و گفتگو برای فریبِ مردم ملول نمی‌شوی؟

چون ز غِیبت، و اَکلِ لَحم مردمان[۴]   شصت سالت سیری نـامد از آن؟ ۴۳۱۲

چرا شصت سال است که از غیبت کردن و خوردن گوشتِ مردم سیر نشده‌ای؟

عشوه‌ها[5] در صیدِ شُلَّهٔ[۶] کَـفْتَه[۷] تـو   بـی‌ملولی بـارها خـوش گُـفته تـو ۴۳۱۳

بارها برای فریفتن زنان و ارضای امیالِ خود، سخنانِ خوش می‌گویی و ملول نمی‌شوی.

بارِ آخِر گوییَ‌اَش سوزان و چُست[۸]   گـرم‌تـر صـد بـار از بـارِ نـخُست ۴۳۱۴

هر بار گرم‌تر و مؤثرتر از دفعهٔ قبل می‌گویی.

دردْ[۹] داروی کــهن[۱۰] را نــو کــند   درد هر شاخِ مـلولی[۱۱] خَـو کـند[۱۲] ۴۳۱۵

«نیاز»، دردی است که نمی‌گذارد معانی کهنه شوند و هر ملالتی را از بین می‌برد.

کــیمیایِ نــو کــننده دردهــاست   کو ملولی آن طرف که درد خاست؟ ۴۳۱۶

«نیاز»، مانند کیمیا، جان را تازه و پرطراوت می‌کند و اثری از ملالت برجای نمی‌گذارد.

هــین! مزن تـو از مـلولی آهِ سـرد   دَرد جُــو و درد جُــو و دَرد، درد ۴۳۱۷

بهوش باش که آهِ سردِ ناامیدانه بی‌حاصل است، طالبِ درد باش، همین.

---

۱ - **نُقلِ نو:** غذایِ نو.   ۲ - **تخمه:** امتلا یا پُر بودن معده، اینجا پُر بودن از خودبینی و خودمحوری.

۳ - **مِکاس:** چک و چانه زدن.

۴ - **اَکلِ لَحم مردمان:** اشاره به مضمون آیهٔ شریفه: حُجُرات: ۱۲/۴۹: ...آیا هیچ یک از شما دوست می‌دارد که گوشتِ برادر مُردهٔ خود را بخورد؟   ۵ - **عشوه:** فریب.   ۶ - **شُلَّه:** شرمگاه زنان، فرج زن.

۷ - **کَفْته:** شکافته.   ۸ - **چُست:** چالاک، اینجا اثرگذار، مؤثّر.

۹ - **درد:** اینجا نیازمندی، نیاز به درکِ برتر.

۱۰ - **داروی کُهن:** معانی و مفاهیمی که بارها گفته شده‌اند و داروی غفلت و نادانی‌اند.

۱۱ - **شاخ ملولی:** شاخهٔ ملالت، هر نوع ملالت و دلتنگی، «ملولی» با یاء مصدری خوانده می‌شود.

۱۲ - **خَو کردن:** کَندن علف‌هایِ هرزه، هَرَس کردن، بریدن.

۴۳۱۸ خادِع¹ دَردانــد درمــان‌هـایِ ژاژ²   رهزن‌اند³ و زرسِتانان⁴، رسـم بـاژ⁵

سخنانِ مدّعیانِ یاوه‌گو، درمان نیست، فریبی است که دردمندان را گمراه می‌کند و مانند راهزنان سیم و زرِ عمر آنان را می‌ستانَد.

۴۳۱۹ آبِ شوری، نیست درمـانِ عَطَش   وقتِ خوردن گر نماید سرد و خوش

آبِ شور هرچند که گوارا و سرد، رفع عطش نمی‌کند.

۴۳۲۰ لیک خادِع گشت، و مانع شد ز جُست   زآبِ شیرینی، کز او صد سبزه رُست⁶

امّا فریبی بود که مانعِ جُستنِ آبِ شیرین که مایهٔ حیات است، شد.

۴۳۲۱ هـمچنین هـر زرِّ قلبی مانع است   از شناسِ زرِّ خوش⁷، هرجا که هست

به همین ترتیب هرجا طلای تقلّبی باشد، مانعِ شناختِ طلای حقیقی است.

۴۳۲۲ پـا و پـرّت⁸ را بـه تـزویری بُرید   که: مُرادِ تو منم، گیر ای مُرید!

مدّعیِ ارشاد با دعویِ اینکه مُراد هستم، بیا و دامان تربیتِ مرا بگیر، قابلیّت و استعدادِ رشدِ معنویِ تو را با نیرنگ از بین می‌برد.

۴۳۲۳ گفت: دَردت چینم،⁹ او خود دُرد¹⁰ بود   مات¹¹ بود، ارچه به ظاهر بُرد بود¹²

می‌گفت: دردت را درمان می‌کنم؛ امّا دروغگو بود. بازنده‌ای به ظاهر برنده بود.

۴۳۲۴ رو، ز درمـــانِ دروغــین مــی‌گریز   تا شود دَردت مُصیب¹³ و مُشک‌بیز¹⁴

برو و از مدّعیان دوری کن تا «درد و نیاز» تو را به معرفت و نتیجهٔ خوش برساند.

---

۱ - خادِع: فریبنده.   ۲ - درمان‌هایِ ژاژ: درمان‌هایِ بیهوده، سخنانِ مدّعیانِ معرفت.
۳ - رهزن: راهزن، دزد.   ۴ - زرسِتان: کسی که سیم و زرِ خلق را به زور می‌ستانَد.   ۵ - باژ: باج.
۶ - سبزه رُست: سبزه می‌روید، «سبزه»: کنایه از معانی و معارفی که در محضرِ کاملان حاصل می‌شود. «آبِ شیرین»: کنایه از هدایت و سخنانِ واصلان.   ۷ - زرِّ خوش: زرِ ناب، طلایِ حقیقی و خالص.
۸ - پا و پر: پایِ سلوک و پروبالِ پرواز در عالم معنا، کنایه از قابلیّت و استعدادِ رسیدن به کمالِ معنوی و روحانی.
۹ - دَردت چینم: دردت را درمان می‌کنم، درد را از وجودت بر می‌دارم.
۱۰ - دُرد: رسوبِ شراب، ناخالصی، اینجا کنایه از دروغگو و ریاکار.   ۱۱ - مات: بازنده.
۱۲ - بُرد بود: برنده بود.
۱۳ - مُصیب: بر صواب رفته، صواب یابنده، «تا شود دَردت مُصیب»: تا دردی که برای رسیدن به حقایق در وجودت هست، تو را به معرفتِ عالم معنا برسانَد.
۱۴ - مُشک‌بیز: مُشک‌افشان، کنایه از هرچیز خوب با رایحهٔ مطبوع، اینجا نتیجهٔ خوب و رسیدن به حقایق و عِطرِ آن.

گفت: نـه دُزدی تـو و نـه فـاسقی[1] مـردِ نـیکی، لیک گـول[2] و احـمقی ۴۳۲۵

داروغه گفت: تو دزد و تبهکار نیستی، مرد خوبی هستی؛ امّا گیج و ابلهی.

بر خیال و خوابْ چندین ره‌کنی[3]؟ نیست عـقلت را تَسُویی[4] روشـنی ۴۳۲۶

به امیدِ خواب و خیالی این همه راه آمدی؟! عقلت ذرّه‌ای نور ندارد.

بـارها مـن خـواب دیـدم، مُستمِر که به بـغداد است گـنجی مُسـتَتِر[5] ۴۳۲۷

من بارها در خواب دیدم که گنجی در بغداد نهان است.

در فلان سوی و فلان کویی دفـین[6] بود آن خود نام کویِ ایـن حـزین[7] ۴۳۲۸

در فلان طرف و فلان محلّه دفن شده است، نامِ کویی را که می‌گفت، محلّهٔ این مرد غمزده بود.

هست در خـانهٔ فـلانی، رو بـجو نامِ خـانه و نـامِ او گـفت آن عَـدُو[8] ۴۳۲۹

هاتف گفت: گنج در خانهٔ فلانی است. برو و پیدا کن. مشخّصاتی که داروغه مـی‌گفت، مشخّصاتِ خانه و نامِ آن مردِ غریب بود.

دیده‌ام خود بارها این خـوابْ مـن که به بغداد است گنجی در وطـن[9] ۴۳۳۰

من خود بارها این خواب را دیده‌ام که در بغداد گنجی هست.

هیچ من از جا نرفتم[10] زین خـیال تو به یک خوابی بیایی بی‌ملال[11]؟ ۴۳۳۱

به سبب این خیال از جایم تکان نخوردم؛ امّا تو از خوابی بدون ناراحتی آمده‌ای؟

خـوابِ احـمقْ لایـقِ عـقلِ وی است همچو او بی‌قیمت است و لاْشَیْ[12] است ۴۳۳۲

رویای آدمِ نادان لایقِ عقل اوست و مانندِ خود او بی‌قدر است.

خوابِ زن کمتر ز خوابِ مـرد دان از پی نقصانِ عقل و ضـعفِ جـان ۴۳۳۳

خواب زن به سبب نقص عقل و ضعفِ روحی از خوابِ مرد نازل‌تر است.

---

۱ - **فاسق :** تبهکار. ۲ - **گول :** گیج. ۳ - **چندین ره کنی :** این همه راه آمدی.

۴ - **تَسُو :** یک بخشِ کوچک از هر چیز. ۵ - **مُسْتَتِر :** نهان. ۶ - **دفین :** مدفون.

۷ - **حزین :** محزون، غمگین. ۸ - **آن عدو :** آن دشمن، اینجا داروغه.

۹ - **در وطن :** مُراد آنکه جایِ آن گنج بغداد است، گنج در وطن خود هست.

۱۰ - **از جا نرفتم :** از جایم تکان نخوردم، به آن اهمّیّتی ندادم.

۱۱ - **بی‌ملال :** بدون ناراحتی، بدون احساس رنج و ملال. ۱۲ - **لاْشَیْ :** مخفّف لاْشَیء: ناچیز، بی‌قدر.

خوابِ ناقصْ‌عقل و گول، آید کساد[1]   پس ز بی‌عقلی چه باشد خواب؟ باد ۴۳۳۴

در حالی که خوابِ افرادِ کم‌عقل و گیج قدری ندارد، خوابِ بی‌عقل چیست؟ باد.

گفت با خود: گنج در خانهٔ من است   پس مرا آنجا چه فقر و شیون است؟ ۴۳۳۵

مرد غریب گفت: گنج در خانهٔ من است و آنجا از فقر چه شیونی می‌کردم؟!

بر سرِ گنج، از گدایی مُرده‌ام   زآنکه اندر غفلت و در پرده‌ام[2] ۴۳۳۶

روی گنج نشسته‌ام و از فقر می‌میرم؛ زیرا غافلم.

زین بشارت مست شد، دَردش نماند   صدهزار اَلحمد، بی‌لب[3] او بخواند ۴۳۳۷

از این مژده چنان سرمست شد که ناراحتی‌اش رفت. در دل صدهاهزار بار شکر کرد.

گفت: بُد موقوفِ[4] این لَت[5] لُوتِ[6] من   آبِ حیوان[7] بود در حانوتِ[8] من ۴۳۳۸

گفت: روزیِ من مشروط به این ضربه بود؛ زیرا آبِ حیات در خانهٔ خودم بود.

رو، که بر لوتِ شگرفی[9] بر زدم   کوریِ آن وَهْم[10] که مُفلس بُدم ۴۳۳۹

برو که به کوریِ پندارِ مفلس بودن به روزیِ عظیمی رسیدم.

خواه احمق دان مرا خواهی فُرُو[11]   آنِ من شد، هرچه می‌خواهی بگو ۴۳۴۰

خواه مرا احمق بدانی، خواه فرومایه، هرچه می‌خواهی، بگو، گنج مالِ من شد.

من مُرادِ خویش دیدم بی‌گمان   هرچه خواهی گو مرا، ای بَدْدهان[12]! ۴۳۴۱

بی‌شک به مرادم رسیدم. حال، ای یاوه‌گو، هرچه می‌خواهی، بگو.

تو مرا پُردَرد گو[13] ای مُحتشم[14]!   پیش تو پُردَرد، و پیشِ خود خوشم ۴۳۴۲

ای داروغه، تو مرا دردمند بدان، نزدِ تو دردمندم و نزدِ خود شادمان.

---

۱ - **کساد**: بی‌قیمت که تعبیری ندارد.   ۲ - **پرده**: حجاب، پردهٔ غفلت، آنچه که مانعِ درک عوالم غیبی گردد.
۳ - **بی‌لب**: در دل.   ۴ - **موقوف بودن**: وابسته بودن.   ۵ - **لَت**: ضربه، کتک و سیلی خوردن.
۶ - **لوت**: خوراک، اینجا رزق و روزی.   ۷ - **آبِ حیوان**: آبِ حیات.
۸ - **حانوت**: دکّان، اینجا کنایه از خانه.   ۹ - **شگرف**: عظیم.   ۱۰ - **وهم**: پندار.
۱۱ - **فُرُو**: بر سر اسم می‌آید و صفت می‌سازد. فرودست، فرومایه.   ۱۲ - **بد دهان**: بیهوده‌گو، یاوه‌گو.
۱۳ - **پُردرد گو**: هرچه می‌خواهی بگو، فکر کن که فقیری خیالاتی‌ام و یا هر چیز دیگری.
۱۴ - **محتشم**: بزرگ و باشکوه.

وای اگر برعکس[1] بودی این مَطار[2] — پیشِ تو گلزار و پیشِ خویش زار ۴۳۴۳

وای اگر این حالت برعکس بود؛ یعنی به نظر تو خوب بودم و در نظر خودم بد.

مَثَل

فرومایهٔ خودپسندی به درویشِ اهلِ دل به طعنه گفت: در اینجا هیچ کس تو را نمی‌شناسد. او پاسخ داد: اگر خلق مرا نشناسد، بیمی نیست؛ زیرا من بر خویش معرفت دارم. اگر برعکس بود و خلق بینایِ من بودند و من نابینایِ خود، جای اندوه بود.[3]

این مَثَل در بی‌نیازی عارفانِ بِالله از تعظیمِ خلق به تقریر آمده است.

گفت با درویش روزی یک خَسی — که تو را اینجا نمی‌دانَد کسی ۴۳۴۴

روزی شخصی فرومایه به درویشی گفت: اینجا کسی تو را نمی‌شناسد.

گفت او: گر می‌ندانند عامی‌اَم — خویش را من نیک می‌دانم کی‌اَم ۴۳۴۵

درویش گفت: اگر عوام مرا نمی‌شناسند، من به خوبی خود را می‌شناسم.

وای اگر برعکس بودی دَرد و ریش[4] — او بُدی بینایِ من، من کورِ خویش ۴۳۴۶

وای اگر این درد و زخم وارونه بود که آنان مرا می‌شناختند و من خود را نمی‌شناختم.

احمقم گیر، احمقم من نیک‌بخت — بخت بهتر از لجاج و رُویِ سخت[5] ۴۳۴۷

مرا احمق بدان که احمقی سعادتمندم و مقبل، نه اهلِ عناد و گستاخی.

این سخن بر وَفقِ[6] ظَنَّت[7] می‌جهد — ورنه، بَختم داد عقلم هم دهد[8] ۴۳۴۸

اینکه خود را احمق گفتم، به سببِ پندارِ توست که سعادت مرا درک نمی‌کنی، وگرنه پروردگاری که اقبال داد، عقلِ برخورداری از آن را هم می‌دهد.

---

۱ - **برعکس** : وارونه. ۲ - **مَطار** : پرواز، اینجا وضع و حالت.

۳ - مأخذ این قصّهٔ مَثَل‌گونه، بسط و توسعهٔ ضرب‌المثل‌های رایج در افواه عام است.

۴ - **درد و ریش** : درد و زخم، کنایه از عدم بینش و بصیرت، عدم آگاهی.

۵ - مرد غریب می‌گوید: تو جدّ و جهد مرا بیهوده می‌دانی و می‌پنداری که با حماقت این همه راه آمده‌ام؛ امّا نمی‌دانی که اگر نمی‌آمدم، نمی‌فهمیدم که نباید بیابم و گنج در خانهٔ من است. [گنج کنایه از گنج حقایق و معارف است.] ۶ - **وَفق** : موافقت و سازگاری. ۷ - **ظَنّ** : گُمان. ۸ - آنکه بخت داد عقل هم می‌دهد.

بازگشتنِ آن شخص، شادمان و مُراد یافته، و خدای را شکرگویان و سجده کنان، و حیران در غرایبِ[1] اشارات حق، و ظهورِ تأویلاتِ آن[2] در وجهی که هیچ عقلی و فهمی بدآنجا نرسد

بـــازگشت از مـــصر تـــا بـــغدادْ او ساجد و راکِـع،[3] ثـناگـر، شکـرگو ۴۳۴۹

آن مرد با عبودیّتِ تمام و در حالِ ثنا و شکر از مصر به بغداد بازگشت.

جمله رَهْ حیران و مست او زین عجب[4] ز انـــعکاسِ روزی[5] و راهِ طـــلب ۴۳۵۰

تمامِ راه از این اتّفاق عجیب و وارونه‌نماییِ روزی و راهِ یافتنِ آن حیران و سرمست بود.

کـز کـجا اومـیدوارم کـرده بـود وز کجا افشاند بر من سیم و سود؟ ۴۳۵۱

که مرا به کجا امیدوار کرده بود و از کجا سیم و زر نثارم کرد.

این چه حکمت[6] بود که قبلهٔ مُراد[7] کردم از خانه برون، گمراه[8] و شاد؟ ۴۳۵۲

این چه مصلحتی بود که خداوند مرا با شادی به راهی که به مقصود نمی‌رسید، روانه کرد؟

تــا شــتابان در ضــلالت[9] مـی‌شدم هر دم از مطلب[10] جداتـر مـی‌بُدم ۴۳۵۳

تا شتابان در بیراهه می‌رفتم و از مقصود دورتر می‌شدم.

بـاز آن عـینِ ضَـلالت را بـه جُـود حق وسیلت کرد اندر رُشد و سـود ۴۳۵۴

امّا حق از کَرَم آن بیراهه را وسیلهٔ رسیدن به خیر و صلاح قرار داد.

گـــمرهی را مَـنهجِ[11] ایـمان کُـند کژرَوی[12] را مَحْصَدِ[13] احسان کُند[14] ۴۳۵۵

گاه پروردگار، گمراهی را راهِ رسیدن به ایمان قرار می‌دهد و انحراف را طریقهٔ رسیدن به احسان.

---

۱ - **غرایب :** عجایب. ۲ - **ظهورِ تأویلاتِ آن :** ظاهر شدن تعبیرهایِ آن.

۳ - **ساجد و راکع :** سجده‌کنان و رکوع‌کنان، کنایه از حالِ عبودیّت و بندگیِ خالصانه.

۴ - **زین عجب :** از سخنِ عجیبی که از داروغه شنیده بود.

۵ - **انعکاسِ روزی :** وارونه‌نمایی رزق و روزی که هاتف نشان آن را به مصر داده بود در حالی که در خانهٔ خودِ او و در بغداد بود. ۶ - **حکمت :** اینجا مصلحت. ۷ - **قبلهٔ مُراد :** خداوند، پروردگار.

۸ - **گمراه :** در راهی غیر از راهِ رسیدن به هدف رفتن. ۹ - **ضلالت :** گمراهی.

۱۰ - **مطلب :** اینجا مقصود. ۱۱ - **مَنْهج :** راه، روش. ۱۲ - **کژروی :** انحراف.

۱۳ - **مَحْصَد :** خرمنگاه. ۱۴ - کژروی یا انحراف طریقهٔ رسیدنِ به احسان می‌شود.

تا نباشد هیچ مُحسِن[۱] بی‌وَجا[۲] تـا نباشد هیچ خـاین[۳] بی‌رَجا[۴] ۴۳۵۶

تا نیکان هم بیمناک باشند و بدان هم نااميد نشوند.

انـدرونِ زَهـر، تِریاق آن حَفی[۵] کرد تـا گویند ذُوٱللُّطفِ ٱلخَفی[۶] ۴۳۵۷

خداوند مهربان در زهر پادزهر قرار داد تا بگویند که لطف نهان دارد.

نیست مخفی در نماز آن مَکْرُمَت[۷] در گـنه خِلعت نـهد، آن مغفرت ۴۳۵۸

این کَرَم «لطفِ خَفی»، در نماز نهفته نیست، «مغفرتِ» الهی است که شاملِ حال گنهکار می‌شود.

مُنکران را قَـصدِ اِذلالِ[۸] ثِقات[۹] ذُل[۱۰]، شده عِزّ و ظُهورِ مـعجزات ۴۳۵۹

قصدِ مُنکران خوار کردن بندگانِ عزیز بود که سببِ ظهور معجزات و سرافرازیِ آنان شد.

قـصدشان ز انکـار، ذُلِّ دیـن بُـده عـینِ ذُل، عـزِّ رسـولان آمـده ۴۳۶۰

مقصودشان از انکار خوار کردن دین بود که آن خواری، بر عزّت رسولان افزود.

گرنه انکار آمدی[11] از هـر بـدی[12] معجزه و برهان چرا نـازل شـدی؟ 4361

اگر هر انسان بدی مُنکر نمی‌شد، چه نیازی به نزول معجزه و برهان بود.

خصمِ مُنکِر[۱۳] تا نشد مِصداق خواه[۱۴] کِـی کـند قـاضی[15] تـقاضایِ گـواه؟ ۴۳۶۲

اگر دشمنِ مُنکر دلیلِ صدقِ ادّعا را نمی‌خواست، قاضی تقاضایِ گواه می‌کرد؟

معجزه همچون گـواه آمـد زَکـی[۱۶] بهرِ صـدقِ مـدّعی در بی‌شکی[۱۷] ۴۳۶۳

معجزه مانندِ گواهِ صادقی است که هر شکی را در مورد ادّعای انبیا برطرف می‌کند.

طعن چون می‌آمد از هر ناشناخت[۱۸] معجزه می‌داد حقّ و می‌نواخت[۱۹] ۴۳۶۴

چون ناآگاهان به انبیا طعنه می‌زدند، خداوند به آنان «معجزه» عطا می‌کرد و ایشان را به لطف می‌نواخت.

---

۱ - **محسن** : نیکوکار. ۲ - **وَجا** : ترس، بیم. ۳ - **خاین** : خیانت کننده. ۴ - **رجا** : امید.

۵ - **حَفی** : مهربان. ۶ - **ذُواللُّطفِ الْخَفی** : دارندهٔ لطف نهانی. ۷ - **مَکْرُمَت** : کَرَم، اِکرام.

۸ - **اِذلال** : خوارکردن. ۹ - **ثقات** : معتمدان، اینجا بندگان خاص. ۱۰ - **ذُل** : خواری.

11 - **نه انکار آمدی** : منکر نمی‌شد. 12 - kMo :° kMjCo / 13 - i~ãñ®ß© : j{ªß®ñã/

14 - «~kA i±A : i±AB£ß±A° ß|»«® »MA° æKA ßSAgiB/

15 - B »: QoºnjEBrAw S ³MA° AYBEßRAgiBßA¼BM³CB¬«í\qAU» î B oj/

۱۶ - **گواهِ زَکی** : گواهِ پاک، اینجا پاک از هر شائبه،گواهِ صادق. ۱۷ - **بی‌شکی** : برای ردِّ هر شک و شُبهه.

۱۸ - **ناشناخت** : ناآگاه. ۱۹ - **می‌نواخت** : لطف می‌کرد.

مَکْـرِ آن فـرعون سیصدتُو[1] بُـده　　　جـــمله ذُلِّ او و قَـمْعِ او[2] شـــده ۴۳۶۵

مکرِ فرعون بسیار عظیم و پیچیده بود؛ امّا موجبِ خواری و نابودیِ خودِ او شد.

ساحران آورده حاضر، نیک و بـد[3]　　　تا که جَرحِ[4] مـعجزهٔ مـوسی کـند[5] ۴۳۶۶

همهٔ جادوگران ماهر و غیرماهر را گِرد آورد تا معجزهٔ موسیٰ(ع) را رد کند.

تـــا عـــصا را بـــاطل و رُسوا کـند　　　اعـــتبارش[6] را ز دل‌هـــا بـــر کَـنَد ۴۳۶۷

تا باطل بودنِ اعجازِ عصایِ موسیٰ(ع) را نشان دهد و اعتماد و شأنِ آن را از دل‌ها بِبَرَد.

عـینِ آن مکـر آیتِ مـوسی شـود　　　اعـــتبارِ آن عـــصا بـــالا رود ۴۳۶۸

امّا همان مکر نشانِ برحق بودن موسیٰ(ع) شد و شأن عصا را افزود.

لشکر آرَد او بِگـه[7] تـا حَـوْلِ نـیل[8]　　　تا زند بر مـوسی و قـومش سَـبیل[9] ۴۳۶۹

صبحِ زود لشکری گِرد آوَرد تا راه را بر موسیٰ و قومش ببندد.

ایـــمنیِّ امّتِ مـــوسی شـــود[10]　　　او به تَحْتَ‌آلارض[11] و هامون[12] در رَوَد ۴۳۷۰

امّا همان کار سبب غرق فرعونیان و قوّت قلبِ اُمّت موسیٰ(ع) شد.

گر به مصر اندر بُدی[13] او، نامدی،　　　وَهْم[14] از سِبطی[15] کجا زایل شدی؟ ۴۳۷۱

اگر فرعون در مصر می‌ماند و نمی‌آمد، واهمهٔ بنی اسرائیل چگونه زایل می‌شد؟

آمـد و در سِـبط افـکـند او گُـداز[16]　　　که بدانکه: اَمنْ در خوف است راز[17] ۴۳۷۲

فرعون آمد و آتشی در بنی‌اسرائیل افکند تا این راز را بدانند که امن در خوف است.

---

۱ - **سیصدتُو :** سیصد لایه، خیلی عجیب و پیچیده.　۲ - **قمعِ او :** نابودی و سرکوبیِ او.

۳ - **نیک و بد :** ماهر و غیر ماهر، همه و هرچه که بود.

۴ - **جرح :** باطل کردن عدالتِ شاهد، اثباتِ اینکه شهادتِ شاهد دروغ بوده است.

۵ - اینجا اثبات اینکه اژدهایِ موسیٰ یک جادوست نه اعجاز. «اشاره به اژدها شدنِ عصایِ موسیٰ(ع).»

۶ - **اعتبار :** شأن، منزلت، قدر.　۷ - **بِگه :** پگاه، صبح زود.　۸ - **حولِ نیل :** پیرامونِ رودِ نیل.

۹ - **سَبیل زند :** راه را ببندد.

۱۰ - **ایمنیِّ اُمّت... :** با غرق شدنِ فرعونیان قومِ موسیٰ(ع) هم در امان ماندند و هم قوّت قلب یافتند. [اشاره به آیات متعدد: بقره: ۵۰/۲، یونس: ۹۰/۱۰، اعراف: ۱۳۶/۷.]　۱۱ - **تحت‌الارض :** زیرِ زمین.　۱۲ - **هامون :** بیابان.

۱۳ - **گر اندر بُدی :** اگر می‌ماند.　۱۴ - **وهم :** واهمه، بیم.　۱۵ - **سِبطی :** اُمّت موسیٰ(ع).

۱۶ - **گُداز :** آتش.　۱۷ - این راز است که خوف سبب امن می‌شود.

آن بُوَد لطفِ خفی، کو را صَمد[1] نار بنماید، خود آن نوری بُوَد ۴۳۷۳

«لطفِ خفی» آن است که خداوند به بنده «نار» نشان دهد و «نور» باشد.

نیست مخفی مُزدْ دادن[2] در تُقیٰ[3] ساحران را اَجر بین بعد از خَطا[4] ۴۳۷۴

پاداشِ تقوا، «لطفِ خفی» نیست، پاداشِ ساحران «لطفِ خفی» است.

نیست مخفی وصل[5] اندر پرورِش[6] ساحران را وصل داد او در بُرِش[7] ۴۳۷۵

پیوندِ بندگانِ عزیز با حق آشکار است، پیوندِ ساحران که از حق بُریده بودند، «لطفِ خفی» است.

نیست مخفی سیر با پایِ رَوا[8] ساحران را سیر بین در قطعِ پا ۴۳۷۶

آشکار است که با پایِ رونده می‌توان راه رفت، ساحران را ببین که با پایِ بُریده رفتند و به حق رسیدند.

عارفان زآن‌اند دایم آمِنون[9] که گُذر کردند از دریایِ خون[10] ۴۳۷۷

چون عارفان سختی‌ها و بلایا را پذیرفتند، همواره آسوده‌اند.

اَمن‌شان از عینِ خوف آمد پدید لاجرم باشند هر دم در مَزید[11] ۴۳۷۸

این «امن» از «خوف» پدید آمد و هر لحظه افزون‌تر می‌شود.

امن دیدی، گشته در خوفی خفی؟ خوف بین هم در امیدی، ای حَفی! ۴۳۷۹

ای دانا، امنِ نهان در خوف را دیدی، بیمِ پنهان در امید را هم ببین.

آن امیر از مکر بر عیسی تَنَد[12] عیسی اندر خانه رُو پنهان کند[13] ۴۳۸۰

امیری یهودی مکّارانه عیسی(ع) را که در خانه‌ای نهان شده بود، تعقیب می‌کرد.

---

۱ - **صمد :** بی‌نیاز، از اسمای الهی، صفتِ خداوند. ۲ - **مُزد دادن :** اجر، پاداش.
۳ - **تُقیٰ :** تقوا، پرهیزکاری. مُراد آنکه: اجری که بندهٔ پرهیزکار دریافت می‌کند، لطفِ آشکار است نه لطفِ خفی.
۴ - **بعد از خطا :** بعد از آن همه خطا و عصیان. ۵ - **وصل :** وصال، پیوند، پیوستن.
۶ - **اندر پرورش :** در لطف و احسان. ۷ - **در برش :** بعد از آنکه از حق گُسسته بودند، بریده بودند.
۸ - **پایِ رَوا :** پایِ سالم. ۹ - **آمنون :** جمعِ آمن: آسوده.
۱۰ - **دریایِ خون :** کنایه از مصایب و بلایا، سختی‌هایِ تهذیب و رسیدن به معرفت.
۱۱ - **مزید :** افزایش، فزونی. ۱۲ - **بر عیسی تَنَد :** عیسی(ع) را تعقیب می‌کند.
۱۳ - اشاره است به سورهٔ نسا، ۱۵۷: «مَا قَتَلُوهُ وَ مَا صَلَبُوهُ وَ لٰکِنْ شُبِّهَ لَهُمْ» و تفسیر بیضاوی: گفته شد که طیطانوسِ یهودی به خانه‌ای که عیسی در آن بود، رفت؛ ولی او را نیافت و خداوند لباسِ شباهتِ عیسی را بر او پوشاند، چون از خانه برون آمد، او را به گمان این که عیسی است، گرفتند و بر صلیب آویختند: شرح مثنوی مولوی، دفتر ششم، ص ۲۲۶۱.

اندر آید، تا شود او تاجْدار[1]　　خود ز شِبْهِ عیسی[2]، آید تاجِ دار[3] ۴۳۸۱

می‌آید تا تاج و مقامی برتر بیابد؛ امّا به سبب شباهت به عیسی بالای دار می‌رود.

هی! میاویزید، من عیسی نی‌اَم　　من امیرم بر جهودان، خوش پی‌اَم[4] ۴۳۸۲

مرا به دار نیاویزید که عیسی نیستم. امیرِ مبارک قدمِ یهودیانم.

زُوتَرَش[5] بَر دار آویزید، کو　　عیسی است، از دستِ ما تخلیطْجو[6] ۴۳۸۳

جُهودان گفتند: زودتر او را به دار بیاویزید که خودِ عیسی است و برای رهایی دروغ می‌گوید.

چند[7] لشکر می‌رود تا بر خورَد[8]　　برگِ او فَی گردد[9] و بر سر خورَد[10] ۴۳۸۴

چه بسا لشکرها که برای پیروزی می‌روند؛ امّا غارت‌زده و ناکام می‌شوند.

چند بازرگان رود بر بویِ سود[11]　　عید پندارد،[12] بسوزد همچو عود[13] ۴۳۸۵

چه بسا تاجران که به امید سود و با شادی تجارت می‌کنند؛ امّا مانند عود می‌سوزند.

چند در عالَم بُوَد بر عکس، این　　زهر پندارد، بُوَد آن انگبین ۴۳۸۶

چه‌بسا کارهایِ دیگری در عالم که برعکس این است، آدمی چیزی را بد می‌پندارد که خوب است.

بس سپَه بنهاده دل بر مرگ خویش[14]　　روشنی‌ها و ظفر آید به پیش ۴۳۸۷

چه بسا سپاهی که دل به مرگ داده است؛ امّا پیروز می‌شود.

اَبْرَهه[15] با پیل بهرِ ذُلِّ بَیت[16]　　آمده تا افکَنَد حَیْ[17] را چو مَیْت[18] ۴۳۸۸

اَبْرَهه با فیل‌ها آمد تا خانهٔ خدا را خراب کند و زنده‌ها را بکُشد.

---

۱ - **تاجدار شود :** موقعیّت و مقامِ برتری بیابد.　۲ - **زِ شِبْهِ عیسی :** به سببِ شباهت با عیسی.

۳ - **آید تاجِ دار :** می‌رود بر بالایِ دار، به دار کشیده می‌شود.　۴ - **خوش پی :** مبارک قدم.

۵ - **زُوتر :** زودتر.　۶ - **تخلیط :** آمیختن باطل در کلام، «تخلیط‌جو»: دروغگو.　۷ - **چند :** اینجا چه بسا.

۸ - **بر خورَد :** پیروز شود.　۹ - **برگ او فی گردد :** ساز و برگِ خود را از دست می‌دهد، غارت می‌شود.

۱۰ - **بر سر خورَد :** سرخورده می‌شود.　۱۱ - **بر بویِ سود :** به امیدِ سود بردن.

۱۲ - **عید پندارد :** کار خود را بسی سودمند و شادی‌آور تلقّی می‌کند.

۱۳ - **بسوزد همچو عود :** شکست می‌خورد و مانند عود می‌سوزد.

۱۴ - **بنهاده دل... :** فکر می‌کند راهی جز مرگ و تباهی نیست.

۱۵ - اشاره به مضمون سورهٔ فیل که به موجب آن ابرهه پادشاه حبشه به قصد هدم خانهٔ کعبه با سپاهی از پیلان به سوی مکّه آمد و با سنگریزهٔ طیرِ ابابیل نابود شد.

۱۶ - **ذُلِّ بیت :** خوار کردن خانهٔ خدا، ویران کردن خانهٔ خدا.　۱۷ - **حَی :** زنده.

۱۸ - می‌خواست زندهٔ حقیقی، یعنی حقیقت را محو کند. «مَیْت»: مَیت: مُرده.

تا حریمِ کعبه را ویران کند　　جمله را زآن جای سرگردان کند[۱] ۴۳۸۹

می‌خواست حریمِ کعبه را ویران کند که همه از آنجا پراکنده شوند.

تا همه زُوّار گِردِ او تَنَند[۲]　　کعبهٔ او را همه قبله کُنند ۴۳۹۰

تا زیارت‌کنندگان به او و کعبه‌ای که ساخته توجّه کنند و آنجا را قبله سازند.

وز عرب کینه کَشَد اندر گزند[۳]　　که چرا درکعبه‌ام آتش زنند؟[۴] ۴۳۹۱

می‌خواست از اعراب انتقام بگیرد که چرا معبدِ مرا آتش زده‌اند؟

عینِ سعی‌اَش عزّتِ کعبه شده　　موجب اِعزازِ[۵] آن بیت آمده ۴۳۹۲

امّا سعیِ او سببِ عزّت و بزرگداشتِ کعبه شد.

مکّیان را عِز[۶] یکی بُد، صد شده[۷]　　تا قیامت عزّشان مُمتَد شده[۸] ۴۳۹۳

عزّتِ مردمِ مکّه افزون‌تر و احترامِ آنان استمرار یافته است.

او و کعبهٔ او شده مَخسوف‌تر[۹]　　از چی‌است این؟ از عنایاتِ قَدَر[۱۰] ۴۳۹۴

ابرهه و کعبه‌اش در نظر خلق بی‌قدرتر شدند، چرا؟ از عنایتِ حق به نیکان و مؤمنان.

از جِهازِ[۱۱] اَبْرَههٔ همچون دَدِه[۱۲]　　آن فقیرانِ عرب توانگر[۱۳] شده ۴۳۹۵

از ساز و برگ ابرههٔ درنده‌خو، بینوایان عرب به نوا رسیدند.

او گُمان بُرده که لشکر می‌کشید　　بهرِ اهلِ بَیتْ او زَر می‌کشید ۴۳۹۶

او می‌پنداشت که لشکرکشی می‌کند، نمی‌دانست که برای اهلِ مکّه طلا می‌بَرَد.

---

۱ - **سرگردان کند:** پراکنده کند.　۲ - **گِردِ او تَنَند:** به دورِ او و معبدی که در صنعا ساخته جمع شوند.

۳ - **اندر گزند:** به سببِ آسیبی که دیده.

۴ - اشاره به اینکه اعراب معبدِ قلیس را آتش زدند که سبب خشمِ او و حمله‌اش به خانهٔ کعبه شد.

۵ - **اعزاز:** گرامی داشتن.　۶ - **عِز:** عزّت.　۷ - **یکی بُد...:** بسیار افزون شده.

۸ - **ممتد شده:** استمراری همیشگی یافته است.

۹ - **مخسوف‌تر:** به زمین فرورفته‌تر، اینجا نهان‌تر، از نظرها دورتر و بی‌قدرتر.

۱۰ - **عنایات قَدَر:** لطف خداوند به نیکان.　۱۱ - **از جهاز:** از ساز و برگی که سپاهِ ابرهه با خود آورده بود.

۱۲ - **همچون دَدِه:** مانند درنده، درنده‌خو.

۱۳ - **توانگر:** به اقتضایِ وزن «تانگر» بخوانید، حرف «و» خوانده نمی‌شود.

اندر این فسخ عزایم، وین هِمَم[۱]   در تماشا بود در رَهْ هر قدم[۲] ۴۳۹۷

آن مردِ غریب در هر گام در طولِ راه به اینکه چگونه خداوند عزم و تصمیمِ آدمی را در هم می‌شکند، می‌اندیشید.

خانه آمد، گنج را او باز یافت   کارش از لطفِ خدایی ساز یافت[۳] ۴۳۹۸

به خانه آمد و گنج را یافت و کارِ او به لطف الهی به سامان رسید.

مکرّر کردنِ[۴] برادران پند دادنْ بُزرگین را، و تاب نا آوردنِ او[۵] آن پند را و در رمیدنِ او از ایشان، شیدا و بی‌خود رفتن و خود را در بارگاهِ پادشاه انداختن بی‌دستوری خواستن،[۶] لیک از فرطِ عشق و محبّت، نه از گستاخی و لاأُبالی[۷]، الی آخِرِه[۸]

آن دو گفتندش که: اندر جانِ ما   هست پاسخ‌ها چو نَجْم اندر سما[۹] ۴۳۹۹

برادران گفتند: در پاسخِ تو پاسخ‌هایی روشن داریم.

گر نگوییم آن، نیاید راست نرد[۱۰]   ور بگوییم آن، دلت آید به درد ۴۴۰۰

اگر نگوییم، نمی‌توانی به مُراد برسی و اگر بگوییم بسیار متأثّر می‌شوی.

همچو چَغزیم اندر آب،[۱۱] از گفتْ اَلَم[۱۲]   وز خموشی اِختناق[۱۳] است و سَقَم[۱۴] ۴۴۰۱

مانند قورباغهٔ درونِ آبیم که سخن گفتنِ‌مان درد می‌آورد و نگفتنِ‌مان خفقان و بیماری.

---

۱ - **فسخ عزایم وین هِمَم :** از هم گسستنِ رشتهٔ عزم‌ها و تصمیم‌ها. ناظر است به کلام حضرت علی(ع): عَرَفْتُ اللهَ بِفَسخِ العَزایم... ۲ - بازگشت به قصّهٔ مردِ بغدادی که جویای گنج بود. ۳ - **ساز یافت :** سامان یافت.

۴ - **مَکرّر کردن :** تکرارکردن. ۵ - **تاب ناآوردنِ او :** تحمّل نکردنِ او.

۶ - **بی‌دستوری خواستن :** بدون کسبِ اجازه. ۷ - **لاأُبالی :** بی‌پروا.

۸ - در این قصّه، برادر بزرگ نمادی از سالکی بی‌قرار و مجذوب است.

۹ - **چو نجم اندر سما :** مانند ستاره در آسمان، یعنی روشن و درخشان.

۱۰ - **نیاید راست نرد :** به مُراد یا مقصود نمی‌توانی برسی.

۱۱ - اشاره به قصّهٔ موش و چغز در همین دفتر بیت ۲۶۳۹ که قورباغه به سبب اصرار موش و محبّتِ او، حاضر شد با رشته‌ای پاهایشان را به هم ببندند، از قضا زاغ موش را گرفت و چغز اسیر این رشته شد.

۱۲ - **اَلَم :** اندوه، غم. ۱۳ - **اختناق :** خفقان. ۱۴ - **سَقَم :** بیماری.

گر نگوییم، آشتی را نور نیست   ور بگوییم آن سخن، دَستور نیست[۱] ۴۴۰۲

اگر نگوییم، دوستی و محبّت بی‌معنی می‌شود و اگر بخواهیم بگوییم، اجازه نداریم.

در زمان برجَست، کِای خویشان! وَداع   اِنَّمَا ٱلدُّنیَا وَ مَا فیهَا مَتاع ۴۴۰۳

بلافاصله برادر بزرگ از جای جَست که ای برادران، خداحافظ، دنیا و هرچه در آن است، متاعی فانی است.

پس برون جَست او چو تیری ازکمان   که مَجالِ گفتْ کَم بود آن زمان ۴۴۰۴

پس مانند تیری که ازکمان می‌جهد به سرعت رفت که فرصتی برای سخن گفتن نبود.

اندر آمد مست پیشِ شاهِ چین   زود مستانه ببوسید او زمین ۴۴۰۵

عاشقانه نزدِ شاهِ چین آمد و مستانه زمین را بوسید.

شاه[۲] **را مکشوف یک یک حالشان   اوّل و آخِر، غم و زِلزالشان**[۳] ۴۴۰۶

شاه از احوال تک‌تک آنان و غم و اندوه و هرچه که می‌توانست متزلزلشان کند، آگاه بود.

میش مشغول است در مَرعایِ[۴] **خویش   لیک چوپان واقف**[۵] **است از حالِ میش** ۴۴۰۷

گوسفند به آسودگی می‌چَرَد؛ امّا چوپان از او غافل نیست.

کُلُّکُمْ رٰاعٍ[۶]**، بداند از رَمه   کِی علف‌خوار است**[۷] **وکِی در مَلْحَمه؟**[۸] ۴۴۰۸

آنکه گفت: «همهٔ شما چوپان‌اید»، حالِ گلّه را می‌داند که کِی علف می‌خورد و کِی مشکلی دارد؟

گرچه در صورت[۹] **ازآن صَف**[۱۰] **دُور بود   لیک چون دف در میانِ سُور بود**[۱۱] ۴۴۰۹

هرچند که شاه ظاهراً در میانِ برادران نبود؛ امّا حضور داشت.

---

۱ - چون قدرتِ درکِ آن را نداری. «دستور نیست»: اجازه نداریم.

۲ - **شاه :** شاهِ چین نمادی از شاهِ هستی است که از احوالِ بندگان و هرچه که مربوط به آنان است، آگاه است.

۳ - **زِلزالشان :** هرچیزی که بتواند آنان را از جای بجنبانَد و در سلوکِ «إلی‌الله» متزلزل کند.

۴ - **مرعا :** چراگاه. ۵ - **واقف :** آگاه.

۶ - اشاره به مضمونِ حدیث: هر یک از شما نسبت به زیردستان چوپان و مسئول‌اید: احادیث، ص ۳۳۲.

۷ - **کِی علف‌خوار است :** کنایه از اینکه: کدام سالک شرایط عادی دارد و سلوکِ طبیعی.

۸ - **کِی در مَلحمه :** کنایه از اینکه: کدام سالک در سلوک دچار مشکلی شده است. «ملحمه»: جنگ.

۹ - **در صورت :** به ظاهر. ۱۰ - **آن صف :** برادران، شهزادگان.

۱۱ - **چون دف در میان سُور بودن :** حضور داشتن، حضوری غیر قابلِ اجتناب، همان‌طورکه دف در جشن‌ها برای ابراز شادی حضور دارد.

واقـف از سـوز و لَـهیبِ آن وُفُـود[1] مصلحت آن بُدکه خشک آورده[2] بود ۴۴۱۰

از آتشِ درونِ شهزادگان باخبر بود؛ امّا به مصلحتی به روی خود نمی‌آورد.

در مـیانِ جـانشان بـود آن سَـمی[3] لیک قاصد[4]، کرده خود را اَعْجَمی[5] ۴۴۱۱

آن عالی‌مرتبه در میانِ جانشان بود؛ امّا عمداً تظاهر به ناآگاهی می‌کرد.

صـورتِ آتش،[6] بُـوَد پـایانِ دیگ[7] مـعنیِ آتش بُـوَد در جـانِ دیگ[8] ۴۴۱۲

همان‌گونه که آتش زیر دیگ است؛ امّا حرارتش مانند جان در دیگ هست.

صورتش بـیرون و مـعنی‌ش انـدرون معنیِ معشوقِ جان، در رگ چو خون ۴۴۱۳

«معشوقِ جان»، یعنی «انسانِ کامل» هم وجودی صوری یا ظاهری دارد که معنیِ آن در تمامِ وجودِ عاشق حس می‌شود.

شـــاه‌زاده پـیشِ شـه زانـو زده دَه مُـعرِّف[9] شـارحِ[10] حـالش شـده ۴۴۱۴

شهزاده در برابر شاه زانو زده بود و معرّف‌ها شرحِ حال او را می‌گفتند.

گرچه شَهْ عارف بُد[11] از کُلْ[12] پیش‌پیش[13] لیک مـــی‌کردی مُـعرِّف کـارِ خـویش ۴۴۱۵

هرچند که شاه پیشاپیش تمام ماجرا را می‌دانست؛ امّا معرّف وظیفه‌اش را انجام می‌داد.

در درون یک ذرّه نـورِ عـارفی[14] بِهْ بُوَد از صد معرِّف ای صـفی[15] ! ۴۴۱۶

ای پاکیزه، ذرّه‌ای نورِ معرفت بهتر از صد معرّف است.

گــوش را رهـنِ مـعرِّف داشــتن[16] آیتِ محجوبی[17] است و حَزر[18] و ظَن ۴۴۱۷

گوش دادن به کسی که از ظاهر سخن می‌گوید، نشان محجوب بودنِ دل و حدس و گمان است.

---

۱ – **وُفُود :** جمع وافد، آیندگان، گروهی که آمده بودند.

۲ – **خشک آوردن :** کنایه از به روی خود نیاوردن، تغافل. ۳ – **سَمی :** بلندمرتبه، جلیل‌القدر.

۴ – **قاصد :** تعمّداً، از روی قصد. ۵ – **اعجمی کردن :** تظاهر به ناآگاهی کردن.

۶ – **صورتِ آتش :** خودِ آتش، ظاهر شعله‌ها. ۷ – **پایان دیگ :** زیرِ دیگ، پایِ دیگ.

۸ – **جانِ دیگ :** درونِ دیگ.

۹ – **مُعرِّف :** کسی که تازه وارد و شرح حال و درخواستش را در دربار به صدای بلند برای شاه اعلام می‌کرد.

۱۰ – **شارح :** شرح دهنده. ۱۱ – **عارف بُد :** آگاه بود، به همه چیز معرفت داشت.

۱۲ – **ازکُلّ :** به همه چیز. ۱۳ – **پیش‌پیش :** قبلاً، پیشاپیش. ۱۴ – **عارفی :** با یاء مصدری، معرفت.

۱۵ – **صفی :** صافی، پاک از آلایش. ۱۶ – **گوش رهن داشتن :** گوش درگرو داشتن،گوش به چیزی سپردن.

۱۷ – **محجوبی :** در پردهٔ غفلت بودن. ۱۸ – **حَزر :** حدس. «ضبط نسخهٔ کهن است.»

آنکـه او را چشمِ دل شـد دیـدبان دید خواهـد چشـم او عَـینُ‌آلعِیٰان [۱] ۴۴۱۸

کسی که چشمِ دلش بینا باشد، همه چیز را آشکار می‌بیند.

بـا تَـواتُـر [۲] **نـیست قـانع جـانِ او بـل ز چشـمِ دل رسـد ایـقانِ** [۳] **او** ۴۴۱۹

«عارف» که با چشمِ دل می‌بیند، با دلایلِ نقلی کاری ندارد و از طریقِ باطن به یقین می‌رسد.

پس مـعرِّف پـیشِ شـاهِ مُـنتجَب [۴] **در بـیـانِ حـالِ او بگشـود لب** ۴۴۲۰

پس معرّف نزدِ شاهِ بزرگوار و نجیب حال او را بیان کرد.

گفت: شاها، صیدِ احسانِ تو است پادشاهی کن، که بی‌بیرونْ‌شو [۵] **است** ۴۴۲۱

گفت: شاها، این جوان عاشقِ تو شده است، لطف کن که راهِ نجاتی ندارد.

دست در فِتراکِ [۶] **این دولت** [۷] **زده‌ست بـر سـرِ سـرمست او بـرمال دست** [۸] ۴۴۲۲

به درگاهِ تو چنگ زده است. او را که مستِ عشق است، به لطف بنواز.

گفت شه: هـر مـنصبی و مُـلکتی [۹] **کِالتماسش هست، یابد این فتی** [۱۰] ۴۴۲۳

شاه گفت: این جوان هر مقام و منصبی را که بخواهد، می‌یابَد.

بیست چندان مُلک کو شد زآن بَری بخشمش اینجا، و ما خود برسَری [۱۱] ۴۴۲۴

بسی بیش از آنکه در بارگاه پدر گذاشته و آمده به او می‌بخشیم و علاوه بر آن مهرِ ما را هم خواهد داشت.

گفت: تا شاهیت در وی عشق کاشت جز هوایِ تو هوایی کِی گـذاشت؟ [۱۲] ۴۴۲۵

معرّف گفت: از روزی که عظمت تو او را عاشق کرد، جز تو خواسته‌ای ندارد.

---

۱ - **عَیْنُ‌آلعیان**: به عینه و آشکارا حقیقت را دیدن.

۲ - **تواتر**: پی‌درپی، اصطلاح در علم اصول: خبری متواتر است که در منابع مختلف نقل شده باشد، اینجا خبری که سینه به سینه رسیده باشد یا از طریق کتاب‌ها و سندِ آن دلایلِ نقلی باشد نه شهودی. ۳ - **ایقان**: یقین.

۴ - **مُنْتَجَب**: نجیب، بزرگوار. ۵ - **بیرون‌شو**: راهِ نجات.

۶ - **فتراک**: ریسمان یا تسمه‌ای که شکار را به آن به زین اسب می‌بستند، اینجا به ریسمانِ این دولت، به این درگاه.

۷ - **این دولت**: درگاهِ تو، بارگاهِ تو. ۸ - **بر سرش برمال دست**: دستِ نوازشی بر سرش بکش، او را بنواز.

۹ - **مُلکتی**: اینجا مقامی، منصبی. ۱۰ - **فتی**: جوان. ۱۱ - **برسری**: به اضافه، به علاوه.

۱۲ - عاشقِ حق فقط خواهان حق است و هوایی در سر ندارد.

بندگیِ توش چنان در خَورد شد   که شَهی اندر دل او سرد شد ۴۴۲۶

چنان بندهٔ تو شده که تمایلی به سلطنتِ دنیوی ندارد.

شاهی و شَهزادگی درباخته[1]ست   از پیِ تو در غریبی ساخته‌ست ۴۴۲۷

پادشاهی و شاهزادگی را رها کرده و به خاطر تو با غربت ساخته است.

صوفی است، انداخت خرقه وَجدْ[2] دَر   کی رَوَد او بر سرِ خرقه دگر؟ ۴۴۲۸

او مانند صوفیِ پرشوری است که در حالِ وجد، خرقهٔ خود را افکنده و دیگر به سوی آن نمی‌رود.

میل سویِ خرقه داده، و نَدَم[3]   آنچنان باشد که: من مغبون[4] شدم ۴۴۲۹

میل به خرقه و پشیمانی، یعنی من زیان کرده‌ام.

باز دِهْ آن خرقه این سو، ای قرین[5]!   که نمی‌ارزید آن، یعنی، بدین[6] ۴۴۳۰

ای رفیق، خرقه را بده که آن وجد به از دست رفتن خرقه نمی‌ارزید.

دور از عاشق که این فکر آیدش   ور بیاید، خاک بر سر بایدش ۴۴۳۱

چنین فکری از عاشق بعید است و اگر داشته باشد، خاک بر سرش.

عشق، ارزد صد چو خرقهٔ کالبد[7]   که حیاتی دارد و حِسّ و خرد[8] ۴۴۳۲

«عشق»، به صدها «کالبد و زندگیِ این جهانی» که حیات و حسّ و خرد هم دارد، می‌ارزد.

خاصه خرقهٔ مُلکِ دنیا[9] کابْتَر[10] است   پنج دانگِ مستی‌اَش[11] دردِ سر است ۴۴۳۳

بخصوص سلطنتِ بی‌حاصلِ دنیوی که بخشِ اعظمِ آن دردسر و گرفتاری است.

---

۱ - **درباخته :** از دست داده، اینجا از دست نهاده و رها کرده.

۲ - **وجد :** حالت دل‌انگیز و گذرایی که در سالک پدید می‌آید و اغلب با خروش، دست‌افشانی و مانند آن همراه است و گاه در این حال خرقه را از تن به در می‌کند و به سویِ جمع می‌افکَنَد. «وجد در»: در حالِ وجد.

۳ - **نَدَم :** پشیمانی.   ۴ - **مغبون :** زیان دیده.   ۵ - **قرین :** رفیق.

۶ - این سخن صوفیِ ناپخته‌ای است که وجدِ او وجدِ حقیقی نبوده، تظاهر به وجد بوده است.

«تن» یا «کالبد جسمانی» و در مجموع تمتّعات و بهره‌های دنیویِ آدمی به خرقه مانند شده است.

۷ - **صد چو... :** به صدها جسم یا تن که مانند خرقه باید آن را روزی فروافکند، می‌ارزد؛ یعنی صدها زندگی در برابر عشق شأنی ندارد. این‌ها دنیوی‌اند و عشق دنیوی نیست.

۸ - مصراع دوم: اشاره به حیات دنیوی و کالبد مادّی آدمی است که حیات و حس و خرد هم دارد.

۹ - **خرقهٔ مُلکِ دنیا :** سلطنتِ دنیوی به خرقه‌ای مانند شده که انداختنی و فروافکندنی است.

۱۰ - **اَبْتَر :** عقیم، اینجا بی‌حاصل، بی‌ثمر.

۱۱ - **پنج دانگِ مستی‌اش :** پنج دانگ از شش دانگ، یعنی قسمتِ اعظمِ آن.

مُـلکِ دنـیا تـن‌پرستان[1] را حـلال ‌‌ ‌‌ مـا غـلامِ مُـلکِ عشـقِ بـی‌زوال ۴۴۳۴

«جاه و مقامِ دنیوی»، ارزانیِ «اهلِ دنیا»، ما غلامِ مُلکِ بی‌زوالِ عشقیم.

عاملِ عشق[2] است، معزولش مکن[3] ‌‌ ‌‌ جز به عشق خویش مشغولش مکن ۴۴۳۵

ای شاه، «عشق» او را به این حال و کار واداشته است، او را بپذیر و بگذار با عشقِ تو مشغول باشد.

مـنصبی کآنـم ز رویت مُـحجِب[4] است ‌‌ ‌‌ عین معزولی است، و نامش منصب است ۴۴۳۶

مقام و منصبی که مانعِ دیدارِ تو باشد، معزولی است نه منصب.

مُـوجبِ تأخـیرِ ایـنجا آمـدن[5] ‌‌ ‌‌ فَقْدِ اسـتعداد[6] بـود و ضـعفِ فـن[7] ۴۴۳۷

سببِ تأخیرِ او در آمدنِ به اینجا، نداشتنِ شایستگیِ عاشقی و تدبیر بوده است.

بـی ز اسـتعداد در کـانی[8] رَوی ‌‌ ‌‌ بر یکی حـبّه[9] نگـردی مُـحتوی[10] ۴۴۳۸

اگر بدون قابلیّت به معدن بروی، ذرّه‌ای زر یا گوهر به دست نمی‌آوری.

همچو عِنّینی[11] که بِکری[12] را خَـرَد ‌‌ ‌‌ گرچه سیمین‌بَر بُوَد، کِی بر خورَد؟[13] ۴۴۳۹

مانند مردِ ناتوانی که کنیزکی بکر و سیم‌اندام می‌خَرَد، آیا می‌تواند برخوردار شود؟

چون چراغی بی ز زَیت[14] و بی‌فَتیل ‌‌ ‌‌ نه کثیر استَش ز شمع و نه قـلیل[15] ۴۴۴۰

مانند چراغی بی‌روغن و فتیله است که هیچ نور و حاصلی ندارد.

---

۱ - **تن‌پرستان :** اهلِ دنیا.

۲ - **عاملِ عشق :** کارگزارِ عشق، کسی که عشق او را به عشق ورزیدن واداشته و به این حال و روز انداخته است.

۳ - **معزولش مکن :** اجازه بده عاشق باشد. او را از عاشقی معزول نکن؛ زیرا عاشق‌کننده تو هستی.

۴ - **مُحْجِب :** در پرده پوشاننده.

۵ - مصراع اوّل: اینکه تاکنون به اینجا نیامده با وجود آنکه بسیار بسیار مشتاق بوده است.

۶ - **فقدِ استعداد :** فقدان استعداد و قابلیّت، نداشتنِ شایستگیِ لازم. ۷ - **ضعفِ فن :** اینجا بی‌تدبیر بودن.

۸ - **کان :** معدن. ۹ - **حبّه :** دانه، اینجا اندکی، ذرّه‌یی. ۱۰ - **محتوی :** حاوی، شامل.

۱۱ - **عِنّین :** مردی که ناتوانی جنسی دارد. ۱۲ - **بِکر :** دوشیزه، باکره.

۱۳ - در این ابیات با مثال‌های متعدد، «عدمِ قابلیّتِ» سالکان توضیح داده می‌شود که اگر سالکی قابل درکِ فیضِ محضرِ استاد نباشد، حالِ او مانند کسی که با دستِ تهی از معدنِ طلا باز می‌گردد و یا همانند مردی ناتوان که دوشیزه‌ای در کنار دارد و یا شبیه اَخْشمی که در گلستان از درکِ بویِ گل محروم است و یا چراغی است بی‌روغن و فتیله که وجودش هیچ بهره‌ای و فایده‌ای ندارد. ۱۴ - **زَیت :** روغنِ چراغ.

۱۵ - **نه کثیر و نه قلیل :** نه زیاد و نه کم، هیچ فایده‌ای ندارد.

در گلستان انـدر آیـد اَخْشَـمی[۱]   کِی شود مغزش ز ریحان خـرّمی؟ ۴۴۴۱

یا مانند آدمی بی‌شامّه درگلستان که مغز و جانش از بو چه طراوتی می‌یابد؟

همچو خوبی، دلبری، مـهمانِ غَـر[۲]   بانگ چنگ و بَربَطی[۳] در پیشِ کَر ۴۴۴۲

مانندِ زنی زیبا و دلبر که میهمان مردی مخنّث باشد، و یا بانگِ چنگ و بربط نزدِ کر.

هـمچو مـرغِ خـاک، کآیـد در بِحار   زآن چه یابد؟ جز هلاک و جز خَسار[۴] ۴۴۴۳

مانند مرغِ خاکی که شنا نمی‌دانَد و در دریا، جز زیان و هلاک چه می‌یابد؟

هـمچو بـی‌گندم شـده در آسـیا   جز سپیدی ریش و مـو نَـبْوَد عـطا ۴۴۴۴

مانند بی‌گندم به آسیا رفتن است که جز سفیدی ریش و مو حاصلی ندارد.

آسـیایِ چـرخ بـر بـی‌گندمان[۵]   مو سپیدی بخشد و ضـعفِ مـیان ۴۴۴۵

آسیای روزگار هم به آنان که قابلیّت‌های خود را به ظهور نرسانده‌اند، پیری و ضعف می‌دهد.

لیک بـا بـاگـندمان[۶] ایـن آسـیا   مُلک‌بخش آمـد، دهـد کـار و کـیا[۷] ۴۴۴۶

امّا به آنان که برای ظهورِ قابلیّت‌هایشان می‌کوشند، قدرت و عزّتِ معنوی می‌بخشد.

اوّل اسـتعدادِ جـنَّت بـایدت[۸]   تـا ز جـنّت زنـدگانی زایـدت ۴۴۴۷

ابتدا باید از نظر معنوی رشد کنی تا قابلیّتِ درک و بهره‌مندی از عنایاتِ حق را داشته باشی.

طـفلِ نـو را از شَـراب و از کـباب   چه حلاوت وز قُصور[۹] و از قِباب[۱۰]؟ 4448

تو مانند نوزادی هستی که ابتدا باید با شیر معانی پرورده شود، چون توانایی بهره‌مندی از تمتّعات بزرگسالان را ندارد.

---

۱ - **اَخْشَم**: بی‌شامّه، کسی که حسّ بویایی ندارد. ۲ - **غَر**: مُخنّث، نامرد. ۳ - **بربط**: ساز قدیمی، عود.
۴ - **خَسار**: خُسران، زیان.
۵ - **بی‌گندمان**: آنان که از تواناییهایِ باطنی خود استفاده نکرده‌اند و استعدادهای خود را از قوّه به فعل نرسانده‌اند. ۶ - **باگندمان**: سالکان، طالبانِ حق، عاشقانِ حق.
۷ - مصراع دوم: سلطنتِ معنوی و تقرّب می‌بخشد. «کار و کیا»: اینجا تقرّب.
۸ - مصراع اوّل: ابتدا باید قابل شوی و برای قابل شدن باید ارتقای معنوی و روحانی بیابی تا این شایستگی و قابلیّت حاصل شود. ۹ - **قصور**: قصرها. ۱۰ - **قِباب**: قُبّه‌ها، گنبدها.

۴۴۴۹ **حد ندارد این مَثَل، کَم جو سخُن   تو برو، تحصیلِ استعداد کُن**

مثال‌ها در این زمینه بسیارند. سخن را کوتاه می‌کنیم. جویای قابلیّت باش.

۴۴۵۰ **بهرِ استعداد تا اکنون نشست   شوق از حد رفت و آن نامَد به دست**

معرّف گفت: شهزاده تا کنون برای کسبِ شایستگیِ حضور صبر کرد که به دست نیامد و شوق از حد گذشت.

۴۴۵۱ **گفت: استعداد هم از شَهْ رسد[1]   بی ز جان کی مُستعد گردد جَسَد؟[2]**

زیرا شهزاده می‌گوید: این شایستگی را هم شاه می‌دهد؛ زیرا او جانی است که این تن را مستعدِّ حرکت و سلوک می‌کند.

۴۴۵۲ **لطف‌هایِ شَهْ غمش را در نَوَشت[3]   شُد که صیدِ شَهْ کند، او صید گشت**

الطاف شاه غم‌هایش را محو کرد، رفت که شاه را صید کند، صید شد.

۴۴۵۳ **هر که در اِشکارِ چون تو[4] صید شد   صید را ناکرده قید[5]، او قید شد**

هرکس که بخواهد حق را شکار کند، هنوز صیدی نگرفته، صید می‌شود.

۴۴۵۴ **هر که جویایِ امیری[6] شد، یقین   پیش از آن او در اسیری شد رَهین[7]**

هر کس که جویایِ امارت باشد، به یقین پیش از آن به اسارت گرفتار شده است.

۴۴۵۵ **عکس می‌دان[8] نقشِ دیباجهٔ جهان[9]   نامِ هر بندهٔ جهان خواجهٔ جهان**

بدان که نقش‌هایِ هستیِ مادّی وارونه‌اند، اینجا لقبِ بنده، خواجهٔ جهان است.

۴۴۵۶ **ای تنِ[10] کژفکرتِ[11] معکوسْ‌رو[12]   صدهزار آزاد[13] را کرده گِرو[14]**

ای تنِ کج‌اندیشِ کج‌رفتار، صدها هزار روحِ آزاده اسیر تواَند.

---

۱ - قابلیّت داد یا عطایِ حق است.   ۲ - آدمی مانند جسمی است که عطایِ حق او را قابلِ سلوک می‌کند.
۳ - **در نَوَشت :** در نوردید، در هم پیچید.   ۴ - **تو :** اینجا شاهِ چین که رمزی از حق است.
۵ - **ناکرده قید :** گرفتار نکرده، هنوز به بند نگرفته.   ۶ - **امیری :** با یای مصدری، امارت، حکومت.
۷ - **در اسیری شد رهین :** در قید و بندِ اسارتِ این آرزو اسیر شده است.
۸ - **عکس می‌دان :** وارونه بدان، برعکس.
۹ - **نقشِ دیباجهٔ جهان :** نقوشِ هستیِ مادّی و صوری در هر حال و به هر مرتبه.
۱۰ - **تن :** مراد زندگیِ دنیوی و صرفاً مادّی آدمی است که جانِ او را در مرتبه‌ای نازل نگاه می‌دارد.
۱۱ - **کژفکرت :** کج‌اندیش.   ۱۲ - **معکوس‌رو :** کجرفتار، وارونه‌رو.   ۱۳ - **آزاد :** اشاره به روحِ آدمی.
۱۴ - **گرو :** گروگان.

مـدّتی بگـذار ایـن حـیلتْ‌پَزی[1] چـند دم پـیش از اجـل آزاد زی[2] ۴۴۵۷

مدّتی حیله‌گری را رها کن و پیش از فرارسیدن اجل لحظه‌ای آزاد باش.

ور در آزادیت چون خـر راه نـیست همچو دَلْوَت[3] سیر جُز در چاه نیست ۴۴۵۸

اگر مانند خر نمی‌فهمی آزادی چیست و مانند سطل که در چاه بالا و پایین می‌رود، اسیرِ دنیا مانده‌ای،

مـدّتی رو، تـرکِ جـانِ مـن بگـو رو، حریفِ دیگری جـز مـن بـجُو ۴۴۵۹

مدّتی برو و مرا رها کن، همراهِ دیگری جز من بجوی.

نـوبتِ مـن شـد،[4] مـرا آزاد کـن دیگـری را غـیرِ مـن دامـاد کـن[5] ۴۴۶۰

نوبتِ من تمام شد، آزادم کن و همدم دیگری بیاب.

ای تـنِ صـدکاره[6]، تـرکِ مـن بگـو عمرِ من بُـردی، کسـی دیگـر بـجُو ۴۴۶۱

ای تنِ پُر آرزو و هوس، رهایم کن که عمرم را هدر دادی، دیگری را بجو.

مفتون شدنِ قاضی بر زنِ جوحیٰ[7]، و در صندوق ماندن، و نایبِ قاضی صندوق را خریدن، باز سال دوم، آمدنِ زنِ جوحیٰ برامیدِ بازیِ پارینه، و گفتنِ قاضی که: مرا آزاد کن و کسی دیگر را بجوی، الی آخِرِ اَلقِصّه

در این قصّه جوحیٰ که تصویرگرِ عیّاری و طرّاری است، به سبب فقر و فاقه زن خویش را وادار کرد تا نزد قاضی شهر برود و از شوی خود شکایت کند و با عشوه او را بفریبد و به مکر به خانه آوَرَد و چون زن چنین کرد، بنا بر تدبیری که پیشاپیش اندیشیده بودند، جوحیٰ به ناگاه در زد و قاضی از بیم آبرو و بنابر پیشنهاد زن درون صندوق خالی مخفی شد.

۱ - **حیلت‌پزی :** حیله‌گری، حیله‌انگیزی، مُراد حیله‌گری‌های دنیوی برای بهره‌های مادّی است.
۲ - **زی :** زندگی کن.
۳ - **دَلْو :** سطل، «اهل دنیا» به سطل مانند شده که همواره در چاهِ زندگی مادّی و تنگناهایِ آن اسیر است.
۴ - **نوبتِ من شد :** نوبتم تمام شد، دیگر اسارت برای من بس است.
۵ - **داماد کن :** همدم و یار دیگری را پیدا کن.
۶ - **صدکاره :** همه کاره، کسی که به همه کار می‌پردازد و همه چیز می‌خواهد و آرزوهای دور و دراز دارد.
۷ - **جوحیٰ :** ر.ک: ۳۱۲۴/۲ و ۳۱۳۲/۲.

جوحیٰ با زن از فقر و فاقه سخن گفت و خاطرنشان کرد که جز این صندوقِ خالی هیچ ندارد و مصمّم است که فردا آن را در میان چارسو بسوزانَد تا همه بدانند که دیگر همین صندوق را هم که جز لعنت در آن نیست، ندارد و عطای خود را از وی برنگیرند.

فردای آن روز، هنگامی که جوحیٰ صندوق را به بازار بُرد، قاضی که تمام شب را با بیم و اضطراب در آن محفظهٔ تنگ گذرانیده بود، در نهان به حمّال ندا داد که نزد نایبِ قاضی برود و از او بخواهد که بیاید و این صندوق را به هر بهایی که می‌تواند بخرد و به خانهٔ قاضی ببَرَد.

وجهی که قاضی توسط نایب برای رهایی از بدنامی و رسوایی پرداخت، یک سال جوحیٰ را تأمین کرد و با تهی شدن کیسه مجدداً از زن خواست تا همان مکر و نیرنگ را با قاضی از سر گیرد. زن که از قاضی بیمناک بود به زن دیگری گفت تا به جای او سخن بگوید. قاضی گفت: حضورِ شوی تو در محکمه الزامی است. و بدین ترتیب جوحیٰ نزد قاضی حضور یافت. هنگامی که قاضی از وی خواست تا نفقهٔ زن را متعهّد گردد، خود را قماربازی مفلس معرّفی کرد. قاضی که هنگام فروشِ صندوق آواز وی را شنیده بود، او را شناخت و رندانه گفت: نوبت من گذشت، امسال آن قمار **«با دگرکس باز، دست از من بدار»**.

در این قصّه که تصویری از فرهنگ عامه است، سرّ سخن در بیانِ این معناست که عالم محسوسات همان صندوق است، **«که در این صندوق جز لعنت نبود»** و آن‌کس که یک بار طعمِ رهایی از قیدِ تعلّقات آن را چشیده باشد، هرگز به مقیّد شدن بدان تن در نمی‌دهد.

جُوحیٰ هر سالی ز درویشی به فن[1]   رُو به زن کردی که: ای دلخواهْ زن! ۴۴۶۲

جوحیٰ همه ساله به سبب فقر و با نیرنگ به زنش می‌گفت: ای زنِ دلربا!

چون سِلاحت هست، رو صیدی بگیر   تا بدوشانیم از صیدِ تو شیر ۴۴۶۳

چون سلاحِ زیبایی داری، برو و شکاری کن تا شیری بدوشیم.

قوسِ ابرو، تیرِ غمزه، دام کِید[2]   بهرِ چه دادت خدا؟ از بهرِ صید ۴۴۶۴

خداوند ابروی کمانی، تیرِ غمزه و دامِ مکر را برای چه به تو داده است؟ برای شکار.

رو پیِ مرغی، شگرفی[3]، دام نِهْ   دانه بنما، لیک در خوردش مده[4] ۴۴۶۵

برو و دامی برای پرنده‌ای درشت بگذار، دانه را نشان بده؛ امّا نگذار بخورد.

کام بنما و کُن او را تلخْ‌کام   کِی خورد دانه چو شد در حبسِ دام؟ ۴۴۶۶

کام را نشان بده؛ امّا تلخکامش کن. پرندهٔ محبوس که دانه نمی‌خورد.

---

۱ - **به فن:** با نیرنگ یا روش مخصوصی. ۲ - **کِید:** مکر.

۳ - **مرغِ شگرف:** اینجا آدم صاحبِ مقام و پول. ۴ - **در خوردش مده:** نگذار بخورد.

شد زنِ او نزدِ قاضی در گِله — که: مرا افغان ز شُویِ دَه‌دِله ۴۴۶۷

زنِ او برای طرحِ شکایتی نزد قاضی رفت که داد از شوهر هوسباز من.

قصّه کوته کن، که قاضی شد شکار — از مَقال و از جمالِ آن نگار ۴۴۶۸

قصّه را کوتاه کنیم که قاضی شکار شد از گفتار و زیباییِ او.

گفت: اندر محکمه‌ست این غُلغُله — من نتْوانم فهم کردن این گِله ۴۴۶۹

گفت: شلوغیِ محکمه نمی‌گذارد شکایت تو را بفهمم.

گر به خلوت آیی ای سروِ سهی[1]! — از ستم‌کاریِّ شُو شَرحم دهی ۴۴۷۰

ای خوش قد و قامت، اگر به خلوت بیایی و ستمِ او را بگویی، رسیدگی می‌کنم.

گفت: خانهٔ تو زِ هَر نیک و بدی[2] — باشد از بهرِ گله آمد شُدی[3] ۴۴۷۱

زن گفت: خانهٔ تو محلّ آمد و شد هر نیک و بدی برای شکایت است.

خانهٔ سر جمله پُر سودا بُوَد — صدر پُر وسواس و پُر غوغا بُوَد[4] ۴۴۷۲

سرِ آدمی هم مانند خانه‌ای پُر از «سودا و خیال» است و سینه‌اش پر از «وسوسه و دودلی».

باقیِ اعضا زِ فکر آسوده‌اند — وآن صُدور[5] از صادران[6] فرسوده‌اند ۴۴۷۳

سایر اعضا از فکر آسوده‌اند؛ امّا سینه‌ها از هجومِ احوالِ گوناگون، وسوسه‌ها، تردیدها و ترس‌ها فرسوده‌اند.

در خزان و بادِ خوفِ حق گریز[7] — آن شقایق‌هایِ پارین[8] را بریز ۴۴۷۴

برای رهایی از اندیشه‌های پوسیده و وسوسه‌ها به «خوفِ حق» پناه ببر.

---

۱ - **سروِ سهی :** کسی که قد و قامتِ رعنایی دارد. ۲ - **هر نیک و بدی :** هر آدمِ خوب و بدی.

۳ - **آمد شد :** رفت و آمد.

۴ - ازدحامِ محکمهٔ قاضی تداعی‌گر ازدحامِ سر آدمی است از سودا و وسوسهٔ سینه. ۵ - **صدور :** سینه‌ها.

۶ - **صادران :** خواطر و احساساتی که در درون آدمی می‌گذرد و شامل تمام تردیدها و ترس‌ها و امیدهاست.

۷ - مصراع اوّل: «خوفِ حق»: اینکه خداوند بنده را می‌ترسانَد تا محتاط باشد. «وجود اندیشه‌های پوسیده، وسوسه و دودلی» نشانهٔ غفلت است از حق و استمرارِ آن به مفهومِ استمرارِ غفلت. پس راهی جز آن نیست که بنده به «خوفِ حق» پناه ببرد؛ زیرا همین ترساندن سبب استمرارِ این دودلی‌ها و بیم‌ها شده است تا عنایت الهی مانند برگ‌ریزانِ خزانی آن دل‌نگرانی‌ها را از درختِ وجودت بریزد.

۸ - **پارین :** پارسال. «شقایق‌های پارین»: اندوه‌ها، داغ‌ها، حسرت‌ها و... هرچیزی که جلوهٔ دیروز است.

4475 **این شقایق منعِ نو اُشکوفه‌هاست   که درختِ دل برایِ آن نَما[1]ست**

وجود اندیشه‌های کهنه مانعِ رویش اندیشه‌هایِ نو از درختِ دل است.

۴۴۷۶ **خویش را در خواب کن زین افتکار[۲]   سر ز زیرِ خوابْ در یَقظَت[۳] برآر**

این اندیشه‌ها و وسوسه‌ها را رها و فراموش کن تا «بیدار» و «آگاه» شوی.

۴۴۷۷ **همچو آن اصحابِ کهف، ای خواجه زود   رَو بـه أَیـقاظاً کـه تَـحْسَبُهُمْ رُقُـود[۴]**

ای خواجه، زود مانندِ اصحابِ کهف به بیداریِ حقیقی برس که دیگران تو را مانند خود در خواب می‌پندارند.

۴۴۷۸ **گفت قاضی: ای صنم[۵]! معمول چیست؟   گـفت: خـانهٔ ایـن کـنیزک بس تـهی‌ست**

قاضی گفت: ای زیبارو، چه باید کرد؟ زن گفت: خانهٔ من خلوت است.

۴۴۷۹ **خصم[۶] در دِه رفت و حارس[۷] نیز نیست   بهرِ خـلوتْ سـخت نـیکو مسکـنی‌ست**

شوهرم به ده رفته است و نگهبانی نیست، برای خلوت محلِّ بسیار خوبی است.

۴۴۸۰ **امشب ار امکــان بُـوَد، آنـجا بـیا   کارِ شب بی سُمعَه[۸] است و بی‌ریا**

اگر امکان دارد امشب آنجا بیا. کارِ شبانه را کسی نمی‌بیند و نمی‌شنود.

۴۴۸۱ **جمله جاسوسان ز خَمرِ خوابْ مست[۹]   زنگیِ شب جـمله را گـردن زده‌ست[۱۰]**

در آن هنگام، مردم خبرچین و فضول همه سرمستِ خواب‌اند.

۴۴۸۲ **خواند بر قاضی فسـون‌هایِ[۱۱] عـجب   آن شَکَرْلب[۱۲] وآنگهانی از چه لب[۱۳]؟**

آن شیرین لب توانست با سخنانش قاضی را مسحور کند، آن هم با چه لبی!

---

1 - **نما** : [illegible]   2 - **زین افتکار** : [illegible]   3 - **یَقْظَت** : [illegible]

۴ - اقتباس از آیهٔ ۱۸ سورهٔ کهف. مُراد آنکه: بگذار خلق تو را مانندِ خود غافل و خواب‌آلوده [غافل از حقایق] بدانند، تو بیدار باش.   ۵ - **صنم** : بُت، زیبارو.   ۶ - **خصم** : دشمن.   ۷ - **حارس** : نگهبان.

۸ - **سُمعه** : انجام کار نیکی که خلق بشنوند [ریاکاری]، اینجا «بی سُمعه»: بی‌آنکه کسی بشنود.

۹ - **زِ خمرِ خواب مست** : خواب‌اند.

۱۰ - شب به زنگیِ مستی مانند شده که فرارسیده و خلق را قلع و قمع کرده است.

۱۱ - **فسون** : افسون، سحر و جادو.   ۱۲ - **شکرلب** : شیرین‌لب.

۱۳ - **از چه لب** : با چه دلبری و نازِ عجیبی!

چـــند بـــا آدم بـلیس افســانه کــرد   چون حَوا گفتش :بخور، آنگاه خَورد ۴۴۸۳

افسونِ زن با آدم(ع) هم همین کار را کرد، گفت: بخور، خورد، در حالی که قبلاً ابلیس خواست و نشد.

اوّلین خون در جـهانِ ظـلم و داد[1]   از کـــفِ قــابیل بــهرِ زن فُــتاد[2] ۴۴۸۴

قابیل هم مسحورِ زنی بود و برایِ او مرتکب اوّلین قتل شد.

نوح چون بر تابه بـریان سـاختی[3]   واهِـله[4] بـر تـابه سـنگ انـداخـتی ۴۴۸۵

نوح(ع) در دعوتِ معاندان هر جهدی که می‌کرد با کارشکنیِ زنِ منکرِ خود روبرو می‌شد.

مکـــرِ زن بـر کـارِ او چـیره شـدی   آب صـــافِ وعــظِ او تـیره شـدی ۴۴۸۶

مکرِ زن بر تلاشش غلبه می‌کرد و وعظِ او بی‌اثر می‌شد.

قـــوم را پـــیغام کـــردی از نـــهان   که نگه داریـد دیـن زیـن گُـمرهان ۴۴۸۷

زنِ نوح در نهان به قوم پیام می‌فرستاد که اعتقادِ خود را در برابرِ این گمراهان حفظ کنید.

رفتنِ قاضی به خانهٔ زنِ جوحیٰ و حلقه زدنِ جوحیٰ به خشـم بر در و گریختنِ قاضی در صندوق، الی آخِـرِهِ

مکـــرِ زن پـایان نـدارد، رفت شب   قاضیِ زیرک[5] سـویِ زنْ بـهرِ دَب[6] ۴۴۸۸

مکرِ زنان پایانی ندارد. قاضیِ زیرک شب برای نزدیکی نزد زن رفت.

زن دو شمع و نُقلِ مجلس راست کرد[7]   گفت: ما مستیم بـی ایـن آبْخَـورد[8] ۴۴۸۹

زن شمع‌ها را برافروخت و نقلی گذاشت. قاضی گفت: ما بدون این‌ها هم مستیم.

---

۱ - **جهانِ ظلم و داد :** دنیای پر از ظلم و ستم.

۲ - هابیل و قابیل هر دو خواهری همزاد داشتند و چون خواهرِ همزادِ قابیل راکه زیباتر بود به هابیل دادند و خواهر همزادِ هابیل را به قابیل، قابیل حسادت کرد و از آنجاکه قربانی‌اش هم مقبول باری تعالی نشد، هابیل راکُشت: تفسیر بیضاوی: سورهٔ مائده: ۲۷/۵ و دایرةالمعارف اسلام: شرح مثنوی مولوی، دفتر ۶، ص ۲۲۶۵.

۳ - مُراد آنکه: هر تلاشی که می‌کرد.   ۴ - **واهله :** نام زن نوح(ع).

۵ - **قاضیِ زیرک :** در زیرکی قاضی طعن و طنز هم هست که صاحبِ مقامِ قضاوت که باید زیرک باشد، چگونه فریب زن جوحیٰ را خورد!   ۶ - **دَب :** نزدیک شدن، اینجا هماغوشی.

۷ - **راست کرد :** آماده کرد و گذاشت.   ۸ - **آب‌خَورد :** اینجا این تدارکات، این پذیرایی و احتمالاً شراب..

اندر آن دم جوحی آمد، در بزد جُست قاضی مَهْرَبی[۱] تا در خَزَد ۴۴۹۰

همان لحظه جوحیٰ رسید و در زد. قاضی محلِّ فراری می‌جُست تا نهان شود.

غیرِ صندوقی ندید او خلوتی رفت در صندوق از خوف آن فتی[۲] ۴۴۹۱

بجز یک صندوق جایی نیافت و از ترس در آن مخفی شد.

اندر آمد جوحی و گفت: ای حریف[۳]! ای وَبالم[۴] در ربیع[۵] و در خَریف[۶] ۴۴۹۲

جوحیٰ وارد شد و گفت: ای زن، ای که همیشه مایهٔ دردسری.

من چه دارم که فِدا ات نیست آن؟ که ز من فریاد داری هر زمان ۴۴۹۳

من چه دارم که فدایِ تو نکرده‌ام که همواره از من شاکی هستی؟

بر لبِ خشکم[۷] گشادستی زبان[۸] گاه مفلس[۹] خوانی‌اَم، گه قَلْتَبان[۱۰] ۴۴۹۴

با زبان‌درازی منِ بینوا راگاه مفلس می‌خوانی و گاه بی‌ناموس.

این دو علّت، گر بُوَد ای جان! مرا آن یکی از توست[۱۱] و دیگر از خدا ۴۴۹۵

اگر هم این دو عیب را داشته باشم، یکی از توست و یکی از خدا.

من چه دارم غیرِ آن صندوق، کآن هست مایهٔ تهمت[۱۲] و پایهٔ گُمان[۱۳]؟ ۴۴۹۶

من غیر از آن صندوق که مایهٔ تهمت و بدگمانی است، چه دارم؟

خلق پندارند زر دارم درون داد[۱۴] واگیرند از من، زین ظُنُون[۱۵] ۴۴۹۷

خلق خیال می‌کنند آنجا سیم و زر است و با این پندار به من کمک نمی‌کنند.

صورتِ صندوق بس زیباست، لیک از عُروض[۱۶] و سیم و زر خالی‌ست نیک ۴۴۹۸

ظاهر صندوق زیباست؛ امّا از متاع و سیم و زر خالی است.

---

۱ - **مَهْرَب :** محلِّ گریز. ۲ - **فتی :** جوان، اینجا قاضی.

۳ - **حریف :** طرف مقابل در یک بازی یا یک مقابله، معاشر، همنشین، دوست، اینجا لحن دوستانه‌ای ندارد.

۴ - **وبال :** سختی، درد سر و عذاب. ۵ - **ربیع :** بهار.

۶ - **خریف :** پاییز. «ربیع و خریف»: همیشه، تمام سال.

۷ - **لب خشک :** تشنه، توسعاً تشنگی و نیازمندی یا بی‌بهره بودن، فقر.

۸ - **گشادستی زبان :** زبانت بر من گشوده است، هرچه به زبانت می‌آید می‌گویی. ۹ - **مفلس :** بینوا.

۱۰ - **قَلْتَبان :** بی‌غیرت. ۱۱ - بی‌ناموسیِ من از توست. ۱۲ - **تهمت :** گمان بد کردن، بُهتان، افترا.

۱۳ - **گمان :** پندار، توهّم. ۱۴ - **داد :** عطا، بخشش. ۱۵ - **ظنون :** جمع ظنّ: حدس و گمان.

۱۶ - **عُروض :** جمع عَرض: کالا و هر چیز جز درهم و دینار.

چون تنِ زرّاق[1] خوب و باوَقار   اندر آن سَلّه[2] نیابی غیرِ مار[3] ۴۴۹۹

مانند تنِ آدمِ خوش‌ظاهرِ بدباطن که در وجودش جز آزار و زیان نمی‌بینی.

من بَرَم صندوق را فردا به کو   پس بسوزم در میانِ چارسُو[4] ۴۵۰۰

من صندوق را فردا به میانِ محلّه و بازار می‌برم و آتش می‌زنم.

تا ببیند مؤمن و گبر و جُهود[5]   که در این صندوق جز لعنت[6] نبود ۴۵۰۱

تا مؤمن و گبر و جهود بدانند که در این صندوق چیزی جز بدنامی نبود.

گفت زن: هی! درگذر ای مرد! از این   خورد سوگندان که: نَکْنم جز چنین ۴۵۰۲

زن گفت: هان، ای مرد، از این کار بگذر؛ امّا جوحیٰ سوگند خورد که این کار را حتماً خواهد کرد.

از بگَه[7] حمّال آورد او، چو باد   زود آن صندوق بر پشتش نهاد ۴۵۰۳

صبح زود به سرعت رفت و حمّالی آورد و صندوق را بر پشتِ او نهاد.

اندر آن صندوق قاضی از نَکال[8]   بانگ می‌زد: کِای حَمال! و ای حَمال! ۴۵۰۴

قاضی از درون صندوق از بیم عقوبت و رسوایی فریاد می‌زد: ای حمال، ای حمال.

کرد آن حمّال راست و چپ نظر   کز چه سو در می‌رسد بانگ و خبر؟ ۴۵۰۵

حمال به چپ و راست نگاهی کرد که جهتِ فریاد و هیاهو کجاست؟

هاتف[9] است این داعیِ من[10]؟ ای عجب!   یا پری‌ام می‌کند پنهان طلب؟ ۴۵۰۶

آیا صدایِ هاتفِ غیب است یا پری در نهان مرا می‌طلبد؟

چون پیاپی گشت آن آواز، و بیش   گفت: هاتف نیست، باز آمد به خویش[11] ۴۵۰۷

چون فریاد پیاپی و بیشتر شد، به خود آمد و اندیشید: هاتف نیست.

عاقبت دانست کآن بانگ و فغان   بُد ز صندوق و کسی در وی نهان ۴۵۰۸

عاقبت فهمید که آن بانگ و فغان از کسی است که در صندوق نهان است.

---

۱ - **زرّاق :** حیله‌گر. «تنِ زرّاقِ خوبِ باوقار»: تنِ شخصِ خوش ظاهر و حیله‌گر.   ۲ - **سَلّه :** سبد، زنبیل.

۳ - **غیرِ مار :** غیرِ هلاکت و زیان و ضرر.   ۴ - **چارسو :** بازاری که چهار طرف داشته باشد.

۵ - مصراع اوّل: تا همه بدانند.   ۶ - **لعنت :** نفرین، راندگی، اینجا مایهٔ راندگی و بدنامی.

۷ - **بِگَه :** پگاه، صبحِ زود.   ۸ - **نکال :** کیفر، عقوبت، اشتهار به فضیحت و رسوایی.

۹ - **هاتف :** صدایِ غیبی، آوازدهندهٔ ناپیدا، سروش.   ۱۰ - **داعیِ من :** کسی که مرا صدا می‌کند.

۱۱ - **باز آمد به خویش :** به خود آمد.

عــاشقی، کــو در غـم مـعشوق رفت گرچه بیرون است، در صندوق رفت[1] ۴۵۰۹

عاشقی که «غمِ معشوق» او را غرقِ خود کرده، ظاهراً آزاداست؛ امّا در صندوقِ محبّت گرفتاراست.

عُــمر در صــندوق بُـرد از اَنـدُهان جز کـه صـندوقی نـبیند از جـهان ۴۵۱۰

تمامِ عمر را با اندوه این محبّت می‌گذراند و از جهان بجز غم چیزی نمی شناسد.

آن سری کـه نـیست فـوقِ آسـمان از هوس، او را در آن صـندوق دان ۴۵۱۱

کسی که به عالم معنا توجّهی ندارد، در صندوقِ نَفْس اسیر است.

چون ز صندوقِ بدن[2] **بـیرون رود او ز گوری**[3] **سویِ گوری**[4] **مـی‌شود** ۴۵۱۲

و پس از مرگ از «گورِ زندگیِ مادّی» به «گورِ ابدی» می رود.

این سخن پایان نـدارد، قـاضی‌اَش گفت :ای حمّال! و ای صندوقْ‌کش! ۴۵۱۳

این سخن پایان‌ناپذیر است. قاضی به حمّال گفت: ای کسی که صندوق را حمل می‌کنی!

از مــن آگــه کــن درونِ مَـحکمه نــایبم را زودتـر، بـا ایـن هـمه ۴۵۱۴

نایب مرا در محکمه از حالِ من و شرایطِ موجود باخبر کن.

تا خَرَد این را بـه زر زیـن بـی‌خرد هــمچنین بسته بـه خـانهٔ مـا بَـرَد ۴۵۱۵

تا صندوق را از این نادان با زر بخرد و همان‌طور بسته به خانه‌ام ببرد.

ای خدا ! بُگْمار[5] **قـومی روحْ‌مـند**[6] **تــا ز صــندوقِ بَـدَنْمان واخِـرند** ۴۵۱۶

ای خدا، توجّه واصلان را به ما جلب کن تا رشتهٔ تعلّقاتِ ما بِدَرند.

خــلق را از بـندِ صـندوقِ فسـون کـیِ خـرد جـز اَنـبیا و مُـرسَلون؟ ۴۵۱۷

چه کسی جز انبیا و رسولان می‌تواند خلق را از اسارت بِرَهانَد؟

از هزاران یک کسی خوش‌منظر است که بداند کو بـه صـندوق انـدر است ۴۵۱۸

از هزاران تن، یک نفر بصیر است و می دانَد که در صندوق اسیر است.

---

۱ - **در صندوق رفت :** در قیدِ محبّت اسیر شده و آزاد نیست.

۲ - **صندوقِ بدن :** تن به صندوق مانند شده که جان در آن اسیر است.

۳ - **گور :** اینجا کنایه از زندگیِ صرفاً مادّی بدون درکِ حقایق. ۴ - **گور :** گورِ خاکی، گور ابدی.

۵ - **بگمار :** مسلّط کن، اینجا متوجّه ما کن، نظرشان را به ما جلب کن.

۶ - **قومِ روحمند :** کسانی که به روحِ مطلقِ هستی رسیده‌اند، واصلان.

او جهان را دیده باشد پیش از آن[۱] تا بدان ضِد، این ضِدش گردد عیان ۴۵۱۹

او در ازل این جهان یا «عالمِ مادّه» را دیده و شناخته است که این صندوق، ضدِّ «عالمِ معنا»ست.

زین سبب که علمْ[۲] ضالهٔ[۳] مؤمن است عارفِ[۴] ضالهٔ خود است و موقن[۵] است ۴۵۲۰

به همین سبب «علمِ باطنی»، مانند شتر گمشدهٔ مؤمن است، هرجا آن را بیابد، می‌شناسد.

آنکه هرگز روزِ نیکو، خود ندید[۶] او در این اِدبار[۷]، کِی خواهد طپید[۸]؟ ۴۵۲۱

کسی که قبلاً به این بصیرت نرسیده است، چگونه در عینِ بدبختی دغدغهٔ رهایی و سعادت داشته باشد؟

یا به طفلی، در اسیری اوفتاد یا خود از اوّل ز مادر بنده زاد ۴۵۲۲

او مانند کسی است که از کودکی اسیر بوده و یا از مادر غلام و بنده زاده شده است.

ذوقِ آزادی ندیده جانِ او هست صندوقِ صُوَر میدانِ او ۴۵۲۳

جانِ او لذّتِ آزادی را نمی‌شناسد و حیطهٔ درکش عالمِ مادّه است.

دایما محبوسْ عقلش در صُوَر[۹] از قفص اندر قفص دارد گذر ۴۵۲۴

عقلش دنیوی و مادّی است و فقط همان را می‌بیند و در عالمِ مادّه سیر می‌کند.

منفذش نه از قفص سویِ عُلا[۱۰] در قفص‌ها[۱۱] می‌رود از جا به جا ۴۵۲۵

او راهی به عالمِ بالا ندارد. سیرِ او در همین عالم از جایی به جایِ دیگری است.

در نُبی اِنْ اسْتَطَعْتُم فَانْفُذُوا[۱۲] این سخن با جِنّ و انس آمد ز هو ۴۵۲۶

خداوند در قرآن به انس و جن فرموده است: «اگر می‌توانید از کناره‌های آسمان بگذرید.»

---

۱ - **پیش از آن :** اینجا در ازل، قبل از خلقتِ صوری.

۲ - **علم :** دانش، اینجا دانشِ کشفی، علمِ باطنی، بصیرت.

۳ - **ضاله :** گمشده. اشاره به حدیث: حکمت و علمِ باطنی مانند شترِ گمشدهٔ مؤمن است که هرجا بیابد، می‌شناسد.

۴ - **عارف :** آگاه. ۵ - **موقن :** دارایِ یقین.

۶ - مصراع اوّل: کسی که قبلاً به این بصیرت نرسیده و این آگاهی ازلی را ندارد. ۷ - **اِدبار :** بدبختی.

۸ - **خواهد طپید :** چگونه دچار دغدغهٔ رهایی از قیود عالم مادّه را داشته باشد؟

۹ - عقلش در زندانِ ظواهر اسیر است؛ زیرا این عقل ارتقا نیافته و خود مادّی است و بجز آن چیزی را نمی‌شناسد.

۱۰ - **عُلا :** عالم بالا. ۱۱ - **در قفص‌ها :** در عالمِ مادّه، در دنیا.

۱۲ - قرآن؛ الرّحمن: ۳۳/۵۵.

مُراد آنکه: بدون اراده و لطف حق نمی‌توانید از قیودِ عالمِ مادّه رهایی یابید.

گفت: منفذ نیست[1] از گردونتان[2] جز به سلطان و به وَحْیِ آسمان[3] ۴۵۲۷

فرمود: راهی به ماورای مادّه ندارید، مگر به ارادهٔ حق و هدایت او.

گر ز صندوقی به صندوقی رَوَد[4] او سمایی[5] نیست، صندوقی بُوَد[6] ۴۵۲۸

اگر سیرِ آدمی فقط در صُوَر مادّی باشد، آسمانی نیست، زمینی است.

فُرجهٔ[7] صندوق[8]، نونو مُسکِر است[9] درنیابد کو به صندوق اندر است ۴۵۲۹

تفرّج در این سوی و آن سوی دنیا، چنان هر دم او را مست می‌کند که نمی‌داند در صندوق است.

گر نشد غرّه[10] بدین صندوق‌ها همچو قاضی، جوید اِطلاق[11] و رَها ۴۵۳۰

اگر گولِ ظواهر را نخورَد، مانند قاضی جویای رهایی می‌شود.

آنکه داند این، نشانَش آن شناس کو نباشد بی‌فغان و بی‌هراس ۴۵۳۱

کسی که این را بداند، علامتش ناله و ترس ِ اوست.

همچو قاضی باشد او در اِرتعاد کی بر آید یک دمی از جانْش شاد؟ ۴۵۳۲

مانند قاضی مضطرب است و هرگز نَفَسی به شادی بر نمی‌آوَرَد.

آمدنِ نایبِ قاضی میانِ بازار و خریداری کردن صندوق را از جوحیٰ، الی آخِرِه

نایب آمد، گفت: صندوقت به چند؟ گفت: نهصد بیشتر زر می‌دهند ۴۵۳۳

نایب آمد و گفت: صندوقت چند است؟ جوحیٰ گفت: بیش از نهصد سکّهٔ طلا می‌دهند.

من نمی‌آیم فروتر از هزار گر خریداری، گشا کیسه، بیار ۴۵۳۴

امّا من کمتر از هزار نمی‌فروشم. اگر مشتری هستی، کیسه را باز کن و پول را بده.

---

۱ - **منفذ نیست:** راهِ نفوذی ندارید. ۲ - **از گردون:** از عالم خاک و قیود عالم مادّه.

۳ - مصراع دوم: جز به ارادهٔ پروردگار و هدایتش. ۴ - فقط ظَواهر را ببینند. ۵ - **سَما:** آسمان.

۶ - **صندوقی بُوَد:** اسیر است، زمینی است. ۷ - **فرجه:** شکاف، به مجاز تفرّج.

۸ - **فرجهٔ صندوق:** گردش و گشتن در این سوی و آن سویِ جهان.

۹ - **نونو مُسکر است:** همیشه و هر دم مستی‌آور است. ۱۰ - **غرّه:** فریفته. ۱۱ - **اطلاق:** آزادی.

گفت: شرمی دار ای کوته‌نَمَد[1]! قیمتِ صندوق خود پیدا بُوَد ۴۵۳۵

گفت: ای کلاّش، حیا کن. قیمتِ صندوق معلوم است.

گفت:بی‌رؤیت،شریٰ[2] خودفاسدی‌ست[3] بیعِ ما زیرِ گلیم[4]، این راست نیست ۴۵۳۶

جوحیٰ گفت: معامله بدون رؤیت باطل است. معاملهٔ پنهانی درست نیست.

برگشایم، گر نمی‌ارزد مَخر تا نباشد بر تو حیفی، ای پدر! ۴۵۳۷

ای پدر، باز می‌کنم تا اگر نمی‌ارزد، نخری و مغبون نشوی.

گفت: ای ستّار! بر مَگْشایْ راز سربسته می‌خرم، با من بساز ۴۵۳۸

نایب گفت: ای پوشانندهٔ رازها، راز را آشکار نکن، من سربسته می‌خرم، با من کنار بیا.

سِتر کن تا بر تو ستّاری کند تا نبینی آمِنی، بر کس مخَند ۴۵۳۹

عیبِ خلق را بپوشان تا عیبت را بپوشانند. تا در امانِ حق نباشی، به دیگری نخند و طعنه نزن.

بس در این صندوق چون تو مانده‌اند خویش را اندر بلا بنشانده‌اند ۴۵۴۰

بسیاری مانند تو اسیرِ زندگیِ دنیوی شده و خود را گرفتار بلا کرده‌اند.

آنچه بر تو خواهِ آن باشد پسند بر دگر کس آن کُن، از رنج و گزند[5] ۴۵۴۱

چیزی که برای خود می‌پسندی، برای دیگران هم همان را بپسند.

زآنکه بر مِرصادْ[6] حق، واندر کمین[7] می‌دهد پاداش[8] پیش از یومِ دین[9] ۴۵۴۲

زیرا خداوند همواره ناظر است و پیش از قیامت پاداش می‌دهد.

آن عظیمُ‌العرش[10]، عرشِ[11] او محیط تختِ دادش[12] بر همه جان‌ها بسیط[13] ۴۵۴۳

آن پروردگاری که تختگاه فرمانروایی او بر تمامِ هستی احاطه دارد و بر جان‌ها گسترده است.

---

۱ - **کوته نمد :** کلاّش، بی‌سروپا، تهیدست.

۲ - اشاره به یکی از قواعد فقهی که رؤیتِ مورد معامله از شروط بیع است. ۳ - **فاسدی‌ست :** باطل است.

۴ - **زیرِ گلیم :** کنایه از پنهانی و یواشکی بودن. ۵ - **از رنج و گزند :** در رنج و محنت، در سختی.

۶ - اشارتی قرآنی؛ فجر: ۱۴/۸۹: إِنَّ رَبَّكَ لَبِالْمِرْصَادِ: خدایِ تو البتّه در کمینگاه است.

۷ - **اندر کمین :** همواره نظارتِ مستمر دارد. ۸ - **پاداش :** کار نیک را پاداش می‌دهد و کار بد را کیفر.

۹ - **پیش از یومِ دین :** در این دنیا. ۱۰ - **عظیمُ‌العرش :** صاحب عرشِ باعظمت.

۱۱ - **عرش :** تخت سلطنت، آسمان نهم، فلک‌الافلاک.

۱۲ - **تختِ داد :** عدالتِ الهی که شاملِ حالِ همه چیز هست.

۱۳ - **بر همه جان‌ها بسیط :** بر همهٔ جان‌ها گسترده است.

گوشهٔ عرشش به تو پیوسته است[1] هین! مجنبان جُز به دین و دادْ دست ۴۵۴۴

عدالتِ او تو را هم می‌سنجد. آگاه باش و جز به دین و عدل کاری نکن.

تو مراقب باش بر احوالِ خویش نوش[2] بین در داد[3] و بعد از ظلمْ نیش[4] ۴۵۴۵

اگر مراقب احوالِ خود باشی، متوجّه پاداش ِکار نیک و کیفرِ کار بد می شوی.

گفت: آری، اینچه کردم اِستم است لیک هم می‌دان که: بادیِ[5] اَظْلَم[6] است ۴۵۴۶

جوحیٰ گفت: آری، کار بدی کردم؛ امّا بدان که: آغاز کننده ستمگرتر است.

گفت نایب: یک به یک ما بادی‌ایم[7] با سَوادِ[8] وجه، اندر شادی‌ایم[9] ۴۵۴۷

نایب گفت: ما همگی ستمکاریم؛ امّا نمی‌دانیم و با رویی سیاه شادیم.

همچو زنگی کو بُوَد شادان و خَوش او نبیند، غیرِ او بیند رُخَش[10] ۴۵۴۸

مانند سیاهِ زنگی که تیرگیِ خود را نمی‌بیند و بی‌خبر از این تیرگی شاد است.

ماجرا بسیار شد در مَنْ یَزید[11] داد صد دینار و آن از وی خرید ۴۵۴۹

در مزایده جر و بحث بسیار شد و سرانجام با صد دینار صندوق را خرید.

هر دمی صندوقیی[12]، ای بَدْپسند! هاتفان و غیبیانَت[13] می‌خرند ۴۵۵۰

ای آنکه بدی‌های خود را می‌پسندی، هر دم در معرض رسوایی و هلاکت هستی؛ امّا هاتفان و غیبیان نجاتت می‌دهند.

---

۱ - مصراعِ اوّل: مراقبِ تو هم هست. ۲ - **نوش**: اینجا پاداش. ۳ - **داد**: دادگری، اینجا کارِ خوب.
۴ - **نیش**: اینجا کیفر. ۵ - **بادی**: آغاز کننده.
۶ - **اَظْلَم**: ستمکارتر. اشاره به ضرب‌المَثَل: اَلْبادیِ اَظْلَم: آغازکنندهٔ ستم، ستمکارتر است.
۷ - مصراع اوّل: ما همه ظالم هستیم. ۸ - **سواد**: سیاهی.
۹ - مصراع دوم: با رویی سیاه احساس شادمانی می‌کنیم؛ زیرا سیاهیِ باطنِ خود را نمی‌بینیم.
۱۰ - مصراع دوم: دیگران تیرگی‌اش را می‌بینند نه خودِ او. ۱۱ - **من یزید**: مزایده، حراج.
۱۲ - **صندوقیی**: صندوقی هستی، تو هم در معرضِ آبروریزی و بدبختی هستی.
۱۳ - **هاتفان و غیبیان**: نیروهایِ الهی.

در تفسیرِ این خبر که مصطفی صلواتُ الله علیه فرمود: «مَنْ کُنْتُ مَوْلاٰهُ فَعَلیٌّ مَوْلاٰهُ»[1]، تامنافقان طَعنه زدند که: بس نبودش که ما مُطیعی و چاکری نمودیم او را؟ چاکریِ کودکی خِلم[2] آلودمان هم می‌فرماید؟ الی آخِرِه

۴۵۵۱ **زین سبب پیغمبرِ بااجتهاد　　نامِ خود و آنِ علی مولا نهاد**

به همین مناسبت پیامبر کوشا(ص) نامِ خود و علی(ع) را مولا نهاد.

۴۵۵۲ **گفت: هر کو را منم مولا و دوست　　ابنِ عمّ من علی مولایِ اوست**

گفت: هر کس را که من مولا و دوستِ او هستم، پسرِ عمویم علی(ع) هم مولایِ اوست.

۴۵۵۳ **کیست مولا؟ آنکه آزادت کند　　بندِ رِقّیَّت[3] ز پایت بر کَنَد**

مولا چه کسی است؟ کسی که آزادت کند و از قیدِ بندگیِ هوا و هوس بِرَهانَد.

۴۵۵۴ **چون به آزادی نُبوَّت هادی است　　مؤمنان را ز انبیا آزادی است[4]**

چون نُبوَّت به آزادی هدایت می‌کند، مؤمنان از بندگیِ دنیا می‌رَهَند.

۴۵۵۵ **ای گروهِ مؤمنان! شادی کنید　　همچو سرو و سوسن آزادی کنید[5]**

ای اهل ایمان، شاد باشید و مانند سرو و سوسن آزادی کنید.

۴۵۵۶ **لیک می‌گویید هر دم شُکرِ آب　　بی‌زبان[6]، چون گُلْستانِ خوش‌خِضاب[7]**

امّا هر دم مانندِ گلستانِ خوش آب و رنگ، به زبانِ حال شاکر باشید.

۴۵۵۷ **بی‌زبان گویند سرو و سبزه‌زار　　شُکرِ آب و شُکرِ عدلِ نوبهار[8]**

درختان، گل‌ها و گیاهان از آب و هوای بهار پُر طراوت‌اند و به زبانِ حال شکرگزار.

---

۱ - حدیث: مَنْ کُنْتُ مَوْلاٰهُ فَعَلِیٌّ مَوْلاٰهُ اَللّٰهُمَّ وَال مَنْ وَالاٰهُ وَ عٰاد مَنْ عٰادٰاهُ: پیامبر(ص) فرمود: هر کس من مولای او باشم، علی مولای اوست. خدایا دوست بدار کسی را که علی را دوست بدارد و دشمن بدار کسی را که علی را دشمن می‌دارد: احادیث، ص ۶۰۰.　۲ - **خِلْم**: خشم و غضب، «خُلْم»: آبِ بینی. که هر دو توهین‌آمیزند.

۳ - **رِقّیَّت**: بندگی.

۴ - مصراع دوم: انبیا مؤمنان را از قیدِ دلبستگی‌هایِ دنیوی و بندگیِ دنیا و اهلِ دنیا می‌رهانند.

۵ - **آزادی کنید**: بدون تعلّق و با رهایی زندگی کنید.　۶ - **بی‌زبان**: نه به زبان، بلکه به لسانِ حال.

۷ - **خوش خِضاب**: خوش رنگ. «خضاب»: رنگ کردن، چیزی که موی سر و صورت را با آن رنگ می‌کنند.

۸ - **عدلِ نوبهار**: اینکه بهار به موقع و بجا فرارسیده است، «عدل»: در معنی عرفانی‌اش اینکه هرچیز در جایِ مناسبِ خود قرارگیرد.

حُلّه‌ها[1] پوشیده و دامن‌کشان مست و رقّاص و خوش و عنبرفشان[2] ۴۵۵۸

جامه‌های نو پوشیده‌اند و با ناز و سرمستی، رقصان و شادمان و عطرافشان‌اند.

جزوجزو[3] آبستن از شاهِ بهار[4] جسمشان چون دُرج[5] پُر درِّ ثِمار[6] ۴۵۵۹

همهٔ اجزایِ طبیعت با فرارسیدنِ بهار، با قابلیّت باروری، مانند صندوقچهٔ مروارید، پُر از میوه‌اند.

مریمان بی‌شُوی آبِست[7] از مَسیح[8] خامُشان، بی‌لاف و گفتاری فصیح ۴۵۶۰

گویی درختان مانند مریم، شوهرنادیده از دمِ مسیح بارور شده‌اند و در عین خاموشی با فصاحت سخن می‌گویند.

ماهِ ما بی‌نُطقْ خوش برتافته‌ست هر زبان، نُطق از فَرِ ما یافته‌ست[9] ۴۵۶۱

انبیا و اولیا به زبانِ حال می‌گویند: جانِ منوّر ما بی‌نطق هم می‌تابد و تأثیر می‌گذارد، چنانکه هر زبانی از فروغِ آن نطق می‌یابد.

نطقِ عیسی از فَرِ مریم بُوَد[10] نطقِ آدم پرتوِ آن دَم بُوَد[11] ۴۵۶۲

عیسی(ع) از فروغِ مریم(س) سخن گفت و آدم(ع) در پرتوِ نفخهٔ الهی.

تا زیادت گردد از شکر[12] ای ثقات[13]! پس نباتِ[14] دیگر است اندر نبات[15] ۴۵۶۳

تا ای معتمدان، از شکر نعمت‌تان افزون شود و از دل هرگیاه گیاهی بروید.

---

۱ - **حُلّه :** لباسِ نو. ۲ - **عنبرفشان :** عطرافشان. ۳ - **جزوجزو :** تمامِ اجزای طبیعت.
۴ - **شاهِ بهار :** اضافهٔ تشبیهی. ۵ - **دُرج :** صندوقچهٔ جواهرات. ۶ - **ثمار :** جمع ثمر: میوه.
۷ - **آبِست :** آبستن.
۸ - **از مسیح :** غنچه‌ها و برگ‌های نورُستهِ و هرچه که نشانِ بارور شدنِ جزوجزو طبیعت است به مسیح مانند شده که به زبانِ حال سخنگوست.
۹ - این بیت در ادامهٔ مفهوم «خامشانِ بی‌لاف و گفتاری فصیح» است و واقع و صفِ واصلان، که نمونهٔ اعلای آن انبیا و اولیااند که «ماهِ جانشان» چنان تابان است که همواره به زبانِ حال سخن می‌گوید و سخن گفتنش همان «تأثیرگذاریِ» اوست. و هرکس که به حقیقتی رسیده در پرتوِ باطن تابناک ما راه یافته و بدان رسیده است.
۱۰ - اشارتی قرآنی؛ مریم: ۳۰/۱۹، که عیسی درگهواره سخن گفت.
۱۱ - اشارتی قرآنی؛ الرّحمن: ۴/۵۵، که خداوند به او نطق و بیان تعلیم داد.
۱۲ - اشاره به مضمون آیهٔ شریفه: ابراهیم: ۷/۱۴: ...اگر شکر بجای آرید بر نعمت شما می‌افزایم... .
۱۳ - **ثقات :** جمع ثقه: معتمد، شخص طرف اطمینان. ۱۴ - **نبات :** گیاه، روییدنی.
۱۵ - از دلِ هرگیاه گیاهی دیگر می‌روید؛ یعنی با شکر و سپاسِ قلبی هر لطف الهی افزون‌تر می‌گردد.

عکس ِ آن اینجاست،[۱] ذَلَّ مَن قَنَع[۲]   اندر این طَوْر[۳] است، عَزَّ مَنْ طَمَع[۴] ۴۵۶۴

در راهِ حق، در ادراکِ عالمِ معنا باید حریص بود و عنایت هرچه بیشتر او را خواست و هرکس قانع باشد، خوار می‌شود. این عکس ِ چیزی است که در امور دنیوی در موردِ حرص و قناعت می‌گویند.

در جوالِ نَفْس ِ خود چندین مرو[۵]   از خریدارانِ[۶] خود غافل مشو ۴۵۶۵

این قدر در پیِ نَفْس ِ خود نباش و به خریدارانِ حقیقی‌ات توجّه کن.

باز آمدنِ زنِ جوحیٰ به محکمهٔ قاضی سالِ دوم بر امیدِ وظیفهٔ[۷] پارسال، و شناختنِ قاضی او را، الیٰ اِتْمامِهِ

بعدِ سالی باز جوحیٰ از مِحَن[۸]   رو به زن کرد و بگفت: ای چُست[۹] زَن! ۴۵۶۶

سال بعد، جوحیٰ به سبب رنج‌ها به همسرِ خود گفت: ای زنِ زرنگ!

آن وظیفهٔ پار[۱۰] را تجدید کن   پیش ِ قاضی از گِلهٔ من گُو سخُن ۴۵۶۷

کارِ پارسال را تکرار کن و از من نزدِ قاضی شکایت ببر.

زن بَرِ قاضی در آمد با زنان   مر زنی را کرد آن زن ترجمان[۱۱] ۴۵۶۸

زن جوحیٰ همراه زنان دیگر نزدِ قاضی رفت و زنی را سخنگویِ خود کرد.

تا بِنَشناسد ز گفتن قاضی‌اَش   یاد نایَد از بلایِ ماضی‌اَش[۱۲] ۴۵۶۹

تا قاضی او را از صدا نشناسد و بلای پارسال را به یاد نیاورد.

هست فتنهٔ غمزهٔ غمّازِ زن   لیک آن صد تُو شود ز آوازِ زن ۴۵۷۰

حرکاتِ چشم و ابرو و با ناز پلک زدنِ زن فتنه‌انگیز است و با صدای لطیفِ او افزون‌تر می‌شود.

---

۱ - در عالمِ معنا برعکس دنیاست.

۲ - هر کس قانع باشد خوار می‌شود؛ یعنی به او توجّهی نمی‌شود، باید شخص مشتاق و طالب باشد.

۳ - **طور :** روش و شیوه.   ۴ - هر کس مشتاق‌تر و حریص‌تر، عزیزتر و موفّق‌تر است.

۵ - **در جوالِ نَفْس رفتن :** دنبالِ خواسته‌هایِ نفسانیِ خود بودن و غفلت از حقایق. «جوال»: کیسه.

۶ - **خریداران :** کنایه است از واصلان و کاملان که راهِ حق را می‌نمایند.   ۷ - **وظیفه :** جیره.

8 - **مِحَن :** جمع محنت: رنج، سختی.   9 - vâ :S ¿Ea , NBa Ǒ   10 - rEQ: rEQ/ºBw

۱۱ - **ترجمان :** مترجم، کسی که از زبان شخص دیگر سخن می‌گوید.   ۱۲ - **بلایِ ماضی :** بلایِ سالِ پیش.

چون نمی‌تُانست آوازی فراشت[1] **غمزهٔ تنهایِ زن سودی نداشت** ۴۵۷۱

امّا چون نمی‌خواست سخنی بگوید، غمزه به تنهایی فایده‌یی نداشت.

گفت قاضی: رو تو خصمت[2] **را بیار** **تا دهم کارِ تو را با او قرار** ۴۵۷۲

قاضی گفت: برو و شوهرت را بیاور تا رسیدگی کنم.

جوحی آمد، قاضی‌اَش نشناخت زود[3] **کو به وقتِ لُقیه**[4] **در صندوق بود** ۴۵۷۳

جوحیٰ آمد؛ امّا قاضی او را نشناخت؛ چون هنگام دیدار قبلی در صندوق بود.

زو[5] **شنیده بود آواز از برون** **در شِریٰ و بیع و در نقص و فزون** ۴۵۷۴

هنگامِ معامله و چانه زدن از او فقط صدایی شنیده بود.

گفت: نَفْقهٔ زن چرا ندهی تمام؟ **گفت: از جان شرع را هستم غلام** ۴۵۷۵

قاضی گفت: چرا نفقهٔ زنت را کامل نمی‌دهی؟ گفت: من غلامِ شرع هستم.

لیک، اگر میرم، ندارم من کفن **مفلسِ این لِعبم**[6]**، و شش پنج زن**[7] ۴۵۷۶

امّا اگر بمیرم، کفن ندارم. در قمارِ زندگی باخته و مفلس شده‌ام.

زین سخن قاضی مگر بشناختش **یاد آورد آن دَغَل**[8] **و آن باختش** ۴۵۷۷

قاضی صدایِ او را شناخت و حیله‌گری و بازی پارسال را به یاد آورد.

گفت: آن شش پنج با من باختی[9] **پار اندر شَشْدَرَم**[10] **انداختی** ۴۵۷۸

گفت: پارسال آن قمار را با من کردی که باختم.

نوبتِ من رفت، امسال آن قِمار **با دگر کس باز، دست از من بدار** ۴۵۷۹

نوبتِ من تمام شد، دست از سرم بردار، امسال با دیگری قمار کن.

---

۱ - مصراع اوّل: چون نمی‌توانست حرفی بزند و آوایی برآوَرَد. ۲ - **خصم**: طرفِ دعوا، اینجا شوهر.

۳ - **زود**: فوراً، بلافاصله. ۴ - **لُقیه**: ملاقات. ۵ - **زو**: از او.

۶ - **این لِعب**: این قمار، این زندگی، زندگی با این زن.

۷ - **شش پنجْ زن**: شِش و بِش که اصطلاح نرد است، اینجا: متحیّر این زندگی و گرفتاری‌هایِ آن هستم.

۸ - **دَغَل**: نیرنگبازی، حیله‌گری. ۹ - **آن شش پنج با من باختی**: آن قمار را با من بازی کردی.

۱۰ - **ششدر**: از اصطلاحات نرد، بستن راهِ حریف در هر شش خانه، کنایه از عاجز و گرفتار کردن.

دفتر ششم ۶۲۳

از شش و از پنج[1] عـارِف گشت فـرد[2] مُحترز[3] گشته است زین شش پنجِ نرد ۴۵۸۰

«عارف»، از قیود عالمِ مادّه رهایی یافته و اسیرِ تنگناهایِ آن نیست.

رَست او از پنج حسّ و شش جهت از وَرایِ آن[4] هــمه کــرد آگــهت ۴۵۸۱

او با رهایی از عالمِ مادّه، تو را از حقایقِ ماورایِ آن آگاه می‌کند.

شــد اشــاراتش[5] اشــاراتِ ازل[6] جــاوَزَ اَلاَوْهـامَ طُـراً، وَ اَعْـتَزَلْ[7] ۴۵۸۲

اشاره‌هایِ او، یعنی قول و فعلش، حقّانی شده و خارج از فهمِ ماست.

زین چَهِ شش گوشه گر نَبْوَد بُـرون چُون بـرآرَد یـوسفی را از درون؟[8] ۴۵۸۳

اگر «عارف» از قیدِ عالمِ مادّه رها نباشد، چگونه می‌تواند دیگری را بِرَهانَد؟

وارِدی[9] بــالایِ چــرخِ بـی‌سُتُن[10] جسمِ او چون دَلْوْ در چَهْ چاره‌کُن[11] ۴۵۸۴

«جانِ» او بر فرازِ آسمان است و «جسمِ» او مانند «دَلوْ» در چاهِ دنیا و سببِ نجات.

یــوسفان[12] چــنگال در دلوش زده رَسته از چاه و شَهِ مـصری[13] شـده ۴۵۸۵

یوسف صفتان این «دَلْو» را می‌گیرند و می‌رهند و شاهِ مصرِ وجودِ خودشان می‌شوند.

دلوهایِ دیگر[14] از چَـهْ آبْ[15] جـو دلوِ او فارغ ز آب، اصـحابْ[16] جـو ۴۵۸۶

«اهلِ دنیا»، در آن چاه جویایِ تمتّعات‌اند و او فارغ از این چیزها، جویایِ «اهلِ معنا»ست.

---

۱ - **از شش و از پنج :** از جهات شش‌گانه و حواسّ پنجگانه، کنایه از قیودِ عالم مادّه است، اسارتِ جان در قیدِ تن و قوانینِ مادّه که عارف از آن رهایی یافته است. ۲ - **فرد شده :** رها شده، دور شده.

۳ - **مُحترز :** پرهیزکننده، دوری گزیننده. ۴ - **از ورایِ آن :** از عالمِ ماورایِ مادّه، از عالمِ معنا و عالمِ حقایق.

۵ - **اشارات :** اشاره‌ها: اینجا هر آنچه که از واصلِ کامل سر می‌زند: قول و فعل.

۶ - **شد اشاراتِ ازل :** او به حق پیوسته و چون واصل شده حقّانی است.

۷ - مصراع دوم: از وهم‌ها گذشته و دور شده است.

۸ - مُراد آنکه: باید یک نفر بالایِ چاه باشد تا دیگری را از چاه بر آوَرَد؛ پس هدایت کننده یا مُرشدی که دستِ دیگران را می‌گیرد و ارشاد می‌کند، خود قبلاً از چاه برآمده است. ۹ - **وارد :** داخل شونده، واصل شونده.

۱۰ - **چرخِ بی‌سُتُن :** آسمان، آسمانی که بدون ستون افراشته است.

۱۱ - **در چَهْ چاره‌کن :** در چاهِ دنیاست و خلق را از قیدِ عالمِ مادّه می‌رهانَد. «دنیا به چاه مانند شده.»

۱۲ - **یوسفان :** یوسف صفتان، هرکس که قیدِ عالم مادّه را درک کرده باشد.

۱۳ - **مصر :** اینجا مصرِ وجود، امیرِ نَفْسِ خود.

۱۴ - **دلوهایِ دیگر :** کنایه از خلق که اسیرِ دنیا و جاذبه‌های آن‌اند، اهلِ دنیا.

۱۵ - **آب :** اینجا کنایه از بهره‌هایِ دنیوی. ۱۶ - **اصحاب :** یاران، کسانی که خواهان رهایی و کمال باشند.

دلوها غـوّاصِ آب از بـهرِ قُـوت[۱] دلوِ او قُوت و حیاتِ جانِ حُـوت[۲] ۴۵۸۷

زندگیِ «اهل دنیا»، جُستن و بهره‌مندی از تمتّعات است؛ امّا «عارف»، زندگی و مایهٔ حیاتِ «اهل معنا»ست.

دلوهـــا وابســـتهٔ چـــرخِ بـــلند[۳] دلوِ او[۴] در اِصْــــبَعَیْنِ زورمـــند[۵] ۴۵۸۸

وجود و نگاهِ «اهلِ دنیا» وابسته به مقتضیات مادّی و طبیعی است؛ امّا وجود و فعل و قول او وابسته به ارادهٔ حق است.

دلوِ چه؟ و حَبْلِ[۶] چه؟ و چـرخِ چـی؟ این مثالِ بس رکیک[۷]است، ای اِچـی[۸] ۴۵۸۹

ای برادر، مثالِ نامناسبی آوردیم، دَلْوِ چه؟ حَبْلِ چه؟ چرخ کدام است؟

از کـــجا آرم مـثالی بـی‌شِکَست[۹]؟ کفوِ آن،[۱۰] نه آیـد و نـه آمـده‌است ۴۵۹۰

از کجا مثالِ کاملی بیاورم؟ همتای او نیامده و نخواهد آمد.

صد هزاران مرد پـنهان در یکـی[۱۱] صدکَمان و تـیر دَرجِ[۱۲] نـاوَکـی[۱۳] ۴۵۹۱

قدرتِ روحانیِ صدها هزار مردِ راه در او نهان است، مانند صد تیر و کمان در تیری کوچک.

مٰـا رَمَـیْتَ اِذْ رَمَـیْتی،[۱۴] فـتنه‌یی[۱۵] صدهزاران خرمن اندر حَـفنه‌یی[۱۶] ۴۵۹۲

فعلِ او فعلِ حق است و برای آزمایشِ خلق، در واقع عالمِ کبیر در وجودِ جسمانیِ کوچکِ اوست.

---

۱ - خلق از این دنیا زندگی و بهره‌هایش را می‌جویند.

۲ - او خودش زندگی و حیاتِ حیات‌جویان است. «حوت»: ماهی، کنایه از طالبِ حق، سالک.

۳ - **وابستهٔ چرخ بلند** : تحت تأثیر قوانین عالمِ مادّه. ۴ - **دلوِ او** : وجودِ عارف.

۵ - **اِصْبَعَیْنِ زورمند** : حدیث: قلب مؤمن بین دو انگشتِ قدرت حق [جمال و جلال] تسلیم است، اگر بخواهد به آن ثبات می‌دهد یا به انحراف گرفتارش می‌کند: احادیث مثنوی، ص ۶. ۶ - **حَبْل** : ریسمان.

۷ - **رکیک** : زشت و نامناسب. ۸ - **اِچی** : برادر، واژهٔ ترکی. ۹ - **بی‌شکست** : بدون نقص.

۱۰ - **کفوِ آن** : نظیرِ کاملِ واصل، عارف بالله.

۱۱ - او یک اُمّت است، ناظر است به وحدتِ نوری واصلان و کاملان. ۱۲ - **درج** : گنجاندن چیزی در چیزی.

۱۳ - **ناوکی** : تیری کوچک.

۱۴ - اشارتی قرآنی؛ انفال: ۱۷/۸: [ای رسول] چون تیر [یا خاک] افکندی، نه تو، بلکه خدا افکند [تا کفّار را شکست دهد]. ۱۵ - **فتنه** : آزمایش.

۱۶ - **حَفْنه** : مُشتی از هر چیز، کمی. «صدهزاران...»: همه چیز در او جمع است، همهٔ عالمِ کبیر.

آفتابی در یکی ذرّه نهان　　ناگهان آن ذرّه بگشاید دهان ۴۵۹۳

روح باعظمتش که تابان‌تر از هر خورشیدی است، در قالب خُردی نهان شده که ممکن است ناگهان خود را بنماید یا ابراز وجود کند.

ذرّه ذرّه گردد افلاک و زمین　　پیشِ آن خورشید، چون جَست از کمین ۴۵۹۴

چون این خورشید از کمین بِجَهَد، افلاک و زمین در برابرش تاب نمی‌آورند.

این چنین جانی چه درخوردِ[1] تن است؟　　هین! بشُو ای تن از این جان هر دو دست ۴۵۹۵

شایسته است که چنین جانی محبوسِ تن باشد؟ پس ای تن، آن را رها کن.

ای تنِ گشته وثاقِ[2] جان! بس است　　چند تانَد بحر در مَشکی نشست؟ ۴۵۹۶

ای تن که جایگاه جان شده‌ای، بس است. تا کی دریا در مَشک بماند؟

ای هزاران جبرئیل اندر بشر[3]!　　ای مسیحانِ[4] نهان در جوفِ[5] خر[6]! ۴۵۹۷

ای آنکه در وجودت هزاران جبرائیل پنهان شده و روحِ مسیحایی‌ات اسیرِ تن است.

ای هزاران کعبه[7] پنهان در کَنیس[8]　　ای غلط‌اندازِ[9] عِفریت[10] و بِلیس ۴۵۹۸

ای هزاران کعبه که نهان در بتخانه‌ای، ای آنکه دیو و ابلیس را دچار اشتباه کرده‌ای.

سجده‌گاهِ لامکانی در مکان　　مر بِلیسان را ز تو ویران دکان[11] ۴۵۹۹

وجودِ صوریِ تو که ابلیسان را طرد می‌کند، مکانی است برای بزرگداشت و رسیدن به لامکان.

که: چرا من خدمت این طین[12] کنم؟　　صورتی را من لقب چون دین کنم؟ ۴۶۰۰

که می‌گویند: چرا باید به این گِل سجده کنیم؟ یا قالبی را دین بخوانیم؟

نیست صورت،[13] چشم را نیکو بمال[14]　　تا ببینی شعشعهٔ[15] نورِ جلال ۴۶۰۱

با چشمِ باطن بنگر تا درخشش نورِ جلال را ببینی.

---

۱ - **درخورد :** شایسته و سزاوار.　۲ - **وثاق :** اتاق، منزل.　۳ - اشاره به عظمتِ روحِ انسان واصل.

۴ - **مسیحان :** جمع مسیح، ناظر است به مقامِ جامعیّتِ کاملان که محلّ ظهورِ اسمای الهی است.

۵ - **جوف :** شکم و درون هر چیزی.　۶ - اشاره به جنبهٔ مادّی و بهیمیِ انسان.

۷ - **هزاران کعبه :** گویی هزاران قبله‌ای، قبله همان نورِ متجلّی در توست.　۸ - **کنیس :** بتخانه، کنیسه یا کُنشت.

۹ - **غلط انداز :** به اشتباه درآورنده.　۱۰ - **عفریت :** دیو.

۱۱ - مُراد آنکه: همهٔ شیطان صفتان مانند ابلیس‌اند و نور حق را در واصلان و کاملان نمی‌بینند و نمی‌خواهند که ببینند.　۱۲ - **طین :** گِل.　۱۳ - **نیست صورت :** او فقط این قالبِ عنصری نیست.

۱۴ - **نیکو بمال :** با دقّت ببین.　۱۵ - **شعشعه :** درخشش.

باز آمدن به شرحِ قصّهٔ شاه‌زاده و ملازمتِ[1] او در حضرتِ شاه

شـاه‌زاده پـیشِ شَـهْ[2] حـیرانِ ایـن — هفت گردون دیده در یک مُشت طین[3] ۴۶۰۲

شاهزاده متحیّر بود که عظمتِ آسمان‌ها را در وجود شاه می‌بیند.

هیچ ممکن نه به بـحثی لب گشـود — لیک جان با جان دَمی خامُش نبود ۴۶۰۳

هرگز ممکن نبود که بتواند در موردی سخن بگوید؛ امّا همواره او با جانِ شاه در گفتگو بود.

آمـده درخـاطرش کـین بس‌خـفی‌ست[4] — این[5] همه‌معنی‌ست، پس‌صورت زچیست؟ ۴۶۰۴

او سرّی نهانی را دریافته بود که شاه سراپا معناست، پس صورتِ ظاهرش برای چیست؟

صـورتی از صـورتت بـیزارْ کُـن[6] — خفته‌یی[7]، هـر خـفته را بـیدارْ کُـن ۴۶۰۵

و فهمید که این تجلّیِ صوری «این صورت ظاهری»، برای آن است که سالک را از عالمِ صُوَر «دنیا و ظواهر» بی‌نیاز و بیزار کند؛ زیرا خودِ او به امور دنیوی چندان توجّهی ندارد و توجّه طالبان را نیز به عالمِ معنا جلب می‌کند.

آن کـلامت، مـی‌رهانَد از کـلام[8] — وآن سَقامت[9]، می‌جهانَد[10] از سَقام ۴۶۰۶

آن گفت‌وگوی باطنی، تو را از «بحث و قال و قیل» بی‌نیاز می‌کند و دردِ عشق دردهای دیگر را درمان می‌کند.

پس سَقامِ عشق، جانِ صحّت[11] است — رنـج‌هااَش حسـرتِ هـر راحت است ۴۶۰۷

پس دردِ عشق اصلِ درمان و رنجِ آن راحتی است.

---

۱ - **ملازمت :** خدمت و بندگی و فرمانبرداری. ۲ - **پیش شَه :** در محضر شاه.
۳ - **یک مُشت طین :** یا مُشت گِل، در قالبِ خاکی. ۴ - **بس خفی‌ست :** بسی نهانی است، سرّ است.
۵ - **این :** شاه که سراپا تجلّی است.
۶ - مصداقِ بیت ۷۴ دفتر دوم : چون خلیل آمد خیالِ یارِ من / صورتش بُت، معنیِ او بت‌شکن
۷ - **خُفته :** عارفِ واصل نسبت به امور دنیوی خفته است؛ یعنی با شهوات و غفلت بیگانه است و نسبت به عالمِ معنا بیدار. ۸ - گفت‌وگوی جان با جان، آدمی را از ادلّه و براهین [قیل و قال] می‌رهانَد.
۹ - **سَقام :** بیماری، اینجا دردِ عشق، درد و رنجِ عشق حق. ۱۰ - **می‌جهانَد :** می‌رهانَد.
۱۱ - **جانِ صحّت :** اصلِ درمان و سلامتی.

ای تن! اکنون دست خود زین جان بشُو[۱]   ور نمی‌شویی، جز این جانی بجُو ۴۶۰۸

ای تن، اینک این جان را رها کن، اگر نمی‌کنی، جانِ دیگری بخواه.

حاصل: آن شه نیک او را می‌نواخت[۲]   او از آن خورشید، چون مَهْ می‌گداخت[۳] ۴۶۰۹

خلاصه، توجّه شاه به شاهزاده از نظرِ باطنی [روحانی و معنوی] او را رشد می‌داد و از نظر ظاهری می‌گداخت.

آن گُدازِ[۴] عاشقان باشد نُمُو[۵]   همچو مَهْ[۶]، اندر گُدازش تازه‌رُو[۷] ۴۶۱۰

گداختنِ عاشقان رشد و نموّی است که در آن «جان» باطراوت می‌مانَد و پژمرده نمی‌شود.

جمله رنجوران، دوا دارند امید   نالد این رنجور، کِم[۸] افزون کنید ۴۶۱۱

همهٔ بیماران مشتاق درمان‌اند، بجز بیمار عشق که افزونی‌اش را می‌طلبد.

خوشتر از این سم[۹]، ندیدم شربتی   زین مرض خوشتر، نباشد صحّتی ۴۶۱۲

نه شربتی گواراتر از زهرِ عشق دیدم و نه صحّتی خوش‌تر از این مرض.

زین گُنَه بهتر، نباشد طاعتی   سال‌ها، نسبت بدین دم[۱۰]، ساعتی ۴۶۱۳

لحظه‌ای که عاشق به عوالمِ غیبی و معشوق اتّصالی می‌یابد، چنان گرانبهاست که خارج از حسابِ زمان و مکان است، لحظه‌ای است که فعلِ او با معیارِ گناه و طاعت سنجیده نمی‌شود.

مدّتی بُد پیشِ این شَهْ زین نَسَق[۱۱]   دل کباب و جان نهاده بر طَبَق ۴۶۱۴

شاهزاده مدّتی بر این منوال با دل سوخته و جان برکف نزد شاه ماند.

گفت: شه از هر کسی یک سر بُرید   من ز شه هر لحظه قُربانم جدید ۴۶۱۵

شاهزاده گفت: شاه سر هر کسی را یک بار بُرید؛ امّا من هر لحظه از نو قربانی می‌شوم.

---

۱ - سخن شهزادهٔ بزرگین است.   ۲ - **نیک می‌نواخت :** بسیار لطف می‌کرد، بسیار توجّه می‌کرد.

۳ - مُراد آنکه: توجّه حق «جان» را می‌نوازد و «تن» را می‌گدازد.   ۴ - **گُداز :** گداختن، ذوب کردن.

۵ - **نُمُو :** نموّ: رشد.   ۶ - **همچو مَهْ :** مانند ماه که از گداختن و کاستن در نهایت به بدر کامل می‌رسد.

۷ - **تازه‌رو :** باطراوت، شاداب.   ۸ - **کِم :** که + م [ضمیرِ مفعولی]، که برایِ من.   ۹ - **سم :** زهرِ عشق.

۱۰ - **این دم :** آن لحظه‌ای که عاشق به معشوق و یا عوالمِ غیبیِ برتر اتّصال می‌یابد و خارج از حدّ و حدود دنیوی است.   ۱۱ - **زین نَسَق :** به این منوال.

من فـقیرم از زر، از سَـر مـحتشم[۱] صدهزاران سـر خَـلَف[۲] دارد سَـرَم ۴۶۱۶

من از نظر مال فقیرم؛ امّا از نظر سر توانگرم. حاضرم صدها هزار بار در راهِ حق سر بدهم.

بـا دو پـا در عشـق نـتوان تـاختن بـا یکـی سـر عشـق نـتوان بـاختن ۴۶۱۷

راهِ عشق راهی نیست که بتوان با این پاها و سر در آن عشقبازی کرد.

هر کسی را خود دو پا و یک سر است با هـزاران پـا و سـر، تـن نـادر است ۴۶۱۸

همه دو پا و یک سر دارند، داشتن هزاران پا و سر نادر است.

زین سبب هنگامه‌ها[۳] شد کُل هَـدَر هست این هنگامه[۴] هـر دم گـرم‌تـر ۴۶۱۹

به همین سبب هر معرکه و غوغایی که اهل دنیا برای جلوه‌فروشی برپا می‌کنند، ناپایدار است و هنگامهٔ عشق حق هر دم گرم‌تر.

مـعدنِ گـرمی‌ست انـدر لامکـان[۵] هفت دوزخ از شرارش یک دُخان[۶] ۴۶۲۰

شور و گرمیِ هنگامهٔ عاشقانِ حق از لامکان است که دوزخ در تقابلِ با آن دودی بیش نیست.

در بیانِ آنکه دوزخ گوید که قَنْطرهٔ[۷] صراط بر سرِ اوست: ای مؤمن! از صراط زودتر بگذر، زود بشتاب، تا عظمتِ نورِ تو آتشِ ما را نکشد: «جُزْ یا مُؤمِنُ! فَاِنَّ نُورَكَ اَطْفَأَ ناری»[۸]

زآتشِ عاشق از این رُو ای صَـفی! مـی‌شود دوزخ ضـعیف و مُـنْطَفی[۹] ۴۶۲۱

ای برگزیده: به این سبب دوزخ از آتشِ عاشق کم و خاموش می‌شود.

گویدش: بگذر سبک[۱۰]، ای محتشم[۱۱]! ورنـه ز آتش‌هـایِ تـو[۱۲] مُـرد آتشم ۴۶۲۲

به او می‌گوید: ای بزرگوار، زود بگذر که آتشِ تو مرا خاموش می‌کند.

---

۱ - **از سر محتشم** : از نظر سر ثروتمندم، سرهای زیادی برای فداکردن دادم. مُراد آنکه: بارها سر و جان می‌دهم.
۲ - **خَلَف** : جایگزین.
۳ - **هنگامه‌ها** : همهٔ آنچه که دنیوی است و سروصدایی به پا می‌کند و جلوه‌ای گذرا دارد.
۴ - **این هنگامه** : هنگامهٔ عشق حق. ۵ - این عشق زمینی نیست، از لامکان می‌رسد. ۶ - **دُخان** : دود.
۷ - **قنطره** : پُل. ۸ - حدیث نبوی با همین مضمون: احادیث مثنوی، ص ۵۲. ۹ - **مُنْطَفی** : خاموش.
۱۰ - **سبک** : تند، به سرعت. ۱۱ - **محتشم** : بزرگوار. ۱۲ - **آتش هایِ تو** : نورِ تو.

کفر، که کِبریتِ دوزخ اوست و بس بین که می‌پَخسانَد[1] او را این نَفَس[2] ۴۶۲۳

«کُفر» که سببِ احتراق دوزخ است، با نَفَسِ عاشقِ حق خاموش می‌شود.

زود کبریتت[3] بـدین سـودا[4] سپار تا نه دوزخ بـر تـو تـازد، نـه شـرار ۴۶۲۴

انکارت را به عاشقیِ عاشقانِ حق بسپار تا بگدازد و تو را مستحقِ دوزخ و آتش نکند.

گویدش جنّت: گذر کن همچو بـاد ورنه گردد هرچـه مـن دارم کَسـاد[5] ۴۶۲۵

بهشت به عاشق می‌گوید: به سرعت رد شو وگرنه نور و شورِ تو سببِ کسادی من می‌شود.

که تو صاحب خرمنی، من خوشه‌چین[6] مـن بُـتی‌اَم، تـو ولایت‌هـایِ چـین[7] ۴۶۲۶

زیرا تو به هستیِ حقیقی پیوسته‌ای و من جزیی از آن هستم.

هست لرزان زو جَحیم[8] و هم جِنان نه مر این را، نه مر آن را، زو امان[9] ۴۶۲۷

دوزخ و بهشت از او می‌لرزند و امان ندارند.

رفت عُمرش، چاره را فرصت نیافت[10] صبر بس سوزان بُـد و جـان بـرنتافت ۴۶۲۸

عمر شاهزاده به پایان رسید و نتوانست بیش از آن فراق را تحمّل کند.

مدّتی دندان‌کَنان[11] این می‌کشید[12] نـارسیده،[13] عـمرِ او آخِـر رسـید ۴۶۲۹

مدّتی با رنج شدید فراق را تحمّل کرد؛ امّا واصل نشده بود که مُرد.

صورتِ معشوق[14] زو شد در نهفت رفت و شد با معنیِ معشوق جـفت ۴۶۳۰

تجلیّاتِ صوریِ معشوق را رها کرد و به حقیقتِ او پیوست.

---

۱ – **می‌پخسانَد :** می‌پژمُرد، خاموش می‌کند. ۲ – **این نَفَس :** نَفَسِ عاشقِ حق.

۳ – **کبریتت :** کفر و انکارت. ۴ – **بدین سودا :** عاشقی و عاشقان. ۵ – **کساد :** بی‌رونق.

۶ – تو به اصلی رسیده‌ای که من ریزه‌خوار آن هستم.

۷ – مصراع دوم: من بتم و تو بتخانه، اگر من مانند معشوقی زیبا هستم، تو مجموعهٔ تمامِ زیبارویان هستی؛ یعنی تو اصلی و من فرع. ۸ – **جَحیم :** دوزخ. ۹ – دوزخ و جنّت همه اجزایِ اوست.

۱۰ – بازگشت به شاهزادهٔ بزرگ که نتوانست فراقِ معشوق [دخترِ شاهِ چین، رمزی از اسرار] را تحمّل کند و به وصال شاه که نمادی از حق است، برسد و این وصل به عالم روحانی موکول شد.

۱۱ – **دندان‌کَنان :** گویی که دندان‌هایش را می‌کندند، با رنج زیاد. ۱۲ – **این می‌کشید :** درد را.

۱۳ – **نارسیده :** به وصال نرسیده، به کمال نرسیده. ۱۴ – **صورتِ معشوق :** تجلیّاتِ صوری.

گفت:[1] لُبسش[2] گر ز شَعر[3] و شُشتَر[4] است اعتناقِ[5] بی‌حجابش[6] خوش‌تر است ۴۶۳۱

گفت: هرچند بدن او به لطافت پرند شُشتر باشد، وصال بی‌حجابِ تن خوش‌تر است.

من شدم عُریان ز تنْ[7] او از خیال[8] می‌خرامم در نهایاتُ آلوِصال ۴۶۳۲

من «تن» را رها کردم و معشوق نیز لباسِ «خیال» را که تجلّیِ ظاهری‌اش بود، رها کرد و معنیِ صِرف شد. اینک به او اتّصال یافتم.

این مَباحث تا بدینجا گفتنی‌ست هرچه آید زین سپس بنهفتنی‌ست ۴۶۳۳

این بحث‌ها تا اینجا گفتنی بود، بعد از این هرچه باشد، باید نهان بماند.

ور بگویی، ور بکوشی صد هزار هست بیگار[9]، و نگردد آشکار ۴۶۳۴

اگر بگویی و صدها هزار جهد هم بکنی، بیهوده است و آن را نمی‌فهمند.

تا به دریا سیرِ اسب و زین بُوَد[10] بعد از اینَت مرکبِ چوبین[11] بُوَد ۴۶۳۵

ابزار دنیوی مانند «گفتن و کوشیدن» برای رسیدن به لبِ «بحرِ معانی»اند؛ امّا سفر در بحر با «مَرْکبِ چوبین» است.

مرکبِ چوبین، به خشکی ابتر است[12] خاصْ آن دریاییان[13] را رهبر است ۴۶۳۶

این مرکب برای زندگیِ دنیوی نیست، برای زندگیِ معنوی و واصلان است.

---

۱ - **گفت :** شهزاده گفت. ۲ - **لُبْسش :** پوششِ او، ظاهرِ شاهِ چین یا تجلّیِ ظاهریِ حق.
۳ - **شَعر :** موی، کُرک. ۴ - **شُشتر :** حریرِ شُشتر که ظریف و عالی بوده است.
۵ - **اعتناق :** همآغوشی، وصل، دست درگردن یک‌دیگر داشتن. ۶ - **بی‌حجاب :** بی‌واسطهٔ ظاهری.
۷ - **عریان ز تن :** تن را رها کردم.
۸ - **خیال :** حقیقتِ هر چیز معنیِ اوست و صورت به منزلهٔ «خیال» روپوشِ آن شده است.
۹ - **بیگار :** کارِ بی‌مُزد، کارِ بیهوده.
۱۰ - **سیرِ اسب و زین بُوَد :** برای رسیدن به «بحرِ معانی»، از ابزار دنیوی مانند «گفتن و کوشیدن» که همان «اسب و زین»اند، بهره می‌بریم؛ امّا سفر در دریایِ عالمِ معنا ابزارِ دیگری می‌خواهد.
۱۱ - **مرکبِ چوبین :** قایق، کشتی، مرکبی که خاصّ دریاست و در خشکی به کار نمی‌آید و در ابیاتِ بعد گفته می‌شود که «مرکبِ چوبین» خاموشی است؛ یعنی گفت‌وگویِ «جان با جان»، که همانند قایقی سالکان متعالی را رهبری می‌کند و حقایق را به آنان می‌نماید.
۱۲ - مصراع اوّل: در زندگی دنیایی به کار نمی‌آید و از ابزار این نوع زیستن نیست. «ابتر»: دم‌بُریده، ناقص، اینجا به‌دردنخور. ۱۳ - **دریاییان :** اینجا واصلان.

این خموشی مرکبِ چوبین بُوَد   بحریان را خامُشی تلقین بُوَد[۱] ۴۶۳۷

«خاموشی»، مرکبِ چوبین است. تعلیمِ عارفانهٔ حقیقت، گفت‌وگوی «جان با جان» است، بی‌زبان.

هر خموشی[۲] **که ملولت می‌کند**[۳]   **نعره‌هایِ عشق آن سو می‌زند**[۴] ۴۶۳۸

هر عارفِ خاموشی که سکوتش را ملال‌آور می‌بینی، خاموش نیست، نعره‌هایِ عاشقانه‌ای دارد.

تو همی گویی: عجب خامُش چراست؟   او همی گوید: عجب! گوشَش کجاست؟ ۴۶۳۹

تو می‌گویی: چرا خاموش است؟ و او می‌گوید: چرا نمی‌شنود؟

من ز نعره کَر شدم، او بی‌خبر   تیزگُوشان[5] **زین سَمَر**[۶] **هستند کَر** ۴۶۴۰

من از نعره‌هایِ خود کَر شدم؛ امّا این نعره‌ها را گوشِ «اهلِ دنیا» نمی‌شنود.

آن یکی در خواب نعره می‌زند   صدهزاران بحث و تلقین[7] **می‌کند** 4641

نعره‌هایِ باطنی مانندِ حالِ کسی است که در خواب حوادثی را می‌بیند و بسی فریاد و بحث و تعلیم دارد.

این نشسته پهلویِ او بی‌خبر   خُفته خود آن است و کَر، زآن شور و شر ۴۶۴۲

امّا کسی که پهلوی او نشسته، بی‌خبر است؛ پس خفته اوست که آن همه صدا و غوغا را نمی‌شنود.

وآن کسی کِش مرکب چوبین شکست[۸]   **غرقه شد در آب، او خود ماهی**[۹] **است** ۴۶۴۳

و کسی که مرکبِ چوبینش هم می‌شکند و چون ماهی در آب غرقه و شناور می‌شود، عاشقِ واصلی است که به فنایِ تامّ رسیده است.

نه خموش است و نه گویا، نادری[۱۰] **است   حالِ او را در عبارت نام نیست**[۱۱] ۴۶۴۴

نه خاموش است و نه گویا، طُرفه‌ای است که حالِ او را نامی نمی‌توان نهاد.

---

۱ - مرکبِ بحریان سکوت است، در آن سکوت دل‌ها و جان‌ها با هم سخن می‌گویند.

۲ - **هر خموشی :** هر عارفِ خاموش که به استغراق می‌پردازد نه به قال.

۳ - **ملولت می‌کند :** که از خاموشی‌اش دلتنگ می‌شوی.

۴ - مصراع دوم: دل و جانش پُر از فریادِ عشقِ حق است.

۵ - **تیزگوشان :** اینجا کسانی که به امور دنیوی توجّه بسیار دارند و در آن بسیار هوشیار و تیزگوش‌اند، «اهل دنیا»، نااهل که صدای ماورای مادّه را نمی‌شنوند و نمی‌فهمد.   ۶ - **سَمَر :** قصّهٔ شبانه، اینجا قصّهٔ عاشقانِ حق.

7 - **تلقین :**©¼ÏU

۸ - مصراع اوّل: کسی که مرکبِ چوبینش می‌شکند، کسی است که هیچ اثری از «انانیت» در او نیست؛ یعنی هستیِ فردی‌اش به کلّی محو شده است، فانی در حق.   ۹ - **ماهی :** ماهیِ دریای وحدانیّت، کاملِ واصل.

۱۰ - **نادر :** کمیاب، طُرفه، شِگفت.   ۱۱ - حالِ او را با الفاظ نمی‌توان گفت.

نیست زین دو هر دو، هست آن بوالعَجب شــرحِ ایــن گـفتن بـرون است از ادب ۴۶۴۵

او به خاموشی و گویایی تعلّق ندارد. شرح این حالتِ شگفت‌آور در کلام نمی‌گنجد.

این مثال آمد رَکـیک[1] و بـی‌وُرود[2] لیک در محسوس از این بهتر نبود ۴۶۴۶

تمثیلی که آوردیم، زشت و نامناسب بود؛ امّا در دنیای محسوس بهتر از این نیست.

متوفّیٰ شدنِ بزرگین از شَه‌زادگان، و آمدنِ برادرِ میانین به جنازهٔ برادر، که آن کوچکین صاحب فراش[3] بود از رنجوری، و نواختـنِ پـادشاه میانین را تا او هم لنگِ احسان شد،[4] ماند پیشِ پادشاه، صدهزار از غنایمِ غیبی و عینی بدو رسید از دولت و نظرِ آن شاه، مع تَقْریرِ بَعْضِهِ[5]

کوچکین رنجور بـود، و آن وسـط بـر جــنازهٔ آن بـزرگ آمــد فـقط ۴۶۴۷

برادرِ کوچکتر بیمار بود و برادرِ میانین به تشییع جنازه آمد.

شاه دیدش، گفت قاصدْ کین کیِ است؟ که از آن بحر است، و این هم ماهی است ۴۶۴۸

شاه او را دید، عمداً پرسید: این کیست؟ این هم ماهیِ همان دریاست.

پس مـعرّف گـفت: پـورِ آن پـدر ایـن بـرادر زآن بـرادر خُـردتر ۴۶۴۹

پس معرّف گفت: پسر همان پدر است. از برادری که فوت شده کوچک‌تر است.

شَهْ نـوازیـدش کـه: هستی یـادگار کرد او را هم بدآن پـرسش شکـار ۴۶۵۰

شاه او را مورد لطف قرار داد که تو یادگارِ او نزد ما هستی و دلِ او را بُرد.

از نــوازِ شــاه[6]، آن زارِ حَـنید[7] در تنِ خود، غیرِ جان، جانی بـدید ۴۶۵۱

از عنایتِ شاه، آن عاشقِ سوخته در وجودِ خود به غیر از جانِ خود، روحِ عظیمی را حس کرد.

---

۱ - **رکیک** : زشت. ۲ - **بی‌ورود** : نامناسب. ۳ - **صاحبِ فِراش** : بستری، بیمار و بستری. «فراش»: بستر.

۴ - **لنگِ احسان شد** : گرفتار احسان شد. ۵ - **مع تَقْریر...** : با بیانِ برخی از آن‌ها.

۶ - **نوازِ شاه** : عنایتِ شاه.

۷ - **زارِ حَنید** : توسّعاً و مجازاً عاشقِ دل سوخته. «حنید»: گوسفند یاگوسالهٔ بریان.

در دلِ خـــود، دیـــد عـــالی غـلغله[1]   که نـیابد صـوفی آن در صـد چـله ۴۶۵۲

در دلِ خود شور و حالی از ادراکِ معنوی یافت که صوفی با صد چلّه‌نشینی هم نمی‌یابَد.

عرصه[2] و دیوار و کـوهِ سـنگ‌بافت[3]   پیشِ او چون نارِ خندان می‌شکافت ۴۶۵۳

میدان، دیوار و کوهِ سنگی در نظرش مانند انار می‌شکافت.

ذرّه ذرّه پیشِ او هـمچون قِـباب[4]   دم به دم می‌کرد صدگون فتحِ باب[5] ۴۶۵۴

تمام ذرّات لحظه به لحظه نزد او مانند گنبدی بزرگ باز می‌شدند.

بابْ گه روزن شـدی، گـاهی شـعاع   خاک گه گندم شدی، و گـاه صـاع[6] ۴۶۵۵

در، گاهی روزنه بود، گاه شعاع. خاک و گندم و پیمانه یکی بودند که به هم تبدیل می‌شدند.

در نظرها[7] چرخ، بس کهنه و قـدید[8]   پیشِ چشمش، هر دمی خَلْقٌ جدید[9] ۴۶۵۶

جهانی که در نظر خلق کهنه و فرسوده بود، در نظرِ او هر دم آفرینش تازه‌ای داشت.

روحِ زیـبا چـونکه وارَست از جسـد   از قضا بی شک چنین چشمش رسد ۴۶۵۷

روحی که از قیدِ هوایِ نَفْس و جسم رها شده باشد، چنین چشمی باطن‌بین می‌یابد.

صدهزاران غیب پیشش شـد پـدید   آنـچه چشـمِ مَـحرمان بـیند، بـدید ۴۶۵۸

کثیری از امور غیبی را می‌دید، آنچه را که چشمِ محرمان می‌تواند ببینند.

آنچه او اندر کُتُب[10] برخوانده بـود   چشـــم را در صـورتِ آن بـرگشود ۴۶۵۹

حقایقی را که در کتاب‌ها خوانده بود، تجلّی‌اش را می‌دید.

از غـــبارِ مـرکبِ آن شـاهِ نـر[11]   یافت او کُحلِ[12] عُـزیزی در بـصر ۴۶۶۰

از مختصر مرحمت و عنایتِ شاه، چشمِ باطنِ او قوّت یافته بود.

---

۱ - **عالی غلغله** : غلغله‌ای از ادراکاتِ معنوی که پیش از آن نبود.   ۲ - **عرصه** : میدان، صحرا.

۳ - **سنگ‌بافت** : سنگی.   ۴ - **قِباب** : جمع قُبّه: گنبد.

۵ - **فتح باب می‌کرد** : می‌توانست معنای هر چیز را آن چنان که هست دریابَد.

۶ - **صاع** : پیمانه، تقریباً معادل سه کیلوگرم.   ۷ - **در نظرها** : نظرِ ظاهربینان.

۸ - **چرخِ کهنه و قدید** : دنیای کهنه و خشکیده.

۹ - **خلقَ جدید** : آفرینش تازه و لحظه به لحظه. مُراد آنکه: همه چیز را تازه و نو می‌دید و آفرینش لحظه به لحظه را درک می‌کرد.   ۱۰ - **کُتُب** : جمع کتاب: کتاب‌های آسمانی یا کتاب‌هایِ مختلف در ارتباط با حقایق و معارف.

۱۱ - «غبارِ مرکب»: اشاره به عنایتِ شاه دارد. «شاهِ نر»: اشاره به اقتدارِ روحانی و معنویِ شاهِ چین که مختصر توجّه و عنایتش سالک را چنان دگرگون می‌کرد که حواسِّ باطنی‌اش فعّال می‌شد و عوالمِ ماورا را به وضوح می‌دید.

۱۲ - **کُحل** : سرمه. «کُحل عزیز»: کنایه از توجّه و همّتِ شاه که به شهزادهٔ میانین، چشمی باطنی عطا کرده بود.

بـر چـنین گُـلزار[1] دامـن مـی‌کشید[2]   جُزوْ جُزوَش نعره‌زن: هَلْ مِنْ مَزید؟[3] ۴۶۶۱

با چنین چشمی که گلزارِ حقایق را می‌دید، هر لحظه مشتاق‌تر می‌شد.

گلشنی کز بَقل[4] رُوید، یک دم است   گلشنی کز عقل رویـد، خـرّم است ۴۶۶۲

گلزار دنیوی ناپایدار است؛ امّا گلزارِ معانی که از عقلِ حق‌جو بروید، پایدار است.

گـلشنی کـز گِـل دمـد، گـردد تـباه   گـلشنی کـز دل دمـد، وْافَـرحَـتٰاه[5] ۴۶۶۳

گُلشنی که از گِل بردمد، پژمرده می‌شود، خوشا به گُلشنی که از دل بردمد.

عـــلم‌هایِ بـــامزهٔ[6] دانســـته‌مان   زآن گلستان[7] یک دو سه گُلدسته دان[8] ۴۶۶۴

تمام دانشی که بشر دارد و به آن می‌بالد، بخشِ کوچکی از گلستانِ معارفِ دلِ واصلان است.

زآن زبونِ این دو سه گُلْدسته‌ایـم[9]   که درِ گـلزار بـر خـود بسـته‌ایـم[10] ۴۶۶۵

این دانش در نظرمان حیرت‌انگیز است؛ زیرا آن دانش را نمی‌شناسیم.

آنچنان مِفتاح‌ها[11] هر دم به نـان[12]   می‌فُتد ای جـان! دریـغا از بَـنان[13] ۴۶۶۶

ای عزیز، دریغا که «عقل و ذهن» ما که کلیدِ آن گلزار است، هر لحظه در پیِ منابعِ دنیوی از دستِ‌مان می‌افتد.

ور دمـی هـم فـارغ آرنـدت زِ نـان   گِردِ چادرگردی و عشـقِ زنـان[14] ۴۶۶۷

و اگر غمِ نان نباشد، «عقل و ذهن» تو گِردِ شهوتِ فَرْج می‌گردد.

---

۱ - **چنین گلزار:** گلزار معانی و حقایق.   ۲ - **دامن می‌کشید:** می‌خرامید.

۳ - اشارتی قرآنی؛ ق: ۳۰/۵۰: ...آیا باز هم هست؟

مصراع دوم: اقتباس از قرآن، جزوجزوش فریادکنان بیشتر و بیشتر می‌خواست.

۴ - **بَقل:** سبزه و گیاهی که زمین با آن سبزگردد.

۵ - **وْافَرحَتاه:** چه شادی‌بخش است! خوشا، در مقامِ بیانِ شادمانی گویند.

۶ - **بامزه:** خوشایند، دوست داشتنی که موجب غرور و افتخار هم هست.   ۷ - **گلستان:** گلستانِ معارف.

۸ - اندکی از آن است.

۹ - **زبون این...:** ماتِ این علوم شده‌ایم و در نظرمان بسی شگفت‌انگیز است. تقابلِ علمِ کسبی و علمِ کشفی. «دانشِ بشری» به دو سه دسته‌گل مانند شده است.

۱۰ - مصراع دوم: درِ گلزار را بسته‌ایم؛ یعنی از آن غافل شده‌ایم؛ چون فقط به دنیا می‌اندیشیم.

۱۱ - **مفتاح:** کلید، اینجا «عقل و ذهن» که باید حق‌جو و در پیِ آگاهی باشد تا گلزارِ معارف را بیابد که نیست.

۱۲ - **به نان:** برای نان، اشاره به «شهوتِ بطن» و زیاده‌طلبی‌هایِ آن.   ۱۳ - **بنان:** سرانگشت.

۱۴ - مصراع دوم: به شهوتِ فَرْج می‌پردازی و هوسبازی‌هایِ آن.

باز استسقات[۱] چون شد موج‌زن[۲] ‌‌ مُلکِ شهری بایدت پُر نان و زن[۳] ۴۶۶۸

هنگامی که غمِ نان و زن نداشتی، عطشِ سیری‌ناپذیرِ نَفْس، با «شهوتِ جاه» جویایِ سروری می‌شود.

مار بودی، اژدها گشتی مگر ‌‌ یک سَرَت بود، این زمانی هفت سَر[۴] ۴۶۶۹

اگر قبلاً مار بودی، اژدها شده‌ای و یک سَرَت هفت سر شده است.

اژدهایِ هفت سر دوزخ[۵] بُوَد ‌‌ حرصِ تو دانه است و دوزخ فَخْ[۶] بُوَد ۴۶۷۰

این نَفْسِ سیری‌ناپذیر، دوزخ است. دوزخ دامی است که در آن «دانهٔ حرص» را نهاده‌اند و حریص در آن گرفتار می‌شود.

دام[۷] را بِدْران، بسوزان دانه[۸] را ‌‌ بازکُن درهای نو، این خانه را ۴۶۷۱

این وجودِ هوسران را که جهنّمِ تو شده است، بدران، و «حرص» را بسوزان. بگذار دریچه‌هایی از عالم معنا به خانهٔ دلت گشوده شود.

چون تو عاشق نیستی ای نرگدا[۹]! ‌‌ همچو کوهی، بی‌خبر داری صدا[۱۰] ۴۶۷۲

ای گدای پررو، چون عاشق نیستی، فقط مانند کوه صدا را منعکس می‌کنی.

کوه را گفتارِ کی باشد ز خود ‌‌ عکسِ[۱۱] غیر است آن صدا ای‌معتمَد[۱۲]! ۴۶۷۳

ای قابلِ اعتماد، کوه صوتی ندارد، انعکاسِ صدای دیگری است.

گفتِ تو زآن سان که عکسِ دیگری‌ست ‌‌ جمله احوالت، به جز هم عکس نیست[۱۳] ۴۶۷۴

همان‌طور که سخنِ تو تقلید است، احوالت نیز تقلیدِ عارفان است.

---

۱ - **استسقا :** بیماری خاصّی که در آن عطش سیری‌ناپذیر هست، بیماریِ تشنگی.

۲ - **چون موج‌زن شد :** چون طغیان کرد؛ چون هوای نَفْس طغیان کرد.

۳ - مصراع دوم: حکومت و سروری می‌خواهی.

۴ - مُراد آنکه: اگر قبلاً با شهوت بطن و شهوت فَرْج به خودت و عدّه‌ای صدمه می‌زدی، حالا با کسب قدرت، حجمِ صدمه و تجاوزت به حقوق دیگران افزون شده است. ۵ - **دوزخ :** جهنّم که هفت طبقه و هفت در دارد.

۶ - **فَخ :** دام. ۷ - **دام :** اینجا جهنّم، نَفْس سیری‌ناپذیرت. ۸ - **دانه :** اینجا حرص.

۹ - **نرگدا :** گدای پررو، اشاره به مدّعیان معرفت که با محفوظاتی خود را آگاه و عارف می‌پندارند.
از این بیت تا چند بیت بعد عمدهٔ سخن این است که اکثر اقوال و افعالِ خلق تقلیدی و تلقینی است.

۱۰ - مُراد آنکه: همان‌طور که کوه ناآگاهانه صوت را منعکس می‌کند، تو هم معارف را مقلّدانه منعکس می‌کنی؛ چون از دلت برنخاسته است. ۱۱ - **عکس :** انعکاس، پژواک. ۱۲ - **معتمَد :** قابل اعتماد.

۱۳ - مُراد آنکه: هیچ چیزی از خودت نداری، نه حرفی و نه حالی، همه تقلیدِ بزرگان است.

خشم و ذوقت هر دو عکسِ دیگران[1] شــادی قــوّاده[2] و خَشـمِ عــوان[3] ۴۶۷۵

خشم و شادی‌ات نیز تقلیدی است از خشمِ مأمور حکومت یا شادیِ زنِ دلاّله.

آن عوان را آن ضعیف آخر چه کرد که دهد او را به کینه زجر و درد؟[4] ۴۶۷۶

مگر آن آدمِ ضعیف با مأمور حکومت چه کرده که او را با کینه زجر می‌دهد و آزرده می‌کند؟

تـا بـه کِـی عکسِ خـیالِ لامِعه؟[5] جهد کُن تـا گـرددت ایـن واقـعه[6] ۴۶۷۷

تا کی اندیشهٔ درخشانِ عارفان را بازگو می‌کنی؟ بکوش تا خودت به درکِ باطنی برسی.

تــا کــه گـفتارت ز حـالِ تـو بُـوَد سـیرِ تـو بـا پـرّ و بـالِ تـو بُـوَد[7] ۴۶۷۸

تا سخنِ تو بیان حالِ خودت باشد و از طریق باطن به ادراکِ اسرار غیبی رسیده باشی.

صـید گـیرد تـیر، هـم بـا پَـرِّ غـیر لاجرم بی‌بهره است از لحمِ طـیر[8] ۴۶۷۹

«تیر» با نیروی دیگری به شکار می‌خورَد؛ پس نصیبی از آن ندارد.

باز، صید آرَد، به خود، از کـوهسار لاجرم شاهش خورانَد کبک و سار ۴۶۸۰

«باز»، شکار را از کوهستان صید می‌کند و می‌آورد؛ لاجرم شاه به او کبک و سار می‌خورانَد.

منطقی[9] کز وحی نَبْوَد،[10] از هواست[11] همچو خاکی در هوا و در هَـبا[12]ست ۴۶۸۱

سخنی که مُلهِم از حق نباشد، از هوایِ نَفْس است و بی‌قدر.

گر نماید خواجـه را ایـن دم غـلط زاوّلِ والنَّجم[13] برخوان چـند خـط ۴۶۸۲

اگر این سخن به نظر کسی ناصواب باشد، ابتدای سورهٔ نجم را بخواند.

تا که مـا یَـنطِقُ مُـحَمَّدْ عَـنْ هَـویٰ اِنْ هُــوَ اِلاّ بِــوَحیٍ اِحْــتَویٰ ۴۶۸۳

تا این آیه که: محمّد(ص) از روی هوا سخن نمی‌گوید و آنچه می‌گوید، به او وحی می‌شود.

---

۱ - **عکسِ دیگران :** در پرتوِ احساسِ دیگران و تقلیدی است.

۲ - **قوّاده :** زنِ دلاّله که زن و مرد را برای مجامعت به هم می‌رسانَد و شادی او انعکاسِ شادی آن دو نفر است نه خودِ او. ۳ - **عَوان :** مأمور حکومت. ۴ - مُراد آنکه: کینهٔ عوان به سببِ اجرایِ فرمان و خشم حاکم است.

۵ - مصراعِ اوّل: تا کی انعکاس دهندهٔ اندیشهٔ تابناک بزرگان خواهی بود؟ «خیالِ لامعه»: اندیشهٔ درخشانِ عارفان که در تو تحقّق نیافته. پس برای تو خیالی درخشان بیش نیست که به تقلید می‌گویی.

۶ - **واقعه :** حقایقی که سالک در حال مراقبه و یا ذکر در می‌یابد. ۷ - **سیرِ تو... :** تا سیرِ باطنی داشته باشی.

۸ - **لحمِ طیر :** گوشتِ پرنده. ۹ - **منطق :** اینجا سخن. ۱۰ - **کز وحی نَبْوَد :** ملهم از حق نباشد.

۱۱ - **از هَواست :** نَفْسانی است. ۱۲ - **هَبا :** هَباء: غبار.

۱۳ - اشارتی قرآنی؛ نجم: ۵۳/۴-۳: و هرگز به هوایِ نَفْس سخن نمی‌گوید. سخنِ او هیچ غیر وحیِ خدای نیست.

احمدا چون نیستت از وَحیْ یاس[۱] جسمیان را دِهْ تَحرّی و قیاس[۲] ۴۶۸۴

ای احمد(ص)، می‌دانی که سخن تو از وحی است و قدرتِ آن را می‌شناسی؛ پس بگذار گرفتارانِ جسم به قیاس و استدلال بپردازند.

کز ضرورتْ هست مرداری حلال که تحرّی نیست در کعبهٔ وِصال[۳] ۴۶۸۵

این ضرورت آنان است؛ جز آن چیزی را نمی‌شناسند؛ پس «تحرّی و قیاس» برای آنان مثل خوردن مُردار در اضطرار است؛ امّا آن که اتّصالی با عالم معنا دارد و وحی را باور می‌کند، مانند کسی است که در درون کعبه است و به دنبال قبله نیست.

بی تحرّی وِ اجتهاداتِ هُدیٰ[۴] هر که بِدعت[۵] پیش گیرد از هویٰ ۴۶۸۶

امّا کسی که بدون «تحرّی و قیاس»، یعنی بدون جُستن، از روی هوس شیوه‌ای را پیش گیرد،

همچو عادش بَر بَرَد باد و کُشد[۶] نَه سلیمان است تا تختش کَشد ۴۶۸۷

باد، او را مانند قومِ عاد برمی‌گیرد و به زمین می‌کوبد. سلیمان(ع) نیست که یاری‌اش کند.

عاد را باد است حمّالِ خَذول[۷] همچو برّه در کفِ مردی اَکول[۸] ۴۶۸۸

«باد»، قوم عاد را حمل کرد؛ یعنی بلند کرد که نابود کند؛ مانند برّه‌ای در دستِ مردی پرخور.

همچو فرزندش نهاده بر کنار می‌بَرَد تا بُکْشَدَش قصّابْ‌وار ۴۶۸۹

که برّه را مانند فرزند در بر می‌گیرد و می‌بَرَد تا بکُشد.

عاد را آن باد زِاستکبار بود یارِ خود پنداشتند، اغیار بود ۴۶۹۰

«خودبینی» قومِ عاد به صورت «بادِ قهر» بر آنان وزید، هرچند که در آغاز آن را وزشی مهرآمیز پنداشتند.

---

۱ - **یاس :** یأس است که همزه‌اش به الف تبدیل شده است.

۲ - **تحرّی :** یافتن جهت قبله بر اساس شرایط طبیعی و حدس و گمان، جُستن و طلبیدن. «تحرّی و قیاس»: جست‌وجوی علل، اقامهٔ دلایل و براهین و قیاس. ۳ - مصراع دوم: «در درون کعبه رسم قبله نیست.»

۴ - **اجتهاداتِ هُدیٰ :** تلاش‌هایی در جهتِ هدایت. ۵ - **بدعت :** رسم تازه، آیین نو.

۶ - مُراد آنکه: قدرتِ حق به روش‌های گوناگون به طغیانگران پاسخِ سرکشی‌شان را می‌دهد و مردان حق را یاری می‌کند. ۷ - **حمّالِ خَذول :** برگیرنده‌ای که به خواری می‌افکند. ۸ - **اَکول :** پُرخور.

چـون بگـردانـید نـاگـه پـوستین[۱]   خُردِشان بشکست آن بِئْسَ اْلقَرین[۲] ۴۶۹۱

هنگامی که باد صَرصَر به صورت «بادِ قهر» در آمد، آنان را خُرد و متلاشی کرد.

باد را بشکن که بس فتنه است بـاد   پیش از آن کِتْ بشکند او همچو عاد ۴۶۹۲

پیش از آنکه بادِ «خودبینی» مانند قوم عاد نابودت کند، نابودش کن که بلایِ بدی است.

هود[۳]، دادی پندْ کِای پُرکِبر خَـیْل[۴]   بـرکَنَد از دسـتتان ایـن بـادْ ذَیْـل[۵] ۴۶۹۳

هود(ع) اندرز می‌داد که: ای قوم مغرور، این باد هستی‌تان را نابود می‌کند.

لشکرِ حـقّ است بـاد، و از نـفاق[۶]   چند روزی بـا شـما کـرد اِعـتناق[۷] ۴۶۹۴

«باد»، تجلّیِ قدرت حق است که مدّتی با شما مدارا کرد و نرم وزید.

او به سِر، با خالقِ خود راست است[۸]   چـون اجـل آیـد، بـرآرَد بـاد دست ۴۶۹۵

او مطیعِ خالق است و هنگامی که وقت مناسب فرابرسد، قدرتش را نشان می‌دهد.

بـــاد را انـــدر دهـــن بـــین رَه‌گـــذر   هر نَفَس آیان[۹]، روان، درکرّ[۱۰] و فَر[۱۱] ۴۶۹۶

ببین که «باد» چگونه از دهان می‌گذرد و در هر نَفَس می‌آید و می‌رود.

حَـلق و دنـدان‌هـا از او آمِـن بُـوَد   حق چو فرماید، به دندان در فُتد[۱۲] ۴۶۹۷

گلو و دندان‌ها از آن در امان‌اند؛ امّا اگر حق بخواهد سبب درد دندان می‌شود.

کوه گردد[۱۳] ذرّه‌یی بـاد، و ثـقیل[۱۴]   دردِ دنـــــدان دارَدَش زار و عـــلیل ۴۶۹۸

ذرّه‌ای باد مانند کوهی سنگین می‌شود و درد آدمی را نالان و دردمند می‌کند.

---

۱ - **پوستین گردانیدن :** چهره عوض کردن، اینکه باد جلوهٔ قهرِ الهی شد.

۲ - **بِئْسَ اْلقَرین :** یار بد، همنشین بد.   ۳ - **هود**(ع) **:** پیامبری که قومِ عاد رسالتش را نپذیرفتند.

۴ - **پُرکِبر خیل :** ای قومِ مغرور. «خیل»: گروه، قوم.

۵ - **ذَیْل :** دامن، معنیِ مصراع دوم: این باد آنچه در دامن دارید؛ یعنی تمام هستی‌تان را از بین می‌بَرَد.

۶ - **نفاق :** تظاهر.   ۷ - **اعتناق :** دست درگردن یک‌دیگر انداختن، اینجا مهربانی و نرمی.

۸ - مصراع اوّل: او در باطن با خالق صادق است؛ یعنی مطیع است.

۹ - **آیان :** آینده. «آیان، روان»: در رفت و آمد.   ۱۰ - **کرّ و فَر :** آمد و رفت، جنگ و گریز.

۱۱ - از این بیت به بعد، شرح این نکته است که: هر یک از اجزایِ هستی بنا بر وظیفه و مأموریتی که از حق می‌یابند، تجلّی گوناگونی دارند، مثلاً «باد» می‌تواند نشان لطف باشد، آنچنان که بر هود(ع) و پیروانش می‌وزید و یا محلِّ قهر، آنچنان که بر قوم عاد. «باد»ی هست که تنفّس را پدید می‌آورد و «باد»ی هم هست که بنابر پزشکیِ قدیم سبب دردهای موضعی می‌شود. «باد»ی که کِشت را می‌پرورد و «باد»ی که سمومش کِشت را نابود می‌کند.

۱۲ - اطبای قدم منشأ بعضی از رنجوری‌ها را «باد» می‌دانستند.   ۱۳ - **کوه گردد :** سنگین می‌شود.

۱۴ - **ثقیل :** سنگین.

این همان باد است کآمن[1] می‌گذشت   بود جانِ کَشت، و گشت او مرگِ کَشت ۴۶۹۹

این همان بادی است که به آرامی می‌وزید و مایهٔ حیات کِشت بود؛ امّا مایهٔ نابودیِ آن شد.

دستِ آن کس که بِکَردَت دستبوس   وقتِ خشم آن دست می‌گردد دَبوس[2] ۴۷۰۰

دستِ کسی که دستت را می‌بوسید، هنگامِ خشم مانند گُرز می‌شود.

یارَب و یارَب برآرَد او ز جان   که: بِبَر این باد را، ای مُستعان[3]! ۴۷۰۱

از دردِ دندان یاربّ و یارب فریاد بر می‌آوَرَد که: ای یاری کننده، درد را رفع کن.

ای دهان! غافل بُدی زین باد، رو   از بُنِ دندان در استغفار شو ۴۷۰۲

ای دهان، از قدرتِ حق غافل بودی، خالصانه استغفار کن.

چشمِ سختش[4] اشک‌ها باران کُند   منکران را درد، اَللّه خوان کند ۴۷۰۳

چشمِ بی‌عاطفه‌اش اشک‌ها می‌بارد، درد منکران را هم به یاد خدا می‌اندازد.

چون دَمِ مردان[5] نپذرفتی ز مرد[6]   وحیِ حق را، هین! پذیرا شو ز درد ۴۷۰۴

چون سخنِ مردان را از مردِ حق نپذیرفتی، به خود بیا و سخنِ خدا را از دردِ دندان بشنو.

باد گوید: پیکَم از شاهِ بشر   گَهْ خبر خیر آورم، گَهْ شوم و شر[7] ۴۷۰۵

باد به زبان حال می‌گوید: من پیک الهی‌ام که گاه خبر خوش می‌آورم و گاه بد.

زآنکه مأمورم، امیرِ خود نی‌ام   من چو تو غافل ز شاهِ خود کِی‌ام؟ ۴۷۰۶

زیرا مُجری‌ام، نه خودسر، مانندِ تو از خالقِ خود غافل نیستم.

گر سلیمان‌وار[8] بودی حالِ تو   چون سلیمان، گشتمی حمّالِ تو ۴۷۰۷

اگر سلیمان صفت بودی، تو را نیز مانند او حمل می‌کردم.

عاریه‌ستم[9]، گشتمی مُلکِ کَفَت[10]   کردمی بر رازِ خود من واقفت ۴۷۰۸

با آنکه عاریه‌ام، به تو تعلّق می‌یافتم و از راز خود آگاهت می‌کردم.

---

۱ – **آمن**: ایمن، بی‌زیان. ۲ – **دَبوس**: گُرز. ۳ – **مستعان**: یاری‌کننده.

۴ – **چشم سخت**: چشمِ بی‌رحم، بی‌عاطفه. ۵ – **دم مردان**: سخنِ مُلهم از حق. ۶ – **مرد**: مردِ حق.

۷ – در این ابیات مفاهیم پیشین که بیان قدرت و سیطرهٔ حق از طریق پدیده‌هایِ گوناگون است، تکرار می‌شود و گویندهٔ آن «باد» است. ۸ – **سلیمان‌وار**: سلیمان صفت، کسی که همه چیز را از حق ببیند.

۹ – **عاریه**: آنچه بدهند و بگیرند، اینجا: مالکِ خود نیستم، مالکِ من حق است.

۱۰ – **گشتمی مُلکِ کَفَت**: درکفِ تو قرار می‌گرفتم، متعلّق به تو می‌شدم.

لیک، چون تو یاغیی، من مُستَعار[۱] می‌کنم خدمت تو را روزی سه‌چار[۲] ۴۷۰۹

امّا چون تو سرکش هستی و من عاریه‌ام، چند روزی به تو خدمت می‌کنم.

پس چو «عاد»ت[۳] سرنگونی‌ها دهم زِ اسپهِ تو یاغیانه بر جَهَم[۴] ۴۷۱۰

پس، مانند قومِ عاد سرنگونت می‌کنم و در خدمتِ تو نمی‌مانم.

تا به غیب ایمانِ تو محکم شود[۵] آن زمان کایمانْتْ مایهٔ غم شود[۶] ۴۷۱۱

تا قدرت حق را ببینی و ایمانت محکم شود؛ امّا آن ایمان که دیر یافتی، مایهٔ غم است.

آن زمان خود جملگان مؤمن شوند آن زمان خود سرکشان بر سر دوند[۷] ۴۷۱۲

در زمانِ نزول بلا، همه مؤمن می‌شوند و طغیانگران هم تسلیم‌اند.

آن زمان زاری کنند و افتقار[۸] همچو دُزد و راهْزن در زیرِ دار ۴۷۱۳

آن‌زمان بازاری ابراز عجز می‌کنند، مانند دزد و راهزن که در زیرِ چوبهٔ دار اظهار درماندگی می‌نمایند.

لیک گر در غیب گردی مُستوی[۹] مالکِ دارَیْن[۱۰] و شِحنهٔ خود تُوی[۱۱] ۴۷۱۴

امّا اگر به عالمِ غیب ایمان بیاوری، از هر دو جهان بهره می‌بری و خودت مراقب نَفْسِ خود هستی.

شِحنگی و پادشاهیِ مُقیم[۱۲] نه دو روزه و مُستعار است و سَقیم[۱۳] ۴۷۱۵

سلطنتی دایمی می‌یابی، نه امارتِ دنیویِ موقّتی و عاریه و ناقص.

رَستی از بیگار[۱۴] و کارِ خود[۱۵] کُنی هم تو شاه، و هم تو طبلِ خود زنی[۱۶] ۴۷۱۶

از انجامِ بیهودگی‌ها می‌رهی و کاری می‌کنی که کار است و امیرِ وجودِ خود هستی.

---

۱ - **مستعار :** عاریه. ۲ - تا زمانِ کیفرت برسد. ۳ - **چو عادت :** تو را چون قومِ عاد... .

۴ - مصراع دوم: از سپاهِ تو مانند سرکشان می‌گریزم؛ یعنی در خدمتت نمی‌مانم، رهایت می‌کنم.

۵ - تا ببینی که قدرت و خواستِ حق چیز دیگر و ماورای همهٔ قدرت‌هاست.

۶ - مصراع دوم: دیگر سودی ندارد، چون دیر شده و تو مردود درگاهِ حق گشته‌ای.

۷ - **بر سر دوند :** با سر می‌دوند به سوی ایمان، یعنی تسلیم می‌شوند.

۸ - **افتقار :** ابراز فقر و نیاز، اظهار عجز و درماندگی.

۹ - **مُستوی گردی :** استوار شدن، مستقر شدن، اینجا «در غیب مستوی گردی»: به غیب ایمان بیاوری و در ایمان استوار شوی. ۱۰ - **مالکِ دارین :** صاحبِ هر دو جهان، یعنی از هر دو جهان بهره می‌بری.

۱۱ - **شِحنه خود تُوی :** خودت به حساب نَفْسِ خود می‌رسی، مراقبش هستی.

۱۲ - **مقیم :** ساکن، دایمی و ابدی. ۱۳ - **سَقیم :** ناقص، معیوب.

۱۴ - **بیگار :** کار بیهوده و بی‌مُزد، مُراد کارِ صرفاً دنیوی بدون اندیشهٔ خیرخواهانه و معنوی.

۱۵ - **کارِ خود :** هرکاری را با اندیشهٔ کمال و حق‌جویی انجام می‌دهی.

۱۶ - **طبلِ خود را زدن :** اعلام استقلال کردن، کار خود را انجام دادن، اینجا مزدورِ نَفْسِ خود نیستی.

چون گلو[1]، تَنگ آوَرَد بر ما جـهان   خاک خوردی کاشکی حلق و دهان 4717

هنگامی که میلِ خوردن، جهان را بر ما تنگ می‌کند، کاش خاک بخورد و ما را خوار نکند.

این دهان خود خاکْخواری آمده‌ست   لیک خاکی راکه آن رنگین شده‌ست[2] ۴۷۱۸

«دهان»، خاکی را می‌خورد که «آب و رنگ» یافته است.

این کباب و این شراب و این شکر   خاکِ رنگین است و نقشین ای پسر! ۴۷۱۹

ای پسر، کباب و شراب و شهدی که می‌خوری، خاکی رنگین است.

چونکه خوردی و شد آن‌ها لحم و پوست   رنگِ لحمش داد و این هم خاکِ کـوست ۴۷۲۰

چون خوردی و با قدرتِ حق به گوشت و پوست تبدیل شد، باز هم خاکِ کوی می‌شود.

هم ز خاکی بخیه بـر گِـل مـی‌زند[3]   جـمله را هـم بـاز خـاکـی مـی‌کند ۴۷۲۱

قدرتِ پروردگار، خاکی را به خاکی می‌چسبانَد و باز به خاک تبدیل می‌کند.

هندو و قِفْچاق[4] و رومی و حَبَش[5]   جمله یک رنگ‌اند اندر گور خَوش[6] ۴۷۲۲

نژادهای مختلف با رنگ‌های متفاوت هم همه درگور یک رنگ‌اند و آسوده.

تـا بـدانـی کآن هـمه رنگ و نگـار   جمله روپوش[7] است و مکر و مُستعار ۴۷۲۳

تا بدانی که این همه تفاوت‌هایِ ظاهری، فریبنده و ناپایدار است.

رنگِ بـــاقی صِـبْغَةُالله[8] است و بَس   غیرِ آن، بَربَسته[9] دان همچون جَرَس[10] ۴۷۲۴

رنگِ پایدار، «رنگِ بی‌رنگی» است. هرچه غیر از آن، مانند زنگوله تصنعی است.

رنگِ صدق و رنگِ تـقویٰ و یـقین   تـا ابـد بـاقی بُـوَد بـر عـابدین ۴۷۲۵

صدق، تقوا و یقین، مفاهیمی‌اند که عابدان را به رنگِ بی‌رنگی می‌رسانند.

---

۱ - **گلو** : «گلو و حلق و دهان» در واقع کنایه‌ای از خواسته‌های پایان‌ناپذیرِ دنیوی ما هستند که در نظرِ مردِ حق شأن «خاک» را دارند.   ۲ - اشاره به بی‌قدری بهره‌ها و لذایذ است در ارتقایِ جانِ آدمی.

۳ - **بخیه می‌زند** : می‌دوزد، سرهم می‌کند، خلق می‌کند.

۴ - **قِفْچاق** : نامِ قبیله‌ای ترک‌نژاد، اینجا مطلقِ ترک.   ۵ - **رومی و حَبَش** : سفید و سیاه.

۶ - **خوش** : آسوده از تفاوت‌هایِ خاصِّ دنیا که یکی زیبا و یکی زشت و... است.

۷ - **روپوش** : چیزی که روی چیزِ دیگری قرار گرفته تا معنایِ آن جز بر حق‌بین نهان بمانَد.

۸ - **صِبْغَةُ الله** : رنگِ خدا، رنگِ بی‌رنگی، تعبیری که مولانا برای عالمِ وحدت و یکرنگی به کار می‌بَرَد.

۹ - **بربسته** : مجازی، غیراصیل.   ۱۰ - **جَرَس** : زنگوله، زنگ.

رنگِ شکّ و رنگِ کُـفران و نِـفاق تا ابـد بـاقی بُـوَد بـر جـانِ عـاق[1] ۴۷۲۶

شک، کفر و نفاق هم مفاهیمی‌اند که جانِ مردودان را به رنگِ بُعد که تاریکیِ ابدی است، مبتلا می‌کنند.

چـون سِـیَهْرویِیّ فـرعونِ دغـا[2] **رنگِ آن بـاقی، و جسـمِ او فَـنا** ۴۷۲۷

مانند سیه‌رویی فرعون حیله‌گر که در نَفْسِ او باقی ماند و جسمش فانی شد.

بـرق و فـرِّ رویِ خـوبِ صـادقین تن فنا شد، و آن به‌جا تا یَومِ دیـن ۴۷۲۸

نور و رویِ زیبایِ صادقان هم تا قیامت باقی می‌مانَد، هرچند که جسمشان فنا شده است.

زشتْ آن زشت است، و خوبْ آن خوب و بس دایـم آن ضحّاک[3]**، و ایـن انـدر عَـبَس**[4] ۴۷۲۹

زشتی و زیبایی تأثیری است که نَفْس پذیرفته است که یکی همواره خوب و خندان، و دیگری بد و عبوس است.

خاک را رنگ و فن[5] **و سنگی دهد طفلْ‌خویان**[6] **را بر آن جـنگی دهـد** ۴۷۳۰

قدرتِ حق، خاک را رنگ و جلوه می‌دهد که کودک صفتان برای آن بستیزند.

از خـمیری[7] **اُشـتر و شـیری پَـزَند کودکان از حرصِ آن کَفْ می‌گزند**[8] ۴۷۳۱

از خمیر نانی به شکل شتر و شیر می‌پزند و کودکان چنان با حرص می‌خورند که دست را هم گاز می‌گیرند.

شیر و اُشتر نـان شـود انـدر دهـان درنگـیرد ایـن سـخن بـا کـودکان ۴۷۳۲

چه شیر و چه شتر، هر دو در دهان نان است؛ امّا کودکان نمی‌فهمند.

کودک اندر جهل و پندار و شکی‌ست شُکـر، بـاری قـوّتِ او انـدکی‌ست ۴۷۳۳

اگر کودک در نادانی، پندار و شک است، شکر که نیرویِ اندکی دارد.

طـفل را اِسـتیزه و صـد آفت است شُکرْ این که بی‌فن و بی‌قوّت است[9] ۴۷۳۴

طفل صدها لجاجت و آفت دارد، شکر که تدبیر و توان ندارد.

---

۱ - **عاق** : نافرمان، سرکش. ۲ - **دَغا** : مکّار، حیله‌گر. ۳ - **ضَحّاک** : خندان. ۴ - **عَبَس** : عبوس.
۵ - **فن** : قدرتِ حق از خاک سنگی گرانبها فراهم می‌آوَرَد. ۶ - **طفل‌خویان** : کودک صفتان، اهلِ دنیا.
۷ - **از خمیری** : از خمیرِ نان. ۸ - **کف می‌گزند** : دستِ خود را هم گاز می‌گیرند.
۹ - مُراد آنکه: نمی‌تواند چندان صدمه‌ای بزند.

وای از این پیرانِ طفلِ نا ادیب[1]   گشته از قوّت بلایِ هر رقیب[2] ۴۷۳۵

وای از پیران کودک صفتِ ادب نایافته که با قدرت بلایِ همه‌اند.

چون سِلاح و جهل جمع آید به هم   گشت فرعونی جهانْ‌سوز از ستم ۴۷۳۶

چون زور و جهل جمع شود، دنیایی را به آتش می‌کشد.

شکر کن ای مردِ درویش! از قُصور[3]   که ز فرعونی[4] رهیدی وز کُفور[5] ۴۷۳۷

ای درویش، شکر کن که زر و زور نداری و از خودپرستی و کفر رهیده‌ای.

شکر که مظلومی و ظالم نه‌ای   ایمِن از فرعونی و هر فتنه‌ای ۴۷۳۸

شکر که مظلوم هستی، نه ظالم، و از خودبینی و هر فتنه‌ای آسوده‌ای.

اِشکمِ تی[6]، لافِ اَللّٰهی[7] نزد   کآتشش را نیست از هیزم مدد[8] ۴۷۳۹

آدمِ گرسنه دچار غرور نیست؛ زیرا آتشِ نَفْسِ او افروخته نمی‌شود.

اِشکمِ خالی، بُوَد زندانِ دیو   کِش غمِ نان مانع است از مکر و ریو[9] ۴۷۴۰

«گرسنگی»، نَفْس را مهار می‌کند؛ زیرا غمِ نان مجالِ وسوسه نمی‌دهد.

اِشکمِ پرلوت[10] دان بازارِ دیو[11]   تاجرانِ دیو[12] را در وی غریو[13] ۴۷۴۱

«سیری» و امکاناتِ دنیوی فرصتِ مناسبی است برای ترکتازیِ نَفْس و وسوسه‌ها.

تاجرانِ ساحر[14] لاشَیْ‌فروش[15]   عقل‌ها را تیره کرده از خروش[16] ۴۷۴۲

در آن بازار، اغواگران، «هیچ» را می‌فروشند و عقل‌ها را با غوغا تیره می‌کنند.

---

۱ - **پیرانِ طفلِ نا ادیب :** پیران بی‌عقل و تربیت نشده، مُراد «ادب باطنی» است.   ۲ - **رقیب :** مراقب، حافظ.

۳ - **قُصور :** کمبود، اینجا نداشتن ابزارِ ستمگری، زر و زور.   ۴ - **فرعونی :** فرعون صفتی، خودپرستی.

۵ - **کُفور :** کفران.   ۶ - **اشکمِ تی :** شکمِ خالی، آدمِ گرسنه.

۷ - ادّعای خدایی نمی‌کند، دچارِ عُجب و خودبینی نمی‌شود.   ۸ - مصراع دوم: زیرا امکاناتِ دنیوی ندارد.

۹ - **مکر و ریو :** حیله و نیرنگ، اینجا وسوسه‌های مختلف.

۱۰ - **اِشکمِ پُرلوت :** شکم پر از خوراک، سیری و رفاهِ زیاد.   ۱۱ - **بازارِ دیو :** محلّ داد و ستد شیطان.

۱۲ - **تاجرانِ دیو :** شیطان صفتان که انواعِ متاعِ فریبنده را عرضه می‌کنند.   ۱۳ - **غریو :** سروصدایِ فروشنده.

۱۴ - **تاجرانِ ساحر :** تاجرانِ جادوگر، اغواگرانِ ساحر.   ۱۵ - **لاشَیْ‌فروش :** که «هیچ» را می‌فروشند.

۱۶ - مصراع دوم: با سروصدا عقل را تیره می‌کند تا از درکِ خوب و بد عاجز شود.

خُم[1] روان کرده، ز سِحْری چون فَرَس[2] کـرده کرباسی ز مهتاب[3] و غَلَس[4] ۴۷۴۳

بر خُم سوار می‌شوند مانند اسب، و مهتاب را به شکل کرباس می‌نمایند و می‌فروشند.

چون بریشم[5]، خاک را بر می‌تَنَند[6] خـاک در چشمِ مُمیِّز می‌زنند[7] ۴۷۴۴

خاک را مانند ابریشم می‌تابند و نمی‌گذارند کسی متوجّه شود.

چَندَلی[8] را رنگِ عودی[9] می‌دهند بر کُلوخی‌مان حسودی می‌دهند ۴۷۴۵

چوبِ مرغوب را نامرغوب جلوه می‌دهند و چیزِ بی‌قدری را چنان می‌آرایند که مشتاق و حسود می‌شویم.

پاک آنکه خاک را رنگی دهد همچو کودَک‌مان بر آن جنگی دهد ۴۷۴۶

پاک پروردگاری که خاک را آب و رنگی می‌دهد و ما چون کودکان بر سرِ آن با یک‌دیگر می‌جنگیم.

دامنی[10] پُر خاک، ما چون طفلکان در نظرمان خاک، همچون زرِّ کان ۴۷۴۷

دامنِ ما پر از خاک است و چون اطفال آن را طلا می‌پنداریم.

طفل[11] را با بالغان[12] نَبْوَد مجال طفل را حق کِی نشانَد با رجال[13]؟ ۴۷۴۸

کودک صفتان جایگاهی نزدِ «اهلِ معنا» ندارند. حق چنین اجازه‌ای نمی‌دهد.

میوه گر کهنه شود، تا هست خام پخته نَبْوَد، غوره گویندش به نام ۴۷۴۹

میوهٔ خام اگر کهنه هم باشد، پخته نیست، غوره است.

گر شود صد ساله آن خامِ تُرُش طفل و غوره است او بر هر تیزْهُش[14] ۴۷۵۰

اگر میوهٔ خامِ صدساله هم باشد، از نظر عاقلان طفل و نارس است.

---

۱ - **خُم :** خُمره. ۲ - **فَرَس :** اسب. ۳ - همین تعبیرات در دفتر سوم هم هست، بیت ۱۱۶۴.
۴ - **غَلَس :** تاریکی آخر شب. ۵ - **بریشم :** ابریشم. ۶ - **بر می‌تَنَند :** می‌تابند.
۷ - مصراع دوم: خاک در چشم کسی که می‌تواند تمییز یا تشخیص دهد، می‌پاشند؛ یعنی مانع تمییز خوب و بد می‌شوند. ۸ - **چَندَل :** صندل که چوب مرغوب است. ۹ - **عود :** چوب نامرغوب.
۱۰ - **دامنِ ما :** آنچه جمع آورده‌ایم. ۱۱ - **طفل :** کودک‌صفت.
۱۲ - **بالغ :** عاقل و آگاه، اهلِ معنا، مردانِ راهِ حق. ۱۳ - **رجال :** مردان حق، رهروان متعالی.
۱۴ - **تیزهُش :** تیزهوش، عاقل، بصیر.

گرچه باشد مو و ریشِ او سپید هم در آن طفلیِ خوف است و امید[1] ۴۷۵۱

هرچند که مو و ریشِ او سفید شده باشد، کودکی ناآگاه است.

که: رَسَم؟ یا نارسیده ماندهام؟ ای عجب! با من کند کَرمْ[2] آن کَرَم[3]؟ ۴۷۵۲

که پخته می‌شوم یا خام می‌مانم؟ آیا او مرا به کمال می‌رساند؟

با چنین ناقابلی و دوریی[4] بخشد این غورهٔ مرا[5] انگوریی؟ ۴۷۵۳

آیا با این بی‌لیاقتی و بُعد از حق، غورهٔ وجودم انگور می‌شود؟

نیستم اومیدوار از هیچ سُو وآن کَرَم می‌گویدم: لاتَیْأَسُوا[6] ۴۷۵۴

از هیچ طرف امیدی ندارم؛ امّا کَرَم الهی می‌گوید: ناامید نباش.

دایما خاقانِ[7] ما کردهست طُو[8] گوشمان را می‌کشد لا تَقْنِطُوا[9] ۴۷۵۵

ضیافتِ سلطانِ هستی دایمی است، گوش ما را می‌کشد که: بیا و ناامید نباش.

گرچه ما زین ناامیدی[10] درگویم[11] چون صلا[12] زد، دستْ‌اندازان رَویم ۴۷۵۶

هرچند که ما از خود ناامید و ناتوانیم؛ امّا چون فراخوانده، با شادی می‌رویم.

دست اندازیم چون اسبانِ سِیس[13] در دویدن سویِ مَرعایِ[14] اَنیس[15] ۴۷۵۷

مانند اسبانِ چابک با شادی و شتاب به سویِ مقصدی می‌رویم.

گام اندازیم، و آنجا گام نی[16] جام پردازیم، و آنجا جامْ نی ۴۷۵۸

بی‌گام، گام بر می‌داریم و بی‌باده و جام سرمستیم.

---

۱ – مصراع دوم: در حالت بیم و امید کودکانه است؛ یعنی آگاه نشده، اتّصالی به عالم معنا ندارد. نه از خود چیزی می‌داند نه از هستی؛ پس در خوف و امید است. ۲ – **کَرْم :** درختِ انگور، اینجا کنایه از پروردگار.

۳ – **آن کَرَم :** اینجا رسیدن به کمال. ۴ – **دوریی :** دوری از حق، بُعد از حق.

۵ – **غورهٔ مرا :** وجودِ نارس و ناکامل مرا. ۶ – **لاٰ تَیْأَسُوا :** ناامید نباشید، آیهٔ ۸۷ سورهٔ یوسف.

۷ – **خاقان :** سلطان، اینجا حضرت حق.

۸ – **طُو :** ضیافت، واژهٔ ترکی است. «طُو کرده است»: ضیافتِ همگانی، بار عام داده است.

۹ – قرآن؛ زُمر: ۵۳/۳۹: ...هرگز از رحمتِ [بی‌منتهایِ] خدا ناامید نباشید... .

۱۰ – **زین ناامیدی :** ناامیدی از خود.

۱۱ – **درگَوْیم :** گویی در گودالی افتاده‌ایم و توان حرکت نداریم. «گَوْ»: گودال.

۱۲ – **صلا :** خواندن، ندا در دادن. ۱۳ – **سیس :** چابک. ۱۴ – **مَرْعیٰ :** چراگاه.

۱۵ – **مرعایِ انیس :** چراگاه آشنا و مأنوس، اینجا مبدأ هستی.

۱۶ – این سیر معنوی است؛ پس گامِ ظاهری بر نمی‌داریم؛ امّا می‌رویم.

زآنکه آنجا جمله اشیا جانی است   معنی انـدر معنیِ ربّـانی است ۴۷۵۹

زیرا در آن مرتبه همه چیز «جان» است و معنوی و ربّانی.

هست صورت سایه[۱]، معنی آفتاب   نـورِ بـی‌سایه بُـوَد انـدر خـراب ۴۷۶۰

ظاهر هر چیز به منزلهٔ «سایه» و معنی‌اش «آفتاب» است. نورِ بدون سایه در خرابه یافت می‌شود.

چونکه آنجا[۲] خشت[۳] بر خشتی نماند   نـورِ مَـهْ را سـایهٔ زشتی نـماند ۴۷۶۱

چون خشت تعلّقات و علایق مادّی از «نَفْس» برکنده شود، تیرگی نمی‌مانَد.

خشت، اگر زرّیـن بُوَد، بـرکندنی‌ست   چون بهایِ خشتْ وَحی و روشنی‌ست ۴۷۶۲

«تعلّقات و علایق» به هرکس و هرچیز باید قطع شود؛ زیرا بهایِ آن «الهامِ حق و نور معرفت» است.

کوه بهرِ دفعِ سـایه، مُـنْدَک است[۴]   پاره گشتن بهرِ این نور انـدک است ۴۷۶۳

کوهِ طور با تجلّیِ حق از هم پاشید؛ البتّه که پاره شدن هم برای این نور کم است.

بر بُـرونِ کُـهْ[۵] چـو زد نـورِ صَـمَد   پاره شد، تـا در درونش هـم زنـد[۶] ۴۷۶۴

چون نور حق بر بیرونِ کوه متجلّی شد، کوه از هم پاشید تا نور به ذرّاتِ درونی هم بتابد.

گرسنه، چون بر کَفَش[۷] زد قُرصِ نان   واشکـافد[۸] از هَـوَس چشـم و دهـان ۴۷۶۵

مانند نانی که به دستِ گرسنه‌ای برسد و از اشتیاق چشم و دهانش نیز گشوده شود.

صـدهزاران پـاره گشـتن اَرزد ایـن   از میانِ چرخ، برخیز، ای زمـین[۹]! ۴۷۶۶

این نور به صدها هزار پاره شدن می‌ارزد. ای تن، از میانِ آسمانِ معنایِ وجود برخیز.

---

۱ - **سایه** : صورت هر چیز «سایهٔ» اوست که قایم به ذات نیست [از خود وجودی ندارد]. بخشِ خلقیِ نَفْسِ آدمی نیز مادّی است و جسمانی محسوب می‌شود و تا در وجه ربّیِ نَفْسِ او محو و مستهلک نشود، تیره هست و «نور بی‌سایه» با محو آن حاصل می‌شود. [دل و جان منوّر و آگاه]   ۲ - **آنجا** : در وجودِ آدمی.

۳ - **خشت** : اینجا علایق دنیوی و دلبستگی‌هایِ آدمی به دیواری از خشت مانند شده‌اند که مانعِ تابشِ نور خورشیدِ حقایق به دل و جان‌اند و تا این خشت‌ها برکنده نشود، ماهِ باطنِ آدمی تیره است و سایهٔ زشتی دارد.

۴ - اشاره به مضمون آیهٔ ۱۴۳ سورهٔ اعراف.   ۵ - **برون کُه** : بیرونِ کوه.

۶ - مصراع دوم: کوه از اشتیاق مُندک شد تا نور بیشتری را همهٔ اجزایِ درونی‌اش هم دریافت کند.

۷ - **کَفَش** : کف دستش.   ۸ - **واشکافد** : باز می‌شود.

۹ - تداعی کنندهٔ: «تو خود حجابِ خودی حافظ از میان برخیز». «زمین»: کنایه از تن و وجه مادّیِ نَفْسِ آدمی یا وجه خلقیِ آن.

دفتر ششم ۶۴۷

تاکه نورِ چرخ[۱] گردد سایه‌سوز[۲] شب ز سایهٔ توست، ای یاغیِّ روز[۳]! ۴۷۶۷

تا نورِ حق تیرگی‌های مادّی را بردارد. ای دشمنِ روز، وجودِ تو تاریکی است.

این زمین[۴] چون گاهوارهٔ طفلکان[5] بالغان[۶] را تنگ می‌دارد مکان ۴۷۶۸

زمین و «هستیِ مادّی» مانند گاهواره مناسبِ طفلان است، نه بالغان.

بهرِ طفلان[7] حق زمین را مَهد[۸] خواند شیر[۹] در گهواره بر طفلان فشاند ۴۷۶۹

خداوند، «زمین» را برای کودک صفتان «گهواره» نامید و شیرِ «بهره‌ها و لذّت‌ها»ی دنیوی را به آنان چشانید.

خانه[۱۰] تنگ آمد[۱۱] از این گهواره‌ها[۱۲] طفلکان را زود بالغ[۱۳] کن شَها! 4770

ای خدا، عالم محسوس با این همه «کودک صفت» دلگیرکننده است، آنان را به بلوغِ روحانی برسان.

خانه را ای مهد تو ضیِّق مدار[14] تا توانَد کرد بالغ انتشار 4771

ای تن، این قدر دنیا را تنگ نکن تا کاملان بتوانند طفلانِ معنوی را به بلوغ روحانی برسانند.

---

۱ - **نور چرخ :** نورِ حق. ۲ - **گردد سایه سوز :** هستیِ مادّی را بسوزاند و از میان بردارد.

۳ - **یاغیِّ روز :** دشمنِ نور و روشنی. ۴ - **زمین :** کنایه از هستیِ مادّی.

۵ - **چون گاهوارهٔ... :** مانندگهواره تنگ است. ۶ - **بالغان :** کسانی که به بلوغِ معرفتی و روحانی رسیده‌اند.

۷ - **طفلان :** کسانی که فقط در حیطهٔ هستیِ مادّی می‌اندیشند. «خلق اطفال‌اند جز مستِ خدا».

۸ - **مهد :** گاهواره. اشاره به آیهٔ ۵۳ سورهٔ طه: اَلَّذي جَعَلَ لَكُمُ ٱلأَرْضَ مَهْداً.

۹ - **شیر :** کنایه از تمتّعات و لذّت‌ها و تمامِ بهره‌ها و دلبستگی‌ها. ۱۰ - **خانه :** کنایه از عالمِ محسوس.

۱۱ - **تنگ آمد :** دلگیرکننده.

۱۲ - **از این گهواره‌ها :** ازکثرتِ اهلِ دنیا. «تنِ» دنیادوستان به‌گهواره مانند شده که جانشان فقط مشتاق شیرِ شهوات و لذّت‌هاست به هر شکل. ۱۳ - **بالغ :** کنایه از رسیدن به «روحِ انسانی». ۱۴ - **ضیِّق مدار :** تنگ نکن.

وسوسه‌یی که پادشاه‌زاده را پیدا شد، از سببِ استغنایی و کشفی که از شاه دلِ او را حاصل شده‌بود[۱]، و قصدِ ناشکری و سرکشی می‌کرد. شاه را از راهِ الهام و سِرّ، خبر شد، دلش درد کرد،[۲] روح او را زخمی زد، چنانکه صورتِ شاه را خبر نبود،[۳] الی آخِرِه

چون مسلّم گشت[۴] بی‌بیع و شِری[۵] از درونِ شاه[۶] در جانش جِری[۷] ۴۷۷۲

چون بدون جهد و ابراز لیاقت، و به عنایتِ شاه از اسرار آگاه شد،

قُوت می‌خوردی[۸] ز نورِ جانِ شاه ماهِ جانش همچو از خورشیدْ ماه ۴۷۷۳

جانِ او از جانِ شاه نور می‌گرفت، همان‌طور که ماه از خورشید نور می‌گیرد.

راتبۀ[۹] جانی ز شاهِ بی‌نَدید[۱۰] دم به دم در جانِ مَستش می‌رسید ۴۷۷۴

لحظه به لحظه از شاهِ بی‌نظیر بهرۀ روحانی و معنوی به او می‌رسید.

آن نه که ترسا و مُشرک می‌خورند[۱۱] زآن غذایی که ملایک می‌خورند[۱۲] ۴۷۷۵

آنچه که به او می‌رسید، مادّی نبود، نورِ حق بود.

اندرونِ خویش، استغنا[۱۳] بدید گشت طغیانی ز اِستغنا پدید[۱۴] ۴۷۷۶

شاهزاده احساس کرد که به کمالِ الهی رسیده و از هدایت شاه بی‌نیاز شده است.

که: نه من هم شاه و هم شه‌زاده‌ام؟ چون عِنان[۱۵] خود بدین شَهْ داده‌ام؟ ۴۷۷۷

اندیشید که من شاه و شاهزاده‌ام، چرا اختیارم را به دستِ این شاه داده‌ام؟

---

۱ - شهزاده به سببِ استغنا و کشفی که از شاهِ چین به او رسیده بود، با احوالی خاصّ بر اسرار آگاهی یافته بود و می‌پنداشت که این کشف از تعالی و کمالِ خود اوست؛ پس وسوسۀ ناشکری و سرکشی در دلش راه یافته بود.

۲ - **دلش درد کرد :** دلش از ناسپاسیِ او به درد آمد.

۳ - **روحِ او را... :** باطن یا حقیقتِ شاه روحِ شهزاده را کیفر داد و زخمی کرد؛ امّا ظاهر شاه از آن بی‌خبر بود.

۴ - **مسلّم گشت :** قطعی شد.

۵ - **بی‌بیع و شِری :** بدون خرید و فروش، اینجا بدون جدّ و جهدِ سالک و بدون گذراندنِ امتحانات و بدون احراز لیاقت، و فقط از سر لطف و مرحمت. ۶ - **از درونِ شاه :** از باطنِ شاه.

۷ - **جِری :** ممال و مخفّفِ اجراء: مستمری و مقرّری، جیره. ۸ - **قُوت می‌خورد :** بهره‌مند می‌شد.

۹ - **راتبه :** مقرّری، مستمری. «راتبۀ جانی»: بهره‌های معنویِ همیشگی مانند یک مستمری به او می‌رسید.

۱۰ - **ندید :** همتا. ۱۱ - مصراع اوّل: غذای مادّی که مسیحی و مُشرک می‌خورند، نبود.

۱۲ - مصراع دوم: مُراد نورِ حق است. ۱۳ - **استغنا :** بی‌نیازی، پندارِ رسیدن به کمال الهی.

۱۴ - مصراع دوم: پندارِ کمال سببِ عُجب و خودبینی شد. ۱۵ - **عِنان :** لگام، افسار، اختیار.

چون مرا ماهی برآمد با لُمَع[۱] من چرا باشم غباری[۲] را تَبَع؟ ۴۷۷۸

چون در دلم ماهی درخشان طلوع کرده است، چرا در پیِ گرد و غبار باشم؟

آب در جویِ من است[۳] و وقت ناز ناز غیر از چه کشم من بی‌نیاز؟ ۴۷۷۹

بخت و اقبال دارم و وقتِ تفاخر من است. چرا با بی‌نیازی نازِ غیر را بکشم؟

سر چرا بندم، چو دردِسر نماند وقتِ رویِ زرد[۴] و چشم تر نماند؟ ۴۷۸۰

سری را که درد نمی‌کند، چرا ببندم؟ وقتِ اندوه و گریهٔ من به سر آمده است.

چون شکرْلب[۵] گشته‌ام، عارِضْ‌قَمَر[۶] باز باید کرد دُکّانِ دگر ۴۷۸۱

سخنانم نغز است و چهره‌ام منوّر؛ پس می‌توانم خود بر مسند ارشاد بنشینم.

زین منی، چون نَفْس زاییدن گرفت صدهزاران ژاژ خاییدن[۷] گرفت ۴۷۸۲

این «خودبینی» افزون‌تر شد و با خود بسی یاوه‌ها گفت.

صد بیابان زآن سویِ[۸] حرص و حسد تا بدانجا چشمِ بد[۹] هم می‌رسد ۴۷۸۳

«خودبینی» و «خودپرستی» می‌تواند آثاری بسیار بدتر از «حرص و حسد» داشته باشد.

بحرِ شه که مَرجعِ[۱۰] هر آبْ اوست چون نداند آنچه اندر سیل و جوست؟ ۴۷۸۴

دریای وجود شاهِ هستی که اصلِ هر چیز است، چگونگی سیل و جویبار را نمی‌داند؟

شاه را دلْ دَرد کرد از فکرِ او ناسپاسیِ عطایِ بِکرِ[۱۱] او ۴۷۸۵

دلِ شاه از فکرِ شهزاده و ناسپاسی‌اش نسبت به عطایی بی‌نظیر آزرده شد.

گفت: آخِر ای خَسِ[۱۲] واهی‌ادب[۱۳]! این سزایِ دادِ[۱۴] من بود؟ ای عجب! ۴۷۸۶

با خود گفت: ای فرومایهٔ ادب نشده، سزایِ «درکِ باطنی» که به تو دادم این بود؟

---

۱ - **ماهی بالُمَع :** ماهی درخشان، یعنی احوال باطنیِ خاصّی که یافته بود و حقایق را می‌دید.

۲ - **غبار :** کنایه از وجودِ صوری شاهِ چین، شهزاده به حدّی مغرور شده بود که شاهِ چین را «غبار» می‌دانست و سدّ راه دیدنِ بیشترِ حقایق. ۳ - **آب در جوی داشتن :** ضرب‌المثل به مفهوم صاحب اقبال و بخت بودن.

۴ - **روی زرد بودن :** زرد روی بودن: دل‌شکسته و غمگین بودن، اندوهگین. ۵ - **شکرلب :** شیرین گفتار.

۶ - **عارضِ‌قَمَر :** زیبارخسار، اینجا رخساری پرنور و درخشان. ۷ - **ژاژ خاییدن :** بیهوده‌گویی.

۸ - **زآن سویِ :** بیش از. ۹ - **چشم بد :** چشمِ خودبینِ غافلان و جاهلان. ۱۰ - **مرجع :** محلِّ رجوع.

۱۱ - **عطایِ بکر :** بخشش بی‌مانند و خاصّ یا بدیع. ۱۲ - **خَس :** فرومایه.

۱۳ - **واهی‌ادب :** کسی که در «سیر و سلوک»، ادب نشده و تربیتِ باطنی نیافته است، کسی که نمی‌داند مقام استاد چیست؟ و حدِّ او کدام است؟ ۱۴ - **داد :** عطا، بخشش.

من چه کردم با تو زین گنجِ نفیس تو چه کردی با من از خویِ خسیس[1]؟ ۴۷۸۷

من چگونه به آسانی این «گنج» را دادم و تو با پستی چه کردی؟

من تو را ماهی نهادم[2] در کنار که غُروبش نیست تا روزِ شمار ۴۷۸۸

نوری از من به باطنِ تو تابید که غروبی ندارد.

در جزایِ آن عطایِ نورِ پاک تو زدی در دیدهٔ من خار و خاک؟ ۴۷۸۹

امّا تو در عوضِ آن نورِ پاک، خاک و خاشاک به دیده‌ام پاشیدی.

من تو را بر چرخ گشته نردبان[3] تو شده در حربِ من تیروکمان[4]؟ ۴۷۹۰

من وسیلهٔ تعالیِ روحانیِ تو شدم و تو با من به ستیزه برخاستی؟

دردِ غیرت[5] آمد اندر شَهْ پدید عکسِ دردِ[6] شاه اندر وی رسید ۴۷۹۱

دردِ غیرتی در شاه پدید آمد که بازتابِ منفیِ آن به شاهزاده رسید.

مرغِ دولت[7] در عِتابش[8] برطپید[9] پردهٔ آن گوشه گشته بر درید[10] ۴۷۹۲

در اثر خشمِ شاه، مرغِ اقبال او جهید و پردهٔ عزّتی که یافته بود، درید و مردود حق شد.

چون درونِ خود[11] بدید آن خوش پسر[12] از سیه‌کاریِّ[13] خود گَرد و اَثَر[14] ۴۷۹۳

چون شاهزاده متوجّه تیرگیِ باطنِ خود به سببِ کار زشت شد،

از وظیفهٔ لطف و نعمت کم شده خانهٔ شادیِّ او پُر غم شده ۴۷۹۴

و دید که لطف و عنایتِ حق زوال یافته و دلش تاریک شده است،

---

۱ - **خویِ خسیس:** پست‌فطرتی. ۲ - **ماهی نهادم:** نوری دادم، نور حق.
۳ - **تو را گشته نردبان:** نردبانِ عروجِ معنوی و روحانی‌ات شدم، وسیلهٔ رسیدنِ به تعالی.
۴ - مصراع دوم: تو تیر و کمان شدی برای مبارزه با من.
۵ - **دردِ غیرت:** درد و خشمی که از ناسپاسی شهزاده در قبال عنایتِ حق شده بود و در واقع اهانت به ساحتِ مرد حق و حق بود. ۶ - **عکسِ درد:** انعکاس یا بازتابِ منفیِ آن که اثری مخرّب و هلاکت‌بار دارد.
۷ - **مرغِ دولت:** اقبال و توجّهی که شاه به او کرده بود، توجّه حق. ۸ - **عِتاب:** خشم.
۹ - **برطپید:** جهید. ۱۰ - مصراع دوم: عنایتی که در حقّ او بود، اینک که به گوشه‌ای رانده شده بود، زایل شد.
۱۱ - **درونِ خود:** در باطنِ خود. ۱۲ - **آن خوش پسر:** شاهزاده.
۱۳ - **سیه‌کاری:** کار بد، اینجا فرومایگی و ناسپاسی. ۱۴ - **گرد و اثر:** گرد و غبار، تیرگی.

بـا خـود آمـد او ز مسـتیِّ عُـقار[1]   زآن گنه گشته سرش خـانۀ خُـمار[2] ۴۷۹۵

از سرمستیِ شرابِ خودبینی هوشیار شد و از گناهِ خویش گیج بود.

خورده گندم، حُلّه[3] زو بیرون شـده   خُلد[4] بر وی بادیه[5] و هامون[6] شده ۴۷۹۶

حالِ او مانند آدم(ع) بود که گندم خورد و از بهشت رانده شد.

دیـد کآن شـربت[7] وَرا بـیمار کـرد   زهـرِ آن مـا و مـنی‌ها[8] کـار کـرد ۴۷۹۷

دید که شربتِ خودبینی سبب بیماری‌اش شده و زهرِ خودپسندی‌ها اثر کرده است.

جانِ چون طاووس در گـلزارِ نـاز[9]   همچو جغدی شد به ویرانۀ مَجاز[10] ۴۷۹۸

جانش که چون طاووس در گلزار حقایق می‌خرامید، چون جغد خرابه‌نشین شده است.

هـمچو آدم دور مـاند او از بـهشت   در زمین می‌رانـد گـاوی بـهر کِشت ۴۷۹۹

مانند آدم(ع) از بهشتِ وصل دور مانده و در پیِ گاو نَفْس رفته است.

اَشک می‌راند او که: ای هندویِ زاو[11] !   شـیر[12] را کـردی اسـیرِ دُمِّ گـاو[13] ۴۸۰۰

اشک می‌ریخت که: ای نَفْسِ امّاره، جانم را اسیرِ تنم کردی.

کـردی ای نَـفْسِ بـدِ بـارِدْنَفَس[14]   بـی‌حفاظی[15] بـا شَـهِ فـریادرس ۴۸۰۱

ای نَفْسِ بدِ بدخواه، به شاهِ فریادرس بی‌حرمتی کردی.

دام بگـزیدی ز حـرصِ گـندمی[16]   بر تـو شـد هـر گـندمِ او کـژدُمی[17] ۴۸۰۲

از حرصِ دانه به دام افتادی و هر دانه کژدمی شد.

---

۱ - **عُقار :** شراب، اینجا شرابِ خودبینی. ۲ - **خانۀ خُمار شدن :** گیج و منگ و متأثّر شدن.

۳ - **حلّه :** جامه. ۴ - **خُلد :** بهشت. ۵ - **بادیه :** بیابان. ۶ - **هامون :** دشت.

۷ - **شربت :** اینجا کنایه از شربت جهل و خودپرستی. ۸ - **ما و منی :** دوبینی، خودپرستی یا خودپسندی.

۹ - مصراع اوّل: جانی که غرقِ نور شده بود. ۱۰ - مصراع دوم: غرقِ امور دنیوی شد.

۱۱ - **هندویِ زاو :** هندوی استاد، اینجا «نَفْس» به هندویی مانند شده که درکارِ خود استاد است، نَفْسِ کافر یا نَفْسِ امّاره. «زاو»: ماهر. ۱۲ - **شیر :** کنایه از شیرِ جان.

۱۳ - **دم گاو :** کنایه از تن و تمایلاتِ آن یا هوا و هوسِ نَفْسانی.

۱۴ - **بارِدنَفَس :** کسی که نَفَسِ سردی دارد و سخن او بازدارنده از خوبی‌هاست، توسّعاً بدخواه.

۱۵ - **بی‌حفاظی :** بی‌شرمی، نامردمی. ۱۶ - **گندم :** اینجا پیروی از نَفْس و خودبینی.

۱۷ - مصراع دوم: «هر دانه کژدم شدن»: هر دانه عذاب و محنتی کُشنده شدن.

در سـرت آمـد هـوایِ مـا و مـن قید[۱] بین بر پایِ خود پـنجاه مـن[۲] ۴۸۰۳

حال و هوای «خودپسندی» به سرت زد، اینک زنجیرِ سنگینِ آن را بر پایِ جانِ خود ببین.

نوحه می‌کرد این نمط[۳] بر جانِ خویش که چرا گشـتم ضِـدِ سلطانِ خـویش؟ ۴۸۰۴

به این ترتیب بر جان خویش ناله می‌کرد که چرا با شاهِ خود مخالفت کردم؟

آمد او با خـویش و اسـتغفار[۴] کـرد بـا انـابت[۵] چـیزِ دیگـر یـار کـرد[۶] ۴۸۰۵

شاهزاده به خود آمد و طلبِ آمرزش کرد و احساس دیگری هم در توبه داشت.

درد، کآن از وحشتِ ایـمان[۷] بُـوَد رحـم کـن، کآن درد بـی‌درمان بُـوَد ۴۸۰۶

درد و وحشتی که در پیِ زوالِ ایمان است، درمان ندارد. به چنین کس رحم کن.

مـر بشـر را خـود مَـبا[۸] جـامهٔ درست[۹] چون رهید از صبر،[۱۰] در حین صَدرْ[۱۱] جُست ۴۸۰۷

خدا نکند که انسان حسِّ بی‌نیازی کند؛ زیرا در بی‌نیازی خدا را هم بنده نیست.

مر بشـر را پـنجه و نـاخن مـباد[۱۲] که نه دین اندیشد آنگه، نه سَداد[۱۳] ۴۸۰۸

خدا نکند که انسان قدرتمند شود؛ زیرا دین و درستی را فراموش می‌کند.

آدمـی انـدر بـلا کُشـته، بِـهْ است نَفْسْ کافرنعمت است، و گُمره است ۴۸۰۹

بهتر است که آدمی درگیرِ سختی‌ها باشد؛ زیرا نَفْسِ او ناسپاس و گمراه است.

---

۱ - **قید :** زنجیر. ۲ - **پنجاه من :** کنایه از سنگین بودن بسیار. ۳ - **نمط :** روش، طریقه.

۴ - **استغفار :** آمرزش خواستن، پوزش. ۵ - **انابت :** بازگشت به سویِ خدا.

۶ - آن چیزِ دیگر که به توبهٔ خود افزود، چنانکه در بیت بعد آمده، بیمِ زوالِ ایمان است و نَفْسی خوار شده که «من» را رها کرده؛ امّا دیر شده است. ۷ - **وحشتِ ایمان :** اینجا ترسی که به سبب از دست رفتنِ ایمان است.

۸ - **مَبا :** مباد. ۹ - **جامهٔ درست :** کنایه از داشتنِ امکانات.

۱۰ - **رهید از صبر :** گرفتاری یا دردسر و رنجی نداشت که در تنگنا قرارگیرد و وادار به «صبر» شود.

۱۱ - **صدر جُست :** احساس سروری و برتری می‌کند. ۱۲ - **پنجه و ناخُن داشتن :** قدرتمند شدن.

۱۳ - **سَداد :** راستی و درستی.

خطابِ حق تعالی به عزرائیل علیه السَّلام که: تو را رحم بر که بیشتر آمد از این خلایق که جانشان قبض کردی؟ و جواب دادنِ عزرائیل حضرت را

خطاب الهی از عزرائیل جویای آن بود که در میان آن همه جان که تا کنون سِتاندی، کدام را جانگدازتر یافتی و دل تو بر چه کس بیش از همه سوخت؟

عزرائیل در پاسخ گفت: آن روز که بر من اشارتی رسید که کشتی را بر موج تیز در هم شکنم و جان همه را جز زنی و طفلش بِستانم. آنگاه که هر دو بر تختهای درماندند و باز فرمان رسید که جان مادر را قبض کنم، برایم لحظهای بس تلخ بود.

از حق تعالیٰ خطاب رسید: من آن طفل را به فضل خویش بپروَردم، به موج گفتم تا او را به بیشهای درافکَنَد، ماده پلنگی را برگماشتم تا او را شیر دهد، پریان را گفتم تا او را نطق و داوری آموختند، بر او صد عنایت کردم **«تا ببیند لطف من بیواسطه»** و از وجود سببها در کشمکش نباشد و بداند که هر استعانت از من است؛ امّا ای بندهٔ جلیل، شکر او آن بود[۱]: **«که شد او نمرود و سوزندهٔ خلیل»**.

سرّ سخن در تقریر دام ناپیدای حق «استدراج» است که «بلعم باعور»، «هاروت و ماروت»، «ابلیس» و «فرعون» هم نمونههای دیگری از آناند.

حق به عزرائیل میگفت: ای نقیب[2]! بر که رحم آمد تو را از هر کَئیب[3]؟ 4810

خداوند به عزرائیل گفت: ای مهتر، بر کدام یک از این آفریدگان غمزده دلت به رحم آمد؟

گفت: بر جمله دلم سوزد به درد لیک ترسم امر را اِهمال[۴] کرد ۴۸۱۱

گفت: دلم برای همه میسوزد؛ امّا میترسم که مبادا دلسوزی سبب سستی در اجرای امر شود.

---

۱ - داستان ولادت و پرورش نمرود در مثنوی با آنچه در جوامع‌الحکایات عوفی در باب ولادت شدّاد بن عاد از زبان عزرائیل و در مخاطبه با رسول خدا(ص) نقل میشود، شباهت تمام دارد. روایتی با مضمونی تقریباً مشابه هم در عجایب‌نامه آمده است: احادیث، ص ۶۰۱. ظاهراً به نظر میرسد که قصّهٔ شدّاد را بدان گونه که در جوامع‌الحکایات است از روی قصّهٔ نمرود ساختهاند.
شیخ عطّار هم در الهی‌نامه قصّهای در باب ولادت نمرود میان موجِ توفان دارد که لطف الهی سبب نجات او و مایهٔ اعجاب کرّوبیان آسمان است و سرانجام آن را نیز نشانهای از دام ناپیدای حق است و الهی نامه محتملاً میتواند مأخذی برای روایت مثنوی باشد: بحر در کوزه، صص ۳۰۹-۳۰۸.
۲ - **نقیب** : مهترِ قوم، سالار، رئیس.
۳ - **کَئیب** : غمزده، اندوهگین.
۴ - **اهمال** : غفلت و سستی.

تــا بگــویم کــاشکی یــزدان مـرا   در عــوض قـربان کـند بـهرِ فَـتیٰ[1] ۴۸۱۲

تا جایی که می‌گویم: کاش که خداوند مرا به جای این جوان قربانی می‌کرد.

گفت: بر کـه بـیشتر رحـم آمـدت؟   از که دلْ پُرسوز و بریان‌تر شُـدَت؟ ۴۸۱۳

خداوند گفت: بر چه کسی بیشتر رحم کردی؟ و بیشتر دلت سوخت؟

گفت: روزی کشتیی بـر مـوجِ تـیز   من شکستم زَامر، تـا شـد ریـزْریز ۴۸۱۴

گفت: روزی برای اجرای امرِ حق، کشتیِ درگیر در موجِ بلندی را شکستم و خُرد کردم.

پس بگفتی: قـبض کـن جـانِ هـمه   جـز زنـی و غـیرِ طـفلی، زآن رَمـه ۴۸۱۵

پس بگفتی که جان همه بجز زنی و کودکی را بگیر.

هـر دو بـر یک تـخته‌یی درمـاندند   تــخته را آن مــوج‌ها مــی‌رانــدند ۴۸۱۶

مادر و طفل روی تخته‌پاره‌ای ماندند که امواج آن را پیش می‌برد.

بـاز گـفتی: جـانِ مـادر قـبض کـن   طــفل را بگـذار تـنها زَ امرِ کُـنْ[2] ۴۸۱۷

باز فرمودی: جان مادر را بگیر و طفل را به امر پروردگار تنها بگذار.

چـون ز مـادر بِسْکُـلیدم[3] **طـفل را   خود تو می‌دانی چه تـلخ آمـد مـرا** ۴۸۱۸

هنگامی که طفل را از مادر جدا کردم، می‌دانی که برایم چه تلخ بود.

بس بــدیدم دودِ مــاتم‌هایِ زَفت   تــلخیِ آن طــفل از فکـرم نـرفت ۴۸۱۹

با وجود آنکه دودِ ماتم‌هایِ بزرگی را دیده‌ام، تلخیِ تنهاییِ آن طفل از یادم نرفته است.

گفت حق: آن طفل را از فضلِ خویش   مــوج را گــفتم فکـن در بـیشه‌ایش ۴۸۲۰

حق گفت: از احسان به موج گفتم که او را در بیشه‌ای بینداز.

بـیشهٔ پـر سـوسن و ریـحان و گُـل   پـر درختِ مـیوه‌دارِ خـوشْ‌اُکُـل[4] ۴۸۲۱

بیشه‌ای سرسبز و پُرگل و پوشیده از درختانِ میوهٔ خوب.

---

۱ - **فتیٰ**: جوان. ۲ - **امرِ کُن**: فرمان الهی، امرِ پروردگار. ۳ - **بِسْکُلیدم**: جداکردم.
۴ - **خوش اُکُل**: خوش اَکُل: خوش خُور و لذیذ.

چشمه‌های آبِ شیرینِ زلال پروریدم طفل را با صد دَلال[۱] ۴۸۲۲

در آن بیشه که چشمه‌هایِ آب شیرین زلال داشت، او را با ناز پروردم.

صدهزاران مرغِ مطربْ خوش‌صدا اندر آن روضه[۲] فِکنده صد نوا ۴۸۲۳

صدها هزار پرندهٔ خوش نوا در آنجا می‌خواندند.

بسترش کردم ز برگِ نسترن کرده او را ایمن از صدمهٔ فِتَن[۳] ۴۸۲۴

بسترش گل‌های نسترن بود و از خطرات ایمنش داشتم.

گفته من خورشید را، کو را مَگز باد را گفته: بر او آهسته وَز ۴۸۲۵

به خورشید گفتم: او را آزرده نکن و به باد گفتم: بر او آرام بگذر.

ابر را گفته: بر او باران مریز برق را گفته: بر او مَگْرای تیز[۴] ۴۸۲۶

به ابر گفتم: بر او باران نبار و به برق گفتم: به او صدمه نزن.

زین چمن، ای دی[۵]! مَبُرّان[۶] اِعتدال پنجه، ای بهمن! بر این روضه مَمال[۷] ۴۸۲۷

ای زمستان، اعتدالِ این چمنزار را به هم نزن و ای سرما به اینجا دست‌درازی نکن.

کراماتِ شیخ شَیبانِ راعی قَدَّسَ اللهُ روحَهُ آلعزیز[۸]

همچو آن شیبان که از گرگِ عَنید[۹] وقتِ جمعه بر رِعا[۱۰] خط می‌کشید ۴۸۲۸

مانند شیبانِ راعی که برایِ حفظِ گلّه از شرّ گرگ، خطّی گِردِ رمه می‌کشید و به نمازِ جمعه می‌رفت.

تا برون نایَد از آن خط گوسفند نه در آید گرگ و دزدِ باگزند[۱۱] ۴۸۲۹

تا نه گوسفند از آن خط خارج شود و نه گرگ و دزد داخل شود.

---

۱ - **دَلال**: ناز و نوازش. ۲ - **روضه**: باغ. ۳ - مصراع دوم: از فتنه‌ها و خطرات مصونش داشتم.
۴ - **مگرای تیز**: برق، تیز بر او نیفکن، به او آسیب نزن. ۵ - **دی**: مطلقِ زمستان. ۶ - **مَبُرّان**: قطع نکن.
۷ - **پنجه ممال**: دست‌درازی نکن. ۸ - توضیحات مربوط به آن قبلاً در شرح بیت ۸۵۶ دفتر اوّل آمده است.
۹ - **عَنید**: ستیزه‌گر، لجباز. ۱۰ - **رِعا**: گلّه. ۱۱ - **باگزند**: صدمه زننده، آسیب‌رسان.

بـر مـثالِ دایـرهٔ تـعویذ[1] هــود ... کـاندر آن، صَـرصَر اَمـانِ آل[2] بـود ۴۸۳۰

مانندِ دایرهٔ حرزِ هود(ع) که قوم او را از باد صَرصَر در امان داشت.

هشت روزی اندر این خط تن زنید[3] ... وز بُـرون، مُـثله[4] تـماشا مـی‌کنید ۴۸۳۱

هشت روز در این دایره بمانید و منکران را ببینید که چگونه تکّه‌تکّه می شوند.

بر هـوا بُـردی، فکـندی بـر حَـجَر ... تا دریدی لَحم و عَـظم[5] از هـمدگر ۴۸۳۲

باد مُنکران را بلند می‌کرد و بر سنگ می‌کوبید تا گوشت و استخوان از هم جدا می شد.

یک گُـــرُه را بـــر هـــوا در هـــم زدی ... تا چو خشخاش استخوان ریزان شدی ۴۸۳۳

گروهی را در هوا چنان بر هم می‌کوفت که استخوان‌هاشان ریزریز می شد.

آن سیاست[6] را کـه لرزیـد آسـمان ... مـثنوی انـدر نگـنجد شـرحِ آن ۴۸۳۴

شرحِ آن کیفر الهی که آسمان را از هیبت لرزاند در مثنوی نمی‌گنجد.

گر به طبع این می‌کنی، ای بادِ سرد! ... گِـردِ خـطّ و دایـرهٔ آن هـود گَـرد ۴۸۳۵

ای باد صَرصَر، اگر سرشتِ تو این است، بر دایرهٔ هود(ع) هم بگذر.

ای طبیعی[7] ! فوقِ طَبعْ[8] این مُلْک[9] بین ... یـا بـیا و مـحو کـن از مُـصحفْ ایـن[10] ۴۸۳۶

ای طبیعت‌گرا، یا قدرتِ روحانیِ مردانِ حق را ببین، یا آنچه را که در ارتباط با سیطرهٔ حق بر کاینات است از قرآن محو کن.[11]

مُـقْریان[12] را مـنع کـن، بـندی بِـنِه ... یـا مـعلّم را بـمال[13] و سَـهم دِه[14] ۴۸۳۷

قاریان را از قرائت قرآن باز دار و معلّمان را تنبیه و تهدید کن.

---

۱ - **تعویذ** : حرز، دعایِ دفع بدی‌ها. «دایرهٔ تعویذ»: دایرهٔ حفظ، در روایات آمده است که هود(ع) هم گِردِ پیروان خطّی می‌کشید که باد صَرصَر در آن نرم می‌وزید. ۲ - **آل** : خاندان و پیروان.

۳ - **تن زنید** : ساکت و آرام باشید. ۴ - **مُثله** : اینجا تکّه‌تکّه شدن از بادِ تند.

۵ - **لَحم و عَظم** : گوشت و استخوان. ۶ - **سیاست** : کیفر. ۷ - **طبیعی** : مادّه‌پرست، مادّه‌گرا، دهری.

۸ - **فوقِ طَبع** : برتر از سرشت و مادّه.

۹ - **این مُلک** : قدرت تامّ حق که گاه از طریق مردانِ حق جاری شده است مثلِ دایرهٔ هود(ع).

۱۰ - موارد متعدّدی از قبیل شکافته شدن دریا یا عصای موسی یا سخن گفتن عیسی(ع) درگهواره و... که همه برخلاف طبع و ماورایی‌اند. ۱۱ - که نمی‌توانی چنین کنی. ۱۲ - **مُقْری** : قرائت کنندهٔ قرآن، معلّم قرآن.

۱۳ - **بمال** : از مالیدن، گوشمالی دادن. ۱۴ - **سهم دادن** : تهدید کردن.

عاجزی، و خیره کین عجز از کجاست؟ عـجزِ تـو، تـابی[1] از آن روز جـزاست ۴۸۳۸

می‌دانی که نمی‌توانی و حیرانی که چرا نمی‌توانی؟ چون این عجز نشانه‌ای از قـدرتی است که تو را کیفر می‌دهد.

عجزها داری تو در پیش، ای لجوج! وقت شد پـنهانیان[2] را نک خـروج[3] ۴۸۳۹

ای لجباز، ناتوانی‌های بسیاری در برابر توست، وقت آن شده که این را بفهمی.

خرّم آن کین عجز و حیرت[4] قُوتِ اوست در دو عـالم خـفته انـدر ظـلّ دوست[5] ۴۸۴۰

خوشا به سعادت کسی که همواره عجزِ خود را می‌داند و از قدرتِ حق حیران است و با این «عجز و حیرت»، در پناهِ حق آسوده است.

هم در آخُر[6]، عجز خود را او بدید[7] مُرده شد،[8] دیـنِ عَـجایز[9] را گُـزید ۴۸۴۱

او در ابتدا عجز خود را دید و تسلیم شد.

چون زلیخا، یوسفش بر وی بتافت از عجوزی در جوانی راه یـافت[10] ۴۸۴۲

زلیخایی بود که «یوسفِ حقایق» بر وی تابید و ناتوانی و عجزش را به توان و قدرت تبدیل کرد.

زندگی در مُردن و در محنت است آبِ حیوان در درونِ ظـلمت است ۴۸۴۳

«زندگیِ جاودان» در رها کـردن «انانیّت» و تسـلیم است. آبِ حـیات را از درون تـاریکی و سختی می‌توان یافت.

---

۱ - **تاب :** بازتاب. ۲ - **پنهانیان :** عجزهایِ پنهانی‌ات در برابرِ قدرت حق.

۳ - **نک خروج :** هنگام ظهور و آشکار شدن.

۴ - **عجز و حیرت :** مُراد آنکه عجز و حیرت قُوتِ معنویِ آنان و موجبِ تعالی‌شان است.

۵ - **ظلِّ دوست :** پناهِ حق. ۶ - **آخُر :** کنایه از دنیا.

۷ - مصراع اوّل: در متن چنین است: «هم در آخُر هم در آخِر عجز دید»، در مقابله اصلاح شده است.

۸ - **مُرده شد :** تسلیم شد.

۹ - حدیث نبوی: عَلَیْکُمْ بِدینِ العَجَائِز: شما را به دین پیرزنان توصیه می‌کنم: نیکلسون آن را «ایمان جازم» دانسته که سؤال‌بردار نیست و دلیلی نمی‌طلبد: احادیث، ص ۶۰۳.

۱۰ - یوسف(ع)، زلیخا را که فرتوت شده بود و زنده یا مُرده بودنش قابل تشخیص نبود، دید که در عین پیری و سالخوردگی و تهیدستی عاشق بود و مشتاق یوسف؛ پس به ارادهٔ باری تعالی جبرائیل بر او دستی کشید که در حال جوان و زیبا شد و به شکرانهٔ آن ایمان آورد و با یوسف(ع) ازدواج کرد: احادیث، ص ۶۰۴.

رجوع کردن به قصّهٔ پروردنِ حق تعالی نمرود را بی‌واسطهٔ مادر و دایه در طفلی

همان‌گونه که در داستان «خطاب حق تعالیٰ به عزرائیل»[۱] آمد، لطف حق از هنگام ولادت نمرود را در کفِ قدرت و عنایت خود پروراند تا به سلطنت رسید؛ امّا او که رسیدن به سلطنت را نیز مدیون عنایات الهی بود، به خود غرّه شد و دعوی خدایی کرد و مصمّم شد که سه کرکس را بر گردونه‌ای ببندد و عزم نابودی خدای آسمان کند و چون منجّمان به وی گفته بودند که امسال دشمنی برای قِتال تو به دنیا خواهد آمد، برای پیشگیری، صدهزاران کودک بیگناه را کُشت؛ امّاابراهیم(ع) علی‌رغمِ جهدِ بی‌توفیقِ او زاده شد و خون اطفال معصوم بر گردن وی ماند.

حاصل، آن روضه چو باغِ عارفان از سَموم[۲] و صَرصَر[۳] آمد در امان ۴۸۴۴

خلاصه، آن باغ مانند باغِ دلِ عارفان، مصون از عوارضِ دنیوی بود.

یک پلنگی طفلکانْ نو زاده بود گفتم: او را شیر دِهْ، طاعت نمود ۴۸۴۵

به پلنگی که تازه بچّه‌هایی زاییده بود، گفتم که به او شیر بده و داد.

پس بدادش شیر و خدمت‌هاش کرد تا که بالغ گشت و زَفت و شیرْمرد ۴۸۴۶

پس به او شیر داد و مراقبت کرد تا بالغ و رشید و نیرومند شد.

چون فِطامش[۴] شد، بگفتم با پَری تا در آموزید نطق و داوری[۵] ۴۸۴۷

چون از شیر گرفته شد، به یکی از پریان گفتم تا به او سخن گفتن و ادارهٔ امور را بیاموزد.

پرورش دادم مر او را زآن چمن کِی به گفتْ اندر بگنجد فنِّ من؟ ۴۸۴۸

چنان او را در آن چمنزار پروردم که در گفتار نمی‌گنجد.

داده من ایّوب را مِهرِ پدر بهرِ مهمانیِّ کِرمان بی‌ضرر[۶] ۴۸۴۹

من به ایّوبِ نبی نسبت به کِرم‌هایِ تنش مِهری پدرانه دادم.

---

1 - ń : 4810.6 / 2 - سموم: OŁjJBM" °Ôz®k⁄ / 3 - صَرصَر: jBM jow/ / 4 - فطام: pA{ ToŁo⁄ /

۵ - **داوری**: قضاوت، ادارهٔ امور مردم.

۶ - اشاره به زندگیِ ایّوب(ع) که سالیانی دراز بر اندوه و غم صبر ورزید و گفته‌اند: اگر کِرمی از زخم تنش می‌افتاد، مجدداً بر زخم می‌نهاد تا از آن بخورد: شرح مثنوی مولوی، دفتر ششم، ص ۲۳۲۱.

دادهٔ کِرمان را بر او مِهرِ وَلَد[1]　　بر پدر من، اینْتْ[2] قُدرت، اینْتْ ید ۴۸۵۰

به کِرمها نیز مهرِ فرزند به پدر را دادم. عجب قدرت و عجب سیطره‌ای!

مادران را دَأبْ[3] من آموختم　　چون بُوَد لطفی که من افروختم؟ ۴۸۵۱

به مادران راه و روش مادری را آموختم و شعلهٔ محبّتی را که افروختم، خاموش نمی‌شود.

صد عنایت کردم و صد رابطه[4]　　تا ببینند لطفِ من بی‌واسطه ۴۸۵۲

بسی عنایت کردم و از راه‌های گوناگون خواستم تا بی‌واسطه احسان مرا ببینند.

تا نباشد از سبب در کَش‌مَکَش[5]　　تا بُوَد هر استعانت[6] از مَنَش ۴۸۵۳

تا درگیرِ «سبب» نشود و هر کمکی را بدون واسطهٔ دنیوی از من بخواهد.

ورنه، تا خود هیچ عُذری نَبْوَدَش　　شکوتی نَبْوَد زِ هَر یارِ بَدَش ۴۸۵۴

تا عذری نداشته باشد و نتواند از هیچ کس و هیچ چیز شکایت کند.

این حِضانه[7] دید با صد رابطه　　که بپَروردم وَرا بی‌واسطه ۴۸۵۵

نمرود دید که چگونه او را بدون واسطه‌های عادی پروردم.

شکرِ او آن بود ای بندهٔ جلیل[8]!　　که شد او نمرود و سوزندهٔ خلیل ۴۸۵۶

ای بندهٔ جلیل، سپاسگزاریِ او آن بود که نمرود شد و خواست خلیل را بسوزاند.

همچنان کین شاه‌زاده شُکرِ شاه　　کرد استکبار[9]، و استکثارِ جاه[10] ۴۸۵۷

مانند این شاهزاده که به جای سپاسگزاری از شاه، گردن‌کشی کرد و خودبین شد.

که: چرا من تابعِ غیری شوم　　چونکه صاحبْ مُلک و اقبالِ نوام ۴۸۵۸

و گفت: چرا تابعِ دیگری باشم در حالی که خود به اقبال و سلطنتِ معنوی رسیده‌ام.

---

۱ - **وَلَد** : فرزند.　　۲ - **اینْت** : این تو را، از اصوات تحسین و تعجّب.　　۳ - **دَأب** : روش، شیوه.

۴ - **صد رابطه** : از راه‌هایِ مختلف.

۵ - **درکش مکشِ سبب نباشد** : به «سبب» اهمّیّت ندهد، قدرتِ حق را در برانگیختن سبب‌ها ببیند.

۶ - **استعانت** : یاری.　　۷ - **حِضانه** : حِضانت: نگهداری طفل، دایگی.

۸ - **بندهٔ جلیل** : بندهٔ جلیل‌القدر، اینجا عزرائیل.　　۹ - **استکبار** : گردن‌کشی.

۱۰ - **استکثارِ جاه** : افزون‌طلبی، اینجا «خودبینی».

لطف‌هایِ شَه، که ذکرِ آن گذشت   از تَجَبُّر[۱] بر دلش پوشیده گشت ۴۸۵۹

الطافِ شاه را که قبلاً گفته‌ایم، از گردن‌کشی و غرور فراموش کرد.

همچنان نمرود آن اَلطاف را   زیر پا بنهاد از جَهل و عَمیٰ ۴۸۶۰

آن الطاف را مانند نمرود از نادانی و کورباطنی ندیده گرفت.

این زمان کافر شد و رَهْ می‌زند[۲]   کِبر و دعویِّ خدایی می‌کند ۴۸۶۱

اینک نمرود کافر شده است و خلق را از پرستش حق باز می‌دارد و دعویِ خدایی می‌کند.

رفته سویِ آسمانِ با جلال   با سه کرکس، تا کند با من قِتال ۴۸۶۲

با سه کرکس به سویِ آسمان باعظمت رفته است تا با من بجنگد.

صدهزاران طفلِ بی‌تلویم[۳] را   کُشته تا یابد وی ابراهیم را[۴] ۴۸۶۳

صدها هزار کودکِ بی‌گناه را کشته است تا ابراهیم را بیابد.

که منجِّم گفت کاندر حُکمِ سال[۵]   زاد خواهد دشمنی بهرِ قِتال[۶] ۴۸۶۴

زیرا منجّمان گفته بودند که بنا بر احکامِ نجومیِ سال، دشمنی برای مبارزه با تو به دنیا می‌آید.

هین بکن در دفعِ آن خصم احتیاط   هر که می‌زایید، می‌کُشت از خُباط[۷] ۴۸۶۵

آگاه باش که دشمن را دفع کنی؛ بنابراین او نیز دیوانه‌وار هرکودکی را که به دنیا می‌آمد، می‌کُشت.

کوریِ او، رَست طفلِ وَحْیْ‌کَش[۸]   ماند خون‌هایِ دگر در گردنش ۴۸۶۶

به کوریِ چشمِ نمرود، کودکی که محلّ ظهورِ وحی بود، نجات یافت و خونِ کودکان بر گردنش ماند.

از پدر یابید آن مُلک[۹]، ای عجب[۱۰]!   تا غرورش داد ظلماتِ نَسَب؟[۱۱] ۴۸۶۷

عجیب است، آیا سلطنت را از پدر به ارث برده بود که مغرور شد؟

---

۱ - **تَجَبُّر** : خود را بزرگ نشان دادن.   ۲ - **ره می‌زند** : خلق را از راهِ حق باز می‌دارد.

۳ - **تلویم** : سرزنش کردن. «طفلِ بی‌تلویم»: طفلی که دلیلی برای آزردن و سرزنش کردنش نبود، توسّعاً بی‌گناه.

۴ - احتمالاً بین روایات مربوط به «موسیٰ(ع) و فرعون» با «ابراهیم(ع) و نمرود» تداخلی پیش آمده است.

۵ - **حکم سال** : احکام نجومی سال، پیش‌بینی سال.   ۶ - **قِتال** : پیکار، مبارزه، مقاتله، محاربه.

۷ - **خُباطَ** : خطا، اشتباهِ جنون‌آمیز.   ۸ - **وحی‌کَش** : محلّ ظهورِ وحی.   ۹ - **مُلک** : سلطنت.

۱۰ - **ای عجب** : شگفتا.   ۱۱ - مصراع دوم: که تیرگی‌هایِ تفاخر به نَسَب و نژادِ بد او را گول زد؟

دیگران را گر اُم و اَب[۱] شد حجاب — او ز مـا یـابید گـوهرها[۲] بـه جـیب ۴۸۶۸

اگر مادر و پدر برایِ شاهان حجاب شد، او که این حجاب را نداشت و از ما سلطنت یافته بود.

گرگِ دَرّنده است نَفْسِ بـد، یـقین — چه بـهانه مـی‌نهی بـر هـر قـرین؟[۳] ۴۸۶۹

«نَفْسِ بد»، درنده‌خوست، چرا نمی‌پذیری و دیگران را متّهم می‌کنی؟

در ضلالت[۴] هست صدکَلْ را کُلَهْ[۵] — نَـفْسِ زشتِ کُـفرناکِ[۶] پُـرسَفَهْ[۷] ۴۸۷۰

«نَفْسِ بدِ» کُفرآلودِ جاهل، همواره عیوبِ آدمی را می‌پوشاند.

زین سبب می‌گویم ای بندهٔ فقیر[۸]! — سلسله[۹] از گردنِ سگ[۱۰] برمگیر[۱۱] ۴۸۷۱

ای بندهٔ فقیر، به این سبب می‌گویم که سگِ نَفْس را آزاد نگذار.

گر مُعلَّم[۱۲] گشت این سگ هم سگ است — بـاش ذَلَّت نَـفْسُهُ[۱۳]، کـو بَـدرگ[۱۴] است ۴۸۷۲

اگر «سگِ نَفْس» تعلیم بیابد، باز هم سگ است. جزو کسانی باش که آن را خوار می‌دارند؛ چون بدنهاد است.

فرض[۱۵] می‌آری به جا، گر طایفی[۱۶] — بر سهیلی[۱۷] چـون اَدیـم طـایفی[۱۸] ۴۸۷۳

اگر مانند چرمِ دبّاغی شدهٔ طایف، گِردِ عارفی می‌گردی، وظیفهٔ الهیِ توست.

تا سُـهَیلت واخَـرَد[۱۹] از شـرِّ پـوست[۲۰] — تا شوی چون موزه‌یی[۲۱] هم‌پایِ[۲۲] دوست ۴۸۷۴

تا مُرشدِ روحانی تو را از آلایشِ نَفْس بِرهانَد که به حق واصل شوی.

---

۱ - **اُم و اَب:** مادر و پدر. ۲ - **گوهرها:** گوهرِ قدرت و سلطنت.

۳ - چراگناه را به گردن همنشینِ بد می‌اندازی؟ ۴ - **ضلالت:** گمراهی.

۵ - **کُلَهْ برای کَلْ:** کلاهی که عیبِ کچلیِ آدمِ بی‌مو را می‌پوشاند. ۶ - **کُفرناک:** کُفرآلود.

۷ - **پُرسَفَهْ:** جاهل، نادان. ۸ - **بندهٔ فقیر:** خطاب به عزرائیل. ۹ - **سلسله:** زنجیر.

۱۰ - **سگ:** سگِ نَفْسِ آدمی. ۱۱ - نَفْس را در سختی و تنگنا نگاه دار.

۱۲ - **مُعلَّم:** تعلیم یافته، دست‌آموز، آموزش دیده.

۱۳ - حدیث: طوبیٰ لِمَنْ ذَلَّ نَفْسُهُ...: خوشا به حال کسی که نَفْسش خوار شده است: احادیث، ص ۳۲۳.

۱۴ - **بدرگ:** بدنهاد. ۱۵ - **فرض:** کاری که خداوند واجب گردانیده. ۱۶ - **طایف:** طواف کننده.

۱۷ - **سهیل:** ستارهٔ سهیل، کنایه از عارف یا مرد حق.

۱۸ - **ادیم طایف:** چرمِ مرغوبِ شهرِ طایف در عربستان سعودی. [گمان می‌کردند که این چرم از اشعهٔ ستارهٔ سهیل رنگ می‌پذیرفته و وجهِ تسمیه از آنجاست.]: شرح مثنوی مولوی، دفتر ششم، ص ۲۲۸۷.

۱۹ - **واخَرَد:** بخرد، آزاد کند. ۲۰ - **از شرّ پوست:** از آلایش‌هایِ نَفسانی، از ظاهربینی.

۲۱ - **موزه:** چکمه. ۲۲ - **هم پا:** همراه، اینجا واصل.

جمله قرآن شرحِ خُبثِ نَفْس‌هاست بنگر اندر مُصحَف، آن چشمت کجاست؟ ۴۸۷۵

اگر دقّت کنی، همهٔ قرآن در بیان پلیدیِ نَفْس‌هاست. چشمِ بینایِ تو کجاست؟

ذِکرِ نَفْسِ عادِیان، کآلت[۱] بیافت در قِتالِ انبیا مو می‌شکافت[۲] ۴۸۷۶

شرحِ نَفْسِ امّارهٔ قوم عاد که آلت و قدرت به دست آورد و تا توانست انبیا را کُشت.

قرنْ قرن[۳] از شُومِ نَفْسِ بی‌ادب[۴] ناگهان اندر جهان می‌زد لَهَب[۵] ۴۸۷۷

در طیّ قرون مختلف، همواره اقوامِ منکری بودند که با نَفْسِ شومِ خود آتش به پا کردند.

رجوع کردن بدان قصّه که شاه‌زاده بدان طغیان زخم خورد از خاطر شاه، پیش از[۶] استکمالِ فضایلِ دیگر از دنیا برفت

قصّه کوته کن، که رایِ نَفْسِ کور[۷] بُرد او را بعدِ سالی سویِ گور[۸] ۴۸۷۸

قصّه را کوتاه کنیم که پیروی از نَفْسِ امّاره، پس از سالی او را به گور بُرد.

شاه چون از محو[۹] شد سویِ وُجود[۱۰] چشمِ مرّیخیش[۱۱] آن خون کرده بود[۱۲] ۴۸۷۹

چون شاهِ چین از حالِ استغراق به حالِ هوشیاری باز آمد، دریافت که قهرش خون شاهزاده را ریخته است.

چون به تَرکَش[۱۳] بنگرید آن بی‌نظیر دیدْ کَم از تَرکَشَش یک چوبه تیر ۴۸۸۰

چون آن شاه بی‌نظیر به «ترکشِ تقدیر» یا «قهرِ حق» نگریست، دید یک تیر کم شده است.

---

۱ – **آلت**: ابزار، وسیله، اینجا قدرت و قوّتِ دنیوی.

۲ – **مو شکافتن**: کنایه از دقّت، اینجا بیان شدّت و مبالغه در قتل و رذالت.

۳ – **قرنقرن**: در هر عصر و دوره. ۴ – **نَفْسِ بی‌ادب**: نَفْسِ ادب نشده، نَفْسِ تهذیب نایافته.

۵ – **لَهَب**: زبانهٔ آتش، شعله. ۶ – **پیش از استکمال فضایل دیگر**: قبل از رسیدن به کمال روحانی و معنوی.

۷ – **نَفْسِ کور**: نَفْسِ نابینا، نَفْسِ امّاره.

۸ – مصراعِ اوّل به صورت «قصّه کوته کن که رشک آن غیور» است، در مقابله تغییر داده‌اند.

۹ – **محو**: استغراق در حق. ۱۰ – **سویِ وجود شد**: از محو به صحو آمد، به وجودِ صوریِ خود توجّه کرد.

۱۱ – **چشمِ مرّیخی**: نظرِ قهرآمیزِ حق. منسوب است به ستارهٔ «مرّیخ» که ستارهٔ قهر و غضب و خونریزی است.

۱۲ – خونِ او را ریخته بود. ۱۳ – **ترکش**: تیردان، اینجا ترکشِ غیرتِ حق، ترکشِ قهر حق، ترکشِ تقدیر.

گفت: کو آن تیر؟ و از حق بازجُست[۱] گفت: اندر حلقِ او، کز تیر توست ۴۸۸۱

گفت: آن تیر کجاست؟ و از خداوند پرسید، گفت: تیری که بر گلوی شاهزاده است، تیرِ توست.

عفو کرد آن شاهِ دریادل، ولی آمده بُد تیر، اَهْ[۲] بر مَقْتَلی[۳] ۴۸۸۲

شاه دریادل او را بخشید؛ امّا افسوس که تیر بر کُشتنگاه رسیده بود.

کُشته شد، در نوحهٔ او می‌گریست اوست جمله، هم کُشنده و هم ولی‌ست[۴] ۴۸۸۳

شاهزاده کُشته شد و شاه در عزایِ او می‌گریست. این تجلیّاتِ حق است که می‌کُشد و دیه هم می‌خواهد.

ور نباشد هر دو او، پس کُلّ نیست هم کُشندهٔ خَلق و هم ماتم‌کُنی‌ست[۵] ۴۸۸۴

اگر هر دو نباشد، کُلّ نیست. هم خلق را می‌کُشد و هم در ماتم است.

شکر می‌کرد آن شهیدِ زردْ خَد[۶] کآن بزد بر جسم و بر معنی نزد[۷] ۴۸۸۵

شاهزادهٔ شهیدِ غمگین، شاکر بود که حیاتِ روحانی‌اش خللی نیافته است.

جسمِ ظاهر عاقبت خود رفتنی‌ست تا ابد معنی بخواهد شاد زیست ۴۸۸۶

جسم عاقبت رفتنی است و روح تا ابد شاد خواهد زیست.

آن عِتاب[۸] ار رفت، هم بر پوست رفت[۹] دوست، بی‌آزار سویِ دوست رفت ۴۸۸۷

آن «قهر» متوجّه ظاهرِ او بود نه باطن. دوست بدون رنج به دوست پیوست.

گرچه او فتراکِ[۱۰] شاهنشه گرفت آخر از عینُ‌آلکمال[۱۱] او رَه گرفت[۱۲] ۴۸۸۸

هرچند که او به شاه متوسّل شد؛ امّا چشم‌زخم راه او را بست.

---

۱ - مصراع اوّل: از هستیِ مطلقِ خود سراغ تیر را گرفت. ۲ - **اَه :** آه، افسوس.

۳ - **مَقْتَل :** محلِّ قتل، جایی که موجب قتل شود، مثل شقیقه.

۴ - مصراع دوم: او هم کُشنده است و هم طالبِ خونبها. «ولی»: ولیِ دم، اصطلاح فقهی، به آن دسته از وارثان مقتول گفته می‌شود که هم حقِّ قصاص و هم حقّ اخذ دیه دارند: تفسیر مثنوی مولوی، همایی، ص ۲۴۲.

اینجا صفات جلالی و جمالی حق در برابر یک‌دیگر قرار گرفته‌اند. «قهرِ حق» که صفتِ جلال است، تیری می‌نشانَد و «رحمتِ حق» که صفتِ جمال است به عاشقِ خود مهر می‌ورزد و می‌گرید.

۵ - تجلّی صفاتِ حق شامل همهٔ این‌هاست. ۶ - **زردخَد :** زردچهره، غمگین.

۷ - مصراع دوم: که ضربهٔ تقدیر فقط به حیات جسمانی‌اش خورده؛ امّا روحِ او با وجود آنکه به کمالِ الهی نرسیده است، به حقیقتِ هستی خواهد پیوست. ۸ - **عِتاب :** خشم گرفتن. ۹ - **بر پوست رفت :** به ظاهرِ او بود.

۱۰ - **فتراک :** تسمه‌ای که در پس و پیشِ زین اسب می‌بندند و شکار را به آن می‌آویزند، «فتراک گرفتن»: کنایه از توسّل جُستن. ۱۱ - **عینُ‌آلکمال :** چشم‌زخم. ۱۲ - **ره گرفت :** راهش بسته شد.

وآن سِوُم کاهل‌ترین[1] هـر سـه بـود صورت و معنی[2] بـه کُـلّی او رُبـود ۴۸۸۹

برادرِ سوم که ظاهراً جهدی نکرد و در حالت جذبه چشم به عنایتِ حق داشت، مشمول مرحمت شد و به کمال الهی رسید.

وصیّت کردنِ آن شخص که
بعد از من او بَرَد مالِ مرا از سه فرزندِ من، که کاهل‌تر است

آن یکی شخصی به وقتِ مرگِ خویش گفته بود انـدر وصـیّت پـیشْ‌پیش[3] ۴۸۹۰

شخصی در هنگام مرگِ خود، پیشاپیش در وصیّت‌نامه گفته بود،

سه پسر بودش چو سه سروِ روان[4] وقفِ ایشان کـرده او جـان و روان ۴۸۹۱

سه پسر خوش قد و قامت داشت که وجود خود را وقفِ رسیدگی و تربیتِ آنان کرده بود.

گفت: هرچه درکَفَم کاله[5] و زر است او بَرَد زین هر سه، کو کاهل‌تر است ۴۸۹۲

گفته بود: مال و زرِ من متعلّق به فرزندی است که کاهل‌تر است.

گفت با قاضی، و پس اندرز کـرد[6] بعد از آن جامِ شرابِ مـرگ خَـورد ۴۸۹۳

این مطلب را با سفارش فراوان به قاضی گفت و وفات یافت.

گفته فرزندان به قاضی، کِای کریم! نگـذریم از حکـمِ او مـا سـه یـتیم ۴۸۹۴

فرزندان به قاضی گفتند: ای کریم، ما که پدر را از دست داده‌ایم، از فرمانش سرپیچی نمی‌کنیم.

سمع و طاعَه می‌کنیم، او راست دست[7] آنـچه او فـرمود، بـر مـا نـافذ است[8] 4895

امر او را می‌شنویم و اطاعت می‌کنیم که اختیار با اوست و دستورش باید اجرا شود.

ما چو اسـماعیل، زِ ابـراهـیم خَـود سر نـپیچیم، اَرْچـه قـربان مـی‌کند ۴۸۹۶

ما مانند اسماعیل از ابراهیمِ خود سرپیچی نمی‌کنیم؛ حتّی اگر ما را قربانی کند.

---

۱ - **کاهل‌ترین**: سُست‌ترین، اینجا نشانی است از «عارف» که به تن کم می‌کوشد و به جان می‌جوشد و حق کارگزار اوست؛ زیرا «جذبهٔ حق» او را در مقام «تسلیم و رضا» ثابت قدم داشته و چشمش به عنایتِ سرمدی است.

۲ - **صورت و معنی**: ظاهر و باطن، مقام جمع‌الجمع که مقام کاملانِ مکمل است. ۳ - **پیش پیش**: پیشاپیش.

۴ - **سرو روان**: کنایه از قد و قامتِ رعنا. ۵ - **کاله**: کالا، متاع. ۶ - **اندرزکرد**: سفارش کرد.

۷ - **او راست دست**: فرمان فرمان اوست. ۸ - **نافذ است**: واجب‌الاجراست.

گفت قاضی: هر یکی با عاقلی‌ش تا بگوید قصّه‌یی از کاهلی‌ش ۴۸۹۷

قاضی گفت: هر یک از شما با خردمندیِ خود، قصّه‌ای از کاهلی خویش بگوید.

تا ببینم کاهلیِ هر یکی تا بدانم حالِ هر یک بی‌شکی ۴۸۹۸

تا کاهلی هر یک را ببینم و حالش را کاملاً بدانم.

عارفان از دو جهان کاهل‌تر اند[1] زآنکه بی شُدْیار[2]، خرمن می‌بَرند[3] ۴۸۹۹

عارفان در این جهان و آن جهان کاهل‌ترین‌اند؛ زیرا شأنی برای جدّ و جهدِ خود قائل نیستند و هر شأن و کمالی را در تسلیم و توکّل و عنایتِ محض پروردگار می‌دانند.

کاهلی را کرده‌اند ایشان سَنَد[4] کارِ ایشان را چو یزدان می‌کند[5] ۴۹۰۰

چنان به حق متّکی‌اند که عنایتِ خداوند کارگزار آنان است.

کارِ یزدان را نمی‌بینند عام می‌نیاسایند از کَدْ[6] صبح و شام ۴۹۰۱

چون عوام به حق تکیه ندارند، همواره با اضطراب می‌کوشند.

هین ز حدِّ کاهلی گویید باز تا بدانم حدِّ آن از کشفِ راز[7] ۴۹۰۲

هان، برایِ من از کاهلیِ خود بگویید تا رازِ وصیّتِ پدر را بدانم.

بی‌گمان که هر زبان پردهٔ دل است چون بجنبد پرده، سِرها واصل است[8] ۴۹۰۳

بی‌تردید هر زبان پردهٔ دل است که سخن گفتن اسرارِ آن را آشکار می‌کند.

پردهٔ کوچک،[9] چو یک شرحه کباب[10] می‌بپوشد صورتِ صد آفتاب ۴۹۰۴

از خاموشیِ زبانی کوچک، بسی حقایق نهان می‌مانند.

گر بیانِ نطق، کاذب نیز هست لیک بوی صدق و کِذبش مُخبر است ۴۹۰۵

هرچند که سخن می‌تواند دروغ هم باشد؛ امّا اثر صدق و کذب را می‌توان فهمید.

---

۱ – عارفان در این جهان و برای آبادانی این جهان نمی‌کوشند و هرچه می‌کنند در حدّ نیاز زندگی دنیوی است، برای آن جهان و نعیم بهشت هم نمی‌کوشند. ۲ – **شدیار :** شخم زدن زمین.

۳ – نمی‌کارند و خرمن بر می‌دارند؛ یعنی جهدشان نوعی دیگر است. ۴ – **سَنَد :** تکیه‌گاه.

۵ – چون کارگزارشان حق است. ۶ – **کد :** رنج بردن و کوشش کردن در کار.

۷ – مصراع دوم: تا رازِ وصیّت پدر را کشف کنم.

۸ – اشاره به مضمونِ کلام حضرت علی(ع): ...انسان در زیرِ زبانش پنهان است: احادیث، ص ۱۸۰.

۹ – **پردهٔ کوچک :** اینجا کنایه از زبان. ۱۰ – **شرحه کباب :** تکّه کباب.

آن نسیمی که بیاید از چمن هست پیدا از سَمومِ گولخن[1] ۴۹۰۶

نسیمی که از چمن می‌وزد، از بادِ متعفّنِ فاضلابِ حمّام تشخیص داده می‌شود.

بویِ صدق و بویِ کذبِ گول‌گیر[2] **هست پیدا در نَفَس، چون مُشک و سیر** ۴۹۰۷

بویِ صدق و بویِ کذب که احمق را گول می‌زند، مانند بوی مُشک و سیر در نَفَس پیداست.

گر ندانی یار را از دَه‌دِله[3] **از مشامِ فاسدِ**[4] **خود کُن گِله** ۴۹۰۸

اگر نمی‌توانی دوست و دشمن را بشناسی، قدرت تشخیصِ باطنی نداری.

بانگِ حیزان[5] **و شُجاعانِ دلیر هست پیدا، چون فَنِ روباه و شیر** ۴۹۰۹

بانگِ نامردان و مردان همان طور قابل تمییز است که صدایِ روباه از شیر.

یا زبان همچون سرِ دیگ است راست چون بجنبد، تو بدانی چه اَباست[6] ۴۹۱۰

یا اینکه زبان مانند سرپوشِ دیگ است که چون تکان بخورد و کنار برود، از بویِ آن نوعِ غذا را درمی‌یابی.

از بخارِ[7] **آن بداند تیزهُش دیگِ شیرینی**[8] **ز سِکباجِ**[9] **تُرُش** ۴۹۱۱

شخص باهوش از بُخارِ دیگ هم، آش شیرین را از آش ترش تشخیص می‌دهد.

دست بر دیگِ نوی چون زد فتیٰ[10] **وقتِ بِخْریدن بدید اشکسته را** ۴۹۱۲

آدمی هنگامِ خریدنِ دیگ نو، ضربه‌ای می‌زند و شکستگی را در می‌یابد.

گفت:[11] **دانم مرد را در حین**[12] **ز پوز**[13] **ور نگوید، دانمش اندر سه روز**[14] ۴۹۱۳

همان‌طور که شخصی می‌گفت: می‌توانم انسان‌ها را از سخن گفتن بشناسم و اگر حرفی نزنند هم آنان را در سه روز خواهم شناخت.

---

۱ - **سَمومِ گولخن :** بویِ کثافات و سرگینِ آتشخانهٔ حمّام‌هایِ قدیمی. ۲ - **گول :** ابله، احمق.

۳ - **دَه‌دِله :** آدمِ ریاکار، دورو، بدخواه، اینجا آدمِ کاذب یا دشمن. ۴ - **مشامِ فاسد :** نداشتن شامّهٔ باطنی.

۵ - **حیز :** نامرد، کسی که مردِ میدان نیست. ۶ - **اَبا :** آش، اینجا غذا. ۷ - **از بُخار :** از بخارِ غذا.

۸ - **دیگ شیرینی :** اینجا آشِ غیرتُرش. ۹ - **سِکباج :** آش سرکه. ۱۰ - **فتیٰ :** جوان، اینجا آدمی، هرکس.

۱۱ - فاعلِ «گفت» شخص معیّنی نیست و مضمونِ این ابیات هم در ارتباط با «کاهلی» و «وصیّت پدر» نیست و مربوط به «آدمی و زبانِ او» و در واقع در ارتباط با تعالیم مولاناست که همواره هم از کلام نمی‌توان انسان‌ها را شناخت؛ زیرا دیگران نیز ممکن است این نکته را بدانند. ۱۲ - **در حین :** فوراً.

۱۳ - **ز پوز :** از لب و دهان، از سخن گفتن. ۱۴ - از چگونگی رفتار و حرکات و احوال.

وآن دگر گفت: ار بگوید، دانمش   ور نگوید، در سخن پیچانَمَش[1] ۴۹۱۴

دیگری گفت: اگر بگوید، او را می‌شناسم و اگر نگوید، او را به سخن وامی‌دارم.

گفت: اگر این مکر بشنیده بُوَد   لب ببندد، در خموشی در رَوَد ۴۹۱۵

گفت: اگر حیله‌ات را بداند، لب می‌بندد و خاموش می‌مانَد.

مَثَل

مادری به فرزند خویش آموزش داد که اگر شبانگاه در گورستان و یا جایی سهمگین، شبح خیال‌مانندی را دیدی، دل قوی دار و بر آن حمله کن تا از تو بگریزد، کودک در پاسخ گفت: اگر مادرِ آن شبح هم چنین نکته‌ای را به او آموزش داده باشد، چه باید کرد؟

قصّه‌ای مَثَل‌گونه است در بیانِ این معنا که تدابیر از پیش اندیشیده شده در مقابله با حریف همواره هم مثمر نیست و پاسخ کودک که رمزی از تسلیم عارفان است، معنایی فراتر از تدبیر است که این مَثَل‌گونه در تبیینِ آن آمده است.

آنچنانکه گفت مادر با پسر   گر خیالی آیدت در شب به سر ۴۹۱۶

چنانکه مادری به پسر گفت: اگر در تاریکیِ شب شبح یا خیالی دیدی،

یا به گورستان و جایِ سهمگین   تو خیالی زشت بینی از کمین ۴۹۱۷

یا در گورستان و جایی ترسناک، شبح زشتی را دیدی که از کمینگاهی بیرون می‌آید،

دل قوی دار، و بکُن حمله بر او   او بگرداند ز تو در حال رُو[2] ۴۹۱۸

دل قوی دار و بر او حمله کن تا فوراً دور شود.

زآنکه بی‌ترسی[3] به سویش هرکه رفت   آن خیالِ دیووش بگریخت، تفت[4] ۴۹۱۹

زیرا هرکس شجاعانه به او حمله کند، شبحِ ترسناک فوراً می‌گریزد.

گفت کودک: آن خیالِ دیوْوَش   گر بدو این گفته باشد مادرش ۴۹۲۰

کودک گفت: اگر مادرِ آن شبح هم همین را به او گفته باشد،

---

۱ - **در سخن پیچانَمَش**: به حرف می‌آوَرَمش. ۲ - **رو بگردانَد**: روی برگردانَد و بگریزد.
۳ - **بی‌ترسی**: باشجاعت. ۴ - **تَفت**: زود.

۴۹۲۱ **حـــمله آرَم، افــتد انــدر گــردنم زامرِ مادر، پس من آنگه چون کنم؟**

حمله کنم، او نیز به دستور مادر حمله می‌کند، آن وقت چه کنم؟

۴۹۲۲ **تو همی آموزی‌اَم که: چُست ایست [1] آن خیالِ زشت را هم مـادری‌ست**

تو به من می‌آموزی که مقاومت کن، آن شبح هم مادری دارد.

۴۹۲۳ **دیو و مردم [2] را مُلَقِّن [3] یک خداست غالب آید بر شهان زو گر گداست [4]**

تلقین کنندهٔ خلق خداوند است که با یاری‌اش ناتوان بر توانمند غلبه می‌کند.

۴۹۲۴ **تا کـدامـین سوی بـاشد آن یـواش [5] اَللّٰه اَللّٰه! [6] رو، تو هم زآن سوی باش [7]**

خدا را، خدا را، هر جا که مشیّت الهی باشد، تو نیز همان سوی برو.

۴۹۲۵ **گفت: اگر از مکـر نـاید در کـلام [8] حـــیله را دانسته بـاشد آن هُـمام [9]**

گفت: اگر آن بزرگوار حیله‌ات را بداند و رندانه سکوت کند،

۴۹۲۶ **سرِّ او را چون شناسی؟ راست گـو گفت: من خامش نشینم پـیشِ او**

بگو که چگونه می‌توانی او را بشناسی؟ گفت: در برابرش ساکت می‌نشینم.

۴۹۲۷ **صبر را سُـلَّم کـنم [10] سـویِ دَرَج [11] تـا بـرآیـم بـر سـرِ بـامِ فَـرَج [12]**

و از طریق بُردباری که مانند نردبانی برای رسیدن به بامِ مقصود است، به منظورم می‌رسم.

۴۹۲۸ **ور بـــجوشد درحـــضورش از دلم منطقی بیرون از این شادی و غم [13]**

و اگر با سکوت در حضور او، سخنی خارج از موضوعاتِ معمولی و دنیوی به خاطرم برسد،

---

۱ - **چُست ایست** : سخت بِایست، پایدار بمان. ۲ - **دیو و مردم** : جنّ و انس، بد و خوب، همه.

۳ - **مُلَقِّن** : تلقین کننده، آموزنده.

۴ - مصراع دوم: گدا با یاریِ او بر شاه غلبه می‌کند؛ یعنی ناتوان بر توانا غلبه می‌کند.

۵ - **یواش** : واژهٔ ترکی به معنی اسبی که نرم و رهوار است، اینجا کنایه از تقدیر و مشیّت الهی.

۶ - **اَللّٰه اَللّٰه** : خدا را، خدا را. ۷ - تعلیم مولاناست که باید در مسیرِ تقدیر بود و تدبیر با تقدیر سودی ندارد.

۸ - دنبالهٔ ابیات ۴۹۱۴-۴۹۱۳ است که مولانا محاورهٔ دو نفر را در مورد «صدق و کذب» آورده بود.

۹ - **هُمام** : بزرگوار. ۱۰ - **صبر را سُلَّم کنم** : از صبر نردبان می‌سازم؛ یعنی صبر می‌کنم.

۱۱ - **سویِ دَرَج** : به سویِ بالا. «دَرَج»: جمع درجه: پایه.

۱۲ - **فَرَج** : گشایش ، اینجا رسیدن به مقصود.

مصراع دوم در متن چنین است: «تا برآیم صَبْرُ مِفتاحُ الفَرَج»، در مقابله اصلاح کرده‌اند.

۱۳ - مصراع دوم: بیرون از شادی و غم دنیوی و مسائل روزمرّه.

من بدانم کو فرستاد آن به من   از ضمیرِ چون سُهیل[1] اندر یَمن ۴۹۲۹

می‌دانم که از دلِ نورانیِ چون سهیلِ یمنی‌اش برایم فرستاده است.

در دلِ من آن سخن زآن مَیْمَنه[2]ست   زآنکه از دل جانبِ دل روزنه‌ست ۴۹۳۰

الهامی مبارک از دلِ پاکِ او که پاسخی برای تردید من است، می‌آید؛ زیرا دل به دل راه دارد.

* * *

و عاقبت روز یکشنبه پنجم جمادی الاخر ۶۷۲ ق. همزمان با غروب خورشید، پس از چندین روز سکوت عمدی، آن خورشید تابناک عالم معرفت، غروب کرد. در حالی که مثنوی ظاهراً ناتمام مانده و حتّی آخرین قصّهٔ آن نیز سرانجامی متعارَف نیافته بود. همان‌گونه که می‌دانیم، سلطان ولد ابیاتی را به عنوان خاتمه «تتمهٔ سلطان ولد» به انتهای دفتر ششم افزود و از فحوای کلامِ او چنین استنباط می‌شود که خاموشی مولانا در آخرین روزهای حیات، عمدی و از سرِ استغراقِ ویژه‌ای بوده که در طیِّ آن قوّهٔ نطق وی به گفتار نمی‌آمده است و آسایش خاطر و سکوت او از آن روست که به خوبی بر این نکته واقف است که باقی داستان، بی‌واسطهٔ لفظ و زبان، درگوشِ دل آن کس که جانی منوّر دارد، گفته می‌آید.

حُسام‌الدّین که به سبب اتّصال دل و جان با مُراد روحانی خویش مولانا، از آغاز دفتر دوم بر مسند خلافتِ وی منسوب شده بود، همچنان پس از این فراقِ جانگداز بر همان جایگاه ماند و منازعتی با وی نرفت. اتّحادِ روحانیِ وی با مولانا چنان بود که هرگز در آخرین روزهای حیات محبوب روحانی، از وی نخواست تا «قال» را بر «حال» برگزیند و خاموشی اسرارآمیزی را که چون هاله‌ای وی را در خود پیچیده است در نَوَردد، در حالی که سلطان ولد چنانکه خود در خاتمهٔ الحاقی تبیین می‌دارد، سِرّ این سکوت را درنیافته و از پدر خواسته است تا قصّهٔ شهزادگان را خاتمتی بخشد. این امر در حقیقت نشانی بر کمالات افزون‌تر و تقرّبِ بیشترِ حُسام‌الدّین به مولانا نیز هست.

---

۱ – **سهیل** : ستارهٔ کوچک و نورانی در قطب شمال که چون در یمن بهتر دیده می‌شود، آن را سهیل یمانی گویند. آن را سُها هم نامند.   ۲ – **میمنه** : مبارکی، میمنت.

A Commentary on the Mathnavi

A Fresh Approach to the Foundations of Theoretical Mysticism

Vol. VI

Authur : Nahid Abghari

2016